U0940572

上海建设年鉴

（2013）

中共上海市城乡建设和交通工作委员会
上海市城乡建设和交通委员会　编

文匯出版社

图书在版编目（CIP）数据

上海建设年鉴．2013年卷 ／ 中共上海市城乡建设和交通工作委员会，上海市城乡建设和交通委员会编．—— 上海 ：文汇出版社，2015.12

ISBN 978-7-5496-1651-0

Ⅰ．①上… Ⅱ．①中… ②上… Ⅲ．①城市建设－上海市－2013－年鉴 Ⅳ．①F299.275.1-54

中国版本图书馆CIP数据核字(2015)第258840号

上海建设年鉴（2013）

编　　著 ／ 中共上海市城乡建设和交通工作委员会
　　　　　上海市城乡建设和交通委员会编
责任编辑 ／ 乐渭琦
特约编辑 ／ 郑　红
美术编辑 ／ 胡　鹰

出 版 人 ／ 桂国强

出版发行 ／ 文匯出版社
　　　　　上海市威海路755号
　　　　　（邮政编码 200041）
经　　销 ／ 全国新华书店
照　　排 ／ 上海未寅文化传播有限公司
印刷装订 ／ 江苏省启东市人民印刷有限公司
版　　次 ／ 2015年12月第1版
印　　次 ／ 2015年12月第1次印刷
开　　本 ／ 889×1240　1/16
字　　数 ／ 600千字
印　　张 ／ 42（插页16）

书　　号 ／ ISBN 978-7-5496-1651-0
定　　价 ／ 258.00元

2012 年上海市卫星影像图

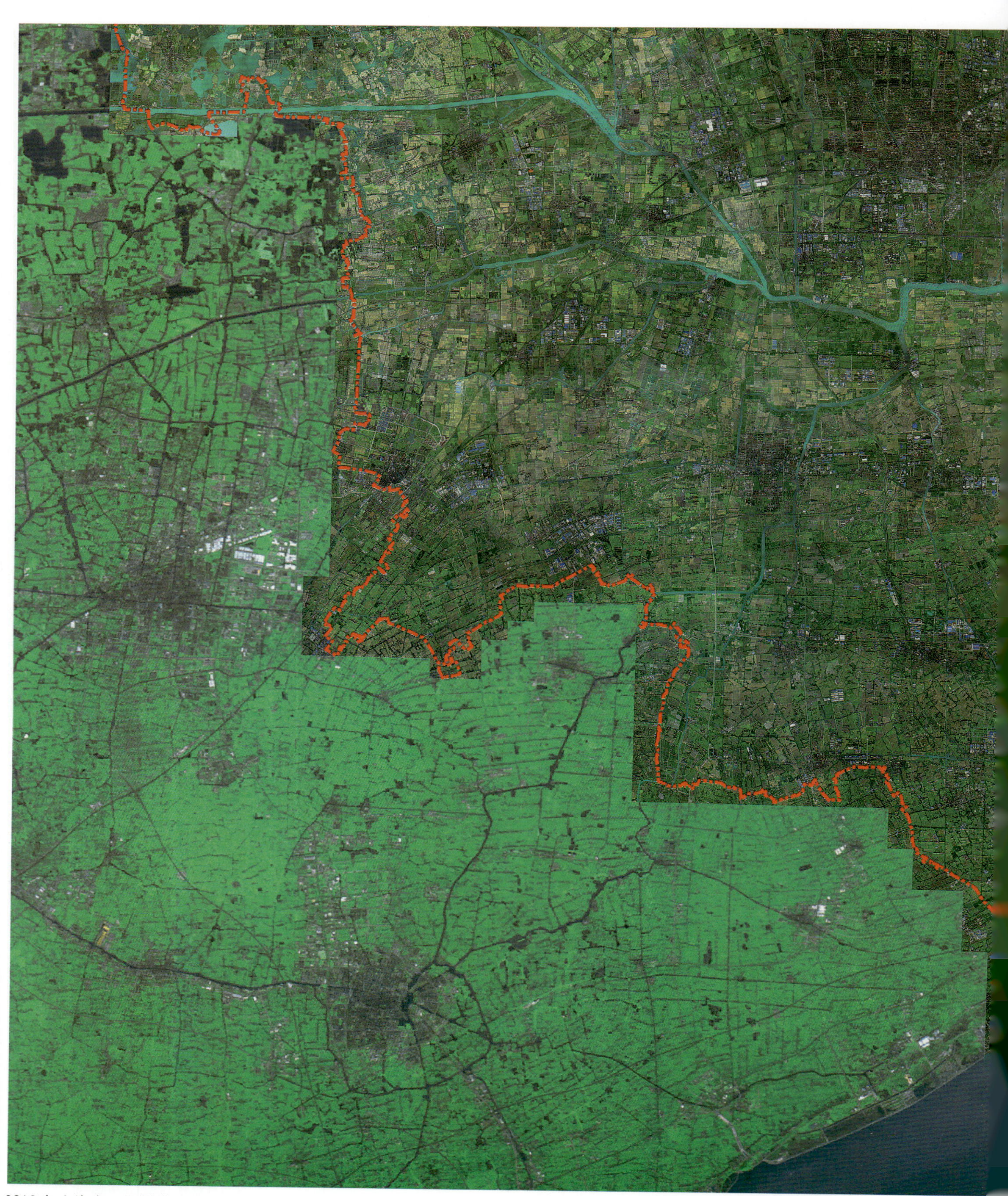

2012 年上海市卫星影像图金山地区

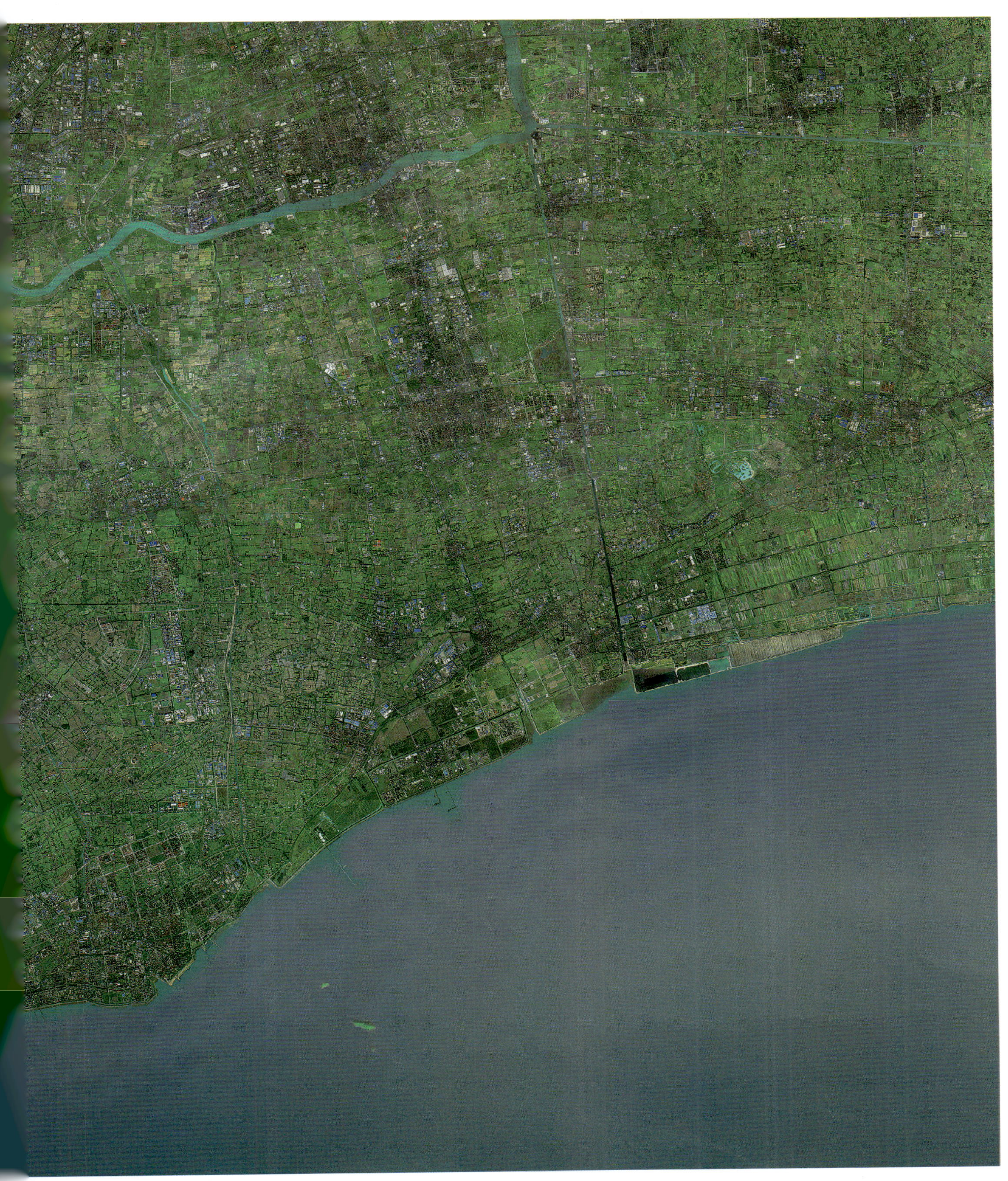

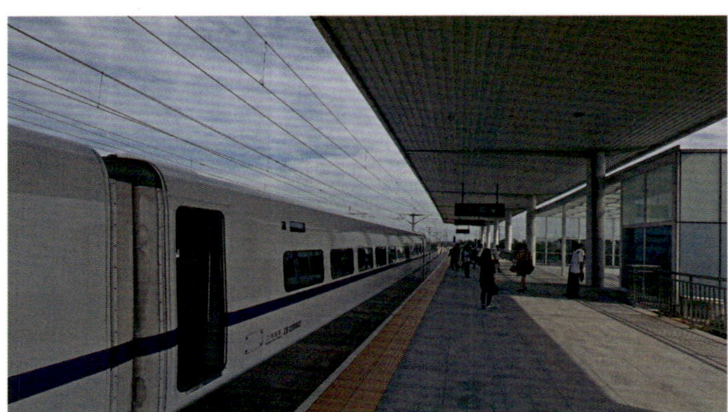

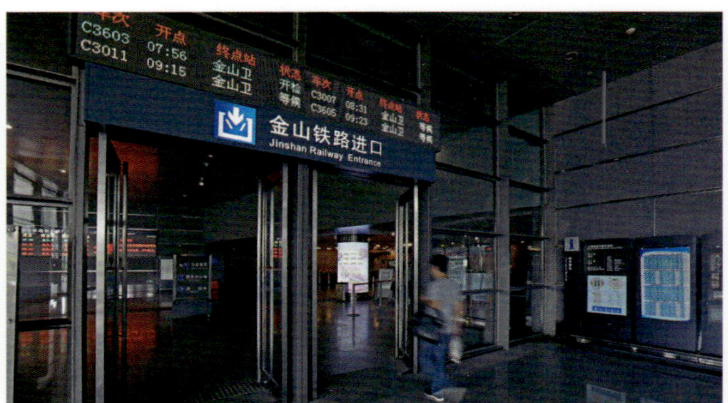

C3603 开点 07:56 终点站 金山卫
C3011 09:15 金山卫
金山铁路进口
Jinshan Railway Entrance

停车场(2号)
Parking Lot (NO.2)
公交8号线
Bus Line 8

金山园区站

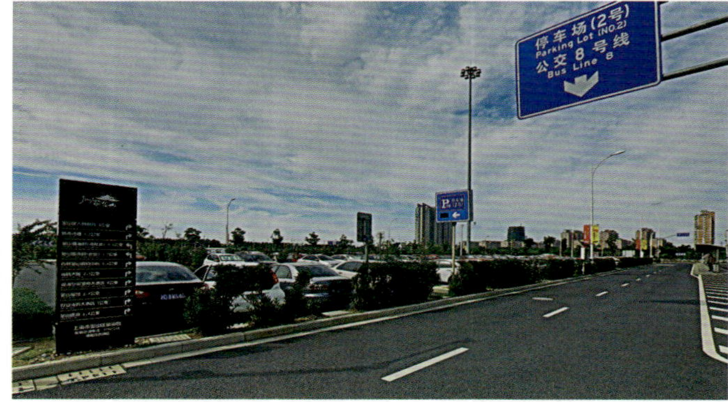

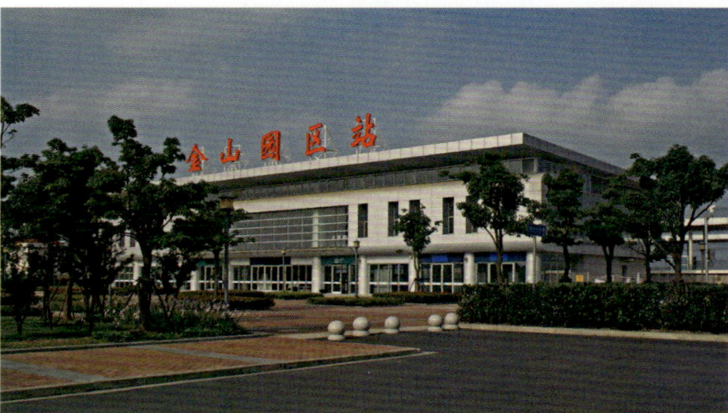

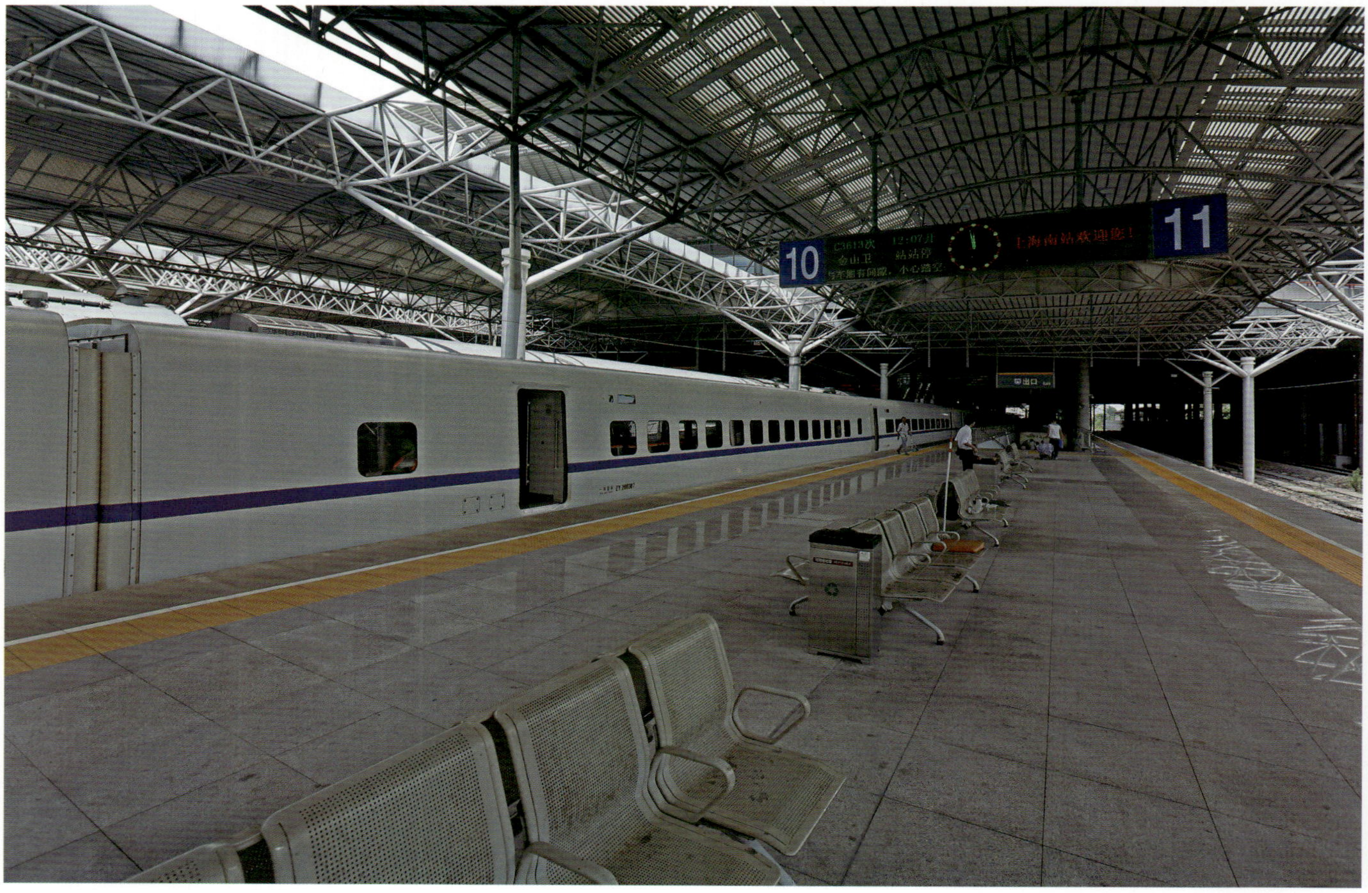
10
11

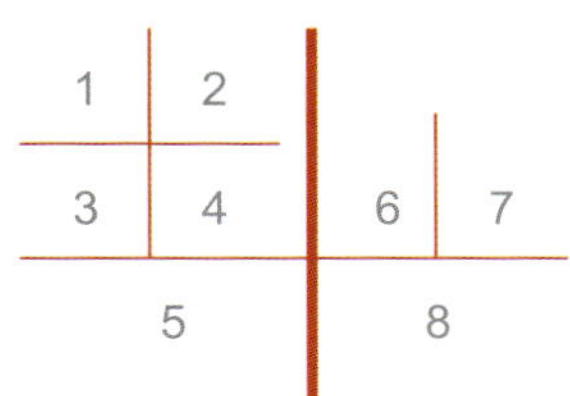

1. 金山铁路亭林站站台
2. 金山铁路上海南站进出口
3. 方便出行的金山铁路金山卫站北广场停车场与公交枢纽
4. 金山铁路金山园区站进出口
5. 金山铁路上海南站站台设有休息长椅
6. 金山铁路金山卫站站台
7. 金山铁路叶榭站站台
8. 金山铁路金山卫站北广场

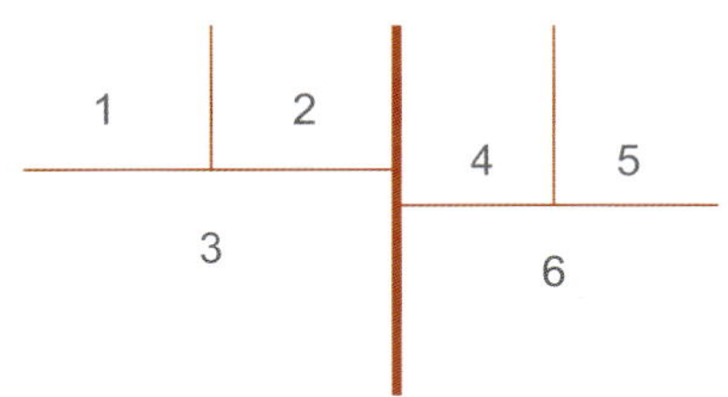

1．仁济医院（南院）分布式供能系统机房
2．仁济医院（南院）的高压氧舱房
3．仁济医院（南院）住院部
4．仁济医院（南院）急诊部
5．仁济医院（南院）地下车库
6．仁济医院（南院）大门及门诊部全景图

中歐國際工商學院
CHINA EUROPE INTERNATIONAL BUSINESS SCHOOL

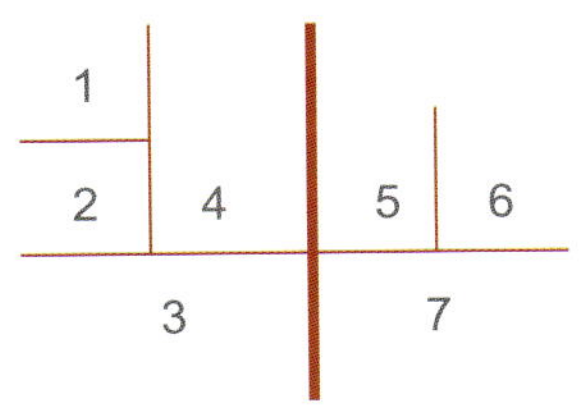

1. 中欧工商学院三期建设工程连廊
2. 中欧工商学院三期建设工程综合楼大厅
3. 中欧工商学院三期建设工程地下车库
4. 中欧工商学院三期建设工程学院东大门
5. 中欧工商学院三期建设工程教学中心
6. 中欧工商学院三期建设工程休息厅
7. 中欧工商学院三期建设工程学生宿舍

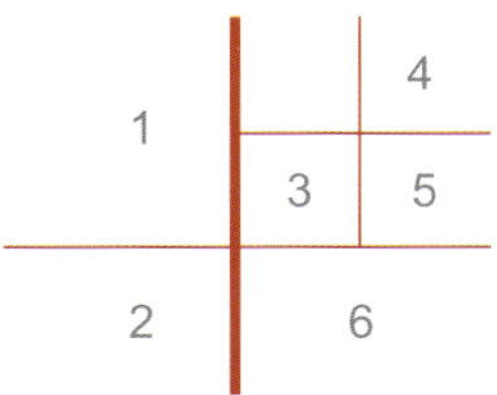

1. 中华艺术宫底层的艺术书店
2. 由世博会中国馆改建的中华艺术宫
3. 中华艺术馆艺术教育长廊
4. 中华艺术宫西洋画展展厅一角
5. 中华艺术宫名家艺术陈列大厅
6. 中华艺术宫具有上海权威的艺术展示平台

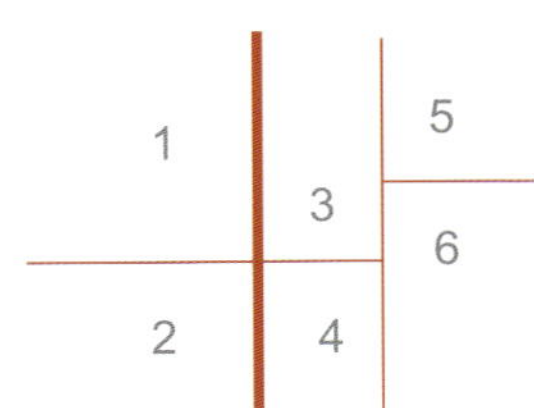

1. 上海当代艺术博物馆三楼当代书籍艺术展示及交流区域
2. 能眺望浦江两岸美景的三楼展厅观景走廊
3. 上海当代艺术博物馆五楼影像艺术与装置艺术展厅
4. 上海当代艺术博物馆二楼可展示大型艺术装置
5. 由世博未来馆改建的上海当代艺术博物馆
6. 上海当代艺术博物馆一楼挑高展示空间

抢救室 | 门诊手术室
核化救治区
挂号收费 | 药房

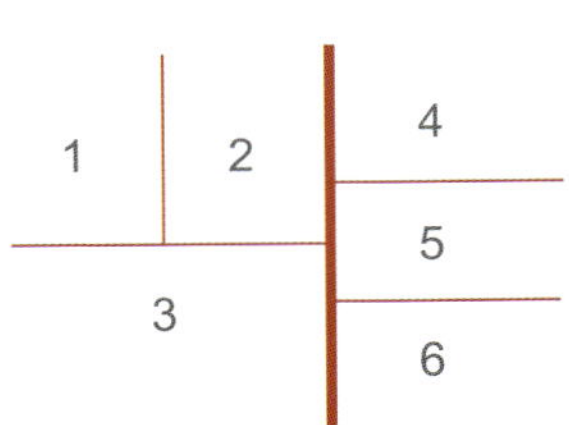

1. 金山医院迁建金山新城项目——门诊预检挂号收费大厅
2. 金山医院迁建金山新城项目——急诊部长廊
3. 金山医院迁建金山新城项目——住院部大楼
4. 金山医院迁建金山新城项目——行政楼及核化救治指挥中心
5. 金山医院迁建金山新城项目——部分水电气配套设施
6. 金山医院迁建金山新城项目——体检部

1	2
3	4

1. 上海数据港云计算 IAAS 服务平台
2. 上海市北高新服务园区总部区域
3. 进驻市北高新技术服务园区的绿色低碳企业——晶澳太阳能
4. 入驻市北高新技术服务园区的绿色低碳企业——研华科技

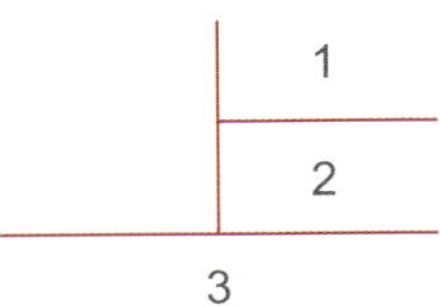

1. 郊区三级医院建设项目——华山医院北院急诊部与住院部
2. 郊区三级医院建设项目——华山医院北院门诊部
3. 郊区三级医院建设项目——华山医院北院全景

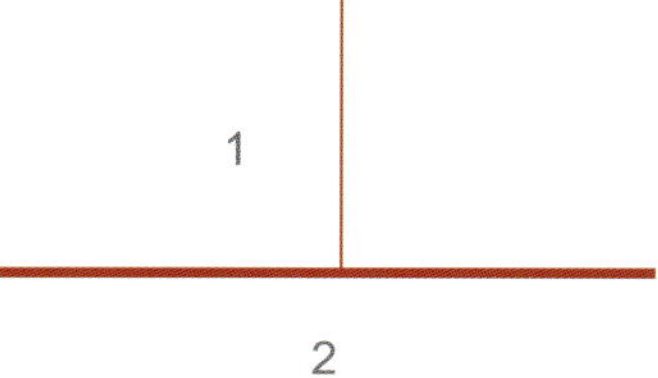

1. 轨道交通 13 号线金运路站 2 号口
2. 轨道交通 13 号线祁连山南路站候车大厅

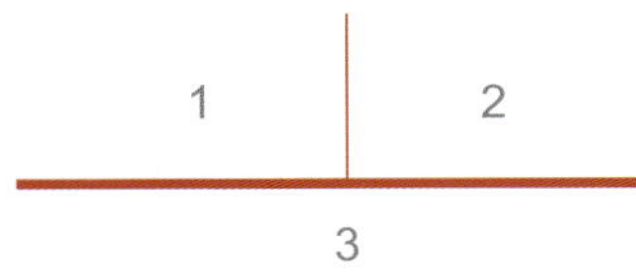

1．轨道交通 13 号线金沙江路站与 3、4 号线换乘通道

2．轨道交通 13 号线丰庄站候车大厅

3．轨道交通 13 号线金沙江西路候车大厅

瑞金医院北院

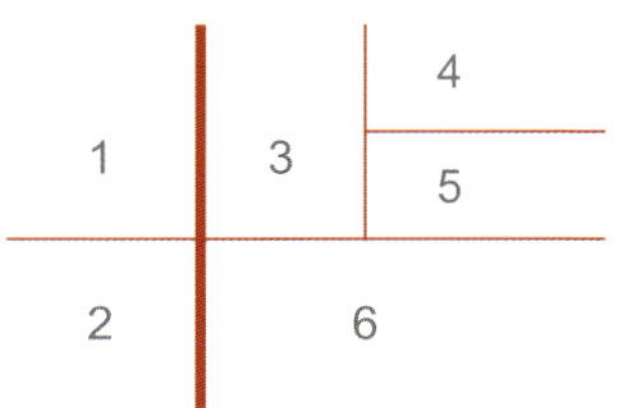

1. 上海交通大学医学院附属瑞金医院（北院）大门及门诊部
2. 上海交通大学医学院附属瑞金医院（北院）住院部
3. 上海交通大学医学院附属瑞金医院（北院）急诊部
4. 上海交通大学医学院附属瑞金医院（北院）医用配套设施
5. 上海交通大学医学院附属瑞金医院（北院）行政楼
6. 上海交通大学医学院附属瑞金医院（北院）儿科门急诊部

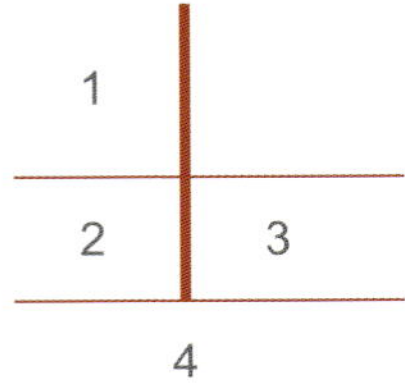

1. 吴淞大桥抢修加固工程完成
2. 中环线超声治理工程通过验收交付
3. 江宁路桥改建工程
4. 朱枫公路四期新建改建工程竣工通车

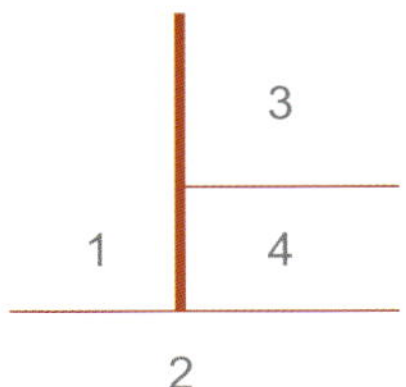

1. 崇明北沿风电项目——叶轮组吊装
2. 崇明北沿风电项目——远眺
3. 崇明北沿风电项目——变电站外立面太阳能电池板
4. 崇明北沿风电项目——风电场控制中心

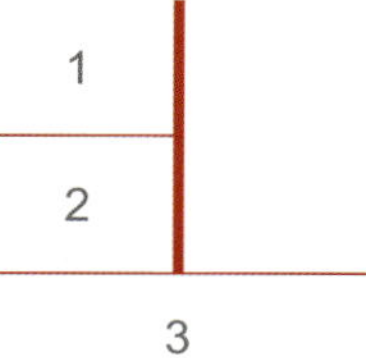

1. 世界首台深海水下导向攻泥器交付
2. 中国首艘300米饱和潜水母船“深潜号”交付使用
3. 清障打捞集装箱船“达飞布拉里”轮

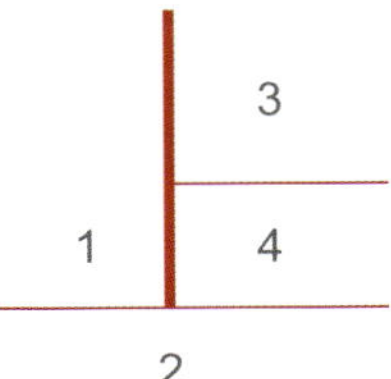

1. 白龙港污水处理厂扩建二期工程污泥干化处理系统
2. 白龙港污水处理厂扩建二期工程生物处理系统
3. 白龙港污水处理厂扩建二期工程污泥厌氧消化处理系统
4. 白龙港污水处理厂扩建二期工程二沉出水系统

3 5 7

1 4 6 8

2 9

1. 上海第六人民医院临港分院病房住院楼
2. 上海第六人民医院临港分院全景
3. 上海第六人民医院临港分院门诊医技楼
4. 上海第六人民医院临港分院行政楼
5. 上海第六人民医院临港分院儿科门急诊楼
6. 上海第六人民医院临港分院后勤楼
7. 上海第六人民医院临港分院感染病楼
8. 上海第六人民医院临港分院核医学楼
9. 上海第六人民医院临港分院急诊楼

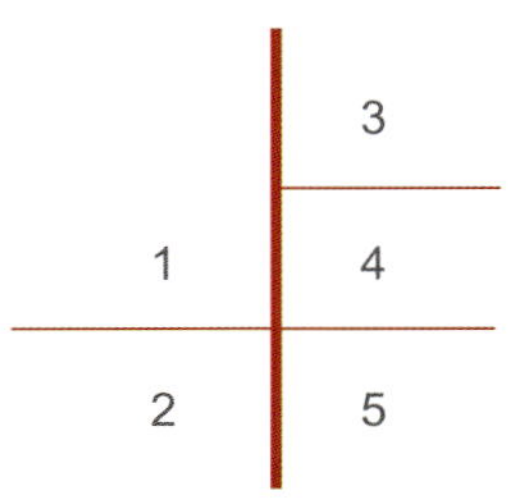

1. 临港产业基地自主品牌新产品技术改造项目——上海汽车集团股份有限公司乘用车公司的冲压车间与油漆车间
2. 上海汽车临港产业基地自主品牌新产品技术改造项目全景
3. 上海汽车临港产业基地自主品牌新产品技术改造项目——上海汽车集团股份有限公司乘用车公司
4. 上海汽车临港产业基地自主品牌新产品技术改造项目——总装厂及发动机厂
5. 上海汽车临港产业基地自主品牌新产品技术改造项目——上海荣威汽车服务有限公司

SAIC

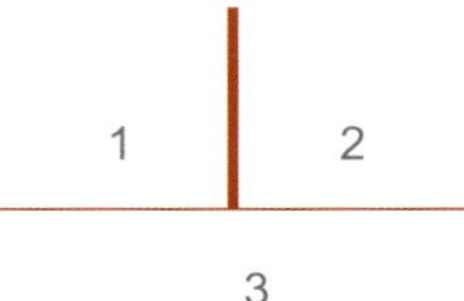

1. 上海航运交易所大厦建成
2. 城市水资源开发利用（南方）国家工程研究中心建成
3. 12329 住房公积金热线实现自助语音查询功能

《上海建设年鉴（2013）》
编辑委员会

编写说明

一、《上海建设年鉴》是中共上海市城乡建设和交通工作委员会、上海市城乡建设和交通委员会组织编写，上海市、区县两级建设交通系统各局、直属单位及相关政府部门协作参与，以记录上一年度上海城乡建设、城市管理、交通运输及相关行业、企业发生的重大事件及重要情况为主要内容，对外公开发行的大型资料性、工具性年刊。

二、本年鉴编写保持上部年鉴的体例和风格。全书由综合、主体和附录三部分组成。综合部分设市情概貌、特载。市情概貌介绍上海的基本情况资料；特载刊载上海当年度政府工作报告、统计公报及其他重要内容。主体部分基本按城乡建设、城市管理、交通运输及综合管理等相关内容，分门别类予以排列、记载。附录部分设当年市建设交通委大事记、相关法律法规政策目录选载、相关资料及数据统计。

三、本年鉴主体部分由栏目、分目和条目三个结构层次组成。全书设19个栏目，每一栏目依内容需要，设若干分目。栏目之首设“综述”，分目之首设“概况”，条目以事件设，一事一条。条目为本年鉴之主要记载形式。同时辅以图片、表格及相关资料。

四、本年鉴编写坚持对历史负责、对后人负责和客观记载、不作评价的原则，对年度发生的重大事件，尽可能予以如实、公正地记载、避免不确定因素和不确切数据。

五、本年鉴以赠阅为主。由于诸多原因，本年鉴编写周期较长，其中部分内容转引自有关资料、文献、书刊。原作者如未收到稿酬，可直接与《上海建设年鉴》编辑部联系。

六、本年鉴编写过程中得到上海市、区县各级领导和上海建设交通系统各局、直属单位，以及广大热心人士的大力帮助，在此一并表示感谢。

目 录

市情、概貌

（一）地域……………………………………（1）
（二）行政区划………………………………（2）
（三）人口……………………………………（3）
（四）水文……………………………………（3）
（五）气候……………………………………（4）

特 载

政府工作报告…………………………………（5）
2012年上海市国民经济和社会发展统计公报…（18）
上海市建设交通系统工作报告……………（30）

一、城乡规划、国土资源

（一）综述……………………………………（44）
（二）市政府批准的重要规划………………（45）
（三）规划管理………………………………（46）
（四）土地管理………………………………（48）
（五）地矿管理………………………………（49）
（六）其他……………………………………（50）

二、重大工程

（一）综述……………………………………（52）
（二）重大基础设施建设……………………（58）
（三）社会事业项目建设……………………（66）
（四）产业设施项目建设……………………（69）

三、市政建设

（一）综述……………………………………（74）
（二）上海市路政局成立……………………（76）
（三）市政工程建设…………………………（76）
（四）市政设施管理…………………………（78）
（五）市政科技………………………………（82）
（六）燃气管理………………………………（84）

四、绿化市容

（一）综述……………………………………（86）
（二）市容城管………………………………（86）
（三）绿化林业………………………………（92）
（四）综合管理………………………………（99）

五、环境保护

（一）综述……………………………………（103）
（二）环境质量状况…………………………（103）
（三）环境污染防治…………………………（106）
（四）环境管理………………………………（108）
（五）环境法制和执法………………………（113）

六、水务管理

（一）综述……………………………………（114）
（二）防汛防台………………………………（115）
（三）城市供水………………………………（116）
（四）城市排水………………………………（117）
（五）水利建设………………………………（117）
（六）水政管理………………………………（118）
（七）太湖流域管理…………………………（121）

七、房屋管理

（一）综述……………………………………（127）
（二）住宅建设………………………………（128）
（三）房地产市场管理………………………（129）
（四）物业管理………………………………（130）
（五）旧区改造………………………………（131）
（六）房屋征收管理…………………………（132）
（七）旧住房修缮改造………………………（134）
（八）住房保障………………………………（134）

八、城市交通

（一）综述……………………………………（138）
（二）交通管理………………………………（139）
（三）交通执法………………………………（142）
（四）市内交通………………………………（145）
（五）公路运输………………………………（149）
（六）交通服务………………………………（151）

九、港口航运

（一）综述……………………………………（155）
（二）港口管理………………………………（156）
（三）航运管理………………………………（159）
（四）合作交流………………………………（162）

十、铁路运输

（一）综述……………………………………（165）
（二）基本建设………………………………（167）
（三）客运服务………………………………（172）
（四）货运服务………………………………（176）
（五）综合经营………………………………（178）

十一、民用航空

（一）综述……（180）
（二）华东民航……（181）
（三）机场建设与管理……（182）
（四）航空公司……（182）

十二、邮政事业

（一）综述……（188）
（二）行业监管……（189）
（三）普遍服务……（194）
（四）快递服务……（196）
（五）科技和文化……（197）

十三、海洋海事

（一）综述……（200）
（二）海洋管理……（201）
（三）海事管理……（203）
（四）救助打捞……（208）

十四、国际航运中心建设

（一）综述……（213）
（二）集疏运体系……（214）
（三）航运服务业……（216）
（四）航运业务……（219）
（五）航运金融……（224）
（六）国际航运发展综合试验区……（225）
（七）邮轮产业发展……（226）

十五、建筑建材业管理

（一）综述……（229）
（二）招标投标管理……（230）
（三）资质资格管理……（231）
（四）安全质量监督……（233）
（五）标准定额管理……（235）
（六）建筑节能和资源综合利用……（235）
（七）设计文件审查……（237）

十六、城市综合管理

（一）综述……（240）
（二）市政市容综合管理……（241）
（三）城市信息化管理……（243）
（四）城市网格化管理……（244）
（五）12319城建服务热线……（246）
（六）综合交通管理……（247）
（七）应急管理……（249）
（八）职业教育……（251）
（九）开发区建设……（253）

十七、科研工作

（一）综述……………………………………（255）
（二）课题研究………………………………（256）
（三）科研项目………………………………（259）
（四）获奖成果………………………………（260）

十八、区县建设

（一）黄浦区…………………………………（264）
（二）静安区…………………………………（271）
（三）徐汇区…………………………………（277）
（四）长宁区…………………………………（284）
（五）普陀区…………………………………（301）
（六）闸北区…………………………………（310）
（七）虹口区…………………………………（322）
（八）杨浦区…………………………………（328）
（九）浦东新区………………………………（336）
（十）闵行区…………………………………（345）
（十一）宝山区………………………………（354）
（十二）嘉定区………………………………（361）
（十三）青浦区………………………………（374）
（十四）松江区………………………………（379）
（十五）金山区………………………………（388）
（十六）奉贤区………………………………（395）
（十七）崇明县………………………………（404）

十九、政策法规

政策法规……………………………………（415）

附 录

2012 年大事记……………………………………528
2012 年上海市建设和管理文件选编目录……561
2012 年上海城市建设、交通运输相关数据统计
……………………………………………………572

（一）地域
（二）行政区划
（三）人口
（四）水文
（五）气候

（一）地域

上海市，简称沪，别名申。地处东经120° 51′~122° 12′，北纬30° 40′~31° 53′，位于太平洋西岸，亚洲大陆东沿，中国南北海岸中心点，长江和钱塘江入海汇合处。北界长江，东濒东海，南临杭州湾，西接江苏和浙江两省。是长江三角洲冲积平原的一部分，平均高度为海拔4米左右。陆地地势总趋势由东向西低微倾斜。以西部淀山湖一带的淀泖洼地为最低，海拔2~3米；在泗泾、亭林、金卫一线以东的黄浦江两岸地区，为碟缘高地，海拔4米左右；浦东钦公塘以东地区为滨海平原，海拔4~5米。西部有天马山、佘山、薛山、凤凰山等残丘，天马山为上海陆上最高点，海拔98.2米。海域上有大金山、小金山、浮山、佘山等基岩岛，大金山海拔103.4米，为上海境内最高点。全市总面积6340.5平方公里，东西最大距离约100公里，南北最大距离约120公里。大陆岸线长约211公里。在北面的长江入海处，有崇明、长兴、横沙、九段沙等岛屿。崇明岛为中国第三大岛，由长江挟带下来的泥沙冲积而成。

（二）行政区划

今上海地区，吴淞江以南，公元751年(唐天宝十载)系嘉兴东境、海盐北境、昆山南境之地置华亭县。1277年(元至元十四年)升华亭县为华亭府，第二年改为松江府。至清代，松江府辖有华亭、娄、上海、青浦、金山、奉贤、南汇7个县和川沙抚民厅。吴淞江以北，1218年1月7日(南宋嘉定十年十二月初九日)设嘉定县，后又析出宝山县。长江口的沙洲，907年左右(五代初)置崇明镇，1277年升为崇明州，1369年(明洪武二年)改为崇明县。

上海城市，源于吴淞江下游的渔村，1267年(南宋咸淳三年)前成镇，镇因黄浦江西的上海浦得名。1291年(元至元二十八年)析华亭县东北、黄浦江东西两岸的高昌、长人、北亭、海隅、新江5个乡置上海县，1292年设立，为松江府属县。1927年7月设上海特别市，1930年5月改称上海市。1949年5月27日，上海解放。全市划为黄浦、老闸、新成、静安、江宁、普陀、邑庙、蓬莱等20个市区和新市、江湾、吴淞、大场等10个郊区。1958年1月，上海、嘉定、宝山3个县从江苏省划归上海市；10月，设立浦东县；11月，川沙、青浦、南汇、松江、奉贤、金山和崇明7个县从江苏省划归上海市。1960年1月，设立闵行区和吴淞区。1961年1月，撤销浦东县。1961年3月，浙江省嵊泗列岛划归上海市。1962年5月，上海市嵊泗列岛划归浙江省。1964年5月，撤销闵行区、吴淞区。至1964年5月，上海市辖有黄浦、南市、卢湾、徐汇、长宁、静安、普陀、闸北、虹口、杨浦10个市区，以及上海、嘉定、宝山、川沙、奉贤、南汇、松江、金山、青浦、崇明10个郊县。1980年10月，设立吴淞区。1981年2月，设立闵行区。1988年1月，撤销宝山县和吴淞区，设立宝山区。1992年9月，撤销上海县和原闵行区，设立新的闵行区。1992年10月，以川沙县全境、原上海县三林乡和黄浦、南市、杨浦3个区的浦东部分，设立浦东新区；撤销嘉定县，设立嘉定区。1997年4月，撤销金山县，设立金山区。1998年2月，撤销松江县，设立松江区。1999年9月，撤销青浦县，设立青浦区。2000年6月，原黄浦区和南市区撤并，设立新的黄浦区。2001年1月，撤销南汇县，设立南汇区；撤销奉贤县，设立奉贤区。2005年5月，宝山区管辖的长兴乡、横沙乡划归崇明县管辖。2009年4月，撤销南汇区，其行政区域范围划入浦东新区。2011年5月，原黄浦区和卢湾区撤并，设立新的黄浦区。2012年底，上海市辖有浦东新区、徐汇、长宁、普陀、闸北、虹口、杨浦、黄浦、静安、宝山、闵行、嘉定、金山、松江、青浦、奉贤16个区，崇明1个县；共辖有98个街道(比上年底减少1个)、108个镇、2个乡；有3914个(比上年底增加64个)居委会、1613个(比上年底减少19个)村委会。

上海城墙是指明清之际上海存在过的砖石城墙。上海古城墙现存的遗址位于今黄浦区小北门大境路一带。上海由元至元二十八年(1291年)由镇升格为县后的260多年中，一直没有建造城墙。直到明嘉靖三十二年(1553年)，为抵御倭寇来犯，赶工在3个月内建成椭圆形上海城墙，全长4500米，高约7–8米，初开有6个城门，即朝宗门(大东门)、宝带门(小东门)、晏海门(老北门)、仪凤门(老西门)、跨龙门(大南门)和朝阳门(小南门)。城外开凿有宽约20米、深6米、围约5000米的护城河。东临黄浦江的3个城门：宝带门、朝宗门、朝阳门和西面的老西门都设有水门，东门、西门跨肇嘉浜，小东门处跨方浜。1860年修筑障川门(新北门)。1909年新辟尚文门(小西门)、拱辰门(小北门)和福佑门(新东门)。1912年1月至1914年冬，具有361年历史的上海城墙被拆除。

（三）人口

至2012年底，上海常住人口2380.43万人，其中外来人口960.24万人。上海户籍人口1426.93万人，比上年增加7.57万人，其中男性709.62万人、女性717.31万人，性别比为0.99:1；非农业人口1280.82万人，比上年增加13.06万人。全市户籍数524.31万户，平均每户人口2.7人。户籍人口出生数12.11万人，出生率8.51‰；死亡人数11.74万人，死亡率8.25‰。人口自然增长率0.26‰。年内全市迁出5.89万人，迁入12.96万人，机械增长7.07万人，机械增长率3.97‰。全市户籍人口密度每平方公里2251人，常住人口密度每平方公里3754人。户籍人口期望寿命82.41岁，其中男性80.18岁、女性84.67岁。

（四）水文

上海市地处长江入海口、太湖流域东缘。境内河道长度约2.53万公里，河流和湖泊总面积约619平方公里。河面率约9.77%，河网密度平均每平方公里4公里。境内江、河、湖、塘相间，水网交织，主要水域和河道有长江口，黄浦江及其支流大泖港、园泄泾、斜塘和太浦河、拦路港，以及吴淞江（苏州河）、蕰藻浜、川杨河、淀浦河、大治河、金汇港、油墩港等。其中，黄浦江干流全长80余公里，河宽300~700米，其上游在松江区米市渡处承接太湖、阳澄淀泖地区和杭嘉湖平原来水，贯穿上海至吴淞口汇入长江口；吴淞江别称苏州河，发源于太湖瓜泾口，在市区外白渡桥附近汇入黄浦江，全长约125公里，其中上海境内约54公里，为黄浦江主要支流。上海的湖泊集中在与江苏、浙江交界的西部洼地，最大的湖泊为淀山湖，总面积60余平方公里。

2012年，上海年降水量1436毫米（徐家汇站，以下同），比常年偏多约23%，其中汛期(6~9月)降水量681毫米，比常年偏多约11%；降水量年内月分配很不均匀，其中，1~5月降水量比常年偏多约30%，6~7月降水量与常年基本接近，8月降水量比常年增加约66%，9~10月降水量比常年偏少约37%，11~12月降水量比常年增加138%左右。6月17日入梅，7月4日出梅，梅雨期历时18天，其中雨日11天。梅雨期间，全市降水量分布不均匀，中心城区约182毫米，比多年平均值减少约二成，其他区县以金山区降水量最大，约323毫米，嘉定区降水量最少，约81.7毫米。较强暴雨有3次。其中，6月17~18日，全市普降大到暴雨，雨区中心在浦东南部和青浦一带，浦东新区芦潮港站日雨量157毫米，青浦商榻站155毫米；8月8日，受第十一号台风“海葵”影响，上海普降暴到大暴雨，降雨主要集中在中心城区、嘉定区、奉贤区一带，嘉定站最大日雨量207毫米；8月20日午后，受强雷暴云团影响，上海中心城区出现雷暴雨天气，普陀梦清园站雨量96毫米，中心城区多站小时降雨超过50毫米。

全年全市地表径流量约27.35亿立方米，折合年径流深431.4毫米，比多年平均值增加约12%。

长江口高桥站年平均高潮位3.43米（上海吴淞基面，下同），比多年平均值高0.09米；杭州湾芦潮港站3.73米，比该站多年平均高潮位高0.21米。

上海市内主要河流水质污染仍以有机污染为主。根据上海市水文总站监测，水质的有机污染指标大部分在Ⅱ－劣Ⅴ类。其中，长江口、黄浦江上游及崇明岛内河水质较好，一般为Ⅱ－Ⅳ类水；大陆片内河河网水质较差，一般为Ⅲ－劣Ⅴ类水。

(五)气候

2012年，上海地区气温略偏高，降水总量略偏多，日照时数略偏少。冬季气温略低，为1996年以来冬季气温第二最低年(2011年4.8℃)，降水略多，日照时数显著偏少；春季气温偏高(其中4月气温为全市11个气象站建站以来同期次高)，降水略多，日照时数略多；夏季气温偏高，降水接近常年，日照时数略少；秋季气温略低，降水略多，日照时数略多。

全市年平均气温(全市11个气象观测站平均)16.6℃，比常年平均偏高0.3℃，与上年持平。在地区分布上，中心城区年平均气温17.1℃，郊区年平均气温16.6℃。与常年相比，嘉定和松江地区偏高0.6℃，浦东新区南汇地区持平，其余地区偏高0.2~0.4℃。在年内分布上，与常年平均值相比，2月气温比常年同期偏低1.4℃，9月和12月气温比常年同期偏低0.5℃，11月气温比常年同期偏低0.1℃，其他各月气温均比常年同期偏高，其中4月气温偏高2.4℃，为全市11个气象站建站以来同期次高。全市极端最低气温-6.1℃(青浦地区)，极端最高气温38.3℃(宝山地区)。日最高气温≥35℃的高温日数：中心城区24天，比常年多9天；郊区7~22天，南部沿海地区少，嘉定、宝山、青浦、闵行、浦东和松江地区多。日最高气温≥37℃的炎热日数：中心城区4天，与常年持平，嘉定、青浦和松江地区都为3天，闵行和宝山地区为2天，浦东新区和奉贤地区均为1天，崇明和金山地区没有出现炎热日。

全市平均年降水量(全市11个气象观测站平均)1312毫米，比常年平均略偏多11%。各区县年降水量1042~1540毫米，北部的崇明、宝山、嘉定和青浦地区降水较少，都在1225毫米以下，南部的金山地区降水量最多，其余地区降水量为1313~1450毫米。与常年平均值相比，除崇明和宝山地区降水量略偏少6%~8%外，其余地区降水均比常年偏多，其中浦东新区南汇地区、奉贤和金山地区偏多20%~30%，嘉定、浦东新区北部地区、青浦、闵行、松江和中心城区偏多6%~14%。全年平均降水日数148天，比常年平均偏多18天，其中日降水量≥25毫米的大雨以上日数11天，日降水量≥50毫米的暴雨日数2天。地区分布上，金山地区暴雨日数4天，浦东和松江地区暴雨日数3天，其他地区暴雨日数1~2天。降水量在年内分配上，与常年同期平均值相比，4月、7月和9月降水略偏少4%~22%，10月降水显著偏少64%；11月和12月降水量异常偏多1.3倍，2月和3月降水量分别偏多36%和33%，1月、5月、6月和8月降水量略偏多2%~20%。汛期(6~9月)全市平均降水量586毫米，比常年同期略偏少4%，比上年同期略偏少5%。

全市年日照时数(全市11个气象观测站平均)1760小时，比常年平均值偏少95小时。各区县年日照时数为1421~1979小时，奉贤地区最多，中心城区最少。与常年相比，奉贤地区偏多70小时，嘉定地区偏多36小时，闵行地区偏多28小时，其他地区偏少11~271小时。3月、8月、9月和11月日照时数接近常年平均值，5月和12月日照时数比常年略偏少，1月、2月和6月日照时数比常年偏少，4月、7月和10月日照时数比常年略多。

政府工作报告

——2013年1月27日在上海市第十四届人民代表大会第一次会议上

上海市市长 杨雄

各位代表：

现在，我代表上海市人民政府，向大会报告本届政府过去五年工作，对今后五年及2013年工作提出建议，请予审议。请政协委员和其他列席人员提出意见。

一、过去五年工作回顾

市第十三届人民代表大会第一次会议以来的五年，全市人民在党中央、国务院和中共上海市委的坚强领导下，高举中国特色社会主义伟大旗帜，以邓小平理论、“三个代表”重要思想为指导，深入贯彻落实科学发展观，攻坚克难，砥砺奋进，加快推进“四个率先”，加快建设“四个中心”，开启了创新驱动、转型发展的新局面，完成了本届政府工作目标和任务。

五年来，我们在中央的直接领导和全国人民的大力支持下，坚持科学办博、勤俭办博、廉洁办博、安全办博，举全国之力、集世界智慧，举办了一届成功、精彩、难忘的世博会，城市国际影响力显著提升。八年艰辛筹备、184天精心举办，全市人民齐心协力，社会各界共襄盛举。高质量完成世博会场馆和城市基础设施配套建设，认真做好活动策划、招展布展、对外推介等筹办工作，全面开展迎世博600天行动计划。面对参观人流长时间高度聚集，坚持以人为本，不断改进园区服务和城市运行管理，周密细致做好安保、交通、外事、旅游、接待、宣传和志愿者服务等工作，经受住连续高温天气、单日103万超大客流等严峻考验，创下了246个参展国家和国际组织、7308万参观人次的历史之最，赢得了国内外宾客对上海世博会和上海这座城市的普遍赞誉，谱写了世界博览史的新篇章。精心谋划“世博后”这篇大文章，一批绿色、低碳、环保的科技成果得到应用，一批世博会期间行之有效的城市服务和管理措施制度化、常态化，中国馆等重要场馆改造成公共文化场馆并对外开放，“城市，让生活更美好”的理念深入人心，上海世博会精神成为推动转型发展的强大精神力量。

五年来，我们积极应对国际金融危机的严重冲击和自身发展转型的严峻考验，努力摆脱传统发展模式的束缚，经济保持持续平稳健康发展，经济发展方式转变迈出实质性步伐。经济增长的质量与效益明显提高，全市生产总值年均增长 8.8%、2012 年突破 2 万亿元，地方财政收入从 2007 年的 2103 亿元提高到 2012 年的 3744 亿元，单位生产总值能耗“十一五”期间下降 20%、近两年再下降 10.5%，主要污染物排放量超额完成削减目标。金融中心建设取得重大进展，股指期货等金融创新顺利推进，大型商业银行二总部、上海清算所等功能性机构加快集聚，各类金融机构累计 1227 家，金融市场交易额达到 528 万亿元，股票市场、期货市场规模跃居全球前列。航运中心建设取得新突破，启运港退税等一批先行先试政策启动实施，上海港集装箱吞吐量连续三年位居世界第一，浦东国际机场货邮吞吐量连续四年位居世界第三。贸易中心建设步伐加快，关区和本市进出口总额分别达到 8013 亿美元和 4368 亿美元，商品销售总额达到 53795 亿元，社会消费品零售总额年均增长 13.8%。产业结构调整成效明显，第三产业增加值占全市生产总值的比重提高到 60%，战略性新兴产业规模突破 1 万亿元，大型客机等一批国家重大项目落地。经济发展对投资拉动、房地产业、重化工业、加工型劳动密集型产业的依赖减弱，消费对经济增长的贡献率上升到 70% 以上，房地产业增加值占全市生产总值的比重从 2007 年的 7.7% 下降到 2012 年的 5.4%，五年淘汰高污染、高能耗落后产能 4760 项。科技创新能力明显提高，张江国家自主创新示范区启动建设，上海光源、光刻机研制等取得重大突破，全社会研发经费支出相当于全市生产总值的比例达到 3.16%。知识产权创造、运用、保护、管理全面加强，每万人口发明专利拥有量达到 17.2 件。人才发展环境进一步优化，高层次人才不断集聚。滚动实施环保三年行动计划，环保投入相当于全市生产总值的比例保持在 3% 左右，新增绿地 5500 公顷。

五年来，我们坚持民生优先导向，把转型发展与改善民生有机结合起来，不断加大民生投入，着力加强和创新社会管理，人民生活水平明显提高。城市和农村居民家庭人均可支配收入分别从 2007 年的 23623 元、10222 元提高到 2012 年的 40188 元、17401 元。实施积极的就业政策，每年新增就业岗位 60 万个左右，城镇登记失业率保持在 4.5% 以内。加强郊区“菜园子”、市区“菜市场”建设，增强粮食、蔬菜综合保障能力，物价总水平保持基本稳定。覆盖城乡的社会保障体系基本建立，“职保”、“镇保”和“新农保”人均养老金分别提高 90%、89% 和 192%，最低工资标准、城镇和农村低保标准分别提高 73%、63% 和 84%。养老服务体系不断完善，养老床位增加到 10.6 万张，社区居家养老服务覆盖 27.2 万人。住房保障体系基本形成，累计开工建设和筹措各类保障房 83 万套，竣工 47 万套，拆除中心城区二级旧里以下房屋 332 万平方米。贯彻国家房地产市场调控政策，房价过快上涨势头得到遏制。开展个人住房房产税改革试点。社会管理创新进一步加强，社区事务受理服务中心、卫生服务中心、文化活动中心实现街道乡镇全覆盖，实有人口、实有房屋全覆盖管理基本实现，重大事项社会稳定风险评估制度全面推行，分级分责化解社会矛盾、信访事项核查终结等制度建立实施，平安建设深入推进，社会保持和谐稳定。

五年来，我们顺应人民群众新期待，加快社会事业改革发展，全面推进国际文化大都市建设，城市软实力明显增强。国家教育综合改革试验区建设全面推进，财政性教育投入从2007年的290亿元增加到2012年的724亿元，新增343所幼儿园、75所中小学，城乡免费义务教育全面实现，上海纽约大学、上海科技大学建设顺利推进。深化医药卫生体制改革，在郊区新建4家三级医院，基本药物制度在公立基层医疗卫生机构全面实施，医疗保障水平稳步提升。出生人口素质继续提高，人均期望寿命达到82.4岁。成功创建全国残疾人工作示范城市。

妇女儿童、国防动员、双拥和档案工作取得新进展，民族、宗教、外事、港澳、对台、侨务工作得到加强。建成东方体育中心和近5000处社区健身设施，成功举办第十四届国际泳联世界锦标赛和第一届市民运动会，上海体育健儿在奥运会等重大赛事上取得优异成绩。文化发展不断加快，中华艺术宫、当代艺术博物馆等一批重大文化场馆建成开放，公共图书馆、博物馆等一批公共文化场馆免费开放基础服务项目，国际艺术节等一批重大文化活动成功举办，经营性出版单位转企改制等改革全面完成，文化创意产业增加值占全市生产总值的比重超过10%。

五年来，我们始终把统筹城乡发展放在重要位置，推动建设重心向郊区转移，加快建设现代化基础设施体系，加强和改进城市管理，推进社会主义新农村建设，城乡一体化发展取得重大进展。枢纽型、功能性、网络化基础设施体系基本建成，洋山深水港区三期工程、浦东国际机场二期扩建工程、虹桥国际机场扩建工程建成运营，虹桥综合交通枢纽投入使用，京沪高速铁路上海段、沪宁城际铁路、沪杭客运专线、金山铁路建成通车，轨道交通运营线路从2007年的263公里增加到2012年的468公里。长江隧桥、外滩地区综合交通改造工程、崇启通道和一批黄浦江越江工程相继建成。青草沙水源地原水工程全面建成。智慧城市建设加快推进，光纤宽带使用家庭达到250万户，无线局域网覆盖300处主要公共场所。全面加强城市安全管理，建立健全城市长效管理机制，加大城市维护投入，城市面貌显著改善，交通运行平稳有序。黄浦江两岸、临港地区、虹桥商务区、国际旅游度假区等重点区域建设取得重大进展。郊区新城规划调整修编基本完成，重点新城建设加速，小城镇发展改革试点稳步推进。新建改建3300公里农村公路，完成527个村庄、20万户农村生活污水处理设施、8151户农村困难户危旧房改造。农业投入加大，累计建成设施粮田129.8万亩、设施菜田20.3万亩。稳定和完善农村土地承包关系，有序推进农村集体经济组织产权制度改革。生态补偿机制建立健全，对财力困难区县的财政转移支付力度进一步加大。崇明生态岛建设加快推进。

五年来，我们直面制约科学发展的老矛盾、新问题，奋力推动改革开放不动摇，重点领域和关键环节改革取得新突破，开放型经济水平不断提高。浦东综合配套改革试点深入推进，南汇并入浦东新区顺利实施，跨境贸易人民币结算、期货保税交割等创新在浦东率先推进。按照国家部署，在部分服务业先行开展营业税改征增值税试点，为全国扩大试点范围积累了经验。国资国企开放性、市场化重组有序推进，一批国有企业集团整体上市，全市经营性国资证券化率从2007年的17.6%提高到2012年的35.2%。实施财政专项资金支持等政策措施，缓解中小微企业“担保难、融资难”问题，非公有制经济增加值占全市生产总值的比重超过50%。社会信用体系建设继续推进，人民银行征信中心落户上海。开放型经济达到新水平，实际利用外资595亿美元，对外投资超过100亿美元，在沪跨国公司地区总部累计达到403家，服务贸易进出口总额占全国30%以上，对外承包工程新签合同额连续四年超过100亿美元。支援都江堰市灾后重建任务全面完成，对口支援力度继续加大，与长三角和其他地区的合作交流不断深化。

五年来，我们紧紧围绕服务政府、责任政府、法治政府、廉洁政府建设，着力创新政府管理，着力改进政府服务，“两高一少”行政区建设取得重大突破。推进行政审批制度改革，建立审批标准化管理制度，共取消调整审批事项1040项，产业项目平均审批期限缩短三分之一。电子政务网络实现全覆盖，网上政务大厅开通运行，网上办事事项达到1792项，“12345”市民服务热线建成运行，以“上海发布”为核心的政务微博群成功上线。全面深化政府信息公开，共依法公开73.2万条政府信息，信息公开工作走在全国前列。减少行政事业性收费，共取消和停征368项收费项目，成为行政事业性收费占地方财政收入比重最小的省市之一。市、区县两级政府机构改革和黄浦、卢湾“撤二建一”顺利完成，市级政府部门与所属企业全面脱钩。市与区县财税管理体制改革进一步深化，政府预算体系框架基本形成。建立健全公众参与等决策程序，完善行政执法人员管理等制度，依法行政水平进一步提高。强化对政府投资项目、重大政策执行等的审计监督，在财政资金、土地交易等领域实行“制度加科技”的预防腐败新机制，廉政建设进一步加强。

各位代表：刚刚过去的五年，我们在党的十七大、十八大精神指引下，奋力推进创新驱动、转型发展，取得了令人欣喜、来之不易的成绩。这是党中央、国务院和中共上海市委坚强领导的结果，是全市人民共同奋斗的结果。在这里，我代表上海市人民政府，向在各个岗位上辛勤劳动的全市人民，向给予政府工作大力支持的人大代表和政协委员，向各民主党派、工商联、各人民团体和社会各界人士，表示最崇高的敬意！向中央各部门、兄弟省区市和驻沪部队、武警官兵，向关心和支持上海发展的香港、澳门特别行政区同胞、台湾同胞、海外侨胞和国际友人，表示最诚挚的感谢！

同时，我们清醒地看到，在前进道路上还有诸多困难和问题，政府工作中还存在不少缺点和不足。资源环境约束加剧，商务成本持续上升，新的经济增长点不多，不少产业能级不高，转方式、调结构的任务非常艰巨；创新创业活力不足，国有经济发展动力不够强，扩大出口的困难更多，“走出去”层次不高，深化改革开放更加紧迫；城乡区域发展差距仍然较大，农民增收基础依然薄弱，城乡区域协调发展的推进力度亟待加大；常住人口总量快速增长，人口老龄化程度加剧，基本公共服务和社会保障压力加大，收入分配差距依然较大，群体利益诉求日趋多样，改善民生和社会管理的任务繁重；城市运行安全和生产安全问题多发，薄弱环节还有不少，城市管理的科学化、精细化水平急需提高。有些政府部门职能转变相对滞后，推动转型发展、加强公共服务管理的能力和水平亟待提高；一些政府工作人员责任感不强、工作效率不高已经成为比较突出的问题，不主动作为和相互扯皮、相互推诿的情况时有发生，形式主义、做表面文章的现象仍然存在，直接导致一些政府工作落实不力、服务不到位；少数政府工作人员缺乏忧患意识、群众观点不强，脱离群众，铺张浪费，极少数人甚至以权谋私、贪污腐败。对这些困难和问题，我们必须高度重视，不掩饰、不回避，切实加以解决。

五年实践探索，我们的体会主要是：始终把人民利益放在第一位，切实解决人民群众最关心、最直接、最现实的利益问题，使改革发展成果更多、更公平地惠及全市人民；始终围绕创新驱动、转型发展，加快经济结构战略性调整，努力实现经济持续健康发展；始终坚持社会主义市场经济的改革方向，坚定不移深化改革、扩大开放，不断为城市发展注入强大动力；始终处理好改革发展稳定的关系，加强和创新社会管理，确保社会和谐安定；始终把政府自身建设放在突出位置，加快建设服务政府、责任政府、法治政府、廉洁政府，为做好各项工作提供重要保障。

总结五年奋斗历程，最重要的就是我们始终高举中国特色社会主义伟大旗帜，解放思想、实事求是、与时俱进、求真务实，坚持以人为本、执政为民，不断探索中国特色、时代特征、上海特点的科学发展之路。这既是我们过去实践的根本经验，也是我们开创未来的致胜法宝！

二、今后五年工作的总体要求和主要目标

今后五年，是上海推进“四个率先”、建设“四个中心”的重要时期，也是创新驱动、转型发展的攻坚阶段。世界经济格局继续发生深刻调整，经济环境更趋复杂，但和平与发展的时代主题和经济全球化的大势没有改变。我国发展面临更为严峻的风险挑战，但仍处于可以大有作为的重要战略机遇期没有改变。上海转型发展的深层次矛盾更加凸显，但在实现国家战略中的地位和使命没有改变。我们必须准确把握上海发展所处的历史方位和阶段特征，进一步增强忧患意识、机遇意识，以更大的勇气和智慧开拓前行，在新的起点上谋求新的发展、实现新的突破。

今后五年政府工作的总体要求是：在以习近平同志为总书记的党中央坚强领导下，高举中国特色社会主义伟大旗帜，以邓小平理论、“三个代表”重要思想、科学发展观为指导，全面贯彻落实党的十八大及市第十次党代会精神，按照当好全国改革开放排头兵和科学发展先行者的要求，坚持创新驱动、转型发展的总方针，奋发有为，攻坚克难，加快推进“四个率先”，加快建设“四个中心”，努力建设经济活跃、法治完善、文化繁荣、社会和谐、城市安全、生态宜居、人民幸福的社会主义现代化国际大都市。

根据市第十次党代会提出的奋斗目标，建议在全面完成“十二五”规划的基础上，今后五年上海经济社会发展的主要目标是：

——努力实现“四个中心”建设的新跨越，为到2020年基本建成“四个中心”奠定坚实基础。国际经济中心地位全面提升，新增跨国公司地区总部150家，主要金融市场规模保持或进入世界同类市场前列，金融市场直接融资额占全国社会融资规模的比重达到25%左右，现代航运服务功能显著提升，国际贸易中心核心功能基本形成，商品销售总额达到10万亿元。

——努力实现经济发展方式的根本性转变，服务经济为主的产业结构基本形成。力争在2020年前实现全市生产总值和城乡居民人均收入比2010年翻一番。地方财政收入与经济保持同步增长。第三产业增加值占全市生产总值的比重达到65%以上。创新成为经济发展的主要驱动力，全社会研发经费支出相当于全市生产总值的比例达到3.3%以上。

——努力完善基本公共服务体系，人民生活水平全面提高。城镇登记失业率控制在4.5%以内，收入分配差距缩小，社会保障体系和住房保障体系更加完善。完成350万平方米二级旧里以下房屋改造。轨道交通运营线路达到600公里以上。社会主义新农村建设成效显著。市民享有更丰富的精神文化生活，更公平的基本公共教育服务和基本医疗卫生服务。

——努力建设智慧、低碳、宜居的城市，人口资源环境更加协调。城市信息化整体水平迈入国际先进行列。环保投入相当于全市生产总值的比例保持在3%左右，单位生产总值能耗、单位生产总值二氧化碳排放量、

主要污染物排放量在完成“十二五”目标的基础上进一步下降。

——努力构筑推进科学发展的体制机制，制度创新取得新突破。政府职能进一步转变，市场配置资源的基础性作用在更大程度、更广范围得到进一步发挥，开放型经济新优势更加突出，有利于创新驱动、转型发展的体制机制基本形成。

围绕上述目标，今后五年的主要任务是：

（一）凝心聚力推进经济结构战略性调整。这是加快转变经济发展方式的主攻方向。要把建成“四个中心”作为调结构、转方式的核心目标。适应经济全球化新趋势，坚持先行先试，注重优化发展环境，完善多层次的要素市场体系，加快培育和引进功能性机构，不断增强经济中心的集聚辐射功能，建设具有全球资源配置能力的国际金融中心、国际航运中心、国际贸易中心。

把提升产业国际竞争力作为调结构、转方式的根本途径。按照高端化、集约化、服务化，推动三二一产业融合发展的方针，突出城市功能提升、市场需求导向，推动产业技术进步，促进质量发展，加强商业模式创新，重构产业分工协作体系，构建以现代服务业为主、战略性新兴产业引领、先进制造业支撑的新型产业体系。

把增强自主创新能力作为调结构、转方式的中心环节。坚持自主创新、重点跨越、支撑发展、引领未来的方针，以应用为导向、企业为主体，深化科技体制改革，更加注重协同创新，实施知识产权战略，实现科技进步贡献率进一步提升、每万人口发明专利拥有量达到40件，率先进入创新型城市行列。

把提高郊区发展水平作为调结构、转方式的重大支撑。坚持城市建设重心向郊区转移，加快建设现代化宜居新城，提升小城镇建设和管理水平，深入推进以农民持续增收为核心的新农村建设，加快城乡基础设施一体化、基本公共服务均等化，率先形成功能分工合理、资源配置均衡、发展差距缩小的城乡一体化发展新格局。

把培养和集聚人才作为调结构、转方式的关键要素。积极营造具有国际竞争力的人才发展环境，充分开发利用国内国际人才资源，努力让各类人才特别是创新创业人才、优秀青年人才拥有更大发展空间、赢得更多信任宽容、获得更好扶持帮助，使我们这座城市始终保持旺盛不衰的创造活力。

（二）更加有力地在改善民生和创新管理中加强社会建设。促进人的全面发展，是推动转型发展的根本目的。要坚持与发展阶段和发展水平相适应，尽力而为、量力而行，注重公平、统筹兼顾，努力使全市人民安居乐业。实施就业优先战略和更加积极的就业政策，促进创业带动就业，倡导通过辛勤劳动改善生活，推动实现更高质量的就业。根据初次分配和再分配都要兼顾效率和公平、再分配更加注重公平的原则，千方百计增加城乡居民收入。坚持全覆盖、保基本、多层次、可持续方针，以增强公平性、适应流动性、保证可持续性为重点，统筹推进城乡社会保障体系建设，完善养老服务体系，社会养老服务人数达到45万左右。坚持以居住为主、市民消费为主、普通商品房为主，完善房地产市场体系和住房保障体系，加快推进旧区改造和旧住房综合改造，切实改善人民群众的居住条件。

坚持确保公益、促进均衡、激发活力，推进社会事业改革发展。实施教育优先发展战略，深入推进国家教育综合改革试验区建设，努力在提高人才培养质量、促进基础教育均衡发展等方面取得新突破，主要劳动年龄人口受过高等教育的比例达到40%左右。按照保基本、强基层、建机制的要求，深化医药卫生体制改革，力争在公立医院改革、药品采购供应、卫生信息化等关键环节取得实质性突破。着眼于增强人民体质，完善公共体育设施布局，促进群众体育蓬勃发展。

坚持贴近群众关切、寓管理于服务之中，加快形成党委领导、政府负责、社会协同、公众参与、法治保障的社会管理体制，确保社会和谐稳定。致力于充分发挥群众参与社会管理的基础作用，引导群众依法进行自我管理、自我服务、自我教育、自我监督，促进社会组织健康有序发展。坚持服务管理重心下沉，加强基层社会管理和服务体系建设，切实做到管理出效率、基层有活力、群众得实惠。按照合法稳定就业、合法稳定居住的政策取向，依托居住证制度完善来沪人员服务管理，合理控制人口规模，优化人口结构。健全党和政府主导的维护群众权益机制，努力使人民群众的合理诉求及时得到回应、合法权益及时得到维护。

（三）更加自觉地推动国际文化大都市建设。文化是人民的精神家园，是国际大都市迸发活力的本质性力量。要用社会主义核心价值体系凝聚社会共识，用海纳百川、追求卓越、开明睿智、大气谦和的城市精神，公正、包容、责任、诚信的价值取向塑造城市品格，全面提高城市文明程度和市民综合素质。

坚持把社会效益放在首位、社会效益和经济效益相统一，增强文化整体实力。坚持面向基层、服务群众，提高文化产品质量和服务效能，加快建设更加完善、更加均衡的公共文化服务体系。充分运用市场机制，促进文化与科技、金融的紧密融合，提升文化创意产业竞争力，文化创意产业增加值占全市生产总值的比重达到12%左右、确立支柱性产业的地位。提高文化原创能力，加强与国内外的文化交流，努力成为优秀文艺作品的重要原创基地和国际文化交流中心。

着眼于增强全社会文化创造活力，深化文化体制改革，扩大文化领域对外开放，创新文化管理理念，营造宽容社会氛围，培养和引进高素质文化人才，使文化发展的主体更丰富、环境更优化、法制更健全、形式更多样、人才队伍更壮大。

（四）持之以恒推进生态宜居城市建设。建设生态文明和美丽城市，是全市人民的共同心愿。要按照人口资源环境相均衡、经济社会生态效益相统一的原则，优化城市空间开发格局。实施主体功能区战略，控制开发强度，保护生态空间，构建更加科学合理的城镇体系和产业布局。

按照控制总量、调整存量、注重实效、社会参与的要求，建设资源节约型、环境友好型城市。推动能源资源利用方式的根本转变，提高利用效率和效益。滚动实施环保三年行动计划，环境空气质量优良率稳步提高，生活垃圾无害化处理率达到98%以上，中心城污水处理率不低于98%。建设多层次、多功能的基本生态网络，森林覆盖率达到15%以上。加强生态文明制度建设，引导全社会共同推进绿色发展、循环发展、低碳发展。

坚持以人为本、安全为先、管理为重，全面加强城市建设管理。按照安全、整洁、有序、高效、法治的要求，创新城市长效管理体制机制，加快形成与现代化国际大都市相匹配的城市管理新模式。实施公交优先发展战略，中心城公交出行比重、轨道交通占公交客运量比重均超过50%。完善枢纽型、功能性、网络化基础设施体系，推进智慧城市建设，为城市功能提升和可持续发展提供坚强支撑。

（五）坚定不移深化改革开放。改革开放是转型发展的强大动力。要坚持先行先试，不失时机地把改革开放推向深入。继续高举浦东开发开放旗帜，按照浦东能突破、全市能推广、全国能借鉴的要求，加快浦东综合配套改革试点，在创新政府服务管理、扩大开放、吸引人才、统筹城乡发展等方面进一步发挥示范带动作用。

更加尊重市场规律，是深化经济体制改革必须把握的立足点。要毫不动摇巩固和发展公有制经济，推进国资国企开放性、市场化重组，推动国有资本有进有退，更多投向基础设施、公共服务、战略性新兴产业等领域。毫不动摇鼓励、支持、引导非公有制经济发展，保证各种所有制经济依法平等使用生产要素、公平参与市场竞争、同等受到法律保护，非公有制经济增加值占全市生产总值的比重提高到56%左右。深化投资体制、财税体制改革，健全现代市场体系和社会信用体系，不断激发各类市场主体的活力。

开放是上海的最大优势。要适应经济全球化发展的新变化，实施更加积极主动的开放战略，推动开放朝着优化结构、拓展深度、提高效益的方向转变，培育开放型经济新优势。提高利用外资的综合优势和总体效益，更加注重引进国外先进技术、经营模式、管理理念和高素质人才。提高服务贸易和新型国际贸易的比重，加快建设具有国际影响力的服务贸易基地和进出口商品的重要集散地，服务贸易进出口额相当于全市进出口总额的25%左右。提高"走出去"的层次，引导企业增强抵御国际经济风险、把握国际化经营的能力，努力培育世界水平的本土跨国公司。提高与兄弟省区市的经济合作水平，在服务全国中实现共同发展。

三、2013年主要任务

2013年是实施"十二五"规划承前启后的重要一年，也是新一届政府各项工作的开局之年。我们要按照中央经济工作会议、十届市委三次全会的部署，紧紧围绕创新驱动、转型发展，以提高经济增长质量和效益为中心，稳中求进、开拓创新、扎实开局，着力稳增长、调结构、促改革、惠民生，实现经济持续健康发展和社会和谐稳定。

综合各方面因素，建议2013年全市经济社会发展主要预期目标是：在提高质量和效益的基础上，全市生产总值增长7.5%左右，城乡居民家庭人均可支配收入增幅力争高于经济增幅，地方财政收入与经济保持同步增长，城镇登记失业率控制在4.5%以内，居民消费价格指数与国家价格调控目标保持衔接，全社会研发经费支出相当于全市生产总值的比例达到3%以上，环保投入相当于全市生产总值的比例保持在3%左右，单位生产总值能耗、单位生产总值二氧化碳排放量进一步下降，主要污染物排放量削减率完成国家下达目标。重点做好以下工作：

（一）聚焦重要产业、重大项目、重点区域，在加快调结构、转方式中实现经济增长。大力发展现代服务业。积极配合国家金融管理部门，推动保险交易所、国债期货、原油期货市场、票据市场建设，加大总部型、功能性金融机构的引进力度，开展跨国公司总部外汇资金集中运营管理改革、个人税收递延型养老保险等创新试点，提升陆家嘴—外滩金融集聚区的服务功能。推动国际航运发展综合试验区新一轮政策突破，支持航运金融、航运保险、海事法律等高端航运服务机构落户。推进国际贸易结算中心外汇管理试点，加快建设中国博览会综合体等国家会展项目。深化落实扩大消费政策，努力培育一批拉动力强的消费增长点。发展信息服务业、专业服务业、中介服务业、高技术服务业、社区商业和生活性服务业。深入推进现代服务业综合改革试点。

加快发展战略性新兴产业和先进制造业。在新一代信息技术、高端装备制造、新能源等领域实施一批重大项目和专项工程，支持大型客机、商用航空发动机等重大产业项目建设。推动长兴岛造船基地、汽车城等产业基地集群发展，协调推进上海化工区炼化一体化项目。推动宝钢吴淞地区、高桥地区、桃浦地区产业结构调整。全力推进传统产业转型升级，促进信息化与工业化深度融合，鼓励企业加大技术进步投入，抓紧实施一批技术改造项目。积极发展生产性服务业，支持重点工业企业向研发、销售和高端制造转型。淘汰高污染、高能耗、高风险的落后产能500项。

推动重点区域发展。加快世博会地区总部集聚区建设，完成城市最佳实践区改造项目，加快前滩地区基础设施和功能项目建设，推动临港地区政策创新和区港城联动发展，加快虹桥商务区核心区建设和东片区改造提升，继续推进国际旅游度假区迪士尼一期及配套项目建设。积极推进南外滩、徐汇滨江等黄浦江两岸重点地区建设，完善北外滩、吴淞口邮轮母港功能和服务配套，继续建设佘山国家旅游度假区。

加强资源节约和环境保护。强化规划引领，深入推进中心城区“双增双减”。实施最严格的耕地保护制度、节约集约用地制度，稳步推进存量土地的二次开发。强化水资源管理，加快东风西沙水源地建设。实施能源总量和能效双控制度，推动东海大桥海上风电二期等项目建设。继续实施第五轮环保三年行动计划，加强PM2.5治理，推进郊区污水处理厂升级改造，启动200公里河道综合整治，深化金山卫化工集中区和南大地区环境综合整治。继续推动崇明生态岛建设。推进外环等结构性绿地建设，启动郊野公园项目，新建绿地1000公顷、林地800公顷。

（二）优化发展环境，促进技术创新体系和人才队伍建设支持企业增强自主创新能力。建立健全企业主导的产学研协同创新机制，加快企业技术中心建设，推动工程技术类研究中心等研发基地布局向企业倾斜。鼓励国有企业加大研发投入。扩大科技型中小企业创新资金的规模，支持中小企业技术创新。承接和实施国家科技重大专项，启动市级科技重大专项，集中力量研发高温超导、高端医疗器械、新型显示、机器人等一批高科技产品。

健全创新创业服务体系。支持张江国家自主创新示范区在股权激励、科技金融等方面先行先试，推进紫竹国家高新区和杨浦国家创新型试点城区建设。强化基础研究、前沿技术研究、社会公益技术研究。加快建设产业技术研究院，鼓励社会资本参与科技企业孵化器建设。加强技术标准研发。深化科技评价和奖励制度改革。建设亚太地区知识产权中心城市，健全知识产权保护长效机制。

加强各类人才队伍建设。继续推动引进海外高层次人才等“千人计划”和浦江人才计划，启动实施国家高层次人才特殊支持计划。发展一批高技能人才培养基地、技能大师工作室，高技能人才占技能劳动者的比重提高到28%。推进各类人才关心的创业融资、居住、子女教育等方面政策创新。

（三）注重先行先试，深入推进经济体制改革深化浦东综合配套改革试点。按照国家部署，试点建立自由贸易园区。深入推进开设外币离岸账户、融资租赁业务创新等改革事项，争取国家支持开展一批新的改革事项。探索社会组织直接登记管理等制度。推进人才政策创新试点，建设国际人才创新试验区。推动城乡建设管理一体化、基本公共教育卫生资源均衡化。

推进财税体制改革。深化营业税改征增值税试点，完善先行试点行业改革政策，按照国家部署适时将邮电通信等行业纳入改革试点，促进“两头在沪、中间在外”企业集聚发展。完善财政转移支付机制，开展中期预算管理体制试点，扩大财政支出绩效评价实施范围。

加快国资国企改革发展。建立国有资本有进有退、合理流动的常态化机制，进一步收缩领域、压缩层级。推进国有企业集团上市，加强上市公司国有股权管理。完善国有企业激励约束机制。健全国有企业分类监管、分类考核体系。

改善非公经济发展环境。拓宽民间投资的领域和范围，引导民间资本发展实体经济，鼓励民营企业并购重组、转型升级。完善中小微企业服务体系，创新投资、担保、贷款联动的融资方式，适时设立专项发展基金，帮助企业解决实际困难。

加强市场监管。完善企业信用分类监管制度，实行对市场主体准入、经营、退出等全过程有效监管。强化产品质量、网络商品交易监管。建成公共信用信息服务平台，加强工程建设、食品药品安全等领域信用管理，建立健全联动惩戒机制。

（四）着眼于提升集聚辐射功能，进一步扩大对内对外开放提高对外开放水平。发展总部经济，完善支持跨国公司总部发展的相关政策，加快集聚外资企业研发中心、营运中心、结算中心、数据中心，引导外资投向基于网络平台、智能终端等的新产业、新业态。深化推广口岸报检报关“一单两报”、通关作业无纸化等试点，积极支持国家进口贸易创新示范区等建设，举办首届中国(上海)国际技术进出口交易会。发展信息技术外包、业务流程外包、生物医药研发外包。优化外贸商品结构、企业结构和市场结构，促进加工贸易转型升级。鼓励和支持有条件的企业开展对外投资，推动本土银行、保险、担保等机构在境外提供专业服务。提高外事工作服务国家总体外交的能力。

促进区域经济合作。深化长三角地区交通、能源、环保、旅游、科技、农业、知识产权等领域合作，推进长三角一体化发展。聚焦重点产业和重大经贸活动，推动与中西部、东北和港澳台等地区的合作。鼓励企业面向全国拓展发展空间。创新对口支援模式，注重资金项目向基层和农牧民、移民倾斜。

（五）完善服务配套，切实保障和改善民生积极促进就业。新增就业岗位50万个以上，保持就业形势总体稳定。创建创业型城区，落实创业扶持政策，帮助1万人成功创业，促进高校毕业生、农村转移劳动力、城镇困难人员就业。健全面向全体劳动者的职业培训制度。完善劳动关系调处机制，预防和化解结构调整、企业搬迁等引发的劳动纠纷。

完善社会保障体系。统筹增加各类养老金，完善城镇企业基本养老金计发办法和增长办法，调整灵活就业人员参加社会保险办法，完善被征地人员社会保障政策。建立城乡居民大病保险制度，开展高龄老人医疗护理保障计划试点。完善社会救助体系，提高城乡低保标准。新增养老床位5000张，为28万名老年人提供社区居家养老服务，为10万名高龄老人提供家庭互助服务。

完善保障性住房建设管理机制。新建保障性住房和实施旧住房综合改造共10.5万套，基本建成10万套。完成大型居住社区40个外围市政配套项目建设。拆除二级旧里以下房屋70万平方米，探索城中村改造。坚决执行国家房地产市场调控政策，促进房地产市场健康平稳发展。

（六）把握市民新需求，加快社会事业改革发展深化教育改革发展。完善教育投入机制，加强以学校为单位的整体投入，逐步提高人员经费支出比例，推进教育专项资金绩效评价。实施城乡基础教育一体化工程，新增30所幼儿园，在城郊结合地区新增21所义务教育学校。推进义务教育质量综合评价改革，深入实施中小学课程改革。提高本科教育质量，实施高校创新能力提升计划，启动行业高校办学体制改革。开展职业教育专业教学改革试点，促进专业教学与技能培养有效衔接。加强终身教育体系建设。

推进医药卫生体制改革。在4家新建三级医院开展公立医院综合改革试点，稳步推进面上市级医院改革，全面推动区县公立医院建立运行管理新机制，逐步建立公立医院可持续发展政策体系。加强产科、儿科、老年护理、精神卫生等医疗资源配置，实现全市近600家公立医疗卫生机构的信息互通共享。在全市所有区县推行家庭医生制服务试点。发展中医药事业。实施一批公共卫生服务项目，推进健康城市建设。

广泛开展全民健身运动，建设30分钟体育生活圈，推动体育场馆管理改革，探索职业体育发展模式，提高竞技体育特别是“三大球”水平。发展计划生育、妇女儿童、残疾人和慈善事业，做好民族、宗教、国防动员、双拥和侨务工作。

（七）着力提高服务效能，发展文化事业和文化产业加强公共文化服务。加快建设虹桥国际舞蹈演艺集聚区等重大文化项目。继续推进公共文化设施免费开放，举办高质量公益性专场演出250场，营业性演出低票价受益面达到5万人次。推动社区文化活动中心社会化、专业化管理，扶持群众文化团队发展，举办首届市民文化节。弘扬中华优秀传统文化，推进文化遗产的保护传承和开发利用。繁荣发展哲学社会科学。提高市民道德素质、科学素养和法制意识。

发展文化创意产业。加快推进动漫游戏、网络视听等重大文化产业基地建设，发展影视、出版、新媒体、演艺产业，建设设计之都。完善文化产权交易、国际文化服务贸易等服务平台。推动国有转制文化企业公司制、股份制改造。完善民营院团专项扶持资金运作机制，引导社会资本投资文化创意领域，扶持一批中小文化创意企业发展。结合世界著名旅游城市和体育强市建设，推进文化、旅游、体育联动发展，发挥重大文化活动、旅游节庆和体育赛事的带动作用。

（八）加强城市建设管理，推动智慧城市建设狠抓城市安全。严格落实企业法定代表人安全生产责任制，强化基层安全生产责任，健全隐患排查治理常态机制。推动社会化消防体系建设，强化轨道交通、道路交通、高层建筑、建设工程、地下空间、特种设备、危险化学品等重点领域安全管理。推进农产品安全追溯系统建设，加强食品安全监督执法。加快多灾种早期预警体系建设，提升应对突发事件能力。

强化城市管理。深化拓展网格化管理，建设综合性城市管理平台。整合执法管理资源，提高属地化执法能力，加强对违法建筑、无序设摊、非法客运等综合治理。推进城市化地区生活垃圾分类减量，加快建设生活垃圾处理设施。完善物业管理市场机制，加强群租整治。创建国家公交示范都市，优化调整公交线网，加强静态交通建设和管理。

完善现代化基础设施体系。加快洋山深水港区四期工程和浦东国际机场第四、第五跑道建设前期工作，推进大芦线二期、赵家沟东段等内河航道整治。开展沪通铁路、沪乍铁路、北横通道、S7公路前期工作。加快建设S6高速公路、嘉闵高架南北延伸项目。建设轨道交通基本网络，加快8号线三期、10号线二期、17号线等项目前期工作，建成11号线二期和12号线、16号线部分区段，轨道交通运营线路达到567公里。启动沿江通道、周家嘴路隧道建设，加快长江西路隧道、虹梅南路—金海路通道建设。

建设智慧城市。推进宽带城市、无线城市建设，光纤宽带使用家庭新增80万户以上，无线局域网覆盖主要公共场所新增150处。继续实施数字城管、数字惠民行动，推动建设市场管理平台等一批项目投入运行，推进电子账单等项目建设。加快建设网络与信息安全应急基础平台，确保城市信息安全总体可控。

（九）创新体制机制，切实加强社会管理夯实社会管理基层基础。完善社区事务受理服务中心后台协调机制，实现全年无休，探索全市通办。加强社区共治和居民村民自治的制度建设，继续在大型居住社区探索镇管社区等管理模式。基本完成协管员队伍整合转制。完善居住证管理办法，健全实有人口、实有房屋、实有单位全覆盖管理常态长效机制。

引导社会力量参与社会服务管理。加快社会组织孵化基地建设，健全公益项目创投和招投标机制，推动社会组织完善内部治理结构和规章制度。支持工会、共青团、妇联等人民团体充分发挥桥梁纽带作用。加大社会工作领军人才和专业机构培育力度。试点志愿服务记录制度，建立志愿服务激励机制。

预防和化解社会矛盾。完善重大事项社会稳定风险评估制度。培育专业化调解组织，着力推进医患纠纷、房地物业等领域的人民调解工作。加强信访工作，落实分级分责化解社会矛盾制度，推动社会力量参与化解社会矛盾。

深化平安建设，完善立体化社会治安防控体系，切实保障人民群众生命财产安全。

（十）加大城乡统筹力度，加快郊区新城和新农村建设分类推进新城建设。提升松江、嘉定、南汇新城综合功能，促进南桥、青浦新城加快发展，支持金山、崇明新城优化发展。推动符合功能导向的产业项目、功能性社会事业项目、生活服务设施向新城集聚，建设连接新城与中心城的轨道交通，完善新城之间骨干道路系统。扩大郊区城镇棚户简屋改造试点。深化小城镇发展改革试点，推动老集镇改造。

积极推进新农村建设。实施强农惠农富农政策，加大“三农”投入力度。发展都市现代农业，保障粮食、蔬菜等主副食品本地生产能力。加强农业基础设施建设，新建高水平粮田3万亩、设施菜田8000亩。培育农民专业合作社、家庭农场等新型经营主体，发展多种形式规模经营。完成100个村庄、4万户农村生活污水处理设施改造，完成农村经济相对薄弱村1000公里村内道路、500座危桥改造。新增非农就业岗位10万个，促进农民增收。

深化农村改革。加快推进农村集体经济组织产权制度改革，完善农村集体经济监督管理体制和运行机制。逐步扩大土地承包经营权确权登记试点。改革征地制度，推进城乡建设用地增减挂钩和农村土地整理，提高农民在土地增值收益中的分配比例。

各位代表：做好今年和今后五年工作，关键还是要加强政府自身改革和建设。坚持以人为本、执政为民，更加注重从严治政、高效施政、依法行政、廉洁从政，全面建设服务政府、责任政府、法治政府、廉洁政府。

着力转变政府职能。正确处理政府与市场关系，减少对微观经济活动的干预。完成第六批审批事项取消调整和审批评估评审清理，扩大告知承诺制实施范围，改革现代服务业和政府投资项目审批流程，落实工业项目审批流程优化方案，全面推行审批标准化管理，启动行政服务中心标准化建设，完善行政审批电子监察系统。按照国家部署，稳步推进新一轮政府机构改革。推动事业单位分类改革，加快区县政府部门与所属企业脱钩。全面梳理各级政府管理和介入的事务，放开应该由企业和社会组织自我服务、自我管理的事项，扩大购买公共服务范围。界定政府投资范围，进一步落实企业投资自主权。

着力提高行政效率。创新政府服务管理方式，推动政府高效运转。实行中心城区和郊区差别化管理，下放审批权限和服务管理资源，直接面向社会的具体服务管理事项原则上下放区县实施。强化分工负责、合力推进机制，严格落实工作责任制和项目负责制，开展政府部门履职评估，完善落实行政问责制。实行电子政务规范标准，加快电子政务云、跨部门信息系统建设，促进政府信息资源共享，推行无纸化办公，提升“12345”市民服务热线功能。

着力提高行政透明度。对招标投标、房屋征收、行政执法、城市安全等群众关切的领域加大信息公开力度，扩大部门预算、“三公”经费、专项资金的公开范围，探索市级行政单位行政经费公开、政府投资项目竣工决算的审计结果公开，完善政务微博等公开渠道。健全重大行政决策事项听取人大、政协意见制度，推行重大行政决策草案社会公布制度，完善听证会、网上征询等公众参与决策机制。加强对重点领域、重点部门、重点资金、重点项目的行政监察和审计监督。自觉接受市人大及其常委会的监督，主动接受市政协的民主监督，认真听取民主党派、工商联、无党派人士和人民团体的意见，重视司法、舆论、公众监督，让政府工作置于全方位监督之下。

着力提高法治化水平。强化法治思维，严格依照法定权限和法定程序行使权力、履行职责。深化落实政府规章议题公开征集制度，制定和实施规范重大行政决策程序、规范行政事业性收费等政府规章，出台和落实促进改革创新的若干规定。推进多部门联动执法、跨区县协同执法，确立行政处罚裁量基准，建立与实有人口和管理事务相匹配的行政执法力量配置制度。

着力加强作风建设。坚决贯彻中央关于改进工作作风、密切联系群众的八项规定，认真落实精简会议活动和文件简报、从严控制财政拨款举办国际会议、严格出访经费预算管理等要求。提高公务员队伍素质，组织年轻干部到基层交流锻炼。推进政府诚信建设。扩大纠风工作群众参与，拓展“制度加科技”预防腐败机制的应用范围。政府全体工作人员、特别是各级领导干部必须牢固树立艰苦奋斗、勤俭节约的思想，始终保持奋发有为、敢于开拓、勇于担当、真抓实干的精神状态和工作态度。每一位政府工作人员都要牢记群众观点，始终把人民的期待作为努力工作的动力，切实做到思想上尊重群众、感情上贴近群众、行动上深入群众，勤勤恳恳、想方设法为群众多做贴心事、实在事。

各位代表：时代赋予重托，奋斗铸就辉煌。让我们紧密团结在以习近平同志为总书记的党中央周围，高举中国特色社会主义伟大旗帜，以邓小平理论、“三个代表”重要思想、科学发展观为指导，在中共上海市委的领导下，齐心协力，开拓创新，为加快推进“四个率先”、加快建设“四个中心”和社会主义现代化国际大都市而奋斗！

2012 年上海市国民经济和社会发展统计公报

上海市统计局　国家统计局上海调查总队

2012 年，全市人民在党中央、国务院和中共上海市委、市政府的坚强领导下，认真学习贯彻党的十八大和市第十次党代会精神，深入贯彻落实科学发展观，紧紧围绕创新驱动、转型发展和“五个更加注重”的要求，积极应对复杂严峻的外部环境和自身发展转型的双重挑战，扎实推进稳增长、调结构、抓改革、惠民生各项工作，国民经济运行平稳有序，各项社会事业全面进步，社会民生持续改善。

一、综合

全年实现上海市生产总值（GDP）20101.33 亿元，按可比价格计算，比上年增长 7.5%（见图 1）。其中，第一产业增加值 127.8 亿元，增长 0.5%；第二产业增加值 7912.77 亿元，增长 3.1%；第三产业增加值 12060.76 亿元，增长 10.6%。第三产业增加值占上海市生产总值的比重首次达到 60%，比上年提高 2 个百分点。按常住人口计算的上海市人均生产总值为 8.5 万元。

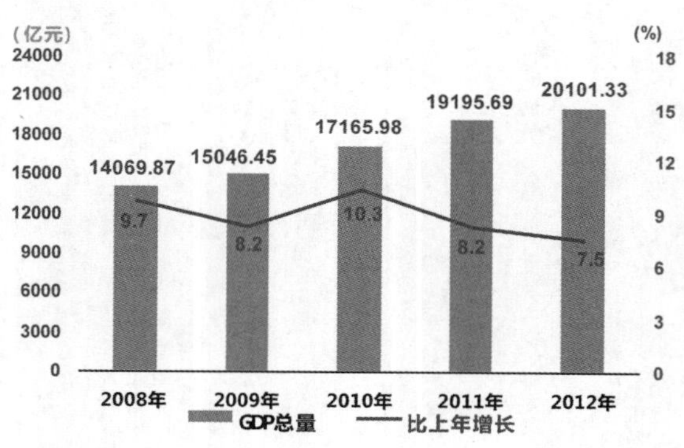

图 1 2008—2012 年上海市生产总值及其增长速度

在上海市生产总值中，公有制经济增加值 9941.99 亿元，比上年增长 6.5%；非公有制经济增加值 10159.34 亿元，增长 8.4%，占上海市生产总值的比重由上年的 50.1% 提高到 50.5%。其中，私营及个体经济增加值 4883.73 亿元，增长 8.8%，占上海市生产总值的比重达到 24.3%。

全年经工商登记新设立各类市场主体 18.71 万户，比上年增长 1%。其中，内资企业（不含私营企业）4193 户，下降 13.6%；外商投资企业 6516 户，下降 6.9%；个体工商户 49465 户，增长 0.7%。

全年地方财政收入 3743.71 亿元，比上年增长 9.2%。地方财政支出 4184.02 亿元，增长 6.9%（见表 1）。

表 1　2012 年地方财政收支及其增长速度

指标	绝对值（亿元）	比上年增长（%）
地方财政收入	**3743.71**	**9.2**
# 增值税	667.13	60.1
营业税	897.92	-13.8
个人所得税	318.10	1.0
企业所得税	806.77	10.4
契税	145.96	-19.2
地方财政支出	**4184.02**	**6.9**
# 一般公共服务	251.47	6.5
公共安全	221.08	7.3
教育	648.95	18.2
社会保障和就业	443.01	6.1
医疗卫生	197.34	3.8
城乡社区事务	627.44	8.3

全年完成全社会固定资产投资总额 5254.38 亿元，比上年增长 3.7%。其中，第三产业投资 3949.04 亿元，增长 5.1%，占全社会固定资产投资总额的比重达到 75.2%（见表 2）。

表 2　2012 年全社会固定资产投资及其增长速度

指标	绝对值（亿元）	比上年增长（%）
全社会固定资产投资总额	**5254.38**	**3.7**
按经济类型分		
# 国有经济	1855.24	-1.1
集体经济	112.41	-15.7
股份制经济	1417.80	5.0
外商及港澳台投资	758.08	4.3
按产业分		
第一产业	11.20	-37.7
第二产业	1294.14	0.3
# 工业	1292.61	1.1
第三产业	3949.04	5.1
# 文化、体育和娱乐业	102.75	1.6 倍
金融业	49.15	1.1 倍
输、软件和信息技术服务业	121.34	44.3

全年居民消费价格指数为 102.8。其中，食品类价格指数为 105.8（见表 3）。固定资产投资价格指数为 99.4。工业生产者出厂价格指数为 98.4，工业生产者购进价格指数为 94.7。

表 3　2012 年居民消费价格指数

指标	指 数（上年=100）
居民消费价格指数	**102.8**
食 品	105.8
烟 酒	101.4
衣 着	103.0
家庭设备用品及维修服务	103.5
医疗保健和个人用品	100.6
交通和通信	100.8
娱乐教育文化用品及服务	99.3
居 住	102.8

全年新建住宅销售价格指数为 99。其中，商品住宅价格指数为 98.8。全年住宅租赁价格指数为 105.8。

二、农　业

全年全市实现农业总产值 320.76 亿元，比上年增长 0.4%。其中，种植业 171.2 亿元，增长 0.3%；林业 8.87 亿元，增长 4.8%；牧业 72.63 亿元，下降 0.7%；渔业 57.81 亿元，增长 1.5%；农林牧渔服务业 10.25 亿元，增长 2.5%。上海域外市属农场实现农业总产值 16.08 亿元，增长 17.7%。

全年全市粮食播种面积 187.61 千公顷，比上年增长 0.7%；粮食产量 122.39 万吨，增长 0.4%；水产品产量 27.21 万吨，下降 4.1%（见表 4）。全年水稻良种覆盖率达 99.8%。

表 4　2012 年全市及域外主要农副产品产量

产品名称	单 位	全市产量	比上年增长（%）	域外产量	比上年增长（%）
粮 食	万吨	122.39	0.4	17.50	-2.5
蔬 菜	万吨	406.93	-0.3	—	—
生猪出栏	万头	241.64	平	30.70	21.3
牛 奶	万吨	26.31	8.0	5.66	1.5
家禽出栏	万羽	3650.38	-15.1	—	—
水产品	万吨	27.21	-4.1	2.65	15.3

至年末，全市有 543 家企业、3300 个产品获得农产品质量认证。其中，绿色食品生产企业 116 家，绿色食品 170 个；无公害农产品生产企业 420 家，无公害农产品 3106 个。

至年末，全市累计建成标准化畜禽养殖场 270 家，标准化水产养殖场 293 家；累计建成设施粮田面积 86.5 千公顷，蔬菜标准园 60 家。至年末，全市有农业产业化龙头企业 388 家，农民专业合作社 3177 家。

三、工业和建筑业

全年实现工业增加值 7159.36 亿元，比上年增长 2.8%。其中，规模以上工业增加值 6446.14 亿元，增长 2.9%。在规模以上工业增加值中，轻工业 2078.1 亿元，增长 4.7%；重工业 4368.04 亿元，增长 2%。全年工业总产值 33186.41 亿元，比上年下降 0.3%。其中，规模以上工业总产值 31548.41 亿元，下降 0.4%。

全年战略性新兴产业总产出 10089.44 亿元，按现价计算，比上年下降 1.4%。其中，制造业部分实现工业总产值 7580.99 亿元，下降 4.1%；服务业部分实现总产出 2508.45 亿元，增长 7.5%（见表 5）。

表5 2012年战略性新兴产业总产出及其增长速度

指标	绝对值（亿元）	比上年增长（%）
战略性新兴产业总产出	**10089.44**	**-1.4**
# 制造业部分工业总产值	**7580.99**	**-4.1**
# 节能环保	393.00	-2.3
新一代信息技术	2194.62	-3.3
生物医药	745.66	10.3
高端装备	2300.84	-9.8
新能源	423.44	-19.0
新材料	1707.82	-1.1
新能源汽车	39.87	17.3
# 服务业部分总产出	**2508.45**	**7.5**

全年电子信息产品制造业、汽车制造业、石油化工及精细化工制造业、精品钢材制造业、成套设备制造业和生物医药制造业等六个重点工业行业完成工业总产值20970.49亿元，比上年下降0.3%，占全市规模以上工业总产值的比重为66.5%。

全年黑色金属冶炼和压延加工业，石油加工、炼焦和核燃料加工业，化学原料和化学制品制造业，电力、热力生产和供应业和非金属矿物制品业等五大高载能行业工业总产值7883.5亿元，比上年增长0.6%。

全年规模以上工业产品销售率达到99.3%。全年乳制品产量58.17万吨，比上年增长12.4%；集成电路160.3亿块，增长5.7%（见表6）。

表6 2012年主要工业产品产量及其增长速度

产品名称	单位	产量	比上年增长（%）
乳制品	万吨	58.17	12.4
精制食用植物油	万吨	101.70	20.1
原油加工量	万吨	2207.69	3.6
钢 材	万吨	2340.76	-7.6
汽 车	万辆	202.43	2.9
电力电缆	万千米	102.19	4.5
移动通信手持机（手机）	万台	4086.58	54.2
集成电路	亿块	160.30	5.7
发电机组（发电设备）	万千瓦	2886.30	-0.1

全年规模以上工业企业实现利润总额2131.33亿元，比上年下降2.8%；实现税金总额1637.28亿元，增长6%。其中，国有控股工业企业实现利润1120.05亿元，增长3.2%；实现税金1202.54亿元，增长4.8%，占税金总额的比重为73.4%。工业企业亏损面为22%。

全年实现建筑业总产值4564.13亿元，比上年增长6.4%；房屋建筑施工面积27059.48万平方米，增长12.7%；竣工面积5196.12万平方米，下降7%。建筑企业按总产值计算的全员劳动生产率达到人均39.97万元，比上年提高13%。

四、批发和零售业

全年实现批发和零售业增加值3291.93亿元，比上年增长11.5%。

全年实现商品销售总额5.38万亿元，比上年增长16.8%。其中，批发销售额4.72万亿元，增长17.9%。

全年实现社会消费品零售总额7387.32亿元，比上年增长9%。其中，限额以上消费品零售额5293.24亿元，增长7.5%（见表7）。在限额以上零售企业中，网上商店实现零售额238.59亿元，增长75.5%。

表7 2012年社会消费品零售总额及其增长速度

指标	绝对值（亿元）	比上年增长（%）
社会消费品零售总额	**7387.32**	**9.0**
# 限额以上消费品零售额	**5293.24**	**7.5**
# 批发零售贸易业	4843.26	7.9
住宿餐饮业	449.98	3.4
# 国 有	391.61	6.3
私 营	1258.43	4.4
外商投资	984.07	8.0
# 吃的商品	1222.61	3.7
穿的商品	702.87	13.3
用的商品	2915.40	8.0
烧的商品	452.36	6.2

至年末，全市连锁商业网点达到13942家。其中，连锁超市门店2443家，便利店5178家。全年连锁商业销售额2202.63亿元，比上年下降4.6%。

五、交通、邮电和旅游

全年实现交通运输、仓储和邮政业增加值895.31亿元，比上年增长5%。

全年各种运输方式完成货物运输总量94376.25万吨，比上年增长1.1%。旅客发送总量14546.55万人次，增长7.6%（见表8）。

表8　2012年货物运输量与旅客发送量及其增长速度

指标	单位	绝对值	比上年增长（%）
货物运输量	**万吨**	**94376.25**	**1.1**
铁路	万吨	825.29	-7.0
水运	万吨	50302.00	1.8
公路	万吨	42911.00	0.5
机场	万吨	337.96	-4.5
旅客发送量	**万人次**	**14546.55**	**7.6**
铁路	万人次	6758.12	9.0
港口	万人次	66.29	-15.5
公路	万人次	3748.00	7.8
机场	万人次	3974.14	5.5

全年上海港口货物吞吐量达到7.36亿吨，比上年增长1.1%。全年港口集装箱吞吐量3252.94万国际标准箱，增长2.5%。集装箱水水中转比例达到42.8%，比上年提高1.7个百分点。上海浦东、虹桥两大国际机场全年共起降航班59.67万架次，增长4%；进出港旅客达到7870.84万人次，增长5.6%。其中，国内航线进出港旅客5473.74万人次，增长4.7%；国际及地区航线进出港旅客2397.09万人次，增长7.6%。

全年上海港接待邮轮靠泊180艘次，比上年增加67艘次。其中，以上海为母港的邮轮128艘次，增加47艘次。邮轮旅客吞吐量35.03万人次，增长71.4%。

至年末，全市轨道交通运营线路达到13条，运营线路长度达到468.19公里（含磁浮线路29.11公里）。全年优化调整公交线路262条。其中，新辟81条。至年末，公交专用道路达到161.8公里。公交运营车辆1.67万辆，运营出租车5.07万辆。全年市内公共交通客运量62.27亿人次，比上年增长2.2%。其中，轨道交通客运量22.76亿人次，增长8.3%；公共汽电车客运量28.04亿人次，下降0.3%。日均公交优惠换乘和老年人免费乘车分别达到254.35万人次和64.26万人次。

至年末，全市拥有各类民用汽车212.86万辆，比上年增长9.2%。其中，私人汽车141.32万辆，增长17.8%。

全年完成邮政业务总量52.61亿元，比上年增长3.2%。电信业务总量（按2010年不变单价计算）447.4亿元，增长9.2%。至年末，全市固定电话用户902.9万户。其中，住宅电话538.5万户。移动电话用户3008.3万户，比上年末增加387.7万户。其中，第三代移动通信技术（3G）用户748.2万户，增加283.5万户。

全年实现旅游产业增加值1497.68亿元，比上年增长4.9%。

至年末，全市已有星级宾馆278家，旅行社1183家，A级旅游景区（点）82个，红色旅游基地34个（见表9）。

表9　2012年旅游设施情况

指标	单位	绝对值
星级宾馆	**家**	**278**
#五星级	家	55
四星级	家	66
旅行社	**家**	**1183**
#经营出境旅游业务的旅行社	家	46
A级旅游景区（点）	**个**	**82**
#5A级景区（点）	个	3
4A级景区（点）	个	41
红色旅游基地	**个**	**34**
#全国红色旅游基地	个	9
旅游咨询服务中心	**个**	**45**
旅游集散中心站点	**个**	**6**

全年接待国际旅游入境人数800.4万人次，比上年下降2.1%（见图2）。其中，入境外国人633.03万人次，下降2.4%；港、澳、台同胞167.37万人次，下降1.1%。在国际旅游入境人数中，过夜旅游人数651.23万人次，下降2.6%。全年接待国内旅游者25093.69万人次，比上年增长8.7%。其中，外省市来沪旅游者11495.91万人次，增长5.7%。全年入境旅游外汇收入55.82亿美元，下降4.3%；国内旅游收入3224.39亿元，增

长15.7%。

图2 2008-2012年国际旅游入境人数

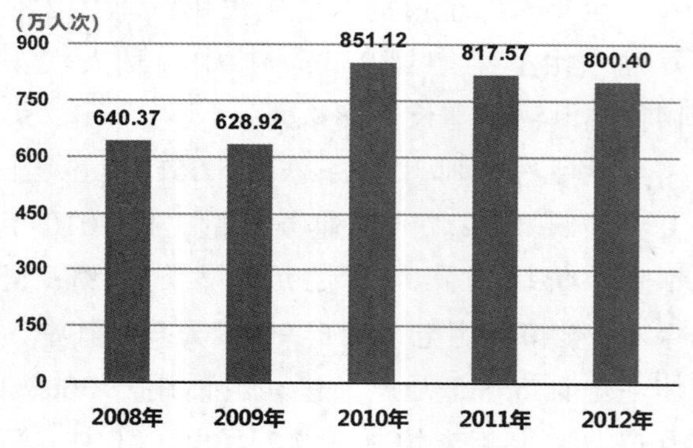

六、金融和保险

全年实现金融业增加值2450.36亿元，比上年增长12.6%。

全年新增各类金融单位136家。其中，货币金融服务单位59家，资本市场服务单位43家，保险业单位14家。至年末，全市各类金融单位达到1124家。其中，货币金融服务单位510家，资本市场服务单位193家，保险业单位347家。至年末，在沪经营性外资金融单位数达到208家，外资金融机构代表处210家。

至年末，全市中外资金融机构本外币各项存款余额63555.25亿元，比上年增长9.2%；贷款余额40982.48亿元，增长10.2%（见表10）。

表10 2012年中外资金融机构本外币存贷款情况

指标	绝对值（亿元）	比年初增减额（亿元）
各项存款余额	**63555.25**	**5379.24**
# 单位存款	37555.71	2539.04
个人存款	21512.01	2587.29
各项贷款余额	**40982.48**	**3818.26**
# 短期贷款	12990.02	1792.47
中长期贷款	23595.68	757.76
# 中外资金融机构人民币个人消费贷款	6341.38	426.90
# 个人住房贷款	4925.98	168.54
汽车消费贷款	822.05	158.90

全年通过上海证券市场发行新股筹资333.57亿元，比上年下降67.1%；再次发行（增发、配股、权证行权和可转债转股筹资）2556.74亿元，比上年增长17%；发行债券1974.2亿元，下降13.9%。至年末，上海证券市场上市证券2098只。其中，股票998只，比上年增加23只。全年金融市场（不含外汇市场）交易额达到486.95万亿元，增长29.1%。上海证券交易所各类有价证券成交金额54.75万亿元，增长20.4%。其中，股票成交金额16.45万亿元，下降30.7%。上海期货交易所各品种总成交金额89.2万亿元，增长2.6%。中国金融期货交易所总成交金额75.84万亿元，增长73.3%。全国银行间货币和债券市场成交金额263.63万亿元，增长34.1%。上海黄金交易所总成交金额3.53万亿元，下降20.5%。

全年原保险保费收入820.64亿元，比上年增长9%。其中，财产险公司原保险保费收入271.72亿元，增长11.1%；寿险公司原保险保费收入548.92亿元，增长7.9%。全年保险赔付支出255.79亿元，下降1.9%。其中，财产险赔款支出138.63亿元，增长32.9%；寿险给付87.99亿元，下降4.4%；健康险赔款给付25.14亿元，下降58.6%；意外险赔款支出4.04亿元，增长11.3%。

七、对外经济

全年上海关区进出口总额8013.1亿美元，比上年下降1.4%。其中，进口3101.54亿美元，下降0.7%；出口4911.56亿美元，下降1.8%。

全年上海市进出口总额4367.58亿美元，比上年下降0.2%。其中，进口2299.51亿美元，比上年增长1%；出口2068.07亿美元，下降1.4%（见表11）。按市场分，对欧盟进口510.79亿美元，增长9.6%；出口391.07亿美元，下降10.3%（见表12）。

表 11　2012 年上海市进出口总额及其增长速度

指标	绝对值（亿美元）	比上年增长（%）
上海市进出口总额	**4367.58**	**-0.2**
上海市进口总额	**2299.51**	**1.0**
# 国有企业	455.71	-7.2
外商投资企业	1512.02	0.8
私营企业	300.37	12.1
# 一般贸易	1052.26	-2.4
加工贸易	372.12	-12.1
# 机电产品	1296.91	1.2
# 高新技术产品	824.60	9.8
上海市出口总额	**2068.07**	**-1.4**
# 国有企业	324.81	-6.8
外商投资企业	1387.67	-2.6
私营企业	339.45	10.2
# 一般贸易	789.29	2.3
加工贸易	1015.29	-6.9
# 机电产品	1454.37	-2.0
# 高新技术产品	906.64	-2.8

表 12　2012 年上海主要国家和地区进出口总额及其增长速度

国家和地区	出口额（亿美元）	比上年增长（%）	进口额（亿美元）	比上年增长（%）
欧盟	391.07	-10.3	510.79	9.6
美国	501.59	3.6	200.19	-5.8
中国香港	159.69	-1.1	8.54	-18.4
东盟	209.17	2.7	361.09	8.0
中东	73.08	7.1	41.60	-0.9
日本	249.62	4.1	323.49	-6.7
韩国	69.45	-6.4	175.08	-5.4
俄罗斯	32.63	27.8	20.05	-13.3
中国台湾	57.01	-7.9	145.26	-3.2

全年批准外商直接投资合同项目 4043 项，比上年下降 6.6%；合同金额 223.38 亿美元，比上年增长 11.1%；实际到位金额 151.85 亿美元，增长 20.5%。全年第三产业实际到位金额 126.79 亿美元，增长 21.6%，占全市实际利用外资的比重达到 83.5%。全年批准总投资在 1000 万美元以上的外商直接投资项目 286 项，合同金额 194.49 亿美元。至年末，在上海投资的国家和地区已达 154 个。年内新增跨国公司地区总部 50 家，投资性公司 25 家，外资研发中心 17 家。至年末，在上海落户的跨国公司地区总部达到 403 家，投资性公司 265 家，外资研发中心 351 家。

全年新批对外投资项目 249 项，比上年增长 8.7%；投资总额 32.4 亿美元，增长 22%。签订对外承包工程合同金额 103.11 亿美元，比上年下降 16.5%；实际完成营业额 68.12 亿美元，增长 14.7%；派出人员 3477 人次，下降 37.5%。对外劳务合作派出人员 17767 人次，增长 1 倍。至年末，上海对外承包工程和劳务合作涉及的国家和地区已达 178 个。

八、浦东改革开放

全年浦东新区实现增加值 5929.91 亿元，比上年增长 10.1%（见表 13）。全年引进跨国公司地区总部 22 家，累计达 193 家。

表 13　2012 年浦东新区主要经济指标及其增长速度

指标	单位	绝对值	比上年增长（%）
增加值	亿元	5929.91	10.1
# 第二产业	亿元	2320.75	3.7
第三产业	亿元	3576.27	14.9
# 金融业	亿元	1069.11	11.9
规模以上工业总产值	亿元	9225.64	1.1
货物吞吐量	万吨	27232.10	3.4
集装箱吞吐量	万标准箱	2951.30	2.5
# 国际中转	万标准箱	120.30	29.3
固定资产投资总额	亿元	1454.98	1.4
社会消费品零售总额	亿元	1349.73	12.1
进出口总额	亿美元	2398.93	6.1
# 出口总额	亿美元	939.83	5.7
外商直接投资合同金额	亿美元	72.86	10.4
外商直接投资实际到位金额	亿美元	48.30	-8.8

浦东综合配套改革试点深入推进，融资租赁业务创新试点等重大改革事项有序开展。至年末，引进融资租赁企业达 90 家，单船单机（SPV）项目公司达 64 个，国际贸易结算中心试点企业达 50 家，专用账户贸易额达 85 亿美元。全年政府担保式知识产权质押融资 52 笔，贷款总额 1.24 亿元；与 5 家银行合作知识产权直接质押融资 43 笔，贷款总额 5.6 亿元。至年末，拥有第三方支付许可企业 20 家，小额贷款公司 16 家，融资性担保机构 13 家。全年引进股权投资企业及其管理机构 344 家，累计达 1128 家。

九、城市基础设施和房地产

全年完成城市基础设施建设投资1038.61亿元，比上年下降9.8%。其中，交通运输邮电通信投资570.37亿元，市政建设投资301.74亿元，公用事业投资56.45亿元（见表14）。全市高速公路网通车里程达到806公里。

表14 2012年城市基础设施投资及其增长速度

指标	绝对值（亿元）	比上年增长（%）
城市基础设施投资	**1038.61**	**-9.8**
电力建设	110.05	-6.8
交通运输	473.43	-20.5
邮电通信	96.94	34.2
公用事业	56.45	9.4
市政建设	301.74	-4.0

全市自来水日供水能力达到1145万立方米，比上年下降0.5%。全年全市用电量1353.45亿千瓦小时，增长1%（见表15）。至年末，全市家庭人工煤气用户75.7万户，家庭液化气用户328.2万户，家庭天然气用户达到502.8万户。

表15 2012年公用事业主要指标及其增长速度

指标	单位	绝对值	比上年增长（%）
自来水日供水能力	万立方米	1145.00	-0.5
自来水售水总量	亿立方米	24.35	-0.2
# 生活用水	亿立方米	19.17	1.9
工业用水	亿立方米	5.18	-7.3
用电量	亿千瓦小时	1353.45	1.0
# 城乡居民生活用电	亿千瓦小时	187.38	6.9
煤气销售总量	亿立方米	8.19	-24.3
液化气销售总量	万 吨	39.33	-0.8
天然气销售总量	亿立方米	60.01	16.6

全年完成房地产开发投资2381.36亿元，比上年增长9.7%。其中，住宅投资1451.94亿元，增长3.8%；办公楼投资262.85亿元，增长13.7%；商业营业用房投资293.75亿元，增长24.4%。商品房施工面积13249.97万平方米，增长2.1%。竣工面积2305.06万平方米，增长2.9%。销售面积1898.46万平方米，增长7.2%。其中，商品住宅销售面积1592.63万平方米，增长8.1%。全年商品房销售额2669.49亿元，增长3.9%。其中，商品住宅销售额2208.96亿元，增长11.5%。全年存量房成交过户面积1446.77万平方米，比上年增长3.4%。

十、城市信息化

全年实现信息产业增加值2030.24亿元，比上年增长12.4%。其中，信息服务业增加值1233.79亿元，增长17.5%。

至年末，集约化信息管线累计敷设6900沟公里，比上年末增加650沟公里；新增移动通信宏基站1000个，室内覆盖站点1000个；新增光纤到户能力覆盖家庭数超过280万户，实际光纤用户超过250万户；下一代广播电视网（NGB）覆盖家庭400万户，增加200万户；互联网用户达1750万人，普及率为73.5%；无线局域网场点达到17000个，增加5000个；国际、国内互联网出口带宽分别达到550 Gbps、2400 Gbps；数字电视用户达386万户，增加120万户；交互式网络电视（IPTV）用户达178万户，增加25万户。全年在300个主要公共场所开通i-Shanghai免费上网服务试运行。

全市软件产业全年实现经营收入2085.76亿元，电信传输服务业662.89亿元，互联网信息服务业642.85亿元。累计有222家企业获得计算机信息系统资质认证，其中1级12家。新增认定软件企业490家，登记软件产品3822个。信息服务业上市企业45家。经营收入超亿元的软件企业248家。

全年完成电子商务交易额7815亿元，比上年增长41.9%。口岸税费电子支付系统入网企业累计29876家，全年电子单证传输量为17874.45万张，实现电子支付金额9947.56亿元，增长9.2%。全年推广电子账单163.78万份；发放社会保障卡87.92万张。中国上海门户网站首页浏览量2169万次，总页面浏览量46526万次。社会公共服务领域信息化建设不断深化（见表16）。

表16 2012年社会公共服务领域信息化指标及其增长情况

指标	单位	绝对值	比上年
“市民信箱”累计注册用户	万人	416.76	增加7.91万人
全年“付费通”业务平台交易量	万笔	10947.14	增长14.6%
全年“付费通”业务平台交易额	亿元	72.75	增长2.6%
全年交通卡销售额	亿元	14.39	增长6.1%
全年银行卡交易额	亿元	16608.12	增长19.6%

至年末，数字证书累计发放321.9万张。至年末，个人信用联合征信系统覆盖1156.8万人的信用信息，收到个人信用信息查询请求累计1476.8万次，成功查询量累计958.5万次。提供个人信用评分累计360万份。

十一、教育和科学技术

全年全市共有普通高等学校（含独立学院）67所，普通中等学校858所，普通小学761所，特殊教育学校29所。普通高校毕业生数持续扩大，中等学校和小学毕业生数有所下降（见表17）。全市共有58家机构培养研究生，招收研究生4.42万人，在学研究生12.7万人，毕业研究生3.45万人。九年义务教育入学率保持在99.9%以上，高中阶段新生入学率达96%。

表17 2012年各级各类学校学生情况及其增长速度

类别	在校学生数（万人）	比上年增长（%）	毕业学生数（万人）	比上年增长（%）
普通高等学校	50.66	-0.9	13.99	0.6
普通中等学校	73.45	-0.7	19.02	-5.7
普通中学	59.04	-0.2	14.90	-3.7
高中	15.77	-2.1	5.44	-7.0
初中	43.27	0.5	9.46	-1.8
中等专业学校	9.88	-3.3	2.77	-11.9
职业学校	3.55	0.9	1.05	-15.3
技工学校	0.98	-6.7	0.30	-6.3
普通小学	76.04	4.0	12.95	-1.1
特殊教育学校	0.49	平	0.09	平

全市共有民办普通高校20所，在校学生8.78万人；民办普通中学107所，在校学生7.48万人；民办小学180所，在校学生16.98万人。全市共有成人中高等学历教育学校51所，成人职业技术培训机构799所，老年教育机构284所。全市共有校外教育机构23所。其中，少年宫16所，少年科技站5所，少年之家2所。共有53.8万随迁子女在义务教育阶段学校就读，其中40.2万人在公办学校就读。

全年用于研究与试验发展（R&D）经费支出635亿元，相当于上海市生产总值的比例为3.16%（见图3）。

图3 2008-2012年R&D支出及其相当于生产总值的比例

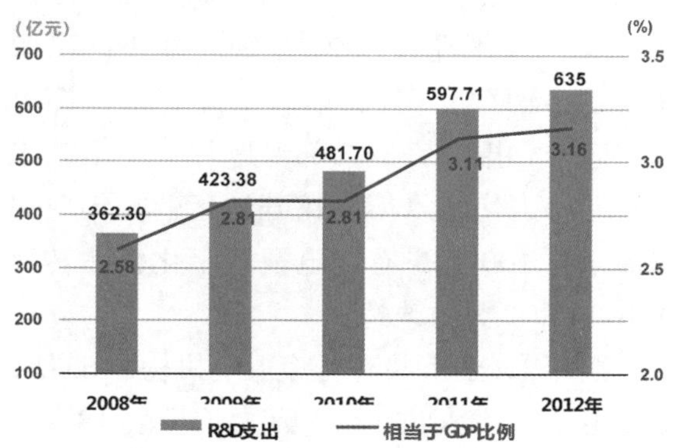

全年受理专利申请量82682件，比上年增长3.1%。其中，发明专利37139件，增长15.5%。全年专利授权量51508件，增长7.4%。其中，发明专利11379件，增长24.2%。全市国家级创新型企业达到15家，国家级创新型试点企业19家，市级创新型企业达到500家。科技小巨人企业和小巨人培育企业共878家，高新技术企业4312家，技术先进型服务企业281家。全市年内认定和复审高新技术企业1442家。至年末，全市共认定高新技术成果转化项目8545项。其中，年内认定714项。在年内认定的高新技术成果转化项目中，电子信息、生物医药、新材料等重点领域项目占87.7%；拥有自主知识产权的项目占100%。全年经认定登记的各类技术交易合同2.8万件，比上年下降4.4%；合同金额588.52亿元，增长6.9%。

十二、文化、卫生和体育

年内成功举办“上海之春”国际音乐节、第十四届中国上海国际艺术节、第十五届上海国际电影节、第八届中国国际动漫游戏博览会等重大文化活动。至年末，全市有市、区（县）级文化馆、群众艺术馆27个，艺术表演团体154个，市、区（县）级公共图书馆25个，档案馆41个，博物馆109个。全市共有公共广播节目21套，公共电视节目25套。有线电视用户641.9万户，有线数字电视用户409万户。全年生产电视剧52部1684集，动画电视3824分钟。全年共出版报纸14.54亿份，各类期刊1.77亿册，图书3.35亿册。摄制完成7部专题片。中华艺术宫、上海当代艺术博物馆开馆运营。年内完成郊区县100万户有线电视数字化整体转换和100万户NGB改造。

至年末，全市共有医疗卫生机构3465所，专业卫生技术人员14.61万人（见表18）。全年全市医疗机构共完成诊疗人数2.14亿人次。全市婴儿死亡率为5.04‰，孕产妇死亡率为7.1/10万。在全市17个区县的18家社区卫生中心开展舒缓疗护（临终关怀）试点。

表18 2012年卫生机构基本情况及其增长速度

指标	单位	绝对值	比上年增长（%）
医疗卫生机构数	**所**	**3465**	**3.2**
医院	所	317	2.9
基层医疗卫生机构	所	3004	3.3
#门诊部	所	533	13.4
社区卫生服务中心	所	302	0.3
专业公共卫生机构	所	99	-2.0
#疾病预防控制中心	所	20	-4.8
卫生监督所	所	18	-5.3
其他医疗卫生机构	所	45	7.1
专业卫生技术人员数	**万人**	**14.61**	**5.0**
#执业医师	万人	5.42	4.0
#医院执业医师	万人	3.23	1.9
注册护士	万人	6.32	7.3

年内成功地举办了56次国际级比赛和74次全国性比赛。在伦敦奥运会上，上海代表团共获10.5枚奖牌，其中3枚金牌、5枚银牌、2.5枚铜牌。在全国最高级比赛中，上海运动员共获得48枚金牌，创历史新高。年内举办了首届市民运动会，历时160天，吸引全市631万人次参与。年内建成75条百姓健身步道、10个百姓游泳池和35个社区健身房。

十三、人口和就业

至年末，全市常住人口总数为2380.43万人。其中，外来常住人口为960.24万人。全年常住人口出生22.61万人，常住人口死亡12.68万人。常住人口出生率为9.56‰，常住人口死亡率为5.36‰，常住人口自然增长率为4.2‰。

至年末，全市户籍人口总数为1426.93万人。全年户籍人口出生12.11万人，户籍人口死亡11.74万人。户籍人口出生率为8.51‰，户籍人口死亡率为8.25‰，户籍人口自然增长率为0.26‰。全市户籍人口平均期望寿命达到82.41岁。其中，男性80.18岁，女性84.67岁。

全年新增就业岗位61.38万个（见图4）。其中，农村富余劳动力实现非农就业11.02万个。全年新安置就业困难人员16688人，新消除零就业家庭370户。全年帮助成功创业人数10669人，帮助7330名长期失业青年实现就业。高技能人才占技能劳动者比例达到27.03%。累计425人入选国家“千人计划”，310人入选上海“千人计划”。年内成立由19家单位组成的第二批高技能人才培养基地，共完成职业培训57.18万人。其中，农民工职业培训30.49万人。至年末，全市城镇登记失业人员27.05万人，城镇登记失业率为4.2%。

图 4　2008-2012 年新增就业岗位情况

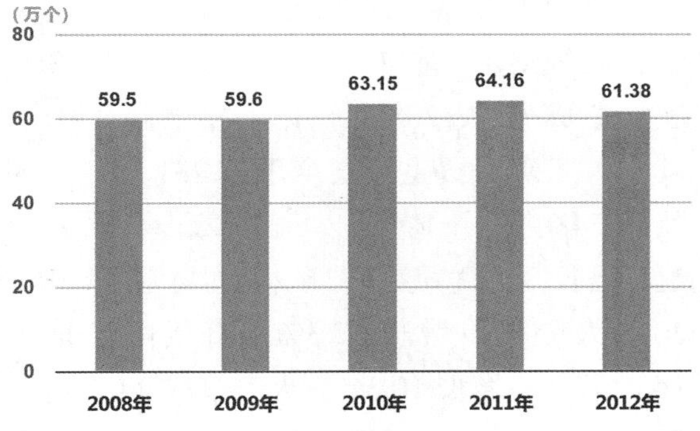

图 5　2008-2012 年城镇居民人均住房居住面积

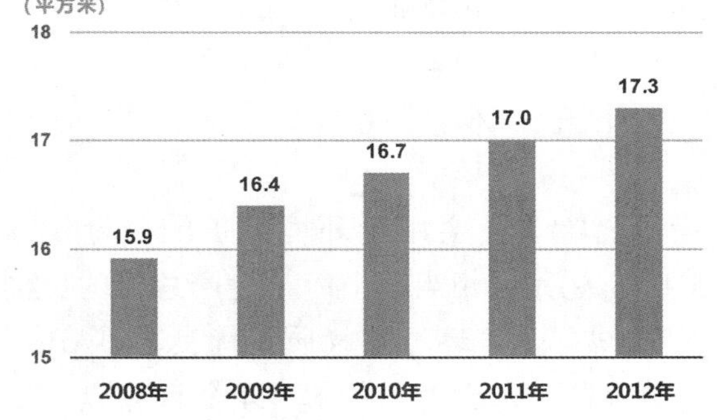

十四、人民生活和社会保障

据抽样调查，城市居民家庭人均年可支配收入 40188 元，比上年增长 10.9%，扣除价格因素，实际增长 7.9%；农村居民家庭人均年可支配收入 17401 元，增长 11.2%，扣除价格因素，实际增长 8.2%。城市居民人均年消费支出 26253 元，增长 4.6%。其中，服务性消费支出 7955 元，占消费支出的比重为 30.3%。农村居民人均年生活消费支出 12096 元，增长 7.3%。其中，服务性消费支出 3551 元，占消费支出的比重为 29.4%。

据抽样调查，至年末，平均每百户城市居民家庭耐用消费品拥有量：家用轿车 20 辆，家用空调 207 台，移动电话 239 部，家用电脑 144 台。平均每百户农村居民家庭耐用消费品拥有量：家用汽车 14 辆，彩电 190 台，洗衣机 90 台，移动电话 200 部，家用空调 136 台，家用电脑 49 台。

全年中心城区旧区改造拆除二级旧里以下房屋 71 万平方米，受益居民 2.53 万户。“四位一体”住房保障体系进一步完善，全年新开工建设和筹措各类保障性住房 16.7 万套，1292 万平方米；竣工 9.75 万套，687 万平方米。至年末，城镇居民人均住房建筑面积 33.9 平方米，折合人均住房居住面积 17.3 平方米（见图 5）。居民住宅成套率达到 96.3%。

至年末，全市共有 1326.38 万人（包括离退休人员）参加城镇基本养老保险，有 617.35 万人参加失业保险，全年领取失业保险金的人数为 21.29 万人。城镇最低生活保障标准从上年的每人每月 505 元提高到 570 元，农村最低生活保障标准从每人每年 4320 元提高到 5160 元。最低工资从 1280 元提高到 1450 元。

至年末，全市共有 1375.98 万人（包括离退休人员）参加城镇职工基本医疗保险。至年末，城镇居民基本医疗保险参保人数（含普通高等院校学生）达 262.59 万人。全市 113.7 万农民参加农村合作医疗保险，参合率达 99%，实现应保尽保。

至年末，全市共有各类提供住宿的收养性社会服务机构 636 个，床位 10.81 万张，收养各类人员 7.16 万人。其中，养老机构 631 家，床位 10.52 万张。在全市养老机构中，由社会投资开办的 330 家，床位 5.43 万张。至年末，全市有社区居家养老服务社 231 家，服务居家老年人 27.2 万人；有社区老年人日间服务中心 313 家，受益老人 1.1 万人；有社区老年人助餐服务点 492 个，受益老人 5.4 万人。

全年各级政府支出城镇居民最低生活保障金 13.57 亿元，农村居民最低生活保障金 1.42 亿元，粮油帮困资金 0.69 亿元，医疗救助金 2.15 亿元。全年向城乡低收入困难群众发放临时救助 44.68 万人次，支出资金 2.76 亿元；发放临时价格补贴 80 万人次，支出资金 0.7 亿元。年内新办福利企业 15 家，新安置 465 名残疾人就业。

十五、环境保护

全年全社会用于环境保护的资金投入 570.49 亿元，相当于上海市生产总值的比例为 2.8%。全年环境空气质量优良率（API）达到 93.7%，比上年提高 1.4 个百分点。二氧化硫年日平均值 23 微克 / 立方米，比上年下降 20.7%；二氧化氮年日平均值 46 微克 / 立方米，下降 9.8%；可吸入颗粒平均浓度 71 微克 / 立方米，下降 11.3%。全市平均区域降尘量 5.7 吨 / 平方公里 · 月，下降 13.6%。污水处理能力达到 701.05 万立方米 / 日。全年处置生活垃圾 716.42 万吨，生活垃圾无害化处理率达到 91.4%，比上年提高 3.8 个百分点，年内新增 1050 个垃圾分类收集处置试点场所。年内老港综合填埋场（一期）建成，金山区永久生活垃圾综合处理厂试运行。

全年新建绿地 1037.9 公顷。其中，公共绿地 513.35 公顷。至年末，建成区绿化覆盖率达到 38.3%。全年造林面积 1168 公顷，森林覆盖率达到 12.58%。年内创建 53 条林荫道。

十六、城市运行安全和生产安全

全年对全市 6952 个在建项目进行检查，立案查处各类案件 1098 件，共有 1218 家企业被清出建筑市场。共检查轨道交通、公交、省际客运等各类企业 1989 家，查处安全隐患 520 处，已整改 520 处。

全年食品安全行政处罚立案 11798 起。食品安全风险监测 6646 件，监测 237964 项次，年抽检样品数达到 8 件 / 千人，总体合格率达到 94%。食物中毒事故发生率控制在 0.63/10 万。市民食品安全知晓度得分为 80.1 分。

全年共发生道路交通、工矿商贸、火灾、铁路交通、农业机械生产安全事故 7045 起；造成死亡 1208 人，比上年下降 3.4%。其中，工矿商贸生产安全事故 231 起，造成死亡 248 人，下降 5%。道路交通事故 2265 起，增长 8.6%；造成 916 人死亡，下降 3%；2053 人受伤，增长 17.3%；直接财产损失 1488 万元，增长 10.3%。火灾事故 4469 起，造成 39 人死亡，下降 9.3%，其中生产经营性火灾事故造成 10 人死亡；45 人受伤，下降 2.2%；直接财产损失 6332 万元，下降 42.4%。铁路交通事故 5 起，增长 25%；造成 4 人死亡，增长 3 倍。农业机械事故 13 起，下降 35%；造成 1 人死亡，与上年持平。全年亿元生产总值生产安全事故死亡人数为 0.06 人。

上海市统计局
国家统计局上海调查总队
二 O 一三年二月二十六日

说明：

1、本公报数为初步统计数。

2、本公报上海市生产总值、各产业增加值和总产值绝对数按当年价格计算，增长速度按可比价格计算。

3、信息产业包括信息产品的制造、销售和信息服务等活动。旅游产业增加值指来自境外、市外旅游者及本地居民在上海市内的旅游消费支出所形成的增加值。按消费性质可分为：旅行社服务业、旅游宾馆业、旅游运输业、邮电通讯业、旅游商业、餐饮业、城市交通业、文化娱乐业、金融业和其他服务业。信息产业、旅游产业的增加值是依据若干行业的有关资料进行跨行业核算的，不能将其与全市生产总值中其它行业的增加值进行简单加总，否则会造成重复计算。

4、金融单位统计中，货币金融服务单

位统计至银行市分行、持牌营运中心、金融租赁公司、财务公司市分公司、典当、汽车金融公司、金融消费公司及小额贷款公司；资本市场服务单位统计至证券公司市分公司、基金公司、独立基金销售机构、期货公司、证券投资咨询公司、外资股权投资试点企业、资信评级机构、证券市场机构和登记结算机构；保险业单位统计至保险集团、保险公司市分公司、专业保险运营中心和保险中介机构。此外，金融单位统计包括各金融监管部门。

5、战略性新兴产业总产出包括制造业和服务业，其中，制造业部分为规模以上工业企业总产值，服务业部分为总产出。

6、域外市属农场是指上海光明食品（集团）有限公司所属的外地农场，其产量和产值不包括在全市总量中。

坚持管建并举 加快创新转型
推进建设交通事业安全发展 绿色发展 和谐发展
——黄融同志在市建设交通工作会议上的工作报告
（2013 年 2 月 20 日）

这次会议的主要任务是：深入贯彻落实党的十八大精神，按照全国住房城乡建设工作会议、全国交通运输工作会议和市委、市政府的要求，认真总结 2012 年和过去五年工作，全面部署 2013 年任务，坚持管建并举，加快创新转型，努力推进上海建设交通事业安全发展、绿色发展、和谐发展。

一、2012 年工作总结和过去五年回顾

2012 年是“十二五”承上启下的重要一年。一年来，按照市委、市政府的总体要求，市建设交通两委带领全行业广大干部职工，建管并举，砥砺奋进，全力推动建设交通行业科学发展，圆满完成了全年目标任务。

（一）全面加快了国际航运中心建设。国际航运发展综合试验区政策试点取得重要突破。交通运输部与市政府共同签署新一轮国际航运中心建设合作备忘录。启运港退税正式启动实施。洋山保税港区成为我国第一个“保税船舶登记”试点区，融资租赁船舶视作认定企业自有运力政策在上海先行试点，首艘保税登记船舶正式投运。航运服务体系不断完善。北外滩、浦东机场“一门式”口岸通关服务中心相继启用。通关作业无纸化改革试点正式启动。浦东机场在国内率先试行 24 小时直接过境旅客免办边检手续，航空口岸过境免签时间延长至 72 小时。全国班轮运价备案中心新系统基本完成，进口矿石、原油运价指数正式发布。集疏运体系不断健全。基本建成临港产业区东港区公用码头工程。黄浦江上游航道整治工程竣工，大芦线一期、赵家沟航道整治工程完成收尾。芦潮港内河港区主体工程基本完工，外高桥内河港区一期工程全面推进。洋山港区实现双向通航“单套”作业向“双套”作业升级。DHL 北亚枢纽工程投运，联邦快递上海国际快件和货运中心项目签约。

（二）全面加强了城市运行安全管理。深入贯彻落实市委、市政府加强城市运行安全和生产安全的意见。继续推进建筑市场整治。启动修订《上海市建筑市场条例》等法律法规。监理报告制度的执行成为常态，强化了分包合同备案管理，项目现场监管得到加强。建筑市场秩序不断好转。开展了招投标专项检查，严厉打击挂靠借用资质招标、串通投标、围标等行为。落实分级分类管理要求，进一步完善招投标监管流程。开展轨道交通第三方安全评估及整改。完成上海轨道交通网络运营安全评估报告，针对 38 项重大问题隐患提出了整改对策，积极推进整改措施的落实。强化基础设施安全隐患排查。对高架道路防噪屏开展了检测。加强了越江桥隧、区县桥梁以及所有系杆拱桥梁的监督和监测工作。开展了高速公路及其它国省干线桥孔的隐患排查与整治工作，完成了各类危桥的抢修加固工作。加强燃气安全运行管理。明确了三年内改造 338 公里燃气隐患管网的目标，改造任务完成近半。开展整治非法经营液化石油气行为活动，集中打击在本市非法从事液化石油气充装、运输、储存、销售等违法行为。

（三）全面推进了重大工程建设。2012 年重大工程共调整安排 104 个项目，完成投资超过 1200 亿元。中华艺术宫、临港燃气电

厂一期工程等17个项目建成投入使用。上海当代艺术博物馆、第二轮大型居住社区外围市政配套项目、轨道交通13号线二期工程等34个项目开工建设。郊区新城基础设施进一步完善，骨干道路建设加快推进，金山铁路支线建成通车，远郊地区交通出行条件得到改善。科技创新和产业结构调整、国际文化大都市、社会民生、生态环保和节能减排、城市运行保障等项目建设稳步推进。援疆建设取得新进展，在支持受援县住房保障推进、重大项目代建等方面，均取得了显著成效。

（四）全面提升了城市管理水平。进一步巩固城市管理长效机制，完善市政市容和交通协调保障联席会议机制，健全深化会议、巡查、督办、考核、信息等五项基本制度。开展“优化城市环境，迎接党的十八大”整治活动，18项重点任务全面完成。加强拆违和渣土管理。全市共拆除违法建筑452万平方米。协调推进工程渣土出土和资源化利用的有机结合，试点开展滩涂促淤工程消纳工程渣土。启动新一轮交通发展白皮书修编。组建工作组和专家团队，开展第一轮上海交通白皮书后评估和新一轮交通发展战略研究，20个专题研究和5个专项调查全面完成。节假日高速公路小客车免费通行平稳有序。去年国庆、中秋“双节”是小客车免费通行的第一个节假日，期间高速公路网总流量为613万辆次，其中小客车528万辆次，免征通行费总计1.03亿元，未发生重大安全责任事故。今年春节期间，高速公路免费通行工作也顺利实施。深入完善推进网格化管理。城市网格化管理体系初步建成，全市网格化新拓展200平方公里，基本实现城市化地区全覆盖。此外，智慧城市建设三年行动计划有序推进。连续7年开展“夏令热线”活动，受到各方好评。

（五）全面落实了民生实事工程。大力推进保障性住房建设。全年新开工建设和筹措保障性住房16.7万套、约1300万平方米，超额完成年度目标。加快推进大居外围市政配套，累计57个项目开工，6项基本建成，累计拨付市补贴资金83亿元。积极引进优质教育、医疗和商业资源，努力提升建设基地内外配套水平。稳步推进旧区改造。全年中心城区拆除二级旧里以下房屋71万平方米，受益居民2.53万户，完成41块在拆基地收尾工作，超额完成旧区改造全年目标和任务。研究出台《上海市土地储备机构参与旧区改造的实施办法》等政策指导文件，打通旧区改造融资渠道。积极推进郊区城镇棚户简屋改造试点，正式启动金山区朱泾镇新汇街、浦东新区三林镇杨思老街改造。积极推进徐汇区、普陀区、浦东新区、闵行区等的“城中村”改造。研究起草《农村低收入户危旧房改造实施意见》，开展新一轮农村低收入户危旧房改造工作。着力推进公交优先。轨道交通网络建设稳步推进，轨道交通运营线路长度增加到468公里。科学编制年度公交新辟及调整线路计划，全市共优化调整公交线路约200条。全市公共交通日均客运量达到1700万乘次，享受换乘优惠人次超过250万人次，轨道交通占公共交通比重上升至36.5%。全市公共交通卡日均交易量达到920万人次。顺利完成20条区域对接道路建设。市域高速公路网ETC车道数已达184条，ETC站点覆盖率达75%，实现泛长三角区域ETC系统互联互通。

（六）全面促进了行业创新转型发展。行业改革创新迈出新步伐。行政审批体制改革取得初步成效，事业单位改革稳步推进，市路政局和市建设交通发展研究院先后成立，委与所属企业全面脱钩。建筑节能工作力度加大。新建32个绿色建筑项目，建筑面积达到530万平方米；新建高标准节能建筑、既有建筑节能改造和可再生能源建筑项目建筑面积超过550万平方米。发布绿色建筑、节能门窗和外遮阳等技术目录，建筑节能和住宅产业化有序推进。脱硫石膏、粉煤灰、建筑废弃物等综合利用率稳步提升。交通节能减排稳步推进。发布交通节能减排“十二五”规划。完善能源管理岗位备案制度，对重点用能单位开展能源审计，交通运输行业能源消费综合单耗呈下降趋势。垃圾“三化”初显成效。突破垃圾资源化利用难点，推动大件垃圾、餐厨垃圾和绿化枯枝落叶等专项垃圾定点消纳和资源化利用；突出餐厨废弃油脂规范管理，日均处置约700吨单位餐厨垃圾、445吨菜场垃圾；继续推进焚烧发电、填埋气回收利用、生物转化等二次资源开发利用；加大湿垃圾资源化利用技术公关和应用推广。新兴产业发展加快。邮轮产业迅速发展，全年共接待国际邮轮靠泊180艘次、旅客35万人次，同比分别增长59%、72%。在邮政普遍服务水平整体提升的同时，上海快递服务业迅速发展，市场规模不断扩大，已经成为全国快递服务最发达的城市。

（七）全面加强了党的建设。学习宣传贯彻党的十八大精神深入开展。按照中央的要求和市委的统一部署，组织开展各层次的传达、学习和宣传。党委下发了《关于认真学习宣传贯彻党的十八大精神的通知》。两委班子召开中心组学习会。举办了6期专题培训班。领导班子和干部人才队伍建设全面推进。坚持调整优化结构，积极稳妥地开展直属企事业单位领导班子调整。加大竞争交流，面向全系统推出14个副处级领导岗位开展竞争性选拔，建立8个干部培养锻炼基地。启动青年人才发展“城市之星”计划，为行业发展储备优秀后备人才。基层党组织建设不断加强。聚焦建设工地安全、地铁安全运营以及城市管理难点，不断深化资源整合型党建，引导基层党组织和广大党员到情况复杂、民生问题多的地方创先争优。充分发挥典型示范带动作用，全年55个基层党组织、32名共产党员分别受到中央、市委等各类表彰。组织全系统44名市十次党代会代表到社区走访，为群众办实事、解难事。宣传思想工作有力有效。围绕迎接党的十八大胜利召开，大力开展“科学发展、成就辉煌”主题宣传。扎实做好精神文明创建工作，大力推动志愿服务，切实提高窗口行业创建水平。编制《建设交通行业文化建设行动纲要》，编辑出版《巨变——上海市重大工程建设实录》第二辑，选树叶其懂、裘明祥等一批先进典型。开通并运行“上海建设交通”政务微博，拓展网络宣传新阵地。党风廉政建设扎实推进。认真贯彻落实党风廉政建设责任制，开展委行政审批事项廉政风险防控，加强反腐倡廉教育，推进廉政文化建设，完善惩治和预防腐败体系建设。巩固深化“4+3”专项治理，推进建设工程监管信息平台建设，开展公务用车专项治理和礼金礼券购物卡专项治理回头看。深化党务公开，加强政风行风建设，抓好查信办案工作。信访突出矛盾化解取得成效。两委牵头负责，会同各区、各部门、各基层单位，全力化解信访突出矛盾，轨道交通建设运营、虹桥机场航空噪声、已入住居民无法办理产权证等矛盾基本得到化解或缓解。

2012年是市政府换届前的最后一年，过去五年，面对复杂多变的外部环境、重大事件的严峻考验和保障世博的艰巨任务，市建设交通行业团结协作、开拓进取、攻坚克难，开创了上海建设交通事业发展的新局面。

五年来，我们围绕筹办和举办世博会这一重大任务，举全行业之力，全面完成了世博服务保障任务，为办成一届成功、精彩、难忘的世博会做出了重要贡献。世博前夕，我们高标准、高质量、高效率地按期建成了世博场馆及配套设施，精心组织、广泛发动、深入开展迎世博城市管理600天行动。世博举办期间，我们经受住了连续高温暴雨天气、单日103万超大客流和累计7300万观博游客的考验，赢得了国内外宾客的普遍赞誉。世博会结束后，我们积极放大世博效应、巩固办博成果，将一批行之有效的城市管理措施制度化、常态化，初步建立城市管理的长效机制。

五年来，我们深入贯彻落实国务院2009年19号文件要求，一手抓航运集疏运体系优化，一手抓航运服务业发展，国际航运中心建设取得重大突破，初步形成了国际航运中心的基本框架。国务院19号文件明确的各项工作任务已全面完成，一批先行先试政策启动实施，航运发展综合实验区效应初步显现。航运服务体系不断完善，特别是航运金融、船舶交易、航运经纪、海事仲裁、航运咨询等高端航运服务业加快发展，形成北外滩、陆家嘴、临港等航运服务集聚区，航运服务功能大幅提升。航运集疏运能力不断提高，建成洋山深水港三期工程和外高桥港区六期工程，上海港货物吞吐量连续八年位居世界第一，集装箱吞吐量连续三年保持全球首位。集疏运方式结构不断优化，集装箱水水中转比例由2007年的36%提高到43%。亚太航空枢纽港建设取得重大进展，形成“一市两场、五条跑道”的基本格局；浦东国际机场货邮吞吐量连续四年稳居世界第三，航空货运枢纽轮廓初显。

五年来，我们以重大工程为抓手，大力推进城乡一体化建设，不断完善城乡基础设施，为稳增长、保民生、调结构、促转型发挥了重要作用。五年共安排建设了重大工程440多项，总计完成投资约6350亿元，基本建成了枢纽型、功能性、网络化的现代化基础设施体系。京沪高铁上海段、沪宁城际铁路与沪杭客运专线建成通车，轨道交通、高速公路、城市快速路等骨干网络初步形成。黄浦江两岸、临港地区、虹桥商务区和国际旅游度假区等重点区域建设稳步推进，郊区新城、新市镇和新农村建设进一步加快。五年共打通区与区“断头路”50余条，完成420个经济薄弱村村内道路危桥和5800多公里村级公路改造任务，郊区中心村基本实现村村通公交。500多个村庄完成综合改造，受益农户约25万户。我们还全面完成了抗震救灾和都江堰灾后恢复重建任务，对口支援新疆喀什等工作也取得阶段性成果。此外，深刻汲取闵行“倒楼”和静安“11.15”事故教训，动员全市力量深入开展建筑市场整治，积极开展基础设施安全隐患排查，推进制度加科技建设，取得显著成效。

五年来，我们围绕住房、交通、生态等民生重点，工作力度和投入不断加大，初步形成了住房保障、公共交通、生态环境和供应保障四大体系框架，市民生活水平和质量显著提高。“四位一体”住房保障体系基本形成。累计开工建设和筹措各类保障房83万套，竣工约47万套。拆除中心城二级旧里以下房屋约332万平方米，受益居民约12万户。完成农村低收入户危旧房改造8000多户。坚决贯彻国家房地产市场调控政策，开展个人住房房产税改革试点，房价过快上涨势头得到遏制。累计向168万户家庭发放公积金贷款3000多亿元，支持购房建筑面积1.5亿多平方米。多层次公共交通体系基本建成。五年共优化调整公交线路1509条次，开通67条“最后1公里”短驳线路，建成投用50个公共交通枢纽，交通综合信息平台建成运行，基本形成以轨道交通为骨干、地面公交为基础的城市公共交通体系。生态环境建设取得明显成效。全面完成第三轮、第四轮环保三年行动计划相关项目。建成世博园绿地、辰山植物园等一批重点绿化项目，新增绿地5500公顷，新增林地约15万亩，建成区绿化覆盖率超过38%，人均公共绿地提高到13平方米，森林覆盖率超过12%，“环、楔、廊、园、林”绿化格局初步形成。崇明东滩、九段沙等被列为国家级自然保护区。城市供应保障能力显著提升。青草沙水源地原水工程全面建成，形成“两江并举、多源互补”水源供应格局，更多市民喝上优质水。郊区供水集约化程度明显提高。污水收集处理系统基本建成，城镇污水处理率提高到85%。燃气管网长度从2007年2万公里提高到2.4万公里。天然气供应形成“五路供气”格局，成为国内气源结构最为多元的城市。

五年来，我们坚持深化改革，着力创新管理，不断探索完善建设交通管理的体制机制法制，行业创新驱动、转型发展的步伐不断加快。体制机制改革和法制建设取得新成效。“一委四局”大部委制框架初步形成。城市维护管理体制改革等取得初步成效。建设工程分级分类管理的格局初步形成。旧区改造新机制极大推进了本市旧区改造的进程。新一轮公交改革强化了国有控股、优化了经营格局。建设工程行政审批管理程序改革取得显著成效，行政许可审批项目减少一半以上，取消了养路费和贷款道路通行费等一批收费项目。建设工程质量安全管理条例、城市管理行政执法条例等一系列法规规章颁布执行。全市城管、交通等执法部门纳入参公管理，执法队伍建设显著加强，行政执法进一步规范。节能减排力度进一步加大。五年新建高标准节能建筑近800万平方米，完成建筑节能改造1600万平方米。完成可再生能源建筑1000万平方米，五年竣工全装修住宅超过1000万平方米，住宅产业化加快启动。交通节能减排深入推进，政策、资金扶持力度不断加大。生活垃圾“三化”水平稳步提高。“一主多点”生活垃圾末端处置设施规划建设有序推进，基本建成老港再生能源利用中心（一期）、综合填埋场一期工程，老港填埋场填埋气利用项目并网发电，金山再生资源综合处理厂试运行，生活垃圾无害化处理率从2008年的77%提高到91.5%。源头减量分类处置工作取得新突破，连续两年实现年度人均垃圾处理量减少5%的目标。

回顾过去五年的工作，我们所取得的每一项成绩，都离不开市委、市政府的正确领导，离不开各区县、各部门的支持配合，离不开建设交通行业各企事业单位、协会学会，包括中央在沪单位的共同努力，更离不开行业全体干部职工的辛勤付出。同时，我们也清醒地看到，工作中还存在许多不足，前进路上还有许多困难。一是城乡和区域建设统筹不够，郊区新城、新市镇和新农村基础设施建设有待进一步加快，人口快速导入和加速老龄化造成城市基础设施承载力的压力加大；二是城市管理理念有待创新，面对城市运行中存在的风险，城市管理的精细化、科学化水平有待提高，城市维护需要进一步加大投入，城市管理与社会管理的契合度有待加强；三是创新转型发展有待加快，在推进住宅产业化、建筑工业化、绿色建筑、资源循环利用、低碳交通等方面的引领示范效应有待加强。四是制约发展的难题瓶颈不少，体制机制有待进一步理顺，资源环境生态约束加剧，从事公益性服务的行业一线职工收入仍然偏低，历史遗留老矛盾和新问题相互交织，影响到行业的持续健康发展。对这些问题，我们必须高度重视，切实加以解决。

事非经过不知难。五年工作历程，既有辉煌也有艰辛，既有经验也有教训，我们的主要工作体会：一是必须始终保持奋发有为、昂扬向上、勇担重任的精神状态，继承和发扬建设交通行业干部职工敢打硬仗、擅打硬仗、能打硬仗的顽强作风，不畏难、不推诿、不懈怠、不折腾。二是必须始终坚持以人为本、安全为先、管理为重的方针，始终把人民利益放在第一位，尽力解决好人民最关心最直接最现实的问题，更加关注城市管理和城市安全，确保城市安全有序运行。三是必须始终紧紧依靠各局各区县各单位并充分发挥大部制优势，立足于上海特大型城市实际，不断完善“两级政府、两级管理”和“一委四局”整体推进的运作体制，切实发挥市区分工、条块联动的优势，充分调动行业企事业单位、协会学会和广大干部职工的主动性、积极性和创造性。四是必须始终深化改革创新并加强自身建设，特别是要把政府自身改革创新放在突出位置，紧紧围绕建设服务政府、责任政府、法治政府、廉洁政府的目标，着力转变政府职能，切实加强公共服务，全面强化依法行政，不断提升行政效率和行政透明度。

二、贯彻落实十八大和市十次党代会精神的总体要求

党的十八大、中央经济工作会议、市第十次党代会和全市“两会”，为下一步建设交通改革发展指明了方向。我们要立足上海当好全国改革开放排头兵和科学发展先行者的总体要求，准确把握建设交通行业发展所处的历史方位和肩负的历史使命，科学分析判断面临的形势任务要求，深刻把握好并努力回答好以下几个问题。一是在2020年我国全面建成小康社会和上海全面建成“四个中心”的战略目标下，建设交通行业如何抓住这一战略机遇期，继续保障和改善民生以适应小康社会的更高要求，继续管建并举适度超前发展以支撑上海“四个中心”的建设。二是在全面推动和谐社会建设、更加注重人民生命安全和社会公共安全的时代背景下，建设交通行业如何全力保障城市运行安全和生产安全，尽力减少行业不安全隐患和不稳定因素，推动行业安全发展、和谐发展。三是在促进区域协调发展、推进城镇化和城乡发展一体化的宏伟进程中，建设交通行业如何发挥设施建设的先导性和基础性作用，促进公共资源均衡配置，推进基础设施一体化，推动区域和城乡统筹发展。四是在大力推进生态文明建设、加快建设资源节约型和环境友好型社会的发展趋势中，建设交通行业如何加快创新转型，进一步加大节能减排和生态环境改善力度，加快健全资源循环利用体系，推进行业低碳发展、循环发展、绿色发展。五是在全面深化改革开放的总体要求下，建设交通行业如何以更大的勇气和智慧，进一步加快政府职能转变，深化行政体制机制改革，提高行政效能和透明度，在新的起点上实现行业科学发展的新跨越。

针对新形势、新任务和新要求，两委提出上海建设交通工作的总体要求是：全面贯彻落实党的十八大和市第十次党代会精神，坚持以邓小平理论、“三个代表”重要思想、科学发展观为指导，稳中求进、开拓进取，创新驱动、转型发展，按照“以人为本、安全为先、管理为重”的要求，进一步发挥大部委制优势，坚持管建并举，加快创新转型，着力抓好一个中心（即国际航运中心建设），着力强化四大统筹（即城乡建设、综合交通、城市管理和住房发展四大领域的统筹），着力完善三大保障（即体制、法制、科技三大保障），奋力推动行业安全发展、绿色发展、和谐发展，努力把上海建设成为安全、智慧、低碳、宜居的现代都市，为2020年上海基本建成“四个中心”和社会主义现代化国际大都市提供坚实支撑。

今后五年，要重点抓好以下七方面工作：

第一，深入贯彻落实党的十八大精神，扎实提高党的建设科学化水平。加强党的建设，是各项工作顺利推进的根本保证。要认真贯彻落实党的十八大和市第十次党代会精神，按照中央和市委关于全面提高党的建设科学化水平的部署和要求，扎实推进党的建设各项工作，以党的十八大精神武装头脑、指导实践、推动工作，把党的政治优势、组织优势转化为推动城乡建设交通科学发展的强大力量。要紧密联系上海城乡建设交通发展和特大型城市建设管理的实际，联系本单位本部门工作实际，进一步提高统筹推进城市建设和管理的能力和指导推动行业创新转型发展的能力。进一步深化改革，加强社会管理和创新，把党的十八大精神落实到建设交通事业发展的各方面。

第二，推进国际航运中心建设，显著增强全球资源配置能力。未来一段时期，是全面建成国际航运中心的决定性阶段。要紧紧围绕增强全球航运资源配置能力的要求，充分依托航运发展综合实验区平台，接轨国际惯例和通行规则，积极争取航运政策先行先试，推动形成有利于国际航运中心建设的口岸环境、政策环境和服务环境。要进一步巩固提升国际航运枢纽港的地位，力争海港货物、集装箱年吞吐量和空港货邮吞吐量继续保持世界前列，力争把上海港建成服务最好、最便捷的港口之一。要进一步优化航运集疏运体系，继续完善港口、航空、铁路、公路等设施，大力加快内河航道建设和内河水运发展，提高集装箱水水中转、海铁联运和航空国际中转比重。要大力培育现代航运服务体系，全面集聚货物、船舶、机构、人才、信息、技术等航运要素与资源，显著提升现代航运服务功能，加快建成具有较强服务功能和辐射能力的国际航运中心，为2020年基本建成具有全球航运资源配置能力的国际航运中心奠定决定性基础。

第三，加快重点区域和重大项目建设，推动区域和城乡发展一体化。当前及今后一段时期，城镇化是我国最大内需潜力所在，郊区是上海创新转型发展的广阔空间。上海建设主战场要进一步向郊区转移，在重大工程安排中，要把推进郊区新城、新市镇、新农村建设放到优先位置。要强化郊区新城、新市镇和新农村基础设施建设，加快建成相对独立的郊区新城基础设施框架，推进试点镇以及新市镇建设。加强农村基础设施建设，着力推进新一轮经济薄弱村路桥改造和村庄改造。同时加大对历史文化名镇和传统村落的整体性保护。要继续完善重点区域的设施配套，重点推进世博园区、临港地区、虹桥商务区等六大重点开发区域的设施配套及骨干路网完善工程。加快推进大型居住社区内外配套设施建设，方便入住居民生活。要进一步增强区域服务辐射能力，重点加强区域交通基础设施衔接，进一步提高上海服务长三角、长江流域和全国的能力。要进一步提高投资质量和效益，进一步完善枢纽、优化网络、提升功能，进一步增强城市综合承载力，努力构筑区域衔接、城乡一体的基础设施体系，为促进城乡统筹发展和建设具有较强国际竞争力的世界级城市群做出贡献。

第四，大力提升城市管理科学化水平，建设管理一流的现代都市。加强城市管理，是上海建设国际化大都市的必由之路。要始终坚持以人为本、安全为先、管理为重，更加注重规划引导、源头治理，更加注重法治化、智慧化、精细化管理。要强化建设工程质量安全管理。持续开展建筑市场整治，强化市场主体质量安全责任，推进建筑市场信用体系建设，健全建设市场政府监管体系。要全面加强市容环境管理。加快建设更加高效的城市保洁体系，进一步强化市容秩序管理、景观灯光管理，加强老旧居住区、城中村、城乡结合部等地区综合整治。要努力强化设施维护管理。聚焦轨道交通、高架道路、高速公路、大型桥隧等重要设施和重点部位，全面开展隐患排查和安全检测评估。加强设施运行养护管理，大力培育和扶持城市维护产业发展。加大各类管线设施保护力度，最大限度减少各类管线的受损事故。要大力提升城管执法工作水平。推进城管执法队伍标准化、规范化建设，加快建立与和谐城市相协调的城管执法队伍，提升执法效能和队伍形象。要加强应急保障体系建设，切实提高突发事件的处置能力。要不断完善市区（县）两级分工、部门职责明确、统筹联动高效的城市管理体制，进一步健全政府主导、社会协同、市场运作、市民参与的城市管理机制，形成与现代化国际大都市相匹配的城市管理模式，努力把上海建设成为管理一流的安全、有序、整洁、法治、高效的现代都市。

第五，努力实现安居畅行的阶段性目标，让全市人民生活更美好。衣食住行是市民生活的基本必需。住房和交通是建设交通领域市民群众最关注的两大民生问题。要紧紧围绕安居畅行的目标，尽力而为、量力而行，进一步加大民生改善力度。要深化完善住房保障体系，坚持“三个为主、两个体系、四位一体”的基本思路，完善市场配置和政府保障相结合的住房制度，多渠道改善市民居住条件，满足住房困难家庭基本需求。进一步完善保障性住房建设、配套、供应和管理机制。加快推进大型居住社区内、外配套设施建设。要继续加快旧区改造，大力推进中心城区成片二级旧里以下房屋、郊区城镇棚户简屋和“城中村”改造，力争五年内全市再完成350万平方米二级旧里以下房屋改造。要稳步推进旧住房综合改造，坚持“拆、改、留、修”并举，将旧住房综合改造作为“四位一体”住房保障体系的重要补充。继续推进农村危旧房改造。要坚持房地产市场调控，严格执行中央房地产有关调控政策，促进房地产市场长期稳定健康发展。要完善住房公积金缴存政策，进一步扩大受益群体，发挥好住房公积金支持保障性住房建设的功能。要稳步提升物业管理水平。要坚定不移地贯彻落实“公共交通优先”战略，完善以轨道交通为骨干，地面公交为基础，市郊铁路、中运量、短驳巴士、轮渡等集约交通组成的多层次、一体化公共交通体系，轨道交通运营线路长度达到600公里以上，力争基本建成公交都市，中心城公交出行比重、轨道交通占公交客运量比重均超过50%，显著增强公共交通的吸引力和竞争力。要坚定不移加强小汽车需求调控管理，控制小汽车增速和总量，引导小汽车有序发展和合理使用，确保有限设施供给条件下的道路交通服务水平。要进一步完善交通影响评价制度，加强交通与城市空间布局的统筹协调，从源头上缓解城市交通拥堵问题。

第六，着力推进生态文明建设，积极改善城乡人居环境质量。要牢固树立生态文明理念，按照建设资源节约型、环境友好型城市的要求，以滚动实施三年环保行动计划为契机，大力推进生态环境建设和资源综合利用，加快推进绿色建筑和低碳交通发展，着力推进行业绿色发展、低碳发展、循环发展。要继续推进城乡生态环境建设。构建与生态宜居城市相匹配的绿地、林地、湿地基本生态空间系统，形成一批林荫道。加快基本生态网络结构体系建设，基本完成外环生态专项工程；加快构建中心城、郊区新城绿地系统和镇级公园体系，大力推动立体绿化发展；积极推进林业建设，推动郊野森林公园建设。要全面促进资源节约和循环利用。建立生活垃圾分类投放、分类运输和分类处理的全过程分类系统；强化总量控制及计划管理，实现人均生活垃圾处理量逐年递减。推进末端处置设施、餐厨垃圾处理设施和环卫中转设施建设，基本建成“一主多点”的末端处理设施，形成以焚烧为主、生化等多元发展、卫生填埋托底保障的生活垃圾处理格局，力争生活垃圾无害化处理率达到98%以上。加强节水型社会建设，推进供水管网、二次供水设施改造，确保供水水质全面达标；实施截污纳管攻坚战，提高城镇污水处理率和污泥处理率，中心城污水处理率力争不低于98%。要推进建设交通行业节能减排。加快推进绿色建筑和建筑节能工作，聚焦新城建设、低碳城区建设等重点，实施科技创新和标准引领，力争绿色建筑和建筑节能工作继续走在全国前列。加快推进国家机关办公建筑和大型公共建筑能耗监测平台建设，编制建筑能耗管理指南，研究制定用能定额。积极推进住宅产业化，推进全装修住宅和住宅性能认定工作。推进交通节能减排，推广交通领域低碳技术应用，加大政策扶持力度。改善慢行交通环境，实施慢行交通示范工程，打造黄浦江两岸等慢行交通示范区。

第七，深化行业体制机制改革，大力推进制度建设和科技创新。体制机制是推进工作的重要保障，制度加科技是行业持续发展的宝贵经验。要以改革创新的精神，着力突破制约城乡建设交通行业发展的制度障碍；要结合智慧城市建设，大力提升行业科技能级，为推进行业科学发展提供有力支撑和坚强保障。要深化完善建设交通管理体制。深化完善建设交通大部门制改革，进一步明确部门职责，着力强化部门履职。深化行政审批体制改革，突出市场配置资源的基础性作用，进一步下放审批权限，减少审批层级，推进审批业务信息化、公开化、标准化。加强市与区（县）的联系和指导，充分发挥区县、街镇的积极性和能动性。深化城管执法体制、机制和法制建设。要优化建设交通管理机制。发挥联席会议等平台作用，进一步完善工作推进、协调、落实、反馈、评估等机制，完善跨部门协调联动机制，提高行政管理效能。完善城市维护管理机制，加强城市维护管理资金的统筹，积极争取公共财政向城市管理和维护投入倾斜，完善定额和标准，落实区县城市维护财政投入，建立健全市区两级城市管理和维护资金投入的稳定增长机制。探索城市管理常态机制与社会管理大联动机制的有机结合，推动城市管理的专业化、市场化、社会化，推进政企分开、事企分开和管养分离。要完善建设交通管理法制保障。修订建设交通管理法规框架体系，推动相关法规制度完善。加强民生改善、社会管理和公共服务等领域的制度性建设。针对城市管理顽症治理，进一步转变管理理念，增加给付性制度完善、疏堵结合、规范执法等内容；加强执法工作，加大联合执法力度，加强行政执法队伍建设，提升建设交通系统依法行政水平。要加强行业科技创新和基础研究工作。探索物联网、云计算技术在城市建设交通领域示范应用。聚焦建设交通行业的重点领域、关键技术、标准体系，加强集成创新和协同创新，建立产学研紧密结合的技术创新体系；优化科技创新平台，落实促进自主创新的各项激励政策，启动一批具有示范、带动效应的重大科研项目，形成科技资源优化配置的研究开发、成果转化的市场体系。同时，切实加强建设交通领域的基础性、前瞻性和系统性研究。

三、2013 年主要任务

2013 年是全面贯彻落实十八大精神的第一年，也是新一届政府各项工作的开局年。要按照中央的要求和市委、市政府的部署，围绕行业安全发展、绿色发展、和谐发展的主线，稳中求进、开拓创新、扎实开局，着力稳增长、调结构、促改革、惠民生，确保行业持续健康发展。要重点抓好以下九项工作：

（一）继续推进国际航运中心建设。一是优化现代集疏运体系，提高港航物流服务能力。继续推进港口、内河航道、疏港通道、航空枢纽等设施建设。加强对水水中转业务的政策引导，拓展内河集装箱运输市场。深入推进上海口岸通关无纸化工作。争取浦东机场实施国际与国内 90 分钟通程联运中转。拓展机场综保区保税货物与口岸货物同步运作规模。二是加速航运资源在沪汇聚，拓展综合试验区功能。推进建设国家级船员评估中心，积极争取船舶油污损害理赔中心落户上海。推动成立上海航运业联合会。进一步放大洋山船舶保税登记、启运港退税、融资租赁、国际中转集拼等试点政策效应。争取浦东机场开展货邮集拼中转试点。完善航运运价指数体系，推动航运运价交易平台规范运作。三是优化航运中心建设环境，促进推动邮轮产业发展。开展两岸班轮、国内班轮运价备案制度研究，构建航运市场、进出口企业诚信体系。全面启动“中国邮轮旅游发展实验区”建设，实现吴淞口国际邮轮码头对外开通启用。研究开发邮轮运营航线，争取直航台湾的邮轮航线常态化。

（二）继续完善城乡基础设施体系。2013 年全市安排重大工程正式项目 88 项，力争新开工 12 项，基本建成 11 项，总投资与上年基本持平。一是重点推进交通基础设施项目建设。加快洋山深山港区四期工程和浦东国际机场第四、五跑道建设前期工作，启动浦东国际机场T1航站楼改造和虹桥机场东航基地（西区）二期配套工程。推进大芦线二期、杭申线航道、赵家沟东段等内河航道整治。抓紧开展沪通铁路、沪乍铁路、北横通道、S7公路等前期工作。继续推进S6高速公路、嘉闵高架南北延伸等道路建设。积极推进轨道交通8号线三期、9号线南延伸段、10号线二期、13号线一期、17号线等项目前期工作，基本建成11号线二期和12号线、16号线部分区段。启动沿江通道、周家嘴路隧道工程建设，推进长江西路隧道、虹梅南路－金海路通道建设。二是协调推进产业转型和社会发展重大项目建设。推进一批高端装备制造、生物、新能源、新材料等重大项目建设；支持长兴岛造船、汽车城、临港产业区等重大产业集群发展；服务航空发动机、商用飞机等项目的建设；做好能源建设、提升市级医疗设施能力建设等一批社会事业重大项目的协调推进工作。三是加快推进郊区新城、新市镇、新农村建设。积极推进郊区新城基础设施建设，提升新城综合功能；继续梳理打通一批区与区的断头路。组织实施农村村内道路桥梁改造，组织实施农村村内道路桥梁改造，全年农村桥梁改造计划开工1000座、竣工500座，完成农村村内道路改造1000公里。研究制订国家历史文化名镇和传统村落保护管理办法，积极推进名镇名村保护和管理工作。启动开展郊区绿色重点小城镇建设试点。坚持“因地制宜、综合改造、提升能级”，完成100个村庄综合改造任务。

（三）下更大力气狠抓城市运行安全。一是继续强化工程建设安全监管。进一步完善建设工程分级分类管理，各类建设工程力争全部纳入有序监管。实施好新出台的合同备案办法和施工分包办法，开展重点工作稽查，严查违法分包和转包行为。监理报告实现工程项目全覆盖，推进监理费专户储存和按绩结算。深化招投标监管，大力推进电子化招投标。进一步开展企业资质动态核查，加大企业清出力度，探索加强从业人员的管理。二是优化城市交通运行安全。深化行业专项整治和隐患治理，开展轨道交通、省际客运、道路危品运输等行业的安全专项整治和隐患排查治理。推进轨道交通网络安全评估后续整改工作。推进水陆危品运输行业、道路旅客运输、城市交通等行业的安全生产标准化建设。深入开展“安全生产月”等宣传活动。三是加强城市设施维护管理。实施道路、桥梁隧道三级检查检测制度，关注越江桥隧、大型地道的运行安全，重点防范隧道火灾、低温下冰雪灾害以及台风汛期水灾等。强化高速公路和城市快速路的一体化管理。继续加强养护维修作业安全监管。加快燃气隐患管网的更新改造力度。加强检测巡查，确保水厂、堤防、泵闸、海底管线等设施设备安全。推动建立生活垃圾设施运营监管体系，控制污水厂污水处置和生活垃圾渗滤液处置的次生污染。四是提高应急处置能力。完善应急管理机制，提高应急预案及演练的针对性和实用性。建立对玻璃幕墙意外事故的应急处置预案和责任制度。加强水上应急管理建设。做好全市防汛能力评估工作，加强防汛隐患排查整改，提升防汛防台应急管理水平。

（四）多渠道改善市民居住条件。一是稳步推进住房保障工作。继续推进保障性住房建设，新建保障性住房和实施旧住房改造共10.5万套，基本建成10万套。进一步优化保障性住房空间布局，加快推动利用“退二进三”等存量土地建设保障性住房，严格执行在普通商品住房中按比例配建保障性住房的政策，提高保障性住房建设供应的适配性。逐步扩大廉租住房受益面和适当放宽实物配租供应范围，优化共有产权保障房、公共租赁房的申请分配，构建各类保障性住房用途管理平台，加强各类保障性住房使用管理，建立健全住房保障管理信息系统，完善保障性住房分配供应和管理机制。拓展保障房建设融资渠道，扩大公积金贷款支持保障性住房建设试点范围。二是加快大型居住社区市政公建设施配套。贯彻大型居住社区配套建设导则，落实新一轮大居外围大市政配套建设支持政策，加快前期手续办理，推进大居内部和外围市政公建配套设施建设，进一步完善住宅已交付使用基地配套设施和公共服务，加快优质配套资源落地，满足入住居民的基本需要，推动新建保障性住房形成有效供应。三是继续推进旧区改造和旧住房综合改造。重点推进中心城区成片二级以下旧里房屋改造，积极推进郊区城镇棚户简屋改造，开展"城中村"改造试点。全年力争完成70万平方米二级旧里以下房屋的改造任务，受益居民约3万户。研究完善旧住房综合改造的支持政策和资金补贴机制，启动3.9万套旧住宅成套改造、厨卫综合改造、屋面和相关设施改造工程，完成各类住宅修缮工程1000万平方米。加大农村低收入户危旧房改造推进力度，确保完成全年改造任务。结合旧区改造和旧住房综合改造，积极实施建筑节能改造工程。坚决执行国家房地产市场调控政策，促进房地产市场健康平稳发展。

（五）协调推进城市交通拥堵综合治理。一是制定颁布新一轮交通发展白皮书。编制完成并正式发布新一轮《上海市交通发展白皮书》，明确未来十年上海交通发展的战略政策导向。在坚持公交优先战略、交通先导战略的同时，进一步加强交通需求管理，提升交通精细化、智慧化管理水平，确保道路交通拥堵状况总体受控。进一步完善小客车额度拍卖政策，抑制车牌价格非理性过快上涨。二是深入贯彻落实公交优先战略。贯彻落实《国务院关于城市优先发展公共交通的指导意见》，制订出台本市贯彻实施意见并组织实施。积极参与创建"公交都市"建设示范工程，制订分年度计划并推进实施。做好轨道交通11、12、16号线部分区段的开通试运营准备工作。落实路权优先、信号优先，大力推进公交专用道建设，提高地面公交的可靠性和便捷性。三是聚焦交通热点难点问题。依托交通协调保障联席会议，建立常态推进落实协调机制，加强统筹协调和督促检查。积极缓解停车难问题，差别化调整停车配建标准，研究制订相关政策支持和鼓励公共停车场（库）建设，合理设置临时或限时道路停车场。进一步提高邮政普遍服务质量，贯彻落实《关于促进本市快递业健康发展若干意见》，促进快递业持续健康发展。做好节假日小客车免费通行工作，确保安全、有序、畅通。完善长三角区域ETC互联互通工作，进一步提高ETC车道通行效率。保持非法客运打击整治力度，维护交通营运市场秩序。

（六）切实提高城市精细化管理服务水平。一是加强市政设施管理。推进市属道路和桥梁路面整治、绿化更新等工程，督促加强区属道路养护管理。健全运转高效的路网管理和应急处置机制，加强信息化技术在养护监管等方面运用，将城市道路市政专业网格化巡查范围延伸至越江设施。研究建立公路网格化巡查机制。推动大中修项目实施。整合城市道路和公路的考核体系，推行上海市道路管理绩效评价，探索路政管理新机制。二是切实提高市容管理水平。依托市市政市容管理联席会议平台，强化统筹协调作用，加强对违法建筑、无序设摊、户外广告等城市管理各类难题顽症的综合治理，进一步强化行业和部门的协同联动，推进城市环境面貌持续改善。研究应用市政市容环境指标体系，及时、准确、充分掌握城市运行动态，建立完善常态化的信息流转机制，进一步完善分类管理机制。三是提升城市管理信息化水平。进一步加强城市管理资源整合和信息共享，充分发挥城市网格化管理、12319城建服务热线等系统平台的作用，做好与12345市民服务热线的对接。积极推进智慧城市三年行动计划，努力提升数字化城市管理效能，进一步提高城市信息化管理水平。四是加强公共建筑和住房维护管理。研究完善公共建筑管理体制，加强对各类公共建筑的日常管理。把住宅修缮工程纳入统一平台，推进直管公房全项目修缮等各类型住宅修缮改造项目。完善物业管理市场机制，做好售后房物业收费调价工作，逐步解决同一小区、同一服务、不同收费的问题。培育社会第三方中介组织，协助社区指导业委会组建和运作。研究完善保障性住房物业服务模式，探索符合大居社区地域特点和保障对象需求的物业服务、社区管理模式。

（七）促进行业创新转型发展。一是推进建筑工业化和绿色建筑发展。完善激励和引导政策，加快建筑工业化和住宅产业化进程，力争全年再落实180万平方米；继续落实土地出让按比例实行全装修住宅的要求，加强全装修住宅设计管理工作。推进本市国家机关办公建筑和大型公共建筑能耗监测系统建设，完善市级平台功能，抓好试点项目推进。推动建筑领域资源综合利用，加大建筑废弃物综合利用试点示范工程的推进力度。二是积极构建绿色交通体系。推进公共交通智能化，改善慢行交通环境，开展公共自行车政策研究，扩大试点范围。推进节能低碳技术应用，开展隧道、道路建设和养护节能示范工程。扩大新能源公交车的营运规模，加大黄标车淘汰力度。开展飞机、船舶节能技术改造，推广船舶岸基供电和机场地面设备替代APU应用，推进老旧船舶提前报废。三是大力改善生态环境。推进外环生态专项等结构性绿地建设，新建绿地1000公顷，完成立体绿化30万平方米，建成区绿化覆盖率达到38.35%。启动新一轮林业三年政策，新建林地1.2万亩。新创建命名林荫道30条，全面完成100条林荫道创建任务。加强供水服务保障，推进陈行水库嘉定支线、闵奉原水工程等工程建设，启动青草沙水库与陈行水库连通管工程，完成东风西沙水源地建设。继续推进白龙港区域南线污水输送干管完善工程，建成白龙港污水处理厂二期扩建工程。推进11座郊区污水处理厂的扩建和同步升级改造，启动200公里河道整治工作。四是加强资源循环利用。全面推进生活垃圾末端分类减量，基本建立城市化地区生活垃圾分类收集、分类运输、分类处置体系，实现人均生活垃圾处理量递减5%目标。进一步落实“一主多点”生活垃圾末端处理设施建设，基本建成老港固体废弃物综合利用基地，推进郊区（县）垃圾末端处置设施以及餐厨垃圾处理设施、环卫中转设施建设，生活垃圾无害化处理能力达到2.2万吨/日。推动建筑装修垃圾、大件垃圾等专项垃圾的定点消纳和资源化利用。推进节水型社会建设，加强水源地保护和用水总量管理。

（八）深化体制机制改革和科技创新。一是深化体制机制改革。进一步理顺部门职责界面，积极稳妥地下放事权，落实区县城市维护投入机制，加强对区县的指导和培训，进一步强化街镇建设交通管理职能。继续推动政企分开，做好申通地铁集团、养护企业等划转、与久事集团共管交通卡公司等后续工作。强化行业质量安全管理，完善建设市场稽查机制。完善城市网格化管理机制，提升网格化部事件监督发现、处理处置水平。把握“营改增”新一轮扩围机遇，做好建筑安装、邮政等行业“营改增”试点准备。研究建立公益性服务行业一线职工工资增长机制。二是完善法规制度保障。配合市人大及有关部门，制订修订建筑市场管理条例、轨道交通管理条例等法规规章，推进城市管理网格化法制化工作，推行行政审批自由裁量基准，严格规范行政执法行为。加强行业法规、政策等执行检查和后续评估，开展“十二五”相关规划的中期评估。加快完善工程建设等行业信用体系，健全守信受益、失信惩戒机制。三是加强信息科技支撑。进一步理顺科技管理体制，构建科技工作协调管理和行业科技资源统筹管理平台。完成建设市场管理信息平台建设，继续推进建设工程网上行政审批平台建设，推进地下空间信息基础平台建设，开展交通综合信息应用服务工程建设，启动空间地理信息共享交换平台建设，扩大公交车无线网络覆盖范围，全面完成98个公园绿地无线局域网覆盖任务。四是加强政府自身建设。围绕“两高一少”的目标，努力转变政府职能，深入推进行政审批制度改革，大力推进行政审批标准化和网上审批。积极推进建设交通系统内政务信息化平台联网和信息共享，全面提高行政效率。认真贯彻政府信息公开有关规定，以公共财政、公共权力、公共资源和公众关心、社会关注的热点焦点等为重点，依法全面实施政务信息公开，重点推进部门预决算、“三公”经费、行政审批及收费、招投标、征地拆迁等信息公开，不断提高行政透明度。

（九）全面推进党的建设科学化。一是切实改进作风，始终保持与人民群众的血肉联系。认真落实、严格执行中央和市委、市政府关于改进工作作风、密切联系群众的相关规定，深入开展以为民务实清廉为主题的党的群众路线教育实践活动。结合开展党代会代表、人大代表联系社区提案建议整改落实工作，着力解决群众反映强烈的突出问题。健全领导干部下基层调研制度，将下基层开展工作情况纳入年度考核目标。进一步精简会议文件，改进机关作风，整治“庸懒散软”不良习气。加强对干部作风和效能的考核，提高基层单位、服务对象的评价权重，加大责任追究力度，严肃处理推诿扯皮、态度冷漠、责任心缺失的典型案例。充分发挥工青妇等人民团体密切联系群众的优势，深入开展“面对面、心贴心、实打实服务职工到基层”活动。二是着力建设高素质领导骨干队伍，集聚各方面优秀人才。优化领导班子配备和干部队伍结构，完善竞争性选拔干部方式，扩大后续效应。试点在区县、乡镇建立干部培养锻炼基地。完善干部考核评价机制，加强干部队伍日常考核和监督。检查“十二五”人才规划具体任务落实情况，加强人才工作目标责任制考核。加大现代服务业人才和城市管理人才开发力度，形成城市管理人才开发目录。完善行业紧缺急需人才的专业岗位评估机制，做好引进人才的绩效评估，优化人才成长环境。三是创新基层党建工作，夯实基础，增强活力。建立健全党员承诺践诺、“三亮三比三评”、基层党组织晋位升级等制度，推进创先争优活动常态化、长效化。深化资源整合型党建工作，抓好工地建设等与社区党建联建，注重在解决突出矛盾和热点难点问题上见实效。加强机关党建，深化“创建学习型党支部、争当学习型党员”活动。完善基层党的组织体系，推动基层服务型党组织建设。完成好第二轮与市郊经济相对困难村的结对帮扶工作。四是加强宣传引导，积极践行核心价值观。深入开展社会主义核心价值体系学习教育，积极践行行业“安全、诚信、为民、和谐”的价值追求，切实提高行业凝聚力、执行力和从业人员的综合素质。将社会管理的要求融入到行业文明创建中，拓展公众参与的活动项目，推动志愿服务行动规范化、制度化，促进行业与社会市民共建共创。加强新闻宣传，抓好媒体服务，发挥“上海建设交通”等政务微博的平台作用，引导舆论，凝聚共识。加强舆情收集、分析和研判，健全完善舆论监督整改工作。推动夏令热线常办常新，不断提高窗口行业社会满意度。五是坚定不移反对腐败，深入推进党风廉政建设。抓好惩防体系建设2008—2012年工作规划落实情况的检查，研究制定新一轮惩防体系建设实施意见。巩固深化专项治理，重点推进建设市场监管、公务用车规范管理。进一步加强反腐倡廉教育和廉政文化建设。全面深化廉政风险防控工作，抓好防控措施的检查落实。加强党务公开长效机制建设，进一步提高党务公开工作质量和实效。围绕群众反映强烈的突出问题，进一步加强政风行风建设。加大办信查案工作力度，保持惩治腐败的高压态势。六是加强社会管理创新，全力化解信访突出矛盾。坚持用党的群众工作统揽信访工作，大力推进信访突出矛盾化解。加强社会管理创新，积极探索信访代理、第三方参与。进一步强化社会稳定风险评估、突出矛盾排查、初信初访三级督办等工作推进机制，将责任层层分解，工作落实到人。牢固树立群众观点，实事求是、耐心细致地做好新时期的群众工作。加强与各区县、各部门的沟通和工作联动，加强对矛盾化解工作的检查、督促和指导，力争使建设交通领域全市性突出矛盾得到进一步化解或缓解。

建设交通事业发展已经站上了新起点，面对形势发展的新要求，承载着人民群众的新期待，我们深感压力、责任和光荣。我们一定要认真学习、深刻领会和全面贯彻党的十八大精神，凝心聚力、攻坚克难，坚持管建并举、加快创新转型，努力推动行业实现安全发展、绿色发展、和谐发展，为上海加快推进“四个率先”、加快建设“四个中心”和社会主义现代化国际大都市而努力奋斗。

一、城乡规划、国土资源

（一）综述
（二）市政府批准的重要规划
（三）规划管理
（四）土地管理
（五）地矿管理
（六）其他

（一）综述

2012年，以全面贯彻实施《上海市城乡规划条例》为主线，按照“决策、执行、监督”三分离和规划“编制、审批、执行”三分开的原则，加强总体规划的战略引领作用，完善控详规划的实施操作机制，加大规划管理机制的创新力度。

总体规划实施评估全面展开。针对上海城市发展所处的阶段特征，对总体规划实施情况和重大规划政策作了全面梳理，提出促进上海城市健康发展的评估建议。同时，突出专项发展特点和具体策略支撑，开展11个专项评估，包括城市总体发展目标、人口规模与发展资源、城镇体系与城市空间格局、综合交通体系等内容。

基本生态网络规划实施取得进展。按照“聚焦自然资源较好且具有一定规模的地区，聚焦对生态功能有影响的重要节点地区，优先选择毗邻新城和大型居住区的地区，优先选择交通条件较好的地区”的选址原则，形成了《上海市郊野公园概念规划》。

重点地区规划编制进展明显。围绕重点地区建设，加快规划落地，世博 A 片区、浦东前滩地区和徐汇滨江商务区等规划获市政府批准。在黄浦江沿岸地区、国际旅游度假区深化了城市设计、控详附加图则等研究，部分地区探索实施土地“带方案”出让。

建设工程设计方案三维审批准备工作全面完成。完成了三维审批规程的机制设计、三维审批平台的搭建、三维模型数据库的建设，并制定了三维审批规划管理的试行意见等有关技术文件。在机制设计上，将三维审批纳入现行“一书两证”方案审批环节。在平台搭建上，与现行的“一书两证”子系统衔接。在数据库建设上，已完成外环以内地区的现状三维基础建模工作。

地下管线建设工程规划核查管理稳步推行。在跟踪测量、规划验收、档案移交等环节对建设单位承诺内容进行核查管理，并加快地下管线数据收集入库。一年来，管线归档数据长度近 3000 公里，并在延安路高架、世博园区、浦东机场、临港新城、虹桥枢纽等地区，试点建立了较为精准的地下管线数据检索和应用平台。

（二）市政府批准的重要规划

【概况】 2012 年，继续推进城市重点区域的详细化规划工作。世博会地区、黄浦江沿岸地区、虹桥商务区核心区等区域的详细性规划工作均取得了重要成果。

【世博会地区规划批复实施】 世博会会展及其商务区 A 片区控制性详细规划于 2012 年 8 月 11 日批复实施。规划范围：东至白莲泾、南至雪野路、西至上南路、北至黄浦江，规划总用地面积约 85.5 公顷，其中建设用地面积约 83.49 公顷（以实测为准）。发展目标和功能定位：A 片区将继承世博理念，建设成为国际知名企业总部集聚区和具有国际影响力的世界级工作社区。在功能上以高端商务、会展文化为核心功能，并发展商业、文化、休闲、酒店等配套功能。布局结构：规划延续世博记忆，形成“以绿为核、三带环绕”的空间结构。“一核”为绿谷，“三带”为绿谷综合商务带、总部商务集聚带、生态功能带。

世博会西藏南路两侧 D04、F01 街坊控制性详细规划于 2012 年 8 月 27 日批复实施。规划范围：北至中山南路、南至高雄路—半淞园路、西至制造局路、东至保屯路，规划总用地面积约 27.7 公顷（以实测为准）。发展目标和功能定位：西藏南路两侧街坊是浦西文化博览区的主入口区域，是黄浦区西藏南路城市发展轴和滨江发展轴的重要节点。规划建设成为与城市生活相融合的复合功能街区，以办公、科研、居住功能为主，综合设置商业、餐饮、娱乐、酒店等配套服务设施。布局结构：结合文化博览区总体要求，该地区将形成“一轴、二带、二片”的布局结构。“一轴”即南北向西藏南路发展轴，“二带”为保屯路活动带和制造局路活动带，“二片”指西藏南路东侧居住片区和西侧商务科研办公片区。

世博会地区城市最佳实践区控制性详细规划于 2012 年 9 月 24 日批复实施。规划范围：东至南浦大桥、南至黄浦江岸线、西至保屯路—望达路、北至中山南一路，规划总用地面积约 57.66 公顷，均为建设用地（以实测为准）。发展目标和功能定位：城市最佳实践区将继承世博理念，建设成为文化创意产业的独特集聚区、世博文化遗产的重要承载区、低碳生态发展的最佳实践区、充满活力的复合街坊、彰显魅力的城市客厅。在功能上以文化创意产业为核心功能，并发展商务办公、文化艺术、会议展览、商业餐饮、休闲娱乐、公寓酒店等配套功能。布局结构：规划延续世博记忆，形成“一环一带、两核五区”的空间结构。“一环”为文化创意环，通过一条步行环道串联五个街坊；“一带”为滨江绿带；“两核”为步行环道与滨江绿带交汇处规划的南浦公园和城市广场；“五区”为功能各有区分侧重的五个街坊。

世博会地区政务办公社区控制性详细规划于2012年9月24日批复实施。规划范围：北至南浦大桥、南至白莲泾、西至黄浦江、东至浦东南路，规划总用地面积约103.10公顷，建设用地面积约100.68公顷（以实测为准）。发展目标和功能定位：结合地区发展现状，规划建设成为高效便捷的政务中心、具有活力的办公园区、舒适宜人的居住社区和环境优美的滨水空间。重点发展行政办公、商务办公、生态居住三大功能。布局结构：与世博会会展及其商务区和周边区域相呼应，规划形成“一区三片”的布局结构。“一区”即围绕政务办公形成办公园区，“三片”即基本建成的三个居住组团。

【市政府批复黄浦江沿岸地区规划实施】 黄浦江南延伸段前滩地区（Z000801单元）控制性详细规划于2012年8月4日批复实施。规划范围：东至济阳路，南至中环线（华夏路），西至黄浦江，北至川杨路；规划总用地面积约283.17公顷，建设用地面积约280.32公顷。发展目标和功能定位：充分发挥东方体育中心和滨江生态空间的作用，构建生态型、综合性城市社区。重点发展三大核心功能，即总部商务、文化传媒、体育休闲。同时，围绕核心功能，大力发展商业、居住、酒店等辅助功能，以及休闲娱乐、教育培训、社区服务等配套功能，形成宜居宜业的综合功能城市社区。布局结构：形成“嵌入型开放空间十指状城市组团”的结构，结合以公交引导的用地布局，充分发挥滨江生态优势，滨江绿地嵌入城市，使城市与自然交织互融。

上海市黄浦江北延伸段EN6单元控制性详细规划于2012年10月26日批复实施。规划范围：东至双江路、南至环东一大道、西至黄浦江、北至长江，总用地面积为3.86平方公里。发展目标和功能定位：依托黄浦江两岸建设的推动租用和滨江生态绿化轴的延伸，营造景观优美、水绿相映、设施齐全、充满活力的河口特色环境，建成以生态涵养、休闲旅游、教育培训等功能为主的生态控制区。布局结构：形成“两轴两心四区”的结构，“两轴”即功能发展轴、滨江公共轴，“两心”即游艇体验核心、生态景观绿心，“四区”即以主要道路划分形成“一主三辅”的片区，“一主”为生态绿化片区，分布于随塘公路两侧，“三辅”分别为游艇教育体验片区、教育片区、居住休闲片区。

【上海市虹桥商务区核心区南北片区控制性详细规划于2012年2月13日批复实施】 规划范围：规划范围分为南北两个片区。北片区的规划范围是，东至申贵路，南至扬虹路，西至沪杭铁路外环线—兴虹路—申滨路—润虹路—申长路，北至天山路—申虹路—申贵路，用地面积约1.44平方公里。南片区的规划范围是，东至申贵路—申长路—现状铁路用地边界，南至沪青平公路，西至沪杭铁路外环线，北至建虹路，用地面积约0.80平方公里。规划总用地面积约2.24平方公里。发展目标和功能定位：北片区定位是以企业总部办公、商务贸易办公、现代商务服务、高端居住等为主体功能，打造高端商务休闲生活社区；南片区定位是以企业总部办公、现代商务服务等功能为主，滨河创意休闲功能为辅，形成高端总部商务办公区。

（三）规划管理

【概况】加强建筑规划管理，重点是完善“一书两证”（建设项目选址意见书、建设用地规划许可证、建设工程规划许可证）审批新平台建设。推进城市雕塑规划建设，完成新建城雕项目69座（组）；努力办好雕塑艺术流动展示平台，举办或参与了一系列雕塑艺术活动，取得了良好的社会效益。有序开展地名管理，审批各类地名543个，完成了第二次全国地名普查试点。（刘臣）

【加强建筑规划管理】 完善“一书两证”审批新平台建设。改进完善了“一书两证”审批新平台的内、外网系统。内网主要增强了系统的易用性和业务逻辑的合理性，完善了系统初始版本中未涵盖的业务和功能。外网更加符合建设单位在“一书两证”申报过程中的业务习惯。系统运行趋于平稳，内、外网报错及热线技术服务需求量明显下降。大力推行告知承诺制。研究基础信息数据库功能拓展，优化完善“一书两证”新审批平台与规划协会诚信数据库的联网和跟踪管理方案，对建设项目规划审批过程中告知承诺的实施情况初步实现了实时跟踪、定期汇总分析等功能。同时，推进窗口网站告知和在线下载、宣传培训等工作，并定期召开工作例会，做好对区（县）的工作通报和意见反馈。完成了“在建设项目规划管理中推行告知承诺相关工作流程和具体分值体制及扣分细则研究”课题。加快推进三维审批规划管理。

【积极推进城市雕塑规划建设工作】2012年，上海市城雕办积极推进上海重点城雕项目的建设实施，完成新建城雕项目69座（组）。努力办好雕塑艺术流动展示平台，与黄浦区政府、乌鲁木齐市政府举办了“上海第十二届南京路雕塑邀请展暨新疆雕塑艺术展”；与静安区政府举办了“2012中国·静安国际雕塑展”。充分发挥上海城雕艺术中心作用，成功举办了“中国姿态·第二届中国雕塑大展上海展”、“对话与共振·全国九省市艺术联展”、“2012转媒体时尚艺术展”和“朝向未来的回归·上海画廊联盟展”。积极参与住建部全国城雕委“2011年度全国优秀城市雕塑建设项目”评选工作，上海市城雕办荣获“2011年度全国优秀城市雕塑建设项目”优秀组织奖；普陀《长风商务绿地青年雕塑区系列项目》等6个新建城雕项目，荣获“2011年度全国优秀城市雕塑建设项目”年度大奖和年度优秀奖。

<table>
<tr><th colspan="2">项目名称</th><th>单位</th><th>数值</th></tr>
<tr><td colspan="2">2012年上海完成新建城市雕塑</td><td>座（组）</td><td>69</td></tr>
<tr><td colspan="2">回赠友好城市瑞士巴塞尔州雕塑《舟》建设</td><td>座</td><td>1</td></tr>
<tr><td rowspan="3">住建部全国城雕委“2011年度全国优秀城市雕塑建设项目”评选</td><td>上海市城雕办荣获优秀组织奖</td><td>个</td><td>1</td></tr>
<tr><td>荣获“年度大奖”项目</td><td>个</td><td>1</td></tr>
<tr><td>荣获“年度优秀奖”项目</td><td>个</td><td>5</td></tr>
<tr><td rowspan="2">城市雕塑流动展示平台</td><td>“上海第十二届南京路雕塑邀请展暨新疆雕塑艺术展”展出雕塑作品</td><td>座</td><td>51</td></tr>
<tr><td>“2012中国·静安国际雕塑展”展出雕塑作品</td><td>座</td><td>59</td></tr>
<tr><td rowspan="3">城市雕塑艺术中心工作</td><td>举办公益性雕塑艺术展</td><td>个</td><td>5</td></tr>
<tr><td>开展各类公益性活动</td><td>个</td><td>3</td></tr>
<tr><td>推进区县城市雕塑项目建设</td><td>座</td><td>3</td></tr>
</table>

【地名管理工作有序开展】2012年，共审批各类地名543个。其中，海岛等自然地理实体42个，居住区和建筑物类296个，道路124条，轨道交通车站76个，汽车客运站2个，公共绿地3个。

根据国办下发的《关于开展第二次全国地名普查试点的通知》，浦东新区、宝山区、金山区、奉贤区及崇明县被列入普查试点区（县）。成立了上海市第二次全国地名普查试点领导小组，组织浦东新区先行开展试点。在浦东试点基础上，2011年4月起全面推进其他区（县）的试点工作，共普查地名35000余条。2012年12月，上海市地名普查工作顺利通过国家验收。

项目名称	单位	数值
核发建设项目选址意见书	件	2260
用地面积	万平方米	6017.00
核发建设用地规划许可证	件	1859
用地面积	万平方米	7456.39
核发建设（建筑）工程规划许可证	件	2084
建筑面积	万平方米	5076.06

（四）土地管理

【概况】加快将市级土地利用总体规划成果深化落实到区（县）和镇（乡），全年共批准全市9个区（县）和82个镇（乡）的土地利用总体规划。继续加强土地利用计划管理，国有建设用地供应总计5873.93公顷。继续加大保障性住房土地供应和储备力度，出让划拨住宅用地1001.6公顷，正式启动三个基地的土地储备工作。初步形成总部研发类用地的差别化管理试点政策。加快推进盘活存量工业用地的政策试点。农村集体土地所有权确权登记取得突破，青浦区于12月3日发出第一本集体土地所有权证。不断加大违法用地查处力度，重点是强化耕地保护。

（刘臣）

【市政府批准区（县）、镇（乡）级土地利用总体规划】区（县）、镇（乡）级土地利用总体规划是各类建设项目土地审批和土地执法督察的直接依据。2010年11月起，在国务院批准的《上海市土地利用总体规划（2006—2020年）》的基础上，市规划和国土资源管理局会同相关区县人民政府，积极推进区（县）、镇（乡）级土地利用总体规划编制工作。按照“两规合一、区镇同步”的原则，采取“以区为主、三级协同”的办法，加快将市级土地利用总体规划成果深化落实到区（县）和镇（乡），形成市—区（县）—镇（乡）三级规划成果体系。2012年，市政府批准全市9个区（县）和82个镇（乡）的土地利用总体规划。

【土地利用年度计划及执行】2012年，市规划和国土资源管理局土地利用计划管理继续加强。优先确保大型居住社区为主的保障性住房等民生工程用地，确保国家和本市重大基础设施和社会事业项目的建设用地，有效支持新农村建设和水利建设，确保战略性新兴产业项目的顺利落地。对于经认定并使用市统筹用地指标的项目，全部纳入重点批后监管范围。

【国有建设用地供应情况】

用地性质	供地方式	数量（公顷）	备注
住宅用地	出让及划拨	1001.6	其中：保障性安居工程用地702.9公顷
商业、办公用地	出让	342.4	
工业用地	出让	1760	
公用设施用地	划拨	365.31	
公共建筑用地	划拨	387.95	
交通运输用地	划拨	1867.15	
水利设施用地	划拨	119.55	
特殊用地	划拨	29.97	
总计	/	5873.93	

【继续加大保障性住房土地供应和储备力度】2012年，出让划拨住宅用地1001.6公顷。其中，经济适用住房用地167.5公顷（含

配建经济适用房 14.22 公顷），动迁安置房用地 368.82 公顷，中小套型普通商品住房用地 55.15 公顷，公租房用地 111.44 公顷。上述四类用地合计 702.9 公顷，占住宅用地供应总量的 70.18%。结合大型居住社区土地储备工作，继续落实保障性住房土地供应。列入 2012 年开工计划的 69 幅保障房地块已全部完成供地，总面积约 224 公顷。此外，嘉定黄渡、松江南部站、金山亭林三个基地已签订联合储备框架协议，土地储备工作正式启动。

【总部研发类用地的差别化管理试点政策初步形成】 2012 年，在保持国家用地分类标准相对不变的前提下，结合上海实际，在规划土地分类中增加“研发总部类用地”类别，将设计研发、企业总部、信息技术服务等新型产业用地作为一类，并采取适应性的供地方式、引导性的土地出让底价、鼓励性的存量二次开发利用、限制性的房地产登记转让政策、奖惩性的分阶段履约评估制度，满足设计研发、企业总部、信息技术服务等新型产业用地需求。

【盘活存量工业用地的政策试点加快推进】 2012 年，加快张江、金桥等存量工业用地节约集约利用试点工作，合理确定园区基本产业、服务业和配套生活用地的布局和比例，完善园区配套建设。对上港十四区等老工业基地，试点通过存量补地价方式推动转型发展。

【农村集体土地所有权确权登记取得突破】 2012 年，按照“先试点、后推开”、“先调查、后登记”的原则，稳步推进农村集体土地所有权调查登记工作。共完成调查 9 个区（县）、117 个镇（乡）、1661 个村，调查总面积达 4993 平方公里，全面完成农村集体土地所有权确权工作，后续登记发证工作也已经推开，为实现凭证管地用地、规范农村建房、保护耕地、促进节约集约用地奠定扎实基础。2012 年 12 月 3 日，青浦区发出第一本集体土地所有权证。

【违法用地查处力度不断加大】 2012 年，组织浦东、崇明等 9 个有耕地保护任务的区县开展了国土资源部 2011 年度土地卫片执法检查工作，完成了图斑核查、违法用地整改查处、成果数据上报等工作，并通过了部实地验收。2011 年度，违法占用耕地面积为新增建设用地占用耕地面积总数的 4.79%，检查发现的 1256 宗违法用地中 831 宗已通过拆除方式处置完毕，拆除率达 66.2%；剩余 425 宗已全部立案查处，其中 419 宗已行政处罚结束，向监察机关移送案件 120 件，向司法机关移送案件 69 件。同时，按照国土资源部要求落实了典型案例公开通报和挂牌督办的办理工作。

（五）地矿管理

【概况】 全面完成《上海市地质资料信息服务集群化产业化三年行动计划（2009.7–2012.6）》，地质资料管理与数字化不断完善。防治地面沉降工作成效明显，全市平均地面沉降控制在 5.6 毫米，小于 7 毫米的年度控制目标，不断完善防治沉降法规与联动机制，完成了一系列防治沉降工程建设。全面启动《上海市海岸带地质调查与监测预警示范》项目。

【地质资料信息服务集群化和产业化三年行动计划完成】 2012 年是《上海市地质资料信息服务集群化产业化三年行动计划（2009.7–2012.6）》实施的最后一年。为全面完成各项目标任务，市规划和国土资源管理局从规章制度、数据标准、技术规程三个层面，着力构建地质资料信息服务的制度规范体系。制定了《上海市地质资料管理办法》，对地质资料馆藏机构、汇交制度、汇交人、汇交内容、汇交要求等都做了明确规定。制定了地质信息数据库建设标准，形成了地质资料信息服务技术规程，新版三维城市地质信息系统和国内首个城市地质资料综合数据共享网络平台也已上线测试。

【地面沉降防治工作成效明显】2012年，全面推进地面沉降防治工作，全市平均地面沉降5.6毫米，完成了《上海市地面沉降“十一五”防治规划》中小于7毫米的年度控制目标。一是《上海市地面沉降“十二五”防治规划》经市政府审议后已正式发布实施；二是《上海市地面沉降防治管理条例》已进入市人大立法程序，对地面沉降管理职责分工、地面沉降防治规划编制与落实、监测设施和防治设施的建设与管理、地面沉降防治措施、监督检查和法律责任等作了明确规定。这是我国第一部地面沉降防治地方性法规，将为推动上海市地面沉降防治提供法制保障；三是开展了地面沉降监测站、地面沉降生命线工程骨干监测网、地下水动态监测网、地下水人工回灌试验工程等建设工作，全面完成了《上海市“十一五”地面沉降防治工程》各项任务；四是加强地下水开采与回灌监督管理，编制并实施了《上海市2012年地下水开采与回灌方案》；五是完成了上海市地面沉降日常监测工作，尤其是生命线工程、典型建筑密集区、地面沉降漏斗区等地区的地面沉降监测工作；六是初步建立了长三角地面沉降防治联动机制。2012年12月底在上海召开“全国地面沉降联防联控工作会议”，会上签署了《长江三角洲地面沉降防治区域合作协议》，并确定了《长江三角洲地面沉降防治省际联席会议制度》，标志着长三角地面沉降防治联动机制的建立。

【《上海市海岸带地质调查与监测预警示范》项目全面启动】2012年，部市合作项目《上海市海岸带地质调查与监测预警示范》项目全面启动。4月完成项目总设计评审，8月完成《上海1:25万海岸带综合地质调查》和《上海海岸带地质环境监测预警示范》分设计的编写和评审，年底全面完成年度外业工作。重点启动了湖苏断裂（上海段）综合地质调查与评价专题，结合年度监测工作开展了海岸带地质环境监测预警关键技术研究专题，编制完成2009至2011年度上海海岸带地质环境公报。在已有工作基础上，经资料整理和综合研究，取得以下初步认识：一是取得湖苏断裂（上海段）构造体系新的认识；二是获得长江口地区晚第四纪重要层位的空间分布初步特征；三是通过海陆地球化学图件编制，更直观的揭示元素在上海陆域及长江口地区的分布特征；四是初步建立滩涂后备土地资源潜力评价体系；五是编制海岸带重点地区2012年度水下地形图，初步分析南支北港及杭州湾地区侵蚀淤积年度演化特征。

（六）其他

【概况】测绘管理取得显著成绩，上海市与国家测绘地理信息局签署《共建上海智慧城市地理空间框架合作协议》；“天地图·上海”通过评估和测试，覆盖全市区域。不断提高城建档案管理水平，全市城建档案管理机构共办理建设工程竣工档案登记1977项，验收建设工程竣工档案1315项，接收建设工程竣工档案816项116727卷。切实加强规划国土资源法制建设。科技工作取得积极进展，其成果获国土资源部科学技术奖、上海

市科技进步奖等荣誉。（刘臣）

【**测绘管理成绩显著**】2012年3月12日，上海市人民政府与国家测绘地理信息局签署《共建上海智慧城市地理空间框架合作协议》，明确了合作内容和机制。上海市副市长沈骏和国家测绘地理信息局党组成员、副局长李维森代表双方签字并致辞。“天地图•上海”通过评估和测试，覆盖全市区域，包括全市范围建筑物轮廓、170万条地名地址、0.5米分辨率航空影像等信息，在3月底实现与“天地图”国家级主节点及其他省市分节点的互联互通。上海数字城市地理空间框架体系建设已形成“既有地上，又有地下；既有线划，又有影像；既有平面，又有立体；既有历史，又有现状”的数据资源体系，全市已有40多家委办局使用全市域范围的数字城市建设成果，实现了地理信息资源的共享。

【**城建档案管理水平不断提高**】全市城建档案管理机构共办理建设工程竣工档案登记1977项，验收建设工程竣工档案1315项，接收建设工程竣工档案816项116727卷。其中，市城建档案馆办理登记465项，验收592项，接收209项9516卷。完成馆藏档案扫描677717张，分别为市政执照档案226448张、规划执照档案17177张、竣工档案434092张，档案缩微拍摄44卷，修裱文件、图纸48730张。全市城建档案管理机构共接待调阅利用25310人次，利用档案31805卷。其中，市城建档案馆接待档案利用单位1276家，利用人数1859人，利用档案2003项3546卷，提供现场和电话咨询2988人次。

【**切实加强规划国土资源法制建设**】2012年，起草了《上海市地面沉降防治管理条例（草案）》，并完成市人大二审程序；配合市政府完成发布《上海市地质资料管理办法》（市人民政府令第90号）和《上海市土地调查实施办法》（沪府发〔2012〕56号）；报请市政府办公厅转发了《关于加快推进本市农村土地确权登记发证工作的实施意见》，并发布了《上海市农村集体土地所有权总登记实施细则》、《关于涉及玻璃幕墙建设项目规划审批工作的意见》、《上海市征收集体土地房屋补偿评估管理暂行规定》、《上海市市级土地整治项目和资金管理暂行办法》等一系列标准、程序。

【**科技工作取得积极进展**】2012年，完成了《地源热泵系统工程技术规程》、《上海市区（县）、镇（乡）土地利用总体规划编制标准》、《农村集体土地所有权调查技术规范》等规范标准的编制。在科技成果应用方面，上海市地矿工程勘察院完成的“用于地源热泵系统的地下温度场监测系统”、“群孔热响应测试系统”、“用于温度传感器的双层防水封装结构”等获国家实用新型专利。上海市地质调查研究院完成的“地面沉降监测系统”获国家发明专利。在科研成果获奖方面，获得国土资源部科学技术奖一等奖1项，国土资源部第二轮矿产资源规划优秀成果一等奖1项，上海市科技进步三等奖1项，华夏建设科学技术奖二等奖1项、三等奖3项。

（市规划和国土资源管理局供稿）

二、重大工程

（一）综述
（二）重大基础设施建设
（三）社会事业项目建设
（四）产业设施项目建设

（一）综述

2012年是实施“十二五”规划承上启下的关键一年，是深入推动“创新驱动、转型发展”的重要一年。市重大工程建设按照市委、市政府的统一部署，聚焦落实国家战略，围绕建设“四个中心”和社会主义现代化国际大都市的目标，总体布局向郊区新城倾斜、向重点发展区域聚焦，年初共安排正式项目95项、预备项目55项，年计划投资1165.5亿元，计划新开工项目27项、计划基本建成项目11项。实际投资建设项目104项，全年完成投资1212.3亿元，占上海全社会固定资产总投资总额的23.1%；华锐风电科技上海临港基地、中科院上海佘山天文台65米射电望远镜项目、上海当代艺术博物馆、临港燃气电厂一期工程、郊区三级医院建设项目等17个项目建成投入使用；嘉闵高架南北延伸、第二轮大型居住社区外围市政配套项目、崇明原水输水系统一期工程、徐工集团临港奉贤基地等34个项目开工建设，为上海“创新驱动、转型发展”、城市建设和社会经济协调持续发展提供了强有力支撑。有4个工程评为文明示范工程、有19个工地评为文明示范工地、有93个工地评为文明工地，确保在工程建设中起到“率先垂范”作用；有5个单位评为创新团队、10名个人评为杰出人物；有13家单位评为金杯公司、16个集体评为金杯集体、302名个人评为建设功臣，涌现出一批优秀集体、优秀建设者和优秀组织者，受到表彰。

2012年，调整安排建设项目104项。一是投资建设产业结构优化升级项目38个，占项目总数的40.0%；年计划投资393.2亿元，占年计划总投资的33.7%。主要有中航发动机、风电科技、集成电路等战略性新兴产业项目；中船造船、上汽汽车等先进制造业项目；国家蛋白质科学研究上海建设项目、清洁高效煤电成套设备国家工程研究中心、宏观量子现象与高能量密度物理研究平台和分子科学与工程研究平台等科技创新平台项目；上海中心大厦、上海国际金融中心、上海国际航运服务中心、迪士尼项目一期工程、中国博览会综合会展项目等现代服务产业项目；中华艺术宫、上海自然博物馆、中国（上海）网络视听产业基地、面向“三网融合”的下一代广播电视网建设项目、国家数字出版基地、上海京剧院迁建、上海朵云轩艺术中心工程等文化事业及产业项目。二是投资建设节能减排、生态环保重大项目18个，占项目总数的18.9%；年计划投资84.3亿元，占年计划总投资的7.2%。主要是崇明岛东风西沙水库及取水泵闸工程、老港固体废弃物综合利用基地、白龙港片区南线输送干线完善工程、中心城区排水系统改造、竹园污水处理厂污泥处理工程、白龙港污水处理厂扩建二期工程等生态环境设施项目；皖电东送淮南至上海特高压交流输电示范工程、崇明燃气电厂一期工程、全市燃煤电厂脱硝改造工程启动实施、石洞口燃气生产和能源储备项目、输变电工程、崇明北沿风电工程、临港燃气电厂一期工程等清洁能源节能减排设施项目。三是投资建设改善民生重大

社会事业项目17个，占项目总数的17.9%；年计划投资311.4亿元，占年计划总投资的26.7%。主要有保障性住房、大型居住区配套项目；上海中医药大学附属龙华医院国家中医临床研究基地、中山医院肝肿瘤及心血管病综合楼等一批医院医技楼、病房综合楼医疗卫生设施项目；华东理工大学奉贤校区二期、中欧国际工商学院三期工程等一批教育事业项目。四是投资建设城市交通重大基础设施体系建设项目15个，占项目总数的15.8%；年计划投资246.0亿元，占年计划总投资的21.1%。主要有S6高速公路、S26公路东延伸等高速公路建设项目；轨道交通13号线一期工程、11号线北段二期、16号线等轨道交通项目；长江西路越江工程、虹梅南路—金海路越江工程等越江设施项目；嘉闵高架南、北延伸等骨干道路建设项目。五是投资建设郊区及新农村重大项目7个，占项目总数7.4%；年计划投资130.6亿元，占年计划总投资的11.2%。主要有郊区三级医院、区与区连接道路、西郊农产品交易中心综合交易区、郊区供水集约化工程等项目。六是预备项目转正及新增项目11个，主要有崇明天然气主干网项目、上海国际舞蹈中心、刘海粟美术馆迁建工程、上海儿童艺术剧场、崇明原水输水系统一期工程等。（见表1、表2）

表1　重大工程建设项目结构与投资规模

项目类别	项目数（个）	占总数比例（%）	计划投资数（亿元）	占总投资比重(%)
产业结构优化	38	40.0	393.2	33.7
生态环保节能	18	18.9	84.3	7.2
重大社会事业	17	17.9	311.4	26.7
交通基础设施	15	15.8	246.0	21.1
郊区及新农村	7	7.4	130.6	11.2
小计	95		1165.5	
转出项目	2			
转正新增项目	11			
合计	104			

表2　2012年重大工程正式实施项目一览表

序号	项目名称
1	中航商用航空发动机有限责任公司产业基地建设项目
2	中航商用航空发动机有限责任公司研发中心
3	中国商用飞机公司能力建设项目（总部、设计研发中心、制造中心、大飞机客服中心等）
4	ARJ–21支线飞机批生产能力建设项目（制造和客户服务部分）
5	中航民用航空电子产业园建设项目
6	日月光集成电路封装测试生产线建设项目
7	909工程升级改造——华力微电子12英寸集成电路芯片生产线
8	映瑞光电科技（上海）有限公司新建LED产业化项目
9	华锐风电科技上海临港基地项目
10	国药集团奉贤生物医药产业基地项目
11	上海汽车临港产业基地自主品牌新产品技术改造项目
12	中船柴油机配套产业园项目
13	徐工集团临港奉贤基地投资项目
14	中船长兴造船基地二期工程（第一阶段）
15	光明乳业日产2000吨乳制品中央自动控制技术生产线技术改造项目
16	上海烟草浦东科技创新园项目
17	国家蛋白质科学研究上海设施项目
18	国家肝癌科学中心
19	中科院上海佘山天文台65米射电望远镜项目
20	国家数字电视国家工程研究中心
21	抗体药物国家工程研究中心
22	清洁高效煤电成套设备国家工程研究中心
23	宏观量子现象与高能量密度物理研究平台和分子科学与工程研究平台
24	上海中心大厦
25	上海国际金融中心（上海金融交易广场）
26	上海国际航运服务中心（含港运大厦）
27	世博A、B片区地下空间开发及配套
28	迪士尼项目一期工程及市政配套
29	中国博览会综合会展项目及市政配套
30	腾讯云计算服务平台

序号	项目名称
31	上海数据港云计算IAAS服务平台
32	中华艺术宫
33	上海当代艺术博物馆
34	上海自然博物馆
35	上海交响乐团迁建
36	上海京剧院迁建工程
37	中国（上海）网络视听产业基地
38	面向“三网融合”的下一代广播电视网建设
39	金山国家绿色创意印刷示范园区
40	国家数字出版基地二期、三期
41	上海朵云轩艺术中心
42	上海出版印刷高等专科学校浦东新校区
43	上海医疗器械高等专科学校浦东新校区
44	上海体育学院中国乒乓球学院
45	华东理工大学奉贤校区二期工程
46	上海海事大学教学实习船建造项目
47	中欧工商学院三期工程
48	提升市级医疗设施和服务能力建设项目（瑞金、仁济、十院、新华、胸科、一妇婴、三院、儿童、九院、公卫中心、儿中心等11家医疗机构）
49	上海中医药大学附属龙华医院国家中医临床研究基地
50	中山医院肝肿瘤及心血管病综合楼
51	第二轮大型居住社区外围市政配套项目
52	保障房建设
53	第一轮大型居住社区外围市政配套项目
54	皖电东送淮南至上海特高压交流输电示范工程
55	崇明燃气电厂一期工程
56	全市燃煤电厂脱硝改造工程
57	崇明北沿风电工程
58	500千伏输变电工程新余站
59	上海天然气主干管网二期项目
60	石洞口燃气生产和能源储备项目
61	220千伏输变电工程
62	临港燃气电厂一期工程
63	长兴岛水系整治工程一期（含青草沙周边水系调整工程）
64	白龙港片区南线输送干线完善工程
65	崇明岛东风西沙水库及取输水泵闸
66	中心城区排水系统改造工程（大定海、新宛平、龙华机场、庙行、庙彭等）
67	重点河道和泵闸工程（外环西河，朱泖河、淀东、西大盈、华新、洞泾港、周浦塘、友谊河等7座泵闸）
68	竹园污水处理厂污泥处理工程
69	老港固体废弃物综合利用基地
70	青草沙水源地南汇支线工程
71	白龙港污水处理厂扩建二期工程
72	S6高速公路
73	S26公路东延伸

序号	项目名称
74	上海西站地下南北通道及配套工程
75	杭申线航道整治工程
76	轨道交通13号线二期工程
77	轨道交通11号线北段二期工程
78	轨道交通12号线工程
79	轨道交通13号线一期工程
80	轨道交通16号线工程
81	嘉闵高架南延伸（莘松路—联明路）
82	嘉闵高架北延伸（北翟路—G2公路）
83	虹梅南路—金海路越江工程
84	长江西路越江工程
85	东西通道（浦东段）拓建工程（银城西路-金桥路）
86	中环线浦东段
87	上海横沙渔港核心功能区建设项目
88	长兴岛重点区域滩涂促淤圈围工程
89	崇明东滩基础设施开发项目
90	郊区供水集约化工程（输水管网部分）
91	郊区三级医院建设项目（六院临港分院、金山医院迁建等“5+3+1”项目）
92	区与区连接道路（金昌路、宝安公路等50条道路）
93	西郊国际农产品交易中心综合交易区建设项目
94	联影高端医疗影像设备研发、生产及总部基地建设项目
95	三一上海精机生产项目
96	紫竹新兴产业技术研究院
97	虹桥商务区核心区基础设施配套项目
98	上海国际舞蹈中心
99	刘海粟美术馆迁建工程
100	上海儿童艺术剧场
101	上海华电莘庄工业区热电冷三联供改造项目
102	崇明原水输水系统一期工程
103	轨道交通9号线三期工程
104	崇明天然气主干网项目

2012 年，市重大工程建设年计划投资 1165.5 亿元，实际共完成投资 1212.3 亿元。占上海全社会固定资产投资总额的 23.1%。（见表 3）

2012 年，重大工程计划新开工 27 个项目，实际有中航商用航空发动机有限责任公司产业基地建设项目、徐工集团临港奉贤基地投资项目、上海体育学院中国乒乓球学院、全市燃煤电厂脱硝改造工程、轨道交通 13 号线二期工程、嘉闵高架南北延伸等 34 个项目开工建设。（见表 4）

2012 年，重大工程计划 10 个项目建成或基本建成，实际有中华艺术宫、临港燃气电厂一期工程、白龙港污水处理厂扩建二期工程等 17 个项目建成投入运营。（见表 5）

表3　2012年重大工程建设项目完成投资情况

序号	项目分类	项目总数（个）	完成投资额（亿元）
1	产业结构优化	40	329.6
2	生态环保节能	20	75.2
3	重大社会事业	20	521.6
4	交通基础设施	16	224.6
5	郊区及新农村	8	61.3
合　计		104	1212.3

表4　2012年重大工程开工项目一栏

序号	项目名称	开工时间（年月）
1	中航商用航空发动机有限责任公司产业基地建设项目	2012.04
2	中航民用航空电子产业园建设项目	2012.10
3	日月光集成电路封装测试生产线建设项目	2012.01
4	徐工集团临港奉贤基地投资项目	2012.09
5	上海烟草浦东科技创新园项目	2012.11
6	世博A、B片区地下空间开发及配套项目	2012.02
7	上海印刷出版高等专科学校浦东新校区	2012.12
8	上海医疗器械高等专科学校浦东新校区	2012.12
9	上海体育学院中国乒乓球学院	2012.11
10	皖电东送淮南至上海特高压交流输电示范工程	2012.09
11	崇明燃气电厂一期工程	2012.03
12	全市燃煤电厂脱硝改造工程	2012.03
13	第二轮大型居住社区外围市政配套项目	2012.01
14	长兴岛水系整治工程一期	2012.12
15	重点河道和泵闸工程	2012.08
16	轨道交通13号线二期工程	2012.05
17	嘉闵高架南延伸	2012.07
18	嘉闵高架北延伸	2012.07
19	上海横沙渔港核心功能区建设项目	2012.05
20	长兴岛重点区域滩涂促淤圈围工程	2012.08
21	崇明东滩基础设施开发项目	2012.02
22	联影高端医疗影像设备研发、生产及总部基地建设项目	2012.11
23	三一上海精机生产项目	2012.11
24	紫竹新兴产业技术研究院	2012.12
25	虹桥商务区核心区基础设施配套项目	21012.11
26	上海国际舞蹈中心	2012.09
27	刘海粟美术馆迁建工程	2012.09
28	上海儿童艺术剧场	2012.06
29	上海华电莘庄工业区热电冷三联供改造项目	2012.12
30	崇明原水输水系统一期工程	2012.12
31	轨道交通9号线三期工程	2012.12
32	崇明天然气主干网项目	2012.12
33	中华艺术宫	2012.01
34	上海当代艺术博物馆	2012.01

表5　2012年重大工程基本建成项目一栏

序号	项目名称	建成时间（年月）
1	宏观量子现象与高能量密度物理研究平台和分子科学与工程研究平台	2012.01
2	中华艺术宫	2012.09
3	上海当代艺术博物馆	2012.09
4	临港燃气电厂一期工程	2012.03
5	青草沙水源地南汇支线工程	2012.10
6	西郊国际农产品交易中心综合交易区项目	2012.08
7	映瑞光电科技（上海）有限公司新建LED产业化项目	2012.12
8	上海汽车临港产业基地自主品牌新产品技术改造项目	2012.12
9	上海数据港云计算IAAS服务平台	2012.12
10	白龙港污水处理厂扩建二期工程	2012.12
11	崇明北沿风电工程	2012.11
12	500千伏输变电新余站	2012.06
13	郊区三级医院建设项目	2012.12
14	华锐风电科技上海临港基地项目	2012.12
15	中科院上海佘山天文台65米射电望远镜项目	2012.12
16	上海海事大学教学实习船建造项目	2012.12
17	中欧工商学院三期工程	2012.12

一是科技创新和产业结构调整类项目加快推进。航空发动机、集成电路、迪士尼、上海中心及一批国家工程研究中心等项目进展顺利；二是国际文化大都市项目顺利推进。中华艺术宫、上海当代艺术馆开工建设并建成投用，自然博物馆等项目顺利推进；三是社会民生项目重点推进。保障性住房、大型居住区配套道路全面推进，大学校区、医院、文化设施等社会事业项目全面开展；四是生态环保和节能减排类项目稳步推进。竹园污水处理厂污泥处理工程、老港固体废弃物综合利用基地等项目稳步推进；五是城市运行保障及交通基础设施体系项目有序推进。电力、天然气配套工程和轨道交通、越江工程、道路等项目有序推进。

（二）重大基础设施建设

【概况】2012 年，安排重大基础设施建设项目 40 个，完成投资 537.03 亿元。城市对外交通设施建设：S6 高速公路、S26 公路东延伸结构工程全面展开；杭申线航道整治工程航道工程完成，铁路、公路桥改建正在积极推进；上海西站地下南北通道及配套工程取得阶段性成果，上海城市交通辐射能力将进一步加强。轨道交通设施建设：轨道交通 13 号线一期工程、9 号线三期工程部分建成通车；11 号线北段二期、16 号线全线贯通，列车上线调试；12 号线、13 号线一期东段车站全部开工，工程建设取得新进展；13 号线二期工程开工建设，轨道交通网络建设将进一步完善。市域交通设施建设：嘉闵高架南、北延伸开始实施；长江西路越江工程、虹梅南路—金海路越江工程建设全面推进；一批区与区连接道路建成通车；虹桥商务区核心区基础设施配套项目、长兴岛重点区域滩涂促淤圈围工程、崇明东滩基础设施开发项目启动建设，与重点区域、重点产业布局相配套的路网布局、区域交通条件将进一步改善。生态环境设施项目建设：长兴岛水系整治工程、重点河道和泵闸工程等项目开始实施；郊区集约化供水工程、老港固体废弃物综合利用基地、白龙港片区南线输送干线完善工程、竹园污水处理厂污泥处理工程全面推进；白龙港污水处理厂扩建二期工程、青草沙水源地南汇支线工程基本建成投用，进一步提高城市供水和雨污水处理运行及固体废弃物综合利用水平，改善了上海生态环境。清洁能源、节能减排设施建设：崇明天然气主干网项目、上海华电莘庄工业区热电冷三联供改造项目启动实施；皖电东送淮南至上海特高压交流输电示范工程、崇明燃气电厂一期工程、全市燃煤电厂脱硝改造工程启动实施；上海天然气主干网二期工程、石洞口燃气生产和能源储备项目、220 千伏输变电工程全面展开；崇明北沿风电工程、500 千伏输变电工程新余站、临港燃气电厂一期工程按计划建成投运，进一步提高上海市电力、燃气调峰和应急供应能力，为全面实现上海节能减排目标作出贡献，提升了上海城市环境质量。

【皖电东送淮南至上海特高压交流输电示范工程启动】 9 月，皖电东送淮南至上海特高压交流输电示范工程启动。皖电东送工程起于安徽淮南变电站，经皖南、浙北变电站、止于上海沪西变电站。线路全长 656 公里，全线同塔双回路架设。在上海市境内新建沪西 1000 千伏变电站位于青浦区练塘镇，本工程位于上海市青浦区练塘镇新松蒸公路南侧，在已建的 500 千伏练塘变电站西侧站址征地面积 90545 平方米。新建 1000 千伏输电线路 16.7 公里，途经青浦区练塘镇、松江区新浜镇，铁塔 40 基（练塘镇 33 基、新浜镇 7 基）。沪西 1000 千伏变电站内新建建筑物包括是主控通信楼、继电器室 (3 幢)、消防泵房、站用电室、阀门室 (3 幢)、备品备件库、消防小室等，总面积为 3670 平方米。沪西 1000 千伏变电站是皖电东送淮南——上海输变电工程项目的重要组成部分，是落实皖电东送战略，促进区域资源优化配置和华东电网需求的重要工程。该工程的建设对上海电网将起到重要的安全、稳定的作用，将大大加强了上海电网的受电能力，为上海这个特大城市经济发展提供了安全可靠性和坚实的能源支持，缓解华东及上海环保和土地资源压力。

【崇明燃气电厂一期工程开工建设】 3 月，崇明燃气电厂一期工程开工建设。该项目厂址位于崇明县城桥镇推虾港村，东靠东平河，西临华润大东船务公司，南依长江南支北岸大堤，北距崇明县主干道团城公路约 1.7 公里、距陈海公路约 3.5 公里。项目规划建设四台 423MW9F 级燃气 – 蒸汽联合循环机组，规划占地面积约 16 公顷。本期工程建设二台，厂区占地面积 9.28 公顷，项目同步建设的有天然气和电力线路二个配套工程。天然气管线从江苏海门过江，沿崇明陈海公路敷设主干管道，再经专线支管进厂。电厂出双回 220 千伏线路接入 220 千伏堡北站，两回线路分别接入上海和江苏电网。项目被列为上海能源发展十二五规划，建成将更好满足崇明三岛经济发展对电力的需求，加强岛内电源支撑，确保电网供电可靠性，改善和保护三岛生态环境。

【全市燃煤电厂脱硝改造工程开始实施】 3 月，全市燃煤电厂脱硝改造工程开始实施。该工程是上海市环保建设的重要组成部分，主要包括：一、华能上海石洞口第二电厂脱硝改造。该工程位于上海市宝山区，华能上海石洞口第二电厂厂区内。二、上海外高桥发电有限责任公司脱硝工程。该工程位于上海市浦东新区，上海外高桥发电有限责任公司厂区内。三、上海外高桥第二发电有限责任公司 #5、#6 机脱硝工程。该工程位于上海市浦东新区，上海外高桥第二发电有限责任公司厂区内。

【第二轮大型居住社区外围市政配套项目启动建设】1 月，第二轮大型居住社区外围市政配套项目启动建设。该项目由 25 个子项目组成，分布在浦东新区、闵行、宝山、嘉定、青浦、松江六个区，涉及顾村、江桥、华新、泗泾、浦江、周康航、曹路、三林八大居住社区建设基地。一、宝山区（道路 4 项，供排水 1 项，公交枢纽 1 项）：1、道路：月罗公路、陆翔路、杨南路、潘广路；2、供排水：罗店排水、罗店水库泵站、罗店新川沙路等输水管；3、公交枢纽：罗店罗南过渡枢纽。二、嘉定区（道路 6 项，供排水 7 项，公交枢纽 1 项）：1、道路：嘉盛路、世盛路、惠平路、嘉前路—陈翔路、和宁路和月罗公路（塔新东路）。2、供排水：世盛路污水管项目，宝钱路、胜辛路输水管，世盛路污水泵站，S6 污水泵站，陈翔水库增压泵站，北区污水厂二期，南翔污水处理厂、泰和水厂扩建工程，云翔拓展外环线等输水管；3、公交枢纽：城北站平成路枢纽。三、青浦区（道路 5 项、供排水 5 项、公交枢纽 2 项）：1、道路：盈港路四期。盈港路五期，千新公路（山周公路）等；2、供排水：徐泾污水厂二期，新建泵站、诸光路等污水管网，新建进出水总管、污水提升泵站，沪青平公路污水管网，沪青平公路、方西路供水管道等；3、公交枢纽：青浦新城过渡枢纽和徐泾过渡枢纽。四、松江区（道路 8 项、供排水 4 项、公交枢纽 3 项）：1、道路：千新公路，佘北公路，泗陈公路，刘五公路，沪松公路道路，长兴路，嘉松公路等；2、供排水：洞泾水厂改造及管线敷设，松江西部污水厂二期，佘山泵站改造工程及管线敷设，新建 2 座污水泵站及管线敷设等；3、公交枢纽：纬二路枢纽、横港路枢纽、佘山21 丘枢纽等。五、浦东新区（道路 6 项，供排水 5 项，公交枢纽 3 项）：1、道路：下盐公路，拱极路，沪南公路，康沈路，川周路西段，拱为路等；2、供排水：下盐公路输水管、供水管，城东路、拱极路、下盐公路、园中路供水管，航三公路污水管、润川路污水管等；3、公交枢纽：航头过渡枢纽、川沙枢纽、惠南枢纽等。六、闵行区（道路 4 项，供排水 2 项，公交枢纽 1 项）：1、道路：银春路、S32 公路辅路、昆阳路、浦锦南路等；2、供排水：浦江拓展排水（沿规划五路污水管道），华宁路、银雪路敷设管道等；3、公交枢纽：银春路公交枢纽等。七、奉贤区（道路 5 项，供排水 3 项，公交枢纽 1 项）：1、道路：奉浦大道、环城北路、德丰路－红星二路等；2、供排水：奉贤一水厂和新建原水管、清水管工程等；3、公交枢纽：齐贤过渡枢纽。八、徐汇区（道路 1 项）：老沪闵路。九、供排水 10 项：宝山罗店水库泵站、宝山罗店新川沙路等输水管、泰和水厂扩建工程、嘉定云翔拓展外环线等输水管、松江泗泾南拓展泗泾水库泵站、松江泗泾洞泾新凯路等输水管、闵行旗忠 S32 输水管、闵行浦江浦锦路等输水管工程水库泵站、闵行浦江沈杜泵站、浦东川沙华东路输水管等。

【长兴岛水系整治工程一期开始实施】12 月，长兴岛水系整治工程一期开始实施。长兴岛水系整治工程一期（含青草沙水库周边水系调整工程），主要由六个项目：一、青草沙水库引水 2# 工程。该工程，泵站总流量 40 立方米 / 秒，水闸口门净宽 8 米，闸口的控制流量为 90 立方米 / 秒。主要内容：新建泵站和水闸、开挖连接河道、新建连接堤、管理区布置和自动化监控系统等。二、圆沙泵闸工程。该工程节制闸净宽 14 米，单向泵站流量 24 立方米 / 秒。主要内容：新建泵闸、开挖河道、新建护岸、绿化布置、泵闸自动化监控系统和全岛水闸泵站计算机自动监控系统调度中心建设等。三、南环河水闸工程。该工程引水流量为24立方米/秒，口门净宽为24米。主要内容：新建水闸、管理区布置以及自动化监控系统等。四、河道疏通整治工程。本次工程共有9条河道，整治总长度为31.95公里。主要内容：疏浚河道及打通断头河、桥涵建设和景观绿化建设等。五、规划河道整治工程。本次工程共有8条河道，整治总长度为33.62公里。主要内容：新开及疏拓河道、新建护岸、景观绿化布置及桥涵建设等。六、青草沙水库周边水系调整工程。工程位于长兴岛，为规划北环河自梦思园度假村东侧向西至新生圩大堤内侧，约16.3公里的河道。主要工程内容为新开、疏拓河道16.3公里，沟通创建港等河道，新建新生圩泵站（6立方米/秒）；新建改建部分桥梁、涵闸（洞）、灌溉机站等。

【重点河道和泵闸工程正式开工】8月，重点河道和泵闸工程正式开工。该工程主要建设外环西河河道及泵闸工程，以及青松水利大控制片西大盈、淀东、洞泾、朱泖河、华新和闵行区浦江镇周浦塘、友谊河等7座泵站（闸），以提高长宁、青浦、松江、闵行等地区防汛除涝能力。外环西河位于长宁区，北起苏州河南至北夏家浜，河道全长约4.9公里；西大盈、朱泖河、华新等3座泵站（闸）位于青浦区；洞泾泵闸位于松江区；淀东、周浦塘、友谊河等3座泵站（闸）则位于闵行区。工程建设内容包括4.9公里河道和总规模为243立方米/秒的除涝泵站及其附属设施，其中是外环西河为新开4.9公里河道、两岸护岸以及泵闸合建20立方米/秒排涝泵站＋8米节制闸，朱泖河为40立方米/秒双向泵站，淀东泵站（淀东水利枢纽泵闸改扩建工程）由90立方米/秒除涝泵站＋26米节制闸及向淀北片输水的20立方米/秒引水泵站＋5米节制闸组成，西大盈为泵闸合建15立方米/秒双向泵站＋8米闸首，华新为15立方米/秒除涝泵站＋12米船闸，洞泾为泵闸合建30立方米/秒除涝泵站＋10米节制闸，周浦塘为18立方米/秒除涝泵站，友谊河为泵闸合建15立方米/秒除涝泵站＋8米节制闸。工程建成后，可增加长宁区西部地区排水出路和调蓄容量、青松水利大控制片（青浦、松江地区）及闵行浦江镇地区的除涝能力，保障地区防汛安全，改善地区水环境质量，支持长宁、松江、青浦、闵行等地区经济社会环境持续协调发展。

【轨道交通13号线二期工程正式开工】5月，轨道交通13号线二期工程正式开工。该工程由南京西路站（不含）至张江路站，线路途经静安、黄埔、浦东新区等3个行政区。线路穿越了淮海中路、新天地、太平桥部分历史文化风貌保护区，以及世博园区、三林等高密度建筑区，串联了南京西路、淮海中路、新天地、世博园区、成山沿线、北蔡、张江高科技园区等客运交通走廊和大型客流集散点。其中淡水路站（不含）——长清路站段为“世博园区专用交通联络线工程”，位于世博园内，已于2010年5月开通服务世博会，世博结束后已停运，待二期工程实施时与其实现贯通运营。该工程将分为两段建设，第一段为南京西路站（不含）——华夏中路站，线路长度17.046公里，共设14座地下站；第二段为华夏中路站（不含）——张江路站（终点），线路长度5.456公里，设3座地下车站。13号线二期工程客流量较大，短期内就能形成大规模客流，远期高峰小时单向客流断面4.7万人次，属大运量等级。建成后将于一期工程实现拉通运营，将成为上海市轨道交通路网中横贯东西的重要骨干线路，13号线与17条轨道交通线形成16处换乘节点（其中二期有7座换乘站），在路网结构和发挥网络效益上有着不可替代的作用，对促进城市经济和社会的发展具有重要意义。

【嘉闵高架南延伸开工建设】7月，嘉闵高架南延伸开工建设。该工程主线高架南起莘松路南侧（预留继续向南延伸接口），北至联明路北侧，与已建成的嘉闵高架（联明路–徐径中路）相接，全长约5.334公里。主线设计双向八车道，立交或匝道分合流段局部规模为双向十车道。地面连接道设计为双向四车道（局部路段六车道），莘松路至莘北路、中谊路北侧等路段设置人非通道。工程建设为提高虹桥枢纽服务保障功能，完善城市西北地区整体路网功能，兼顾沿线地区出行需要。

【嘉闵高架北延伸开工建设】7月，嘉闵高架北延伸开工建设。该工程南起北翟路立交北端，与已建的嘉闵高架（徐径中路~北翟路）北翟路立交相接，北至曹安路南侧，全长约4.67公里；地面道路南起北翟路立交北端，北至曹安路，全长约5.13公里。主线设计规模为G2（京沪）立交以南双向八车道，G2（京沪）立交以北（含立交）双向六车道。地面道路设计规模以金沙江西路为分界，以南为双向六快二慢，以北为双向四快二慢。

【长兴岛重点区域滩涂促淤圈围工程启动建设】8月，长兴岛重点区域滩涂促淤圈围工程启动建设。该工程主要包括：一、长兴公共货运码头后沿滩涂圈围成陆建设中转库场。本工程处于长兴岛南岸，长兴公共货运码头内侧滩地。南侧顺堤堤线走向拟定与已建长兴保滩顺坝方向一致，其中心线布置于码头引堤内侧40米，西侧至上游岸线拐角处，东侧紧靠下游已成陆区。采用直接圈围成陆实施施工，围堤墙顶高程8.86米，堤顶高程7.6米，顶宽7.6米，围内现状高程在0~6米之间，平均高程约3.4米，后期围区内需吹填4.0米，拟新建围堤长度1046米，圈围面积217亩。工程等级及标准是1、建筑物等级是圈围工程等级为I等，大堤建筑物为I级堤防；2、防洪标准是200年一遇高潮位6.3米加12级风的下限风速32.7米/秒；3、抗震标准是大堤按抗震烈度7度设防。该工程建设有利于岛上危险品的统一存储和管理，完善和充分发挥公共货运码头功能。二、长兴潜堤后方滩涂圈围工程。该工程南起长江口深水航道治理三期工程长兴潜堤，北与长兴岛毛竹圩滩涂圈围达标工程顺堤平顺衔接，东至长兴岛东侧水域规划线，西侧依托现有海塘。工程建设内容包括新建南侧围堤、新建东侧围堤、围内吹填成陆、开挖南环河规划路—长江段以及新建南环河入海涵闸。南围堤长1614米，堤顶高程8.30米，顶宽8.0米，防浪墙高程9.50米；新建东侧围堤基本沿本段规划驳岸线布置，东围堤长1984米，堤顶高程7.60米，顶宽8.0米，防浪墙高程8.50米；围内吹填+4.2米；结合本工程建设，开挖长兴岛水利规划中位于工程区内的南环河规划路—长江段河道，并建设位于拟建东侧围堤上的南环河入海涵闸。本工程将形成1735亩建设用地和3.5公里的优良岸线。工程等级及标准是1、建筑物等级是圈围工程等级为I等，大堤建筑物为I级堤防；2、防洪标准是200年一遇高潮位6.03米加12级风的下限风速32.7米/秒；3、抗震标准是大堤按抗震烈度7度设防。

【崇明东滩基础设施开发项目开始建设】2月，崇明东滩基础设施开发项目开始建设。崇明东滩基础设施开发项目位于上海市崇明县东滩启动区，分为四大系统是：骨干路网、河道水系、市政设施和绿化景观。

【虹桥商务区核心区基础设施配套项目开始实施】11月，虹桥商务区核心区基础设施配套项目开始实施。该项目包含12个子项目，分别为迎宾绿地、空中廊道、核心区（一期）地下通道、华翔绿地、天麓绿地、云霞绿地、完善市政道路及配套工程、南北片区能源管廊、南北片区地下通道、商务区核心区（一期）与中国博览会会展综合体地下人行通道工程、虹桥综合交通枢纽交通中心西延伸工程、虹桥综合交通枢纽外围防护绿带工程、虹桥商务区核心区一期公共绿地工程。

【上海华电莘庄工业区热电冷三联供改造项目启动实施】12月，上海华电莘庄工业区热电冷三联供改造项目启动实施。该项目位于上海市闵行区莘庄工业园区，颛兴路/华宁路口以西。新建天然气管线由松江区途径闵行区马桥镇至莘庄工业区，新建供热管网和输配电线路均在莘庄工业区内。工程占地面积110亩，主要由主厂房、办公楼、材料库、水处理站、天然气调压站等主辅厂房组成；线性工程主要由新建天然气管线、约8.2公里，新建供热管网、约12公里，新建输配电线路、约4公里组成。项目建设2×60兆瓦级燃气——蒸汽联合循环机组，替代莘庄工业区原有供热一站、二站及周边部分小锅炉；利用原有供热公司热网，再建部分供热管网，将是当地主要热源之一；根据工业区建筑开发进度及负荷分布情况，建立区域能源站，满足所需冷热负荷（空调负荷）；配套建设电力输出线路，接入地区110千伏电网，可有利于解决附近地区用电需求，将有效降低区域能源中的耗煤比重，有利于优化区域能源结构，减少环境污染，还工业区一片洁净天空。

【崇明原水输水系统一期工程开工】12月，崇明原水输水系统一期工程开工。该工程位于上海市崇明县，工程自东风西沙水库输水泵站的出站管起，至岛域规划崇西水厂、城桥水厂、规划堡镇水厂和陈家镇水厂止。工程内容包括原水输水管道、沿线的2座增压泵站。其中原水输水管道约59.3公里；城桥原水泵站用地面积4963平方米，建筑面积1447平方米，土建规模20万立方米/日；堡镇原水泵站用地面积3895平方米，建筑面积824平方米，土建规模12万立方米/日。项目建设将改善现状相对落后的供水基础设施，提高供水管理和服务水平，满足该地区可持续发展重要保障。

【轨道交通9号线三期工程开工建设】12月，轨道交通9号线三期工程开工建设。该工程线路起自二期工程终点杨高中路站（不含）站后，沿杨高中路—金海路布置，止于川沙路东侧的曹路站。线路长13.8公里，均为地下线，共设9座车站。在申江路站站后设出入场线引入金桥停车场，与12、14号线共址。全线9座地下车站中换乘站3座；地下三层站1座，地下二层站8座。全线盾构区间长约25.5单线公里（含停车场出入线），车站结构总长约2100米。停车场一座设置于线路中段金桥路站南侧；交流35千伏高压电源由已建成民生路主变二级站引入，本工程建成后运营指挥调度纳入已建成的9号线中央控制室统一工作范畴。工程建成后利于沿线居民出行，促进周边地块的开发和经济的发展。

【崇明天然气主干网项目启动建设】12月，崇明天然气主干网项目启动建设。该工程位于上海市崇明县境内。建设项目内容：天然气埋地管线和天然气首站、天然气高压站、天然气清管站等。1、崇明岛管道工程线路。天然气主干管线自崇明门站出站后沿规划新北沿公路北侧道路绿化带布置至陈海公路口，再沿陈海公路西（南）侧道路隔离带敷设至小竖河。为避让中双港220千伏变电站、110千伏高压走廊及鸿华度假酒店，天然气管线向南绕道敷设沿小竖河西侧至南横引河，再沿南横引河北侧陆域控制带向东至三沙洪河，再沿三沙洪东侧陆域向北敷设至陈海公路。再继续沿陈海公路西（南）侧道路隔离带向东至G40沪陕高速（长江隧桥），沿G40沪陕高速（长江隧桥）的西侧道路隔离带向南至江边，然后折向东过G40沪陕高速最后到达崇明清管站（过江管处）。该段天然气管压力等级为6.0MPa，管径为DN800，长度约78.1公里。全线设置阀室12座。2、崇明岛管道工程场站。（1）崇明门站（预留加压系统）：位于沪崇苏西部大通道的东侧农田内，距自江苏省现状220千伏高压走廊200米处。场地形状为梯形，长为200米，宽为150米，总用地面积约为30000平方米。（2）崇明清管站：位于G40高速公路以东，长江隧桥北侧大堤内，距G40高速公路200米处。总用地面积约为6000平方米。3、崇明燃气电厂专线工程：（1）崇明燃气电厂专线线路。电厂专线自陈海公路天然气主干管上位于东平河西侧规划双阀室接出，沿电厂规划220千伏高压走廊西侧向南至崇明电厂。在管线进电厂前预留接口，设DN800阀井一座。该段天然气管压力等级为6.0兆帕，管径为DN800，长度约4.1公里。（2）崇明电厂站：位于崇明岛推虾港北侧崇明燃气电厂厂区内西北角。总用地面积约为3285平方米。项目建成后，完善上海市天然气主干管网，实现长三角区域天然气主干管网连通，加快崇明岛经济发展，实现生态岛的重要保障。

【临港燃气电厂一期工程建成发电】3月，临港燃气电厂一期工程建成发电。上海临港燃气电厂一期工程项目，规模为4×35万千瓦级燃气－蒸汽联合循环机组。本工程位于上海市浦东新区临港新城西南部的重装备园区，妙香路99号。工程建筑面积39469.48平方米，主要由主厂房、综合办公楼、GIS楼、化学水处理室等组成。工程建成后，成为新建临港新城一个大的供电电源，缓解上海环境保护压力，缓解上海电网调峰压力、满足电网安全运行，平衡天然气供需需要。

【青草沙水源地南汇支线工程建成】10月，青草沙水源地南汇支线工程建成。南汇支线工程项目，以输送青草沙原水至南汇地区的川沙水厂、惠南水厂、航头水厂及新建的南汇北水厂和南汇南水厂。该工程位于上海市浦东新区（原南汇区），线路范围为自金海泵站至川沙水厂；自金海泵站至南汇北泵站；自南汇北泵站至大治河分支点；自大治河分支点至南汇南水厂及惠南水厂；自大治河分支点至航头水厂。南汇北泵站选址于A2公路东侧，鬼出浜以北、七灶港以南地块。南汇支线管线总长约89公里；南汇北泵站建筑面积4591平方米，主要由泵房、变电所、综合楼及门卫等组成。工程建成后，南汇支线供水规模为128万立方米/天，供水范围包括浦东新区川沙水厂和南汇区区域内的4座水厂，使浦东新区原南汇地区用上青草沙原水。

【白龙港污水处理厂扩建二期工程建成投用】12月，白龙港污水处理厂扩建二期工程建成投用。上海白龙港污水处理厂扩建二期工程建设规模为处理污水80万立方米/日，处理工艺采用多模式AAO脱氮＋辅助化学除磷，出水水质达到国家一级B标准。本工程位于上海市浦东新区合庆镇龙东支路1号南侧地块，占地33.5公顷，其中新增建设用地30.9公顷。项目建设用地东至一线海堤，南至中姿农业公司地界，北至已建白龙港污水处理厂扩建工程边界，西至合庆镇人民塘路。工程建筑面积共计7572.34平方米，主要由进水泵房、9#变电所、17#–20#变电所、1#–4#MCC配电间、进水仪表分析间、出水仪表分析间、鼓风机房、污泥浓缩机房、污泥变电所、运行技术用房、再生水处理站、除臭风机房组成。构筑物占地158201.45平方米，主要由粗格栅井、平流沉砂池、调流闸门井、生物反应沉淀池、紫外线消毒池、配泥井、污泥浓缩池、配水井等组成。工程建成后可以进一步增加COD的减排量，有效改善水环境，保证地区的可持续发展，为居民提供更好的生活环境。

【崇明北沿风电项目并网发电】10月，崇明北沿风电项目并网发电。项目位于上海崇明县东北部，风机东起东旺沙水闸，西至北八滧港，沿九二塘和九八塘向偏西北方向顺序布置。工程建筑占地面积13200平方米，建设内容主要包括110千伏变电站一座和24台2000千瓦风电机组。风机发电通过四回集电线路汇流至变电站，升压后并入当地电网。项目选用上海电气制造的W2000型风电机组。项目装机容量4.8万千瓦，设计年发电量15303万千瓦时，上网电量10850万千瓦时，等效利用小时数2260小时，决算总投资49246万元。项目与燃煤电厂相比，每年可节约标准煤3.8万吨，相应减少燃煤所造成的多种有害气体排放，节能减排效益显著。

【500千伏输变电工程新余站建成启用】6月，500千伏输变电工程新余站建成启用。该站位于上海市西南33公里松北区车暾镇。新建新余500千伏变电站，安装2组100万千伏安主变，建设500千伏出线间隔4个，220千伏出线14回。全站总建筑面积1682平方米。

相关资料：崇明东滩基础设施开发项目

崇明东滩基础设施开发项目为崇明东滩生态示范区的建设服务，是崇明生态岛建设的重要组成部分，其战略目标是建成一座以自然环保和绿色低碳而闻名的生态之城，以科教研发和科技创新为主导的知识之城，以旅游度假和健康运动为特色的休闲之城，建设一个以“生态、低碳、长寿”为特色，集生态城镇、绿港农业、湿地公园三大园区为一体，城乡统筹发展的生态示范区，积极探索上海城镇“创新驱动、转型发展”的新模式。

崇明东滩生态示范区位于崇明岛东端，总面积86平方公里。其中，位于南部启动区的生态城占地12.5平方公里。东滩基础设施由道路桥梁、市政公用设施、水系湖泊、绿地景观等四部分组成，

一、骨干路网，总长约19公里，包括30座桥涵，并同步实施雨污水、道路绿化、电力、通讯等市政配套工程：1、道路一期工程包括Z1路北段、Z1路南段和Z2路三条主干路及S1路、S2路、S3路三条次干路。道路总长约12公里，共需新建桥涵23处，红线宽度为30～50米，在工程范围内同步实施雨污水、道路绿化、照明、公用管线及交通设施等相关附属工程。2、道路二期工程包括Z1路东段一条主干路及Y0路、Y5路、规划支二路三条城市支路。道路总长约7公里，共需新建桥涵约7处，在工程范围内同步实施雨污水、道路绿化、照明、公用管线及交通设施等相关附属工程。

二、河道水系，总长约20.3公里，新建湖泊约30公顷：1、团旺河改建工程实施总长约1.7公里，河道蓝线宽度为62～88米。2、规划河道整治工程总长约18.6公里，河道蓝线宽度为15～50米，新建M湖面积约为250亩。

三、市政设施：1、污水泵站新建工程包括规划1#、2#和4#

三座污水泵站，规模为0.55～2.36万立方米/天。2、海防大堤及水闸改建工程中大堤改造的主要内容包括堤顶道路加宽改造、堤顶防浪墙改造、增设外坡消浪平台、内坡绿化种植等，改造长度约为5.4公里，占地约为460亩。另新建净宽10米团结沙水闸一座，设计最大排水流量为137.5立方米/秒，引水流量为79立方米/秒。3、新能源中心既具备展示功能又具备实际应用功能，是一个集能源应用和能源展示为一体的能源项目，它是东滩的能源生产和能源交换中心，通过各种供电网络、供热供冷系统与周边的社区相连，收集和分析各类能源信息，管理和优化东滩的能源生产和能源利用。

四、绿化景观：1、新建东滩生态公园项目位于东滩启动区北部，北临二通港。以团旺河为界，分东园、西园两大区块，占地约为1640亩。西区以森林+休闲为特色，最大程度的发挥景观的生态效益，体现休闲特色，为居民营造宜人舒适的户外活动环境。东区的定位为郊野体育公园，在大面积植树造林、营造生态环境的同时，充分利用户外有氧的环境，引入诸如森林自行车、户外篮球、高尔夫练习、各种水上运动及室内健身等体育休闲元素，提供多样化的体育健身设施，更好的服务于周边的养老社区和东滩生态城。2、Z1、Z2道路通道防护林项目基本位于道路两侧，占地约682亩（已扣除地块内规划水系面积），通过建设形成对外的生态展示平台，宜人的、多样化的郊野型生态林地。3、道路两侧退界绿带项目位于Z1、Z2、S1、S2、S3路道路两侧退界范围，占地约为432亩，将全面展示东滩生态城的生态、文化等城市特色，成为启动区乃至崇明赖以呼吸的绿肺的联系通廊。

（三）社会事业项目建设

【概况】2012年，安排重大社会事业建设项目20个，完成投资521.6亿元，项目平稳推进。生活保障设施项目建设；第二轮大型居住社区外围市政配套项目启动建设；第一轮大型居住社区外围市政配套项目全部实施部分已建成使用，保障性住房建设完成全年指标，新开工建设保障性安居工程超过1000万平方米、竣工超过600万平方米，按期完成既定目标，为改善住房条件和重大工程动迁安置起到重要作用。教育设施项目建设：华东理工大学奉贤校区二期工程取得实质性进展；上海海事大学教学实习船、中欧国际工商学院三期工程基本建成，为上海培养人才、服务经济建设具有重要意义。医疗卫生设施项目建设：提升市级医疗设施和服务能力建设项目全面推进，上海中医药大学附属龙华医院国家中医临床研究基地、中山医院肝肿瘤及心血管病综合楼取得阶段性成果；郊区三级医院建设项目六院临港分院、仁济南院、华山医院北院、瑞金医院北院等基本建成，部分启用，为市民改善医疗设施创造良好的条件。

【上海印刷出版高等专科学校浦东新校区开工】12月，上海印刷出版高等专科学校浦东新校区开工。该项目位于上海市浦东新区上海国际医学园区内，东至芙蓉花路，西至医专用地边界，南至琥珀路，北至排泾港。工程一期总建筑面积为105000平方米，主要建设内容包括图文信息中心、会堂、教学楼、艺术楼、行政楼、科研实验楼、印刷实验实训中心、食堂、风雨操场、学生宿舍、单身教师公寓、后勤辅助用房及室外总体工程等。

【上海医疗器械高等专科学校浦东新校区开工】 12月，上海医疗器械高等专科学校浦东新校区开工。项目位于浦东新区周祝公路以南，A3高速公路以东，芙蓉花路以西，戴家漕河以北，上海市国际医学园区内，占地约250亩。项目总建筑面积105000平方米，主要建设内容包括是图文信息中心和行政中心、多功能综合馆、实验实训楼、食堂及辅助用房、教学楼、学生宿舍等工程。

【上海体育学院中国乒乓球学院开工建设】 11月，上海体育学院中国乒乓球学院开工建设。该项目位于杨浦区上海体育学院内（综合大楼位于东至恒仁路，南临清源环路，西侧为体院小区，北侧为上海体育学院附属竞技体育学校；乒乓球训练馆东临长海一村，南至篮球馆，西侧为田径场，北侧为风雨操场）。工程建筑面积约为38695平方米，主要由综合大楼（约为25624平方米）和乒乓球训练馆（约为13071平方米）组成。另改造综合大楼地块内学生食堂外立面约5700平方米。

【上海国际舞蹈中心启动建设】 9月，上海国际舞蹈中心启动建设。该项目位于延安西路、虹桥路、水城南路围合街坊内，东临延虹绿地，西至水城南路，南至延安西路，北至虹桥路。总用地面积38567平方米，总建筑面积为84930平方米（含保留、保护建筑），其中，地上建筑面积为44890平方米，地下建筑面积为40040平方米，并设停车位360个，其中地下停车位350个。

【刘海粟美术馆迁建工程正式启动】 9月，刘海粟美术馆迁建工程正式启动。该工程位于上海市长宁区，建设基地位于延安西路以北、昭化路以南、种德桥路以西、凯桥绿地以东地块内。工程建筑面积12540平方米，主要包括地下二层、地面三层。

【上海儿童艺术剧场正式动工】 6月，上海儿童艺术剧场正式动工。该工程位于上海市黄浦区，建筑面积5422平方米，主要由上海世博会通用馆改建楼、钢结构楼组成。

【中华艺术宫启动建设并建成】 1月，中华艺术宫启动建设，并于9月建成投入使用。该工程位于上海市浦东新区，项目选址为原世博会中国馆。工程建筑面积166855平方米，其中新增建筑面积约为9000平方米。中华艺术宫是以收藏、展示、交流、研究、教育为目的特大性专业文化场所，是一座荟萃近现代全球华人艺术精品，以视觉艺术展示为重点的，百姓参与、全民共享的公共文化服务场所，汇集上海美术馆、上海中国画院、上海油画雕塑院、上海美术家协会、上海博物馆、上海工艺美术家协会以及上海其他国有艺术机构收藏的3万件优秀近现代艺术珍品。是具有中国气派、融汇上海风格，在全国最有规模、最具影响、最富特色的综合性艺术博物馆。

【上海当代艺术博物馆启动建设并建成】 1月，上海当代艺术博物馆启动建设，并于9月建成投入使用。本工程位于上海市黄浦区花园港路200号，东、北两面分别毗邻苗江路和花园港路，西、南两面分别为城市最佳实践区全球城市广场和展馆区。工程建筑面积4.1万平方米，主要由当代艺术博物馆（未来馆改建）、室外新建配套停车库组成。改建后当代艺术博物馆共计8层，其中一、二、三、五层主要为展厅及公共服务与交流区，四层为设备层，六层为办公与库房，七、八层为多功能区域与参观配套服务区域，总展示面积约15000平方米。室外新建配套停车库为二层，面积约3000平方米。

【郊区三级医院建设项目建成投用】12月，郊区三级医院建设项目建成投用。郊区三级医院建设项目包括六院临港分院、金山医院迁建等5+3+1项目组成。一、金山医院整体迁建。项目位于上海市金山区新城区龙航路。项目规划占地面积104150平方米，建筑面积84000平方米（其中地上建筑面积为74600平方米，地下建筑面积为9400平方米）。主要为门诊楼、住院楼、急诊急救核化救治中心、核化指挥中心、部分行政、后勤用房及附属用房等。二、六院临港分院。该项目位于上海市浦东新区环湖西三路222号。项目规划占地面积99994.1平方米，总建筑面积72000平方米（其中地上建筑面积65754平方米，地下建筑面积6305平方米）。主要由门诊医技楼、急诊楼、病房住院部、感染病房楼、行政楼、后勤用房组成。三、瑞金医院(嘉定)。项目位于上海市嘉定区，南至双丁路，北至希望路，西至合作路，东至永盛路。项目规划占地面积90456平方米，建筑面积72000平方米（其中地下建筑面积11182平方米，地上建筑面积60818平方米）。项目主要由门急诊医技住院综合楼高层部(九层)和裙房部(三层)组成。四、华山医院(宝山)。本项目位于上海市宝山区顾村镇。项目规划占地面积98490平方米，建筑面积72187平方米（其中地下建筑面积8306平方米，地上建筑面积63881平方米）。主要由住院楼、门急诊楼、医技楼、传染楼和行政楼组成。五、仁济医院(闵行)。项目位于上海市闵行区浦江镇江月路2000号。项目规划占地面积68498平方米，其中A地块50056平方米，B地块18442平方米。目前项目实施为A地块，建设面积为82590平方米（其中地下建筑面积12881平方米，地上建筑面积69709平方米）。本项目建设内容为整体新建600床规模的三级甲等综合性医院，主要由门诊医技楼、急救中心楼、病房大楼、行政生活保障楼等组成。六、长征医院(浦东)。位于上海市浦东新区曹路镇，东邻金钻路、南靠金海路、西沿浦东运河绿化带，北接动迁居民安居房，建设用地面积约17.86万平方米（约267.9亩），建筑面积约41.5万平方米（其中包括地下面积约10万平方米）；设置住院病床2000张。建设内容主要包含五大功能区域是一是医疗区域，包括门诊中心、急诊中心、住院中心、医技中心。二是教学区域，包括能容纳2000名本科生、进修生、研究生的教学中心和宿舍大楼。三是科研区域，包括科学研究中心和学术交流中心。四是保健区域，按照院落相对独立、设施配套齐全、环境优美宜人的标准建设。五是辅助功能区域，包括行政管理中心、药品配送中心、器材设备中心、信息管理中心、后勤保障中心等。七、奉贤区中心医院。项目位于上海市奉贤区南奉公路6600号。项目规划占地面积121792平方米，建筑面积84637平方米（其中地下建筑面积9232平方米，地上建筑面积75405平方米），建设规模为800张床位。主要由门急诊楼、医技楼、1#病房楼、2#病房楼、后勤楼、行政办公楼、后勤辅助楼等组成。八、青浦区中心医院。项目位于上海市青浦区复旦大学附属中山医院青浦分院现址北侧。项目规划占地面积36905平方米，，建筑面积62618平方米（其中地下建筑面积15143平方米）。主要由急症、医技、病房、行政楼组成。九、崇明县中心医院。该项目位于崇明县城桥镇南门路(现新华医院崇明分院西侧)，东至东门路，南至长江大堤青坎线，西至崇安路、崇安变电站和居民住宅，北至物资新村范围内。项目规划占地面积约

21993平方米，建筑面积约53000平方米（其中地下建筑面积约8575平方米，地上建筑面积约44425平方米）。主要由医技住院楼、科研综合楼、后勤保障楼组成。

【上海海事大学教学实习船建造项目完成投运】 12月，上海海事大学教学实习船建造项目完成投运。上海海事大学教学实习船项目是由国家交通运输部、上海市政府和海事共同投资。该实习船是目前国际上投资规模最大、配备设施最齐全、设备最先进，具有全球航行能力、可同时容纳160名学生上船实习，并可装45800吨散货运输的48千吨级散货教学实习船。该船总长约189.90米、型宽32.26米、型深15.70米、结构吃水11.20米、载重量约40600吨、设计航速14.2节、日耗油28吨，续航力大于10000海里。该船配备国际最先进的MANB&W6S50ME-C7-TII型低速船用柴油机主机，其最大持续功率9480千瓦，采用全电控喷油系统，满足国际最高排放标准。本船采用1人集成综合船桥控制模式，配备先进的导航仪器和通讯设施，船舶运行状态主要参数可通过通讯卫星向岸基实时传输。该船在教学方面，布置1个实习驾驶室、3个现代化教室、1个学术报告厅、1个图书阅览室、教师办公室等，配备有全船计算机网络教学系统、多媒体教学设施和船舶状态测试设备；在科研方面，布置2个研究室、1个轮机功能测试室，配备有船舶姿态测试系统、水流波浪检测设备、船舶操控检测设备、船体应力测试系统、CCTV全船监控系统、动力设备排放采样、液体遥测等设施；在生活设施方面，配有必要的食宿条件外，配备病房、篮球场、健身房、风雨操场等，4人间住舱、独立卫生单元、独立洗衣间、烘干室等，船舶采用冷水机组中央空调系统。该实习船的建成，对我国培养高素质航海类人才和航海科技海上研究具有重要的意义。

【中欧工商学院三期工程建成】 12月，中欧工商学院三期工程建成。项目位于上海浦东新区，金科路以西、浦东新区妇幼保健院以东、华山医院浦东分院和保健中心以南、学校现校区以北地块。总建筑面积为36249平方米（其中地下建筑面积为9500平方米），主要由教学中心、综合楼（一期）、行政楼、1-2号学生招待所、地下车库、连廊、东大门、休息厅以及配套设施等组成。

（四）产业设施项目建设

【概况】 2012年，投资建设产业结构优化升级项目40个，完成投资329.6亿元，项目推进总体平稳。科技创新产业项目建设：国家蛋白质科学研究项目、国家肝癌科学中心、数字电视国家工程研究中心、抗体药物国家工程研究中心、清洁高效煤电成套设备国家工程研究中心建设全面展开；宏观量子现象与高能量密度物理研究平台和分子科学与工程研究平台、中科院上海余山天文台65米射电望远镜项目基本完成，交付使用加强了科技创新研发平台设施的建设，增强了转变发展方式的深度。战略性新兴产业项目建设：中航商用航空发动机产业基地、日月光集成电路封装测试生产线、三一上海精机生产项目、紫竹新兴产业技术研究院、徐工集团临港奉贤基地等项目启动实施；中航商发研发中心、中国商飞公司能力建设项目研发中心投入试运营，商飞客服中心、总装中心加快推进，总部大楼启动建设；国药集团奉贤生物医药产业基地、“909”工程升级改造—华力微电子12英寸集成电路芯片生产线建设项目进一步推进；映瑞光电新建LED产业化项目、华锐风电科技上海临港基地等项目基本建成投入试生产，加快了战略性新兴产业的培育，增强了转变发展方式的高度。文化事业及产业项目建设：中华艺术宫、上海当代博物馆开工建设并建成投用；上海国际舞蹈中心、刘海粟美术馆迁建工程、上海儿童艺术剧场开始实施；上海自然博物馆、上海交响乐团迁建工程、中国（上海）网络视听产业基地、面向“三网融合”的下一代广播电视网建设项目、国家数字出版基地、上海京剧院迁建、上海朵云轩艺术中心工程建设全面推进，推动了国际文化大都市的构建，增强了转变发展方式的广度。现代服务产业项目建设：世博A、B片区地下空间开发及配套、上海横沙渔港核心功能区建设项目开工建设；上海中心大厦项目、上海国际金融中心、上海国际航运服务中心、迪士尼项目一期工程及市政配套、中国博览会综合会展项目及市政配套取得重大进展；西郊国际农产品交易中心综合交易区、上海数据港云计算服务平台基本建成，推进了现代服务业重大载体的建设，增强了转变发展方式的力度。

【上海横沙渔港核心功能区建设项目启动建设】 5月，上海横沙渔港核心功能区建设项目启动建设。该工程位于上海市崇明县（东至横沙通道，南至规划绿化分隔带，西至渔港路，北至三岛渔业工业地块）。该工程建筑面积180861平方米，主要由预加工车间、发运平台、加工车间、冷藏库、综合楼、宿舍楼以及裙房组成。

【中航商用航空发动机有限责任公司产业基地建设项目开工建设】 4月，中航商用航空发动机有限责任公司产业基地建设项目开工建设。项目用地东侧隔鸿音路（24米）与已建成中船产业区相邻，南侧隔沿海防护堤路与杭州湾相邻，护堤路高出基地约5米，用地西侧隔玉宇路（32米）为在建的中船的产业区，北侧为城市干路沧海路（40米），用地东北角规划有一条货运专用铁路。工程总用地面积82.4公顷（1236亩）。中航商发临港基地项目共分为四期工程，本项目为中航商发临港基地一期工程。一期工程建造的厂房建筑集中于用地东北部和中部，办公综合建筑位于基地东南侧。一期用地33.8公顷（507亩），建设投资为175954.28万元，建筑面积147300平方米，由2005、3001厂房、2006试车台及1001-1005服务楼等组成。

【中航民用航空电子产业园建设项目正式开工】 10月，中航民用航空电子产业园建设项目正式开工。该工程位于上海市闵行区紫竹高新技术产业开发区内，东至紫月路、西至紫日路、北至紫海路、南至紫星路。项目紧邻中航工业无线电电子研究所紫竹所新区、东接紫竹数字创意港，南接SMC上海分公司，西接Intel上海分公司，北接意法半导体公司。工程建设用地12.3万平方米，建筑面积15万平方米，主要由系统级民机航电产业平台、子系统级民机航电产业平台、航空微电子产业平台、民用电子产业产业平台、配套服务平台组成。

【日月光集成电路封装测试生产线建设项目开工建设】 1月，日月光集成电路封装测试生产线建设项目开工建设。该工程位于浦东新区金桥出口加工区(南区)WH4-2地块，东至巡关道、南至龙桂路、西至用地边界、北至龙沪路。工程建筑面积180154.56平方米，主要由四栋厂房、一栋综合大楼、两栋动力厂房及相应辅房的土建、内部装修、工艺机电安装及配套的办公生活设施。本项目整体预计分四期实施，本期实施项目为金桥地块一期工程。一期工程占地面积约47,000平方米，建筑面积约65,000平方米，主要建筑包括一栋厂房、一栋综合大楼、一栋动力厂房及相应辅房(变电所、废品库、化学品库、地埋式柴油箱、连廊及门卫)。

【徐工集团临港奉贤基地投资项目启动】 9月，徐工集团临港奉贤基地投资项目启动。项目位于奉贤，总占地面积约2330亩，分三期建设，一期830亩，二期500亩，三期1000亩+580米海岸线，主要生产制造推土机、挖掘机、大型起重机械以及面对海外的主机和关键结构件，还将建设研发和销售服务中心，后续发展港口机械、海工装备等战略性产业主机和核心零部件。本期实施徐工集团临港奉贤一期项目。一期项目位于上海临港奉贤园区内，地块位于两港大道以北，新四平公路以东，G2路以南，F9路以西。项目占土约830亩（约55万平方米），新建建筑面积30万平方米以上。项目将结合国际工程机械先进生产工艺水平和现代化生产经营理念，按照集约利用土地的原则对相应的生产、生活配套设施及厂区工程等进行适应性建设，包括1、建设挖掘机主要结构件的焊接、机械加工、涂装；部件装配、整机装配、整机找补涂装精饰、调试、试验等的车间。2、建设挖掘机的下料车间，主要承担下料、坡口加工、表面处理、成型、检验等。3、建设研发中心、倒班楼、食堂、浴室、门卫、动力站房及产业配套房等，满足办公、研发及辅助生产的需要。4、对相关厂区道路、管网、绿化等进行适应性建设。

【上海烟草浦东科技创新园项目启动】11月，上海烟草浦东科技创新园项目启动。该工程一期位于浦东新区康桥工业区东区，四至范围是东至申江路，南至秀浦路，西至高新河，北至秀沿路。工程建筑面积432650平方米，主要由联合实验生产工房，动力中心，科技实验研发大楼，其他配套建筑等组成。

【世博A、B片区地下空间开发及配套项目开始实施】 2月，世博A、B片区地下空间开发及配套项目开始实施。一、世博A片区位于世博园区世博轴和中国馆东侧。根据世博地区结构规划，A片区将作为会展及商务区的重要组成部分，东至白莲泾，西至上南路，南至雪野路，北至黄浦江，规划总用地面积约97.7公顷，规划建设面积约115万平方米。A片区包括绿谷项目和总部办公楼项目两部分，其全部地下空间将由世博集团统一规划设计和统一开发建设。其中位于A片区中央核心区域的“绿谷”项目（暂名）将作为集团承担的整体开发建设项目，采用“统一设计、统一建设、统一管理”的开发建设模式。绿谷项目包括四个规划街坊，规划建筑面积约20万平方米，以商务办公为主，同时配套建设商业服务、文化娱乐、酒店公寓等的综合多功能城市街区。二、世博B片区工程项目位于世博园区一轴四馆西侧的B02和B03地块，为规划B片区会展及其商务区的一部分。规划范围东临世博馆路，西至长清北路，南临国展路，北至世博大道，规划用地面积约18.72公顷。为知名企业总部聚集区和国际一流的商务街区，共有13家央企和2家国企签约入驻，基地紧邻一轴四馆、宝钢大舞台等世博永久保留建筑。基地西侧紧邻轨道交通13号线世博大道站，车站东侧的两个出入口接入地块。主要功能为商务办公，混合一定比例的商业、文化娱乐设施。地下空间总建筑面积约41.6万平方米，以地下停车、人行通道及配套服务设施为主，兼有设备用房、城市人防、综合管廊等设施。地下空间的建设采用统一规划、综合开发、统一设计、统一建设、统一管理、协调发展的方针，以城市公共道路交通及轨道交通设施为骨架，建设集交通、服务配套和停车等为一体的综合化、系统化、网络化的地下空间。地下空间主要为地下三层（局部地下二层或地下四层），地下一层为人行、车行及停车，地下二层为人行、车行通道及停车和配套服务设施，地下三层、四层为停车及设备用房区域。

【联影高端医疗影像设备研发、生产及总部基地建设项目开始建设】11月，联影高端医疗影像设备研发、生产及总部基地建设项目开始建设。该工程位于上海市嘉定区，（东至娄红路、南至金娄路、西至城北路、北至宝钱公路）。工程建筑面积：总土地面积83511.1平方米；总规划建设面积190079.54平方米，分二期建设，其中一期工程建筑面积119837.65平方米，主要由配套综合楼、生产综合大楼、综合动力站组成；二期为主体研发大楼等70241.89平方米。建设高端医疗影像设备生产及示范基地项目，为高端医疗产业，投产建设后将填补中国医疗的空白。

【三一上海精机生产项目开工建设】11月，三一上海精机生产项目开工建设。该工程位于上海市区奉贤区。南临D1路，北临E1项目，西临F9路，东临新杨公路（F11）。工程建筑面积129756.4平方米，主要由中型精机车间、重型精机车间、中型精机车间辅房、重型精机车间辅房组成。

【紫竹新兴产业技术研究院启动建设】12月，紫竹新兴产业技术研究院启动建设。该工程位于上海市闵行区（莲花南路以西、银春路以北、规划二路以东）。工程建筑面积4.2平方米，主要由产业院总部大楼、两栋智能电网中心楼、食堂组成。项目建设将加快闵行区战略性新兴产业发展，完善紫竹园区创新港功能。

【宏观量子现象与高能量密度物理研究平台和分子科学与工程研究平台建成投用】1月，宏观量子现象与高能量密度物理研究平台和分子科学与工程研究平台建成投用。该工程位于上海市浦东新区，东临科苑路，南靠中科路，西接集慧路，北至海科路。工程建筑面积5.5万平方米，由分子科学与工程(1号、2号)实验楼、宏观量子现象与应用实验楼、高能量密度物理实验楼、综合楼和电站机房组成。本项目是中科院与上海市政府院市合作建设项目，围绕高技术产业发展的战略需求，在分子科学与工程、宏观量子现象及应用、高能量密度物理等方面开展研究，实现关键技术创新与集成能力的提升，提高我国自主创新能力，将为我国国民经济发展、国防建设做出贡献。

【西郊国际农产品交易中心综合交易区项目建成】8月，西郊国际农产品交易中心综合交易区项目建成。该工程项目位于上海市青浦区华新镇，基地东至谊桥港，西至新府路，南至华隆路，北至已建成的上海西郊国际农产品展示直销中心。项目建设用地面积253619.9平方米，总建筑面积131531.8平方米，其中地上面积115272.6平方米，地下面积16259.2平方米。工程建设内容主要包括进口果蔬大棚A、B，果蔬大棚，水产大厅1、2，禽类大厅，冻品大厅，牛羊肉白条大厅，猪肉白条大厅，冷库，配送中心职工食堂，服务配套综合办公楼，宿舍，以及变配电站等其他服务配套用房，共18栋单体建筑。工程于2010年8月30日开工建设，项目的建成，有利于保障上海市和长三角地区农产品的市场供应，稳定农产品的市场价格，适应上海市和长三角地区农产品流通的需要，有效引导农业生产和农产品流通，进一步满足上海市民不断增长的消费需求。

【映瑞光电科技（上海）有限公司新建LED产业化项目建成投入生产】12月，映瑞光电科技（上海）有限公司新建LED产业化项目建成投入生产。该项目工程位于上海临港重装备产业区内，地块北至D51路，南至两港大道绿化带，西至鸿音路以西约543米，东至鸿音路绿化带，用地总面积为203101平方米。工程规划包括六大制造基地、标准厂房等用地；另外还包括泥城和芦潮港两个城镇生活区。本期工程主要由生产支援中心、LED 厂房组成。生产支援中心为多层民用建筑，耐火等级为二级，混凝土框架结构，建筑占地面积是 1318.68 平方米，建筑面积 5900.8 平方米，建筑高度 21.3 米，共五层。本期 LED 厂房 (2# 建筑) 是集生产及动力辅助功能为一体的单层多功能建筑，耐火等级为二级，火灾危险类别为丙类，混凝土框架结构，建筑占地面积 10519.80 平方米，建筑面积 10745.20 平方米。

【上海汽车临港产业基地自主品牌新产品技术改造项目完成】 12 月，上海汽车临港产业基地自主品牌新产品技术改造项目完成。项目位于上海市南汇区临港新城两港大道 2999 号。上汽临港基地总用地面积 1207100 平方米，已实施的一期工程位于基地南部，总建筑面积 174080 平方米，本工程新建建筑面积 167646 平方米，一期与本期工程建筑面积合计 341726 平方米。该工程主要建设规模和内容是在原上海大众临港项目的建设基础上进行局部调整，继承续建厂房设施并新增工艺设备，建设形成冲压、车身、油漆、总装车间等工艺完备的整车厂和动力总成车间，并投资建设车体分配中心、质保中心及样板车间、能源中心、车间办公辅房、废水处理站、降压站、餐厅、发运办公室、成品车报交间、成品车停车场、试车道等厂房辅助设施。该项目建成后可形成年产中高级自主品牌轿车 B2 和 I2 系列及变型车 15 万辆。NLE 系列发动机 15 万台套，项目具有良好的经济效益。

【上海数据港云计算 IAAS 服务平台基本完成】 12 月，上海数据港云计算 IAAS 服务平台基本完成。工程位于上海市闸北区市北高新服务业园区。主要集中于市北园区 7 号、9 号、10 号地块。本项目产学研用结合，利用云计算技术，建设、运营国内首个以云计算基础设施服务平台；项目使用自主产权的硬件级虚拟化、自动化和集群存储技术，通过对云计算中心及基础设施进行整合，实现对多个云计算中心内的硬件资源的统一管理、统一分配、统一部署和统一监控，将云计算中心内的资源有效组织为资源池，为上层应用和平台按需提供计算、存储、网络等基础设施服务以及备份、容灾等增值服务，有效提高资源利用率和管理效率，从而大大降低了服务器、存储等基础设施的投入成本和运营成本，将推动绿色经济、低碳经济的发展，加速企业信息化建设，对增强国家综合国力和国际竞争力、确保国家信息安全有着重要意义。

【华锐风电科技上海临港基地项目建成】 12 月，华锐风电科技上海临港基地项目建成。该基地位于上海市闵行经济技术开发区临港园区，地块东为园区 E61 路、西为 E1 路、南为 D3 路、北为 D31 路。工程建筑面积约 54650 平方米，主要由大型风电机组装配试验厂房、部装及配套件库、综合楼等组成。

（王国君）

三、市政建设

（一）综述
（二）上海市路政局成立
（三）市政工程建设
（四）市政设施管理
（五）市政科技
（六）燃气管理

（一）综述

2012年4月27日，上海市路政局正式成立。市路政行业以市路政局成立为契机，稳步推进行业各项工作。

基础项目建设稳步推进。一是有序推进局重大项目建设。城市道路新改建投资62.62亿元，公路建设投资97.79亿元。完成中环线噪声治理、江宁路桥危桥改建、吴淞大桥抢修加固工程；辰塔公路跨黄浦江大桥工程开工，推进区域对接道路项目建设，完成沪嘉高速公路大修一期工程和中环线WS匝道新建工程等11个项目前期工作。二是实施迎十八大专项整治行动，完成中环路地面道路进出口整治等一批市属专项整治工程；督促各区（县）制定并实施相应区属重点道路整治计划。三是完成《上海市省道规划》、《上海市农村公路十二五建设规划》以及《上海慢行交通规划》等编制工作。

日常管养着重常态长效。一是落实三级巡查机制。组织开展道路病害、桥梁管理、路容路貌等专项巡查。发挥市政专业网格化巡查效能，如虹口区落实预算外资金成立五个养护巡查处置队伍；浦东新区自主研发了桥梁检测船；市路政行业全年发现各类病害及违规现象2万余起，违规结案1.9万余起，结案率95%。二是认真开展设施年度检测。共检测城市桥梁1939座、道路1358公里、公路1.3万公里。中心城道路完好率94.55%，比2011年94.42%增加了0.13个百分点。各区（县）道路完好率94.53%，比2011年94.37%增加了0.16个百分点。城市桥梁平均BCI（城市桥梁状况指数）为93，与2011年相同。此外，首次编制完成《公路桥梁技术状况评价报告》。三是切实抓好管线综合管理。如普陀、杨浦区建立与各管线单位定期沟通制度，减少重复掘路现象；长宁、静安区地下管线保护工作引入监理机制，强化全过程监管；积极推进燃气隐患管网改造工程；进一步完善临时架空线备案与架空线入地审批工作。四是推进城市道路设施属地化管理，完成除虹口区、闸北区、宝山区以外与其他各相关区就《市管城市桥梁桥孔管理移交协议》的签订工作；五是参与G1501北环高速公路回购和招商工作。

安全运行保障持续强化。一是落实安全运行保障措施。组织开展排查与消除安全隐患。如嘉定区对城市道路D、E类桥采取工程性改建措施；奉贤区积极研发桥梁安全监控系统，对重点桥梁实现远程实时监控。完成浙江路桥等桥梁结构检测以及外滩隧道等设施沉降观测；开展G1501北环三、四类桥整治以及外滩隧道设置超高车辆警示装置等各类专项整治；引入隧道养护监理管理模式。二是强化生产作业安全管理。如宝山区建立安全生产保证金制度；高速公路行业开展养护安全作业专项治理，完成安全诚信手册审验工作。三是有效提升路网运行服务水平。整合路网信息资源，实现快速路、外环线与高速公路入城段交通信息一体化发布目标；加强市政公路交通流量研判分析，完成各类专报编制；制定落实局应急管理和道路突发事件信息报送制度。开展军工路隧道消防等应急演练；建立防汛防台应急预案联动机制，经受住台风“海葵”等灾害性天气考验；做好女子自行车赛等重大活动和重大节假日运行保障工作，顺利完成中秋国庆双节高速公路小客车免费通行服务保障工作。

依法行政科学规范。一是法规体系逐步完善。建立构成多样化的立法起草小组，即在原路政局立法起草小组基础上，吸取社会专家学者、社会管理对象参与立法，以及委托第三方参与立法；建立重大事项公开征询意见等制度。开展《上海市高速公路管理办法》等政府规章、规范性文件的起草和修订工作；全面梳理行业相关技术标准，完成《公路养护工程质量检验评定标准》等4项行业规程及有关定额编制工作。二是推进道路标准化建设。督促行业各单位实施现场施工标准化、养护作业标准化、建设管理标准化以及技术标准体系等建设。三是依法行政实效得到提升。稳步推进行政审批标准化工作，完成“挖掘公路及公路用地审批”标准化示范试点，组织区县行业许可业务标准化培训；开展《行政强制法》以及行政执法规范化、路政文明执法等专题培训。积极推进路政执法服装、标识、场所、证件“四个统一”。

加强科学管理与科技信息化建设。在创新管理模式方面。如浦东新区落实专款对南六公路等七条路段实施预养护，积极建立前瞻型、预防型养护模式；嘉定区每年两次对各镇农村公路养护管理进行检查考核，将考核结果与镇长工作绩效挂钩；G2京沪、G40沪陕、G60沪昆等高速公路路段建立和完善目标管理、绩效管理、计划管理等现代企业管理体系，进一步提升养护运行管理精细化程度。在信息化工作方面，市路政局制定《信息化建设三年工作规划》；实现华东五省一市高速公路ETC联网运行。在推广“四新”技术方面，市路政局开发完成“上海市路政行业科技创新服务平台”；编制完成《上海市道路“四新”技术推广应用指导意见》；徐汇、静安等区尝试在隔离设施上加装LED警示灯，从而减少夜间交通事故发生；卢浦大桥采用引桥超高部位支座无线视频遥控检查设备，有效减少养护作业对交通的影响。

（市路政局供稿）

（二）上海市路政局成立

【上海市路政局成立】 2012年4月27日，上海市路政局正式成立。市路政局在整合归并上海市市政工程管理处（以下简称“市市管处”）、上海市公路管理处（以下简称“市公路处”）和上海市道路管线监察办公室（以下简称“市道监办”）的基础上成立，将统一组织实施上海市城市道路和公路管理、路政执法和道路管线监察。主要职责：对上海市市管道路、公路建设、养护和运行的管理；依法对损坏路产路权行为实施行政处罚；对区管公路路政管理实施业务指导和监督；组织协调道路管线抢修以及突发性事故的处理；参与起草并组织实施有关地方性法规规章草案和政策等。职能部门设置：党群工作处、干部人事处、办公室、计划财务处、道路技术中心、道路建设处、道路养护处、法规处、管线监察处、规划设计处、路网监测中心、路政总队、培训中心。

（市路政局供稿）

（三）市政工程建设

【概况】 2012年市政工程建设的特点是，沪嘉高速公路收费站迁建工程为国内首例高速公路城镇化改造项目；辰塔公路跨黄浦江大桥是第一座，也是目前唯一一座设有非机动车道的跨黄浦江大桥开工。当年，还完成了中环线噪声治理、江宁路桥危桥改建、吴淞大桥抢修加固、长阳路杨树浦港桥改建和迎“十八大”专项整治等工程；《上海市农村公路“十二五”建设规划》编制、辰塔公路跨黄浦江大桥工程开工、区域对接道路10条、大型居住社区外围配套道路工程累计完成投资98亿元。

【中环线噪声治理工程通过验收】 随着上海市快速路和高速公路交通流量的不断增加，交通噪声日益严重。居民对解决噪声扰民的诉求越来越强烈。2012年10月，中环线（浦西段地面快速路）噪声治理工程通过市安质监总站达标验收。该工程共实施声屏障5.3公里、通风隔声窗6200平方米。该工程新安装的1.8万块声屏障采用弧线型设计，与中环线流线型弧度的路灯相协调，并采纳统一的灰色系。该工程有效地改善了中环线沿线33处敏感点的噪声问题。

【江宁路桥危桥改建工程竣工】 2012年12月31日，江宁路桥危桥改建工程竣工通车。该工程为城市次干路，北起光复西路（上海造币厂保护性建筑处），南至江宁路澳门路路口，规划红线32米，全长588米，其中桥梁总长318米，主桥桥宽22米，比老桥宽3米。车道由原双向2车道改为可变3车道，工程总投资2.21亿元。该工程于2011年12月2日开工，工程项目包括管线过河工程、拆除老桥、新建桥梁以及道路、排水、驳岸改造工程等。主桥采用三跨变截面钢结构连续梁，引桥采用预应力钢筋混凝土、钢筋混凝土现浇连续梁。新桥主桥三跨安装七彩的环保LED灯带和泛光灯，将夜晚的江宁路桥勾勒得非常优雅。河南岸桥边拆除一座违章建筑后，新建绿地及人行通道，与苏州河两岸景观相得益彰，为周边居民增加了休憩空间。江宁路桥恢复通车后，江宁路、长寿路区域跨苏州河交通明显改善。

【吴淞大桥抢修加固工程竣工】吴淞大桥是宝山跨越蕰藻浜的南北向交通要道，全长577.25米，其中主桥3跨，长200米。为确保大桥安全运行，实施吴淞大桥抢修加固工程。该工程分为箱梁内施工和桥面施工两部分，工程投资2796万元，于2011年11月开工。2012年9月20日，吴淞大桥抢修加固工程竣工。

【长阳路杨树浦港桥改建竣工】长阳路作为杨浦区内东西向的交通主干道，交通压力与日俱增，长阳路杨树浦港桥成为交通咽喉瓶颈。2009年1月，长阳路杨树浦港桥改建工程立项，2011年5月开工，该工程将桥长度由原先11米延长至24米，宽度由17.5米拓宽至32米，双向车道由3车道改成5车道，梁底标高由原先3.45米提升至4.5米。并运用欧洲古典装饰和现代材料技术，对桥面上下、桥身立面及两侧梯道进行整体装饰。为配合12号线盾构穿越，桥梁采用无桩式箱涵框架结构，箱涵底板及墙体实施整体浇注。为降低截流对水环境的影响，在围堰中设置导流管，联通上下游水体，避免河道"黑臭"。2012年1月13日，长阳路杨树浦港桥改建工程竣工通车。改建后车辆通行能力大幅提高。

【路政行业实施"迎十八大"专项整治活动】2012年6月1日至10月31日，市路政局组织实施"上海市路政行业迎'十八大'环境优化暨道路整治活动"。整治措施包括：加强市政道路设施巡查制度的落实，对城市道路、桥梁设施、人行天桥、地道以及道路附属设施等安排全面检查；对平整度较差的路段进行铣刨加罩，解决车行道路面跳车现象；对新建、改建的道路及铣刨加罩的路段，各类窨井采取防沉降措施，消除路况差现象等7个方面。计划整治车行道面积178.96万平方米，实际完成228.92万平方米，完成率为131.8%；人行道面积52.22万平方米，实际完成59.93万平方米，完成率为114.7%；护栏48.63万米，实际完成73.13万米，完成率为150.4%。总体整治效果明显。

【完成《上海市农村公路"十二五"建设规划》编制】2012年，市路政局联合各区（县）完成了《上海市农村公路"十二五"建设规划》编制工作，用以指导农村公路科学有序地建设。该《规划》目标：基本形成布局合理、结构完善、与国省干道衔接顺畅的农村公路路网结构，所有行政村和大部分自然村可在10分钟之内进入干线公路网络，提高农村地区通达性；新改建农村公路控制在1000公里左右；完成区所有新增农村公路危桥和"宽路窄桥"的改造。"十二五"期间，农村公路规划新改建总里程957.86公里，其中新改建乡道724.29公里、村道233.57公里；农村危桥改造193座，"宽路窄桥"改造31座。各区县乡道建设投资52.09亿元，村道建设投资2.25亿元，桥梁改造投资4.2亿元，农村公路总投资58.54亿元。全市（浦东新区除外）乡村道总里程7340公里，乡村公路平均密度148公里/百平方公里。

【辰塔公路跨黄浦江大桥工程开工】2012年7月13日，辰塔公路跨黄浦江大桥工程开工。辰塔公路跨黄浦江大桥工程是辰塔公路跨黄浦江横潦径段的控制性节点，位于松江区主城区的西南部，呈南北走向。该工程北起甘德路以南，南至北十二勤河以北，全长1648米。主桥为双塔双索面混凝土斜拉桥，主跨296米，主桥全长546米，双向6车道。设有行人和非机动车专用通道，是第一座，也是目前唯一一座设有非机动车道的跨黄浦江大桥。该工程投资6.23亿元，是上海第一座跨黄浦江的全混凝土结构斜拉桥。该工程将于2015年建成，对于连接松江区黄浦江北岸的石湖荡镇和南岸的泖港镇，均衡区域内过江交通流量起到重要作用。

【建成区域对接道路10条】 2012年建成区域对接道路10条：其中有连接金山和松江区的大叶～叶新公路金山段、贯穿浦东新区八个功能区的华东路、连接原浦东新区和原南汇区的金科南路段、连接松江和金山区的松卫公路（松江段）、连接宝山和嘉定区的宝安公路、连接青浦和金山区的朱枫公路、连接金山和奉贤区的浦卫公路、连接闵行和浦东新区的芦恒路（西）三鲁公路～阳光大道、连接闵行和松江区的黎安路下穿铁路地道、疏影路下穿铁路地道、连接长宁和徐汇区的安顺路等。同年完成投资27.52亿元。区域对接道路项目的实施，贯通了区域对接交通，使路网更趋合理。

【大型居住社区外围配套道路工程累计完成投资98亿元】 2012年，大型居住社区外围配套项目建设基本实现了年度项目推进和市补贴资金拨付目标。上一轮25个项目全部开工，6项基本建成。17亿元市补贴资金拨付16.8亿元。新一轮88个项目，开工32项。60亿元市补贴资金累计拨付56.3亿元，20亿元新增市补贴资金按计划拨付10亿元。截至年底累计完成投资98亿元。

【沪嘉高速公路取消收费】 经市政府批准，2012年1月1日沪嘉高速公路取消收费，为上海第一条取消收费的政府还贷高速公路。为闭合全市高速公路联网收费系统，同时也为国内首例高速公路城镇化改造项目即沪嘉高速公路拓宽改建工程创造必要的交通条件，同年2月7日，沪嘉高速公路（一期）工程即收费站迁建工程开工，同年4月30日，迁建工程竣工并通车。该工程位于嘉定区内，从S5嘉定城区（南门）收费站至S5～G1501互通立交，长1.5公里。主要施工任务为“改一建三拆二”，即改造嘉定城区收费站，新建S5～G1501互通立交三处匝道收费站，待新建收费设施投入运营后，拆除南翔、马陆收费站；还包括部分桥梁拓宽和线形改造，增设管理用房一处，同步实施监控、照明、供配电、绿化、交通安全设施等工程。该工程的竣工，对于构建上海区域性交通枢纽，有效缓解城市过境交通压力具有重要意义。

（市路政局供稿）

（四）市政设施管理

【概况】 2012年市政设施管理的特点为，整合资源：完成路政服务热线“12122”平台资源整合、路政许可标准化试点示范工作对原分属市公路处和市市管处的部分行政审批项目进行了梳理和归并，华东五省一市ETC电子不停车收费系统联网运行等；实施城市基础设施属地化管理：市管城市桥梁桥孔下放区管理。当年还完成了城市道路桥梁专项检查、市路政行业文明施工管理办法制定实施、《上海市城市桥梁桥孔管理规定》颁布实施、迎接上海国家干线公路网监测整治、高速公路实施重大节假日免收小型客车通行费政策、路政巡视网格化管理、路政执法服装、标识、场所、证件四统一、贷款道路建设车辆通行费停征，燃气管网改造153公里。

【开展桥梁专项检查】 2012年，市路政局开展桥梁（尤其是独柱曲梁等匝道桥梁）专项检查，完成浙江路桥等桥梁结构检测以及外滩隧道等设施沉降观测，发现问题及时实施养护维修。开展G1501北环三、四类桥整治以及外滩隧道设置超高车辆警示装置等各类专项整治；引入隧道养护监理管理模式，确保了桥隧安全受控。根据桥梁管理水平发展不均衡，部分区（县）桥梁未形成周期性结构定期检测机制等问题。对各区（县）市政管理机构提出桥梁管理具体要求：一是完善城市桥梁管理制度；二是保障养护管理经费稳定投入；三是配备足额的桥梁工程师，并明确管理人员岗位职责。四是制定桥梁结构定期检测周期和年度计划；五是加大不合格桥梁改善力度；六是重视老桥、特殊结构桥梁管理。

【市路政行业文明施工管理办法全面实施】 2012年7月，市路政局制定完成《上海市路政行业文明工地管理办法》，该《办法》明确了适用范围、管理职责、考评内容、考评标准、申报条件等13项内容。《办法》实施以来，全年申报“市级文明工地”47家单位，“罗山路（龙东大道–S20）快速化改建工程3标”等29个工地被评为“市文明工地”，其中“吴淞大桥抢修加固工程”等5个工地被评为“上海市文明示范工地”。评选中针对在巡查中发现问题发出9份专报的、被媒体曝光及发生安全事故共计12个工地采取一票否决制。为了使文明工地评比更加公开、公平、公正，同年9月，市路政局从各市、区道路管理、监督部门、施工、监理单位聘选51名骨干组建考评专家库，形成以专家为主体的文明工地考评体系。

【完成路政服务热线“12122”平台资源整合】 为进一步规范市路政行业投诉受理和处置工作流程，提高工作效率，更好地为社会公众服务，截止2012年10月31日，市路政局相继完成城市快速路服务热线62599088、市政道路投诉热线62802014并入路政服务热线12122，将原有的城市快速路服务热线标志牌更换成统一的12122服务热线标志牌；完成快速路监控中心和越江桥隧（地道）监控分中心IP电话升位，实现全路网IP电话统一管理；完成路政服务热线12122分别与快速路监控中心和公路网监控中心的IP电话联网，以方便应急时三方通话；完成路政服务热线12122平台和快速路监控中心平台之间有关应急救援和投诉处置等管理流程的优化和软件升级。将城建服务热线12319业务与12122业务进行系统对接，实现系统化的受理、派单、处置、跟踪、反馈、消单等全过程的信息化管理。自此，路政服务热线12122开始统一接听市民关于城市快速路、市政道路、高速公路、国省普通干线公路等的路况咨询、道路救援及受理路政行业的相关投诉等服务。

【《上海市城市桥梁桥孔管理规定》颁布实施】 2012年6月，为加强城市桥梁桥孔管理，确保城市桥梁完好、安全和整洁，根据《上海市城市道路管理条例》，完成了《上海市城市桥梁桥孔管理规定》修订，并于同年7月1日起正式施行，原《上海市城市桥梁桥孔使用管理规定》同时废止。该《规定》确立统一规划、分级负责、职责授权、权责一致的管理原则，还明确了管理分工、桥孔的使用、设置要求、绿化养护、收入与经费、日常养护、禁止行为、管理措施、行政执法等规定。该规定修订的内容为，删除了桥孔内设置户外广告，桥孔不再允许设置广告；明确了市管桥梁桥孔管理属地化的管理方式；要求各区县对各自区域桥孔统一规划；增加了道班房、停车场等设施设置的基本要求；使用桥孔的协议期限由原来的不超过二年，改为三至五年。

【制定《市路政行业服务热线投诉受理和处置管理制度》】 为进一步规范市路政行业“12319”城建服务热线、“12122”路政服务热线投诉受理和处置工作，根据市建设交通委关于服务热线投诉受理和处置的规范要求，结合市路政行业实际情况，市路政局制定了《市路政行业服务热线投诉受理和处置管理制度》。该制度针对本市公民、法人和其他组织采用书信、电子邮件、传真、电话等形式，通过服务热线向上级有关部门或市路政局反映本市路政行业的道路建设、设施管理、窗口服务、收费运行等问题，提出建议、意见和合理诉求等事项的受理、派单、处置、反馈、消单等过程的规范化管理。明确了市路政行业投诉受理和处置工作的职责分工和管理要求，提出了保障服务热线投诉受理处置效率和质量的具体措施。该制度自2012年8月1日起试行。

【市管城市桥梁桥孔下放区管理】 2012年7月，市路政局根据《上海市城市桥梁桥孔管理规定》，依据市城市基础设施属地化管理的指导思想，原由市路政局直接管理的城市高架桥孔、跨苏州河桥梁桥孔以及跨铁路立交桥孔，经过两次属地化移交工作后，完成了由“市里直管”向“区里直管、市里监管”的转型，分别由黄浦、静安、徐汇、长宁、闵行、普陀、闸北、虹口、杨浦、宝山区十个区实施属地化管理。属地化管理发挥了区县管理部门的积极性及横向联系紧密的优势，加强了对绿化、地坪、护栏及停车等设施的管理。同时，通过将桥孔管理重心下移，区县道路管理部门可以适当解决目前中心城区城市管理道班房紧张等困难。

【确保上海国家干线公路网接受交通运输部监测】 2012年11月上旬，市管公路G320亭枫公路、G318沪青平公路部分路段共计100公里，接受了由交通运输部组织的国家干线公路路面平整度的检测。为迎接此次检测，市路政局制定迎检方案，明确迎检要求，对检测路段进行全面整治，共完成路面维修7.66万平方米，路面灌缝4500米，路面预养护（微表处）1.08万平方米，金山大桥桥面薄层加罩5595平方米，进一步提高了干线公路路面平整度。同时，以迎检为契机，切实加强了市公路和桥梁的安全监管。

【高速公路实施重大节假日免收小型客车通行费政策】 为提高车辆通行效率，保障公众在重大节假日期间方便快捷出行，2012年7月24日，国务院发布《关于批转交通运输部等部门重大节假日免收小型客车通行费实施方案的通知》。免费时段从节假日第一天0：00开始，最后一天24：00结束。同年“中秋国庆”双节期间（9月30日至10月7日），为确保首个重大节假日免收小型客车通行费政策得以顺利实施，市路政行业及时采取发放预刷卡、亭外发卡、增加ETC车道功能、及时发布信息、所有车辆免费放行等排堵保畅措施，确保了各高速公路运行总体安全有序、平稳畅通。免费通行首日，高速公路车流量达98万辆次，创下历史新高。受小型客车免费通行政策影响，假期8天车流量达612.9万辆次，同比增长36%，其中小客车528万辆次，同比增加65%，免收通行费1.03亿元。

【华东五省一市ETC电子不停车收费系统联网运行】 2012年8月2日，浙江省高速公路ETC系统与上海正式联网运行。至此，江苏、安徽、江西、福建、浙江、上海华东五省一市高速公路网实现ETC电子不停车收费系统的互联互通。这标志着90万ETC用户可以自由畅行沪苏浙皖赣闽华东地区高速公路网，真正体验ETC的快速便捷。上海高速公路网ETC专用车道达184条，ETC车道总断面平均覆盖率超过75%；ETC用户数已突破22万，规模效应日渐显现；ETC服务网点多达633个，ETC用户使用便捷性大大提高。

【路政巡视实施市管城市道路网格化管理】

2012 年，市政专业网格化实现全市市管城市道路的全覆盖巡视，实现了越江设施的网格化巡视覆盖。各条高架设施投影下区域的管理也通过各区网格化平台的沟通机制，实现了部分案件移交处置。1 至 12 月，市政专业网格化管理共计立案 24609 起，其中部件 13611 起，事件 10998 起，结案 24105 起（其中结案部件 13183 起，事件 10922 起），结案率 97.95%（其中部件结案率 96.86%，事件结案率 99.31%）。市政专业网格化管理工作的实施，对于更好地维护城市基础设施完好、保障道路桥梁畅通，提高公共服务水平和城市管理效能具有重要意义。

【路政执法标志、证件、服装、场所实行四统一】 根据交通运输部《加强交通运输行政执法形象建设指导方案》，实行路政执法标志、执法证件、工作服装、执法场所外观四个统一。市路政局先后制定《路政执法人员胸牌编号》、《上海市路政执法人员执法着装管理办法》、《上海市路政局路政执法政务公开内容（试行）》、《路政执法机构场所外观标识实施规范》、《路政装备管理制度》等管理规定，以通过实施规范路政执法形象。

【完成路政许可标准化试点示范工作】 根据市审改办《关于印发上海市行政审批标准化第一批示范试点项目的通知》精神，市路政局行政审批标准化项目工作组在 2011 年开展并完成“挖掘公路及公路用地审批”标准化示范试点工作基础上，全面开展第二批行政许可标准化工作。如将“临时占用城市道路许可”与“临时占用公路及公路用地许可”调整归并为“临时占用城市道路、公路及公路用地许可”等，经调整归并，涉及市路政局职能范围的行政审批项目九项。并梳理试点行政许可项目的办事流程和服务规范，对内部运转流程、许可环节、审批信息系统和相关法律文书进行了优化与完善。至 2012 年年底，编制完成了涉及市路政局职能范围九项行政审批项目的《行政许可办事指南》、《行政许可业务手册》，并提出相应防范措施，同步完成了全部审批项目的廉政防控报告。路政许可标准化工作规范了审批程序，提升了审批效率，优化了审批环境。

【贷款道路建设车辆通行费停征】 经市政府批准，市贷款道路建设车辆通行费自 2012 年 1 月 1 日起停止征收。市城乡建设和交通委于 2012 年 1 月 21 日发布《关于本市贷款道路建设车辆通行费退费相关事宜的通告》，对 2011 年已经预缴 2012 年通行费的车主予以办理退费手续。2012 年 5 月，市征收办下发《关于贷款道路建设车辆通行费征收收尾工作若干意见的通知》，从征收、财务、法规、资产等方面完成收尾工作。同时，经过验收、审计达标后的征收所站予以撤消。

【燃气隐患管网改造完成 153 公里】 上海自 1865 年开始使用燃气。由于历史原因，占有一定数量的上世纪 80 年代及更早以前敷设的承插式灰口铸铁管道，存在燃气泄漏的安全隐患。“十二五”期间，随着上海市人工煤气平稳退出，中心城区燃气隐患管网已制约天然气置换进程。为此，按照市委城市运行安全和生产安全的工作意见和上海市燃气发展“十二五”规划，市政府制定 2012 年至 2014 年三年内完成 338 公里燃气隐患工程改造工作目标。为此，市路政局积极协调，做好工程推进中掘路配合工作。截至 2012 年 12 月，被列为 2012 年市级督办重大事故隐患项目及重点协调推进项目的燃气隐患管网改造，累计实施完成 153 公里，超额完成原定 149 公里的目标。

（市路政局供稿）

（五）市政科技

【**概况**】2012年，《公路技术状况评定规程》颁布施行；《城市道路迎世博整治后评估研究》、《人行天桥、地道、拱桥技术状况评价模型研究》、《隧道LED照明技术应用指导意见》通过评审；《上海长江隧桥工程建设关键技术》和《上海地下空间信息基础平台及其关键技术》获市科技进步一等奖，《大跨度双层公路斜拉桥设计关键技术》通过验收；开发完成路政行业科技创新服务平台，高架道路、桥梁、浦东公路推广运用预防性养护“四新”技术。

【**完成《城市道路迎世博整治后评估研究》**】2012年，市路政行业对市城市道路迎世博整治工程进行后评估。一是对于快速路平整度进行评估，分别通过整治前后平均IRI、IRI分级对比和大于4.1米/公里的IRI对比，评价了快速路的整体整治效果。二是以内环高架路面为切入点，对其已整治和未整治路段，分别从国际平整度指数IRI、噪声、摩阻系数、钻芯取样等方面进行检测，全面评估其整治效果。三是对于地面道路，通过对中心城区3682段已整治道路分等级、分区属进行整治前后路面平整度和路面损坏状况两项指标的对比统计分析，评价地面道路的整体整治效果。并以静安区地面道路为切入点，对其整治前后的损坏状况、行驶质量、结构强度等方面进行检测和评估分析，全面评估其整治效果。利用损坏、强度、整治时间、整治方案等数据，系统分析平整度问题的成因与解决办法，并在整治工程实际中验证了解决办法的可行性。为后续养护管理工作提供有价值的建议。《城市道路迎世博整治后评估研究》的完成，提出了特大型城市中大型道路整治工程的后评估方法，并对发现整治中存在的平整度问题和路面损坏与结构问题提出了解决办法。

【**完成《人行天桥、地道、拱桥技术状况评价模型研究》**】2012年3月，原市市管处完成《人行天桥、地道、拱桥技术状况评价模型研究》，该课题针对现行《城市桥梁养护技术规范》(CJJ99-2003)中存在桥梁设施类型不够完善的问题进行补充，建立上海市人行天桥、人行地道、拱桥技术状况评价方法。

课题根据人行天桥、人行地道、拱桥三类设施在结构组成方面的特殊性，分别确定了三类设施的评价框架，研究确定了构件划分及编号规则、损坏类型及扣分值、采用专家现场评分法校核损坏扣分值、标定权重和修正模型计算方法，建立了人行天桥、地道、拱桥技术状况评价模型。研究成果对相关设施的常规定期检测和评估工作具有实用价值，对解决现实管理需求、保障设施安全、提高管理水平具有重要意义，并可为相关规范修编提供参考。

【**《隧道LED照明技术应用指导意见》通过评审**】2012年1月，由市建设交通委牵头，市市管处、市公路处参与编制的《隧道LED照明技术应用指导意见》通过专家评审。《隧道LED照明技术应用指导意见》在隧道LED照明设计、应用方面，具有在现有LED技术条件下采用控制装置可替换的正确性，控制协议的统一性，并且采用循序渐进的方式，提高LED光源模化的水平，以实现LED隧道灯节能性、互换性、养护维修的便利性、降低成本，做到绿化节能环保。

【**推广应用同步沥青碎石封层等“四新”技术**】2012年，市路政行业城市道路养护应用同步沥青碎石封层等“四新”技术。一是在内环高架路面整治时采用同步沥青碎石封层技术，该技术具有施工工效高、防水粘结效果好的优点；二是在高架路面伸缩缝应用日本S型伸缩缝新技术，具有耐久性和噪音振动小等特点，能提升高架道路行驶舒适性；为解决高架大位移伸缩缝的维修，在共和新路立交试点尝试玛格巴伸缩缝新技术，既能满足大交通流量和大车辆荷载的要求，又有很高的驾驶舒适性和耐久性，且养护较方便，解决伸缩缝改造项目中，每次养护封道都要对伸缩缝进行焊接的问题。三是为解决高架防撞墙伸缩缝缝宽较大的问题，在中环线采用W形橡胶防撞墙伸缩缝新材料。该材料伸缩缝外形美观、防水效果好、使用寿命长，对宽窄不一致的伸缩缝可量体制作。

【杨浦大桥设置新型迷你隔离护栏】 杨浦大桥浦东往浦西罗山路上交通流量日益增加，社会车辆和保障车辆缺少必要的分隔，交通安全问题日益突出。为保证行车安全，在罗山路上引桥入口处设置新型德国福克曼迷你隔离护栏。该护栏高度0.51米，宽度0.5米，实际占地宽度0.2米，安装总长度100米，具有保持年限长、易修复、降低车辆侧翻风险，便于装卸等优点，值得推广应用。

【《上海长江隧桥工程建设关键技术》获市科技进步一等奖】 由上海长江隧桥建设发展有限公司负责的《上海长江隧桥工程建设关键技术》获市科技进步一等奖。上海长江隧桥是G40沪陕高速公路的控制性工程，全长25.5公里。该工程建设中取得了一系列科技成果，包括：隧桥新型结构体系及其设计方法、构建多功能隧桥防灾减灾核心技术、创建超大盾构长距离连续掘进新技术，隧道15米断面直径和一次性推进7.5公里、公轨共面合建桥梁、全漂浮分体钢箱梁结构以及整孔预制安装105米梁等，其中许多工艺均在行业内首次使用。该项目取得发明专利34项、实用新型专利21项、软件著作权19项，可运用于我国跨江海长大通道工程建设，提升了我国隧桥建设的科技水平。

【《上海地下空间信息基础平台及其关键技术》获市科技进步一等奖】 2012年，由上海市城乡建设和交通发展研究院完成的《上海地下空间信息基础平台及其关键技术》获市科技进步一等奖。该项目针对建设地下信息平台涉及多种行业、专业，多技术难题的问题，通过建立上海地下空间信息基础平台，形成地下管线、地下构筑物和地质信息的地下空间信息共享系统。该项目获得国内发明专利2项，形成国家标准1项，地方标准1项，软件著作5项。该成果在地下空间综合管理和道路管线事故处理、防患排查和区道路养护、掘路审批、管线工程等业务中得到实际应用，取得显著的社会和经济效益。

【《大跨度双层公路斜拉桥设计关键技术研究》通过验收】 《大跨度双层公路斜拉桥设计关键技术研究》由上海市政工程设计研究总院（集团）有限公司、上海沪申高速公路建设发展有限公司、市公路处、同济大学和中国铁道科学研究院共同完成，2012年4月通过市建设交通委验收。该课题解决了大跨度双层公路斜拉桥关键技术的难题，首次将全焊钢桁梁与正交异性板相结合的结构形式和钢与混凝土复合结构桁架体系运用于斜拉桥；对大桥钢结构火灾场景进行了数值模拟；首次对复合桁架结构形式的风荷载和气动特性以及地震作用下的动力特性进行了研究；施工控制采用了全过程的仿真计算；创新性地采用整体节段全焊悬臂拼装以及跨中焊接合龙的施工方法。其研究成果成功应用于闵浦大桥的设计、施工及运营，确保了大桥安全、优质、快速的建成，并对同类型桥梁的建设具有重要的指导意义。

【《公路技术状况评定规程》颁布施行】

2012年3月，市城乡建设和交通委批准《公路技术状况评定规程》为上海市工程建设规范，统一编号为DG/TJ08-2095-2012，自同年4月1日起实施。该《规程》由原市公路处主编，浦东新区公路管理署、闵行区公路管理署和上海沪杭路桥实业有限公司参编。该《规程》共6章、2个附录。主要内容包括总则、术语、公路技术状况评价指标及养护规定值、公路损坏类型、公路技术状况检测与调查、公路技术状况评定等。该《规程》在国家行业标准《公路技术状况评定标准》（JTG H20-2007）的基础上补充和细化部分评价内容，明确了各项公路技术状况指标的养护规定值，提高部分评价指标，细化检测频率要求。该《规程》的颁布实施，对于科学、客观地对公路技术状况进行评定，促进公路技术状况检测和评定工作的科学化、规范化和制度化，提高上海公路的技术状况和服务水平具有促进作用。

【路政行业科技创新服务平台开发完成】 2012年，市路政局开发完成上海市路政行业科技创新服务平台。该平台具有科研成果展示、新技术应用交流、标准规范查询、科技创新公共服务等多项实用功能，为行业科技创新长效机制的建立提供了重要手段。

【浦东公路预防性养护“四新”技术推广运用】 2012年，浦东新区公路管理署推广运用公路预养护“四新”技术取得明显成效。如JN-G封灌胶修复板梁铰缝损坏技术：该技术颠覆传统工艺，适用于所有梁间铰缝初、中期损坏的板梁桥，基本不占用桥面，从梁底进行施工，不影响车辆正常通行；沥青路面预养护科恒纤维碎石同步技术：针对沥青路面麻面、脱皮、细微裂缝、沥青老化等病害进行处治，以提高路面抗滑系数和平整度，增强路面防裂性能；微表处冷态薄层摊铺技术：是一种由高分子聚合物改性乳化沥青、100%破碎石料、矿物细料、水和化学添加剂构成的冷态薄层摊铺技术，对高速公路和快速干道上各种病害的修复最为有效；魁道完全封层技术：魁道CAP沥青还原剂具有提高老化的沥青路面、桥面原有沥青的抗剥落能力，对封闭细小裂缝也具有明显效果，可延长道路的使用寿命。具有施工简单快捷、即可通车的特点，适用于交通流量大、不宜长时间封闭施工的道路。

（市路政局供稿）

（六）燃气管理

【概况】 2012年底，全市居民燃气用户总数918.36万户，比上年增长4.55%。其中，天然气用户508.5万户，比上年增长10.4%；人工煤气用户77.04万户，比上年下降25.6%；液化气用户332.79万户，比上年增长5.9%。全年销售天然气63亿立方米，比上年增长22.4%；人工煤气9.04亿立方米，比上年下降16.5%；液化气39.33万吨，与上年基本持平。全市燃气管线总长24908.8公里，其中天然气管线长度21282.7公里、人工煤气管线长度3626.1公里。有液化石油气储配站23座、瓶装液化石油气供应站370座、车用液化气加气站47座，液化石油气输送管线516公里；事故备用站LNG储罐存储容积12万立方米（相当于天然气7200万立方米）。燃气基础设施比5年前增长159%。用气结构优化，向燃气电厂、化工、城市交通供能占整个供气量的比重由5年前的47%上升到75%，占全市一次能耗比例的6.8%。年内，上海天然气主干网二期工程全面建成，石洞口燃气生产和能源储备项目一期工程建成投用，燃气隐患管网改造153公里，崇明岛天然气管道工程开工建设。全市发生燃气用气事故47起，死亡人数12人，伤35人。

【上海天然气主干管网二期工程建成】 11月8日，上海天然气主干管网二期第二阶段工程竣工，天然气主干管网二期工程全面建成。至此，上海天然气主干管网系统从物理上具备可以同时接收五大气源(东海天然气、进口液化天然气、西气东输一线、西气东输二线、川气东送)的接入能力，保障上海天然气供应安全。天然气主干管网二期第二阶段工程建设历时3年，共敷设高压天然气管道70多公里，其中采用非开挖方式施工22公里，新建6座场站、9座管道阀室，涉及浦东新区、闵行、金山、松江、青浦5个区。上海市天然气主干管网应急抢修基地项目也同时完工。天然气主干管网二期第一阶段工程，于2008年2月27日开工，工程项目包括"川气东送"配套工程、进口液化天然气配套工程和罗泾主干线，总投资15.04亿元，2008年底建成。

【石洞口燃气生产和能源储备项目一期工程投用】 12月26日，上海石洞口燃气生产和能源储备项目一期工程通过投入使用。项目利用石洞口制气公司厂区和规划岸线，扩建码头1座，新建液化石油气、油品及煤基新能源等储罐23座，总储量18.3万立方米，年吞吐能力191万吨，分两期实施，总投资7.1亿元。其中，一期工程扩建3万吨级危险品码头1座，新建1万立方米储罐及配套设施6座；二期工程增加8座1万立方米、5座0.7万立方米、2座0.6万立方米储罐及配套设施。考虑一期工程投产后安全运行和滩涂区域施工的连贯性，二期工程滩涂部分4座1万立方米、5座0.7万立方米储罐及配套设施与一期工程同步实施。一期项目工程于2010年5月20日开工。二期工程余下部分计划于2013年3月开工建设。

（冉起）

四、绿化市容

（一）综述
（二）市容城管
（三）绿化林业
（四）综合管理

（一）综述

2012年，上海绿化市容行业紧紧围绕“创新驱动、转型发展”的总方针、“四个率先”、“四个中心”的总要求，开拓进取，扎实工作，圆满完成全年各项任务。加强生态网络规划执行，加快生态建设项目落地，促进“三地”协调发展，优化城乡绿化品质，提升管养水平。全市“环、楔、廊、园、林”绿化系统格局初步形成，生态安全不断巩固，生态功能明显提升。完成上一轮林业三年发展计划，公益林、经济果林、“四旁林”和农田林网建设持续推进，林业建设管理绩效评价达到“良好”水平。疏堵结合治理无序设摊，强化疏导点建设，重点治理中心城区26处较严重设摊聚集点。大力推进“一主多点”末端处置设施布局建设和源头分类减量，生活垃圾无害化处理率达91.5%。

（二）市容城管

【概况】 2012年，上海市市容环境卫生管理和城管综合执法工作突出服务民生，重点区域环境得到优化，全市总体市容环境水平明显提升。

以“进一步优化城市环境迎接党的十八大召开”行动为主线，强化长效机制建设，突出重点问题治理，提升城市清扫保洁水平，夯实街镇管理，全市道路整洁优良率达到92%。提升花卉景观品质，营造良好绿化景观，布置地栽花坛花境面积约20万平米，组合容器与灯杆花卉1.6万组，主题绿化景点50余组，秋季花卉1000多万盆。完成了市十次党代会、党的十八大等重大活动、重大节庆的市容景观保障工作。

围绕生活垃圾处理“减量化、资源化、无害化”总体目标，按照国务院、上海市工作要求，大力推进“一主多点”末端处置设施布局建设和源头分类减量，生活垃圾无害化处理率达91.5%，分类试点在2011年1080个小区基础上新增2898个场所，进入末端处置设施的人均垃圾处理量减少5%。

疏堵结合治理无序设摊，强化疏导点建设，重点治理中心城区26处较严重设摊聚集点。加强渣土运输处置管理，开展运输单位安全资信评定，建筑渣土偷乱倒清除量为5.26万吨，同比下降25%，渣土运输车辆交通事故死亡人数减少43.1%。加强违法建筑整治，拆除违法建筑452万平方米，其中新增109万平方米，存量343万平方米。开展“商业街区乱散发、公交站牌乱张贴、社区周边乱涂写”专项整治，全市共依法停机4139起，行政处罚1548起，收缴非法小广告51万余张，有效遏制城市“牛皮癣”。加大城管执法力度，规范城管执法程序，全年共出动执法人员219万余人次，开展行政执法检查150万余次，教育劝阻相对人148万余人次，实施行政处罚11.07万余起，有力维护了社会公共利益和城市环境秩序。

【加强市容环境创建工作】 2012年，共对20个新申报“市容环境责任区管理达标街镇”的工作机制进行初评，完善综合协调、日常巡查、监督考核等机制。依托“卫生街镇”、“文明街镇”等评比活动，继续提升136个“市容环境卫生责任区管理达标街镇”街（镇）容街（镇）貌，并重点对市民满意度测评最后20名的街镇进行责任区管理达标复查。以“市容环境综合管理示范街镇”的创建为工作抓手，通过实地暗访、随机巡查等形式，督促全市47个示范街镇加大建设和管理力度，确保70%以上区域完全达到示范区域。

【开展公众满意度测评工作】 2012年上、下半年，分别开展上海市17个区（县）的市容环境市民满意度测评，其中属于市区范围的有118个街道（镇），属于郊区范围的有93个街道（镇、乡、工业区），测评内容主要为“道路环境、建构筑物环境、居住环境、绿地环境、工地环境、集市菜场环境、交通集散地环境、公厕管理、水域环境、车容车貌、服务规范”等11个方面，并将测评结果通过媒体予以公布，借助社会效应促进环境效应的提升。

【加大城市管理难点问题整治力度】 针对各区县实际情况，制定无序设摊、跨门营业控制性指标，召开“无序设摊管理工作推进会”，进一步明确“堵疏结合、因势利导”的工作原则以及差别化治理的工作方法。开展无序设摊早晨专项巡查以及夜排档晚间专项巡查，汇总梳理出77条问题道路、20余处设摊集聚点，并制定针对性的整治方案，做到一点一策，确保无序设摊总体面上受控。陆续启动了“四乱”(即乱招贴、乱涂写、乱刻画、乱悬挂)清除以及“机动车辆清洗保洁”工作，进一步加大对“四乱”和“机动车辆清洗”等难点问题的管理力度。

【开展春夏季节市容环境整治活动】 针对春夏季节市容环境难点问题多发、频发特点，2012年4月份，组织开展为期半年的“春夏季节市容环境整治活动”，以“治脏、治乱”为重点整治内容，以重点区、居住老城区、结合部区、集市交通枢纽区、施工工地区、出入通道区等六大类区域为重点整治区域，上海市绿化和市容管理局共检查道路229条（段），发现问题1700多个（处），以及严重问题道路77条，均及时给予通报，督促整改。

【推进“迎新春、惠民生”城市环境集中整治行动】 积极推进“迎新春、惠民生”市容环境检查整改行动。通过细化方案、明确标准、加强指导和强化考核，确保活动的有效开展。2012年1月至3月，全市共检查5200多个居住小区、800多个集贸市场、近300个交通枢纽，整改各类问题5000多个，营造出了整洁有序的新春环境。

【规范户外广告设施设置和管理】 全市户外广告实施方案已完成编制并批准发布达90%以上，高速公路沿线户外广告实施方案编制工作已实质性推进。市、区两级绿化市容、工商、规划等部门积极推进户外广告实施方案落实工作，中心城区户外广告设施规范设置率基本达到90%。积极开展户外广告网上审批工作，组织户外广告网上审批培训，市局审批的项目已实现网上受理、网上审批、批后监管，区县户外广告网上审批工作正逐步推进。

【加强户外广告日常监管】 继续加大对违规户外广告整治力度，2012年共拆除违规固定户外广告380余块，整治临时广告2400余处。开展虹桥交通枢纽及周边区域、浦东国际机场主要出入道路沿线违规户外广告整治工作，截止到12月底虹桥交通枢纽周边违规广告拆除24块，浦东机场主要出入道路沿线违规广告拆除6块。沪宁高速公路沿线违规户外广告整治已拆除跨街广告3块，收费站广告2块。同时，基本完成户外广告监察系统建设，建立户外广告设施监管信息平台，实现规划、审批、巡查、处置封闭循环的全过程管理，提高日常监管效率。

【景观灯光增加新亮点】 一是完成南京西路、世纪大道、衡山路等道路景观灯光建设工作；二是黄浦江沿线灯光进一步完善，浦东新区滨江核心段灯光实现连贯，黄浦区外滩花墙灯光完成改建，杨浦区定海桥灯光、上海国际时尚中心灯光完成新建，宝山区的滨江段灯光完成一期建设任务；三是苏州河长宁区沿线灯光实现连贯；四是重点地区灯光出亮点，长宁区的中山公园地区、闸北区广中路、黄浦区一大会址等地区灯光景观效果进一步提升。

【举办优秀灯光作品展示活动】 2012年10月15日到11月3日，上海市绿化和市容管理局与闸北区政府联合举办主题为“艺术、创新、绿色、生活”的优秀灯光作品展示活动。通过社会征集，共收到32个景观灯光设计。以及制作单位报送的设计方案41件，经过创意性、环保性、艺术性、整体性等方面审核，最终确定了26件展示作品。活动期间共接待参观游客8万余人次，收到游客对作品评选投票1.2万余张，为评选最终的获奖作品提供了广泛的群众基础。

【完成生活垃圾分类减量实事项目目标】 按照“巩固2011年1080个居住区推进实效、

拓展1050个新分类试点场所和人均垃圾处理量减少5%”的工作目标，市、区两级环卫管理部门积极推进分类减量试点，在全年新增居住区、政府机关、企事业单位、学校、集贸市场和公园等2898个试点场所的情况下，完成人均垃圾处理量比2011年减少5%的既定目标。同时，市级联席会议办公室实现实体运转，17个区县均建立由分管区长牵头的区级联席会议，会议协调、信息简报、督促检查等制度相继建立。

【强化废弃食用油脂监管力度】明确区（县）属地化监管责任，通过市场比选确定专业收运单位，实施划片服务、收运联单、流向监控、加工监管、价格协商等管理制度，基本建成覆盖全市的专项收集、运输、处置服务和监管网络；积极推进上海中器环保科技有限公司、上海绿铭环保科技股份有限公司等两家处置企业技术改造，提升处置能力，使其基本具备了生产生物柴油的技术能力，彻底改变由于处置能力不足，部分餐厨废弃油脂销往周边省市化工企业的现状。

2012年，上海市有产生废弃油脂可能性的3.5万家餐饮服务、食品加工、以及食品现制现售企业中，已有3.2万家纳入申报收运范围，收运覆盖面达91.4%，全年处置量达到2.3万吨（含油率95%），并完善餐厨废弃油脂的应急处置预案。

【加强建筑渣土运输管理】组织开展建筑渣土规范安全运输评比和交通安全资信评定活动，共评出6家建筑渣土规范安全运输企业和25家一星级交通安全资信企业，并将评定结果纳入本市下一轮区域建筑渣土运输单位招投标工作，以促进规范安全运输里面全面推广。同时，启动新一轮渣土运输单位招标工作，进一步规范招标程序，完成渣土运输许可业务手册和办事指南的修订、制订工作。针对建筑渣土偷乱倒、土方车超载、滴漏等管理难题，各级城管执法部门全年共查处违规处置建筑渣土案件2800余起，暂扣土方车670余辆。浦东、闸北、静安、杨浦、崇明等区县城管执法部门，进一步强化源头监管，深入建筑工地开展法律法规宣传，督促责任单位依法、规范运输和处置建筑渣土；奉贤、青浦、普陀、嘉定、宝山等区城管执法部门，进一步加强与交警等部门的联勤联动，通过设卡检查、伏击守候、便衣巡查、视频监控等多种形式，提高“主动出击、快速反应、有效处置”能力，有效打击土方车超载、无证清运、偷乱倒渣土等违法行为。

【开展公厕文明行业创建工作】从完善设施设备、深化便民服务、树立服务明星等方面开展行业创建，组织文明公厕专业考评验收。2012年，上海市中心城区90%、郊区城镇80%的公厕，共2141座参加了文明公厕的专业考评。

【开展道路洁净工程建设】积极贯彻落实《上海市道路和公共广场清扫保洁服务管理办法》若干意见，在各区（县）绿化市容门户网站上公布核定的道路保洁等级，接受市民和社会的监督，促进保洁质量的进一步提高，2012年道路整洁优良率达到90%以上。完成环卫作业养护预算定额编制工作，为建立和完善环卫作业服务采购机制，建立有序合理的市场价格机制奠定基础。开展道路保洁、公厕服务定额执行情况专项调研，2012年中心城区10个区（不含浦东）总投入为11.87亿元，平均定额执行率为60.1%；黄浦区、静安区、长宁区执行率较高，闸北区、虹口区、杨浦区执行率在平均水平以上。

【市政府召开市生活垃圾分类减量推进工作联席（扩大）会议】2012年4月11日，上海市市政府召开市生活垃圾分类减量推进工作联席（扩大）会议，总结2011年以及

2012年开局工作，表彰2011年先进集体和个人，进一步部署全市生活垃圾分类减量推进工作任务。尹弘副秘书长代表市政府和各区（县）政府负责人签订环境建设管理目标责任书，进一步明确各区县2012年在生活垃圾分类减量、外环生态建设、垃圾末端处置设施、森林覆盖率等方面的目标责任。市绿化市容局代表参加会议。

【完成迎十八大等城市环境保障任务】 在第十次党代会、夏令季节、中秋国庆、党的十八大等重要时间节点，聚焦主要干道、景观区域、商业街区等重点保障区域，探索建立“差别化、精细化、科学化”管理执法机制，圆满完成了迎十八大等市容环境治理任务。全市共依法拆除违规户外广告2626块，拆除违规道路指示牌2712块，清除违规标语横幅11.5万余条，取缔乱设摊集聚点560余处，纠正跨门营业1.1万余处，取缔无证占道洗车摊点412处，取缔占道堆物5600余处，查处夜间施工扰民案件231起，解决区际结合部市容环境脏乱问题350个，重点区域环境得到明显优化，一般区域环境得到明显改善。

【加大重点区域执法力度】 黄浦、浦东、静安、徐汇、虹口等区城管执法部门，重点加大外滩、人民广场、陆家嘴、静安寺、徐家汇、四川北路等景观区域、商业街区的执法巡查频率和力度，依法及时查处流动设摊、跨门营业、违规设置户外广告等违章现象。闸北、徐汇、长宁、浦东等区，以及机场执法支队，强化火车站、长途汽车站、虹桥机场和浦东机场等重要交通枢纽的执法管控力度，及时有效查处非法小广告、兜售假冒侵权商品等违法行为。上海市城市管理行政执法局执法总队会同黄浦、闸北、虹口、杨浦等区城管执法部门，开展地铁出入口“畅通行动”，有效整治地铁站点周边百货摊、烧烤摊、兜售盗版书籍和音像制品等乱象。市市容环境卫生水上管理处会同金山、青浦、嘉定、宝山等区城管执法部门，依法从严查处违规向水域倾倒垃圾、偷排泥浆、码头作业扬尘污染等案件。

【提升无序设摊治理成效】 在主要干道、景观区域、商业街区、交通枢纽、医院学校等“五类重点区域”，各级城管执法部门加强日常执勤巡查，全年共依法查处乱设摊案件7.3万余起。黄浦、长宁、杨浦、普陀、闵行等区城管执法部门依法取缔严重影响食品安全和市民生活的夜排档、烧烤摊6150处；浦东、徐汇、静安、宝山、虹口等区城管执法部门依法取缔严重影响市容环境和交通出行的马路菜场、弄堂集市936处。黄浦、杨浦、闸北、浦东、闵行、长宁、松江、嘉定、奉贤等区城管执法部门，主动协调街镇等相关部门，利用社区广场、中小道路、待建工地等资源，合理设置一批便民设摊疏导点，对摊贩实行“定人、定时、定点、定项目、定制度”管理；虹口、青浦、松江、宝山、浦东、金山、奉贤、嘉定、崇明等区县城管执法部门针对夏季瓜果集中上市的特点，主动会同相关部门在农贸市场、社区道路、停车场等开辟“临时瓜果市场”，实行定点限时销售，并加强卫生保洁和日常管理。

【增强违法建筑治理成效】 上海市城市管理行政执法局会同相关部门，制定下发《关于进一步规范拆除违法建筑工作的指导意见》，修改完善拆除违法建筑的法律文书，严格规范行政强制程序和执法行为。全市共拆除违法建筑452万平方米，其中拆除新建违法建筑109万平方米，拆除历史存量违法建筑343万平方米。青浦、闵行、宝山、嘉定、崇明等区县城管执法部门开展“无违小区”、“无违村（居）”创建工作，建立健全源头发现、快速制止、联合整治机制，提高在建违法建筑的发现率、处置率和拆除率；奉贤、松江、闵行、浦东、长宁、青浦等区城管执法部门开展别墅区、高档居住区违法建筑专项整治行动，已拆除聚贤煌都、长泰西郊、巴黎风情、汤臣高尔夫、新泾别墅、桂花园等别墅区违法建筑；虹口、杨浦、普陀、闸北、黄浦等区城管执法部门紧密结合旧区改造，加大二级旧里、老城厢地区的拆违力度，有效遏制私搭乱建现象。

【提高“地沟油”治理成效】 在全市城管执法系统开展“利剑行动”，坚持从严执法、从重惩处违规处置餐厨垃圾及“地沟油”行为。闵行、松江、奉贤、嘉定、青浦等区城管执法部门，以及上海市城市管理行政执法局执法总队等单位，加强与食药监、公安的联动执法，依法取缔闵行纪西村、松江马汤村、奉贤北新村、嘉定红星村、青浦徐泾社区工地等56个“地沟油”加工窝点，查扣“地沟油”117吨；黄浦、徐汇、静安、杨浦、宝山、奉贤等区城管执法部门加强对美食街、餐饮企业的执法检查，并采取夜间巡查、蹲点守候等方式提高执法效率，全年共查处非法收集和运输餐厨垃圾案件430起，暂扣运输车辆340辆。

【加强非法小广告治理】 在全市城管执法系统推进“商业街区乱散发、公交站牌乱张贴、城市家具乱涂写、交通干道乱悬挂”专项整治工作，全市共依法停机4139起，行政处罚1548起，收缴非法小广告51万余张。黄浦、闸北、浦东等区城管执法部门聚焦新客站、南京东路、陆家嘴等重点区域，会同公安部门严厉打击非法小广告，共取缔小广告制作和藏匿窝点7处，收缴非法小广告11万余张；静安、奉贤、青浦、崇明等区城管执法部门加大对道路两侧广告横幅的清理收缴力度，共清除“厂房出租”、“招工招聘”等违规广告横幅9.7万余条；黄浦、奉贤等区城管执法部门加大对房产中介、机票代理等非法小广告组织发布人的查处力度，依法惩处35名小广告发布者，增强执法威慑力。

【推进区县城管执法大队“三定”工作】 3月中旬，上海市城市管理行政执法局会同市机构编制委员会办公室制定下发《关于区（县）城市管理行政执法局执法大队“三定”工作的意见》，明确区县城管执法大队的机构设置、人员编制和领导职数。截止12月底，全市17个区（县）城管执法大队的“三定”方案已全部获批，各区（县）城管执法大队加强大队、中队领导班子建设，调整优化大队职能科室和基层中队，配齐配强一线执法队员。

【推进“规范化中队”创建工作】 2012年，上海市城管执法系统共有17个中队建成“规范化中队”，规范化中队总数达到了206个，占全市基层中队总数的81%。浦东、闵行、松江、崇明等区县城管执法部门，以及机场执法支队通过创建工作，改善办公场所、执法装备等硬件设施，提升文明规范执法水平和服务社区群众的能力。

【推进标准化大队建设】 上海市城市管理行政执法局总结宝山区创建试点经验，修订完善创建标准及考评细则，制定下发《在全系统全面推进“标准化大队”创建工作的通知》，推进各区县大队标准化建设工作开展。黄浦、徐汇等区城管执法大队和机场执法支队已启动标准化大队创建工作。

【强化上海市、区两级城管执法督察工作】 2012年，市、区两级督察共发现和纠正违反行为规范队员1428人次，督促解决马路菜场、夜排档、跨门营业、占道堆物等街面执法实效问题38160个，整改违章行驶、违规停放执法车36台次。浦东、虹口、徐汇等区城管执法部门对极个别严重违纪队员，已依法给予开除、调离执法岗位、行政记大过等行政处分。

（三）绿化林业

【概况】2012年，上海绿化市容行业紧紧围绕“创新驱动、转型发展”的总方针、“四个率先”、“四个中心”的总要求，开拓进取，扎实工作，圆满完成全年各项任务。

加强生态网络规划执行，加快生态建设项目落地，促进“三地”协调发展，优化城乡绿化品质，提升管养水平。全市“环、楔、廊、园、林”绿化系统格局初步形成，生态安全不断巩固，生态功能明显提升。扎实推进生态环境建设项目，完成外环生态专项绿地建设105公顷，相关土地出让金定向支持、捆绑开发用地等政策进一步落实，楔形绿地、大型居住社区防护绿地、郊区新城绿地建设等稳步推进。城乡绿化结构品质持续改善，全市实施绿地改造50公顷以上，开展了虹桥路、太平桥绿地、延中绿地等绿地群落密度调整及功能提升示范点建设。古树名木及古树后续资源得到有效保护。强化社会绿化服务，对1500多人次物业经理开展绿化培训，通过专项巡查考核推动社会绿化长效机制深化。

完成上一轮林业三年发展计划，公益林、经济果林、“四旁林”和农田林网建设持续推进，林业建设管理绩效评价达到“良好”水平。加速推进崇明东滩互花米草生态控制及鸟类栖息地优化工程等生态保护重点任务，示范项目效果良好，资金渠道得到明确，东滩科普教育基地接待参观者近11.4万人次。生态保护措施得到巩固加强，实施6万亩林地抚育改造、2万亩林地基础设施建设和森林公园试点建设。加强野生动植物保护，落实区县野生动植物保护主管部门，初步形成野生动植物疫源疫病监测防控体系。促进林业服务经济民生，实施经济果林“双增双减”政策和“安全优质信得过果园”评选活动，提高经济效益，增加农民收入。

【改造老公园】制订《关于本市老公园改造专项补贴资金管理办法》，明确老公园改造资金的奖励范围、原则、标准等要求，设立项目建设的审批验收等程序，2012年完成醉白池、川北、永清、长寿、张堰、岭南、陆家嘴中心绿地、华山绿地、中山公园局部改造等9座公园的改造任务，其中岭南公园建成全市公园首座应急供水系统。

【提高公园服务水平】上海市各主要公园结合自身风格特色和文化特点，举办各类精彩的活动，如辰山植物园草地音乐会、世纪公园梅花展、鲁迅公园国际灯会、大宁灵石公园上海市优秀灯光作品展、上海植物园上海花展、共青森林公园菊花展和森林狂欢节、古猗园灯谜会和竹文化节、滨江森林公园杜鹃花展、上海动物园蝴蝶展、莘庄公园梅花展、静安雕塑公园国际雕塑展等主题游园活动，提升了公园文化内涵，公园游客量有所提升。截至2012年底，全市公园游客量达2.2亿人次。

【创建53条示范性林荫道】经专家现场评定、市民推荐和网上公示等环节，命名永嘉路等

53条（段）道路为2012年度上海市林荫道。完成53条林荫道命名工作。做好2012年林荫道示范点项目推进和指导服务工作。制定下发《上海市林荫道三年（2013–2015年）实施规划》和《上海林荫道建设导则》，明确了创建命名100条林荫道，改建提升100条林荫道，新建储备100条林荫道的目标，确定了本市林荫道发展格局组织开展林荫道摄影征文比赛，共有64人参与投稿，收到669幅照片，涉及林荫道65条。全年新种补种行道树9000株。

2012年度上海市林荫道名单

区县	序号	道路	树种	道路起讫	
黄浦区	1	永嘉路	悬铃木	瑞金二路	陕西南路
	2	建国西路	悬铃木	瑞金二路	陕西南路
	3	建国中路	悬铃木	瑞金二路	重庆南路
	4	思南路	悬铃木	南昌路	建国中路
	5	复兴中路	悬铃木	瑞金二路	陕西南路
	6	茂名南路	悬铃木	复兴中路	淮海中路
	7	绍兴路	悬铃木	陕西南路	瑞金二路
静安区	8	胶州路	悬铃木	北京西路	昌平路
	9	康定路	悬铃木	延平路	西康路
	10	富民路	悬铃木	延安中路	长乐路
徐汇区	11	宛平路	悬铃木	淮海中路	肇嘉浜路
	12	复兴西路	悬铃木	淮海中路	华山路
	13	永福路	悬铃木	湖南路	五原路
	14	岳阳路	悬铃木	肇嘉浜路	汾阳路
普陀区	15	交通路	悬铃木	岚皋路	真华路
	16	志丹路	悬铃木	新村路	沪太路
	17	桐柏路	悬铃木	枣阳路	梅岭南路
	18	杏山路	悬铃木	梅岭南路	梅川路
	19	金沙江路	悬铃木	中山北路	大渡河路
	20	兰溪路	悬铃木	曹杨路	武宁路
	21	梅岭南路	悬铃木	杨柳青路	兰溪路
	22	梅岭北路	悬铃木	杨柳青路	兰溪路
长宁区	23	番禺路	悬铃木	延安西路	新华路
	24	华山路	悬铃木	镇宁路	江苏路
	25	愚园路	悬铃木	定西路	镇宁路
杨浦区	26	苏家屯路	悬铃木	锦西路	阜新路
	27	抚顺路	悬铃木	苏家屯路	铁岭路
	28	隆昌路	悬铃木	周家嘴路	控江路
虹口区	29	溧阳路	悬铃木	四平路	四川北路
闸北区	30	永和路	悬铃木	共和新路	万荣路
	31	运城路	悬铃木	广中西路	宜川路
	32	平型关路	悬铃木	延长路	广中路
	33	洛川东路	悬铃木	北宝兴路	和田路
浦东新区	34	博兴路	悬铃木	兰城路	归昌路
	35	明月路	香樟	红枫桥	云山路
	36	银山路	栾树	云山路	枣庄路
	37	德州路	悬铃木	洪山路	云台路
闵行区	38	南辅路	栾树	莘凌路	西环路
	39	北江燕路	金丝柳	浦鸥路	浦锦路
宝山区	40	漠河路	悬铃木	牡丹江路	东林路
	41	密山路	悬铃木	友谊支路	友谊路
	42	上大路	悬铃木	沪太路	南陈路
金山区	43	金零路	香樟	卫零路	卫二路
	44	临桂路	香樟	临桂路桥	蒙山路桥
松江区	45	方塔路	悬铃木	松汇路	环城路
	46	谷阳路	悬铃木	松汇中路	中山二路
奉贤区	47	南桥南星路	香樟	南奉公路	江南路
嘉定区	48	金沙路	悬铃木	塔城路	博乐路
	49	城中路	香樟	环城路	沪宜路
	50	和政路	香樟	塔城东路	仓场路
青浦区	51	诚爱路	香樟	徐华路	振兴路
	52	徐诚路	香樟	明珠路	京华路
崇明县	53	西门路	香樟	中津桥路	人民路

认注销11株古树。出版《上海市古树名木名册》和《上海市古树后续资源名册》，确认全市共有古树名木1577株，古树后续资源1028株。重点推进古树名木保护城维项目，实施21个古树点（31株古树）技措项目。为全市所有一级保护的古树名木实施古树名木公益保险。

【优化花卉常态景观布置】完成迎十八大“优化街景绿化花卉布置”任务，2012年全市完成地栽花坛花境面积达20万平米，组合容器与灯杆花卉近2万组，主题绿化景点85组，绿化优化改造近50公顷，其中外滩花墙、石门二路花墙、人民广场花坛等景观表现突出。完成约165万盆草花的采购与配送，加强对市级采购花卉企业的过程监管，确保城市花卉景观质量。

【推进植物群落结构调整与功能提升】继续推进以新优品种引种、土壤改良、设施完善为重点的绿地群落结构调整与功能提升，完成虹桥路样板段绿化调整、太平桥部分绿地密植调整等示范点工程，全市共推进绿地调整和改造90公顷。通过强化养护管理，本市绿地景观质量得到提升，今年秋色景观为历年来最佳。编制下发了《上海市绿地植物群落结构调整与功能优化三年实施计划（2013–2015年）》，指导推进全市绿地调整优化工作，不断增强公共绿地生态、景观、游憩和文化功能。

【成功举办第26届全国荷花展】第26届全国荷花展于2012年7月6日～8月30日在上海古猗园举行，共接待游客逾41万人次，吸引了全国26个省、自治区、直辖市和台湾、澳门特别行政区，以及日、泰、俄、澳等国家的127家单位前来参展，规模达历届全国荷展之最。活动以“荷风雅韵，传承经典”为主题，共展出9大色系、500余个品种、1.2万平方米，万余缸荷花、睡莲、碗莲精品，以及17组以荷花为主题的园林造景及50处园林小品，并推出插花艺术展、瓷器展、海上名家书画展、剪纸艺术展、刺绣展、荷香盛宴等室内展览及摄影大赛、科普夏令营、夏夜观荷等互动节目。

【规范管理，强化服务】进行公园管理专题研究，形成《上海市公园分类分级标准（征求意见稿）》。起草《上海创建国家重点公园办法》。完成本年度星级公园的创建工作、文明公园评定工作、和老公园改造任务，并结合老公园改造，完善更新植物铭牌；指导专类植物园开展科普展示活动；推动公园绿地认建认养。成功举办上海花展、荷花展、热带兰展等一系列公园主题活动。

上海市文明公园公示

上海市文明公园是由上海市精神文明建设委员会办公室，以及上海市绿化和市容管理局精神文明建设委员会联合命名表彰的标志本市公园服务与管理，以及精神文明建设综合性成果的荣誉称号。上海市文明公园的标准是：绿化管理精细科学、公园景观优美靓丽；环境卫生干净整洁、窗口服务优质文明；公园管理规范严格，游园环境安全和谐；志愿服务形成机制，公园建设创新发展。

根据2012年度上海市文明公园的申报情况和综合考评结果，命名**新城公园（崇明县）、华夏公园（浦东新区）、江镇市民广场（浦东新区）、高东公园（浦东新区）、豆香园（浦东新区）、梅园（浦东新区）**等六座公园为2012年度上海市文明公园。

2012年度拟评定为星级公园名单

内容	序号	所在区（县）	公园名称	评定等级
创星公园	1	直　属	上海辰山植物园	五星
	2	宝山区	顾村公园	五星
	3	宝山区	炮台湾湿地森林公园	五星
	4	长宁区	天山公园	四星
	5	宝山区	共和公园	四星
	6	虹口区	和平公园	三星
	7	崇明县	新城公园	三星
	8	普陀区	兰溪公园	二星
	9	闵行区	田　园	二星
升星公园	1	普陀区	长风公园	四星升五星
	2	青浦区	曲水园	四星升五星
	3	黄浦区	南园滨江绿地	三星升四星
	4	宝山区	友谊公园	三星升四星
	5	普陀区	梅川公园	二星升三星

【加强公园安全管理】加强对公园各类人员的安全教育和培训，明确管理部门、营运单位安全工作责任，落实公园安全管理各项规章制度，完善应急预案。针对节假日游客相对集中，寒暑期学生游客增多，高温、台风、暴雨等情况的特点，开展针对性安全检查，确保公园安全有序。全力做好防汛防台工作，风前加固、绑扎、疏枝16万株，灾后倒伏树木及时得到扶正抢救，全年成功应对“海葵”等五次台风的侵袭。

【开展全民义务植树绿化宣传活动】2012年3月，开展“发展低碳经济，促进生态文明”义务植树主题宣传活动。植树节期间，全市共设置200多个市民植树点，300多个绿化集中现场宣传点，发送100多万条绿化公益短信，发送5万多块花时宣传手帕，制作3部绿化宣传电视短片于轨道交通媒体上播放。同时，首次采用网络微访谈等新媒体对义务植树进行宣传。3月16日，上海市领导俞正声、韩正、刘云耕、冯国勤、殷一璀等来到上海市环城绿带长宁区生态专项建设工程400米林带参加植树活动。

【实施爱绿护绿行动】2012年，共推出绿化认建认养点117个，包含183万平方米绿地、8.99万株树木、258株古树名木；引导企业实施古树名木公益保险；在各区县开展绿化服务“六进”（进社区、进小区、进军营、进园区、进楼宇、进村宅）和盆花送家庭活动，组织绿化“六进”活动1100余场，送出盆花11.39万余盆；联合新民晚报报社开展百座公园、百万读者365爱绿护绿活动；会同上海市精神文明建设委员会办公室举办“关爱自然，义务植树”志愿者爱绿护绿行动，首个志愿者林在共青森林公园落成。

【立体绿化进展取得突破】立体绿化示范项目纳入上海市建筑节能减排专项资金扶持政策，明确补贴标准和准入范围。各区县落实扶持资金申报，制定操作指南和合同样本，明确相关奖补资金计划实施程序和审核要求。已下拨2012年度奖补资金执行情况良好。组织制定《上海市屋顶绿化面积折算办法》，立体绿化发展任务纳入上海市“第五轮三年环保行动计划”，2012年共完成30万平方米的立体绿化建设。

【推进绿地长效管理】坚持市、区两级绿化部门定期社会绿地巡查考核制度，推动各区县完善投诉托底机制。推进《高校绿化导则》和《道路绿化导则》修订完善。会同本市公路、铁路、水务、地铁、教委等部门开展多次联合检查，督办有关媒体曝光和市民投诉的社会绿地失管失养案件，配合相关部门组织群众绿化和部门绿化有害生物核查防控工作。开展单位绿化指导服务，提高单位绿化建设和管理水平，2012年共有64家单位被评为上海市花园单位。

2011-2012年度“上海市花园单位”命名名单

黄浦区（1家）：上海城投永业置业发展有限公司（思南公馆）

静安区（1家）：华东医院

徐汇区（3家）：上海市南洋模范中学、上海市徐汇区启新小学、上海申通地铁集团有限公司维护保障中心（蒲汇塘基地）

普陀区（3家）：上海市中远实验学校、上海市普陀区平利路第一小学、上海市普陀区美墅幼儿园

杨浦区（6家）：上海市杨浦区打虎山路第一小学（总部）、上海市杨浦区杨浦小学、上海理工大学附属初级中学、上海市杨浦区民星路小学、上海长海医院、上海开放大学（国顺路校区）

虹口区（1家）：上海市虹口区凉城第二小学

闸北区（1家）：上海市风华初级中学

浦东新区（14家）：上海市建平实验中学（地杰国际城校区）、上海市浦东新区澧溪幼儿园（瑞阳部）、上海市南汇第二中学、上海市浦东新区听潮艺术幼儿园（北园）、上海南院实业发展有限公司福寿园海港陵园、上海汇龙园陵园有限公司、上海老港废弃物处置有限公司（生活区）、上海市浦东新区恒宇幼儿园、上海市浦东新区水闸管理署（杨思水闸）、上海市浦东新区浦南幼儿园（东城部）、上海市浦东新区东方幼儿园（仁恒部）、上海市浦东新区冰厂田幼儿园（云山部）、上海市浦东新区特殊教育学校、上海市浦东新区爱心幼儿园

闵行区（7家）：上海鹏晨联合实业有限公司（浦江智谷商业园一期）、上海市闵行区纪王学校、上海市闵行区人民检察院、上海市闵行区鹤庆幼儿园、上海市古美高级中学、上海市闵行区浦江第二小学、华东师范大学（闵行校区）

宝山区（5家）：上海市宝山区真华幼儿园、上海市泗塘中学、上海环境物流有限公司三分公司、上海市宝山区区直机关幼儿园（密山部）、上海城投原水有限公司长江原水厂

松江区（1家）：上海市松江区新桥中学

金山区（3家）：上海市金山区亭林镇亭北村民委员会、上海市金山区朱行幼儿园、上海市金山区兴塔幼儿园

嘉定区（14家）：上海浏岛度假村、上海槎南工贸发展有限公司、上海国际赛车场经营发展有限公司（生活区）、上海市嘉定区长安墓园、同济大学（嘉定校区）、上海市嘉定区鹤旋路幼儿园、上海市嘉定区金鹤小学、上海市嘉定区真新小学、上海市嘉定区宝翔幼儿园、上海市嘉定区实验幼儿园、上海市嘉定区启良中学、上海市嘉定区叶城小学、上海市嘉定区马陆小学、上海市嘉定区清水路小学

青浦区（2家）：上海市青浦区烈士陵园管理所（东乡革命烈士陵园）、上海自来水青东设备工程有限公司

奉贤区（1家）：上海市奉贤区绿叶幼儿园

崇明县（1家）：上海跃进现代农业有限公司（办公区）

【加强居住区绿化管理】上海市绿化委员会办公室会同市房管部门和物业管理协会，完成居住区绿化课程教案编写，包括1500多人次物业经理在内，共2300多人次参加培训，统一市区两级绿化部门对居住区绿化的指导服务内容。修订颁布《上海市居住区绿化调整技术规范》，于2012年10月1日起实施。探索通过居住区绿化内部布局调整、补偿立体绿化等措施，缓解居住区绿化与停车位之间的矛盾。会同办公室联合市房管部门，抽查52家获评满5年的市级园林式居住区，促进居住区绿化长效管理。

【完善森林防火组织机构，加强森林防火基础工作】首次组建以张学兵副市长任总指挥的上海市森林防火指挥部和上海市森林防火专家组。全市93个涉林乡镇与区县政府签定了森林防火责任书。推进森林防火基础设建设，2012年共新建防火道路130公里、隔离网29公里、预警监测点65个。加强森林防火检查督导，切实抓好重点时段、重点林区的森林防火工作，组织多次森林防火实战演练，开展森林防火检查205次，查处火灾隐患147起。加强森林防火社会宣传，组织专业培训44次，受训2600人次，印发宣传资料、森林防火告知书4万份，设置森林防火宣传牌4104块。

【落实绿化林业有害生物防控】组织开展"绿盾2012"上海市检疫执法检查专项行动，开通林业网络医院。加强对美国白蛾、舞毒蛾、木毒蛾等重大危险性有害生物监测力度，全市共布设美国白蛾监测点50个，舞毒蛾监测点50个。做好悬铃木白粉病、煤污病、水杉赤枯病等主要病虫害防控工作，开展突发性、检疫性害虫"扶桑绵粉蚧"疫情治理，集中销毁感疫植物5266包，做热处理33库，疫情得到控制。

【落实森林目标责任制，严格林地管护和征占用管理】上海市市政府与各区县政府，各区县政府与各乡镇政府分别签定保护和发展森林资源目标责任制，并通过国家林业局对本市保护和发展森林资源责任制考核。严格林地征占用管理，注重批后监管，共审批林业行政许可事项107项，对100项许可事项实施了批后监管。按照全覆盖、制度化、常态化的要求，落实林地日巡查制度，推进林业网格化管理。更新上海市林地资源数据库，开展外业调查和内业上图等更新工作，截止2012年底，全市林地总面积100503公顷，其中森林面积81421公顷，全市森林覆盖率达到12.84%。

【开展林地功能专题调研】会同上海市市委研究室、市发改委、市规土局、市旅游局、市发展改革研究院、市郊区促进会等部门组成专题课题组，赴松江、金山、奉贤、宝山、青浦、崇明等区县开展调研，并形成林地综合利用调研报告。会同市农委、市发展改革委、市规划国土局、市财政局、市旅游局等部门研究制定了《关于加快林下经济发展促进林地综合利用的意见》，并已上报市政府。

【落实林业政策和年度实施计划】推进林地抚育改造3.74万亩、林地基础设施2.16万亩；实施经济果林"双增双减"面积69.4万亩次，其中推广套袋6.1亿只，折合实施面积12.6万亩；推广无公害农药385吨，折合实施面积28.5万亩；推广有机肥14.3万吨，实施面积28.3万亩。指导各区县开展公益林抚育改造、林下经济试点建设，筛选确定9个公益林抚育示范点和10个林下经济示范点，以推动全市林地抚育和林下经济发展。

【开展"安全优质信得过果园"评选】对参与创建活动的51家果园，加强果品生产过程监管和果品质量监管，组织5轮果园现场检查，建立果园田间电子档案系统，实现果品生产全过程监管，其中16家果园被评为“2012年度上海市安全优质信得过果园示范园”。

【加强果树科技队伍建设】上海市机构编制委员会办公室、市农业委员会、市林业局、市人力资源和社会保障局、市财政局等五部门联合下发《关于进一步加强本市基层农业（林业）公共服务队伍建设的意见》，部署加强乡镇林业工作机构与队伍建设工作。新聘15位乡土专家，使上海市果树乡土专家队伍扩大到37位。编印《乡土专家谈农事》，开展果树栽培技术培训，编发果树栽培技术资料。

【林业科技推广成效显著】推广应用林木良种，重点加强“东方杉”良种基地建设和示范点建设，2012年提供“东方杉”良种穗条约100万条，在崇明、宝山及江苏盐城等地建立东方杉示范点5个，造林面积814亩，栽植东方杉77220株，移栽成活率均在90%以上。

【林业政策取得突破】一是片林政策有效落实。会同上海市发展和改革委员会、市规划和土地管理局、市财政局、市人力资源和社会保障局等单位，推进片林政策实施，完成片林区域新增15678名农民纳保工作，落实新增市级补贴资金18亿余元，落实区县先期解决农民纳保的结算资金11亿余元。二是新一轮林业建设管理政策基本确定。会同市发展和改革委员会、市财政局研究制定了2013–2015年新一轮林业三年发展计划与政策，并经市政府常务会议审议通过，其中林业“三防”体系建设、林业保险、林下经济等政策取得重大突破。三是公益林生态补偿政策进一步完善。完成全市公益林面积核定和养护质量考核工作，补偿资金及时下拨各区县，总额达5.69亿元，比2011年增长9.2%，平均每亩公益林补偿资金达到800元。指导各区县制定公益林生态补偿转移支付资金使用管理办法。

【搭建应急服务平台】上海市林业局组织力量深入现场，开展抗灾自救工作，及时采摘销售已成熟的果品，将“海葵”台风造成的损失降至最低。搭建果品直销平台，在复兴公园、辰山植物园等几大公园开辟柑桔直销通道，20天内销量达100万斤，展示上海柑橘生产的成果，同时帮助橘农化解柑桔“卖难”问题。

【推动森林旅游发展】编制完成《上海市森林旅游发展规划》、《上海市森林公园建设导则》等专项规划或技术规范。2012年，上海市森林公园接待游客474万人次，同比增长7.9%，实现门票收入4941万元，同比增长10.2%。海湾国家森林公园成功入选上海市“十大新景新貌”，佘山国家森林公园被评为“中国最具影响力森林公园”。闵行区革新村、崇明县瀛东村、奉贤区潘垫村、浦东新区果园村等4个村被中国生态文化协会评为全国生态文化示范村，本市全国生态文化示范村总数达到6个。

【全国第二次陆生野生动物资源调查前期工作基本就位】上海市林业局委托相关科研单位编制本市第二次全国陆生野生动物资源调查《工作方案》、《技术规程》，已落实调查经费，通过全国专家评审会议和本市专家评审会议，明确华东师范大学作为上海市第二次陆生野生动物资源调查实施单位，并召开动员会，布置各区县为全面启动本市全国第二次陆生野生动物资源调查工作做好准备。

【野生动植物保护政策制定】首次将野生动物栖息地保护工作纳入上海市林业三年政策

（2013年–2015年），今后三年上海市、区两级政府将投入数千万元经费用于保护修复野生动物重要栖息地，保护本土野生动物资源，提升区域内生物多样性。

【三部门联合开展非法销售国家重点野生动植物制品市场整治行动】1月10日，市野生动物保护管理部门、市公安局治安总队、市工商部门对五个区域内的古玩、花鸟市场非法买卖象牙制品开展联合突击执法检查行动。本次行动共派出54名执法人员，其中公安32人、工商9人、野生动物保护管理人员13人，查获疑似国家重点保护动物制品103件，1名犯罪嫌疑人被警方刑拘，4家商户受到工商处罚。10月，市野生动物保护管理部门再次与市公安局治安总队联合在全市范围内开展象牙等濒危物种及其制品非法贸易清理整治行动——秋隼行动，严厉查处非法出售象牙、买卖重点保护野生动物的行为，清除一批不法流动商贩，查处网上商城、论坛非法销售濒危野生动物及其制品行为，清除网上发布的非法交易信息。

【贯彻249、289号文件专项行动】2012年9月至12月，湖南罗霄山脉、江西资溪等地区发生大规模猎杀野生动物的恶性事件。10月、11月，国家林业局下发《关于严防乱捕滥猎候鸟等野生动物非法活动的紧急通知》（林护发[2012]249号）、《关于切实强化野生动物保护执法工作的紧急通知》（林护发[2012]289号）文件，要求全国采取有效措施坚决遏制乱捕滥猎候鸟等野生动物的违法行为。上海市野生动物管理部门为此召开专题会议，在全市开展春秋严防乱捕滥猎候鸟等野生动物非法活动的专项执法行动。12月中旬，国家林业局保护司来沪督查落实情况。截止到2012年12月底，全市已出动人次3962次，出动车次1127次，开展联合执法次数49次，收缴非法野生动物及其制品数165件，处理违法经营餐馆饭店10家，有效震慑了乱捕滥猎的违法行为。

【各类野生动植物行政许可数量创历年新高】2012年，共为100余家企业（个人）办理各类野生动植物行政许可近1500项，保障企业合法有序利用国内外的野生动植物资源。其中完成1337项CITES物种、国家重点保护野生动植物和外来物种引进的监管，比去年同期增加约45%；完成140项国家重点保护野生动植物或其产品驯养繁殖、收购出售和经营利用的监管，比去年同期增加约15.7%；完成自然保护区管理类许可监管3项；组织企业完成了本市野生动物种源免税进口申报3批，免税金额26万元；还协调省际间动物利用、植物入境3项。

【开展野生动植物种源免税进口审批执行情况检查】开展野生动植物种源免税进口审批执行情况检查，重点是2006年4月1日至2011年12月31日经上海市林业局审核上报国家濒危物种进出口管理办公室批准的免税进口种用野生动植物审批执行情况。截至2011年底，本市共进口免税种用野生动植物73批次，引进野生动物44种875头（只），免税金额约1000万元以上。为本市野生动物繁育科研、迁地保护工作提供了种源保障，也丰富了本市野生动物的展览种类和科普内容。

【上海市第二次湿地资源调查基本完成】2012年正式开展本市第二次湿地资源调查工作。本次调查依托华东师范大学河口海岸科学研究院、上海市野生动植物保护管理站、上海市环境科学研究院、上海市地质调查研究院、中国水产科学院东海水产研究所、上海应用技术学院等多家专业机构，历经预调查、外业调查、内业汇总、市级检查、报告编写、数据库和数字湿地系统构建、专家评审等多个阶段，涉及九个区县，参与人数159人。截至12月底，基本完成全部湿地调查工作，并形成成果报告评审稿。此次调查共涉及14块重点湿点，基本覆盖上海主要湿地类型和重要湿地，运用3S技术，实现遥感与地面结合的湿地全覆盖调查，以此为基础构建上海数字湿地系统，分析重点湿地生物多样性现状，研究湿地的重要性、湿地利用及受威胁情况，评估湿地保护与管理现状、存在问题，并提出应对建议。

【召开全国湿地保护管理会议】2012年12月19日至20日，全国湿地保护管理工作会议在上海召开。这是由上海市林业局首次承办的全国性林业工作会议。会议总结回顾近年来全国湿地保护管理工作经验，研究部署“十二五”及今后一个时期湿地保护管理工作。国家林业局局长赵树丛、副局长张永利，上海市副市长沈骏出席会议并讲话。中央有关部委、全国各省、市、自治区和计划单列市林业厅局、新疆建设兵团、各森工集团相关负责人近200人参加会议。

【召开第16个“世界湿地日”纪念研讨会】2012年2月10日，上海市林业局、上海市旅游局、崇明县人民政府、世界自然基金会(WWF)在崇明东平国家森林公园共同举办“上海崇明西沙国家湿地公园揭牌仪式暨湿地生态旅游研讨会”。湿地、生态旅游、城市环境保护等方面的专家参加会议，纪念第16个“世界湿地日”，探讨本市湿地保护与生态旅游可持续发展的重大意义和发展思路。

【陆生野生动物疫源疫病监测预警工作进一步完善】2012年，陆生野生动物疫源疫病日常监测防控工作有序开展。按照规定执行信息日报告制度，全市5个国家级监测站通过网络向国家林业局监测总站直报监测信息1819份，各级监测站点向市监测站上报日监测报告3263份，向国家林业局监测总站和市重大动物疾病防治中心上报日报告180份。为推进检测预警工作，全年共采集各类样本上千份，编发2期《上海市野生动物疫源疫病监测预警参考信息》，起到了较好的预警效果。同时，本市四个国家级监测站完成竣工验收，加强了本市陆生野生动物疫源疫病监测防控的能力。

（四）综合管理

【概况】2012年，本市加强绿地林地建设，继续推进生活垃圾末端处置设施建设，落实基本生态网络空间规划，加强专项规划编制和审查工作。夯实行业管理基础，出台《市绿化市容行业城市维护项目目录》、《本市绿化市容行业市级城市维护项目管理暂行办法》等规范性文件。参与完成本市第一部执法规范性法规制定和颁布，加快垃圾管理立法步伐。完成上海市行政审批标准化试点单位创建工作，完成33类、52项行政审批业务手册和办事指南编制，实现业务须知、岗位职责、审核要求三“明确”。完成我市首批市行政审批标准化示范试点创建工作，被授予第一批“上海市行政审批标准化示范单位”标牌。

【加强绿地林地建设】2012年，共新建绿地约1060公顷，其中公共绿地500公顷（包括外环生态专项105公顷），新增林地约666.67公顷，建城区绿化覆盖率达38.3%，人均公共（园）绿地达13.2平方米，森林覆盖率约13%，实现绿化林业建设计划目标和林业三年计划目标。重点推进宝山顾村公园二期、闵行七宝文化公园、浦东滨江二期、外环补天窗等外环生态专项项目，协调推进彭越浦、宝山南大、浦东周康航、浦江鲁汇等结构性绿地和郊区新城绿地建设，积极推进公益林、经济果林、“四旁林”和农田林网建设，加快构建城郊互补、互通、互连的生态廊道。

【**继续推进生活垃圾末端处置设施建设**】老港综合填埋场已建成，老港再生能源中心、内河工程主体工程已完工，渗沥液外排管已开工建设。区县生活垃圾末端处置设施项目有序推进，金山区永久生活垃圾综合处理厂已点火试运行；积极推进松江（青浦）、奉贤、崇明、嘉定区县的末端处置设施项目前期工作，闸北环卫基地已开工，闵行区闵吴码头改造工程和餐厨垃圾试点项目筹备开工。

【**落实基本生态网络空间规划**】《上海市基本生态网络空间规划》已报市委、市政府批复同意，各区县结合土地利用总体规划编制，落实基本生态网络空间规划所确定的生态空间控制要求，开展生态控制线划示试点，并会同市规划和土地管理局启动生态网络规划实施相关政策研究，以及郊野公园规划研究。

【**加强专项规划编制和审查工作**】完成对口支援新疆援建四县的绿地系统规划和环卫专项规划编制，推进新一轮大型居住区社区环卫专项规划编制和审查，启动上海国际度假区绿地系统规划和环卫专项规划编制，配合开展世博地区后续利用规划编制。

【**夯实行业管理基础**】出台《市绿化市容行业城市维护项目目录》、《本市绿化市容行业市级城市维护项目管理暂行办法》等规范性文件，组织开展管理培训，规范城维项目管理，提高项目质量和效益。颁布《关于进一步明确本市绿化市容建设工程管理体制和分工的试行意见》，加强建设工程质量安全管理。修订绿化市容统计报表制度，建立统计管理信息系统，组织行业统计业务培训，起草行业综合统计考核办法，完成2011年上海市绿化市容年报编制和发布工作。

开展本市林业碳汇计量监测体系建设工作，实施方案已经国家林业局通过，截至2012年底，60个样地外业监测调查工作已经结束，碳汇计量监测报告已经完成。

【**参与完成本市第一部执法规范性法规制定和颁布**】配合上海市人大通过并颁布实施了《上海市城市管理行政执法条例》，并完成《上海市城市管理行政执法程序规定》、《上海市城管执法暂扣物品保管和处置管理办法》等配套文件的制定和报备。配合市人大法工委完成《上海市城市管理行政执法条例释义》编写。

【**加快垃圾管理立法步伐**】针对垃圾管理中的难点问题，配合上海市政府法制办公室出台《上海市道路和公共场所清扫保洁管理办法》。起草《上海市餐厨废弃食油脂处理管理办法》草案及其编制说明，配合市政府法制办公室出台实施，同步完成《上海市餐厨垃圾管理办法》修改工作。

【**推动规范性文件制定和管理工作**】制定有关公园游乐设施管理若干规定、公园改扩建工程设计方案公示暂行规定、公园分类分级管理标准、生活垃圾处理设施监管、临时户外广告设施设置管理办法、户外招牌管理办法等规范性文件，做好与上海市政府法制办公室沟通协调工作。参与制定《绿化市容建设工程管理分工指导意见》。初步梳理完成对绿化建设工程违法行为进行行政处罚的依据和事项。完成林业类规范性文件的清理，清理成效得到国家林业局政策法规司的认可。

【**完成上海市行政审批标准化试点单位创建

工作】完成33类、52项行政审批业务手册和办事指南编制，实现业务须知、岗位职责、审核要求三“明确”。完成我市首批市行政审批标准化示范试点创建工作，被授予第一批“上海市行政审批标准化示范单位”标牌。

【推行网上审批，提高审批效率】正式启动城市建筑垃圾和渣土处置网上行政审批系统，授权事业单位试点运行网上审批，市、区两级绿化市容部门以及委托实施机构行政审批试行使用电子印章。在对部分审批事项采取行政审批“告知承诺”方式、实行网上预审当场受理、网上预审当场发证的基础上，继续对区县下放审批权限，完成委托上海市综合保税区实施行政审批相关手续。

【调解行政争议】建立复杂案件审理复议专家审查机制，组织召开专家案审会。加强与上级复议机关，以及与复议申请人的沟通协调，促使申请人撤回复议申请，确保行政复议案件做到“案结事了”。

2012年，共处理行政复议案件8件（其中受理行政复议案件7件，作为被申请人参与复议案件1件）。受理7件案件（5件为不服政府信息公开答复，2件为不服行政处罚决定），审结5件（其中2件经调解撤回、3件维持原行政行为）。

【抓好科研项目启动与验收】做好2012年“上海市生活垃圾分类质量监管系统研究”、“大型公园绿地野生动物多样性提升关键技术的研究”等32项局级科研项目启动工作，协助辰山植物园完成2012年科研项目启动。完成“老港填埋场臭气综合治理技术研究”、“水葫芦爆发诱发因素及人工防控机制研究”等8项局级科研项目验收。配合市农业委员会等部门，完成“上海市沿海防护林体系结构优化研究”等7个项目的审计，以及“活性介质在蓝莓设施栽培中的推广应用”等共计9个项目的验收。受国家林业局委托，完成中央财政推广项目和标准化示范项目验收2项。

【举办行业“科技活动周”】2012年8月9日至16日，举办行业科技活动周。包括4场成果发布会及6场技术研讨会，涉及环卫、绿化、林业条线成果发布及“有机垃圾处理”、“土壤改良”、“林地功能提升”、“绿化市容行业信息化应用现状与发展”、“上海野趣专题”、“标准化”等专题论坛。编制2011至2012年上海市绿化市容行业实用技术汇编，共囊括102项科技成果。

【部署公园绿地无线局域网覆盖工作】开展上海市公园绿地无线局域网建设覆盖运营商招标工作，并结合公园历史和现状，在10座公园内完成无线局域网覆盖建设试点。9月初召开现场推进会，统一部署全市公园绿地无线局域网覆盖建设工作，全年完成70座公园无线局域网覆盖。

【规范行业装备管理】编制完成《环卫车辆技术与配置要求》，并向上海市质量技术监督局报批。2012年4月18日至20日，举办“第六届上海国际固体废弃物、清洁专用设备与技术展览会暨2012上海园林机械装备与技术展览会”，以及“2012环卫、园林装备技术与管理论坛”，共40余家企业参展，展会面积达1万平方米，征集论文60余篇，8人参加论坛演讲。

【推进行业标准制定、修订】指导行业相关单位开展“动物园管理规范”、“城市公共厕所设计标准CJJ14-2005（修订）”等9项国家工程建设标准和行业标准制修订项目。完成农业部《香石竹鲜切花设施栽培技术规程》征求意见稿。完成《上海市户外广告设置技术规范》送审稿。完成《绿化废弃物处

置和应用技术规范》、《上海市公益林养护概算定额（2012）》、《固体废弃物水上集装化运输通用要求》等10项行业和地方标准的报批工作。

【**加强行业标准贯彻落实**】完成“辰山植物园公共信息和服务导向标志设置标准化示范”项目总结推广工作。配合上海市质量技术监督局开展“绿化废弃物资源化循环利用标准化示范”、“浦东机场市容环卫服务标准化示范”等6个示范项目检查工作。启动实施“屋顶绿化技术标准化应用示范试点（漕河泾）”、“原位隔离关键技术在滨海盐碱土绿化中的应用与示范（白龙港）”等6个市级标准化示范项目。

（*秦磊*）

五、环境保护

（一）综述
（二）环境质量
（三）环境污染防治
（四）环境管理
（五）环境法制和执法

（一）综述

2012年是上海落实与推进“十二五”环保规划和污染减排任务的关键年，也是第五轮环保三年行动计划的启动年。在市委、市政府的正确领导和市人大、市政协的监督关心下，全市各方面共同努力，围绕“创新驱动，转型发展”，把环境保护作为突破资源环境约束、加快转变发展方式的重要抓手，全面推进污染减排和环保三年行动计划，细化分解责任，制定落实政策，强化综合防治，着力解决影响群众健康和城市长远发展的突出环境问题，取得了较好的工作成效。第五轮环保三年行动计划顺利启动，年度污染减排目标超额完成。环境空气质量（API）优良率连续四年超过90%，达到93.7%；水环境质量总体保持稳定；区域环境噪声达到标准要求；辐射环境质量保持正常。

（二）环境质量

【概况】 全市水环境质量总体与2011年基本持平，黄浦江、苏州河、长江口等重点水域水质平稳，徐汇、普陀、闸北等区总体水质有所好转，郊区河道总体水质优于中心城区。全市环境空气质量总体较2011年有所好转，优良天数为343天，较2011年增加6天，空气污染指数（API）优良率为93.7%，较2011年上升1.4个百分点；6月27日启动了PM2.5监测发布工作。环境噪声达到相应功能的标准要求，但道路交通噪声夜间时段未能达到相应功能的标准要求。辐射环境质量总体情况良好。

【水环境质量】2012年，上海市水环境质量总体与2011年基本持平。黄浦江：根据上海市水环境功能区划和相应的水质控制标准，黄浦江淀峰和松浦大桥2个断面水质控制标准为II类水，临江断面水质控制标准为III类水，南市水厂、杨浦大桥和吴淞口3个断面水质控制标准为IV类水。与2011年相比，2012年黄浦江总体水质状况基本持平，其中淀峰断面水质综合污染指数（计算方法详见附录）下降8.1%，吴淞口和松浦大桥断面水质综合污染指数分别上升18.0%和6.2%，临江、南市水厂和杨浦大桥断面的水质综合污染指数基本持平。近5年（2008 ~ 2012年）的监测数据表明，黄浦江总体水质状况基本保持稳定。苏州河：根据上海市水环境功能区划和相应的水质控制标准，苏州河白鹤断面水质控制标准为IV类水，黄渡、华漕、北新泾桥、武宁路桥和浙江路桥5个断面水质控制标准为V类水。与2011年相比，2012年苏州河总体水质状况基本持平，其中华漕和北新泾桥断面水质综合污染指数分别上升12.7%和8.1%，武宁路桥和浙江路桥断面水质综合污染指数分别下降5.3%和5.2%，白鹤和黄渡断面水质综合污染指数基本持平。近5年（2008 ~ 2012年）的监测数据表明，苏州河总体水质状况呈U型变化，略有好转。长江口：根据上海市水环境功能区划和相应的水质控制标准，长江口水域水质控制标准为II类水。与2011年相比，2012年长江口总体水质状况基本持平，其中徐六泾和朝阳农场断面水质综合污染指数分别下降7.1%和5.2%，浏河、吴淞口、竹园和白龙港断面水质综合污染指数基本持平。近5年（2008 ~ 2012年）的监测数据表明，长江口总体水质状况基本持平。水环境质量考核断面：2012年，全市水环境质量考核涉及徐汇、长宁、普陀、闸北、虹口、杨浦、宝山、闵行、浦东、嘉定、金山、松江、奉贤、青浦、崇明等15个区县的42条河道计58个断面，总体水质与2011年基本持平，郊区河道总体水质优于中心城区。各考核断面水质综合污染指数（选择溶解氧、高锰酸盐指数、五日生化需氧量、氨氮、总磷5项主要污染物，采用III类水标准计算得出，下同）在0.36 ~ 6.30之间，平均水质综合污染指数为1.99。其中，中心城区考核断面水质综合污染指数在1.06 ~ 6.30之间，平均水质综合污染指数为2.25，总体水质与2011年基本持平；郊区考核断面水质综合污染指数在0.36 ~ 2.95之间，平均水质综合污染指数为1.62。2012年，15个区县的水质综合污染指数在0.38 ~ 3.37之间。其中，杨浦区最高，崇明县最低。与2011年相比，普陀区、崇明县、闸北区、宝山区、松江区和徐汇区总体水质有所好转，杨浦区、金山区、奉贤区和嘉定区总体水质有所下降，其余5个区总体水质基本持平。15个区县中，虹口区和崇明县所有考核断面的水质均达到相应的水环境功能区要求，浦东新区、奉贤区、杨浦区、宝山区、松江区、金山区和青浦区部分断面达到相应的水环境功能区要求，其余6个区所有考核断面的水质均未达到相应的水环境功能区要求。与2011年相比，虹口区、浦东新区和青浦区各增加1个达标断面，杨浦区和奉贤区各减少1个达标断面，嘉定区和金山区各减少2个达标断面，其余8个区县达标断面数不变。

【环境空气质量】2012年，上海市环境空气质量总体较2011年有所好转。优良天数为343天，较2011年增加6天；空气污染指数（API）优良率为93.7%，较2011年上升1.4个百分点。全年首要污染物为可吸入颗粒物的有361天，占总数的98.6%；首要污染物为二氧化硫的有2天，占总数的0.5%；首要污染物为二氧化氮的有3天，占总数的0.8%。近5年（2008 ~ 2012年）的监测数据表明，上海市环境空气质量API优良率总体呈上升趋势，已连续四年高于90%。可吸入颗粒物：2012年，上海市可吸入颗粒物年日均值为0.071毫克/立方米，达到原国家环境空气质量二级标准（GB 3095–1996），超出新国家环境空气质量二级标准（GB 3095–2012）0.001毫克/立方米，较2011年下降0.009毫克/立方米。近5年（2008 ~ 2012年）的监测数据表明，上海市可吸入颗粒物年日均值均达到原国家环境空气质量二级标准，均未达到新国家环境空气质量二级标准，但总体呈下降趋势。二氧化硫：2012年，上海市二氧化硫年日均值为0.023毫克/立方米，达到国家环境空气质量二级标准（新标准限值与原标准相同），较2011年下降0.006毫克/立方米。近5年（2008 ~ 2012年）的监测数据表明，上海市二氧化硫年日均值均达到国家环境空气质量二级标准，且总体呈下降趋势。二氧化氮：2012年，上海市二氧化氮年日均值为0.046毫克/立方米，达到原国家环境空气质量二级标准，超出新国家环境空气质量二级标准0.006毫克/立方米，较2011年下降0.005毫克/立方米。近5年（2008 ~ 2012年）的监测数据表明，上海市二氧化氮年日均值均达到原国家环境空气质量二级标准，均未达到新国家环境空气质量二级标准，但总体呈下降趋势。细颗粒物：2012年6月27日，上海市按照新标准要求启动了国控点细颗粒物（PM2.5）监测发布工作。自6月27日至12月31日，全市PM2.5平均浓度为0.048毫克/立方米。酸雨和降尘：2012年，全市平均区域降尘量为5.7吨/平方公里·月，道路降尘量为9.4吨/平方公里·月。与2011年相比，区域降尘量下降0.9吨/平方公里·月，道路降尘量下降1.3吨/平方公里·月。2012年，全市降水pH平均值为4.64，酸雨频率为80.0%，较2011年上升12.2个百分点。近5年（2008 ~ 2012年）的监测数据表明，上海市酸雨污染基本持平。

【声环境质量】2012年，上海市区域环境噪声达到相应功能的标准要求，但道路交通噪声夜间时段未能达到相应功能的标准要求。区域环境噪声：2012年，上海市区域环境噪声昼间时段的平均等效声级为54.7分贝（A），较2011年下降0.3分贝（A）；夜间时段的平均等效声级为48.2分贝（A），较2011年上升0.2分贝（A）。近5年（2008 ~ 2012年）的监测数据表明，上海市区域环境噪声在55分贝（A）左右，均达到相应功能的标准要求，总体保持稳定。道路交通噪声：2012年，上海市道路交通噪声昼间时段的平均等效声级为69.3分贝（A），较2011年下降0.7分贝（A）；夜间时段的平均等效声级为64.4分贝（A），较2011年下降0.1分贝（A）。主要道路交通干线昼间和夜间时段的平均车流量分别为1905辆/小时和939辆/小时。近5年（2008 ~ 2012年）的监测数据表明，上海市道路交通噪声夜间时段未能达到相应功能的标准要求；2008年上海市道路交通噪声昼间时段未能达到相应功能的标准要求，2009年起达到相应功能的标准要求，总体呈下降趋势。

【辐射环境质量】2012年度上海市辐射环境质量总体情况良好。电离辐射：环境天然放射性水平方面，通过对辐射空气吸收剂量率、辐射累积剂量的监测及气溶胶、雨水沉降物、水汽、地表水、地下水、海水、土壤等样品的分析可知，本市大气、水体、土壤等介质中的放射性核素浓度处于正常水平，全市各监测点的 γ 辐射空气吸收剂量率与历年的监测结果相当。核与辐射技术应用方面，通过对全市 I ~ V 类放射源及 I ~ III 类射线装置使用场所周围环境辐射水平的监测结果表明，核与辐射技术应用场所周围环境中的 γ 辐射水平符合我国国家标准《电离辐射防护与辐射源安全基本标准》(GB 18871-2002) 中的年累积剂量限值规定。电磁辐射：电磁辐射环境方面，上海动物园、共青森林公园、龙华烈士陵园、世纪公园、上海滨海森林公园、人民公园、奉贤古华园、嘉定孔庙、商业区（人民广场）、工业区（青浦工业区）、住宅区（中远两湾城）及交通干线（轨道交通三号线）共 12 个背景点的电磁辐射水平监测结果表明，工频电场强度为 0.085 ~ 0.200 伏特 / 米，工频磁感应强度为 0.017 ~ 0.237 微特斯拉，综合电场强度为 0.24 ~ 0.42 伏特 / 米。与历年相比，本市电磁辐射环境背景水平无明显变化。电磁辐射污染源方面，对东方明珠等广播发射塔、500 千瓦南桥变电站等 4 个变电站、500 千瓦桥行输电线等 4 条高压送电线、卫星地球站、浦东机场雷达站、移动通信基站、磁悬浮列车及电气化铁路周围环境电磁辐射水平进行了监测，结果表明主要伴有电磁场或产生电磁辐射（非电离部分）的设施周围环境中的工频电场强度、工频磁感应强度和综合电场强度均符合《500 千伏超高压送变电工程电磁辐射环境影响评价技术规范》（HJ/T 24-1998）的推荐限值规定和《电磁辐射防护规定》（GB 8702-88）中的相关规定。

（三）环境污染防治

【概况】 狠抓污染减排，市政府与各区县政府、各主要责任单位签订了《“十二五”主要污染物总量控制目标责任书》，兴建了一批节能减排工程，加强了考核、监督与管理，进一步落实减排激励政策。加强水源地保护，启动东风西沙水库建设。进一步加强危险废物环境无害化管理，确保城市环境安全，具备市内转移、跨省市转移、无害化集中处置等危险废物处理渠道，处置能力达 48.06 万吨。加强辐射安全管理，开展了核技术利用辐射安全综合检查。加强崇明生态岛建设。加快淘汰黄标车，年内全市共淘汰黄标车 4.6 万辆。

【污染减排】 2012 年，上海市继续把节能减排作为贯彻科学发展观的战略举措和“创新驱动，转型发展”的重要抓手与突破口，将污染减排纳入国民经济和社会发展全局，市政府与各区县政府、各主要责任单位签订了《“十二五”主要污染物总量控制目标责任书》，强化了目标责任制和合力推进机制，明确了考核要求。强化工程减排措施：石洞口第二电厂 1#、外高桥第一电厂 2# 和外高桥第二电厂 3# 等 3 台机组脱硝工程、上海石化热电厂 5#6# 机组脱硫工程、宝钢股份 1#2# 烧结机脱硫工程建成投运；日处理能力达 80 万吨的白龙港污水处理二期工程基本建成，松江东北部污水处理厂扩建工程建成投运，竹筱禽畜牧场等 14 个农业源减排工程建成投运。稳步推进三大体系建设：强化污染减排考核体系建设，指导并督促各区县政府和责任单位把总量控制指标分解落实到所属乡镇、街道和企业；所有污水处理厂和脱硫电厂都按要求安装了在线监测设备，并与环保部门联网。加强和规范减排设施运行管理：实施“清洁发电、绿色调度”，让高效机组、清洁机组多发电，探索了一条管理减排的新道路。由相关部门和单位组成的减排核查小组继续加大监督检查力度，对重点减排企业从运行、管理、台帐、档案等方面，进行经常性检查指导，确保污染减排设施高效运行。落实减排激励政策：市政府相关部门密切配合，全年共落实电厂脱硫超量减排奖励0.96亿元、污水处理厂超量减排奖励1.27亿元、脱硫电费10.12亿元、脱硝电费1.31亿元、脱硝工程建设补贴0.78亿元。经环境保护部核定，本市化学需氧量、氨氮、二氧化硫和氮氧化物排放量在2011年基础上分别削减了2.57%、5.86%、4.94%和7.75%，均超额完成了年度减排目标。

【水源地保护】继青草沙水源地顺利建成后，上海另一个位于长江口的水源地工程——东风西沙水库已开工建设，计划于2014年1月完工。东风西沙水库是长江口第二座江心蓄淡避咸型水库，也是黄浦江上游、长江口陈行、青草沙、东风西沙四大水源地工程的收尾工程。水库位于长江口南支上段、崇明岛的西南侧，规划面积约3.74平方公里，近期供水规模为21.5万立方米/日，远期供水规模为40万立方米/日；建成后主要为崇明岛70多万居民供水。2012年饮用水源保护工作紧密围绕风险控制、加强监测、完善补偿等重点内容，在青草沙、陈行、黄浦江上游设立警示标志80余块，加强对风险企业的监控，提升水源地预警监测能力，对已实施三年的生态补偿政策进行评估完善，有效提高了水源地安全保障水平。

【固体废物管理】2012年，上海继续推进危险废物处理处置能力建设和提升环境监督管理能力，进一步加强危险废物环境无害化管理，确保城市环境安全。截至2012年年底，全市共有33家危险废物经营许可证单位，其中31家由市、区两级环保部门核发，1家由环境保护部核发，1家同时具备环境保护部颁发的“汞处理”危险废物经营许可证和市级环保部门颁发的危险废物经营许可证。按照危险废物经营许可证类型区分，其中2家为危险废物收集经营许可证单位，31家为危险废物综合经营许可证单位。2012年，全市危险废物处理处置能力为48.06万吨。纳入本市危险废物管理备案企业共计4623家。全年危险废物（不含医疗废物）市内转移处置28.71万吨，危险废物跨省市转移7.62万吨。全年医疗废物产生量为2.66万吨，医疗废物无害化集中处置率达到100%。2012年，本市积极贯彻落实《废弃电器电子产品处理基金征收使用管理办法》，4家企业获得废弃电器电子产品处理资格许可并通过环境保护部的核查。2012年，本市加快了危险废物落后工艺和分散布局设施的调整和淘汰力度，进一步提高了危险废物处理处置行业的准入技术门槛，不再对非工业区内危险废物处理处置单位核发经营许可证。试行了危险废物专业运输名录制度，积极推进“集约化、规范化、专业化”的危险废物运输体系的建设。建立了危险废物产生单位规范化管理考核机制及通报制度，进一步明确了危险废物产生源属地化环境管理要求，强化了市区两级环保部门监管的联动机制。

【辐射安全管理】2012年，在全市范围内开展了核技术利用辐射安全综合检查专项行动，通过与其他部门联动，市、区两级环保部门共计出动检查人员7665人次，对全市核技术利用情况进行了拉网式排查，摸清了本市核技术利用单位家底，规范了辐射安全管理要求。加强辐射安全许可审批、备案的信息化管理，通过市环保局网上受理大厅进行公开网上预受理，同步将申请信息通过“国家核与辐射安全申报系统”进行申报与核准，实现辐射安全管理信息透明化与动态化管理。修订了《上海市核技术应用环境保护监督管理手册》，明确了辐射安全监督检查大纲和检查程序，补充了系统使用、违法处罚、事故处理等内容，规范了市、区两级监管工作要求。同时，对区县辐射安全工作进行抽查评估，确保辐射安全监管职能落实到位，责任到人。按照《上海市区县辐射安全监管能力建设规范化标准（暂行）》，积极推进区县辐射安全监管能力建设。全市17个区县中，除3个区将辐射职能挂靠在其他部门外，其余均成立了辐射科或辐射站，现有区县级专职辐射安全监管人员33人，兼职55人。组织开展了两期辐射安全专项培训，提高了区县监管人员的现场执法能力。

【崇明生态岛建设】 上海市政府发布的《崇明生态岛建设纲要（2010~2020）》明确提出，在崇明生态岛建设过程中，要把生态保护和环境建设放在更加突出的位置。2012年，为了更好地跟踪、监测和评估生态岛建设对崇明生态环境带来的变化和影响，市环保局会同相关部门和崇明县政府，编制了《崇明岛生态环境预警监测评估方案》（以下简称《监测评估方案》），并确定了22项监测评估指标体系。除了对崇明生态岛水文水质、环境空气、声环境等常规环境要素的监测外，还开展了土壤环境质量监测、地下水环境质量监测、水生生态调查、鱼类资源调查、土地利用与生态遥感评价等工作，并形成了较为完善的生态环境预警监测网络。按照《监测评估方案》进行的评估显示：通过2010 ~ 2012三年来崇明生态岛的建设，22项指标中，除生活垃圾资源化利用率等个别指标外，其余指标都达到了2012年目标。其中，骨干河道水质达到Ⅲ类水域比例，由2008年的86%上升为2012年的99.4%；空气API指数达到一级的天数由2008年的140天上升为2012年的192天；城镇污水处理率由2008年的34.9%上升为2012年的81.7%；占全球种群数量1%以上的水鸟物种数由2008年的3种上升为2012年的7种；畜禽粪便资源化利用率由2008年的71%上升为2012年的81%。监测评估表明，崇明岛生态空间格局更加优化，产业结构更加合理，环境基础设施更加完善，生态环境质量更加宜居。

【黄标车淘汰】 为加快推进本市“十二五”节能减排工作，控制机动车污染物排放总量，改善城市大气环境质量，市环保局会同市发展改革委、市商务委、市公安局、市交通港口局、市财政局等六部门制定了《关于推进落实高污染汽车淘汰及限行工作的实施意见》，经市政府同意，于2012年9月1日起执行。本次高污染汽车（以下称“黄标车”）淘汰的工作目标是，第五轮环保三年行动计划（2012 ~ 2014年）期间确保淘汰15万辆，“十二五”期间力争淘汰20万辆。本次推动黄标车淘汰的主要措施：一是督促各级行政机关和事业单位带头淘汰黄标车，公交、市容保洁等有关公益性行业黄标车分别由公交扶持资金和区县政府安排相关资金落实淘汰计划；二是落实节能减排资金补贴政策，支持鼓励私人和各类企业的黄标车淘汰，为此专门发布《上海市鼓励高污染车辆淘汰实施办法》以引导提前淘汰黄标车；三是实施更严格的黄标车限行政策，将于2014年起在外环路范围内全面限行黄标车（具体政策另行公布）；四是通过加强黄标车淘汰和限行政策的宣传，形成全社会共识，营造合力氛围共同推动黄标车的淘汰。2012年，全市共淘汰黄标车4.6万辆，拨付黄标车补贴约1.5亿元。

（四）环境管理

【概况】 启动第五轮环保三年行动计划，截至年底，列入该计划的268个项目已完成32个，开工及启动155个，总体开工启动率

70%。全市环保投入资金约570.49亿元，比上年增长12.57亿元，达同年上海市生产总值（GDP）的2.8%。大力推进环境质量监测预警体系和主要污染物总量减排监测体系建设。加强环评管理、环境科技、标准制定等工作。加强环保创建，建成漕河泾新兴技术开发区、上海化工区两个国家生态工业示范园区。认真受理人大、政协有关环保方面的提案，以及市民有关环境污染的投诉。加强环境保护的国际合作。

【环保三年行动计划】 2012年是本市第五轮环保三年行动计划的启动年，截至年底，列入计划的268个项目已完成32个，开工/启动155个，总体开工启动率70%。水专项：稳步推进集约化供水管网建设，关闭了10个中小水厂，松江区率先实施斜塘一级水源保护区清拆；白龙港污泥预处理应急工程建成，东风西沙水库、竹园污泥处理等工程在建；未纳管污染源截污纳管改造工程全面启动，2个雨水泵站完成污水截流设施建设及改造工程；河道整治类项目约1/3完工，1/3开工在建。大气专项：建成上海石化自备电厂2台机组高效除尘改造工程以及一批电厂脱硫、脱硝工程；上海石化等4家企业VOCs控制示范工作启动；完成约300台燃煤（重油）锅炉清洁能源替代；启动黄标车淘汰工作。固废专项：老港再生能源利用中心、金山永久生活垃圾综合处理厂基本建成，张江青浦分区热解气化综合利用多循环环保项目完成土建，松江和青浦生活垃圾合建处置设施完成规划选址；金桥、外高桥工业固废区域化收集试点、危险废物专业运输体系等均已启动，建成1.8公里低噪声路面试点。工业专项：完成897项企业结构调整项目，18家涉铅企业结构调整全面完成；严格控制104个工业区块外新建有污染的项目，全面推进已开发区域污水纳管工作；南大地区在明确整治规划方案和政策基础上，第一批40家结构调整企业中已关停22家，一期30公顷生态绿化完成16.3公顷建设；金山卫化工集中区出台并实施深化整治实施计划纲要，完成6家企业废水废气达标治理、5家企业清洁生产审核和7项产业结构调整项目；高桥石化自备电厂锅炉烟气除尘系统优化改造项目已完成，炼油区域恶臭治理等项目已开工。农业专项：推广商品有机肥20万亩；蔬菜、农作物秸秆等农业废弃物综合利用工程均已启动；完成107个村庄改造项目，受益农户3.6万户。生态专项：全年完成绿地建设约1000公顷，外环生态专项工程完成建绿105公顷，闸北区中心绿地后续工程和浦东牡丹园工程建成，崇明生态岛建设继续推进。循环经济专项：建立了固废资源利用产业创新技术联盟，电子废物回收、处置、利用信息化示范项目在浦东新区启动推广。政策机制专项：出台了脱硝电价、跨区处置生活垃圾环境补偿办法、燃煤（重油）锅炉清洁能源替代、产业结构调整专项补助、黄标车淘汰补贴、超量减排奖励、电厂脱硝工程建设补贴等政策。

【环保投入】 2012年全市环保投入资金约570.49亿元（比上年增长12.57亿元），相当于同年上海市生产总值（GDP）的2.8%。其中，城市环境基础设施建设投资为286.26亿元，污染源防治投资为138.41亿元，生态保护和建设投资为1.69亿元，农村环境保护投资为36.04亿元，环境管理能力建设投资为2.37亿元，环保设施运转费为73.25亿元，循环经济及其他方面投资为32.46亿元；分别占投资的50.2%、24.3%、0.3%、6.3%、0.4%、12.8%和5.7%。

【环境监测】 2012年，本市继续围绕“十二五”环保规划和环境监测规划的实施，围绕市民关心的热点环境问题，大力推进以PM2.5监测网为代表的环境质量监测预警体系和主要污染物总量减排监测体系建设，加强监测能力建设、监测队伍建设和监测质量管理，提升本市环境监测综合实力。作为2012年第一批实施新环境空气质量标准的城市之一，本市将新环境空气质量标准监测发布作为2012年环境监测“一号工程”，加强组织领导，抓紧落实资金，至2012年5月，10个国控点全部配齐了符合国家规范要求的PM2.5等基本项目的监测仪器，提前完成国控点监测能力建设任务。6月27日起实时发布了10个国控点的PM2.5试点监测数据，11月16日与江苏省13个城市、浙江省11个城市率先按照新环境空气质量标准同步试点发布了空气质量指数（AQI），并于12月1日正式发布。加强减排监测体系建设，2012年启动了区县污染源监控平台建设验收工作，松江区和金山区的污染源监控平台通过验收。进一步规范污染源自动监测设备维护的第三方管理，确保设备正常运行。有序开展在线监测系统比对监测和有效性审核工作，每季度在网站上公布国控企业主要污染物监督性监测结果。对照国家和本市的环境监测站标准，继续推进区县环境监测站能力建设达标验收工作。2012年完成了普陀、徐汇两个区监测站的国家标准和上海标准“双达标”验收，以及已通过上海标准验收的嘉定、宝山、浦东、闵行、青浦、松江、虹口等七个区监测站的国家标准验收。按照年度监测工作计划有序开展环境质量监测工作。全年共获地表水、空气、噪声、生物和辐射等环境要素监测数据978.21万个。其中，自动监测数据952.39万个，手工监测数据25.82万个。继续开展重点污染源监督性监测工作。对48家国控废水重点污染企业、47家国控污水处理厂、26家国控废气重点污染企业、24家一般废气污染企业、13家生活垃圾及危险废物焚烧企业和一批辐射污染源实施了监督性监测，共获得重点污染源监督性监测数据6.49万个。其中，废水监测数据5.50万个，工业炉窑、废气监测数据0.81万个，辐射污染监测数据0.18万个。

【环评管理】2012年，本市积极落实行政许可改革要求，发布了《上海市建设项目环境影响分级管理规定》（2012年版），调整了一批建设项目的审批权限。积极支持配合本市大型居住社区的建设，提前介入大型居住社区建设基地供排水外配套项目的协调沟通并加快审批，2012年已审批了曹路等3个大型居住社区的区域环评，完成了泰和水厂扩建、罗店水库增压泵站等13个大型居住社区内的近20个供排水配套项目。通报2012年完成环保竣工验收建设项目名单，督促超期试生产项目办理相关手续。进一步推进落实建设项目“未批先建、久拖不验”等违法行为专项整治。继续执行建设项目暂缓审批制度，2012年已对8个项目的环评文件和试生产进行了暂缓审批。市环保局自2011年启动了委托第三方开展技术评估工作，2012年全面实施了环境影响评价的技术评估，截至2012年底，已有111个建设项目的环境影响报告书开展了技术评估。根据《上海市建筑玻璃幕墙管理办法》（市政府第77号令），市环保局在2012年开展了建筑玻璃幕墙光反射影响论证试点工作，截至2012年底，已完成8个玻璃幕墙光反射影响论证。对于重大建设项目一贯坚持与相关部门的前期协调和沟通，及时妥善处理机场、铁路、轨道交通、环卫处置设施、市政道路和桥梁等市政公用项目的社会稳定风险和信访，从环保角度维护了社会稳定。进一步规范环评单位管理及环评文件编制要求。开展了2012年度环境影响评价机构年度考核，对存在问题的环评机构进行了通报。发布了《建设项目环境影响报告书简本编制要求》，并规范了环评文件污染物总量减排核算、固体废物章节的编制要求。落实环境保护部关于加强风险防范严格环境影响评价管理的要求。继续执行

"批项目，核总量"制度。市区两级环保部门共审批环评文件12830个，其中环评报告书534个，环评表6117个，登记表6179个；共审批竣工验收项目4505个，其中环保验收一次合格项目数4499个，限期改正验收合格项目数6个。

【环境科技与标准】环境科技方面，2012年，本市围绕"十二五"环境保护和环保三年行动计划等重点工作，开展了"长江口突发污染事故应急响应系统"、"黄浦江上游水源保护区农业面源污染防控关键技术集成与示范"、"上海市重点区域环境风险评估防控对策和技术要求"、"城市水系沉积物重金属污染特征、风险评估方法及治理技术体系研究"、"上海市工业场地中挥发及半挥发性有机污染物的风险控制及规范"、"模块化脱氮除磷技术在分散式生活污水处理中的应用研究和示范"、"上海市"十二五"燃煤电厂大气环境影响研究"等科研项目。其中"重金属污染土壤的稳定化修复技术研究及其推广应用"项目获2012年环境保护科学技术三等奖，"崇明岛生态环境预警监测评估体系研究"项目获第八届上海市决策咨询研究成果一等奖。环境标准和技术规范方面，市环保局发布了上海市地方污染物排放标准《铅蓄电池行业大气污染物排放标准》（DB31/603-2012），自2012年8月1日起实施。重点企业清洁生产方面，市环保局、市经济信息化委联合公布本市2012年度重点企业清洁生产审核单位名单，共204家。截至2012年底，全市共有565家重点企业列入了环境保护部发布的实施清洁生产审核并通过评估验收的重点企业名单公告。

【环保创建】2012年，漕河泾新兴技术开发区、上海化工区建成国家生态工业示范园区。2012年，松江区泖港镇、嘉定区南翔镇、奉贤区青村镇、浦东新区祝桥镇和原六灶镇被命名为"上海市生态镇"。2012年，本市共创建市级安静居住小区14个，创建面积142.6万平方米，受益群众3.7万人。截至2012年底，全市已累计创建市级安静居住小区146个，创建面积1486万平方米，受益群众40.2万人。2012年，本市评选出上海市固体废物处置中心、上海动物园、上海梦清园等首批市级环境教育基地10个。

【办理意见提案】2012年，市环保局共收到人大书面意见、政协提案57件。其中，人大书面意见17件（主办件6件、合办件3件、会办件8件）。政协提案40件（主办件9件、合办件5件、会办件26件）。现场办理接待代表、委员口头咨询26件，全部当场给予代表、委员答复。所有书面意见、提案全部按时、按质完成办理任务，办理率、满意率均为100%。2012年，"两会"人大代表、政协委员重点关注的环保议题包括：上海PM2.5的监测、数据发布和污染治理；构建上海水资源保护综合长效机制和加大对饮用水水源一级保护区工作支持；建立完善废旧节能灯、电子垃圾回收体系；对吴泾化工基地区域进行污染状况评估和加强对上海化学工业区环境保护；进一步完善排污权交易等。

【投诉受理】2012年，全市环保系统共受理环境污染投诉20563件，同比（17980件）上升14.4%。其中来信1378件/11022人次，同比（1455件）下降5.3%，办结率为97.9%；接待来访517批/3595人次，同比（526批）下降1.7%，办结率为94.1%；来电16045件，同比（13554件）上升18.4%，办结率为98.2%；受理电子邮件2623件，同比（2445件）上升7.3%，办结率为97.8%。根据信访内容划分，反映噪声污染6533件，大气污染8666件，油烟气污染1939件，水污染2131件，电磁辐射污染161件，新建项目

293件，固体废物污染285件，农药化肥4件，畜牧养殖163件，危险化学品31件，放射性污染17件，环境监测7件，其他污染310件，政风行风投诉23件，分别占环境污染投诉总量的31.8%、42.1%、9.4%、10.4%、0.8%、1.4%、1.4%、0.02%、0.8%、0.2%、0.1%、0.03%、1.5%和0.1%。妥善处置各类突发环境事件。先后成功处置了“2.7长江镇江苯酚事件”、“6.3金山中运河、张泾河河道污染事件”、“6.26长江九段沙溢油污染事件”、“7.4 G1501高速公路汽油油罐泄漏事件”、“12.30长江江苏常熟段溢油事件”等192件突发环境事件。

公众参与与国际合作：公众参与：围绕2012年世界环境日的中国主题“绿色消费，你行动了吗”，结合联合国环境规划署主题：“绿色经济，你参与了吗”，策划、组织了由中华环保世纪行（上海）组委会与市环保局、长宁区人民政府共同主办的2012年世界环境日上海市主会场宣传活动。上海各个区县也分别设立了宣传活动的分会场，形成了相互联动的宣传声势。2012年3月，市环保局在新浪、腾讯、新民、东方四大微博平台全面开通了“上海环境”政务微博。“上海环境”政务微博围绕本市环境保护中心工作，主动发布环保重点工作动态，向市民提供环保信息服务和科普宣传，及时回应社会关切的环保热点，并开展微直播、微访谈等与网民的互动活动。截至2012年年底，“上海环境”政务微博在四大平台共有粉丝18余万，共发布微博2400余条。2012年12月1日，上海市正式发布空气质量指数（AQI）。除发布AQI数值和实时浓度数据外，还引入了空气宝宝和外滩实时照片，通过空气宝宝的颜色和表情以及外滩实时照片的清晰度，市民可大致判断空气质量实时状况。在发布渠道上，除网站、微博、电视、广播外，还同步推出了“上海空气质量”手机软件（包括苹果版和安卓版两个版本），市民可随时随地获取最新的空气质量信息。2012年，上海开展了“清洁节水中国行，一家一年一万升”上海站宣传活动，继续举办了“拜耳青年环境特使”的评选活动；开展绿色学校创建工作，指导区县开展国际生态学校创建工作，8所学校荣获国际生态学校最高荣誉——绿旗。2012年，“上海环境”网站加强信息公开和政民互动，开展了3期“网上调查”及3次“民意征集”，并举办了7次“在线访谈”。“上海环境”网站访问人次有了大幅提升，日均访问量达到8万人次以上，增幅为2011年的90%左右。“上海环境”和“上海环境热线”网站同步加强环境网络宣传，网站浏览量达5761893人次。

【国际合作】2012年3月，市环保局与意大利环境部签署了“2012年中意环境管理和可持续发展高级培训项目”合作协议。完成中意环保合作“低碳经济”、“大气污染控制”、“低碳经济与可持续城市”等专题高级培训。中国环境与发展国际合作委员会（简称“国合会”）将“上海绿色供应链管理示范项目”列为“2013年国合会政策示范项目”。2012年，市环保局分别同欧盟商会和澳大利亚商会合作举办了三次交流会，主要涉及环境法规、上海“十二五”环保规划等内容。2012年2月，市环保局应邀参加“川崎国际环境技术展”。本次展会汇集了20多个国家的企业和研究机构，发布最新节能环保顶尖技术。2012年，市环保局向上海市外国专家局申报了“上海市霾污染监测与分析技术”等12个引智项目，邀请15人次境外专家来沪进行技术交流和指导。2012年市环保局组织接待环境国际交流来访28批次，共计183人次。重要团组包括美国环保署副署长、越南河内市副市长等。

（五）环境法制和执法

【概况】 推进环境立法，制定《上海市社会生活噪声污染防治办法》等制度。加强环境执法，全年出动执法人员20766批次、64600人次，突出了重点区域、重点行业和重点污染源的执法监管，发现并查处了一批重大案件。

【环境立法】 2012年，《上海市社会生活噪声污染防治办法》（以下简称《办法》）经市政府第157次常务会议审议通过，以市政府令第94号发布，自2013年3月1日起施行。《办法》对公园等公共场所健身娱乐活动噪声、住宅小区公用设施噪声、装修噪声、车辆防盗报警装置噪声等方面作出了较为全面的规范。为深入推进在线监测数据用于执法工作，出台了《上海市污染源自动监控设施运行监管和自动监测数据执法应用的试行规定》，自2013年1月1日起实施。《上海市实施<固体废物污染环境防治法>办法》的立法工作在梳理归纳固体废物管理中存在的重点问题的基础上，完善了制度设计，形成了征求意见稿。

【环境执法】 根据国务院部际联系会议的要求，会同市发展改革委等11个有关部门联合发布了《2012年上海市整治违法排污企业保障群众健康环保专项行动实施方案》，明确了重金属污染物排放整治、危险废物监管、污染减排重点行业监管等任务。组织开展环保督查工作，围绕存在较大环境安全隐患企业的排查和整改落实情况、重大信访（投诉）案件的整改落实情况、未批先建、久拖不验且存在较大环境安全隐患项目的处置情况、环保专项行动的开展情况、重金属污染整治情况、危险废物污染整治情况、饮用水源环境安全保障的情况、污染减排和环保三年行动计划的推进情况等内容展开督查，做到重点突出，确保环境安全。2012年，全市环保系统共出动执法人员20766批次、64600人次，现场监察企事业单位49420户次；检查废水处理设施17804套、废气烟尘治理设施28189套、噪声治理设施3170套、固废治理装置6845套、现场监督检查建设项目5089户次；处罚违法单位1228户次，处罚金额4527.24万元；开征排污费26806户次，开征排污费1.96亿元。突出了重点区域、重点行业和重点污染源的执法监管，发现并查处了一批重大案件，解决了一批群众反映强烈、举报和投诉集中的难点、热点环境问题，保障了主要污染物减排工作的顺利实施。

（市环保局供稿）

六、水务管理

（一）综述
（二）防汛防台
（三）城市供水
（四）城市排水
（五）水利建设
（六）水政管理
（七）太湖流域管理

（一）综述

2012年，本市各级水务部门以迎接党的十八大胜利召开为动力，全面贯彻落实2011年中央1号文件，进一步提升水务公共服务和管理水平，较好地完成了年度各项目标任务。

水利改革发展取得新的进展。水利投入稳定增长机制进一步完善，先后出台了水利固定资产投资项目列入市重大工程、骨干河道整治腾地专项补贴、郊区水厂深度处理市级补贴、小口径供水管网改造市级补贴等扶持政策，建立了农田排涝设施养护管理、中小河道轮疏、排水管网养护管理等长效机制，全年共安排水利投资101亿元，比上年增长40%，为实现中央提出的到2020年水利投入“翻一番”的目标奠定了扎实基础。基本完成农田水利规划编制，建立水务、农业、财政部门“四个联合”的农田水利建设推进机制。市政府召开全市实施最严格水资源管理制度试点动员部署大会，试点工作正式启动。

防汛防台工作经受严峻考验。加强防汛基础设施建设和应急管理，深入开展防汛隐患排查和督促整改，以“十大地区”为重点，修订防汛防台预案，开展形式多样的应急演练，各级防汛准备工作扎实充分。入汛之后，在防御多次暴雨和台风的过程中，充分发挥各地区、各部门协调联动机制作用，并建立了排水、路政、公安“三合一”的下立交监控等新机制，有力确保了各类应急处置及时有效。尤其是在2005年“麦莎”台风以来对本市影响最大的“海葵”台风防御工作中，市委、市政府领导高度重视，及时发布“七个一律、三个可以”的通告，全面落实各项防御措施，确保了人民群众生命财产安全和城市运行安全平稳，得到了社会的广泛好评。

供水服务保障能力明显提升。以青草沙徐泾支线、南汇支线先后通水切换为标志，青草沙原水系统全面建成通水，服务人口达1300万。东风西沙水库工程建设顺利，集约化供水加快推进。全市供水水质基本达到国家新颁标准，中心城区供水水质106项指标定期上网发布。加强了青草沙水库及相关水厂水质监测，有效应对了3次水污染突发事件。全市地下水开采量1094万立方米，回灌量1935万立方米，新建改造应急供水深井10口。与此同时，完成3000余只历史病险消火栓的维修养护和80万只水表的定期更换工作，协调解决了奉贤头桥、青浦万狮等部分区域居民用水难题。市民对供水服务满意度不断提升，供水行业连续第六年被评为夏令热线“最满意”行业。

城乡水环境面貌持续改善。第五轮环保三年行动计划水环境治理平稳开局，项目开工率达44%。白龙港污泥厌氧消化、松江和奉贤污泥高温好氧发酵及石洞口、白龙港和天山污泥深度脱水等应急处理工程建成投运，有效缓解了本市污泥处理处置的阶段性矛盾。污水处理厂网运行监管力度进一步加大，年度减排目标顺利完成，全市城镇污水处理率达到85%以上，提前实现了“十二五”规划目标。同时，开展了“优化水环境、迎接十八大”专项行动，稳步推进河道综合整治，完成115公里河道治理及4万户农村生活污水治理工程，建立了中小河道轮疏机制，城乡水环境面貌得到进一步改善。

行政效能和公信力进一步提高。行政审批标准化和电子监察平台建设有序推进，水务行政审批事项基本实现“全部上网、全程上网”；《上海市水文管理办法》正式施行，市水文总站参公管理有序推进；加强质量安全监督机构建设，强化水务建设工程安全质量管理，深化行政执法规范达标活动，执法效能进一步提升；上海水务海洋“1+9”政务微博群开通运行，传播正能量和接受社会监督的渠道进一步畅通；财务管理、统计工作进一步加强，在全市评比中继续保持优秀；以供水水质、财政性资金、行政许可办事公开为重点的政府信息公开工作不断深入，行政透明度进一步提高。

（邓一露）

（二）防汛防台

【概况】2012年，上海市经受住了“苏拉”、“达维”、“海葵”、“天秤”、“布拉万”等5个台风外围影响、9次天文大潮汛、1次大暴雨、4次暴雨、9次局部暴雨等的严峻考验。其中黄浦江吴淞口潮位3次、苏州河口潮位4次、上游米市渡潮位60次超过警戒线。上海中心气象台先后发布暴雨、台风蓝色预警信号5次、黄色预警信号10次、橙色预警信号7次、红色预警信号各1次。市防汛指挥部也发布防汛防台蓝色预警信号9次、黄色预警信号8次、橙色预警信号5次，并首次发布红色预警信号1次。

【汛情特点】 降水总量偏少，但强对流天气偏多。据徐家汇观测站资料统计，汛期累计降水量为681.1毫米，比常年同期（684.4毫米）略偏少，较近5年同期（768.6毫米）偏少11.4%。其中梅雨量为177.6毫米，较常年（243.1毫米）偏少27%。汛期本市遭受1次大暴雨、4次暴雨、9次局部暴雨等的严峻考验。入梅首日全市普降暴雨到大暴雨，其中奉贤海湾地区雨量最大达179.6毫米。

台风影响频繁，遭遇近年最强台风。仅8月份本市连续受到“苏拉”、“达维”、“海葵”、“天秤”、“布拉万”等5个台风外围影响，其中包括两次双台风，为历史罕见。特别是“海葵”为2005年遭遇“麦莎”台风后，影响范围最广、强度最大的一次台风。8月7日夜间到8日夜间，全市普降大暴雨到特大暴雨，平均雨量127.8毫米，最大雨量出现在虹口区鲁迅公园达246.2毫米；市区最大风力达到了9~10级，长江口区和沿江沿海地区10~12级，洋山港区最大风力达到14级。

外河潮位频繁超警，内河水位偏高。2012年汛期，黄浦江吴淞口潮位3次、苏州河口潮位4次、上游米市渡潮位60次超过警戒线，最高分别为4.92米、4.71米、4.05米。在“海葵”台风影响上海期间，太湖流域下泄水量较大，致使本市内河水位普遍较高，其中虹口港、桃浦河分别出现了4.4米和4.7米的高水位，基本接近设防的最高水位。

汛情较往年偏重，灾情基本可控。在台风、暴雨的侵袭下，2012年汛期部分地区不少路段出现较严重的积水和居民小区进水，但总体上退水较快，未对城市正常运行造成大的影响。受“海葵”台风影响，全市受灾人口40.83万人，其中紧急转移安置37.4万人，直接经济损失6.64亿元，期间发生了2死7伤的意外事故。在上海市防汛指挥部的统一指挥下，全市上下共同努力，各项防御措施有力到位，把灾害带来的损失控制到最低限度。

（邓一露）

（三）城市供水

【概况】 2012年，本市自来水厂数量减少，供水量略有下降。积极推进集约化供水建设，市水务局会同市财政局制定并出台《郊区小口径供水管网改建项目资金管理办法》，顺利通过国家节水型城市复查，获国家住房和城乡建设部、国家发展改革委的充分肯定。首次发布中心城区水质报告。

【自来水供应量】 到2012年底，上海市共有自来水厂78座，比上年减少12座。全市自来水厂供水能力为1145万立方米/日，比上年减少5万立方米/日。年供水总量为30.97亿立方米，比上年下降0.5%。售水总量为24.35亿立方米，比上年下降0.2%。其中工业用水5.18亿立方米，比上年下降7.3%；城市公共用水9.21亿立方米，比上年增长1.0%；居民生活用水9.96亿立方米，比上年增长2.7%。2012年全市最高日供水量达966万立方米。

【积极推进集约化供水建设】 2012年，市水务局会同市财政局制定并出台《郊区小口径供水管网改建项目资金管理办法》，累计建设DN500以上输水管网102.44公里，改建DN100 ~ 300小口径供水管网440公里，关闭浦东新区、嘉定、崇明等区县9家乡镇水厂。聚焦重点、协调推进群众呼声较高的用水困难区域集约化进程，改造奉贤头桥地区12个村供水管网，建设DN500以上管网5.4公里；改造青浦万狮村DN100～200的管网2.7公里、DN100以下管网3.8公里；确定崇明长兴地区供水干管13.5公里、配水管16.77公里的分步改造实施方案，解决六村一队用水问题。

【节水型社会建设】 2012年，上海市顺利通过国家节水型城市复查，获国家住房和城乡建设部、国家发展改革委的充分肯定。建成第五批34家节约用水示范小区、4家节约用水示范学校（校区）、2家节约用水示范单位、325家节水型小区、22家节水型学校（校区）、22家节水型企业（单位）和1家节水型工业园区。浦东新区国家级节水型社会建设试点通过水利部验收，被授予“节水型社会建设示范区”荣誉称号。

【申城首次发布中心城区水质报告】 7月1日起，新国标《生活饮用水卫生标准》（GB5749-2006）全面实施，与1985版的旧国标相比，微生物指标由2项增至6项，饮用水消毒剂由1项增至4项，毒理无机化合物指标由10项增至21项，毒理有机化合物指标由5项增至53项，感官性状和一般化学指标由15项增至20项，合计比旧国标的35项大幅提高至106项。7月4日，市水务部门编制了《中心城区供水水质报告》，并在市水务局、市供水处官方网站的供水水质栏目中公布了上海市中心城区供水水质106项指标。该份水质报告除了保留原有的管网水4项（每周公布一次）外，新增了常规指标42项（每月公布一次）和非常规指标64项（每半年一次公布）两个部分，监测数据由国家城市供水水质监测网上海监测站提供。水质报告发布首日，报纸、电视、网站等各类媒体广泛关注，社会反应总体平稳。

（邓一露）

（四）城市排水

【概况】 2012年上海市城镇污水总量23.44亿立方米（其中工业废污水量6.47亿立方米，生活污水量16.97亿立方米），折合日均城镇污水量640.54万立方米，其中，中心城区435.29万立方米/日，郊区205.25万立方米/日。

【城镇污水处理厂污水处理量】 到2012年底，上海市共有城镇污水处理厂53座（其中2012年完成扩建1座），总处理能力为701.05万立方米/日。2012年全市城镇污水处理厂年平均实际污水处理量为548.32万立方米/日，全市城镇污水处理率为85.6%，比上年增加0.9个百分点。其中，中心城区污水处理率91.4%，郊区城镇污水处理率73.2%。

【COD、NH3-N减排】 2012年全市城镇污水处理厂共削减COD量59.74万吨、NH3-N4.14万吨。

（五）水利建设

【概况】 2012年是上海市实施最严格水资源管理制度试点工作的开局年，全面落实最严格水资源管理制度的试点工作。全面推进小型农田水利设施建设，积极开展中央财政小型农田水利重点县建设，持续推进农村生活污水处理工作，出台一系列农村水利建设管理新政策。

【全面落实最严格水资源管理制度的试点工作】 2012年是上海市实施最严格水资源管

理制度试点工作的开局年，本市紧紧围绕水资源管理“三条红线”“四项制度”的建设和节水减排工作的协调推进，立足水资源的优化配置、节约利用和有效保护，各项重点任务得到有效落实。年内组织开展了上海市水资源管理基础评估和指标研究，在反复协商的基础上为上海的发展取得较有利的控制指标；组织编制了上海市加快实施最严格水资源管理制度试点方案，在多方讨论的基础上获得水利部和市政府联合批复；召开了全市试点工作动员部署大会，分解落实相关职责；推进试点工作的宣传和培训，编制专题片、广告片并举办相关培训班；编制完成水资源管理系统实施方案，开展水资源监测、统计和考核的相关准备工作。

【全面推进小型农田水利设施建设】 2012年本市实施了以设施粮田、菜田外围水利配套为重点，以圩区达标建设和面上小农水设施建设为主要内容的小型农田水利基础设施建设。更新改造了灌溉泵站332座、排涝泵站203座，整治、疏浚河道1786.67公里，新建、加固堤防护岸28.55公里等，改善灌溉面积38万亩，新增节水灌溉面积5.8万亩，改善除涝面积40万亩。

【积极开展中央财政小型农田水利重点县建设】 2012年度中央财政小型农田水利重点县建设涉及金山区和崇明县，共更新改造灌溉泵站51座、新建喷灌泵站2座、低压管道39.18公里、衬砌明渠40.42公里，建设高效节水灌溉片2790亩、排涝泵闸2座、配套建筑物29座等，有效改善了当地农业生产条件。

【持续推进农村生活污水处理工作】 2012年，我市继续全面推进农村生活污水处理工作，工程涉及闵行、宝山、浦东、奉贤、松江、金山、青浦、崇明等8个区县，全年圆满完成了4万户农村生活污水处理设施建设的计划任务。工程的建设有效减少了生活污水入河量，巩固了农村水环境整治的成效，改善了农村地区环境面貌。

【继续实施拆坝建桥沟通水系工程】 2012年，拆坝建桥沟通水系工程涉及闵行、嘉定、宝山、奉贤、金山、青浦等6个区，共拆除阻水坝基48座，建造跨河建筑物52处，开挖土方26.02万立方米，新建泵闸1座、泵站1座、水闸4座、涵闸13座。工程的建设进一步沟通水系、调活水体，保证了郊区河道水流通畅，同时改善了老百姓的出行条件。

【出台农村水利建设管理新政策】 2012年，本市制定并出台了《关于进一步加强农田水利建设和管理工作的意见》、《关于加快推进高水平粮田设施建设的通知》、《关于本市设施菜田建设的实施意见》、《关于加强郊区镇村级中小河道轮疏工作的实施意见》、《关于进一步加强农田排涝设施管理养护工作的实施意见》、《关于加强菜田防汛除涝工作的意见》等多个政策性文件，明确了农田水利建设管理新机制，加强了水利设施长效管理，做好了菜田防汛除涝工作。

（六）水政管理

【概况】 2012年，市政府印发《上海市水务“十二五”规划》，该规划是上海市国民经济和社会发展“十二五”规划的重要组成部分。市人民政府令第84号公布《上海市水文管理办法》，该办法根据国家颁布的《水文条例》，结合本市实际，进一步理顺了本市水文管理的体制。水利部、上海市人民政府联合批复《上海市加快实施最严格水资源管理制度试点方案》。上海市作为全国首批实施最严格水资源管理制度试点地区之一，将全面启动该项试点工作。市政府还批复同意了《上海市骨干河道布局规划》和《长江口水文监测站网规划》。

【**水务规划**】4月，上海市政府批复同意《上海市骨干河道布局规划》；5月，市政府印发《上海市水务“十二五”规划》，并在“中国上海”全文发布；8月，市政府批准《长江口水文监测站网规划》。年内，基本完成上海市农田水利规划、中心城区初期雨水治理规划、上海市海塘规划编制工作。积极配合水利部和流域机构同步开展相关规划：配合全国水土保持规划编制，同步开展上海市水土保持规划编制工作；配合全国水中长期规划和水资源保护规划编制，同步开展上海市水中长期规划和水资源保护规划编制工作；配合全国中小河流整治和中小河流整治重点县规划编制，同步开展上海市金山、青浦、奉贤和闵行区等中小河流重点县规划工作；配合全国灌溉发展总体规划和抗旱规划，同步开展上海市农田水利规划和灌溉规划编制；配合水利部开展全国河口海岸滩涂开发治理与管理规划编制工作，配合长江委开展《长江中下游河道治理规划》等工作。

【**市政府印发《上海市水务“十二五”规划》**】5月9日，市政府印发《上海市水务“十二五”规划》。该规划是上海市国民经济和社会发展“十二五”规划的重要组成部分，是指导今后一个时期全市水务发展和改革的重要文件，是履行政府管理职能、提供公共服务的重要依据，对提升水务服务城市经济社会发展的综合能力具有十分重要的意义。

【**市政府公布《上海市水文管理办法》**】5月24日，上海市人民政府令第84号公布《上海市水文管理办法》。该办法根据国家颁布的《水文条例》，结合本市实际，进一步理顺了本市水文管理的体制，明确了行业管理的内容和要求，细化了水文站网规划和水文测站分级分类管理的相关内容，强调了水文情报预报的统一发布制度，同时就建立水文资料汇交、共享和利用制度，提出了具体要求，为本市水文设施和检测环境的保护等提供制度性保障。该办法的出台，对于进一步规范水文管理、优化水文社会服务，推动水文事业可持续发展具有重大而深远的意义。

【**水利部、上海市政府联合批复《上海市加快实施最严格水资源管理制度试点方案》**】10月，水利部、上海市人民政府联合批复《上海市加快实施最严格水资源管理制度试点方案》。上海市作为全国首批实施最严格水资源管理制度试点地区之一，将全面启动该项试点工作。批复指出，上海市濒江临海，河网密布，人口众多，经济发达；过境水量充沛但河网水质堪忧。率先开展最严格水资源管理制度试点建设，对于上海市以水资源可持续利用保障经济社会又好又快发展具有重大意义，同时也能为东部发达地区实施最严格水资源管理制度提供借鉴。批复明确，上海市2015年水资源管理控制指标为：用水总量控制在122.07亿立方米以内，农田灌溉水有效利用系数不低于0.734，万元工业增加值用水量与2010年相比下降30%，水功能区水质达标率提高到53%。批复要求，要以该试点方案为依据，在实施过程中，按照目标明确、制度先行、监控到位、重点突出、保障有力的原则，以水资源配置、节约和保护为主线，按照“四个率先”的总体要求，努力探索实行最严格水资源管理制度的模式、经验和做法，发挥示范带动作用。

【**市政府批复同意《上海市骨干河道布局规划》**】4月20日，市政府批复同意《上海市骨干河道布局规划》（沪府【2012】41号）。批复明确全市骨干河道总体规划布局由“1

张河网、14个水利综合治理分片、226条骨干河道”构成。在226条骨干河道中，规划河道总长度约3687公里。其中主干河道71条，规划河道总长度约1823公里；次干河道155条，规划河道总长度约1864公里。骨干河道河面率为4.21%，其引、排水总量占全部河道引、排水总量的75%以上，纳污能力占到全部河道纳污能力的55%以上，最大调蓄库容占全市规划河网最大调蓄总库容的28.5%。

【市政府批准《长江口水文监测站网规划》】 8月，市政府批准《长江口水文监测站网规划》。该规划鉴于长江口现状水文站网存在布局不够合理、监测要素不够齐全、资料共享率低及运行维护缺乏长效保障等不足，针对各行业、各部门水文监测需求的多样化、差别化等特点，按照“保障重点、统筹兼顾”的原则进行监测站网的规划布局和监测项目筛选，形成以控制站和关键节点代表水文站为主体的“一网47站”的长江口站网布局，系统开展潮位、流量、波浪、盐度、泥沙、水质和风速风向等水文要素的监测和观测。该规划明确“十二五”期间新建10个水文测站，改建11个水文测站；在相对固定的长江口河道断面，开展常规水文调查，获取河道断面及区域水、沙、盐、地形资料；建立长江口区资料完整、准确可靠、使用方便、信息共享的基本水文数据平台，以满足长江口安全保障、水土利用、港口航道、生态环境等方面对水文监测资料的近远期需求。

【加强水质水环境监测】 加大国家重点水质监测站监测、黄浦江水质监测、水源地水质监测、骨干河道、水利控制片河道、水功能区划河道水质监测力度，共完成监测数据11.2万个；加强了农村生活污水治理的扩大监测、验证标准、绩效考核验收等工作；完成了1000家排水户污水排放监测和50家污水处理厂进、出口水质监管工作；完成《滴水湖水质生物状况报告》12期，及时掌握滴水湖水质的变化动态。继续组织实施引江济太调水，落实水量水质常规监测，监测数据2170个，及时对常规调水和区域调水进行分析总结。组织实施并圆满完成了第一次长江口水文综合调查，出动23条测量船、90多人，测量13个流量断面、10条水质垂线，共获得各类数据8760个。完成了为期10天的黄浦江上游及边界地区水文调查，测量17个流量断面，9个水质断面。完成了深水航道、青草沙库区等水文测验任务。

【水务海洋政务微博群开通】 上海水务海洋政务微博群于3月22日本市纪念第20届世界水日、第25届中国水周座谈会暨水务海洋政务微博开通仪式新闻通气会上正式开通上线。

运作架构：上海水务海洋政务微博群采取“1+9”的组织架构模式：即开设1个局层面的政务微博——“上海水务海洋发布”；保留原先已开通的3个微博：上海防汛、智慧水网、科技兴海；在局属单位中开通6个行业微博：沪水人（市水务行政执法总队）、上海水利（市水利管理处）、上海供水（市供水管理处）、上海排水发布（市排水管理处）、绿色堤防（市堤防泵闸设施管理处）、上海水文（市水文总站）。

开设平台：上海水务海洋政务微博群同时在新浪网、腾讯网、东方网和新民网开通，并保证不同网站政务微博信息的统一和完整。

主要内容：上海市水务、海洋政务微博群主要发布以下信息：一是涉水涉海突发公共事件和公众性事件的权威信息；二是各类重要会议、政策措施和重点工作信息；三是领导重要活动信息；四是水安全保障、水环境治理、水资源管理、海洋服务管理等各类民生信息及各类服务信息。

【科技与教育】2012年，上海市水务局聚焦防汛安全、饮用水安全保障，水土资源开发利用保护，水环境整治等重点领域，开展“长江口系统监测综合研究”、“上海黄浦江与青草沙饮用水安全保障技术集成与示范”、“特大城市面源污染控制关键技术研究与工程示范”等重大课题研究，积极申报水利部、住建部、上海市科委专项。全年启动水务科研项目17项，中间检查28项，结题12项，完成科技成果登记4项。取得了“上海市雨水口现状存在的问题及对策研究”、“长江（陈行）原水深度处理工艺研究”、“黄浦江防汛墙防汛风险分析研究”、“崇明北沿促淤现状调查和生态修复对策研究”等一大批科研成果，并在水务事业发展和管理服务中得到广泛应用。

（七）太湖流域管理

【概况】开展《太湖流域管理条例》配套制度建设。印发《太湖流域管理局行政执法职权分解、岗位职责及执法责任》，结合新出台的《行政强制法》，将太湖局现有95项法定职权科学合理地分解到具体部门、单位和管理、执法岗位，并将不同层级的执法机构和执法岗位之间的职权有效衔接。印发《太湖流域管理局太湖和太浦河、望虞河水事巡查报告制度》，明确巡查报告的职责分工、要求、程序、时限和处理要求等，确定了执法责任。完成配套规范性文件的合法性审查，《太湖流域重要河湖管理范围内建设项目水利技术规定（试行）》已印发实施，《太湖流域水功能区管理细则》已报部审查。为宜马公路、华电望亭至无锡供热管网过望虞河悬索管道桥工程等数十项行政许可进行合法性审核或提供前期咨询，坚持以《条例》为依据严格把关。

以“依法保护太湖，促进人水和谐”为主题开展《条例》宣传月系列活动；开展“世界水日”、“中国水周”健康行、摄影采风及作品评选、《中国水利》杂志《条例》宣传专题约稿等活动，发表相关文章十余篇；《条例》颁布一周年之际，在中国水利报刊发长篇通讯《法制护航，流域依法管水稳步前行》，宣传流域贯彻落实《条例》情况。

向流域片省市印发《太湖流域片省际水事矛盾纠纷排查化解活动方案》，在流域省市自查的基础上，完成流域片省际水事矛盾纠纷排查工作，有效促进省际边界地区社会稳定。积极推进浙闽边界交溪流域水资源综合开发，多次指导建设单位开展规划确定的龟湖、管阳溪跨流域引水等项目水资源论证工作，参加交溪流域浙闽地方政府规划实施前期工作磋商会，推动规划前期工作。

以联合巡查制度为平台，以违反《条例》有关水资源管理、水污染防治和水域岸线保护规定的违法行为为巡查重点，完成了为期四个月的流域与区域《条例》专项执法联合巡查活动。

加强水政监察能力建设，研究制订《太湖局水政监察工作考核制度》；积极组织一线执法人员参加水利部举办的六期执法、统计等培训；召开太湖局系统水政监察工作会议暨培训班，并根据培训情况对拟领行政执法证人员进行登记汇总和资格初审，强化人员资格审查和登记，强化执政人员能力建设，提升科学执法水平。配合水利部编制水政监察基础设施建设规划，太湖水政执法基地主体工程已基本完成，为水行政执法提供基础保障。

【落实水资源开发利用控制红线】完成太湖流域水量分配方案编制并完成省级水行政主管部门意见征求，进入省市协调；筹备流域片第二批主要江河流域水量分配方案编制准备工作，组织提出新安江流域水量分配方案编制前期工作任务。全面完成太湖流域片用水总量控制指标的省市确认并报水利部。根据省市确认的太湖流域用水总量控制指标，组织提出并完善2015、2020年流域及重点河湖、东南诸河取水许可总量控制指标。积极落实《太湖流域管理条例》重点河湖取水总量控制制度和实时监控要求，认真梳理重点河湖口门情况，将“一湖两河”22条入湖河流和10个取水断面作为重点监测站点；组织开展太湖、太浦河、望虞河取水总量总结和计划管理工作，开展太湖、太浦河、望虞河取水总量控制办法研究。

【落实用水效率控制红线】 按照水利部关于太湖流域片各省市2015年万元工业增加值用水量较现状下降不低于30%的目标要求，积极开展效率指标分解和省市协调。太湖局依据近十年流域片省市社会经济、用水结构、工业经济发展速度和工业用水量等资料，深化分析流域片各省市工业行业产业结构调整方向、用水结构变化趋势，结合“十二五”国民经济发展规划和当前实际用水水平，提出各省市2015年万元工业增加值用水量下降幅度的合理区间，与省市协调达成一致。继续推进流域片节水型社会建设，协助水利部圆满完成流域第三批节水型社会建设试点验收，总结提出了一些富有特色、可以推广的做法和经验。针对流域农业用水节水实际，选择具有代表性的上海市青浦区开展农业节水减排效果研究，开展福建省农业灌溉用水效率现状分析，成果为用水效率考核和节水减排提供了基础数据。

【加强水资源论证和取水许可管理】 全年共审批11个建设项目水资源论证和9份取水许可申请，开展6个项目取水设施现场核验，对合格的6个单位核发换发取水许可证，将节水量纳入取水总量，许可的项目平均核减取水量15%以上，火电项目用水定额普遍达到或高于国内先进水平。

积极拓展水资源论证范围，对非常规水源的海水淡化、中水回用等项目进行水资源论证，实现了管理的延伸。组织开展台州石化工业园区和奉贤南桥新城规划水资源论证试点工作，对流域自来水厂、电厂4个典型建设项目取用水情况进行建设项目水资源论证后评估，利用后评估敦促环太湖第一用水大户望亭电厂加快实施取退水技改方案，落实审批要求。

取水许可管理中，太湖局加强取水设施核验，强化取水户用水过程管理。对于施工期较长的项目，按照施工期、运行期分期发放取水许可证；对水电站生态下泄流量、用水计量等主要问题进行重点核查，发现问题限期整改，合格后发证。加强许可后的监督检查，做到许可和管理并重。督办嘉兴石化等公司完成取水复核论证和取水许可手续；另外，对福清核电、宁德核电重点项目等开展现场监督检查，提出整改要求；完成太湖局直管取水户2011年取水总结和2012年度取水计划审批下达，从严核定取水计划量。

【推进水资源管理信息化建设】 集中力量对建设太湖流域水资源管理系统的具体建设目标、监控断面等进行多次修改完善，加强与水资源监控与保护预警系统等协调衔接，为水资源监控能力建设项目的实施提供了支撑。全力组织推进流域水资源监控能力建设项目，开展太湖流域片省际河流省界水量监测站名录筛选、核定及确认工作，共提出47个监测站点，并开展省市确认工作。

【强化水资源管理基础工作】 太湖局组织省市查清了太湖流域江苏省、上海市及东南诸河福建省火电装机、用水及耗水率现状，为水利部考核省市用水总量和用水效率提供了基础。为加强水资源公报与“三条红线”考核指标的相互衔接，组织完成2011年度太湖流域沿长江、太湖等重点河湖地区自来水厂、工业自备水源取用水调查，编制完成2011年度太湖流域片水资源公报，首次按照最严格水资源管理制度用水总量、用水效率控制指标分解口径编发省市用水总量、万元工业增加值用水量。

【规划前期】 流域水利规划 《太湖流域综合规划》已经省部际联席会和水利部部长办公会审议，正在报送国务院相关部委征求意见。按照国家发改委总体部署和水利部要求，迅速、全力推进《太湖流域水环境综合治理总体方案修编》（水利部分）工作，组织编制形成了成果报告，并报送水利部审查。积极推进《太湖流域及东南诸河水中长期供求规划》，组织两省一市水行政主管部门，多次开展规划关键成果沟通协调，率先完成全国汇总工作。积极组织浙江省、福建省，完成《太湖流域片滩涂开发利用管理规划》，顺利通过了水利部审查。按照水利部的统一部署，基本完成第一次全国水利普查太湖流域部分各项工作。

至2012年底，19个重点水利工程中有17项已经完成工程可研的编制和上报，部分项目基本建成或正在建设过程中。太嘉河工程、平湖塘延伸拓浚工程、杭嘉湖地区环湖河道整治工程3项可研报告经国家发改委批复；苕溪清水入湖河道整治工程、扩大杭嘉湖南排工程2项可研通过中咨公司评估。望虞河西岸控制工程已通过水利部审查并转报国家发改委。积极组织报告编制单位多次协调、讨论，完成太湖流域水资源监控及保护预警系统可研修编。积极推进太浦河清水走廊工程。组织完成《吴淞江行洪工程可行性研究协调汇总项目任务书》，并经水利部批复，积极协调、督促江苏省，提高了地方推动吴淞江工程前期工作的积极性。继续协调督促有关省市，加快环湖大堤后续、望虞河拓宽等项目前期工作。

【工程建设】 加快太湖局直属建设项目实施。望亭水利枢纽更新改造、引江济太调水试验、扩大引江济太调水试验工程和“十一五”水资源监测能力建设等7个项目通过竣工验收；太浦闸除险加固工程开工建设；青浦水文巡测基地、杭州湾水文基地、水环境监测中心实验室已基本建成，太湖水政执法基地建设正大力推进。

【汛情与防汛】 2012年，太湖流域年降水量1340.8毫米，较常年偏多13%，年降水量空间分布不均，总体上南部降水量大于北部，暴雨中心在浙西区。汛前（1～4月），太湖流域降水量379.7毫米，与常年同期相比，偏多20%；汛期（5～9月），太湖流降雨量为741.6毫米，与常年同期相比，偏多4%；汛后（10～12月），太湖流域降水量219.5毫米，比常年同期偏多41%。期间，受第11号台风“海葵”影响，8月8日太湖流域普降暴雨到大暴雨，局部特大暴雨，100毫米以上的降雨笼罩面积达流域面积的73%，流域平均降水量高达119.4毫米，居1951年以来日平均降水量第4位，重现期约20年一遇。

2012年，太湖流域6月17日入梅，比常年偏晚2天，7月4日出梅，较常年偏早4天。梅雨期17天，较常年偏少6天，雨日13天，梅雨量149.4毫米，较常年偏少32%。

2012年太湖流域水情总体较平稳，全年太湖超警戒水位天数40天，均发生在8月中旬至9月下旬。与常年同期水位相比，仅7月中旬、8月上旬以及10月中旬至11月上旬期间偏低，其余时段均偏高，偏高最大达0.59米。受台风暴雨影响，全年太湖水位有两次明显上涨过程，8月9日，太湖水位猛然涨至3.59米，较前一日上涨了0.25米，为全年单日最大涨幅，且是2012年首次超警戒；8月14日8时太湖水位3.86米，超警戒水位 0.36 米，为全年最高水位。

太湖流域地区河网水位变化趋势与太湖水位变化趋势相似。入汛后至入梅前水位较平稳；入梅后，地区河网水位总体快速上涨，梅雨期除杭嘉湖区水位普遍超警戒水位，个别测站超保证水位外，其余各区大部分测站水位均低于警戒水位。受台风暴雨影响，8 月 8 日 ~ 9 日，流域地区代表站普遍达到年最高水位；8 月 6 日 ~ 15 日，流域共 67 个站点超警戒水位，12 站点超保证水位（集中在浙西区和杭嘉湖区）。

全年影响太湖流域片的台风共有 8 个，其中登陆 2 个，影响时间主要集中在 8 月份，达 5 个。“海葵”台风在浙江象山县登陆时中心附近最大风力达到 14 级，登陆后给太湖流域带来强风暴雨，其影响区域普遍出现 10 ~ 12 级大风，流域过程降雨量 159.8 毫米，其中 8 月 8 日降雨量达 119.4 毫米，重现期约 20 年一遇；100 毫米以上的降雨笼罩面积占流域面积的 73%。“海葵”台风风力之强、降雨之集中、影响范围之广为近年少有，影响期间江河湖库水位大幅上涨，普遍超警戒水位，太湖出现 3.86 米的年最高水位。此外，“苏拉”台风正面登陆福建省，造成部分地区发生较大洪水。

太湖防总及太湖局认真贯彻国家防总部署，加强预测预报、分析会商和防汛值班，严格执行《太湖流域洪水与水量调度方案》，有效防御了流域春汛、梅雨及台风洪水，特别是面对 8 月份强台风连续来袭，太湖流域各级防指快速反应，迅速启动应急响应，第一时间开展分析、会商、预判、部署、超前调度等各项应急处置工作。太湖防总及太湖局先后启动防汛应急响应 4 次，派出太湖防总工作组及参加国家防总工作组 13 个。2012 年太湖流域片未发生重大人员伤亡，因灾死亡 3 人。2012 年，成功应对了 3 次水污染突发事件。

全年常熟水利枢纽、望亭水利枢纽、太浦闸分别泄洪 15.5、6.9、20.3 亿立方米；全年调引长江水 16.1 亿立方米，入湖 6.9 亿立方米，通过太浦河向下游增加供水 10.9 亿立方米，太湖基本维持在 3.2 米左右的适宜水位，保障了流域防洪防台和供水安全。

【工程管理】 完成太湖流域片独流入海治理 9 个项目的研审查。完成了太湖流域片 8 座中型水库项目建议书、12 座大中型病险水库除险加固初步设计审核工作。

7 月印发《太湖流域重要河湖管理范围内建设项目水利技术规定（试行）》，规范了太湖流域重要河湖管理范围内建设项目对岸线水域的开发利用，明确了工程建设方案编制的水利基本原则、主要内容和技术要求。依法审查涉河建设项目，完成苏州太湖国家旅游度假区环太湖公路工程建设方案的协调、防洪评价评审，许可批复嘉善太浦河二期取水口、平湖太浦河一期取水口、青浦第三水厂穿太浦河输水管、华电望亭至无锡跨望虞河供热管道桥等建设项目。

组织完成对直属单位苏州管理局的水管体制改革验收；按照《水利工程管理考核办法》，组织复核专家组分别对江苏、浙江、福建省 6 个国家级水利工程管理单位进行了考核，全部通过了复核验收。

进一步加强水利工程安全管理，执行水利部部署的水利安全生产大检查任务 2 次，检查范围涵盖流域内两省一市（浙江、福建和上海），6 个地市（区）、7 个县、21 个项目，现场检查时间超过 15 天，发现各类安全隐患 15 条，形成检查报告 2 份；组织开展了广西壮族自治区坡耕地水土流失综合治理试点工程稽察、浙江省海堤建设工程稽察项目复查和江西省 2011 年至 2012 年上半年部稽察项目整改情况复查等一次水利工程建设稽察任务和两次稽察项目复查任务，稽察范围涵盖两省一自治区，9 个地市（区），实地检查了 9 个重点工程，累计派出人次 21 人，现场检查时间超过 50 天，形成 3 份总报告和 9 个分项报告。

【水资源保护】《太湖流域水功能区管理办法》已经编制完成并上报水利部，基本实现太湖流域 380 个水功能区全覆盖监测，逐步推进东南诸河区水功能区全覆盖监测，对《太湖流域管理条例》确定的 22 条主要入太湖河道开展每月一次的水量水质同步监测。协调确定了太湖流域及东南诸河四省一市分阶段水功能区达标率，完成太湖流域片重要江河湖泊水功能区纳污能力核定和分阶段限制排污总量控制方案。

太湖局组织开展了太湖流域片水资源保护规划编制，积极参与《太湖流域水环境综合治理总体方案》中期评估和修编有关工作。组织召开了淀山湖水资源保护、水污染防治省市合作机制座谈会，完成《淀山湖水环境综合治理总体方案》的编制。积极推进太湖水质联合监测，编制完成 2012 年度《太湖健康状况报告》。

及时做好流域突发性水污染事件应对工作，组织做好长江船舶苯酚泄漏事件、贡湖局部水域水质异常等的应急监测和处置工作。实行太湖蓝藻调查每日专人值班制，逐日报送《太湖水质信息》，按月发布《太湖流域片省界水体水资源质量状况通报》和《太湖流域及东南诸河地区重点水功能区水资源质量状况通报》。

【主要水体水质】 按照《地表水环境质量评价标准》（GB3838-2002），2012 年太湖水质总体评价为Ⅴ类，其中 19.1% 水域为Ⅳ类，7.0% 为Ⅴ类，73.9% 为劣于Ⅴ类，未达到地表水Ⅲ类标准的指标主要为总氮、总磷。太湖主要水质指标中，高锰酸盐指数年均值为 4.34 毫克 / 升，氨氮为 0.18 毫克 / 升，总磷平均浓度为 0.071 毫克 / 升，总氮为 1.97 毫克 / 升，对照国务院批复的《总体方案》2012 年水质目标，高锰酸盐指数、氨氮、总氮均达到要求，总磷微超 1.4%。与 2007 年相比，2012 年太湖四项水质指标浓度都有下降，其中高锰酸盐指数降幅为 14.8%，氨氮降幅为 53.3%，总磷降幅为 4.4%，总氮降幅为 16.5%。

2012 年，太湖的六个主要饮用水水源地（贡湖的南泉水厂、锡东水厂和金墅港水源地，东部沿岸区的渔洋山、浦庄寺前水源地，东太湖的吴江水厂水源地）水质总体较好，以年均值评价，溶解氧、高锰酸盐指数、氨氮达到地表水环境质量标准的Ⅰ—Ⅲ类标准；总磷除南泉水厂和锡东水厂为Ⅳ类外，其余达到Ⅱ—Ⅲ类；总氮浓度均低于 2.0 毫克 / 升（Ⅴ类标准值），全年未发生影响饮用水安全的突发性水污染事件。

按照《太湖流域管理条例》要求，太湖局每月对 22 个主要入太湖河道控制断面进行了水质监测，其中江苏省入湖河流 15 条，浙江省入湖河流 7 条。按年均值评价，22 个断面中，有 7 个水质为劣于Ⅴ类（其中江苏省 6 个，浙江省 1 个），5 个为Ⅴ类，3 个为Ⅳ类，其余 7 个均达到Ⅱ类或Ⅲ类。劣于Ⅲ类水质标准的主要项目有氨氮、溶解氧、高锰酸盐指数、化学需氧量、总磷、五日生化需氧量等。监测的 7 条主要出太湖河流位于江苏省，受到周边河道水势影响易产生往复流，水质差异较大，其中太浦河（出湖段）、胥江、瓜泾港水质较好，水质为Ⅱ类，浒光运河水质为Ⅲ类，新通安河、苏东运河、木光河为Ⅳ类。

根据报汛水量计算，2012 年环太湖河流入湖污染负荷量中，高锰酸盐指数为 6.01 万吨，总磷为 0.20 万吨，总氮 4.81 万吨，氨氮 1.47 万吨。

2012 年太湖平均营养状态指数为 61.03，处于中度富营养状态；太湖叶绿素 a 的平均浓度为 20.3 毫克 / 升，略低于 2011 年的 21.1 毫克 / 升。各湖区中，贡湖、东部沿岸区、东太湖和五里湖为轻度富营养，其余湖区为中度富营养，中度富营养面积为1728平方公里。

2012年太湖流域32个省界河流断面中，水质类别达到或优于Ⅲ类水标准的断面所占比例为25.0%，Ⅳ类为18.8%，Ⅴ类为18.8%，劣于Ⅴ类为37.4%。

【国际交流与合作】积极推进国际科技合作。顺利完成中荷合作太湖风浪监测项目，完成相关技术设备移交并签订备忘录。在水污染控制、底泥处理、防洪管理等方面，编制完成3项科技部国际科技合作专项项目建议书及1项亚行技术援助性项目概念书，参与中澳环境发展伙伴项目中的太湖流域治理相关项目。邀请英国皇家工程院院士、特许土木工程师及海洋学家来局进行专题讲座。

积极参加国际水事活动。参加了中瑞水资源管理研讨会、第五届中瑞防洪减灾研讨会、第六届世界水论坛、第十八届中韩水资源交流会、第十六届海峡两岸水利科技会议等8项国际水事活动，积极寻求宣传和合作的机会。作为世界水理事会成员，配合水利部开展连任董事会席位的竞选工作，圆满完成任务。

做好外事接待工作。先后完成到访的“中澳高层水政策研讨会”澳大利亚部长级代表团、联合国秘书长水与卫生顾问委员会委员荷兰王储特使、瑞士联邦国家减灾委员会及瑞士联邦环境署官员、台湾水利专家、美国陆军工程师兵团代表团、巴西水务署等8批次34人次接待任务。

【引江济太】2012年3次实施引江济太，共通过望虞河调引长江水16.1亿立方米，入太湖6.9亿立方米，太浦闸9月15日断流前向下游地区增供水6.43亿立方米。据监测数据分析，太浦闸断流至12月底，太浦河临时供水措施共增供水约4.43亿立方米。引水期间，太湖水位基本保持在3.0–3.3米之间。太浦闸水下工程施工期间，通过引江济太调度，保持了太湖与平望之间适宜的水位差，太浦河口与平望水位差基本在0.20–0.30米之间，为通过太浦闸附近太湖与太浦河沟通的支河临时向太浦河下游地区供水创造了有利的水力条件，保障了太浦河下游浙江省嘉善、平湖取水口，上海市青浦取水口及黄浦江上游取水口的用水安全。同时，通过引江济太，使太湖及河网水位基本维持在适宜水位以上，促进了河湖水体有序流动，满足了区域用水需求，保障了流域重要水源地供水安全，为实现2012年太湖流域水环境综合治理“确保饮用水安全、确保太湖水体不发生大面积水质黑臭、基本实现《太湖流域水环境综合治理总体方案》近期目标”的工作目标发挥了重要作用。

2012年太湖总体水质保持改善趋势，太湖富营养化趋势继续得到遏制。蓝藻暴发时间推迟，暴发程度有所减轻，全年太湖未出现大面积湖泛。2012年引江济太期间，太浦河出湖断面太浦闸下水质优良，绝大部分时段保持在Ⅱ类。

（邵曦钟）

七、房屋管理

（一）综述
（二）住宅建设
（三）房地产市场管理
（四）物业管理
（五）旧区改造
（六）房屋征收管理
（七）旧住房修缮改造
（八）住房保障

（一）综述

2012年，全市商品房开发投资2381.36亿元，同比增长9.7%，其中商品住宅投资1451.94亿元，同比增长3.8%；商品房施工面积13250万平方米，同比增长2.1%，其中商品住宅施工面积8316万平方米，同比下降0.8%；商品房竣工面积2305万平方米，同比增长2.9%，其中商品住宅竣工面积1609万平方米，同比增长3.8%；商品房新开工面积2724万平方米，同比下降25.2%，其中商品住宅新开工面积1563万平方米，同比下降36.8%。全年共完成拆迁和征收3.82万户，其中，共作出征收决定30个，完成征收1.13万户；其他各类拆迁基地完成拆迁2.69万户。住宅修缮改造力度不断加大，全市各类住宅修缮改造工程报建面积2188万平方米，其中完成开工审核1360万平方米。2012年，“四

（二）住宅建设

【概况】2012年，全市商品房开发投资2381.36亿元，同比增长9.7%，其中商品住宅投资1451.94亿元，同比增长3.8%；商品房施工面积13250万平方米，同比增长2.1%，其中商品住宅施工面积8316万平方米，同比下降0.8%；商品房竣工面积2305万平方米，同比增长2.9%，其中商品住宅竣工面积1609万平方米，同比增长3.8%；商品房新开工面积2724万平方米，同比下降25.2%，其中商品住宅新开工面积1563万平方米，同比下降36.8%。全年完成上海市节能省地型"四高"优秀小区创建45个项目，共计785万平方米。全市累计审核发放新建住宅交付使用许可证450件，2268万平方米。其中，市住房保障房屋管理局发证14件，62万平方米；区（县）局发证436件，2206万平方米。

【新建住宅节能省地和住宅产业现代化工作】2012年，以"节能、节地、节水、节材和环保"为目标，各项工作有序推进，着力落实《关于"十二五"期间本市加快推进产业现代化发展节能省地型住宅的指导意见》。继续利用"建筑节能项目专项扶持资金"鼓励政策，建筑节能项目新增6个、约62万平方米新建住宅项目列入市建筑节能专项扶持公示范围。

2012年，颁布出台《关于加强本市全装修住宅装修工程设计管理的通知》，进一步完善本市全装修住宅工程设计管理。下发《关于本市全装修住宅建设管理有关操作事项的通知》，规范全装修住宅销售方案及预售合同的装修内容。全年本市全装修住宅竣工292万平方米，在建568万平方米；细化《关于本市鼓励装配整体式住宅项目建设的暂行办法》中有关规划面积和扶持资金的配套政策，明确预制外墙不计入规划建筑面积的操作口径，浦东万科地杰B作为全市第一个享受此政策的商品住宅项目，规划方案已审批通过。印发申报指南，明确对装配式住宅示范项目的专项资金支持办法，首批8个项目，共47万平方米列入2012年上海市装配整体式住宅示范项目公示范围，其中5个项目已获得首笔市级扶持资金；同时，《上海市促进住宅产业化管理办法》列入市政府规章立法调研计划，并启动相关立法工作。争取科研投入，推进相关规范、图集的编制工作，上海市装配整体式住宅施工及质量验收规程以及构造节点图集已完成征求意见稿。

【"四高"优秀小区创建和住宅性能认定情况】2012年，修改并实施了新的《上海市创建节能省地型"四高"优秀小区年度考核评分表》（2012年版），大力推进装配式住宅和全装修住宅的发展。全年完成上海市节能省地型"四高"优秀小区创建45个项目，共计785万平方米；完成住房城乡建设部住宅性能认定预审15个项目，终审18个项目，其中，10个终审项目为保障性住房项目。作为保障性住房性能认定试点城市，上海市保障性住房三林基地1至7号地块项目全部通过了住房城乡建设部住宅性能认定1A级终审，成为全国第一个通过住宅性能认定的大型居住社区保障性住房基地。

【新建住宅交付使用许可和质量管理】2012年，全市累计审核发放新建住宅交付使用许可证450件，2268万平方米。其中，市住房保障房屋管理局发证14件，62万平方米；区（县）局发证436件，2206万平方米。完善预警机制，建立动态台帐制度。将各区年内计划交付的保障性住房、大型居住社区项目的梳理和排查工作制度化，及时跟踪管理，更新数据。深化管理，对新建公共租赁住房交付使用、全装修住宅交付使用以及新建住宅相关地下部分建筑面积的操作口径进行了明确。完成新建住宅交付使用许可审批业务手册编制。完成新版《新建住宅质量保证书》和《新建住宅使用说明书》的修订工作，将于2013年全面推行。同时，继续抓好新建住宅建设过程的质量管理，严格规范项目竣工后的分户验收工作。

【保障性住房建设】 2012年，本市确立保障性住房建设的总体目标为新开工和筹措16.58万套、竣工9万套、可供应11.4万套的计划任务。至2012年底，本市全面完成了年初制定的新开工筹措、竣工和可供应目标任务，新开工和筹措保障性住房16.7万套、约1292万平方米，竣工9.75万套、约687万平方米，新增可供应11.5万套、约865万平方米。

市住房保障房屋管理局按照“同步规划、同步设计、同步建设、同步交付”的要求，切实推进保障性住房基地公共基础设施和社会事业设施的建设。特别是针对2012年集中入住的基地，加快市政道路和公共交通的建设，引进优质教育和卫生资源，完善银行、邮政、文体、商业等必备生活业态等措施，努力满足入住居民的基本生活需要，2012年全年累计完成中小学、幼儿园、市政道路、河道、社区行政设施、菜场、公交起讫站、环卫设施等各类市政公建配套项目开工任务147项，竣工任务69项。

（三）房地产市场管理

【概况】 2012年，市住房保障房屋管理局继续坚持以居住为主、以市民消费为主、以普通商品住房为主的原则，坚决贯彻国家和上海市房地产市场调控的各项政策措施，严格执行差别化住房信贷、税收政策和住房限售措施，坚决抑制投机投资性购房，商品住房供求关系改善，价格总体平稳，调控取得初步成效。

【房地产市场调控】 2012年1~12月，全市完成房地产开发投资2381亿元，同比增长9.7%，其中住房投资1452亿元，同比增长3.8%。房地产开发投资占全社会固定资产投资比例为45%。房地产行业保持平稳健康发展，对本市经济社会发展发挥了重要支撑作用。

2012年1~12月全市新建住房新开工面积1563万平方米，同比减少36.8%；竣工面积1609万平方米，同比增加3.8%。

2012年1~12月新建商品房销售面积1898万平方米，同比增加7.2%；其中新建商品住房销售面积1593万平方米，同比增加8.1%。二手存量房买卖登记面积1447万平方米，同比增加3.4%。

商品住房价格总体平稳。据国家统计局统计，2012年本市新建住房和二手存量住房价格指数全年累积环比上涨0.2%和0.6%，涨幅比2011年分别下降1.6和1.1个百分点。

【房地产市场监测监管】 2012年，继续做好房地产市场监测分析，每月会同相关部门对本市房地产市场运行情况进行分析，对当前调控政策的贯彻执行、市场走势以及需要关注的问题进行研判，提出对策建议报市委、市政府领导决策参考。继续严格执行住房限售政策，完善操作口径，加强审核把关。9月6日，市住房保障房屋管理局印发《关于开展住房限售政策等执行情况检查的通知》（沪房管市[2012]309号），开展住房限售政策等执行情况检查。同时，加大违法违规行为查处力度，2012年7月，在日常检查中发现某知名楼盘销售中涉嫌违反住房限售政策规定，经查实，部分购房人提供伪造的社保证明，骗取购房资格，房管部门按规定对涉案人所购商品住房不予办理房地产登记。对造假行为（涉及中介公司及其工作人员）移请公安部门作进一步调查处理。

【房屋租赁管理】 2012年，继续贯彻落实《上海市居住房屋租赁管理办法》。继续加强居住房屋租赁管理，进一步加大对区县工作的指导力度，下发了《关于进一步加强本市居住房屋租赁管理的意见》（沪房管市〔2012〕179号），明确了违规租赁行为的相关认定口径。会同市民政，指导各社区事务受理服务中心，稳步推进居住房屋租赁合同登记备案工作，全年累计办理居住房屋租赁合同登记备案10.14万件。

【房地产估价管理】 2012年3月，颁布施行《上海市国有土地上房屋征收评估管理规定》，以规范本市国有土地上房屋征收评估活动；2012年6月，印发《关于贯彻上海市国有土地上房屋征收评估管理规定有关问题的通知》，进一步规范房屋征收评估项目发布等。同时，开展《上海市国有土地上房屋征收评估技术规范》的修订，完成《上海市国有土地上房屋征收评估技术规范（征求意见稿）》；组织开展"营业税改征增值税"对上海市房地产估价行业影响的调研，完成并上报《关于营业税改征增值税对上海市房地产估价行业的影响和建议》；完成《上海市房地产估价机构资质核准业务手册》的编制，已通过局初评；开展本市房屋征收评估和专家鉴定收费标准调整的调研，完成收费标准调整的建议和收费标准调整方案（初稿）；完成2011年本市房地产估价机构检查总结工作，开展2012年本市房地产估价机构检查工作，已按要求完成检查动员、估价机构自查和实地检查，及报告质量评审等工作。截止2012年底，本市共有房地产估价机构76家，其中一级31家、二级14家、三级21家、暂定三级4家、分支机构6家；注册房地产估价师1012名。

（四）物业管理

【概况】 2012年，继续加强物业行业监管，努力提升物业服务水平。进一步规范物业服务招投标管理，出台了《上海市物业管理招投标管理办法》和《上海市物业管理招标代理机构管理规则》。强化物业服务行业信用管理和物业服务企业及从业人员日常监管，将诚信记录与企业资质审核、物业服务招投标、物业项目评优等工作挂钩。努力提升物业服务水平，在物业行业广泛开展"走百家门、知百家情、解百家忧"夏令主题服务活动，主动走访市民家庭，增进相互沟通和了解；加强962121物业服务热线建设，及时解决物业管理中市民反映的"急、难、愁"问题；加大对违法搭建和强行垄断小区装修等违法行为整治力度，不断提高物业行业市民满意度。完善业主自我管理配套制度和措施并加强工作指导，深化社区物业管理党建联建，巩固物业小区综合管理工作机制。

【调整公有住宅售后物业服务收费标准】 市住房保障房屋管理局联合市物价局颁布了《关于调整公有住宅售后物业服务费收费标准的通知》（沪房管规范物【2012】29号），《关于在公有住宅售后维修资金中列支水箱清洗费、绿化养护费等收费标准的通知》（沪房管规范物【2012】30号），对售后房物业服务费收费标准进行调整。调整的总体思路是在保持现行的住宅物业服务收费价格体制基本不变的前提下，用三年时间，通过逐年调整售后房物业服务收费标准，并解决"同一小区、不同收费"的历史遗留问题，逐步使售后房物业服务收费标准与物业服务实际运营成本接轨。同时，市住房保障房屋管理局和市物价局制定颁布了《上海市公有住宅售后小区物业服务标准》，明确了管理服务、保洁服务、保安服务、绿化养护和共用部位、共用设备设施日常运行、保养、维修服务等五个方面52个具体物业服务项目的服务标准，在全市所有公有住宅售后小区施行，确保售后公房物业服务标准与收费标准同步提升。

【加强物业管理项目的招投标制度建设和运行管理】 2012年9月，市住房保障房屋管理局印发了《上海市物业管理招投标管理办法》（沪房管规范物[2012]27号）、《上海市物业管理招标代理机构管理规则》（沪房管规范物[2012]28号）、《上海市物业管理招投标评审专家管理规则》、《上海市物业管理项目评标规则》等一系列规范性文件，细化招投标平台的业务流程和工作程序，全方位规范本市物业管理项目的招投标工作。据统计，2012年度共有302个物业管理项目通过全市统一的物业管理招投标平台选聘了物业服务企业，其中：建设单位公开招标选聘物业的有228个项目（总建筑面积3174万平方米），协议方式选聘物业的有69个项目（总建筑面积351万平方米），业主大会公开招标物业的小区有35个（总建筑面积386万平方米）。

【建立新建住宅保修金制度】 2012年，继续贯彻落实《上海市住宅物业管理规定》和《上海市住宅物业保修金管理暂行办法》的有关规定，市住房保障房屋管理局印发了《关于实施〈上海市住宅物业保修金管理暂行办法〉有关问题的通知》（沪房管规范物[2012]10号），明确区县房管部门管理职责、免予交纳保修金的条件、保修金专用存款账户管理等方面的工作要求，将全市新建住宅物业管理区域内还未办理房产初始登记的建筑物纳入住宅物业保修金交纳范围。截止2012年底，全市新建住宅小区建设单位交纳了住宅物业保修金813178540.18元（其中预缴资金351371024.47万元），建筑面积达119.08万平方米。

【建立住宅物业项目经理制度】 2012年，根据《上海市住宅物业管理规定》的相关规定，住房保障房屋管理局相继印发了《关于在本市物业管理行业开展助理物业管理师职业技能鉴定的通知》（沪房管〔2011〕376号）、《上海市住宅小区物业服务项目经理管理办法》（沪房管规范物〔2012〕24号）等相关文件，对物业服务项目经理的考试、注册、执业和监督管理作了明确的规定，本市已初步建立了住宅物业项目经理制度。2012年度，共有3170名学员（小区经理）参加助理物业管理师职业技能鉴定培训，合格率为85%。

【物业行业开展"三百活动"】 2012年"夏令热线"期间，市住房保障房屋管理局组织全市物业行业深入开展"走百家门、知百家情、解百家忧"主题活动（以下简称"三百活动"），主动了解业主合理诉求，积极听取意见、建议，解决市民群众"最直接、最密切、最关心"的物业服务诉求和居住生活"急、难、愁"问题。在市建交委、新民晚报开展的"夏令热线"活动中，经第三方测评机构市民满意度测评显示，物业服务行业在第三方测评中，连续三年被评为"市民满意行业"。从市文明开展的2012年41个窗口行业社会公众满意的评价情况来看，居住物业管理得分为82.45分，位于第29位。

（五）旧区改造

【概况】围绕全年完成拆除二级旧里以下房屋60万平方米、受益居民2.5万户的目标，经过全市上下共同努力，中心城区共拆除二级旧里以下房屋71.68万平方米，受益居民2.54万户。

【积极推进郊区城镇棚户简屋改造试点和“城中村”改造】启动金山区朱泾镇新汇街东、西地块和浦东新区三林镇杨思老街地块棚户简屋改造试点。徐汇、普陀等区启动原“征而未拆”旧改基地改造，闵行、浦东等区在探索机制、完善方案基础上，积极推进“城中村”改造。

【出台《关于加快推进本市“十二五”旧区改造若干问题的意见》等政策文件】经市委、市政府同意，研究出台《关于加快推进本市“十二五”旧区改造若干问题的意见》、《上海市土地储备机构参与旧区改造的实施办法》、《关于贯彻执行<上海市国有土地上房屋征收与补偿实施细则>若干意见》、《关于调整2012年市属动迁安置房供应方式的通知》、《关于贯彻执行<上海市国有土地上房屋征收与补偿实施细则>若干具体问题的意见》、《关于本市旧区改造中“毛地出让”地块处置若干政策口径意见》等政策文件，从政策、房源、资金等各方面支持旧区改造推进。

【加大在拆基地收尾力度】通过采取“房管部门加大行政裁决力度并及时向法院申请强制执行、法院加快立案审核流程并加大诉调化解和执行力度、各有关部门形成工作合力”等工作措施，在确保社会稳定的前提下，在拆基地收尾工作取得一定成效。全年共完成在拆旧改基地收尾29个。

【推进历史遗留的“毛地出让”旧改地块启动】研究出台《关于本市旧区改造中“毛地出让”地块处置若干政策口径的意见》，按照“尊重历史、依法合规、市级指导、以区为主”的原则，综合运用支持旧改地块融资、提高动迁房源供应比例、简化审批手续等措施，促使历史遗留“毛地出让”地块尽快启动改造。

【解决旧改融资问题】经市委、市政府同意，旧区改造可作为重大工程项目，按照提供“项目清单”方式，通过土地预告登记，开展融资工作。制定出台《关于本市土地储备机构参与旧区改造的实施办法》，打通旧区改造融资渠道。市旧改办积极支持帮助各区开展旧区改造融资工作，协调解决了虹口区虹镇老街、杨浦区平凉西块、普陀区棉纺新村等旧改项目的贷款融资问题。

【召开旧区改造工作会议和座谈会】2012年1月16日，市政府召开旧区改造工作会议，部署全年旧区改造工作任务，并与中心城区各区签订了目标责任书。5月2日，召开“上海市旧区改造工作座谈会”，沈骏副市长出席并要求认真落实《关于加快推进本市“十二五”旧区改造若干问题的意见》，聚焦全年目标，抓落实、抓推进。

【加强市属动迁安置房的供应和管理】年初，下发了《关于调整2012年市属动迁安置房供应方式的通知》，按照市属动迁安置房新的供应办法，会同市住房保障房屋局编制年度供应计划，引导各区房源使用，确保“早启动、早出资、早实施”的旧改项目优先配房。同时，定期召开各区旧改用房工作例会，加强计划、供应、使用等监督管理。（孙斌）

（六）房屋征收管理

【概况】 2012 年，市住房保障房屋管理局积极推动房屋征收与补偿工作。着重建章立制，完善政策法规，切实做到依法合规征收；积极创新机制，规范征收行为，切实保障被征收居民的合法权益。全年共完成拆迁和征收 3.82 万户，其中，共作出征收决定 30 个，完成征收 1.13 万户；其他各类拆迁基地完成拆迁 2.69 万户。

【完善房屋征收补偿相关配套政策】 2012 年，《上海市国有土地上房屋征收与补偿实施细则》（以下简称《细则》）正式实施后，市住房保障房屋管理局着力完善相关配套政策体系。制定了《关于贯彻执行〈上海市国有土地上房屋征收与补偿实施细则〉的若干意见》（沪府办发 [2012]24 号），由市政府办公厅转发实施；针对具体性问题，制定出台了《关于贯彻执行〈上海市国有土地上房屋征收与补偿实施细则〉若干具体问题的意见》（沪房管规范征 [2012]9 号）；为加强事务所和人员管理，制定出台了《关于做好组建房屋征收事务所相关工作的通知》（沪房管拆 [2012]2 号）、《上海市房屋征收事务所及房屋征收工作人员管理办法》（沪房管规范征 [2012]31 号）和《< 上海市房屋征收工作证 > 管理办法》（沪房管征 [2012]286 号）；为指导各区县做好补偿决定，报市政府批转发布了《上海市房屋征收补偿决定若干规定》（沪府发 [2012]73 号），为规范评估行为，制定出台了《上海市国有土地上房屋征收评估管理规定》（沪房管规范市 [2012]5 号）。同时，制定了房屋征收决定、社会稳定风险评估、强制执行申请、强制执行预案、报请补偿决定报告、补偿决定书、评估委托合同等一系列格式文本，供区县在实际操作中执行。

【逐步理顺房屋征收补偿体制】 2012 年，为建立健全房屋征收补偿体制，市住房保障房屋管理局协调市编办，在区县房管局设立房屋征收事务中心，承担具体事务性工作；协调工商部门，在归并整合房屋拆迁公司的基础上，规范组建房屋征收事务所，接受房屋征收部门委托开始房屋征收补偿工作。全市各区县通过将现有机构更名或增挂牌子、成立直属单位等方式，已全部在房管部门下设房屋征收事务中心；房屋征收事务所的备案工作也按照要求开展，全市 35 家房屋征收事务所已完成了备案工作。

【加快房屋征收信息化系统建设】 2012 年，为进一步规范房屋征收行为，实现房屋征收“过程全透明”、“结果全公开”，市住房保障房屋管理局一方面加快房屋征收信息系统的建设，另一方面总结近几年的“电子协议”签约模式的经验，在长宁、杨浦、静安等区房屋征收地块推出了“升级版”的“电子协议”签约模式。被征收户的补偿方案和协议通过设置好的程序自动生成，并与市住房保障房屋管理局信息中心自动联网，未经批准，不得更改。这种做法确保了操作行为的规范，也提升了被征收户对房屋征收的信任度。

【全力推进房屋拆迁基地收尾工作】 2012 年，在推进房屋征收工作同时，加强对已发拆迁许可证基地的行政管理，加大遗留矛盾化解力度，加快基地收尾工作。对于拆迁、裁决过程中的疑难问题，寻找对策，统一共识，加强推进；针对市政建设项目“先拆迁腾地，后处理纠纷”裁决后的遗留矛盾，进行了全面梳理，切实加快遗留矛盾化解完成进度，力争 2013 年 3 月份完成腾地裁决的遗留矛盾处理工作；对停顿和未启动基地，加强督促管理，进行分类指导。通过不断努力，房屋拆迁基地收尾工作取得明显成效，2012 年，共拆平此类地块 174 块。

（七）旧住房修缮改造

【概况】2012年，住宅修缮改造力度不断加大。进一步加强住宅修缮工程招投标管理，制订了《上海市住宅修缮工程招投标管理办法》等多个配套文件，建立了住宅修缮工程招投标专家库。进一步明确房管、建设等相关部门工作职责，强化属地化管理，组建市住宅修缮工程质量事务中心和修缮工程质量检测中心，理顺市、区两级住宅修缮工程管理体系。坚持“安全为先”，强化市民参与，做到住宅修缮方案事前征询居民意见、居民群众评估修缮情况、市民监督员参与施工监督和竣工验收。加强行业及从业人员培训，提升住宅修缮管理和技术水平。同时，推进各类住宅修缮改造工程。安排“十二五”住宅修缮改造市级财政补贴资金13亿元，出台市级补贴资金管理办法并加强资金管理。有序推进直管公房全项目修缮、平改坡综合改造、高多层住宅综合整治等住宅修缮改造项目。2012年，全市各类住宅修缮改造工程报建面积2188万平方米，其中完成开工审核1360万平方米。

【推进各类旧住房修缮改造工程】2012年，根据本市住房发展“十二五”规划中明确的任务目标，规范、有序地推进直管公房全项目修缮、平改坡综合改造、高多层综合整治等各类型旧住房修缮改造工程。同时，各区县也继续创新各类旧住房修缮改造形式，开展了六小工程、清洁家园、改水、电线改造等工程。制定加强“十二五”住宅修缮工程市级补贴资金管理相关措施，出台了市级补贴资金的管理办法；是对各区上报申请市级补贴资金的工程项目资料、手续、开工等情况进行审核，全年度共下达四个批次的旧住房修缮改造市级项目计划，全年实施各类旧住房修缮改造工程约1800万平方米；同时拓展旧住房综合改造内涵，牵头市相关部门开展多层住宅加装电梯的试点工作以及对拆除重建进行专项课题研究和试点等工作。

【开展新一轮农村低收入户危旧房改造】下发《关于推进2012年农村低收入户危旧房改造工作的通知》，按照新低保标准，并将贫困残疾人纳入扶持范围，开展农村低收入户危旧房改造。下发《关于开展2012年农村低收入家庭危旧房改造和调查统计的通知》，开展调查统计，根据各区（县）初步上报数据，符合农村危旧房改造条件约7000户家庭。积极落实全国农村危房改造工作电视电话会议精神，研究起草《关于加快本市农村低收入户危旧房改造的实施意见》。

【严格落实安全质量政府监管责任】2012年，继续加强对旧住房修缮改造项目的工程监管，市住房保障房屋管理局针对区县修缮管理部门的工作开展情况和修缮改造项目的规范运作、安全生产、工程质量等情况，全年结合防台防汛、打非治违、直管公房修缮检查等专项行动共开展了八批次的住宅修缮工程检查；各区县修缮管理部门按照要求对辖区内各类住宅修缮工程项目开展全覆盖的安全质量检查；市住房保障房屋管理局针对住宅修缮工程主要材料技术要求和材料抽检工作明确了工作要求，并从市、区各层面开展了材料抽检工作。2012全年度，全市各类旧住房修缮改造工程基本都能做到规范运作，无重大安全生产、质量事故发生。

（八）住房保障

【概况】2012年，“四位”一体住房保障体系基本形成。保障性住房建设筹措年度目标任务顺利完成。围绕“新开工和筹措1100万平方米、17.08万套（其中廉租货币配租0.5万户），可供应770万平方米、11.4万套，竣工9万套”的年度目标，积极协调市、区县、相关部门和建设单位，抓项目进度、抓资金筹措、抓配套建设、抓工程质量，顺利完成了年度目标任务。全年，新开工建设和筹措保障性住房1292万平方米、16.7万套；可供应865万平方米、11.5万套；竣工687万平方米、9.7万套。其中，新筹措廉租住房0.5万套、28万平方米；新增公共租赁住房4万套、236万平方米；新建共有产权保障房（经济适用住房，下同）2.8万套、185万平方米；新建征收安置住房（动迁安置房，下同）9.4万套、843万平方米。保障性住房供应工作积极推进。廉租住房继续做到“应保尽保”，实物配租有序推进。全年共新增廉租住房货币配租家庭0.5万户，累计受益家庭9.2万户；受理实物配租申请0.3万户。共有产权保障房全年签约购房1.96万户。市筹公共租赁住房全年完成配租入住0.26万户；各区县安排供应公共租赁住房（含单位租赁房）2万套。征收安置住房完成搭桥供应8.1万套、677万平方米。

【廉租住房工作】2012年，本市继续完善廉租住房制度。进一步提高廉租住房保障水平，对符合条件的申请家庭，按规定及时实施配租。全年共新增廉租住房受益家庭0.5万户，累计受益家庭达9.2万余户。将租金配租的租赁补贴标准上调40%，提高廉租住房保障水平，新补贴标准从2013年1月1日起执行。放宽实物配租申请条件，努力扩大实物配租保障范围。将实物配租申请范围扩大到2人以上（含2人）、人均住房居住面积5平方米以下（含5平方米）的家庭。截至12月底，实物配租新政策集中受理的3246户家庭，累计完成户籍核查3246户，委托经济核对3225户，其中2810户已出具经济核对报告，已有1287户申请家庭参加了摇号排序，292户申请家庭选定了住房。探索廉租住房实物配租和共有产权保障住房有机衔接机制。对在大型居住社区内筹措的、面向中心城区实物配租家庭供应的廉租房源，允许廉租实物配租家庭在租住满一定年限、支付能力有所提高后，按照共有产权保障住房的申请条件和要求，直接购买所租住住房。进一步加强和完善制度建设。对申请审核、配租管理等机制进行优化调整；结合社会诚信体系建设，创新廉租家庭资格复核机制，将复核年限从1年调整为3年，同时推行重大情况变更年度申报制度，既防止公共资源不当流失，又保障廉租家庭合法权益。继续加大房源筹措力度。年安排调配5112套市级廉租房源供各区收购使用，已拨付市级补助资金6.75亿元。

【共有产权保障住房（经济适用住房）（简称“共有产权保障住房”，下同）工作】2012年，本市进一步放宽共有产权保障住房申请准入标准，3人家庭人均月可支配收入线放宽到5000元，人均财产线放宽到15万元；本市城镇户籍年限放宽到3年；单身申请人士年龄放宽到男性年满30周岁、女性年满28周岁。本市住房困难的中等收入家庭，包括落户的引进人才、青年职工等已纳入政策覆盖范围，更多地住房困难群体享受到了住房保障的优惠政策。同时，合理放宽了共有产权保障住房供应标准，对原规定只能购买一居室的2人申请家庭，允许购买二居室住房，进一步完善了住房保障供应分配政策。截至2012年底，全年共完成共有产权保障住房申请家庭购房签约1.96万户，历年累计完成购房签约的家庭已达近4万户。制订并发布了10余个政策文件，进一步健全本市共有产权保障住房政策体系。同时，在全面总结近年来共有产权保障住房工作经验的基础上，启动开展共有产权保障住房政府规章的制订工作，重点对法律责任、售后管理与违

规行为处理等内容进行研究修订。至2012年底，已初步完成规章框架的拟订工作。为推进和完善共有产权保障住房供后管理工作，着手起草共有产权保障住房售后管理的具体实施办法，并启动供后管理的试点工作。待试点取得经验后，将及时在全市面上推广。

【公共租赁住房工作】 2012年，进一步制订完善公共租赁住房配套政策。市政府办公厅颁布《关于积极推进利用农村集体建设用地建设租赁住房的若干意见》（沪府办〔2012〕88号）、《关于本市保障性住房配建的实施意见》（沪府办发〔2012〕61号）、《关于本市公共租赁住房划拨用地抵押的意见》（沪府办发〔2012〕72号）等公共租赁住房配套政策文件，市住房保障房屋管理局出台《上海市公共租赁住房租赁合同示范文本（单位试行版和个人试行版）》等文件，公共租赁住房制度和相关政策已基本形成体系。全市建设筹措公共租赁住房4万套、200万平方米，竣工2万套、100万平方米，完成公共租赁住房建设筹措任务。

2012年，继续加大财政资金投入力度，市级财政向各区（县）下达公共租赁住房资本金补助7.5亿元、中央公共租赁住房专项补助资金约5.4亿元。各区县公共租赁住房运营机构净资产合计约93亿元。继续会同银监部门对公共租赁住房建设项目实行“名单制管理”，优先安排信贷资金；支持市公积金管理中心使用增值收益约11亿余元收购城开集团建设的“上海晶城·晶华坊”保障房项目1680套、约12万平方米作为公共租赁住房使用，以及使用结余资金向公共租赁住房项目投放公积金贷款约54亿元；支持长江养老保险公司使用企业年金6亿元投资公共租赁住房债权计划；支持地产集团等公共租赁住房建设单位申报发行企业债券，部分用于公共租赁住房建设，多方位拓展融资渠道。

2012年初，华泾馨宁公寓和新江湾尚景园两处市筹公共租赁住房试点项目面向社会供应；闸北、普陀、嘉定、徐汇、长宁、黄浦等区也已启动区统筹公共租赁住房面向社会供应工作。截至年底，两处市筹项目合计受理申请及安排供应约0.4万户，已入住约0.2万户；全市公共租赁住房（含单位租赁房）累计供应约3.6万套。在临港地区建设供应“先租后售”公共租赁住房，解决临港产业区职工安居问题。至2012年底，项目一期20万平方米全部实现结构封顶，二期20万平方米已经开工建设。同时，启动园区企事业单位参与公共租赁住房建设投资工作。

【住房制度改革】 2012年，市住房保障房屋管理局会同相关部门继续推进本市公有住房出售工作。据统计，全年共出售公有住房1.61万套，建筑面积83.66万平方米，回收购房款2.7亿元，扣除维修基金后净归集额1.7亿元。全市自公有住房出售政策实施以来，已累计出售公有住房186.54万套，建筑面积10054万平方米。

按《关于进一步深化本市城镇住房制度改革的若干意见》（沪府发〔1999〕38号）的要求，推进企事业单位的住房分配制度改革；配合市政府机管局等部门深化、完善本市公务员住房解困的有关思路。支持配合外省市住房分配制度改革。配合外省市住房分配制度改革和经济适用住房、动拆迁货币安置等工作的开展，做好外地职工或其配偶申报在沪住房情况的确认工作，2012年共确认321户，自2003年此项工作开展以来，累计确认3915户。

2012年，根据《关于进一步推进本市公有住房出售若干规定的通知》（沪府发〔1999〕44号）的精神，继续对投资单位未申领房地产权证的住房进行梳理，将符合出售条件的住房出售给承租的职工家庭。2012年各区（县）房改部门出售的这类住房共814套，建筑面积4.42万平方米；已累计代售47998套，建筑面积约285万平方米。解决各区（县）有限产权接轨工作的疑难问题。市和区（县）房改部门经过调研和协调，研究解决各类疑难问题，推动有限产权住房接轨工作顺利推进，全年有限产权住房接轨1963套，累计接轨66556套。

（姚卫萱）

八、城市交通

(一) 综述
(二) 交通管理
(三) 交通执法
(四) 市内交通
(五) 公路运输
(六) 交通服务

(一)综述

2012年，本市城市交通行业坚持“稳中求进”的工作总基调，积极应对内外环境不确定因素的影响，深化创新驱动、转型发展，推动交通港航行业科学发展，圆满完成全年目标任务。全年完成客运总量62.3亿人次，比上年增长2.2%；日均客运量1701万人次。公路长途旅客发送量3748万人次，比上年增长7.8%。道路货物运输量4.29亿吨，比上年增长0.5%。

一是行业安全稳定形势平稳可控。切实加强源头管理和基础管理，着力构建行业安全监管防范机制。建立健全发现、预警和应急机制，维护行业稳定。落实安全监管长效机制，加强“一岗双责”制度建设，抓好源头管理、监督检查和事故查处等关键环节。开展轨道交通线路运营安全性评估，组织开展应急演练。完成本市14个危险品车辆指定道口专用检查通道建设方案并启动。加强应急指挥和预警，完成春运等时期有关交通调度保障任务。

二是交通运输服务水平显著提升。深入推进公共交通优先发展，着力规范公路客运、停车、机动车维修、驾驶员培训等与群众出行及生活密切相关的行业管理，切实提升服务水平。优化调整公交线路262条，其中新辟“最后一公里”公交线路41条，配套大型居住区公交始发线路36条。全力推进大型居住区配套公交枢纽开工及前期工作。加强轨道交通安全运营日常监管，开展执法检查。编制2012年度公交行业专项扶持资金并抓好执行，执行率超过90%；同时做好营改增试点相关工作，确保稳定。会同有关部门积极指导落实关心公交老龄驾驶员政策落实，全面开展出租汽车行业创建和谐劳动关系活动。对《上海市省际道路旅客运输服务规范》达标情况进行评估，达标率达95.5%。积极推进公共停车行业创建规范服务达标行业工作。新黄浦区全区实现道路停车电子收费方式全覆盖。不断完善上海市机动车维修救援网络服务。

三是改革发展各项任务深入推进。以行业管理促进产业发展为宗旨，加强行业法制建设，完善行业发展政策体系，促进管理体制机制改革，不断推动行业发展。编制完成交通港航五年立法规划建议，配合完成《上海市停车场（库）管理办法》和《上海市查处车辆非法客运规定》修订出台工作。研究起草《关于进一步加强本市轨道交通管理的意见》并经市政府发布。根据《国务院关于实施城市公共交通优先发展战略的指导意见》研究提出上海贯彻实施意见。研究制定贯彻国务院办公厅文件进一步促进道路运输行业健康稳定发展的意见并报市政府办公厅转发。会同市相关部门起草加强停车规划建设管理的意见并由市政府办公厅转发，牵头协调推进市静态交通管理工作。全面完成局行政审批标准化示范试点项目，并荣获全市第一批行政审批标准化示范单位铜牌。积极推进“既受又理”改革试点工作。

四是行业管理和市场监管有效强化。发挥整治交通市场秩序规范交通行政执法工作联席会议作用，建立健全疏堵结合日常管控机制，加强部门联动协作，完善取证方式，切实加强市场监管。全面梳理道路运输全行业从业人员及车辆档案，研究制定工作制度，强化基础管理。重点推进水陆一体化安全应急管理系统建设并优化动态监管功能，完成“两客一危”车辆安全监管系统升级，出租车电子标签监管实现全覆盖。积极推进节能减排，开展重点用能单位能源审计试点，制定完成地面公交、出租汽车、轨道交通等行业能耗标准。3个项目入选交通运输部第五批节能减排示范项目，7个项目纳入交通运输部专项资金补贴。

（二）交通管理

【概况】2012年，本市交通管理部门坚持“安全抓防范、稳定抓预警、行业抓发展、服务抓提升、监管抓创新、队伍抓建设”的指导思想，以保安全稳定、抓规范管理、促改革发展为主要着力点，全面推进各项工作健康开展。

【《上海市城市公共交通“十二五”规划》正式发布】6月20日，由市交通港口局组织编制，报请市政府批准的《上海市城市公共交通“十二五”规划》正式发布。《规划》以公共交通优先为指导思想，在回顾“十一五”城市公共交通发展情况的基础上，分析了“十二五”发展趋势和挑战，明确了“十二五”时期本市城市公共交通发展的战略和目标、主要任务、保障措施。《规划》

以增能扩容、综合协调、深化改革、管建并重为发展战略，提出到2015年，初步建立与国际大都市地位相匹配、与经济社会发展相适应、市郊协调发展、内外有机衔接的一体化公共交通系统，全面提升公共交通吸引力和竞争力，形成以轨道交通为骨干、地面公交为基础、出租汽车为补充、水上公共渡运为辅助、交通枢纽为结点的网络体系，努力为广大市民提供快捷、安全、方便、舒适的公共交通服务；中心城公共交通出行比重达50%（指使用公共交通方式的出行次数占所有使用交通工具出行次数的比例），中心城轨道交通客运量占公共交通客运量的比重达50%左右。

【2012年度公交客流调查启动】 8月9日，市交通港口局委托市政府采购中心就上海市公交客流调查（2012–2014年）项目召集公开招标评标会。为促进调查数据积累以及数据模型的延续性，本次招标工作通过一次公开招标确定2012–2014年三个年度的公交客流调查项目承担单位。经评审，专家一致推荐上海城市交通设计院为中标单位，标志着2012年度公交客流调查工作正式启动。2012年度公交客流调查是在2011年度本市首次公交客流调查取得成功基础上开展的，由中心城区向远郊区延伸，实现本市17个区县全覆盖。调查内容包含公交出行、客流特征、公共交通设施和运营及客运枢纽等方面，涉及市、区县两级主管部门和轨道交通、地面公交、出租汽车和城市轮渡等行业160余家企业，公交线路1257条，轨道交通线路13条。

【开展交通港航领域信息化顶层设计深化研究】 为明确上海交通港航信息化发展总体构架、阶段性目标和下一步重点任务，年内，市交通港口局组织开展《上海交通港航系统信息化顶层设计深化课题》研究，在对上海交通港航信息化现状梳理和分析基础上，开展顶层设计深化研究，形成一个总报告和《行业数据中心可行性研究报告》、《标准化网上行政审批系统实施方案》、《基于“物联网”的公交基础管理预可行性研究》和《水陆一体化安全应急管理预可行性研究》等分报告。

【推进政府信息资源向社会开放试点】 作为第一批试点单位之一，市交通港口局高度重视此项工作：一是多次召开专题会议进行总体协调，落实专人，明确责任；二是全面梳理局系统相关统计信息，对其中的敏感信息、保密信息等进行分类，编制统计信息目录；三是全面梳理局系统数据库信息，摸清各类数据资源类型及其更新支撑条件，结合实际情况制定实施方案；四是在多次征求各方意见基础上，形成首批试点公开的数据产品与应用的备选目录并组织技术开发。按照市政府办公厅和市经信委要求，局门户网站首页开辟“市交通港口局政府信息资源目录”专栏，并于8月底前发布20个数据产品和2个应用产品。数据产品以服务公众为主，包括全市搬场企业名录、全市货的企业名录等，兼顾面向信息加工企业需求，如中心城区公交站点分布和全市营运交通线路统计等。考虑到社会需求和已有工作基础，将全市主要轨道交通交站点接驳地面公交站点分布、全市主要停车场（站）分布等2项作为应用产品首批试点公开。栏目上线后日均访问量700余人次，日均下载量400余次，为企业及个人用户查询相关信息提供了便利。

【试点行政审批“既受又理”】 11月，研究制定《上海市交通港航行政审批“既受又理”试点工作方案》。根据方案，首批纳入试点范围的行政审批事项共11个，涉及地面公交、道路货运、港口航运、地方海事等多个行业。市交通港口局成立“既受又理”试点审批工作办公室，由局受理中心、市运输管理处、市地方海事局（市航务处）、上海港码头中心等单位派出工作人员组成。12月25日，“既受又理”试点工作正式启动。

【《上海市大型居住社区公共交通专项规划》通过专家评审】 11月6日，市交通港口局组织召开专家评审会，《上海市大型居住社区公共交通专项规划》通过评审。推进大型居住社区建设是上海贯彻落实国家保障性安居工程的重要举措，市交通港口局负责牵头推进大型居住社区公共交通配套工作。《规划》由上海城市交通设计院编制，规划成果可以为上海市大型居住社区规划建设工作提供技术支撑和基础依据。《规划》依据上海市大型居住社区选址规划及新一轮轨道交通建设计划，在现状踏勘和走访调查的基础上，实现了全市大型居住社区与新一轮轨道交通线路公交专项规划的全覆盖，并做到了与城市总体规划、市区两级交通专项规划及基地控制性详细规划等的有效衔接，并按照基地及轨道交通建设进展分批提出了公共交通实施方案。

【成立上海市交通港航科学技术委员会】 8月23日，上海市交通港航科学技术委员会成立大会暨上海市交通港航科学技术委员会第一届全体会议在市政大厦举行。会议宣读《上海市交通运输和港口管理局关于成立上海市交通港航科学技术委员会的决定》，向市交通港航科技委第一届委员及各专业委员会委员代表颁发聘书。会议就上海市交通港航事业的发展、上海国际航运中心建设以及交通港航领域科研创新、科技成果转化等方面展开讨论，并为市交通港航科技委工作的开展出谋划策。上海市交通港航科学技术委员会的成立，将致力于：一是服务政府决策，服务社会民生。立足民生和安全，围绕交通港航中心工作和发展大局，积极献言献策，为行业发展服务。二是提供技术支撑。把握交通港航行业的重点、难点问题，坚持问题、需求和项目导向，既谋划战略，又提出实际的、具有可操作性的措施方法。三是科技创新与延伸服务。集中智慧，理清思路，以科技创新引领科研管理；同时在人才培养、技术咨询、合作交流等方面搞好延伸服务。市交通港航领域知名专家学者、相关管理部门、企事业单位领导等近90名委员出席会议。

【建立健全长三角交通运输领域安全、应急处置合作框架】 12月27日，苏浙沪交通主管部门签署《苏浙沪两省一市交通运输行业安全、应急合作框架协议》，共同谋划长三角交通运输安全管理发展思路，完善创新安监、安保、应急处置合作机制，有效整合区域资源，通过共同推进交通运输企业安全生产标准化建设等，携手促进区域安全管理、应急应对水平的整体提高，最大限度预防和减少行业突发事件发生及事故损失。合作重点围绕省际客运、水陆危险货物运输、公共交通、内河通航等重点行业的管理信息资源共享，突发事件监测预防、信息互通，以及应急处置和善后处理协作等方面展开合作交流，探索建立省际客运、旅游包车、危险货物运输等车辆当地查验及违法信息、违规记录，以及从业人员资格和违法违规信息共享平台，进一步加强各方在安全、应急工作方面有效衔接，提升管理信息资源综合利用效率，实现安全管理的动态化和全覆盖。

【2012年长三角道路运输一体化联席会议顺利召开】 3月31日，市交通港口局牵头召开2012年长三角道路运输一体化联席会议，长三角两省一市交通、运管部门50多名代表参加会议。与会代表交流和讨论《2012年长三角道路运输一体化重点工作安排》；相关部门进行专题交流发言。2012年，两省一市计划在以下六个方面取得实质性突破：一是适时、适地拓展开通长三角毗邻地区公交化客运班线。二是深化和完善长三角省际道路客

运品牌班线创建工作。三是加强和改善三地省际旅游包车管理。四是巩固三地交通执法联动联勤稽查长效机制。五是推进道路运输管理信息互联互通和资源共享。六是强化三地行业管理重大政策出台前及重要情况发生后的信息沟通和通报。争取取得积极进展的重点工作有：一是积极推进长三角地区甩挂运输发展。二是积极建立覆盖长三角地区的机动车维修救援网络。三是积极深化完善异地联网售票工作方案。四是积极研究推进三地交通卡“一卡通”工程。

（三）交通执法

【概况】 2012年，本市交通执法部门进一步提升执法理念、规范执法行为、创新执法模式、提高执法效率，确保本市城市交通行业营运秩序总体受控。全年市、区两级执法队伍共实施日常和专项稽查37423次，出动执法人员109343人次，查处各类交通违法案件25619件。年内，市交通执法总队荣获“2011~2012年度全国交通运输依法行政先进集体”、“2012年度全国交通运输行业文明单位”等荣誉称号。

【《上海市查处车辆非法客运规定》经修正后正式实施】《上海市人民政府关于修改<上海市查处车辆非法客运规定>的决定》经市政府第154次常务会议审议通过，于2012年10月11日由市长韩正签署市政府第89号令公布，自同年10月16日起施行。《规定》共22条，本次修订主要修改了第十七条，规定“未取得营业性客运证件的汽车驾驶员有收费搭载乘客行为的，由交通行政执法机构按照本规定第十二条第一款的规定予以处理，但有证据证明当事人有正当事由的，不予处罚”。

【建立苏浙沪两省一市交通执法案件协查合作机制】 为加大本市与周边毗邻省市道路运输市场监管力度，本市交通执法部门创新管理机制，分别于1月5日，3月30日，与浙江、江苏交通运政稽查部门签署交通执法案件协查合作协议。根据协议安排，构建长三角地区两省一市交通执法案件协查合作机制，加大省市间合作和联动力度，有效查处跨区域经营者违法行为，加强完善区域道路运输市场监管。

【构建长三角道路运输执法案件协查和运政联动稽查合作框架】 为进一步推进长三角地区道路运政稽查一体化，提高区域间执法监管效率，市交通执法总队分别于1月5日和3月30日，与浙江和江苏两省道路运政稽查部门签订《交通行政执法案件协查合作协议书》。三地间执法部门根据协议内容，切实加大协查力度，有效查处跨区域经营者违法行为。5月24日，市交通执法总队作为轮值方成功组织召开2012年泛长三角地区道路运政稽查联席会议，围绕进一步增加泛长三角道路运政稽查联动联合、进一步优化完善案件协查、日常工作、信息沟通等各项机制进行讨论，有效提升上海交通执法在全国交通执法系统中的影响力。

【全面部署2012年度交通行政执法工作】 2月23日本市召开整顿交通市场秩序规范交通行政执法工作2012年度第一次联席会议上，市联席会议第一召集人、副市长、市公安局局长张学兵提出认清形势、正视困难，加强联系、紧密协作，坚持长效管理、完善工作机制的要求，全面部署2012年重点工作。一是将非法客运治理情况纳入全市各区县社会治安综合治理目标责任制考核，强化区县政府属地管理职责。二是划分市民反响强烈、交通秩序混乱、非法客运车辆较多的74个区域为重点监管区域，联合公安部门及各区县采取多波次、高频率、全覆盖的整治。三是加强源头打击，对制造、销售各类假牌假证、拼装或擅自改装各类车辆的非法经营业户及二手车交易市场依法加强整治并坚决予以取缔。四是加强非法客运衍生违法犯罪行为的刑事打击力度，做到治本治源。五是坚持依法行政、由市监察局和行业监督员对各类执法行为进行监督，一旦发现不规范执法行为，依法严肃处理。六是进一步提高公共交通供应能力，优化调整公交线网布局，总结推广“最后一公里”公交线路等做法，完善运营方式，着力解决居住社区与轨道交通站点、公交枢纽站、大型商业网点间的公交配套衔接问题，方便市民出行。七是加强舆论宣传引导，落实宣传工作进车厢、进学校，以提醒市民保护自身合法权益，积极配合政府部门开展的非法客运整治工作，自觉抵制、劝阻，主动举报身边出现的各类非法客运行为。

【全面启动整治非法客运宣传】 该宣传工作从2012年春节启动，市整顿交通市场秩序规范交通行政执法工作联席会议办公室积极筹备，在全市范围开展“四个一”（即：一封公开信、一份劝告书、一套宣传海报、一组案例动漫）和“四个进”（即：进枢纽、进社区、进车厢、进学校）整治非法客运宣传工作。铁路上海站、铁路南站、浦东、虹桥机场等交通枢纽和8个中心城区181个公交站点张贴宣传海报560余幅，提醒市民保护合法权益，积极配合政府部门开展的非法客运整治工作，自觉抵制、劝阻，主动举报身边出现的各类非法客运行为。尤其铁路上海站，不仅在出租汽车候客点张贴，站区范围内公交站点及轨道交通站点也都张贴宣传海报。宣传工作取得出租车驾驶员热烈支持，许多网民用微博转发了宣传海报的图片，“上海发布”官方微博也对此进行报道。市联席办于春节前将《上海市整治非法客运工作2012年度宣传方案》印发给各区县人民政府、各枢纽管委办以及市交通港口局、市公安局、市教委等相关单位，与各单位积极协调、同心协力，切实落实整治非法客运宣传工作。

【建立并运行执法与管理相结合的“闭环管理”机制】 为加强交通运输行业监管合力，实现管理与执法“无缝衔接”，市交通执法总队会同市运输管理处达成六项内部监管联动机制，充分发挥行业管理和行政执法的优势互补作用。一是重点监管事项信息沟通机制，通过每月定期通报行业监管与执法情况，弥补管理不足，引导执法重点，促进管理与执法有机统一。二是行业基础信息共享联动机制。及时有效沟通、实时交互纠错，逐步完善七大行业业户基础数据，为管理与执法工作提供精准的数据支撑。三是企业违法案件通报机制。执法总队每月将各行业违法率较高企业以及逾期经催办仍未处理的企业通报市运输管理处，通过双方联合检查或约见约谈企业法人代表的方式，传递管理责任，加强企业内部管理。四是运管部门案件移送机制。市运输管理处将在日常管理过程中以及上户检查中发现的问题以及违法行为，移送执法总队进行调查处理，通过行政处罚的方式，提升对企业的监管效率。五是信访投诉信息月度互换机制。及时相互了解市民反映的热点问题，便于管理和执法部门有针对性地采取管理措施和安排勤务力量，有效提高交通各行业服务水平。六是突发事件应急处置机制。执法与监管力量双管齐下，增强各类突发事件处置实效，有力提高应急处置效率，避免行业矛盾激化，维护行业正常营运秩序。市交通执法总队、市运输管理处专门联合印发《关于建立内部监管联动机制工作意见》的通知，双方在工作实践中不断深化完善、有力推进联动机制运作，共同提高市场监管效率。

【本市危险品运输行业建立安全执法监管分级预警机制】 为切实加强对危运行业安全执法监管，强化落实企业主体责任，有效控制危运企业违法行为，市交通执法总队结合当前行业执法监管工作实际，尝试建立行业安全执法监管分级预警机制。按照危险品运输企业规范经营情况，特别是违法行为对安全的影响程度划定分值，根据累计分值（总分30分）确定预警级别和监管措施，由低到高分为黄色预警（累计分值达到10分）、橙色预警（累计分值达到20分）和红色预警（累计分值达到30分），分别采取将违法企业列入重点监管名单，通报违法行为，约谈问题企业主要负责人，举办预警企业主要负责人培训班等不同程度的监管措施，提升企业安全生产意识和能力，有效遏制同类违法行为发生，保障行业安全有序发展。

【开展为期一个月非法客运集中专项整治行动】 针对本市非法客运势头有所反弹，部分区域出现抱团经营、抢占地盘、争抢客源，甚至暴力揽客现象，按照韩正市长关于打击非法客运工作的批示要求，经张学兵副市长签发同意，由市联席办牵头，联合市公安局、市交通港口局等单位，从8月15日至9月15日，在全市范围内开展为期30天的非法客运集中专项整治行动。重点打击："克隆出租车"及无牌无证、使用假牌假证、套牌的车辆；抱团结伙、强行揽客以及在重点区域不听劝阻、驱赶不散的非法客运车辆；聚集阻塞地铁出入口或违法停靠，严重影响道路交通秩序的非法客运车辆；非法改装、载客的残疾车及非法载客的电动三轮车；在整治行动中阻碍执法、暴力抗法等违法犯罪行为。这是本市首次大规模、多部门、长时间联合集中专项整治非法客运行动。

【督导区县非法客运整治工作】 自10月25日至12月12日，副市长张学兵已带队对全市17个区县非法客运整治情况进行全面督查暗访。学兵同志在观看暗访录像，并听取各区整治工作汇报后，再次强调一定要抓好本市非法客运整治不放松：一是保持严打力度不松劲。要对重点区域非法客运保持"零容忍"态度，按照"全面、持续、彻底"原则，持续开展整治工作。二是加强街面执法力度，提高管事率。加强实兵巡逻的同时，全面加强视频巡逻，依托科技手段，提高整治效率。公安部门要依法严格查处暴力抗法事件。三是深入社区，加强排摸、告知和收缴工作。把"社区"作为非法客运整治的"第二战场"，发动物业保安、居委会、志愿者等各方力量开展排查。四是疏堵结合、标本兼治，加强非法客运综合治理。加强对非法销售、改（拼）装窝点查处力度，从源头杜绝非法客运。积极研究优化公交配套，满足市民出行需求，挤压非法客运空间。五是及时总结、全面部署。拟在明年1月召开非法客运整治工作总结会，对今年工作中表现突出的单位和个人进行表彰，同时对2013年重点工作进行研究部署。

【七浦路引进正规"货的"】 针对市民投诉反映在七浦路服装市场很多客车非法从事客、货运输经营，影响市场交通秩序和服装市场整体形象的情况，市交通执法总队除加强对非法客、货运车辆进行整治外，主动跨前一步，联合七浦路管委办和市公安交警总队积极探索源头监管新模式。8月14日，上海海联货运出租公司4辆崭新的货的正式进驻七浦路服装市场。自此，市场内商户和客户可以通过在固定候客点候车、电话叫车或者在市场内扬招的方式乘坐、使用正规车辆。同时，执法总队联合七浦路管委会和市公安交警总队在七浦路服装批发市场内山西路上划设三个货运出租专用候客点，制作"货运出租扬招点"专用牌给予货主提醒，并提前印制近6000张名片发至各服装摊主，告知正规货运出租进驻市场的消息，得到商户支持和欢迎。

【市交通执法总队更名】经市委、市政府同意，“上海市城市交通行政执法总队”正式更名为“上海市交通运输和港口管理局执法总队”（简称“市交通执法总队”）。10月18日，市交通港口局局长孙建平和副局长周淮为总队揭牌。市交通执法总队以更名换装为契机，进一步提高队伍的综合素质，着力推进交通执法工作的科学化、规范化、法制化；完善制度机制，进一步提高执法技能水平，严格执法程序、细化裁量幅度、规范自身行为；加强行业监管，维护行业安全和稳定，全面履职，做到行业基本受控，并大力开展非法客运整治。

（四）市内交通

【概况】2012年，本市市域公共交通完成客运总量约62.3亿人次，比上年增长2.2%。地面公交年完成客运量28.04亿人次，占全市总量的45.0%；轨道交通年完成客运量22.76亿人次，占全市总量的36.53%；出租汽车年完成客运量10.75亿人次，占全市总量的17.26%；城市轮渡0.72亿人次，占全市总量的1.2%。全市有地面公交运营企业34家，运营线路1257条，运营路线总长度23190公里，运营车辆16695辆。新辟公交线路81条、撤销26条、调整155条，地面公交服务范围不断向远郊区、新建大型居住区和农村地区延伸。轨道交通网路规模继续扩容，运营线路共13条（含磁浮线），运营线路总长度468.2公里，运营车站289座，其中轨道交通换乘枢纽站37个（二线换乘27个、三线换乘9个、四线换乘1个）；运营车辆508列3130节，全年运营总里程5569.5万列公里。深入贯彻落实《上海市人民政府关于进一步加强本市轨道交通管理的意见》，加强对本市轨道交通系统安全运营监管；开展既有线路运营安全评价工作。共有出租汽车经营企业125家，出租汽车50683辆（其中区域出租汽车5226辆），个体工商户3076户（3160辆车）。年内先后发布《上海市出租汽车营业站管理办法》、《上海市出租汽车客运服务规范》，进一步加强本市出租汽车标准化、规范化管理；推动出租汽车行业构建和谐稳定的劳动关系。

【发布进一步加强本市轨道交通管理的意见】5月，为进一步加强本市轨道交通管理，降低安全风险，提升服务水平，市政府下发《关于进一步加强本市轨道交通管理的意见》，涵盖轨道交通管理工作原则、体制机制、规划建设、安全防范、监管执法和属地管理等六方面内容。《意见》重点明确政府各部门监管职责，并对确保行业安全、稳定、有序运转，促进行业可持续发展提出基本思路。为进一步贯彻落实好《意见》，市交通港口局牵头制定贯彻落实《意见》实施细则，对工作任务进行分解，明确相关牵头单位和配合部门，稳步推进《意见》要求落实的各项工作。

【轨道交通新线路开通运营】9月28日，轨道交通8号线中华艺术宫站（原名周家渡站）正式开站运营。中华艺术馆站以亚洲最大的艺术博物馆“中华艺术宫”（原中国国家馆）命名。10月21日，轨道交通3、8号线虹口足球场站换乘通道改造工程竣工正式投入使用，该站告别“虚拟换乘”，实现“一票换乘”，乘客不用再出站，通过新的室内联络通道即可实现换乘。12月30日，轨道交通13号线一期西段投入运行，运营线路长度8.96公里，共设5个车站，西起金运路站，东至金沙江路站接入基本网络。同日，轨道交通9号线三期南段投入运行。运营线路长度5.37公里，共设3个车站，依次为松江南站站、醉白池站和松江体育中心站。

【轨道交通首推F1中国大奖赛往返票】为配合2012年F1中国大奖赛，方便观赛者乘坐轨道交通前往赛场，赛事运营方携手上海轨道交通首次推出与赛事配套的“往返票”，乘客持该票可在4月13日至15日三天赛事期间，从全网络任意一座车站乘坐轨道交通往返一次上海国际赛车场。

【轨道交通推出“三日票”】继轨道交通“一日票”之后，为进一步方便来沪旅游、出差、会务等人士需要，提升运营服务水平，从3月起，上海轨道交通首次推出“三日票”。乘客持有该票72小时内可任意乘坐地铁，票价每张45元。“三日票”，其材质、大小与“一日票”一样，使用方法也与“一日票”相同，为“照进照出”，出站后票卡不予回收，可留作纪念。乘客购买“三日票”后，启用时间以在进站检票闸机上的首次使用开始计算，之后72小时内可在轨道交通的所有线路任意次数乘坐（磁浮线除外）。

【轨道交通1号线安全评价工作正式启动】2012年，市交通港口局制定《上海市城市轨道交通运营安全评价管理试行办法》及其配套细则，建立运营线路安全评价工作长效机制，明确运营时间10年以下的线路每5年进行一次运营安全评价，运营时间10年以上的线路每3年进行一次运营安全评价。10月22日，轨道交通1号线安全评价启动大会召开，年内首先启动并完成轨道交通1号线运营安全评价工作。轨道交通1号线于1993年投入运营，针对该线分期建设周期长、客流量大、设施设备呈现多样性及老化严重等特点，运营安全评价重点突出信号设备、隧道沉降以及线路风险管理等三方面现场调查。通过运营安全评价机制，及时发现运营中存在的风险和问题，并督促轨道交通企业抓好运营安全问题整改落实。

【配套轨道交通限流开通地面公交接驳线】为最大程度降低轨道交通6、8号线部分站点高峰时段限流对市民的出行影响，及时疏运限流站点的轨道交通客流，4月13日起，本市将配套6号、8号线限流措施，开通两条公交接驳线。两条配套公交接驳线分别定名为轨道交通6号线接驳线和轨道交通8号线接驳线，实行周一至周五工作日的单向早高峰运营模式，其中轨道交通6号线接驳线运营时段为7:20—8:40，起讫站为巨峰路站—世纪大道站，轨道交通8号线接驳线运营时段为7:30—8:30，起讫站为虹口足球场站—人民广场站。两条线路实行单一票价2元，每5分钟一班。为尽可能缩短全程行车时间，两条轨道交通接驳线中途不设停靠站。市交通管理部门会同公安管理部门在相关站点出入口增派公安民警和地铁志愿者，加强现场管理和引导。10月20日起，随着两条轨道交通线路的进一步增能，早高峰客流压力得到缓解，这两条地面公交接驳线在经过一段缓冲期后，正式停止运营。

【崇明首开“新能源公交线”】1月6日，崇明第一条“超级电容城市公交示范线”正式开通。这是崇明岛首条使用新能源车辆的公交线路，标志着崇明生态岛新能源公共交通的应用推广拉开序幕。此次，崇明城桥1路“超级电容城市公交示范线”运营是世博后新能源汽车后续利用的重要成果，示范作用明显，展示度大，对控制和减少汽车尾气排放，以及降低大气中PM2.5微粒有积极作用。零排放的崇明城桥1路由10辆超级电容城市客车和20个充电候车亭和8个非充电候车亭组成，全长12公里，28个站，票价2元。

线路为南门汽车站至行政中心再至南门支路环线，往来于崇明新老城区之间，途经学校、酒店、博物馆、医院、银行、政府机构及城桥镇多个居民社区，极大方便了崇明老百姓。

【首条公交线路开通免费 WIFI】11月7日，49路成为上海首条“WIFI公交线路”，全线路营运车均可轻松上网浏览，随时关注即时新闻动态。“WIFI公交”可支持车内20多人同时上网浏览网页、多人同时观看视频。

【“电子警察”走进公交车厢】5月起，公交127路车头仪表台位置陆续安装“电子警察”，对车头前方道路情况可以一览无遗，有助于对社会车辆违规使用公交专用道行为加强监控。这个装备的外形与固定在马路上的“电子警察”相同。据介绍，127路全程长10.8公里，其中80%以上途径公交专用道，选择此线路进行试点，具有一定代表性。

【公交行业举行重大突发事件应急处置演练】8月，市运输管理处在上海宝山巴士公共交通有限公司举行上海公交行业重大突发事件应急处置演练，整个演练共有5个科目，分别为：公交始发站安检、车辆运营中的安检及易燃易爆物品处置、“一程一检”及可疑遗留物品处置、公交车厢劫持事件处置、车辆火灾应急处置。这次应急演练是以本市公交行业应急预案的演练方案为依据，本着“贴近实战、周密组织、突出重点、注重实效”原则，检验应急组织之间及与外部组织间的协调联动。通过演练，锻炼了应急队伍，提高了企业员工对突发事件的防范能力和处置能力，积累了应对突发事件的经验。本次演练承办方为宝山巴士公共交通有限公司，市金山消防支队、市公安局轨道和公交总队参加演练。市交通港口局有关部门，久事公司、巴士集团、各区（县）运管署（所）、33家公交企业等单位（部门）200余人到场观摩。

【发布《上海市出租汽车营业站管理办法》】《上海市出租汽车营业站管理办法》3月1日起实施。该《办法》依据《上海市出租汽车管理条例》制定，对站点管理人员和调度员，进入站点营业的驾驶员、候车乘客的行为等都提出具体要求。《办法》明确，营业站管理人员和调度员不得利用职务之便扰乱车辆调派秩序；驾驶员进入营业站应当按照交通导向标志依次排队，服从管理指挥；乘客在营业站内应当按序候车，文明乘车。《办法》有效保障站点管理方、驾驶员、乘客合法利益不受侵害。

【发布《上海市出租汽车客运服务规范》】依据《上海市出租汽车管理条例》及有关规定制定的《上海市出租汽车客运服务规范》，自今年5月1日起施行。该《规范》对营运车辆、车载服务设施的营运服务要求、投诉处理、服务质量测评等与乘客关系密切的四大版块都制定了详细的标准。《规范》规定出租汽车车辆技术要求符合《机动车运行安全技术条件》的规定。《规范》还对驾驶员的停运做了更为明确的操作规范要求：因车辆维修，人员用餐、交接班等原因不能载客的，应使用“停运”标志；未摆放“停运”标志的车辆，不得以任何理由拒载；接受电调业务时，按规定使用“电调”标志，不应使用“停运”标志牌。

【出租汽车电子标签全覆盖】出租汽车电子标签稽查系统融合执法监督、行业管理、企业管理需求为一体，综合实现有效打击克隆出租车、提高执法效率和有利于出租企业管理目标。该项目2011年8月启动建设，2011年11月在本市5000余辆出租汽车上开始试运行。经开发设计、项目建设、投入试运行等流程，5月28日，“基于电子标签的出租汽车稽查监管系统”通过专家竣工验收。6月，本市完成全部5万辆出租汽车电子标签安装。

2012年，本市交通执法人员使用移动手持稽查终端（PDA）稽查出租车13.07万余辆次，查处克隆出租车344辆，占总量522辆的65.90%。

【创新出租汽车预订服务】 2月10日，大众交通集团在全国出租汽车行业率先推出“大众出行网”手机客户端。通过该款应用，用户可实现手机“实时、自助、快捷”预定大众出租汽车服务，服务范围覆盖上海全市。该款应用有地址订车、位置订车、记录订车和常用订车等四种订车方式。4月起，强生出租汽车公司在宾馆、商务楼推出“一键式叫车自助终端”，客人只需到强生“出租车电子站牌”处，使用“一键式叫车自助终端”约车，周边600米半径内如有空车，最快5分钟内即可到达。

【首个高架下出租汽车候客站试点】 出租汽车在高架下的主干道随意停车上下客，不仅增加道路拥堵，还存在安全隐患。为解决这一问题，上海首创利用高架下原有停车场和绿化带开辟出租汽车候车点措施，并从12月12日起率先在南北高架下共和新路延长路口试点。另外，由市交通港口局编制的《出租汽车站点设置规范》自7月1日起施行，截至2012年底，全市共建成出租汽车候客站121处。

【出租汽车行业积极创建和谐劳动关系】 为着力推动出租汽车行业构建和谐稳定的劳动关系，努力促进行业的健康、持续发展，市运输管理处进一步明确职责分工、加强协调配合、形成工作合力，确保创建活动取得实效。一是建立评价考核标准，开展创建达标活动。以“企业组织齐全、规范劳动用工、实行民主管理、开展平等协商、协调劳动关系、开展文明建设”等六个方面的内容为标准，推动出租汽车企业建立“规范有序、公平合理、互利共赢、和谐稳定”的劳动关系。二是保障驾驶员合法权益，规范和完善企业经营行为。督促企业做好驾驶员镇保转城保工作，按时、足额为驾驶员缴纳各类社会保险费用；推行集体协商、集体合同制度；推进职代会制度建设；继续开展出租汽车企业年度审计调查，在全行业实施企业成本规范制度；进一步完善出租汽车经营模式，合理分配营运收入，建立健全企业与驾驶员责权对等、风险共担的机制。三是畅通诉求渠道，及时解决驾驶员的合理需求。进一步建立和完善出租汽车企业和驾驶员与政府部门的沟通渠道，持续开展由第三方中介机构组织的出租汽车企业员工满意度指数测评，有序推进出租汽车候客站点建设，努力化解驾驶员“如厕、停车、吃饭”等实际困难。四是深入创建文明行业，提升行业服务质量。继续深入开展上海市文明行业创建活动，广泛开展创建“工人先锋号”活动，组织第七届“的士明星”评选活动，培育优质服务的驾驶员队伍。五是加强行业监督管理，促进行业科学发展。加强对企业和驾驶员的服务质量信誉考核，将构建和谐劳动关系的有关内容纳入考核项目，以实施《出租汽车驾驶员从业资格管理规定》为契机，加强驾驶员队伍的管理和建设，严格执行《上海市出租汽车客运服务规范》，不断完善油价运价联动机制。六是严厉整治非法客运，规范市场营运秩序。贯彻落实《上海市查处车辆非法客运规定》，严格控制退役出租汽车的退牌、转籍流程，实现全市出租汽车电子营运证监管，研究计价器、顶灯技术升级，通过信息化科技手段，有效防范“克隆车”，进一步加大打击非法客运的力度，加强日常机动巡查，并积极会同公安交警、治安以及城管等部门在全市范围内开展日常巡查和阶段性专项集中整治行动，建立规范有序的客运市场营运秩序。本市96%的出租汽车企业建立党组织，建立工会组织的企业达94%，出租汽车驾驶员入会率达95%。行业出台全国首个出租汽车行业集体合同，由市出租汽车协会牵头，并经市人力资源和社会保障局审查通过和备案。明确驾驶员劳动报酬、工作时间、休息休假、保险福利、劳动合同管理等事项，第三轮《上海市出租汽车行业集体合同》于2012年1月起实施。

（五）公路运输

【概况】2012年，本市完成公路货运量4.29亿吨，比上年增长0.5%；货运周转量2亿吨公里，比上年增长1.5%。公路集装箱运输量1774万标准箱，比上年增长1.3%，约占全市港口吞吐量的57%。公路旅客发送量3748.25万人次，比上年增长7.81%。至年底，全市有经营道路货物运输的企业3.7万家，营运车辆17.65万辆，车辆总吨位171.69万吨。从事省际客运班车、包车和客运站经营的企业178家，营运车辆10618辆，其中省际班车2230辆、省际包车8388辆，中高档车占91.65%。从事集装箱运输的企业1479家，集装箱运输车辆1.95万辆。全市有长途客运站34个。由上海客运企业经营的线路3383条，外省市客运企业经营的线路1846条，线路辐射25个省、自治区、直辖市的153个地（市）、413个县（市）。年内，继续推进省际毗邻地区客运班线公交化运行，开通上海美兰湖—江苏浏河公交化客运班线；“上海省际旅游包车标志牌信息管理系统”试运行。积极贯彻落实国务院办公厅《关于进一步促进道路运输行业健康稳定发展的意见》，研究提出本市道路货运行业的实施意见报经市政府办公厅转发实施；加强集装箱运输车辆管理，严格集装箱道路运输、堆场经营资质审查，规范集装箱运输服务收费行为，发布《外省市驻沪货物运输备案管理规定》、《外省市驻沪集装箱道路运输简化备案的通知》，保持集装箱运输行业稳定。加强危险品运输行业安全监管。

【上海美兰湖—江苏浏河公交化客运班线开通】1月1日，上海宝山美兰湖至江苏太仓浏河的长三角毗邻地区公交化运行省际客运班线正式开通。该班线由上海白玉兰高速客运有限公司与太仓市长途汽车客运有限公司共同经营。美兰湖客运站与轨道交通7号线美兰湖站相邻。该班线按照模拟线路公司模式试行公司化经营，初期共投入4辆全新49座金龙大客车，日发24班，最大发车间隔30分钟，单一票价11元，刷苏、沪两地交通卡可享受7折优惠。班线全程21公里，中途不设停靠站，单程30分钟。该班线的开通，极大方便上海、浏河两地乘客往来。

【上海嘉定客运中心新站正式启用】11月28日，位于陈家山路胜辛路路口、轨道交通嘉定西站西侧的上海嘉定客运中心新站全面建成，经验收合格正式启用，被市交通港口局核定为一级客运站。新站定位为提供省际长途客运及部分跨区公交客运服务的上海西北部交通集散中心。新站紧邻轨道交通11号线嘉定西站，是嘉定西站“P+R”的有机补充。新站共设售票窗口11个，发车位22个，停车位251个，地下机动车停车位330个、日发长途客流8000人次，主要服务上海西北区域的长途客运班线以及部分跨区公交线路，郊区旅客可通过客运中心与轨道交通11号线嘉定西站连接的胜辛路天桥直接换乘轨道交通直达上海市区或其他远郊。

【上海旅游大巴在常合高速发生重大道路交通事故】4月22日上午9时25分，上海旅游大巴（沪BL1290）行驶至常合高速公路（S38）常熟段时，车辆穿越中心绿化隔离带与对向车道一辆大货车（苏 ED1655）相撞，致两车侧翻。事故导致 14 人死亡，19 人不同程度受伤。经相关部门认定，事故的直接原因是驾驶员王振伟在事发前曾吸食毒品，最终因精神恍惚造成此次事故，事故发生后，根据江苏省安全生产委员会对“4·22”事故相关责任人的处罚决定，对行业管理部门相关责任人警告处分，对上海益流汽车公司 7 名相关责任人给予司法处理或行政罚款，并注销该公司《道路运输许可证》，事故中组团的上海享达旅行社被停业整顿。

【进一步加强旅游包车安全管理】“4·22”事故发生后，在向全行业发出通报的基础上，市交通港口局迅速落实措施加强旅游包车安全管理：一是全面梳理整改省际包车客运标志牌发放。4 月 25 日发出通知，参照今年春运期间有关做法，将包车客运标志牌申领发放调整为当场办结，同时要求企业定期将已使用的包车客运标志牌送还核销。二是强化道路旅客运输企业安全管理。对照事故中发现的企业主体责任落实缺失、驾驶员管理、行业监管存在不足等问题，根据公安部、交通运输部、安监总局印发的《道路旅客运输企业安全管理规范》要求，逐项梳理，排查行业监管工作，找出薄弱环节，举一反三，认真抓好整改。对运营资质及审批、驾驶人员管理中存在的问题，研究专项措施并部署执行。三是启动行业安全大检查。自 4 月 23 日至 5 月 15 日开展全行业安全大检查，覆盖地面公交、出租（租赁）汽车、省际客运、轨道交通、道路危险货物运输、危险货物港口作业、水上客运等行业，确保“五一”和市第十次党代会期间交通港航行业安全运行。4 月 23 日，省际客运行业安全大检查已先行启动（其他行业 4 月 27 日启动）。

【开展“道路客运安全年”活动】4 月 13 日，市运输管理处召开省际客运企业和客运站负责人会议，贯彻交通运输部、公安部、安监总局联合下发的《关于印发“道路客运安全年”活动方案的通知》，部署“道路客运安全年”活动。一是明确各客运企业和客运站作为企业安全生产责任主体，把好驾驶员从业准入关，加强对驾驶员的培训、教育。二是加强客运企业规范化管理，对企业安全管理情况进行自查，找出存在的问题和薄弱环节。三是积极推进具有行车记录功能车载卫星定位装置的安装和使用，充分运用信息化手段，强化对本企业车辆营运过程的实时监控。四是规范旅游包车经营管理，在所有客车完成安装安全带后，驾驶员在发车前对旅客系安全带一定要明确告知，客运站加强发车前的检查，确保道路省际客运始终处于安全受控状态。

【公路甩挂运输第二批试点启动】根据交通运输部办公厅、财政部办公厅 5 月 28 日印发的《公路甩挂运输第二批试点工作方案》，市交通港口局制定上海第二批公路甩挂运输试点工作实施方案。经调查筛选，确定上海康芸物流发展有限公司、荣庆国际储运有限公司、佳吉快运有限公司 3 家企业为第二批公路甩挂运输试点企业，试点项目实施时间为 2012 年 11 月 ~ 2014 年 9 月。市交通港口局召开第二批甩挂运输试点工作推进会议，成立推进工作领导小组，建立每季度召开一次试点工作例会制度。要求并指导 3 家试点企业分别制定详细的推进计划，按时完成试点项目甩挂运输站场建设（改造）以及车辆购置和甩挂运输信息系统建设（改造），并完成项目验收工作。

【外省市驻沪集装箱运输备案工作启动】根据市交通港口局《关于外省市驻沪集装箱道路运输简化备案的通知》要求，从 11 月起，市、区（县）运管机构开始对外省市驻沪集装箱道路运输（除危险货运）实施简化备案工作。市运输管理处制定具体实施办法，积极落实，做好动员、部署。一是开展广泛宣传，做到知晓到位。通过行业大会及时布置和宣传备案工作具体要求，并以短信等形式通知到集卡车辆企业及驾驶员。制定备案通知、申办材料和宣传资料，供企业、驾驶员参阅。二是积极落实人员，做到服务到位。市、区（县）运管机构设立专门接待窗口，做好解答、解释工作，并在办事地点张贴所需材料的填写样张、备案流程等，方便经营者办事。三是进行现场办公，做到措施到位。自11月1日起，市运输管理处会同浦东、宝山运管署专门派人驻交海公司现场办公，协助做好现场指导、解释工作。为确保备案工作有效推进，市运输管理处制定了定期召开备案工作例会制度，对备案工作中出现和发现的问题及时商讨，制定应对措施，予以解决。

【本市国际集装箱堆场（仓储）业签署自律公约】签约仪式于1月18日在市政大厦举行，上海国际集装箱堆场专业委员会34家会员企业在公约上签字，承诺对堆场收费和污、损箱认定等经营行为进行自律规范。市交通港口局局长孙建平祝贺签约仪式圆满成功。该自律公约具体并有可操作性。各堆场会员企业表示将严格遵守，规范服务，珍惜这个公约和自身的信誉；行业协会将本着公正的原则认真监督落实；政府各部门也将形成合力，支持协会执行好自律公约，不让诚信经营的企业吃亏。

【试行集装箱道路货物运输示范合同文本】自5月1日起，本市集装箱道路运输企业试行集装箱道路货物运输示范合同文本。该示范合同文本研究编制工作由上海市交通运输协会、上海市船东协会、上海市国际货代协会、上海国际航运仲裁院、上海交通大学、上海海事大学等单位共同参与，旨在规范上海地区集装箱陆运市场秩序，整合集装箱陆运市场各方力量，形成优胜劣汰机制。

【试行危险废物专业运输名录制度】为规范本市危险废物道路运输，加强对危险废物运输环节的监管，本市试行危险废物专业运输名录制度。根据市环保局和市交通港口局制定的《危险废物道路运输污染防治若干规定（试行）》，市运输管理处制定《本市危险废物专业运输名录办理规程（试行）》，明确规定专业车辆、停车场地、从业人员及车辆清洗等申报要求。市运输管理处通过网站和GPS监控平台将申报办理流程及申请表等材料发放到本市各道路危险货物运输企业。此次申报工作自10月23日起，至11月15日结束。12月8日至18日期间，市交通港口局和市环保局，以及市运输管理处、市交通执法总队、市固体废弃物管理中心等单位组城专家组，对前期申报的25家危险品运输单位逐一进行现场核查。重点检查申报的运输车辆、专用停车场地以及与危险废物运输相关的技术和管理情况，并结合《危险废物道路运输污染防治若干规定（试行）》要求，进行综合评审。

（六）交通服务

【概况】截至2012年底，本市备案登记的公共停车场（库）经营企业2131户，停车场（库）数量2234个，经营总泊位数39.8万个，全年停放车辆1.7亿辆次。停车换乘（P+R）停车场6个，停车泊位近2300个，衔接轨道交通1、2、7、8、9号线，全年停放P+R车辆26.8万辆次。本市共设置990处道路停车场，停车泊3.31万个，其中实行收费管理的628处，共有泊位2.2万个；全年停放车辆1235万辆次。年内公共停车信息引导和管理功能不断增强，市中心黄浦、徐汇、静安、长宁、杨浦等区建成重点区域停车诱导系统，虹口区重点区域停车诱导系统一期工程投入试运行。道路停车场咪表收费和手持 POS 机收费在市中心区域扩大使用。本市注册领取《道路运输经营许可证》机动车维修业户 6458 家。年内，加强机动车综合性能检测站管理，加强对大中型客车维修和危险货物运输车辆维修企业监管，贯彻实施《机动车维修服务规范》，开展 2009~2011 年度机动车维修行业诚信考核。本市共有核准租赁经营资格的汽车租赁公司 37 家，核发租赁车辆额度 11912 辆。全市机动车驾驶员培训机构 194 家，分支机构 17 家；在册教练员 21306 人，在册教学车辆 16866 辆。年内制定驾培行业发展指导意见，研究推进驾培计时管理系统建设，开通行业网站。全市共有道路清障施救牵引企业 84 家，配发车辆《道路营运证》815 张。

【修订出台《上海市停车场（库）管理办法》】《上海市停车场（库）管理办法》经 8 月 27 日市政府第 151 次常务会议通过，于 8 月 31 日市政府第 85 号令公布，自 2013 年 1 月 1 日起试行。《办法》是在总结 2005 年市政府发布的原《上海市停车场（库）管理办法》实施经验基础上，针对近年来出现的新情况、存在的新问题所进行的一次全面修订。这次修订的《办法》主要调整了市中心区停车场（库）行政管理体制，新增了停车资源错时利用、临时停车场管理、公共交通换乘停车场（库）建设等内容，同时完善了配建停车场（库）建设审核、验收等方面内容。

【健全完善静态交通管理机制】 5 月 9 日，市政府办公厅转发市建设交通委、市公安局、市交通港口局联合制定的《关于进一步加强本市停车规划、建设和管理的若干意见》（沪府办 [2012]50 号）。6 月 6 日，市政府办公厅印发《关于成立上海市静态交通管理领导小组的通知》（沪府办 [2012]58 号），正式成立由市政府各有关委办局和个区县政府组成的本市静态交通管理领导小组，领导小组办公室设在市交通港口局。为贯彻落实市政府相关文件要求，市交通港口局制定《关于贯彻落实＜市政府办公厅转发市建设交通委等三部门关于进一步加强本市停车规划、建设和管理若干意见的通知＞的工作实施方案》（沪交货 [2012]470 号），建立局内相关部门和单位协作配合、市和区县两级交通部门分工推进的工作机制，统筹推进市交通港口局在全市停车管理工作中所承担的各项工作任务。

【加强道路停车场管理】 年内，市交通港口局与公安交警部门共同推进和梳理 2012 年度批量调整道路停车场设置工作方案，开展第一、二批道路停车场零星调整工作，与市公安局、市建设交通委联合发布《关于进一步加强本市机动车道路停车场设置、审核和管理的通知》。推进各区停车管理部门与其道路停车场协管单位全面签署统一格式的《上海市道路停车场委托管理协议》，明确界定双方权利和责任。还与市公安局联合印发《交通部门与公安部门实施道路停车场管理联勤执法机制工作方案》，正式建立、实施两部门针对道路停车场管理的联勤执法保障机制。

【中心区机动车道路停车费启用新收据】 经市财政局批准，自 1 月 1 日起市中心区启用新版上海市机动车停车费专用收据。新版道路停车专用收据采用防伪水印和无色荧光防伪标志，提高票据防伪功能，加强票据辨识度和知晓度，让停车人能够安心付费，主动抵制假冒票据。

【加强机动车综合性能检测站管理】 年内，

市运输管理处印发实施《关于进一步规范综合性能检测经营行为的通知》（沪运管汽[2012]137号）；通过上海市车辆综合性能检测管理网络对二级维护送检的维修企业进行资质核查，对无资质条件的维修企业送检车辆一律不予检测；对汽车综合性能检测站计算机控制检测系统进行升级改造；在全市开展汽车综合性能检测站二级维护检测技术考评，从车辆信息登入、项目检测、信息传送及各种单据的使用等情况，开展全过程的技术考评，通过考评不断提高检测水平，规范检测技术操作。

【开展机动车维修行业诚信考核】 为加快机动车维修市场的信用建设，引导机动车维修企业诚实守信、规范经营、提高服务质量、切实保障消费者的核发权益，本市各级道路运输管理机构和机动车维修行业协会等部门对2011年底持有《道路运输经营许可证》的一、二类机动车维修企业开展质量信誉等级考核。考核工作采取企业自查、运管机构现场和书面抽查相结合的考核方式，对维修企业的规范经营、安全生产、优质服务、社会责任、社会评价等五大内容64条明细指标进行逐项考核。经考核，本市53家企业获得“2009-2011年度机动车维修行业质量信誉AAA级企业”称号。

【取消校车备案项目】 4月5日，国务院《校车安全管理条例》正式公布施行。根据《条例》规定，市交通运输管理部门不再承担本市校车登记备案、校车驾驶员培训工作。市教委、市公安局、市交通港口局联合制定《上海市校车安全管理规定》，由市政府办公厅转发实施。市交通港口局认真旅行《规定》明确的管理职责，取消自有校车、租赁校车备案项目，理顺中心区校车审核办理流程。2012年，完成160件租赁校车使用许可征求意见回复工作，涉及学校111所、客运企业62家、车辆1216辆。

【“大鼻子”校车正式投运】 2月7日，新学期开学日，崇明巴士负责运营的9辆“大鼻子”新校车正式投运。据了解，每辆校车可载学生35人，每座均配有安全带，车前方装有探头，安装车载卫星定位及监控设备，安全性能较高。

【上海市机动车驾驶员培训行业网站开通】 1月5日上午，市交通港口局、市公安局交警总队和市机动车驾驶员培训行业协会联合举行上海市机动车驾驶员培训行业网站（www.shjpxh.org.cn）开通仪式。网站本着统筹规划、资源共享、强化管理、优质服务、公开透明、高效便捷的服务宗旨，开设了“驾培信息查询”、“学驾流程”、“驾校风采”、“学员之窗”、“纠纷调解”等栏目，及时公布培训机构综合考核排行榜、培训收费价目表、教练员和车辆信息等社会、学员关注的热点、焦点内容，以促进本市驾驶员培训市场逐步透明化、规范化发展。

【首次开展有轨电车驾驶员培训教练员从业资格考试】 为进一步提高道路运输从业人员素质，严把从业准入关，市交通考试中心在上海浦东现代有轨交通有限公司内组织开展有轨电车驾驶员培训教练员从业资格术科试点考试。此次考试共有11人次参加2个类别（理论教练员和操作教练员）的术科考试，全部合格。此次考试是上海首次开展有轨电车驾驶员（准教车型P）培训教练员从业资格考试，填补了机动车驾驶教练员从业资格培训考试的业务空白。

【加强建筑渣土运输车辆驾驶员继续教育】 为进一步加强本市大型货运车辆交通安全管理，2月，市交通考试中心在儒林清洁服务公司率先开展建筑渣土运输车辆驾驶员继续教育，首次在继续教育中增设“右转弯”驾驶技能课程，并将其定为驾驶员实操考核项目。此举旨在让渣土运输车辆驾驶员清楚认识车辆右转弯所存在的“内轮差”，重视行驶侧方情况，避免违法变道、超速而导致事故。在首批参加“右转弯”实操考核的57名工程渣土运输车辆驾驶员中，37人一次通过考核，一次合格率仅为64.91%。经补考，参加考试人员全部合格。

【实施驾培机构交通事故责任倒查及培训质量排行综合考核办法】8月，市运输管理处、市交通执法总队、市公安车管所和市驾培行业协会共同修订并实施《上海市机动车驾驶员培训机构交通事故责任倒查、培训质量排行综合考核办法》(沪公交管(车驾)[2012]45号)。该《办法》包括培训机构规范经营行为、承担社会责任、提高服务质量、加强内部管理、监督教学行为、倒查驾驶人交通事故责任等六方面内容。由市运输管理处、市交通执法总队、市公安车管所和市驾培行业协会组成考核领导小组，下设考核办公室，具体实施考核工作。考核每半年进行一次，分初评、申报申诉和公示三个阶段。考核数据以日常管理中积累的数据为主，同时参考公安交通管理部门专项管理、上海市质量协会用户评价中心《学员满意度测评》及社会监督综合评审等数据。考核评分仍采用倒扣分制，考核结果直接与教练车带教人数挂钩。

【发布加强道路清障施救牵引行业管理指导意见】6月7日，根据《中华人民共和国道路运输条例》《上海市道路运输管理条例》，市交通港口局、市建设交通委、市公安局、市财政局四部门下发《关于加强本市道路清障施救牵引行业管理的意见》。《意见》明确政府管理部门、行业专业委员会和牵引企业应尽的职责，提出对道路清障施救牵引行业进行资质管理、政府购买服务的具体内容等。根据《意见》，将道路清障施救牵引行业纳入行政许可管理范畴。7月11日起，新开业的牵引业户须向市运输管理处提出经营许可申请，在获得《道路运输经营许可证》后向工商行政管理机关办理有关登记手续。道路牵引经营许可证实行有效期制，道路运输经营许可证有效期4年，道路运输证有效期3年。对从事牵引业务，取得工商营业执照，经营范围内具有“牵引服务”核准项目，且所投入运营的牵引车辆取得机动车行驶证的牵引业户，须在7月11日～9月30日向市运输管理处申请办理《道路运输经营许可证》及《道路运输证》。对未取得工商营业执照或工商营业执照经营范围内无“牵引服务”核准项目，但其所投入运营的牵引车辆取得机动车行驶证的牵引业户，须于7月11日前，办理工商营业执照或增加经营范围，并在申请期限内办理许可事项，逾期则按新制定的开业条件实施行政许可。

（司月洁）

九、港口航运

（一）综述
（二）港口管理
（三）航运管理
（四）合作交流

（一）综述

2012年，上海港货物吞吐量完成7.36亿吨，比上年增长1.1%；集装箱吞吐量完成3253万标准箱，比上年增长2.5%。全港货物吞吐量创历史新高，集装箱吞吐量继续保持世界第一。全港外贸吞吐量完成3.58亿吨，比上年增长6.1%；全市内河港口吞吐量0.98亿吨，比上年下降4.7%。

年内，继续推进东北亚集装箱枢纽港建设。洋山深水港区四期工程前期工作进展顺利。临港新城东港区一期工程水域码头部分投入试运行。外高桥港区六期工程通过竣工验收。赵家沟工程完成项目批复投资，大芦线一期（临港新城段）、杭申线工程累计完成投资分别为39.69亿元、6.89亿元，分别占工程总投资96.7%、53.1%。推进现代航运服务体系建设，完善上海国际航运经纪执业资格考试制度，做好第二批航运经纪试点后续工作，引进国际知名航运经纪公司奥普玛经纪公司等3家公司在沪成立独立法人企业。开展船舶管理业清理整顿。吸引世界有专业影响力的民间国际航运组织波罗的海国际航运公会在沪设立民办非企业组织。按照市政府的统一部署，落实启运港退税政策的实施，8月1日起，武汉、青岛与洋山保税港区之间正式试行启运港退税。推进洋山保税港区水水中转二次集拼业务发展，强化港区港政航政管理和安全监管。全年水水中转比例达42.8%，其中洋山深水港区达46.7%。完成港口危险化学品安全监管职责交接工作，加强港口危险货物作业监管，协同推进港口监管信息化建设。推进上海港“两型”（即资源节约型、环境友好型）港口建设，启动外高桥港区空气质量监测网建设。进一步加强水运工程建设市场监管，推进集中整治向常态管理转变。强化引航安全、内控管理和队伍建设。进一步规范内河码头经营许可，内河港区持证经营比例达80%以上。组织上海口岸班轮市场THC（集装箱码头装卸作业费）收费和台湾航线班轮“负运价”竞争行为调查，维护市场稳定。推动长江船型标准化，完成28艘船舶、5152总吨拆解补贴审核。第三届亚洲邮轮大会在上海港国际客运中心召开，2300多名与会者共同探讨亚洲邮轮产业的发展趋势，着重讨论如何发掘中国市场潜力。

水运企业向规模化、大型化发展，标准化、大型化、专业化船舶发展快速。推进航运及其辅助业资质信誉评估工作，继续对上海口岸国际集装箱运输企业、国际船舶代理企业以及国内水路运输企业开展资质信誉评估。全年489家航运及辅助企业参评，其中72家企业经评估为资质信誉优良企业，由专业征信机构出具资信评估报告。累计参评企业3700多家（次），出具资信评估报告711份，建立资信档案超过3700份。

（二）港口管理

【概况】2012年，上海港货物吞吐量完成7.36亿吨，比上年增长1.1%，其中海港完成6.37亿吨，比上年增长2.1%。外贸货物吞吐量3.58亿吨，比上年增长6.1%，其中外贸出口1.59亿吨，比上年增长3.1%；外贸进口1.99亿吨，比上年增长8.5%。集装箱吞吐量3252.9万标准箱，比上年增长2.5%，继续保持全球第一，其中洋山深水港区完成集装箱吞吐量1415.0万标准箱，比上年增长8.0%。全港水水中转42.8%，洋山港区水水中转比例为46.7%，高于全港4个百分点。上海港国际中转集装箱量完成178万标准箱，占全港集装箱总吞吐量的5.5%。上海港旅客吞吐量130.0万人次，比上年下降15.7%，其中旅客发送量66.3万人次，比上年下降15.6%。全年出入上海港的国际豪华邮轮180艘次，随船出入境旅客35万人次，分别比上年增长59.3%和72%。吴淞国际邮轮港安全停靠国际邮轮60余艘次，接送出入境旅客30余万人次，出入境行李15.5万件。吴淞国际邮轮码头成为歌诗达“维多利亚号”和皇家加勒比“海洋航行者号”两艘邮轮的母港。截至2012年末，上海港（沿海）共有码头、浮筒单位258家，上海国际港务（集团）股份有限公司所属码头企业24家，其他码头企业单位234家。各类码头总延长12.29公里，泊位1183个，其中万吨级泊位243个；浮筒泊位62个。另有船舶服务企业222家，拖轮服务企业11家，国内客运企业11家，国际客运企业2家。全市共有内河港口经营单位1327户，上海内河港区合计生产用港口泊位1984个，泊位岸线长度11.68公里。

【石洞口燃气生产和能源储备项目一期工程投入试运行】石洞口燃气生产和能源储备项目是依据《上海市能源发展“十二五”规划》和《上海市成品油仓储行业“十二五”发展规划》明确的目标，充分利用现有的深水岸线和沿江、沿海及便捷的陆路运输条件建设的。项目全部建设完成后油品储罐容量可达26万立方米，将成为上海市域内集储存、装卸、水陆发运为一体的大型多功能、全方位的能源储运库区，将为上海及附近地区的能源储备和安全供应提供可靠的保障。一期工程项目于2010年5月正式开工建设，被列为2010年市重大项目之一，2012年4月完成，并于11月投入试运行。

【中海长兴岛修船基地码头工程通过竣工验收】 1月12日，中海长兴岛修船基地码头工程通过竣工验收，标志着中国海运最大的修船基地已经完全形成“3坞13泊位”的现实生产能力，将为中国海运创建世界一流修船企业，为本市建设国际航运中心和长兴海洋装备岛提供强有力的支撑。中海长兴岛修船基地码头工程是国内最大的修船基地基本建设项目，该工程自2007年1月26日开工，2011年1月10日完工，历时49个月，累计投资达10亿元，新建码头泊位12个，改建1个，码头泊位总长3559米，并创新理念，突破性地采取了“F”型码头的建造布局，充分利用长兴岛南岸的深水岸线资源，形成“3坞13泊位”的硬件规模。码头验收后将形成年修理改装船舶200艘，改造船舶25艘，包括油船、散货船、集装箱船以及海洋工程船的修船能力，在国内可服务于巨型船舶的修理保障和海洋油气工程的修造，可承接第六代集装箱班轮以上规格船舶的修理和改装，为世界各大船运公司提供一流的修理改装服务。一年的试运行期间已先后修理国内外大型船舶885艘次，码头运行情况良好。

【启动实施启运港退税政策试点】 根据《关于在上海试行起运港退税政策的通知》（财税[2012]14号），自8月1日起，对从青岛、武汉启运报关出口，并由上海浦海航运公司、中外运湖北有限责任公司承运，从水路转关直航运输经上海洋山保税港区离境的集装箱货物，试行启运港退税政策。实施该政策后，相关出口企业可以提前两个月拿到出口退税。

【上海港沿海港区2011年度港口经营企业质量信誉考核完成】 纳入本次考核的有沿海港区船舶物料及生活品供应220多家企业，覆盖危险品、客运、一般装卸、船舶物料供应四大类共计412家港口经营单位，为历年覆盖面最广、参加考核企业数最多的一次。从考核结果看，3A类企业有43家，占10.4%；2A类299家，占72.6%；A类55家，占13.3%；B类15家占3.7%，表明经过进一步完善质量信誉考核体系，并通过开展质量信誉考核专项检查以及先进表彰等，港口经营企业竞争日趋合法、规范和有序。

【上海港编印首份年度环境质量状况报告】 为客观反映上海港环境状况，上海港港政中心在汇总分析2011年度环保监督性监测数据，综合研判环境空气、声环境、排放水环境质量状况基础上，编制《上海港2011年度环境状况报告》。这也是上海港第一份环境质量年度分析报告。报告显示，2011年，上海港环境空气总体状况不理想，可吸入颗粒物为首要污染物，罗泾港区、外高桥港区和黄浦江下游港区空气污染相对较重，可吸入颗粒物年日均值分别为0.181、0.150、0.142毫克/立方米，超过国家环境空气质量二级标准0.1毫克/立方米限值。环境噪声昼间时段平均等效声级为58.4分贝，低于国家声环境质量三类标准65分贝限值；夜间时段平均等效声级除黄浦江中游港区为56.7分贝略微超标外，其他均达标准。港区排放水水质除部分港区磷酸盐、石油类指标超标外，总体状况较好。下一步，将根据港区环境质量情况，通过推进环境质量在线监测站点建设、积极参与《上海港干散货码头污染防治管理指导意见》编制、开展专项整治等，不断规范企业行为，指导做好环保管理，全力服务上海港“两型”港口建设。

【上海港口码头“安全生产年”活动和“打非治违”专项行动启动】 4月，上海港码头中心制定专项方案，组织开展港口码头“安全生产年”活动和“打非治违”专项行动，进一步强化港口码头安全生产监督工作。此次行动历时7个月，分制定方案宣传发动、集中整治全面推进、全面检查重点抽查以及总结完善四个阶段。码头中心重点抓好四个方面工作确保行动顺利开展。一是加强安全监管，严格督导企业落实安全生产各项要求。以全国“安全生产月”活动为载体，以宣传培训安全生产政策、法律为契机，开展形式多样的宣传活动。二是深化依法监管，强化落实安全生产监管责任。将日常监管和本次活动相结合，落实“谁主管、谁负责”的责任传递与监管工作责任制，认真落实举报查处和安全事故报告制度。三是针对源头监管，狠抓安全培训和重点防范内容检查。加强对港口企业经营资质和安全生产培训制度和培训档案的检查，加强对港口企业特种作业人员特别是危险货物港口作业人员的持证上岗情况的检查，并按要求做好提供培训服务工作。四是加强行业应急监管，建立港口安全应急响应长效机制。完善应急工作，落实应急准备，抓好应急演练。

【开展2012年度渣土（泥浆）码头专项整治月活动】 为加强上海港渣土、泥浆码头现场监管，确保上海港渣土（泥浆）运输行业的规范化与合法化，8月，上海港码头中心开展2012年度渣土（泥浆）码头专项整治月活动。召开渣土码头相关负责人管理工作会议，督促经营单位认真落实港口环境整治有关工作：一是安装码头现场视频监控，确保视频全天候正常运行与存储，同时将视频信号接入码头中心各监管站点。二是对进出码头区域车辆进行冲洗，以各种有效手段抑制扬尘，避免对周边环境造成影响。三是采取铺设钢板等措施对码头平面进行防护。四是禁止将渣土、泥浆水等直接抛入或排放入航道水域，并采取有效措施减少渣土装卸过程中的散落和扬尘。同时，进一步要求码头单位不得擅自将建筑渣土（泥浆）装卸至未经海事部门备案的船舶，确保操作人员持证上岗，装卸机械符合生产要求，并做好港口作业开工前申报等工作。年内，渣土泥浆行业管理转入常态化模式，继续加强与其它管理部门协作，通过视频监控、管理部门联合检查、专项暗查与站点日常检查巡查等多种方式，确保渣土（泥浆）运输违法违规现象不返潮。

【上海港危险货物港口作业电子化监管取得阶段性成果】 为加强公共安全管理，全面实现全港危险货物港口作业电子化申报审批，实现危险货物作业的数据监控全覆盖，上海港码头中心自2011年起开发建设上海港出口包装危险货物港口作业申报审核信息系统示范应用和上海港进口包装危险货物港口作业申报及港区在线监管系统。11月19日，上海港出口包装危险货物港口作业申报受理审核信息系统示范应用项目顺利通过评审验收。该项目通过建立出口包装危险货物港口作业申报信息系统，实现对出口包装危险货物申报受理与审核的电子信息化管理，将原由申报人上门申报，受理人员人工输入申报数据方式，延伸为申报人不需要上门，而是根据自身需要随时随地输入，以解决目前危险货物港口作业申报人工操作所存在的局限性，并通过建立出口包装危险货物网上申报、审核及申报单打印，查询、申报作业量的统计信息系统，实现三大目标，即，实现出口包装危险货物24小时在线申报及审核、实现对出口包装危险货物作业申报信息即时查询、实现对出口包装危险货物作业申报信息按需分类统计。该项目于2011年12月下旬启动网上申报试点运行工作，2012年8月6日启动网上申报模拟运行工作，40家申报单位参加了模拟网上申报；9月1日，所有近60家模拟申报单位转入正式出口包装网上申报。

（三）航运管理

【概况】 至2012年底，全市共有国际航运企业及其辅助企业1442家，比上年增加5.9%，其中国际航运企业65家、国际船舶代理企业142家、国际船舶管理企业79家、无船承运人1096家、外商独资船务公司及集运公司42家，航运经纪公司17家，船舶交易服务机构1家。国内运输企业263家，国内水路运输服务业345家，其中沿海航运企业136家、内河航运企业127家，国内船舶管理企业34家；在册运输船舶年末总数为1478艘，总运力845.0万载重吨/67413客位。本市共有内河航道196条，通航总里程2074.36公里。年内，全市内河水上安全形势总体受控，行业平稳发展，航道建设和维护工作有序推进。推动黄浦江游览市场票务专业化和游船特色化发展。加快发展现代航运服务业，完善航运服务体系。

【举行内河首次跨部门大型应急联动综合演习】 10月16日，由市地方海事局和上海环境事业有限公司联合主办，以“打造平安航区、共筑水上长城”为主题的本市内河首次跨部门大型应急联动综合演习在苏申外港线航道青浦急水港服务区举行。演习模拟船舶碰撞事故，导致船员落水遇险、船舶起火并溢油、船载桶装化学品落水漂散、船舶撞损防汛墙、肇事船舶逃逸等场景，成功进行了接警、出警、救生、消防、溢油应急处置及水面漂浮物清理、水质监控、追逃、防汛墙抢修8个科目的演练。这是迄今本市内河规模最大、参演单位最多、科目设置最全、险情种类最复杂的一次内河应急联动综合演习。

【举行内河船港保安联动应急综合演习】 11月27日，本市内河船港保安联动应急综合演习在奉贤金汇港水域内蓝星化工新材料厂码头举行。此次演习由市航务处主办，奉贤区航务管理所承办。演习模拟不明身份人员挟持船长，破坏船舶机舱造成溢油，危险品码头甲醇卸船输送管线被破坏，导致甲醇泄漏的场景。按照演习预定方案，蓝星厂负责厂区疏散、危险品泄漏应急处置；奉贤区航务管理所和东安公司负责对船舶溢油处置、防污等施救措施；水上公安负责追捕不法分子、解救人质。演习在半小时以内圆满完成各项拟定科目，进一步完善了内河船港保安应急管理体系，提高了各合作单位的应急处置与协调合作能力，有利于事件发生时应急处置工作安全、高效、有序开展。

【黄浦江游览票务公共平台正式成立】 3月1日，黄浦江游览票务公共平台交接仪式隆重举行，为黄浦江游览市场票务专营化的建设目标夯实基础，有效整合了行业资源、规范了票务市场、提升了品牌效应。黄浦江游览票务公共平台将在优化票务环境、提高游船使用率、提升服务质量、开拓市场潜力等方面发挥巨大作用。

相关链接：黄浦江游览票务公共平台

上海黄浦江游览行业自2011年11月15日起，由9家船公司与旗下23艘船组成上海黄浦江游览联合票务平台。2012年2月15日，经黄浦江游览企业总经理联席会议一致通过，委托第三方上海德响实业有限公司作为黄浦江游览“清游江”票务销售唯一总代理。2012年4月26日，上海德响实业有限公司正式接管票务联合平台，并更名为上海黄浦江游览票务中心。

【本市首条四星级游览船授牌起航】6月15日，本市首条“四星级游览船”——长江轮船公司“船长8号”授牌仪式在十六铺码头隆重举行。副市长赵雯出席仪式并宣布上海市首条星级游览船起航。浦江游览首艘四星级游览船授牌仪式结束后，赵雯同志即召开黄浦江水上旅游管理工作座谈会，在听取市交通港口局、市旅游局有关工作汇报和各游船企业意见建议后，赵雯同志指出，一年来，在各方共同努力下，黄浦江水上旅游管理工作取得积极成效，票务销售纳入统一平台，浦江游览市场日益规范，企业效益稳步提高。下阶段，要以游览船星级评定为抓手，着力提升黄浦江水上旅游规范化、专业化、标准化、信息化、人性化水平，进一步挖掘、整合水陆联动的旅游资源，创新丰富水上旅游产品，完善公共服务体系，打造浦江游览品牌。

【发出首张游艇俱乐部备案证明】2月21日，上海长风游艇俱乐部有限公司代表至市地方海事局领取了备案编号为“沪地海游俱备001”的《上海市内河游艇俱乐部备案登记证书》，标志着本市内河辖区游艇管理进入实质性开展阶段。根据《游艇安全管理规定》，市地方海事局制定《上海市地方海事局游艇俱乐部备案管理实施细则（试行）》，并于2011年下半年启动了辖区游艇俱乐部备案工作。经过对上海长风游艇俱乐部的安全与防污染管理、基础设施、船舶、运营制度等情况的审核，1月29日，市地方海事局完成对该俱乐部的备案工作。

【波罗的海国际航运公会在沪设立分中心】2月25日，波罗的海国际航运公会（BIMCO）在上海成立分中心，这是继新加坡之后，该国际组织在亚洲设立的第二个分中心。波罗的海国际航运公会成立上海中心，将对上海航运产业带来更大的集聚效应，有力提升上海国际航运中心的软实力，力推上海在提升市场配置资源能力的过程中实现转变经济发展方式。借助波罗的海国际航运公会的国际影响力，中国航运业在世界航运舞台上的话语权有望增强，尤其是在国际航运标准制定和交易规则设置等方面的影响力有望进一步加强。

背景资料：波罗的海国际航运公会

波罗的海国际航运公会有着百年历史，是目前世界上最大、运营最多样化、在行业内具有举足轻重地位的国际航运组织。其拥有970家船东会员、涉及1.5万余艘船舶、7.03亿载重吨运力，占世界海运业总运力的65%以上。目前，国际海运和相关行业中有近3/4交易，采用该公会编制的各类标准合同和条款。

【推进航运及其辅助业资质信誉评估】11月27日，市交通港口局、上海航运交易所联合举办上海市航运及其辅助业资信评估工作展示交流活动。政府相关部门、中国船东协会、资信优良企业、银行、保险公司、评估机构、媒体等约100人参加活动。近年来，市交通港口局积极组织推进航运及其辅助业资质信誉评估工作，2012年继续对上海口岸国际集装箱运输企业、国际船舶代理企业以及国内水路运输企业开展资质信誉评估，评估工作由上海航运交易所具体实施。为保证评估工作的科学性和公正性，航交所制订较为科学的资信评估体系，建立资信评估网络平台，并委托专业征信机构进行信息收集和实施专业化评估。自2005年以来，累计参评企业总数3700多家（次），出具资信评估报告711份，建立资信档案超过3700份。2012年，共计489家航运及辅助企业参评，其中72家企业经评估为资质信誉优良企业，由专业征信机构出具资信评估报告。评估结果显示，上海口岸航运及其辅助企业资质信誉状况逐年提高，反映出上海国际航运中心软环境建设尤其是航运诚信体系建设取得长足进步。而日常监管信息可为资信评估提供依据，评估结果可以确定监管的重点和难点，两者相互促进，将引导企业合法经营、诚实经营，培育健康有序的航运市场。市交通港口局进一步加大对航运诚信体系建设的支持，不断提高评估工作的规范化水平和国际化程度，探索资信评估市场化运作的新途径，形成中国特色的航运资信评估中心；支持评估机构与航运金融机构开展合作，鼓励金融机构加大对资信评估报告等信用产品的采信力度，为中小企业融资低成本、便利化创造条件。

【召开内河水运发展领导小组第一次会议】 3月7日上午，上海市内河水运发展领导小组第一次会议在市政府第六会议室召开，副市长沈骏出席并讲话。会上，领导小组办公室主任、市交通港口局局长孙建平部署加快内河水运发展主要任务，领导小组办公室副主任、同盛集团总裁万大宁总结2011年内河航道建设工作、汇报了2012年工作安排。沈骏同志指出，发展内河水运是构建现代综合运输体系的重要内容，是推动创新驱动、转型发展的重大举措，是落实科学发展观的客观需要。促进内河水运发展，要把握好六个着力点：抓好规划衔接与落地，加强工程建设管理，理顺管理体制，建立稳定投入机制，完善法制保障，加强安全管理。2012年，重点要抓好大芦线二期、杭申线、长湖申线和平申线等内河高等级航道及配套内河港区推进建设；深化完善相关港航规划；鼓励和引导内河运输船型标准化；推进内河水上旅游持续健康发展。市内河水运发展领导小组成员单位相关负责同志参加会议，市发展改革委、市财政局、市规划国土资源局就项目安排、建设政策、资金保障和规划深化等内容作交流发言。

【地方水运企业规模化大型化发展趋势明显】 为加快推进上海国际航运中心建设，市航务处严格执行运力宏观调控各项政策措施，严把市场准入关，严格退出机制，通过优胜劣汰，扶持具有市场竞争能力的企业做大做强，水运企业规模化大型化发展趋势明显，标准化、大型化、专业化船舶得到快速发展。通过对本市地方水运企业2012年度核查的经济数据分析显示，水运企业资产总额在1亿元以上的75户，1000万至1亿元的88户，100万至1000万元的55户，分别占32.2%、37.8%、23.6%。运输收入在1亿元以上的38户，1000万元至1亿元的75户、100至1000万元的69户，分别占16.3%、32.2%、29.6%。企业运力10万载重吨以上的12户、5万载重吨到10万载重吨的11户、万吨以上的56户，分别占4.6%、4.2%、21.5%。

【完成长江水系省际液货危险品运输企业清理整顿】 市航务处结合年度核查，完成对本市具有长江水系液货危险品运输资质的30家企业及其184艘船舶的清理整顿专项检查。一是清理整顿与落实企业安全生产责任相结合。结合2012年度核查工作及专项检查工作，本市各级航务管理部门全面开展本次清理整顿专项检查工作，并在全市范围内启动全行业安全生产承诺书签约工作。组织召开全市相关航运企业、船舶管理企业会议，宣贯布置具体工作事项。二是清理整顿与督促企业经营资质保持相结合。本次专项检查以清理整顿为主线，督促企业落实经营资质保持措施。通过检查，本市绝大部分企业符合有关工作要求，相关制度基本健全，落实情况总体良好。三是清理整顿与强化动态监管相结合。结合本次清理整顿，同步开展“清理挂靠经营”和“安全生产经营资质排查”等专项检查工作。未发现非法挂靠或委托经营危险品运输船舶情况。针对个别企业台帐分类不细、应急预案演练记录不完善、海务和机务工作计划与目标不详细、运力不达标等问题，督促其整改落实。通过本次清理整顿，劝退一家已无长江油船运力的企业。通过此次专项整治，进一步规范水路运输市场秩序。

【本市《内河航道工程设计规范》获批】 为适应上海内河航道建设管理需要，市交通港口局和上海航道院针对上海市内河航道特点，共同编制了《内河航道工程设计规范》，年内《规范》被批准为上海市工程建设规范，编号为 DG/TJ08-2116-2012，自 2013 年 1 月 1 日起实施。本规范分为航道等级、通航水位与作业标准、代表船型与航道尺度、航道选线与布置、船闸、航道护岸、助航与航道信息化设施等 13 个部分，将作为上海市内河航道规划、建设、管理和通航论证的重要依据。

【蕴藻浜、吴淞江、新通波塘航道疏浚养护政府采购工程项目荣获全国十大“2011 年政府采购精品项目”奖】 2 月，该奖项由在北京举行的第七届全国政府采购集采年会颁发。该工程完成，有利于加快解决航道淤浅历史欠帐，提高航道通过能力。该工程也是首个按照管办分离原则，由市航务处和同盛内河建设公司合作共同组织实施航道维护工程的项目。工程于 2011 年 11 月底完工，维护航道里程 70.7 公里，疏浚维护方量 173.43 万立方米。

【四家基层海事所荣获“全国海事系统文明执法示范窗口”称号】 获得该荣誉称号的是市地方海事局直属海事处泗江口海事所、奉贤区地方海事处竹港海事所、浦东新区地方海事处航头海事所和青浦区地方海事处淀峰海事所。近年来，四家基层海事所在文明执法示范窗口建设中，以文明创建为契机，以创新服务举措为抓手，努力营造优质高效的服务环境，积极服务内河航运事业发展。一是敢于树标杆、找标准，保证了执法示范窗口创建的高起点、高标准。二是能紧紧围绕中心工作，把握根本性的要求，始终保持创建工作的活力与动力。三是有强烈的服务意识，通过流动党员之家、首次进港船舶安全教育等把安全工作做在前。四是重视基础工作，抓规范管理，各项台账记录反映出基础工作做在日常、做得扎实。

（四）合作交流

【概况】 2012 年，市交通港口局国际和国内合作交流工作有序开展。国际方面，就推进上海国际航运中心建设、“十二五”上海港规划和发展，提升港航服务水平以及新科技在港航领域应用等，开展多方面多层次交流与合作。国内方面，重点在港航安全监管和应急处置合作等方面取得新进展。

【第三届亚洲邮轮大会在沪召开】 9 月 26 日至 28 日，由市旅游局、市交通港口局、虹口区政府、上港集团、海贸传媒集团联合主办的第三届亚洲邮轮大会在上海港国际客运中心邮轮码头召开。本届亚洲邮轮大会的主题是“前进、前景、潜能”。大会开幕式于 9 月 27 日上午举行。副市长赵雯出席开幕式。本届邮轮大会吸引了超过 2300 位业内人士参加，高水准的会议、展览、专业讲座和各类活动精彩纷呈，成为邮轮公司、旅行社、邮轮码头和邮轮供应商在成长中的亚洲市场中抢占先机、开拓业务的舞台。目前，上海港现已形成具有充足港口接待能力的“2+1”体系，邮轮产业的运营环境在国家各级部门重视下也得到不断完善，但还存在港口配套商贸环境、码头管理服务水平等方面的问题。

未来几年，上海港将继续完善配套服务设施，逐步建成邮轮码头后方的交通枢纽和邮轮综合服务区；同时，将制订邮轮码头的服务标准，规范邮轮码头的服务收费，并继续争取中央层面的政策支持，优化旅客通关环境。

【上海港与马赛港签署继续发展友好关系备忘录】 12 月 4 日，法国马赛市副市长迪迪埃·帕拉基昂先生一行访问市交通港口局。副局长张林主持会谈，并代表局长孙建平与马赛港务局代表签署继续发展友好港关系备忘录，开启两港合作的新篇章。马赛是法国东南沿海利翁湾东北岸，濒临地中海的西北侧，是法国最大的商业港口，也是地中海最大的商业港口。

【洛杉矶港环保人员技术交流培训在沪举行】 10 月，为期两周的洛杉矶港第二批环保人员技术交流培训在上海举行。洛杉矶港务局环保部副主任克里斯多福·巴顿一行 7 人参加。此次培训由市交通港口局及上海港港政中心承办。中美双方就港口水污染控制、水生及陆域生态修复、干散货污染控制、大气排放清单研究、港口营运和水路运输的课题研究项目、港口环境管理政策、有害物质管理和土壤污染防治、环境监测网试点建设等议题进行了深入的交流和探讨。美方还分别赴局属发展研究中心、局洋山办、市环保局、上港集团、振东集装箱码头分公司、明东集装箱码头有限公司等单位进行交流和现场考察。

【参加第 15 届“大厦会议”】 第 15 届“大厦会议”在新加坡举行。本次大厦会议主题为“为未来时刻准备着：我们港口的机遇和挑战”。会上 5 家成员港就未来港口发展进行交流，并与马士基、川崎航运等航运企业进行相关研讨。市交通港口局介绍了上海港“两型”港口建设目标和面临的困难，以及政府的思考和措施等；新加坡港、长滩港分别介绍了航运船舶减少排放的鼓励政策，在建船舶岸电系统、推广 L N G 新能源等方面的进展情况。

【参加“第四届世界港口安全峰会”】 9 月，“第四届世界港口安全峰会”在德国汉堡举办。本次峰会由德国汉堡港水上警察局主办，来自国际海事组织、欧盟、美国海岸警卫队及以色列等 27 个国家、地区和国际组织共 77 位代表参加会议。大会就世界主要大港共同面临的安全和反恐新形势等进行专门交流与讨论，上海港在本次峰会上作《履行国际公约，打造平安港口》专题发言，介绍上海对外开放港口设施概况、近年来上海港口设施保安的主要工作以及下一步工作设想，受到主办方和与会代表的高度肯定和赞誉。

【台湾海峡两岸间班轮运输研讨会在沪举行】 1 月 16 日，交通运输部在沪召开台湾海峡两岸间班轮运输研讨会。各经营海上直航的两岸班轮公司和上海港务集团代表参加会议。会议就干线船舶捎带运输和加强两岸间海上直航市场的监管两大主题进行研讨，两岸各班轮企业分别结合各自经营情况交流对干线船舶捎带运输和市场监管的有关想法和建议。两岸直航是特殊的航运市场，政策性强，急需两岸班轮公司共同努力，克服当前航运大环境的不利影响，维护两岸运输市场的基本稳定，服务和保障两岸经济健康发展。

【建立健全长三角交通运输领域安全、应急处置合作框架】 12 月 27 日，苏浙沪交通主管部门签署《苏浙沪两省一市交通运输行业安全、应急合作框架协议》，共同谋划长三角交通运输安全管理发展思路，完善创新安监、安保、应急处置合作机制，有效整合区域资源，通过共同推进交通运输企业安全生产标准化建设等，携手促进区域安全管理、应急应对水平的整体提高，最大限度预防和减少行业突发事件发生及事故损失。合作重点围绕省际客运、水陆危险货物运输、公共交通、内河通航等重点行业的管理信息资源共享，突发事件监测预防、信息互通，以及应急处置和善后处理协作等方面展开合作交流，探索建立省际客运、旅游包车、危险货物运输等车辆当地查验及违法信息、违规记录，以及从业人员资格和违法违规信息共享平台，进一步加强各方在安全、应急工作方面有效衔接，提升管理信息资源综合利用效率，实现安全管理的动态化和全覆盖。

【建立水上交通运输管理决策、执行、科研部门联席机制】 市交通港航发展研究中心牵头召开水上水上交通运输管理决策、执行、科研部门第一次联席会议，根据“权威发布”、“拳头产品”和“全方位服务于行业管理、全方位服务于行业发展”要求，重点围绕港航安全、节能环保及港航科技三个方面，针对安全监管的瓶颈与对策、码头应急靠泊能力的核定、港航安全稳定预警、内河船舶防污染、清洁能源动力技术的应用“两型”港口建设、“船联网”、“智慧港口”建设、信息技术条件下港航统计分析等水上交通运输管理热点、难点及瓶颈问题等进行深入研讨，提出政策建议。本次联席会议是市交通港航发展研究中心对水上交通运输管理机关和管理部门的一次深入大调研，促进了决策、执行、科研部门之间的协调、协作与配合。

（司月洁）

（一）综述
（二）基本建设
（三）客运服务
（四）货运服务
（五）综合经营

（一）综述

2012年，上海铁路局深入推进铁路科学发展，抓住铁路深化改革带来的新机遇，围绕落实铁路局市场主体责任，团结一致，开拓创新，全面推进各项工作，取得良好成效。

2012年，上海铁路局固定资产原值3232.32亿元，职工15.9万人。下辖62个运输站段、5个运输辅助单位、129个非运输企业。设4个铁路办事处，有上海浦东、沪宁、沪杭、上海金山等24个合资铁路公司。管内跨江、浙、皖、沪三省一市铁路，全国六大繁忙干线其中京沪、陇海、京九、沪昆四大干线穿越辖区，分别与济南、郑州、武汉、南昌铁路局毗邻。截至2012年底，局管内已开通运营时速300公里高速铁路4条，即沪宁高铁、沪杭高铁、京沪高铁、合蚌高铁；客运专线3条，即合宁客专、合武客专和沿海客专。局间分界站14个，其中新沂西、利国、徐州东站与济南局分界，王楼、虞城县站与郑州局分界，阜阳北、淮滨、叶集、墩义堂站与武汉铁路局分界（淮滨站为武汉铁路局管辖），孔垄、香隅、倒湖、新塘边、苍南站与南昌铁路局分界（孔垄站为南昌铁路局管辖）。全局铁路营业里程7804.3公里，同比增长1.9%，其中时速200公里及以上线路营业里程2490.1公里，同比增长5.5%；复线营业里程4819.3公里，同比增长1.2%，复线率61.8%；电气化铁路4080.2公里，同比增长1.4%，电化率52.3%。全局设有619个运营车站，其中办理客运业务的车站169个、同比增加9个，办理货运业务的车站254个、同比增加2个。全局配属客车6581辆，其中动车组190组；配属机车1667台，其中和谐型大功率电力机车397台。全局运输业务辐射全国各地，日均图定开行客货列车1743.5对，其中客车547.5对，货车1196对。

运输安全。坚持安全发展理念，引入安全风险管理方法。采取多种有效形式，加强安全风险意识宣传教育。重新修订安全生产责任制，完善安全奖惩、安全质量考核、事故责任追究办法，制定干部安全包保管理办法、安全检查手册、薄弱单位帮促办法等管理制度，为规范管理提供保证。加大设备投入，实行高铁工电供生产生活一体化管理和“三位一体”综合维修模式，提升设备养修质量和效率，促进安全基础建设。组织“遵章守纪、按标作业”主题竞赛活动，持续开展安全大检查，加强安全风险动态研判和关键盯控，确保运输安全特别是高铁和客车安全总体稳定。

多元化经营。贯彻铁道部沈阳现场会精神，深入实施多元化经营战略，发挥长三角区位优势和高速铁路比较优势，加强市场营销，优化运输组织，强化项目开发，严格预算管理，推进增收节支提效。至年末，完成旅客发送量33569万人，同比增长7.8%，总量继续位居全路第一，并创造单日发送171.7万人历史最高纪录。其中上海市境内完成旅客发送6758.1万人，同比增长9.0%。完成货物发送量24038万吨，同比下降2.8%，主要是受宏观经济下行影响大宗货物运量下滑。其中上海市境内完成货物发送825.3万吨，同比下降7.0%。完成多元化经营总收入956.1亿元，同比增长12.5%。其中运输总收入585.8亿元，同比增长9.8%；非运输企业收入345.3亿元、报表利润4.7亿元，同比分别增长17.9%和115%，实现考核利润10亿元；其他业务收入25亿元，同比增长8.7%。经营成本得到较好控制。

铁路建设。围绕保安全、保质量、保开通、保稳定的目标，科学有序地加快铁路建设。合蚌高铁、金山铁路建成运营。海洋铁路按期竣工并具备开通条件。上海动车段、上海客专维修基地建成投产。上海客专调度所即将进行工程初验。宁杭高铁、杭甬高铁进入联调联试准备阶段。杭州东站、苏州站、宁波站、合肥南站等项目加快实施。沪通铁路等项目前期工作取得新进展。探索分类投资建设，浙江金台、安徽庐铜、江苏沿江城际等由地方主导建设的区域铁路项目前期工作顺利推进。建设管理继续加强，顺利完成了路局工程建设项目招投标进入南京市公共资源交易中心移交工作。全年共完成基建大中型项目投资479.42亿元，为考核目标的101.1%。

客货服务。上海铁路局坚持以人民群众满意为根本标准，广泛开展服务旅客创先争优活动和货运服务质量年活动，创新服务方式，提升服务水平。客运推出分号运行图、高铁商务座特惠票、空铁通联运等新产品，成功实现互联网购票、自动售票机售票、实名制售票，让旅客出行更加安全便捷。上海铁路客户服务中心建设取得重要进展，人工座席由原120个增加到311个，日常电话接听率保持90%以上，形成铁路与社会沟通交流的多功能服务平台，并组织客运人员分批到客户服务中心培训，加强客运服务基础建设。建立客运高峰期运输组织常态化管理办法，实行干部带班顶岗制度，促进服务质量提高。货运实施“百千工程”，纳入铁道部“百列”快运班列19列、“千列”直达班列35列，开行兑现率分别达80.1%和78%。货运电子商务试点取得成功，在实货制运输和全程物流上进行积极探索，全局网上受理装车比例已达90%以上。

上海铁路局2012年运输经济主要指标完成情况表

项目	单位	实绩
换算周转量	百万换算吨公里	304527
旅客发送	万人	33569
货物发送	万吨	24038
煤炭发送	万吨	12563
日均装车	日车	10851
日均卸空车	日车	12129
货车静载重	吨	60.5
货车周转时间	天	2.68
机车日产量	万吨公里	133.3
客发正点率	%	100
客运正点率	%	100
货发正点率	%	98.3
货运正点率	%	97.6
内燃机车万吨公里耗油	公斤	23.5
电力机车万吨公里单耗	千瓦时	134.2
运输全员劳动生产率	万元/人	57.2
行车责任重大、大事故	件	0
运输总收入	亿元	585.83
营业总收入 其中：运输营业收入	亿元	987.56 549.99
运输利润 其中：运输盈亏	亿元	–113.75 –108.86

（二）基本建设

【概况】 2012年，上海铁路局基本建设以保安全、保质量、保开通、保稳定为目标，科学组织、依法建设、标准化管理，运用“431”工作法，推行风险管理“一图四表”法，高质量、高效率地完成年度建设任务。在建大中型基建项目34个，实际完成投资462.12亿元（未含铁路局代建的上海虹桥、南京南站计17.29亿元），为年计划101.1%，同比增加11.81亿元。在铁路局历史上投资完成额仅次于2010年的973.11亿元和2009年的861.62亿元。上海铁路局建设项目数和投资完成额在全路各铁路局（集团公司）中分列第一和第三位。主要实物量完成新线铺轨427.3公里、复线332.9公里，站线191.9公里，土石方1464.1万立方米、特大中桥19.73万延长米、隧道5.28万延长米，电气化铁路接触网873.7条公里，变电所7座。征地、拆迁各完成2729亩和36.0万平方米。

【铁路重点项目建设有序推进】 2012年，

上海铁路局全局在建34个大中型项目中，26个完成和超额完成年度投资计划，其中合福、杭长、宁杭客专和宁西增建二线等4个安排中央投资项目年内共完成投资232.70亿元，其中中央预算内资金25.20亿元。新建上海客专综合维修基地、新建上海客专调度所、合蚌高铁、上海动车段、宁启铁路复线扬州东至海安段、合肥枢纽新建合肥北城至合肥站、宿州至淮安铁路、杭州东站扩建工程等8个项目共完成投资45.84亿元，超年计划11.06亿元。宁安城际、杭甬客专等14个大中型项目全面完成年度投资计划。曾因银行贷款等问题自2010年6月底开始停工的丰沛铁路，2012年9月份复工。上海客专调度所运营调度系统、宁西增建二线等2个大中型项目年内新开工。上述3个项目年计划投资12.20亿元，共完成11.29亿元，完成率为92.5%。8月，新建上海客专调度所完工。9月，上海南站至金山站扩能改造项目完成，长三角首条采用公交化运营的市域铁路——金山铁路开通。10月，合肥枢纽合肥北城至合肥站项目建成，合蚌高铁全线通车。12月，海安至洋口港铁路完成安全评估，具备开通条件。阜淮淮南水蚌线电化改造项目的阜淮淮南两线电化已具备送电开通条件。上海客专综合维修基地、上海动车段建成投产。全年共建成或投产项目8个，投产新线208.8公里、复线195.3公里、电气化铁路388.4公里。

上海铁路局2012年基本建设投资完成情况表

项目	本年计划	本年完成	完成计划（%）	与上年同期比较		与上年同期比较	
				上年累计完成	同期比较	上年完成计划（%）	同期比较
总计	**4743894**	**4794164**	**101.06**	**4704550**	**89614**	**91.80**	**9.26**
一、局管项目小计	2450958	2462152	100.46	2022528	439624	90.60	9.86
1.南京至安庆铁路	630000	630000	100.00	270000	360000	100.00	0.00
2.南京至杭州铁路客运专线	380000	380000	100.00	500000	−120000	100.00	0.00
3.上海至杭州铁路客运专线	102574	102574	100.00	60000	42574	100.00	0.00
4.宿州至淮安铁路	50000	62500	125.00	61370	1130	76.70	48.30
5.丰县至沛县铁路	17000	12864	75.67	300	12564	100.00	−24.33
6.淮北站改扩建	10000	2200	22.00	3190	−990	45.60	−23.60
7.阜阳至六安铁路	60000	60000	100.00	65000	−5000	100.00	0.00
8.阜淮淮南水蚌线电化	14000	14000	100.00	16400	−2400	82.00	18.00
9.合肥枢纽南环线	170000	170000	100.00	170000	0	84.40	15.60
10.宁西铁路西安至合肥段增建二线	55000	55000	100.00	55000	0.00		
11.客运专线上海调度所	8091	21391	264.38	7700	13691	770.00	−505.62
12.新建上海综合维修基地	100	1594	1594.00	1950	−356	27.90	1566.10
13.上海（南翔）和谐型大功率机车检修基地	30000	30000	100.00	19395	10605	71.00	29.00
14.上海调度所运营调度系统	50000	45000	90.00	45000	0.00		
15.杭州东站改扩建工程	200000	210000	105.00	128910	81090	85.90	19.10
16.宁波铁路枢纽北环线	80000	80000	100.00	79000	1000	92.90	7.10
17.宁波站改建工程	80000	80000	100.00	35000	45000	70.00	30.00
18.萧甬铁路绍兴县城区段改造	20000	20000	100.00	3600	16400	24.00	76.00
19.宁波北站及货场搬迁工程	25000	25000	100.00	55000	−30000	100.00	0.00
20.新建铁路甬台温线	25993	15000	57.71	1000	14000	100.00	−42.29
21.宁启铁路林场至扬州东段复线	37000	27000	72.97	33000	−6000	55.00	17.97
22.宁启铁路扬州东至海安段复线	14900	21000	140.94	35000	−14000	56.40	84.54
23.宁启铁路海安至南通段复线	29500	22000	74.58	32000	−10000	64.00	10.58
24.丹阳货场搬迁	12700	763	6.01	2968	−2205	27.00	−20.99
25.上海南站至金山站扩能改造工程	55000	55000	100.00	120000	−65000	100.00	0.00
26.绍兴东站及货场搬迁	4796	4796	100.00	12000	−7204	100.00	0.00
27.金华至温州铁路扩能改造工程	215000	215000	100.00	260000	−45000	100.00	0.00
28.海安至洋口港铁路	42570	39570	92.95	15000	24570	100.00	−7.05
29.上海动车段工程	31734	59900	188.76	9445	50455	23.00	165.76
二、代建设项目小计	**172936**	**172936**	**100.00**	**202500**	**−29564**	**100.00**	**0.00**
30.京沪高速南京南站	131150	131150	100.00	191000	−59850	100.00	0.00
31.京沪高速上海虹桥	41786	41786	100.00	11500	30286	100.00	0.00
三、部管纳入上海局考核项目小计	**2120000**	**2159076**	**101.84**	**2479522**	**−320446**	**92.20**	**9.64**
32.合肥至蚌埠客运专线	30000	65477	218.26	249332	−183855	83.10	135.16
33.合肥枢纽合肥北城至合肥站工程	13000	16587	127.59	97636	−81049	93.00	34.59
34.合肥至福州铁路客运专线	912000	912012	100.00	772554	139458	83.70	16.30
35.杭州至宁波客运专线	185000	185000	100.00	410000	−225000	100.00	0.00
36.沪昆铁路客运专线杭州至长沙段	980000	980000	100.00	950000	30000	100.00	0.00

注:上年，即2011年。

【铁路更新改造投资】2012年，上海铁路局完成更新改造投资17.87亿元，其中运输设备更新改造投资完成13.04亿元，专项资金完成4.83亿元。在完成的13.04亿元运输设备更改投资中，铁道部管理项目投资完成1.38亿元，为年度计划的88.2%。铁路局管项目投资完成11.66亿元，为年度计划的76.3%。

2012年，上海铁路局安全设施方面完成投资3.82亿元，占全局运输设备更改完成投资额的29.3%。重点包括道口平改立，道口及平交道设施改造，线路站场封闭，机车车辆探伤设备更新，京沪、沪昆线无线列调设备改造，京沪、沪昆通道红外线设备更新，数字无线调车设备更新，西陇海线信号微机监测系统设备升级改造等。全年客货运设施完成投资4.04亿元，占全局运输设备更改完成投资额的30.9%。重点包括上海站、淮北站改造，诸暨、义乌等车站旅客引导电子显示系统更新，新增客运自动售票机，杭州北站、白鹿塘、铜山货场及货运设施改造，朱家埠铁路物流基地和仓前站扩能改造等。全年机辆供工电设施完成投资2.26亿元，占全局运输设备更改完成投资额的17.3%。机务系统主要完成了南京东等机务段工装设备；车辆系统主要完成了上海客技站空调检修综合楼配套设施，合肥车辆段徐州检修车间能力补强、客货车检修工装设备；供电系统主要完成了高能变压器设备更新；工务系统主要完成了工务小型线桥养修、检测及安全防护设备购置；电务系统主要完成了京沪线、京九线TDCS系统改造和沪昆线通信传输设备改造等。全年信息化设施完成投资0.89亿元，占全局运输设备更改完成投资额的6.8%。主要完成了货运电子商务平台建设，电话订票语音平台扩能改造，地区MQ服务器更新，部分TMIS网络设备更新和全局中小货运站生产管理信息系统集中整合改造等。保持职代会实事项目资金投入比例，全年完成职代会实事项目投资0.94亿元，占全局运输设备更改完成投资额的7.2%，与2011年持平。重点完成皖赣、沪昆、宣杭线工务工区房屋建设，合肥客运段生活设施改造，杭州东站新建生产生活过渡用房，路局火车头体育场改造，沿线站段职工饮用水源、食堂、空调、浴室设施改造等。

【铁路建设前期工作开展】2012年，上海铁路局接受铁道部《2012年铁路勘察设计工作计划》安排铁路局前期工作项目10项，其中开展初步设计项目5项，可研项目3项，预可研项目2项。至年末，在开展初步设计5个项目中，连盐铁路、宁西铁路西安至合肥段增建二线、宁波铁路集装箱中心站已批复初步设计。九景衢铁路、沪宁线无锡等四站改造工程已批复可研，9月召开无锡站改造修改可研评审会。在开展可研3个项目中，沪通铁路南通至安亭段可行性研究报告，6月报送国家发改委，目前规划选址已重新核发，环评已批复，用地预审延期也已获国土部批准，正积极推进社会稳定风险评估工作。合肥至乔司铁路电气化改造工程，5月将用地预审材料上报国土部，环评受宣杭复线建设方案与环保批复不一致影响，推进缓慢。皖赣铁路电气化改造，按铁道部对皖赣通道的审查要求，设计优化中。在开展预可研的2个项目中，宁芜扩能项目，结合宁安开行普速列车方案，正在统筹研究中。芜铜扩能项目，5月铁道部组织召开修改预可审查会。

【列车运行图调整】2012年，上海铁路局围绕管内合蚌高铁开通、金山线改造开行动车组列车，以及相关线路汉宜、龙厦客专开通等需要，编制安全图、效益图、创新图和市场图，不断满足市场变化。年内（不含1月8日～2月16日春节运输图），上海铁路局完成调图6次（即“3·20”、“百千”、“7·1”、“合蚌高铁”、“金山铁路”“12·21”），其他部分调整运行图14次。

“3·20”图：调整沪宁、沪杭高铁管内动车组列车开行方案和部分线路客车运行时刻及相关线路货物列车时刻。沪宁高铁实行日常、周末分号列车运行图，计74对（日常开行69对，周末开行74对）。沪杭高铁实行日常、周末分号列车运行图，计37对（日常34对，周末37对）。停运管内旅客列车4.5对。调整运行区段6对。增加开行直达货物列车25列，调整直达货物列车运行区段16列。全局开行旅客列车500对，其中：G字头动车组列车166对(直通60对管内106对)，D字头动车组89对(直通69对，管内20对)，其他普通客车245对，货物列车1215对（大运转810对，小运转405对）。

“百千”图(5月10日起实施)：根据铁道部大力实施货运新产品“百千”战略，结合上海铁路局实际，开发新方案。快运货物班列计68列，其中行邮始发2列、到达2列，行包始发7列、到达7列，通过8列。其他班列通过5列，始发19列，到达10列，局管内8列。直达货物班列79列，其中通过1列，始发35列，到达13列，局管内30列。

“7·1”图：增开旅客列车6（汉口—上海虹桥1对、宜昌东—南京南1对；温州—成都东1对，合肥—安庆1对；另2对临客为阜阳—上海1对，阜阳—芜湖1对）。停运客车4对（汉口—合肥1对，温州—杭州、池州各1对，沪宁高铁周末列车上海—常州1对）。变更旅客列车运行区段11对。变更旅客列车运行区段11对。改变旅客列车运行径由12.5对(T31/T32次不进上海南站，其他列车均在外局改变径路)。提高列车等级1对(南昌—宁波东2532/3 2534/1次1对改为快速旅客列车)。其他：北京（南）—上海、南京共4对动卧始发、终到站时刻调整及部分旅客列车调整运行时刻、办客时间。对货物列车进行相应调整，金华东—新塘边—鹰潭减少货车2对，京沪线南京东—常州东摘挂列车3对、区段1对贯通至南翔，同时减少常州东至南翔摘挂列车4对。

“金山铁路”图（9月28日起实行）：开行动车组确认列车1对，运行试验动车组列车15对，使用CRH2动车组3组。10月16日对金山线列车运行图进行调整：金山线城际动车组列车日常开行36对，其中直达18对，站站停18对。调整货物列车运行方案，即：小运转列车南翔—闵行7对、芦潮港2对，闵行—金山卫西1对，常州东—芦潮港快运班列1对，合肥北—芦潮港快运班列1对，增加闵行至叶榭小运转1对共13对。公布金山线动车组列车双休日开行方案主要内容：周末开行36对城际动车组列车，其中直达20对，大站2对（停新桥、亭林站），站站停14对，并对列车车次、运行时刻、车底交路与日常图加以区分。。

“合蚌高铁”图（于10月16日实行）：合蚌高铁开行跨局高速动车组列车11对，其中合肥—北京南9对（日常开行6对、周末开行7对、高峰期开行9对）、合肥—青岛2对；管内动车组列车5对，合计16对。沪宁高铁开行本线高速动车组列车65.5对（日常62.5对、周末65.5对）。沪杭高铁开行本线高速动车组列车31.5对，其中上海虹桥—杭州29.5对(日常27.5对、周末29.5对)、上海—杭州2对。南京—杭州高速动车组列车由5对调整为4对。增开管内上海虹桥、南京南、杭州—合肥动车组列车6对及调整管内旅客列车运行区段2.5对、调整运行经由1对，停运旅客列车11.5对（京沪高铁动车组列车5对，跨局普通旅客列车2对，管内旅客列车4.5对）。调整管内相关线路客货列车运行时刻既实行全局调整列车运行图。

“12·21”图：调整管内各线施工天窗时间，安排管内双线区段施工天窗时间由180分钟调整至210分钟，其中120分钟内不安排列车，210分钟不安排客车。单线区段施工天窗时间由60分钟调整至180分钟，其中90

分钟内不安排列车运行，180分钟不安排客车相应调整客货列车运行方案、运行时间。增加开行客车5.5对（其中上海—西安北动车1对，成都—上海直达1对，银川—上海快速1对）。停运旅客列车7对（其中上海—南京D5402/D5401次1对）。调整旅客列车运行区段12.5对（其中北京—上海D311/D312、D321/D322次各1对改由北京南始发、终到）。压缩合肥—上海动车组列车运行时间。调整高铁、客专及普通客车车站办客停站及列车运行时间。调整分界口客货列车对数：利国口减少货物列车5对。虞城县口增加旅客列车2对，减少货物列车2对。墩义堂口增加旅客列车2对。叶集口减少货物列车1对。倒湖口减少旅客列车1对。新塘边口减少货物列车3对。苍南口减少动车组列车1对。增开货物列车24.5对，其中沪昆线昆明东—金华东快运货物班列1列。调整徐州地区开行对数。全局开行旅客列车547对，其中：G字头动车组列车181对（直通113对，局管内68对），D字头动车组124.5对（直通70对，局管内54.5对），其他普通客车241.5对，货物列车1196对（大运转758对，小运转438对）。

（三）客运服务

【概况】 2012年（末），上海铁路局日开行图定旅客列车547.5对。其中直通338对：高速动车组列车68对、动车组列车70对、直达特快列车15对、特快列车24对、快速列车138对、普快列车22对、普客列车1对。局管内209.5对：高速动车组列车113对、城际列车36对、动车组列车18.5对、特快列车2对、快速列车39对、普客列车1对。是年，该局担当旅客列车324对。其中直通112.5对：高速动车组列车37对、直通动车组列车33对、直达特快列车3对、特快列车8对、快速列车26.5对、普快列车4对、普客列车1对。管内209.5对：高速动车组列车113对、城际列车36对、动车组列车18.5对、特快列车2对、快速列车39对、普客列车1对。上海局车底套跑外局管内2对：特快列车1对、快速列车1对。节假日客运完成情况良好。其中元旦运输（2011年12月31日~2012年1月3日），发送旅客329.6万人，同比增幅27.4%。最高日发送旅客114.4万人。春节运输（1月8日~2月16日），发送旅客3512.2万人，同比下降0.2%。最高日发送旅客109.7万人。清明节旅客运输（4月1日~4月4日），发送旅客524.6万人，同比增长12.7%。最高日发送旅客147.7万人。“五一”节旅客运输（4月28日~5月1日），发送旅客569.1万人，同比增长4.5%。最高日发送旅客157.1万人。端午节旅客运输（6月21~24日），发送旅客463万人，同比增长10.1%。最高日发送旅客134.5万人。暑期旅客运输（7月1日~8月31日），发送旅客6105.4万人，同比增长6.5%，日均发送旅客98.5万人。最高日发送旅客114.7万人。中秋节旅客运输与国庆运输时间重叠（9月27日~10月7日），发送旅客1460.6万人，同比增长21.7%。最高日发送旅客171.7万人。

（孔令贵）【旅

上海铁路局2012年客运任务完成情况表

项目	单位	计划	实绩	完成%
旅客发送	万人	33960	33569	98.8
旅客周转量	亿人公里	14000	13954.7	99.7

客列车运行图优化调整】2012年，上海铁路局围绕管内合蚌高铁开通、金山线改造开行动车组列车，以及相关线路汉宜、龙厦客专开通等市场变化和客流需求，先后对局管内旅客列车运行图进行14次优化调整（不含1月8日～2月16日春节运输图）。分别为：

3月20日起，调整局管内列车运行图。重新公布沪宁、沪杭高铁管内高速动车组列车开行方案。调整旅客列车运行区段6对。停运管内旅客列车4.5对（南京—上海虹桥1对，上海虹桥—杭州0.5对，合肥—淮北1对，徐州—连云港东1对，阜阳—合肥1对）。

3月25日起，南京西站停办客运业务，现图9.5对在南京西站始发、终到的旅客列车均改由南京站始发、终到。

4月10日起，六安—宁波东K8408/5 K8406/7次、六安—宿松K8394/1 K8392/3次2对管内旅客列车在长安集—六安间由原经宁西线运行调整为经沪蓉线合武段运行。

5月5日起，增开青岛—徐州东G248/5 G246/7次、济南西—徐州东G241/G242次高速动车组列车各1对。

5月15日起，微调沪杭高铁列车运行图。增开上海虹桥—杭州D5669次0.5对。上海虹桥—合肥D5462/3/2次调整为杭州—合肥，车次改为D5666/7/6次。

7月1日起，全国铁路调整列车运行图。增开旅客列车6对，其中汉口—上海虹桥动车组列车1对，经合武、合宁线、京沪高铁运行，由武汉局担当。阜阳—上海1对，经阜淮、淮南、合宁、京沪线运行，按长期临客掌握。停运旅客列车4对，其中上海—常州1对（周末列车）。变更旅客列车运行区段11对。提高旅客列车等级1对。重新公布沪杭高铁管内高速动车组列车开行方案：沪杭高铁安排开行管内高速动车组列车37对（日常开行34对，周末开行37对）。调整部分旅客列车车次：汉口—上海虹桥D3008/5/8/5次车次改为D3016/3/6/3次。福州南—厦门北D6211次车次改为D6271次。

7月20日起徐州—沛屯7163次停运。

7月21日起徐州—沛屯7161次、沛屯—徐州7162、7164次停运

9月11日起对上海虹桥往武汉方向动车组列车停站方案进行优化，涉及调整69列旅客列车办客时刻，其中26列作停站调整。

9月28日起金山线开行动车组列车，金山线城际列车经由沪春、金山线运行：开行上海南—金山卫站间直达动车组列车4对。开行上海南—金山卫站间沿线各办客站均停车的动车组列车11对。

重新公布金山线动车组列车开行方案：10月16日起，逢周一至周五上海南—金山卫间开行城际列车36对。10月20日起，逢周六、周日上海南—金山卫间开行城际列车36对。

10月16日起，合蚌高铁开通运营，实行调整列车运行图。

10月23日起，增开6对上海—合肥、淮南东高速动车组列车，同时调整沪宁高铁列车运行图。增开旅客列车6对（上海—合肥5对。上海—淮南东1对）。重新公布沪宁高铁本线高速动车组列车开行方案：沪宁高铁开行本线高速动车组列车61对（日常58对、周末61对）。调整旅客列车运行区段1对（合肥—上海虹桥0.5对调整为上海终到。上海虹桥—杭州0.5对调整为常州始发，经沪宁高铁、沪杭高铁运行）。调整旅客列车车次1.5对（上海—合肥G7182/3 G7184/1次1对车次改为G7232/3 G7234/1次。上海—合肥G7186/7次0.5对车次改为G7256/7次）。

12月21日起，实行全国铁路调整列车运行图。增开旅客列车5.5对，其中上海—西安北1对，成都—上海1对，银川—上海1对。变更旅客列车运行区段12.5对。停运旅客列车7对，其中上海虹桥—南京南1对。其他调整：杭州—南昌D95次车次改为

D111 次。京九南段电气化开通，哈尔滨—南昌（吉安）1 对恢复哈尔滨—广州东间运行。

【合蚌客专启用新站】 合蚌客专起于京沪高铁蚌埠南站，终到合肥站，运营里程约 129.34 公里，同时新建蚌埠—蚌埠南站联络线约 8.25 公里。新建淮南东、合肥北城站，改造蚌埠、水家湖站既有站。2012 年 10 月 16 日，合蚌客专淮南东、水家湖、合肥北城站开通启用。

【上海金山铁路启用】 金山支线原为上海金山地区石化企业专用线。为盘活铁路存量资源，改善沿线地区居民出行条件，经铁道部、上海市协商，合资成立项目公司，实施金山支线改造。改造后的金山支线自上海南站—金山站，全线 55 公里。设 9 站，其中徐汇区一站（上海南站），闵行区一站（莘庄站，暂不开通），松江区四站（春申、新桥、车墩、叶榭站），金山区三站（亭林、金山园区、金山卫站）。该铁路为双线、电化、全立交、全封闭，设计最高时速 160 公里。2012 年 9 月 28 日，金山铁路上海南、春申、新桥、车墩、叶榭、亭林、金山园区、金山卫站开通启用。

金山铁路各客运车站进出站通道统一设置自动检票闸机，自动检票闸机能同时适用铁路磁介质车票和上海市公共交通卡。车站服务中心提供人工售票服务，办理金山线动车组列车车票发售、改签、退票和交通卡售、退、充值业务。列车车票仅限金山线沿途各站发售，不实行实名制售票和验票，且全程不对号。

金山卫站站房面积 4997 平方米，为线侧平式车站，客运设施齐全。车站设站台 4 座，无天桥，地道 2 座，人工售票窗口 2 个，人工一卡通窗口 4 个，自动售票机 8 台，进站闸机

金山园区站站房面积 1991 平方米，为线侧平式车站，客运设施齐全。车站设站台 2 座，无天桥，地道 1 座，人工售票窗口 1 个，人工一卡通窗口 1 个，自动售票机 2 台，进站闸机 2 台，出站闸机 3 台。

亭林站站房面积 1987.3 平方米，为线侧平式车站，客运设施齐全。车站设站台 2 座，无天桥，地道 1 座，人工售票窗口 1 个，人工一卡通窗口 1 个，自动售票机 2 台，进站闸机 2 台，出站闸机 3 台。

叶榭站站房面积 1970 平方米，为线侧平式车站，客运设施齐全。车站设站台 2 座，无天桥，地道 1 座，人工售票窗口 1 个，人工一卡通窗口 1 个，自动售票机 2 台，进站闸机 2 台，出站闸机 3 台。

车墩站站房面积 1998 平方米，为线侧平式车站，客运设施齐全。车站设站台 2 座，无天桥，地道 1 座，人工售票窗口 1 个，人工一卡通窗口 1 个，自动售票机 2 台，进站闸机 2 台，出站闸机 3 台。

新桥站站房面积 1936.63 平方米，为线侧平式车站，客运设施齐全。车站设站台 2 座，无天桥，地道 1 座，人工售票窗口 1 个，人工一卡通窗口 1 个，自动售票机 2 台，进站闸机 2 台，出站闸机 3 台。

春申站站房面积 1955.46 平方米，为线侧平式车站，客运设施齐全。车站设站台 2 座，无天桥，地道 1 座，人工售票窗口 1 个，人工一卡通窗口 1 个，自动售票机 2 台，进站闸机 2 台，出站闸机 3 台。

【上海铁路局客服中心扩容】 2012 年 1 月 1 日，上海铁路局客服中心扩建改造，人工席位增至 120 个，增加信息发布、在线服务等功能。10 月 1 日再次扩容，总面积由原有的 1170 平方米增至 2821 平方米，人工坐席增至 282 个，并备用 29 个（日常用于培训，高峰时段用于应急座席），席位总数合计 311 个。

扩容后的客服中心集呼叫、商务、营销三大功能于一体，并形成客户呼叫、信息发布和查询、客户管理、在线业务、客户呼出等五大系统。（孔令贵）

【空铁联运开启】2012年5月5日起，上海铁路局首次与东方航空公司开展空铁联运合作，合作车站分别为上海虹桥、苏州、无锡、常州、宁波东站等5个高铁车站，联运车次22趟。5月30日起，杭州站纳入，车次增至92趟。10月10日起，增加南京、台州2个车站，车次增至164趟。10月27日起，昆山南、镇江、桐乡、嘉兴南4个车站纳入，车次增至231趟。12月13日起，丹阳、义乌2个车站纳入。至此，上海铁路局共14个车站、257趟列车实现与东航空铁联运合作。同时，2012年11月上旬，中国国航与上海铁路局客运处签署《空铁联运产品合作协议》，并于12月1日正式开展联运合作。开展合作的车站为上海虹桥、苏州、无锡、常州、杭州站5个高铁车站，联运车次40趟。（孔令贵）

（四）货运服务

【概况】2012年，上海铁路局货运系统坚持“规范管理、强化基础、盯控关键”，以标准化创建为载体，健全安全管理机制，完善安全保障体系建设，推进安全生产专项整治。全年未发生货运责任一般C类及以上铁路交通事故，未发生责任货运重大事故、货运从业人员责任死亡事故、责任火灾事故。至年末，全局货物发送完成24038万吨，为年度计划的92.6%。货运收入完成172.23亿元，为年度计划的97.7%。保价收入完成13480万元，为年度计划的100.6%。集装箱完成发送60万标准箱，同比减少3.22%。

上海铁路局2012年货运任务指标完成情况表

项目	单位	计划	实绩	完成%
货物发送	万吨	25950	24038	92.6
其中：集装箱	万TEU	68	60	88.2
货物运输收入	亿元	176.28	172.23	97.7
货物保价收入	万元	13400	13480	100.6
装卸作业量	万吨		13734	
其中：路工	万吨		6481	
装卸机械化比重	%		80.7	

【货运运价管理】2012年5月20日起，国家铁路货物统一运价平均每吨公里由10.51分提高到11.51分。8月20日起，客户可通过网银以预付款方式支付快运货物班列的运输费用。

【集装箱运输】2012年，上海铁路局集装箱办理站57个，其中集装箱公司直属站2个（杨浦、北仑港），集装箱中心站1个（芦潮港）。至年末，上海铁路局完成集装箱发送60万标准箱，发送吨957万吨。全年完成海铁联运发到109948标准箱，较2011年增加7025标准箱，增幅6.8%。

上海铁路局2012年鲜活货物发送运量表

品类	机冷车		敞篷车		其他		合计	
	车数	吨数	车数	吨数	车数	吨数	车数	吨数
速冻食品	33	1321					33	1321
冰水产品	731	33626					731	33626
肉类	740	33670					740	33670
肉类制品								
油脂类	85	3230					85	3230
禽蛋类								
乳制品	254	8946	62	3617			316	12563
冰								
糖果类								
饮品			761	45184			761	45184
鲜素菜			6	222			6	222
鲜水果			7	408			7	408
活动物								
其他	634	26978	48	2644			682	29622
合计	2477	107771	884	52075			3361	159846

【危险货物运输】 2012年，上海铁路局有危险货物办理站102个，其中站内危险货物办理站3个，办理危险货物运输业务的专用线142条，具有危险货物托运人资质的企业75家。

上海铁路局2012年危险货物发到运量表

品类	单位	发送	到达
第1类	吨	2078	1177
第2类	吨	5492	11205
第3类	吨	6770944	8852915
第4类	吨	277736	528042
第5类	吨	10200	31206
第6类			
其中：有毒品	吨	124770	22626
剧毒品	吨	14845	
第7类	吨		
第8类	吨	424889	1162152
第9类	吨		
合计	吨	7630954	10609323
其中：罐车运量	吨	6918050	9866696

【超限超重货物运输】2012年，上海铁路局现已开办超限超重货物运输的线路50条，已开办超限超重货物运输的直属站、段（包括合资公司）24个、营业站94个（其中货场作业76个，专用线、专用铁路40家）。至年末，共装运超限货物4906辆，其中客专建设超限预制梁1332辆，接运超限货物3109辆。开行超限专列1列，接运超限专列8列，全部做到安全运输。

【货物保价运输】2012年，上海铁路局共办理货物保价运输299.5万批，占货物总发送批的76.5%，同比减少4.1个百分点。共发送保价货物18928.6万吨，占货物总发送吨的79.5 %，同比减少0.4个百分点。至年末，全局货物保价运输收入13480.1万元，为年度任务的100.6 %。全局保价货运事故赔付率2.61%，同比增加0.22个百分点。

【保价货物事故处理】2012年，上海铁路局共办理货运保价赔偿案件1863件（其中铁路局办理5000元以上赔偿案件285件），赔款352.54元。办理站段赔款清算1145件。办理局间赔款转帐617批，款额210.3万元。

【货运设备设施投资】2012年，上海铁路局下达保价投资计划63项，费用2149.2万元，重点是对龙游东、镇江南、砀山站新建雨棚工程，以及常州、镇江、兴卫村等站的轨道衡改造项目补足，以及常州、临平、繁昌等站货场硬面改造。下达保价运输设备大修预算916.8万元，重点对部分失修的仓库、货场硬面、通路进行整修。2012年铁道部批复上海铁路局保价投资补助项目2项，分别为滁州北站改造工程和铜山站货场货2道增建站台雨棚工程，补助额度1706.5万元。

【专用线运输管理】2012年，上海铁路局共有专用线（专用铁路）合计613条，其中开展共用的专用线108条，共用单位894家。全局货运办理站中，有专用线接轨224个。至年末，全局专用线发送20295.3万吨，占总发送量的87%。专用线到达20546.9万吨，占总到达量的78%，合计专用线发到量占全局货物发到量的82.8%。

【装卸】2012年，上海铁路局共有装卸从业人员13531人，其中铁路职工4103人，委外9428人。共有装卸机械1296台，其中门吊235台、桥吊36台、装载机245台、内燃叉车398台、电瓶叉车212台、电动轨道吊37台、卸煤机33台、轮胎吊15、抓（扒）料机17台，正面吊3台、行包牵引车21台、委外自备机械30台、其它机械12台。全局25个煤炭抑尘站（其中固定抑尘站15个，流动抑尘站10个），全年共实施煤炭抑尘喷洒作业1686434车，覆盖率97.2%。至年末，全局站内装卸作业总量1.373亿吨，其中路工作业量6481万吨，委外作业量7252万吨。装卸机械化作业比重80.7%，委外作业比重52.8%。

【装卸设备设施更新改造及大修】2012年，上海铁路局全年实施装卸设备设施更新改造及大修共323项，总投资额5410万元，其中更新改造204项，投资额4245万元。大修119项，投资额1165万元。（孔令贵）

（五）综合经营

【概况】2012年，上海铁路局非运输企业系统落实铁路运输业与非运输业高度融合和“一体化、网络化、规范化”发展要求，坚持以深化改革引领发展、以拓展经营推进发展、以创造良好经营环境保障发展。至年末，完成营业收入345.8亿元，实现考核利润10.5亿元，同比分别增长18%和98%。

【50个重点实业项目开发】2012年，上海铁路局非运输企业系统遵循“统筹运用资源，延伸服务链条，开发比较优势项目，提升铁路综合效益”思路，推动四大产业集群加快发展，年初确定54项年度重点项目，实施动态跟踪管理，先后投入资金1.8亿元，完成项目开发33个，实施17个，实现新增收入2亿元以上、经营效益5000多万元。

【“门到门”全程物流服务拓展】2012年，上海铁路局非运输企业实施电子商务试点，完善物流服务功能和服务体系，加强物流基地和网点建设，拓展“门到门”全程物流服务。开展“八矿五港”运贸一体化业务，年内新开通运营朱家埠等4个物流基地，建成171个营业网点和36个客户服务部，在233个货运站（含26个物流基地）开展接取送达作业，占全局货运车站的85%，“门到门”物流比重达26%（不含专用线）。

【客运配套服务项目开发】2012年，上海铁路局非运输企业加快推进虹桥站三期、南京南站二期商业开发，启动“二线一枢纽”招商工作，做好金山铁路、合蚌客专商业、广告开发，完成沪宁城际高铁LED显示屏和沿海铁路出发层灯箱广告项目招商并正式运营。与东航、国航合作开展“空铁联运”项目，开发利安电子超市下乡、自助售票机和团体票快递业务，延伸票务服务范围。

【建筑施工资质提升】2012年，上海铁路局加强涉铁工程归口管理，出台工程产业链发展指导意见，培育东华地铁工程建设品牌，提升江苏雷威公司和浙江铁建公司资质，加大路内项目承揽力度，积极参与大基建配套工程，局内非运输企业承担涉铁工程业务量同比增加8.6%，安居房项目拉动产业链5000万元以上。

【工业制造业务拓展】2012年，上海铁路局出台工业制造业实业发展指导意见，搭建长三角地区轨道交通企业业务合作平台，非运输企业新开发动车闸片检修等12个项目，落实与南京、杭州地铁线路代维、物料供应等业务，在江苏、上海、浙江地区试点开展铁路旅客人身意外险代理业务，共260个代售点开展销售。

【多经企业重组整合】2012年，上海铁路局按照“优化资源配置，提升产业集中度”思路，稳步实施全局工电企业、上海地区物流企业、上海地区旅游业相关企业、相关工业制造企业、全局信息企业的重组整合以及全局客站商业业务归口调整工作，基本形成非运输企业专业化、集约化、规模化发展布局。至年末，非运输企业行政整合数为129家（其中：一级企业19家，二级企业109家），法人企业数为183家（其中：一级企业20家，二级企业148家，三级企业14家）。

【集体经济行业管理】2012年，上海铁路局出台《关于进一步促进全局集体经济和谐发展的意见》，各地区集经总公司及所辖集体企业由相应地区集团公司实行委托管理改为地区集团公司直接管理，全年集体经济总体发展平稳，实现营业收入23.03亿元、利润2381万元，同比分别增长9.4%、4.6%。至年末，全局有财务并表集体企业166家（法人企业265家），其中由运输站段（含房产建筑段）主办的集体企业104家，非运输企业主办的集体企业31家，各地区集经总公司直属集体企业31家。

（孔令贵）

十一、民用航空

（一）综述
（二）华东民航
（三）机场建设与管理
（四）航空公司

（一）综述

2012年，上海民航2个机场（虹桥国际机场、浦东国际机场）共完成旅客吞吐量7870万人次（含过站人数），同比增长5.56%，其中虹桥国际机场完成旅客吞吐量3382.9万人次，浦东国际机场完成旅客吞吐量4488万人次；全年两场完成货邮吞吐量338万吨，同比减少4.51%，其中虹桥国际机场完成货邮吞吐量42.99万吨，浦东国际机场完成货邮吞吐量293.8万吨；2012年两场共起降飞机59.7万架次，同比增长4%，其中在虹桥国际机场起降23.49万架次，在浦东国际机场起降36.2万架次。分航线看，2012年两场共完成国内航线旅客吞吐量（不含地区航线，下同）5468.6万人次，占全年旅客吞吐量的69.5%，同比增长4.59%，其中虹桥国际机场为3133.6万人次，浦东国际机场为2335万人次；完成国际航线旅客吞吐量1748.67万人次，占全年旅客吞吐量的22.2%，同比增长8.7%，其中虹桥国际机场为109.6万人次，浦东国际机场为1639.1万人次；完成地区航线旅客吞吐量653.65万人次，占全年旅客吞吐量的8.3%，同比增长5.75%，其中虹桥国际机场为139.74万人次，浦东国际机场为513.9万人次。分航线看，2012年两场共完成国内航线货邮吞吐量76.1万吨，占全年货邮吞吐量的22.6%，同比减少6.83%，其中虹桥国际机场为41.62万吨，浦东国际机场为34.43万吨；完成国际航线货邮吞吐量222.63万吨，占全年货邮吞吐量的66.1%，同比减少4.42%，其中虹桥国际机场为0.74万吨，浦东国际机场为221.89万吨；完成地区航线货邮吞吐量38.1万吨，占全年货邮吞吐量的11.3%，同比减少3.1%，其中虹桥国际机场为0.62万吨，浦东国际机场为37.49万吨。截至2012年底，有48个国家和地区的114个通航点（含香港、澳门、台湾）和国内的117个通航点与上海通航。有23家国内航空公司和67家国际及地区航空公司开通了上海的定期航班。基地设在上海的运输航空公司有6家：中国东方航空股份有限公司、上海航空有限公司、春秋航空股份有限公司、上海吉祥航空股份有限公司、中国货运航空有限公司、扬子江快运航空有限公司；小型航空器商业运输运营人有3家：东方公务航空服务有限公司，上海金鹿公务航空有限公司，星联商务航空有限公司。

（二）华东民航

【概况】2012年，中国民航局与上海市政府在上海签署《关于加快上海民航发展的战略合作协议》，“协议”明确“十二五”时期上海民航发展目标。上海民航职业技术学院成立大会在上海隆重举行。民航上海区域管制中心20个管制扇区方案正式实施。华东空管局与上海机场集团签订《共同推进上海国际航空枢纽建设战略框架协议》。

【中国民航局与上海市政府签署《关于加快上海民航发展的战略合作协议》】4月5日，中国民航局与上海市政府在上海签署《关于加快上海民航发展的战略合作协议》。“协议”明确“十二五”时期上海民航发展目标，确定双方在以下方面加强合作：加大推进与协调力度、有效提升空域可用资源，深入持续推进上海航空枢纽建设，强化国际航空货运枢纽地位，加快推进大飞机项目建设和航空服务业积聚发展，发展上海通用航空事业，发挥综合交通运输体系优势、开展多式联运，加强民航人才培养和健全完善上海航空枢纽建设推进机制等。

【上海民航职业技术学院成立】5月9日，上海民航职业技术学院成立大会在上海隆重举行。民航局李家祥局长，上海市沈骏副市长，民航局夏兴华副局长，教育部职业教育与成人教育司葛道凯司长，民航局人教司梁启通司长，上海市徐汇区区委书记孙继伟，上海市教委薛明扬主任，华东局沈泽江局长、车进军书记、周正凯副书记、唐伟斌副局长、西绍波副局长、吴坚副局长、金卫副巡视员、李锦高副巡视员出席大会。李家祥局长和沈骏副市长共同为上海民航职业技术学院揭牌。

【上海国际航空服务中心和上海航空器适航审定中心正式开工】6月25日，上海国际航空服务中心和上海航空器适航审定中心开工仪式在上海徐汇滨江举行。

【华东地区运行协同决策系统上线运行】12月17日，由民航华东地区管理局组织，华东空管局、上海机场和相关航空公司共同搭建的华东地区CDM（运行协同决策）系统于8:00正式上线运行，标志着华东地区流量管理系统建设步入一个新的阶段。

【民航上海区域管制中心调整并增设至20个管制扇区】 10月18日，民航上海区域管制中心20个管制扇区方案正式实施。为减少管制运行风险，确保空管安全，上海区域管制中心对原14个管制扇区边界进行优化调整，同时增设6个管制扇区，并相应调整与合肥、南京和南昌的管制边界，以达到均衡飞行流量、优化空间结构、清晰运行界面、厘清协调更新、降低潜在风险、提高运行效率的目的。（黄亦萍）

【华东空管局与上海机场集团签订《共同推进上海国际航空枢纽建设战略框架协议》】 10月24日，华东空管局与上海机场集团签订《共同推进上海国际航空枢纽建设战略框架协议》。根据“协议”，双方以建设上海国际航空枢纽为目标，重点围绕规划协同、改善空域、增加容量、合作研究、虹桥东片区改造、政策争取、设计建设单位合作、文化建设等方面开展全方位战略合作。“协议”明确，双方组建联合领导小组，并由相关职能部门建立专门工作小组，加强组织领导、明确工作职责，携手推进上海国际航空枢纽建设。为将合作协议落到实处，并确定近阶段合作重点，双方还签署《提高上海地区空中地面保障能力行动计划》，就进一步加强空地协同合作，加快破解管理和运行难题达成一致。

（三）机场建设及管理

【概况】 浦东机场T1航站楼改造工程12月中旬正式实施，虹桥机场东片区规划及T1航站楼改造工程有序推进。上海机场集团进一步加强与基地航空公司和口岸查验单位的协同配合，推进旅客中转业务，支持东方航空等在浦东机场建设“四进四出”的航班波，实现在浦东机场的“通程联运”。3月15日起，浦东机场在全国率先试行24小时内直接过境的旅客免办边检手续。10月25日，上海机场集团与联邦快递（FedEx）签署建设上海国际快件和货运中心协议，浦东机场成为全球首个同时吸引联合包裹（UPS）、敦豪速递（DHL）和FedEx三大国际物流集成商入驻并建立转运中心的机场。浦东机场、虹桥机场分别实现第十三个、第二十五个安全年。在ACI旅客满意度测评中，浦东机场、虹桥机场前三季度平均得分分别为4.76、4.53，排名全球第八位、第二十六位。在民航资源网两次旅客满意度调查中，两机场均名列国内最佳机场前列。全年两机场公务机航班量达到3800架次，比上年增长12%，占全国市场份额的三分之一。

（四）航空公司

【概况】 年内，东方航空运输旅客5393.3万人次，位列世界第五；完成泰州机场建成后的第一次验证试飞，中国民航首个RNP AR公共飞行程序——九寨黄龙机场RNP AR公共程序验证试飞成功；与上海铁路局共同推出国内首个航空铁路联运产品“空铁通”；最后一架空客A340-300飞机退役，A343系列机型完全退出东方航空机队；全资子公司东航海外（香港）有限公司与澳洲航空公司全资子公司捷星国际有限公司举行捷星香港航空有限公司股东协议签字仪式；全资子公司中国联合航空有限公司和原东航河北分公司联合重组成为新的中国联合航空有限公司；发行第一期超短期融资券，进一步拓宽融资渠道。上海航空在浦东机场始发的所有航班由原来的T2航站楼搬迁至T1航站楼运营。春秋航空获中国民航局《运行规范》相应条款的批复，成为第一家获得II类运行能力的民营航空公司；正式实施 RNP APCH（所需导航性能进近）程序；官方微博综合排名在全国航空企业中位列第一，“微选座”（通过春秋航空官方网站预订机票的旅客，将自己的新浪微博进行绑定操作选择座位）正式上线；春秋日本株式会社成立，系首次在境外设立公司；开通香港至杭州、南京、厦门、重庆 4 条航线；获“亚太航空中心最佳地区航空企业”称号。吉祥航空引进或更新和完善运行系统，提高航班运行效率；推广“经沪飞”中转联程业务等措施，促进航班收益提升；实现虹桥机场地面服务自营项目，完成浦东机场候机楼 TI 转场 T2 工作；完成直销渠道运价系统开发和上线，37 个机场在网上可完成值机操作；公司“知识中心”投入使用，建立飞行员培训 / 考试中心（CBT 教室），实现飞行理论自主培训。中货航签订加入天合货运联盟意向书。扬子江快运引进的第一架空客 A330-200 全货机，系中国大陆首架同款机型的全货机；连续七年获民航华东地区“安康杯”竞赛优胜单位称号，连续三年获全国民航“安康杯”竞赛优胜单位称号。

【东方航空进行扬州泰州机场第一次验证试飞】 3 月 15 日，东方航空空客 A320 机型 B-6002 号客机完成对扬州泰州机场建成后的第一次验证试飞，全面检验机场运行保障能力，表明 A320 系列机型具备在扬州泰州机场的运营能力，并为后续的行业验收和机场开航打下基础。

【东方航空在九寨黄龙机场进行首个 RNP AR 公共程序验证试飞】 4 月 27 日，东方航空编号为 B5276 的波音 B737-700 飞机对中国民航首个 RNP AR 公共飞行程序——九寨黄龙机场 RNP AR 公共程序进行验证试飞。进行的十余个试飞科目的结果表明，九寨黄龙机场 RNP AR 飞行程序的安全性、可操作性和合理性符合民航标准，中国民航在九寨黄龙机场全面运行 RNP AR 程序的条件已经具备，可以满足机场今后长时间运行的要求。这次 RNP AR 公共程序的验证试飞属于中国民航首创。

【捷星香港航空有限公司签署股东协议】 8 月 24 日，东方航空全资子公司东航海外（香港）有限公司（简称东航海外）与澳洲航空公司全资子公司捷星国际有限公司（简称捷星国际）在云南昆明举行捷星香港航空有限公司（简称捷星香港）股东协议签字仪式，双方同意设立以香港为基地、挂牌为捷星的低成本航空公司捷星香港。捷星香港的股本不超过 1.98 亿美元（或等值港币），由东航海外与捷星国际等额出资。这是国内国有航空公司首次试水低成本航空业务，并选择香港市场参与国际竞争。

（秦亚洁）

【吉祥航空推出“经沪飞”中转联程产品】 自 10 月 28 日起，吉祥航空执行新的航班计划，并首次推出“经沪飞”中转联程产品，以方便旅客经上海飞往国内 11 个城市（长春、大连、沈阳、哈尔滨、包头、青岛、呼和浩特、北海、三亚、厦门、珠海）。该产品提供中转特色服务的具体内容：（1）行李直挂、联程值机（同日同场中转）。即当日完成所有航段的旅客在始发站办理乘机手续时，可一次性办理从航程始发站到中转站以及从中转地继续前往目的地的两程登机牌，其托运的行李可从航程始发站直接托运到航程的终点站。当旅客在同场中转过站时，仅需通过快速安检，无须提取行李重新办理乘机手续。浦东机场同场中转最短衔接时间为 90 分钟，仅限开通行李直挂、联程值机的始发站城市。（2）隔夜中转、免费住宿（隔日中转）。即同场隔日（或转场隔日）中转旅客，免费提供一晚经济型酒店住宿及酒店班车接送机服务。旅客需提供前段行程登机牌（或行程单/身份证等有效证件的复印件）办理酒店入住手续。

（张琼）

【吉祥航空模拟机培训中心建成启用】 5月10日，位于上海浦东康桥的吉祥航空模拟机培训中心（筹）正式成立。中心先后引进两台洛克西德·马丁公司旗下荷兰SIM公司的空客A320全动模拟机，通过CCAR-60部审定，分别于9月25日、11月28日投入训练，平均每台每日运行20小时。这种模拟机拥有国内最先进的视景模拟系统及最节能的运动系统，可模拟飞机在空中各种条件下的飞行姿态，并可根据训练需要真实再现不同机场跑道情况及周边环境，还可设置不同飞行气象环境。模拟机的航电设备都选用真实航材，保证系统的高可靠性和高仿真性。吉祥航空成为国内首家拥有模拟机培训中心的民营航空公司，以提高飞行培训质量和航空安全水平，掌握训练资源主动权、提高飞行资源利用率和降低培训成本。

（张琼）

【东方公务航空获颁CCAR-135部《运行合格证》】 2月7日，华东局在上海召开颁发东方公务航空服务有限公司CCAR-135部《运行合格证》暨签订航空安全责任书仪式。

【上海豪海通航获颁CCAR-91部《商业非运输航空运营人运行合格证》】 3月19日，华东局召开上海豪海通用航空有限公司CCAR-91部《商业非运输航空运营人运行合格证》颁发暨签订航空安全责任书仪式。

【星联商务航空获颁CCAR-135部《小型航空器商业运输运营人运行合格证》】 11月29日，华东局召开星联商务航空有限公司CCAR-135部《小型航空器商业运输运营人运行合格证》、CCAR-145部《维修许可证》颁证会暨签订航空安全责任书仪式。

【上海启德通航获颁CCAR-91部《商业非运输航空运营人运行合格证》】 12月5日，民航华东地区管理局在上海组织召开上海启德通用航空CCAR-91部《商业非运输航空运营人运行合格证》颁发暨签订航空安全责任书仪式。

2012年基地设在上海的航空公司年度基本情况

航空公司	东方航空、上海航空	春秋航空	吉祥航空	中货航	扬子江快运
旅客运输量(万人次)	7307.70	911	533.50	—	—
比上年增长(%)	6.3	27	23	—	—
在上海地区(万人次)	3274.56	741	533.50	—	—
占上海民航两个机场旅客运输量(%)	41.6	9.4	6.8	—	—
货邮运输量(万吨)	141.65	4.7	4.82	67.21	16.99
比上年增长(%)	−5.8	21.1	16	10.4	9.28
在上海地区(万吨)	88.31	3.6	4.82	47.64	5.19
占上海民航两个机场货邮运输量(%)	26.1	1.1	1.4	14.1	1.54
航线(条)	699	58	45	25	
拥有飞机(架)	416	33	30	19	17
年平均客座率(%)	79.8	94.1	84.61	—	—

注：根据东方航空、上海航空、春秋航空、吉祥航空、中货航、扬子江快运报送资料整理

2012年上海新开通的部分国内航线

航空公司	航线	开通日期	航班号	机型	出发机场	班期
东方航空	上海—延吉—上海	3月25日	MU5651	A320	浦东机场	周二、四、六
东方航空	上海—乌鲁木齐—喀什—乌鲁木齐—上海	4月4日	MU5687/8	A320	浦东机场	周一、二、三、四、五、六、日
东方航空	上海—九寨沟—上海	10月12日	MU5455/6	A319	浦东机场	周一、三、四、日
东方航空	上海—武汉—恩施—武汉—上海	10月28日	MU2516	B733	虹桥机场	周一、二、三、四、五、六、日
东方航空	上海—昆明—思茅—昆明—上海	11月19日	MU5804	A333	虹桥机场	周一、二、三、四、五、六、日
上海航空	上海—西双版纳—上海	7月4日	FM9453	B737	虹桥机场	周一、二、三、四、五、六、日
上海航空	上海—呼和浩特—海拉尔—呼和浩特—上海	10月28日	FM9127	B737	虹桥机场	周二、五
上海航空	上海—青岛—大庆—青岛—上海	11月1日	FM9195/6	B738	虹桥机场	周一、二、三、四、五、六、日
春秋航空	上海—石家庄—乌鲁木齐—石家庄—上海	6月20日	9C8883/4	A320	虹桥机场	周一、二、三、四、五、六、日
春秋航空	上海—延吉—上海	6月26日	9C8905/6	A320	浦东机场	周二、五
春秋航空	上海—遵义—昆明—遵义—上海	10月28日	9C8823/4	A320	虹桥机场	周一、二、三、四、五、六、日
春秋航空	上海—大连—长白山—大连—上海	11月30日	9C8841/2	A320	浦东机场	周一、二、三、四、五、六、日
春秋航空	上海—西安—乌鲁木齐—西安—上海	12月16日	9C8865/6	A320	虹桥机场	周一、二、三、四、五、六、日
吉祥航空	上海—通辽—海拉尔—通辽—上海	1月10日	HO1237/8	A319/A320	浦东机场	周二、五、日
吉祥航空	上海—广州—上海	3月25日	HO1289/90	A320	虹桥机场	周一、二、三、四、五、六、日
吉祥航空	上海—哈尔滨—黑河—哈尔滨—上海	5月30日	HO1263/4	A319/A320	浦东机场	周一、三、四、六
吉祥航空	上海—西安—银川—西安—上海	6月20日	HO1219/20	A319/A320	浦东机场	周一、二、三、四、五、六、日
吉祥航空	上海—石家庄—秦皇岛—石家庄—上海	10月28日	HO1121/2	A319/A320	浦东机场	周一、二、三、四、五、六、日

注：根据东方航空、上海航空、春秋航空、吉祥航空报送的资料整理

2012年上海新开通的部分国际及港澳台地区航线

航空公司	航线	开通日期	航班号	机型	出发机场	班期
东方航空	上海一金边一上海	10月28日	MU759	A320	浦东机场	周一、二、三、四、五、六、日
东方航空	上海一凯恩斯一上海	10月30日	MU731	A333	浦东机场	周二、四、六
春秋航空	上海一佐贺一上海	1月1日	9C8577/8	A320	浦东机场	周一、三、六
春秋航空	上海一曼谷一上海	8月10日	9C8579/80	A320	浦东机场	周一、二、三、四、五、六、日
吉祥航空	上海一普吉岛一上海	11月9日	HO1311/2	A319/A320	浦东机场	周一、二、三、四、五、六、日
中货航	上海一重庆一阿姆斯特丹一上海	3月25日	CK209/10	B777F/B747F	浦东机场	周一、三、六
中货航	上海一曼谷一成都一上海	7月25日	CK29/80	B777F/B747F	浦东机场	周一、三、五
扬子江快运	上海一无锡一香港	2月9日	Y8-7429/30	B747F	浦东机场	周二、四、六
扬子江快运	上海一成都一瓦特里一卢森堡一布拉格一上海	4月2日	Y8-7459/60	B747F	浦东机场	周一、四、六
扬子江快运	上海一重庆一曼谷一新加坡一上海	7月4日	Y8-7425/6	A330	浦东机场	周一、三、五
扬子江快运	上海一新加坡一曼谷一上海	7月5日	Y8-7423/4	A330	浦东机场	周一、三、五、日
扬子江快运	上海一卢森堡一哈恩一北京一上海	8月22日	Y8-7487/88	B747F	浦东机场	周三、五、日
扬子江快运	上海一新西伯利亚一卢森堡一哈恩一北京	12月2日	Y8-7487/88/68	B747F	浦东机场	周三、五、日
扬子江快运	香港一上海浦东一无锡一香港	12月18日	Y8-7942/7429	B737F	香港机场	周二、三、四、五、六

注:根据东方航空、春秋航空、吉祥航空、中货航、扬子江快运报送的资料整理

2012年上海取消的部分国内航线

航空公司	航线	取消日期	航班号	出发机场
东方航空	上海 — 宜宾 — 昆明 — 宜宾 — 上海	3 月 24 日	MU5704	虹桥机场
东方航空	上海 — 临沂 — 大连 — 临沂 — 上海	3 月 27 日	MU5773	虹桥机场
东方航空	上海 — 银川 — 上海	8 月 29 日	MU2145	虹桥机场
上海航空	上海 — 衢州 — 上海	6 月 9 日	FM9511	虹桥机场
上海航空	上海 — 青岛 — 延吉 — 青岛 — 上海	10 月 30 日	FM9197	虹桥机场
上海航空	上海 — 徐州 — 呼和浩特 — 徐州 — 上海	10 月 30 日	FM9297	虹桥机场
春秋航空	上海 — 天津 — 上海	10 月 30 日	9C8813/4	虹桥机场
春秋航空	上海 — 海口 — 上海	12 月 1 日	9C8817/8	浦东机场
春秋航空	上海 — 银川 — 乌鲁木齐 — 银川 — 上海	12 月 16 日	9C8861/2	虹桥机场

注:根据东方航空、上海航空、春秋航空报送的资料整理

2012年上海取消的部分国际及港澳台地区航线

航空公司	航线	取消日期	航班号	出发机场
东方航空	上海 — 塞班 — 上海	1 月 1 日	MU589	浦东机场
上海航空	上海 — 河内 — 上海	1 月 1 日	FM819	浦东机场
中货航	上海 — 安克雷奇 — 圣路易斯 — 安克雷奇 — 上海	4 月 1 日	CK211/2	浦东机场

注:根据东方航空、上海航空、中货航报送的资料整理

（一）综述
（二）行业监管
（三）普遍服务
（四）快递服务
（五）科技和文化

（一）综述

2012 年是上海邮政业体制机制改革取得突破性进展、邮政经济保持持续向好态势发展之年。全行业积极深化邮政改革，优化发展环境，推进邮政普遍服务，促进快递转型升级，推动各项工作全面开展，取得了显著成绩。

2012 年，上海市邮政企业和规模以上快递服务企业业务收入（不包括邮政储蓄银行直接营业收入）完成 228.9 亿元，同比增长 40.0%；业务总量完成 190.8 亿元，同比增长 28.8%。

2012 年，邮政函件业务完成 13.5 亿件，同比增长 3.4%；包裹业务完成 505.2 万件，同比下降 4.2%；报纸业务完成 11.9 亿份，同比下降 2.8%；杂志业务完成 5014.6 万份，同比增长 3.8%；汇兑业务完成 765 万笔，同比下降 13.9%。

上海市邮政公司保持经济总体较快发展的良好势头。全年完成业务收入 50.56 亿元，其中代理函件业务收入 17.6 亿元、发行业务收入 8.9 亿元、电子商务和分销业务收入 2.3 亿元、集邮业务收入 8.3 亿元、代理金融业务收入 11.3 亿元、机要业务收入 2691 万元。

2012 年，上海市规模以上快递服务企业业务量完成6.0亿件，同比增长46.4%；业务收入完成182.9亿元，同比增长50.1%。其中，同城快递业务收入完成14.4亿元，同比增长46.1%；异地业务收入完成53.0亿元，同比增长30.5%；国际及港澳台业务收入完成43.9亿元，同比增长22.5%。

年内，一系列邮政业规划、法规、政策出台，为上海邮政业更好更快发展提供了更好的环境。上海市邮政管理局与市城乡建设和交通委员会、市发展和改革委员会联合印发了《上海市邮政业发展“十二五”规划》；《上海市实施〈中华人民共和国邮政法〉办法》12月1日起正式施行；会同上海市建设交通委拟草，市府办公厅转发了《关于促进上海市快递业健康发展若干意见》。

年内，上海市邮政管理局根据国务院相关文件要求，全面推进邮政改革，完善省级以下邮政监管体制，建立了政府依法监管、权责关系明确、上下运转通畅的邮政管理体制，成立了6个邮政监管派出机构，市邮政管理局调整为由国家邮政局与市政府双重管理，从而为维护邮政通信与信息安全，保障邮政普遍服务，促进本市邮政业转型升级发展提供保障。

（二）行业监管

【概况】 2012年，上海市邮政管理局在邮政业规划、立法、政策出台上都有了显著成效。一是与市城乡建设和交通委员会、市发展和改革委员会联合印发了《上海市邮政业发展“十二五”规划》，并全面开展《规划》宣贯工作。同时，将本市邮政业发展“十二五”规划相关内容纳入本市现代化服务业、现代物流业发展“十二五”规划，完成专项规划的有机衔接。二是《上海市实施〈中华人民共和国邮政法〉办法》9月26日由人大表决通过，12月1日起正式施行。三是贯彻中央领导、上海市领导、国家邮政局马军胜局长等领导就上海快递业发展做出的重要批示精神，结合落实三位副市长联合主持召开的三次市政府专题会议要求，深入调研制约快递发展的各项瓶颈问题。会同上海市建设交通委拟草，市府办公厅转发了《关于促进上海市快递业健康发展若干意见》，进一步优化了快递业发展的政策环境。

全面保障普遍服务。一是推进邮政基础设施配套建设。协调市大型居住社区建设推进办公室下发《关于下达〈2012年上海市保障性安居工程建设任务书（配套项目）〉的通知》，明确了邮政配套设施建设项目的具体进度，进一步推进大型居住社区邮政配套设施建设。完成了宝山、浦东、南汇等地的大型邮政系统专业规划评审。指导邮政局所改造的立项审核，会同上海市邮政公司完成50个农村地区邮政普遍服务拟改造基础设施网点的审查。二是推进普遍服务日常监管。组织开展2012年度邮件时限监测工作，组织做好全国平常信函、平常印刷品与包裹全程时限监测、国家规定报刊投递情况调查等工作。组织对13个邮政所开展包裹寄递安全专项检查。组织对4060户住宅开展居民楼信报箱设置情况检查，信报箱安装率达到100%。组织开展邮政机要通信监督检查和满意度调查工作。加大对未经批准擅自撤销邮政普遍服务营业场所和停止办理或者限制办理邮政普遍服务业务行为的查处力度。积极策划2013年纪念邮票选题，做好党的“十八大”纪念邮票销售监督检查工作。指导协助上海市邮政公司在中共二大会址纪念馆开展以“喜迎十八大 红色文化年”为主题、覆盖8个区县的上海首次集邮主题巡展活动。三是推进邮政社会监督力度。全年共聘请上海市邮政特邀监督员41名，区、县总覆盖率达100%。开展社会监督活动522人次，反馈报

表522张，发现问题65个，并及时反馈给市邮政公司。

全面培育总部经济。2012年，上海市邮政管理局着重加强能力建设，着重处理企业经营突发事件，着重寄递渠道安全管理，着重突出人才建设，全面培育本市快递行业总部经济。一是在申通、圆通、韵达、中通等四家民营快递企业的300余家门店开展快递营业场所规范化建设试点工作。二是做好快递旺季服务保障工作，建立了全市快递企业生产指挥协调（应急）工作小组，与18家规模以上网络型快递企业签订了《上海市快递企业节假日及业务旺季服务保障工作任务书》，经受住了2012年“双11”等网购促销业务规模大幅上升、单日业务量较上年同期增长80%的考验。三是规范突发事件处置流程，妥善处理了星辰急便·鑫飞鸿华东转运中心停运事件、CCES公司因重组发生的网络停运事件、民航快递与华驿物流合作纠纷引发的不稳定事件，得到市政府充分肯定。四是强化安全监管，多次联合相关部门对快递企业进行联合检查，督促企业建立健全安全制度，完善内部治安防范工作机制、落实快递企业收寄验视制度，保障了“十八大”期间上海寄递渠道安全有序。五是加大职业技能鉴定工作力度，全年共组织完成6040人的快递业务员职业技能鉴定考试工作。

完善常态长效监管。依法做好经营许可常态化管理工作，全年共向239家在沪经营快递业务的法人企业核发了《快递业务经营许可证》，并做好快递业务经营许可年度报告审核工作。开展快递服务质量专项执法检查行动。全年共出检459人次，检查企业375家，查处不规范行为的企业152家，处罚19家，取缔1家，对133家企业下达了整改通知书，维护了快递市场经营秩序。强化消费者权益申诉渠道，2012年共受理消费者申诉13243件，处理网上局长信箱198件、人民来信来访105件。答复人大、政协意见和提案共4件。配合上海市“12345”市民服务热线，完善消费者申诉处理流程，加强消费者投诉处理力度。

【完善省级以下邮政监管体制】 自2012年1月起，根据《国务院办公厅关于完善省级以下邮政监管体制的通知》（国办发〔2012〕6号）、中央编办《关于省级以下邮政监管机构设置人员编制的通知》（中央编办发〔2012〕3号）、中共中央组织部《关于完善邮政管理体制组织人事工作有关问题的通知》（组通字〔2012〕20号）等文件精神，上海开展了完善省级以下邮政监管体制工作，设置组建了6个跨区域的邮政监管派出机构，其中浦东邮政管理局管辖浦东新区；黄浦邮政管理局管辖黄浦区、虹口区、杨浦区、静安区和长宁区；宝山邮政管理局管辖宝山区、闸北区和崇明县；青浦邮政管理局管辖青浦区、嘉定区和普陀区；松江邮政管理局管辖松江区、闵行区和徐汇区；奉贤邮政管理局管辖奉贤区和金山区。通过完善邮政监管体制，建立政府依法监管、权责关系明确、上下运转通畅的邮政管理体制，为维护邮政通信与信息安全，保障邮政普遍服务，促进我市邮政业发展提供体制保障。

【快递企业生产指挥协调（应急）工作小组第一次会议召开】 1月9日，上海市邮政管理局李惠德局长组织召开了快递企业生产指挥协调(应急)工作小组第一次会议。市国有、民营快递企业代表共十余人参加了会议。会议对刚刚过去的“11.11”和“12.12”快递服务旺季期间业务量变化情况和所采取的应对措施作了交流总结，并针对即将到来的春节期间上海地区快递旺季的服务保障工作，提出“三个保证”的工作要求：保证上海地区网点全部正常运营；保证全网业务高峰时有足够人员进行支撑；保证春节专项运营保障资金到位。

【上海市邮政管理局妥善处理星辰急便鑫飞鸿快递公司华东地区停止运行事件】3月初，星辰急便鑫飞鸿快递公司华东地区停止运行，引起社会反响，上海市邮政管理局立刻成立了局领导为组长的处置小组，现场处理、多方协调，妥善处理了滞留快件的转运投递工作，并做好消费者投诉、申诉，有效防止了事态的进一步扩大。

【上海市邮政管理局推进上海市快递营业场所规范化建设】3月起，上海市邮政管理局在全市启动“快递营业场所规范化建设试点工作”，选取申通、圆通、韵达、中通四家重点快递企业作为首批试点企业，开展以门店形象统一标准、操作区客服区严格区分、员工穿着统一、服务标准规范为主要内容的规范化建设。试点工作共分三个阶段宣传动员阶段（2012年3月底前）、组织实施阶段（2012年4月至8月中旬）、经验总结阶段（2012年8月下旬）；涉及以上四家企业共300余家网点。

【《上海市邮政业发展“十二五”规划》印发】4月1日，上海市邮政管理局与上海市城乡建设和交通委员会、上海市发展和改革委员会联合印发了《上海市邮政业发展“十二五”规划》。规划提出主要目标是，到2015年，上海邮政业业务收入（不含邮政银行收入）达到477亿元，年均增幅22.1%。其中快递服务收入达412亿元，年均增幅25%以上；新增就业岗位5万个。对邮政普遍服务、快递服务提出了“十二五”发展目标。规划制定了上海邮政业十二五期间的六项主要任务、七项重大工程和七方面保证措施。4月9日下午，上海市邮政管理局与上海市建交委联合召开《上海市邮政业发展“十二五”规划》宣贯新闻记者通气会，新华社、人民日报、中央电视台、上海电视台、上海广播电台、解放日报、文汇报、新民晚报等14家中央及上海媒体参加并作了报道。

【《快递服务》系列国家标准施行】《快递服务》系列国家标准（下称《标准》）于5月1日起开始施行，填补了我国快递领域国家标准的空白。《标准》根据经营范围的不同，细化了快递服务组织的最低从业人数要求，新增了加盟企业管理和国际业务代理相关规定，还专门增加了对国际快递服务时限的相关要求。细化了对快件验视和封装的要求，增加了无着快件等处理规定，并特别针对快件是“先签后验”还是“先验后签”，明确给出了答案。此外，标准还以较大篇幅，新增了国际快递在各服务环节的具体要求。5月4日，上海市邮政管理局召开专题会议，部署开展《快递服务》系列国家标准宣贯工作，并通过市内主要新闻媒体，对《标准》进行了深入解读，促进市邮政业提高对《标准》的理解和掌握能力，扩大《标准》社会知晓度。

【上海市政府召开专题会议研究扶持本市快递业发展】5月10日，上海市常务副市长杨雄和副市长艾宝俊、沈骏召开专题会议，研究本市快递业发展工作。上海市政府副秘书长周波、尹弘和市经信委、市建交委、市发改委、市商务委、市科委、市政府法制办、市公安局、市交警总队、市交通港口局、市规土局、市工商局、市住房局、市民政局、市人保局、市财政局、市地税局相关负责人参加了会议。上海市邮政管理局局长李惠德参加会议。会议听取了市经济信息化委、市建设交通委、市邮政管理局就近期贯彻俞正声书记4月关于快递业发展的批示精神、落实前次关于快递业发展的市政府专题会议要求的汇报，明确建立上海市扶持快递业发展工作协调小组，由市建设交通委牵头，市邮政管理局、市经信委配合，与会其他各相关部门参与，并要求尽快出台扶持相关意见。

【国家邮政局在沪举办快递企业高级管理人员研修班】 5月17日至19日，国家邮政局在上海举办快递企业高级管理人员研修班，讲授国家邮政业“十二五”规划、快递服务国家标准、快递产业发展政策和市场监管、快递产业发展现状与趋势、快递服务合同管理等内容。全国18家规模以上快递企业高级管理人员60余人参加了培训。

【妥善处理希伊艾斯快递有限公司部分地区网络阻断事件】 7月初，希伊艾斯快递有限公司部分地区发生网络阻断，引起社会反响。上海市邮政管理局提高对事件重要性的认识，采取积极措施，突出重点、注重实效，妥善处置，强化处理消费者投诉，协调做好稳定工作，防止了事态进一步扩大。

【国家邮政局马军胜局长在沪召开快递企业提高服务质量调研座谈会】 7月12日，国家邮政局马军胜局长在沪主持召开快递企业提高服务质量调研座谈会。邮政EMS、申通、圆通、韵达、中通、上海顺丰、全成、众通、东方万邦等企业负责人参加了座谈。会议通报了全国快递业发展的情况和目前快递服务存在的问题，与各企业就网购快递服务、快递业营改增税改、客户服务合同、加盟商管理等问题进行了讨论。国家邮政局市场监管司副司长王丰及办公室相关处室负责人，上海市邮政管理局班子全体成员和相关处室负责人参加。马军胜局长在沪期间会见了上海市副市长沈骏，并调研了本市快递营业场所规范化建设推进情况。

【上海市政府再次召开专题会议推进本市快递业发展扶持政策出台】 7月25日，上海市常务副市长杨雄、副市长艾宝俊、沈骏主持召开上海市市政府专题会议，推动本市快递业发展若干意见制订。上海市政府副秘书长周波、肖贵玉和市建设交通委、市发改委、市经信委、市商务委、市规土局、市公安局、市人社局、市交通港口局、市住房局、市财政局、市地税局、市工商局、华东民航局、机场集团相关负责人参加了会议。上海市邮政管理局李惠德局长参加了会议。会议听取了市建交委、市邮政管理局关于本市快递业发展若干意见制订情况的汇报，对部分条款进行了协调修改，并提请市政府常务会议、市委常委会议审议，为《关于促进本市快递业健康发展若干意见》的出台奠定了基础。

【印发《上海市完善省级以下邮政监管体制工作实施方案》】 7月31日，由上海市邮政管理局代拟的《关于印发<上海市完善省级以下邮政监管体制工作实施方案>的通知》（沪府办发〔2012〕50号）由上海市政府办公厅向各区县人民政府、市政府各委办局下发。该文本经2月3日、6月28日时任上海市副市长沈骏先后两次召开市政府专题会议研究，并报经7月9日市政府常务会议、7月20日市委常委会议审议通过。据此，本市成立了上海市完善省级以下邮政监管体制实施工作协调小组，上海市副市长沈骏、市政府副秘书长尹弘分别任组长、副组长，市政府办公厅、市建设交通工作党委、市编办、市公务员局、市邮政管理局主要领导任副组长，成员包括市建设交通两委、市公务员局、市编办及市邮政管理局相关领导。

【落实安排上海市邮政业十八大期间寄递渠道安保工作】 8月21日，上海市邮政管理局会同市公安局、市寄递物品安全监管办公室召开上海市邮政业“十八大”期间寄递渠道安保工作动员大会。会议通报了近期上海市邮政管理局对快递企业执行收寄验视制度和禁寄物品规定暗查情况，部署安排了“十八大”期间上海寄递渠道安保工作。与会企业代表签署了《寄递渠道安全工作任务书》。市邮政企业、规模以上快递企业参加了会议。

同期，上海市邮政管理局会同市寄递物品安全监管办公室、市公安局治安总队联合开展了快递企业执行收寄验视制度情况专项检查。

10月25日，上海市邮政管理局会同上海市寄递物品安全监管办、市公安局治安总队对邮政公司、圆通、汇通、韵达、顺丰、Fedex等各类寄递企业的网点和分拨中心进行了收寄验视、生产安全等情况检查，特别是对寄往北京的快件进行了重点检查。

10月30日，上海市邮政管理局组织召开了市邮政业十八大期间寄递渠道安保工作再动员大会。市邮政公司、EMS、“四通一达”、顺丰、Fedex、UPS等25家规模以上企业安全责任人以及市寄递物品安监办、市公安局有关负责同志参加了会议。

【上海市人大常委会全票通过《上海市实施〈中华人民共和国邮政法〉办法》】9月26日，上海市十三届人大常委会在市政府会议厅召开第三十六次会议，会上对《上海市实施〈中华人民共和国邮政法〉办法》（以下简称《办法》）进行了表决。会议听取了上海人大法制委委员会委员王观锠所作的上海市人民代表大会法制委员会关于《上海市实施〈中华人民共和国邮政法〉办法（草案）》（修改稿）修改情况的报告，全票表决通过了《办法》。上海市邮政管理局李惠德局长列席参加了会议。《办法》将于今年12月1日起施行。《办法》的出台健全完善了上海邮政业地方法律体系，为上海邮政业的发展进一步夯实了法律基础。

【妥善处理民航快递与华驿物流合作纠纷引发的不稳定事件】 10月初，民航快递与华驿物流合作过程中因纠纷而引发了不稳定事件。上海市邮政管理局采取多项措施突出重点、注重实效，妥善处置，有效防止了事态进一步扩大。总结几次处理突发事件的经验，形成了一套处理突发事件的应急机制：一是密切关注事态发展，成立以局领导为组长的处置小组；二是及时向国家邮政局、市委市府报告，在其指导下做好相关工作，重点关注妥投滞留快件，组织做好对快件的转运投递工作；三是第一时间敦促有关公司立刻公开发布客户致歉书；四是做好对该事件的监控工作，多途径多方面了解事件发展情况，向相关部门通报目前事态进展情况，并与当地公安、稳定部门进行沟通，协调做好稳定工作；五是安排上海“12305”消费者申诉热线增派值班人员进行24小时值班，接受消费者投诉、申诉；六是开展现场检查和严肃查处，安排执法队员对群众所举报的加盟网点扣留快件事件进行现场检查执法，保护消费者权益。上海市委副秘书长姚海同、市政府副秘书长薛潮等对此予以肯定。

【上海出台《关于促进本市快递业健康发展若干意见》】 11月2日，上海市政府办公厅印发了《上海市人民政府办公厅转发市建设交通委、市邮政管理局关于促进本市快递业健康发展若干意见的通知》（沪府办〔2012〕112号）（以下简称《若干意见》）。《若干意见》的拟草过程历时1年多。在市委市府和国家邮政局的指导下，经杨雄常务副市长和艾宝俊、沈骏副市长三次市府专题会议讨论，并经8月6日市政府第148次常务会议、市委常委会第10次会议两轮审议，上海市邮政管理局与市建交委多次调研、协调、修改，形成最终印发文本。《若干意见》主要内容共提出了十三个方面的针对性政策措施：一是加强政府指导；二是发展总部经济；三是支持人才引进；四是加强用工培训；五是健全网点覆盖；六是方便注册登记；七是规范车辆通行；八是规范政府采购；九是严格安全管理；十是发挥协会作用；十一是提升信息化水平；十二是拓展业务领域；十三是探索破解难题。《若干意见》的出台解决了以往制约快递业发展的瓶颈问题，进一步为上海快递服务健康发展创造了良好环境。

【加强快递业务旺季服务保障工作】11月网购促销、快递业务高峰期，上海市邮政管理局专题部署要求各企业加强组织调度，建立应对机制，加大安全生产力度，加强信息沟通，认真执行并完善信息报告和值班制度，局主要负责人带队到各快递企业总部现场指导，确保旺季期间寄递渠道安全畅通。

【上海市邮政监管派出机构成立大会召开】11月15日上午，“上海市邮政监管派出机构成立大会”在上海市展览中心召开。上海市副市长沈骏、国家邮政局副局长赵晓光到会讲话，并为新成立的上海市浦东邮政管理局等6个本市省级以下邮政监管派出机构揭牌。上海市城乡建设和交通工作党委副书记、上海市城乡建设和交通委主任黄融，上海市邮政管理局局长李惠德出席会议并致辞。会议由上海市城乡建设和交通工作党委副书记朱铁民主持。国家邮政局办公室主任韩瑞林在主席台就坐。上海市黄浦邮政管理局局长郑小鹏代表全市6个邮政监管派出机构作了表态发言。市建设交通党委、市建设交通委、市邮政管理局、市编办、市公务员局等本市完善省级以下邮政监管体制工作协调小组成员单位，以及市政府相关部门负责人和各区县领导、区县有关部门负责人邮政企业、各大快递企业负责人、员工代表等，共计300余人出席了会议。新华社上海分社、东方卫视、上海广播电台、解放日报、文汇报、新民晚报等13家媒体对成立大会进行了采访，并纷纷在显著位置或重要时段予以了详细报道。

（三）普遍服务

【概况】年内，上海市邮政公司转变观念，探索邮政发展新路径，全面打造“经营服务十大平台”（电子商务平台、集邮收藏平台、城市缴费平台、票务通平台、慈善爱心捐献平台、商业银行平台、速递物流平台、广告传媒平台、数据库营销平台、报刊发行平台）。

上海市邮政公司在全市共设置邮政网点558个，其中支局242个、所309个、报刊门市部2个、集邮门市部2个、代办所3个，设置信筒、信箱3541个。市区邮路总数为346条，邮路总长度19332公里。城市投递道段计3932条，单程长度为37432.64公里；农村投递道段计568条，单程长度9985.44公里。年内，上海市邮政公司实施市区机构调整，各市区邮政局先后完成支局营投合并，机构进一步得到精简。调整邮运生产调度和管理职能，有效提升网络运行效率和效益。

上海市邮政公司进一步强化网路运营管理，理顺网运管理体系，实现网路集中管理；持续推进流程优化和网路优化；建设优化投递网和投递队伍。加强服务质量管理，调整用户满意度征询方式，提升用户满意度征询有效性。全年发放用户意见征询函14050份，用户综合满意度得分为87.85分，收到各类用户表扬信2308件。

【调整市区邮政机构设置】2月，上海市邮政公司对市区邮政机构设置作出调整，设立浦东新区、黄浦区、徐汇区、市西（负责长宁区、静安区行政区域内邮政通信经营服务工作）、普陀区、闸北区、虹口区、杨浦区8个与上海市区行政区划基本对应的市区邮政分支机构。3月6–16日，8个市区邮政分支机构相继揭牌，全市邮政由原来14个区（县）局和4个投递局调整优化为与行政区划基本对应的16个区（县）邮政分支机构。新组建的市区邮政分支机构是上海市邮政公司直属的负责本行政区域内邮政网络规划、建设、运行管理与邮政通信服务工作的非独立法人通信单位。

【实现中心局至投递局邮件封发无纸化】 上海市邮政公司2012年进一步开展中心局至投递局给据邮件总包清单无纸化工作。4月12日，部分市区投递支局率先进行无纸化清单试点工作。6月1日，“无纸化”覆盖市区各投递支局。6月15日，全部郊区区县局实行中心局下发投递局总包邮件信息接收试点。此项工程在全国邮政尚无先例，是上海邮政的一项首创，是近几年来流程优化工作涉及面最广，技术要求最高，需要突破常规最多的项目之一，标志着上海邮政已全面实现营业→中心局→投递给据邮件总包清单封发无纸化。

【开发《米奇时空之旅》邮资明信片套装】 6月1日，上海市邮政公司与上海新世傲文化传播有限公司联手开发的《米奇时空之旅》邮资明信片套装及邮资封首发，同时发布“水墨米奇”和“剪纸米奇”邮资图案，这是米奇形象诞生84年后首次进入中国百年邮政历史。

【代理销售体育彩票】 6月28日，上海市邮政公司与上海市体育局战略合作框架协议签约仪式在上海邮政大楼举行，签约仪式上同时举行上海邮政销售体育彩票启动仪式。全市51个邮政网点自6月15日起开办“顶呱刮”即开型体育彩票代理销售业务，并逐步推广电脑型彩票销售。双方合作还将涉及仓储与物流配送、邮政服务产品、呼叫中心、宣传推广等多个方面。

【代理销售吉祥航空客票】 9月13日，上海市邮政公司与上海均瑶（集团）有限公司签署战略合作协议。根据协议，上海市邮政公司成为均瑶集团下属吉祥航空公司航空客票的一级代理商，全市邮政营业网点代理销售吉祥航空客票。双方还将通过联名卡业务的形式，使吉祥航空及均瑶旅行网会员、上海邮政“自邮一族”会员共享双方平台的特约商务机优惠服务。

【启动“母亲邮包”公益项目】 9月19日，由市妇联、上海市邮政公司主办的“母亲邮包”项目启动仪式在闸北区天目西绿地广场举行。闸北区邮政局女职工代表宣读募捐“母亲邮包”倡议书，号召市民传递邮包、邮寄爱，与贫困母亲结对牵手。5月，上海“母亲邮包”项目先期开展有关工作，在全市500多个邮政网点开通公益捐赠渠道，受理来自社会各界的爱心捐赠，定向为内蒙古、四川都江堰地区的贫困母亲送去“母亲邮包”，至年底，累计帮助4700余名贫困母亲。

【“邮上海”网站上线试运营】 12月，“邮上海”网站初步完成平台建设，上线试运营，“邮上海”网站是上海市邮政公司为适应市场发展，利用邮政服务覆盖面广、用户数量多等优势，依托现代化的新技术、新业态和新的服务方式建设的一个向社会提供高层次、知识型的生活服务和便利服务的电子商务网站。市民足不出户即可享受邮政代收代缴、报刊订阅、保险金融、网上邮局等服务。除此之外，网站拥有绿邮田园、时尚之都等具有当地、邮政特色的商品及业务，满足市民个性化需求的同时也提供信誉及质量保障。

【取消发行“红包封”】 上海市邮政公司开发上海报刊发行综合辅助系统。7月18日，系统试运行，各区县局通过“红包封”传递的各类业务通知、业务信息通过该系统进行信息传递，实行双轨制运行。8月10日，正式取消“红包封”。上海报刊发行综合辅助系统正式上线后，彻底取消沿用几十年的“红包封”，实现报刊发行信息网上传输，同时取代传真补报。

【与区县文明办签订同创共建协议】8月29日，上海市邮政公司各区县邮政局负责人与全市17个区县文明办主任签订精神文明共建协议，联手推进上海邮政“服务文明进社区”同创共建活动。通过签订协议的方式，促进区企间的长期合作，这是邮政行业在主动融入地方、开展同创共建活动中取得的新突破。

【开展邮政服务平台巡展路演活动】9月15日起，上海市邮政公司先后在全市各区县开展“‘争创全国文明城市 共建和谐美好家园’——上海邮政就在您身边”2012上海邮政服务平台巡展活动。各区县邮政局结合区域特点，在各专场巡展中组织开展共建签约、业务咨询、文艺演出及志愿服务等活动。通过此次开展遍布全市各区县的路演活动，加强社企共建和联动，提高邮政业务和产品的社会认知度，拉近邮政与市民群众之间的距离，提升上海邮政品牌形象。

（四）快递服务

【概况】2012年，上海市快递业全面培育总部经济，上海快递业转型升级步伐不断加快。年内，上海市邮政速递物流有限公司继续推进基础设施建设，提升快递服务水平，启动上海国际邮件处理中心建设工作。加快推进揽投网建设，根据“合理缩小服务范围、多频少量、均衡作业”的原则，进行揽投网络组织，按需建网，加密网点布局。全年新增揽投部42个，上海市邮政速递物流有限公司揽投部达165个、揽投站117个、揽投道段2127条，基本实现对全市区域高密度覆盖。加强投递质量管理，确保邮件时限。EMS邮件出口准时率为99.18%，干线准时率为89.91%，及时妥投率为91.43%。客户查询投诉处理完成率为100%，处理及时率为99.96%，回复及时率为99.9%，结果有效率为99.2%，客户满意率为99.9%。根据零点公司对邮政EMS快递服务满意度的调查显示，上海得分为82.7分，位列33个测评城市的首位。

年内，上海民营快递领军企业也有了长足的发展。申通快递截至2012年年底，共有转运中心67个，占地面积138万平方米，全网共有自有车辆40000余辆，新开通网点127家，截至2012年年底加盟网点数量增至969家，从业人员达12万。2012年申通快递全年票件量达10.3亿件，业务量增长超过30%，其中电子商务件的比例占到60%—70%。圆通速递2012年拥有8大管理区、64个转运中心，遍布全国的6000余配送网点，10万名员工，直接服务国内1300余个城市，航空运输通达城市70余个，是一家集速递、电子商务于一体的国内大型知名快递品牌企业，并正以每年70%左右的增长速度迅猛发展。2012年，圆通速递完成速递业务量9亿件左右，实现业务收入120亿元，市场占有率约20%左右。韵达快递全网络分拨中心建设达71个，拥有20000余家营业网点，并在全网络推广标准门店；在全网络开通了1500条陆运主干线，500条陆运支干线；在全国各省会城市、重点城市设立航空部，设立航空直发线路800余条；韵达快递总部设立了呼叫中心，在全国4个区域设立了区域呼叫中心。年内韵达快递全网络递送快件超过6亿件，单日最高峰业务量超过500万件。中通速递2012年网络规模不断扩大，发展能力不断增强，发展质量不断提升，全年全网业务总量完成5.52亿件，同比增长98%，业务量年增幅接近行业增幅两倍，业务量行业占比达9.7%，同比增长2.1%，有11个省市年增幅高于行业增幅。

【各快递企业在“双 11”期间达到业务高峰】2012 年 11 月 11 日至 20 日“11.11”网购业务促销期间，天猫共产生 1.94 亿件包裹，各快递企业均在此期间进入了业务最旺季。“三通一达”日快件量均超过 500 万件。“三通一达”在“11.11”网购业务促销期全网总快件量达 3000 万件。上海市“11.11”当天快件业务收入高达 13.9 亿元。其中，“双 11”期间选择使用申通快递的占 27.19%，与 2011 年相比，业务量翻了一倍多；高峰期每日运量突破至 800 万票。圆通年最高业务量突破 400 万件 / 天，“双 11”业务量突破 700 万件 / 天。韵达在“双 11”期间达到业务量单日最高峰，业务量超过 500 万件。

【EMS 建设国际邮件处理中心】年内，上海市邮政速递物流有限公司为适应地域经济发展新形势，充分发挥上海国际口岸优势，拓展业务发展渠道，提升邮件处理能力，启动上海国际邮件处理中心（国际快件监管中心）建设。该中心主要承担国际邮政特快、国际普通邮件和国际商业快件（包括货代业务、直接进入业务）通关、分拣、封发和转运。中心紧邻虹桥机场停机坪，占地 1.8 万平方米。2 月起，先后完成土建工程建设，获得海关批准设立国际邮件类和快件类监管场所决定书，通过海关对国际邮件、快件业务生产和监管流程论证。10 月 28 日，国际邮件监管场地（1 号库）全面启用。12 月 24 日，商业快件平台试运作，国际邮件处理中心（国际快件监管中心）全面建成。建成后的国际邮件处理中心（国际快件监管中心），实现国际邮件、商业快件集海关、国检一体化处理运作。

【EMS 推行快速理赔流程】为提高用户满意度，提升 EMS 整体售后服务水平，8 月起，上海市邮政速递物流有限公司对原国内特快专递邮件赔偿流程进行调整，实施快速理赔流程。根据“客户第一、先外后内”原则，制定快速理赔实施方案，针对不同情况采用“直接赔付、先赔后审”、“初步判责，先赔后审”、“判明责任，快速理赔”三种方式进行赔付。优化赔付流程，缩短各环节处理时限，将原赔偿时限缩短 7-10 天。快速理赔流程的实施，解决了邮件理赔久拖不赔、归垫周期长等问题，减少因理赔不及时而引起投诉，改善 EMS 品牌形象，提升用户感受度和满意度。

【EMS 实施标准特快邮件全网运营标准】9 月 5 日起，上海市邮政速递物流有限公司实施标准特快邮件全网运营标准。根据“上午收中午发，下午收傍晚发，晚上收夜间发；下午到傍晚投，夜间到上午投，上午到下午投”时限目标，中心城区揽投部作业频次增加到 4 揽 5 投，非中心城区揽投部作业频次增加到 3 揽 4 投。市内运输网络同步调整，增设浦东机场航飞路进口邮件处理点，调整揽投时间及趟车运行时间，将投递班次作业时间延长至 21 点，将揽收时限延长至 20 点 50 分；增加一个交邮频次，将下午收寄邮件赶发当日晚航班，实现次日上午投递。

【圆通速递全货机首航】6 月 4 日，圆通速递在杭州萧山国际机场举行了全货机首航仪式；7 月 9 日，第二架全货机又飞向了无垠的蓝天；第三架全货机也于 12 月份启航，从而实现 2012 年圆通速递航空战略布局，标志着圆通速递新的腾飞。

（五）科技与文化

【概况】2012 年，上海邮政业注重引导、培育企业的创新驱动发展新动力，使发展更多依靠科技进步、劳动者素质提高、管理创新以及强化与相关产业的融合。年内，上海市邮政公司继续推进信息化建设，全面完成中国邮政集团公司营业信息系统等8大统版系统的推广上线工作；自主开发金融服务信息发布管理系统、代理金融客户营销管理系统、邮政一卡通管理系统等一批信息系统，全方位支撑经营业务发展。围绕迎接党的十八大等重大活动和事件，组织开展邮票发行仪式、集邮展览等活动，推广集邮文化，提升企业社会影响力。上海邮政博物馆克服二期提升改造带来的困难，圆满完成各项接待任务；加强与国内外博物馆界的交流，提升服务理念和水平；积极参与和支持各项科普活动，获得各界好评。全年累计开馆285天，接待参观者8.76万人次，先后获得“上海市科普教育基地先进集体”、“上海市爱国主义教育基地”称号。

年内，上海市邮政公司结合文明行业创建工作，紧抓服务质量管理不放手，得到社会各界对邮政服务质量提升的认可，社会公众满意度测评分值为86.01分，创历年新高。先后获得“上海市行业（系统）安全生产工作优胜单位”、“上海市拥军优属模范”等荣誉称号；上海市邮政公司团委被评为“上海市五四红旗团委”。

2012年，各快递企业也不断提升社会责任，获得了多方赞誉。如：申通快递获“中国驰名商标”奖牌和证书，并被评为“中国民营企业综合竞争力50强”。韵达快递被授予“2011年度上海市青浦区纳税百强企业”、“2012年全国快递旺季服务保障先进企业”等荣誉称号。

【统版邮政营业信息系统上线】 11月25日，中国邮政集团公司统版邮政营业信息系统在上海成功推广上线。系统包括寄递业务、商品零售、大宗处理、内部管理、查单验单、营业管理、互联互通、业务支撑等8个业务功能模块。

【申通智能手机客户端快递信息服务平台完成并发布】 7月31日，“申通智能手机客户端快递信息服务平台”的开发圆满完成，并正式向客户发布。客户可以通过“申通官网以及APPLE官网商城”免费下载使用该软件。至此申通已形成集“电话网络、互联网络、移动网络”三网一体的客户服务体系。

【中通北上广信息系统统一工作完成】 年内，中通快递上海、北京、广东的信息系统统一工作基本完成，GPS安装工作有效推进，PDA推广与运用基本实现网络全覆盖，全网一体化的呼叫中心选型与推进方案也已经落实。

【博物馆进行二期提升改造】 上海邮政博物馆于10月8日闭馆，二期提升改造工程于10月16日正式动工，历时2个多月有序施工，于12月27日完工。此次改造主要是将二楼主陈列区内的部分科普展项，结合主题陈列展区展线和环境，充分运用高科技声光电技术以及多媒体技术，对现有展示内容进行重新设计，使展项更有趣味性、参与性和互动性。改造共分8个项目，分别为“最佳邮递员竞赛游戏”，“互动邮政地图”，“一封信的历程”，“书信与文化多媒体展示”，“信封书写格式、邮政编码评分教学”，“邮票与世博”，“《未来邮政》三维动画”以及“互动式RFID邮件自动分拣机缩微模型”。

【举办青少年书信作品展】 5–12月，上海邮政博物馆在临展区开设“我给老师写封信——2012青少年书信作品展”。把在2011年9月举办的“我给老师写封信——上海市青少年中小学生书信比赛”中的获奖作品陆续进行展出，共展出700多封书信，让青少年学生重拾书信、弘扬书信文化，同时架起邮政与青少年成长沟通的桥梁。

【举办“喜迎十八大 红色文化年”主题巡展】 6月14日，2012年上海集邮“喜迎十八大红色文化年”主题巡展在中共二大会址纪念馆正式启动。本次活动时间跨度大，地域范围广，从6月启动至8月结束，在静安、宝山、浦东、黄浦、青浦、松江、崇明、杨浦、嘉定9个区县进行巡展，这在上海尚属首次。本次邮展为非竞赛类邮展，展品由上海集邮爱好者制作，体现建党、建军、解放区、新中国成立、改革开放各个历史时期的邮集作品共21部100框，内容包括传统、邮政史、专题、极限、开放五大类别。

【举办《红色足迹》邮票首发式】 6月30日，中国邮政发行《红色足迹》特种邮票1套6枚，面值7.2元。邮票采用雕刻版，分别展现井冈山、瑞金、遵义、会宁、延安和西柏坡六处革命圣地。6月30日上午，上海邮政在中共一大会址举行《红色足迹》特种邮票首发仪式，特邀《红色足迹》特种邮票设计者进行现场签售。为满足广大集邮爱好者需求，黄浦区邮政局提供上海《红色印记》纪念封套装、《红色足迹》新邮首日封、《红色足迹》新邮首发纪念封、“喜迎十八大红色文化年”集邮主题巡展纪念封等邮品销售和现场盖戳服务。

（市邮政管理局供稿）

十三、海洋海事

（一）综述
（二）海洋管理
（三）海事管理
（四）救助打捞

（一）综述

2012年，海洋综合管理工作稳步推进。海洋功能区划获国务院批准，海洋“十二五”规划获市政府批复。海洋管理综合保障基地规划和海岸保护与利用等专项规划编制基本完成。海域海岛地名普查、佘山岛修复工程基本完成，大陆海岸线修测及法定化、杭州湾北岸整治修复奉贤段示范项目建设等工作有序推进。严格海域使用金征收和新建用海项目海域使用审批。推进海洋环保合作机制，加强海洋生态环境保护，严格海洋倾废管理，规范海洋工程环评，开展海洋环境质量和趋势性监测，积极应对长江口溢油事件。基本编制完成海洋总体应急预案及咸潮、核辐射应急监测、海底缆线保护、风暴潮、海浪和海啸灾害等专项应急预案。中国海监上海市总队三艘执法快艇入列，增强了海洋执法履职能力。启动杭州湾北岸海洋经济创新发展区战略研究，服务海洋经济发展。实施促淤15.75万亩、圈围6.9万亩，南汇东滩工程前期工作取得重大进展。圆满完成“908”海洋科技专项，以及丽水世博会参展各项工作。加强与涉海科研院校的合作，科技兴海信息服务平台、“数字海洋”上海示范区项目、海域动态监视监测系统等项目也取得了积极进展和成效。

2012 年上海海事紧紧围绕水上交通安全监管中心工作，全面提升监管服务水平。开展海事巡航救助一体化工作模式探索，提高海上搜救能力和效率。创新推动黄浦江重点水域交通管制，推行拖轮伴航措施，确保核心区航行安全。洋山港主航道双向试通航和长江口深水航道超宽船舶交会试验获得成功，助推上海国际航运中心建设能级提升。台风季节及时启闭防台应急响应，协调重点水域值守船舶，确保台风期间辖区水上交通安全形势的总体稳定。组织网格化管理，推进电子巡航，建立完善辖区安全形势实时跟踪分析机制，组织开展辖区事故 / 险情内部评估、船舶交通管理系统（VTS）月度运行效果评估、辖区引航安全评估、沿海船舶航路规划和船舶定线制规划实施方案后评估。开发使用黄浦江可视化智能巡航系统。加强涉水工程项目的前期审批和现场监管，协调解决浦东国际机厂商飞第五跑道堆载工程用砂需求与吴淞口锚地 8–11 号锚区泥沙疏浚等难题。上海海上搜救中心组织水上搜救 220 次，成功救助船舶 103 艘次，成功救起 1126 人，搜救成功率为 96.57%。

继续推行中资国际航运船舶特案免税登记政策，“中国洋山港”保税船舶登记制度取得重大进展。建立完善水上交通行业驻沪中央企业安全管理长效机制。深化船舶管理公司专项治理，全年共对 41 家上海片区航运公司开展专项检查。

修订完善《上海海域船舶污染事故专项应急预案》，成功举行“化学品泄漏应急救援演习”。成功承办国际海事组织和交通运输部海事局联合局办的“模拟器示范课国家授课教师和评估员考官培训班”。

修订《上海海事局常见违法行为行政处罚参照表》，不断规范海事行政执法自由裁量权的行使。编制《中国沿海港口航道图规划目录》。组织航海图书资料船旗国 / 港口国海图检查系统应用试点。基本建成海道测量生产数据库。开发应用低精度电子海图 WEB 系统，实现电子海图数据的在线服务。开展水下机器人（ROV）研究，在大型测量船上安置水下机器人操作控制工作室。推挤长江口水文信息共享，积极支持长江口深水航道减淤工作。

2012 年东海救助局共执行救助值班待命 7091 艘天，执行救助任务 620 起，出动救助力量 728 次，援救遇险人员 1001 人，救助遇险船舶 34 艘，获救财产价值估算 29.497 亿元。针对辖区气象水文条件和险情发生特点，不断完善救助预案，加强动态值班待命，科学部署专业力量，强化救助评估机制，较好地完成了“春运”、“两会”等特殊时期，寒潮大风、台风汛期等重点时段的辖区海（水）上应急救助抢险任务，有效保障了长江口区、舟山水域、台湾海峡的海上人命安全。尤其在防抗“苏拉”、“达维”、“海葵”、“天秤”、“布拉万”等强台风期间，累计投入救助船艇 26 艘次、一线人员 880 余人次，执行救助抢险任务 33 起，救助遇险人员 141 人，救援遇险船舶 6 艘，获救资产价值约 7.16 亿元。

2012 年交通运输部上海打捞局全年完成公益性抢险救助和财产救助等打捞任务 21 次，其中救助船舶 7 艘次，打捞沉船沉物 4 艘次，其它抢险打捞 10 次；救助遇险船员 61 人，船舶待命 389 艘次，拖航运输 516 艘次，航洋工程服务 10148 艘天。

（二）海洋管理

【概况】 2012 年，海洋综合管理工作稳步推进。海洋功能区划获国务院批准，海洋“十二五”规划获市政府批复。海洋管理综合保障基地规划和海岸保护与利用等专项规划编制基本完成。海域海岛地名普查、佘山岛修复工程基本完成，大陆海岸线修测及法定化、杭州湾北岸整治修复奉贤段示范项目建设等工作有序推进。严格海域使用金征收和新建用海项目海域使用审批。推进海洋环保合作机制，加强海洋生态环境保护，严格海洋倾废管理，规范海洋工程环评，开展海洋环境质量和趋势性监测，积极应对长江口溢油事件。基本编制完成海洋总体应急预案及咸潮、核辐射应急监测、海底缆线保护、风暴潮、海浪和海啸灾害等专项应急预案。中国海监上海市总队三艘执法快艇入列，增强了海洋执法履职能力。启动杭州湾北岸海洋经济创新发展区战略研究，服务海洋经济发展。实施促淤15.75万亩、圈围6.9万亩，南汇东滩工程前期工作取得重大进展。圆满完成“908”海洋科技专项，以及丽水世博会参展各项工作。加强与涉海科研院校的合作，科技兴海信息服务平台、“数字海洋”上海示范区项目、海域动态监视监测系统等项目也取得了积极进展和成效。

【全海域海洋环境质量监测】2012年，市海洋局切实做好海洋环境保护工作，加强海洋环境现状与趋势性、陆源入海污染、海洋环境风险和突发环境事件等监测和评价工作。监测项目涉及水文气象、海水、沉积物、生物等百余项，监测海域面积逾1.72万平方公里，共布设水质站位279个，沉积物站位171个，生物站位114个，共采集样品5200余个，获得监测数据52000余个。2012年本市及邻近海域海水环境质量状况与2011年相比基本稳定，主要超标污染物仍为无机氮和活性磷酸盐，沉积物环境质量状况良好，海洋生物种类变化不大，群落结构基本稳定。水源地邻近水域基本符合地表水环境质量标准Ⅲ类标准。海洋自然保护区水质无机氮、活性磷酸盐、汞、铅和锌等部分项目出现超标，沉积物环境质量满足其功能区要求。金山城市沙滩滨海旅游度假区和奉贤碧海金沙滨海旅游度假区很适宜开展休闲（观光）活动。海洋（涉海）工程区和倾倒区环境质量状况基本能满足相应功能区要求。

【海洋环境放射性监测】2012年，对青草沙水库邻近水域、佘山邻近海域等开展海洋环境放射性监测的结果显示，监测海域海水中总β、131I、137Cs、90Sr放射性水平均在我国近海海洋天然本底范围内，其中，131I均未检出，137Cs、90Sr远低于海水水质标准的标准值。

【海洋灾害】2012年本市近岸海域未发现赤潮。长江口宝钢邻近水域出现1次咸潮入侵。崇明岛东部和北部出现海水入侵和土壤渍化土现象。崇明东滩部分岸段受海水侵蚀。本市海域海水环境中放射性水平未出现异常。

【海洋环境保护】2012年，市海洋局会同市环保局进一步贯彻落实环保、海洋部门沟通合作工作机制，加强海陆统筹、江海联动。推进了海洋环境保护的立法研究和规划编制，依法做好海洋行政许可，严格海洋倾废管理，规范涉海工程环评。开展海洋生态文明区建设前期工作，加强金山三岛等海洋保护区的管理，实施海洋环境生态修复。继续做好陆源污染物排海的管理，积极应对“5.19”，“6.26”长江口溢油事件。

【海域使用管理】2012年，上海市海洋局共完成审批海域使用项目7个，共登记发证10宗用海，确权面积54.19公顷；批准海底电缆路由勘测申请1起。杭州湾历史用海项目全部得到妥善解决。全年我市共完成征收市批项目的海域使用金728.57万元；受国家海洋局委托，征收国批项目的海域使用金248.81万元。

【海洋倾废管理】2012年，上海市海洋局共受理并签批许可证正本158份，副本939份。其中，批准骨灰撒海2339盒，批准疏浚物倾倒总量587万立方米，收取倾倒费176万元。吴淞口北倾倒区、金山疏浚物临时海洋倾倒区海域环境质量未明显受到海洋倾倒作业的影响，水体和沉积物质量状况总体良好，水体中汞、镉、铅、总铬、砷、铜、锌和石油类均符合倾倒区要求的海水水质标准第四类标准；沉积物中汞、镉、铅、锌、铜、铬、砷、有机碳和石油类均符合倾倒区要求的海洋沉积物质量第三类标准，倾倒区内、外海域水体和沉积物质量状况无明显差异。倾倒区的水深状况基本满足海洋倾倒作业的功能需求。

【国务院批复《上海市海洋功能区划（2011–2020年）》】 11月1日《上海市海洋功能区划（2011–2020年）》获国务院批复同意（国函〔2012〕183号）。该区划根据上海海域区位、自然资源、环境条件和开发利用的要求，按照海洋基本功能区的标准，将上海海域划分为不同类型的海洋基本功能区，明确各功能区管理要求，并提出实施措施，是合理开发利用海洋资源、有效保护海洋生态环境的法定依据。

【市政府批准《上海市海洋发展“十二五”规划》】 6月28日，市海洋局、市发展和改革委员会联合印发《上海市海洋发展“十二五”规划》。该规划是落实《中华人民共和国国民经济和社会发展第十二个五年规划纲要》“发展海洋经济”战略的重要组成部分，是上海市第十三届人大批准的《上海市国民经济和社会发展第十二个五年规划纲要》的进一步深化和拓展，是指导未来五年本市海洋发展的行动纲领，是履行政府管理职能、提供公共服务的重要依据，对服务上海经济社会可持续发展具有十分重要的意义。

【参加韩国丽水市博会】 2012年，在韩国丽水举办以“生机勃勃的海洋与海岸”为主题的世博会。根据上海市的统一部署，上海市海洋局精心组织、周密协调全市海洋行业众多单位积极参与，组成31人参加的上海市代表团海洋局分团赴丽水世博会参加中国馆上海周活动和上海釜山友好城市系列活动，开创了上海市海洋局大规模对外合作交流的新局面：成功举办了“2012•上海－釜山海洋研讨会”，两市领导、官员、学者和企业家代表共130余人出席会议，围绕“人海相依和谐发展”的主题，开展了“河口海岸资源开发与保护”和“航运中心的可持续发展”等议题研讨，取得了加强互相了解、增进彼此感情、深化互动交流、拓展合作领域等实效。成功选送出展中国馆上海周实物展品，精心选择象征着上海海洋历史的传承与发展的沙船、象征着上海对海洋环境珍惜与保护的中华鲟标本、象征着上海海洋科技创新与突破的第六代3000米深水半潜式钻井平台模型，因其丰富的内涵和深刻的寓意，被作为上海选送中国馆参展的实物展品，得到了领导和游客的好评。组织编撰出版了《“海洋，我们共同的蓝色家园—上海市优秀儿童画”》，作为世博会上上海少年儿童奉献给世界各国朋友的一份礼物和我们奉献给海洋未来的一份礼物，受到欢迎。同时，还协助相关部门组织提供了海洋主题素材和照片，为世博会中国馆多媒体展示和宣传、上海周活动宣传片增添光彩。

（邓一露）

（三）海事管理

【概况】 2012年，上海海事紧紧围绕水上交通安全监管中心工作，全面提升监管服务水平。开展海事巡航救助一体化工作模式探索，提高海上搜救能力和效率。创新推动黄浦江重点水域交通管制，推行拖轮伴航措施，确保核心区航行安全。洋山港主航道双向试通航和长江口深水航道超宽船舶交会试验获得成功，助推上海国际航运中心建设能级提升。台风季节及时启闭防台应急响应，协调重点水域值守船舶，确保台风期间辖区水上交通安全形势的总体稳定。组织网格化管理，推进电子巡航，建立完善辖区安全形势实时跟踪分析机制，组织开展辖区事故/险情内部评估、船舶交通管理系统（VTS）月度运行效果评估、辖区引航安全评估、沿海船舶航路规划和船舶定线制规划实施方案后评估。开发使用黄浦江可视化智能巡航系统。加强涉水工程项目的前期审批和现场监管，协调解决浦东国际机厂商飞第五跑道堆载工程用砂需求与吴淞口锚地8-11号锚区泥沙疏浚等难题。上海海上搜救中心组织水上搜救220次，成功救助船舶103艘次，成功救起1126人，搜救成功率为96.57%。

继续推行中资国际航运船舶特案免税登记政策，“中国洋山港”保税船舶登记制度取得重大进展。截至2012年底，在上海港注册登记的船舶共有2298艘、17236388总吨，其中特案免税登记船舶共有27艘、336582总吨，处于国内领先地位。推行首席船舶安全检查官制度，构建船舶安检队伍竞争激励机制。完善船舶管理系统船旗国选船功能，全面启用港口国监督检查缺陷新代码。全面开展吨位丈量复核工作，探索建立吨位丈量复核指派工作机制。全年实施港口国检查1047艘次，海船安全检查1995艘次，内河船安全检查4248艘次，中国籍船舶和外国籍船舶单船到港检查覆盖率分别为25.6%和19.1%。全年共查验国际航行船舶42060艘次，办理船舶航次签证383791艘次，为22479艘船舶办理定期签证1483180艘次。

建立完善水上交通行业驻沪中央企业安全管理长效机制。深化船舶管理公司专项治理，全年共对41家上海片区航运公司开展专项检查。开展安全管理体系运行状况专项检查，定期对航运公司开展监督检查、走访约谈，督促公司提高管理能力。建立船舶安全管理体系运行状况的安全检查长效机制，全年共检查船舶58艘次，查出缺陷206项。全年共组织航运公司审核134家，船舶审核261艘次，对6家航运公司作出实施跟踪审核的决定，对1艘船舶的审核未予通过。截至2012年底，上海片区共有注册安全管理体系国家审核员138名。

修订完善《上海海域船舶污染事故专项应急预案》，成功举行“化学品泄漏应急救援演习”。有效处置“宏财”轮5.1类氧化剂集装箱泄漏等6起船载集装箱危险货物泄漏险情和长江口“密斯姆”轮重油泄漏等7起船舶污染事故，协助处置“达飞巴莱里”轮搁浅触礁溢油事故。长江口船舶溢油应急设备库项目竣工，辖区水域一次溢油控制清除能力基本达到1000吨。在黄浦江上游试点建立远程、实时、全天候、全自动辖区溢油监视监测报警系统，实现对溢油情况的电子化监视监控。加强化救物资储备，增强青草沙水库等重要水源地及敏感水域的船舶污染预控能力。对崇明三岛之间的滚装危险货物运输实施年度审批，简化申报环节，确保三岛液化气、汽柴油等民用危险货物的正常供应。

成功承办国际海事组织和交通运输部海事局联合局办的“模拟器示范课国家授课教师和评估员考官培训班”。开启校企合作船员培训模式，提升船员培训质量。开展船员基本信息采集，全年完成辖区注册海员信息采集34768人。船员培训、服务和外派机构监督检查率达100%。全年共举办170期海船船员适任证书全国统考，海船船员适任理论考试共计29756人次，适任评估共计21945人次。建立上海海上劳动关系三方协调机制，制定船员劳动合同和上船协议标准文本，推行船员劳动合同网上报备制度，维护船员的合法权益。完善中国船员招募网，为企业和船员提供招募求职、信息查询、合同报备、在线培训等公共服务。开展船员投诉调解工作，船员咨询投诉答复率为100%。

加强对外国在华验船公司开展船舶检验活动的监管，成功举办外国在华验船公司年会，吸引外国驻华验船公司入沪，促进船舶检验行业发展。加大救生筏检修行业管理力度，提高检修质量，引导救生筏检修行业健康发展。

突破港口建设费水水中转货物和保税货物两大征管难点，制定下发征管工作要求，确保港口建设费应收尽收，应征不漏。启动上海港船舶油污损害赔偿基金征收工作。

修订《上海海事局常见违法行为行政处罚参照表》，不断规范海事行政执法自由裁量权的行使。采取网上案卷评查和案例点评新模式，规范和指导海事行政处罚实施。加强政策引导，优化工作流程，推出船舶安全检查、最低安全配员、危险货物管理、行政审批办结期限、重要物资运输等方面8项举措，帮扶航运企业摆脱航运低迷困境。

初步实现布局立体化、装备现代化、服务信息化、反应快速化、定位高精度的助航体系建设目标，东海海区航标助航服务体系实现辖区水域无缝覆盖、重点水域多重覆盖、中远距离有效覆盖。承担长江水系和京杭运河体系自动识别系统（AIS）岸基系统建设完善工作，推进内河自动识别系统（AIS）岸基系统建设，向社会提供规范优质服务。组织完成长江口南槽九段警戒区等共计152项航标工程项目1028座次航标行业行政审批。升级海区海洋气象服务系统，建设航标综合信息管理与服务平台，提升优质助航服务能力。截至2012年底，东海海区管理航标总数5141座，同比增加10.3%，航标正常率99.92%，航标维护正常率99.99%，均优于部颁标准。

编制《中国沿海港口航道图规划目录》。组织航海图书资料船旗国/港口国海图检查系统应用试点。基本建成海道测量生产数据库。开发应用低精度电子海图WEB系统，实现电子海图数据的在线服务。开展水下机器人（ROV）研究，在大型测量船上安置水下机器人操作控制工作室。推挤长江口水文信息共享，积极支持长江口深水航道减淤工作。完成连云港30万吨级航道一期工程和徐圩航道验收扫测、陈家港2万吨级航道及相关水域、温州海上避风水域扫测等多项任务，为辖区内重大港口建设工程提供海事测量服务48次，及时完成台风过后的航道水深监测任务等应急扫测8项，为船舶安全航行提供保障。全年累计完成14351换算平方公里水域测量任务，制作纸海图268幅，电子海图169幅，发行纸海图112945幅，电子海图339967幅次。实现港口航道图覆盖东海沿海全部对外开放的民用港口，出版覆盖中国沿海航路和港口的成体系海事海图，产品优良率100%。认真履行海上安全通信职责，成功处置25起重大通信。全年为3571艘船舶办理识别码证书。

【洋山港启动保税船舶登记】 2012年3月6日，上海海事局船舶登记中心保税区分中心揭牌，中国洋山港“保税船舶登记”试点正式启动。上海综合保税区管委会、上海海事局、上海海关以及航运、融资租赁、银行等相关企业和各界人士200余人参加启动仪式，中共上海市委常委、常务副市长、上海综合保税区管委会主任杨雄出席。保税船舶登记试点实现了四个突破：一是洋山保税港区成为全国第一个可以开展保税船舶登记的区域，为进口保税船舶和国内制造入区退税船舶进行船舶登记创造了条件；二是我国第一次在海关特殊监管区域设立船舶登记机构，提升了洋山保税港区航运资源的配置能力；三是为探索建立“国际船舶登记制度”迈出第一步，使我国航运企业可以更为平等地参与国际竞争；四是为综合保税区开展融资租赁业务创造有利条件，解决了融资租赁企业在跨境船舶租赁业务中对船舶所有权登记、国籍登记、抵押权登记和光租登记的实际需求。

2012年9月6日，散货船“冠海朝阳”轮成为首艘在洋山保税港区正式登记的“中国洋山港”籍船舶。该船总吨22837，载重吨35000吨，原在境外登记，由交银金融租赁有限责任公司在洋山保税区设立的SPV公司（特殊目的公司）从境外买入后，采用融资租赁方式出租给在洋山注册的一家中资航运企业，从事国际航运。

【2012年中日联合搜救通信演习（上海－神户）在沪举行】 2012年3月27日，上海海上搜救中心与日本海上保安厅神户分部在上海举行联合海上搜救通信演习。演习持续近1个小时，是中日间首次无预案联合演习，参演双方在险情接警、信息收集、相邻搜救中心协调等各方面更贴近实战。演习增进了中日海上搜救机构间的了解，提高了双方搜救协调人员的沟通、协调与应急处置能力。

【“上海海事发布”政务微博开通】 2012年3月28日，上海海事局官方微博“上海海事发布”正式在新浪网、腾讯网、新民网和东方网同步开通上线。“上海海事发布”通过“权威发布”、“便民提示”、“海事新闻”、“海事法规”、“你问我答”、“海事微采访”等栏目，及时回应社会关切，在第一时间发布气象、海况、水文、航道临时交通管制、突发天气影响等信息以及海事部门出台的重要政策措施，并就涉及海事的突发事件和社会热点，发布权威信息，澄清事实，答疑解惑。

【2012中国海员大会在上海举行】 2012年6月25日至26日，以“维护船员权益，促进航运安全发展、科学发展”为主题的2012中国海员大会在上海举行，庆祝第二个“6.25”世界海员日。会议由交通运输部与上海市人民政府共同主办，上海海事局与虹口区人民政府协办，来自交通运输部、人力资源和社会保障部、国务院法制办、外交部、公安部、商务部、中华全国总工会、上海市人民政府、中国海员建设工会全国委员会、交通运输协会、中国航海学会、中国船东协会以及浙江、河南、山东、湖北、福建等海员大省和航运公司、海员外派机构、船员服务机构、航海院校、引航机构等单位参加会议。大会以履行相关国际公约为背景，围绕海员就业、海员职业保障、高素质还远培养等议题开展交流研讨，共同为我国海员权益保障与科学发展出谋划策。大会表彰了“全国十佳海员”、“五一劳动奖章”、“金锚奖”等优秀海员，举办了海员发展与保障论坛、部长在线访谈、航海教材图书展、海员文化展、服务机构和外派机构展等活动，旨在通过全方位、多角度、多媒体的平台，让全社会了解海员，关注海员，共同推进中国海员发展。

会议期间，上海船东协会、上海市交通港航工会、上海海事局共同签订了《关于建立上海海上劳动关系三方协调机制的协议书》，是我国继山东、广东、福建、黑龙江之后建立的第五个地方海上劳动关系三方机制。机制的建立，将有效推动上海地区全体船员的权益保护，促进上海海上劳动关系的和谐稳定，为上海国际航运中心建设打造良好的人力资源环境。

【中国海事博物馆举办灯塔文化主题展】 2012年8月25日，中国海事博物馆灯塔文化主题展在上海开幕。主题展以灯塔技术发展历程为脉络，以实物陈展为主线，以普及灯塔知识为目的，展示了一批灯塔透镜、铭牌、日志、书籍文献以及邮票、钱币等，以实物、图文和多媒体等展示形式，集中反映我国古代、近代和现代具有代表性的灯塔，旨在宣传海事航标文化，弘扬灯塔精神。

【2012年东海民用航空器遇险联合搜救演习成功举行】 2012年9月26日上午，东海民用航空器遇险联合搜救演习在上海宝山北锚地附近水域举行。演习由交通运输部（中国海上搜救中心）、上海市人民政府主办，上海海上搜救中心、上海海事局承办，参演单位包括交通运输部海事局、上海海事局、山东海事局、东海救助局、东海第一救助飞行队、上海打捞局、中国民用航空华东地区管理局、东海区渔政局、上海市公安局、上海市卫生局、上海交通运输和港口管理局、上海港公安局水上消防支队、海军登陆舰第五支队、中国东方航空股份有限公司、上海机场（集团）有限公司、上海海事大学、渔业单位、打捞单位等几十家单位。本次演习是中国搜救史上首次以民用航空器遇险为主题的水上搜救演习，历时约40分钟，设应急响应、人员疏散及自救、落水人员搜寻、医疗卫生救护、海上消防、善后处置和现场警戒及交通管制等7个科目，共有20余艘各类船艇、4架飞机、150余名志愿者参加本次演习。演习促进了海上和空中搜救交流与合作，有助于提升国家海空联合搜救能力和水平。

【中华人民共和国海事局海事调查实验室落户上海】 2012年10月26日，中华人民共和国海事局海事调查实验室合作建设签约暨揭牌仪式在上海举行。该实验室是经中华人民共和海事局批准成立的海事调查技术分析、鉴定的专业性机构，由上海海事局、上海交通大学和上海海事大学共同建设和运作，建成后将充分利用高等院校在人才、技术等方面的优势，以实验室为载体，合作开展涉及船舶碰撞、触礁、搁浅、火灾、爆炸、机器设备损坏灭失以及其他引起财产损失和人身伤亡的水上交通事故证据分析鉴定和原因分析，开展海事调查技术交流、科研和人员培训等活动。

【第15届亚洲海事调查官会议在上海举行】 2012年10月23日至24日，由中国海事局主办、上海海事局承办的第15届亚洲海事调查官会议（MAIFA15）在上海举行，13个亚洲国家和地区的代表参加会议。与会代表就本地区2011年海事调查工作及国际合作情况、典型案例分析和事故中的人为因素等议题进行了交流，就当前亚洲地区海上事故的发展趋势和海事调查技术手段进行了深入探讨，并介绍交流了相关海事调查国际合作信息。会议有助于增进我国与亚洲各国海事调查领域的相互了解，为开展双边、多边深入合作奠定良好基础。

【首家中外合资海员外派机构在上海开业】 2012年11月15日，国内首家中外合资海员外派机构——上海集瑞船务有限公司正式开业。该公司是经上海市商委批准，同德国瑞克麦斯集团（Rickmers Group）所属全球管理有限公司（Global Management Ltd.）成立的合资公司。中外合资海员外派机构的成立，有助于引进发达国家先进的船员招募、培训和管理理念，提高中国船员在国际市场的竞争力。

【东海航海保障中心正式挂牌运转】 2012年12月7日，交通运输部东海航海保障中心正式在上海挂牌运转。该中心承担北起江苏连云港、南至福建东山的南黄海和东海海域的海事航标建设养护、港口航道测量绘图、水上安全通信等航海保障工作，与海事行政管理和执法监督工作实行“政事分开，分类管理”。东海航海保障中心的成立，有助于构建布局合理、层次分明、功能完善、性能可靠的综合航海保障体系，为航海及其他海洋活动提供更为全面、及时、可靠和集成的综合航海保障服务。

（范锋）

（四）救助打捞

【概况】2012年，东海救助局共执行救助值班待命7091艘天，执行救助任务620起，出动救助力量728次，援救遇险人员1001人，救助遇险船舶34艘，获救财产价值估算29.497亿元。针对辖区气象水文条件和险情发生特点，不断完善救助预案，加强动态值班待命，科学部署专业力量，强化救助评估机制，较好地完成了“春运”、“两会”等特殊时期，寒潮大风、台风汛期等重点时段的辖区海（水）上应急救助抢险任务，有效保障了长江口区、舟山水域、台湾海峡的海上人命安全。尤其在防抗“苏拉”、“达维”、“海葵”、“天秤”、“布拉万”等强台风期间，累计投入救助船艇26艘次、一线人员880余人次，执行救助抢险任务33起，救助遇险人员141人，救援遇险船舶6艘，获救资产价值约7.16亿元。高效完成了“穗海韵183”轮、“苏如渔04619”轮、“密斯姆”轮、“亚洲21世纪”轮、“康瑞68”轮、“浙岭渔运60007”轮等多项应急救助抢险任务。同时，按照上级工作部署，充分发挥国家海上专业救助队伍的专业优势和实干精神，圆满完成了“神舟九号”载人航天飞船发射海上应急救援保障任务。同年，东海救助局连续四年被评为“上海市2012年度行业（系统）安全生产工作优胜单位”，获颁优胜单位“四星”奖牌。

2012年，交通运输部上海打捞局全年完成公益性抢险救助和财产救助等打捞任务21次，其中救助船舶7艘次，打捞沉船沉物4艘次，其它抢险打捞10次；救助遇险船员61人，船舶待命389艘次，拖航运输516艘次，航洋工程服务10148艘天。该局有职工1976人，其中船员（包括潜水员）809人，各类专业技术人员745人，劳务工416人；拥有各类拖轮和特种船舶47艘。年内，该局履行公益性抢险打捞职责，完成多次财产环境救助任务；完成“振浮5号”船、“长庆16”轮等遇难船舶，以及虹口港河段落水失踪人员和上海轨道交通13号线施工段锁扣管的水下探摸；“德宏”轮在大西洋完成救托大型失控集装箱船，从巴西至巴哈马历经50天的远洋救助任务；“德洲”轮在加勒比海海域成功救助因主机故障而失控的集装箱“HANEBURC”轮（“汉堡”轮）；“德大“轮完成从澳大尼亚拖带主机故障船到新加坡，”德意“轮完成从长江口救拖舵叶丢失的失控化学品船至韩国蔚山的国际救助任务；”华安“轮在南中国海于台风来临前救助韩国籍失控船“航工砼1602”驳，并参加“2012年东海民用航空器遇险联合搜救演习”。在执行地方政府抢险救灾、国家政治军事任务，以及海上国际救援等方面，履行国家专业打捞队伍的职责。在市场经营方面，该局发挥饱和潜水的先进装备和人员的优势，抓住市场机遇，开拓饱和潜水市场。首次以总承包形式，运用200米饱和潜水设备，历时7个多月，完成崖城二期总包工程；完成文昌19—1A/B海管维修工程。首次启用300米饱和潜水设备，在南海工地完成CACT导管架检测及番禺膨胀弯更换工程。中国首艘300米饱和潜水工作母船“深潜号”交付。“威力”轮在完成印度、文莱、越南和马来西亚等海上作业区域的多项导管架打桩和各类吊装工程后，首次进入墨西哥湾执行海上油田吊装任务，具备与国际一流石油公司合作的市场竞争力。700吨打捞工程支持船“聚力”轮交付。水下导向攻泥器设备完成海上调试后，首次协助广州打捞局打捞“三航砂桩8”沉船作业，完成水下钻井作业。“德远”轮配合铺管船“篮疆”号在北部湾完成22公里油管铺设，系远洋拖轮首次为大型铺管船进行作业，凭借优质服务，续签拖带“篮疆”号驶沙特作业的航次任务。（石小洁 赵国财）

【多次救助遇险船只】 1月1日，东海救助局“东海救116”轮在长江口深水航道北导堤海域成功救助搁浅遇险的散货船“穗海韵183”轮，船上7名遇险船员随船获救。

1月17日，东海救助局“华英398”艇在长江口水域成功救助主机故障的遇险渔船“苏如渔04619”轮，并历经近7个小时的艰苦拖救将其安全拖至外高桥码头，船上6名遇险渔民随船获救。

2月27日，东海救助局“东海救201”轮在长江口水域成功接救搁浅导致严重倾斜的遇险运沙船“穗海韵183”轮，船上5名遇险船员随船获救。

6月26日–28日，东海救助局“东海救116”轮和“东海救169”轮在长江口航道联合奋战三天三夜，为原油泄漏的荷属安的列斯籍“MAXIMA”(中文名：密斯姆)轮清除海面油污。

8月6日，超强台风“海葵”期间，东海救助局“东海救116”轮在绿华山水域成功救助走锚遇险的巴拿马籍“ASIA 21ST CENTURY”轮（中文名：亚洲21世纪）。

12月23日，东海救助局“东海救101”轮在长江口南槽灯船附近水域成功救助遭遇大风浪袭击沉没的矿砂船“康瑞68”轮上15名遇险船员。

12日30日，东海救助局“东海救101”轮联合东海第一救助飞行队救助直升机“B-7327”和“B-7345”在长江口东北约70海里处成功救助受强寒潮影响的遇险渔船“浙岭渔运60007”轮上19名遇险渔民。

【执行“神舟九号”发射海上应急救援保障任务】 6月16日，“神舟九号”载人航天飞船发射成功，这标志着作为独立承担“神九”飞船发射海上应急救援保障任务的救捞系统，圆满完成了此项特殊专项任务。任务期间，救捞系统共派遣4艘专业救助船舶和4架救助直升机赴指定海域待命，执行海上应急救援保障任务。其中，东海救助局出动了“东海救112”轮、“东海救116”轮2艘专业救助船舶和近二百人的专业力量参与保障任务。为了确保任务完成，并按照总装备部和交通运输部对神舟系列载人航天工程工作任务的总体部署和要求，由救捞系统主办、东海救助局承办的“神舟九号”海上应急救助保障综合演练于6月4日在上海外高桥水域成功组织实施。时任交通运输部副部长徐祖远、总装司令部副参谋长于建平少将、载人航天工程副总师王忠贵少将以及交通运输部和上海市政府有关单位的领导莅临现场观摩演练。救捞系统参演的5艘专业救助船舶、2架救助直升机、2支应急反应救助分队等100余人的专业力量，圆满完成了搜寻打捞返回舱、落水航天员海上搜救等预定科目，为圆满完成“神九”飞船发射海上应急救援保障任务打下了坚实的基础。

【“中国航海日”上海专题活动举行】 7月11日，由上海市建设交通委主办，以“感知郑和·拥抱海洋”为主题的2012年“中国航海日”上海专题活动在上海港国际客运中心码头举行。上海市副市长沈骏出席活动开幕式并致辞。作为协办单位之一的东海救助局派遣了“东海救116”轮参加了船舶开放日活动，并接待了上海各界人士登船参观。

【举行“2012年东海民用航空器遇险联合搜救演习”】 9月26日，“2012年东海民用航空器遇险联合搜救演习”在长江上海段宝山北锚地水域举行。东海救助局作为主要参演单位出动了3艘专业救助船艇、23名应急队员、10名救助船员志愿者等80余人的专业力量参加了演习，并圆满完成了遇险人员疏散、落水人员搜救转运等预定项目。

（石小洁）

【“华安”轮成功救助失控工程驳“航

工砼 1602”】 3月29日，韩国籍拖轮KOSCO202轮拖带工程驳“航工砼1602”在我国南海纬度8度附近遭受大风浪侵袭发生断缆，因风浪太大，韩籍拖轮船员不敢登驳带缆。此时今年第一号台风“帕卡”已经在南海悄然形成，如不及时采取行动，工程驳“航工砼1602”将被卷进风暴，后果不堪设想。上海打捞局在接到驳船船东的求救电话后，立即启动紧急预案，指令正在南海的“华安”轮全速驶往现场，“华安”轮于30日凌晨抵达现场，面对3-4米的涌浪，“华安”轮船员不畏艰险，迎难而上，利用两船上下颠簸的平稳瞬间，先后四名船员强行登船，经过一个多小时的努力，艰难完成了带缆工作，将“航工砼1602” 拖带至安全水域。

【“德洲”轮成功拖带大型平台“SEDCO707”】 7月20日，上海打捞局所属“德洲”轮，历经38天，穿越大西洋、加勒比海、墨西哥湾，途径特立尼达和多巴哥，安全拖航5829海里，出色地完成了将大型深水钻井平台“SEDCO707”由巴西里约热内卢拖抵美国布朗斯维尔港BROWNSVILLE的拖航任务，受到了平台方的高度赞扬。深水钻井平台“SEDCO707”长108米、宽70米、安装有8个3000匹的侧推器，隶属于世界上最大的近海钻井承包商TRANSOCEAN，该平台最大作业深水6500英尺，最大钻井深度达到25000英尺。

【“华安”轮圆满完成大型浮船坞拖带任务】 “华安”轮从上海港拖带大型浮船坞KAKINADA NO.1，历时34天，航行3840海里，穿越我国南海、孟加拉湾，于2012年7月7日安全抵达印度KAKINADA港并顺利交船。

KAKINADA NO.1浮船坞长200.93米，宽43.4米，是中船贸易上海分公司为三巴旺船厂印度分厂精心打造的。由于我国沿海和孟加拉湾目前正值台风季节，加上浮船坞受风面积大，拖航速度慢，拖带风险很大。为此，承拖方拖轮船队专门召开了风险评估会，制定了一系列的风险防范措施，在浮船坞上安装了GPS跟踪器，强化了对航行海区的气象跟踪，并针对我国沿海和印度沿海渔船较多的情况，在浮船坞前后左右舷分别加装了闪光警示灯。航行途中，船队岸基密切监视航行海区的气象变化，在每天提供SPOS的基础上，根据气象变化，及时提供相应的技术支持。另一方面，“华安”轮加强了大风浪中对拖缆护套的检查频率和力度，及时添加牛油和更换摩擦点，保证了拖航安全。

【德宏轮成功拖带大型集装箱船“Buenos Aires Express”】 3月初，悬挂利比里亚国旗、可装载5447箱位的大型集装箱船“Buenos Aires Express”（长274.76米 宽40米 型深24.2米）在巴西PECEM外海因机舱起火失去动力，急需救助，正在加勒比海待命的上海打捞局“德宏”轮获悉后，日夜兼程赶往现场，3月16日“德宏”轮抵达Buenos Aires Express附近，由于被拖船缆桩承载负荷低，加上被拖船满载集装箱、吨位大、吃水深，缆桩无法满足带缆需要，为了保证作业安全，德宏轮船长认真分析了该轮的实际情况，决定采用其锚链进行拖带。经过全体船员连续十多个小时奋战，完成了绞引该轮船锚和锚链至德宏轮后甲板并拆除船锚和连接拖缆的艰巨任务。拖航途中，克服了被拖货轮偏荡剧烈等诸多不利因素的影响。于5月6日安全将该轮拖至修理港巴哈马的FREEPORT，在国际救助拖航市场赢得了赞誉。

【德意轮成功救助失控船GINGA EAGLE】 3月6日，装载12023吨乙二醇的巴拿马籍GINGA EAGEL轮因船舵丢失在28-40.9N/122-38.6E处失控漂流，急需救援。上海打捞局拖轮船队获悉后，立即指派大马力拖轮德意轮前往救援，德意轮于6日17：00时离开打捞局外高桥码头，7日10时30分抵达现场，11时15分带妥拖缆并起拖，一路上，全船谨慎驾驶，克服难船偏荡和风浪带来的诸多困难，于11日上午7时40分安全拖抵韩国蔚山港外锚地交船。

【"德洲"轮加勒比海成功救助"HANEBURG"轮】8月15日，满载集装箱的"HANEBURG"轮因主机故障在加勒比海海域随风漂流，此时北大西洋及加勒比海海域已形成四个低压区，随时可能加强形成飓风，将严重威胁"HANEBURG"轮的安全。局拖轮船队在接到租家的求救电话后，立即指派刚刚完成从巴西拖带大型钻井平台至美国任务的"德洲"轮火速赶往现场。航行途中，"德洲"轮船长及时和HANEBURG轮保持联系，根据该轮PANAMA孔的尺寸，制定了用单根软琵琶头穿越PANAMA孔套缆桩再连接主拖缆的带缆方案。8月17日"德洲"抵达现场后，全体船员通力配合，以最短的时间完成了带缆工作，全速驶往荷属CURACAO，于8月19日安全抵达CURACAO并顺利交船，收到"HANEBURG"轮船东的高度赞扬。

【"华腾"轮一日内成功完成两起救助任务】11月18日，上海打捞局华威公司"华腾"轮在天津港附近海域连续成功救助"长安168"、"台联556"两艘遭遇险境的运砂船，并成功救起两名遇险船员。

11月18日早晨6时40分，"华腾"轮接到天津交管通知，位于38° 52′ .8N，118° 06′ .9E附近的"长安168"轮有人受伤，需要救助，7时25分，"华腾"轮抵达"长安168"轮附近时，因该轮满载，干舷太小，而且受风浪影响，无法正常并靠，救助人员只能乘坐救助艇登上遇险难船，在确认受伤人员已无生命体征后，"华腾"轮于8时35分护送长安168轮达安全水域。

同日上午9时25分，"华腾"轮再次接到搜救中心通知，位于38° 56′ .5N，117° 56′ .0E附近的"台联556"轮机舱进水，主机失灵，船上有3名船员，要求前往救助，"华腾"轮迅速出击，于9时28分抵达难船附近，在恶劣海况下，"华腾"轮于1055时将难船拖至安全水域，并救下遇险船员2名。

【"沪救14"轮东海海域成功救助俄拖带船组】12月21日，，在东海海域成功救助俄罗斯拖带船组。12月19日，在我国东海29-38N/123-27E海域，拖带一艘废钢船的俄罗斯拖轮"SVETLOMOR3"号，因主机故障处于失控状态，急需救援，上海打捞局迅速派遣刚从印尼坤甸返航的"沪救14"轮前往救助，"沪救14"轮在救助途中与遇险难船保持密切的沟通联系，并制定了详细的带缆方案。"沪救14"轮于20日凌晨3时10分抵达现场，经过全体船员的通力协作，3时45分顺利带上拖缆起拖，21日晨7时30分安全将遇险难船拖抵长江口临时锚地交船。

【中国首艘300米饱和潜水母船"深潜号"交付使用】中国首艘300米饱和潜水母船"深潜号"6日在青岛武船重工有限公司建造竣工交付给交通运输部上海打捞局。

这艘船总长125.7米，型宽25米，型深10.6米的"深潜号"，满载排水量为15864吨，配有现代化的直升机起降平台，可航行作业于无限航区，能在复杂海况下不用锚泊自动将船定位在指定水面，其定位精度达到30厘米。此外，140吨主动式海浪升沉补偿吊机，进一步保障了潜水打捞作业的安全和效率。

"深潜号"的最大亮点是配置了一套300米饱和潜水系统，最大工作深度可达水下300米，集生活舱、过渡舱、逃生舱、潜水钟、生命保障系统于一身。拥有12人居住舱，3 人潜水钟可供 3 名潜水员同时进行潜水作业。

本套系统获英国劳氏证书，完全符合 IMCA（国际海洋工程承包商协会）国际潜水最高标准的要求。它是目前中国工作深度最深，容纳潜水员人数最多，设计理念和配置最为先进的一套饱和潜水系统，在世界上属于先进水平。

同时，它还配置了目前国内最先进的无人遥控潜水器（ROV），最大水下作业深度可达到 3000 米，最大功率达到 150 马力，作业范围可覆盖中国 70%水域，是国内唯一支持 300 米饱和潜水作业系统的深潜水打捞船舶。

这艘亚洲领先、世界一流深潜水支持船投入使用，标志着中国海上大深度潜水、抢险救援打捞能力得以显著提升，也使中国深水工程作业能力向世界先进水平迈出坚实一步。

【700 吨打捞工程支持船“聚力”轮交付】 5 月 26 日，700 吨钢质、全电焊自航多功能打捞工程支持船“聚力”轮交付上海打捞局。该船由上海祥帆船舶设计公司设计，青岛武船重工有限公司按照中国船级社（CCS）钢质规范建造，具有自航、全回转舵浆、700 吨全回转浮吊等特征。设八点锚泊定位系统，船艏部设有直升机平台一座，艉部设有 700 吨全回转起重机一台，可服务于无限航区。该船长 133.6 米，宽 35 米，作业吃水 6.8 米最大航速 8.7 节，可满员 239 人生活和工作。交付后，首次前往丽水工地执行挖沟作业。

【清障打捞集装箱船“达飞布拉里”轮】 3 月 15 日，载有 2000 吨化学品的新加坡籍集装箱船“达飞布拉里”轮在福建兴化湾海域因触礁搁浅导致倾斜断裂、破损溢油。19 日，上海打捞局迅速调遣救助力量抵达现场。救援人员经过 131 天的连续作战，开展应急打捞、集装箱调卸、油水抽取、后段切割拖航、前段爆破以及残骸打捞工作，共抽取污油水 819.4 立方米，卸除集装箱 1233 只，于 7 月 21 日完成难船清障打捞工作

【世界首台深海水下导向攻泥器交付】 6 月 26 日，由上海交通大学水下工程研究所和上海打捞局联合研制的世界上第一台深海“水下导向攻泥器”交付上海打捞局。

水下导向攻泥器是世界上第一台具有高科技含量的盘管式水下导向攻泥器，该装备主要用于海上大型沉船沉物的打捞，通过遥控定向钻孔装置，穿越沉船、沉物下的海底，达到穿引打捞钢缆的目的。

水下导向攻泥器本体采用液压动力，具有 4.5 吨挤推力 、6.8 吨回拖力、钻杆长度为 120 米、最大水下工作深度为 200 米。水下导向攻泥器具有先进的监控导航系统，攻泥器本体的状态监控和作业控制通过中央监控系统，通过钻杆内置的导向传感器与集控台上的监控计算机、综合控向计算机、声纳显示计算机、超短基线计算机的操纵，实现了钻具运动监控、泥浆系统控制、钻进导向、信息传输等能监测钻具的运动轨迹、能控制和改变钻头的钻进方向。

该设备具有先进的监控导航系统，不受水流、风浪、潮汐、地质等影响，除可在水下各种地质条件内的水下沉船沉物打捞、水下攻泥、穿引钢缆等水下工程作业，还可以应用于海底勘探、海底管线铺设等工程。它的投入使用对提高抢险打捞效率、实现快速抢险打捞清障、提高打捞工程作业的安全性和可靠性起到决定性的作用，将使我国海上打捞穿引钢缆的工艺技术达到世界领先水平，是继上海打捞局开发饱和潜水作业技术后的又一个技术重大进步与创新。

（赵国财）

十四、国际航运中心建设

（一）综述
（二）集疏运体系
（三）航运服务业
（四）航运业务
（五）航运金融
（六）国际航运发展综合试验区
（七）邮轮产业发展

（一）综述

2012年，全球经贸复苏缓慢，海运业形势总体仍较为低迷。全球经济增长率为3.2%，较2011年明显放缓，需求不足的同时，市场运力持续过剩，干散货、集装箱、油轮运力年均增长高达7.9%，相对海运贸易量3.4%的年均增长率，供需矛盾十分突出。上海港吞吐量增速有所回落，硬件设施规模扩大带来的效应正在减弱，航运主业发展面临转型的现实压力。尽管面临严峻形势，上海国际航运中心建设依然不断突破，国务院2009年19号文件要求的各项具体工作全面得到落实。2012年，上海港货物吞吐量7.36亿吨，集装箱吞吐量3253万标准箱，总量继续保持领先。2012年上海两场共完成飞机起降59.67万架次，旅客吞吐量7870万人次，同比分别增长3.97%、5.56%；货邮吞吐量受国内外经济形势影响，全年完成338万吨左右，同比降低4.51%，但浦东机场年货邮吞吐量位仍位居全球机场第三，国际航空枢纽港地位进一步巩固。完善航运服务体系，不断创新航运服务功能。口岸服务进一步提升，航运信息整合和权威性不断增强，功能性机构加快集聚，综合保税区功能创新不断深化，综合试验区政策进一步落实。航运金融服务不断拓展，航运保险业务不断拓展，融资租赁业务规模扩大，运价衍生品交易正式启动。邮轮产业进一步发展，2012年上海港靠泊邮轮180艘次，同比增长59%；出入境（港）旅客35万人次（不含船员），同比增长72%。

（二）集疏运体系

【概况】 完善海港集疏运系统。加快洋山深水港区四期工程前期工作，基本完成临港产业区东港区公用码头工程。黄浦江上游航道整治工程竣工，大芦线一期（临港新城段）、赵家沟航道整治工程收尾。芦潮港内河港区主体工程基本完工，外高桥内河港区一期工程进入全面实施阶段。郊环北部越江通道工可报告获批。洋山港区实现双向通航，“单套”作业向“双套”作业升级，长江口深水航道船舶超宽交会试验成功，服务能级得到提升。2012年，上海港货物吞吐量7.36亿吨，集装箱吞吐量3253万标准箱，分别同比增长1.1%和2.5%，总量保持世界前列。沿江集装箱物流班轮化运作，长江支线箱量增幅5.4%，水水中转比例达到42.8%。上海港与上海铁路局签订战略合作备忘录，共同推进海铁联运发展，全年完成集装箱海铁联运11万标准箱，与上一年度基本持平。增强航空枢纽辐射能力。浦东机场第四、第五跑道和T1航站楼改造工程前期工作有序进行，虹桥机场东片区改造规划研究工作启动。浦东机场携手天合、星空两大联盟航空公司，优化中转模式，2012年浦东机场旅客中转率达到8.47%。东航、国航与铁路方面合作推出“空铁通”联运产品，增强了航空枢纽辐射面。DHL北亚枢纽工程投运，联邦快递（FedEx）上海国际快件和货运中心项目签约。2012年，上海两场共完成飞机起降59.67万架次，旅客吞吐量7870.89万人次，同比分别增长3.96%、5.56%；货邮吞吐量受国内外经济形势影响，全年完成336.8万吨，同比降低4.84%。

【中国民用航空局与上海市政府签订战略合作协议】 4月5日，中国民用航空局与上海市人民政府在沪签订《关于加快上海民航发展的战略合作协议》，标志着“十二五”上海民航事业新的发展时期的开始。双方明确了“十二五”上海民航发展目标是：航空运输持续安全，保障能力持续增强，航空服务集聚发展，大型客机研发制造中心初具规模，国际竞争力显著提高，加快推进上海航空枢纽中心建设，提高上海航空业务总量和品质。

【上海铁路局与东航签署战略合作协议】 4月12日，上海铁路局与中国东方航空集团公司在沪签署战略合作协议，同时上海铁路局还与中国东方航空股份有限公司签订了“空铁联运”产品合作协议，共同约定推出“空铁通”联运产品。

【推出空铁联运产品】 4月30日，由中国东方航空公司与上海铁路局合作推出的国内首个空铁联运产品“空铁通”正式上线，该产品将铁路班次以虚拟航班形式录入民航订座系统，并在订座系统中实现铁路运输段的销售。旅客购买“空铁通”产品后，可以方便地实现上海铁路局管辖内的安徽、江苏、浙江、上海三省一市主要城市的高铁、动车组列车与东航航班的双向联运。目前“空铁通”已可实现杭州、苏州、无锡、常州和宁波五个城市，每天92班的高铁、动车与上海虹桥、浦东两大机场的东航国际、国内航班双向联运。

【上海国际机场昆山航站楼落成】 5月20日，上海浦东国际机场昆山航站楼正式更名为“上海国际机场昆山航站楼”，国内首创的异地行李收运服务也随之开通。继中国东方航空公司、上海航空公司航班之后，厦门、吉祥、海南、山东、河北航空公司以及国航、中华航空、长荣航空也相继在昆山城市航站楼开通远程值机及行李收运服务。此外，昆山城市航站楼还开通了国内国际机票代理销售功能。

【长江口航道专用大型耙吸式挖泥船首船“长江口01”轮正式投产】 5月28日，为保障长江口深水航道畅通，由国家投资18亿元建造的两艘12000方长江口航道专用大型耙吸式挖泥船首船“长江口01”轮正式投产。

【航空合作不断深化】 6月，上海机场集团与德国中部机场集团签订合作备忘录，双方将在开辟新的货运航线、扩大现有货运规模、挖掘市场需求及客户资源共享等方面开展合作。6月6日，中国东方航空集团公司旗下的中国货运航空有限公司正式对外发布了加入全球唯一的航空货运联盟——天合货运联盟的意向。6月7日，东航与天合联盟、上海机场集团签署三方合作备忘录，共同推进“天合港、天合优享、天合中转”三大服务项目。

【外高桥六期尾留工程通过竣工验收】 6月28日，外高桥六期尾留工程通过竣工验收。该期尾留工程主要包括多层停车库工程和汽车零部件中心工程。外高桥六期工程自建成投入生产以来，设施、设备运行正常，体现了较好的经济和社会效益，增强了上海港集装箱干线运输和滚装汽车运输功能。

【浦东国际机场西货运区东航货站建设项目正式启动】 6月28日，浦东国际机场西货运区东航货站建设项目举行开工仪式。上海浦东机场西货运区东航货运站项目位于浦东国际机场西货运区4号、5号地块，占地面积约为39.75公顷，建筑总面积约20万平方米，总投资约10亿元。项目整体建成后，年货物处理量可达到150万吨，将成为东航货运真正意义上集出港收货组板、进港分解发货等功能于一体的海关监管的临空货运站。将为东航货运业务拓展新的空间，同时也将推动浦东机场的国际货运枢纽建设进程，使浦东机场成为亚洲乃至全球货运核心枢纽。

【洋山港主航道首次双向通航（试验）取得圆满成功】 7月1日，出口船“汉伯桥”（船宽：45.8米）和进口船“意茂”（船宽：32.2米）在内航道茼箕岛至羊角礁水域完成安全交会；16：42，出口船“马士基卡拉奇”（船宽：42.8米）和进口船“新厦门”（船宽：40.3米）在该水域完成安全交会。此次主航道内航道双向通航试验的成功，标志着《洋山深水港区通航功能提升》课题进入实际操作阶段，将有利于进一步挖掘主航道通航潜能，提高通航效率，有利于进一步缩短大型船舶的在港时间，提高码头泊位利用率。

【长江口深水航道船舶超宽交会试验成功】 7月2日上午，超大型散货船“宝探”轮与进口集装箱船“北欧亚帕伦”轮在长江口深水航道D38至D40灯浮之间水域安全交会通过，两条船的宽度分别达到了45米和40米，北槽12.5米深水航道开通以来进行的首次船舶超宽交会试验取得圆满成功，这对提高长江口深水航道的通过能力，缩短船舶在港候泊时间，提高码头利用率具有重要意义。

【DHL北亚枢纽建成启用】7月12日，DHL在上海浦东国际机场正式启用其北亚枢纽。该枢纽耗资1.75亿美元，亚洲最大的快递转运中心。另外，该公司即将于本月启用位于本港的大型物流枢纽。

【上港集团冠东公司首次完成大船国际中转箱直卸直拖业务】9月17日下午，冠东公司了解到在即将靠泊公司码头的南美轮船“北欧亚马塔奎托”轮上，有大量国际中转箱需要转运至盛东公司码头的达飞“纳布可”轮。为了减少二次拖运、降低码头能耗，做好船期衔接工作，冠东公司立即与盛东公司联系，确定开展大船国际中转箱直卸直拖业务。针对“北欧亚马塔奎托”轮的情况，冠东公司及时梳理跨码头拖运操作流程，制定作业方案，开展国际中转箱直卸直拖作业，共完成20英尺集装箱354个、40英尺集装箱24个直卸作业，约占卸船重箱总量的40%。冠东公司将进一步加强与船舶代理的信息沟通，积极开展跨码头国际中转箱的直卸直拖作业，提高洋山国际中转转运的服务质量。

【联邦快递国际快件和货运中心落户上海】10月25日，联邦快递（FedEx）宣布将在上海浦东国际机场建设全新的上海国际快件和货运中心，加上之前已建成启用的联合包裹（UPS）上海转运中心、敦豪速递（DHL）北亚枢纽，上海浦东国际机场成为全球首个同时吸引国际物流“三巨头”入驻并建立转运中心的机场。

【件杂货理货管理系统正式上线】10月底，件杂货理货管理系统正式上线运行，填补了理货信息科技的空白。手持终端在装拆箱理货中得到推广应用， PDA实时销账功能已在上远和三骏分拨堆场正式应用，“门到门”PDA实时销账功能在部分站点双轨运行。

【浦东国际机场T1航站楼改造工程正式开工】12月，为东航枢纽运营量身定制的浦东国际机场T1航站楼改造工程开工。上海航空公司在浦东国际机场始发的所有航班，由2号航站楼搬迁至1号航站楼运营。中国东方航空公司、上海航空公司同一航站楼运营后，两大公司航班实现了中转无缝衔接。

（三）航运服务业

【概况】提升口岸服务环境。《上海口岸服务条例》于3月1日起正式施行。浦东机场在国内率先试行24小时直接过境旅客免办边检手续政策。通关作业无纸化改革试点正式启动，试点业务覆盖吴淞、外高桥、洋山等海运口岸。报检报关功能整体入住浦东机场和北外滩“一门式”口岸通关服务中心。集聚航运服务机构。“中华人民共和国海事局海事调查实验室”落户上海。海事部门推进在上海建立中国船舶油污损害理赔服务机制，参与制定基金征管办法及相关配套管理文件。推进船员发展与保障中心建设，完成船员标准劳动合同文本的制定，建立海上劳动关系三方机制。交通运输部同意建设上海船员评估示范中心。航运经纪人准入制度不断健全，航运经纪业务试点范围扩大。“上海世界海事大学中心”完成在沪注册手续。汇聚各类航运信息。全国班轮运价备案中心新系统基本完成；无船承运人运价备案工作正式实施。进口干散货、进口原油运价指数正式发布。航运中心门户网站建设正式启动，网站框架基本形成。国内首个整合中国港航领域信息资源的公共数据服务平台—“中国航运数据库”揭牌。首次面向中国船东协会会员开展航运及辅助业资质信誉评估工作，构建行业信用体系。正式发布《航运标准合同系列（上海格式）》，帮助中国航运企业争取谈判主动地位，防范法律风险。

【《上海口岸服务条例》正式实施】3月1日，《上海口岸服务条例》正式实施，这是作为全国最大口岸的上海首次为口岸综合管理立法，是上海贯彻落实《国务院关于推进上海加快发展现代服务业和先进制造业建设国际金融中心和国际航运中心的意见》这一国家战略的重要举措，是一部为航运与贸易中心建设“护航”的基础性地方法规。此条例从建设便捷、高效、安全、法治口岸的需求出发，将“三个服务、一个规范”作为立法重点，即为口岸查验机构依法履行职能提供服务保障，为口岸运营单位申请口岸开放提供服务保障，为口岸相关企业发展提供服务保障，同时规范地方政府口岸开放管理行为。

【24小时直接过境旅客免办边检手续正式实施】经公安部首次批准，自2012年3月15日起，持有联程客票、24小时内经上海浦东国际机场转乘其他国际航班，且不出口岸限定区域的过境旅客，免办过境边检手续。24小时直接过境旅客免办边检手续，大大缩短了过境时间，中转流程进一步与国际接轨，达到国际大型枢纽机场服务水平。

【上海国际航运服务中心落成启用】3月28日，随着上海市常务副市长杨雄宣布“上海国际航运服务中心”开业，标志着新上海国际航运服务中心正式落成启用。新落成的上海国际航运服务中心位于杨树浦路18号，总建筑面积4.8万平方米，新大厦突出了深化口岸信息功能和优化口岸服务环境，集中了检验检疫、海关、海事、边检等口岸职能部门及港、航、货、代、金融保险、法律咨询等航运相关企业单位，更凸现出口岸一站式服务的便捷和全面。未来五年上海将重点聚焦金融航运等重点服务业，相信新上海国际航运服务中心将依托北外滩航运聚集地的优势，进一步实现现代化航运物流的综合便捷的服务，为上海加快建设国际金融中心和国际航运中心作出积极贡献。

【首个航运中心“十二五”规划正式对外公布】5月24日，《上海市加快国际航运中心建设“十二五”规划》正式对外公布。到2015年，上海将形成国际航运中心核心功能，实现航运要素和资源集聚；港口、机场吞吐量继续位居世界前列，航运服务体系基本建成，国际航运综合试验区建设要取得新突破。到2015年，集装箱吞吐量达到3300万标准箱，继续位居世界港口前列；航空旅客吞吐量达1亿人次等。为实现上述一目标，上海提出了8个方面的主要任务，包括继续发展国际航运业务、培育和发展航运服务业、建设国际航运发展综合试验区等。

【交通部与沪政府签署深化合作备忘录加快推进国际航运中心建设】8月10日，交通运输部、上海市政府举行“合力建设上海国际航运中心阶段总结推进会”，并共同签署《加快推进国际航运中心建设深化合作备忘录》。这是深入贯彻落实科学发展观，按照中央的决策部署，推进经济结构战略性调整的又一重要举措，标志着交通运输部和上海市不断深化合作、合力推进上海国际航运中心建设进入了一个新的历史阶段。会上，徐祖远和杨雄共同为“北外滩航运服务总部基地”、“上海海事大学上海高校知识服务平台”进行了授牌。同时，为积极应对航运业的困难局面，促进航运业平稳发展，交通运输部发布了三个方面政策，允许将融资租赁船舶视作认定企业资质的自有运力，并在上海先行试点；促进我国国际海运业平稳有序发展和完善管理促进国内航运业健康平稳发展等。

【成功主办“2012年东海民用航空器遇险联合搜救演习”】 9月26日上午，由交通运输部与上海市人民政府联合主办的“2012年东海民用航空器遇险联合搜救演习”，在长江上海段宝山北锚地水域内举行。这是我国搜救史上首次以民用航空器遇险为主题的水上搜救演习。

【完成筹建上海高校知识服务平台】 在上海市教委的支持下，上海国际航运研究中心凭借自身在人才、知识、数据、渠道等方面努力储备资源，顺利通过了上海高校知识服务平台建设的验收。8月10日，上海国际航运研究中心成为交通运输部和上海市政府正式授牌的首个“上海高校知识服务平台”。11月22日，上海国际航运研究中心通过了上海市教委9家首批高校知识服务平台建设筹建情况的验收，成为通过验收的3家上海高校知识服务平台中唯一一家航运领域的高级战略研究中心。

【首届“环球港口领导人峰会”】 10月17日，首届环球港口领导人峰会在上海举行。上海国际港务（集团）股份有限公司、新加坡国际港务集团有限公司、马士基码头公司、迪拜环球港务集团、和记港口集团有限公司、长滩港务局、鹿特丹港务局等七大全球海运航线重要枢纽港运营商或管理当局的主要领导人出席会议。本届环球港口领导人峰会的成功举办，为全球港口提供了一个共谋发展的高层交流平台，必将有利于推动港口业在新形势下实现持续、健康和稳定的发展。该平台致力于探讨宏观形势和行业热点，共同描绘港口业发展的宏伟蓝图；同时，推动建立伙伴关系和业务合作，以务实的态度解决关系到港口发展的切实问题。

【积极推广《航运标准合同系列（上海格式）》】 10月26日，中国海事仲裁委员会上海分会召开《航运标准合同系列（上海格式）》首发仪式。积极推进“上海格式”系列合同的推广工作，研究制定CMAC标准船员劳务合同，包括《船员劳动合同》、《船舶配员服务协议/船员派遣协议》、《上船协议/船员服务协议》和《船员就业协议》。向航运界推出标准租船合同（上海格式）包括《航次租船合同》、《定期租船合同》和《光船租赁合同》。在此基础上，汇编各类标准航运合同16个，由人民交通出版社正式出版，组织编写《造船合同总论》，汇集研究、制订成果，并在广州地区进行了该合同的推介活动。

【第一本全英文的航运类电子刊物发布】 10月，上海国际航运研究中心创办了国内第一本全英文的航运类电子刊物《China Shipping & Ports》（中国港航发展评论），通过互联网和平板电脑平台发布。

【国内首个专业航运数据库——中国航运数据库建立】 11月29日，中国航运数据库网站正式揭牌上线，标志着中国航运数据库（一期）开发工作全部完成。第一批入库港航领域的统计数据量达200,000余条，为港航企业和政府部门提供了行业决策参考。

【上海口岸全面实施提货单无纸化电子放行】 上海海关通关作业无纸化全面推行，随附单据电子化运行情况良好，已经有超过470家普通申报企业和4家快件企业签署协议开通运行，包含快件在内每天处理超过6万份随附单证。上海港各集装箱码头全面推行无纸化放行，货主码头及其他海关监管场所的无纸化放行正在规划当中。上海检验检疫局逐步推广无纸化电子验放工作，4月，空港口岸入境普通货物运单以及外高桥港区入境集装箱货物提货单的无纸化电子验放工作全面开展；10 月，空港口岸入境快件货物运单全面实施无纸化电子放行。

【全国海关税费电子支付系统全面推广】 截至 2012 年底，已新增 8 家商业银行上线，共计 16 家商业银行完成上线并在整合系统中有业务交易，另外还有两家也完成了上线及用户迁移工作。全国海关税费电子支付系统累计用户数达到 29876 家，累计支付笔数 795 万笔，累计支付金额 7000 亿元，全国 41 个直属海关均开通了东方支付平台的整合海关税费电子支付系统，其中，40 个海关有交易数据。

【一批航运信息化公共服务和应用示范项目相继建成】 智慧港口船舶统一调度与公共服务平台投入运营，进一步增强了上海港船舶调度管理水平，加快了港口资源的整合和综合开发。SaaS 服务模式下的集装箱管理公共平台投入应用，已经为三家中小航运企业提供了支持服务，避免了中小航运企业独立建设信息系统的高投入和高难度的风险。船舶航运应急响应服务系统覆盖面不断扩展，截至 2012 年底，上海杰星船舶科技有限公司作为仅有的两家中国海事局指定的 ERS 岸上服务机构之一，已签订了 200 多份 ERS 合同，服务对象涵盖国内外 100 多家船东。

【上海港信息化水平不断提升】 上海港视频监控体系构建完成，一期完成涉外港口设施及已接入交通港口局指挥中心的码头视频图像的整合建设工作，建成一个监控中心及四个监控分中心。上海港危险货物港口作业电子化监管取得阶段性成果，建立上海港出口包装危险货物港口作业申报受理审核信息系统，启动出口包装网上申报。内河航务（海事）现场业务整合系统、上海市地方航运企业运营安全情况报送系统以及内河数字甚高频 VHF 应急呼叫通信网络组网设计陆续通过验收。建成实时视频监控管理网络。依托现有的 AIS 系统和安全监控系统及多种定位技术和智能化技术，开发了实时生产调度指挥系统，强化对船舶航行、作业和安全的动态监控。跨区域合作不断深化。

（四）航运业务

【概况】 2012 年，全球经贸复苏缓慢，海运业形势总体仍较为低迷。2012 年全球经济增长率为 3.2%，较 2011 年明显放缓，需求不足的同时，市场运力持续过剩，干散货、集装箱、油轮运力年均增长高达 7.9%，相对海运贸易量 3.4% 的年均增长率，供需矛盾十分突出。2012 年，中国海运（集团）总公司共完成货运量 4.6 亿吨、货运周转量 8819 亿吨海里，分别同比增长 6.1% 和 14.2%。其中，完成集装箱重箱运量 1198 万标准箱，同比增长 9%。截至 2012 年 12 月底，中国海运（集团）总公司运力规模达到 491 艘、3016 万载重吨。单船载重吨 6.14 万吨，同比上升 0.63 万吨；船队平均船龄 9.7 年，同比下降 0.6 年。船队大型化、现代化趋势日益显著。初步形成“集装箱船、干散货船、油轮”三大船队三足鼎立、均衡发展的格局。2012 年，中远集装箱运输有限公司完成集装箱重箱运输量 801.6 万标准箱，综合准班率 86.32%，营运率 99.4%，货运周转量 4263 亿吨海里。截至 2012 年底，中远集装箱运输有限公司共经营集装箱船舶 174 艘，合 75.7 万标准箱位，同比增长 13.3%。据 Alphalienr 统计，公司运力规模在世界班轮公司中居第四位。截至 2012 年底，公司持有船舶订单 18 艘，合 14.9 万标准箱位，其中包括 8 艘 13000 标准箱船舶。中远集运船队在全球 49 个国家和地区的 162 个港口挂靠，经营 84 条国际航线、

23 条国际支线、23 条中国沿海航线、79 条珠江三角洲和长江支线。

【中国海运第二艘 30 万吨级矿砂船“中海繁华”轮投产营运】 2 月 8 日上午，中国海运第二艘 30 万吨级超大型矿砂船（VLOC）——“中海繁华”轮在大连船舶重工集团有限公司举行隆重的命名暨交接船仪式。“中海繁华”轮长 330 米，宽 57 米，满载吃水 22.1 米，载重吨 315063 公吨，是目前全球现代化程度最高、设备最先进的超大型船舶之一。该轮将长期为武钢提供进口铁矿石运输服务。她的投产标志着货轮船队发展迈上了一个新的高度，为实现企业可持续发展和建设世界一流干散货船队的战略目标奠定坚实的基础。

【“中海天王星”号集装箱船在韩举行命名交船仪式】 3 月 9 日，中海集运第七艘 14100 标准箱集装箱船“中海天王星”轮命名交船仪式在韩国三星重工巨济岛船厂隆重举行。

【中海首艘 30 万吨级 VLOC“中海荣华”轮首航福州】 3 月 20 日上午 10 时，福建港航有关单位为中海首艘 30 万吨级 VLOC “中海荣华”轮首航靠泊福州港可门港区举行隆重的靠港仪式，这是福建港口发展史上靠泊的第一艘 30 万吨级超大型干散货轮船，也是中海 30 万吨级 VLOC 首次靠泊国内港口。“中海荣华”轮于今年 1 月 11 日正式投入营运，首航从大连出发开往南非萨尔达尼亚港，为武钢集团装载 29.7 万吨铁矿石，于 3 月 18 日 20:00 抵达福州港罗源湾港区外海锚地，3 月 19 日 09:30 顺利靠泊可门港区 4 号泊位。

【中国海运集中力量打造干散货船舶统一经营平台】 3 月 28 日下午，中国海运第一批“散货船舶统一经营”签约仪式在广州海运大厦举行。在签约仪式上，中海货运分别与广州振兴船务和广州振华船务签订了散货船舶统一经营协议，这标志着中国海运散货船舶统一经营工作正式启动，逐步将中海货运打造成集团内唯一的干散货船舶经营平台。

【中国海运完成 60 亿元中期票据发行】 为积极应对国际金融危机的严峻形势，抵御航运市场的波动，中国海运集团积极运用直接融资间接融资两条途径，加强资金保障，于近期在国内银行间市场完成了 60 亿元中期票据的发行。本次 60 亿元中期票据实行组合发行，第一期为三年期 40 亿元，第二期为七年期 20 亿元。此次发行，通过及时把握年初市场流动性的缓解的时机，取得了优惠的发行成本，有效降低了集团融资成本，进一步优化了集团债务融资结构和期限结构。

【中国海运与上海虹口区政府签署战略合作框架协议】 4 月 6 日上午，中国海运（集团）总公司与上海市虹口区政府在上海举行深化战略合作框架协议签字仪式。中国海运与虹口区的合作由来已久。此次深化战略合作框架协议的签订，有助于充分发挥各自优势，更好推进北外滩航运和金融服务业综合改革试点区域的建设发展，增强上海国际航运中心和金融中心服务功能，促进虹口区经济实现又好又快发展，促进中海集团发展成为具有世界一流水平的航运企业。

【“新钦州轮”命名及交船仪式在江南船厂隆重举行】 4 月 26 日上午，中国海运和中船集团在江南长兴重工有限公司 7 号码头举行了隆重的“新钦州轮”命名及交船仪式。“新钦州轮”是江南长兴重工有限公司为中海集运设计建造的第一艘 4700TEU 集装箱船舶，标志着中国海运和中船集团的合作进入一个崭新的领域。

【中国海运第三艘 30 万吨级 VLOC“中海韶

华”轮交船投产】4月28日上午，中国海运第三艘30万吨级超大型矿砂船（VLOC）——“中海韶华”轮在大连船舶重工集团有限公司举行隆重的命名暨交接船仪式。“中海韶华”轮是集团为首钢订造的首艘30万吨级VLOC，长330米，宽57米，满载吃水22.1米，载重吨315063公吨，是目前全球现代化程度最高、设备最先进的超大型散货船舶之一。该轮将长期为首钢提供进口铁矿石运输服务，标志着首钢与中海的合作再上一个新台阶。

【中国海运与中国石油在京签订战略合作协议】5月22日，中国海运（集团）总公司与中国石油天然气集团公司在北京签署战略合作协议。双方进一步深化合作，发挥各自行业优势，贯彻落实国家关于“国轮国造、国货国运”的政策，保障中国石油原油、成品油、化工产品和LNG等海上运输需求。同时，双方将推动船舶动力“以气代油”的技术和产品开发，推动海上油气装运技术的联合研发。

【中海集团第二批“散货船舶统一经营”签约仪式在上海举行】7月26日下午，中国海运第二批“散货船舶统一经营”签约仪式在集团总部大楼举行。签约仪式上，中海货运与中海工业签订了散货船舶统一经营协议，这标志着中国海运散货船舶统一经营工作进入了一个新的阶段。

【中海散货运输有限公司正式揭牌成立】8月8日，中国海运麾下的中海散货运输有限公司在广州正式揭牌成立，标志着集团理顺干散货运输管理体制迈出了新的坚实的一步。中海散运是中国海运旗下三大主力船队之一，前身是1998年5月28日成立的中海发展股份有限公司货轮公司。目前经营和管理各类干散货船舶180余艘、1100多万载重吨，是中国沿海最大、全球第五大干散货航运公司。预计到“十二五”期末，中海散运的运力规模将超过2000万载重吨，进入世界一流干散货船队前列。

【安吉物流、中海集运和中海汽车船签署三方战略合作框架协议】9月14日，上汽集团旗下的安吉汽车物流有限公司与中国海运旗下的中海集装箱运输股份有限公司、中海汽车船运输有限公司在上海举行了三方战略合作框架协议签字仪式。此次协议的签署标志着三方合作迈上新台阶，今后三方将继续发挥各自优势，在更广泛的领域开展合作，不断扩大合作的广度和深度，实现强强联合、优势互补、合作双赢、共同发展的目标。

【中国海运开通越南胡志明—海口首条国际班轮航线】10月24日，中国海运打造连接海南省与东盟区域的“海上丝绸之路”，正式开通越南胡志明——海口首条国际班轮航线，投入两艘1036TEU的船型，独立经营该航线，海上运输时间为两天，每周一班。目前每年从越南到海南已形成较大往来物流量，货源种类涉及多样，如椰子类、大米、木薯淀粉、水果、橡胶等。但由于诸多原因，从越南胡志明到海口之间一直未开通集装箱运输班轮运输。此次中国海运开设越南胡志明——海口国际班轮航线，标志着海口港首条国际班轮干线的诞生，是中国海运服务海南与越南两地经济、助力海南国际旅游岛建设的一项战略举措，强化“南—南”合作，为促进海南—东盟自由贸易区的建设做出应有贡献。

【中国海运集团与中国船级社在沪签署船舶能效合作框架协议】11月24日，中国海运集团在上海与中国船级社签署了船舶能效合作框架协议。根据协议内容，双方将在船舶能效领域开展合作，包括能源/能效管理体系的建立、船舶能效管理及认证、船舶能效数据库及应用系统、船舶能效最佳实践项目合作、节能技术论证和节能量审核、节能技术开发、应用与推广、合同能源管理等。

【世界最大远洋实习船交船】 12月12日，由中国海运集团所属中海工业有限公司为上海海事大学建造的4.8万吨远洋教学实习船——“育明”轮在上海港国际客运中心码头正式命名交船。“育明”轮船体高15.7米，主甲板长190米、宽32米，设计吃水10.3米，是目前世界上最大、设施最先进的远洋实习船，可搭载近160名学生进行海上实习，装载45800吨散装货物。远洋教学实习船的顺利交付，是校企战略合作的又一成功范例，对上海海事大学创新人才培养模式，提升教学科研水平具有重要意义，对建设上海国际航运中心，促进我国海运事业发展具有重要的推动作用。

【中国海运成为第三家直挂阿联酋哈里发港的全球承运人】 12月7日，中国海运中东干线（AMA）的UNAYZAH轮首次挂靠阿联酋的哈里发港（Khalifa Port）。中国海运是世界上第三家直挂该港的全球承运人。今年9月，哈里发港一期建设完成。目前设计年吞吐量为200万TEU。港口的作业基本采用全自动化技术，是中东北非地区最先进的集装箱码头。港区面积9.1平方公里，比邻港口的哈里发自由贸易区面积则达到416平方公里。中海中东干线的船舶直挂该港后，将进一步提高远东至阿联酋的服务品质，扩大中海在该地区的服务覆盖面，增强中海中东干线的核心竞争力，为客户提供更加完善和快捷的服务。

【中海码头（香港）携手中远太平洋、招商局国际入股台湾高雄港高明集装箱码头】 12月19，中国海运集团所属中海码头发展（香港）有限公司（“中海码头”）与中远太平洋有限公司（“中远太平洋”）和招商局国际有限公司（“招商局国际”）组成一家在香港注册的合资公司（“三方合资公司”），与阳明海运股份有限公司（“阳明海运”）签署股权转让协议，受让阳明海运下属控股码头公司－高明货柜码头股份有限公司（“高明码头”）的30%股权，转让价格为1.35亿美元。上述合资三方最终各持有高明码头10%股权。高明码头股权转让项目是台湾地区首次向具有国内股东背景的企业开放投资的大型港口基建项目，充分表明三大港航公司对香港与台湾以及对两岸之间的经贸合作的广阔前景充满信心，该次入股也为日后香港与台湾和两岸之间企业的合作树立了成功的典范，并对进一步密切香港和台湾之间以及两岸的经贸合作，推动两岸三地的友好发展具有重要和深远的意义。

【中远集运“中河”轮成功救助巴布亚新几内亚沉船游客】 2月2日，巴布亚新几内亚一艘往返于金贝和莱城之间的轮渡在该国西北部海域沉没。中远集运中国澳大利亚航线（SAS）“中河”轮259N航次恰途经该水域，自收到澳大利亚救助中心转发的船舶遇险电报后，迅速抵达搜救现场，积极开展搜救工作，成功救起两只救生筏，共计29名落水乘客。

【中远集运、川崎汽船、阳明海运、韩进海运分别与长荣海运开展合作】 4月，中远集运、川崎汽船、阳明海运、韩进海运已分别与长荣海运开始在亚洲－欧洲航线进行舱位互换合作。此次CKYH－绿色联盟间各成员与长荣海运之间的合作旨在为客户提供服务频率最高、交货期最佳以及港口覆盖面最广的优质服务，以满足顾客的需求。双边合作共涉及8组亚洲－西北欧周班航线，4组亚洲－地中海周班航线，其中包括提供亚洲至亚得里亚海区域港口的直达服务，如里耶卡

（Rijeka）、科佩尔（Koper）、的里亚斯特（Trieste）。在上述全部 12 组亚洲 – 西北欧和亚洲 – 地中海航线中，大部分船队的主力船型为 8000TEU 至 13000TEU 级别的船舶。

【“中远诚信”轮、“中远卓越”轮在韩举行命名仪式】3 月 8 日，“中远诚信”轮和“中远卓越”轮命名仪式在釜山韩国现代重工船厂举行。两艘船舶由韩国现代重工船厂和韩国现代三湖船厂建造，均为 13000TEU 大型集装箱船舶，由 Seaspan 订造，由中远集运租入使用。

【中远集运与韩进合作开辟远东 – 墨西哥湾航线】3 月 21 日，CKYH 联盟成员，中远集运和韩进宣布将从 2012 年 4 月底开辟一条从远东到墨西哥湾的新航线。新航线定名为 GME（墨西哥湾快航），航线由 8 艘实际装载能力在 3300TEU 的船舶经营，中远集运投入 6 艘，韩进投入 2 艘。新航线将覆盖墨西哥湾，美国南部休斯顿地区及加勒比海区域。发达的支线网络将提供宽广的覆盖面。同时，该航线从华南到休斯顿的交货期具有很大的优势，从盐田到休斯顿仅需 24 天将成为市场上最快的交货期。华东至休斯顿交货期也仅 27 天。

【中远集运首艘 4250TEU 船“中远亚丁”轮命名】3 月 28 日上午，中远集运在江苏新扬子造船有限公司公司批量定造的 20 艘 4250TEU 集装箱船的首制船“中远亚丁”轮（COSCO ADEN）命名庆典仪式在船厂码头隆重举行。“中远亚丁”轮是该系列船中的第一艘，交付后将投入中远集运美东二线运营。

【中远集运 13100TEU 集装箱船命名仪式在韩国举行】 4 月 17 日，13100TEU 集装箱船 ??“中远财富”（COSCO FORTUNE）轮和“中远希望”（COSCO HOPE）轮的命名仪式在蔚山现代船厂举行。“中远财富”轮和“中远希望”轮是由 SEASPAN Corporation 出资在韩国蔚山现代重工订造的由中远集运租赁的 8 艘 13,000TEU 系列船舶中的最后两艘船舶。

【中远集运“中远奥克兰”轮命名】4 月 25 日上午，中远集运在江苏新扬子造船有限公司公司批量定造的 20 艘 4250TEU 集装箱船的第二艘“中远奥克兰”轮（COSCO AUCKLAND）命名庆典仪式在船厂码头隆重举行。“中远奥克兰”轮交付后将投入中远集运远东至墨西哥湾航线（GME）运营。

【中远集运“中远德班”轮和“中远福斯”轮命名】6 月 21 日上午，中远集运在江苏新扬子造船有限公司公司批量定造的 20 艘 4250TEU 集装箱船的第五艘“中远德班”轮、第六艘船“中远福斯”轮命名庆典同时在船厂码头隆重举行。“中远德班”轮和“中远福斯”轮将分别投入中远集运南美西航线及美东六线运营。

【中远集运“中远热那亚”轮交付】8 月 11 日上午，中远集运在江苏新扬子造船有限公司公司定造的 4250TEU 集装箱船的第七艘“中远热那亚”轮（COSCO GENOA）命名交付庆典仪式在船厂码头隆重举行。“中远热那亚”轮交付后将投入中远集运美东二线（AWE2）运营。

【中远集运“中远海法”轮命名】9 月 6 日上午，中远集运在江苏新扬子造船有限公司公司批量定造的 20 艘 4250TEU 集装箱船的第八艘“中远海法”轮（COSCO HAIFA）命名庆典仪式在船厂码头隆重举行，交付后将投入中远集运远东至墨西哥湾航线（GME）运营。

【中远集运与中海集运签署内贸航线合作协议】10月10日，在全球航运业居于领先地位、中国最大的两家国际集装箱运输公司——分别隶属于中国远洋运输集团和中国海运集团的中远集运与中海集运，宣布将在中国内贸集装箱市场上开展航线合作。双方签署了《中远集运与中海集运内贸航线合作协议》，计划将在内贸东北/华北至福建/汕头航线上共同投船、合作经营。这是两家公司首次在中国内贸集装箱航线上的合作。根据协议，自今年10月中旬起，双方合作经营内贸集装箱华北——福建线、东北——福建线、北方——福汕线。未来，双方将致力于不断深化合作，共同打造高品质的中国内贸集装箱精品航线，竭诚为客户提供更加优质、便捷、诚信的服务，为促进国内贸易和航运业的发展作出应有的贡献。

（五）航运金融

【概况】完善航运金融服务功能。拓展航运保险业务，平安航运保险运营中心正式开业，国内三家知名保险公司均在上海设立专业航运保险机构；2012年上海地区航运保险业务保费收入36亿元，同比增长4.53%，船舶险在全国同比负增长的情况下仍保持8.51%的增长率。做大融资租赁业务规模，浦东新区和综合保税区分别出台支持融资租赁产业发展的财政支持政策；国内第一个融资租赁"外汇信贷资金池"设立；2012年，综合保税区共引进16个融资租赁母公司和53个单机单船项目子公司，累计引进20个融资租赁母公司和64个单机单船项目子公司，涉及租赁资产规模超过25亿美元。推动航运运价交易平台规范化运作，并通过检查验收。

【中国平安财产保险股份有限公司航运保险运营中心在上海正式开业】7月在上海试运营，8月1日正式开业。开业初期，平安航保中心的经营业务范围主要为五大险种：货物运输保险（进口）、集装箱保险、船舶保险（远洋）、船舶污染责任保险和船东保障与赔偿责任保险，其中，实现保费收入的主要业务来源为进口货物运输保险和远洋船舶保险。截至2012年底，平安航保中心累计有效保单笔数1.2万笔，实现保费收入7642.72万元，承保利润1485.85万元，提取未到期责任准备金2499.57万元，保险责任准备金1196万元。

【"外汇信贷资金池"设立】9月6日，综保区会同国家开发银行、中国银行、建设银行、交通银行4家银行共同设立的国内第一个融资租赁"外汇信贷资金池"在上海设立，首期资金20亿美元，专为上海综保区内的融资租赁业务提供贷款以及第三方专业配套服务。其第一笔贷款业务，由交通银行获得并签订贷款合同。

【进口干散货指数和进口原油指数试运行】11月28日，上海航交所顺应中国市场对于进口原油和进口干散货运价情报的需求（波交所指数仅针对船舶的日租金），成立了进口干散货、进口原油指数编委会，正式启动了进口干散货指数和进口原油指数的试运行，填补了相关领域的空白。至此，上海航交所的航运运价指数实现了出口、进口和国内沿海运输市场的全方位覆盖。根据FMC年中统计，在其备案的运输合约中，与上海航交所CCFI和SCFI指数挂钩的合约占比例最高，二者相加达全部指数挂钩协议的46%。

【中国海运成功完成国内首家跨国公司总部外汇资金集中运营管理试点首笔交易】12

月 3 日，总部在上海的中国海运集团通过中国银行全球现金管理平台，由境外子公司向境内总部归集首批资金 1500 万美元，同时根据境外成员用款需求，通过总部国际资金主账户对外放款 500 万美元，成功完成国内首家跨国公司总部外汇资金集中运营管理试点首笔交易，标志着该项试点业务进入实质操作阶段。中国海运首笔试点业务的成功办理，迈出了上海跨国公司总部外汇资金便利化运作的重要一步，是外汇资金管理创新的有益实践，将为上海国际金融中心、国际贸易中心和国际航运中心建设注入新的动力。

【融资租赁规模不断扩大】 融资租赁是发展最迅猛的新兴服务产业之一，成为与信贷、证券并驾齐驱的三大金融工具之一，具有融资效率高成本低、业务范围广、业务创新快的特点。在产业发展中，融资租赁业逐渐成为机场综保区功能创新的亮点。2012 年，综合保税区共引进 16 个融资租赁母公司和 53 个单机单船项目子公司，累计引进 20 个融资租赁母公司和 64 个单机单船项目子公司，涉及租赁资产规模超过 25 亿美元。

【航运金融电子支付基础平台已顺利试运行】 航运金融电子支付基础平台已顺利研发并进入市场试运行阶段，现有上海外轮代理有限公司、民生轮船代理有限公司、法国达飞轮船有限公司等多家大中型船（代）公司在进口换单费以及出口放箱费方面通过与平台合作，实现了在线结算。截至 2012 年底，平台交易金额约 1.6 亿，交易笔数约 30 万笔，支付企业达千家，覆盖了同类市场份额的 30%。

【第四届航运金融服务国际会议召开】 12 月 5 日至 12 月 6 日，由上海国际航运中心发展促进会主办的“第四届航运金融服务国际会议”在上海浦东召开。本次会议汇聚了全球顶尖航运金融专业人士，政府官员，航运企业，造船业，投资者等各路航运金融精英，共同探讨“如何推动中国上海航运金融中心软环境建设、政策机遇期，中外资航运企业及金融机构的机遇与挑战、企业如何应对当前严峻的融资形势、比较多元化的融资渠道及融资服务，找到适合企业未来可持续发展的融资组合策略、国内外企业如何共赢中国航运融资市场”等，旨在为航运业及金融业的共赢合作提供高端高效的沟通平台，更进一步推动上海国际航运金融中心的建设。

（六）国际航运发展综合试验区

【概况】 2012 年，推进船舶保税登记业务。海事部门积极推动保税船舶登记业务的开展，首艘“中国洋山港”籍船舶完成登记。交通运输部允许将融资租赁船舶视作认定企业资质的自有运力，并在上海先行试点。实施启运港退税政策试点。青岛、武汉与洋山保税港区之间试行启运港退税政策，武汉－洋山航线政策效应逐步显现，集装箱箱量较试点实施前增加 6% 左右。落实税收优惠政策。2012 年对洋山保税港区内企业的国际航运、国内货物运输、仓储和装卸搬运业务实行增值税即征即退，共计退税 61.97 亿元。继续实施国际航运保险业务免征营业税政策，并将航空保险纳入国际航运保险免征营业税范围，共计减免 1.17 亿元。建设洋山国际中转集拼中心。2012 年底，洋山保税港区首次实现对国际集装箱货物的二次集拼和中转运输，正式启动国际中转集拼业务。推动机场综保区区港一体化运作。浦东机场综合保税区创新区港一体化海关监管模式，首批口岸货物与保税货物实现同步运作。

【国务院批准洋山保税港区扩区】 1 月，国务院批复同意洋山保税港区扩区6.02平方公里，其中：岛域扩区5.17平方公里、陆域扩区0.85平方公里。扩区后洋山保税港区的规划面积为14.16平方公里，其中：岛域面积7.31平方公里、陆域面积6.85平方公里。有关扩区围网设施建设方案已研究制定，各项前期准备工作正有序推进。

【启动保税船舶登记试点】 3月，洋山保税港区“保税船舶登记”正式启动，洋山保税港区成为全国第一个开展“保税船舶登记”试点的区域，可以为注册在洋山保税港区的企业所拥有的从事国际航运业务的保税船舶办理船舶登记业务。2012年10月，“冠海朝阳”轮作为在“中国洋山港”注册的第一艘保税登记船舶，试点运作了国内首单保税船舶登记业务。

【启动保税仓单质押融资功能试点】 4月，洋山保税港区正式启动保税仓单质押融资功能试点，成为全国率先为保税大宗商品打造供应链融资平台的保税港区。洋山保税港区依托期货保税交割和保税仓单质押功能，大力推进大宗商品产业规模化发展。全年上海综合保税区铜及制品进出口额130亿美元，同比增长55%，占全国铜及制品进口量近30%。截至2012年底，洋山保税港区已吸引大宗商品贸易和营运企业60家，累计注册资本超过32亿元。2012年，洋山大宗商品企业实现营业收入总额223亿元，初步形成大宗商品产业的集聚规模。

【启动洋山保税港区启运港退税政策试点】 8月，启运港退税政策在洋山保税港区启动试点。承担首批启运港退税货物运输任务的国内支线船舶分别由青岛前湾港、武汉阳逻港出发，前往上海洋山港，开启了政策试点启动实施后货物运输的首航。随着该政策试点的启动，原来的“国内货物，国外中转”将逐步变为“国内货物、洋山中转”，缩短了企业出口退税时间，降低了资金占压成本，提高了企业资金周转和使用效率，有效提高洋山港的中转地位。

【启用浦东机场“一门式”口岸通关服务中心】 8月，机场海关、检验检疫的通关业务部门迁入浦东机场综合保税区公共服务中心，浦东机场一门式口岸通关服务中心正式启用。通关服务中心设有海关、检验检疫、税务、工商等业务受理大厅，共计393个服务窗口，形成了机场区港一体的政府职能部门一门式服务格局。

【浦东机场区港一体化迈出实质性步伐】 11月，首票总运单项下口岸货物与保税货物同时进入浦东机场综合保税区空运货物服务平台，顺利完成报关报检全部流程，成功实现国内首单口岸货物与保税货物的同步运作试点，标志着浦东机场综合保税区区港一体化运作实现突破。

【启动国际中转集拼功能】 12月，在洋山保税港区成功进行了国际中转集拼试单运作，境外货物由韩国运抵外高桥港区，经水上“穿梭巴士”转运洋山保税港区，在洋山国际中转集拼中心内与国内出口货物组合拼箱后，发往波兰和斯洛文尼亚。此次试单运作走通了国际中转集拼功能全流程，在全国率先实现对国际集装箱货物的二次集拼和中转运输，标志着洋山保税港区国际中转集拼业务已正式启动运作。

（七）邮轮产业发展

【概况】 国家旅游局正式批复在上海设立“中国邮轮旅游发展实验区”，开展邮轮旅游业发展先行先试的创新实践。市航运推进办就国客、吴淞两个邮轮码头协调发展问题进行多轮商研，进一步规范了邮轮产业发展协调机制。吴淞口国际邮轮港获批试点运行，抓紧开展收尾工作。口岸部门探索建立邮轮便利通关统筹协调机制，形成方案。亚洲首家邮轮管理专门学院——上海海事大学亚洲邮轮学院正式成立，为邮轮产业涉及的各个领域培养中高端人才。2012 年上海港靠泊邮轮 121 艘次，同比增长 15%；出入境（港）旅客 35 万人次（不含船员），同比增长 27%。

【首个邮轮学院——上海海事大学亚洲邮轮学院成立】 4 月 18 日，由上海海事大学、英国海贸（国际）传媒集团和上海国际港务（集团）股份有限公司三方共同创办的“上海海事大学亚洲邮轮学院”在北外滩上港花园举行了盛大的成立仪式。上海海事大学亚洲邮轮学院将成为在亚洲乃至世界范围内，首家具有学位授予资格的专门培养邮轮管理专业人才的学院。亚洲邮轮学院的成立，旨在为中国乃至亚洲在邮轮船舶建造、船舶交易、邮轮船公司营运管理、邮轮船舶航行管理、邮轮酒店管理、邮轮产品市场营销、目的地旅游拓展及管理、邮轮码头管理、邮轮融资和保险等邮轮产业所涉及的各个领域，发展培养和输送中高端邮轮人才。

【《2011 — 2012 中国邮轮发展报告》在上海发布】 4 月，《2011 — 2012 中国邮轮发展报告》在上海发布，标志着邮轮度假旅游正在成为中国百姓生活中重要的休闲度假方式。报告对全球邮轮发展动态、亚太发展形势、中国邮轮政策及邮轮发展状况等进行了深入分析。该报告由中国交通运输协会邮轮游艇分会、上海虹口区人民政府和上海国际航运研究中心共同编著。

【吴淞炮台湾国际邮轮码头迎来今年首艘母港邮轮】 5 月 16 日 14 时，意大利歌诗达邮轮公司旗下豪华邮轮——“维多利亚”号缓缓驶抵有“东方之睛”美誉的上海吴淞炮台湾国际邮轮码头，此次该轮从香港来沪，随船载有 1488 名旅客和 759 名船员。“维多利亚”号邮轮首次来沪，5 月 18 日起，该轮将以上海为母港，正式开启“上海—日本、韩国”的“海上出境游”航线。据上海边检机关介绍，该轮是吴淞炮台湾国际邮轮码头今年首艘运营海上旅游航线的母港邮轮，也是上海港今年继“海洋玫瑰”号和“海洋神话”号后第三艘母港邮轮。

【“梦想启航”上海吴淞口邮轮嘉年华系列活动在宝山举行】 5 月 17 日，“梦想启航”上海吴淞口邮轮嘉年华系列活动在宝山举行。2012 年吴淞口邮轮嘉年华活动由起航庆典、高端论坛、青年主题活动及邮轮体验活动等四大板块组成，包括三个启航庆典活动，歌诗达邮轮第四艘新船进驻“东方之睛”首航庆典活动、“海洋航行者号”中国首航庆典活动、“邮轮——人与海洋和谐的使者”启航庆典活动。两个高端论坛，2012 中国邮轮经济与城市发展“论坛、2012 年中国上海水上旅游发展论坛。还有青年主题活动和邮轮体验活动。

【亚洲巨无霸“海洋航行者号”上海首航邮轮产业进入“大船时代】 6 月 19 日下午，伴随着一声嘹亮的汽笛，居全球十大邮轮之列、亚洲最大的豪华邮轮——“海洋航行者号”（Voyager of the Seas）缓缓驶离“东方之睛”——上海吴淞口国际邮轮港，载着 3500 余名旅客前往日本福冈开始美食、温泉之旅，正式拉开其以上海为母港的亚洲航线序幕。”海洋航行者号”是全球第一大邮轮品牌——皇家加勒比国际邮轮公司麾下“鹰”级豪华邮轮的第一艘，也是该公司产业东移、打开亚洲市场的先锋。“海洋航行者号”以其庞大的规模和极具创意的设施，生动体现了邮轮“即是目的地”的新概念。依据国际通行标准，排水量10万吨以上的邮轮被视作大型邮轮。该轮总吨位达13.73万吨，最多可满载3840名旅客和1181名船员，是人们艳羡的“泰坦尼克号”的5倍大小。

【中国邮轮旅游发展实验区正式成立】 9月，国家旅游局正式批准在上海设立“中国邮轮旅游发展实验区”，成为我国第一个国家级邮轮旅游发展实验区。“实验区”将以吴淞口、北外滩为核心，重点打造上海中国邮轮发展实验区主体功能区，形成上海邮轮服务业重要经济板块；进一步完善区域商业、商务及基础设施配套，拓展邮轮服务产业链，集聚高端服务要素，重点培育邮轮港口服务、邮轮配套服务、邮轮公司总部、水陆旅游、文化休闲、购物中心、高星级宾馆等功能，形成以邮轮服务为特色的现代服务业集聚区。以北外滩地区为主体，重点打造高端航运服务业板块；不断增强航运交易、航运咨询、口岸服务、航运仲裁、航运中介、国际客运等服务功能，促进航运、金融、贸易融合发展，健全完善航运服务体系，为邮轮产业发展提供支撑。

【“第二届北外滩邮轮文化节”拉开序幕】 9月15日上午，2012上海旅游节开幕式在上海宝山吴淞口国际邮轮港举行。中共中央政治局委员、上海市委书记俞正声，国家旅游局局长邵琪伟，上海市委副书记、市长韩正出席2012上海旅游节并启动开幕装置，邵琪伟与韩正共同为设在上海的“中国邮轮旅游发展实验区”揭牌。

【第三届亚洲邮轮大会举行】 9月27日，第三届亚洲邮轮大会在上海港国际客运中心邮轮码头拉开帷幕。本届邮轮大会为期三天，期间举办了主题研讨会、邮轮业界展览、旅行社培训和各类活动。来自邮轮及旅游业界的领导者和顶尖邮轮公司的高管将齐聚一堂，通过主题讨论和自由探讨的形式，研究亚洲市场的发展策略和规划。大会为邮轮公司、邮轮码头和邮轮供应商提供展示交流、开拓业务的良好平台，同时，也为进一步推动上海在国际邮轮旅游市场的形象助力。

【邮轮物资供应市场逐步形成】 牵头组织邮轮公司及船供企业，在2012中国（上海）国际跨国采购大会上设立了邮轮物资采购专区，为邮轮船供搭建了专业的市场平台。会同皇家加勒比游轮公司，组织首次中国邮轮物资供应商研讨会，建立了船供企业与邮轮公司的直接对接交流机制。与锦江集团合作，积极组建上海吴淞口国际邮轮配送服务有限公司，进一步完善邮轮母港的功能。

（屠爱华）

十五、建筑建材业管理

（一）综述
（二）招标投标管理
（三）资质资格管理
（四）安全质量监督
（五）标准定额管理
（六）建筑节能和资源综合利用
（七）设计文件审查

（一）综述

2012年，紧紧围绕2012年市政府重点工作，认真按照市建设交通党委、市建设交通委的部署，抓启动，抓推进，抓落实，各项重点工作进展情况良好，实现了政策法规不断完善、安全生产平稳受控、建筑节能稳步推进、市场监管显著提升的良好局面。主要从以下三个方面入手：一是深化建章立制工作，修改完善《上海市建筑市场条例》、《上海市建设工程施工分包管理办法》、《上海市建设工程合同备案管理办法》等法规和文件；与市人力资源社会保障局联合发布《关于上海市建筑施工企业外来从业人员参加社会城镇基本保险的通知》，有序推动建筑施工企业外来从业人员从综合保险转为城镇基本保险；出台《进一步加强上海市建设工程质量安全监督机构及队伍建设的意见》，细化《监督工作若干规定》和《监督机构和人员考核管理规定》，为加快形成建设工程质量安全监督机构及队伍建设的长效机制奠定基础。二是推进分级分类管理，研究制定《关于进一步明确本市建设工程管理体制和分工的指导意见》，明确各级建设管理部门的职责，完善本市建设工程管理体制；出台《上海市建设工程报建管理办法》，明确建设工程报建市、区二级分工，规范建设工程报建流程。三是加强区县指导培训，结合新政策法规宣贯，组织召开区县建管工作会议，在建筑建材业内网建立 BBS 论坛，鼓励区县在小型工程管理上发挥主观能动性，创新管理机制。

（二）招标投标管理

【概况】 2012 年，全市共完成勘察发包 1474 项，总投资 5498.14 亿元，两项同比分别减少 14.15% 和 23.67%；设计发包 1832 项，总投资 5571.6 亿元，两项同比分别减少 17.51% 和 30.78%；监理发包 1477 项，总造价 2411.09 亿元，两项同比分别减少 6.52% 和 14.8%；施工发包 5766 项，同比增加 3.82%，发包价 2327.79 亿元，同比减少 6.78%，施工项目公开招标率 99.73%，同比下降 0.12 个百分点。同时，跨前一步，积极参与本市重大工程建设前期审批手续申办工作的服务协调，全年共参加各类重大工程协调会 34 场次。

【进一步完善建设工程招投标监管流程】 一是发布实施条例配套执行文件。出台了《关于落实〈中华人民共和国招标投标法实施条例〉有关事项的通知（一）、（二）》及相关操作规程，对本市建设工程招投标项目亟需调整的相关内容作了明确规定。同时，配套修改了本市建设工程招投标内部审批流程表，清理废除了一批总站颁布的管理性文件。二是优化了监理招投标和一体化招投标项目监管工作规则。三是继续推进招投标监管工作标准化。在市管项目中试点实施了施工招投标行政审批标准化，同时，起草完成勘察、设计、监理招投标监管事项《业务手册》和《办事指南》。

【开展“打非治违”专项检查】 为贯彻落实住房城乡建设部、交通部、市建设交通委等关于开展建设工程领域“打非治违”专项工作的部署，集中时间对全市正在实施开、评标的项目进行了专项检查，切实整治挂靠借用资质投标，串通投标、围标、虚假招标等违法违规行为，并开展了专项检查的点评。专项检查突出区县全覆盖、专业全覆盖、流程全覆盖，在检查手段上还首次运用社保数据，对投标人拟任的注册建造师、注册监理工程师等人员以及投标人代表运用社保数据库进行比对。

【进一步加强对区县的指导和培训】 全面实施新的建设工程报建管理办法，做好将区县立项的勘察、设计、监理项目的监管权限下放到区县的各项工作，组织对区县招投标监管人员共 70 人次进行业务培训与指导，并分批次带教区县前来实习的监管人员共 40 人次，进一步提高了区县监管人员的业务水平。建立全市招投标监管工作的网上交流平台“招投标监管沙龙”，进一步完善了全市监管部门的沟通、联动机制，推动招投标监管水平的提高。

【进一步加强评标专家管理与服务】 一是加强评标评估工作。出台了《上海市建设工程招标项目评标评估实施办法》，进一步明确了后评估项目的范围、评估人员的组成及评估的内容和程序等。全年共完成102个项目的评标评估，比上年增加112.5%，其中：市管项目22个，区管项目80个；评估结论为满意70项，基本满意31项，不满意1项。库内专家共有533人次被评估，其中：被评为不认真、不公正或专业未体现的37人，均已进行了约谈或情况反馈，同时，建议取消专家资格1个，表扬3人，经后评估为“三优”的专家共161人。二是加强对评标专家的动态监管。对47名长期未参加评标工作的专家进行了公示，并对其中38名专家作出暂停评标1年的处理。三是开展郊区县评标专家的招聘录用。青浦、奉贤、崇明等3个区县首次采用公开招聘的方式吸收评标专家，共录用155人，其中：设计专家66人，经济专家35人，施工专家36人，监理专家13人，勘察专家5人。四是完善信息化管理系统。对评标专家语音通知系统进行了改进，同时，评标专家诚信管理系统已初步建成并试运行。五是提升服务水平。开展评标专家资格复验工作，共办理资格复验2536人次。同时，制作了专家评标服务手册，方便专家参加区县评标工作。

（三）资质资格和受理服务

【概况】 截止2012年12月31日，全市有建设工程资质企业总数13503家，其中本市建设工程资质企业8863家，外省市进沪建设工程资质企业4785家，部属企业53家，境外企业2家。截止2012年12月31日，在本市从事勘察设计的企业有1579家，其中本市企业669家，外省市进沪企业899家，部属企业11家。在本市从事施工的企业有11202家，其中本市企业7464家，外省市进沪企业3695家，部属企业41家，境外企业2家。在本市从事监理的企业有330家，其中本市企业186家，外省市进沪企业143家，部属企业1家。在本市从事造价咨询的企业有108家，其中本市企业93家，外省市进沪企业15家。在本市从事招标代理的企业有179家，其中本市企业146家，外省市进沪企业33家。在本市的建材检测机构105家。

2012年共受理各类事项41718项。项目流程类13321项。其中工程报建571项；直接发包563项；建材备案207项；粘土砖备案核定253；散装水泥预缴及结算342项；合同备案9426项；竣工验收备案316项；施工许可证核发1167项；安全质量报监476项。受理、办理各类企业资质14326项。其中安全生产许可证2834项；资质新申请130项；升级96项；增项179项；转正13项；全市企业信息变更10732项；外省市进沪企业诚信手册备案342项。各类人员资格受理14071人/次。其中注册建筑师1872项；注册结构工程师1291项；造价师1798项；监理师2236项；土木工程师（岩土）306项；一级建造师1377项；二级建造师5191项。

【推进受理服务标准化建设，进一步优化受理服务工作】 推行分级分类管理，提高管理水平。实施新的《上海市建设工程报建管理办法》、《上海市建设工程报建表》。将勘察、设计、监理直接发包权限下放区县。优化各项审批流程，提高办事效率。一是改进安全生产许可证的内部审核流程。优化6项以其他部门前置审批为主、无资质审核内容的安全生产许可证审批流程的受理办理时限。二是改进项目报建管理办法。在项目建议书批准后即可办理报建手续。三是改进合同备案方式。采取先备案后核查的方式，积极推进网上合同备案。四是改进质量安全报监方式。缩短重点产业项目报监与施工许可间的衔接时间。创新受理服务内涵，提高服务质量。一是为轨道交通、城投项目、保障性住房项目、政府采购项目等重大工程，进行有重点地分类指导。二是为企业提供专项培训，提高企业专管员的业务素质。三是召开座谈会、研讨会，研讨、解决受理工作存在的具体问题。大力推进审改工作，提高行政能力。一是参与《上海市建设工程报建管理办法》、《上海市建设工程合同备案管理办法》、《关于加强和规范水利工程开工管理若干意见的通知》等多项法规性文件的编制工作。二是完成23项建筑建材业行政审批事项标准化审批业务手册和办事指南编制工作。

【强化企业资质和人员资格监管，进一步提升管理能力】 加强资质准入管理。完善了企业资质专家评审制度，调整了企业资质评审系统，推出了企业资质评审专家考核管理办法。加大了对虚假的企业资质申报材料的查处力度。编制了施工特种工程专业承包资质的细化标准。完成了上海市9家特级企业的资质就位工作。加强人员资格管理。一是完成一级注册建筑师、勘察设计注册工程师初始注册网上上传个人照片和签名信息。二是对二级建造师信息被恶意注册、企业扣押证章现象采取措施初步加以遏制。加强资质动态核查。一是确定了动态核查的工作程序和核查标准。二是完成2011年动态核查的善后工作，分批对近200家企业进行了分类处理。三是有计划有重点地开展2012年企业资质动态核查。市重点核查监理、设计施工一体化企业，以及诚信手册比对不达标的企业。核查企业588家，截止年底，核查通过企业456家，未通过核查132家。区县重点核查劳务企业。核查企业1295家，其中896家企业通过了核查，384家企业被注销或撤回资质，15家企业降级。四是外省市进沪企业2520家的动态核查，1819家企业通过,701家未通过。

【加强信息系统服务保障，进一步推进管理信息化建设】 完善建设工程管理信息系统。一是调整建设工程报建系统。根据《上海市建设工程报建管理办法》和《上海市建设工程合同备案管理规定》，调整了工程报建系统网上申报和受理程序，完善了报建告知单内容，对报建地理信息系统中的地图、项目工地标点和图形统计功能进行了升级，实现新报建项目分类数据与历史数据的衔接。二是开发了住宅修缮工程报建、合同备案、开工审核、竣工验收管理程序。三是调整承发包权限。按照不同项目分类、投资性质等项目属性，自动计算勘察、设计、施工、监理各个环节承发包工作的管理范围，确定责任主体。四是调整施工许可证系统。按照管理分工表和相关的法律法规，明确办理施工许可的范围；按项目分类和管理分工，明确不需办理施工许可手续和项目数据销项办法。五是根据市建设交通委发布的《上海市建设工程竣工验收备案业务手册》及《上海市建设工程竣工备案办事指南》，对竣工备案系统进行了相应程序的修改。六是调整地理信息。新增了小地图，增加了地图上未标注项目的文字提示、调整了项目查询功能、调整快速定位栏的相应功能。完善执业资格和建筑企业资质管理系统。一是完善资质网上申请程序。调整原有系统资质受理详细页面功能，增加了资质受理汇总、受理查询和申诉材料受理等功能。二是完善注册人员受理程序。实现了注册人员受理程序二代身份证读取和校验功能，通过与库内已有数据进行比对，判断人员是否满足条件。三是优化资质受理程序。调整原有系统资质受理、资质受理报表等页面展示方式及内容；新增了资质受理汇总、资质管理权限、受理查询和申诉材料受理等功能。四是修改企业资质审批程序。增加了待审批企业列表，增加了专家评审材料列表、专家评审意见录入等功能，增加了企业更名查询、企业人员及申报工程业绩内容公示等功能。建立和完善建设工程企业信用信息记录系统。一是建立建设工程信用信息记录系统。记录企业、个人良好行为或不良行为。设置公示、申辩、用户权限管理、数据展示以及记录的统计分析等功能。二是完善电子版《企业诚信手册》。调整原有系统诚信手册统计报表、诚信手册历史记录、比对程序、诚信手册公众版、企业自助服务功能、投标人员情况表和自助服务监理人员、企业查询等功能。实现与工商、社保部门信息共享。实现了系统与工商、社保部门数据同步化，通过企业“法人库”与企业社保信息的同步接口，实现信息动态比对，信息共享的目的。调整网上招投标系统。增加资格预审公告类别。升级了网络招投标验证、招标文件上传、忘记密码等系统，升级了数字证书验证模块。完善行政处罚系统。实现了从行政处罚立案到结案归档过程计算机操作，该系统已覆盖市、区（县）行政执法部门。

【深化市、区县联动，进一步推进指导服务监管工作】 注重整体设计，建立受理服务标准化平台。继续开展受理服务贯标工作，实现受理服务行业单位的场所、行为标准100%达标，流程、业务标准60%达标的既定目标。注重完善看板，建立一项市、区县业务联动机制。将项目报建、施工许可、竣工备案、建材交易、专业交易、建材备案六个看板进行公示。将项目报建、施工许可、竣工备案三个看板进行更新。将设计、勘察、监理直接发包三个看板进行重新编写。注重分类指导，建立受理服务行业日常监管体系。一是广泛听取各区（县）、专业分中心和委托管理机构对2012年度综合评价工作的建议和意见，并首次将委托管理机构纳入综合评价范围。二是制定《关于做好2012年度上海市建筑建材业受理服务单位综合评价工作通知》，完成区（县）受理服务单位及园林绿化分中心综合评价年中互查工作和委托管理机构以及设备监理分中心半年一查工作。三是制定《关于开展2012年度区（县）受理服务单位“一季一查”（“一季一测”）工作的通知》，抽查已办结事项322个，涉及考查的人员320人。四是开展第三方社会满意度测评工作，由各省市沪办建管处和相关行业协会对各受理服务单位进行第三方测评。

【建章立制和规范管理并举，积极推进诚信体系建设】 规范信用信息管理，完成《上海市建筑市场信用信息管理办法》（初稿）。建立信用评级标准和规范，初步拟定《上海市建设工程企业信用评级标准和规范（施工类2012年版）》。开展应用征信产品制度设计准备，参与制定《关于在本市建设工程招投标活动中推行企业信用报告的通知》（讨论稿）和完成《关于本市建设工程企业信用评级实行预选信用服务机构的通知》。

（四）安全质量监督

【概况】 2012年，巩固建筑市场整治成果，聚焦安全质量面上监管，加强保障房等重点工程监管，全面落实推进各项重点工作，提高安全质量监管工作有效性取得一定成效。

【抓常态强基础，安全监管平稳受控】 强化施工企业安全生产条件动态核查，建立动态核查工作机制。组织策划安全生产月系列活动，首发新版安全教育手册，开展《我为安全献一计》金点子征集和十佳先进个人评选活动。针对安全生产管理重要环节和薄弱部位，制定重要规范性文件，如《重大隐患挂牌督办制度实施办法》，《落实建筑起重机械监管要求》，还修订了《建设工程施工安全监理规程》。开展各类安全生产整治活动，如针对夏季防台防汛施工特点，迎击强台风，确保建设工程安然度夏；结合打非治违活动，开展保障十八大以及各种节日前的安全维稳大检查。创建公路工程“平安工地”，基本形成施工安全防护标准化、场容场貌规范化、安全管理程序化的格局，深化工程现场综合治理，施工安全风险得到有效控制。

【重创新抓关键，质量监管扎实有效】 保障性住宅监管是重中之重。本市在建保障性住房项目占全市在建工程面积的22%，上半年共开展了总站、委局、全国三个层面的专项检查，评价良好；同时制定发布了《住宅工程质量通病防治手册》，组织保障房参建企业管理人员全数参加培训，效果显著。全面推进监理管理新制度。为加快推进监理管理办法和报告制度落地，制定了实施细则和操作流程，从程序上促进监理履职。施工监理报告信息系统已于年初正式启用，并会同浦发银行起草建设工程项目专户中单独列支监理费的方案。强化结构性材料监管。制定了加强预拌砂浆、混凝土、高强钢筋质量管理的文件，并组织贯彻落实。完成年度监督抽检单位招标工作，促进政府监督抽检工作规范化。

【抓执法促规范，工程监督逐步转型】 轨道交通工程监管坚持创新和务实并举。试行购买技术服务，首创轨交机电工程监督模式，总站从直接监督转为对机电工程实施行业监管。同时，创新监管手段，率先践行监督工作精细化、标准化和电子化。重大工程监管体现从严监管。对上海中心为代表的一批重大工程实施采取由科室负责人带队每周暗访巡查的监管方式。市政设施工程多种检查形式并重。落实转变到位监督，探索多种执法检查形式并举的工作方式，以重大项目为重点，分别开展高频次的日常巡检抽查、季度督查、各类突击专项检查。加强重大公路基础设施督查。在本市高速公路项目和重要干线公路全面推行工厂化施工、信息化管理，并形成一套符合本市高速公路施工工艺要求、科学系统的标准化施工和管理体系，同时还建立施工标准化考核和评价标准。

【抓作风树形象，监督队伍建设日益强化】 注重监督工作规范化、信息化，机构和人员管理制度化。完成2012版《监督手册》修订工作，重点从履职性、实用性和操作性等方面进行修改完善。站内成立了区县管理科，进一步加强对区县监督工作的培训指导和考核管理工作。公路工程监督管理信息系统全面投入使用。完成工地现场信息系统概要设计，整合监督记录和监督手册内容编入系统，基本完成网络升级版的需求调研，着手联机版的开发和投入使用准备。结合住建部对监督机构考核的要求，对本市年度监督机构评价和调研方案进行调整，通过年度评价，逐步将考核要求渗入到对区县监督机构的指导，做好评价和考核的衔接工作。

【重民生抓管理，解决涉民矛盾有序有效】 继续开展农民工欠薪处置和权益保障，积极配合社会保险调整后相关应对措施的研究，代拟并以委名义出台《关于实施在沪施工企业外来从业人员参加城镇职工基本社会保险工作的通知》，对综合保险善后工作作出具体布置。继续做好信访受理工作。从信访内容分类看，施工扰民仍然位居第一，但是质量投诉比例却在逐年递增。参与处理重大事故和涉民矛盾。派出专人对2.28松江基坑整体坍塌质量事故进行调查处理，并吸取事故教训，代拟起草《关于进一步加强本市基坑和桩基工程质量安全管理的通知》。调查处理5.10轨道交通11号线安全事故。完成龙腾阁住宅小区质量修缮协调工作，成立工作小组参与虹桥机场周边住宅小区降噪门窗改造协调工作。

（五）标准造价管理

【概况】2012 年，本市聚焦重点标准编制，加强中心城区建设，保障迪士尼项目建设。加强造价咨询市场监管力度。开展工程造价咨询企业专项检查，完善工期和标后价格管理，及时发布价格信息。

【聚焦重点标准编制】 一是加强中心城区建设。起草并上报了中心城区工程建设技术导则，对房屋建筑工程、轨道交通工程和市政工程等的实施提出了新要求，确保中心城区工程建设安全质量，促进环境保护和绿色发展。二是保障迪士尼项目建设。作为市建设交通委 2012 年重要科研项目的《上海市迪士尼主题乐园项目建筑设计标准实施研究》和《上海市迪士尼主题乐园项目建筑节能与绿色技术体系研究》等 2 个课题通过专家验收，为推动国外标准在国内项目建设中的嫁接、对应提供了技术支撑。同时，编制完成《上海市迪士尼主题乐园建筑设计导则》、《上海市迪士尼主题乐园建筑节能设计导则》、《上海市迪士尼主题乐园绿色建筑设计导则》等 3 项设计导则，为迪士尼项目的施工图审查工作提供了重要依据。三是推进高强钢筋应用。督促有关标准编制单位贯彻落实住房城乡建设部、工业和信息化部《关于加快应用高强钢筋的指导意见》，并对现行标准进行了梳理，提出 21 项亟需修订的标准。

【加强造价咨询市场监管力度】 开展工程造价咨询企业专项检查，共对 28 家企业的 35 个项目进行了抽检，涉及土建、装饰、安装、房修、市政、园林绿化、水利等 6 大专业，对存在问题较突出的 2 家造价咨询企业予以通报。

【完善工期和标后价格管理，及时发布价格信息】 一是加强施工工期管理。积极贯彻实施市建设交通委关于加强本市建设工程施工工期管理的相关要求，发布了相关配套实施办法，并组织部分建设单位、施工企业、招标代理机构对建设工程施工工期定额（2012）进行了宣贯。二是加强竣工结算价格备案管理。积极贯彻实施市建设交通委关于在本市建设工程造价咨询企业中试行工程竣工阶段价格备案的相关要求，于 2012 年 5 月 1 日起开展备案工作，全年共对 33 家造价咨询企业上报的 182 个项目进行了竣工结算价格备案。三是结合本市建设工程计价实际情况，完成本市在沪施工企业参加城镇职工社会保险费的费率测算工作，发布 2012 年度社会保障费费用标准。四是做好工程造价信息发布工作，编制近 10 万条“建设工程要素价格信息”，并通过建筑建材业网站定期向社会发布。

（六）建筑节能和资源综合利用

【概况】 2012 年，本市完成新建高标准节能建筑项目 67 个，建筑面积 303.67 万平方米；既有建筑节能改造项目 307 个，建筑面积 543.44 万平方米；可再生能源建筑应用项目 67 个，建筑面积 217.78 万平方米；对 1264 幢国家机关办公建筑和大型公共建筑开展了能耗统计工作；162 幢建筑进行能源审计；315 幢建筑进行分项计量；96 幢建筑进行能耗公示；102 幢建筑获得了能效测评星级标识；包括上海中心、青浦保障房在内的 21 个项目获得了国家的绿色建筑标识，建筑面积 235.5 万平方米。安排建筑节能示范项目包含能力建设在内的各类建筑节能资金共计 9857 万元。2012 年，本市预拌砂浆供应量 356.09

万吨，同比增长 17.24%。水泥生产量 827.32 万吨，散装率 96.85%，同比提高 0.31 个百分点。非粘土类新型墙材生产量 64.07 亿标砖，同比增加 3.44 亿标砖；非粘土类新型墙材占全部墙材总量比例为 86.67%，同比提高 1.36 个百分点。粉煤灰综合利用率 98.29%，脱硫石膏综合利用率 98.4%，均超计划完成年度目标。同时，制定了 2012 年全市多孔粘土砖限产指标，指标定为 9.5 亿标砖，同比减少 0.85 亿标砖，并下达至各区县要求严格落实。

【加快建设建筑能耗监测平台】 一是推进完善监测平台技术体系。研究制定《上海市人民政府印发关于加快推进本市国家机关办公建筑和大型公共建筑能耗监测系统建设实施意见的通知》，研究起草了 5 个配套性管理文件和技术文件，并开发了区级能耗监测系统应用软件，为建筑能耗监测系统建设奠定了基础。二是积极创建建筑能耗监测平台建设示范城市。完成 200 栋楼宇能耗数据的上传和调试工作，并于 2012 年 7 月通过了住房城乡建设部的验收，受到节能科研司领导的高度好评。三是完善技术规范。修订并发布了《公共建筑用能监测系统工程技术规范》，且上升为地方强制性规范，进一步提高本市用能监测系统的适用性和可操作性。

【优化建筑节能示范项目管理】 一是完善节能示范项目的激励政策。修订《上海市建筑节能项目专项扶持暂行办法》及其《申报指南》，新增了绿色建筑、既有民用建筑外窗或外遮阳节能改造、整体装配式住宅等示范内容，加强政策激励力度。二是开展示范项目申报。组织完成 12 个市级建筑节能示范项目的申报；申报虹桥商务区国家绿色生态区、国家城市公共建筑节能改造示范及 3 个国家级光电应用示范项目。三是加强示范项目动态管理。定期检查、梳理项目情况，了解项目进展，确保项目示范内容的有效实施。

【完善市区联动管理机制】 一是健全市区整体推进机制。制定区县及委托管理单位建筑节能工作任务分解目标和考核评价办法，进一步明确了工作重点、考核指标和相关要求，奖优罚劣，鼓励先进，推广经验，形成全市整体推进的格局。二是定期开展区县业务培训。相继组织举行了能耗监测系统观摩会、绿色建筑知识讲座、建筑节能和绿色建筑标准宣贯、可再生能源生产基地考察等，进一步提高了区县及委托管理单位相关人员的业务能力和管理水平。

【加强建筑节能服务机构能力建设】 一是考核能效测评机构。对全市 9 家民用建筑能效测评机构开展了考核，并组织召开了质量点评会，对测评机构的综合能力、专业水平等提出了要求。同时，起草发布了示范项目能效测评合同以及能效测评报告的格式文件，进一步规范了示范项目的日常管理。二是完成能源审计项目验收。牵头组织开展了第一、二批国家机关办公建筑和大型公共建筑能源审计项目的招标投标工作，并已完成了第一批能源审计项目的验收。三是开展建筑节能示范项目能效测评和建筑能源审计及相关机制的研究，初步确定了不同建筑体量、不同建筑类型、不同示范内容下的能效测评项目和能源审计项目的费用标准。

【加快推进住宅产业化】 依托市科委重大科研项目《上海市住宅产业化关键技术研究与示范应用》，加强相关技术体系研究，编制完成《装配整体式住宅施工与质量验收规程》、《装配整体式混凝土保障性住宅标准套型图集》、《混凝土预制装配式住宅构造节点图集》等 3 项标准的上报稿，为本市下一阶段面上大规模推进住宅产业化提供技术保障。同时，承担了第十一届中国国际住宅产业博览会上海展示区的协调推进工作，通过多媒体、实物、模型等多种形式集中展示了本市住房低碳建设的成果，受到住房城乡建设部和市建设交通委领导的高度评价。

【持续推进建材管理和资源综合利用】 一是加强建材生产企业监管。对30多家需核验换证的预拌砂浆生产企业产品进行质量抽检，责令4家产品质量抽检不合格和1家换证核查不合格的企业限期整改。组织各区县墙材革新管理部门对砖瓦生产企业开展“禁实限粘”工作检查，并配合做好粘土砖生产企业停产、转产工作，确保本市新型墙体材料生产行业有序发展。二是开展新型墙体材料认定工作。根据《上海市新型墙体材料专项基金征收使用管理实施办法》(沪府发[2012]3号)及市建设交通委相关配套实施文件要求，组织进行全市新型墙体材料认定，有效促进了新型墙体材料生产企业的规范化发展及产品质量的提升，为新型墙体材料专项基金的征收管理奠定了坚实的基础。全年共对9个区县申报的87家企业生产的新型墙体材料开展评审，其中合格74家，已作为本市第一批新型墙体材料认定名录进行公示。三是加快预拌砂浆信息化监管平台建设。目前全市共有28家预拌砂浆生产企业安装了信息管理系统，安装率达到53%，覆盖全市的监管平台基本建成。四是有序推进建筑废弃物综合利用工作。开展“关于进一步加强本市建筑废弃物综合利用若干意见”等相关政策文件的研究制定，进一步细化本市建筑废弃物综合利用的内涵、适用范围、职责分工及管理体制等核心内容。在全国创新开展建筑废弃物资源化利用企业和建设工程废弃物综合利用的试点示范工作，将建筑废弃物的现场利用率、回收利用率及再生材料利用率作为考核指标，进一步提高本市建筑废弃物的源头减量和末端利用水平。全年共有6家生产企业和12个施工工程通过评审。

（七）设计文件审查

【概况】 2012年，本市大力推进审改方案落实工作，初步确立市区两级管理体制，不断完善分级分类配套管理制度。开展受理和征询工作，开展审图备案管理，以桥梁工程为切入点，从2012年起逐步实施市政审图。开展审图市场监管，全年市审查中心共组织审查行为现场突击检查37次，涉及163个项目，覆盖全部审图公司。全年在“建设工程设计文件网上行政审批信息系统”（一期）的基础上，积极推进“建设工程施工图审查监督管理系统”（二期）开发。

【落实审改方案推进工作】 一是初步确立市区两级管理体制。浦东、松江成立了审查分中心，机构、编制和职能一体设立；嘉定、奉贤、金山、崇明、闸北、宝山、青浦、闵行挂牌成立审查分中心，与原有相关机构合署办公；黄浦、静安、徐汇、长宁、虹口、普陀等区由于项目较少，仍由原指定机构代管。各区县和管委会陆续开展设计文件审查各项工作，浦东、嘉定、松江、奉贤还组织开展了审图质量检查工作。二是不断完善分级分类配套管理制度。按照“分类管理、提高效率”的要求，研究不同类型审改项目实行差别化管理问题，提出简易项目免于总体设计文件征询意见，由市审改办发布了《本市建设工程部分简易项目总体设计文件审查告知承诺实施办法》。按照《上海市产业项目行政审批流程优化方案》的要求和《市建设交通委关于上海市产业项目设计文件审查权限下放区（县）审批的通知》精神，印发了《关于加快工业项目设计文件审查工作流程的通知》，将产业项目的设计文件审查时间从原来的30个工作日缩短至20个工作日，代拟了《上海市产业项目施工图审查备案和审查合同备案同步办理操作规程》和《上海市产业项目设计文件审查操作规程》。截至年底，已向区县下放产业项目114个。三是加大宣贯培训力度。为统一市区两级设计文件审查管理的操作方式和流程，3–4月组织各区县和管委会设计文件审查部门的相关人员进行了设计文件审查改革业务知识培训，6–7月，邀请规划、消防、气象、绿化市容、交警等并联审批相关管理部门对全市审查机构、部分勘察设计单位和审查管理部门的专业技术和管理人员，就各部门在总体设计文件征询阶段审批的内容、要求，以及如何在施工图审查中落实征询意见进行了宣贯培训，9月中旬，组织市区两级审查部门开展岗位练兵活动，取得了良好效果。审查中心组织编制了审图常见病防治、建筑节能、保障房项目、住宅产业化等内容的培训资料和教材，作为对审查人员进行专业培训和继续教育的重要内容之一。

【开展受理和征询工作】 截止年底，全年正式受理市级审改项目设计文件审查申请160个；完成总体设计文件征询166个(含上年结转项目)。征询最短用时为1个工作日，最长为25个工作日，平均用时10.5个工作日。审改项目在设计文件审查阶段的总用时平均为32.9个工作日。全年各区县和特定地区管委会的审查部门按照审改流程受理审改项目761个，完成设计文件审查722项，其中浦东、嘉定、松江、金山、青浦、奉贤等区完成的审改项目均在百项以上。

【开展审图备案管理】 截止年底，全年市区两级施工图审查备案项目3397个，审查面积6501万平方米；一次备案通过率93.76%，比上年的89.34%提高4.42个百分点。2012年，在备案管理流程上增加了审查机构审查时间上报校核措施，促进审查机构内部管理体系进一步健全。

【实施市政工程施工图审查制度】 以桥梁工程为切入点，从2012年起逐步实施市政审图。审查中心起草了《关于试行桥梁工程施工图设计文件审查的通知》及情况说明，组织编制了桥梁工程施工图审查要点、审查备案相关配套文件。自6月1日起试行桥梁工程施工图审查，截至年底，桥梁审查合同备案120个，完成施工图审查备案94项。

【开展审图市场监管】 全年市审查中心共组织审查行为现场突击检查37次，涉及163个项目，覆盖全部审图公司。对4家审图公司进行了处罚。全年组织开展了建筑消防、结构安全、保障性住房、玻璃幕墙等9次集中专项检查，并对勘察、设备和建筑等专业进行了日常检查，共抽查项目258个（其中保障性住房项目50个），建筑面积约400万平方米，涉及18家审查机构、150多家勘察设计单位；对其中17个项目出具了整改单，占抽查项目总数的6.6%，涉及10家审查机构、16家设计单位。共查出违反强制性条文、标准规范和政策法规规定312条次，平均每个项目1.21条次，较上年的平均2.32条次减少1.11条次。在任务量基本相当的情况下，审查机构上报施工图设计文件违反强制性标准、条文数为2010条，比去年的586条增加2.43倍；施工图审查整改率从去年的5.1%上升到9.78%。2012年审查中心在技术抽查的方式上做了优化和调整，将集中技术抽查和日常随机检查有机结合起来，同时改变了原来背对背的检查方式，主要采取勘察设计单位和审查机构同时到场，专家现场讲评的方式进行，对于加强设计、审查人员沟通交流，提高勘察设计人员的质量意识，起到了促进作用。

【全面清理审图人员】 按照建设部和市建

交委关于施工图设计文件审查管理的相关规定，2012年对审查机构的专、兼职审图人员进行了集中核实清理，共注销145名无注册资格、超龄和兼职比例超限的人员。截止年底，全市建筑工程施工图审查人员454人，其中专职249人，兼职205人，专职人员占54.8%，改变了以往兼职人员占主导地位的局面，为更好地落实审查责任、提高审查质量创造了条件。

【稳步推进信息系统建设】一是全年在“建设工程设计文件网上行政审批信息系统”（一期）的基础上，积极推进“建设工程施工图审查监督管理系统”（二期）开发，从功能上不仅覆盖了包括收件、受理、征询、审查、备案等业务在内的审改项目操作流程，也覆盖了包括审图公司抽取、合同备案、企业和人员诚信管理、统计分析、综合查询等业务在内的市场监管工作。审查机构诚信管理信息系统中，已基本完成审查人员库的系统改建，实现人员比对、按条件自动清除等功能，正在加快进行审查人员从业情况、工作效率、不良记录、培训和执业教育等数据的采集，为实现对审查人员的动态监管提供数据支撑。二是有序开展网上并联审批试点，先后确定9个市管项目作为网上并联审批试点项目，并将闵行区审改平台作为区级试点平台，通过区平台与市平台的数据联动实现同级征询。经过近一年的市区项目网上并联审批(同级征询)试点，实现了市区行政审批平台数据间的互通，达到了预期效果。鉴于目前并联征询运行条件尚不成熟仍未正式运行。三是承接住建部安全质量司《计算机审图对策研究》课题，3月份通过专家组开题评审，年前已经完成并通过专家预审，正在准备迎接住建部结题评审。

（鲁超）

十六、城市综合管理

（一）综述
（二）市政市容综合管理
（三）城市信息化管理
（四）城市网格化管理
（五）12319 城建服务热线
（六）综合交通管理
（七）应急管理
（八）职业教育
（九）开发区建设

（一）综述

2012 年，上海城市综合管理进一步巩固了城市管理长效机制，全面加强了城市运行安全管理，圆满完成“优化城市环境，迎接党的十八大”整治任务，各项工作取得新成效。市政市容联席会议办公室强化统筹协同，紧抓双迎契机，条块齐头并进，坚持科学管理。

开展新一轮交通白皮书（即《上海市交通发展白皮书》）编制工作。根据本市智慧城市三年行动计划，市建设市场管理信息平台、市城市网格化管理平台、市交通信息平台、12345 市民服务热线等城市管理信息平台建设全面推进；12319 城建热线为民服务功能进一步提升；新一轮覆盖全市陆域的高分辨率数码航空遥感摄影工作完成。应急管理体制机制不断完善，包括制定《上海市实施<中华人民共和国突发事件应对法>办法》、实施上海市应急体系建设“十二五”规划、成立上海城市公共安全应急管理培训中心等。职业教育不断发展。开发区建设取得新成果，生产建设安全进一步强化。

（刘臣）

（二）市政市容综合管理

【概况】 2012年，全市市政市容管理部门，继续围绕“延续世博管理成效，加强和改进城市常态化管理，建设安全、便捷、宜居城市”的总要求，紧紧抓住迎市十次党代会、迎党的十八大“双迎”工作契机，健全平台、完善机制、凝聚共识，巩固成效、破解难题、推动创新，年度30项重点目标基本实现，迎十八大18项主要任务全面完成，常态长效管理机制进一步优化，城市管理水平持续巩固提升。

【强化统筹协同】 各级政府，高度重视城市管理工作，健全市政市容管理平台，完善常态长效管理制度，加强检查督办，加强考核评价，城市管理条块统筹协同能级不断提升。

强化组织领导，凝聚管理共识。2012年市政府工作报告、市委第十次党代会报告，都对进一步提升城市管理水平提出明确要求。市委市政府主要领导，亲自关心城市管理工作，多次做出重要指示批示。市政府分管领导，全年先后四次召集联席会议全体会议，多次召开专题工作会议，数次深入现场视察工作。市人大、市政协关心支持工作开展，提出要求建议，检查工作进展。市政府常务会议专题研究，市政府办公厅发文，明确优化城市环境18项主要任务要求。各区县持续加强城市管理工作组织领导。

强化制度健全，完善平台体系。市联办会同市主要城市管理部门建立驻办联络员机制，坚持每周例会，定期发布月报、专报，制订年度工作意见，确定年度30项重点任务，聚集条块合力，推动重点工作。各区县联办积极健全例会、检查、督办、信息等基本制度，不断强化区县联办在属地城市管理中的统筹协调作用。街道镇探索建立城市综合管理平台，推动市政市容管理沉到基层、落到实处。

强化检查督察，督促责任落实。坚持项目化管理，目标化推进，量化任务目标、落实责任主体，检查进度要求、开展实效测评。市相关职能部门主要领导，先后带队开展道路管养、中小道路、夜排档管控、违规广告治理等十余次专项督查。市联办组织第三方专业测评机构，先后三次对全市优化城市环境实效开展测评督查，覆盖17个区县118个街镇以及各类重点区域，督办问题5372个。宝山等区县有机结合第三方测评、市民巡访检查、网格自查监督、市民诉求媒体曝光督办等，加强工作检查督促。

强化竞赛考评，激励创先争优。设立市重点工程实事立功竞赛市政市容管理赛区，评选市级先进45个，赛区先进200余个。综合考评各区县市政市容管理面上工作，专门设立专项和特色奖励，激励区县城市管理工作敢于创新、勤于实践、创出特色。市级财政设立专门经费，按照考评结果对各区县实施奖补激励。

【紧抓双迎契机】 市区联手，上半年先后开展“迎新春、惠民生”、“迎五一、保整洁”专题行动，下半年重点开展“进一步优化城市环境，迎接党的十八大召开”专项工作，进一步巩固世博工作成效，全面提升城市管理水平。

聚焦十八项任务，巩固管理成效。优化城市环境18项重点任务，整体完成进度全面超过100%。布置主题绿化景点76座、花坛花境23公顷，更新高架道路悬挂绿化3700

处，76 座高速公路主要道口新增绿化布置。完成扬尘污染在线监控系统试点 34 处。动态性治理类项目全面提升，定性化管理类项目实现既定目标。

聚焦专题行动，形成示范效应。统一部署实施四项专题行动，以线串点、以点带面，全面带动区县、行业十八项任务有力落实。延安、南北以及内环高架沿线，长宁、徐汇、静安、黄浦段，栏杆粉刷一新、绿化修复补种、各类设施全面清洗。轨交站点与属地街镇建立联络制度，全市 280 余个站点，九成以上完成环境治理联勤责任签约。

聚焦重点工作，强化推进落实。市区两级联办主动牵头协调，加强指导、强化督促，推进重点难点任务。加强城市基础设施安全管理，开展高速公路桥孔专项整治，S4 高速桥孔违规使用及奉浦大桥闵行侧引桥桥孔违法搭建全部整治完毕。聚焦虹桥、浦东两大机场周边和沪宁高速公路沿线区域，加大户外违规广告拆除整治力度。

聚焦重要节点，提升环境品质。中秋国庆佳节和十八大召开期间，全市市政市容管理加大检查整改，强化应急值守，优化花卉灯光布置，营造烘托节日氛围。节日期间，全市重点区域呈现出白天繁花锦簇、夜晚灯光璀璨的良好氛围。

【条块齐头并进】 各部门认真履责、协同联动，不断提升行业管理水平。各区县立足自身、先行先试，努力开拓管理实践创新。条块联手，认真应对城市管理难题顽症，切实加强综合治理，积极改善城市环境面貌。

加强行业管理，提升管理水平。路政部门重点开展城市道路及其附属设施排查整治，保障道路设施安全完好、平整畅通。绿化市容部门坚持以达标创建复查为抓手，推动街镇不断强化市容环境综合管理水平，全市 47 个示范街镇、136 个达标复审街镇、20 个新创达标街镇环境面貌显著改观。水务部门部署落实河道长效管理，强化河道日常保洁管养和季节性水生植物打捞工作要求，启动实施 300 公里中小河道整治任务，营造休闲宜居水环境。房管部门组织开展“走百家门、知百家情、解百家忧”“三百”活动，走访家庭近 70 万户，完成 13294 个小区物业管理“四查”，及时响应解决物业服务诉求，有效化解住宅小区综合性矛盾。环保部门牵头制定高污染汽车淘汰及限行工作实施意见，9 月 1 日起正式执行。全市共淘汰更新高排放、老旧机动车 1.4 万辆，发放机动车环保标志 118 万辆。绿化市容、建管等九家部门联合发文，加强机动车辆清洗保洁管理，取缔无证占路洗车摊点，规范行业健康发展。

加强基层管理，开拓创新实践。如，普陀区开展“退租还教”三年专项治理；静安区坚持高标准、高要求、高投入，强化文明工地精细管理；青浦区紧扣西虹桥区域开发契机，切实强化违规广告拆除、违法建筑治理、渣土偷乱倒整治，实现重点区域发展和环境治理相互助推；虹口区针对夜排档现场取缔“难固守、易冲突”的矛盾，创新工作思路，多部门联合，源头治理取缔夜排档食品违法加工作坊，取得良好实效。

加强顽症治理，积极应对难题。完善拆违机制建设，强化源头管控，坚决遏制新增违建，重点消除存在消防等安全隐患的存量违建，全年共拆除违法建筑 453 万余平方米。强化渣土管理，完成渣土运输单位招标，开展运输单位安全资信评定，加强执法。强化疏导点建设，重点治理中心城区 26 处比较严重的设摊聚集点。加大“五乱”治理。交警、交通等部门在全市范围多次开展非法客运专项集中整治行动，成效显著。

【推进科学管理】 积极推动运用科技的、社会的、基层的手段方法，坚持不懈推进城市管理信息化、精细化、社会化、群众化，着力夯实城市管理基础，丰富城市管理手段，提高城市综合管理能力。

坚持精细管理，强化科技支撑。城市网格化管理和12319城建热线平台有序运作。开展市级督察、拓展网格覆盖、对接市民服务热线，不断放大信息化管理效能；依托网格化管理平台，积极纳入基层社会管理需求。

坚持服务民生，化解市民急难愁。2012夏令热线活动期间市民来电总计10万余个，创历年新高。相关城市管理、作业、服务部门，及时响应处置道路小区积水、房屋漏雨、树木倒伏、设施受损、民房停电等市民紧急诉求，为上海在抗台风斗争中取得全面胜利发挥重要作用。

坚持多方联动，加强社会发动。市政市容管理大力倡导环境“共管共治共享”理念，发动社会各方和市民群众共同参与维护良好城市环境。浦东、长宁、静安、徐汇、奉贤等区结合全国文明城区创建，黄浦、徐汇、长宁、闵行、浦东、金山等区及全市21个镇，结合全国卫生区镇复审、创建，积极改善民生环境质量，实现文明创建、创卫评选和优化环境多方共赢。

（桥边）

（三）城市信息化管理

【概况】2012年，上海建设交通领域信息化工作围绕巩固城市管理长效机制与加强城市运行安全，大力推进智慧城市建设，取得新进展。市建设市场管理信息平台开始实施，着力实现全市工程建设“项目全覆盖、管理全过程、部门全参与、服务全方位”。市交通综合信息平台继续完善，实施“上海市交通综合信息应用服务工程”。新一轮覆盖全市陆域的高分辨率数码航空遥感摄影工作完成。

（刘臣）

【交通综合信息平台】为使上海交通信息化在2010年世博会后发挥更好保障作用，结合建设“智慧城市”三年行动计划，上海开始筹建“上海市交通综合信息应用服务工程”，以进一步提高上海交通信息化建设和服务水平。

工程在上海市交通综合信息平台基本框架基础上进行开发建设，主要包括道路交通数据采集与处理子系统、公共交通数据采集与处理子系统、交通综合信息应用与服务子系统三个部分。2012年完成工程项建书编报等前期工作。

1、道路交通信息采集与处理子系统

该子系统主要针对上海道路交通信息采集范围扩展需要，以闵行区、嘉定新城等郊区为典型代表，开展道路交通信息采集、数据汇聚和共享示范，通过示范应用，探索郊区不同交通信息基础条件下的区域道路交通信息采集和数据共享模式。该子系统还将建设道路交通拥堵指数分析系统、基于在线数据的交通动态仿真与预测系统。

2、公共交通信息采集与处理子系统

该子系统针对交通信息采集内容尚有局限等问题，补充完善公共交通客流信息采集与处理。包括：建设虹桥枢纽公共交通信息采集与处理系统，补充完善枢纽内交通信息采集设备，接入和完善枢纽内公共交通、客流数据，实现虹桥枢纽应急响应平台与上海市交通综合信息平台网络互通。

该子系统还将建设基于手机信令的客流采集处理和分析应用系统，通过跟踪手机信令数据，分析生成用户出行的电子轨迹，形成可用于出行分析的客流数据。

3、交通综合信息应用与服务子系统

该子系统将进一步完善网站、广播电视、移动终端、可变信息标志、触摸屏等发布交通信息的技术和支撑软件，充实交通信息服务内容，全面升级交通信息服务。该子系统将对跨路网、跨区域的道路交通联动信息发布进行扩展、改造和升级，开发交通事件联动发布预案库和联动发布软件，形成主要越江交通设施、城市快速路及上匝道、高速公路以及重要地面道路间跨路网可变信息标志信息联动发布及运行机制，并完善道路交通信息联动信息发布设施。

该子系统将结合移动互联网发展，开发支持主流移动终端数据接口软件、基于移动终端的客户端软件等，探索研究终端载体信息发布内容和形式，满足出行者出行途中的信息需求。

通过该工程的实施，将进一步扩展上海道路交通信息采集覆盖面，提升交通信息采集、处理和分析应用的整体能力，不断提高政府交通管理决策能力和公众出行信息服务水平，为上海建设“智慧城市”作出应有的贡献。

（顾承华）

【全市航空遥感信息调查与城市管理应用】 2012 年 1–2 月，上海市测绘院进行了一次覆盖上海全市陆域的高分辨率数码航空遥感摄影，遥感影像的地面分辨率为 0.25 米。

此次航空遥感影像数据，及时应用于涉及城市管理的多个信息平台，主要包括：上海市网格化管理平台、上海市交通综合信息平台、上海市水务公共信息平台、上海市“地－楼－房”基础数据库、上海市绿化林业遥感和地理信息系统、上海市旧区改造信息管理系统、上海地下空间信息基础平台等。

同时，上海市建设和交通委员会、上海市绿化和市容管理局、上海城市发展信息研究中心等多家单位，利用本批遥感数据针对相关城市管理专题进行了信息调查与分析，主要包括：上海市绿化与林地覆盖水平与变化状况调查、上海中心城区零星二级旧里改造地块调查，以及浦东新区河道、公路设施等要素调查。

另外，为了完成国家环保部、上海市环境保护局下达的上海市生态环境调查与评估（2000–2011 年）任务，上海城市发展信息研究中心、上海市环境科学研究院合作利用 2000 年、2003 年、2005 年、2008 年、2010 年的航空遥感影像，对这三个年份的生态土地进行了遥感解译分析，结合去年完成的 2011 年生态土地调查结果，为此次生态环境调查与评估提供了重要的基础数据。

【上海市建设市场管理信息平台】 根据上海市委、市政府提出的建立信息化监管制度的要求，依据《上海市推进智慧城市建设 2011–2013 年行动计划》和市政府《关于进一步规范本市建筑市场加强建设工程质量安全管理的若干意见》，2012 年 3 月，经上海市发展和改革委员会批准，设立了“上海市建设市场管理信息平台”项目。该信息平台是以建设工程程序和施工过程监管为主线，以工程质量安全和市场主体诚信为重点，监管规范、便捷高效、公开透明的建设市场建设管理平台，实现项目全覆盖、管理全过程、部门全参与、服务全方位。该信息平台由上海市建筑业管理办公室、上海城市发展信息研究中心共同建设，2012 年立项，计划于 2014 年底完成。

（潘强）

（四）城市网格化管理

【概况】 2012 年，为持续提升上海城市规范化管理水平，不断放大数字化城市管理工作成效，各区县探索创新管理方式，不断研究和推广适合自己区县的管理模式。上海城市网格化管理继续以“延续世博管理成效，加强和改进城市常态化管理”为核心目标，切实提高上海城市管理精细化水平。本市网格化管理系统共计立案 1331406 件，结案

1309076件，结案率为99.6%。

【网格化管理平台立案结案总量小幅增加】本市网格化管理系统共计立案1331406件，结案1309076件，结案率为99.6%。其中，部件立案88318件，结案80443件，结案率为91.1%；事件立案1316139件，结案1299641件，结案率为98.7%。全市网格化管理及时结案率为87.4%，其中杨浦、长宁、闵行、徐汇、宝山、闸北等区及时结案率均高于90%。

除行道树、“三乱”案件量同比增加超过10%外，其他主要部件事件案件量均小幅增加。部件立案列前三位的是行道树8544件、雨水篦子7000件、雨水井盖6645件，分别占9.7%、7.9%和7.5%。事件立案列前三位的是占道无照经营285136件、“三乱”267111件和暴露垃圾196300件，分别占21.7%、20.3%和14.9%。

【网格化管理范围年内继续拓展】上海城市网格化在实现了全市城市化区域的全覆盖后，2012年继续进行郊区覆盖面积的拓展，截止至12年底全市覆盖面积已达到1252平方公里。

【不断推进数字化城市管理各项工作】一是扎实推进城市网格化管理立法工作。在调研本市区县城市网格化管理实践创新以及兄弟省市先进经验的基础上，并经征求市相关职能部门和区县网格化管理部门意见，《上海市城市网格化管理办法（初稿）》拟定完毕。该规章已列入2013年度市政府首批立法计划。二是开展城市网格化管理市级督察工作。2012年9月开始，市数字城管联席办，在9个中心城区实施城市网格化管理的市级督察试点，取得了较好效果。市级督察，总计发现问题2251件，其中常规督察1658件，专项督察593件，部件类1348件，事件类903件，主要涉及井盖、行道树、消防栓等部件类问题，道路破损、占道堆物、暴露垃圾等事件类问题。经比对，各区平台未能提前发现的案件1456件，占64.7%。截至1月20日，结案1277件，结案率87.7%。三是深化完善《上海市城市网格化管理综合评价方案》。重点突出对网格巡查发现实效、及时处置实效和市民热线、媒体曝光、市级督查情况的考核评价。

【区县网格化平台与“12319”热线互转信息11411件】由网格化平台经“12319”热线转行业主管部门处置的案件10103件，处理反馈8768件，办结率86.8%。其中，部件主要包括上水井盖1448件、交通信号灯1348件、消火栓1310件；事件主要包括交通指示牌329件、市政公共设施偷盗破坏或占用209件、自来水管破裂174件。“12319”热线转网格化平台处置1308件，办结率98.5%。主要包括道路破损450件，井盖问题305件，路面积水、污水冒溢、粪便冒溢299件。

对比2011年度数据，2012年度网格化管理平台立案结案总量、12319热线受理市民诉求总量均小幅增加。网格化管理平台中，12319热线受理投诉举报量同比上升4%，其中违法建筑、乱设摊投诉量分别同比增加23%、12%，出租车绕道投诉量同比减少13%。

【全面完成各类专项任务】一是全力保障党的十八大和市十次党代会召开等重大活动。按照市政市容保障工作要求，加强巡视处置力度，确保活动周边区域及重点景观区域市容面貌干净整洁、市政设施运行有序。二是开展盲道专项调查。本市网格化管理区域范围内，共发现盲道破损占压阻断情况5352处。其中列前五位的情况分别为盲道被各类井盖阻断、占盲道乱停车、盲道破损、盲道被各类立杆阻断、占盲道乱设摊（跨门营业）。三是积极开展“夏令热线”活动。连续六年成功举办夏令热线活动，市民投诉举报实际解决率与去年相比提高6个百分点，第三方测评和网调数据显示，市民满意度超过80%。

【区县探索创新管理方式】黄浦区将“一带、两街、五个功能区和二十四条主要道路”区域范围纳入专项图层，强化落实重点区域、重点路段和重点部、事件的差别化管理需求。浦东新区选择陆家嘴等6个街镇，作为网格化“强镇优街”试点区域，探索逐步由“以条为主、条块联动”向“以块为主、条块联动”的机制转变。长宁区实现了网格化进小区的全覆盖和小区内部事件的常态化管理。杨浦区开发门责信息库模块，并将门责信息和城市管理案件相关联，加强对沿街商铺、单位的管理。嘉定区利用城市网格化管理量化数据，开展城市管理指数测评，为城市管理提供较为全面、客观的评判标准与决策依据。奉贤区、崇明县试点网格化与社会管理互动的大联勤、大联动。

（刘贤明）

（五）12319城建服务热线

【概况】2012年，上海市城建热线服务中心（以下简称12319热线）共接市民来电83万个，同比上升18.9%，接通66万个，接通率80%。全年共受理有效信息603144件，其中受理与建设交通行业相关的市民诉求547311件，占90.7%；其中，咨询30万件，占54.3%；投诉18万件，占33.2%；举报4.3万件，占7.8%；报修1.5万件，占2.9%；建议0.7万件，占1.3%；表扬0.3万件，占0.6%。来电反馈率99.6%。交派网格化平台处理1308件，占0.2%；外系统信息54525件，占9.1%。

【“夏令热线”第七年继续开通】年内，与新民晚报、上海电视台和上海人民广播电台等多家媒体合作，第七次开通“夏令热线”，为保障2012年“夏令热线”开线仪式圆满成功，提前制定了周密地工作方案，组织人员落实各项工作安排，顺利完成市长接电工作的保障任务。“夏令热线”邀请了沈骏副市长及各委办局领导来热线接听市民来电，活动一个月，市民来电总计10万余个，来电量创历年新高，经第三方测评，市民满意度达82.14，也创历史新高。

【12319与12345两热线实现系统对接】年内，12319热线梳理原有业务流程，明确业务范围，与12345实现两热线系统对接，完善知识信息库，组建完整的承办12345热线工作体系和相关队伍，制定相关制度，加强员工培训，努力做好12345热线转派的市民关于水务、交通港航、路政、工程建设、违法建筑、公共交通卡等方面的诉求处理工作，2012年，12345热线下派工单9682件，其中，受理转派8896件，转派率91.9%。

【举办“媒体开放日”活动】3月19日，12319热线联合市建交委宣传处举行“12319热线媒体开放日”活动，邀请了上海电视台、广播电台、解放日报、文汇报、新民晚报等上海十大主要媒体参加，12319热线介绍了有关工作情况并与媒体记者进行了座谈，并就“如何做好热线服务与舆论监督”展开热烈研讨，记者们对12319热线在上海城市管理领域进一步发挥作用提出了建议，增进了媒体对12319热线工作的了解。（胡献华）

【12319市民回访满意率达到历年最高】全

年，12319热线完成有效回访26661件，市民满意率94.4%，同比上升了0.5个百分点，为历年最高。根据《上海市建设交通系统服务热线综合管理绩效考评办法》，就系统内各单位市民诉求处理情况进行了综合考评。通过综合考评，查找工作中的薄弱环节，促进各单位进一步做好市民诉求的处置工作和市民回访满意率，推动为民服务工作健康发展。通过赴现场"会诊"督办、专题协调研究等方式，加强业务沟通，促进疑难问题的解决，全年共赴现场协调处置170余人次，督办市长信箱、委信访办、媒体及12345热线转来的市民诉求24件，办结率100%；协调、督办疑难问题38件，已办结29件，办结率76.3%。

【做好市民重复诉求的核查处理工作】 制定了《市民重复诉求处理暂行办法》，着力于做好市民重复来电诉求处理工作，保障来电人的合法权益，规范处置工作，降低成本，提高工作效率和质量。重点对288件10次以上重复投诉件进行了跟踪督办，内容主要涉及违法建筑、乱设摊等城市管理顽症，目前，已结案234件，结案率81.3%。

【开展城市网格化管理市级督察试点工作】 9月份起，共抽调9个中心区18名网格监督员组成兼职督察队，累计完成对9个中心城区的常规督察8次，对虹口、闸北两个区的"兜底式"督察2次。累计出动督察人员179人次，涉及道路总长1358公里，覆盖地域面积164平方公里。发现问题2251件，其中，部件1348件，事件903件。实际立案1456件，落实解决1277件，结案率87.7%。

【发挥网格化平台优势，城市部分基础设施管理得到改善】 2012年网格化管理平台与12319热线互动信息1.2万余件，其中上行占总量的89.1%，下行占10.9%。主要问题仍集中在井盖丢失破损、交通信号灯及消火栓破损等。经过几年的联动，数据显示，网格上报信息连续三年下降，从2010年至今，已下降34%。上报信息的侧重点也有所变化：一是，2011年网格化平台反映公交车站牌玻璃窗内加塞小广告的问题严重，全年上报1206件，经过市交通港口局的努力，该现象已得到了彻底遏制，今年关于此类信息的上报基本未见；二是，井盖问题、路灯破损不亮等情况有较明显的改善，今年分别接报2969和934件，同比分别下降16%和43%；三是，关于交通信号灯、公交候车亭等问题今年接报案件数较往年明显增多，达1422和638件，同比分别上升72%和60%。

（胡献华）

（六）综合交通管理

【概况】 2012年底，全市常住人口2380.43万人，注册机动车262.3万辆，汽车保有量217.0万辆，其中小客车保有量177.8万辆。中心城日均出行总量3128万人次，公共交通出行方式占35.1%。公共交通系统日均客流量1701万乘次，轨道交通占37%。机动车交通量日均16073万单位小客车公里。对外道口日均车流量34.6万辆，社会客车进出道口日均载客57.9万人次。对外旅客到发量2.9亿人次，对外货物运输量11.9亿吨，港口集装箱吞吐量3253万标准箱。公共交通能耗179.6万吨标准煤，社会客车能耗491万吨标准煤。交通事故万车死亡率下降至3.5人。3月9日，正式启动了新一轮交通白皮书《上海市交通发展白皮书》的编制工作，年内完成了前一轮白皮书《上海市城市交通白皮书》后评估、新一轮交通战略研究等任务。此外还完成了《上海综合交通体系规划》等。

【城市发展与交通需求】2012年底，全市常住人口2380.43万人，同比增加32.97万人，增长1.4%，其中常住外省市人口960.24万人，同比增加24.88万人，增长2.7%。全市生产总值20181.72亿元，交通设施投资339.55亿元。全市注册机动车262.3万辆，同比增长4.3%，其中汽车保有量217.0万辆，同比增长12.0%。全市非机动车注册量1414.4万辆，同比增长1.8%，其中电动自行车294.4万辆，同比增长9.0%。全年中心城出行总量日均3128万人次，同比增长1.5%，其中公共交通出行方式占35.1%，个体机动方式占23.0%，非机动方式占16.8%，步行占25.1%。全市机动车交通量约日均16073万PCU公里，同比增长8.1%。

【道路交通】全市公路和城市道路总长17316公里，同比增长3.1%，其中公路12541公里，高速公路806公里，城市道路4775公里。全市共有经营性停车场（库）2234个，泊位39.82万个，泊位数同比增长8.9%。全市规模以上快递服务企业拥有独立分拣中心558个，营业网点3815处，营运车辆18846辆，从业人员62594人。全市快递业务量共计59905.3万件，同比增长46.4%。外环线内（含外环）越江“4桥12隧”机动车交通量日均106.9万辆，同比增长5.4%。中心城23座跨苏州河桥梁日均交通量123.2万车次，同比增长1.1%。快速路网工作日日均驶入230万自然车次，同比增加1.3%；行驶里程达1522万自然车公里，平均每车次行驶6.6公里。早晚高峰，快速路网拥堵状况有所加剧，内环线内浦西主要干道普遍处于拥堵状态，高峰时段浦西地区“三横三纵”主干道平均行程车速与去年相当，次干道平均形成车速比去年略有下降；浦东地区道路通行状况总体稍好，平均行程车速较去年也略有降低。

【公共交通】全市公共交通日均客运量1701万乘次，同比增加33万乘次，增长2.0%。轨道交通（含磁浮线）日均客运量621.8万乘次，同比增长8.0%。公共汽（电）车日均客运量766万乘次，同比下降0.5%。出租车年日均客运量294万乘次，同比下降2.5%。市区越江轮渡日均客运量20万乘次，同比下降7.4%；往返三岛公共交通日均客运量3.8万乘次，同比增长8.0%。

【对外交通】全市对外旅客年到发量2.9亿人次，同比增长7.8%。全市货物年运输总量11.9亿吨，同比基本持平。港航旅客年到发量139万人次，同比下降9.7%；货物年吞吐量7.36亿吨，同比增长1.1%；集装箱年吞吐量3253万标准箱，同比增长2.5%。航空旅客年到发量7871万人次，同比增长5.6%；货物年到发量336.8万吨，同比下降4.8%。公路对外旅客年到发量7497万人次，同比增长7.8%；货物年运输量4.29亿吨，其中集装箱年运输量1775万标准箱。铁路对外旅客年到发量13368万人次，同比增长9.5%；货物年到发量2331万吨，同比下降13.9%。

【智能交通】全市2012年可供正常使用的可变信息标志设施达1047块，同比增长6.2%，主要高速公路设489块，城市快速路设337块，地面道路设221块。全市交通摄像监控设施2677台，同比增长5.4%，其中主要高速公路915台，城市快速路设859台，地面道路设903台。全市设车辆检测设备59141个，同比增长36.4%，其中主要高速公路设6771个，城市快速路设13599个，地面道路设38771个。安装GPS设备的公交线路1342条，同比增加140条；安装有GPS设备的公交车共15447辆，同比增加57辆，增长0.4%；安装有GPS设备的出租车共计

49198 辆，同比增加 484 辆，增长 1.0%；安装有 GPS 设备的危险品货车共 5954 辆，同比减少 696 辆，减少 10.5%。停车诱导可变标志设施共 356 块，同比增长 33.3%。设施主要分布在长宁区、黄浦区、静安区、虹口区、杨浦区和徐汇区，长宁区 102 块，占 29%。

【重大交通政策法规】 2012 年，上海市进一步落实惠民措施，切实降低交通运输和公众出行成本，执行国务院批转交通运输部等部门制定的《重大节假日免收小型客车通行费实施方案》；执行《关于调整 S5 沪嘉高速公路为城市快速路的通告》，停止对过往该路的车辆收费；执行《关于调整本市高速公路计费起价的通知》，从 10 元调整为 5 元；执行《关于取消贷款道路建设车辆通行费的通告》等政策法规。进一步提高交通服务水平，发布《上海市出租汽车营业站管理办法》，批准《出租汽车站点设置规范》为上海市工程建设规范，公布《上海市停车场（库）管理办法》（修订），发布《上海市水上公共交通客运服务规范》等。此外，制定了一批交通工程建设规范。

【启动《上海市交通发展白皮书》编制工作】 启动并完成《02 版交通白皮书后评估》，在全面评估第一轮交通白皮书执行情况的基础上，系统总结上海前十年交通发展的经验、成就与不足，根据上海城市未来发展要求，分析上海未来交通发展面临的形势和挑战。启动并完成《新一轮白皮书交通战略研究》，在后评估的基础上，开展并完成了 20 个专题研究，广泛征求部门和专家意见，梳理上海未来交通发展面临的背景、阶段特征和存在的突出矛盾，借鉴国际经验，结合上海实际，研究提出了上海交通发展战略框架和相应的政策导向，并形成了《关于上海交通发展若干重大问题的汇报》稿，为后续白皮书文本的编制提供了科学依据。

【上海综合交通规划】 完成《上海综合交通体系规划》工作，其规划范围与城市总体规划一致，为全市域范围，面积 6340 平方公里。规划兼顾长三角城市群核心城市，面积约 10 万平方公里。规划年限为 2020 年，规划远景考虑到 2030 年。规划编制通过 7 个专题和 9 个专业规划研究，对既有综合交通规划进行评估，分析了未来综合交通发展趋势和面临挑战，明确了上海综合交通发展目标、体系和发展策略，系统地对上海综合交通各子系统，特别是市郊铁路、市域轨道、货运物流等方面提出了规划方案和设想。

【交通节能减排】 2012 年监测期间，浦西地面道路、高架道路的四项污染物浓度均有所上升，其中，一氧化氮、一氧化碳浓度增幅在 20% 以上。浦东地面道路、交叉口的部分污染物浓度略有下降。中心城主要干线昼间和夜间的交通噪声平均等效声级分别为 69.3 分贝（A）和 64.4 分贝（A），同比略有下降。2011 年全市交通行业能源消耗量 2047 万吨标准煤，同比减少 52 万吨标准煤，下降 2.5%。全市公共交通能源消耗量 179.6 万吨标准煤，同比减少 3 万吨标准煤，下降 1.6%。全市社会客车能源消耗量 491 万吨标准煤，同比增长 18%。

（刘臣）

（七）应急管理

【概况】 2012 年，上海城市公共安全总体态势良好，未发生影响经济社会发展的特大等级突发事件。应急管理制度建设不断推进，应急管理信息化水平不断提高，应急管理机制不断完善，应急宣传与演练广泛开展，各类突发事件得到及时、有效应对。

【应急管理制度建设】 制定《上海市实施〈

中华人民共和国突发事件应对法 > 办法》，规范上海市行政区域内突发事件的应急准备、值守与预警、应急联动与处置、善后与恢复重建等活动。实施上海市应急体系建设“十二五”规划，以保障城市安全运行为目标，推进“一个系统、两个机制、三个能力、四个体系”建设，取得阶段性成果。

【应急管理信息化建设】 调整和充实应急信息系统数据库，重点更新防护目标、应急物资装备、应急队伍、危险源和风险隐患区五大类静态数据 1.1 万条，整合共享城市图像信息资源。

【应急管理机制建设】 依托应急联动平台，强化应急联动处置效能，建立应急救援“3 + X”（市应急办、市应急联动中心、市应急救援总队 + 相关职能部门）会商机制，解决应急救援工作中的实际问题，强化联动联训等工作。做好应急预案评估修订、细化完善、培训解读等工作。市建设交通委、市防汛办、市食安办等部门围绕确保城市安全运行要求，评估修订部门现有应急预案。探索尝试应急管理新机制，应急管理重心下沉基层。长宁、杨浦、闵行、奉贤等区，整合公安、城管、安监等部门，探索实践应急管理与城市综合管理于一体的实体化运作模式；市民政局继续推进社区风险评估试点，完成徐汇、杨浦、松江 3 个区 40 个街镇的社区风险评估，推进创建全国综合减灾示范社区。

【应急管理宣传教育与演练】 公安、民防、民政、消防等部门组织各级各类应急疏散演练；职能部门举办各层次培训班，提升应急管理队伍能力和水平。开展“5·12 防灾减灾日”“世界气象日”“安全生产月”“世界环境日”“食品安全宣传周”“11·9 消防日”等应急常识科普宣传活动。

【全力处置各类突发事件】 有力有序地处置和应对“4·22”上海旅游大巴常合高速重大交通事故、强台风“海葵”袭击、闵行浦江镇房屋倒塌、宝钢铁水包倾翻、“通银 6”号油船泄漏事件、轨道交通 12 号线浦东在建配套工程坍塌等突发事件。年内，上海市发生 9 次天文大潮汛、1 次大暴雨、4 次暴雨、9 次局部暴雨；经受“苏拉”“达维”“海葵”“天秤”“布拉万”5 个台风外围影响；黄浦江吴淞口潮位 3 次、苏州河口潮位 4 次、上游米市渡潮位 60 次超过警戒线。上海中心气象台先后发布暴雨、台风红色预警信号各 1 次、橙色预警信号 7 次、黄色预警信号 10 次、蓝色预警信号 5 次。市防汛指挥部发布防汛防台红色预警信号 1 次、橙色预警信号 5 次、黄色预警信号 8 次、蓝色预警信号 9 次，红色预警信号属首次发布。

（王震 邓一露）

【处置“通银 6”号油船泄漏事件】 5 月 18 日 20 时 40 分，上海通银石油化工有限公司所属加油运输船“通银 6”号（长 42 米，载 380 号燃料油 355 吨，柴油 60 吨，船员 9 人）在吴淞口锚区因大风浪进水，船体下沉，货油泄漏。事件未造成人员伤亡，但在长兴岛南岸形成长约十几公里，宽约 400 米的油污带。上海海事部门接报后立即启动防污染应急预案，临时关闭青草沙等水库取水口，先后出动 42 名海事执法人员，以及 3 艘巡逻艇赶到现场，将油污带用相关设施“圈围”起来。随后调来 9 艘清污船、19 艘拖轮到现场参与清污。5 月 19 日 11 时，沉船被打捞起浮。大面积油污清除完毕。上海市供水未受影响。

（翟鲍）

【抗击强台风“海葵”】 8 月 7 日夜间至 8 日夜间，上海受第十一号强台风“海葵”影响，全市普降大暴雨到特大暴雨，平均雨量 127.8 毫米，最大雨量 246.2 毫米（虹口区鲁迅公园）；最大风力市区 9~10 级，长江口区和沿江沿海地区10~12级，洋山港区14级。太湖流域下泄水量较大，致使市内河水位普遍较高，其中虹口港、桃浦河分别出现4.4米和4.7米的高水位，基本接近设防的最高水位。在“海葵”严重影响上海前，市政府办公厅紧急下发通知，提醒市民减少外出，确保人身安全。各区县和有关单位组织转移安置37万余人；海事、交港、渔政、边防等部门及时引导6500余艘船只进港避风，全市10万军民进岗到位；上海首次发出最高级别台风红色预警。受台风影响，虹桥、浦东两大机场取消航班708班次；轨道交通2号线延伸段和磁浮线自投入后首次因台风停运；近400条（段）马路积水10厘米以上、千余户居民进水5~20厘米；因高空坠物、墙体倒塌造成2人死亡7人受伤；公安消防部队接警6075起，其中接处火灾报警874起，执行各类抢险救援任务2172起、社会救助任务3029起，出动消防车2999辆次、消防队员2.31万余人次，营救疏散被困人员80余人。强台风“海葵”造成全市直接经济损失6.64亿元。

（邓一露 朱得旭 费鸣东）

【上海城市公共安全应急管理培训中心成立】 12月10日，上海城市公共安全应急管理培训中心在上海行政学院成立。培训中心由市应急办与上海行政学院共同发起成立，承担全市各级行政机关的应急管理培训，组织开展应急管理科研、学术交流等工作。市民政局、市安全监管局、市卫生局、市公安局、市建设交通委、市质量技监局、市水务局、市交通港口局、市民防办、市气象局10个部门被聘为中心首批指导单位。

（王震）

（八）职业教育

校以切实提高教学质量、落实市建设交通委有关教育类事业单位机构调整改革的具体要求为中心任务，努力深化教育教学改革，进一步加强两个文明建设，稳步推进学校“十二五”发展规划既定任务，力争连续第九次荣获“上海市文明单位”荣誉称号。

顺利完成招生和就业指导工作，积极拓展校际合作办学。努力克服2012年上海初中毕业生源大幅减少和区域保护的客观困难，顺利实现招收新生470人，继续保持中专学历教育办学规模稳定。同时，积极推进毕业生就业推荐工作，基本完成535名应届毕业生就业推荐，就业率继续保持在98%以上。学校新增安徽材料工程学校和安徽蚌埠建设学校两个校际合作办学单位。这不仅是对稳定学校办学规模的有力支撑，同时也是学校扩大办学影响力的重要举措。

强化内涵建设，稳步推进教育教学改革。认真贯彻落实学校《2010—2013年教学质量目标》，确保实现学校全面提高教学质量行动计划第二年度任务，顺利通过了2011学年教学质量评估。主要工作：

加强师资队伍建设。完善并落实学校“十二五”师资队伍建设规划。不断加大师资培训的力度，拓宽师资培训的途径和形式。学校全年共组织7位教师赴企业挂职锻炼，2位教师参加市教委组织的骨干教师赴德培训。继建筑职教集团后，学校又加入了徐汇区职教集团，并成为徐汇区推进“中等职业学校学生素养工程”定点实施学校。学校充分利用职教集团平台优势，先后聘请了8位企业专家作为上海市中职学校特聘兼职教师，充实学校师资队伍，更有力地支持指导学校在专业建设、课程教材改革、师资队伍培训、学生顶岗实习等方面工作的开展。

根据国家和上海市中长期教育改革和发展规划纲要，围绕市教委2009—2013年全面提高教学质量行动计划，进一步修订落实学校《专业设置与结构调整优化工作方案》

和《2010—2013 年教学质量目标》第二年度的各项任务；进一步修订完善教学管理制度，并完成了所有专业的实施性教学方案制定工作，同时汇编成册。教学运行与监控机制日益成熟，专业建设体系更加明晰，教学文件更加规范，各项教科研活动成绩显著。学校获得国家级、省部级论文、课件等共 3 个一等奖、4 个三等奖、1 个优胜奖。曹枫荣获 2012 年上海市园丁奖；程群荣获中国建设教育协会优秀教师及上海职业学校教学名师；向秀红荣获 2012 年徐汇区园丁奖。

顺利召开了 2 次校企合作联系会议，取得了丰硕成果。学校成立了“土建类”、“给排水工程施工与运行”和“轨道交通运营管理”三个专业建设指导委员会，并聘请了 26 位行业企业专家担任校外委员，进一步加大对学校的专业建设的指导力度和深度，并就加强校企文化融合，培养学生职业素养进行了专题研讨。成立了“造价专业”顾问委员会，通过开展校企联合教研活动，及时了解企业最新技术和用人需求，使人才培养方向更符合行业、企业的实际需求。

领衔开发《给排水工程施工与运行》、《工程测量》2 个市级专业教学标准，并完成了实施性教学方案。专项投资建设完成了精品课程教室，选择了《材料检测》、《道路施工管理》、《工程测量》三门课程作为试点，开展市级精品课程的建设和申报工作。

坚持教学法创新，以培养学生的动手能力、实践能力、可持续发展能力为目标，积极推广以“工作任务为引领”的模块式教学法、“工作页”教学法、项目教学法等教学方法，取得良好的授课效果。学校推荐了 4 位教师参加了上海市中等职业学校第六届教师教学法改革交流评优活动，获得 3 个三等奖、1 个优秀奖，并参与了市教委组织的获奖教师公开课展示。

完成了 6 本校本教材的编写任务；并通过出版社正式出版了《材料检测》、《市政工程图识读》、《建筑识图与 AutoCAD 绘图》等 3 本教材。完成了《市级重点建设专业内涵及实践研究》等以专业教学和德育工作为主题的 4 项校级课题研究。

实训中心建设取得突破，实验实训条件较大改善。为进一步促进学校实训中心建设，促进学校课堂教学和实践操作的结合，学校将原实验管理科更名为实验实训科，下设三个技能训练室，与三个市级重点建设专业相对应，重新调配实验教学师资力量，使得实验教学与课堂理论教学更紧密的衔接。

市政工程开放实训中心二期建设项目完成土建施工，将于 2013 年上半年完成设备采购安装，准备迎接市教委的评估验收。中央财政支持的给排水工程施工与运行专业实训基地建设项目已获批于 2013 年开工建设。此外，学校还完成了轨道交通站务实训室、计算机实训室等的改建工作，通过合作开发或采购等途径新增了一批教学仿真实训软件，优化了实验实训资源，更新了各专业校内实验实训设施，使师生实验实训条件得到了较大的改善。

积极提升职后培训规模质量。努力开拓职后培训项目和培训市场，使培训形式多样化，确保培训规模，提高培训质量。2012 年职后培训开展各类岗位培训及职业（执业）资格培训，专项培训，继续教育，技能教育，干部教育，电大等学历教育、学生“双证”培训等共计 244 个班次，11681 人次，确保培训规模保持在了 1 万人次以上。

学校成功承办了由国家住建部主办的首期市政公用工程专业一级注册建造师继续教育师资培训班，并顺利举办了两期继续教育试点班。连续第三年出色完成了赴新疆喀什地区的援疆培训任务，顺利完成了“泽普县建设管理人员培训班”51 名学员的培训。同时，圆满完成了全国一、二级建造师、交通部监理工程师和试验检测人员的执业资格考试、全国成人高考以及行业技能考试等考务组织工作。

稳步发展技术咨询服务。技术咨询坚持优质服务，安全服务。发挥专业优势，为市政工程提供技术咨询服务，为教师工地实践提供了支持。参与监理的闵行漕宝路金科路工程被评定为市政金奖工程、在常州市高架道路一期工程中被评为中国建设工程“鲁班奖”立功单位，取得了较好的社会效益和经济效益，有力支持了学校的可持续发展。

（九）开发区建设

【概况】 2012年，上海市新一轮区县“两规合一”(城市总体规划和土地总体利用规划合并)，确定全市107个规划工业区块，规划面积为789.3平方公里，分为公告开发区、产业基地、城镇工业基地三类。2012年，全市开发区完成工业总产值25050.6亿元，占全市工业总产值的75.5%，比上年下降2%；第二、三产业营业总收入50241.7亿元，比上年增长10.8%，第二、三产业收入之比为53:47；上缴税金3822.1亿元，比上年增长10.4%；累计完成固定资产投资1040.6亿元，比上年增长8.4%，占全市工业投资的80.5%；累计引进外资项目1469个，比上年增长5.1%，占全市外资项目总数的36.3%；累计吸引合同外资106.5亿美元，比上年增长19.6%，占全市合同外资的47.7%；引进内资项目12017个，比上年下降5.2%；落户内资企业注册资金902.8亿元，比上年增长4.4%；固定资产投资强度42.3亿元/平方公里，单位土地产出水平65.5亿元/平方公里；第二、三产业营业收入105.4亿元/平方公里，其中国家级公告开发区单位土地面积产出131.7亿元/平方公里；开发区经济规模从2010年的3万亿元增加到2012年的5万亿元。

全年，第二、三产业营业总收入超千亿元以上的开发区(产业基地)11个；工业总产值8700多亿元，占全市工业区总产值近35%，平均工业总产值近800亿元；上缴税金650亿元左右，约占全市工业区的20%。其中上海综合保税区收入超过万亿元，上海金桥出口加工区收入超过4900亿元，国际汽车城收入超过4000亿元，名列全市开发区经济规模前三位；上海漕河泾新兴技术开发区、上海松江工业区规模收入超过3000亿元；上海市张江高科技园区、上海嘉定工业区、上海浦东康桥工业园区、上海莘庄工业园区、宝山钢铁基地和上海青浦工业园区等超过1000亿元。

年内，上海浦东软件园和上海莘庄工业园区成功申报为第四批国家级新型工业化产业示范基地。

（苏静）

【上海闵行经济技术开发区】 2012年，上海闵行经济技术开发区有企业81家，其中外资企业约79家，外资员工约3.7万人；完成销售收入508.17亿元，比上年增长4.44%；利润46.45亿元，比上年增长7.08%；实缴税金49.94亿元，比上年增长31.32%；关税12.03亿元，比上年增长10.35%；人均劳动生产率达135.2万元，每平方公里工业用地销售收入211.74亿元(按实际使用中工业用地2.40平方公里计算)。产值能耗和水耗比上年分别下降5.85%和1.02%；环保总投资2299万元，比上年增长16%。至年底，世界500强企业投资项目占闵行开发区企业总数的36.6%。累计引进项目174个，投资总额超过37.07亿美元，平均单项投资超过2130万美元；销售收入5361.57亿元；企业利润558.15亿元；上缴税收468.45亿元。全年重点跟踪投资项目近80个，亨斯迈新材料亚太研发中心项目、圣戈班研发中心二期、恒瑞医药研发中心二期等项目开工。开发区土地重复利用率超过

42%。年内，完成16个建设项目环境影响评价及审批，创建国家生态工业园区的9项基本条件全部达标，26项指标中有24项指标达标。为区内45个项目提供90多项企业项目服务内容。新增5家企业签订清洁生产合同。12月4日，三菱电梯签署园区22A-01A地块土地出让合同。全年实现安全生产、防火安全零死亡。

（武鹏）

【上海虹桥经济技术开发区】 2012年，上海虹桥经济技术开发区有企业约2000家，其中外资企业约300家，外资员工约1.3万人；实现销售收入134.1亿元，比上年下降7.22%；利润6.5亿元，比上年下降61.8%；上缴税金16.2亿元，比上年增长17%；累计引进外资项目418个，总投资44.2亿美元；合同外资35.5亿美元，实际利用外资34.1亿美元；累计实现营业收入1270.9亿元；利润总额120.8亿元；上缴税金94.3亿元。年内，泰国驻沪领事馆官员住宅项目开工，规划面积4453平方米，总建筑面积5212.88平方米。新虹桥俱乐部改建项目启动，规划面积约20130平方米，总建筑面积约20130平方米。配合轨道交通10号线伊犁路站建设，启动新虹桥中心花园内近1万平方米绿化恢复工程。联合上海闵行经济技术开发区与奉贤区有关单位签订协议，共同投资奉贤海湾工业和生产性服务园区，项目总规划面积250万平方米，一期开发面积100万平方米。奉贤区保障房项目中总建筑面积38万平方米的J1-3、J1-4地块竣工验收。

（周乐昇）

【上海漕河泾新兴技术开发区】 2012年，上海漕河泾新兴技术开发区有企业约2500家，其中外资企业约500家，外资员工约21万人；上市内资企业34家；新认定高新技术企业24家，总数增至265家，占全市的6.9%；技术先进型服务企业23家，占全市的8%；服务外包企业10家。全年实现销售收入2469.3亿元，比上年增长11.3%（其中第三产业收入1330.3亿元，比上年增长33%，占总销售收入的54%）；地区生产总值810亿元，比上年增长13%（其中第三产业增加值505.5亿元，比上年增长30.2%）；税收总额86.3亿元，比上年增长18.3%。年内，获批“国家生态工业示范园区”“国家知识产权服务业集聚发展试验区”、首批“上海市知识产权示范园区”、首批“上海市知名品牌创建示范区”。在商务部国家级经开区投资环境综合评价体系中，漕河泾开发区总指数位列第八，其中科技创新指数位列第一。与国内5家园区签订友好合作协议，至年底，累计49家。与普陀区政府签署战略合作协议，共建漕河泾桃浦科技智慧城。开发区总公司获“上海市质量金奖”“上海市质量管理奖”。全年引进项目293个，其中外资项目50个；新增注册资本45.5亿元，其中外资4.48亿美元；新引进美国默沙东、普莱克斯和GE能源电子3家世界500强公司及邦纳电子、尔听美等15家全球行业龙头企业，其中地区总部8家。年内，科技型中小企业融资平台贷款规模增至1.8亿元，向44家（次）企业发放贷款1.47亿元；高新技术成果转化项目34项；申请专利1693件，其中发明专利911件，占专利总数的53.8%，发明专利授权328件；软件著作权登记749件，集成电路布图设计专有权65项，注册商标382个。开发区孵化联盟8家成员单位共有孵化面积43.9万平方米，累计孵化企业1136家，在孵企业400余家。

（任朕）

十七、科研工作

（一）综述
（二）课题研究
（三）科研项目
（四）获奖成果

（一）综述

以“创新驱动、转型发展”为行动方针，2012年科技委深入推进“十二五”科技工作，进一步汇聚市政府研究室、市政府研究中心及建设交通行业等各方专家力量，围绕城市空间布局、城市环境、城市基础设施、城市综合交通、城市管理信息化等问题，多层次开展各种层级的科技工作；针对本市建设交通领域的重点、难点和热点问题，进一步加大决策咨询工作力度、广度和深度，将决策咨询研究力度、政府智囊参谋作用提升到一个新的高度。

2012年课题研究：为探索适合上海建设交通行业发展新的机遇和模式，根据“十二五”规划的目标和发展方向，全局性、前瞻性地思考上海未来二十年的各种社会、经济与环境需求以及发展形势、发展方向与城市定位等问题，组织开展各种课题研究。从大型战略性综合性市级课题研究到紧扣行业实际问题的市建设交通委课题，再到立足本单位专业委员会专业特色的内部课题，科研工作形成了一个前所未有的规模。

2012年科研项目管理：2012年科技委科研项目管理工作的一个鲜明特色是本年度是市建设交通“十一五”重大科研项目以及一般科研项目的全面结题之年。完成结题之余，对“十一五”期间科研取得的成果、管理经验进行了系统的总结，对存在的问题提出了改进的建议，撰写了《“十一五”科研项目总结报告》，为科研项目管理与服务工作建立起了一套较为完备的规章条例，为进一步提高后续科研管理工作的质量做好了制度准备。

2012年获奖成果：2012年获奖质量和数量都有较大提升，12个项目获奖。科技进步奖一等奖数量大幅增加。

（二）课题研究

【概况】 2012年全年共完成决策咨询委托项目27项，其中决策咨询研究成果显著。具体表现在：1、组织开展大型市级课题研究。组织开展了《上海市城乡建设和交通2030年发展研究》课题的立项、开题等工作，从研究议题、研究人员组成、工作经费以及课题研究模式等方面作了详细的策划，对未来上海城市发展的前景和趋势做出预判，包括城市经济发展与对外关系、人口发展趋势与空间规划布局等。详细分析研究建设交通行业的重点任务，为政府管理部门科学决策、民主决策、依法决策提供依据和战略支撑。该课题被列为2012年度上海市政府决策咨询研究专项课题。2、参与市建设交通委和行业单位组织的课题研究。2012年，市建设交通委和行业单位开展了一系列课题研究，科技委全面参与了这些课题的研究工作，承担了《城市管理与社会管理有机结合综合研究》等委布置的重大课题，多次针对性地开展了调研工作。其中，赴南宁考察城市管理的专报得到建设交通委主任黄融批示。此外，科技委还承担了市海洋局等相关行业单位委托的课题研究工作。3、策划和推动科技委专业委员会的课题研究，完成《上海市基础设施维护情况调研报告（公路）》、《上海城市建设交通领域安全和风险防范研究》课题，同时新开展了《城市地下工程建设案例分析与事故防范》课题。上报《专家建议》8篇，其中《加快本市水资源的管理立法刻不容缓》的专家建议得到沈骏副市长批示。

2012年软课题研究一览表

1	《科技委建设交通行业中高端技术人才培训》研究
2	《上海市查处车辆非法客运规定》后评估研究
3	《城市管理与社会管理有机结合综合研究》
4	《上海城市建设交通领域安全和风险防范研究》
5	《上海市基础设施维护情况调研报告（公路）》

2012年专家建议

期数	名称
第1期	关于进一步增强上海水上危险化学品事故应急处置能力的建议
第2期	关于推进上海城市垃圾分类管理的若干建议
第3期	关于对上海地区住宅产业化建设的建议
第4期	关于城市网格化管理系统向城市综合管理深化建设的建议
第5期	关于重视外围大型居住社区基础性交通服务的建议
第6期	关于加强本市地下工程风险管控的几点建议
第7期	关于建立上海防灾公园体系的思考和建议
第8期	加快本市水资源管理立法刻不容缓

【城市管理与社会管理有机结合综合研究】 针对上海城市管理与社会管理结合的难点，课题从实际情况出发，提出了目前城市管理的8大顽症，并以实证的角度加以梳理和分析，对于问题的剖析为有关部门今后开展相应工作起到了积极的借鉴作用。课题在对策建议中明确提出“加强组织领导统筹，理顺部门职责，下沉管理中心，加强信息化建设，健全相关法制，发育社会组织”等方面的举措，为进一步推进城市管理与社会管理有机结合，加强各政府部门沟通协作创造了良好的条件，并对政府部门加快提高城市管理水平，开展相关工作起到一定的指导作用。

【上海城市建设和交通领域安全和风险防范研究】 课题重点调研分析了上海城市道路隧道消防安全、高层建筑玻璃幕墙安全和老旧厂房改造与结构安全，提出了相关对策及建议，对于其他城市建设交通安全管理具有借鉴意义。

1. 课题调研了上海隧道及地下空间规模及火灾风险、高层建筑面临的各类灾害风险、上海城市老旧建筑以及建筑工地安全现状指出：

1）2012年底上海将建成1~13号地铁线、总里程达到510公里，2公里以上城市道路隧道14条，中心城区11个大型地下空间综合体。调查分析表明，隧道及地下空间面临着多种灾害风险，其中火灾风险尤为突出，在全球范围内，地下空间火灾占到了事故总数的近1/3。上海在道路隧道火灾“测控防”方面存在盲点。

2）上海市各类高层建筑达1万余栋，其中100米以上的超高层建筑有400多栋，建筑数量已经远远超过中国香港，成为全球高层建筑数量第一的城市。调查分析表明，受限于当时的科技和认识水平，一部分1990年前建造的高层建筑没有做有效的安全防范措施，面临的主要灾害风险包括地震、火灾，以及近年来凸显的玻璃幕墙安全事故。

3）1991~2009年的近二十年间，上海全市共新建住宅32864万平方米，而以棚户简屋、里弄老式住房和老式公房三大类型为主的老旧房屋的建筑总面积达3100万平方米，占上海市住宅总量的6.2%。另外，上海共有130余处老厂房，集中在卢湾、黄浦、静安和长宁等上海中心城区。调查分析表明，老旧建筑和以城市老旧厂房改造为基础的创意产业面临突出的安全管理问题。

4）“十一五”期间，上海平均每年在建工地近8000个，建筑面积超过1亿多平方米，每年的工程建设安装投资超过3000亿元。调查分析表明，部分单位和个人违章违规施工、消防安全意识薄弱、防火自救能力低下，建筑工地存在较为严重的安全隐患。

2. 课题重点分析了上海城市道路隧道消防安全、高层建筑玻璃幕墙安全和老旧厂房改造与结构安全，分别提出了相关对策及建议：

1）建立完善的电器机械和设备安全管理检查体系；建立业余扑救队伍及火灾监测预警体系；大胆应用新技术、新产品，解决疏散问题；加强隧道防火设计审查，提高防火标准。

2）加快高层建筑幕墙安全监管相关法律法规的制定和完善；成立专项资金，大力扶持玻璃幕墙专业检测和维修机构；建立覆盖全市的“玻璃幕墙数据库”。

3）将老旧厂房改造纳入相关建设主管部门管理；进行创意产业建筑抗震、防火设计审查；定期检查创意产业建筑使用、维护情况。

3. 在上述研究成果的基础上，该课题针对目前实施上海轨道交通网络地震监测预警系统和增设上海老旧住宅防灾监控报警设施的必要性与可行性，开展了多次研讨，形成专家建议两篇。

总体上，课题针对上海城市建设交通领

域安全和风险防范进行了较为系统和深入的研究，对上海城市建设交通安全管理具有指导意义。

【关于上海城市基础设施（公路）维护情况的调研报告】课题围绕城市基础设施之一——公路设施情况进行了调研分析，上海公路设施目前设施量状况，报告指出，“十一五”以来，上海市公路设施量逐年增长，截止2010年末，上海市公路总里程达11973.988公里，公路网密度达188.864公里/百平方公里，国省干线公路和普通公路技术状况指数MQI分别达到94.08和86.74，优良路率分别达到97.10%和86.42%，路面使用性能指数分别达到92.08和85.91。分析了目前上海公路管理概况，分别对高速公路和普通公路运营管理模式进行了介绍，并围绕养护资金投入、管理队伍配备、管理依据等内容进行了分析对比，为发现问题提出对策提供了基础。对高速公路的养护管理进行了问题分析，提出了目前管理存在政府监管难、各项目公司之间协调难、经费短缺问题突出、法律法规不完善、部分高速公路路段路况差等问题；而普通公路则存在市区两级政府联动不够、区际联动协调发展乏力、市区两级事权分工职责不清、市级管理部门缺乏有效调控决策机制、养护市场化运作不规范、乡村公路养护问题突出等问题。针对目前上海公路管理存在的各类问题，提出合理的的政策管理建议，力求在大部制改革的契机下，围绕新的行业管理体制，建立科学的长效管理机制，为上海公路设施管理做出贡献。

总体上，本课题针对上海公路设施情况进行了调研分析，对完善公路设施管理、优化资金投入、建立长效管理机制具有较为重要的现实意义，为其他城市基础设施维护管理提供借鉴。

【加快上海市水资源的管理立法刻不容缓】借鉴国际上基于水敏感的低影响发展模式与最佳管理实践，如水资源丰富的加拿大对水资源管理采用的富水穷算、精打细算的理念，强化三条红线监督管理与节水型社会建设的要求，从法律法规上为实施最严格水资源管理制度的要求提供保障。具体建议如下：

1. 建立最严格水资源管理制度的监督考核机制。落实区县政府和用水企业应承担的相关监督与考核责任，提高全社会实施最严格水资源管理制度的责任意识。设立用水总量和排污总量的考核制度、取用水统计报表和监控制度、水源地和重点水功能区的水质监测制度等，强化对取水、供水、用水、排水全过程的计量、监测、统计与核算，提升水务公共服务和管理能力。

2. 为节水型社会建设提供法律保障。上海推进节水型社会建设成效比较显著。根据统计资料，至2010年底，上海已创建8家节水型工业园区、1家节水型农业园区、148家节水型企业（单位）、80家节水型学校（校区）以及76家节约用水示范小区和1265家节水型小区，在浦东新区国家级节水型社会建设试点的基础上，青浦区、金山区也成为国家级节水型社会建设的试点区域。但目前节水型社会建设试点工作的推动力主要依赖于政府主导，通过《上海市水资源管理条例》制订，应注意加强政府主导、市场调节和公众参与等节水型社会建设推进机制的进一步融合。

3. 持续推进节水型社会建设的关键在于制度建设和机制创新。建议进一步建立健全节约用水的激励与保障机制，依靠法规加强节水产品目录管理、建立高耗水、高污染、低附加值产业的淘汰机制、加强建设项目设计、施工和运行全过程中节水设施的监管、水平衡测试的评估以及取用水过程的计量监管，为逐步实现转变社会用水方式、影响公众用水行为的管理制度和激励机制提供法律法规支持。

4. 为有效利用雨水资源和非常规水资源提供原则规范。城市雨水资源利用可以减少面源污染排放、节约优质水资源、减小区域径流系数、降低区域洪涝风险，加强上海城市雨水资源的利用与管理，对减缓城市排水压力、减少雨季放江污染以及改善水环境，具有重要的现实意义，不仅是客观要求，也是必然趋势。建议在《上海市水资源管理条例》中，明确提出对雨水、再生水利用的激励机制和约束机制，规定必须和鼓励利用雨水和再生水的情形和环境条件，从法规上破解上海目前雨水资源利用推进过程中的机制滞后以及费用效益不合理等实际问题。

通过上海市水资源管理立法，统筹好水量、水质、水价之间的有机联系，将制度化的三条红线监督管理与节水型社会建设以法规的形式规范相关方的决策过程，以利于在源头影响规划、影响生产、影响布局，将节水型社会建设从产业节水层面全面拓展到社会节水层面。完善以总量控制与定额管理为核心的水资源管理制度体系以及相关的激励机制。

（三）科研项目

【概况】 通过密集的协调工作和严格的预验收与正式验收，对2012年科技委完成市建设交通行业“十一五”期间立项的所有25个重大及一般科研项目进行了结题验收，使“十一五”重大科研项目管理和服务工作圆满收官。此外，2012年完成的重大科研项目管理和服务工作还有：上一年度39项课题的中期小结和本年度新项目的申报受理、立项预审、过程管理、验收预审、年度总结等工作；建设部的33项新项目的申报；2012年建设部批复立项的27个项目的电子化输入上报；“十二五”地下空间等项目的预研究和建设交通“十二五”科技规划的编制等；2013年度科研项目的征集工作。

2012年完成“十一五”重大科研项目结题验收项目一览表

序号	项目名称	牵头单位
1	竹园第一污水处理厂升级改造污水处理工艺技术研究	上海市城市建设设计研究院
2	智能交通系统集成技术研究与应用示范	上海综合交通和智能交通学科研究中心 上海市交通信息中心
3	太阳能建筑一体化研究与示范工程	上海市建筑科学研究院(集团)有限公司
4	长江青草沙水库建设综合设计施工技术研究	上海青草沙原水工程有限公司
5	上海水源地藻类控制与治理技术研究	上海城市水资源开发利用国家工程中心有限公司
6	上海辰山植物园营建关键技术研究	上海辰山植物园（筹）
7	上海城市污染（受损）土处置与修复关键技术研究	上海岩土工程勘察设计研究院有限公司 上海市园林科学研究所
8	城市轨道交通减振降噪效果评估研究	上海申通轨道交通研究咨询有限公司 上海交大海科集团有限公司
9	软土盾构进出洞抗风险装置研制及应用	上海隧道工程股份有限公司
10	提高道路质量相关措施一期研究	上海市政工程设计研究总院
11	上海市脱硫石膏综合利用和安全处置实施方案研究	上海城建（集团）公司 上海市建筑建材业市场管理总站

（四）获奖成果

【概况】2012年共获奖项12项。1个项目获得技术发明奖；11个项目获得2012年度上海市科技进步奖，其中，一等奖5项，二等奖1项，三等奖5项。

奖项等级	项目名称	完成单位
技术发明三等奖	抗堵塞生活污水渗滤处理技术的开发与应用	上海交通大学 上海市政工程设计研究总院（集团）有限公司 宁波市洁源环保科技发展有限公司
科技进步一等奖	超大型复杂环境软土深基坑工程创新技术及其应用	上海建工集团股份有限公司 同济大学 上海市第一建筑有限公司 上海市基础工程有限公司 上海交通大学 上海长凯岩土工程有限公司 上海市第二建筑有限公司 上海市浦东新区建设（集团）有限公司 上海市第五建筑有限公司
	上海长江隧桥工程建设关键技术	上海长江隧桥建设发展有限公司 上海隧道工程股份有限公司 上海市政工程设计研究总院（集团）有限公司 同济大学 上海市隧道工程轨道交通设计研究院 中铁大桥局集团有限公司 中交第二航务工程局有限公司 上海城建市政工程（集团）有限公司 中交第一航务工程局有限公司 广东省长大公路工程有限公司
	广州新电视塔建造关键技术	上海建工集团股份有限公司 上海市机械施工有限公司 上海市第一建筑有限公司 广州市建筑集团有限公司 三一重工股份有限公司 上海建工材料工程有限公司
	上海地下空间信息基础平台及其关键技术	上海城市发展信息研究中心 上海博坤信息技术有限公司 上海市地质调查研究院 华东师范大学 同济大学 长宁区市政工程管理署 黄浦区市政工程管理署
	城市轨道交通高等级减振降噪集成技术与产业化应用	上海申通地铁集团有限公司 上海申通轨道交通研究咨询有限公司 中铁上海设计院集团有限公司 上海市隧道工程轨道交通设计研究院 隔尔固（青岛）振动控制有限公司 中铁一局集团有限公司 上海交通大学 同济大学 中铁上海工程局华海工程有限公司 中铁五局（集团）有限公司

奖项等级	项目名称	完成单位
科技进步二等奖	医废高温焚烧系统关键技术与工程示范	上海市固体废物处置中心 上海大学 同济大学
科技进步三等奖	既有城市道路隧道的诊断、整治与维护技术及示范	上海黄浦江越江设施投资建设发展有限公司 同济大学 上海市建设工程管理有限公司 上海市隧道工程轨道交通设计研究院 上海隧道工程股份有限公司
	城市轨道交通车辆关键部件及控制系统开发	上海申通地铁集团有限公司 同济大学 上海罗约电气科技有限公司 南车戚墅堰机车车辆工艺研究所有限公司 南京康尼机电股份有限公司
	城市轨道交通网络化乘客信息系统技术应用	上海申通地铁集团有限公司 上海市隧道工程轨道交通设计研究院 上海鸣啸信息科技发展有限公司 上海金陵时威科技发展股份有限公司 上海电科智能系统股份有限公司
	仿生空间多变异型曲面钢筋混凝土结构筒体群设计施工一体化技术研究及应用	浙江中成建工集团有限公司上海分公司 上海现代建筑设计（集团）有限公司现代都市建筑设计院 上海证大喜马拉雅置业有限公司
	城市生活垃圾集装化运输关键技术集成与示范	上海市环境工程设计科学研究院有限公司 上海环境实业有限公司 同济大学 重庆耐德新明和工业有限公司 南通中集特种运输设备制造有限公司

【超大型复杂环境软土深基坑工程创新技术及其应用】针对在复杂环境条件下施工的邻近保护建筑、历史建筑、地铁设施、地下管线、河道的软土深大基坑工程技术难度越来越大，环境控制要求越来越高的工程需要，该项目突破并形成了基于复杂环境的软土深大基坑集成技术，主要创新包括：

1、开发了基于专项控制指标要求的软土深大基坑分区设计技术，达到基坑变形、成本、工期综合指标控制要求，如基坑变成更小的控制目标。2、研究开发出一种基于激光测斜及液压自动调垂的钢桩柱施工控制技术、达到钢桩柱高精度定位的目标。3、形成了基于套铣工艺的超深地下连续墙施工新技术，达到超深地下连续墙穿越硬质砂层成槽困难及易于发生混凝土绕流的质量控制目标。4、创新了基于全过程远程监测监控及反分析的动态控制技术，达到施工全过程安全控制目标。

该项目获授权发明专利 8 项、授权实用新型专利 7 项；发表论文 18 篇；国家级工法 3 项；市级工法 3 项；主编参编规范 7 部；出版专著 2 部。经科技查新和专家验收结论为，“项目研究成果总体达到国际先进水平，部分达到国际领先水平”。成果已成功应用于上海淮海中路 3 号地块、上海静安嘉里项目、上海国金中心等工程，推动了我国地基基础工程的整体技术进步，取得了良好的经济和社会效益。

【上海长江隧桥工程建设关键技术】上海长江隧桥是G40沪陕高速的控制性工程，是世界上最大规模的公轨合建隧桥结合工程，全场25.5KM。针对工程建设中的关键技术问题，该项目组织设计、施工及科研单位进行联合攻关，取得了一系列创新成果：

1、开发了隧桥新型结构体系及其设计方法。2、构建了多功能隧桥防灾减灾核心技术。3、创建了超大盾构长距离连续掘进新技术。4、研发了跨江海新型桥梁施工及控制技术。

通过开展联合攻关，有力地促进了工程建设。隧道15m的断面直径和一次性推进7.5km创造了新的世界记录；公轨共面合建桥梁、全漂浮分体钢箱梁结构以及整孔预制安装105m梁等许多工艺均在行业内首次使用。

2009年10月建成通车，工程质量优良，节约投资10亿元。隧桥建设中取得科技成果，包括授权发明专利34项、实用新型专利21项、软件著作权19项、论文110余篇、专著7本、规范5部、工法11项等。科研成果广泛用于我国跨江海长大通道建设，提升了我国隧桥建设的科技水平，对行业的发展起到了积极的引领作用，是我国隧桥工程建设从大国走向强国的重要一步。推动了上海国际航运中心对苏北和山东半岛的辐射，促进了长三角一体化进程，取得重要的经济和社会效益。

【广州新电视塔建造关键技术】广州新电视塔是为2011年广州亚运会建造的标志性工程，塔高600米，为世界第一高塔。针对外形具有扭、偏、镂空等建造难题，该项目创造了多项世界建造记录。主要科技创新包括：

1、开发了超高、扭转、偏心、镂空钢结构综合安装技术。2、创新了超高椭圆变截面柔性核心筒建造模架技术。3、开发了工程装备超大断面面桩柱和超高核心筒结构混凝土施工技术。4、自助研制大型施工机械及工程装备技术。5、基于工程建设全过程的信息化控制技术、基于三维仿真的超高空大吨位天线桅杆提升技术、“阶段变形，逐环复位”为主要特征的安装技术、基于混合协同支撑系统的整日自升钢平台系统（并实现了竖向和水平结构同步施工）、基于“大爬距悬挂附墙支承系统”的重型塔吊外置吊杆式悬挂技术、基于链式抱箍承载的卫星式可拆装平台系统、38m回转半径壁挂式布料机装备等技术均为首创，部分技术达到国际领先水平。

该项目获授权发明专利6项，授权实用新型专利11项，软件著作权1项；发表论文30篇，专著3部；参编国家标准4部，行业标准2部，地方标准2部，市级工法2项。广州新电视塔工程节约资金7400万元。在2011年亚运会期间大放异彩，已成为广州城市新地标，推动了我国现代土木建筑工程技术进步，经济和社会效益显著。

【上海地下空间信息基础平台及其关键技术】针对建设地下信息平台涉及多种行业、专业，多技术难题，该项目建立上海地下空间信息基础平台，它汇聚地下管线、地下构筑物和地质信息等地下空间信息共享系统和应用。通过持续攻关和项目实施，取得系列创新成果：

1、研究提出了平台建设的基本框架和运行服务模式，完成了对各类地下空间数据建设技术方法的探索和实践。2、建立了平台数据建设和应用的标准规范体系以及系列标准。3、在地下构筑物三维数据模型、地下空间三维可视化和分析等平台建设所必需的关键技术研究上获得了重要突破，并开发了平台地下空间数据管理和多种分析应用的基本功能。4、完成了对上海地下空间信息基础平台建设技术路线、实施方法和工作模式的整体探索。

该项目获得国内发明专利2项，形成国家标准1项，地方标准1项，软件著作权5项。经科技查新验证，项目多项成果内容具有创新性，其中部分成果达到了国际先进水平。成果在市地下空间综合管理以及道路管线事故处理、防患排查和区道路养护、掘路审批、管工程等业务工作中得到了实际应用，取得显著的社会和经济效益。

【城市轨道交通高等级减振降噪集成技术与产业化应用】 针对目前轨道交通传统高等级减振降噪应用所面临的理论体系弱、设计效率低、非标产品多、质量控制难、施工周期长、效果评价缺失等难题，该项目形成了系统、完整的集成化技术，主要技术创新包括：

1、首次提出基于系统工程和RAMS规范为指导的轨道系统设计新方法并得到应用，发展和丰富轨道设计理论，促进行业设计发展。2、建立了具有国际先进水平并经实测验证的、更为完备的理论仿真分析体系，为设计优化提供重要手段。3、首次提出旋转基底、内置和侧置组合式创新设计方法，研发6项系列产品，为“模块化、机械化”施工、“简约化、快速化”维护奠定基础。4、首创“预制龙骨整日吊装”、“预制短板节段拼装”2项新工法，确保成品质量、改善作业环境和强度，较传统工效提高5-10倍，节省人工60%。5、首次提出“安全性、平稳性、功能性”为目标的从室内到现场系统而完整的评价体系。

该项目中申请发明专利10项，授权实用新型专利9项，发表SCI/EI论文7篇，编制行业及地方标准2项，企业标准5项，成果已推广应用至多座城市。近三年项目转化产值3.87亿元，取得显著的经济和社会效益。

【都市核心区大型地下快速通道建造关键技术】 该项目针对都市核心区建造大型地下快速通道前沿技术开展科研攻关，在大型地下快速通道施工、设计等方面取得重大突破。建立了一套以两项工法为载体，九项专利为核心的具有自主知识产权的超大型地下快速通道建造技术体系：1、首创都市核心区超大直径土压平衡盾构隧道施工成套技术，填补了中国在该领域的空白，确保了我国首条大型地下快速通道—外滩通道的顺利建成，实现了中国土压盾构隧道直径从7.54M向14.27M的跨越发展。2、首创都市核心区历史风貌建筑群分类分区域保护技术，保证了外滩通道沿线外白渡桥、万国建筑群、浦江饭店、地铁二号线的安全，解决了都市核心区建造地下快速通道时环境保护的难题。3、发明了为后续建设预留无障碍穿越条件的地下空间围护方法，为地下空间可持续建设提供了全新技术支撑。

获得授权专利6项（发明专利5项），发表论文40余篇，形成工法2项。成果达到国际领先水平。

研究成果已成功应用于上海外滩通道、迎宾三路隧道等重大工程，为国际大都市核心区复杂环境下进行大型地下快速通道建设树立了典范。新增产值13.55亿、利税1.13亿。培养了中国第一批超大型土压平衡盾构隧道建造人才，标志着中国超大直径土压平衡盾构隧道施工技术跻身国际领先行列。

（黄兴英）

十八、区县建设

编者按：本栏目选录各区城市建设和管理政府机构年终报告，按实际情况，略有删选。

(一) 黄浦区
(二) 静安区
(三) 徐汇区
(四) 长宁区
(五) 普陀区
(六) 闸北区
(七) 虹口区
(八) 杨浦区
(九) 浦东新区
(十) 闵行区
(十一) 宝山区
(十二) 嘉定区
(十三) 青浦区
(十四) 松江区
(十五) 金山区
(十六) 奉贤区
(十七) 崇明县

（一）黄浦区

黄浦区建设和交通委员会

2012年，区建设交通委在区委、区政府的正确领导下，以邓小平理论和“三个代表”重要思想为指导，深入贯彻落实科学发展观，全面落实党的十七大、十八大和十七届历次中央全会及市、区党代会等重要会议精神，紧紧围绕“整合提升、创新发展，传承经典、打造精品”工作主线，以创先争优和“作风建设年”活动为载体，加强党的建设，积极应对和克服动迁宏观政策调整、机构撤并等因素影响，加快干部队伍“三个融合”，团结带领广大干部职工解放思想、真抓实干，心无旁骛、攻坚克难，全力以赴推进旧区改造、重大工程建设、建筑市场整治和民生实事项目等各项重点工作，为促进区域经济社会平稳较快发展和维护社会和谐稳定作出了积极贡献。

（一）旧区改造和重大项目建设稳步推进

2012 年，区建设交通委紧紧围绕保障和改善民生的发展主线，聚焦重点项目建设，以“三个一批”为抓手，全力以赴推进旧区改造和重大项目建设。

1. 旧区改造任务全面完成

2012 年，区建设交通委紧紧围绕“确保 3000 户、力争 5000 户”的总体目标，聚焦重点，迎难而上，在房屋征收新政背景下，开拓并创新了旧区改造推进的新局面。全年完成旧改签约 5118 户，拆除各类旧房 13.08 万平方米，其中二级以下房屋 6.12 万平方米，通过各种形式的旧区改造消除老式马桶 7500 只。全面完成区委、区政府年初确定的各项旧区改造指标。具体工作从以下几方面展开：

一是管理机制进一步理顺。年初成立了旧区改造工作领导小组，稳妥推进 5 个征收事务所挂牌，理顺管理体制机制，召开了全区旧区改造工作推进大会，明确本区旧区改造工作的总体要求和工作目标，为旧区改造顺利打开局面提供了明确的方向和坚实的队伍以及机制保障。

二是启动地块顺利生效。露香园路地块、116 地块（西块）两个旧改地块于今年年初在全市率先启动后，第一轮征询居民同意率分别达到 98.02%、98.46%，实现了良好开局。7 月 16 日两地块第二轮征询正式启动，其中 116 地块（西块）次日凌晨签约率已达 80.10%，附带生效条件的补偿协议当即正式生效；露香园路地块在 10 月 29 日晚，完成居民签约 4053 户，在不到 4 个月的时间内也提前达到了规定的签约比例 80%，该旧改地块的居民安置补偿协议也正式生效。

三是收尾地块平稳推进。以“收尾一批”为抓手，全面推进 10 个收尾地块征收进度。完成龙凤地块（13 号线淮海中路站）、区医疗中心、127 街坊、中华路环城绿带等项目收尾。董家渡 13B、15B 地块等一批面上旧改地块也克服困难积极推进。董家渡 2 号地块、67 街坊等准备一批项目也在有效推进。

2. 重大项目建设稳步实施

2012 年，区商业商务重大项目开工面积 44.3 万平方米，竣工面积 19.5 万平方米。在“三个一批”重点项目中，外滩国际金融服务中心 8—1 地块、中电科技上海大厦等 2 个项目开工，华丽家族俊庭、益丰大厦、洛克外滩源老建筑部分、瀛通绿地大厦等 4 个项目竣工。SOHO 外滩（204 地块）、金外滩国际广场、163 地块、企业天地二期（126 地块）、复兴天地中心（43 街坊）等重点商务楼宇项目正在稳步推进中。轨道交通十三号线淮海中路站在施工期间周边居民的过渡工作也取得较大进展，自 6 月 19 日居民过渡工作拉开以来，247 户居民搬迁过渡工作共完成签约 191 户，占居民过渡总户数的 77.33%。

3. 社会稳定总体受控

以“化存量、控增量、减非访”为抓手，毫不放松地抓好维稳化解工作，在做好现阶段稳控、确保社会平安的同时，抓住时机，寻求突破，努力化解历史遗留矛盾和近两年强迁矛盾。全年共受理信访 707 件，接待来访居民 1576 批次，接电话来访 85 人次，充分发挥了信访工作在维护社会稳定、推进全区旧改中的积极作用。同时，在全国“两会”、市党代会及全国十八大期间平稳完成了稳控任务，未发生因动迁信访问题引发的重大群体性事件和恶性事件。

（二）建筑市场整治工作深入开展

区建交委始终坚持“以人为本、管建并举、管理为重、安全为先”的工作方针，积极构筑建筑市场常态长效机制，强化工地质量安全管理，推进文明施工建设，全力以赴抓好安全生产，确保黄浦区建筑市场有序发展。在2012年连续五次建筑工地文明施工指数测评中，黄浦区在全市17个区县中均名列前茅，说明黄浦区在整顿规范建筑市场、构建长效管理机制方面取得了成效。

1、巩固整治成果，深入开展建筑市场整治。

“撤二建一”之后，及时合并和调整区整治建筑市场领导小组及办公室，深入开展建筑市场各项整治工作，做到“三个强化”：一是强化法规宣贯。分期开展区建筑市场法律法规宣贯大会，特邀多位专家组织区属城建口、建管部门和在建单位负责人进行培训，同时整理归纳建设行业的相关法律、法规，分类汇编成册并下发，大力提高法规宣贯力度。二是强化执法检查。通过开展各类工程质量检查、多次联合执法检查以及玻璃幕墙、监理、经营行为专项稽查等各类检查，突出重点环节监管，大力确保工程质量安全推进。三是强化整改落实。针对在各类检查中发现的问题，严格要求责任单位限期整改；对违法违规行为及时发现和严肃处理；对被检工程进行检查结果排名并通报全区，奖优治劣。

2、狠抓安全监管，确保安全生产总体受控。

以建立健全安全生产控制指标体系为抓手，细化工作目标，落实安全措施，构筑黄浦区安全监管长效管理机制。一是强化施工企业安全生产主体责任，层层落实《关于实施上海市建筑施工企业负责人及项目负责人施工现场带班制度的通知》，进一步明确施工企业负责人带班的各项责任。二是建立健全施工现场质量安全保证体系，落实“四级管理责任网络”，实行“三检制度”，提升区内安全管理水平。三是对存在安全隐患或发生事故的工地，通过约谈方式，督促事故责任单位认真吸取教训，严肃查处相关单位和相关责任人，切实落实防范和整改措施。

3、创新管理服务，提升建管部门行政效能。

以分级分类管理体制实施为契机，加快建筑业建管力量的整合和融合，完成了区建管部门“撤三建三”工作调整，梳理整合管理流程，进一步提升行政效能。一是强化窗口受理工作。在“场所标准、行为规范、业务标准、程序标准”达标的基础上，深入探讨窗口受理工作具体内容和流程，综合两区优势，对项目联审、现场踏勘、发包过程监管等做法进一步研究落实。二是强化市场和现场的联动监管。及时沟通市场、现场信息，切实减少违法发包行为，将行政处罚同单位投标、安全生产证申办、资质升级管理联系起来，实现现场和市场的联动监管。三是强化三项服务措施。本着“对内规范受理，对外加强服务”的原则，进一步规范建筑市场参与各方的经营行为，深化工程项目受理“事前”、“事中”、“事后”三项服务，指导帮助建设参与各方能及时、有效、规范的办理建设相关手续，促进区域经济发展。

（三）以人为本，尽力而为，稳步实施民生实事工作

1.解决百姓急、难、愁、盼等民生实事问题及变电站建设工作

2012年，区建设交通委积极克服组织机构调整、资金批复较晚等不利因素，稳步推进实事项目建设进度。巨鹿路、肇周路、制造局路、徽宁路、普育西路等5条道路积水点以及瑞金二路410弄、重庆南路26弄、30弄、陕西南路63弄、永年路171弄等5条弄堂的积水点改善项目工程全面完成。瑞金二路局部整治工程工程完工，有效缓解了瑞金医院门口的交通拥堵情况。人行护栏工程、下水道专项工程和消防栓更新改造工程全面竣工。

变电站建设工作方面，积极协调电力部门和开发商推进规划110KV福州变电站、海

潮变电站方案设计和协议签订工作，积极推进建设范围内动拆迁工作。规划110KV大林变电站土建工程施工基本完成。

2. 着力提高智能交通管理水平

2012年，区建设交通委坚持一手抓两区静态交通管理对接、一手抓智能交通建设，努力提升城区智能交通管理水平，为市民出行提供便捷、和谐的交通环境。一是完善机构，实现平稳对接。“撤二建一”后，对全区公共停车场（库）、闲置工地、待开发项目等情况作了全面梳理和调研，制定出台了符合本区特点的静态交通管理工作方案，成立了区静态交通管理领导小组及办公室，落实了区停车规划专项资金，为新黄浦区的静态交通工作打下了坚实的组织保障。二是管建结合，改善停车环境。根据中心城区的特点，以公共停车规范达标创建工作和企业诚信考核工作为契入点，加强辖区内公共停车场库和道路停车场管理的检查和考核，大力规范企业的经营行为，有效改善黄浦区公共停车场库的停车环境。根据停车场（库）属地化管理试点要求，严格新建项目停车场的审批工作，加大新建停车场库的泊位数量，同时利用闲置土地开辟临时停车场，着力缓解中心城区停车压力。全年完成方案审核、扩初审核5件、完成验收7件，开辟临时公共停车场4处，增加专业公共停车泊位达400余个。三是科技创新，提升管理效能。积极协调区发改委和区财政等部门，推进黄浦区停车诱导系统整合项目，牵头建设区停车智能服务网站，基本完成了太平桥车库库内诱导、停车预约、反向查询的综合示范工程。同时大力推进停车库LED节能改造、道路停车移动式“咪表”等科技创新技术，协调推进公交146路到站信息服务，探索缓解交通拥堵新途径。

3. 完成“两会”意见提案办理和信息公开工作

2012年区建设交通委共收到区“两会”期间办理件39件和会后件2件，其中，区人大代表书面意见10件（主办9件，会办1件），区政协委员提案31件（主办15件，会办16件），市人大代表书面意见13件，已全部按要求办复，实现了办复率、走访率、满意率三个100%工作目标。全年接受市民咨询864次，主动公开政府信息149条，受理信息公开申请27件，全部在规定的时间节点内完成答复。

4. 防汛防台工作经受严峻考验

为扎实做好新黄浦区发展开局年的防汛防台工作，区建设交通委作为全区防汛工作牵头部门，主动防御，积极发动，周密部署，细致分解责任，协调、调度全区防汛力量，大力提高新黄浦区城区抗汛能力，保障城市安全运行。在2012年夏天122天的汛期中，共计响应了市防汛指挥部发布的20次防汛防台预警（红色1次，橙色5次，黄色7次，蓝色7次），经受了5次台风、4次天文高潮位、数次大暴雨和强对流天气的严峻考验，全区未发生人身安全及财产损失事故，未发生道路和街坊严重积水情况，整个城区运行安全有序，全区平稳度过了新黄浦区的首个汛期。

5. 直属事业单位调整和政企分开工作有序推进

一是稳妥推进事业单位调整。原两区市政部门“撤二建一”和建管部门“撤三建三”工作基本完成，内设机构和人员配备调整就绪，工作不断不乱、稳步开展。二是有步骤的展开政企分开工作。2012年，区建设交通委在完成与房地产相关的企业脱钩后，又启动了与动拆迁业务相关的公司政企分开，安佳公司及高城公司已整体划转至中城集团。

黄浦区绿化和市容管理局

2012年，在区委、区政府的坚强领导下，在市绿化市容局的精心指导下，在全局干部职工的共同努力下，区绿化市容局紧紧围绕“三个确保”的目标要求，以落实“作业标准化引领市场，管理精细化扮靓市容，服务人性化惠及市民”为发展方向，聚焦重点，突破难点，打造亮点，实现了重大活动保障有力、绿化市容景观优美、行业发展和谐稳定、两局融合稳步推进，绿化市容管理水平继续在全市保持领先。

一、科学规划，精心实施，绿化景观面貌进一步提升

坚持科学规划，精心实施，全力推进绿化建设与管理，努力提高绿化品质、提升景观品位、提振服务品牌。

稳步推进绿化建设工作。一是坚持规划先行。梳理整合新黄浦绿化“十二五”规划，明确区绿化发展的总体目标和主要任务。根据市、区领导关于外滩绿地调整改造及音乐厅露天广场扩容的指示要求，完成外滩绿地总体调整改造设计方案及音乐广场改建设计方案；完成“云南馆”景观小品建设选址，形成设计方案；完成人民路露香园公共绿地设计方案、项目立项；完成西藏路大吉路公共绿地施工招投标及建设项目施工许可证的办理工作。二是精心组织实施。圆满完成“春之声”广场音乐会的环境保障及南京路好八连雕塑绿化配套建设；成功改建外滩花墙，为百年外滩增添了一道靓丽的风景线，得到市、区领导和市民游客的一致好评；成功举办江浙沪六城区绿化工作研讨会，为交流借鉴绿化发展中的新理念、新工艺、新技术搭建了良好的互动平台；超额完成年度绿化建设任务，共建成绿化40162平方米，其中，建成隧道复线公共绿地3093平方米，明日星城二期配套专用绿地24869平方米，屋顶绿化12200平方米。三是打造园艺特色。完成南园草趣园扩建、郁金香花卉及菊科植物花卉布展工作；运用土壤改良、品种更新、智能喷灌等手段，着力打造复兴公园玫瑰特色园；科学选择花木，精心选址，完成人民公园百花园海棠特色景点种植，进一步形成了公园特色景观。

有效加强绿化养护管理。一是认真做好节日花卉景观保障工作。圆满完成春节、五一、十一、十八大等重大节日、活动的花卉景观布置工作。国庆节、十八大期间，在全区布置主题景点14处、花坛花境20560平方米、灯杆花柱花球840组、花树11组、花塔5组、容器花卉近2000组，用花量达140万余盆，营造了优美喜庆的景观氛围。在2012年上海植物园花展中，区绿化市容局参展作品“爱之源”荣获展会最高奖项--园艺金奖。二是深入推进植物调整及行道树养护。完成广场公园L3绿地6000平方米的植物群落密度调整与功能提升工作，率先建成全市性示范点；成功创建建国中路、建国西路、思南路等七条林荫道，使黄浦区林荫道总数达九条，居全市区县之首；保质保量完成了10000余株行道树冬季修剪工作，并根据季节特点，按计划完成行道树的修剪、剥芽等工作。三是不断提升公园服务效能。开展了喜迎人民公园建园60周年系列庆典活动，完成安全监控设施安装、五号门改建等公园基础设施建设；完成复兴公园百年展示馆内外部装饰，并启动室内布展工作，努力以新能源、新技术展现百年复兴公园风貌；为10座延长开放时间的公园添置和更换灯光设备，确保游客游园安全。四是加强土壤改良和病虫害防治。制定公园绿地行道树土壤改良施肥计划，完成辖区内15000平方米花坛花境的土壤施肥，有效改善土壤结构；及时拔除病原体，并对花坛土壤和周边植物进行喷药处理，杜绝病虫害的蔓延，确保植株长势良好。

积极推动群众绿化工作。一是精心组织开展植树节系列活动。成功举办区四套班子植树节植树活动及“低碳林”揭幕仪式，在全区5个宣传点同步开展形式多样的全民义务植树宣传活动，积极开展古树名木、绿地树木认建认养活动，共有91家单位集体、284人参与认建认养，营造了全民参与的良

好氛围。二是加强社会绿地监管。督促社会绿地业主单位做好绿地养管工作，与区城管执法大队密切配合，加强绿化违法事件的调查和双向告知处理，适时对复兴小区、南车站路192弄小区绿化进行调整，群众绿化监管工作得到加强。

全面做好野生动物保护工作。一是广泛开展野保宣传活动。组织开展以“爱鸟护鸟观鸟，共享自然之美”为主题的“爱鸟周”宣传活动，指导野保特色学校开展野生动物保护主题教育活动。二是加大巡查检查和执法力度。按照全市统一部署，多次与市、区有关部门联动，对区内野生动物保护的重点区域经营市场开展了象牙制品突击检查、蛇蛙类动物整治等联合执法检查，取得了较好的社会效果。

二、突出重点，强化治理，市容环境保障能级进一步增强

聚焦重点区域、重大活动和重要节点，开展龙年系列整治行动，圆满完成迎国庆、十八大等重大节日、活动及强台风“海葵”期间的市容环境保障工作。

加强道路环境综合治理。结合市局开展的道路洁净工程，开展“龙年一号”道路环境整治行动，综合应用人扫、机扫、冲洗、飞行保洁等保洁法，形成“条块结合、重点突出、兼顾一般、各工种无缝衔接”的综合保洁模式。对2011年创建达标的135条洁净道路进行复检，并按照创建标准要求，进一步深化道路洁净工程，着力巩固完善重要风景区特色保障模式，拓展道路绿化一体化保洁方式，完成全区70%道路的洁净工程创建，道路保洁水平不断提升。

着力提升文明公厕创建水平。围绕文明公厕创建达90%以上的目标要求，以“龙年二号”公厕整治行动为抓手，对公厕环境、服务质量等开展专项治理。在全区公厕推行“五个统一”，即统一公厕硬件设施、统一安装便民服务箱、统一安装求助呼叫器、统一宣传牌、统一公示牌，为85座公厕安装了152个求助呼叫器，更新公厕宣传牌、公示牌各100块，获得了良好的社会效应。《解放日报》、《新民晚报》、《黄浦报》等多家媒体都对区绿化市容局精细化、人性化公厕服务进行了宣传报道。在全市上半年文明公厕社会满意度测评中，黄浦区公厕管理水平继续名列前茅。

健全完善环卫设施设备体系。开展“龙年三号”夏季环境整治行动，对与居民生活环境密切相关的环卫设施、环卫车辆开展专项治理。按照规范程序，推进环卫设施设备改造工作，全年累计更新机动车25辆，电动三轮车25辆；改建和大修公共厕所6座，道班房2座，整修垃圾箱房380座次，新建倒粪站1座，为1处倒粪站安装除臭装置；新建、更新小压站5座，大修各类环卫车辆5辆，为日常环卫作业提供了强有力的设施保障。

全面做好安全生产及防汛防台工作。以开展“清剿火患”战役和“安全生产月”活动为契机，加强《上海市安全生产条例》培训，开展大型货车安全整治及消防演练，落实各类安全隐患的整改，确保消防安全和生产安全。积极开展防台防汛应急演练和事前防范，在强台风“海葵”期间，共出动抢险人员4200多人次，处理倒伏、倾斜树木208株，疏通道路两侧的沟眼5688次，确保了台风期间安全有序、无事故。

三、精心组织，扎实推进，市容管理与服务进一步优化

深入推进绿化市容管理工作，坚持践行低碳环保理念，推行市容环境精细管理，不断加强难点顽症治理，为民服务水平持续提升。

扎实开展“三走”活动。7月至9月，结合作风建设年活动，开展了以“走出去、走进去、走下去”为主要内容的“三走”活动。全局上下秉承“以成效兑现承诺，以诚意赢得满意”的活动宗旨，按照“意见征询、

整改反馈、巩固提高”三个阶段的实施要求，切实加强组织领导，细化活动方案，实施领导包案、“五定”、跟踪督办等多项工作制度，认真落实措施，确保工作实效。期间，全局共2235人参与“三走”活动，共走访189个居委、754个小区，共收集各类意见建议444条，已整改261条，列入整改计划的120条，不具备解决条件、需作解释说明的63条，固化了定期走访联系、内部沟通反馈、组团式服务和课题调研四项工作机制。通过“三走”活动的开展，既找准了问题，凝聚了人心，又转变了作风，促进了发展。

深入推进垃圾分类减量。按照市政府实事项目要求，围绕人均生活垃圾处置量以2010年为基数再减量5%的目标，扎实推进“大分流、小分类”工作。一是不断完善“大分流”专项收运系统。落实专项收运举措，加强设施改造，不断完善餐厨垃圾、建筑垃圾、枯枝落叶等专项收运系统建设。共专项收运餐厨垃圾2.1万余吨，暴露垃圾6.2万余吨；同时，充分挖掘渗沥液排放减量潜力，日排放渗沥液20余吨，扎实完成年度减量指标。二是有序推进生活垃圾“小分类”工作。主动牵头，联手区妇联、文明办、街道等部门，制定《黄浦绿化市容局2012年垃圾分类减量工作实施方案》。在巩固2011年130个居民区垃圾分类试点经验基础上，根据市局要求，全面启动六类场所117个试点区域的垃圾分类工作，全年共开展25个专场1603人次的垃圾分类培训，发放《黄浦报》垃圾分类专版6万余份；共投放收集容器2.1万余只，免费发放垃圾分类袋6500余万个；新增2个电子垃圾回收和13个废旧衣物专项回收点，共专项收运厨余果皮1252.2吨，玻璃61.2吨，有毒有害垃圾3.4吨，废旧衣物18.6吨，可回收物101.8吨，有效促进了生活垃圾减量化、无害化、资源化。

大力推进难点顽症治理。一是加强渣土运输的源头管理。严格专营企业的管理，积极筹备并完成今年渣土专营单位的招投标工作，加强运输全程监管，取得实效。路统公司、建南公司全年完成150余万土方量的运输处置，实现了国有资产的保值增值；重点加强对18个出土工地的日常监管，确保车容整洁，杜绝车辆超载污染周边环境问题发生。二是规范废弃食用油脂管理。通过收运单位比选，管理单位、管理模式统一等措施，全面推进废弃油脂申报与管理。与区食安办、城管、街道等部门协作，成立联合整治队伍，加强对餐饮单位的专项整治工作。全年发放告知书3020份，1678家餐饮单位中有1651家完成废弃油脂申报，申报率达98.4%，共收运废弃油脂1795.7吨。

不断提升管理服务水平。一是圆满完成“两会”意见、提案办理工作。加强组织领导，落实办理责任，采取两次答复方式，按时圆满办复区“两会”书面意见和提案24件、市“两会”意见和提案11件，其中主办件解决采纳率达94%以上。二是进一步加强网格管理工作。梳理整合街道管理所职能，深化拓展“五定四清”管理模式，推出“一所一品”创建工作。将质监中心面上巡查检查与街道管理所块上协调服务相结合，不断提升网格精细化管理水平。三是高效处理市民投诉。按照“三个二”投诉受理要求，规范及时受理各类投诉，共受理市民投诉715件，受理城管通案卷9156件，受理市局移送“夏令热线”133件，“阿”字热线受理居民投诉177件，所有投诉件均做到了快速处理、及时反馈。四是规范日常运作管理。进一步规范行政审批工作，坚持完善信息公开制度，确保管理服务规范高效；对各单位固定资产进行全覆盖式盘点，确保固定资产帐卡物均相符。五是以科技化、信息化推动管理转型。根据局信息化建设现状，加强调研分析，完成局电子政务基础建设工程项目的方案编制、招投标并正式启动建设程序；完成2013年车载指挥调度监控系统（二期）和生活垃圾减量数据分析系统的规划设计工作。

四、以人为本，加强融合，确保行业和谐稳定

两区"撤二建一"以来，区绿化市容局坚持以人为本，融合提升，积极稳妥推进两局合并，加强信访维稳，确保绿化市容行业和谐稳定发展。

稳步推进"撤二建一"相关工作。一是主动配合做好机构职能划转工作。按照区委、区政府要求，3 月 1 日起，原卢湾绿化市容局下属灯光景观管理所、各街道市容协管队整建制划归区市政委，原卢湾非机动车管理职能也一并划归。严格按照规定，完成干部调动、职能移交等工作，确保了各项工作不断不乱。二是平稳推进科室调整及部分事业单位合并。完成机关科级干部调整、科室设置及科室人员的调整工作。圆满完成原两局绿化署（所）、市容环境质量监督中心合并工作，实现了统一领导，统一场所办公。

加强职工队伍关心培养工作。一是组织安排企事业单位人员疗休养。认真组织落实企事业单位在职职工疗休养工作，享受疗休养和健康体检的在职职工达 4000 余人，为企事业职工身心健康提供了良好保障。二是调整规范事业单位退休人员补贴标准。按要求对退休职工档案资料进行核对，共对 2756 名事业单位退休人员进行了补贴规范与发放工作。三是健全企业职工工资正常增长机制。按照市统一要求，认真落实一线环卫职工最低工资增长及沪籍职工增资工作，同时为 4368 名环卫一线职工提高了岗位津贴。通过调研分析，制定企业职工工资福利发放办法，基本规范统一了企业职工收入标准，确立了企业职工正常工资增长机制。四是加强职工技能培训。组织丰富多样的专业技能培训，积极参与市局组织的技能比武，荣获"2011 年度上海市绿化环卫行业职业技能竞赛优秀组织单位"称号，14 位个人分别获得单项前五名，4 位个人荣获"2011 年度上海市绿化市容行业技术能手"称号。

认真做好信访维稳工作。组建维稳领导小组和工作组，与各基层单位签订信访稳定责任书，在认真做好行业内部信访稳定工作基础上，承担起延中三期上访对象的矛盾化解工作。对重点去京上访对象实行领导包案制，组建 6 人小组，定期进行一对一约谈；局领导带头到区信访办轮流接访，机关干部在局机关轮值接访。全年共接访 494 人次（其中区信访大厅接访 368 人次），来信处理 85 件，网上信访 18 件，按时办结率达 100%，确保了国庆、十八大期间无进京上访，得到领导肯定。

（二）静安区

静安区建设和交通委员会

2012 年是建交系统整顿规范建筑市场、全面加强城区公共安全监管的基础管理年。在区委、区政府的坚强领导下，区建交党委、区建交委认真贯彻区第九次党代会精神，紧紧围绕"建设国际静安，构建和谐家园"的目标，牢牢把握"开放促发展、法治筑和谐"的主基调，深化改革、完善制度，推动系统各项工作平稳有序规范有序推进，为黄浦区城区建设和管理工作奠定了良好基础。

（一）建设行业管理基础进一步夯实

优化调整行业监管机构。推进建设工程和建筑市场监督机构的优化调整，将原"一站一所一办一中心"（安质监站、建管所、招投标办、建筑建材业受理服务中心）整合为"区建筑建材业管理署"，落实人、财、物，并及时补充监管队伍，优化人员结构。

分类分级管理体制初步建立。深化行政监管全覆盖工作机制，进一步明确新改扩建设工程、住宅修缮工程、拆除工程、城市维护项目和市政设施养护类项目的监管分工。

继续巩固区整治办联合检查、执法、整治的工作机制，积极发挥各专业监管部门、街道和社会监督的合力，初步建立起区域分级分类管理体制。

有形市场建设更加规范。以标准化建设为抓手，加强有形建筑市场硬件建设、流程梳理和内部管理，顺利完成了受理场所、受理行为、受理流程和受理业务四项贯标。落实招投标监管“四个严格”，即严格招标申请审核、严格招标文件备案、严格投标报名监督、严格开标、评标现场监督。并结合黄浦区实际，探索建立了现场踏勘信息反馈、开标前现场检查和回标分析审核三项新制度，严厉打击虚假招标、围标串标、应招未招、先开后招等违法行为。

工程质量安全总体可控。严格建设程序履行和资质资格审核，强化质量安全监管，推进安全质量标准化达标考核，督促参建各方切实履行主体责任。以日常监管为基础，以各类专项行动为载体，持续开展隐患治理，保持高压态势，巩固整治成效，大幅提升了黄浦区文明工地水平。

（二）有效推进民生工程

旧改体制机制进一步理顺。严格执行旧改新政，将区旧区改造管理办公室更名为区旧区改造暨房屋征收与补偿管理办公室，除了原先承担的旧区改造等职能外，还统筹协调全区房屋征收与补偿工作，并进一步充实内设机构。在各旧改项目上设立指挥部，并推动3家区属集团公司各自组建了房屋征收事务所。

旧改征收补偿工作全面拉开。有序启动67成片街坊、淮安路686号零星地块以及恒丰路消防站等3幅地块的房屋征收与补偿工作，全年共完成居民签约2303户。

结转基地收尾工作完成目标。平稳实施8件司法强制执行，完成54-G、地铁12号线南京西路站、胶州路838地块、西康路588号、北京西路777号等5幅地块收尾工作。

旧改维稳确保一方平安。已化解历史遗留矛盾2件，协助其他责任单位化解历史遗留矛盾3件，信访终结11件。全年受理来信285件，办结率100%。同时，积极组织、发动相关部门和企业，强化动迁维稳长效管理机制，确保了重大节点的社会面稳控。

旧改资金房源保障有力。加大统筹协调力度，积极克服政策调整和融资困难的不利因素，认真做好房源、资金等各项推进保障工作。通过积极申请区级财政和中央补助城市棚户区改造专项资金等手段，确保旧改资金到位。通过争取增补房源额度、盘活存量等方式，共筹措了约6000套房源，确保了新拉开地块房源配备足额到位。

（三）重大工程建设取得重大进展

政府投资项目管理机制大胆探索。不断完善《静安区政府财力投资项目代建管理办法》，建立起了以目标责任制、风险索赔制和履约担保制为主线的建设工程动态控制模式，提高了政府投资项目管理的专业化和规范化水平。

行政审批制度改革全面实施。集中精力抓行业管理，全力推进本区建设工程领域行政审批制度改革，认真开展建设工程设计文件审查和竣工验收备案改革工作，将初步设计审批和施工图审查合并，由原多头征询、串联审批变为一口受理、并联审批。积极牵头协调相关部门、细化操作规程，落实收件窗口，强化监管职责，提高了审批效率。

服务企业的机制初步形成。积极探索重大工程社会矛盾化解机制和重大工程安全生产协调机制，督促相关在建工程全面落实了“一评两测四方案”，确保了区域工地和谐稳定。

民生工程加快推进。稳步推进市西中学改扩建工程、社会组织服务中心装修工程竣工。加快启动恒丰路消防站、区法院审判庭、老年健康中心、老干部活动中心及党校等代建项目的前期工作。全力配合相关部门，积极推进地铁12、13号线站体以及60号地块涉及地铁建设地下工程部分项目的建设。

楼宇经济载体建设取得重大突破。静安寺交通枢纽综合项目、华敏帝豪、嘉里商务中心北块按节点顺利竣工，拓展了区域经济载体体量。坚持依法合规、优质安全和社区和谐的原则，有序推进了大中里、南京西路688、协和二期北块等重大国际商务港载体项目建设。

（四）基础保障工作再上新台阶

市政基础设施建设进展平稳。稳步推进胶州路（武定路—安远路）道路及下水道大修项目。完成西康路（北京西路—南京西路）大修等市政项目工程。完成武定路（延平路—万春街）等7条道路的重点养护工程。认真做好专业街等道路的设施养护，保持常态优良。

防汛节能等工作有序推进。做好汛期应急处置工作，有效抵御了“海葵”等台风的影响和多次暴雨侵袭。协调推进本区静态交通的规划、建设和管理。积极参与“东方—2012”交通战备演习活动，推动本区战时交通战备平战体制转换工作。开展交通运输领域相关整治工作。完成7.2万平方米的既有居建和8.4万平方米的公建改造任务。完成旧住房综合改造历史遗留项目的正常结算工作。积极推进12345市民服务热线，及时解答、受理、办理市民对区域建设和交通方面的咨询、投诉、求助和建议。

（五）党建和作风建设进一步深化

学习贯彻十八大精神。围绕打造国际静安、和谐静安的大局，组织开展了形式多样、内容丰富的学习活动，将学习贯彻十八大精神宣传引向深入，形成持久、浓厚的舆论氛围，增强了系统各级党组织的创造力、凝聚力和战斗力，提高系统党员干部推进建交事业科学发展的能力和水平。

干部队伍建设不断加强。全面准确贯彻民主、公开、竞争、择优方针，完善竞争性选拔干部方式，提高选人用人公信度。加大干部培养和交流力度，严格规范干部选拔任用工作。健全干部管理机制，加强关键岗位干部培养选拔，优化事业单位领导班子配备和干部队伍结构，注重从基层一线培养选拔干部。

廉政教育防范不断深化。认真贯彻落实党风廉政建设责任制，继续扎实推进工程建设领域突出问题专项治理工作。进一步完善了“三重一大”等党内决策和监督制度，加强基层党建和党员干部教育。以依法行政、安全生产为聚焦，全面梳理并完善各项内部管理制度，提升制度化、规范化管理水平。

机关作风建设深入开展。在全系统开展了机关作风建设大讨论活动，有效提高了思想认识，完善了各项管理制度。加强对干部的作风和效能考核，推进系统行风、政风和党风建设。加强基层党组织基础建设，做好全系统基层党组织分类定级工作。不断深化党员联系群众、服务社会主题实践活动。推动创先争优常态化长效化，推进学习型党组织建设。

项目党建联建全面启动。积极拓展党建联建新途径，在南京西路688和地铁12号线南京西路站建设项目中成立了临时党支部，确保了流动党员管理到位、党组织活动正常化和战斗堡垒作用充分发挥。

静安区绿化和市容管理局

2012年，区绿化市容局新一届领导班子在原有基础上自我加压，始终坚持不松劲不动摇不懈怠，按照“开放促发展、法治筑和谐”的工作主基调，把以确保常态优良的市容环境迎接党的十八大和市第十次党代会的胜利召开作为工作主线，把争创全国文明城区为主要工作目标，抓应对、抓检查、抓推进、抓落实，通过强化专业管理职能，加强条块协作和联动，全面推进城区市容管理工作，取得上海市市容环境卫生状况社会公众满意度测评上半年第一的成绩。

（一）全力推进政府实事和重点工作

1. 第四项政府实事："加强生产流通环节食品安全监管"之"规范餐厨垃圾、废油脂的收运工作"。

根据区食药监局提供的静安区具备合法资质的单位（截止 2011 年底）共 1338 家作为遴选，1–3 月确定 606 家免费上门收集餐厨垃圾或废油脂餐饮单位的范围，签订上门收集协议。其中曹家渡街道 99 家、江宁路街道 154 家、静安寺街道 152 家、南京西路街道 157 家、石门二路街道 44 家。制定收集标准，明确餐厨垃圾（含废弃食用油脂）的收运单位为上海环兴废油回收利用有限公司。除对 600 家免费上门收运单位进行巡检，着重推进了全区餐饮单位的全覆盖申报工作，目前全区申报备案单位已达 889 家。针对检查中突出的部分餐饮单位厨房面积小放置不了回收容器的问题，局专门研究对策，要求环兴公司定制了一批小容量回收容器，将于 10 月底全部摆放到位。此外，出色完成了市食安委对静安区餐厨垃圾及废弃油脂申报工作的检查考核任务。

2. 政府重点工作

（1）静安南京路品牌调整及功能提升（重点工作序号 6）

华敏帝豪大厦、1788 国际广场、原手表二厂大楼景观灯光均已亮灯。嘉里二期景观灯光在施工中，在国庆节前楼宇部分亮灯。南京西路 688 恒基广场灯光进入施工准备阶段。普拉达、爱马仕、D&G、LV、卡迪亚、迪奥店招全部审批完成，除迪奥外，其他店招均以建成亮灯。

（2）道路洁净工程与垃圾分类减量工作（重点工作序号 14）

完成今年深化道路洁净工程具体方案及所需经费预算的编制，对作业人员进行了要求及标准的宣传，在全区 50 条洁净工程道路范围内重新排摸污染点，制定针对性保洁措施。根据创建道路洁净工程示范道路要求，对创建情况进行自查，对发现的问题即查即改。8 月中旬对创建成果进行全面检查验收。

按照推进生活垃圾减量任务分解表，完成今年生活垃圾分类、促进源头减量试点工作实施方案（涉及 2.4 万户居民、5 个机关、10 个企事业单位、5 个学校、5 个菜场和 1 座公园）及所需经费预算的编制。召集相关委办局、街道办事处、物业居委举行了静安区 2012 年生活垃圾分类减量工作推进会。各街道第一批试点工作于 6 月中旬启动。7 月，在 7 个企事业单位、3 个学校、4 各菜场和 4 个街道共 24 个小区推行了干湿分类，为第一批 6582 户居民配送了厨余果皮垃圾桶和配套塑料袋，并为试点小区和单位公共区域配备了六分类收集容器，制作了 20 块生活垃圾分类指南牌，方便居民正确投放垃圾，截至 9 月底，静安区第二批 12 个小区约 4969 户正在推进中。在静安时报刊登了两期生活垃圾分类专栏，制作了 2 万个垃圾分类宣传环保袋，设计制作十万份中英文版宣传折页，用于全区生活垃圾分类减量工作的宣传推广，主题公益广告已制作完毕，将在户外广告设施上投放，年底力争完成今年市下达任务日均 305 吨的减量目标。

（3）昌化路、昌平路地区市容专项整治（重点工作序号 15）

在去年 11 月份梳理基础上，今年按照经营类别进行分门别类分析统计。通过摸底调查，该区域共有商家 204 家，其中有证的 92 家，无证经营 112 家，破墙开店 17 家。从房屋产权归属来看，区属单位产权商店 106 家，社会单位产权 29 家，个人产权 69 家。每周一推进小组成员单位工作例会，回顾上周整治情况，并制定下一步整治重点；每周四工商、公安、街道、城管、市容所、环建、洪智进行集中联合整治。5 月中旬召开了"2012 年静安区政府第十五项重点工作落实推进会议"，与 13 家相关单位签订了工作任务书。夏季期间，“两昌”地区整治小组每天从下午4点至晚上11点增加夜间固守整治力量，有效控制了夜间排挡。自6月起，每周四开展一次日常整治行动，每月开展一次夜间整治，共收缴各类物品155件，出动人员770余人次，处罚流动设摊117次，教育跨门营业136起。两昌地区外立面整治15000平方米，更换雨棚260处，店招整修47块。在加强日常管理的同时，“两昌”地区整治小组还加大了宣传力度，组织静安区市容环境志愿者100余人次定期在昌化路、昌平路周边开展了宣传教育活动。迎检期间，由街道办事处牵头，市容所、城管分队、固守队、工商、派出所联合每日保证一次对街面进行集中巡视，确保辖区整洁。暂时关闭无证无照营业店家13家。两昌整治成效受到文明城区复评指挥部及市民巡访团多次好评。同时就昌化路205号、356号两家无证店家着手协调业态调整事宜。

（4）区市政市容管理指挥平台建设（重点工作序号16）

一季度加强同区应急办、防汛办、民防办沟通，重新调整平台建设方案和软件开发设计方案。4月1日上报区政府建设方案。平台选址调整到西康路648号二楼（建筑面积为949.27平方米）。4月中旬完成项建书。5月21日工程可行性报告完成并上报区发改委。7月19区发改委委托上海投资公司对建设项目进行专家评审，还未有最后结论。8月31日就市级专家提出的问题作进一步说明。9月13日前往上海投资咨询公司与相关专家对目前该项目评审情况进行了解和沟通。10月17日市投资咨询公司批复项目，待区发改委批准后，将进入政府采购招投标程序。

（5）绿化建设和雕塑“双年展”（重点工作序号19）

推进各类绿地建设的前期工作，已建成各类绿地15217平方米。召开“4+5”居住区绿化管理工作推进会，继续推进绿化精细化养护试点。根据区政府采购程序，完成国际雕塑“双年展”展览策划招标工作。确定罗浮紫艺术典藏为本届雕塑展的策展机构。完成雕塑展的策展方案。9月20日，静安国际雕塑展正式开幕。来自10个国家18位艺术家的23组59件雕塑作品参展，展期二个月。启动《都市田园绿屋》课题研究，取得初步研究成果。结合杜鹃黄化病治理，成功研制生产了专用营养土。

（二）全面完成系统各项工作

绿化市容系统全年工作重点突出依法行政、规范管理，稳步有序推进市容、城管、绿化、环卫等系统各项日常管理工作。

1. 市容景观。继续加强区、街道两级层面巡查、督查，巩固提升综合管理示范街道管理实效。每月定期对垃圾箱房、门责单位、公交始末站、集贸市场等进行考核验收。截至10月底，完成区内48条道路陈旧外立面修补粉刷32932平方米；区内63条道路沿街电杆粉刷5060根、电表箱650只，计15626平方米；沿街大理石清洗面积7288平方米；区内19条道路局部路段沿街建筑物线条、窗框及店招、店面线条的修补和粉刷8510平方米；迎检零星整治47处。做好景观灯光、广告、店招店牌等管理，审批固定广告61处、临时广告25次、店招店牌87次。在全区景观道路、主干道路上基本控制跨门营业、乱设摊等市容违规行为。同时，积极配合参与南京西路流动设摊整治工作，彻底解决了大田路334弄、南京西路972弄、新闸路1121、昌化路453弄口等7处弄口设摊。

2. 城管执法。以“两创”（创依法行政示范单位和创专业档案规范达标）“一赛”（市局法律知识竞赛）为抓手，以“两昌”（昌平、昌化路）和南京西路专项整治为重点，先后制定了31个工作计划（方案），开展了8次执法保障行动，组织实施了13个方面专项行动、18个方面联动执法行动、17项重大保障行动期间，参与了5个方面的联合执法行动。期间共出动执法人员30846人次，执法车辆9133车次，教育44064人次，制发《责令改正通知书》1208份，简易处罚1387起，一般程序立案1246起，申请强制执行13起（执行完毕9起），暂扣222起（其中盗版音像制品5399张，盗版图书628册），救助流浪乞讨人员444人次（其中“三合一”联合救助流浪乞讨人员262人次），处置夜排档286起；协助食药监收缴盒饭摊19起；联合销毁120件违禁物品；拆除清理简易式广告牌、店招店牌及灯箱广告101块；协助卫生部门取缔3处无证行医点；拆除横幅9条、标语牌2块，清除标语10处；先行登记保存机动车3台，非机动车1辆，收运工具（桶）43只，协助市容管理部门处置地沟油350斤，餐厨垃圾350斤，老油160斤；协助收缴青蛙6斤，按规定全部放归自然；协助工商、食药监部门关闭无证照经营商家124家；处置综治平台主责事件6起，协办事件2起；大队指挥平台接处各类违章26265件（领导交办2424件，视频监控3991件，网格案件10814件，督查发现9036件），全部分转反馈。

3.绿化管理。截止9月底，建成绿化总量15217平方米，占全年计划的63%，其中公共绿地5842平方米、专用绿地5122平方米、屋顶绿化4253平方米。布置“迎国庆”各类花卉27万盆，建成“迎十八大”绿化景点2处。完成“十进公园”系列活动32次，完成露天电影播放11场次。开展园林废弃物收集点集约化、标准化的课题研究工作，完成西康路771号园林废弃物收集点项目的设计方案调整工作。完成石门一路（威海路—南京西路）绿墙一期建设，新增绿墙1000平方米。完成石门路凤阳路花墙、南西街道、警署窗阳台、延安路810号总参窗阳台等特色绿化的换花工作。组织开展老式居住区沿街绿化联合检查，进一步推进了“4+5”居住区绿化管理机制。开展绿化服务进社区活动3次。定期开展绿化巡视检查，做好公共绿地、社会绿地、单位绿地、居住区绿化的巡视工作，及时发现问题、积极落实整改。

4.环卫管理与作业。进一步落实了垃圾清运点定期巡检制度，规范箱房设施维护管理，根据产量的变化，做好任务量的测算，及时安排好运力。经统计，1月至9月生活垃圾清运总量为84876吨、粪便清运总量为49924吨。同时，积极开展公厕文明行业创建活动。对公厕标志标识、导向牌、导向图，便民设施、风扇、烘手器等设施进行了全面排查。昌平路165公厕经全面改造，于5月11日投入使用。定期排摸全区废物箱状况，及时做好废物箱的调换、补缺和维修工作，截至9月，共维修废物箱261只、换大理石32只、更换箱体102只，保障了道路保洁工作的顺利开展。

（三）出色完成全国文明城区迎检、市民满意度测评等工作

为做好全国文明城区复评迎检、市民满意度测评等各项迎检准备工作，依托区市政市容管理联席会议组建实地考察组，对照《全国城市文明程度指数测评体系（2012年版）》、《全国未成年人思想道德建设工作测评体系（2012年版）》的指标，制定了实地考察工作方案。从6月26日区动员大会以来，将文明测评体系和未成年人思想道德建设体系中涉及到实地考察的23项测评项目61项测评内容进行了梳理，按照职责分工进行了任务分解。同时，围绕市政市容联席会议50项工作和市绿化市容局市容环境综合考评，加大市容环境巡查和居民区内的问题整改，主要通过抓好小区内环境、道路外环境、整体环境三方面问题巡查整改，确保各类问题和薄弱环节得到有效整改，圆满完成迎接和各项测评考核验收工作。

（四）联勤联动事权转移，探索推进社会管理创新工作

为进一步夯实绿化市容局派出机构街

道市容所的管理职能，强化街道一级层面的发现巡查机制，上半年，局就派出机构街道市容所与专业机构市容景观管理所、渣土管理所之间的联勤联动事权转移工作进行了研讨，并拟定了实施意见，从7月1日起，将店招店牌、装修垃圾、环卫作业等工作纳入市容所巡查范围，进一步完善和优化门责管理的工作内涵，发挥网格巡查优势，推进联勤联动试点工作。从4个月的试行情况来看，各街道市容所在联勤联动事权转移工作中移交事件235起，巡查发现数较同期明显提升，特别在装修商家的上门告知和店招更换上，起到了管理前期介入的作用。

（五）配合市区重大工程，强化渣土运输管理

为配合市重大建设工程项目十三号线南京西路站和大中里工程的合并施工以及六十号地块的基坑倾斜抢险工程的顺利进行，根据多出土、快出土的渣土管理要求，克服静安白天难出土的困难，积极与渣土运输中标企业研究协商，在确保渣土运输规范、道路无污染的前提下，完成出土工作，确保市区重大工程的顺利开展。

（三）徐汇区

徐汇区建设和交通委员会

2012年，区建设交通委在区委、区政府和区建设交通党工委的正确领导下，按照“创新驱动、转型发展”的工作要求，认真落实“十二五”规划的各项目标任务，围绕“城区开发”、“城区功能”和“城区运行”三个主要领域，加强探索创新、勇于攻坚克难，旧区改造、重大项目建设、城区精细化管理等各个方面工作取得突破，完成了年初确定的各项工作。

一、创新办法、突破瓶颈，旧区改造工作全力推进

今年，市政府与区政府签约的旧区改造目标是完成2000户以上改造任务。按照“收尾一批、启动一批、推进一批”的工作思路，完成了徐家汇中心项目等6个地块的平地工作，年内全面启动了徐家桥潘家塘、乔家塘高家浜等4个地块改造工作，许家堰、罗秀路潘家塘等3个地块前期工作积极推进，全年共完成旧区改造2221户，完成了年初确定的总体目标。

1. 加强旧改工作配套政策研究。针对今年旧区改造地块“征而未拆”的特点，协调市、区相关部门多次研究，确定了“征而未拆”改造按照集土房屋征收政策操作。建立了区旧改领导小组统一领导决策、办公室牵头组织推进、区相应管理部门组织实施、征收事务所具体操作的四级工作机制。按“3+1”模式合并组建本区2家征收事务所，组织了集土房屋征收工作人员上岗培训。创新了“征地房屋补偿事务前期工作委托书”、“征地房屋补偿告知书”等办法，抓紧启动旧改调查摸底工作。组织区规土、房管等部门制定了《徐汇区关于贯彻落实<上海市征收集体土地房屋补偿暂行规定>的实施细则》等4个相关配套政策，为旧区改造的推进提供了政策配套。

2. 加大改造资金和房源的落实。积极争取区相关部门支持，创新了多种融资办法。鼓励区属企业融资，积极与银行对接，通过企业担保、信托和抵押等方式，筹集旧改项目贷款17亿元。全市首例利用毛地预告登记抵押政策，完成了乔家塘高家浜地块的毛地预告登记抵押贷款工作，落实前期启动资金16亿元。争取市有关部门支持保障性住房公积金贷款17.5亿元，成为全市获得公积金贷款最多的区县。加大土地出让力度，返还资金投入旧区改造，陆家堰旧改地块成功出让，并争取了该旧改地块的市级出让金返还。整

合徐汇区现有房源，以“一户一套”本区房源为原则，完成今年启动基地安置房源的配置，共计筹措房源4000余套。新落实老沪闵路上广电项目经适房转化房源500套，用于今后华泾地区的旧区改造。

3. 按计划启动新旧区改造项目。开展“城中村”安全隐患整治工作，推进旧区改造启动前的“两清”。组织动迁办、规土局、房管局等部门业务骨干进驻旧改基地，加强对房屋补偿具体工作的指导。坚持阳光操作，有序推进了补偿方案公开工作。经过相关公告、公示程序，四季度先后启动了夏泰浜、吴家宅、徐家桥潘家塘、乔家塘高家浜等4个地块、共2723户居民的正式签约工作。到年底，总体签约率近80%。

4. 加快遗留拆迁基地的收尾工作。年初，徐汇区还剩余14块、302户居民的在拆迁遗留基地。以诉调对接和司法强迁联动为主要抓手，加快推进重点项目的平地收尾工作，实施了37户的诉调对接和12起司法强迁案件，完成徐家汇中心2、3号地块、4号地块、5号地块、日晖四村绿地、龙华路建设新村、虹漕路罗汉松等6个地块的平地收尾工作。年内完成近100户的收尾工作。

5. 加强保障房建设管理工作。推进保障房质量“分户验收”工作，加强华悦家园、华滨家园、盛华景苑、世家花园等4个约80万平方米在建动迁安置房项目的建设管理，确保保障房工程质量，组织推进竣工验收工作。

6. 积极实施成套改造工作。创新工作方法，突破建设程序瓶颈，攻克“空心房”改造难点，稳步推进成套改造实施，已经开工四个改造项目。2012全年徐汇区旧住房成套改造新立项8438平方米，开竣工12732平方米。

二、完善机制、统筹协调，重点项目建设加快推进

加快今年重大工程、重点项目建设的推进力度，进一步完善工作机制，加强了统筹协调，按照“抓腾地、抓审批、抓开竣工、抓配套”的总体思路，菜单式管理，跟踪、推进了101个、总计约900万平方米的规模以上重点建设项目，各项目建设总体按确定的开发时序有序推进。

1. 全力组织重点地块腾地工作。利用诉调对接和司法强制执行联动，对徐汇区重点区域重点项目收尾攻坚，上半年集中精力全面完成徐家汇中心项目、轨道交通项目腾地任务。组织实施对龙华综合改造A地块小业主司法强迁工作，停滞的签约工作取得实质性进展，工商银行、邮局等公用单位搬迁方案基本落实，B、C地块地下空间施工有序实施。环境整治与拆除违章建筑相结合，持续组织推进龙水南路37弄环境综合整治和清退工作，为梦工场和西岸传媒港建设基本扫清障碍，协调龙华机场晟豪驾校搬迁方案，年内已启动正式搬迁工作，滨江C单元土地整理工作取得明显进展。

2. 加强创新优化建设程序审批。在区重点项目建设程序审批中，探索创新了多种方法，尽可能优化审批流程，为项目开工争取时间。开通审批绿色通道，在龙美术馆、龙南佳苑、民航服务中心等区重大项目审批中，对第二、三集装箱实行并联交叉审批，大大缩短审批周期。创新审批方式，对一些希望年内开工的社会投资重点项目，创新办法，通过开展前期咨询方式，在总体设计方案审批前同步进入招投标程序，缩短2–3个月的审批周期，东航金叶苑（二期）、漕开发商办楼二期、长兴科技厂房二期等项目年内实现了开工。争取市审批权下放，仪电宜山路711号、田林200号、城建关港安置地块等项目的审批权下放，提高了审批效率。加强审改衔接期协调，在扩初审批改为设计文件审查过渡期，按照“有利审批”原则，对小闸镇等项目仍按扩初审批通道，加快了前期方案审批进度。对招投标环节进行优化，在

部分重点项目实施了设计、勘察、施工一体化招投标，提高效率。

3. 重点抓好开竣工协调工作。妥善处理开工矛盾，与区维稳部门和相关街镇密切协作，妥善处理了交响乐团、中山医院、胸科医院、钦州路888弄等项目施工矛盾。协调了敏感地区有关改造项目的拆房工作，西亚宾馆改造的拆房工作启动。年内已新开工重点项目8个，建筑面积约76万平方米。包括滨江民航审定中心、仪电集团宜山路711号地块、小闸镇项目等。加快竣工验收速度，与招商中心联合推动竣工验收、商家入驻、开门营业，税收属地等工作。今年竣工项目10个，建筑面积82万平方米，包括市旅游集散中心、滨江绿地中心、漕开发虹梅路W19地块和徐家汇光启城项目等。加大项目配套协调，协调推进绿地1960项目公交枢纽、东航金叶苑、上影广场配套道路的建设。

4. 完善了重点项目推进机制。逐步探索建立了一些工作机制，保障重点项目的推进。分批次组织召开企业座谈会，会同相关审批部门，定期分批与区域内开发企业座谈，了解项目进展和需要政府部门协调解决的问题，更好的配合支持企业项目的前期工作。继续强化绿色审批平台，加强部门间联动，协调解决重点项目中的审批问题。走出去学习，先后组织相关部门前往永业公寓二期、复兴商厦改建、新江湾城邻里中心、万科旗忠大院改建等外区项目参观，了解这些项目的设计理念、建设实施等问题，开阔视野，提升理念。

三、优化功能、有序开展，市政基础设施建设稳步推进

在确保老沪闵路工程、虹漕南路工程等市重大配套项目按计划落实推进的同时，更加注重区域系统性、综合性和前瞻性工作和项目推进，打造功能化、网络化、智能化的基础设施建设和管理体系，今年年内安排的财政性投资的市政基础设施项目已经全部开工。

1. 认真做好市重大配套项目的推进。轨道交通11、12号线16个站点建设施工全面启动，配合做好周边交通组织工作，妥善协调站点施工与周边居民房屋矛盾，确保施工正常进行。积极推进市大型居住社区配套道路老沪闵路拓宽工程，开展动迁腾地、前期手续办理等工作，配合市有关部门认真研究道路方案与轨道交通15号线方案的衔接工作。推进区区对接虹漕路古北路连接工程，徐汇段在三季度正式开工，年内已完成徐汇段桩基工程，基本完成徐汇段桥梁下部结构，基本完成了区区对接的钦州北路、关港路二期的建设。推进新宛平泵站、龙华机场泵站工程初步设计，完成了相关配合推进工作。推进华泾西泵站规划方案落地。配合推进白龙港污水厂南支线工程，年内基本完成预计盾构排管工程。

2. 积极加快公交枢纽规划及建设。配合市、区相关部门，积极推动公交南浦站永久枢纽工程、宜山路凯旋路公交枢纽工程建设方案的协调。结合滨江地区开发和市重大工程建设，积极推动滨江地区公交专业规划落地。配合实施华泾地区公交专业规划落地，初步完成了华泾地区公交首末站建设以及线路调整。

3. 稳步推进区级市政道路项目建设。年内完成平福路、中山西路便道、华泾人行天桥等区级项目的建设。桂果路工程、徐梅路道路整修工程开工建设。加强对重点地区有关建设项目的统筹协调，组织对滨江地区道路建设按“统一规划设计、统一建设标准、统一景观设置”要求实施。

4. 积极实施水环境项目建设。开展河道整治工程水利设施项目，完成新港泵闸改建工程，实施东上澳塘、蒲汇塘、漕河泾港等防汛墙改造工程和三友河泵站改造工程，启动淀浦河景观一期工程，抓紧推进北潮港防汛通道改造以及西上澳塘北泵闸翻建工程前

期工作。推进河道底泥清除工程，河道底泥清除技术研究项目。开展排水整治工程，完成了积水点改造一期、三期工程，完成了26个积水点改造工程。推进雨污混接改造工程，完成了田林地区雨污混接（一期）改造工程，截流污水约7200吨/日，进一步改善和提高蒲汇塘河道水质。结合轨道交通12号线龙漕路站建设，加快推进龙漕路污水总管前期手续办理，确保污水总管与轨道交通站点建设同步实施。

5. 配合推进水电煤配套工程建设。推进变电站建设及项目前期工作，协调冠生园变电站、华展变电站、龙南变电站建设，完成云锦变电站协调规划选址，丰谷变电站、双峰变电站确定用地协议。协调重点工程设施电力配套建设，完成区政府电力配套、宛平变电站电缆排管工程，三江路电力配套项目开工建设，龙庙配电站搬迁临时工程进入优化设计阶段。推进消防站建设，徐镇消防站开工，年内基本完成地下部分，加快协调南站消防站选址工作。稳步实施无障碍工程建设，完成3个小区共11栋楼出口坡道建设，完成1500余户老年人安全扶手进家庭，90余个多层门洞扶手安装工程，9个区属公园实施盲文指引牌工程。

四、加强探索、落实常态，精细化管理和城区安全运行有序

按照城区精细化管理的总体要求，加强探索，稳步推进了城市管理工作的“信息化”、“智能化”、“减量化”、“制度化”。

1. 提高建筑业制度化管理水平。基本完成《徐汇区建设工程主体诚信管理平台管理办法和评价指标体系》，完善区域内在建工程的精细化管理，工地管理的信息化水平进一步提高。制定《关于落实建设工程社会稳定风险评估工作的通知》等文件，完善待建工程引发社会矛盾预防机制。制定《关于规范徐汇区建管秩序、禁止工程“同体建设”的通知》，规范在建项目各类管理主体关系。组织开展了徐汇区既有玻璃幕墙建筑专项检查工作，建立健全了新建项目“玻璃幕墙建设方案”的评审等制度。增加落实工作经费，专题组织开展了对全区建筑工地升降梯的安全检查。推进区域内在建深基坑安全数据信息化监测工作，全区全年工地安全生产总体受控。扎实推进徐汇区建筑节能工作，完成《徐汇区滨江低碳实践区建设实施方案》，制定了建设导则，为徐汇滨江地区的下一步低碳建设奠定了基础。完成年度建筑节能任务，其中，完成既有建筑改造24万平方米，推进楼宇分项计量23栋，推进绿色建筑项目3个，组织民航服务中心按照LEED金奖绿色建筑标准建设。

2. 加大拆违管理工作力度。按照“统一受理、快速处置、归档管理、明确主体、协调督办”的工作原则，不断夯实“三位一体”（规土、房管、城管）的工作运转模式。加大历史风貌保护区等重点区域违法建筑拆除工作，确保在房屋产权交易、变更和危房整修过程中不出现新的违法建筑，拆除了延庆路大可乐等一批时间跨度长、情况十分复杂的违法建筑案件，树立了拆除历史违章的工作信心。进一步完善工作机制，健全内部工作会商制度，建立协同工作机制，协调监察等部门建立绩效考核和责任追究制度。今年共拆除各类违法建筑51202.8平方米，超额完成上报全年30000平方米的工作目标（超70.67%）。开展了对拆违工作的调研，为进一步加强、夯实拆违工作提供了参考。

3. 稳步提升城市设施维护管理。结合迎十八大、创全和马拉松赛保障工作，累计完成车行道整治32218平方米，人行道整治25186平方米，护栏整治496434米。开展“小斜坡”、道路进口坡、道路桥梁等专项整治，消除道路正常排水和非机动车行车的安全隐患。启动隔离护栏整治工作，完成了19条道路护栏调整工作，共拆除约19公里、调整约1.2公里，调整后道路视觉景观得到了明显

改善。全面完成了沪闵高架、内环线和中环线桥荫桥孔设施属地化管理的接管工作。引入先进管理理念和技术，有序推进精细化养护，先后开展了针对衡山路全线防沉降窨井调换；针对宛平路、康平路、肇嘉浜路等出现路面初期裂缝道路实施灌缝；针对衡山路、淮海中路、宝庆路出现的斜坡病害采用花岗岩或黑色沥青替代现有面层材料等一系列工程性措施；针对淮海中路人行道开展“人行舟桥”（过桥道板）铺设人行便道以确保基层养护期，取得了非常好的效果；利用CIPP技术施工法修复武康路、建国西路、永嘉路市政排水管道，避免道路开挖，快速有效地修复设施病害，努力将施工对社会交通等各方面影响降到最低，取得良好的社会效益。

4. 积极推进智能交通和停车管理工作。继续推进徐家汇内环线以内地区停车诱导系统工程，在完成一期工程的基础上，积极推动三级屏扩建工作。会同区相关部门，完善区域停车规划编制工作。积极督促相关部门加强停车场（库）管理工作，并督促加强道路停车管理和非机动车停放管理等工作，完成可市主管部门确定的年度新增停车位指标任务。推动徐家汇周边地区地下空间开发利用与车辆停放的有机结合。

5. 全面完成防汛防台工作任务。完善防汛防台预案，结合徐汇区实际情况，完善防汛防台预案，同时指导全区有防汛任务的各委、办、局、街道以及防汛抢险单位，制定了相应的分级防汛预案。积极准备防灾抗灾，强化防汛防台责任制的落实，排查防汛设施和薄弱环节，加强对市政管网、一线防汛、水利设施、行道树、地下人防、市政泵站和农用泵站的检查养护，组织防汛专业知识宣传和培训，完善防汛应急队伍建设和物资储备，开展防汛专项检查，落实好各级防汛准备工作。全力组织防灾抗灾，加强值班，确保汛期值班人员迅速到岗到位，积极防范各种暴雨以及次生灾害的影响。特别是11号台风“海葵”影响期间，协调各级防汛成员单位和抢险队伍，努力备战，最大程度降低了台风的影响积极应对防御台风和暴雨等灾害。防汛期间共发出预警1.2万余条，“海葵”台风期间共出动抢险人员2,874人次，车辆1,284车次，处置各类突发事件近400起。

2012年的各项工作任务已完成、工作计划已落实，但也同样存在着还需进一步强化、提高的方面，在城区精细化管理上，一是狠抓顽症整治成效还不明显、力度还不够，如拆违工作，群众还存在不少意见；二是城市建设管理理念创新度不够，一些先进的城市建设管理理念还未在具体工作中充分体现。在城区建设开发上，区域系统性、综合性和前瞻性项目的规划思考还不够，项目管理能力还需进一步提升水平。

徐汇区绿化和市容管理局

2012年，区绿化市容局在区委、区政府的领导和市局的指导下，以迎接党的十八大和国家卫生城区复审为契机，认真做好市容绿化管理、市容整治和环卫作业等各项工作。在2012年市容环境公众满意度测评中，徐汇区取得了第二名的好成绩。全年，区绿化市容局主要做了以下几方面工作：

一、完善机制长效管理，落实措施常态运作

1. 健全门责管理系统，建立市容综合管理机制。在各街镇推广门责信息化管理系统，完成13个街道、镇相关人员培训。健全门责信息化管理系统，运用现代化手段，推进市容环境卫生责任制度落实，形成较为成熟、行之有效的市容市貌综合管理机制。运用门责管理系统，在徐家汇等4个街道开展店招牌网上审批试点工作的基础上，全面推行13个街镇店招牌网上审批制度。

2. 强化自律约束机制，多部门联手规范渣土监管。按照政务公开和政务服务全国试点工作的要求，完成渣土申报审批与区行政审批网上公开工作的对接。完成2012年渣土运输企业招投标工作。落实建设方、施工方、运输企业三方自律承诺机制，强化对施工总包与运输企业的约束，确保施工方与运输企业现场管理员的到位率与管事率，从源头上控制渣土运输中的不规范行为。借助出土工地视频监控GPS定位等信息化手段，通过联合、联动，对违规出土行为形成管理和执法合力。注重违规行为的早期预防，对深层土运输中的滴漏，表层土、头层基坑土装载中盖板未密闭等做到早发现，早教育，早治理。全年，共受理渣土申报881.47万吨。

3.完成方案编制，规范户外广告及临时广告管理。基本完成徐汇区户外广告设置展示区和控制区实施方案的编制工作，为下一步户外广告的规范管理打下基础。在监管方面推进固定广告电子标签安装调试，在徐家汇试点的基础上逐步推广到全区，完善户外广告巡查机制。充分利用市容管理与城管执法部门双向告知平台，实现条块联动，齐抓共管，推进长效管理工作。规范悬挂人行道两边的对旗，对临时性广告进行固定格式的设置和规划，规范主要道路临时广告设置。

4.创建公厕文明行业，加强公厕基础管理。以开展“上海市公厕行业深化规范服务达标，创建文明行业”活动为抓手，重点抓好59所公厕的创建。对照市局下发的若干意见开展普查，逐条对照整改，改进薄弱环节。要求各环卫保洁公司通过以学习李影典型事迹、推广人性化服务，开展公厕保洁员的业务培训。健全公厕管理台账，进一步提升设施设备维护、管理信息的采集，更好地做好公厕基础管理工作。结合全国文明城区和国家4A级旅游景区创建契机，改建公厕19座，8座公厕跻入旅游厕所行列。建立了公厕抢修队伍1支，巡查队伍3支，应急队伍1支，出动巡查人员715人次、应急人员80人次，设施设备维修797次。

5.落实绿化养护机制，提升精细化管理水平。完成行道树、公共绿地贯标，对近4万株行道树和200余万平方米公园绿地信息进行清点、测量、统计，绘制绿化地图和绿地种植图，为公共绿地行道树的精细化管理提供精确的依据。同时结合贯标工作，在铁路南站试点绿化养护监理。开展林荫道创建，衡山路和余庆路被命名为“上海市林荫道”，宛平路、永福路、复兴西路、岳阳路也已通过专家验收，公示完毕。以植物病虫害防控为重点，开展“植保网、绿地行道树网、古树名木保护网”三网工作。在花鸟市场、中学及徐家汇公园开展野生动物保护宣传，配合公安、工商开展野保执法。

6.抓好源头管理，规范废弃食用油脂收运。印发1500份《关于加强徐汇区餐厨废弃油脂收运工作监管的通知》，向全区各餐饮单位进行宣传告知。大中餐饮单位建立“一户一档”，从源头上加强管理。全年，餐厨垃圾申报单位为1196家，废弃油脂申报单位为1884家，收集餐厨15711吨，废弃油脂2091.29吨。配合城管等部门开展巡查执法检查，促进餐厨垃圾从源头上进行减量。

7.开展绿化六进服务，加强老居住区绿化行业管理。改造高邮路5弄等20个小区绿化约8万平方米。加强对小区综合改造中绿化改造调整方案的审核、质量监管和验收等。加强与房管的沟通，建立定期的例会制度，形成部门联动机制。举办绿化知识进社区活动16次，听课居民1000余人次，并完成“进军营”、“进学校”、“进园区”等其他六进任务。同时在植树节期间，开展“发展低碳经济、促进生态文明”为主题的春季全民义务植树活动。

二、加大建设整治力度，美化城区市容面貌

1.完善工作机制，固化示范街道创建成果。固化、提升徐家汇、康健、枫林、田林、斜土、湖南等已创建成示范街道的成果，发挥街道（镇）主体作用，将社区市容环境责任区管理职能从重管理向强服务转变。指导和协助天平街道创建市容环境综合管理示范街镇工作，推进市容环境提升工程，聘请同济大学规划设计院完成太原路等六条道路店招、外立面综合整治实施设计方案，打造天平太原路、永康路等一批新的市容亮点，营造城区新景观，有力促进全区市级市容环境综合管理示范街道镇建设。

2. 加大绿化建设力度，全力推进各项绿化建设。预计全区绿化覆盖率达到27.81%，人均公共绿地达到5.51平方米。完成城建搅拌站地面设备、建筑物拆平腾地工作，并临时建绿3公顷。在生态区域内配合区教育局完成临时教育点建设，配合区民宗委做好宁国禅寺的围墙、绿化验收等工作。与区规土局做好生态专项的方案深化，加强已建绿地的绿化养护，并对现有绿地的局部景点和生态水系特点，进行品质提升。如在汇泾园、汇展园中优化了水岸湿地的景观效果，使园中的自然气息更加浓郁。开展零星新辟公共绿地建设，完成龙吴路20米绿带（华沁小区）段绿地、中山南二路东安路绿地等约6公顷。

3. 加强巡查和修复，完善景观灯光日常工作机制。结合景观灯光管理动态性强的特点，创新管理机制，通过购买服务、企业承包等形式，落实景观灯光的日常维护、保养责任。进一步推进夜间巡查队伍管理制度，在晚间18：00至22：00时对重要路段进行巡查，确保亮灯率。对徐家汇区域景观灯光布局实施节能减排改造，提升徐家汇商业区景观灯光品位。推进完善徐汇滨江段景观灯建设，提升滨江夜景效果，为市民的休闲观光提供新视觉。完善衡山路景观灯光特色街建设，提升衡山路历史风貌保护街景灯光效果。

4. 建立各项工作机制，推进占道占绿摊亭棚整治。落实三年专项整治计划各项任务指标，做到一方牵头、多方协助，利用区、街道（镇）市政市容管理联席会议平台，扎实推进各类占道占绿摊亭棚三年专项整治计划，建立进度季度报表、通报制度和相应工作机制。截至年底已拆除65个，完成三年计划32%。

5. 开展“四乱”治理工作，清理违规店招及指示牌。会同相关委办局、街道（镇）对建筑物外立面和橱窗上各类乱张贴、乱涂写、乱悬挂、乱晾晒进行清理，排查依附于城市建筑物、构筑物、配套附属设施、树木、道路杆桩等物体上的残留锈铁丝，共清除“四乱”31074处。协调各街镇与商家单位联动清洗店招店牌，清理店门、橱窗、柱子等建筑外立面上各类无证商品信息、小广告等其他广告粘贴纸，拆除违规设置的店招店牌设施。对出现严重褪色、损坏、变形等存在安全隐患的1472块店招店牌进行整改或改建。在全区范围内开展道路违规设置指示牌专项整治工作。清除各类违规指示牌646块。

6. 强化安全管理，保障安全生产。以整治乱变道、闯红灯、超载超速为重点，加强对行车安全的道检。杜绝重大交通责任事故的发生，一般事故的数量和事故总费用也始终维持在较低水平。以污水滴漏、拖挂、车容车貌不洁为检查重点，进行自查整改行动。针对区绿化市容局办公场所多、民工集中居住点多、停车场多的特点，开展消防演练，进行自查自纠和整改。作业公司对应急抢险队伍进行补充和调整。

三、落实各项措施，提高城区环境质量

1. 加强道路水域保洁，规范环卫作业。在迎接全国卫生城区复查期间，围绕景观道路、交通枢纽周边等重点区域，做到道路全天候保洁，实行“定人、定时、定岗、定责”，加强道路冲洗。结合市质监中心信息平台，开展现场摄像督促检查，发挥专职督查队伍的作用，加强市容检查和城管执法等，不断提升徐汇区道路保洁管理水平。徐汇区125条道路实施洁净工程并通过市里验收。深化环卫“十项承诺”，局及作业公司党政领导定期检查并走访居委，促进小区暴露垃圾日产日清，规范环卫作业。针对绿萍对下游河道的威胁，对西上澳塘、北潮港、浸木港等重点打捞。出动专门打捞绿萍的保洁船180艘次，保洁人员300余人次，清运绿萍100余吨。局业务科和保洁组长组成的河道日常巡查监督小组，发现保洁员衣着不整、安全救生衣不穿着、及时纠正。

2. 推进生活垃圾分类，实现三个垃圾分类收集全覆盖。一是加强分类收运质量跟踪管理，每日进行试点小区垃圾分类的计量统计、对每个库房收集质量进行评估。完成试点小区137家、企事业单位12家、机关10家、公园1家、学校5家。开展“绿色帐户”活动，建立区三级绿色家园管理网络，已在13个街镇59个小区、53所学校、9家企事业单位中展开。在12个街道113个小区开展废旧衣服回收，共安装了114个箱子，全年回收近16吨废旧衣物。二是做好装潢垃圾、大件垃圾、餐厨垃圾、枯枝树叶的分流工作，餐厨垃圾生化处置量日均达49吨。2012年徐汇区生活垃圾平均清运量为944吨/日（市里下达指标为950吨/日），完成了减量化任务，并实现全区菜场垃圾分类收集全覆盖，区属机关垃圾分类收集全覆盖，区属公园垃圾分类收集全覆盖。

3. 布置花卉改造绿地，优化城区景观面貌。今年“双迎”期间布置花坛花境约2.2万平方米、花球约500个、花卉组合容器约3147个（组/米）、布置主题绿化景点6处。同时配合滨江西岸音乐节，在滨江布置花量约200万盆。对普希金绿地、华山路长乐路绿地、高安路沿线绿地、吴兴路绿地等8处老的公共绿地进行升级改造，面积约1.7万平方米。会同凌云街道，启动嘉川路小游园综合改造工程。更新和调整了行道树树穴盖板1186套。加强立体绿化建设力度，拓展城区绿色空间，完成南模中学等屋顶绿化5180平方米。

4. 加强软硬件管理，提升公园品质内涵。一是调整徐家汇公园等5个公园绿地共计6000平方，花坛、花境种植8500平方米。对8座公园维修、改造项目11个。重点对桂林公园建筑做全面的维修保养。完成“徐家汇源”4A旅游景区绿化配合工作，对徐家汇公园，光启公园的公厕等硬件设施进行了改造维护。年初参加在上海植物园举办的《上海花展》，获得了庭院景点制作的银奖；二是拓展公园“文化兴园”内涵，各公园累计举办、协办各类活动133场次，落实免费茶水、免费厕所等13项便民措施。全年接待游客共约1597万人次。徐家汇公园经上海市公园协会推荐报送中国公园协会评选“全国公园优秀文化活动场所”。据统计全年游客的满意率为96.5%。

5. 做好重大活动和突发状况的市容环境保障工作。迎新春撞钟祈福活动、龙华庙会、上海西岸音乐节、“中国好声音年度盛典暨总决赛”、上海购物节闭幕式等活动规模大、参与人数多，区绿化市容局严格落实保障责任，确立全日制值班、重点保洁、巡回督查、信息反馈等机制，圆满完成市容环境保障任务。完善防台防汛工作预案，及时补充和更换物资器材，对重点区域、易积水地段和存在安全隐患问题的部位开展专项检查。对户外广告、店招店牌等容易发生问题的部位，给商家发放告知书，并对一些重点部位进行了抽查。“海葵”台风期间，区绿化市容局启动防台防汛应急预案，及时调整环卫车辆运行，做好清障、保畅、疏浚等方面的工作。环卫工人不分昼夜疏通沿路窨井下水道，绿化、灯光抢险队伍奋力抢险，相关信息也及时报送，报纸、微博、电视新闻都对徐汇区环卫工作进行了正面报道。

（四）长宁区

长宁区建设和交通委员会

2012年是“十二五”规划加速实施年，是长宁区加快建设“三个城区”、努力实现“五个提升”的启动年，也是新一届政府的开局年，区建交党工委和区建交委深入学习贯彻市第十次党代会、区第九次党代会、九届区委二次全会精神，紧紧对接“三个城区”和“五个提升”，围绕“创新驱动、转型发展”，对照区委、区政府一级目标，坚持抓谋划、抓统筹、抓落实，推进一系列重点工作项目快速启动、稳步实施。

一、围绕发展大局，积极推动重点项目

（一）经济载体建设加快推进

全面完成年度经济楼宇建设任务。开工项目5个，总建筑面积48.6万平方米，超额完成年度计划的114.6%。在建项目13个，均有序推进。竣工项目6个，已全部实现竣工目标，总建筑面积46.5万平方米。

另外，2011至2012年两年共完成经济载体开工180.8万平方米，占“十二五”规划开工目标的90.4%；完成经济载体竣工82.3万平方米，占“十二五”规划竣工目标的54.9%。

（二）重点项目进展有序

在中山公园综合改造方面，通过与市区相关部门积极对接，已完成一号门地下空间开发方案概念方案的编制，建成后预计可新增停车位500个。另外，以恢复中山公园百年英式老公园为基调，对一号门的整体景观重新进行了设计，总体方案得到了区委、区政府的认可。区建交委配合区规土局已完成二层平台龙之翼方案的第六轮修改，现已进入方案深化阶段。

在福缘湾项目方面，福缘湾项目是长宁区重点建设项目，由福缘禅寺、配套商业项目、配套市政道路、配套公共绿地等项目组成，分管副区长多次召开专题会，现场协调解决相关具体问题，要求各职能部门抓紧工作，积极配合，早日启动各相关配套项目，为了和福缘禅寺同步建成使用。区建交委积极牵头协调推进项目建设，采用缺失受理承诺制等形式推进项目审批，以最快速度推进九华·福缘湾商业项目开工建设。作为配套设施，淞虹路和可乐路辟建工程已完成前期手续办理，年内启动征收；中新泾公共绿地已完成规委会评审，设计方案已确定，正在办理相关前期手续。

在一纺机项目推进方面，今年以来，区建交委牵头区规土局、区政府法制办等部门，专题研究一纺机项目推进，并多次与电气集团、湘江实业沟通协调，就双方法律纠纷和解、新建建筑审批方式等形成初步方案，多次向区委、区政府专题汇报，为区委区政府决策提供参考。经区委区政府研究，已形成推进一纺机项目的基本口径。下一步，区建交委将按照基本口径加大协调推进力度，力争一纺机项目早日复工建成。

二、围绕精品精细，全力提升城区功能

（一）完善重点区域交通系统

在静态交通管理方面，对全区停车需求情况进行调查，结合区情，制定了区域静态交通规划；梳理和排摸区内公交线网，形成公共交通规划方案，2013年度的调整计划已报市交港局论证。加强对配建停车场库的审批，在缓解停车难工作中做到源头控制。

在虹桥“井字型”地下勾连方面，虹桥天都与绿城、绿城与上海城三期、上海城一期与尚嘉中心、尚嘉中心与友谊商城四条通道的建设已纳入2013年区政府投资项目。上海城一期与尚嘉中心、尚嘉中心与友谊商城两条通道的项目建议书已获批复，可研报告已完成并上报区发改委审核，并积极协调了地下通道建设资金分配和通道疏散口设置等相关事宜。积极与市建交委对接六叉路口改造方案，力争早日实施。跨延安西路地下通道检测装修工程已纳入2013年政府投资预安排计划并与区发改委、虹联公司协调项目建设主体及手续办理工作。古北9-3地块与地铁10号线地下通道的土建工程完成，已投入使用。茅台路地下人行通道已完成工程土建和路面恢复，待金虹桥国际中心竣工时，一并实施内部装修工程。

在立体车库建设方面，长宁国际体操中心立体车库项目已进入施工阶段；完成《长宁区缓解停车难专项补贴资金管理办法》的制定和意见征询，已报区政府审议；鼓励社区企业挖潜建设立体车库项目，已建成上海申亚金融小区立体车库项目；与虹联公司就新虹桥中心绿地建设立体车库项目进行对接，研究投资运营方案，已初步达成共识。全年新增公共停车位414个，超额完成年度目标。

在道路整治方面，按照年度目标任务，积极深化方案设计、手续办理等施工环节，仙霞路（芙蓉江路—威宁路）道路大修、泉口路（广顺路－福泉路）道路辟建工程已竣工验收，茅台路大修工程已完成施工，协和路大修主体工程已完成。

（二）有序推进市政设施建设

按照市重大工程建设要求，积极与市级单位对接北翟快速路、北横通道规划方案，使这些重点项目既符合全市发展的要求，又体现长宁的区域特点，市级部门已采纳长宁区意见，我们将全力做好后续的对接和推进。结合房屋征收条例的出台，细化征收方案、落实资金房源，紫云西路（古北路－娄山关路）等道路辟建工程实施征收，新渔路（协和路－福泉路）道路辟建工程已完成规划工地手续办理。另外，外环西河工程已开工；外环林带已完成四建公司和华生厂的动迁，正在进行新安塑料厂动迁谈判；苏州河防汛墙（中环线—临虹路）改造工程正在实施建设；真光路桥建设工程已局部开工；轨道交通10号和11号线交通大学换乘枢纽站建设已基本完成车站主体和盾构建设，计划2013年6月竣工。

同时，积极推进民生工程，已完成无障碍设施进家庭348户、完成年度目标的166.5%，超额完成年度目标；有序推进排堵保畅项目，完成天山路、虹桥路中心护栏建设，北翟路中心隔离带调整，平溪－哈密路口交通信号灯增设，区域内交通标线复线等项目。

三、围绕全行业管理，提升城区管理水平

（一）创新行业管理改革

根据区委“巩固文明城区创建成果，提升城区环境品质”调研课题，区建交委对管理领域进行了梳理排摸，完成了《长宁区建设系统及民防办全行业管理目录》，涉及全行业管理办法13个，其中区建交委4个、区绿化市容局4个、区规土局2个、区房管局1个、区环保局1个、区民防办1个。按照行业管理的实际需求，有效整合全区建筑业监管力量，使管理、监督、执法、服务融为一体，成立了区建筑业管理署（质量安全监督站），涵盖建筑业管理的全部职能，做到管理不留盲区。在原有网格化进小区、进地下空间的基础上，积极探索“六无”工程与网格化联动机制，自2012年7月至2013年1月底，沿街面装修“六无”工程纳入网格化与门责制监管范围已累计立案429件，结案429件，有效提升了监管水平。

（二）深化社会管理创新试点

按照区委区政府关于加强社会建设和城区管理工作的要求，确保社会管理创新试点后留机制、保常态，对接市市政市容管理联席会议及其职能，正式成立区市政市容管理联席会议。结合十八大前城区环境整治、文明城区创建、网格化管理等工作，多次召开专题会议并研究制定了《长宁区关于迎接十八大，优化城区环境工作的实施方案》、《关于进一步加强拆除违法建筑工作的若干意见》和《关于进一步提升市政市容网格化管理效能的实施方案》等文件，推进社会管理创新试点长效机制。在迎接党的十八大胜利召开的过程中，以解决市民最关心、最直接、最现实的市政市容环境问题为抓手，集中力量、快速行动，加强清扫保洁，强化居住小区、公厕、河道环境管理，加大环境专项整治力度，优化街景、绿化、雕塑、灯光布置，落实市政设施维护，全面提升了城区环境品质。

（三）积极开展文明城区复评

自长宁区召开迎接全国文明城区复评部署会以来，区建交委加强统筹，落实责任，党政主要领导亲自抓，针对牵头的申报点和随机点，逐项对照考察标准，对主干道、次干道、新老街坊道路、公交站点等复评点位进行巡查。对照巡查发现的问题积极整改；对涉及到相关部门的问题，及时沟通协调；对乱设摊、跨门营业，盲道占用等顽症现象，开展专项自查。注重发挥大口统筹作用，加强与相关部门的沟通，积极争取管线公司、公交公司的支持，落实志愿服务站工作；发挥青年党员团队联系街道作用，共梳理涉及街镇的57项整改问题并做到落实。结合道德讲堂、山川河流志愿服务等内容，制定方案，积极宣传。在15个建筑工地张贴围墙宣传画200幅，落实21个停车诱导屏宣传。

（四）完善网格化和大门责结合

有序落实沿街商家门责制，将门责制拓展至企事业单位、小区物业，及银行、邮局等公共场所，并依托文明西大门平台，加强公共单位支持力度，取得了较好成效。各街镇进一步拓展“9+2+X”区域范围中“X”的重点区域，门责制从原来的8400多家拓展到了全区9600多家。为促进常态长效管理，委托零点公司研制了《长宁区网格化管理评估体系》，将进一步推进网格化管理效能的提升。

（五）防汛防台平稳有序

针对台风、暴雨、高潮三碰头可能存在的安全隐患进，修订防台防汛应急预案；进一步开展防汛大检查，查漏洞、排隐患、促整改，重点对虹桥路1077弄周边道路及小区积水问题开展专题调研并实施了改造；重点对物资储备、抢险队伍、易积水区域、地下空间、基础设施、高空构筑物、行道树和大型树木的防风安全进行了巡查，在迎战第11、14、15号台风期间，加快应急处置力度，严密监控行道树、广告牌、高空构筑物、店招店牌、脚手架等危险要素，尽最大努力将损失降到最低，全区没有出现道路和下立交积水，没有出现人员伤亡和重大财产损失。

四、注重统筹协调，切实抓好重点工作

（一）积极开展区委重点调研课题

按照区委调研课题的总体安排，在人大党组的牵头下，区建交党工委、建交委承担了“巩固文明城区创建成果，提升城区环境品质”课题的起草工作，并配合相关牵头单位完成了“迎接党的十八大、以改革创新精神推进党的建设”、“全面总结社会管理创新综合试点成效与经验、系统谋划和推进社会管理工作”、“建设‘三个城区’指标体系”等调研课题。

对于“巩固文明城区创建成果，提升城区环境品质”调研课题，我们代表区政府形成了具体实施方案，细分为6大类27项具体工作，把落实调研要求和推进年度工作紧密结合起来，各项调研成果都已通过项目进行了转化，其中，挖掘城区景观文化内涵、提高经济楼宇精品程度等方面都取得阶段性成果。对于党建调研课题，区建交委通过组织召开专题座谈会、开展问卷调查等形式，进一步挖掘建设系统基层党组织工作经验，培育典型，形成区域化党建的亮点和特色。对于社会管理创新调研课题，对各街镇门责制落实情况开展抽查，实地走访和了解城管、市容协管员和网格监督员队伍管理现状，形成队伍整合工作方案，现已与市有关改革要求进行衔接。

（二）全力维护社会稳定

坚持发展是第一要务、稳定是第一责任，努力确保安全稳定。今年以来，针对绿城广场、凯德置地等建筑工地矛盾、北翟路快速路等市政道路建设矛盾、联建新村、程桥二村等拆落地大修矛盾、社会事业项目的施工矛盾，区建交委继续以矛盾协调联席会议制度为依托，注重统筹协调，充分调动街镇积极性，会同有关部门和街镇全力化解，耐心做好群众工作，力争把矛盾化解在基层，确保不影响施工进度。上半年，面对永达公司职工集体上访事件，区建交党工委高度重视，直面职工矛盾，主动解释政策，面对面和职工沟通、交流，通过耐心细致、依法合理的解释，得到了职工的理解，缓解了这一历时10年的矛盾。一年来，没有发生一起进京上访事件。

（三）加强项目代建制管理

按照“1+15”管理办法和相关配套文件的要求，牵头协调解决项目代建过程中遇到的突出问题，联合区监察局、发改委和财政局等部门加强代建单位考核管理。同时，区建交委能够主动跨前，积极配合，通过前期审批、过程协调、建设监管、综合配套等环节，加大对天山电影院改扩建、长宁区中心医院改扩建、虹桥医学中心、第三福利院、虹桥国际舞蹈中心等项目的扶持力度。

五、强化凝心聚力，不断夯实党的建设

区建交党工委认真贯彻区委、区政府各项要求，紧紧围绕“四个确保”目标和“推进转型发展、创新社会管理、深化文明创建和加强党建引领”四项重点工作，紧密结合业务工作特点，着力在引领、统筹、管理和保障上下工夫，努力使建交大口的各项工作更好地服从和服务于全区大局。建交党工委注重发挥统筹引领的作用，抓好区委36项重点督查项目并纳入绩效考核目标；抓好区委调研课题落地，调研成果得到区委、区人大和区政府的充分肯定；抓好重点项目对接跟踪，推进古北高岛屋、尚嘉中心等周边一体化建设，在文汇报等媒体上推广茅台路地下通道建设经验，受到一致好评。

（一）坚持制度引领，深化思想政治建设

以创建“五好”党支部为抓手，举办党支部书记培训班，切实加强基层党支部一把手队伍建设；严格执行“三会一课”制度规范，通过中心组学习会、理论学习报告会、迎“十八大”短信征集和“十八大”大会直播集体观摩和专题学习培训等各种形式，加强党员干部思想教育；以提高干部能力水平为重点，坚持组织好干部在线学习和公务员职业道德全员培训等，每月举行一次大口联组学习（扩大学习），把干部培训工作落到实处。进一步完善党工委议事决策制度和年度绩效考核实施办法，坚持重大问题、重要工作集体决策、集体讨论，使每一个领导班子成员的思想都能统一到区委区政府的各项要求上来。坚持把区委区政府工作目标全部纳入绩效考核目标，把责任落到实处，把项目全部分解到牵头领导和职能科室，每月开展自我督查，发现问题及时“拉警报”，“找原因”，确保区领导的决策要求在区建交委执行不延误、落实不走样。

（二）坚持创先争优，全面推进基层党组织建设

按照“两头小、中间大”的分类定级原则，对区建交系统的全部34个基层党组织进行了全面调查摸底，采用党支部自评与上一级党组织考评相结合的方法，从“领导班子”“党员队伍”“工作机制”“工作业绩”“群众反映”五个方面进行评分定级，评定先进党组织17个、较好9个、一般3个和后进5个，分类定级覆盖率100%。按照“巩固先进、推动一般、整顿后进”的深化要求，针对基层党组织在分类定级中失分较多的项目，分析主要问题、制定整改措施、明确实施步骤，确定整改提高工作责任人，认真做好对基层党组织的分类指导和整改过程监督。建设系

统5个后进基层党组织100%完成晋位升级，并全部达到“较好”定级等次，切实做到同步整改提升、同步晋位升级。

（三）坚持严格管理，切实抓好党风廉政建设

区建交党工委始终坚持对干部的严格管理、严格要求。一是以落实党风廉政建设责任制为抓手，通过中心组学习、党政班子会议、科长例会等各种形式加强反腐倡廉正面教育，形成建交委风险点防控体系。二是完善机关和事业单位“三重一大”集体决策执行和上报备案制度；建立健全政府投资项目管理“1+15”制度体系；对托管企业，制订了“1+3”的托管管理办法；针对200万以下的工程类项目，制定了《长宁区建交委小型建设工程项目招投标管理若干规定》，将200万元以下工程项目纳入统一的招投标平台和“三重一大”议事程序，从源头上规范工程项目的立项、招投标、报建、报监、合同备案等环节。三是着力健全干部管理监督机制，认真实施科级干部选拔任用工作记实、“一报告、两评议”等工作制度，探索制定并执行建交系统科级干部申报个人有关事项规定；注重在项目推进、任务落实、制度执行等过程落实方面考核干部。加强对重点部门、关键岗位干部的廉政教育培训工作，加强单位廉政文化阵地建设，营造廉政文化建设浓厚氛围。努力推进廉政风险防控制度建设，召开廉政风险防控推进大会，把开展廉政风险防控工作作为完善惩防体系建设的重要任务，列入重要议事日程。发动全体职工查找风险点，排查做到细致、全面、准确。目前，区建交委机关及下属四个事业单位都已完成“廉政风险防控体系工作制度”手册的制定。其中：建交委本部共绘制工作流程图21个，查找出廉政风险点58个，提出58项防范措施；下属四个单位共绘制工作流程图44个，查找出廉政风险点99个，提出99项防范措施。

（四）坚持改进作风，不断提高政风行风水平

认真开展政风行风暨水务行业“重点评”工作，着力解决损害群众利益的突出问题，着重加强干部职工队伍建设，齐心协力，认真部署，重点研究，针对今年水务行业“重点评”工作，制定了《区建交委2012年政风行风暨“重点评”工作实施方案》，及时召开区建交委政风行风党员干部大会，把政风行风建设工作的要求和任务宣传到每个干部与职工，使干部职工统一思想、提高认识。在今年水务行业“重点评”的过程中，始终紧抓干部职工的思想作风和为民服务意识，紧抓机关干部的工作作风，在今年的政风行风和机关作风建设测评中，建立健全了“五公开、五告知、五服务、五统一”工作规范，得到了区纪委、以及市、区政风行风监督组的充分肯定，取得了较大进步。

（五）坚持党建带群建，积极构建大党建工作格局

加强对党建工作的统领，统筹做好统战、老干部及工青妇工作。高度重视统战工作，落实好与九三学社对口联系等相关工作，配合做好九三学社主委人选的推荐工作，注重加强党外代表性人士和党外干部的培养。区建交党工委坚持每月召开党群工作会议，听取和研究组宣统、工青妇各项工作，形成例会和专题会研究制度。支持各级工青妇组织换届选举工作，加强对工青妇工作干部的学习培训和培养、使用，注意把优秀干部人才放到工青妇工作岗位上加强锻炼。积极发挥“劳动模范”、“新长征突击手”和“三八红旗手”的示范带动效应，把争创“工人先锋号”、“青年文明号”、“巾帼文明岗”等岗位建功行动打造成基层党组织、党员深化创先争优的品牌活动。深入推进学习型团组织建设，将学习型团组织建设作为团员青年思想建设的重要载体，并在区建交委网站开设团工委“团务专栏”，实现工作信息快

速传达；着力运用好内部报刊阵地，使单位内部报刊杂志成为团组织信息交流、青年思想碰撞、提升青年写作、策划、协调能力的重要平台。

（六）坚持全行业管理，全面促进区域化党建联动

着力完善“凝聚力工程”学会城建专委会项目运作、服务管理和表彰激励机制建设，对依法、合规、诚信的会员单位，建立行政审批绿色通道，帮助企业解决实际困难。积极调动会员单位参与区域发展的积极性，邀请会员单位徐道坊工作室参与分析研究长宁交通现状，为区域交通规划提供专业咨询；动员会员单位巴士四汽为长宁创建全国文明城区献计出力，在公交站点、车厢广播和车身广告中积极宣传创建信息、维护交通出行文明。同时，继续探索开展与街道、社区以及社会单位的党建联建，认真做好网格化中心与金山区网格化中心的结对帮扶等具体工作。因地制宜开展共建联建，从地铁党建、工地党建起步，形成了物业管理“四位一体”，工地党建“管理小组”、旧改动迁“五人”法等方法机制，逐步推动行业党建全覆盖延伸。依托区建筑业协会资源，梳理了相关招投标代理公司、设计公司、监理公司、审价公司和施工单位等公司党组织建立和运作情况，从源头上树立守法、责任、诚信的导向，为继续推进行业管理全覆盖夯实党建工作基础。

2012年，区建交党工委和区建交委从全局出发，围绕中心、服务大局，按照建设“三个城区”的目标要求，把提升城区环境品质与巩固文明城区、推进社会管理创新等工作紧密结合起来，以推进区域经济建设为重心，以解决市民最关心、最直接、最现实的问题为抓手，集中力量、快速行动，持续提升长效管理理念，不断完善常态工作机制，不断提升整洁、靓丽、有序、和谐的城区环境品质。

长宁区绿化和市容管理局

2012年，在区委、区政府的领导下，区绿化市容局围绕“精品虹桥、国际商都、智慧高地、活力城区”的区域发展方针，以加快建设“三个城区”、努力实现“五个提升”为目标，攻坚克难抓管理，全力以赴建精品，着力提升城区市容环境品质，圆满完成年度38项重点工作。

一、围绕保常态任务，建立健全各项管理机制

（一）巩固和完善“大门责”管理机制

结合社会管理创新试点工作，完善“大门责”与网格化相结合的常态化管理机制。

一是优化并完善大门责管理机制。明确并完善大门责与网格化相结合工作各相关部门的工作职能。完善标准体系，按照差别化管理要求，再次明确长宁区重点区域和路段，以最高标准落实各项管理、作业、养护、执法等工作，其余区域按照标准体系分级落实市容管理。完善考核办法，修改和深化《长宁区市容环境沿街面大门责管理考核意见》，进一步落实街镇对沿街单位以及对各网格管理人员的考核，兑现对商家考核后的奖惩。督促街镇建立并完善街镇层面的各类管理实施考核办法，发挥街镇市容联席会议平台作用，做好巡查台帐，建立沿街商家门责履责记录，逐步推行商家自律自责模式。

二是初步完成协管人员队伍整合。按照身份不变、待遇不变、统一指挥的要求，对现有的街道（镇）协管员、市容协管员和“门责”指导员等3支队伍进行整合，整合后的队伍纳入网格化管理平台，经业务培训指导，统一听取街镇指挥，开展巡查、固守、管理以及商家责任告知和评比等工作。积极与市市容协管办、区人社局、区建交委对接协商，调研并制定《长宁区市容管理系统协管类队伍管理转制工作方案（初稿）》。

三是持续开展门责自律的宣传动员。持续开展“六个一”市容环境卫生集中整治活

动，每月中旬动员沿街商家参与自律活动。统一制作并发放商家承诺书、“门责值班员”徽章，督促商家履行维护环境义务。

四是规范户外广场展示展销。根据《长宁区规范户外广场（商业街）搭棚展示展销（暂行）意见》，会同区虹桥办、商务委等相关部门，提前介入，严格执行联合会审备案制度；严格执行广场搭棚管理标准，加强常态巡查监管，落实广场周边道路保洁、垃圾清运等各项市容环境保障措施。

（二）加大动态监管力度，确保街面环境平稳有序

严格执行《行政强制法》，按照“活用处罚，慎用强制”方式，努力维持街面秩序。

一是加大巡查执法力度。以勤察劝离为主，提高管控实效，乱设摊（跨门营业）总量控制在月均409处，全区90%以上道路达到“严控区域”标准。

二是加大对责任人履行市容环境卫生责任区义务的监督力度。通过加大教育、执法力度以及开展联合执法整治等形式，督促责任人主动履行法定义务。加大执法处罚力度，办结各类城市管理行政执法案件2444件，办案质量进一步提高。同时，加强对占道设摊、跨门经营、乱张贴、乱堆物等“门责”案件的处罚力度，办理占道设摊、跨门经营、乱张贴、乱堆物以及未履行管理义务等“门责”类案件420件，与上年同比增长159.2%。

三是加大对重点区域的整治力度。依托街道平台，针对水城路夜间排挡、小百货等摊点集中的现象，会同公安、食药监以及文化执法等部门，从3月起启动本年度仙霞地区乱设摊专项整治行动；针对轨道交通淞虹路站点周边集聚性乱设摊情况，集中力量，开展定点固守与集中整治相结合的专项整治工作。

（三）探索防控机制，努力遏制违法建筑

进一步完善区拆违机制，制定《关于进一步加强本区拆除违法建筑工作的实施意见》（长府〔2012〕46号），对组织机构、基层支撑和处置机制等进行了进一步的调整和完善，全面对接法律、法规，确保全区拆违工作高效、有序进行。受理新增违法建筑301起，拆除288处，新增违法建筑拆除率为95.7%。拆除存量违法建筑17处，拆除面积为6106平方米。

（四）做好基础作业养护工作，确保城区整洁、美观

将绿化养护、环卫作业等作为保持城区环境品质的基础性工作，全力以赴，确保按照现有标准落实到位。

一是提升公共绿化管理水平。创建番禺路（新华路—延安西路）、华山路（镇宁路—江苏路）、愚园路（定西路—镇宁路）3条林荫道。选取天山公园作为试点，制定《天山公园精细化养护管理方案》，成功创建四星级公园，提升公共绿化养护管理水平；每月组织例行考核，督促养护单位保持较高作业水准。

二是继续推进道路洁净工程。按照“整洁、有序、美观”的总体目标，在120条（段）主要道路内配置人力、物力，添置设施设备等，实现机械化清扫、冲洗全覆盖；通过调整作业时间、改进工艺流程、更新环卫装备、加强质量监督和处置等措施，建立高效的城市清洁管理体系，提升道路总体保洁管理水平。

三是推进环卫公共设施建设管理。继续稳步开展长宁区废弃物处置中心试运行，完成新建公共厕所1座，道班房2座；完成改建公共厕所9座、道班房4座、垃圾箱房67座、倒粪站（小便池）1座、小型生活垃圾压缩站5座、中转站1座。规范完善公厕设施设备，星级公厕（中山公园公厕）逐步强化生态、节能、环保概念，深入开展“文明公厕”创建活动，树立优质窗口服务形象。

四是加强渣土运输车辆管理。坚持实行

建筑渣土区域运输制度，完成新一轮建筑渣土区域运输企业招投标，确保实现对建筑渣土运输企业的全过程监管。同时，定期开展专项联合执法行动，及时查处违规行为，建立联席会议制度，分解责任，定期沟通，做好管理、执法、作业衔接。

五是深化“三乱”治理机制。进一步总结经验、完善管理标准和相关的考核制度。共清除各类“三乱”65.4万处，受理网格化平台移转该类事件705件，同比下降76%。按照市局部署，从8月份起开展“四乱”（乱张贴，乱刻画，乱涂写，乱悬挂）专项整治。

六是规范户外广告设施管理。听取多部门意见，编制《展示区、控制区户外广告设施设置实施方案》。完成《店招店牌管理办法（初稿）》的编制，做好日常专项巡查监管和防台防汛期间的应急处置。

（五）围绕各项重点任务，加强市容环境保障

做好全国卫生城区复审、全国文明城区复查、市第十次市民文明指数测评、全市春夏季市容环境综合整治等重大活动期间的综合保障。一是建立统筹机制，由指定的分管领导、科室统一指挥，统筹协调，督促责任落实。二是加强与各街道（镇）进行对接，针对作业、管理和执法等情况，分析工作现状和瓶颈问题，研究措施，抓好工作推进。三是加强巡查力度，在各部门根据职责自查整改的基础上，由市容环境质量监督中心开展全面巡查，每日通报巡查情况，限期整改。

二、围绕出亮点目标，全力提升城区景观品质

（一）打造绿色生态景观

一是推进公园改造提升。聚焦中山公园一号门拆屋建绿，采用“征收托底，协议先行”的新办法落实专人启动相关工作，已经完成立项、选址审批、土地预审手续、建设用地规划许可证等多项前期手续办理，九华集团所属房屋12月7日开始拆房，推进实施园林职校房屋产权置换补偿手续，五个自然人所属房屋已清空，正在进行补偿谈判。推进中山公园内部整体改造，原定目标为完成整体立项，由于产权证明等历史原因受阻，提出“承诺制”的新思路，将项目按照城市维护类、基础建设类拆分实施，年内开工对月季园、后山鸳鸯湖、温室花圃等3个区域进行城维项目改造，基建类调整项目建议书，推进立项手续办理。配合华阳社区凝聚力工程展示，调整中山公园文化展览展示区用途，推进“凝聚力工程”博物馆建设。结合市、区重大项目，启动天山公园改造（三期）、凯桥绿地改造项目，推进方案设计。

二是全力推进大型公共绿地建设。完成新增公共绿地43287平方米（其中居住区集中公共绿地37279平方米）。推进外环生态林带（400米）建设，继续深化设计方案，并结合全民义务植树节活动，启动项目一期区域施工。推进丝绸厂绿地、中新泾绿地等项目前期工作，加紧与区房管部门协调土地征收工作，加快落实方案设计。

三是推进立体绿化建设。已完成区科委、工人文化宫等10处屋顶绿化6924平方米、墙面绿化326平方米、檐口绿化125米，完成天山二小、玉屏南路小学等7处绿篱围墙（含破墙透绿）1628米。

四是推进重点路段绿化景观提升。虹桥路沿线景观绿化改造工程完成样板段建设；完成仙霞网球中心、虹许路、一号景点等重要点位景观提升；完成新华路、江苏路、古北路（红宝石路—黄金城道）绿化景观提升。

五是实施街景花卉常态化布置。以中山公园地区、虹桥古北等重点区域为重点，在全区选择34个点位，完成花坛花境约4340平方米、主题景点1处、组合容器花箱约1650米、花球203只、花墙340米等处摆花布景，在“五一”、“十一”等重要节点进行花卉更新，确保四季有色、常绿如新，重要节庆时焕然一新。

（二）提升城市综合景观

一是推进中小道路整治提升。努力挖掘历史文化，塑造特色街区，对法华镇路（一期）、安顺路、遵义路等9条（段）特色中小道路进行精品化打造。

二是推进市容环境“三类区域”创建。对历年已经创建成的市容环境示范区域、规范区域、达标区域进行巩固和提升。

三是推进重点区域综合景观提升。围绕古北财富中心（二期）、尚嘉中心、天山二村进行绿化、市容、灯光、店招等一体化景观提升建设，形成整体景观效果。

（三）营造重点区域灯光夜景

一是中山公园区域景观灯光提升。突出龙之梦大厦的地标效应，展现南侧楼宇群的联动效果。累计完成20幢楼宇、3处绿地的景观灯光提升。

二是新泾地区灯光亮化工程。根据不同区域进行针对性打造，商业区域体现动感活力、居住地区体现温馨雅致，由多条河道进行串联，呈现明暗结合、错落有致的整体景观效果。

三是绿地景观灯光提升。结合部分公共绿地改造项目，同步推进绿地灯光建设。已完成虹桥路绿化样板段、仙霞网球中心、北翟路25米绿化带等处灯光建设。古北路（红宝石路—黄金城道）绿化提升时也同步配置夜景灯光，提升夜间景观。

（四）制定精品精细化管理办法

从全行业、全覆盖管理的角度出发，在加大建设力度的同时，完善配套的管理机制，明确精品化建设和精细化管理标准。

一是初步完成立体绿化建设和养护管理办法。在全区范围内，重点围绕中山公园、虹桥古北和临空园区，实施高标准、精品建设，其他背街小巷以见绿为主。新建楼宇实行设计、建设、验收“三同步”，改建楼宇由政府投资与社会单位参建相结合实施，机关、学校、医院等有条件的必须建设，旧小区综合整治时一并考虑建设，其他单位通过协调创造条件建设。按照“谁建设谁养护”的原则落实日常养护管理，并纳入公共绿化的日常考核。

二是初步完成公共绿化精品精细化管理办法。按照市绿化养护定额（2010）的标准落实养护经费，调整绿地等级划分，在原一级养护绿地基础上，将三区十路的公共绿地一并认定为一级绿地，计划至“十二五”末逐步消除三级及以下绿地，提高精细化养护质量，委托第三方专业机构实施定期考核，将考核结果与养护经费挂钩，落实奖惩办法。

三是基本完成景观灯光设施建设和管理办法。采用政府与社会相结合的主体模式，新建楼宇按照“三同步”实施，改建楼宇中，居民区由政府实施，商办楼宇由业主方实施；加强运行、巡查、维护三个环节管理，确保设施完好率95%以上，按规定时间启闭管理，逐步推进和提高集中控制比例。

（五）推进生活垃圾分类减量试点工作

组建区生活垃圾分类减量推进工作联席会议制度，制定《长宁区2012年生活垃圾分类减量实施方案》并启动实施，通过新建有机生活垃圾生化处理设施、改造餐厨垃圾处置厂、配备收运设备等方式，推进10个企事业单位、10个居民区、5个学校、6个公园、9个集贸市场、5个机关垃圾生活垃圾分类工作，完成生活垃圾人均减量5%的目标。建立分类投放、分类运输、分类处置系统，并在虹桥街道试点“绿色帐户”。完成有机垃圾生化处置厂已改建投入试运营，对厨余垃圾和菜场湿垃圾进行资源化处理利用，进一步提升处置效能。

三、围绕强队伍宗旨，提高全局干部执行力

区绿化市容局系统单位较多、队伍庞大、结构复杂，推进各项年度工作的有效落实必须依靠坚强的队伍做保证。

一是加强干部队伍建设，增强组织战斗

力。首先，班子成员团结有力，分工有效，坚持集体领导，分工协作，各负其责；对重大问题坚持集体研究、集体决策，通过党政联席会、党委会等形式讨论决定后严格执行。其次，加强政治学习和廉政教育，参加区相关部门组织的处级干部中心组学习、反腐倡廉警示教育展，廉政电子创意作品大赛等活动，提高政治修养和拒腐防变能力，三是结合实际学以致用，制定局中心组（扩大）学习计划，形成一套有程序、有进度、有管理的学习制度，组织安排景观设计建设、反腐倡廉报告、文明学实创建、加强城市管理等课程，将学习范围扩展到科级以上干部，努力提高干部的综合素质。四是围绕“强组织、增活力、创先争优迎十八大”，发动各党支部开展形式各异、内容丰富的主题活动。五是提升团队文化，广泛动员，精心筹备，圆满举办局系统“绿色行”文艺汇演，展现绿化市容系统干部群众的精神风采和青春活力。

二是加强规章制度建设，确保执行规范有效。加强督查督办力度，增强督查人员力量，对列入年度重点工作的项目以及区委、区政府领导关注的内容，一一锁定，全程跟踪查办，做到件件有回音、事事有着落。加强权力监管，严格执行“三重一大”制度，定期进行检查；强化工程项目招投标管理，纪监部门、财务管理部门全程参与招标过程。规范行政审批，继续完善“行政审批目录”与“办事指南”，推进落实行政审批制度，不断提高行政审批效率与满意度。加强考核力度，以行业管理标准和年度重点目标为核心，建立明确的目标导向，进一步完善对企业、事业单位的绩效考核制度。加强干部选拔培养，调整一批科级干部，提拔部分科级干部，调动老、中、青各年龄层人员的工作积极性，紧紧围绕全局中心工作，积极思考、认真落实。

三是创新党建工作思路，提升组织凝聚力。推进“基层组织建设年”工作，根据区委要求对各党支部开展分类定级，党委分类指导，提出优化提升措施，发动党员讨论，落实创先争优的长效举措，完成各党支部的晋位提升。挖掘工作亮点，开展管理方法创新座谈、水域保洁党建结对行动、鲜花进社区、党员赠书读书、参观革命老区等有特色的组织生活观摩项目，以丰富多彩的组织生活凝聚党员。发掘先进典型，创先争优活动中的涌现出一名市级和一名区级优秀党员，为全体党员和群众树立了先进旗帜，鼓励广大干部职工学先进、赶先进、创先进。

2012 年，在全局干部职工的努力下，基本完成年初预定的各项任务目标，但仍存在一些薄弱环节，一是准确把握工作进度的能力还有待加强，需要提高项目管理水平，充分预计可变状况，减少突发因素对总体项目的影响。二是快速适应新法环境的能力还有待加强，需要提高学习研判水平，更早确定实施方案，减少过渡时期对整体工作的影响。三是服务公众的能力还有待加强，需要转变单一采取行政管控手段的传统方式，充分汲取民意，以提供市民切实需要的公共服务产品等途径，探寻公众参与城市治理的模式。

2013 年，区绿化市容局将继续把加快建设“三个城区”、努力实现“五个提升”作为下一阶段工作的主线，围绕亲民共享，打造综合景观，突出精品精细，提升行业管理水平，促进城区环境品质继续保持中心城区前列。

长宁区住房保障和房屋管理局

2012 年，是实施“十二五”规划的关键之年，我们积极贯彻区九次党代会精神和“两会”精神，积极推进党员干部队伍建设，加强队伍作风、精神的锻造，深化创先争优行动，围绕年初制定的区政府重点工作目标和部门目标，着力推进旧区改造和土地收购储备，继续开展旧小区综合整治和提升物业管理水平，并不断完善以廉租房、经适房、公共租赁房和配套安置房为内容的住房保障体系，同时积极有力地推进房屋行政管理其他相关工作。

一、重点工作完成情况

（一）在全市率先完成年度旧改目标任务

★ 2012 年区府一级目标：启动 3 幅成片旧改基地，推进 3 幅边角料地块，力争启动旧区改造面积 6.5 万平方米。市政府下达目标：拆除旧区 6.5 万平方米，受益居民 2200 户。

1 启动旧改基地签约 4 幅：

江苏北路基地签约率 93.71%；凯桥东块基地签约率 96.56%；延安西路 1290 弄基地签约率 94.5%；中新泾基地签约率 98.08%。

2. 完成历年结转基地 4 幅：

年初，全区结转基地 9 幅，现已完成基地 4 幅（赵沈巷、延安西路消防站 [居民]、祝家巷、蒲松北路），尚余 5 幅。完成居民 96 户 69 证。今年以来，作出行政裁决 32 证 44 户；申报法院司法强迁 14 批 73 件；组织实施 17 件。

3. 做好签约前准备工作的基地 4 幅：

做好潘家塔基地的征收前期准备工作；新华路 445 弄等三幅边角料地块于 11 月 22 日启动第一轮旧改意愿征询，均已达到 100%，接下来将进行房屋调查登记，为明年的第二次签约征询打下坚实基础。

4. 全年拆除旧区 6.5 万平方米，征收居民 2235 户。

（二）提前超额完成土地收购储备目标

★区府一级目标：完成 261 街坊 6 丘 (古北 5–2)、105 街坊 (何家角)、331 街坊 (索菲亚)、147 街坊 (绿建公司) 土地收储工作。

1. 区府重点目标收储推进情况

105 街坊地块（何家角）出让前的土地整理如期完成，该地块已于今年 8 月完成出让；261 街坊地块（古北 5–2）于 11 月份完成土地平整工作；147 街坊地块（绿建公司）已完成土地整理工作，并于今年 8 月交付上海长宁公共租赁住房运营有限公司进行“人才公寓”建设；331 街坊索菲亚公司地块，已完成收地工作，并着手进行土地平整工作。

2. 其他项目土地收储情况

（1）市重大项目 283 刘海粟美术馆土地完成收购协议的签署，刘海粟美术馆新址土地已交付使用。

（2）346 街坊中的复新屠宰场土地已于 2012 年 9 月 14 日完成收购协议书签署。

（3）完成 171 街坊天山村土地、200 街坊工商长宁分局土地、新程物业公司土地、30 街坊华阳物业公司土地、301 街坊鑫达实业公司土地、50 街坊上海医药集团土地收购以及上海医药集团在长宁区域内其他 6 幅土地收购意向的收购协议签约，其中 200 街坊工商长宁分局土地、新程物业公司土地、30 街坊华阳物业公司均已交地。

（4）3 街坊、28 街坊和 49 街坊三幅征收地块内的单位收购共计 15 家，已完成 13 家收购协议签约，余 2 家单位正谈判中。

（5）331 街坊红双喜公司、220 街坊上海电气集团冲剪机床厂等土地收购正谈判中。

（6）配合复旦西校项目，推进临空小学地块土地收购工作。

（三）继续提升旧居住小区硬件、软件条件

★区府一级目标：旧小区综合整治：启动旧小区综合整治 97 万平方米 (含结转项目)，完成总工程量 40%。

1. 继续开展旧小区综合整治工作

97 万平方米分 6 个标段已陆续开始施工。同时，还有 12 万平方米补充项目已获区发改委批准。截止目前开工启动建筑面积合计 101 万平方米，涉及 44 个小区，确保年底完成 40% 以上的工作目标。

在开展旧小区综合整治的同时，贯彻落实区第九次党代会精神和建设“三个城区”的要求，积极探索天山二村精品小区建设。结合旧小区综合整治项目，叠加实施绿化调整、道路拓宽、灯光工程、周边道路改造、活动场地改建等工程，整体提升小区环境面貌和功能设施。

2. 提升物业管理水平

（1）全力推行物业管理一体化激励机制

推进2012年度一体化激励机制申报考核工作。各街镇上报推行物业管理一体化激励机制小区共有340个，合计建筑面积为949万平方米，涉及居民17万户。

（2）加大对业主大会、业主委员会的指导监管力度

一是积极配合街镇、居委做好业主自我管理相关工作，及时提供政策支持和业务指导。二是组织辖区内着手业委会换届工作的居委会工作人员和已完成换届的业委会成员开展物业管理方面的专业培训，形成管理共识，提高管理水平。

（3）发挥“962121”物业呼叫平台服务作用

今年共受理报修4125件（其中急修2527）、投诉1002件，合计5127件，处理网格化案卷1519件，解决了市民群众在物业管理尤其是维修方面的“急、难、愁”问题。

（4）不断强化行业监管

一是在物业行业广泛开展“走百家门、知百家情、解百家忧”活动，聘请20名特聘监督员对区内的“三百活动”开展情况进行专项督查。二是稳步推进售后房物业管理费调整工作。三是开展对强行垄断小区装修、敲墙业务违法行为专项整治。四是规范物业管理招投标行为。五是完善物业企业资质和从业人员资格管理。推动物业企业服务水平和从业人员素质能力提升。

（三）圆满完成保障性住房建设和公共租赁房筹措目标：

★区府一级目标：加快推进保障性住房建设，虹桥交通枢纽北块(346街坊)上半年竣工；205街坊年底竣工，338街坊完成工程量的30%。多渠道筹措房源，筹措公共租赁房150套（改建项目）。

1. 廉租住房工作：

廉租住房受益面不断扩大。对符合廉租住房租金补贴条件的申请家庭实现了“应保尽保”。区累计受理廉租申请7000余户，目前享受廉租家庭3082户，其中2012年新增783户。长宁区的实物配租集中受理工作于7月9日开始至8月3日结束，累计接待咨询3260户，发放申请表709户，正式受理515户，完成新增实物配租361户。通过购买方式筹措廉租住房，已签约购买360套房源。

2. 公共租赁房工作：

年内完成新增公租房（包括建设和筹措）589套。首批市筹公共租赁住房（馨宁公寓）项目，正式受理91份，完成选房开具登陆证明55户。并从5月7日起启动市筹公租房常态化供应工作，接待咨询86人次，正式受理66份，通过审核56份。同时，根据区政府公租房工作的整体要求，以回租的形式，创建具有长宁优势、虹桥特色的公共租赁住房。2012年6月23日，新泾北苑业主开始办理入住手续的同时正式启动项目的回租咨询工作，共签订租赁合同176套，同步确定供应对象，完成人员入住资格审核工作，逐步向区内相关企业人才供应。该试点工作，受到市、区领导好评，《解放日报》《文汇报》等多家媒体报道。

3. 经济适用房工作：

2012年，共有1449户居民参加选房，1330户选定房源，选房率达91.8%。其中，2011年第二批649户取得登录证明的申请家庭，在2012年上半年选房工作中，有588户选定了房源，选房率达到90.60%，签约率为96.26%；2012年共有产权保障房（经济适用

住房）的申请受理工作自3月26日开始到4月20日顺利结束，各受理点咨询人次数达到5780人次，实际受理853户，登录800户，742户选定房源，选房率达98.41%。

4. 保障性住房建设：

虹桥交通枢纽北块上半年已竣工；205街坊总体配套全面完成，年内竣工；338街坊已建设至地面十层，年内完成工程量的40%。

（五）配合项目方面

★区府一级目标：前期审批工作：配合虹桥国际医学中心建设，完成迎乐路（二期）、广虹路前期手续办理。

广虹路（绥宁路－北祥路）、迎乐路（周家浜－广虹路）前期准备工作，完成初步设计批复及市市政处、水务局意见征询批复和广虹路红线微调工作。申照方面，先后完成土地预审、设计方案审查、建设用地规划许可证、二次红线调算、土地勘测定界和土地权属调查报告、建设用地征询和送审国有土地划拨等工作。

★区府一级目标：绿地建设，居住区集中绿地2万平方米。

已完成居住区绿地51512平方米（其中集中绿地29870平方米）。

二、部门重点目标任务完成情况

（一）拆房管理和房屋检测工作

1. 拆房安全管理：监管拆房工地45处，面积共93万平方米。其中历年结转23处，面积73万平方米；今年新开工22处，面积20万平方米；总共竣工18处，竣工面积16万平方米。目前受监工地27处，总面积77万平方米。

2. 工地监管工作：开展拆房行业“安全生产年”安全专项检查工作，坚持对全区工地每月不少于两次的日常巡视检查，对施工中的各种违规现象进行督促整改，并重点监督工地管理人员，要求其严格落实其管理责任，确保安全生产及文明施工。

3. 优秀历史建筑保护方面。建立长宁区优秀历史建筑巡查机制，履行本辖区内优秀历史建筑各类权利转移时的告知承诺制度，并开展优秀历史建筑片区环境整治试点项目的排摸计划和前期论证工作。

3. 房屋质量检测：完成破坏房屋承重结构的违章行为鉴定20多起，无一起因鉴定不当造成居民纠纷。

（二）房地产二、三级市场

1. 房地产交易：房屋总成交套数，面积，金额分别为9521套，94.5万平方米，231.4亿元。

2. 市场行政管理：累计发放预售、预租许可6张，涉及6个基地，建筑面积50.5万平方米；新申请暂定级企业5家，二级企业1家；房产中介经纪机构备案28家，年检132家，注销34家，基本信息变更2家，跨区移址6家。

3. 住房制度改革工作：累计完成有限产权接轨287套、未确权房屋代售户81套；单位使用权房转产权1套；开具外省市房改证明28份。

4. 私房落政工作：国内人员私房落政代经户5户，建筑面积140.3平方米，补贴金额642.5万元。

5. 房产权籍管理：根据《上海市房地产登记条例》，做好“两确认”工作，完成7个项目的业主共有房地产和公益性房地产的确认工作，免予资金监管14件，公告9件；协调处理权籍历史遗留问题：启动番禺大厦居民的产证办理工作，已办理小产证111户，受理23户，68户正在办理相关手续；上海生物制品研究所“大产证”已办理，“小产证”办理正与上海生物制品研究所进一步沟通协调中。

（三）住宅建设工作

1. 住宅建设推进：目标施工面积81万平方米，竣工住宅面积25万平方米。实际完成住宅累计建设施工面积81.2万平方米。竣工住宅30.4万平方米，均超过年度任务指标。

2. 住宅配套建设：竣工3所（娄山中学改建、哈密路小学改建、武夷路幼儿园），面积9031平方米；1所结构封顶（新光中学），面积12642.8平方米；1所建设进行中（长支一小），面积8785平方米。

（四）房屋土地测绘工作

1. 土地测绘：完成建设用地勘测定界项目53个，约102万平方米；竣工结案项目14个，约44万平方米；变更修测项目19个，约17.5万平方米。

2. 房屋测绘：商品房预测项目7个，建筑面积约55.4万平方米；商品房实测项目31个，建筑面积约119.7万平方米；系统房实测项目12个，建筑面积约25.8万平方米；私房测绘项目102户，实地调查鉴证项目47户。

3. 重大急办项目工作：完成上海国际舞蹈中心、国宾馆（西郊宾馆/兴国宾馆/虹桥迎宾馆）共计125栋房屋面积测绘，面积约8.5万平方米；完成上海市长宁区救助管理站及江苏路街道第四网络居民活动中心的测绘工作；配合区三幅旧改基地征收，完成92户无证无照的私房建筑面积测绘工作。

（五）档案、信息化和政府信息公开

1. 档案工作。接收产权登记及抵押注销档案2万多卷，完成各类专业档案收集、整理、及装订1400多卷，上传电子文件148件。接待档案查阅人员5000多人次、查借阅档案案卷10000多卷。修订完成《长宁区住房保障和房屋管理局档案管理暂行规定》等7项规章制度，并编制《专业档案归档范围及汇总表》和《文书档案归档范围和保管期限表》等档案管理方面的文件

2. 信息化工作。定期对局网站进行检查和数据维护，部分网页作了修改，发布各类信息1000余条，信息公开23条，并完成党务公开网站的开发；开发小区物业信息管理系统，对小区物业的基本信息进行管理，拟在2013年1月上网试运行；建立了房管专业档案的目录数据库；开发了档案移交软件，理顺了与交易中心产权登记档案的移交程序；配合经适房选房工作，进行网上现场直播。

3. 政府信息公开工作。收到依申请公开159件，其中网上申请9条，现场接待200余人次，完成答复155件，尚有4件在处理中。

（六）两会提案、信访稳定和一门式窗口受理工作

1. “两会”意见、提案。区十五届人大一次会议期间，收到人大代表书面意见25件，其中主办18件，协办7件。平时意见1件。总计26件。区政协十三届一次会议期间，收到政协提案22件，其中主办11件，协办11件，其中组织提案2件。平时提案1件。总计23件。意见、提案主要涉及物业管理、旧区改造、平改坡、房屋安全等几个方面，均已办结。

2. 信访和稳定。共受理各类信访件928件，其中来信417件，来电220件，电子邮件116件，来访175批次，255人次。还配合区信访办完成市联席办交办的重信重访排查、归档工作，2件。

3. 一门式窗口受理工作。共接待电话、现场咨询900多人次，受理各类审批、年检和认定等事项610件，按时办结。

（七）依法行政工作

1. 行政诉讼和行政复议：今年共有行政诉讼12起。其中，法院维持区住房保障局行政行为的9起，尚未判决的2起；民事合同纠纷1起，被判撤销合同；行政复议1起，尚在审理中。

2. 行政执法：加强执法专管员队伍建设，从各房管办事处选定10人为区住房保障局的执法专管员；开展行政审批手册及办事指南的编制工作；创新工作方法，做到执法行为全覆盖；尝试对优秀历史保护建筑不当的修缮行为建立约谈机制，拓展行政执法稽查范围；开展房地产交易秩序专项检查工作，本

区未发现有内容所列违法违规行为。

3. 行政审批事项清理：对现有的24项行政审批业务进行了区政务网网上办事的事项发布，提供了网上办事的便利，提高了行政审批的效率；进一步制定、完善《房管局行政执法文书管理规定》、《行政执法监督检查制度》等6项规章制度。

4. 行政处罚方面：对新产生的违法搭建共发放处罚文书101份，拆除55户；存量违法搭建共立案2起，均已制作《限期拆除违法建筑决定书》；申请区政府对存量违法搭建拆除的1件，并已拆除存量违法搭建3户。在其他行政处罚方面，破坏房屋外貌处罚1起，损坏房屋承重结构处罚2起。

（八）财务管理和后勤工作

1. 完成了2011年度财务决算工作，并根据财务收支状况进行了分析；2012年预算调整工作及2013年预算编报工作。严格按照“收支两条线”加强资金管理，加强专项资金运作，涉及到土地储备资金、住房保障、旧区改造等资金，特别对今年长宁区经适房的开展积极配合，做好资金保障。

2. 配合区审计局完成对区住房保障局局长唐如康同志任期内的经济责任专项审计；配合中央审计署完成对长宁区保障性安居工程等4大版块内容的审计；结合国库单一账户改革的前期调研工作，对单位的银行账户进一步加强管理；根据区审计、区财政等部门要求，做好《08年旧小区综合改造竣工决算》专项审计的整改工作。

三、深化创先争优行动，推进党员干部队伍建设

（一）统一思想，率先垂范，着力加强领导班子自身建设

一是继续加强中心组学习。着力完善了学习考核、学习交流、学习通报、专题调研、个人自学等五大制度；坚持把党委中心组理论学习纳入领导班子建设目标管理体系；围绕区委调研课题，区住房局分管领导都参与了子课题的调研和调研报告的撰写工作，相关课题内容也转化为区政府工作项目。

二是加强基层调研工作。局领导继续亲自带队，走访社区，听取居委会干部和监督员对区住房局工作的意见和建议，6月，由局纪委书记带队走访中，共收集问题38条，其中当场解决7条，受到居民好评。

三是健全“三重一大”集体决策制度。通过“三重一大”备案系统即时向区委、区政府报告。同时以完成区政府一级工作目标为重点，着力提高行政效能和工作执行力。

四是开好民主生活会。会议联系领导班子建设和个人实际，着力找准并解决党性党风党纪方面的突出问题，开展了批评与自我批评，并深刻分析存在突出问题的原因，明确了班子的努力方向。

（二）紧紧围绕“强组织、增活力，创先争优迎十八大”的主题，深化党员先进性建设

推荐6位同志为入党积极分子，落实培养教育和考察；确定3位同志为发展对象参加区委组织部《党的基础知识》培训，均获优良成绩。按时进行一名预备党员转正工作。

一是开展“服务选房工作党员实践活动”。面对时间长、要求高、涉及面广的二批共有产权保障房的选房工作，各党支部积极响应局党委号召，广大党员主动请缨，勇挑重担，“亮身份”、“亮承诺”，保障选房工作顺利开展。

二是立足岗位，服务旧改地块居民，开展房屋征收政策咨询活动。各党支部利用双休日，赴三个旧改地块连续奋战三个半天，共接待咨询约600人次，共解答了约30类主要问题。有的党员干部在将参加中考的孩子送到考场后又匆匆前来参加咨询，涌现了许多感人事迹。

三是服务离退休职工，认真落实老干部工作责任制，加强统战工作。开展“新年暖流”主题实践活动，走访慰问困难党员和老党员

26人，发放慰问品和慰问金合计13000元。

四是结合区住房局职能，根据区双拥办要求，做好拥军优属、拥政爱民工作。

（三）落实基层组织建设年的要求，加强基层组织建设

根据区委关于开展基层组织建设年的要求，区住房局一是通过代表候选人的推荐考察工作，“向市第十次党代表大会建言献策”活动，继续加强党员的党性教育。二是完成了基层党支部的分类定级工作，明确了升位进级措施。三是局属各支部组织党员重温入党誓词，赴西柏坡进行革命传统教育。四是各基层党组织召开专题组织生活会，针对全局的中心工作和重点工作目标查找问题，发现漏洞，集思广益，共谋对策。通过公推直选方式组建了新的办事处党支部。长宁房地产交易中心被评为住房和城乡建设部全国房地产交易与权属登记规范化管理先进单位，交易中心党组织被评为区创先争优先进基层党组织。徐盈同志荣获长宁区机关创先争优优秀共产党员。

打造和弘扬新时期“长宁房管精神”，发挥党员的主体意识和作用。一是落实人才工作责任制，搭建平台，树立正确的用人导向。提拔任用科级干部9名。同时配合做好组织工作满意度测评，再次通报了区住房局组织工作情况。二是加强学习阵地建设。按照“创建学习型单位、争做知识型职工”要求，由区房管局主办，长宁房地产交易中心承办编辑《每月新观察》杂志。由房管办事处青年职工自编教材，开展工作实务交流与研讨。做好“长宁好人暨道德模范”的评选推荐工作，徐盈同志荣获首届“长宁好人暨道德模范”提名奖。

认真开展党务公开工作。一是成立了区房管局党务公开工作领导小组。各党支部落实一名党员担任信息员并进行了操作培训；二是深入开展了学习活动；三是在公开时限上，实行定期与即时相结合。设立局党委和各支部的党务公开网页，发布公开信息450余条。

（四）围绕中心提高效能，扎实开展政风行风建设工作

一是扎实推进政风行风工作。召开了政风行风工作推进会，要求在窗口单位和服务行业继续开展“亮身份、践承诺”活动。同时签订党风廉政建设责任制，制订反腐败分工任务一览表。交易中心、三个房管办事处在获得2009—2010年度市、区文明单位的基础上继续开展新一轮文明单位的创建工作。同时树立“将服务成为专业，将专业做到极致”的理念，推进交易中心精品窗口建设。

二是抓好重点工作的行政效能监察工作。制订局行政监察（效能）实施方案，在江苏北路（西块）旧改基地进行现场联合办公，监督检查房屋征收工作。长宁区第二批共有产权保障房选房工作，由上海市东方公证处进行全程公证，同时邀请第三方代表参加监督。加强物业管理专项治理工作，深入开展“三百”活动，聘请监督员进行专项督查。区住房局第二房管办事处获先进房管办事处荣誉称号（全市10个），上海瑞创物业管理有限公司及部分小区经理、监督员获“十佳物业服务企业”、“十佳小区经理”，“十佳特邀监督员”称号。

三是开展廉政文化活动，加强廉政风险防范工作。开展以“为民、务实、清廉”为主题的廉政文化活动。在区廉政文化电子作品创意大赛中，报送作品72件，获“优秀组织奖”、5名同志分别获“最佳创意奖”、“优胜创意奖”、“优秀创意奖”，第五房管办事处获“优秀创意奖”（集体作品）。深入开展廉政风险防范管理工作，梳理绘制工作流程图62张，查找廉政风险点20个，其中中级风险点9个，低级风险点11个。延伸到下属基层单位12家。

四、丰富职工生活，推进工会、团组织工作

（一）加强工会组织建设，完善工作机制

制定了局基层工会组建和换届选举工作方案，完成了局机关工会的组建；完成了交易中心工会的换届选举和局办事处工会的组建的选举工作；组织局工会委员和各基层工会主席参加了市局工作培训；完成了区第五次工代会的代表推荐工作，区住房局有2名候选人高票当选为区第五次工代会代表，有1位同志当选为建交工会经审委员。

（二）以班组建设为重点，积极开展创工人先锋号活动

进一步加强基层班组建设，积极开展区级和区建交系统“工人先锋号”活动。区住房局有6个班组被评为建交系统“创工人先锋号”先进集体，其中2个班组荣获区级“工人先锋号”称号。有7名职工被评为建交系统先进职工，其中3名同志被评为建交系统十佳先进职工。此外，交易中心综合班组被市总工会、妇联评为上海市“巾帼文明岗”。

（三）以实事立功竞赛为抓手，深入推进岗位建功活动

召开工作布置会，对2011年实事立功竞赛工作进行总结，对2012年实事立功竞赛重点进行布置；组织全体职工积极开展《上海市安全生产条例》知识竞赛，在预赛的基础上选派了7支代表队参加区建设系统的比赛，区住房局测绘中心代表队获得第一名，交易中心代表队获得第三名，随后精选了三位同志代表区住房局参加决赛，获得了三等奖。

（四）丰富职工的文化生活，营造团结和谐的工作氛围

积极参与长宁区第五届运动会的比赛项目；组织参与摄影技能、消防安全、交通安全等专题讲座及开展职工卡拉OK、游泳、职工农家乐等文体活动。并组织职工子女参加市局工会举办的“红色文化畅想年”才艺展示，有3名职工子女获奖，局工会荣获“优秀组织奖”；组织职工演讲比赛和“感恩.奉献.永远跟党走”长宁职工感言征集活动，上报感言近30条；选派文艺爱好者参加区文体协会举办的小品艺术传作培训班；基层工会组织职工亲子活动。

（五）以“建功、育人、服务”为重点，引领广大团员青年

一是开展“寻访团的足迹”爱国主义教育基地寻访活动，组织团员青年赴渔阳里团中央机关旧址、孙中山故居、周公馆等地参观学习。二是开展“青春铸辉煌，建功十二五”岗位建功行动，号召青年突击队、青年文明号集体和团员青年发扬“吃苦在前、表率在前、奉献在前”的精神，积极投身房管局中心工作。三是赴崇明开展纪念建团90周年“团情永在”主题团日活动。四是提升志愿服务水平，在“3·5”学雷锋、夏令热线、国际志愿者服务日等节点组织团员青年践行新时期雷锋精神，展现新时代青年风采。五是积极搭建展示青年才华新舞台。引导、鼓励团员青年参加市、区各类比赛和活动，在区建交系统演讲比赛、区安全生产管理条例知识竞赛和全市“962121”物业服务热线知识竞赛中夺得名次。六是优化网格化团建合作平台。与徐汇区房管局团委等团组织签订团建协议，实现资源共享、项目共建。

（五）普陀区

普陀区建设和交通委员会

2012年区建交委在区委、区政府的正确领导下，认真落实区第九次党代会精神，紧紧围绕“创新求突破，提升促发展，建设上海西部新兴商贸科技区”的战略目标，努力优化城区建设发展环境，为切实提升“一河五区”发展能级，积极营造宜商宜居宜业的城区环境和景观面貌。

一、配合实施市重大工程项目建设

围绕轨交13号线部分区段年底试运行的目标，进一步加大攻坚克难力度，着力协调推进相关站点建设，确保了13号线金沙江路站以西4个站点年内建成通车。协调完成了全市首例长寿路站出入口建设涉及大同证券公司房屋征收工作。完成了长寿路等4个站点的动迁腾地工作，确保了站点的正常施工；积极与市相关部门对接，开展轨交14号线（普陀段）前期相关工作，基本确定线型和5个站点；同时开展了轨交15号线路规划、前期论证等工作；积极协调完成市府交办的轨交11号线遗留的江南造纸厂征地任务，协调化解轨交7、11、13号线所引发的各类矛盾；配合市相关部门协调推进江宁路危桥改造工程建设，确保了年内竣工通车；配合做好北横通道（普陀段）工程前期相关工作；积极做好京沪高铁工程前期费用以及轨交7号线、11号线（普陀段）审计等工作。

二、大力推动市政基础设施建设

（一）着力推进区重点项目和区实事项目建设。

为进一步构建区域道路网络体系，改善交通出行环境，根据年初制定的工程计划，抓紧实施一批区重点项目和区实事项目工程：完成真光路、曹安路、梅川路、宜川路、宁夏路、志丹路、兰溪路、云岭西路、石泉东路、光复西路等10条道路拓宽、改建、整治项目；通过各方共同努力，基本完成大渡河路拓宽改造工程，确保了年底前通车；加强城区公共消防水源建设，实施完成新增消火栓79个。

（二）扎实开展民生工程建设。

配合宜川新村建村60周年，完成骊山路（洛川路—华阴路）、华阴路（宜川路—沪太路）道路整治工程以及中山北路（交通路、中潭路）无障碍升降电梯工程等一系列为民实事项目，有效改善了宜川地区交通出行环境。完成小俞家弄修建、白丽路人行道整治等民生工程。完成上海信息学校、祁安路、曹家村、永登路、山丹路等五处积水点改善工程，加快实施桃浦西路（真北路—泵站）积水点改善工程。继续推进无障碍设施工程建设，今年重点实施桃浦镇扶手工程，完成外扶手约2302米，内扶手约70397米，坡道约5874米，基本实现全区9个街镇无障碍设施工程全覆盖的目标。

（三）加快实施河道整治工程。

以实施第五轮环保三年行动计划为主线，围绕水环境治理任务，全力推进河道整治工程。完成了新槎浦、横港、大场浦、生产一号河、中槎浦、李家浜、凌家浜、桃浦河8条河道疏浚工程。以“优化水环境，迎接十八大”为载体，对中槎浦西岸及新槎浦东岸等实施了河道专项整治工程，对大场浦等河道实施了改建护栏工程，对苏州河老古道实施了环境整治工程，对朝阳河实施了水生态工程，同时积极推进中槎浦、西虬江、朝阳河等星级河道创建工作。继续推进落实全国第一次水利普查工作，完成各类指标填报、普查数据标绘以及审核报告编写等工作。

三、着力提高建筑业管理水平

进一步巩固建筑市场整顿成果，专门成立市场行为巡查组，对在建工程的市场行为实施不定期抽巡查监督。加大对监理工作的监督力度，落实各项监理制度，今年区域内监理月报信息系统网上上报率已达95%以上，工地总监到岗率达到85%。加强建材质量监督抽检，确保主要建材质量总体可控。进一步强化建设工程安全质量监管，采取建筑市场、工程现场联动的监管方式，不断拓展监督管理内涵。进一步强化文明施工监管，目前普陀区建设工程15家施工现场已建成景观式围墙，“过程全控制”已成为常态。在市建设工程文明施工专项测评中，普陀区建设工程文明施工测评成绩始终处于中上游水平。进一步强化招投标程序的监管，不断规范招投标各方行为，确保招投标过程“公开、公平、公正”。不断增强建筑业管理工作服务于区域经济发展的意识，成立聚焦“一河五区”领导小组，及时提供配套服务，协调解决相关“疑难杂症”。针对突出问题加大整改力度，较好地处理了亚新广场三号楼加固工程所引发的矛盾。针对中海紫御豪庭两次火灾事故，在严肃查处的同时，组织全区安全大检查，全面整改隐患，进一步落实安全措施。加强建筑节能工作，按计划推进分项计量和区级平台建设及接入工作，全年新建项目备案 38 个单位工程，总面积达 40.95 万平方米，材料节能备案 76 张，保温面积 38.12 万平方米，既有公建节能改造备案共计 42 个，既有住宅完成平改坡改造的屋面面积约 3.5 万平方米。

四、积极开展交通管理各项工作

以服务百姓改善民生为工作宗旨，切实抓好公共交通、静态交通等工作。一是成立区交通管理中心。为对接市相关职能部门工作，在区委、区府的关心和支持下，下半年筹建了普陀区交通管理中心。二是完成公共交通相关组织协调工作。结合市交港局孙建平局长带队来普陀区开展公交“最后一公里”工作调研的精神，积极推进落实普陀区部分公交线路增设、调整等民生事项。普陀区建交委所拟定的增设 4 条公交线路和 1 条班车线的工作方案得到市交港局领导的首肯，现 1206 路已完成站点增设和车型调整等事宜，1215 公交线路（原桃浦 1 路）年内将开通运营，其他几条增设线路也将逐步予以落实。三是全力推动静态交通管理工作。成立了普陀区静态交通管理工作小组，聘请专业机构开展相关课题综合评估研究工作；进一步开展挖潜增能工作，今年新增 700 个停车泊位，超额完成任务；加大对区内 55 条道路停车和 160 家公共停车场库的管理（截止 2012 年 12 月底，公共停车场库涉及停车泊位 26088 个，停车面积共计 105.81 万平方米），做好停车场库窗口达标以及年审等工作；根据市相关文件精神，启动建设工程配建机动车停车场（库）行政审批管理工作，积极落实停车泊位配建方案审核、验收等事项。四是做好国防交通、春运以及铁路道口管理等工作。完成国防交通队伍整组、教育训练、潜力调查和国防交通演练规定课目等工作；协调开展春运安全检查和专项整治，努力排除各种安全隐患，顺利完成春运任务；不断深化绥德路、严家浜两处铁路道口值守应急管理等工作。

五、不断强化城区运行安全和管理

（一）加大城市基础设施养护管理力度。

进一步加大市政设施养护维修和管理力度，启动形式灵活多样的市政设施巡查工作，重点保障城市道路平整、桥梁安全、排水管道畅通、水环境面貌良好。完善市政设施巡查反馈机制，落实专人及时有效处置各类市政“病害”，对真南路南何支线等 6 条道路开展管道检测、疏通和清淤等专项整治行动，完成区域内 9 座桥梁结构性检测工作及 90 座桥梁检查工作，完成镇坪路桥、长风市政配套道路等 15 个竣工项目设施接管工作。积极开展河道保洁、养护管理工作，实施新装河道里程桩、增设河道铭牌、粉刷安全护栏和防汛墙等工程。

（二）努力完善市政市容联席管理机制。

围绕市、区后世博城区管理要求，建立健全区市政市容联席会议办公室成员单位巡查整改制度、交流讲评制度、立功竞赛制度等，不断完善“统一协调、条块联动、以块为主、分工负责、各司其职”的管理机制，推进城区建设和管理工作常态化、长效化。积极开展“迎五一、保整洁”城市环境保障行动和“进一步优化城市环境，迎接党的十八大召开”等整治行动，制定专项方案，定岗定人，切实加强道路保洁、河道疏浚、小区管理、市政设施维护、文明施工巡查等工作。特别是在市政市容环境第三方考核检查和城区文明指数测评等迎检保障工作中，充分发挥联席办综合协调的作用，整合条线管理资源和力量，在今年市政市容专项测评中获得第一名的好成绩。

（三）全力保障生产安全和公共安全。

年初委专门成立了安全检查小组，多次深入生产一线，重点对建设行业存在的一些安全隐患和薄弱环节进行安全检查，及时督促整改，努力确保委属各单位的安全、平安。有序开展玻璃幕墙整治工作，查清全区玻璃幕墙652幢，组织开展自查自改，并配合市相关专业部门开展抽查工作，及时处置材料、安装、管理方面的隐患，努力减少玻璃幕墙坠落等不安因素。

（四）圆满完成防台、防汛各项任务。

积极开展防台、防汛相关工作，进一步完善防汛预案和人员撤离方案，对重大工程建设项目工地、地下空间、桥梁地道、轨道交通在建工地等处开展防汛专项检查，加大问题整改力度。针对祁连山路下立交汛期易积水，影响道路交通安全的情况，积极采取工程性措施，缓解汛期积水严重的现象。在台风“海葵”登陆期间，委班子成员通宵达旦工作在现场，机关干部全部奔赴防汛责任单位一线，全系统职工众志成城、合力抗战，最终取得迎战“海葵”的全面胜利。通过各职能部门的通力协作，今年汛期连续经受住了“海葵”、“天秤”、“布拉万”等5个台风和数次大暴雨的严峻考验，有力地保障了汛期城区的安全运行。

（五）充分发挥网格化管理平台作用。

城市网格化管理运行情况良好，与去年同期相比，案件立案和处置情况有所好转，公共设施损坏率逐步下降，市容市貌逐步改善，城市网格化管理平台作用得到充分体现。自2012年1月1日至12月30日，城市网格化管理中心共受理上报案件81202件，立案81152件，立案率为99.9%，结案81184件，结案率为100%。结合市政府惠民实事工程——“12345”市民服务热线的开通试运行，积极做好相关对接工作。不断拓展网格化管理内涵和外延，如在宜川试点将民防地下空间纳入网格化管理范围，及时解决人民群众急需解决的急难愁问题。继续做好与12319城建热线、公安“110”的联动工作。

六、全面落实维护社会稳定工作

为迎接党的十八大顺利召开，切实做好维护社会稳定工作，结合系统工作特点建立了“一部四组”维稳工作机制，分别承担对应的维稳工作职责。督促系统各单位积极做好“三落实”，通过量化责任、滚动排查、快速处置、加固值守等多方措施确保维稳工作的有效落实。针对今年信访维稳工作呈现出来的特点，加大了研判和协调处置力度：一是抓思想武装，组织机关干部、直属单位主官开展《忠心听党话，铁心跟党走》专题教育，要求广大干部提高政治觉悟，增强对各类矛盾的鉴别力、处置力。二是抓内部矛盾化解，在直属单位排摸出不稳定个体和群体矛盾数量，一一落实措施。三是抓群体矛盾化解稳控，在抓好日常接待稳控的同时，成功组织实施大渡河路开关站、武威路1087弄、402坊、阳光威尼斯配套学校、区残疾人综合服务中心等地块保护恢复施工，确保了一些项目的顺利实施。四是抓历史积案化解，委落实专人负责动拆迁积案化解和信访事项核查终结等工作，有8人信访矛盾得到化解，38人信访事项进入终结程序，并圆满完成重信重访对象化解任务。五是在规定期限内办结人大、政协、党代表意见，今年办理区人大代表书面意见16件，区政协提案11件，区党代表意见、建议24件。

普陀区绿化和市容管理局

2012年是全面落实区第九次党代会提出的目标任务的第一年，也是深入实施区“十二五”发展规划的重要一年，区绿化市容局在区委区府的领导下，抓住绿化市容行业建设和管理的主业，紧紧围绕“建设上海西部新兴商贸科技区”的目标，深入开展“创先争优”主题活动，真抓实干、努力奋斗，全面完成各项目标任务，全力保障区域绿化市容环境。

一、绿化建管水平有提升

1. 绿化建设有力推进。区绿化市容局攻坚克难，努力挖潜，先后完成了真北路东侧，武威路，金迎路，永登路等公共绿地新建和江宁路桥改造配套2600平方米公共绿地建设。基本完成桃浦工业区楔形绿地建设；完成外环线普陀区生态专项建设工程5万平方米；完成真如镇市民广场绿化景观改造工程。全年完成新建绿地20.31万平方米；种植行道树1023棵；新建屋顶绿化建设12454平方米，垂直绿化5031米，均超额完成年初计划指标。

2. 绿化管理有成效。完成公共绿地调整改造16.7万平方米，超额完成12万平方米的年度计划。完成长寿公园改造工程。成功创建兰溪路、桐柏路、志丹路、梅岭南路、梅岭北路、金沙江路、杏山路、交通路8条道路（路段）为上海市林荫道，创建数量位列全市第一。结合“五一”、“十一”、迎接“十八大”等重要节点和重大活动，做好全区主要道路、重要区域花卉景点布置。加强公园管理，长风公园成功创建上海市五星级公园。武宁、沪太、兰溪、普陀等6座公园延长开放时间。

3. 主动参与配合区府重点项目建设。完成南大地区综合整治项目建议书批复和选址意见书及工程可行性研究手续办理，协调解决绿化建设和综合整治之间所存在的问题。积极做好大渡河路拓宽改造涉及的绿地、行道树动迁和恢复工作，提前完成577株行道树和1万平方米的绿化动迁任务，及时实施拓宽后沿线绿地、行道树恢复和景观优化工程。主动配合做好云岭西路、大渡河路220万伏变电站等重点项目的绿化动迁工作。认真落实普陀区重点工作督查系统涉及本局的工作沟通和上报。

二、市容环境管理有提升

1. 区域环境整治扎实开展。以迎接“十八大”召开和普陀区创建国家卫生城区为契机，以市容环境社会公众满意度测评、城市环境文明指数测评和“五项测评”为抓手，有针对性的组织开展四次市容环境专项治理活动，包括“春夏季节市容环境整治活动”、“迎五一、保整洁”城市环境保障行动、“夏令热线”市容环境保障行动和“迎‘十八大’和迎‘国庆’优化城市市容环境行动”，集中整治城市环境管理突出问题，特别加强对桃浦地区、城乡结合地区的环境整治，提高区域绿化市容管理水平，取得了较为明显的成效。完成中小道路店招店牌整治1000块，整治、美化围墙1万平方米。国庆前，对全区范围内近30万平方米陈旧围墙重新粉刷。全年新建设摊疏导点2个，协助街道控制影响面较大的设摊集聚点3处；通过第三方购买服务、“五项测评”、市容环境责任区管理以及市容协管员的劝导等措施，全区主要干道和重点区域的“三乱”、沿街商铺跨门营业等现象基本处于可控状态。在上半年市市政市容管理第三方巡查中，普陀区取得了全市第一的好成绩。

2. 景观灯光建设进展有序。进一步完善苏州河沿线景观灯光工程，完成9块绿地景观灯光安装和调试；完成长风生态园区二号地块绿地景观灯光设备安装和灯光调试。曹杨环浜景观灯光工程完成前期协调工作，试点路段年底前亮灯。做好全区景观灯光的日常维修保养，对所有在建和已建成的景观灯光设施进行了多次全面检查，确保亮灯率98%以上。

3. 户外广告设施管理到位。加强对普陀区主要道路的巡查，清理和整治违法设置的户外广告及非广告设施，全年共拆除违章户外广告设施443件，拆除各类违规户外非广告设施1697块。同时，配合庆祝建国63周年、迎接党的“十八大”召开等宣传工作以及区内的其它重大公益活动，设置户外公益广告1709平方米，迎风旗750组，安排6处大型户外LED显示屏滚动播放公益宣传片。今年，为进一步确保户外广告等设施的安全，区绿化市容局提前向各设置单位发放了防台防汛安全告知书和安全检测通知书，并在各单位自查的基础上会同专业检测单位对广告设施进行了抽查工作，期间还组织队伍拆除了3处存在较大安全隐患的大型户外广告设施。正是由于预防在先，措施到位，从而确保了“海葵”台风期间以及整个汛期的户外广告和灯光设施的安全。

三、环卫作业质量有提升

1.环卫设施标准化建设开局良好。今年是启动环卫设施标准化建设的第一年，同时公厕与垃圾压缩站改造也是区府实事项目之一，区绿化市容局严格按照环卫设施标准化建设三年行动计划目标要求，规范招标程序，严格施工标准，完成17座公厕和20座垃圾压缩站改造项目，超额完成改造公厕13座、垃圾压缩站20座的年初指标。同时，今年共申报示范、达标公厕103座，创建率达100%，其中59座示范，44座标准，为民服务技能和公厕管理水平进一步提升。

2.道路洁净工程提前完成。全区范围内共新增63条段道路实施道路洁净工程。实施道路总长约4.4万米，总面积约116万平方米，占全区道路总面积的20%，这项工作在上半年就提前完成全年目标。同时，结合道路洁净工程实施的契机，充分运用现有无线对讲机等管理资源，及时发现并加快道路两侧暴露垃圾清除速度，提升道路洁净程度。

3.废弃物管理水平有提高。深入开展废弃油脂专项治理行动，通过联合区食药监、工商、质监、环保、城管等部门组织召开食品安全培训会，全面提高废弃油脂申报率。建立餐厨垃圾和废油脂远程信息化监管工作机制，规范收运处置操作，加强日常监控。同时，在全市率先建立了废弃物网上申报系统平台，完成前期工作，将于2013年正式启用。

4.渣土运输处置监管有力。联合区公安分局、区规土局、区建交委、区监察局等6家单位联合制订了《关于加强普陀区建筑垃圾和工程渣土处置管理的意见》，规范本区建筑垃圾和工程渣土运输与处置，严格控制道路扬尘污染和工地门前环境，有效遏制渣土偷乱倒和渣土车辆超载现象，降低渣土车辆交通事故的发生，形成长效管理机制。

四、服务民生能力有提升

1.深入开展生活垃圾分类减量。新推进42个居住小区、5个机关、6个集市、31个企事业单位、5个学校、7个公园，共计96个垃圾新分类（六分类，原为四分类）试点场所，超额完成新增50个试点场所的年初指标。成立普陀区绿化市容局减量办，在全系统开展“奋战80天，努力完成全年减量目标”的专项行动，确保生活垃圾减量工作取得明显实效。2012年，日均生活垃圾处置量为1041.8吨。

2.及时处理各方诉求。今年，受理市区人大书面意见9件，其中主办件4件，会办件5件，主办件办结率100%，满意率100%；区政协提案5件，其中主办件4件，会办件1件，主办件解决采纳率100%，委员满意率100%，答复针对提案率100%；区党代表意见14件。全年共受理各类来信来访209件，处理完毕205件，办结率98.1%；受理各类投诉意见2706件，处理率和满意率均达100%；圆满完成今年“夏令热线”市民诉求的处理，及时解决市民急难愁问题，树立行业良好形象。

3.不断健全社会参与体制。在《新普陀报》开辟“绿化市容你我他”专栏，展示普陀区绿化市容建设成果，向市民宣传相关科普知识，为推动局中心工作打下群众基础。局政务微博“上海普陀绿化市容”分别在新浪网和东方网上线，构建与民沟通的新平台，及时有效公布政务信息，更快响应微博用户诉求。组织开展3.12全民义务植树节系列宣传活动，区四套班子以及社会各界代表近560人参加义务植树，营造了全社会共同参与绿化建设的良好氛围。

五、局自身建设有提升

1. 不断深化依法行政。一是大力推进行政审批标准化改革，开展行政审批调研，对局近4年来行政审批情况进行梳理和分析，区绿化市容局共梳理出32大项，40小项行政审批事项。完成行政审批事项办事指南的编制工作。大力推进行政审批事项网上审批工作，今年将户外广告设施设置的许可和渣土处置的申报许可事项纳入市局统一网上审批系统。二是加强对实施行政管理的部门和单位进行监督，对全局部分实施行政管理单位的依法行政情况进行了检查，适时对相关单位的行政管理工作进行了指导。三是加强对行政许可具体办理工作的监督管理，今年区绿化市容局共受理和实施行政许可2052件，全部符合法定的审批程序。

2. 切实提高行政活动透明度。今年，区绿化市容局共发布主动公开信息122条，公文备案71件，未发生因政府信息公开不到位而引发的行政复议、行政诉讼。加大工作力度，对照《政府信息公开条例》确定的政府信息公开范围，充分利用网络平台，及时发布和更新依法应主动公开的政府信息，努力提高办事透明度和公信力，接受社会监督。通过推行政府信息公开，进一步促进依法行政，增强全局员工的工作责任感，提高依法办事的水平，从而提升政府行政效能，推动各项工作的开展。

3. 全力做好维稳工作。进一步健全和完善维稳工作机制，确保了党的十八大和全国"两会"等重大节点的维稳工作稳定局面。今年原环卫局职工就1990年分配制度改革、原市容局2004年转制到普环公司的退休职工和内退职工，原园林体制改革内退职工闹访现象频繁发生，局班子领导和相关部门多次召开沟通协调会，商量研究对策，成立专门的接待、处理工作小组，耐心细致地做好解释劝导工作；党政主要领导亲自接访约谈上访人员20余批次，想尽一切办法将矛盾吸附在本局，化解在基层。经过近一年的努力，部分突出问题得到基本解决，个别疑难问题取得阶段性成效。

此外，档案管理工作上一新台阶，局机关档案室成功创建为市一级先进档案室，下属社区绿化管理所、公园所和市容环境事务管理中心档案室成功创建为普陀区先进档案室。

回顾一年来的工作，虽然总体情况良好，在城市管理水平、科学决策水平、服务民生水平上都有进一步提升，实事项目、重点项目都圆满完成，但是也清醒地认识到，工作中还存在许多不足，前进道路上还有不少困难和问题，需要进一步提高认识，通过有效措施，切实加以解决。

在新的一年中，区绿化和市容局将以建设上海西部新兴商贸科技区为目标，以创建国家卫生城区为机遇，进一步提高市容环境的美誉度和满意度，以更加振奋的工作精神，以更加饱满的工作热情，以更加扎实的工作作风，不断开创绿化市容事业新局面！

普陀区住房保障和房屋管理局

2012年是新一届政府的开局之年，也是"十二五"发展的重要一年。区住房保障局在区委、区政府的正确领导下，以科学发展观为指导，按照"创新求突破、提升促发展"的总体思路，扎实推进住房保障、房屋征收、旧住房修缮、物业管理、土地储备、住宅建设、房地产市场监管等各项工作，较出色地完成了全年的各项工作任务，为建设上海西部新兴商贸科技区，不断改善普陀老百姓的居住民生，作出了积极努力。

一、各项居住民生工程成效显著，广大老百姓居住质量得到切实改善

（一）竣工并交付使用了两个保障性住房项目

沪嘉北 A、李子园 A、安居金祁新城（金光二期）、507 坊以及 402 坊 5 个保障性住房项目继续按照既定时间节点，得到稳步、有序推进。其中，沪嘉北 A 和安居金祁新城（金光二期）于年内竣工并交付使用，项目中的公共租赁住房已对外供应。李子园 A 项目正在进行总体配套施工，部分号房已竣工，4 号楼已结构封顶，8 号楼结构已施工至 27 层。507 坊动迁安置房项目正在进行结构施工。402 坊动迁安置房项目于 6 月开工建设。

（二）克服困难筹集了一批公共租赁住房

2012 年区住房保障局克服种种困难，从长征镇 373 街坊项目中筹集了 622 套公共租赁住房，全面完成了市政府下达普陀区的指标任务。该项目计划由民营企业上海华明电力设备集团有限公司建设公共租赁住房 622 套、3.8 万平方米，项目取得“四证”后于 2012 年 12 月开工。同时，积极筹备开工中山北路交通路 B20-02 地块和长风 8 号西地块公共租赁住房项目。中山北路交通路 B20-02 地块计划改建公共租赁住房 500 套左右，已完成土地储备、土地权属变更以及公租房认定手续。长风 8 号西地块计划建设公共租赁住房 500 套，已完成“退二进三”项目认定，正在实施项目合作协议、建设项目意向书签约等前期工作。

（三）保障性住房申请供应的受益面不断扩大

1. 共有产权保障住房申请供应扎实推进。2011 年第一批、第二批共有产权保障住房申请供应工作已完成，享受保障家庭数分别达到 3841 户、1107 户，均位居全市第二。2012 年共有产权保障住房已完成咨询受理、审核公示，以及摇号选房，共受理申请家庭 1393 户，经复审公示符合条件、取得登录证明的有 1293 户，其中有 1144 户家庭成功选房，享受保障家庭数位居全市第三，正在推进配售签约。

2. 廉租住房申请供应做到了“应保尽保”。租金配租方面，年内新落实廉租租金配租家庭 778 户，累计向 5000 余户家庭发放配租租金 3719 余万元，做到了“应保尽保”。截止目前，普陀区已累计有近 7000 户困难家庭享受了廉租住房政策，改善了住房条件。2012 年 8 月普陀区启动 2012 年廉租房实物配租工作，8 月 20 日—9 月 19 日在各街道镇开展为期一个月的集中咨询受理工作，按新政策受理申请家庭 639 户，共有 590 户申请家庭通过审核，经书面征询 402 户家庭选择实物配租，参加了摇号排序。

3. 公共租赁住房申请供应全面启动。2011 年 12 月普陀区启动市属公共租赁住房项目华泾馨宁公寓的政策咨询和申请供应工作，2012 年 5 月起市筹公共租赁住房转入常态化供应。在区属房源供应方面，制定了《上海市普陀区公共租赁住房实施办法》及申请审核、租赁管理、房源分配等工作细则，已从沪嘉北 A、李子园 A、安居金祁新城（金光二期）三个项目中，筹集了 1792 套公共租赁住房，其中安居金祁新城（金光二期）项目中的公共租赁房已于 2012 年 12 月对外供应。

（四）全区旧区改造和房屋征收工作取得新突破

2012 年是普陀区启动房屋征收的第一年。区住房保障局根据《国务院征收与补偿条例》及《上海市实施细则》，从组织建设、机制建设等方面，积极组织推进普陀区旧区改造和房屋征收工作。一是加强组织建设。理顺了区住房保障局旧改工作机制，成立了房屋征收中心、房屋征收科，组建了第一、第二房屋征收事务所，为推进房屋征收工作提供了组织保障。二是加强基础建设。建立

了“一个架构、五项机制”，即旧区改造新组织架构领导下的部门联动新机制、学习培训新机制、工作总结新机制、信息化管理新机制，以及相关信息全公开新机制，实现了从房屋拆迁到房屋征收的平稳过渡。三是稳妥启动了两幅新开地块。按照新法规政策要求，稳妥启动了新渡口、老真北二期两幅新开地块。其中，新渡口征收项目提前一周多达到85%的协议生效比例，签约期内签约率达89.52%，老真北二期征收项目也得到有力推动。四是加大结转动迁基地的推进力度。通过行政裁决、现场办公等多种方式，积极推进结转基地的收尾，完成了天安阳光二期旧改项目的收尾工作。全年完成3013户居民、13万平方米二级以下旧里房屋改造，办理拆迁许可证延长手续16件，实施行政裁决37件、强迁5件。

（五）组织实施了20万平方米旧住房修缮改造工程

制定出台了《普陀区住宅修缮工程实施意见》，理顺了新形势下的住宅修缮运作机制和流程。全面实施了20万平方米旧住房修缮改造工程和胶州路967弄二级旧里以下地区综合环境改善工程。克服审图、施工许可证办理等困难，完成了宜川二村二标段、宜川六村111–112号两个成套改造项目。

（六）物业“一体化”达标补贴工作及物业管理行风建设继续稳步推进

结合新形势、新要求，通过调研评估，经区政府专题会议、常务会议讨论并审议通过，调整了物业一体化服务达标补贴标准，为有效提升物业服务水平奠实基础。组织开展了“三百活动”，通过广泛走访居民家庭，听取群众意见，为居民群众解决了许多难题。同时结合创建国家卫生区工作，继续通过监督检查、行业培训、住宅小区第三方专项测评、完善诚信承诺监管体系等途径，加强物业管理行风建设，使小区物业服务水平得到有效提升、小区环境卫生得到不断改善。2012年普陀区物业行风测评成绩在全市房管系统中名列前茅。

（七）“联勤联动”整治小区违法搭建工作取得阶段性成果

2012年初区住房保障局与长寿街道签订《住宅小区违法搭建整治“联勤联动”共建协议书》，探索以“联勤联动”的方式，共同对长寿地区住宅小区中的违法搭建等违法、违规行为进行巡查和整治。试点工作已取得阶段性成果。

（八）圆满完成了防汛防台工作任务

汛期来临前组织对住宅小区、征收基地、拆房工地等进行了全面排查，及时消除高空坠物、空调支架破损等各类安全隐患，同时加强值班，及时处置突发事件。尤其是在“海葵”台风来临期间，区住房保障局相关科室部门、各房管办分头对住宅小区、拆房工地、迁拆基地、旧住房修缮工地，以及保障房建设基地开展了不间断的巡视检查，还安排80余人进行夜间值班，及时协调突发情况，圆满完成了防御“海葵”台风的工作任务。

二、房地产行业监管工作进一步加强，区房地产市场保持了平稳、健康的发展态势

（一）完成土地储备23.37公顷

2012年土发中心继续积极做好土地储备各项工作。全年完成了长风高斯、产投中发都市、99坊13丘联运公司、52坊仪电医药集团等14幅地块的土地储备，总面积23.37公顷。与交运集团、百联集团、上海铁路局和华谊集团等建立了合作联动机制。配合区规土局，将收储的真如副中心A1–A2地块、长征镇373街坊公租房地块纳入2012年土地出让计划，促进了真如副中心开发和区公共租赁住房建设。编制了2013–2015新三年土地储备规划和资金计划。重视并加强对委托公司的指导、管理，建立健全了区土地储备项目的全过程管理机制。

（二）住宅建设工作取得新进展

计划管理方面，全年共核发新建住宅

交付使用许可证7张，全区住宅建设新开工42.22万平方米，施工221.14万平方米，竣工27.94万平方米；商业、办公楼宇新开工7.59万平方米，施工166.24万平方米，竣工19.64万平方米。公建配套管理和市政道路建设方面，白丽路已建成使用，经三路、光复西路、千阳路三条道路基本竣工，规划府村路、纬一路、规划一路、礼泉路、固川路、李子园路等道路建设正在积极推进中。住宅产业现代化推进方面，组织安居锦竹苑、西康锦城等项目创建“四高”优秀小区，馨越公寓通过建设部组织的2A级住宅性能认定预审。

（三）房地产市场继续保持平稳发展

继续积极贯彻国家、上海市房地产宏观调控政策，努力促进房地产市场健康、平稳发展。积极推进各街道镇居住房屋租赁备案登记受理工作，规范房屋租赁行为。开展了中远两湾城、象源丽都等小区的“群租”整治，建立了综治部门或街道镇牵头，房管、公安等多部门联动的工作机制，并采取行政处罚与督促自行整改相结合的方式进行执法，整治工作取得了阶段性成果。1-12月，全区共批准商品房预售58.2万平方米，批准商品房现房销售方案备案62.53万平方米；实际商品房预售21.7万平方米、现售33.08万平方米、存量房交易76.99万平方米。

三、各项基础工作继续稳步推进，行政管理基础得到进一步夯实

2012年房地产交易登记、权籍管理、法制建设、行政执法、物业和房地产企业资质审批等基础工作，也都得到了全面落实。房地产交易登记方面，完成了区规土部门进驻交易中心工作，进一步完善了交易中心窗口服务举措。权籍管理方面，完成房地产测绘成果管理项目389件，化解了大诚公寓、延长西路677弄等小区无法办证的历史遗留矛盾。法制建设方面，完成了规范性文件清理工作，落实了上海市行政审批事项目录（2011年版）梳理反馈工作。行政执法方面，整治和拆除违法搭建约795平方米。物业企业和房地产开发企业资质审批方面，审核批准物业企业三级暂定资质19家、资质变更6家，归集维修资金26个楼盘1.17亿元；核定房地产开发企业暂定资质等级6家，办理房地产经纪企业备案登记16家。信访投诉方面，共受理各类信访件2342件，其中查办件207件，办结率100%；办理“两会”意见和提案18件，办结率100%，人大代表和政协委员对办理态度的满意率、对办理结果的满意和理解率继续达到100%。信息化建设及档案查阅方面，在确保全局信息安全的基础上，进一步推进了各项信息系统的应用，启用了升级改版后的OA办公自动化系统，提高了工作效率，档案查阅窗口对外接待46003人次，提供房地产交易登记信息查阅78028卷，提供房屋状况信息查阅13500件。舆情监督方面，继续落实专门责任部门和责任人开展舆情监管，对所有涉及区住房保障局的舆情信息，严格按照“快报事实、慎报原因”的原则进行处理，并结合舆情监管工作，进一步规范自身行政行为。同时，启动了政务微博工作，落实专人进行运行管理，进一步拓宽了政务公开及与公众沟通交流的渠道。

（六）闸北区

闸北区建设和交通委员会

2012年，城建工作按照区第九次党代会提出的经济社会发展总体目标，紧紧围绕区委、区政府“两重点一底线”工作，积极推进“南高中繁北产业”发展战略，聚焦苏河湾开发，坚持建管并举，加快“创新驱动、转型发展”。旧区改造、重大工程建设、各类商品房开发和建设交通行业管理取得了重

要进展。现将闸北区今年以来城建工作推进情况和2013年工作初步思考汇报如下：

一、2012年城建工作总结

（一）咬定目标、攻坚克难，坚定不移推进旧区改造

2012年闸北区旧区改造目标为完成受益居民4000户，力争收尾10个基地。面对复杂多变的外部环境，闸北区按照“攻坚克难、突破瓶颈，集聚资源、聚焦重点，由南向北、成片推进”的工作思路，坚定信心、奋力前行，聚焦重点、聚集资源、聚合力量，旧区改造取得了新的重大突破。10月26日，区政府举行闸北区苏河湾6街坊旧改征收基地二次征询签约生效暨居民集体搬迁仪式，标志着闸北区提前两个多月完成2012年旧区改造搬迁受益居民4000户的目标任务。

截止11月4日，全区累计完成受益居民4022户，拆除旧住房面积11.8万平方米，其中二级旧里以下房屋近7万平方米；完成基地收尾或基本收尾基地5个。目前，旧区改造正全力以赴积极推进长安西118、119、120街坊，254街坊中兴城一、二期（可开发部分）等结转基地剩余居民促搬促签工作，力争年底前完成收尾，从而实现“动一块，成一块”，力争完成10个基地的年度收尾目标。今年全区新拉开基地5个，其中取得拆迁许可证基地2个，即中粮新兰二期和大统基地；房屋征收基地3个，即青云路537弄、6街坊天星大楼东块和285街坊兴隆村地块。6街坊天星大楼东块共有居民1133证1217户，于6月28日作出房屋征收决定，7月29日启动签约征询，截止10月23日共签约965证1006户，签约率85.17%，超过了85%的规定生效比例，二次征询取得圆满成功。

今年以来，闸北区坚持聚焦苏河湾区域、聚焦结转基地收尾，创新推进模式，夯实工作基础，能快则快推进旧区改造。主要做法是：

1.强化推进合力，提升群众工作。区委、区政府坚持“两重点一底线”工作部署，区人大、政协加大旧区改造支持、监督力度；全区各相关部门、街道主动跨前一步，分工协作；各相关职能部门负责同志靠前指挥，全区上下“拧成一股绳”，构建旧区改造立体化群众工作网络：搭建党群部门和区相关职能部门群众工作联动平台；发动街道、居委干部开展“百分百”组团式服务；区建设系统以党建联建“三结对”为平台，组织机关干部深入结转收尾基地开展群众工作；推广青云路537弄房屋征收基地创新群众监督员制度，引导群众主动参与和配合促搬促迁工作，合力推进旧区改造。

2.理顺工作体制，完善推进机制。在旧区改造原有三级推进机制基础上，区委、区政府专门成立苏河湾2、3、4街坊和6街坊重点基地专项推进小组，区委组织部在全区选派数十名有旧区改造工作经验、能力较强的同志充实到基地一线，进一步推进工作体制扁平化。区旧区改造职能部门进一步细化目标任务，落实责任主体，建立和完善亮“红灯”紧急协商、司法强制执行协调推进、信息动态报送、房源下拨调配等一系列推进机制，建立征收（拆迁）工作人员日志制度，狠抓具体落实和考核监督。

3.突破资源瓶颈，实现队伍转型。按照形象进度确定阶段性工作重点，集中力量聚焦重点基地，积极筹措重点项目资金，把适配房源优先供应收尾基地和苏河湾地块，想方设法突破资金、房源瓶颈。结合设立征收事务所，加强旧改工作队伍的梳理、充实、调整、重组、提升。在组织征收工作人员参加全市岗位资格培训和考试基础上，开展本区统一培训和测试，并根据工作需要分类组织专项培训，试点推广争先创优“赛马竞争”机制。

4.狠抓稳控工作，开展诉前调解。按照区委、区政府一手抓推进、一手抓稳定的要

求，坚持源头治理，强化“一岗双责”，建立并完善预警机制、风险评估机制，预先防范社会稳定风险，做好舆情监控，及时发现和处置不稳定因素。推广运用旧改收尾“七步工作法”，通过行政、司法手段有效推动旧区改造，提高过程矛盾化解率。通过诉前调解、收尾基地“七步工作法”等一系列有效措施，闸北区积极稳妥处置旧改矛盾，确保社会稳定。

（二）精心管理、分类指导，加快推进重大工程建设

2012年区政府确定重大工程建设项目共69项，其中开工项目20项、竣工项目13项及推进项目36项。按照任务目标化、目标项目化、项目责任化、责任实效化的要求，今年以来重大工程建设持续加大推进力度。在20项开工项目中，苏河湾1街坊41街坊商办楼、402街坊嘉里不夜城三期、190街坊中海住宅楼等15项工程已开工建设；新体育中心工程正在编制项目建议书，其余4项工程均已进入规划方案审批、施工前期手续办理阶段，积极为年内开工建设做好准备。在13项竣工项目中，大宁国际第二幼儿园、大宁社区菜场、永和E块农民安置房、第十人民医院（内科）综合大楼、上大科技园区实验楼等10项工程已竣工或基本竣工；康宁路道路工程、295街坊配套幼儿园等3项工程处于施工推进阶段。在36项推进项目中，彭浦村公共租赁房、青-12地块商品住宅、沪太支路道路拓建工程已开工；广中西路191厂房改建项目已竣工；彭浦十期C块二期、桥东二期就近安置配套商品房、北上海8号地块配套商品房等13项工程进入正常施工阶段；另有19个项目正在办理各类前期手续。

重大工程需重点关注的是开工项目新体育中心工程和推进项目312街坊商业开发项目（原体育场地块）。由香港利福集团实施开发的312街坊商业开发项目，目前尚在概念方案设计阶段。区有关部门正在抓紧两大工程协调推进，计划年内举行奠基仪式，力争实现年度形象目标。总体上，重大工程安全质量和建设进度始终处于总体受控状态，主要做法是：

1. 领导高度重视。区委、区政府和区人大、区政协领导高度关心重大工程建设。在年初重大工程建设项目研究会议上，区政府主要领导要求重大工程建设推进必须建立制度、规范管理，确保实现开工一批、竣工一批、推进一批的建设目标；同时，强调重大工程推进要在确保质量和安全前提下全力推进，正确处理好速度、质量、效益三者关系，尊重科学，尊重实际。区政府分管领导每周听取重大工程进展情况汇报，带领相关职能部门深入旧改基地，踏勘重大工程，听取项目具体情况汇报，遇到难题及时召开协调推进会。区政府领导也经常关心支持重大工程教育公建配套项目建设情况，要求相关责任单位全力以赴推进重大工程建设。今年4月，区政协组织了重大工程建设推进情况视察活动；7月初，区委重点工作分管领导踏勘了苏河湾地区，对重大工程涉及的旧区改造和市政基础设施项目进行了现场指导督查；10月23日，区人大常委会组织了部分区人大代表集中视察了重大工程项目建设推进工作。区四套班子关心了解、指导督查重大工程建设情况，并亲自协调解决重大工程项目建设推进中的突出问题，有效促进了全区重大工程建设。

2. 推进制度创新。按照区领导要求，区重大办认真梳理，分别制定了6项推进制度，即《考核制度》、《会议制度》、《汇报制度》、《“亮红灯”制度》、《督查制度》和《廉政准入制度》；同时，注重整合内部管理资源，统筹协调相关职能部门和职能单位，逐项落实项目责任单位，具体责任到人，形成重大工程推进合力，以确保重大工程建设时间节点后墙不倒。

3. 加强协调落实。区重大办根据开工、

竣工、推进项目进度安排情况，精心组织跟踪督查，加强项目现场指导，今年以来先后走访了苏河湾控股有限公司、市北高新园区、区教育局、区卫生局、区体育局、区科委、大宁公司等项目建设单位和建设工地，召开各类项目推进会40余次，针对责任单位的项目推进情况，提出了要合理安排推进计划，确保工程安全质量的要求。同时，根据项目推进中存在的问题，及时召开相关审批部门协调推进会议，分析情况，达成共识，合理优化审批手续，加快项目审批进度。

（三）完善方案、落实项目，加快市政交通设施建设

市政交通基础设施建设重要项目始终是重大工程立项关注的重要方面，有利于完善城市综合配套，推动城市建设早出形象、快出效益，加快区域经济社会快速发展。

1. 加强方案研究及项目启动。今年闸北区重在开展辖区市政基础设施建设规划研究，协调电力、道路、排水等单位，抓紧落实“十二五”电站、泵站、道路等建设规划。闸北区先后组织设计单位对区内天目路立交改造工程、北横通道、跨苏州河桥梁新建工程等项目进行研究，完成北横通道区内出入口、管理用房及天目路立交方案对接工作；启动天潼路—曲阜路—曲阜西路、三泉路—万荣路—普善路辟通工程等项目，完成项建书的编制；以区人大一号议案“关于加快做好苏河湾地区道路规划的议案”办理工作为契机，闸北区积极加强与市发改委、市建交委沟通协调，争取将天潼路—曲阜路—曲阜西路列入市“十二五”市政道路确保项目，以便享受腾地补贴政策。此外，抓好灵石路(共和新路–彭越浦桥)、延长路(共和新路—东宝兴路)大修工程的实施准备，目前已完成方案设计，正在进行招投标，计划年内实施。

2. 推进轨交及市政道路建设。配合市相关部门、申通公司协调推进汉中路综合交通枢纽及轨道交通12号线曲阜路站、天潼路站建设。对列入市重大工程及实事工程的场中路拓宽工程、康宁路新建工程，抓紧落实前期手续办理、施工组织协调，落实管线、绿化搬迁、西干线雨水总管工程等事项，康宁路已在紧张施工，场中路管线已进场施工。宝山路拓宽工程水电煤、信息等管线搬迁方案已落实，正在办理施工许可证，计划11月份开工建设。闸北区还积极推进市北高新技术园区道路建设，认真做好江场路、平型关路、寿阳路、江场西路市政道路建设收尾及竣工验收等项工作。

3. 协调推进电站项目建设。为适应区域经济社会发展需要，闸北区主动加强与市区、市北供电公司、电网建设公司的沟通协调，积极完善电站配置，协调推进绿洲雅宾利、时代欧洲电站土建进度，落实京江、平顺、长安、平型关等电站列入国家电网建设计划，抓好彭联、交通、甘肃电站建设的供地工作。

（四）统筹兼顾、综合平衡，推进各类商品房开竣工

今年以来闸北区各类商品房项目开、竣工面积增长势头良好。1–10月全区各类商品房新开工面积87.2万平方米，同比增长50.37%，其中新开工项目主要为住宅建设工程，达66.2万平方米，占75.92%；竣工面积94.89万平方米，同比增长40.13%，其中住宅项目39.74万平方米，占41.88%。从全区房产开发情况综合分析，由于保障性住房建设加大力度，住宅项目在房产开发中的比重有所上升，使房产开发更多更快地惠及民生。

闸北区房产开发紧紧围绕“南高中繁北产业”的发展战略，苏河湾地区以加快旧区改造为动力，以华侨城、中粮集团等重点项目为引领，加快“南高”规划落地；中部地区加快推进312街坊商业开发项目(原闸北体育场)重大项目开发，提升商业商务体量，体现繁荣繁华；北部地区加快楼宇载体建设，

加快市北高新园区转型发展。闸北区始终坚持统筹兼顾、综合平衡，保障供给、发展经济的原则，确保商品住宅与商业、商办楼宇及高新技术园区科技用房建设始终保持协调发展；既注重高、中端精品住宅开发，也确保供应保障性住房建设用地，不断满足不同市民群体消费需求，有效适应闸北经济社会新一轮跨越式发展。在各类商品房开发推进过程中，建设系统各审批部门注重协同推进，特别是针对保障性住房及中、大型重点建设项目，结合建设项目行政审批程序改革，及时协调前期手续办理及建设过程中遇到的困难，以并联审批的形式帮助开发单位排计划、解疑难、抓进度，确保按年度时间节点推进建设。截止10月底，全区已受理建设项目报建89项，项目总投资81.51亿元；发放建设工程施工许可证74项，为实现年度开竣工各80万平方米、力争100万平方米目标提供了有效保障。

（五）创新制度、强化监管，巩固建筑市场整治成果

闸北区通过培训、宣讲等形式，将《闸北区整治建筑市场文件制度汇编》两本、共计25个文件制度进社区、进单位、进工地，使去年建筑市场集中整治转化为重点稽查工作，形成建筑行业长效常态管理机制，进一步完善建筑市场统一受理、统一管理、统一执法的新机制。一是加强综合交易管理。继续创新服务理念，推行文明服务“五步法”，强化重大工程建设服务，并积极落实综合交易税收属地化工作。二是加强招投标交易监管。随着建筑业管理市权下放，招投标交易监管增加了设计、勘察、监理招投标交易管理，业务量逐步扩大，招投标监管质量不断提升。截止10月底，闸北区200万元以上招投标项目管理58项，总发包价为9.36亿元；公开招投标45项，公正度评价率达100%。三是加强质量安全监督。结合深化工程建设领域突出问题专项整治，闸北区全面加强建筑市场整治，提升工程建设质量安全管理，落实施工监理报告制度和企业负责人及项目负责人现场带班制度，大力推进安全生产管理体系建设，严防重特大事故。开展区既有建筑物外墙保温工程整治，迎接建设部对保障性住房大检查。针对闸北区125幢既有玻璃幕墙建筑，在各单位自查基础上，闸北区对47个既有玻璃幕墙建筑开展了专项整治，对21幢建筑开具了巡查整改单，进一步消除安全隐患。四是加强综合执法监督。结合推进建筑市场重点稽查工作，闸北区积极开展受监工程，特别是保障型住房工程的综合抽巡查，严格执行项目基本建设程序，加大对工程建设中违法违规行为的查处力度。开展了新进农民工劳务用工专项检查，落实岗前培训、健康体检以及规范劳务分包等工作，办理农民工综合保险人数33877人。开展了经营行为专项检查，重点整治建筑工地承发包行为。开展建筑施工领域安全生产“打非治违”专项整治。今年以来开具质量整改通知单49份；局部停工单8份；开具安全隐患整改通知书76份；暂缓施工单21份，全面停工单1份；实施行政处罚10起，罚款金额14.1万元，有力打击了主体违法、现场违规、重点环节不符标准规范等影响建设工程质量安全的违法违规行为，确保建筑市场秩序公平有序。

（六）全力以赴、各方协同，有效保障全区防汛安全

今年是闸北区汛情较为严重的一年，局部大暴雨发生次数多，受影响台风数量多。在6—9月的汛期中，闸北区平均降雨量为543.5毫米。三季度全区共遭受了3次大暴雨、2次暴雨、7次大雨的侵袭，并遭受泰利、达维、海葵、天秤和布拉万5个台风外围影响，其中“海葵”台风对本区造成了严重影响，全区普降大暴雨，一度出现台风、暴雨、高潮“三碰头”的严重局面。全区累计有30条道路积水，6310户居民家中进水受灾，258棵大树

因台风倾伏。积水发生后，在区委、区政府领导坐镇指挥，市政部门和有关街道积极努力下，全力抢排积水，确保道路积水和居民家中的进水尽快排除，取得了积水少、退水快、社会影响小的良好效果，从防汛上保障了城市的正常运行。全区无一人因灾死亡或受伤、无一间房屋因灾倒塌、地道内无一辆汽车被淹，实现了"不死人、少伤人、少损失"的目标，取得了大汛小灾的良好成绩。

在区委、区政府正确领导下，闸北区一是落实防汛责任制，按照市、区两级政府新时期防台防汛工作新思路、新目标、新要求，明确职责，责任到人，强化管理。二是完善预案修订工作，特别是重新完善修订全区防汛应急预案和人员撤离的专项预案，力争形成"一事一预案、事事有准备"的防汛处置机制。三是推动部门联动机制，通过规范内部管理，创新工作方法，进一步完善长期以来防汛实践中形成的各项工作机制，如条块协调配合机制，"市区联手、泵管联动"的排水工作机制、"行业联合、协同作业"的量放水工作机制等。四是加强防汛设施管理，加大检查维修和养护力度。五是加快防汛工程体系建设，完善排水系统，加强防汛墙排险，加大危房的维修力度。六是开展防汛安全检查工作，不留死角，消除安全隐患。七是强化防汛职守，实施领导带班制度，执行24小时防汛值班制度，全力以赴迎战台风和大暴雨，有效保障了全区防汛安全。

（七）安全为先、质量为重，加强建设交通行业管理

除旧区改造、重点工程建设、市政交通设施建设、房产开发、建筑市场整治、防汛防台等项城建工作外，区建交委还承担着市政设施维修、河道日常保洁养护、静态交通监管、国防交通战备等项城市建设交通管理工作，既涉及城区公共安全、运行安全和生产安全，也关乎加强和创新社会管理。今年以来，结合第五轮环保三年行动计划的实施，建设交通各项行业管理重在形成长效常态管理机制，更加注重城市安全运行，更加注重市政交通河道设施养护质量，更加注重节能减排、扬尘控制、水质治理等环境保护，建设交通各项行业管理均取得了重要进展。

1. 市政养护管理进展良好。严格控制掘路、占路审批，截止10月底，经批准全区大型掘路34起、零星掘路109起，修复面积27706平方米，修复率达100%；审批临时占路20起，临时占用道路面积为750.7平方米，临时占路率为0.25‰，小于临时占路率不超过1.5‰的行业指标。2011年度平顺路（保德路—岭南路）、景凤路（岭南路—阳曲路）积水点改造工程顺利通过竣工验收，并在市水务局业务指导下，组织实施2012年度市积水点改造项目——老沪太路下水道改建工程。配合七浦路环境综合整治，道路隔离栏、人行护栏安装以及大理石路面局部修整已完工；实施灵石路、万荣路路口道路拓宽工程，新辟非机动车道和右转弯车道。按照市路政行业迎国庆、迎十八大环境优化工作要求，组织开展区城市道路设施整治行动，广泛实施道路整治工程，完成车行道整治92057平方米，人行道整治33546平方米，护栏整治26119米。

2. 河道综合整治不断推进。按市水务局调水工作统一安排，彭越浦、走马塘等河道引清调水250余万立方米；深入开展全国第一次水利普查，共完成11类表共计81张表格数据的在线填报、审核汇总，开展普查成果编制工作；加强河道日常养护，对全区纳入养护范围的37739米河道堤防，6016米栏杆，127块河道标牌，3座水闸、泵站，46626平方米沿河绿化及50万平方米水域进行专业养护和保洁，打捞水面垃圾100余吨。今年上半年完成2011年水利专项结转项目走马塘、彭越浦、西泗塘局部防汛墙改建及夏长浦疏浚工程；下半年实施2012年水利专项项目彭越浦、东茭泾等河道疏浚及部分防汛

墙改建工程，目前已进入疏浚阶段；徐家宅河生态河道治理工程完成设计评审，正在进行施工公开招投标，预计12月开工建设。

3.静态交通管理规范有序。全区停车行业签署安全生产责任书，争创服务达标先进行业；会同市运管处、市交通行政执法总队开展公共停车场库安全检查，推进规范管理和安全营运工作。加强停车场库建设评审，落实市政府从源头上解决全市停车难矛盾的工作要求，新增停车位1800个，健全区停车管理机制。截止10月底，评审停车场库项目方案22个。此外，区交通战备保障大队整组顺利完成，建立了四个中队300人的国防交通保障大队，全面落实人民武装工作和交通战备工作。

二、2013年城建工作初步思路

党的十八大胜利召开，发展机遇前所未有，困难挑战前所未有，我国发展仍处于可以大有作为的重要战略机遇期，改革开放和经济社会发展必将进入崭新的时代。2013年，闸北仍将处于大建设、大发展、大变化的重要历史时期，我们必须在更高的发展起点上规划未来、奋勇前行。闸北城市建设的重点仍然是旧区改造、重大工程建设推进、市政交通基础设施建设和各类商品房开发；建设交通管理重在促进行业安全生产，保障城区市政交通基础设施安全运行。

（一）总体思路

认真贯彻落实党的十八大精神，高举中国特色社会主义伟大旗帜，以邓小平理论、“三个代表”重要思想、科学发展观为指导，积极实施“南高中繁北产业”发展战略，坚持“两重点一底线”，突出重点、统筹兼顾，持续稳定推进各项城建工作。坚持聚焦苏河湾区域、聚焦结转基地收尾，坚定不移加快旧区改造；坚持围绕中心、服务大局，全力以赴推进重大工程及市政交通基础设施建设，继续提升城区形态，完善市政交通设施配套功能；坚持保障和改善民生，提供经济发展楼宇载体，积极协调推进各类商品房开发，完善房产开发结构，推进保障性住房建设，实现房产开发均衡发展和土地资源可持续利用，努力以城建工作新成效推动经济社会新一轮跨越式发展。

（二）目标预测

根据区委、区政府总体部署，紧紧围绕闸北经济社会发展总体目标，城市建设持续稳步推进：坚定不移推进旧区改造，拟搬迁受益居民3000户、力争4000户；全力以赴加快重点工程建设，进一步推进市政交通基础设施建设；持续均衡推进房产开发，各类商品房开竣工各80万平方米、力争100万平方米。

（三）任务安排

1.旧区改造任务初步安排。按照“四个坚持”的原则，即坚持持续推进结转项目收尾，坚持加快推进市区联手土地储备项目，坚持聚焦老百姓改造呼声较高的地块，坚持大力推动已取得拆迁许可证项目的启动工作，集聚资源、创新方法、强化合力，全力以赴推进旧区改造。加快在拆结转基地收尾，集中精力推进2012年结转基地签约工作，包括163街坊中兴城8、9、10地块，2、4街坊，6街坊天星大楼东块，中粮新兰二期，285街坊兴隆村等，力争2013年上述基地向收尾方向努力。加快鸿临二期居民签约，确保如期达到85%的生效比例。同时，综合本区发展规划需要、旧区改造的紧迫性和资金支撑情况等因素，力争尽快启动条件成熟的市区联手土地储备项目、保障房项目和开发商资金到位已取得拆迁许可证的商业项目。

2.市政道路交通基础设施建设初步安排。根据市轨道交通建设总体部署，轨道交通12号线曲阜路站、天潼路站建设将进入收官阶段，汉中路综合交通枢纽继续加快建设进度，闸北区将继续配合市申通公司做好建设协调服务工作。推进市政道路建设，康宁路、场中路（共和新路—区界）、宝山路拓宽工程建设竣工通车；天潼路—曲阜路拓宽工程、三泉路—万荣路辟通工程项目启动，先期实施拆迁腾地工作，年底完成前期手续办理，并争取开工建设；浙江北路—会文路辟通工程、平型关路北延伸工程项目启动，力争年底完成工可报批手续，并先期实施拆迁腾地工作。推进电站建设配套，加强与市北供电公司、电网建设公司的协调沟通，加快推进电站建设进度。闸北区将积极协调电力公司对绿洲雅宾利、时代欧洲电站建设对接，争取京江、平顺、平型关等电站列入国家电网建设计划，抓好彭联、交通、甘肃电站建设的供地工作，落实七浦路电站的升仓方案。

3. 各类商品房项目开竣工初步安排。近期，闸北区正结合 2013 年区政府重大工程申报工作，对全区建设项目情况进行全面排摸，初步设想是：从 2012 年区政府重大工程推进项目 36 项和开工项目 20 项中，选择具有竣工条件的项目，列入 2013 年各类商品房竣工项目范围。各类商品房开竣工将坚持抓大抓强，重点推进 312 街坊商业开发项目(原闸北体育场)、华侨城、中粮大悦城、新体育中心等重大房产开发项目和桥东二期、彭浦十期 C 块二期、市北 8 号地块等保障性住房建设。强化房产开发项目综合配套，实施新建项目周边道路修缮工程；完善和规范全区建设项目停车场库审核，落实市政府每年新增停车位 1800 个的建设目标；配合市交港局，缓解闸北区公交出行难，做好公交线网优化工作。房产开发要坚持服务服从于区域经济社会总体发展战略目标，有效推动“南高中繁北产业”发展战略，积极打造城市建设新亮点新地标。

4. 建设交通行业管理初步安排。继续推进建筑市场重点稽查工作，加强对建设基本程序和建设各方承发包行为的监管，严格招标程序，推进建筑施工企业资质和资格人员日常动态监管，落实建筑务工人员安全生产、文明施工及岗前培训工作；开展危险性较大的部分项工程专项检查，加强住宅工程，特别是保障性住房质量综合监管；继续督促落实业主、物业、施工企业对既有玻璃幕墙建筑隐患整改、安全使用和维护责任。抓好市政道路交通设施日常养护维修管理，消除道路桥梁设施病害，以实现道路平整、畅通、安全；聚焦保障苏河湾地区道路、桥梁等市政基础设施平整完好和正常运转，严格占路控制和掘路审批；继续完善市政道路日常巡查制度，道路附属设施缺损 24 小时内有效处置，全面提升道路养护维修能力。继续抓好水利专项建设，推进生态河道整治建设，巩固强化河道长效管理工作；实施水利专项闸北区西泗塘、走马塘防汛墙改造加固及中扬湖河道疏浚工程。继续抓好各项季节性工作，完善实施预案，强化应对突发事件的能力；特别要加强防汛信息化建设，提升建设交通行业全覆盖精细化常态长效管理水平。

（四）主要困难

1. 资金困难日益成为重要瓶颈。目前宏观经济持续下行，房地产仍处于严格调控期，房地产市场需求未现强劲上升迹象，开发商融资渠道缺乏，政府资金紧张。一方面，市地产、市城投多年来对中心城区旧区造持续大量投入，但这些项目回收周期长，近年来土地出让情况不如人意又影响到资金回笼，新一轮投入后继乏力。另一方面，部分开发商谨慎观望，裹足不前，有的有心无力，资金筹措困难，社会资金投入进一步放缓。这些都直接影响到明年新基地的顺利启动。

2. 房源紧张主要体现在适配房源、就近安置房和现房。由于近几年市属旧改安置配套商品房开工量大，而旧改完成总量相对不如预期，预计明年异地安置房源供应较为充足。但由于这些房源相对偏远，房价偏高，基本为 2–3 年的期房，符合居民需求的适配大基地房源较少。闸北区近年来大量建设就近安置房，对加快旧改起到了极大的推动作用。但经过几年的使用，2013 年储备的就近安置房不足 1000 套（不含待转的经济适用房），亟需加大就近安置房的建设力度，增加“蓄水量”。现房需求和供应仍然很不平衡，购买现房需较长时期地占用一定资金，市属大集团不愿在购买现房上多投入，现房短缺问题突出。

3. 旧改成本持续上升。市属安置房价格逐年走高，部分市属安置房源与同地段商品房价格倒挂。以今年为例，市属大基地房源价格上涨迅速，从原来的七千多上升到九千多，提高了约 30%。同时，由于本市在安置补偿奖励和补贴方面没有设置统一标准，各区为了确保房屋征收基地征询签约生效，普遍提高了安置补偿标准，各区被征收（拆迁）居民之间攀比之风日盛，直接推高了旧改成本，并制约了市政道路等基础设施建设。根据市区分工原则，道路建设基本上由区里承担建设和拆迁费用，仅有少量工程能享受腾地补贴或工程专项补贴。随着拆迁成本逐年上升，市政建设项目前期拆迁费与建安费相比所占比重日益增加，目前市政建设前期拆迁费约为工程建设费用的 10 倍左右。前期腾地成本不断增加，已成为市政建设主要制约因素。

4. 土地资源越来越稀缺。随着城市建设及房产开发不断大规模推进，土地资源逐年减少，各类商品房维持每年 80–100 万平方米的开竣工难度越来越高。由于 2012 年区域土地供应有限，将直接影响到 2013 年建设项目开工面积及今后几年竣工面积。为此，闸北区要进一步加强土地供应管理，统筹兼顾各类开发项目，有序推出开发地块，努力确保“十二五”期间年均开竣工面积达到 80–100 万平方米的目标，为闸北经济社会持续快速发展提供适量的土地资源和楼宇载体。

闸北城建工作已站在新的发展起点，任务艰巨、责任重大、使命光荣。区建交委将按照区委、区政府总体部署，认真贯彻落实党的十八大精神，聚精会神搞建设、一心一意谋发展，聚焦重点、突破难点，积极推动闸北城建工作再上新台阶。

闸北区绿化和市容管理局

2012 年，区绿化市容局在区委、区政府的领导下，按照“两重点一底线”要求，以以人为本的发展理念、服从大局的政治觉悟、求真务实的工作作风、统筹兼顾的科学态度，抓住机遇，创新思路、着力净化美化市容市貌，着力攻坚克难治理顽症，经过全局广大干部职工的共同努力，圆满完成了 2012 年度各项工作目标。

一、坚持“建管并举”原则，促进市容环境常态管理

市政市容管理常态长效机制进一步落实。继续抓实市政市容管理机制建设，充分利用市政市容管理联席会议平台，加强条块之间的工作分工和联系，研究与提出工作措施。全年召开 12 次联席会议工作例会，对涉及城区市容环境的重大事项进行研究、落实、协调、检查，及时组织重要活动期间的市容环境保障，一些市容环境方面的突出问题在联席会议框架内得到妥善解决，市政市容管理常态长效机制的作用进一步得到发挥。

城区市容环境管理取得新进展。根据城区市容环境实际，强化市容、城管、保洁“三位一体”联动机制，推行区域市容环境精细化管理，大力开展市容环境专项治理，巩固和提高了市容环境管理“三类区域”创建成效。一是开展“13+3+2”优化行动。会同街道（镇）对 13 条主要道路，3 个景观区域（铁路上海站、大宁商业广场、临汾社区）、每个街镇 2 条道路进行综合治理，巩固了景观道路、景观区域的市容市貌。二是开展专项整治。组织实施中小道路“一店多招牌”治理和沿街立面整新工作，共调整、拆除不规范店招店牌 1510 块，粉刷围墙立面近 12.7 万平方米，并整新非机动车停放点标线 321

处计1.46万米，在部分路段设置了停放架。三是治理市容顽症。为妥善化解无序设摊影响市容环境和扰民的问题，设立了海宁路等3处疏导点，实行差别化管理。加强了跨门营业管理，主要道路、重点地区跨门营业现象明显改善。针对菜场尾巴以及罗浮路、七浦路等区际结合部环境问题，绿化市容所与城管联手开展整治，作业公司增配保洁力量，同时落实固守，使这些地方的市容环境进一步好转。

二、着力推进景观建设，构筑市容景观靓丽景致

景观道路建设取得新成果。恒丰路景观改造于2011年10月11日开工，2012年6月26日竣工。工程采用"海派风情"设计方案。增设道路中央隔离带花箱314套，补种、更换香樟树128棵，栽种各类盆花6000余盆；翻建天目花园花岗岩步道、花坛，新设座椅等设施，补种绿雕彩蝶盆花9万余盆；灯光装饰人行天桥、隔离带及行道树。经过改造，恒丰路多层次的绿化布局、宽至8米的人行道、双排行道树的林荫大道、开放式的草坪步道和星光熠熠的景观灯光成为闸北道路景观新亮点。西藏北路景观改造于6月12日开工，国庆节前竣工。工程设计以"现代简洁"的风格为主，采用"折线"理念表现出整条道路硬朗的风格和时代气息。改造后，人行道两侧垂直绿化景观墙长197米，高3.2米，总绿化面积达630平方米；平整、修葺了4处景观花坛，新增绿化面积110平方米；对沿线22幢平改坡屋顶、5幢高层楼宇和地道、天桥进行灯光改造；对50多家商铺店招店牌进行统一制作。西藏北路总体形象得到很大提升。配合在大宁灵石公园举办的首届上海优秀灯光作品展，对广中路、广中西路景观灯光进行改造，主要是景观雕塑、绿化灯光、庭院灯光设置，主体工程于国庆节前完工并投入使用。

2012上海优秀灯光作品展成功举办。去年10月15日至11月3日，区绿化市容局承办了2012上海优秀灯光作品展。为期20天的展示活动共接待游客8万余人次，有8546人参与优秀作品投票。所展示的作品具有较高的创意性、艺术性、科技性、环保性。通过细致筹备，精心运作，有力保障，本次展示活动安全、有序进行，达到了预期的目的，受到了有关领导和业内专家的高度评价和参观游客的广泛好评，充分体现了区绿化市容局承办大型活动的组织和协调能力。

整治违法户外广告设施力度持续加大。针对违法户外广告反弹势头，结合市容环境综合治理，有效发挥市容、城管双向告知的联动作用，加大巡查、整治力度，清理拆除了七浦路市场、豪浦市场等处违法广告设施63块，使闸北区户外广告设施设置处于可控状态。

三、改进环卫管理服务，夯实环境卫生管理基础

区政府实事项目全面完成。为方便居民使用，区绿化市容局在南部4个街道（主要在北站街道辖区）尚未列入动迁的部分小区，安排30座倒桶站改建并加装除臭装置。经过精心组织、优化设计、全力推进，至5月下旬，30座倒桶站改建并加装除臭装置工程全面竣工并投入使用，不仅提升了倒粪站档次，减轻了环卫工人劳动强度，更重要的是改善了周边居民的生活环境。继续推行生活垃圾分类减量试点。坚持源头分类，开展社会发动，组织指导培训，投放分类垃圾桶1.35万只、分类废物箱150只、垃圾袋2万卷，改建垃圾箱房6座，新增专用收集车1辆。在各方配合下，于9月份完成了20个居住区、5个机关、10个企事业单位、5个集贸市场、5所学校和3个公园分类减量试点任务。全年日均生活垃圾处置量达到了市局下达的640吨指标要求。

积极开展公厕文明行业创建。以推广"李影工作法"为抓手，健全岗位规范，加强职

业道德教育，开展技能培训，提升保洁标准，改进服务质量。落实公厕设施维护，新增皂液器167只，残疾人厕位呼叫器175只，便民服务箱95只。通过以上措施，公厕服务水准有较大提高。

继续开展道路洁净工程建设。在巩固去年工作成效的基础上，创建范围扩大至60%的道路，计28条。严格按照标准组织作业，优化操作流程，落实差别化设备配置，加大保洁作业频次，充分挖掘机械作业能力，强化源头控制、质量监管和“三个二”纠错机制，道路保洁总体质量有所提升。

加大渣土垃圾处置监管。督促相关责任单位按照规定做好申报、收运、处置工作，积极发挥管理、执法、作业单位区域联防和联动执法机制的作用。通过加强申报管理、巡视检查、整治执法和安装视频探头、车辆GPS等人防加技防措施，闸北区渣土垃圾处于严控状态。强化了餐厨废弃油脂申报和“一户一档”工作，不断完善全过程监管，餐厨废弃油脂申报率达到95.65%，收运量从年初的20吨/月上升到50吨/月。

实施环卫设施建设与改造。环卫基地一期工程办公楼、辅助楼已于9月底竣工，二期工程（主体工程）于12月27日正式开工。完成了7座公厕大修、7座垃圾箱房改造，新增更新废物箱680只。新建、改造职工道班房6处约1000平方米，一线职工的生产、休息环境继续得到有效改善。

四、积极推进绿化建设，打造绿色生态宜居环境

按照建设生态城区的要求，建成平型关路（江场路）等各类绿地8.27公顷，屋顶绿化10296平方米，立体绿墙900平方米。中兴绿地全面建成，完成岭南公园改造并开放。永和路、洛川东路、平型关路、运城路4条道路创建成为上海市林荫大道。在市公园协会组织的“五一”、“十一”花坛花境评比中，闸北公园、大宁灵石公园获得2个二等奖，3个三等奖。配合景观道路建设和迎十八大等重大市容环境保障活动，落实各类树木的更换和补种、花箱设置、花坛改造、街头绿景布置。开展了绿地养护、病虫害防治和野生动物保护、公园设施设备养护以及安全运行管理等工作。植树节期间，精心组织区四套班子领导植树活动，有5家单位和74位市民认养树木。开展了绿化服务“六进”活动和花园单位创建。彭越浦2号绿地、456地块绿地建设的前期工作推进正常。

闸北区房管局2012年工作总结

今年以来，区住房保障房屋管理局紧紧围绕区委、区政府和市住房保障房屋管理局的工作部署，真抓实干，攻坚克难，努力促进经济社会发展，不断改善住房民生，取得了较好的成效。

一、保障性住房建设筹措供应规范推进，受益面不断扩大

实行应保尽保，新增廉租住房租金配租515户、实物配租24户，186户实物配租申请家庭通过复审公示,875户旧区改造动迁安置家庭转化为实物配租家庭。完成公租房建设筹措740套，竣工、供应538套；启动市筹、区筹公租房项目申请供应，市筹试点项目49户选房家庭入住，进入常态化申请受理后，向35户家庭发放了准入资格确认书，区筹项目“共和新路619弄25、26号”已对外供应，31户已签约入住。征收安置房新开工建设1476套，竣工1168套，供应1268套。完成2011年两批次共有产权保障房的受理供应工作，3763户选房家庭中共有3273户完成购房签约；开展2012年共有产权保障房申请供应，1103户选房家庭已完成签约881户。彭浦十期C块二期正在加快建设。

二、房地产市场监管继续加强，市场运行总体符合调控要求

严格贯彻落实各项房产调控政策，并对市场进行多种形式的动态分析。对即将上市

预售的楼盘，主动约谈开发企业进行销售前的政策和业务指导，引导开发单位合理定价，规范运作。组织召开座谈会，交流区域房地产市场情况及各楼盘未来发展计划和销售策略等问题。另外，组织人员对全区111家开发企业资质进行了“诚信”检查，规范了市场秩序，66家企业补交各类资料242份。7月31日，大宁瑞仕花园住宅项目代表上海接受国务院督查组的检查，受到好评。全年商品房合同签约成交量64.4万平方米，同比增加17.3%；成交金额157.8亿元，同比增加34.9%。其中商品住宅成交20万平方米，同比增加17.9%；成交金额65.2亿元，同比增加14.1%。

三、征收与拆迁工作双轨运行，旧改成效、进度居全市前列

全年累计动迁居民4071户，完成收尾或基本收尾基地10个，受理裁决952证，下达裁决775证，报送法院司法强制执行立案301证，执行91证，行政裁决和司法强制执行数量全市第一。全面拉开3块征收基地：青云路537弄于3月3日做出上海市第一个征收决定，并正式生效，8月下旬在全市率先做出首批5例补偿决定，12月30日最后一证实施司法强制执行，该基地首次在全市实现当年拉开当年收尾；苏河湾6街坊6月28日作出征收决定，10月23日签约率达到85.17%，正式生效，被评为“房屋征收样板示范基地”；285街坊10月10日作出征收决定，12月31日签约率达84%。同时，川宝基地正在进行“四清”及安置补偿方案拟定；鸿临二期正在开展征收前的准备工作。

四、旧住房修缮改造稳步推进，区域居民居住环境不断改善

在全市率先启动平改坡综合改造和旧里直管全项目修缮项目。实施了51.4万平方米平改坡综合改造，解决了屋顶漏水、墙面渗水、墙体老化、道路积水、绿化缺损、下水道堵塞、小区安全等居民“急、难、愁”问题。完成了70个小区“清洁家园”硬件设施改造，解决了居民晾衣难、缓解了居民停车难等问题。完成了8.04万平方米旧里全项目修缮，解决了房屋渗漏水、结构安全隐患、电线老化等问题，使房屋安全度过台汛期，汛期报修率同比下降19%。累计完成了23万平方米旧住房成套改造，原厨卫合用房屋被改造为独用成套房屋，并增加了一定的建筑面积。同时，改造后，原承租户可以按公房出售办法购房，从而通过市场化途径解决居住困难问题，受益居民累计约达4600户。

五、住宅小区综合管理格局基本形成，物业服务水平逐步提高

配合街镇推进业委会组建、改选，以房管办为主体强化业务培训，全区业委会组建率达到92%。进一步落实维修资金“三审”制度，督促做好账目公布，规范维修资金的使用。落实属地管理，联合街镇化解区域性突出信访矛盾。加强物业企业资质管理，严格实施选聘物业企业的公开招投标和资质审查等。做实三级网格监督处置机制，接到城市网格化派单1200件，处置率100%。完善962121物业平台建设，畅通居民报修渠道，受理并处置维修、投诉9364件；做好应急维修保障，战胜两次双台风袭击。继续加强旧公房物业服务考核，推行小区经理奖励制度，将补贴从企业延伸到个人；对7个抛盘小区实行应急限时托管。2012年物业管理满意度在中心城区排名第四，公房、售后房排名全市第一。

六、新建住宅建设监管不断加强，配套服务水平进一步提升

新建住宅开工19.2万平方米，竣工15万平方米。慧芝湖花园一、二、三期通过“四高”优秀小区评定。公兴路、宝昌路、虬江路、沪太支路等开工项目的工程质量和安全管理不断加强，永和南泵站工程项目建设任务完成。积极推进普善路、泽州路、桥东地块、粤秀路等市政配套道路前期工作。征收城市

基础设施配套费 2.12 亿元。投入 1.24 亿元用于市政公建配套建设。积极推进上海滩大宁城中学等 9 个教育配套项目前期相关工作，其中大宁瑞仕花园幼儿园已开工建设，大宁国际第二幼儿园已竣工交付。推进彭越浦 6 号地块菜场等 9 个菜场配套项目建设，争取配套费投资公益性菜场。对全区 209 个居委会用房情况进行梳理，对临汾街道和彭浦新村街道不达标 100 平方米以下的 12 个居委会用房提出了增配方案。

七、各项基础管理工作协同推进，保障发展的能力不断提高

加大信访矛盾化解力度，全年受理信访总量 1655 件，同期下降了 10.69%。调委会受理咨询和调解房屋权利纠纷 738 件，签订调解协议书 17 份，涉案金额 749.5 万元。坚持行政执法人员持证上岗制度和培训制度，继续推行阳光执法和文明执法活动。完成 73 件行政复议、114 件行政诉讼的应诉和答辩工作。调查梳理私房落政 16 户，涉及建筑面积 733 平方米，涉及金额 1348 万元。按法定期限完成 19 件区人大书面意见办理和 14 件区政协提案办理。完成档案升市一级后续整改工作和 2012 年文书档案收集工作，加强房地产专业档案的收集、归档工作。全年受理政府信息公开申请 420 件。做好“12345”市民服务热线处置工作，累计受理工单 158 件，办结率 95.45%。落实安全生产责任制，签订安全生产责任书，集中开展危旧私房查抢险、建筑市场整治规范、住宅小区消防安全隐患排查，消除各类安全隐患。制定、完善了一系列规章制度，逐步规范了住房保障、住宅配套、清洁家园、成套改造等领域涉及财务管理、资产管理、采购管理、工程建设。

（七）虹口区

虹口区建设和交通委员会

2012 年区建设和交通委员会在区委区政府的领导下，牢牢抓住“虹口新崛起”的发展契机，努力推动区内重点项目、重大工程建设，切实提高委内行政管理水平，各项工作按时间节点有序开展，较好地推进了区域经济社会发展，为推进 2013 年各项城建工作打下扎实基础。

一、重大工程、重点项目建设

（一）扎实推进重大工程

轨道交通 12 号线大连路站、提篮桥站有序推进中，国客中心站主体结构已基本完成，盾构上、下行线均已全部完成。东长治路道路改建（与地铁 12 号线重叠段）目前正协调站点范围道路、下水道恢复有关事项。滨水景观人行步道一期工程已开工。推进广中路北地道施工，大连西路跨线桥已拆除；细化施工组织设计方案，制定“创双优”工作计划，完成施工组织设计审批手续。虹口港泵闸工程项建书、环评报告、规划选址意见书已获批复，土地预审已完成；获取的相关批复已交区房屋征收中心，征收指挥部已制定房屋征收方案初稿；虹拆公司正组织大名路 300 号房屋拆除；工程可行性报告市发改委已评审，补充报告已编制上报。汉阳二期排水系统项目建议书已获市发改委批复，市排水公司正组织工可编制。完成停车诱导系统前期招投标工作，目前已开工。推进北横通道前期研究，就涉及虹口区的出入口与风井设置、动迁范围等问题进行深入研究。海伦路（海拉尔路－四平路）、海拉尔路（海伦路－通州路）拓宽工程按照市发改委要求完成 32 米实施线征收方案和工程方案深化工作，区征收指挥部已将海伦路拓宽征收范围纳入 2013 年征收计划。

（二）有序推进重点项目

北外滩区域：上海国航中心东块初步设计已批复，现场试桩；中块港运大厦改造基本结束，正在办理竣工备案相关手续；航交

所已搬入新址正式启用；西块各楼均结构封顶。浦江国际金融广场主楼、辅楼结构封顶。新外滩花苑E楼鹏欣悦榕酒店对外经营。白玉兰广场全面复工，酒店结构封顶；办公主楼区域地上4层结构施工；裙房区域桩基施工结束，围护及土体加固；与国客中心地下通道正在完善方案，协调推进前期工作，计划与虹口港翻水泵站封路同步施工。

四川北路区域：龙之梦虹口商城主楼施工基本结束，裙房已开业；轨交3、8号线连接通道10月21日开通。中信泰富B地块已备案，对外开业。轨道交通10号线天潼路站上部开发外立面施工结束，内部装修施工。轨道交通10号线海伦路站地块已办理桩基施工许可。四川北路108号地块现场桩基施工。海南路10号地块现场场地围合、围墙砌筑已完成，桩基施工收尾。中美信托金融大厦：已获桩基施工许可，桩基施工。北苏州路190号地块现场桩基、围护施工。

其它区域：瑞虹6号地块各单体施工至地上15层结构。彩虹湾一期A块获施工许可，桩基施工；B块地上结构施工。场中路555号地块综合开发项目地下结构施工。

（三）停缓建项目取得进展

虹口区2012年列入停缓建项目共21项，涉及土地面积34万平方米，初步计划建设房屋建筑面积超过70万平方米。经近年努力推进，已有部分停缓建项目进入正常开发程序，其中华虹国际大厦、宏惠花苑已进入工程后期；浦江国际金融广场、黄山坊、广田108地块、苏宁地块、虹城金融大厦、衡山医院、大世界城、金轩大邸、汉荣一期等项目进入施工阶段；虹口商城、蝶恋花基地有序推进中；上海滩国际广场、海昌苑二期项目已列入2012年房屋征收计划；绿地浦创广场（原东大名路1060号新华书店基地）土地已出让。

二、抓好行业管理工作

（一）市政水务管理

一是加强市政水务行业管理。研究完成《虹口区建交委市政水务项目管理暂行办法》、《虹口区市政水务工程招投标工作实施意见（试行）》、《虹口区市政水务工程监理管理制度（试行）》并实施。二是提高日常养护水平。截至目前，道路维修保养总面积24194平方米，其中车行道16291平方米，人行道面积7003平方米；疏通下水道（总管）412419米，疏通连管190744米，清捞检查井14334只，清捞进水口21030只，污泥量5952吨。三是加强水务科学管理。继续推进全国第一次水利普查工作，完成河湖、水利工程、排水工程、河湖治理、水资源数量质量、水务行业能力建设等专业普查数据的上报及汇总平衡。四是推进市政工程建设。完成昆山路（乍浦路–吴淞路）积水点改善及道路配套工程；霍山路（海门路–临潼路）积水点改善工程正在进行招投标工作；配合城市执法局和提篮桥街道，完成东余杭路道路重点养护工程；完成“中共四大”周边排水工程及道路恢复工程；完成2012年交通排堵保畅（小改小革）工程；完成音乐谷配套项目哈尔滨路、辽宁路道路大修工程；完成邢家桥大修工程；完成水电路–柳营路（广中路–北宝兴路）大修工程招投标相关工作；完成多伦路路面整改相关工作。五是强化防汛防台工作。完成辽宁路（哈尔滨路–溧阳路）防汛墙前期工作和招投标工作，汛后开工建设；完成新市路（中山北一路–汶水东路）防汛墙改建工程勘查设计一体化招投标工作，向市水务局上报初步设计；做好防汛防台日常工作，圆满完成抗击台风“海葵”的各项任务。

（二）建筑业管理

一是开展玻璃幕墙和建筑外保温专项整治。开展玻璃幕墙整治工作，成立了区整治玻璃幕墙工作领导小组，对虹口区的198家既有玻璃幕墙建筑展开全面排查，布置玻璃幕墙建筑单位进行自查工作，建立数据库。开展公共建筑外墙外保温材料自查工作，安排区内使用外墙保温材料的公共建筑业主方或物业管理方进行自查，共计34家楼宇数据已报市建交委。二是开展建筑市场整治。开展虹口区建设交通系统2012年建筑市场重点稽查工作、“打非治违”等一系列专项工作。8月15日至31日，市相关部门来虹口区开展建筑市场联合大检查，认为虹口区建筑市场总体有序，项目质量及安全可控，“打非治违”等专项行动取得明显成效。三是推进建筑节能工作。港运大厦改建项目已通过建筑节能示范项目初审；航服中心西块前期开展绿色建筑预评审，计划年内正式申报住建部绿色三星建筑设计标识；配合区发改委等开展虹口区分项计量实施的前期调研工作。四是加强建筑业日常监管工作。截至目前，开展安全监督工作，抽巡查工地384个，开出整改单92张，暂缓施工指令书35张；开展质量监督工作，抽巡查工地155个，开出整改单58张，暂缓施工指令书14张；完成行政处罚案件结案45件，罚款金额69.8万元，其中已结案36件，罚款金额58.3万元；完成安全生产许可证初审36家，竣工备案工程79个，造价24307万元，工程项目报监125个，造价104049万元，面积185796平方米；审核项目报建171个，总投资额23.24亿元；发放施工许可证84张，总造价5.1亿元；发放中标通知书109张，发包价为6.18亿元，招标率与公开招标率均为100%。五是推进“双优”工程和工地党建联建。区建交委会同区纪委、区监察局、区检察院开展“双优”签约工作，目前已完成全部11个政府投资项目的签约工作。推进工地党建联建，目前已有12个工地成立党支部。六是做好建筑业相关经济指标统计。截至目前，累计完成建筑业区级税收3亿元，已竣工经济楼宇面积23.7万平方米。

（三）静态交通管理

完成停车诱导系统前期招投标工作，目前已开工；推进3条公交线路（机场四号线、139路和991路）终点站进入虹口足球场交通枢纽，配合市交港局做好交投集团与龙之梦间使用权的移交；继续推进公交“最后一公里”工作，市交港局7月底进行线网公示，虹镇老街周边线路已纳入公示范围。

（四）公共事业管理

完成全部12.8万户天燃气转换工作；完成800户高龄独居老人燃气报警器安装工作；完成老式公房燃气明支管改造15公里；督促做好燃气隐患管网改造工作17公里；完成低压配网可靠性提升工程，现完成9个小区改造任务；做好燃气管道违章占压清除及水电燃气管线应急抢修工作。

三、推进依法行政工作

（一）做好信访接待处理

截止目前，区建交委共收到信访件214件，其中来信41件，来电29件，网上来信35件，接待来访109批720人次。其中建筑业施工类矛盾所占比重较大，特别是重大工程的矛盾突出，多以集访、群访形式出现。

（二）推进矛盾化解工作

跟进落实轨道交通4号线、8号线、10号线运营矛盾化解工作；积极协调12号线施工矛盾；有序推进广中路600号、龙泰公寓、宏惠花苑、天宝路358、388、410号等矛盾协调工作。

（三）开展市依法行政示范单位创建活动工作

完成依法行政示范单位创建的制度制定、工作实施案例制作以及迎检工作；完成市建筑业管理执法人员专业法培训（共计十批43人）及新进执法人员基本法的培训；完成委机关合同协议等的法律事项审核、把关。

四、推进两会办理工作

2012年区两会期间，区建交委共收到人大代表书面意见29件，其中主办25件，会办4件，主办件中解决采纳3件，正在解决8件，计划解决4件，留作参考10件，解决率为44%。收到政协提案35件，其中主办

19件，会办16件，主办件中解决或采纳9件，列入计划拟解决6件，留作参考4件，解决率为78.9%。

虹口区绿化和市容管理局

2012年，区绿化市容局围绕区委、区政府年初制定的重点工作目标，以持续提升城区整体环境面貌为着力点，扎实推进绿化景观建设、环卫保洁作业、市容常态管理，城管执法控制等工作，有重点、有针对性地开展行业改革，促进虹口区绿化市容管理行业稳步发展。在区委、区政府的坚强领导下，在区有关部门、街道和单位的支持配合下，区绿化市容局年初确定的党政十项重点工作进展有序，圆满地实现了年度工作目标。

一、加强绿化景观建设，提升市容景观水平。完成北外滩滨江景观灯光建设方案，启动建设程序，目前已完成招投标工作；完成四川北路沿线景观灯光建设方案，现正在启动招投标程序。配合区相关部门，按时完成四川北路公园中共“四大”旧址纪念馆项目建设，为布展、正式开馆打下了良好基础，受到了上级领导和部门的好评。启动北川公寓周边景观改造。加强户外广告设施、店招店牌的管理，在今年汛期前广泛开展安全检查告知，确保了“海葵”台风期间未发生安全事故。完成《虹口区户外广告设施设置阵地实施方案》的修订。做好区内临时广告和内环线沿线户外广告的审批。完成溧阳路“市级示范性林荫道”创建；推进临平北路绿地建设、外滩隧道绿地改造、曲阳公园改造等项目前期工作，完成四川北路公园改造工程。新辟公共绿地3975平方米，新种行道树200株；认真做好重要节庆、节假日期间的景观设置、养护工作，提高全区公共绿化建设和管养水平。积极推进特色绿化建设，新建屋顶绿化8000平方米、立体绿化2500平方米，新辟专用绿地15000平方米。继续推进绿化进社区、进校区、进营区、进园区等活动，已向社区居民赠送花卉盆景2550盆。

二、狠抓环卫作业管理，夯实环卫基础设施。继续巩固推进“百街千路”道路洁净工程，全区已106条（段）道路实现24小时保洁，占全部道路总面积的61.37%，并建立起“一路一档”的基本台账制度，逐步形成长效管理机制。继续推进“文明公厕”创建，以“日志管理法”促服务水平提升，在上半年全市文明指数测评中，虹口区公厕服务排在全市第七位，比此前提高了3个位次。继续开展生活垃圾分类减量工作，牵头起草《关于本区推进“十二五”期间生活垃圾分类减量工作的实施意见》，细化任务，将工作分解到文明办等12个部门和各街道。在总结欧阳街道试点经验的基础上，今年全力推动曲阳、凉城扩大试点，加强宣传与指导，与区妇联联合举办“生活垃圾分类减量培训班”2期，参训人员100余人，完成虹口区“绿色帐户”家园70%的指标，从7月开始启动到9月10个居住区、6个机关、6所学校、20个企事业单位、2个菜场的垃圾分类减量工作全面实施，超额完成全年分类指标。到12月，全区垃圾减量按市局的减量指标完成。加强餐厨垃圾的规范收运和处置管理，全区已有1098家产生废弃食用油脂的餐饮企业与虹口区有资质的收运企业签订合约，签约率达99.64%。加强环卫“五小设施”更新改造，全年完成双体废物箱400个、大型废物箱100个、生活垃圾桶1600余个的调整工作和20座小压站改造、2座应急流动厕所配置及部分环卫清运车辆的购置工作。同时，加强对环卫“五小设施”的日常保洁，确保及时更新、及时保洁、及时清运。全年清除枯枝落叶350吨、大件垃圾2100吨、无主垃圾182745吨。

三、强化综合执法管理，规范街面环境秩序。推进曲阳街道绿化市容所功能调整，整合管理资源，成立虹口区首个街道城市管理服务中心。在总结试点经验基础上，积极推动欧阳等条件成熟的街道，开展绿化市容所功能调整。开展“夏令热线”行动，接受市民群众市容环卫和城市管理、违法搭建等各类投诉，切实解决市民日常生活中的急难愁问题。依托区市政市容管理联席会议平台，推动跨部门、跨条线问题的协调解决。2012年，区域“三乱”现象明显减少，水域管理水平明显提升，俞泾浦横浜桥段被市评为“十佳景观河道”。在上半年全市“市容环境卫生社会公众满意度测评”中，虹口区排第6位，实现了“保七争六”工作目标。凉城新村街道在参加测评的全市118个街道中，名列第9名，较去年同期提升一个名次。继续深化市容环境质量第三方测评机制，提高自主发现问题、自行整改问题的能力。开展“优化城市环境，迎接党的十八大召开”各项整治行动，营造良好城区环境。完成“2012上海国际灯会”、“上海酒节”、“四川北路欢乐节”等重要节庆活动的环境保障工作。加强城区市容环境动态执法管理，先后开展虹镇老街“三违”综合整治、七浦路周边、公安街、新高阳菜场周边等环境综合整治行动，提高区域、中小道路、居民区生活环境质量。开展跨门营业、机动车流动贩卖、夜排档等专项整治，积极营造有序的城区环境秩序。

四、创新拆违工作理念，圆满完成拆违目标。坚持拆违工作创新，不断完善工作机制，按照“增量为零，存量逐步消除”的工作目标，区拆违办在不断完善工作体制机制的基础上，重点做好新增违法建筑的及时发现、及时处置、及时拆除等工作。全年拆除各类违法建筑55458平方米，其中，正在搭建、新建的违法建筑371处、13872平方米，存量违法建筑561处、41586平方米。存量违法建筑拆除总量是年度目标（4万平方米）的104%。此外，还创建无违法建筑小区10个。在虹镇老街开展的“三违”综合整治行动中，绿化市容、城管执法、拆违等单位每天有近200人参与综合整治，确保了整治效果，发挥了主力军作用。

虹口区住房保障和房屋管理局

2012年，是新一届区委、区政府带领全区人民实现虹口新崛起的开局之年，也是实施区“十二五”规划的关键之年。按照区第九次党代会的要求，区房管局全体员工紧紧围绕区域经济社会发展的中心工作，以实现“虹口新崛起”为己任，多头并进，重点推进，多措并举，狠抓落实，积极推动虹口房管工作实现跨越式发展。

一、多种渠道做好住房保障

不断健全以廉租房、共有产权保障房（经济适用房）、公共租赁住房为主的分层次的住房保障体系。廉租住房新增廉租受益家庭1075户，实现“应保尽保”。完成第三批廉租实物配租摇号选房工作，43户家庭入住江桥新房，同时启动第四批实物配租申请受理工作。

完成了第二、第三批共有产权保障房选房工作，共1259户家庭选定了房源。在共有产权保障房申请受理审核工作中，培养了政策解答的“全科医生”和“专科医生”，为不同居住需求的群众提供针对性政策服务。各类信息全部上墙和上网公示，建立例会制度加强信息沟通，充分借助媒体力量加强政策宣传。

创新公租房资金筹集模式，与经融机构合作探索公租房建设资金市场化融资模式。积极开展新江湾城尚景园公租房申请供应工作。首批公租房共受理申请266户，其中163户家庭选定了房源。

二、多种途径提升居住质量

在虹口区里弄房屋修缮在保障百姓饮水、用电、煤气和消防安全的基础上，将工程实实在在修进居民家里，完成了1042个厨房改造，720个卫生间改造，通过厨卫改造，原来阴暗、狭小、脏乱的厨房变得明亮整洁，居民告别了倒马桶的日子，独立的灶台和水池使得邻里关系更为融洽，得到居民和社会的广泛好评。

同时，在老小区开展了平改坡、截污纳管、化粪池改造工作，有效解决了屋顶雨水渗漏，改善了房屋保温隔热，解决了雨污混接污染河道、影响环境水质的问题，彻底解决了小区内路面窨井污水外溢、改善小区的整体环境，在降低环卫部门工作成本的同时消除了化粪池潜在的安全隐患，目前已完成140座化粪池改造工作。

建立了精细化管理机制，在全市首创建立了修缮行业企业诚信档案，进行量化管理和考核，将诚信档案记录与工程招投标资质结合。建立了后评估制度，在工程安全生产、文明施工、工程质量和工程标准等上加强评估检查。建立了市民监督员制度，请小区业主、居委干部、人大代表、政协委员作为市民监督员在工程的各个环节中提建议、找问题、查落实。全年虹口区旧住房修缮累计已开工153.44万平方米，完工143.5万平方米。

三、多管齐下改善居住环境

积极开展物业管理党建联建工作，在区地区办的支持下，联合举办了住宅小区综合管理工作培训班，就住宅小区综合管理、居委会与业委会关系、完善业主自我管理、物业服务企业管理服务创新等工作进行培训，进一步形成住宅小区齐抓共管的工作格局。其中，花园城小区的物业服务企业景瑞物业在提升管理能力和服务水平上走在了全市前列。沈骏副市长高度肯定花园城物业管理工作并在花园城举行了全市物业管理工作现场会。

为有效提高社区综合管理的管理效能，在前期试点、扩大试点的基础上，今年售后公房物业管理达标补贴工作已在322个小区开展，占全区售后公房建筑面积总量的92%。

针对业主委员会管理难问题，凉城街道与区住房局共同培育的社会中介组织——“虹口区新家园”合作事务所，探索了由第三方社会组织开展业主大会、业主委员会组建、换届改选和售后公房物业服务达标补贴工作，得到了住建部、市、区领导的高度肯定，以及社会、媒体的积极关注。到目前为止“新家园”已经完成了16个小区的业主大会、业委会组建和换届工作。

推进全天候“12345”市民热线和24小时房屋应急维修中心建设，解决群众最基本的“急难愁”问题，全年受理各类咨询、报修、投诉11052件（10月8日前物业服务热线为962121）。

高度重视防台防汛工作，全力应对“苏拉”、“海葵”等极端天气现象，确保住宅小区居民安全度汛。

四、服务好房地产业发展

以信息分析为基础，针对国家宏观调控政策不断变化、区内新推住宅项目不断减少的实际情况，不断加强政策宣传和贯彻落实力度，严格执行差别化税收、信贷和住房限售等各项调控措施。加强走访开发商，紧密与开发商的沟通交流，帮助开发商解决楼盘建设、销售过程中遇到的困难，做好测绘、产证办理、预售许可等服务，促进项目有序建设。共核发5个楼盘预售许可证，建筑面积18.19万平方米，均为商业办公房屋。方便居民办理交易登记和咨询相关信息，设置了交易登记、档案查询、网上房地产等窗口，开通了老年人、残疾人交易登记“绿色通道”，与税务、土地登记、银行、置业担保等部门建立了联席会议制度。不断规范交易程序，进一步提升了房地产交易相关服务质量。完成房地产业区级税收15.15亿元。

五、全过程服务旧区改造

响应区委、区政府提出“坚持决战决胜导向推动旧区改造”的工作要求，区住房局迅速行动，调动全局力量，构建了服务基层、决战决胜的工作体制，落实了“全身心的投入、全方位的参战、全过程的监管、全目标的完成”的工作措施。明确全局工作重心向旧区改造倾斜和聚焦，对应三个分指挥部，建立起局主要领导点对点联系的工作机制，加强信息沟通与问题协调。

聚焦拔点强化裁决。采取“进驻基地+现场办公”模式，虹镇老街3号、12号线国客中心站未签约居民已全部进入裁决程序。着眼征收强化推进。全局各科室、各部门聚焦旧改，为旧改工作提供了人力保障、政策支撑、技术支持。紧扣时间节点，开展了房屋测绘和确权、未经登记建筑面积认定、制定征收与补偿安置方案、召开听证会、座谈会、咨询会听取居民意见并完善方案、制作风险评估报告、开展旧改业务培训、以招投标的形式选举评估公司、开展房屋评估调查、明确地块房屋评估均价并公示等工作，有力保证了海南路97号、周家嘴路901号、北外滩59街坊、89街坊、东长治路573弄5个地块第二轮征询的顺利展开。

六、全力维护区域和谐稳定

——强化为民意识，从源头预防矛盾发生。始终把用心解决群众难题作为工作出发点和落脚点，抓质量、抓态度、抓效果、抓延伸。今年以来，共受理人大代表、党代表和政协委员提案和意见共154件。建立落实了“局领导信访接待制度”、“信访跟踪督办制度”和“信访约谈制度”。经过不懈努力，今年区住房局信访数量从往年最高峰4085件下降到2439件。

——强化疑难问题解决，减少不稳定因素。针对落政数量每年呈20-30%比例大幅度地提升的态势，梳理排摸突出信访矛盾，建立信访矛盾维稳“一日一报”制度和集访人员“一案一档”，重点对一批闹访对象开展信访依法终结工作。加大力度解决物业突出矛盾，逐步解决多头管理、售后公房小区收费“双低”（收费标准低、收缴率低）、无人管理小区、物业管理“抛盘”等问题。如海虹苑、虹光公寓、水电路62弄小区、三湘花苑、车站西路300弄小区已平稳度过物业撤盘矛盾。

——强化依法行政，降低矛盾发生概率。不断增强法治意识，完善执法程序，强化执法监督，落实行政首长应诉制，提升依法行政水平。不断深化政府信息公开，提高行政透明度。政府信息主动公开和依申请公开数量位居全区各部门前列。全年受理政府信息公开407件。健全重大行政决策评估制度和绩效考核评价体系，促进依法、民主、科学决策，从根源上降低矛盾发生概率。

（八）杨浦区

杨浦区建设和交通委员会

2012年区建交委围绕建设国家创新型试点城区这一主线，进一步聚焦五角场核心区、滨江地区等五大功能区建设，抓住机遇，迎接挑战，发扬新时期“四敢精神”，在着力推进重大市政基础设施建设、健全完善城市管理长效机制方面取得了积极成效。

一、抓工程建设，城区功能得到进一步提升

（一）市重大工程建设顺利推进

配合协调市相关部门，保障了区域内市重大工程顺利推进：轨道交通12号线年内全面完成站本体主体工程和全线盾构掘进施工；从中环线匝道增设工程的8个方案中优化筛选出国定路定向匝道增设方案，已启动立项工作；优化了周家嘴路北横通道（杨浦段）方案，增设进出匝道，调整风井位置，加强了服务地区交通的功能；周家嘴路越江隧道方案已基本确定，工可评审已完成，征收方案也基本完成，目前正进一步优化风井与周边开发的结合方案；协调土发中心完成了虹杨50万伏变电站土地收储工作，并和市电力部门签订了建设用地协议；大定海泵站主体建设已完成工程量的40%；丹东、松潘排水系统正在项建书编制过程中。

（二）区域内路桥建设有序推进

全面完成长阳路杨树浦港桥改建工程，实现实用美观并举。国济路桥已完成桩基，年内完成桥梁主体，基本完成国济路拓宽工程。长阳路（内江路－军工路）辟通工程完成了红线调整和建设用地批准书的办理，年内施工单位进场开始前期地下管线清理工作。长阳路（大连路－内江路）拓宽工程完成了前期研究和项目建议书上报工作。渔人码头配套道路安浦路二期部分正在进行管线配套施工，年底完工。

（三）实事项目超额完成

除完成列入实事项目的江浦路（平凉路—惠民路）积水改善工程外，还超额完成了平凉路（江浦路—齐齐哈尔路）、双阳支路（双阳路—隆昌路）积水改善工程，实现积水少、退水快的目标。在去年完成66只市政消火栓整治的基础上，今年完成了60只市政消火栓整治和维护保养工作，完成三年整治计划的四分之三。市光路人行天桥年内可基本完成。

二、抓长效管理，服务管理水平得到进一步提升

（一）市政管理工作取得预期效果

截至10月份，道路及附属设施养护投入1240万元，保养车行道56276平方米，人行道30210平方米，调换侧平石1524米，路名牌新装、调换1025块、维修保养7610块，隔离设施新装、调换4460米、养护48200米，道路完好率达到93.5%。桥梁维修检测投入50万，日常保养桥梁42座，完成5项桥修、6项道路大中修。

（二）水务、防汛工作经受住强台风考验

针对今年灾害性天气多发、防汛防台形势严峻的情况，早谋划、早启动，修订完善预案，开展专题培训，抓好了物资储备、队伍落实和设备维修，加大管道疏通养护力度，在周密的前期准备和谨慎的应急处置上，杨浦区经受住了强台风“海葵”和“苏拉”、“达维”双台风夹击的考验，全区无人员伤亡，安全度过汛期。此外，按照要求、依据法规，认真开展了河道设施维修养护、水环境治理和水务行政许可和执法工作。

（三）建筑业管理工作上新台阶

根据相关要求，经多方研究、反复征求意见，在较短时间内制定出《杨浦区加快建设项目行政审批的工作意见》，形成了缩短审批时间的方案；建成建设工程受理服务中心建设，为加快区域内重大功能性项目的建设进度提供便捷通道。改变以往“部门条块分割管理”的体制性障碍，探索片区管理机制，通过加强检查和利用新建立的杨浦区工程信息管理平台，有效提升监管效率。市城投办公楼、154动迁安置房分获绿色建筑三、一星级认证标识；完成既有居住建筑4万平方米、既有公共建筑12万平方米节能改造。实施能源审计9项、能耗公示3项，有效推进建筑节能工作。注重排查摸底，玻璃幕墙整治工作获得好评，区建交委被评为上海市既有玻璃幕墙建筑巡查工作先进集体。

（四）动态交通安全畅通、静态交通规范有序

一是动态交通管理：建成五角场停车、行车诱导系统三期集成工程，年内可正式投入使用；新建、改建5个出租车扬招点，并制定相应的管理办法，可有效改善五角场交通状况。积极推进1201路穿全线运用节能电子站牌，优化调整168路区间车为1218路，进一步方便新江湾城居民出行。二是静态交通管理：完成30个建设工程配建机动车停车场（库）的行政审批工作；探索将平凉路250号、宁国路117号等待开发地块改建为临时停车场（库），面向社会开放，缓解停车矛盾。

（五）信访维稳总体受控

信访矛盾化解机制在磨合中进一步理顺，化解矛盾时强调“规范”、“合理”，有效减少重信重访、越级上访。截至10月，接待来信来访等198批/件、436人次。加强与申通、黄投等公司的沟通协调，8号、10号线沿线、公安大楼周边、平凉路2767弄、本溪路141弄等居民受损房屋修缮处置工作按计划有序推进；把握有利时机，着力化解了马秋泉等陈年积案；为“十八大”期间的维稳工作守好门、尽好责。

三、抓党建工作，引领保障委中心工作

（一）加强干部队伍建设

在工作要求高、人手紧张的背景下，加大了对干部、特别是科级后备干部和青年干部的培养和锻炼。结合弘扬“四敢精神”主题实践教育活动的开展，通过举办学习辅导讲座、开展座谈讨论，引导干部职工领会新“四敢精神”的深刻内涵。在党政班子中对照“四敢精神”查找班子和自身的不足，在此基础上各分管领导还结合工作中的重点、难点问题，牵头成立13个课题调研组，将学习与课题调研有机结合，并通过加强问题分析，探索解决途径，落实有效措施，把调研成果转化为提升领导班子和机关干部推动创新城区建设能力的具体成效。开设了青年干部专题培训班，开展“八个一”活动，全面提升青年干部的工作能力和思想认识。选派委青年干部到市、区相关部门挂职锻炼，抽调委属单位青年到建交委机关进行挂职锻炼。建立了储备人才库，加强干部队伍梯队培养和储备。与此同时，做好干部的选拔任用，今年共提拔干部8名，让想干事、能干事的干部得到重用，进一步激发干部的工作干劲。

（二）加强党风廉政建设

加强廉政教育，探索和推进廉政文化“四进”工作。通过开展“廉政微语”征集活动，举办加强党的纯洁性教育专题讲座、专题党课、专题组织生活会等，进一步完善党风廉政建设相关制度，抓好党风廉政建设责任制签定等，进一步促进党员自省自律，保持思想上的纯洁性和行动上的先进性。结合今年是水务工作政风行风建设重点测评年的要求，调整充实政风行风监督员队伍等，深入推进政风行风建设。通过党务公开栏、建交委网站、建交委政务微博等，深入开展党务、政务公开工作。

杨浦区绿化和市容管理局

2012年，区绿化市容局（区城管执法局）在区委、区政府领导下和市绿化市容局（市城管执法局）的指导下，紧紧围绕杨浦国家创新型试点城区建设主线，发扬“四敢”精神，团结奋进、创新实践，不断深化“管理重心下移、管理资源整合、城区环境联建、行政执法联动、社会公众参与”的市容环境综合管理体制机制，突出市容环境共建联建、市容景观提升和行业文化建设重点，推动市容环境综合管理水平和公众满意度不断提升。

一、加强市容环境综合管理，提升城市管理水平

以源头管理、市容管理顽症、社会参与为管理导向，通过制定《杨浦区市容环境综合管理和建设指南》，指导城区市容环境综合管理和建设及保障工作的开展，提升常态长效管理水平。

（一）加强公共环境共建联建，夯实区域市容环境基层

1. 中小道路市容环境综合管理水平进一步提升。按照公共环境级差管理的要求，完成24条示范道路创建，32条脏乱差道路整治工作。

2. 公共环境共建联建进一步加强。以市、区市容环境综合管理示范街道（镇）创建为抓手，有效借鉴门责管理“三五六”联建和“五区联动”的经验，全区目前有4个街道是市级示范街道；江浦、定海、大桥等街道已顺

利通过市相关部门市容环境综合实效复查。

3. 社会公众参与机制进一步拓展。人大代表、政协委员、居委干部等各界代表积极参与市容环境管理和监督。社会第三方机构市容环境综合管理实地实效检查评估和市容环境综合管理社会公众满意度测评分加强了报告传递、问题分析和整改反馈。逐步提高了政务微博等新渠道公众参与度，截至12月31日，局政务微博粉丝数达8122人，共发布信息1697条，协调办理博友意见建议26件。

（二）加强顽症治理，市容环境顽症综合管理取得成效

1. 落实设摊控制点“五定”管理。正确协调处理市民需求度，民众容忍度，环境承受度之间的关系，设摊控制点从25个调整为23个，便民服务点更新为353个。引导江浦路花鸟市场跨门营业和源泉路近100个摊位入场；年底将引导殷行路61路公交车终点站160余个摊位入室。

2. 加强市容顽症专项治理。结合道路和区域特点，重点开展渣土运输、户外广告设施等市容顽症专项治理。全年拆除固定户外广告47块，临时户外广告668处，户外招牌（指示牌）187块。按照“控制增量、减少存量”原则，制定了《关于进一步加强和推进拆违工作的行动方案》。全年拆除违法建筑6.5万平方米，新建违法建筑拆除率94.27%。

（三）增强重要节日和重大活动市容环境保障能力

制定了《杨浦区关于开展“进一步优化城区环境，迎接党的十八大召开”工作方案》，完成8个大项，20个建设和管理子项目。圆满完成春节、纪念聂耳诞辰100周年系列活动、五·一、十·一、起亚世界极限运动大赛亚洲站、上海之春国际管乐艺术节及“春夏季节市容环境整治活动”、亚太经合组织（APEC）青年技能夏令营、上海旅游节、购物节等市容环境保障任务。完成上海市长国际企业家咨询会阶段性保障工作。

二、全面推进生活垃圾分类减量试点，环卫建设管理水平不断提高

以扩大生活垃圾分类减量试点工作为抓手，加强环卫设施设备建设，优化环卫作业流程，提升环卫建设和管理水平。生活垃圾处置量控制在市下达的日均920吨指标内。3月14日，市局马云安局长对杨浦区生活垃圾分类减量工作做出批示，给予充分肯定。

（一）多策并举推进生活垃圾分类减量

1. 生活垃圾分类减量试点覆盖面有效增加，分类推进进一步精准。2012年，新增生活垃圾分类减量的居住区202个，覆盖比例25.8%；开展生活垃圾分类减量的机关75个，覆盖比例88.2%；企事业单位111个，覆盖比例28.4%；占总数的50%；区属教育单位131个，覆盖比例67.8%；集市菜场11家，覆盖比例18.5%；公园7座，覆盖比例53.8%。

2. 生活垃圾分类减量工作方法进一步创新。建立了志愿者、分拣员、督导员三支社区队伍和机关企事业单位绿化账户联络员队伍，每月开展不同主题的专项回收日活动。制定了《杨浦区“上海绿色帐户”推进工作方案》，绿色帐户网上注册绿色家园261个，组织开展绿色大讲堂20次，开展“绿色星期六——社区资源回收日”活动39次。

（二）全力推进环卫公共服务设施建设，生活垃圾分类收运物流体系建设不断加强

1. 加大环卫公共服务设施建设力度。今年新建小型压缩式生活垃圾收集站5座，改造5座；新建改造垃圾箱房30座；整修改造垃圾中转点20个；扩建了餐厨垃圾处置厂；购置生活垃圾分类减量垃圾桶11000余只；更新、新增环卫车辆33台。

2. 加强分类物流收运体系建设。启动10次废油脂外运应急预案，外运废油脂约380吨，取缔非法废油脂加工窝点1处。全年清除生活垃圾33.59万吨，清运餐厨垃圾1.67

万吨，装修垃圾8.18万吨，生活垃圾分类收集、分类运输和中转能力得到完善。

（三）深化道路洁净工程

完成城区157条（段）427万平方米道路洁净工程创建工作，创建覆盖率达60%，道路环境卫生优良率达90%。

三、实施重点区域景观提升工程，市容环境品质进一步提升

按照国家创新型试点城区建设和“五大功能区”建设要求，推进专项规划实施和景观项目建设，绿化与景观灯光、道路环境、户外广告设施等城市建设要素有机结合，市容环境景观品质不断提高。

（一）注重亮点建设，凸显服务城区功能发展

在五角场市级副中心、四平路和大连路、黄兴路、淞沪路等分别布置了“双龙戏珠”、“原子世界”、“聚焦”等大型主题景点，布置各类花卉约150万盆。以五角场高级副中心为核心，照明景观向周边辐射，建成内环高架（中山北二路—控江路）立柱景观灯光文化长廊；完成黄浦江沿线定海路桥、杨树浦发电厂、温德姆大酒店景观灯光建设；协调社会力量建成大连路北美广场楼宇景观灯光，对内环高架沿线、五角场地区16幢楼宇灯光进行了大修，城区景观灯光进一步优化。

（二）注重规划引导，优化行政审批流程和配套设施规划落地

对39项部门办事事项进行了全面梳理，规范和优化绿化、市容景观和环卫“一口受理”的“一门式”行政审批流程，提高行政效能，强化批后管理和监督，审批周期缩短50%。电子标签安装和户外广告开展网上审批试点工作，全年受理审批户外广告设施80件。

四、探索创新绿化管养方式，服务“两型”城区建设

根据城区功能规划建设和绿化生态功能的总体需要，推进景观绿化和生态绿化建设合理配置，提高城区生态环境水平。

（一）加强绿地建设，推进城区绿化生态化发展

新建绿地4.30公顷（其中公共绿地2.10公顷），新建立体绿化18315平方米，实现人均公共绿地4.23平方米。完成延春公园、平凉公园便民设施、基础设施和安全设施等改造项目。组织开展林荫道创建工作，完成苏家屯路（锦西路—阜新路）、抚顺路（铁岭路—苏家屯路）、隆昌路（控江路—周家嘴路）三条林荫大道创建工作。

（二）创新管养模式，提升绿化精细化管理水平

黄兴公园于1月1日按照计划免费开放。开展露天电影进公园活动，放映电影12场。以“发展低碳经济，促进生态文明”为主题开展了3.12全民义务植树活动。全区目前有花园单位53家、合格单位126家、市园林式居住区42家、立体绿化单位138家。

五、健全完善城管执法体制，城管执法工作实效进一步提高

全面履行城管行政执法职能，突出提升执法效能、加强队伍建设两个重点，推进市容顽症治理，提升城管执法公众形象。1月1日至12月31日，共立案查处城市管理违法案件22386件，结案20461件，处罚22386件，罚款203.62万元。

（一）着力推进行政执法勤务模式创新

开展乱设摊、跨门营业、校园周边设摊、夏季瓜果摊和杨树浦路沿线专项整治；围绕“乱设摊、乱占道、乱设置、乱搭建”四类违法行为开展城管执法专项行动，市容环境顽症治理取得阶段性成效。

（二）加强城管执法队伍建设

完成区城管执法局执法大队内设机构及人员“三定”工作。开展“三查三纠”等行政执法专项检查和执法纪律教育整顿活动和“城管执法干部学习讲堂”，开展执法人员

岗位招录和交流，新招执法人员 33 人；交流执法人员 61 名，占在编人数的 1/6。

六、推进行业文化建设，行业公共服务能力进一步提升，按照提升学习力、创新力、协同力、执行力和服务力的要求，以岗位为核心、服务能力为关键、社会公众满意为标准，以学习型团队建设、政风行风建设、文化建设为主要内容，开展文明行业创建，推进行业建设。

（一）加强学习型团队建设，进一步增强行政执行能力

积极推进学习型团队建设，7 人次晋升专业技术岗位初级职称。举办“杨浦绿化市容学习课堂”5 期；委托区委党校举办 2 期“绿化市容系统干部研修班”，对局系统 100 余名中层以上干部进行了轮训。组织“干部在线学习”66 人次。（区绿化市容局获得了“2011 年度上海市重点工程实事立功竞赛杨浦综合赛区‘优秀单位’”；1 人获“2011 年度上海市重大工程立功竞赛‘优秀建设者’”。2 人获市“2009–2011 年度上海市绿化建设先进个人”称号。）

（二）加强行业服务能力建设，进一步提升公共服务水平

1. 深入推进政风行风建设，社会公众满意度不断提升。召开各街镇的社区居委干部、服务对象座谈会 17 次。围绕植树节、生活垃圾分类减量、节能环保等主题，先后组织开展绿化市容进社区活动 50 余场。

2. 市容环境问题的受理和处置不断加强。将“局政务微博”、第三方检查发现问题整入“962348”受理平台，完成“12345”市民热线服务平台对接工作。全年受理绿化市容、城管执法问题 108495 件，结案率 99.9%，满意率 96.5%。共受理处置“两会”提案 23 件，办结率和满意率均为 100%。“夏令热线”问题处置及时有效；“海葵”台风及防汛期间通过应急电台 800M 传递解决问题 400 余条。

3. 行业整体文明程度不断提高。局系统现有市级文明单位 1 个；区级文明单位 2 个；文明公厕 129 座（其中示范公厕 73 座），占总数的 91%；树立环卫行业文明窗口样板 5 个，公厕服务示范岗 26 个。

4. 内部管理不断完善。公文办理、印章使用和财务报销、固定资产核销等内部管理制度不断完善；完成局门户网站建设和开通；向区委、区政府报送政务信息 126 条，向市局报送 471 条，印发各类信息简报 64 期。全年无重大安全事故。

杨浦区住房保障和房屋管理局

2012 年，在区委区政府的坚强领导下，紧紧围绕服务杨浦国家创新型试点城区建设大局，以弘扬“四敢精神、创先争优”为引领，以“稳中求进”为基调，以“安全发展、服务民生、创新管理、勤政高效”为着眼，全局干部凝心聚力、昂扬向上，瞄准目标、奋发努力，抓新政贯彻、抓项目落地、抓难点突破、抓机制创新，圆满完成全年目标任务。

（一）全力保障民生，服务科学发展，区委区政府重点工作和实事项目圆满完成

1. 旧改征收平稳有序。坚持政策统一、方案一致和“一竿子到底”原则，注重发挥区属单位职工示范引领作用，最大限度调动群众积极性，营造“阳光征收、诚信征收、和谐征收、依法征收”良好氛围，全年启动 6200 余户，完成 5066 户，拆房面积 10.68 万平方米。全力以赴抓启动。自下半年起，旧改签约掀起高潮，对大桥 101 街坊、96 街坊、84 街坊、定海 152 街坊 B 块、C 块、平凉 13 街坊等 8 个基地作出房屋征收决定。其中，6 个征收基地在 1 个月内“二次征询”签约率均达到 85% 的生效比例。攻坚克难抓收尾。通过发挥司法强制执行联席会议作用，定期梳理收尾基地推进情况，在确保安全稳定的前提下，完成 111 街坊、73 街坊等 8 个基地收尾。不失时机抓激活。按照“总体思考、

整体安排、分步实施”的原则，重点研究激活对策，成功激活101街坊等2个基地。

2. 住房保障深化推进。公共租赁房、经济适用房全面启动，“四位一体”住房保障体系进一步深化。公共租赁房抓供应。通过“新建一批、改建一批、收购一批、转化一批”，筹措财大教师公寓等4个项目房源1000套。首批市筹公租房新江湾“尚景园”入住933户，其中，杨浦居民520户。社区管理服务及周边商业配套有效跟进。动迁安置房抓推进。强化安全施工、精细管理，完成112街坊一期和154街坊一期北块竣工19万平方米；注重协调、加快审批，完成358街坊等5个项目20万平方米开工任务。廉租住房重宣传。按照“应保尽保、愿配尽配”原则，新增廉租受理3396户，落实配租1197户，发放租金6369万元，完成全区3560户廉租家庭实物配租意愿征询，新受理实物配租140户，筹措实物配租房源446套。共有产权保障房保稳定。先后开展两批共有产权保障住房供应，2011年第二批共有产权保障住房完成签约1053户，签约率93%；2012年共有产权保障住房完成选房1509户。

3. 旧住房综合改造全面完成。严格按照《上海市住宅修缮工程管理试行办法》规范推进旧住房改造整治项目。旧小区综合整治。落实维修资金，坚持推进与安全并重，投入资金7700万元，完成小区综合整治50万平方米，受益居民1万余户。其中，30万平方米为区政府实事项目。旧住房拆除重建。完成广远新村43、48号和控江路650弄2号拆除重建；黄兴路1039弄基地启动居民签约。历史建筑保护。完成原十七棉南厂区3万平方米和十九棉南厂区二车间1.83万平方米历史建筑保护性修缮。

4. 小区综合管理不断深化。以贯彻实施《上海市住宅小区物业管理规定》和城区综合管理“大联动”为契机，积极探索物业行业管理新思路新方法。探索创新社会管理。党政领导带队走访全区12个街镇，听取意见建议，了解物业管理等方面需求，解决急难愁问题。深化社区物业管理党建联建，探索引导居委会、业委会、业主党员等社会公众广泛参与社区事务管理。鼓励和引导规模小、收费标准低、调价困难小区的业主自治管理，14个小区取得成效。协助控江街道探索成立住宅小区物业综合管理工作者协会，参与小区事务管理。针对居委会换届选举，及时对600余名社区干部开展物业管理政策培训。强化物业行业指导监管。继续实施物业管理服务达标考核奖励制度，发放资金3990万元，惠及小区348个居民27万户，缓解公房小区抛盘现象；对13个小区实施物业应急托管服务，保障居民基本物业需求；全面推行并完成436个公有住宅售后小区物业服务收费标准调整，占应调小区的90%；落实11个新建小区8489万元物业保修金。开展主题活动。围绕居民物业服务诉求，组织物业行业开展以“走百家门、知百家情、解百家忧”为主题的各类便民服务活动，特聘社会监督员12名，发放征询单7.9万份，解决急难愁问题1912个。配合开展社区管理工作。会同街镇完成7个业主大会组建和78个业委会换届改选工作；配合市容、街镇开展住宅小区垃圾分类试点推广；配合老干部局为2900余户离休干部落实物业管理服务保障。

5. 政府性投资有序开展。完成政府性投资项目28个，累计完成投资47.46亿元，超额完成目标任务。

（二）坚持依法行政，强化基础管理，房产市场和住宅产业化监管进一步提升

1. 房产市场运行总体平稳。继续贯彻落实房产调控政策。引导房地产开发企业和经纪（中介）机构坚持住房限售政策不改变、力度不放松，对20个楼盘开展联合检查32次，无违规发生。商品房预售和销售备案。核批新建商品房预售楼盘60万平方米3658套；审批商品房销售备案26个楼盘31.68

万平方米 3907 套；房产交易总体平稳。商品房预售住宅成交 1700 套 19.2 万平方米，成交均价 30810 元；存量住宅成交 8736 套 56.2 万平方米，同比上升 13.2%，成交均价 18230 元，同比下降 3.67%。

2. 住宅配套和住宅产业化建设有序推进。107 街坊保障性住房市政配套道路河间路（临青路—宁武路）项目竣工，政学路开工建设。累计发放新建住宅交付使用许可证 8 个，涉及高层住宅 39 幢建筑面积 40 万平方米；按照“高起点规划、高水平计划、高质量建设”的要求，完成九龙仓项目“四高”优秀小区创建。采取雨水收集系统、无极保温砂浆等措施，落实 19 万平方米保障性住房建筑节能降耗。批准新住宅全装修房 77 万平方米。

3. 依法行政努力开展。违法搭建处置。坚持“事前宣传到位、事中做好稳定、事后妥善收尾”的原则，处理新增违法案件 87 件、历史存量案件 7 件，自行改正 48 件、引导民事诉讼 8 件、冻结房屋交易 140 户。群租整治。与街镇联手开展专项检查执法 81 次，取缔“群租”133 户。业务受理。按照行政许可法及业务受理工作的要求，受理业务办 465 件，发出办结件 462 件（含结转件）。涉法涉诉。认真落实“六五”普法各项措施、要求，举办法制讲座 8 次，召开座谈会 27 次，开展法制宣传设摊咨询活动 4 次。行政应诉一、二审案件 61 件、行政复议 35 件。

4. 基础管理不断改进。督查督办按时完成。完成“书记百姓网上通”81 件，区长在线 250 件、“12345 热线”198 件、“纠风在线”投诉 15 件；处理区政府督查 100 件、媒体信息 63 件、专项督查件办结率 100%；政府信息依申请公开 112 件，主动公开 80 件；受理人大意见 31 件、政协提案办理 20 件，答复率、走访率 100%。档案管理规范有序。发挥房地产档案服务百姓、服务企业、服务社会的作用，接待档案查询 6.34 万人次、房产税房屋限购契税变更等查询 1.1 万余户，利用案卷 8248 卷；出具登记资料查询证明 7.53 万张；完成档案扫描 3.8 万卷。

（三）注重源头控制，加强日常管理，信访维稳和安全生产持续向好

1. 信访维稳总体受控。坚持夯实基础与创新机制并重、源头预防与解决突出问题并重，认真落实领导定期接待、现场办公等工作。突出矛盾化解。协调解决刑满释放人员拆迁安置问题 10 件，处理市信访办重信重访件 5 件，化解 4 件，终结 1 件。群体矛盾处理。妥善处理渭南路 350 弄、凤南一村等要求旧改、成套改造的群体性矛盾 9 起。日常信访办理。处理来信 2443 件，同比期减少 1.21%；处理来访 3706 批、6291 人，同比期增加 12%。

2. 小区安全运行和安全生产全面推进。积极落实小区运行安全。依靠街镇、消防等部门组织开展消防安全专项巡查，加强对住宅小区消防通道不畅、消防设施设备损坏等安全隐患的督查整改。高层消防检测整改 771 项，累计整改 1200 项。配合消防等部门对 67 幢 20 年以上房龄高层住宅增配消防设施，对 153 幢高层建筑楼层安装消防标识。配合落实小区专项检查。配合建委、民防等部门开展既有玻璃幕墙建筑整治 495 处；地下空间使用安全专项检查整治 421 处，全部落实整改。加强房屋修缮工地、拆迁拆房工地的安全检查和日常巡查，全年未发生责任性安全事故。

3. 防台防汛应对有序。会同街镇、相关单位检查易积水小区、地下车库的排险物资储备、设备运行情况；督促物业疏通小区地下管道，保证畅通；落实大桥、定海等私房集中地区危房普查与督修；加强房屋修缮工地、拆房拆迁工地的防台防汛安全检查，落实汛期日常巡查，确保安全度汛。

在推进各项工作中，有些工作还面临一些难题：一是在旧改征收工作中资金和房源

的缺口等瓶颈依然存在。二是在保障性住房建设地块中涉及立项、征收等前期工作仍需逐一突破。三是业主大会、业主委员会集中换届改选量大，与之相关的培训工作也亟需同步跟进。四是依法行政不规范等现象依然存在，行政执法人员能力和水平还需改进。

（九）浦东新区

浦东新区建设和交通委员会

2012年，在区委、区政府的正确领导下，区建交委紧紧围绕“保重点、惠民生、强管理、促提升，更好地服务于浦东新一轮发展”的工作主线和“稳中求进”的总基调，抓发展促转型、抓创新促突破、抓机遇促建设、抓作风促效率，攻坚克难，狠抓落实，加快推进各项建设工程，全面提升管理与服务水平，较好地完成全年各项工作任务。

一、重大工程和市政基础设施建设服务经济、服务全局、服务民生能力不断增强

根据年初确定的重大工程计划，2012年浦东新区重大工程共73项、年度计划投资128.8亿元。根据区发改委下发的调整计划，浦东新区重大工程项目调整为68项，年度计划投资126.2亿元。全年新区重大工程累计完成投资130亿元，占当年计划的103%。年初确定的区建交委财力项目计划为90.28亿元，根据区发改委下发的调整计划，区建交委财力项目计划调整为86.9亿元。全年区建交委财力项目完成固定资产投资89.32亿元，占投资计划的103%，超额完成年度投资计划。

（一）重大市政工程建设节点目标全面完成。26项大型居住社区外围市政配套项目有6项处于前期、17项开工、3项竣工。11项迪士尼配套道路工程有2项处于前期、7项开工、2项竣工。5项商飞市政配套道路工程有4项开工、1项竣工。罗山路快速化改建工程全线施工；中环线浦东段（东段）工程处于前期；东西通道工程陶安路—金桥路段已通车、洋泾港桥正施工。轨交11号线（北段二期）、12号线和16号线完成清盘。8项区区对接道路工程有1项处于前期、5项开工、2项通车。此外，本年度56项一般市政项目，20项已经竣工，15项正在施工，21项处于前期研究与征收动迁阶段。村庄改造工作效果显著，完成110条段道路和84座桥梁改造，受益农民41600余户。

（二）瓶颈难题逐步破解。针对重大工程推进中遇到的征收手续办理难点、违法种植绿化搬迁困难、资金紧张等不利因素，形成了分层协调机制、重大工程诚信档案制度、重大市政工程年度节点计划考核制度等一批措施并取得成效，完成华东路、周邓公路绿化搬迁应急处置和《新形势下完善市重大工程前期审批机制》课题中期评估。

（三）风险管理始终可控。加强重大工程社会稳定风险评估，顺利对22万伏航吉线等实施保护性施工，文化公园、美林小城和22万伏航吉线等矛盾问题得到及时化解，成山路、赵家沟航道、朱家门、22万伏亭大线和机场北通道等矛盾得到有效缓解。

（四）行业管理持续创新。创新迪士尼、商飞、大居配套等重大市政工程初步设计审批流程，采取并联审批方式，加快审批进度；研究解决了前滩、外高桥等区域性道路交通配套问题和施工中出现的技术难题；突破移交接管瓶颈，内环线南浦大桥、杨浦大桥浦东接线段、银城东路下立交等3项多年未能正式接管项目顺利移交。

二、建筑市场秩序和建筑业安全、质量、文明管理更加规范

（一）工程安全、质量和文明施工管理着力严抓严管。开展大型起重机械安全、建筑施工集中整治、保障房和公共建筑、汛期深基坑工程、在建幕墙工程、监理专项等22

项专项检查，实行工地自查、监督站巡查、各监督分站交叉查、监审处会建管处稽查，共出具各类整改通知单1403份、局部停工单80份、暂缓施工单196份，实施行政处罚112起、金额183.78万元（其中质量14起，金额19.8万元；安全65起，金额88.28万元；材料33起，金额75.7万元）。持续推进安全生产事故责任追究制、施工管理人员带班制和重大隐患挂牌督办制等“三项制度”建设，在部分工地试点推进“大型起重机械程序管理”和“建筑安全生产重大隐患挂牌督办管理”，完善施工单位危险性较大的分部分项工程管理流程。在部分工地试点实施信息化考勤。进一步严肃建筑施工安全事故处理。以推进文明示范区建设为抓手，完善施工现场文明施工设施标识规范管理。全年受理报建项目304个，受理报监4247次，办理竣工验收备案3142个单位工程。全年共发生建筑施工安全生产事故10起、死亡10人，安全生产事故控制在指标范围内。

（二）工程招投标、企业资质管理着力制度规范。加强评标专家及评审费用管理，试点实施电子回标分析运用，试点开展评标评估新办法，进一步规范招标代理合同、实施招标代理工程师挂牌制度，加强对注册建造师、项目总监、项目管理团队等“人”的管理，在48个重大市政项目的施工招标中实施“投标人承诺制度”。共实施行政处罚89件，罚款259.93万元。

（三）设计文件审查着力程序固化。研究制定“第三集装箱”设计文件审查环节配套实施细则，编制设计文件审查办事指南、业务操作手册以及配套流程控制表格。制定《浦东新区动迁安置房设计要求》。做好保障性住房、重点项目设计审查服务。全年完成100个设计文件审查项目。

（四）建筑节能计划和受理窗口管理措施着力落实。以分项计量和能耗监测平台建设为载体，完成节能改造项目10个、建筑面积44.85万平方米；落实新区范围内大型公共建筑能源审计18栋；推进机关办公建筑和大型公共建筑用能分项计量工作。全面推进建筑建材业窗口受理服务标准化建设，实施《浦东新区建筑建材业窗口受理服务人员管理办法》，窗口电子测评满意率达99.9%，第三方测评满意率达98.9%。

三、交通运输行业发展、市场秩序、应急保障工作同步深化

（一）促进慢行公交系统完善。公共自行车试点项目在张江镇、周浦镇和康桥镇启动，全年共计开通195个网点，投入3100辆公共自行车，发放12000多张租赁卡，日均周转率达到2.3次，为城郊结合部的居民解决“最后一公里”出行问题提供便捷的交通工具。新建25个出租车候车点。

（二）促进水陆运输安全。编写《上海市浦东新区内河通航安全管理办法》，实施新一轮老码头规范整治。曹家沟航道（金海路—申江路）应急疏浚工程通过竣工验收、完成土方清淤2.4万立方米。进一步完善与海事、公安、城管等联合巡航工作机制，开展内河港航安全工作“百日会战”、取缔“三无”船舶等专项行动，有效制止各类违法违章行为。开展以渣土运输车、混凝土搅拌车等大型货运车辆为重点的专项整治行动。进一步加强集装箱运输行业维稳，有效防范和处置突发情况。

（三）促进交通战备落实。完善《浦东新区反恐交通保障预案》等交通保障方案。建立一支722人、200台车的应急保障队伍，专业人员数和运力保障量等指标居全市前列。为南京军区某部装甲单位铁水转运提供交通保障。完成《城市防卫战斗中交通运输保障组织》等课题研究。

四、公共交通方便、快捷、文明服务水平持续提高

（一）公交规划研究不断深入。《浦东新区滨江特色交通研究》、《浦东新区公共

交通发展规划》完成；《浦东新区公交管理机制研究》基本完成；开展《浦东新区公交设施专项规划》、《浦东新区轨道交通配套公交线网优化研究》和《浦东新区接驳公交后评估》研究，完成轨交16号线公交配套方案。在去年完成公交成本规制实施细则基础上，在杨高公交和上南公交两家公司成功进行试点。

（二）公交配套设施加快推进。民乐大居配套公交枢纽完成施工招标；航头临时公交枢纽完成方案设计和上报；新场公交枢纽工程完成施工招标，做好开工准备；川沙基地配套公交枢纽完成工可批复、初步设计上报和设计勘查招标，做好施工招标准备。配合项目建设主体开展三林新村、六里生活园区、周东南路、三林基地、航头基地和周康航拓展基地等公交首末站建设。完成21处公交场站整新，建造候车亭200座（南北片各100座）。

（三）公交运营服务更加优化。开展浦东公交服务质量万人评活动，编发《2013年浦东新区公交地图册》2万余册，开通穿梭巴士线路18条，延辟调公交线路56条（新辟9条、调整42条、撤销5条），进一步缓解陆家嘴金融区、高东产业园区、临港地区、大型居住社区等居民出行问题，同时做好中心城区早晚高峰时段部分线路运营增能工作。

五、房地产市场和物业行政管理的服务能力、惠民能效和监管能级逐步加强

（一）物业管理稳步加强。一是重新制订《浦东新区实行老旧住房物业服务达标补贴的指导意见》，将新区所有早期动迁房小区纳入到补贴范围，涉及补贴面积3600万平方米、年度补贴资金近1.3亿元。二是完善应急服务网络。新建浦兴和塘桥2个应急维修特约服务站。三是实行物业管理区域负责制。划分设置四个片区，进一步提升区域物业管理行政管理与审批效率。

（二）修缮工作全面实施。实施早期动迁安置房专项整修计划，共完成110万平方米房屋综合整修。推进2011年度结转旧住房综合整新计划，完成140万平方米房屋综合整新（其中30万平方米列入新区实事项目）。推进高桥、川沙地区9处预保留优秀历史建筑修缮保护项目实施。

（三）房地产市场健康稳定。一是加强房地产市场监管和分析。全年市场化商品房成交面积292.06万平方米，同比增长28%；成交金额668.45亿元，同比增长25.7%；交易均价22887元，同比下降1.8%。全年各类二手房成交面积334.53万平方米，同比增长15.6%；成交金额534.85亿元，同比增长12.2%；交易均价15988元，同比下降2.9%。二是完善房地产登记核查方式。从书面核查扩大至电话核查、上门核实，进一步保障交易安全。三是加强房产测绘和成果应用。全年完成测绘2273万平方米。

六、征收动迁和旧区改造计划完成、地块清盘、政策接轨体现突破

全年共完成征收动迁9039户、地块清盘113块，完成旧区改造2020户，分别占年初计划的113%、128%和101%。共实施行政裁决92户、司法强迁53户。

（一）组织机构得到健全。推动健全浦东新区房屋征收（拆迁）联席会议，推动成立浦东新区旧区改造领导小组。健全征收工作机构，增挂建立"房屋征收管理处"、"浦东新区房屋征收中心"，整合设置4个征收事务所，建立委旧改指挥部及4个推进小组，有效加大动迁征收和旧改的组织力度。

（二）机制政策得到确立。按照"条块结合、以块为主"原则，推动建立区、委办局和街镇"三级协同、齐抓共管、合力推进"的责任体系。协调推动建立动迁清盘考核办法、绿化搬迁处置等机制，制定并落实《浦东新区关于鼓励郊区城镇棚户简屋改造的试行意见》等优惠政策，推动民意征询制在全

部旧改地块全面实行。

（三）突出问题得到加快解决。坚持多元化筹措资金、统筹房源、简化行政审批程序和环节，坚持加快审批、加快行政裁决和加快司法执行多措并举，有效破解了动迁征收和旧改实施过程中遇到的资金筹措、责任明确、司法执行、维稳等方面的突出问题。

七、保障性住房建设、配套、供应管理全面落实

（一）加快开工建设步伐。全年开工各类保障性住房505万平方米，超过年初计划（463万平方米）42万平方米。其中，市大型居住社区项目完成173万平方米，区征收安置房项目完成200万平方米，区公共租赁房项目完成40万平方米、临港公租房二期完成22万平方米、申江耀华地区公租房完成20万平方米，临港限价商品房项目完成50万平方米。

（二）超额完成竣工计划。区级征收安置房竣工247万平方米，超过全年计划目标（200万平方米）的23%。

（三）积极协调配套任务。90项大型居住社区范围内配套项目（年初计划开工项目100项，后经市推进办同意调整为90项）实现全部开工。

（四）继续有序做好供应工作。做好第三批共有产权房供应工作，已有1701户准入家庭进入选房、购房签约程序。新增廉租受益家庭782户，配租金额819.22万元，实物配租40户；筹措实物配租房源491套。制订限价商品房供应规则并经市房管部门认可，首批供应工作完成签约323户。

八、民防工作机制、体系、载体建设成效明显

（一）人防战备工作持续加强。《浦东新区人民防空袭预案》修订进展顺利，全区防空警报设施有线系统建设全面推进，完成新增6台防空警报设施选点安装任务，成功举行国防教育日警报试鸣及演练活动，圆满承办南京战区省会城市计划单列市人防办主任第九次联席会议，圆满完成“东方-2012”城市管制与人防指挥中心网上组织指挥演习，新区人防办荣获“全国人防信息化建设先进单位”称号。共批准建造各类结建民防工程71.4万平方米、竣工60.76万平方米，均超额完成年度目标（年初目标为结建50万平方米，竣工42万平方米）。征缴民防工程建设费4761.8万元。完成69个公用民防工程（总建筑面积4.5万多平方米）维修养护任务。《浦东新区人防工程建设专业规划》及《104工业用地产业区块人防工程专业规划》编制准备工作就绪。

（二）地下空间管理安全有序。建立完善与各职能部门、街镇间的联动机制、双向抄告机制及主要成员单位工作例会制度等。开展8次多层次全方位地下空间安全大检查，监督指导各街镇民防办对重点工程安全检查每月不少于2次、一般工程每季度不少于2次，地下空间全年安全无事故。

（三）社区民防和民防宣传教育取得成效。开展中学生民防知识竞赛和学校民防教育教学评比活动，编制发放《学校民防应急箱的使用与管理》教学光盘1000套。举办浦东新区第二届社区民防知识竞赛，开展社区民防艺术作品征集和街镇社区民众防护知识宣讲活动，举行“5.12”、“9.15”等主题日宣传活动，举办中学生民防运动会。

（四）防震减灾工作扎实推进。召开区防震减灾联席会议2012年工作会议，顺利推进防震减灾“三网一员”建设，持续开展水氡观测和6个动物宏观观察点动物地震前兆异常观察，举办“平安中国”防灾宣导系列公益活动、“7.28”唐山大地震纪念日防震减灾宣传活动和中学生防震减灾知识竞赛活动。

九、党的建设保证有力

（一）思想建设更加深入。深入学习贯彻党的十八大、市十次党代会和区三次党代

会精神。建立以“中心组（扩大）学习”、“建设论坛”为主体，“季度理论学习”、“干部在线学习城”、“网上专题学习班”、“公务员双休日讲座”、观看影视教育片等为补充的学习模式，不断提高领导干部的政治理论素养、夯实领导科学发展的思想基础。

（二）组织建设更加有力。一是加强干部工作。完成2名机关处长、4名调研员、3名副调研员和8名事业单位五级职员、3名六级职员的选拔任用；加强机关正副处级及事业单位班子成员上下交流和横向交流，完成委机关内部交流1人、机关交流到基层3人、事业单位与事业单位之间交流8人次；对各房屋管理办事处主任、副主任、临时负责人履职情况进行集中考察，对其中8名干部进行轮岗交流。二是实现“公推直选”全覆盖。以“公推直选”方式，选举产生委机关党委新一届领导班子，完成5个机关党支部和8个委属事业单位内设党支部换届选举。三是加强干部挂职锻炼。抽调一批干部到旧区改造、金桥通用项目征收（动迁）等重点工作中进行挂职锻炼，选拔5名同志担任机关处室处长助理进行挂职锻炼，调整重大市政等3个指挥部挂职人员，认真做好市党外代表人士浦东实践锻炼基地第二批挂职干部来区建交委挂职锻炼工作以及区直属企业优秀中青年人才来区建交委实践锻炼工作。四是加强工青妇建设。积极支持工青妇组织在中心工作中发挥更大作用，将城市建设劳动竞赛和重点实事工程立功竞赛活动有机结合，在全委职工中广泛开展创建活动。

（三）作风建设更加有效。一是加强对街镇和集团公司调研。共走访35个街镇和4家集团，收集到的373项问题已解决和正在解决312项（占总量的84%）。二是健全“走千个居村，听万户心声”走访机制。组织委系统63名副处级以上干部与祝桥镇居、村、委进行结对并定期走访。三是深化创先争优活动。坚持“三创三评”，共评选出3个“文明处室”优秀创建处室；1个“最佳学习型党支部”、5个学习型党支部优秀奖；8个一级党支部、20个二级党支部和21个三级党支部。四是加强政风行风建设。深化基层评议机关活动，通过第三方进行测评，结果更加客观、公正；在各窗口单位推行对外承诺，窗口服务的社会认可度和满意度不断提升。

（四）廉政建设更加突出。制订并印发《2012年建交委党风廉政建设和反腐败工作责任分工》，将区委、区政府责成区建交委牵头的重点工作和区建交委15项主要工作分解落实，并较好完成各项任务。开展廉政风险防控机制建设，积极参与做好权力事项的梳理工作。继去年开展违规收送礼金礼券购物卡专项治理工作后，重点确保“回头看”工作落到实处。开展廉政宣传教育月“四个一”活动。开展“讲党性、重品行、作表率”主题教育活动。加强内部审计，完成委属事业单位年度财务及其他收支情况审计16项、领导干部经济责任审计8项、委属托管企业法人代表离任审计1项，送审政府财力投资项目27项、送审金额40.44亿元，对审计暴露出的建设和管理中存在的不规范和薄弱环节组织整改、严肃财经纪律。

（五）制度建设更加全面。坚持以制度管人管事，以制度建设保障推动各项工作规范有序开展，全年完善了《建交委“三重一大”制度执行规定》，制订了以遏制违规收送礼金礼券购物卡行为为内容的“三坚持、三加强”制度，并梳理了《机关科级非领导职务晋升操作流程》、《事业单位工作人员公开招聘流程》等工作流程。

十、行政运行、依法行政、计划财务管理稳步加强

（一）行政运行促进效能提升。一是电子政务运用能力和行政效能全面提高。电子政务平台公文处理达到9259份，较去年公文处理总量增长24%。在全区率先开发研制完成基于SOA架构的移动办公平台。二是“两

会”办理任务圆满完成。共承办新区五届人大一次会议书面意见103件、新区政协五届一次会议提案34件。人大书面意见主合办件解决率达到58.3%，政协提案主合办件解决率达到61.1%，均高于全区平均水平，被评为“先进承办集体”。三是信息化系统的建设与应用成效明显。建设基于RFID技术的公交精细化管理试点项目，在9条公交线路上建设安装47座RFID基站项目，建成公交地理信息系统和服务呼叫中心。建成试用地下空间安全使用网格化管理信息系统（一期）。研制完成96916物业服务信息管理系统（二期），基本建成浦东新区住房保障管理信息系统，推进行政审批协同管理系统应用。四是督查督办突出重点。全年开展督查涉及事项124件，办结率达到100%。五是科技科研科教工作扎实实施。科技委办公室全年完成评审项目590项。《大直径类刚性水泥土桩技术应用研究》等6项课题完成立项论证或成果验收。举办了以城市安全为主题的城建科技节活动。六是档案管理条件加快改善。建成全区委办局中设施最完善的专业档案库房。七是委系统总体协同得到加强。协会“三自”作用发挥良好。

（二）计划财务保障建设发展。一是聚焦计划落实。积极推进项目前期准备工作，23项新开工项目工可均已批复（除申江南路外）；上报及转批文各类项目227项；完成市政基础设施项目新增建设用地预审82.3公顷，办理农转用土地指标62.6公顷；加强月度用款申请的审核力度，累计核减资金2.93亿元，核减率为16%。加强统计分析和统计结果应用，采用按代建单位与按新开、结转分类相结合的统计分析方法，及时准确地反映委财力投资项目的进展情况。二是聚焦资金筹措。落实建设资金86.51亿元，保障市政基础设施项目正常推进；落实“十一五”市级干线公路补贴资金2.32亿元；完成住宅配套费资金、公交专项资金、村庄改造项目资金等大额度专项资金共9.6亿元。三是聚焦操作规范。完成2011年度委系统财务收支决算工作，涉及决算资金20亿元。完成委系统2012年度预算指标的公开工作，并开展了2013年“三公”经费预算公开数据的汇总、统计、审核和整理工作。完成国库单一账户前期准备工作和资产清理。加强“政府采购管理”等多项专题培训，规范委系统财务收支行为，提高财务管理水平。

（三）信访法制维护和谐稳定。一是全力以赴做好十八大维稳工作。较好完成新区提出的“六个坚决”的总体目标以及委党组提出的维稳工作要求。二是集中力量抓好信访矛盾化解。建立信访维稳例会制度。定期通报信访矛盾工作推进情况，加大对久拖不决、社会影响较大、涉及群众面广的突出疑难信访矛盾和历史遗留问题的推进力度。强化矛盾纠纷排查工作力度，组织开展3次重要时间节点排查。全年共梳理排查出突出信访矛盾49件，化解7件、终结3件，缓解率达到100%，未化解的也已明确下一步工作措施。三是稳步推进依法行政工作。创建成为上海市依法行政示范单位。行政案件败诉率继续保持全区部门中最低（行政诉讼63件，败诉1件、行政复议40件，无被撤销案件）。全年共主动公开政府信息4664件，受理依申请公开政府信息1194件，同比上升18%，按时答复率100%。初步建立行政执法案卷评查机制，本市第五批取消和调整行政审批事项工作以及基本建设工程并联审批、管委会产业项目行政审批流程优化方案全面落实。

2012年，在区委、区政府的正确领导下，在区人大、区政协的关心指导下，在全系统广大干部职工的顽强拼搏下，区建交委克服时间紧、任务重、要求高等困难，较好完成了全年各项工作任务，交出了一份满意的答卷。在看到成绩的同时，我们也清醒地认识到前进中面临的困难和问题，主要是：交通运输秩序整治与城管综合执法权相对集中规定的矛盾较为突出；对突击抢种绿化等瓶颈问题中出现的相关执法主体缺位等情况，与相关职能部门的协调还不够，向区人大、区政府的呼吁还不够，尚未形成执法主体依法行政、各有关部门合力推进的操作规范。对这些问题，我们必须高度重视，认真加以解决。

浦东新区环境保护和市容卫生管理局

今年以来，区环卫局以邓小平理论和“三个代表”重要思想为指导，深入贯彻落实科学发展观，按照中央“稳中求进”的工作总基调和市委、市政府建设“资源节约型、环境友好型社会”、区委、区政府建设“生态文明”、打造“生态之城、宜居之城”的总体要求，求真务实，攻坚克难，圆满完成了全年的各项计划任务。

一、以创模复核为目标，大力加强环境保护工作

（一）顺利完成创模复核检查

健全了创模复核领导小组和工作机构，逐一对照26项指标，全面查找差距，抓紧整改提升，开展了资料收集、台帐规范，专项治理等各项迎检工作；环境整体质量不断提高，全年空气优良率创历史最佳，达到96.7%，同比上升2.3%，城镇污水集中处理率达到89.79%，地表水质量也稳步提升，顺利完成了国家环保部的现场复核检查，已进入督查后整改阶段；还同步开展了国家环境优美乡镇的更名及市生态镇、生态村等创建工作。

（二）滚动实施三年行动计划

按照滚动实施的原则，聚焦重点领域和关键环节，全面启动第五轮环保三年行动计划；召开了全区推进大会，签订了目标责任书；共安排具体项目108个（其中工程性项目37个，管理性项目71个；市下达项目54个，新区自行安排项目54个），总投资180多亿元，目前已启动103个，启动率达95.4%，其中7个已率先完成。

（三）切实强化环境监管执法

对国控、市控重点企业、重金属企业、危险废物企业、水源地保护区企业、有毒化学品企业、辐射源企业等开展专项执法检查，共出动执法人员1.4万人次，检查企业5866户次；开征排污费3332户次，金额达775万元，还对104家企业行政处罚435万元，均列全市第一；完成了十二五期间各镇、开发区减排指标的分解下达；推进总量控制和污染源减排；还加强了九段沙湿地的保护执法等。

二、以创卫复查为重点，不断巩固城管工作成果

（一）圆满完成创卫市容保障

整合网格巡查，环境热线、质检等发现平台成立巡查组，加强督办和整改，共检查发现各类市容环境问题99661个，及时整改率达95.61%；网格化平台共受理各类案件13万多起，办结率达97%；修订完善了《浦东新区市容环境综合管理绩效考评办法》，优化考评监督和联席会议制度，继续开展责任区管理达标创建和示范街镇、示范路段等创评工作，共有21条道路被评为示范路段等，较好的完成了迎检市容保障工作。

（二）持续加强城管综合执法

推动“城管进社区”，走访联系村居委2.6万多次，形成基层管理、专业执法、群众参与、齐抓共管的新格局；共出动38万人次开展了11次“春风”系列专项执法行动，查处各类市容违规（章）行为20万多件、水务案件920件、擅自处置渣土案件272件、非法客运案件257件等，确保城管秩序稳定可控；与公安部门联合成立综合执法队，整顿小陆家嘴旅游环境秩序；共拆除违法建筑近120万平方米，其中存量违法建筑70万多平方米，超额完成了市下达的目标任务；还围绕重大项目、重要活动和重点时段，开展了40多次

执法服务保障活动。

（三）全面提升城市管理水平

加强绿化、环卫、市政、公用等各行业的管理养护，道路保洁、公厕管理等多项工作名列全市前茅，新区市容环境市民满意度测评上升至全市第五；加快“数字公路”进程，道路智能化管理水平不断提升；开展了绿地结构调整与景观提升、花卉主题景点等64个绿化专项建设；对世纪大道、滨江沿线、浦东南路等实施了景观灯光增亮和美化工程；在全市率先完成渣土专营的招投标工作；金桥城管署还率先完成了博兴路、明月路、银山路等市级“林荫道”创建等，新区市容市貌不断美化和优化。

三、以服务经济为动力，加快执行重大基建项目

（一）加快建设市区重大项目

不断完善和优化基建项目管理机制，发挥基建中心专业化管理优势，加强重大项目的前期协调、服务和推进力度，特别是对商飞基地护场河整治、迪斯尼围场河建设、迪斯尼中心湖泊建设、环城绿带开天窗补绿、滨江森林公园二期和南汇生态专项等6项市、区重大基建项目，积极破解资金、规划、动迁房源、审批程序、施工时序等困难和瓶颈，各项工程平稳推进，年度计划执行率达93.4%，其中迪斯尼西北围场河已完工，中心湖泊完成90%；商飞西引河和规划二河也已完工。

（二）有序实施市区环保项目

共承担市、区第五轮环保三年行动计划的基建项目33项（含市区重大项目5项），涉及林业、绿化、环卫、水利、供排水、环保等各条线，2012年已启动29项，其中18项已经进场施工，5项已率先完工，分别是海滨污水处理厂污泥处理、南奉界河整治、唐黄路（S1–周邓公路）污水管道建设、航城路（S2–南六公路）污水管道建设和惠南新城绿地建设工程。

（三）全面推进环境生态项目

全年98个环境生态工程建设项目进展顺利，水利方面的高南河水系建设完成80%，赵家沟航道整治前期、曹家沟河道整治和咸塘港河道整治御桥路北侧段已基本完成，大团镇二灶港、石皮泐港、大治河、川杨河、泐马河等应急抢修项目已完成；供排水方面的三林镇一期、张江镇三期和洋泾街道三期雨、污分流工程年内如期竣工；绿化方面的三林保障基地公共绿地、三林高青路绿化工程、曙光绿地工程以及林业方面的公益林建设等也有序推进。

四、以节水创建为契机，全面推进两型社会建设

（一）成功创建节水示范城区

于3月份通过了国家水利部组织的验收，成为上海首个节水型社会示范区，并被称为经济发达地区的节水样板，各主要节水指标领先全市30%以上；随着东海农场水厂于10月关闭，除4家镇级水厂由威立雅公司托管外，新区供水集约化工作全部完成；临港地区管网改造正配合轨道交通16号线同步实施；川沙、航头、惠南水厂相继完成青草沙水源地切换，新区居民告别了饮用内河水和深井水的历史。

（二）深入推进生活垃圾减量

继续开展生活垃圾大分流、小分类源头减量，新辟了165个分类小区，超额完成市下达的150个小区的计划任务；原生生活垃圾日均处置量为4440吨，在人口增长2.26%的情况下实现总量“零增长”，人均处置量同比下降2.7%；开展各类大分流专项，日均分流集贸垃圾、厨余垃圾、装修垃圾、有害垃圾、电子废弃物、玻璃等各类垃圾572吨，同比增加149%；开通的全国首个既有网下实体交易市场、又有网上交易信息服务的再生资源公共服务平台被命名为上海市高新技术企业。

（三）积极探索餐厨垃圾管理

加强与食药监、质监、工商等部门的沟通，共享“餐饮服务许可证”、“食品生产许可证”、“食品流通许可证”持证单位基础信息，督促企业办理申报工作；共签订企事业单位生活垃圾合同5220份，收费金额9900多万，超额完成全年任务，名列全市第一，其中餐厨垃圾合同2030份，签订废弃食用油脂合同1870份；同时加大社会宣传和联合执法力度，加强收运处全过程管理；目前餐厨垃圾收运量已达到98吨/天，废弃食用油脂收集量从年初的8吨/天上升到13吨/天。

五、以民生需求为导向，切实优化公共服务职能

（一）扎实开展实事项目建设

全面完成11座农桥改造、5个镇低压水网改造、14个镇河道整治和农村8000户污水治理等新区下达的实事项目；还开展了17个镇的排灌应急维修工程、9个镇的高标准农田水利建设、33小区的低电压改造、周祝公路等道路的路灯增装、道路桥梁的安全检测及大中修、休闲绿地建设、公园大中修、二次供水改造等民心工程和实事工程建设。

（二）全力确保城市运行安全

加强公用事业的协调督促，确保水电气等公用事业的安全平稳运行，共整治消防栓2726处，处理燃气事故168起，新区路灯亮灯率达到99.65%；加强掘路管理，保障管线施工安全；按照“两个确保、六个减少”的目标，加强海塘、水闸、河道、水文、排水等各项防汛防台工作，成功经受住了“苏拉”、“达维”、“海葵”、“布拉万”等4个台风外围影响、3次大暴雨、11次暴雨、8次天文大潮汛等侵袭的严峻考验，获得上海市防汛先进集体称号。

（三）及时妥处环境应急事故

建立健全了分类管理、分级负责的应急处置制度，修订完善了各类工作预案，力争做到发现得早、化解得了、控制得住、处置得好，努力形成统一指挥、反应迅速、功能齐全、协调有序、运转高效的管理机制。及时妥善处理了50多起环境突发事件，在芦潮港货轮撞击后导致燃油污染、银城中路自来水管爆裂、唐镇齐友路剧毒化学品泄漏等事件中，新区领导均第一时间亲临现场坐镇指挥，环保、安监、消防、公安等部门协同作战，高效处置。还较好完成了康桥血铅事故的后续处理工作等。

六、以党的建设为保障，有效提升队伍综合素质

（一）不断加强思想政治建设

推进学习型党组织建设，组织了12次中心组学习，落实支部书记双月例会等制度，开展政治思想研究，各级领导班子及时传达学习中央、市委、区委重要会议精神；安排“书记上党课活动”27次，深入开展创先争优活动，注重党员思想政治素养的提升，加强党员职工的全局意识、奉献意识，充分发挥党员的先锋模范作用和带头作用；有序推进直属基层党组织公推直选和基层党组织分类定级、晋位升级等工作。

（二）有效提升队伍整体能力

加强领导班子建设，进一步完善领导干部交流和领导班子调整工作，共选拔、交流干部78名，其中机关处室主要负责人6名；开展了全方位、多层次的干部培训；完成了城管执法支队“三定”工作；完成了绩效工资改革前期准备工作；认真落实党风廉政建设责任制，深化警示教育成果，进一步建立健全了教育、制度、监督并重的惩治和预防体系；还开展了丰富多彩的工、青、妇活动，全局干部职工队伍的凝聚力、向心力、战斗力不断增强。

（三）着力深化作风养成教育

强化政风行风作风建设，开展相关事项整改，不断提升公共服务水平；对83个服务窗口开展了“软件+硬件”的全方位第三方测评；继续开展“走千听万”、“零距离办

公”、“定期走访街镇”等活动，环境热线、网格化平台等公共服务机构全年无休，共受、处理各类信访20多万件，其中夏令热线共受理各类诉求6474起，同比上升12.05%，按时办结率达97.53%；完成两会办理件193件，名列新区第一，被评为办理工作先进集体。

此外，精神文明、老干部、宣传、法制、计财、科研、安全维稳、公车改革、信息化、水利发展改革、固定资产和设施量普查等基础工作也成效显著，为各项业务工作的顺利开展奠定了坚实基础。

当然，我们的工作还难免存在一些问题，亟待解决：

一是城市管理中的一些难点顽症问题有待进一步破解，特别是拆除违章建筑、拆除高炮广告、渣土规范监管等工作任重而道远。

二是环境保护中涉及群众利益的环境问题还时有发生。

三是机关作风和审批窗口的服务质量还有待进一步提升。

（十）闵行区

闵行区建设和交通委员会

闵行区建交委紧紧围绕区委、区政府“十二五”规划既定目标，以“理顺关系、提神凝气”为基调，以“抓重点、抓民生、抓安全、抓管理”为主线，更加聚焦城市形象提升、聚焦民生改善、聚焦大众媒体关注，积极寻求工作的创新性、主动性、实效性，在城市建设和管理工作中努力创造生态、宜居、智慧闵行的新高度、新速度、新亮点。现就区建交委全年工作总结如下：

一、主要工作

（一）重大工程

总体来说，区建交委承担的重大工程项目任务重、时间紧、投资压力大，目前进展平稳。2012年，重大工程总投资23.2亿元，其中市工程补贴6.7亿元，区工程投资16.5亿元。

1. 区区通道路建设。14条区区通道路建设任务完成了8条，待开工6个项目中除金丰路项目调整外，其余道路今年年底都将全面开工，计划2013年6月30日前全线开通。

2. 大居外围配套建设。闵行区大居外围配套项目主要是12条道路、3个公交枢纽、2个排水项目。目前共完成5项大居外围配套项目的考核任务（包括4条市政道路和1个芦恒公交枢纽），2个排水项目进展顺利，其余道路争取11月底之前完成工可。按照“同步规划、同步设计、同步实施、同步交付”的原则，在2013年前全面完成。

3. 市属重大工程推进。嘉闵高架南北延伸、虹梅路越江、铁路金山支线、沪闵高架WS匝道、轨交8号线和5号线南延伸、国家会展及重点园区建设按照时间结点稳步推进。

（二）建设领域

截止11月底，闵行区在建项目将近443个，总建筑面积约1619.6万平方米。闵行区报建工程共473个，超过2011年全年报建数336个，较去年增长40.8%。区建交委严格、认真执行《上海市人民政府印发关于进一步规范本市建筑市场加强建设工程质量安全管理的若干意见的通知》中的22条精神，建设领域规范性工作受到了俞正声书记和国家住建部的充分肯定。

1. 创新保障性住房建设工作机制。探索创新做法，完善配套管理制度，推出八大举措：一是实施分户验收第三方抽检制度；二是建设工程平行检验和监督检测；三是严格执行分包合同备案制度；四是工程安全质量问题通报讲评制度；五是实行建设工地人员刷卡进工地制度；六是全面实施监理监督报告制度；七是行使建筑市场稽查职能；八是实行派驻检察官检察保障房建设管理工作。

2. 健全建设市场诚信体系建设。积极组织完成区属企业诚信自检，实际参与自检的企业有 317 家，未自检企业有 33 家。同时，组织开展对 2009 年 8 月 1 日至 2010 年 6 月 30 日期间取得建筑业企业资质新办企业的资质核查。

3. 推进建筑节能及新型墙材推广。太阳能热水系统应用项目 12 个、其中 3 个项目已开始实施，地源热泵系统应用项目 3 个、其中 1 个项目已开始实施，完成建筑节能措施核定项目 43 个，总建筑面积 106 万平方米。

（三）交通领域

坚持公交优先的战略，积极倡导绿色交通，努力优化出行质量。

1. 区政府实事项目。一是新建候车亭 200 座，新辟公交线路 3 条（计划数 2 条）、调整 8 条（计划数 5 条），超额完成计划目标任务；二是完善公交线网密度从 2005 年底的 0.92 公里 / 平方公里，提高到目前 1.56 公里 / 平方公里，新增、填补空白道路公交线路长度为 238 公里；三是完善公共交通出行方式，重点推进公交智能信息系统建设，启动磁钉公交捷运系统研究。

2. 公共自行车项目。闵行区在全市属于率先地区，市政府正向全市推广闵行公共自行车项目模式。从 2009 年开始，公共自行车项目总投入 2 万辆，574 个网点，每年投入经费 2500 万左右。经过三年的运行，受到了市民的高度肯定。

3. 重点组织开展对辖区内公交、出租、长途客运、危险品运输、停车场库等的安全检查工作。

4. 加强非法营运整治，通过联席会议制度，对重点区域、重点时段和“黑车”积聚点进行专项整治。

5. 闵客运公司在全国、全区是唯一率先采取民营企业托管国企模式运行的企业。经过三年运行，各项考核指标在全市名列前茅。

（四）市政领域

继续以优化城市环境为目标，强化市政公路设施的日常养管，不断改善路况路貌。

1. 区政府实事项目和重点工程类项目。一是完成建设 200 户残疾人家庭社区无障碍设施；二是改造 8 座农村危桥；三是消防水源治理工作，完成了 27 条道路的消防供水网敷设及消火栓的安装调查工作。

2. 道路大中修项目。2012 年大中修项目共 10 项，其中 5 项正进入招标程序，其余 5 项正在办理资金确认手续。

3. 市政设施护栏、红白杆等隔离设施和人行道积水点整治工作。目前已完成积水点整治面积 11629 平方米，护栏隔离设施调查共完成 117.395 公里（署管设施 92.205 公里，非署管 25.19 公里），红白杆、隔离墩 22664 个（署管设施 17954 个，非署管 4716 个）。加强市政公路日常维护：共翻挖沥青砼 3.25 万平方米，整修人行道 1.7 万平方米，翻排道路侧平石 3100 米。

4. 做好防台防汛工作。加强对城市道路、公路和桥梁的安全运行检查，对泵站进行了检测和维护，举行市政道路抢险和排水防台防汛应急抢险演练，确保了防台防汛期间的城市安全运行。

（五）规划审批

提前谋划重点领域的规划研究，尽力缩短审批周期。

1. 规划工作。完成新虹桥国际医学中心综合交通规划前期研究和规划委托、轨道交通 10 号线吴中路项目交评评审、牵头组织区静态交通规划前期筹备工作、牵头推进“一园一区”配套交通体系研究等工作。

2. 审批工作。完成依申请初步设计审批 39 件、设计文件审查备案 23 件、施工图审图密钥发放 10 件、审图公司抽取完成 29 件、审图合同备案完成 22 件、施工图审图备案 11 件、设计文件抗震审查 40 个。

（六）综合管理

1. 注重干部考核选拔。一是进一步完善

2012年考核方案，加大考核结果的应用，并把考核结果作为干部选拔、交流和任用的主要依据。2012年，共选拔任用领导干部24人，其中副处级3人、正科级6人、副科级15人。干部跨部门、跨单位轮岗、交流等49名；二是动员和鼓励后备干部积极参加区委组织部副处级干部公开选拔工作，全委有6名同志参加了公选，3名同志入围面试，1名同志得到任用；三是加强基层党支部领导班子建设。结合建设口事业单位合并升级工作撤销了区建设工程质量监督站等3个党支部，组建了区建筑建材业管理署党总支。配齐配强了基层党支部（总支）领导班子，共选配党（总）支部委员27人。

2. 狠抓党风廉政建设。一是以案为鉴，加强廉政教育。深刻吸取航务所案件教训，全面强化廉政教育，要求各部门、各单位进一步完善、细化财务规范管理等一系列工作制度；二是以人为本，加强作风建设。针对2012年，委系统干部调整多、涉及范围广的特点，分别开展了两次集体廉政谈话，要求新提任干部做到“三个珍惜、三个敬畏、三个尽职”；三是以严为先，加强制度执行。2012年，委党委层面开展“三重一大”决策监督11次、委属基层单位开展决策监督31次；四是以实为效，加强监督检查。通过开展财务监督、效能督查和风险防控举措，从源头防止廉政案件的发生。

3. 财政监督进一步加强。一是加强预算管理和执行；二是协助委内审室做好委属单位法人离任审计；三是对全委资产进行核实、处置和评估；四是配合纪委完成“三重一大”项目资金日常监督工作。

4. 依法行政和信访投诉。一是梳理全委238名执法人员信息，完善规范性文件制作，提高执法案卷质量；二是强化办结大联动红灯案件（无证汽修）；三是启动“12345”市民服务热线准备工作；四是项目化推进维稳和不稳定因素排摸。

5. 创新办公室工作思路。一是重新梳理办公室各项工作职能，细化分解目标责任，最大限度地提高工作效率与质量；二是加强机关办公规范化、统一化管理。对办文、收文规定流程等进行微调，对办公环境进行优化。三是加强各类公务接待、会务筹备水平，注意接待细节，确保不出现任何纰漏，提升办公室综合协调和服务水平。

6. 工青妇工作有声有色。一是以“党工共建”为平台，以“建交沙龙”为载体，组织职工关心、社会关注的议题讨论活动，举办闵行区建交委首届职工运动会，12支文化团队活动踊跃，《建交文化信息》获得职工群众、委领导、区总工会的好评；二是开展职工技能竞赛、深化职工和农民工维权服务以及帮困送温暖活动；三是积极参与“青春足迹·魅力闵行”系列活动，“共青团号”、青年工程和青年突击队创建、青年岗位建功活动继续深入开展。委受理服务中心被市建交委评为2011–2012年度市建交系统青年文明号；四是妇女工作取得显著成果。举办了“女性应当回归家庭吗？”、“职工职场礼仪”等女性系列讲座，取得了良好效果。

二、获得的荣誉和社会影响

2012年，区建交委各项工作全面推进，取得了经济效益和社会效益的双丰收，得到了国家建设部、上海市和区委、区政府领导的肯定。

（一）相关荣誉。一是在各类竞赛活动中，获得市级集体荣誉3项、个人荣誉11人次；获得区级集体荣誉2项、个人荣誉2人次。二是区建设工程安全质量监督站和区节能办公室分别获得全国建筑行业监管先进单位。三是闵客运公司获得市公交行业乘客满意度指数年度排名第一、市一星级诚信创建企业、上海市交港企业质量信誉考核等级AA级等荣誉称号。

（二）领导肯定。一是整顿规范建筑市场工作，分别获得中共中央政治局委员、市委书记和住房城乡建设部检查组的肯定。二是贯彻落实市政府1号文件22条（合同分包备案制度、监理报告制度、稽查制度、诚信制度）获得俞正声书记的肯定。

（三）媒体报道。一是5月16日，《新民晚报》报道了《两大隧道进入关键节点》的文章，涉及闵行区的为虹梅南路越江隧道；9月29日，《东广新闻》报道了《铁路金山支线开通》的专栏文章；10月5日，上海电视台新闻透视栏目报道闵行区公共自行车项目。二是7月3日，《解放日报》报道了《闵行区完成8项区区通道路》的专题材料；9月13日，《文汇报》报道《适当引入市场化运作机制，建立一套科学的管理制约体系，公交956路脱胎换骨——一条公交线，折射"公益回归"》。

三、存在的困难

（一）建设流程规范与效率的矛盾

1. 保障性住宅大量集中开发建设，促开工、促竣工的建设任务量较大、增长速度较快，而前期手续办理相对滞后，迫使许多开发商在未申领施工许可证的情况下擅自开工，是否参与监管与确保安全质量方面存在着矛盾和冲突，同时目前的监管力量无法满足。

2. 建设工程报建管理办法等新规定出台后，在实际操作中遇到许多需要与其他职能部门相协调的事项。区有关职能部门希望能简化审批手续，但按照行政审批的要求及流程却面临较大压力。同时，在监理收费、平行检测、合理工期等执行力度方面还有待进一步加强。

3. 每年市下达各区县建筑节能任务的时间比较晚，所以缺乏具体的依据，在开展工作中受到很多制约，工作推进的计划和安排很难精确制订。

4. 整治非法营运缺乏法律支撑。现有整治非法营运工作因缺乏法律支撑，实际整治效果不理想。

（二）资金缺口与民生需求的矛盾

1. 重大项目在闵行区相对密集，带来建设资金的难以平衡，势必对项目的推进带来不利。如区区通和大居项目仍有大量动迁，小涞港投资主体还未确定，嘉闵高架、虹梅南路高架等项目前期费用巨大以及带征带拆等问题，都将牵制着工程的顺利实施。

2. 市政公路设施量日益增长，每年不足的养护经费投入只能从"保证重点、养好一般"走向"确保重点、兼顾一般"，一定程度上影响了区管城市道路和公路日常养护工作。

（三）民众呼声与政府立项的矛盾

闵行江南区域出租车油改气试点工作得到了驾驶员的普遍欢迎，但630辆区域性出租车只有一个加气站，驾驶员要求增建加气站的呼声十分强烈。经过一年的多方协调，至今仍未取得实质性进展。

（四）重大工程建设推进中的矛盾

1. 区区通和大居配套剩余项目的推进存在着多方面的难点，尤其是动迁后续程序办理与资金安排等相互制约，成为项目推进的瓶颈。

2. 市属重大项目方案优化的调整亟需尽快落地。如红线调整、匝道设置、地面道路的桥梁改建等，将直接影响工程的投资和实施的难度。

3. 国家会展配套项目需明确建设主体问题，包括北青快速路、诸光路地下道路、停车场、小涞港扩容改造等。

4. 金山支线、轨交12号线等项目的维稳矛盾突出，需要及时破解。

四、存在的不足

1. 业务能力还需不断提高。全委各业务条线工作面广量大，在实际工作中经常会碰到许多急难问题，需要大家不断自觉学业务、学理论，提升业务技能和处置急难问题的能力。

2. 作风意识还需不断加强。全委干部职

工要强化工作作风意识，自觉遵守和维护相关规章制度。各级领导干部要率先垂范，带领好自己的团队积极作为。

3. 服务理念还需不断深化。要切实树立为社会、为基层、为群众服务的意识，不惧困难和挑战，努力打造全委服务型政府的模式。

五、对策措施

（一）狠抓重点项目落实

建立了闵行区重大项目推进机制，加强了跨区项目的合作交流和沟通。突出重点：一是持续推进区区通道路和大居外配套建设；全力推进市属重大项目建设，确保列入市、区两级政府重大项目推进机制的工程，年内按节点要求完成。二是加快推进本区部分道路大中修项目。三是推进建筑节能及新型墙材推广。

（二）加强安全质量监管

一是制定了《强化管养工作职责，提高区管市政公路设施巡查及处置能力的实施意见》，落实道路巡查“定人、定时、定点”的“三定”全覆盖巡查机制；加强农村危桥和消防水源治理；完善防汛防台相关预案。二是运用制度、科技、督查等方式，完善大居保障房建设分户验收第三方抽检、建设工程平行检验和监督检测、永久性责任铭牌、工程安全质量问题讲评通报、建设人员刷卡进工地、监理监督报告、派驻检察官参与保障房建设管理工作，以此不断提高建设行业质量和安全水平。三是发挥整治非法客运联席会议作用，坚持“疏堵结合、以疏为主”的整治原则，对重点区域实行零容忍式管理；强化港航安全监督和海事安全监管。

（三）加快民生工程建设

将民生工作列入区政府实事项目和重点工作，确保全面落实。一是优化交通出行方式，开展磁钉公交项目可行性研究，以及新能源和节能公交试点，新辟2条、优化调整5条公交线路，出台公共自行车服务新政，编制区机动车停车场库规划，建设200座候车亭，推进公共交通枢纽设施建设。二是推进智能公交系统建设。三是实施无障碍设施进农村、进社区、进家庭250户。

（四）提高行政效能水平

一是加强行政审批标准化建设。优化审批方式，加快推进政务公开和行政审批网上公开工作，建立重大项目前期规划，特定项目专项审批机制。二是加强财政预算执行率建设。落实预算责任，实行月报制度，完善绩效预算管理。

闵行区绿化和市容管理局

2012年区绿化市容局在区委、区政府的坚强领导下，在区人大、区政协的监督指导下，在市绿化市容局的关心帮助下，在相关职能部门和各镇、街道、莘庄工业区的支持配合下，在行业广大干部职工的共同努力下，按照“全面调结构、深度城市化”的发展主线，认真践行科学发展观，坚持创新驱动、转型发展，以“一线去、马上办、守纪律、讲互助、争上游”的行业精神，有力、有序、有效地推进绿化、林业、市容、环卫和城管执法工作，各项工作任务均按年初计划完成。

2012年，我们紧扣时间节点，认真推进各项工作落地，年初8个方面41个子项的工作目前均已完成。2012年绿化、市容、城管执法综合满意度为86.98分，列全区参加测评的21个部门政风行风第一。江川环卫综合服务有限公司顾杏麟同志获得全国优秀环卫工人称号。浦江镇革新村获得国家林业系统“全国生态文化村”称号。区体育公园在全市146个公园满意度测评中获第一名，在上海市公园行业社会工作满意度测评中获得第二名。参加市局组织的“五一”、“十一”花境、花坛竞赛活动中，体育公园花境获一等奖，莘庄公园花境获二等奖，黎安公园花坛获三等奖，总成绩位列全市第一。在上半年全市17个区县“公厕行业社会公众满意度测评”中位列第五。全区13个镇、街道、莘庄工业区均通过了市级责任区管理达标工作。城管大队选送的音舞快板《走向辉煌》和队列歌舞《咱当兵的人》在市局文艺汇演中获得二等奖。参加上海市城管执法系统法律知识竞赛并获得第二名。总体而言，今年区绿化市容局各条线工作获得了国家、市和区各项奖项。闵行区生态环境质量持续改善，市容市貌整洁有序，城市长效管理不断提升，行业发展基础更加扎实。

（一）以创新为引领，不断增强攻坚克难的实践能力

1. 解决老问题。摸清基层一线职工的诉求，打破政策壁垒，理清历史欠账，积极与市、区相关部门和街镇协调，解决了事转企人员的一次性养老金补贴的历史遗留问题，使环卫事转企人员与同行业事业单位人员共享改革成果。同时，积极按照市局关于提高环卫职工收入的25号文件精神，党政领导牵头召开多次专题座谈会，制订出台了闵行区关于环卫职工收入增长机制的文件，调整并落实了环卫作业定额，保障了环卫作业经费到位和一线职工的收入正常增长。

2. 培育新风气。今年以来，闵行们认真总结以往绿化市容行业专业分数高，群众测评分数低的老问题，提出“横向比排位不下降，纵向比分数有提高”的政风行风三年工作计划。一年来，我们牢固树立“三个贴近”和“三个主动”的服务理念，坚持全员参与、全力以赴，努力以“提高管理实效、提升队伍素质”为主线，坚持通过“抓筹划、抓制度、抓动员、抓窗口、抓宣传、抓队伍”“六个抓”的具体举措，扎实稳步地推进政风行风建设。2012年度政风行风测评中，区绿化市容局绿化、市容、城管行业综合满意度为86.98分，较上一年度提高4.79分，在全区参加测评的21个部门中位列第一。

3. 推进新机制。2010年，区城管大队共有282名队员通过了参公考试，但是由于编制体制等客观原因，参公工作一时得不到解决，给队伍建设带来不稳定因素，为此我们成立了由大队领导和科室负责人参与的推进和保障组，分工到人，责任明晰，经过了两个月的苦战，在区编办、区财政局和区人保局的大力支持下，于2012年上半年，顺利完成了282名城管执法人员“参公”落地和后续经费清算工作，确保了政策的延续和队伍的思想稳定。

4. 治理老顽症。针对百姓反映强烈的环卫车辆“跑、冒、滴、漏”的现象，我们将此问题作为局政风行风建设的重点，下大力气开展专项整治。一是强化组织领导，局成立行政主要领导任组长的专项整治领导小组，下设专项整治工作办公室，制定了《闵行区绿化和市容管理局关于开展环卫作业车辆专项整治活动方案》。二是开展全面整治，从6月起，开展为期半年的专项整治活动。仅三季度就利用自查和抽查相结合的方法，检查环卫车辆14100车次，整治违规979车次，车辆违规率同比大幅下降。三是更新及新增作业车辆30辆，更换或局部更换车厢体13辆，更换密封条126条。目前，环卫车辆的车容车貌及装卸能力都有较大幅度的改善，得到了区领导、市环卫协会和小区居民的认可。

（二）以项目为抓手，不断增强重点工程的建设能力

1. 坚决完成区政府实事项目。2012年，区政府为了满足市民不断增长的亲近自然、健身休闲的需要，结合人大代表书面意见，确定了12万平方米公共绿地休闲化改造为政府实事项目。此项目涉及12个街镇共12处公共绿地。在工作实施过程中，我们同各街镇密切配合，特别是同个别推进进度较慢、困难较多的镇加强联系，主动服务，最终按照“方案优化、环境优美、质量优秀”的“三优”的标准，不断推进区政府实事项目建设。

2. 全力推进生态重点建设。根据“成

熟一块、实施一块”的建设思路，全力推进闵行文化公园一期工程（约300亩），在公园建设者的不懈努力下，目前文化公园一期工程（约300亩）已基本完成。外环生态建设莘庄段和梅陇段启动了前期工作。完成了33.3公顷的公共绿地建设。涉及教育、卫生系统和社会单位共35个子项目的5万平方米立体绿化全面完成。南辅道、北江燕路创建市林荫大道工作完成。组织力量编制《闵行区（2010—2020年）林地保护和利用规划》，腾出林地资源发展空间，明确了集建区林地建设区域面积，为2015年实现全区森林覆盖率15.01%的目标打下了基础。公益林基础设施建设1124亩已进入实质性启动阶段，完成了浦江镇永丰村四旁林试点村建设。

3. 不断完善环卫收运体系。坚持把生活垃圾分类后最终的无害化和减量化处置，作为生活垃圾分类工作推进的核心问题，通过多方考察、专业论证，最终确定了生化处理的技术路线，并由区长、分管区长亲赴实地查看场地选址，确定了在吴泾镇新建村选址建设闵行区有机垃圾临时处置场，目前完成了一期建设，处理能力100吨/天，满足了试点小区分类厨余果皮（湿垃圾）的资源化处理。其次，根据《上海市固体废弃物处置发展规划》的总体要求，在区委、区政府的大力支持下，积极协调市相关部门，使华漕镇原生活垃圾焚烧厂的用地确定为闵行区固体废弃物处置中心选址。目前，该处土地已由区土地储备中心收储，正在编制初步方案，确定工艺路线的比选等各项前期工作。闵吴垃圾码头集装化改造工作也已获批，2013年将启动建设。

（三）以管理为保障，不断增强市容景观的管理能力

1. 市容整治成效明显。高度重视虹桥枢纽周边违规高立柱广告整治。局和区市政市容联席办、局城管执法大队、区公安分局、七宝镇等相关部门齐心协力，累计出动城管执法、公安、交警等相关工作人员800余人次，吊车、卡车等机械100余台次，全面完成了闵行区A9高速沿线10座高立柱广告的拆除任务。其次，根据夏季城市管理的难点，制定了《关于组织开展夏季市容环境专项整治工作的实施意见》、《闵行区2012年夏令临时西瓜销售摊点设置管理方案》，局牵头区建交委、区公安交警等部门以及属地街镇共同做好临时西瓜销售摊点设置工作。局及下属城管执法大队联合区交警支队、区交通执法部门等多家单位，采取路口设卡、固守蹲点、机动巡逻等方式对华漕、浦江、虹桥枢纽等地区开展了多次渣土整治，共查获违规车辆9辆，有效遏制了渣土违规处置现象。加强废弃食用油脂整治。采取日常监察与投诉办案相结合的方式，严厉打击非法处置和收运现象。3月底配合区食安办、区公安分局等相关部门，在闵行区查处了三处餐厨废弃油脂黑加工窝点，形成了打击“地沟油”的强大声势。

2. 城市环境保持整洁常态。区市政市容联席办牵头制定了《闵行区“进一步优化城市环境，迎接党的十八大召开”工作行动方案》，针对薄弱环节，围绕市民需求，全面查找问题，确保环境整洁有序、美观靓丽。巩固2011年“百街千路”道路洁净工程管理成果，进一步推进“夜间清扫、白天保洁”和以机械化保洁为主的保洁模式，做好84条(段)道路洁净工程一路一档的建档工作，保持道路环境卫生优良率。推进公厕建设改造，完成新建公厕8座，改造公厕16座的工作任务。完成了对景观灯光养护管理制度的修订工作，加大对日常养护管理的考核力度。拟订店招店牌移交管理的意见，规范店招店牌设置，探索长效管理机制。编制了《闵行区户外广告设施设置实施方案》，拟上报区政府常务会议讨论。

3. 垃圾分类扎实推进。已完成149个居民小区、机关、企事业单位、学校、公园、

农贸市场垃圾分类减量任务。区、街镇两级工作网络基本建立，完成900多名志愿者的组建和培训。在生活垃圾码头外运减量工作推进中，我们采取了对所有车辆在闵吴码头放水点作放水处理；严格把关非居民生活垃圾的混装，杜绝绿化垃圾、道路垃圾、装潢垃圾、渣土垃圾混入生活垃圾倾卸上船；挖掘潜力，充分利用小型垃圾压缩站，启动生活垃圾自行处置方案；建立垃圾外运每日通报制度，委派专人每日做情况通报，最终完成了区下达的工作任务。在工作中，古美路街道以畅通大分流物资资源化利用渠道实现垃圾分类减量，并通过将减量节约资金返补源头分类的模式，在全市引起反响，起到示范引领作用。莘庄工业区等街镇也积极跟进，在推进二次分拣，提高分类质量等方面积累了许多经验。10月，上海市垃圾分类推进会在闵行区召开，于勇副区长在大会上作交流发言。

4. 绿林管养力度持续加大。推进经济果林“双增双减”工作，完成有机施肥1500亩，农药1500亩和套袋900亩。加强对抽查道路的绿地、行道树养护（重点是绿地保洁）集中巡查和整治的力度，2012年共发出整改单369份，绿化问题的整改率达到100%。研究制定了《闵行区林业网格化巡查管理实施方案》，全年共巡查115次，上报张网捕鸟、火灾隐患等案件20起，结案率100%。

5. 主题活动丰富精彩。结合不同时间节点，开展了莘庄公园梅花展、吴泾公园“荷风莲韵，清静自然”为主题的荷花展、体育公园“千米花道”木本花卉展等主题花展活动。配合重大赛事活动，开展了大师赛室外景点布置、迎国庆暨十八大召开景点布置、迎闵行建区二十周年图片展环境布置等主题活动。扎实开展全民义务植树31周年活动，全区共设立8个义务植树点，总面积达78627平方米，参与人数达65万人。积极开展了“以绿为媒，构建和谐社区”绿化知识“六进”活动，先后送出2000盆花，发放4000多份绿化宣传页，120条绿化手帕，《闵行绿委》专刊800份。良好的宣传策划，营造了绿色、生态闵行的氛围，节假日，全区公园接待的游客数量屡创新高。

6. 行政审批改革取得实效。闵行区2012年为全市网上审批两个试点区，2012年共办理绿化、市容、环卫、林业行政许可事项1222件。其中，行政审批503件，行政审核719件。完成编写绿化领域办事指南，实现了绿化市容行政审批“全部上网，全程上网”，并顺利实施新版审批系统操作，规范文书格式，采用行政领导电子签章和单位电子公章，全面规范网上审批，局行政许可工作多次在全市行业大会上做交流发言。局办照窗口荣获区证照中心月度流动红旗6面。

（四）以民生为目标，不断增强跨前一步的服务能力

1. 主动配合协调。针对区绿化市容局涉及行业部门多，涉及百姓关心事件多的特点，局领导提出“凡事认真分析研究，凡事不推卸责任，凡事主动沟通协调”的工作要求。在国家卫生城区和环保模范区的复核工作中，我们积极配合区卫生局、环保局等部门，全局干部职工放弃休息，奋战一线，取得了复核工作的圆满成功。在今年全民义务植树节、大师杯等区重大活动保障期间，全局上下齐动，团结合作，不辞辛劳，确保了市容环境的优美整洁。同时，我们积极配合相关街镇做好创建国家环保模范区、国家卫生区（镇）、文明城区等重大创建工作的保障。在重要节假日保障、灾害性天气应急处置中，我们始终坚持跨前一步、主动服务，确保了各项工作安全有序。

2. 解决百姓关注问题。在区委、区政府坚强有力的领导下，年初将8个违法建筑多、整治难度大的地块确定为拆违重点项目，区拆违办和相关镇召开50多次协调会，布置任务，研究方案，推进工作，目前5个拆违重

点项目已经完成，已拆违7万多平方米。7月，针对市领导关注的S4高速公路东侧违法搭建突出问题，各执法部门联手出击开展综合整治，共拆除违法建筑2万多平方米，消除了重大安全隐患。2012年全区拆除违法建筑105万平方米，完成全年目标任务123%。回应社会关切，落实“三个二”投诉处理制度，2012年共受理绿化林业和市容环卫信访投诉3124起，处理率100%，工作日反馈率100%，满意率100%。3. 保障行业安全稳定。在今年的防汛防台工作中，局党政主要领导带领全局干部职工，冲到一线值守和战斗，提出“越是百姓回家门，越是我们在一线”的口号，连续奋战三个昼夜，取得了抗击台风“海葵”的胜利，行业干部职工的事迹也被区创先争优刊物刊登。同时，创新推出公园应急避难所26个，得到了市级媒体的广泛关注。强化环卫车辆的规范运行，根据《闵行公安交警管理大联动工作总体方案》以及《闵行区交警支队五类重点车辆联动管理工作流程》要求，定期或不定期联合交警部门通过抽查、明察、暗查等方式，全面开展环卫作业车辆安全规范行车专项整治活动。完善森林防火机制，与各镇、街道、莘庄工业区林业养护服务社签定《闵行区防火护林工作目标责任书》，按照属地化管理的要求抓好防火工作落实。完善安全保障网络平台，全区公园签订了安全管理责任书、公园游乐设施安全运营承诺书及产品质量和食品安全目标责任书。

4. 做好两会意见办理。2012年区绿化市容局共收到人大代表书面意见、政协委员提案34件。其中，主办件18件，会办件16件，目前6件已经解决、3件正在解决、5件计划解决、4件留作参考。在两会办理中，我们坚持以两会办理促进行业发展，听取代表委员意见，认真落实人大意见、政协提案反映的具体问题，进一步改进工作中存在的薄弱环节。特别是对代表提出的关于洗车点整治的书面意见办理中，多部门联合，多方位协调，多角度工作，开展了为期半年的全区洗车点专项整治，洗车点整治工作取得了良好的效果。“红园避雨长廊建设”书面意见的办理工作也得到了周边百姓的认可，收到了居民送来的锦旗。

（五）以党建为引领，不断增强凝心聚力的进取能力

1. 党建工作更加务实。各项制度不断完善。制定完善并贯彻落实《闵行区绿化和市容管理局党政领导班子（调研员）工作分工》、《党政会议制度》、《关于执行“三重一大”制度的实施办法》等12项党政制度，进一步明确和细化党组织的保障和监督职能。工作规范注重落地。在局长工作例会制度上，创新探索建立局制度，使党务行政领导互相了解、紧密合作。坚持半月一次的党群例会制度，各基层单位通报各项工作落实情况，局党委各位委员布置具体工作。党建联建助力行政工作。充分发挥行业党建平台的作用，通过研究环卫行业中结合部道路管理课题，改变道路两侧的杂乱无序状态，达到“清洁、整齐、有序”的标准；通过人性化服务，达到“服务设施标准化、服务流程规范化、服务细节人性化、服务质量优质化”的标准。2012年上半年，闵行区莘庄地铁北广场公厕获选上海市民十大最满意的公厕之一。

2. 文化建设更加扎实。成立了局行业文化建设工作领导小组，对本行业文化建设进行统一规划，认真组织实施，喊响了绿化市容行业“一线去、马上办、守纪律、讲互助、争上游”的行业文化口号。局党委、各支部紧密结合行业特点，以机制为抓手，通过服务承诺制、党员先锋岗等方式，不断深化岗位行动；充分利用“三联四会”群众工作机制，为村居群众办实事、做好事、解难事，形成党组织和党员志愿服务长效机制。区公园所党支部，获区“创先争优”先进基层党组织荣誉称号。加强宣传力度，注重树立行业形

象，上报区信息46篇，简报9期，网宣工作继续保持前三甲，共计上报网评59篇。

3. 队伍建设更加规范。推进了干部人事制度改革。制定了《事业单位专业技术职务聘任工作实施意见》，完成了局事业单位的92个岗位设置和现有85个岗位聘任工作。重视从基层一线选拔科级干部，对符合条件的9名人员调整级别。推进城管队伍“准军事化”建设。制定下发《加强城管执法队伍建设的实施意见》，切实抓好全员培训工作，组织24人参加市局分队长、教导员岗位培训，其中11名学员获得了荣誉称号。

4. 廉政建设更加巩固。开展了“讲党性、重品行、作表率”主题教育暨第三届反腐倡廉宣传月活动；加强了勤政廉政教育，局党委书记、局长亲自为党员干部上廉政教育课，发动党员干部撰写廉政文化短信35条、岗位廉政教案5篇；建立了以闵行体育公园为主的廉政文化阵地，形成了区绿化市容局的廉政文化特色。监督工作规范常态，今年共召开“三重一大”会议3次，局“三重一大”事项监督小组全程对有关内容参与讨论酝酿、决策和执行的监督，确保了决策内容程序规范。

在肯定2012年工作成绩的同时，也应看到我们的工作还存在着薄弱和不足，行业发展还有不少困难和瓶颈，需要我们清醒认识，总结克服。一是行业自身建设与转型发展要求还不相适应。“十二五”期间，面对城市化进程加快、市民群众环境需求日益提高、“绿色、环保、低碳”理念深入人心等新形势，如何健全行业管理体制，探索在多部门综合管理下的绿化环卫养护和管理如何统一标准，同步管理。其次是目前行业一线队伍劳动强度大、收入较低、工作环境得不到改善，导致队伍不稳定，不利于行业自身建设的发展。二是动员组织能力同“大城管”的工作要求还不相适应。当前，在城市管理方面，我们动员组织全民参与城市管理工作，培育市民作为城管管理的“参与者”。而自身变城市管理“操作者”为“组织者”的能力还不够，特别是在垃圾分类减量工作方面，同部门、市民的联动还不够。三是统筹协调深度与城市综合管理要求还不相适应。在部分需要部门深度合作，统筹解决的工作方面还缺乏系统的协调机制。比如我们在小区、厂区绿化的管理方面，在环卫小压站、道班房、洗车点等基础设施的规划落地方面，绿化、环卫镇级配套经费落地事宜方面，与相关部门沟通全力攻坚力度还不够。

（十一）宝山区

宝山区建设和交通委员会

二〇一二年是实施“十二五”发展规划的第二年，也是实现新一届区委、区政府良好开局的重要一年。在区委、区政府的正确领导下，区建交委认真贯彻落实党的十七届六中、七中全会和市、区委全会和区人代会精神，深入践行科学发展观，紧紧围绕区委、区政府确定的目标任务，以转型发展为主线，以作风建设为抓手，以创先争优为动力，集中全力推进重大项目建设、大居外配套设施建设、区区对接道路和加强城市管理，团结和带领干部职工锐意进取、真抓实干，全面完成了区委区政府交给的各项任务。取得了市区重大市政工程有力推进、吴淞大桥加固抢修工程保质保量提前竣工、建设工程监管明显加强、区府实事项目按时完成、管理体制机制创新有序推进、城市安全运行秩序明显好转的新成绩，为全面完成“十二五”发展规划奠定了扎实的基础。委系统持续呈现心齐劲足、风清气正、和谐发展的良好局面。区建交委构建的建设工程“四位一体”综合管理信息系统受到市委主要领导、市纪委、市监察局、市建交委、建设部和中纪委的充分肯定并加以推广。区建交委被市拥军优属领导小组评为“上海市拥军优属先进集体”，被市交通港口局评为“2012年度交通港航工作优秀单位”、荣获区防汛指挥部“2012年度防汛目标管理考核优秀单位”，区财政局2011年度预算管理工作二等奖。区交通执法大队被市交通执法总队授予2012年度打击非法客运专项工作“先进集体”；区交运署被评为全市运管系统诚信建设“先进单位”、市交港局“学雷锋优质服务团队”、市公共停车行业创建规范服务达标“先进管理单位”；区市政署在市路政局组织的2012年度各区（县）路政行业考核中获得城市道路管理郊区县组“综合考核”第一名，为优秀单位；区公路署被交通运输部评为全国交通运输依法行政先进集体、市路政系统行政执法评议考核第一名、在市路政局组织的2012年度各区（县）路政行业考核中获得公路管理“综合考核”优秀单位；区燃气所被市燃气管理处评为“2012年度区（县）燃气行业管理同业务竞赛优胜单位”。

一、突出重点，攻坚克难，重大工程建设实现预定目标完善区域道路网取得新发展

（一）市重大工程项目建设大力推进。积极配合市推进重大工程建设，今年区建交委承担的市重大工程共4项。其中，在建2项，宝山区负责前期工作，长江西路越江隧道动迁企业12家已完成8家，动迁居民21户已完成18户；S6公路动迁单位28家已全部完成，动迁居民193户已完成190户；前期研究2项：G1501越江隧道工程主线方案已确定，正研究浦西段接线道路方案；S7公路优化了S7与S20立交方案，正积极沟通市尽快将红线落地，争取尽早开工。

（二）区区对接道路建设加快推进（共6条）。在面对前期动迁难度极大的情况下，我们集中全力突破瓶颈，实现预定目标。宝安公路全线除受动迁影响段外已建成；康宁路已开工，蕰藻浜大桥主桥正加快施工；宝嘉公路已完成动迁，正开展施工招投标；嘉盛公路已完成动迁腾地、工可批复；殷高路、场中路已完成施工招投标，年内开工。

（三）大居外围配套市政工程扎实推进（共9项）。主动对接，提前加入，大力推进大居外围配套设施建设。第一轮（3项）：镜泊湖路已建成通车；宝安公路：嘉定区界—富长路段除受动迁影响段外已完成，富长路—蕰川路段11月开工；顾村公交临时枢纽已建成并投入使用。第二轮（4路1枢纽1排水）：月罗公路动迁已完成，即将开工；陆翔路、杨南路已完成工可批复，正进行施工及监理招投标；潘广路已完成工可批复，正开展EPC招标工作；月罗路排水工程已完成招标，具备开工条件；以上项目除陆翔路外年内基本可实现开工目标。罗南新村公交枢纽新建临时站于明年3月开工。

（四）大居内配套全面启动建设（共35项）。形成合力，破解难题，强力推进大居内配套建设。第一批“4路1河1泵站”市政项目中4条道路已开工，部分桥梁工程已完成下部结构，排水工程已完成过半；15个公建项目中3个项目施工招标年内完成。第二批项目中12条市政道路已完成工可评审。

（五）一批基建工程项目相继建成交付使用（共9项）。经过奋力拼搏，一批重点基建社会事业项目竣工交付使用。华山医院北院、宝山中西医结合医院二期、法院新建工程建成交付使用；大场医院、检察院进入内装阶段；零点广场、月浦文化馆、罗店医院、一钢医院工程全面启动。

二、坚持优先，聚焦重点，区域交通运输市场秩序和出行环境得到新改善

一是圆满完成春运任务。坚持“以人为本，安全第一”的方针，加强领导，精心组织，克服雨雪等灾害天气的影响。春运40天共接送客运29.7万人次，区春运办被评为市春运工作先进集体。二是扎实推进公交发展。

制定了新一轮“公交发展三年行动计划”，认真落实本年度公交线路新辟调整计划，全年新辟公交线路5条（58路、762路（二条短驳线）、宝山22路、83路、86路），调整公交线路9条，票价改制为单一票价2条，进一步方便了张庙、大华和北部地区市民换乘轨道交通，为市民出行华山医院、顾村公园、顾村大居等地区进行有效配套。三是协调实施公交设施建设。监管推进宝杨路码头综合客运交通枢纽的建设，做好顾村、罗南大居公交基础设施研究和落实，推进公交信息化系统建设，年内已完成友谊路东段公交电子站牌部分调试及监控指挥室的建设。积极推进全区静态交通建设。四是深入开展交通运输市场的整治。切实做好出租车司机维稳工作，新建3处出租车候客区和17处127套禁停标志，制定了进一步落实整治非法客运长效管理工作机制的实施意见。加大固守巡查力度，与公安等部门联勤、联动执法，开展“宝安一号”等省际客运、货物运输、区域公交系列专项整治行动，全年共出动执法人员15750人次，执法和检查车辆13634辆，检查企业214户，立案查处2664件，立案数和查扣非法客运数名列各区县第一位。交通运输管理不断加强，批准行政许可事项378件，监督检查602户次，未发生行政复议和行政诉讼案件。五是切实加强港航管理。深入开展巡航航段报告制度，深化港口经营企业户籍管理，扎实开展港航安全专项检查，实施行政处罚9377起，罚款564.13万元，规范水运市场正常秩序。

三、创新机制，加大力度，城市管理不断加强的能力和水平彰显新提升

1. 区府实事项目全面完成

（1）海江四路等三条道路安装太阳能路灯工程，已于5月底提前完成。（2）高境地区17443户居民燃气内管改造，已于12月中旬全面完成。（3）新辟公交线路2条，年内已开通。（4）启动建设《宝山智能化公交信息平台》项目，年内已完成友谊路东段公交电子站牌部分调试及监控室建设。

2. 道路桥梁养护和燃气管理成效显著

切实加强道路桥梁养护管理，提高道路通行能力。认真组织实施区交通要道吴淞大桥抢修加固工程，自2011年底开工以来，经过10个多月紧张施工，已于9月20日提前完成，由于准备充分，战胜了车流量大、抢修难度高、天气多雨高温等多种困难，既保证了工程质量，又确保了交通顺畅，成为区域桥梁抢修史上又好又快实施的新亮点。全年实施的道路大中修项目40项，已完成30项，其中市政道路13项中8项已竣工，其余正在加快推进；公路15项已全部完成；农村公路12项中7项已竣工，其余有序推进。已竣工的市政道路工程都一次性通过验收，质量合格率100%，市政道路在建工程都被评为区级文明工地。建成6条绿化养护示范道路。加强掘路路政管理，对区域桥梁全面开展自查和抽查，对D类桥梁抓紧维修；及时接管淞南、庙行、杨行镇经验收合格的10条市政道路（5.27㎞）和6座桥梁（17755㎡）。加强道路设施巡查和及时处置，全年道路网格化管理收到市政道路、公路信息20474条，应处置15425条，及时处置15311条，处置率分别为99.48%和100%。燃气管理进一步加强，全年入户安检21.51万户，超额完成对20万户管道燃气用户实施安全监测的目标，督促整改23593户；完成隐患管网改造4.4公里和庙行地区1.3万户天然气置换，推进大场地区340户未安装管道整合改造和大居燃气配套。与公安开展联合执法96次，查处取缔违法经营窝点145处，确保燃气市场安全稳定。

3. 建设工程监管明显加强

充分运用发挥建设工程综合管理信息平台和街镇专管员队伍的作用，加大监管力度，成效显著。一是深化条块联动巩固建筑市场整治成果。区监管员联合各街镇专管员对施

工现场进行监督管理，从源头上杜绝违法开工现象，多方位对工程安全、文明施工进行监督、整治，1–12 月街镇园区专管员共出动 7383 人次。二是依法履职规范管理。全年完成 78 家企业资质审批，完成报建 263 个项目，总投资 217 亿元；施工发包数 211 个，发包价 44.99 亿元，对财政投资的 35 个小型项目全部采用公开招投标，招标率和公开招标率达到 100%。三是扎实开展建筑市场稽查。对区域 318 个在建工地组织开展监理制度执行情况、“打非治违”等专项整治行动，在开展自查自纠的基础上，组成 4 个检查组，对 118 个在建项目实施了检查，派出区镇监管人员 11781 人次，检查工地 4537 个次，发现问题 5074 个。其中安全隐患 1274 个，已整改 1039 个，整改率 86.26%。开具整改通知书 268 份，开具局部暂缓指令书或停工通知单 37 份，处罚金额 339.84 万元。尤其是加大对大居保障监管力度。“质量月”系列活动中，先后组织住宅工程、基坑围护质量现场观摩和住宅工程检查讲评培训会，大力推进建设工程创优活动。四是推进审批优化流程。全年完成审图合同备案登记建设项目 64 个，总体设计文件出具意见征询总项目 51 个。积极主动跟踪服务区 116 个集中启动重大项目，帮助建设单位既快速又规范地办理前期手续，确保按时合法开工。五是扎实开展创“双优”成效显著。全年申报区优质结构工程 85 个，其中申报市优质结构工程 9 个；申报区文明工地 43 个，其中申报市文明工地 10 个；申报市申安杯工程 1 个；申报市优质结构安装工程 2 个；申报市建设工程金属结构金钢奖 1 个；申报市白玉兰奖优质工程 7 个；申报区节约型工地 7 个；申报市节约型工地 6 个。

4. 作风进一步转变工作更深入

面对繁重而又艰巨的城乡建设和管理任务，2012 年区建交委确定为“作风建设年”，以扎实作风确保任务完成。按照制定的实施意见认真组织实施。各单位、各部门迅速行动，与推进当前工作相结合、与深入开展“创先争优”活动相结合，扎实开展“三走进、四情、五实”主题活动，作风更深入，工作更扎实，干群更和谐。一是深入矛盾，破解难题。区区对接道路场中路、殷高路动迁异常艰难，委领导和有关部门多次深入现场，优化方案，积极争取市支持，经过不懈努力，终于确保了年内开工。二是关注民生，为民排忧。北蕰川路噪声影响罗泾村民正常生活，迫切要求帮助解决。在实施难度极大的情况下，多次协调市公路处争取支持，反复调整优化方案，推进声屏障的安装，经艰苦努力年内大部分可竣工，使村民生活环境得到明显改善。在抗击“海葵”台风中，各级领导亲自带班，坚持 24 小时值班，彻夜不眠坚守在抗台第一线，迅速转移 21978 个工人至安全场所，及时处置各种险情，将台风带来的影响降到了最低程度。三是心贴群众，回应期盼。积极主动采集信息，充分发挥政务微博作用。认真办理 12319、12345 市民热线提出的意见和建议，领导重视，主动作为，办理及时，受到区有关部门的肯定和好评。加强对区政府投资项目的监督检查，发现问题抓紧整改。

四、着眼全局，强化责任，人大政协意见提案落实率和全力维护社会稳定取得新成效

努力提高人大政协意见提案办理解决率，2012 年书面意见、政协提案共受理 93 件（其中主办 60 件、会办 33 件），办理量占全区四分之一，全部按规定完成办理答复，解决率和办理结果满意率为 91.7%，办理态度满意率为 100%，推荐上报 6 件优秀政协提案。组织 58 名执法人员参加市执法培训。牵头实施 4 户司法强制现场执行工作。扎实做好十八大前突出信访矛盾排摸，五次召开不稳定因素分析研判会，对区涉及区建交委职能的 4.5 件突出信访矛盾逐件形成了办理

方案，使矛盾始终处于可控状态。全年共受理信访767件，在规定时间内已办结692件，其余正在办理中。接待上访民工103批次，涉及民工3950人，解决民工工资5900万元。经努力使一批信访矛盾得到有效解决，没有发生较大的集访闹访事件。

五、加强党建，提高素质，各级领导能力和党员干部队伍展现新形象

（一）注重党的建设，党组织的战斗力和党员先进性进一步增强

切实加强党的建设，制定下发了组织工作意见、党风廉政建设责任制任务分工等制度，认真进行年中对照检查、年终考核等，加强班子和干部队伍政治思想建设，改进学习方法，提高学习质量；开展纪念建党91周年系列活动，组织党员学习先进事迹，弘扬党的优良传统，坚定理想信念和宗旨观念。深入开展“创先争优”活动，努力践行自己的承诺，在各自岗位上奋发有为工作，努力为党旗增光添彩。认真贯彻上级关于反腐倡廉的部署，通过廉政教育、观看录像、下发摘编的廉政材料等形式，提高廉政教育的针对性和有效性，深化拓展行政效能和廉政风险预警机制建设，注重评估和结果应用。认真召开委党政班子民主生活会和基层民主生活会。关心职工生活，组织开展高温慰问一线干部职工和做好扶贫帮困工作。积极开展工会、共青团、妇女等群团组织的活动，发挥联系群众、凝心聚力的积极作用。

（二）加强干部队伍管理，队伍综合素质进一步提高

着眼于提高各级干部领导能力和工作水平，明确各领导不仅要抓好分管工作，而且要管好分管部门的干部。切实加强党政班子建设，推进事业单位改革，优化领导班子结构，先后对3个班子进行了调整和充实；举办了为期5天的“一把手”培训班，邀请市委党校老师讲课，去先进地区学习取经，通过培训，进一步增强党员干部的使命感和责任感，提高胜任工作的领导能力和业务水平；注重安排年轻干部在一线重大工程建设等实际工作中经受锻炼和培养才干；落实区委组织部的干部民主测评的选送工作；严格管理干部队伍，修改完善请销假制度，落实谈心谈话活动，对苗头性、倾向性问题早提醒、早纠正。通过加强廉政效能风险预警防控机制建设，使全委系统实现全方位、全覆盖、全过程，坚持做好“三重一大”党务、政务公开等工作。

回顾2012年工作，区建交委工作特色有：

一是转型驱动力推管理体制机制创新。确立以管理统筹建设、管理服务建设、管理提升建设新理念，积极探索创新转型具体路径迈出新步伐。（1）探索运用“制度＋科技”的监管机制，构建了建设工程“四位一体”综合管理信息系统，切实加强建设工程实时监控；（2）积极推进审批制度改革，理顺关系，提高效率，政府投资项目由委总师室负责，企业投资项目由区建管所负责，对政府重点投资项目开设“绿色通道”；（3）切实加强道路桥梁监管，对掘路加强计划管理，对桥梁进行定期、不定期检测，变事后管理为事前管理，变被动管理为主动管理，确保路桥通行安全；（4）大力推进交通系统信息化管理，突破传统管理模式，建立交通管理信息平台和公交电子站牌，提升监管能力，方便群众出行。

二是注重发挥综合协调职能作用。认真贯彻落实区府要求，更加注重发挥建交委在区域城乡基础设施建设的职能作用，扎实推进城镇维护费管理办法的贯彻落实，牵头区职能部门认真编制城市维护项目计划；为切实维护社会稳定，加大信访维稳力度，实行预约下访、重点约访和领导包案等新办法，牵头区有关部门下大力协调化解北蕴川路道路噪声影响居民生活、住房质量问题、停止征收道路通行费后人员信访、轨道交通7号线建设涉民问题等社会矛盾，如涉及面广的

轨交7号线已有1123户签订了房屋受损一次性修复补偿协议，占总户数78.7%，并已完成8万多平方米的受损房屋公用部位的修复工作，维护了社会稳定。

三是扎实推进系统化精细化管理。在加强保障房管理上进行积极探索，专门成立保障房监管组，强化监督建设相关主体责任单位，按照建筑管理相关法律法规，严格履行管理职能，规范组织管理行为。9月市建交委等13个部门组成的市第四联合检查组来宝山区对保障性住房实施情况开展检查，经实地检查，对工程质量安全表示满意，给予充分肯定和较高评价。讲究规则、规矩、规范，认真做好区政府小型工程中的立项审批、招投标、竣工验收、资金拨付等工作。

回顾2012年工作，我们是在任务不断加重，矛盾难题集聚，推进异常艰难的情况下，全面完成了任务，实现了预定目标，成绩来之不易。这是在区委区政府的正确领导下，委系统干部齐心协力、奋力拼搏的结果。在充分肯定成绩的同时，我们也看到工作中还存在不容忽视的困难和问题：一是思想还不能完全适应加快转型发展新形势的要求，城乡协调发展力度有待进一步加大，体制机制创新有待进一步加强；二是对重大工程前期动迁、手续办理等遇到一些新情况和新问题，积极应对的办法和措施还不多，需要进一步加大协调力度；三是城乡管理还存在一些薄弱环节，尤其是区建管中心成立后，对区建交委加强城市管理工作提出了新的要求；四是党员干部队伍综合管理能力、应对难题瓶颈的能力有待进一步提高。这些都要认真研究，努力加以解决。

宝山区绿化和市容管理局 2012年工作总结

宝山区绿化和市容管理局全面贯彻落实区第六次党代会精神，按照“整合资源，优化措施，不断提高绿化市容管理水平”的总体思路，以问题为导向，以关心一线职工为抓手，以干部队伍建设为保障，砥砺奋进，锐意进取，全面完成了年度各项工作任务，创建全国绿化模范城区基本成功，宝山市容环境公众满意度测评蝉联全市郊区组第一，城管大队成为全市唯一“标准化执法大队”，绿化市容工作呈现稳中有进良好态势。

（一）以绿化创模为先导，生态宜居环境进一步改善

生态绿量继续增长，全年新建各类绿地134.5公顷，绿化覆盖率达到42.3%，绿地率41.3%，人均公共绿地22.5平方米。全区林木绿化率24.26%，森林覆盖率15.15%，达到并超过创模建设指标，顺利通过全国绿化委员会核查考评。加强绿化养护管理，漠河路、密山路、上大路3条道路被命名为上海市林荫道，完成迎十八大主题绿化景点5个、花坛花境30余处、组合容器花卉159组，永清公园实施整体改造，共和公园、友谊公园成功建成市级四星级公园，顾村公园、炮台湾公园（长江河口科技馆）成功获批国家4A级景区和上海市五星级公园，创造了宝山区旅游景区和星级公园级别之最。建成市级花园单位5个，吴淞污水处理厂通过“全国绿化模范单位”市级验收，组织开展全民义务植树、环保护绿和花园式单位创建活动。

（二）以联席会议为平台，市容管理实效进一步显现

发挥区市政市容管理联席会议基础性平台作用，通过主题活动、项目推进、机制落地等有效促进宝山城乡环境持续改善，绿化市容局统筹城市管理能力有所提升，宝山位列市联办考核郊区组第一。牵头实施迎接十八大优化城市环境、创建国家卫生区等重要任务。开展夏令高温市容环境检查、第三方测评、淞青路市容整治等重点工作。“12345”市民服务热线试运行良好。对沪太路和顾村公园周边区域实施市容环境综合整治，提供超常规环卫作业保障，确保了“樱

花节”期间公园内外环境整洁和秩序平稳。指导月浦镇、吴淞街道开展上海市市容环境综合管理示范街镇创建，罗店镇通过上海市门责达标街镇实效考评。全面实施展示区和控制区户外广告设施设置方案，正常开展行政许可。实施融江风海韵和宝山新城等时尚元素为一体的滨江景观灯光工程，完成一期7幢楼宇灯光建设。完成重要节日和活动期间的公益宣传、景观布置和市容保障。

（三）以依法行政为主线，城管执法工作进一步推进

围绕确保全区城市环境秩序可控、城管执法过程规范的要求，开展城管执法工作。共取缔各类乱设摊8.62万起，纠正跨门营业4.35万处，查处乱堆物1.35万处，清除破损横幅、灯箱、牌匾及各类违法户外广告7641条（块），查处违规夜间施工及噪音污染219起，占绿毁绿186处，取缔盗版音像制品摊189处，查处渣土违规案件297起，受理各类投诉8612件，处理来信来访600余起，完成重大执法保障97起，累计查办一般程序案件2900起，为创模、创卫、迎十八大等重要活动提供了强有力的执法保障。强化“拆、控、管”三位一体工作机制，全区共拆除各类存量违法建筑20.76万平方米、新（在）建违法建筑1.8万平方米，完成了市、区两级下达的拆违控违指标。

（四）以固废处置为核心，环卫作业水平进一步提高

全区固废处置系统运转良好，生活垃圾日均外运量为1481吨，粪便转运量为374吨/天，泰和路环卫码头建筑垃圾转运量为532吨/天。在全区6座菜场、15个企事业单位、5个政府机关、5个学校、4个公园和张庙街道10个小区实施垃圾分类，泰和路码头设立绿化和菜场垃圾处置设备。全区2395家废弃食用油脂产生单位规范申报和签约，申报率达到95%，完成宝山区2家废油收运单位比选工作。执行小区装潢垃圾每周清除两次作业标准。建筑渣土区域运输市场基本建立并不断完善，启动新一轮区域渣土运输单位招投标，与城管、交警成立渣土联合执法队伍，设立有奖举报制度，查处违章行为238起。城乡保洁系统延续迎博办博期间成功做法，保持了道路环境洁净水平。全年处理市容环境卫生投诉约700件。完成顾村大居部分环卫设施接管，罗店大居环卫设施建设计划确定。宝山市容信息大楼完成工程审计投入运行。

（五）以激励机制为动力，干部职工队伍进一步加强

深化争先创优和“六赛六比”活动，在全系统推行党务公开，举办入党积极分子培训班，加大“一线、一流、青年”党员发展力度。加强基层领导干部梯队建设，进一步完善环卫职工收入正常增长机制，用待遇和事业吸引优秀劳务工，逐步改善基层正职领导年龄偏大和一线管理人员缺乏局面。举办“创新转型促发展，我为宝山建新功”劳动竞赛活动，劳务工单宝新被评为2012“感动宝山”人物，陈霖同志当选上海市第十次党代会代表。实施事业单位规范清理、岗位聘用和绩效工资改革。进一步完善财务、采购、工程建设等领域规章制度，发挥法律顾问和资产管理顾问功能，实施机关和事业单位公车改革，成立资产公司并运营。完成30件人大代表书面意见和政协提案办理。

纵观2012年工作，全局管理、建设、执法、作业四大版块，城乡保洁、固废处置、市容景观、城管执法、绿化生态五大系统，面对大事多的实际，全局上下做到思想不乱，工作不断，作风不散，绿化市容事业步入健康平稳快速发展轨道。与此同时，客观分析面临的形势与任务，还有诸多方面亟需巩固和提升。一是城市管理顽症虽然面上得到遏制，但尚未得到根本性治理，部分区域市容环境回潮，大建设大开发也对绿化市容保障提出了新要求。二是绿化市容事业保持多年高速

发展，增幅部分可能会出现递减，必须将工作重心更多地调整到管理水平的提升和日常运行保障上来，更多地用于民生和服务上来。三是全行业是公益服务和劳动密集型产业，长期依托政府，不管是经营业务还是职工队伍，竞争性不强，一线职工收入待遇也处于社会低位，客观上制约了行业升级和队伍素质提高。

（十二）嘉定区

嘉定区建设和交通委员会

2012年，嘉定区城市建设交通工作认真贯彻区委、区政府的决策部署，紧紧围绕全力打造长三角综合性节点城市、努力实现三大奋斗目标的工作要求，牢牢把握“率先加快转变发展方式，全面推进城市化”的发展主线，全力推进重大工程和基础设施建设，努力提高建设和管理水平，为下阶段的发展奠定了坚实的基础。

（一）重大工程有序推进

2012年，共安排区重大工程建设正式项目41个，计划总投资365亿元。建设总体完成情况良好，实现新开工项目14个，即嘉闵高架路北段一期、陈翔路（惠平路－规五路）、惠平路（崇教路－金昌路）、国际汽车城汽车研发科技港、京东商城华东地区总部及订单处理中心、中科院上海技术物理所嘉定园区一期、电子科技集团32所科研生产基地（嘉定园区）、上海联影医疗科技公司产业园、嘉定体育馆、太平货柜基地动迁安置房、嘉定城北大型社区工业区动迁安置基地、嘉定云翔大型社区动迁安置基地一期、上海硅酸盐所多功能无机材料综合研究基地和澄浏南路蕰藻浜大桥；建成项目4个，即示范性高中（交大附中）、瑞金医院北院、嘉定图书馆（文化馆）、嘉定博物馆；基本建成项目1个，即上海大众动力总成有限公司扩建通用厂房（三期）。全年共完成投资约85.7亿元。

（二）基础设施加速完善

高（快）速路方面。S5（沪嘉高速）大修一期工程已完成，二期工程增设车道和安装路灯预计2013年底完成。S6（沪翔高速）于2010年11月全面开工建设，现完成工程总量的85%，基本实现主体结构贯通，因受个别企业动拆腾地影响，预计2013年建成；嘉闵高架路北段一期工程（北翟路–G2）于7月10日正式开工，与新建铁路同步实施的南翔编组站节点已完成工程总量的78%，嘉定段房地征收工作整体推进中。骨干道路方面，嘉盛西路（G15立交）已完成嘉盛西路段及G15匝道粗沥青摊铺；华江路（G2–爱特路）土地征收工作已全面展开，跨吴淞江桥工可已评审待批；惠平路（崇教路－金昌路）完成跨蕰藻浜大桥桥梁基础及立柱施工，桥面结构施工中；嘉前路—陈翔路（惠平路–S5公路东）沪宜公路以西路段粗沥青摊铺完成，沪宜公路以东路段需结合塔伯曼南翔花园站综合体项目方案调整后实施；伊宁路/S5立交方案已优化并上报；塔新东路（浏翔公路－宝山交界）项目建书、工可等已批复，并完成勘察设计招标；嘉盛东路（浏翔公路－宝山交界）建设手续已完成，局部路段开工建设。绿化建设方面，圆满完成“百个公园、千块绿地、万亩林地”工程，新增公共绿地20.72公顷，林地1410亩；大力推进外环林带建设和S5（沪嘉高速）样板段景观绿带改造等重点项目，进一步提高森林和绿化覆盖率。水环境建设方面，全年新增污水管网26.5公里，整治河道119.23公里，祁迁河（二期）、练祁河（四期）续建工程完成，新泾（一期）、孙浜等骨干河道整治正在抓紧推进。娄塘河、封浜河、横沥河、吾尚塘等骨干河道完成整治，河道水环境面貌焕然一新。陈行原水支线、泰和水厂输水工程已成功签约，预计2014年底建成。环境综合治理方面，制定并启动第五轮环保三年行动计划，95项任务中已启动88项，启动率为92.6%；污染物减排指标完成年度任务，空气质量优良率达93.1%。完成再生能源利用中心建设项目规划选址公示，加快垃圾分拣压缩中转站建设，积极推动生活垃圾分类减量。

（三）城市功能显著增强

充分发挥规划引领城市功能布局的作用，完善土地利用总体规划和城乡总体规划"两规合一"成果，完成上报《嘉定区土地利用总体规划》，细化完善了新城地区、北郊湿地、北虹桥、大型居住社区和产业区块等区域规划。在新城核心区内，瑞金医院北院、嘉定妇幼保健院、交大附中嘉定分校、华二初级中学等一批项目竣工并投入使用，区图书馆（文化馆）进入开馆准备阶段，保利大剧院实现结构封顶。21家区级机关和部门相继入驻核心区办公。物联网和智慧城市建设顺利推进，建成新城内首条智能公交示范系统（嘉定14路）并投入使用，新城首套环境物联网监测系统建成运行。同时，积极推动新老城联动发展，护国寺复建工程启动，北水关遗址等一批项目加快建设，嘉定博物馆已完成建设，韩天衡美术馆进展顺利。

（四）城市管理水平不断提升

网格化管理方面，今年通过网格化管理平台共发现各类案件39972件，结案率为100.6%，在保证市政基础设施完好、工地文明施工和消除安全隐患等方面，发挥了重要作用。积极探索网格化管理与"大联勤"联动进行，进一步完善了城市管理指数测评方案，城市管理指数测评报告定期通过《嘉定报》和嘉定门户网站公开发布。道路养护管理方面，理顺和完善农村公路管理体系，区政府批转了《关于进一步加强乡村公路养护资金使用管理的实施意见》，建立健全了分级负责、以各镇为主的农村公路管理养护体制。加强了道路养护的制度化、规范化管理，嘉定区城市道路、公路的各项技术指标均高于全市郊区平均水平。进一步完善了桥梁安全监测机制，对公路桥梁、城市桥梁进行定期检测，全年共检测城市桥梁217座、公路桥梁294座，经检测确定的D级和四、五类桥梁采取维修改建、限载绕行、局部封闭等措施，确保其处于安全受控状态。

（五）民生建设落到实处

公共交通方面，围绕"公交优先"发展战略，加快推进公共交通建设，嘉定客运中心新站于11月28日正式启用，137条始发和配载的长途客运线路迁至新站营运。结合妇幼保健院、司法中心和瑞金医院北院的启用，进一步完善了嘉定新城核心区的公交配套。全年新增公交车55辆，新辟公交线路2条，新增公交里程39公里，新建候车亭100座，市民出行环境不断优化。住房保障方面，不断健全"四位一体"的住房保障体系，全年新增廉租受益家庭119户，累计廉租补贴家庭656户，发放补贴金额500万元。全年租赁公租房申请239户，共有产权保障住房签约306户。大力推进大型居住社区建设，新开工面积72万平方米，竣工面积50.3万平方米；全年商品房新开工427.7万平方米，竣工商品房408.6万平方米；全区共完成居民动迁2142户，企业动迁351家，腾空基地55个。全年新开工动迁安置房74.23万平方米，竣工75.36万平方米，完成年度计划的125.6%，在外过渡动迁户数明显减少。农民工工资清欠方面，全年共接待、受理民工上访190起，接待上访民工1737人，涉及被拖欠民工4335人，解决拖欠金额6288万元，解决率为99%，受经济形势与宏观调控影响，与2011年同期相比，2012年民工上访的数量、涉欠人数及涉欠金额均呈大幅上升态势，清欠形势较为严峻。

（六）建筑业管理不断健全

安全质量管理方面，截至12月底，全区在建工程项目共621个，建筑面积1377

万平方米。全年受理报监项目558个，建筑面积771.9万平方米，竣工备案项目272个，建筑面积628.3万平方米。实行了新建项目开工交底与建设工地日常动态检查相结合的立体管理模式，对170个工程项目进行开工交底，对存在违规行为的9个项目进行了处罚。积极落实建设工程参与各方安全生产责任制，加强对区重大工程、保障房工程、深基坑工程、节能工程的监管。建筑市场管理方面，加强资质动态监管，以电子版诚信手册为手段，按照《嘉定区建设工程企业资质动态监管办法》，完善审批流程，增加新办企业现场核查机制，防止空壳企业进入市场。同时，支持优质企业的资质升级，促进嘉定区建筑行业结构不断优化。招投标管理方面。全年共受理建设工程报建项目338个，建筑面积782.9万平方米；核发建设工程施工许可证274项，建筑面积464.6万平方米。在招投标监管中，继续严格执行工程建设不良行为记录查询制度，全年共查询项目139个，投标企业709家次，发现投标企业具有不良行为的2个项目2家次。设计文件审查方面。全年审定建筑工程项目初步设计74个，工程投资额170.64亿元；办理审图合同备案项目104个，出具征询意见汇总项目107个，建筑面积263.35万平方米；受理并完成施工图审查备案项目127个。

在党的建设方面，区建设交通党工委以“围绕中心抓党建、抓好党建促中心”的总体思路，积极营造想干事、肯干事、能干事、干得成事的氛围。2012年着重抓了以下工作：

（一）树立党建品牌，凝聚系统合力

区建设交通党工委通过与建交系统各局党委（党组）签订党建工作责任书，明确了党建工作的目标、主要内容和重点工作，建立了系统党建基本框架。加强了对各局党委（党组）以及直属单位党支部的党建工作的中期和年度考核，确保年初确定的各项党建责任目标顺利完成。在继续深化、拓展“六有”、“六进”、“六路”明星评比、创“双优”等传统品牌工作的同时，在系统中全面实施以建学习型、创新型、高效型、服务型、节约型、廉洁型组织为主要内容的“六建”工程，并以其为活动载体，深入开展创先争优活动，全面推进党的建设服务于中心工作。

（二）加强学习引导，建学习型党组织

努力创新党工委中心组学习形式，抓好五个“结合”，发挥一个“作用”，即专题学习与中心发言相结合、常规学习与“小集中”学习相结合、集中学习与自学相结合、学习理论与调查研究相结合、学习理论与高层次的专题辅导相结合，发挥现代网络技术在中心组学习中的作用，在建设学习型领导班子中增强了学习的针对性、有效性。同时，在基层各级党组织中开展了以“建设学习型党组织、推进嘉定城市化进程”为主题的党员学习专题教育活动，通过定期举办“领导干部上党课”、“科长讲堂”、“微型党课”等活动，丰富学习内容、拓宽学习方式，并定期组织系统基层党支部书记培训班、座谈会，搭建学习平台，促进学习交流。

（三）夯实组织基础，激发基层活力

以基层组织建设年为契机，以“四强四增”为主要内容，扎实开展基层党建工作，深入推进创先争优活动，系统48个党支部共建立和完善创先争优制度长效机制84项，其中新制定32项，修订完善52项。通过抓指导部署、抓自评初审、抓考评检查，对系统内基层党组织开展了分类定级、晋位升级工作，其中三星级单位9家，二星级17家，一星级17家。同时，认真组织基层党组织换届工作，制订并下发了《关于做好基层党组织换届选举工作的意见》，明确了工作的基本原则、选举方式、工作程序和要求，任期届满的基层党组织全部采用“公推直选”方式进行了换届。

（四）狠抓作风建设，完善廉政防控体系

始终坚持跨前一步，主动亮身份、亮职责、亮承诺，主动深入服务单位听取改进工作的意见、建议，主动接受人大、政协监督，主动接受社会监督，深入了解并主动回应群众呼声，切实改进工作作风，不断提高工作效能和管理水平。党风廉政建设方面，在全区率先试点并全面开展岗位风险查找和“回头看”等廉政防控工作。在工程建设领域实施“制度+科技”的反腐倡廉模式，推进党风廉政责任制牵头信息平台建设，维护了工程建设领域市场秩序，对预防工程建设领域腐败行为和违法、违规行为起到积极作用。

嘉定区绿化和市容管理局

2012年，是嘉定区加快创新驱动、转型发展的重要一年，在区委、区政府的正确领导下，在市绿化市容局的悉心指导下，我们紧紧围绕“新城建设出好形象，产业转型全市率先，社会发展市郊领先”三大奋斗目标，以党的十八大顺利召开为良好契机，奋发进取，开拓务实，促进绿化生态环境持续改善、市容市貌整洁有序、城市管理不断提升，推动嘉定区绿化市容城管工作取得了新成效。

一、圆满完成绿化林业三年行动计划，营造良好生态环境

1.“百、千、万”工程全面推进

2012年是绿化三年行动计划收官之年，也是“百个公园、千块绿地、万亩林地”工程成效集中显现的一年。2010年至2012年期间，我们在区域绿化系统框架基础上，大力开展绿地林地三年行动计划，推进绿地林地建设项目落地，着力营造生态宜居、景观丰富的城市绿化图景。至2012年底，全面完成绿化三年行动计划任务，共实施绿地林地建设项目118个，其中绿地75块、林地43处，绿地总面积约87.77万平方米，林地总面积约3294亩。其中，2012年完成绿地林地项目38个，包括绿地项目23处，林地建设项目15个，建设完成各类绿地20.72公顷，如沙河路两侧绿地、江桥社区文化中心绿地、八字塘绿地、菩提寺南侧绿地等。完成生态公益林“四类林”410亩、“四旁林”建设32500株，生态公益林中幼林抚育1000亩。我们通过提升部分大型绿地基础设施的品质和功能，大力打造城市绿色氧吧，百个公园的实施计划表基本确定。至2012年底，我们在原有的18座公园基础上，经提升改造又建成公园23座，如外冈腊梅园、菊园百果园、嘉定新城远香湖公园等，至“十二五”末，还将陆续建设69座公园，最终达到“百个公园”的既定目标。加强林业“三防”体系建设，加强森林资源监管、野生动植物资源保护利用和疫源疫病监测防控，推进林业技术推广，落实中幼林抚育、经济果林双增双减、浏岛风景区生态公益林补植优化等工作，积极改善嘉定区生态环境质量和城市景观风貌。

2. 加快绿化重点项目建设

绿化三年行动计划期间，我们重点推进了以“千米一湖、百米一林，河湖相串、荷香满城”为特色的嘉定新城绿化建设、环城河绿带建设、外环生态林建设、京沪高铁、沪宁城际铁路沿线绿色廊道等建设项目，其中，2012年，开展了沪嘉高速公路两侧绿带改造前期工作，推进外环林带建设工程等项目，积极构建城市生态廊道。

一是沪嘉高速公路两侧景观绿带改造工程。按照区领导的要求，在沪嘉高速公路改造同时，对公路两侧绿带进行景观提升改造。改造范围为南门入口处至南翔收费站（9公里左右）。经与马陆、南翔镇进行现场勘查，多次甄选设计方案，确定南翔段先行实施样板段。目前已确定了设计原则，绿带改造工程各项工作正在积极推进中。

二是外环林带建设推进工作。根据市外环绿带建设指挥部要求，嘉定区外环生态专项建设将在“十二五”期间完成45公顷建绿任务（2012年、2013年、2014年每年各完成10公顷，2015年完成15公顷）。已完

成10公顷，其余部分因农户腾地问题而延期进行。此外，根据沪府（2011）114号《关于加快解决本市片林建设问题的若干政策意见》，区绿化市容局已完成江桥片林的摸底、调查和核实工作，目前正在落实市补贴资金，选择10%可开发地块方案。

3. 加强绿化行业管理

加强行业指导，进一步完善绿化考核办法，根据考核细则和标准，建立起日常巡查、专项推进、季度考核的工作机制，强化绿化常态管理。推进嘉定区林荫道创建工作，今年经市绿化专家现场评定，嘉定区金沙路（塔城路至博乐路）、城中路（环城路至沪宜路）、和政路（塔城东路至仓场路）3条道路被评为上海市林荫大道，在郊区名列前茅。做好“两病一虫”整治和有害生物的防控监测工作。开展绿化技能培训，今年共组织一线绿化管养技术人员共310余人次参加技能培训，切实提高养护管理水平。加强公园管理，提高窗口服务水平。对汇龙潭公园内的碧荷池进行了防渗处理，恢复其原有风貌，对怡安堂、魁星阁进行了修缮，切实保护好文物资源，对秋霞圃内两座厕所进行了整修改造，为游客提供了舒适、整洁的游园环境。进一步完善公园巡查制度，推出便民服务措施，提升公园服务内涵。配合五一、国庆、孔子文化节等节假日，进行公园花镜、花艺布展，举办家庭盆景展等，提升公园品质，营造公园节日欢庆气氛。五一、国庆节日期间，还重点在区政府周边、南门入城口、博乐路、永嘉桥等区域布置花卉景观，共布置立体景点2个、花坛花境2100平方米、组合容器16组、悬吊花球238组，共计用花量45余万盆，营造出五彩缤纷、欢乐祥和、百花齐放的喜庆景象。开展古树名木保护工作，对全区176棵古树及164棵后续资源进行分级巡查，做好日常养护管理，开展古树技措项目，落实古树防台防汛措施。推广特色绿化，缓解城市绿化与城市用地紧张的矛盾，美化立面空间，改善生态环境。经统计，今年已建成万达广场、同济大学、工业区创意园等屋顶绿化11650平方米，建成金鹤小学、迎园中学、塔城路、紫藤长廊等其他立体绿化4019平方米。

4. 积极开展形式多样的群绿活动

强化绿化宣传工作。3月10日，在嘉定镇登笼广场开展“发展低碳经济、促进生态文明”为主题的绿化宣传活动，进行了绿化法规咨询、技术咨询、野生动物保护、盆景展示、志愿者文艺表演、废旧电池换盆花等活动。10月25日，举办了“小手牵大手，让绿色点靓生活”嘉定区绿化三年行动计划宣传推进活动，增强市民爱绿护绿、低碳环保、文明生活意识，倡导绿色生活方式，全力打造绿色舒适的生活环境。开展全民义务植树活动。3月15日上午，在江桥镇外环林带组织开展了春季全民义务植树活动。区四套班子领导、各委办局、各街镇600余人参加了植树活动。全区共设立植树点8个，总占地面积近15万平方米，共有2000余人参加，植树1.7万余株。开展绿地认建认养工作。加大宣传，广泛发动市民群众参与认建认养活动。今年除了紫藤园、小河口银杏园和外环线100米林带作为绿化认建认养点外，各镇街道也分别设立了树木认养点，据统计，今年共有认养单位34家，认养家庭（个人）56户，其中认养古树3株。深入推进“绿化六进”活动。深入推进嘉定区绿化六进“进社区、进学校、进军营、进村宅、进楼宇、进园区”活动，引导广大社会单位、家庭和市民群众主动参与身边绿化，在全社会形成弘扬生态文明、共建绿色家园的良好氛围，全年开展各种形式的“绿化六进”活动共计178次，受益人数达35180人，共赠送盆花6160盆。

（二）聚焦垃圾综合管理处置，推进资源再生利用

1. 加快嘉定区再生能源利用中心规划选

址

根据嘉定区《十二五规划纲要》中提出的“关于科学合理解决城市生活垃圾综合处理问题”，综合前期区人大《关于嘉定区垃圾处置方式建议焚烧为主、多样化为辅的综合处置方式》调研报告和建议，通过区政府、区人大以及相关委办局的多次学习考察和调研，最终确定采用以焚烧为主、多样化为辅的综合处置方式。目前，有关综合处理设施建设前期相关工作正在有序推进中。实施了规划选址网上公示。区规土局在认真听取人大代表意见，反复论证研究的基础上，对方案进行了优化，规划用地总面积 16 公顷，将优化方案进行网上公示，并根据市民意见、周边城镇的意见进行了微调。同时，区绿化市容局编制完成了《垃圾末端处理设施建设、管理、处理技术问答》手册，用于为市民公众答疑解惑。开展了前期设施方案比选。按照设计一流、管理创新、技术先进的设施建设标准要求，充分吸收国内外先进经验，前阶段嘉定区委托了 3 家单位对垃圾综合处理厂处置工艺、建筑布置及景观设计进行前期方案征集比选，现确定了初步方案。落实了责任确保项目有序推进。邀请了市绿化市容局、市环保局、市发改委等单位，就启动再生能源利用中心前期项目规划申报、项目建设主体、项目立项、项目环评等工作进行了商讨，分解了相关工作责任，确保垃圾综合处置基地建设加快推进。

2. 推进垃圾减量化、资源化、无害化

我们在认真梳理和总结去年新成路街道垃圾分类试点的推进情况基础上，不断巩固提升垃圾分类减量试点成效。继续以街镇为主体，扩展试点场所，将垃圾分类减量试点范围从居住区逐步扩展至 32 个居住区、7 家机关、13 家企事业单位、10 所学校、14 个集贸市场、4 座公园等多个场所，全方位、多渠道积极推进实施生活垃圾分类减量试点工作，逐步形成规模效应，提高分类减量实效。同时，加强源头分类与末端处置的对接，采取源头分类、粉碎压缩或堆肥处理等方式，探索垃圾资源化利用和无害化利用的各种有效模式，积极寻求垃圾围城出路。加快建设垃圾分拣压缩中转站建设，通过中转分拣压缩，实现资源利用和减量实效。在徐行镇建立了枯枝落叶粉碎综合利用基地，果皮垃圾有机肥生产基地，尝试将已实施分类试点的 14 家菜场垃圾果皮垃圾统一运输至徐行永辉羊业有机肥生产基地，进行堆肥处理，变废为宝。自 5 月 17 日起，该基地已处理果皮垃圾 593.8 吨，转化为有机肥的循环利用，率先实现的减量资源化利用。另外，安亭片林菜场垃圾处理站也已于 11 月建成并投入运营。进一步拓展装潢垃圾资源化利用渠道，全年资源化利用达 7 万余吨。有害垃圾收运体系进一步完善，实施定点定时清理，今年共回收各类有害垃圾 3943.5 公斤。

3. 垃圾收运处置系统规范运转

进一步完善了嘉定区生活垃圾收集网络，垃圾收运处置“大分流、小分类”模式基本建立，装修垃圾、有害垃圾收运处理系统运转正常。加强了区内两个垃圾末端处置点日常监管工作，今年，安亭生活垃圾处理厂、江桥焚烧厂共处置各类生活垃圾 32.6 万吨，日均 974 吨，其中，安亭生活垃圾处理厂处置生活垃圾 23.1 万吨，日均 688 吨，江桥焚烧厂处理垃圾 9.5 万吨，日均 285 吨。另外，区残渣填埋场处理残渣垃圾 28.4 万吨，日均 848 吨。进一步规范单位生活垃圾处理费征收工作，全区单位生活垃圾处理费签约金额已达 5100 余万元，继续保持增长趋势。加强环卫设施设备建设改造。为减少作业扰民现象，完成了 41 辆垃圾收运车 GPS 监控装置安装，对 211 辆车辆实施了网上监管 ,58 辆垃圾收运车辆进行了污水排放管更新。新建公厕 4 座，设施设备改造 28 座，按照二类标准配置了 46 座公厕。对安亭生活垃圾处理厂道路进行了翻修，对 145 辆进厂车辆更新了读卡器，除臭装置安装完毕，垃圾散落，臭气外泄等扰民现象逐步得到控制。完善末端处置系统各项管理措施，强化监管，建立区残渣填埋场垃圾渗滤液预处理情况、进场环卫车辆情况记录台账，推进生活垃圾末端处置设施建设，实施了日处理50吨渗滤液处理设施扩建工程，加装渗滤液排放沟盖板，种植树木及绿化，进一步改善残渣填埋场场内场外环境。进一步完善作业方式，实施了变“翻”为“推”的作业模式，并通过调整缩小垃圾倾倒面，控制作业面，及时覆土，加盖薄膜，控制臭气外泄。

（三）强化为民服务能力水平，维护市容整洁优美

1. 大力开展顽症治理

加强废弃食用油脂监管工作。加强源头控制，自4月起，对废弃油脂产生单位实施申报登记制度，建立了废弃油脂申报管理的基本信息库，在区食品监督部门大力配合下，已完成1811家废弃油脂产生单位申报工作，申报率为97.7%。选择了3家收运企业作业承担全区废弃食用油脂收运、初加工，对收运区域进行了划定，对21辆收运车辆全部安装了GPS监控系统。加强考核力度，督促企业规范自律，开展了“2012年餐厨废弃油脂达标收运企业比选工作”，提升企业收运、初加工能力，规范了收运作业行为，杜绝废弃油脂流入非法渠道。今年共收运废弃油脂954吨，收运总量为去年同期的163%，基本实现全区大中型餐饮店、食堂的全覆盖。督促企业严格执行收运联单制度及收运“四统一”制度，实施收运、初加工、处置全程网上监控。切实加大执法力度，开展“地沟油”联合整治行动98次，共出动执法人员6100人次，出动执法车辆2157车次，严厉查处了一批地沟油非法收运、非法处置单位和个人，查处南翔、外冈、徐行等地各类地沟油案件49起。规范渣土源头监管和末端处置。坚持“源头管理、规范运输，严肃执法、打击违章”的方针，强化渣土整治常态化工作机制，建立起渣土治理日巡查、周统计、月通报制度，加强了对渣土运输车辆的GPS监管，建立健全渣土运输处置全过程监管。对69个建设工地进行了建筑渣土申报，共计申报出土量590万吨（嘉运申报319万吨、惠宾申报271万吨），对6个建设工地进行了工程泥浆申报，共计申报泥浆中转33.2万吨。组织市容环卫、城管执法、交警等部门不定期开展联合执法，开展“打非治违”渣土整治专项行动，加强对出土工地及运输车辆的检查和治理，今年共开展渣土整治行动530次，共出动执法队员11993人次，车辆5121车次，检查渣土车辆4320车次，处罚违规渣土车辆554车次，处罚金额81.7万余元。综合治理乱设摊。采取疏堵结合、综合治理的办法，通过疏导措施与集中整治相结合、部门联动和社会参与相结合，积极推动无序设摊向规范有序管理转变。今年以来，按照“三不”（不推诿、不扯皮、不动粗）、“三导”（疏导、劝导、引导）的原则，共统一规范设置的瓜果摊疏导点共计234处，同时根据区域实际和季节性特点，开展了乱设摊、跨门经营市容环境综合治理工作，先后对徐行宝钱公路、江桥嘉怡路、外冈沪宜公路沿线的集聚性设摊进行了集中整治，疏堵结合成效显现。今年以来，累计消除设摊集聚点178处，整改乱设摊案件70891起，处罚7819起，处罚金额78.7万元。多措并举治理非法小广告。坚持“属地管理，条块结合”的原则，加大对全区非法小广告现象的巡查整治。运用停复机措施，积极治理“三乱”小广告。认真做好十八大期间市容环境秩序城管执法保障工作，开展迎党的十八大“四乱”专项整治行动。今年以来，共出动人员15099人次，执法车辆5109车次，收缴小广告1749.4公斤，实施停机数430起，处罚168起，金额51200元。开展轨交站点“畅通”专项整治。加强全区十个轨交站点及周边市容环境的巡查整治，

共出动执法队员286人次，车辆125车次，检查轨交站点600余次，教育劝阻流动设摊35起，清除“三乱”57起。

2. 美化巩固市容景观

深化市容环境责任区制度工作，市容景观品质进一步精细化。深化落实市容环境责任区管理制度，全年共对14034户责任单位落实了门责制上门宣传告知和签约送达工作，中心城区、街镇城市化地区签约率达98%以上。有序开展嘉定区市容景观示范道路创建活动，通过强化条块联动和协调推进，目前，全区7个街镇9条路段能按照要求开展市容景观示范道路创建，基本达到创建目标，切实改善和提升了创建路段的市容环境整体面貌，形成了不少管理亮点。规范户外广告（店招店牌）管理，加快嘉定区户外广告设施设置阵地实施方案落地步伐，目前方案已上报市局进入最后批复阶段。建立和完善管理机制，户外广告审批工作进一步规范化，店招店铺前置管理进一步强化，制定了户外广告设施设置批后监管办法，进一步健全监管体系，确保设置规范、运行安全。加快景观灯光建设，嘉定新城灯光建设逐步推进，菊园北水湾以及新成公园等区域已建设完成，加强了对区级建设的景观灯光设施和街镇重点区域景观灯光设施的日常养护管理工作，确保各类设施安全、完好，景观照明整体品质得到提升。巩固提升道路洁净工程创建工作。今年嘉定区27条（段）道路申报了创建，全区洁净道路创建率达到26.6%，超额完成年初制定20%目标。公厕文明行业创建工作深入开展。对8座公厕进行了文明公厕创建申报，创建率达到了84%，基本达到年初制定的目标。提升保洁装备水平，新增小型保洁作业机具57辆，全区快速保洁车辆已达243辆，减少了道路保洁时的二次污染，提升了环卫作业形象。组织开展保洁人员上岗培训、道路保洁技能竞赛。对全区218名公厕保洁人员（维修人员）、质监人员进行了培训，在94座创建公厕公布了投诉电话，通过市民监督来约束保洁人员作业服务行为，规范作业行为。

3. 完善社会动员和服务机制

广泛发动社会力量，引导广大社会单位、家庭和市民群众积极参与到“清洁环境、美化城区”的队伍中来。深入学校、社区、楼宇、村宅等开展了一系列形式多样的宣传咨询和志愿服务活动，陆续开展了“成长进行时、领巾护鸟行”、“让绿色点靓生活”、“争当城管小卫士”以及“垃圾分类进校园”等主题活动，在全社会形成弘扬生态文明、共建美丽家园的良好氛围。围绕“两升一降、稳中有升”的政风行风工作目标，强化政风行风责任制、健全公开承诺践诺制度、完善监督测评机制等政风行风工作长效管理机制，狠抓问题查找、整改落实两个关键环节，落实抓好队伍建设、坚持贴近群众开展工作、主动接受监督三项重点任务，5月下旬，全局系统组织开展进社区听民意活动，深入社区百姓和基层部门，听取了来自约150名基层、社区代表的意见和建议，主动寻找问题，制定措施，落实整改促进行业政风行风持续改善。坚持把投诉信访工作作为沟通和服务群众的重要抓手，建立嘉定区绿化、林业、市容和城管投诉工作“一口受理、信息集成、资源共享、合力办结”的工作平台，形成管理与执法联动解决市民诉求的模式。同时，开通了市、区、街镇三级投诉受理平台，使得投诉案件分转受理速度加快，解决市民群众多元化诉求更有针对性，定期通报投诉信访情况，建立跟踪督办机制，进一步提高了市民诉求处置效率和质量。今年以来，共受理信访件156件，投诉件4375件，达到办理及时率100%，满意率99%以上。以防台防汛工作为切入口，检验应急管理水平。8月7日至8日，强台风“海葵”来袭期间，全局系统迅速启动防台防汛应急预案，落实隐患排除、巡查检查、值班备勤、应急保障等工作，保障广大人民群众生命财产安全，将台风造成的影响降到最低。台风来临前对全区的行道树和新种植的树木进行了全面检查和绑扎稳固；筹措应急物资、组织应急队伍，提高防御能力。落实力量对嘉定区中心城区、新城核心区、国道、沪嘉高速沿线等重点区域的户外设施开展了巡查，重点对位置高、体量大、重量大、设置年限长、高楼间受风口等户外设施进行检查。台风过后，第一时间对受暴风雨影响的倒伏影响通行的树木进行修枝、扶正，加强环卫作业力量，做好环卫清扫、垃圾清运工作，第一时间确保市民的安全出行。

四、突出执法工作实效，完善城管执法保障

1. 围绕“大联勤“工作，不断完善勤务模式

加强和创新社会管理，作为城市综合管理联勤工作的主要成员单位，积极建立健全联勤联动执法工作机制，转变城市管理理念，加快勤务方式对接，逐步改进勤务工作模式，发挥好联勤主力军作用。配合区联勤办进一步完善城市综合管理联勤工作实务操作规范，积极参与“嘉联一号”突发事件应急处置综合演练，体现统一、高效、协调的联勤优势。发挥条块资源整合优势，以“大联勤”为抓手和平台，主动加强了同公安、综治、工商、食药监、市政等部门的沟通联动，有力促进了部门合作。据统计，今年以来区绿化市容局共参与渣土偷乱倒、“地沟油”、无证无照经营、破坏市政设施、“双打”、平安建设、未成年人保护等各类综合治理及联合整治行动 1074 次。同时，结合实际，引入社会参与机制，探索开展了社区村（居）委“小联勤”、志愿者参与联勤工作等机制，拓展了联勤工作内涵，促进了管理执法力量的整合、部门联动效果的提升、社会效益的综合显现。

2. 围绕规范有序，强化各项工作措施

健全“三区”执法管理制度。结合大联勤工作、网格化管理工作，全面落实区域差别化、精细化执法管理措施。根据区域实际和工作重点，细化调整“三区”执法管理范围，进一步明确全区重点保障区域、保障路段，形成城市环境管理的重点监控网络，全面提高差别化管理的实效性。加强执法实效督察力度。出台了《关于加强嘉定区城管执法实效督察的实施方案》，完善日常督察和专项督察相结合的督察考核办法，建立了日巡查、月检查的实效督察制度，全区性实效督察抽查频率由每两月一次提高到每月检查一次，检查对象也从从单一的“三区”范围覆盖到文明指数测评的所有道路和重点场所，每月对实效督察结果进行通报，督促相关中队进行整改。今年来共计开展全区范围实效督察检查 10 次，发现各类市容问题共计 443 个，强化了实效督察针对性、有效性，切实提高了执法工作实效。按照“统一标准、统一管理、统一培训”的工作要求，建立全员培训工作机制，先后开展城管执法队伍“百日作风纪律教育整顿活动”、《行政强制法》和《上海市城市管理行政执法条例》法律法规专题培训、全体城管执法队员专题培训，还根据岗位特点，开展大队长培训、业务骨干执法技能培训、城管中队长培训，投诉受理人员、督察人员专题培训，累计培训 480 余人次，通过多层次多方面的培训工作，严格队伍管理，改进队伍作风，规范执法行为，进一步提高了队伍整体业务素质和执法水平，努力树立公正严明、文明规范、理性平和的城管执法队伍形象。

3. 继续做好重大节日、活动的执法保障工作

一是顺利完成清明祭扫执法保障活动，期间，全区共出动执法车 193 车次，执法队员 759 人次，教育劝阻乱设摊、不文明祭扫等行为 426 起，处罚乱设摊 2 起。二是精心组织 F1 中国大奖赛执法保障，共出动城管

执法队员260余人次，车辆125车次，清除“三乱”500余处，取缔乱设摊5起，劝阻各类乱设摊74起，检查渣土运输车辆10车次，对33起劝阻无效的流动设摊行为进行了依法暂扣处理。三是在中、高考期间，积极开展了“绿色护考”行动，加强校园及考点周边环境整治和工地噪声干扰的管理，为考生营造了良好的考试环境。护考期间，全区城管共出动人员1850人次，出动车辆720车次，教育整改学校周边乱设摊等行为1768起，行政处罚案件319起。四是开展了“迎中秋、迎国庆”市容环境秩序专项整治行动，共出动执法队员2452人次，车辆1233车次，查处无证设摊845起，跨门经营305起，五乱886起，乱堆物102起，确保了节日期间重点道路、景观区域、主要商业区市容环境整洁有序。五是开展世界房车赛执法保障工作，采取宣传教育和执法整治相结合的执法方式，积极会同公安、工商部门，共同劝阻和取缔乱设摊、侵犯知识产权等违法行为，切实加强执法整治，维护市容环境秩序。六是圆满完成“十八大”执法保障工作。重点加大了嘉定区曹安公路、沪宜公路沿线和州桥景区的市容环境保障力度，重新调整备勤安排，共查处各类案件122起，维护了“十八大”期间良好市容环境。

今年嘉定区累计查处各类城管执法案件9190件，其中一般程序案件3304件，简易程序5886件，处罚金额200万余元，无一起行政复议、行政诉讼案件。

2012年，在绿化林业、市容环卫、城管执法系统的共同努力下，各项工作平稳有序开展，圆满完成了全年制定的各项工作任务。2013年，我们要认真贯彻区委、区政府的部署，团结一心，勇于进取，进一步在加强和创新社会管理上下功夫，在推进新一轮城市化进程上下功夫，在深化生态文明建设上下功夫。

嘉定区住房保障和房屋管理局

2012年是嘉定区新一届政府的开局之年，是实施“十二五”规划承上启下的重要一年。在区委、区政府的坚强领导下，区住房保障局根据“加速城市化进程，促进‘两个融合’”的发展战略，按照“率先加快转变发展方式，全面推进城市化”的十二五发展主线，紧密围绕嘉定区“三大奋斗目标”，结合行业特点，坚决执行国家房产调控政策，按照“三个为主”原则合理引导市场消费，以保障房建设为重点，同时不断提高住宅产业化水平，不断满足各层次人群的住房需求。

一、关注民生，不断健全“四位一体”的住房保障体系

1. 以“应保尽保”为原则，不断扩大廉租住房受益面。今年新增廉租补贴家庭119户，全区累计廉租补贴家庭656户，发放补贴金额500万元。积极筹集实物配租房源。目前已筹措到部分50平方米小户型住房作为实物配租房源。

2. 以“多方筹措、统一运营”为指导方针，做好公共租赁住房管理工作。制定了《嘉定区公共租赁住房管理办法（试行）》及相关管理制度。通过全市统一的公共租赁住房信息管理平台，受理申请并录入申请对象信息，进行住房核查。在区行政服务中心办证大厅设立公共租赁住房申请受理窗口，至12月底，租赁公租房申请约239户。同时已筹措到龙湖郦城、惠民家园、福临小区及中科院上海分院人才公寓四个项目。11月28日，中科院上海分院人才公寓举行了奠基仪式，福临小区也将于12月中旬启动建设。

3. 以“统筹协调、分步实施”为原则，循序开展嘉定区共有产权保障住房申请供应工作。嘉定区首批共有产权保障住房共有361户准购家庭，区住房保障局于今年9月组织选房活动，共有327户家庭参加选房并选到满意房源，至12月底，已有签约家庭306户。同时根据市局统一部署，嘉定区5

月份启动实施第二批共有产权保障住房申请供应工作，经过政策咨询、集中受理、两级审核、两次公示等环节，共有126户申请家庭符合申请条件并取得登录证明。

4. 以“供求平衡、资金平衡、房型平衡”为目标，加快动迁安置房建设。至12月底，区属动迁安置房已开工74.23万平方米，完成年度计划的123.7%；竣工75.36万平方米，完成年度计划的125.6%。同时，完成动迁安置房地块项目认定5幅、总建设用地21公顷，规划建设总量约48万平方米。

5. 以大型居住社区建设为主战场，不断扩大保障性住房建设规模。按照市政府下达的年度建设计划，嘉定区2012年度计划新开工市属保障房不少于70万平方米；竣工市属保障房50万平方米。至年底，由莱钢组织实施的城北22万平方米市属保障房已于2012年10月30日正式破土动工。由上海中房组织实施的黄渡大居50万平方米市属保障房已于12月27日正式开工建设。由绿地集团组织实施的江桥拓展基地39.5万平方米市属保障房先后于2012年一、三季度竣工交付使用。由绿地集团组织实施的云翔大居10.8万平方米市属保障房于2012年10月份正式竣工，并交付使用。年度目标顺利完成。

6. 以逐步改善老城区居民的居住质量为目标，大力推进旧区改造。一是推进老城区拆落地改造。至12月底，南翔红卫新村腾地接近尾声。太平洋货柜基地动迁房建设启动，可安置581户姜（秦）家花园居民。二是加快旧住房综合改造。今年下达改造计划85.85万平方米，共22个项目，至11月底开工7个项目，面积42.89万平方米，其余15个项目正在办理相关手续。

二、注重品质，进一步提升住宅建设整体水平

1. 房地产建设有序推进。全区房地产新开工427.7万平方米，完成年度计划的106.93%，同比减20.2%，其中住宅新开工272.8万平方米，同比减11.3%；房地产竣工408.6万平方米，完成年度计划的163.44%，同比增31%，其中住宅竣工284.7万平方米，同比增45.4%；房地产完成投资226.7亿元，完成年度计划的125.94%，同比减5.3%，其中住宅完成投资134.1亿元，同比减8.3%。

2. 住宅产业化水平不断提高。新城公馆、好世皇马苑、远香舫（二期）、汇丰颐苑四个项目成功创建2012年度上海市节能省地型“四高”优秀小区。绿地新江桥城D1地块通过住建部2A级性能认定终审。

3. 市政、公建等配套工程进展顺利。年内，居住区配套道路竣工12条、总里程6.8公里；配套道路新开工6条、总里程3公里。公建配套学校开工3所，建筑面积约31500平方米，竣工2所，建筑面积约11422平方米。年内预计完成市政、公建配套项目投资用款约5.8亿元。三、维护秩序，切实加强房地产市场监管力度

1. 房地产市场运行总体平稳。1–12月，市场化商品房预售面积300.38万平方米，同比增9%。其中市场化住房预售面积179.38万平方米，同比增7%，商办55.97万平方米，同比减5%。全区新建商品房网上挂牌楼盘可售面积289.21万平方米，同比增24%，其中市场化住房151.44万平方米，同比增23%；商业办公137.08万平方米，同比增26%。

1–12月，市场化商品房成交面积196.18万平方米，同比增19%。其中市场化住房141.93万平方米，同比增24%。其中市场化公寓132.53万平方米，同比增26%；商业22.62万平方米，同比减10%；办公23.36万平方米，同比增10%；其他8.27万平方米，同比增104%。市场化住房均价15145元/平方米，同比减9%；市场化公寓均价14833元/平方米，同比减6%；商业均价17134元/平方米，同比持平；办公均价16314元/平方米，同比增12%。

1–12月，存量商品房成交面积85.99万

平方米，同比增16%。其中存量住房61.91万平方米，同比增33%；存量住房均价11294元/平方米，同比升12%。

2.加强房地产市场监管。一是学习领会最新政策并及时传达。今年，市局对限购政策做了进一步明确，区住房保障局第一时间召集房地产企业传达有关政策精神；二是加强走访巡查。坚持每月集中走访，在热点楼盘的开盘现场进行实时监督，同时进行暗访，第一时间了解房产政策的执行情况。推行售楼现场规范化管理，要求售楼现场所张贴材料必须醒目和方便查阅，在“一房一价表”等材料上做了样板，方便开发商使用，也方便购房者查阅，保障购房者的知情权。三是建立了房地产“网签数据上报系统”。经过一个多月的试运行，各方面反映良好，为房地产市场形势预判提供可靠的依据。

3.合力整治群租。一是统一思想，狠抓工作合力。会同有关部门，组织各街镇多次召开会议，制定以真新街道为试点，南翔镇积极跟进的工作目标。同时，积极展开调研工作，拟定整治工作方案，充分整合各方资源，充分发挥基层的力量，层层落实责任。二是逐步推进，重视政策宣传和教育。印制了法规文件汇编，积极指导各办事处做好政策培训和宣传教育。6、7月开展双月专题宣传行动，使小区居民和业主切实认识到“群租”的危害，自觉抵制“群租”行为。同时，组织工作人员，对“群租”户反复上门进行宣传教育，并通过召开座谈会、发放整改通知书等形式对“群租”当事人进行劝导，督促整改。三是探索政府搭建平台和购买服务模式。“群租”不是单纯的房屋租赁问题，更多反映的是外来人员管理和外来人员的住房供应问题。为有效解决来沪人员居住问题，区住房保障局鼓励各街镇因地制宜采取各种举措。如真新街道提出的政府搭建平台，提供租户适价的租住房源；马陆镇也提出通过购买房产中介的服务来提供合适房源供租户选择。

四、服务百姓，全力打造和谐物业

1.进一步推进住宅小区综合管理体制。利用地方政府优势，建立社区党支部、居委会、物业企业、业委会的“四位一体”工作联动机制，及时协调、解决当前居住环境中存在的难点、热点问题。区住房保障局配合各街镇定期对居住小区物业管理进行检查，建立对辖区内物业企业、业主委员会的考核机制。在对街镇的党风廉政工作考核中将推进住宅小区综合管理体制予以细化，并下发各街镇主管部门。

2.进一步加大宣传力度，争取各方支持。一是进一步宣传《物业管理条例》、《上海市住宅物业管理规定》等法规，提高业主依法自治管理的意识和能力。今年六、七月我们通过《嘉定报》刊登专版，通报物业法规内容，嘉定区物业管理工作情况，向居民群众宣传物业管理的标准、内容，以及嘉定区开展物业管理行业管理的具体措施，使群众进一步了解物业管理的工作重点以及现实意义，从而出谋划策，共同推进物业管理工作。二是在区纠风办的领导下，通过联席会议的形式，加强与街道、镇的联系沟通。发挥各街道、镇及居委会在社区管理中的综合协调优势，强化社区各方在物业管理工作中的作用。积极开展社区物业管理党建工作，通过抓物业管理党建联建，促进物业管理行风建设、业主委员会的自治管理和社区的和谐文明。三是聘请政风行风监督员，建立强有力的外部监督队伍。组织特邀监督员、行风测评员、人大代表、政协委员、业主代表等相关人员参观“四高”小区创建工程、重大工程商品房配套工程、旧住宅综合改造工程等实事工程和部分物业服务企业，让监督员进一步了解实事工程进展情况和物业管理现状、使之客观真实地做出评议。

3.进一步加大监督力度，规范行业行为。一是完善小区经理责任制。以小区经理责任制为抓手，通过对小区经理进行政策和法规的宣传培训，完善“三查”制度。通过房管办事处对小区经理进行日常管理和检查考核，组织行风监督员进行随机抽查打分，建立对小区经理考核、记分、排名、公布的长效考核机制。二是指导物业公司加强房屋维修工作。认真开展维修稽查。配备专人对物业企业维修情况进行检查，对维修不作为、应急抢修不到位的企业进行严肃查处。在确保维修及时率的同时，督促各物业管理企业定期对消防设备等共用设施、设备进行检查、维护，保证其能正常使用。三是加强对维修资金的使用监管工作，落实维修资金的“三审”工作。在全面完成对维修资金的归集的基础上加大指导监督力度，配合区人大进行维修基金的检查，认真指导各物业管理企业依法、合理使用维修资金，加强对维修资金收支账目公开情况的检查，使维修资金的使用和账目公开工作逐步规范。四是深化便民服务工作，建立长效机制。为树立房管行业便民、利民的良好形象，将“便民服务”活动经常化、制度化。自2012年3月起确定每月15日为全区的“爱我家园”物业行业便民服务日。全区91家物业服务企业将在388个住宅小区内开展便民服务活动，通过在小区内集中设摊的形式，开展现场维修、报修登记、业务咨询、法律咨询等活动，为广大业主生活提供方便。截止目前，共接受业主咨询2500多人次，发放各种宣传资料3600多份，受到了广大居民的欢迎和肯定。

五、保障到位，加快推动征收补偿工作进程

至12月底，完成动迁居民2142户，动迁企业351家，腾空基地55个。今年的征收补偿重点为嘉闵高架大居建设项目、嘉定新城收尾工作、S6市重点道路收尾工作、老城区改造项目等。为推进全区征收补偿工作的顺利开展，一是设置国有土地征收补偿机构。成立区房屋征收事务中心。同时完成嘉定房屋征收事务所预先备案工作，组建嘉定区房屋征收服务事务所有限公司。二是制定全区国有土地上房屋征收补偿相关标准。区政府下发了《上海市嘉定区人民政府关于执行<上海市国有土地上房屋征收与补偿实施细则>若干具体问题的通知》（嘉府发[2012]32号），对相关问题进行了明确，为征收工作的开展奠定基础。三是以人为本、创新工作方式。为动迁户提供位置优越、环境优美、配套齐全的优质安置房源。实施“现房+期房”的组合式安置方案，不仅节约了动迁成本，还解决了动迁户在外过渡的难题。针对特困动迁户家庭，在坚持原则的前提下，给予一定的优惠措施。

六、依法行政，健全机关法制建设

1. 健全信访工作机制。至12月底，区住房保障局共登记受理群众来信来访和转办件861件，同比上升7.36%。其中集访21件，同比下降19.23%；重访84件，同比下降36.36%。矛盾基本处于可控状态。按照“属地管理、分级负责”的信访工作原则，2012年局信访工作着重做了以下几方面工作：一是加强领导，强化信访责任体系建设。进一步明确信访工作领导责任，始终坚持由主要领导全面抓，分管领导具体抓，重要信访件领导亲自查办的信访工作责任制，坚持分管领导批阅群众来信来访件，批阅率达到100%。二是规范流程，实现信访矛盾控增减存。运用先进信访信息管理系统，全程监管信访件办理过程中的各个环节，提高办件效率和质量。尤其重视初信初访工作，明确办理期限、规定受理告知、提高答复质量。做到信访查处率100%，信访答复率100%，信访办结率100% 。三是努力化解信访历史积案。通过排摸、梳理、分析历史遗留疑难信访矛盾，明确矛盾存量、类型、问题症结所在，分门别类、逐级分层开展专项整治，会同基层单位积极采取上门走访、约谈、会商、研判、督办等手段，千方百计化解历史积案。

2. 健全行政执法机制。至12月底，区住房保障局共受理12319城建热线移交举报投诉60件，已答复45件。查处违法违规案件367起，下发责令限期整改通知书216份，行政处罚立案25件，下发行政处罚决定22件，结案14件，申请区政府强制执行5件，申请法院强制执行2件。对37户违法搭建或破坏承重的业主采取了限制交易的措施，整改后解除限制交易37户。全年共完成行政复议2件、行政应诉3件，审核政府信息公开申请156件。经办案件未出现复议撤销或诉讼败诉情况。根据依法行政、打造法治机关的要求，2012年局法制工作着重做好以下几方面工作：一是加强培训，大力提升执法能力。开设法律专题培训讲座。邀请兄弟部门，开展执法交流活动。举办“物业服务企业法律法规知识培训”活动。二是夯实基础，不断提高依法行政水平。编制《行政执法流程汇编》，有效降低了执法人员因调查取证、文书送达等细小环节出错造成的复议或诉讼风险。规范行政执法案卷管理。每月统计汇总上报的案件受理和查处情况，及时分析整改存在的问题。建立健全行政执法责任制度。制定了《行政执法人员执法行为规范》、《行政执法监督检查制度》、《行政执法过错责任追究暂行办法》等制度，对违法行政行为导致严重后果的责任人，按照相关规定进行责任追究。三是广泛开展法制宣传。围绕和谐社区建设，加强物业管理政策法规宣传。围绕服务民生，加强行业法律法规宣传。在积极做好对社会广泛宣传教育的同时，组织干部职工主动深入基层，送法上门，宣传房管政策和措施，讲解住宅建设、动拆迁、房屋买卖、房地登记发证、物业管理等急需的业务知识。

（十三）青浦区

青浦区建设和交通委员会

刚刚过去的一年，是青浦新一届政府开局之年，也是加快推进“一城两翼”建设重要之年，区建设交通委认真贯彻落实市委市政府五个“更加注重”的工作要求，全面落实区委四届二次全会精神，积极按照区政府的总体部署，围绕建设“绿色青浦”的总体目标，加快实施以“一城两翼”建设为重点的市政基础设施建设步伐，努力推进以大型居住区为主的民生工程，巩固建筑市场整治成果，不断深化行业服务领域的科学化社会管理，增强巩固队伍建设为主线的事业平稳发展，为建设生态宜居的现代化新青浦作出贡献。在全委广大干部和职工的共同努力下，抓住重点，积极展开，认真落实，有序推进，全面完成年初下达的各项工作计划和目标任务。

一、完善和提高以“一城两翼”为重点的市政基础设施建设

（一）确保在建项目按时实施

2011年3个在建项目的实施情况：崧泽大道（胜利路——赵重路）白改黑工程，全长7.84公里，总投资21216万元，该工程2011年7月开工建设，去年12月底全面建成并竣工验收。朱枫公路四期（老松蒸路——大蒸港桥）新改建工程，全长5.4公里，其中青浦段5.1公里，项目总投资22434万元，该工程2011年8月开工，于去年8月24日竣工通车。外青松公路南段（G50出入口——松江区界），全长5.4公里，总投资37915万元，已完成工作量28159万元。该项目因前期动迁因素从去年5月复工建设，目前正在石灰土处理、道渣填筑、桥梁桩基施工等。

（二）认真推动项目前期准备

八个道路建设项目前期工作：蒸俞路（省界——老朱枫公路）新建工程，全长2.98公里，计划投资11700万元，去年12月底进场开工。秀横路S26胜利路出口，施工、监理的招投标已完成，正在进行开工准备。秀横

路油墩港桥，全长1公里，总投资16851万元，工可文本编制已完成，勘察、设计招投标完成，红线调整公示已结束，正在办理土地批次。复兴路向南延伸和沈砖公路向西延伸新建工程，初步设计申报待批阶段，正在办理供地方案。青赵公路西大盈港桥，全长1.1公里，总投资11000万元，完成项建书和选址意见书批复，环评手续上报报批，设计招标已完成，正在进行土地测绘工作。城中北路向北延伸（盈港路——崧泽大道），全长1.645公里，计划投资23256万元，工可阶段，环评编制上报待批，勘察招投标，土地测绘完成，正在进行土地预审。青松路（城中东路——外青松公路），全长1.53公里，计划投资33500万元，预可阶段，正在进行方案讨论，着手编制项建书。

（三）积极开展西虹桥配套道路筹备工作

国家会展中心相关外配套市政基础设施项目，是区政府的重点工作，由青浦区承担的8条道路，目前正全力以赴地做好有关筹建工作。目前较为成熟的规划六路（诸光路——崧泽大道），全长0.83公里，总投资6535万元，项建书已批，环评已评审，工可文本完成待评审阶段，其余七条道路正在进行摸底和方案研究，其中诸光路（天山西路——沪青平公路），全长3.4公里与崧泽大道（规划二路——涞港路）全长1公里拓宽工程已完成项建书；盈港东路（华徐公路——涞港路）全长3.5公里，方案已确定正在编制初步设计文本。

二、启动和完成一批大型居住区外围配套道路

青浦区承担的大区配套道路建设有6条，目前情况：徐乐路（北青公路——盈港路），全长3.51公里，其中一期工程于去年初已完成；二期工程（纬三路——崧泽大道）全长1.06公里，总投资12373.9万元，该工程于去年8月开工建设，正在进行雨污水管、道路和桥梁桩基施工；三期（崧泽大道——盈港路），因轨交17号站点问题，现暂缓实施。纬一路（徐乐路——嘉松公路），全长1.36公里，其中一期工程已于去年初完成，二期（经一路——嘉松公路）工程，初步设计待批阶段，现因动迁量大、异地安置难等问题暂缓实施。盈港路四期（嘉松公路——山周路）新建工程，全长5.34公里，总投资52567万元，该工程于去年5月开工建设，桥梁桩基施工、道路清淤，完成道路浜塘处理；盈港路五期（汇金路——山周路）新建工程，全长1.71公里，总投资54132万元，目前扩初已批复，50万伏高压铁塔升塔工程已完成，正在办理镇保和征地包干手续，因轨交17号线的因素，后续工作暂缓开展。山周公路（沪青平公路——泗陈公路），全长4.6公里，总投资76561万元，工可已批复，完成施工招投标代理单位招标工作，同时完成土地预审，正在办理土地批次。佘北公路（沪青平公路——松江界）全长1.1公里，总投资12596万元，初步设计已批复，正在进行施工、监理招投标工作，土地批次完成。嘉松公路南段（沪青平公路——松江界），全长4.2公里，总投资27616万元，初步设计已批复，施工、监理招投标结束，去年12月底进场开工建设。

去年区建交委积极争取、配合市建设交通委318国道上跨嘉松公路与G50赵巷出口扩建改造项目以及318国道青浦绕城公路入城段改线工程的方案协调和前期准备工作。

S26沪常高速公路东段工程，已于去年9月份施工，区建交委会同有关镇开展前期动迁腾地工作，累计完成民房动迁200余户，中小企业动迁20余家，各类苗木近500亩，蔬菜大棚200余亩，鱼塘100亩，完成前期动迁补偿及农民镇保和土地费4.5亿元，确保了全线建设的顺利进行。

三、提升和巩固天然气供应区域和用户范围

商榻天然气主干管管线工程总长6.81公里，总投资1910万元，前期手续已基本完成，已开工建设，去年完成3公里的管线铺设。青浦中压天然气管道检验工程192公里，投资247.2万元，于去年8月初开始，11月中旬完成检验工作，12月中旬出具检测报告。青浦燃气厂开罐检验工程，特种设备开罐检验及储罐附属设施的选型、安装等工作，已于去年8月底完成。2012年，天然气用户发展5326户。现有天然气用户87558户，同比增长3%，天然气销售7931万立方米，同比增长25%。人工煤气用户发展3053户，现有人工煤气用户16551户，同比增长18%，人工煤气销售1562万立方米，同比下降8%。液化气用户发展7856户，现有液化气用户211142户，同比增长2%，液化气销售15061吨，同比增长3%。

开展对全区液化气市场的整治执法，先后执法62次，出动158人次，取缔非法经营窝点42处，查处液化气钢瓶1777只，行政拘留63人,3人被依法追究刑事责任。煤气所积极服务用户，完成安装表具4004只，灶具修理645台；去年对全区天燃气用户进行安检工作，计划安检数37000户，全年上门安检户数为43000户；煤气所应急中心出警313次，其中天然气124次、液化气110次、其他79次，发出违章施工告知书75张。

四、办好和做实危旧房改造等实事工程

农村低收入户危旧房改造工作是今年区政府的实事工程，2012年全区农村低收入户危旧房计划改造共30户，其中27户翻建，3户修缮，投入资金256.5万元。另有14户作为2013年的计划提前实施，即翻建5户、修缮9户。去年4月中旬召开了危旧房改造推进会，期间多次到有关街镇督促和检查开工建设情况，11月初对任务量较大的白鹤镇、金泽镇进行了验收，12月底已全部完成竣工验收备案工作。

根据市政府有关文件精神，“十二五”期间，青浦区将完成786座农村桥梁的改造工作，为此区建交委拟定了《青浦区农村桥梁改造实施办法》上报区政府并于去年9月28日批转实施。去年区建交委计划改造农村桥梁138座，其中乡村公路桥梁18座、村内桥梁120座，各镇、街道正在办理相关前期手续，近阶段已陆续开工组织实施。

五、巩固和深化行业服务的科学化管理

2012年建筑行业受理报建项目484个，总投资266.57亿元，总面积462.73万平方米；施工许可242个项目，总面积415.76万平方米；竣工备案项目183个，总面积328.11万平方米；目前在建项目285项，比上年同期减少0.35%，面积853.5万平方米，比上年同期增加5.03%。报监工程395项，建筑面积496.3万平方米，总工程量131.2亿元。在原有实施施工招投标基础上，2012年起勘察、设计、监理招投标下放到区实施。完成公开招标项目191个，中标额43.93亿元，总面积110.53万平方米；邀请招标项目47个，200万元以下小型招标项目234个，公正度评价项目191个，完成后评估7项。组织评审区级优质结构工程61个，推荐市优质结构18个、区文明工地36个，市级文明工地11个，申报节约型工地29个，白玉兰工程10项等。办理墙体材料核定手续的建设项目共156项，建筑面积372.5万平方米，比上年同期增加48.6%，其中使用新型墙体材料建设项目146项，建筑面积344.3万平方米，部分使用粘土砖的项目10项，建筑面积28.2万平方米，征收粘土砖专项资金163.2万元。办理散装水泥核定手续的建设项目156项，其中全部使用预拌砂浆59项，部分使用的97项，征收散装水泥专项资金34.95万元。巩固建筑市场整治成果，不断完善长效机制，实行建设管理全覆盖，去年区建交委拟定了《青浦区“六无”工程处置办法》等四项新制度，已经过相关部门的讨论和区法制办的审核，正在完善修订中。加大对保障性住房的安全质量监管力度，成立大型居住区项目专管监督组，开展了对工程“飞行监督计划”，实施关键岗位动态监管记分制、争先创优制度，提高建材抽检面的比例，完善住宅工程分户验收制度。去年5月，青浦区通过了国家住建部开展的保障房质量检查。逐步建立起市政公路工程的监管工作，通过成立市政工程监管小组、业务培训、制度制定、实施监管等手段，有效地提高了市政公路工程监管质量。积极开展文明施工，在全市文明施工测评中获得全市郊区前列的好成绩。

认真落实公路养护工作，2012年安排区管公路养护当年总投入16280万元，目前已完成14032万元，占当年总投入的86%；县道技术状况指数MQI为87.48，优良路率91.14%。开展新一轮日常养护招投标工作，区管公路养护招投标于去年9月20日完成；开展对208座县道桥梁定期检查，并于去年9月底完成。市政养护计划投入2380万元，目前完成2060万元，占日常养护的87%，市政道路综合完好率达92.1%。对淀山湖新城公司建设的市政项目进行相关养护管理的移交工作，目前已办理手续的有26条道路和二座桥梁。全年安排农村公路养护总投入24612.84万元，实际完成13063万元，完成率53%。为迎接十八大召开，开展人行道及附属设施整治工作，对人行道、路面、车行道、路名牌等整修整理工作，其中区管公路整治人行道2424平方米、车行道34472平方米、路面积水点改造449米、增设路名牌218套；城区市政道路整治人行道3200平方米、车行道8500平方米、护栏整治50米、增设路名牌61套，已于10月底完成。公路应急中心全年接报处理1055次，出动应急处置493车次，人员1651人次。

燃气行业积极开展安全管理，认真开展“科学发展、安全发展”为主题的安全生产月活动，精心组织，通过观摩朱家角液化气供应站的先进安全管理模式，有力推动了科学管理、安全发展、保障供应的工作。举行了“2012年燃气管道泄漏应急预案演练”，进行了“勤练兵、熟技能、保供气”的技能大练兵实战演练活动，进一步提升专业业务水平，提高紧急应变能力。在保护燃气管线安全运行中，不断对燃气管线加强巡检，对所有输气设备进行安全检查、维护保养，查处损坏燃气管线的行为，确保管线设备安全运行。

2012年公路、建管、燃气行业抗击“苏拉”、“达维”、“海葵”台风袭击，认真组织值班、抢险、人员撤离工作为成功抗击台风做了大量的工作，有效检验了各行业的应急抢险能力。

六、确保和推进事业发展必须的队伍建设

去年事业单位改革涉及建管所和招标办，建管所机构调整、人员扩编方案获区机构编制委员会同意，完成了三定方案和机构设置调整工作，已接收墙散办的业务、机构和成员，招标办也将并入，目前正在进行班子考察配备工作。经区编委批准，区建交委到同济大学定向招录工程建设专业人才，当年实际录用2名。根据市政府的决定，自2012年1月1日起，本市取消贷款道路建设车辆通行费，征稽所认真执行上级相关政策，一是对120名劳务人员进行了清退分流工作，市、区、委多次接待劳务人员的上访，耐心细致地做好思想工作、政策宣传、问题解答，对于提出的一些具体问题，经多方协调，按照相关政策予以落实，目前其后续工作已基本处置完成；二是做好退费工作，办理退费17599笔，发放退费告知书20000份，退费金额1138.39万元。三是积极做好固定资产看护、票证及账册等核销归档工作。自2000年公路市政管养分开后所遗留问题，在区委、区政府领导的大力支持下，在各区有关部门的积极配合下，委积极拟定相关操作方案，经过多次协商，使这个老大难问题得以初步化解。

七、加强和丰富党建及政务公开工作

不断充实党委中心组学习计划，结合区建交委行业特点，开展形式多样的学习活动，今年举办了信息公开与安全管理培训，开设了“学习——让人生更精彩”系列讲座，共举办四次讲座。今年2月委开通了“温馨提示”短信服务平台，围绕反腐倡廉、道德修养、业务建设、争先创优等，每周向活动对象发送1条短信。组织开展了“严纪律、树形象，优服务、重实效”活动，活动对象覆盖委与基层党政班子成员、机关科室负责人、行政执法人员、窗口服务人员、项目管理人员和全体共产党员共264人。通过结对联系、公开承诺、教育培训、检查评比、创先争优和征文演讲，提升全委干部职工的精气神，区建交委积极探索党建带工建、带团建、带妇建及带机关建设的模式，在党员中，开展了“忠诚、敬业、廉洁”主题学习交流活动；在行业中，会同区总工会联合开展了“建设一城两翼、打造宜居城市”建筑行业职工劳动竞赛活动；在青年中，开展了“无私奉献、闪耀青春”志愿者服务活动；在妇女中，开展了巾帼文明岗创建系列活动；在机关中，积极参加区机关干部健身大会，和“喜迎十八大、颂歌献给党”大合唱活动。规范干部选拔程序，年内选拔科级及以下干部4名，并结合开展部分干部调整。开展党支部“分类定级、整改提高、晋位升级”工作，开展“五型支部”创建，党务公开工作常态化。召开了建筑行业第一届第一次职工代表大会，推行了区建筑行业集体合同平等协商工作；加强统战工作，成立了区知识分子联谊会建交委分会。

认真开展机关作风建设和政风行风建设，调整完善了政风行风建设领导小组，设立办公室，配备专职人员。召开党风廉政建设暨政风行风建设推进会，重新调整了委社会监督员队伍，拟定了2012年政风行风工作要点；今年建立了委工作风貌检查小组，对所属的8家单位和机关9个科室进行定期检查。窗口单位认真落实首问责任制，推动并联审批，提高行政审批效率。各单位以不同的形式开展作风建设，煤气所认真开展警民共建活动，征稽所以“五比五赛”开展退费清帐工作；公路工程公司开展创建市级文明单位和立功竞赛活动等，有利于提升区建交委的工作效率和行业形象。

区建交委高度重视政务和信息公开工作，认真办理四届一次人代会代表书面意见20件，其中主办12件、协办8件；四届一次政协会议委员提案21件，其中主办9件、协办12件，目前办理工作已基本完成。积极处理来信来访，今年处理人民来信215件，其中区信访办转来137件，委信52件，其他单位转来23件。全年共接办行政投诉4件；国庆节后启动“12345市民热线”接单5件，及时办理率100%。认真做好保密工作，并开展日常保密教育，完善保密制度，主动公开政府信息82条。凡涉及公众利益的燃气停检、掘路封桥等措施，提前网上公示；凡重大项目、重点工作、重点环节、重要活动及民生工程，及时向社会告知，通过电视、报纸、设摊、座谈等形式，加大对外宣传力度。2012年起，区建交委在青浦报开设青浦建设专栏每月增加为二期；6月20日又通过“绿色青浦”政务微博，举行了“建设促发展、服务惠民生”为主题的微博访谈，90分钟有7万点击率，直面网友，接受提问、答疑解惑、征求意见，委政府网站全年对外发布信息521条。积极受理拖欠农民工工资纠纷133批次，涉及人员2997人，金额3007万元。全区建设工程设计文件受理审批项目136个，总体设计文件审查项目125个。

2012年全委广大干部职工勤奋工作，取得了一定的成绩。同时我们应该清醒的看到，在为促进青浦经济社会发展中，我们的建设、管理、服务还面临着不少新情况、新问题。主要是：推进全区重大基础设施建设与前期动迁、手续申报之间的突出矛盾；实施重要工作和重大工程与时间节点、工作压力之间的矛盾；项目建设和行业管理同专业队伍、人才缺乏之间的矛盾；农村公路桥梁的管理养护、征稽行业的转型和道路路政执法等行业改革亟需进一步理顺明确；建设工程区、镇街道两级管理体系需加快建设；行政审批如何更好地适应推动青浦经济创新转型发展；服务民生工程进一步做细做深，使老百姓得到更多的实惠；干部队伍的建设、专业人才培养还需加大力度。对此我们必须高度重视，积极面对，研究对策予以解决。

（十四）松江区

松江区建设和交通委员会

2012年是党的十八大召开之年，是实施区“十二五”规划承上启下的重要一年。区建交委在区委区政府的正确领导下，坚持创新驱动、转型发展总方针，围绕年初制定的目标任务，以“求进、求变、求真”为理念，积极推进基础设施建设，不断提高城市管理水平，着力加强党风廉政建设，努力促进松江经济社会发展。

一、克难求进，基础设施建设有新突破

2012年，共承担了10多项市、区级重大工程，工程体量大、时间紧、难度高，全委上下齐心协力、砥砺奋进，按照时间节点全面完成了各项工作任务。

1. 市重大工程推进顺利。沪杭客专的前期动迁工作顺利完成，累计协议动迁436户居住户、122户非居住户；金山铁路工程两次组织实施保护性施工工作，确保大叶公路北半幅立交建成交付使用，松江段全线累计完成199户居住户、124户非居住户的协议动迁；100万伏皖电东送工程完成28户居住户的协议动迁，保障了7基铁塔的建设；50万伏练塘线工程全面完成230户居住户、45户非居住户的协议动迁，已通电运行；22万伏练塘变电站南出线工程已完成55户居住户的协议动迁；金山铁路改建工程四个站点配套设施建设全部完成，保证了9月底载客试运营；65米望远镜项目已在协调落实后续供电、燃气、污水、自来水等配套费用，确保项目尽早建成启用；嘉闵高架动迁工作已完成土地权属初勘。

2. 路桥建设取得突破。全年完成区资金计划量113%，土地计划量100%。着力推进大居外围配套设施建设，上一轮大居外围配套即沪松公路、刘五公路和古楼路，均已开工建设。本轮大居外围配套，松江区承担8条道路、4个供排水、3个交通枢纽共15个项目。目前15个项目中，已完成嘉松南路1条道路及泗泾洞泾基地1个排水配套项目，其余项目工可已完成。积极推进区与区对接道路建设，松卫公路已建成通车；大叶叶新公路、沪松公路（A5－嘉闵高架）已开工建设；辰塔公路、申北四路正在前期推进。有序推进区重点工程，卖新公路改建、松蒸公路拓宽、辰塔路南延伸、北松公路拓宽均已顺利完成前期报审及招投标工作，开始施工；人民南路上跨铁路立交桥已开始打桩；林荫新路已全面开工，公用管线搬迁基本完成；花园路正在前期推进。同步推进其他重点项目，文翔路—联阳路跨沪杭高速工程已建成通车；大塘桥改建工程、中山西路整治工程已基本建成；广富林路油墩港桥、城东汽车站改造工程正在顺利推进；辰塔路黄浦江大桥工程已开工建设，目前泖港段绿化迁移工作全部完成、桩基已在施工，石湖荡段901码头场内大桥基础已在试桩施工；九新公路改建工程经过多方努力，已初步解决闵行自来水厂管线搬迁问题；千新公路接G50专项红线规划调整方案已报市局审批通过；

经协调市里基本形成增设G15-车墩匝道和S32-玉树路匝道意向；前瞻思考城市交通路网，初步完成《松江新城快速交通规划研究（2012~2020）》；农村危桥改造18座全面开工。

3.燃气基础设施建设有序展开。继续推进松江天然气第二门站建设，前期报批手续已全部完成。认真督查两个大居的天然气管道建设，佘北大型居住社区规划燃气市政管网建设7条道路已开工5条；泗泾大型居住社区规划燃气市政管网建设21条道路现已开工13条。泗泾大型居住社区住宅配套5个地块，已开工3个。继续推进老城区天然气改造工程，全年共计完成680户。

4.无障碍设施建设稳步推进。全年共完成：盲道10.563公里、缘石坡道113个、轮椅坡道约700米、扶手约1500米、提高型无障碍进家庭50户、普通型无障碍进家庭200户，工程审价金额380万元。全年通过施工前实地考察、规范设计，施工后重点调查、随机抽查等手段，严格控制无障碍设施工程质量。

二、创新求变，城市管理有新举措

2012年，全委坚持“以人为本、安全为先”的管理方针，积极构建新思路，努力探索新方法，不断尝试新模式，进一步提升城市建设管理总体水平。

1.加强建筑市场规范整治。以管理系统化、精细化为目标，全面规范整治松江区建筑市场，确保松江区建筑工程质量总体受控。全年，审核发放施工许可证302个项目，办理竣工验收备案1401个单体。共开展10余项检查及专项整治行动，检查项目2133个，出动8532人次，在建在监工程检查覆盖率100%。建筑工地安全死亡事故实现连续八年的稳步下降，全年死亡事故1起，死亡1人。注重民工权益维护，全年协调解决民工工资款2946.62万元，调解成功率94%。启动建设工程远程监控工作，全区13个建设工程远程监控试点项目全部正式投入运行。

2.加强路桥管养维护。全面完成区路桥维修管养年度计划。完成公路养护货币工作量1.98亿元（其中补贴农村公路4322万元）；完成市政养护货币工作量2898万元，同比增长16%；完成嘉松南路大修工程、6条区管道路中修工程、5座城区桥梁桥接坡中修工程；完成农村公路大中项目18个；完成人行道整治5万多平方米；市政设施管养年终完好率巩固稳定在91.30%以上。

3.加强燃气安全监管。一是加大安全检查力度，开展了供应站点专项安全检查、高温季节储运灌装站安全检查、台风汛期安全检查等，督促企业落实安全措施，确保各站点安全供气。全年，共出动检查156人次，检查站点104家，发出整改通知书13份。二是加大科学技防力度，启动燃气监管视频监控系统工作，在全区7个重要站点安装全天候视频监控系统。启动液化气钢瓶电子标签管理的软件开发工作，进一步充实和完善电子标签的信息管理功能。三是加大宣传教育力度，全年开展了燃气安全宣传活动10次，发放宣传资料11900份，联合四街五镇发放燃气安全常识及警示案例汇编材料67800份。

4.加强稽查执法。建筑工程领域，开展了打非治违专项行动，采取交叉检查、明查、暗查与差别化检查等方式，共出动1678人次，检查建设工程429个，违规立案33起，处罚金额52.5万元。燃气市场领域，全年共开展联合执法行动136次，查获“黑气”销售窝点134个，收缴液化气钢瓶4270个，协助公安部门破获3起非法经营液化石油气案件。路政管理领域，公路路政方面，全年共检查车辆325辆，查处17辆，处罚10500元；城市路政方面，全年处理人行道上堆放建筑材料32起。

5.加强招投标监管。全年公开招标项目242个，同比增长20.97%，施工公开招标率94.52%，查处补办项目23个。坚决遏制非法转包、违法分包现象，实现所有公开招标项目网络化即网上公开发布招标信息、网上投标报名、网上公示中标结果，切实做好招投标公正度评价及标后评估工作，有效遏制招标后随意变更设计从而增加工程造价的现象。全年共签署留税三方协议33份，实现税收3519.05万元，为本区经济做出积极贡献。

6. 加强审批制度改革。全年建设工程初步设计审批和总体设计文件审查均为受理123件，批复111件。重点开展了四项工作：一是优化审批时限，再次成功压缩工业项目的设计文件审批时限，将原本“5+10+5”的时限优化为“3+7+2”，整个流程再缩短8天。二是严格审批程序，按照12个工作日的工业项目设计文件审批时限进行操作，保证区66个重点项目顺利、快捷办结；三是健全工作机制，逐步健全新成立的竣工验收并联服务中心各项工作机制，发文实施《松江区产业项目竣工验收并联服务操作规程》。四是编制审批项目，积极配合区审改办编制“松江区产业项目行政审批业务手册”，涉及区建交委14个项目均已编制完成，已报区府并在委系统内正式签发启用。

7. 加强节能减排。加大对区属粘土砖和预拌砂浆生产企业的动态监管，加强生产企业产品质量检查；落实新型墙体材料专项基金征收的转化工作，制定《松江区新型墙体材料专项基金缴款实施细则》，确保实现墙材专项基金新老办法平稳过渡；启动建筑节能监测平台筹建工作，已完成《松江区国家机关办公建筑和大型公共建筑能耗监测系统平台设计方案》。

8、加强机关制度建设。一是加大政务公开力度，全年公开工作动态、党建类信息共计500条，向区府、市建交委、有关新闻媒体报送信息193条。同时，做到职能、机构公开上墙，重要信息即时公开。二是认真落实会计核算体制改革，建立零余额核算平台，成功清理财政预算资金银行账户、财政结余资金和往来资金等，认真完成财务报决算、项目审计、财务预算编制等工作。

三、务实求真，党建工作有新成果

2012年，全委以“基层组织建设年”为契机、以创先争优为载体，着力夯实党建工作基础，巩固党建工作成果。

1. 稳扎稳打做好基础工作

积极慎重做好发展新党员和预备党员转正工作。全年发展党员6名，转正11名，列为入党积极分子30名。重点加强对入党积极分子的教育和培养，组织21名入党积极分子进行学习、培训。切实抓好党费收缴、管理、使用工作。坚持按照规章制度及时上缴党费；坚持以专人负责、单立账户、专款专用的形式管理党费，坚持以书面报告、会议说明或张榜公布的形式对党费使用情况进行定期公开；坚持以“统筹安排、量入为出、收支平衡、略有结余”为原则，落实党费的使用工作。认真执行“三会一课”制度。定期督促检查基层党组织的“三会一课”和中心组理论学习，按时做好党支部工作手册、党员活动证等填写登记工作。

2. 全心全力推进专项工作

以“基层组织建设年”为抓手，以增强党组织工作有效性为重点，以联系服务群众为核心任务，全面推进党建工作。一是制定并下发了《关于在创先争优活动中加强党的基层组织建设的意见》；二是召开支部书记专题部署会议，各基层党支部（总支）召开动员大会积极落实相关工作；三是采取多样化的学习方式深刻领会中央、市委和区委关于在创先争优活动中开展基层组织建设年的指示精神，深入学习《中国共产党党员领导干部廉洁从政若干准则实施办法》等文件材料，组织观看《人民的好儿女》、《忠诚与背叛》等电视、电影。

以“分类定级”为抓手，督促基层党组织及时发现问题、分析问题、解决问题，提高党建整体水平。一是开展了自查自评、复核审定等工作，最终确定3家基层党组织为“好”，5家基层党组织为“较好”。二是开展了巩固提高工作，在分类定级的基础上，基层党组织对照分类定级标准查找存在问题，分析问题成因，8家基层党组织共制定整改措施25条，按照具体时间节点落实整改，切实加强分类定级工作的实效性。三是开展了总结完善工作，认真总结分类定级工作经验，抓好党建工作制度化建设，形成党建工作长效机制。

3. 有声有色开展特色工作

在委党委的牵头带动下，各单位结合实际开展特色品牌工作。公路署继续以“阿汤说路”品牌为抓手，做好《阿汤说路》专栏、《阿汤说路》明信片、“乐行松江”微博和“阿汤说路”服务队工作，全方位听取民情民意，切实为群众排忧解难，不断提升市民对松江区公路及市政道路管养工作的满意度，连续5年获得市级文明单位称号。建管署深入开展岗位廉政风险防控工作。党政班子与科室和职工签订责任书，形成一级抓一级、一级对一级负责的模式。同时建立权力运行制约机制，进一步理顺、明晰各科室职责权限、运作方式和审批办法。在2012年7月开展的松江区基层党建特色工作创评展示活动中，建管署党支部的“岗位廉政风险防控”荣获“特色工作方法”优秀奖。燃气所通过“燃气安全进社区”、“燃气安全进学校”等活动宣传燃气安全知识，努力打造松江区安全用气的良好环境。审查中心紧紧围绕行业特点开展党建工作，积极主动地做好信息公开、审改宣传工作，扩大并联审批知晓度。凯达公司以“化零为整”模式对机构和干部队伍进行调整，促进公司更好更快发展。“两新”组织在发展经济的同时，按照“五有”标准认真开展党建工作，进一步增强职工的创造力、凝聚力和战斗力。

4. 再接再厉深化重点工作

继续加强班子建设。一是注重理论学习，切实加强班子的思想政治建设。委领导班子通过党委中心组学习、专题报告会、民主生活会、集体研讨会、专题知识讲座和个人自学等多种方式，精细研读党的理论著作，深刻领会党的十八大精神，不断提升政治理论素养。同时，坚持理论与实践相结合，积极把所学的理论知识运用到全委的实际工作中，增强了学习的实效性。二是注重团结协作，充分发挥班子的领导核心作用。坚持集体领导与分工负责相结合，既明确规定每个领导成员的职、权、责，又倡导团结、协调、务实的工作作风，促使每位班子成员都能摆正位置，处理好集体领导和个人分工负责的关系，能够做到围绕中心抓重点，服务全局促协调；认真贯彻落实民主集中制原则，坚持用民主集中制来规范班子成员的思想和行为，凡是关系到全局工作和重大决策以及人民群众普遍关注和反映强烈的问题，都经过党政班子会议等相关程序进行集体研究讨论，切实推动了决策民主化和科学化。

继续深化党风廉政建设。一是有力推进专项治理。开展了深化工程建设领域突出问题专项治理、收送礼金礼券购物卡专项治理“回头看”等工作；推进了工程建设项目信息公开和诚信体系建设；规范和治理本区行政机关、事业单位经营服务性收费。二是认真检查民主评议基层站所。指导基层街镇（园区）的13支路政中队开展了民主评议基层站工作。由区纠风办对全区的13个路政中队迎评工作进展情况进行监督检查，并提出意见和建议，确保评议工作取得实效。三是积极做好来信来访工作。把查办违纪违法案件作为最基本的职责、最基础的工作、最有效的监督。全年共接受信访举报3件，其中检举控告3件，对2名党员干部进行了诫勉谈话，立案1起，开除党籍处分1人。四是认真开展宣传教育。全年开展了岗廉教育、警示教育、“廉内助”教育等多项活动。重点加强谈话教育，对年初新提拔的21名科级干部进行了任前谈话；对基层党政班子领导干部12人进行了廉政谈话；对群众来信来电反映且可能出现腐败问题的党员干部5人进行了诫勉谈话。

继续拓展群团建设。委工会以服务职工为主旨，以提升素质为重点，以创新文化为活力，充分发挥工人阶级主力军作用；委团委以岗位立功、岗位成才为抓手，充分发挥青年生力军作用；委妇委会以爱岗敬业、凝聚家庭为出发点和落脚点，充分发挥女工“半边天”作用；委信访办以化解矛盾纠纷为主线，委综治办以社会治安综合治理和平安单位建设为重点，共同发挥社会维稳作用。

回顾一年来的工作，所有成绩的取得都是全委职工顽强拼搏、共同奋斗的结果，是广大党员干部脚踏实地、扎实工作的结果。在总结成绩的同时，我们也清醒地看到各种风险和挑战的存在，从工程建设来看，面临着资源、环境和人口压力不断增大的社会深层次矛盾；从城市管理来看，建筑市场整治、燃气安全监管、工程招投标管理等多个方面的长效机制还有待完善；从党的建设来看，少数党员干部宗旨意识比较淡薄，形式主义、官僚主义现象依然存在。

我们坚信，在党的十八大精神指导下，在区委区政府的坚强领导下，全委干部、职工一定会坚持以邓小平理论、“三个代表”重要思想、科学发展观为指导，继续统一思想、坚定信心、奋勇拼搏，为建设环境优美、宜居乐业的现代化新松江而努力奋斗！

松江区绿化和市容管理局

今年以来，区绿化市容局绕创新驱动、转型发展的要求，坚持稳中求进工作主基调，聚焦重点抓落实，全面推进促发展，确保了年度各项工作任务按时间节点有效落实，保持了全局系统平稳发展，绿化市容管理和城管执法的基本面始终处于稳控有序状态。主要工作和成效体现在以下六个方面：

1. 党建工作的基础有了新的加强。围绕“基层党建年”的目标要求，广泛深入开展创先争优活动，认真贯彻落实党风廉政建设责任制，积极推进党务公开工作。在领导班子内部努力营造“靠目标凝聚共识、靠沟通增进理解、靠任务提神鼓劲、靠自律维护人格、靠工作相互促进、靠形象带动影响”的这“六个靠”的环境氛围。通过健全基层党组织以及对基层班子成员的调整和培训，基层党组织的堡垒作用明显增强；通过加强学习轮训和教育管理，党员和干部队伍的积极性明显提高；通过注重对群团组织的领导和指导，全方位开展行业立功竞赛和首届职工文化艺术节系列活动，干部职工的进取拼搏精神明显体现。目前，今年局系统在参加市、区两级组织的各类评比竞赛中有51个项目、83人次受到表彰奖励。

2. 绿化市容管理的整体水平有了新的提升。围绕“绿得更加合理、绿得更加自然、绿得更加人性、绿得更加经济”的要求，对程十发艺术馆、岳阳文化广场等重要场所、重点地块的绿化布局作了调整；通过全面推行“五个一点作业法”，加大养护质量考核力度，以高分顺利通过了市级园林城区的复评，绿化技能比武在全市取得了比较好的成绩。扎实抓了国家卫生镇、市容环境责任区的达标创建、示范镇的创建以及标准化示范路段的创建等活动，新桥镇、九亭镇创建国家卫生镇复审工作已通过国家级验收，洞泾镇创建市容环境责任区部分工作机制通过市级考核，60条标准化示范路段创建及复查工作有效推进。广泛开展纪念环卫60周年劳动技能竞赛等系列活动，设立了上海市首个“环卫工人日”，推行了关爱环卫工人五年保障计划，深入开展“迎十八大、进一步优化城市环境”的“五项”专题整治行动，使市容环境的整体面貌在巩固中有了新的提升。今年上半年，松江区公共厕所管理在全市评比中获第一名，市容环境质量在全市综合考评中获郊区第一名。

3. 拆违工作的实效有了新的突破。全区按照全面遏制新增违法建筑、逐步消除存量违法建筑的原则，通过坚持露头就打，加强源头遏制，推行属地化运作，形成协作推进合力，落实绩效考核挂钩机制，加大诫勉问责力度等一系列措施，重点拆除了九亭花卉基地违法用地上的违法建筑，以及泖港镇叶新公路3750号、新桥镇金都西路777号、800号、新浜镇白陈公路及新绿路969弄、岳阳街道中山二路恒凯宾馆等新增违法建筑。今年全区拆除违法建筑的指标是12万平方米，截至11月底，全区已经拆除违法建筑213894.1平方米，其中拆除存量违建145810平方米，比去年同期增长130.9%；拆除新增违建68084.1平方米，同比增长64.8%。期间，没有发生一起伤亡事故和群体性事件，做到了规范、平稳、安全拆违。8月初，全市拆违办主任会议在松江区叶榭镇召开；8月底，松江区在全市召开的拆违工作大会上介绍了经验。

4. 城管规范文明执法有了新的进步。坚持“内强素质，外树形象”的工作方向，在城管执法队伍中开展了以“严明纪律、改进作风、规范执法、重塑形象”为主题的百日作风纪律教育整顿活动，重新完善并明确了城管“六条禁令”，制定了《城管执法人员行为规范手册》、《加强城管辅助执法人员管理规定》、《城管大队岗位目标管理考核实施细则》，初步摸索形成的“靠使命励志、规章约束、环境熏陶，着力提升城管执法队伍建设水平”的经验做法得到了市局的肯定和推广。结合城管大队单立，召开队伍建设大会，在狠抓队伍思想作风建设的同时，全面加强对城管执法的计划性、规范性和实效性的监控，既保证了执法力度无减还增，更确保了执法界面的理性平和。城管在参加全市城管执法系统的竞赛活动中，先后获得队列会操第三名、法律知识竞赛第二名、文艺汇演第一名。在上半年上海市城管执法社会公众满意度测评中获郊区第二名、全市第五名的历史最好成绩。同时，配合相关部门和地区先后规范有效地完成了大联动行动、佘山专项工作、垃圾焚烧项目引发的群体性事件处置、涉日抗议活动应对保障、重大工程保护性施工、城市文明指数测评、抗击台风“海葵”，以及“12345”市民服务热线的开通工作，为稳护社会稳定做出了新的努力。另外，加快网络化管理工作转型，加大对轨交站点的市容管理力度，确保了城市管理工作的规范有效。

5. 重点工程项目建设有了新的成效。制定了《工程项目管理手册》，强化领导，规范程序，确保质量。今年区发改委安排的7个重点项目，局内部新建续建的6个项目，目前除沈砖公路绿化项目因规划建设有轨电车而缓建外，其余项目年内均可开工，并按时间节点推进。加快推进生活垃圾末端处置设施建设。一方面进一步完善现有固废厂的工艺技术，解决近期垃圾处置压力大的矛盾；另一方面加快推进与青浦合建的“上海天马生活垃圾末端处置综合利用中心工程”项目的建设，从根本上解决生活垃圾处理的长远问题。目前，属于松江区担负的前期工作已按节点到位，等青浦区相关工作到位后同步推进。加大垃圾分类减量工作推进力度。在巩固去年44个居住区、5家单位试点成果的基础上，今年新拓展的100个小区和100家单位试点工作有序推进，11月底前已全面完成。区委、区政府高度重视，主要领导和分管领导多次亲临现场检查指导，区人大、区政协也把这项工作列为今年的重要议提案，并先后进行了视察和调研指导。目前，松江区日均清运量为1145.77吨，同比减量5.16%，超额完成5%的减量目标。加强对填埋场、固废厂垃圾异味的控制。固废厂500吨焚烧炉升级改造项目受阻后，我们及时邀请多地专家，经过反复研究在填埋场选择采用了沼气收集燃烧工艺，使垃圾异味控制达到了预期效果。同时，在市局的支持下，从9月28日起启动了垃圾外运老港的方案。随着固废厂整改提升工作逐步到位、10月底垃圾残渣外运正常化，年内开始对填埋场实施封闭、生态修复，垃圾处置和异味扰民的压力已明显得到缓解。

6. 系统规范运行有了新的起色。根据局职能综合运行的实际需要，扎实抓了经常性基础性工作，理顺了一些工作关系，整合了部分资源，建立了一些新的工作机制，使全局系统在变动调整中、在建章立制中逐步走上规范。如，实行了“两办合一”式的办公室统筹分办机制，形成了全系统、全方位、全时空的综合督察机制，建立了局系统财务内审机构和机制，建立了局工程项目领导小组，设立了综治信访安全办公室。同时，为了配合区政府做好应急管理和城市管理相关应急处置工作，建立了应急小组，形成了应急预案，在原有的机动分队的基础上建立了应急分队。先后制定了《局工程项目管理规范手册》、完善并实施了《公司年终绩效考核办法》，形成了综治信访安全工作领导责任制考核细则实施方案，对局系统内条线工作安排、交叉任职和临时借用人员节日福利、外出学习考察、机关人员公务性用车等九个方面按规范化要求作了调整和明确，等等。我们所做的一些基础性工作，在保证系统规范运行中发挥了重要作用。

松江区住房保障和房屋管理局

2012年，在区委、区政府的领导下，在区各相关职能部门的大力支持和配合下，区房管局按照区委、区政府的工作要求和目标任务，狠抓落实。主要工作汇报如下：

（一）以思想建设为根本，着力加强政风行风建设

一是切实加强党的思想政治建设。认真执行中心组学习、民主生活会等一系列工作制度。结合建党91周年和建团90周年，组织党员干部参观红色革命根据地沙家浜，组织团员青年开展团史知识竞赛等活动。二是切实增强党风廉政建设。根据区党风廉政责任制区住房保障局牵头的工作分工，狠抓落实，认真开展了拒腐防变和廉洁自律教育，取得较好效果。三是不断加强党建工作和政风行风建设。开展党务公开和政风行风“重点评”工作。针对政风行风建设中存在的问题，认真进行整改落实。

（二）以服务民生为重点，稳步推进住房保障工作

1. 大型居住社区推进工作

今年市政府给松江区的大型居住社区建设任务为80万平方米保障性住房，总套数为11941套。目前各项工作有序推进，初步定于12月28日正式开工建设。泗泾－洞泾基地128.5万平方米经适房和51万平方米市属动迁安置房建设正常有序推进。泗泾拓展基地已于今年6月初办理二期住宅交付使用。

2. 廉租住房保障工作

截至11月底，松江区廉租住房租金补贴家庭累计392户，目前享受租金补贴的家庭共384户，租金补贴累计发放482.5万元；实物配租家庭有8户，发放补贴资金合计62万元。今年松江区共计受理廉租住房租金补贴申请家庭87户，通过复审享受廉租住房租金补贴的家庭49户。今年8月21日正式启动第一批实物配租申请受理工作，正式受理55户，目前正在初审阶段。筹集实物配租房源138套，现已完成改造工程和装饰工程，进入综合验收阶段。

3. 公共租赁住房建设工作

2012年公共租赁房筹措建设市与松江区签约的责任目标为：开工2375套（间），计划竣工和可供应公共租赁住房11220套(间)，到11月底前，松江区已全部落实和完成。

4. 共有产权房（经济适用住房）申请受理工作

松江区首批共有产权房（经济适用住房）共有168户家庭符合申请条件。经过摇号排序、贷款咨询和看房活动，于今年8月18日组织申请家庭进行选房，共有112户家庭选定满意房源，已有100户家庭签订了购房合同。还有43户等待进入第二批选房、购房。第二批共有产权房（经济适用住房）申请受理工作也于7月23日正式启动，正式受理72户家庭，有66户家庭进入经济状况核对阶段，目前部分家庭已进入复审。

5. 动迁安置房建设和管理工作

今年区属动迁安置房完成市批准认定项目5个，土地面积64.63公顷，住宅建筑面积72.1万平方米。土地出让项目2个，土地面积14.81公顷，住宅建筑面积19.62万平方米。新开工项目5个，住宅建筑面积55.816万平方米。竣工项目5个，住宅建筑面积54.74万平方米。预售认定项目4个，住宅建筑面积39.35万平方米。已超额完成2012年市政府与区政府签订的目标任务。

（三）以争先创优为目标，扎实做好行业管理工作

1. 物业管理工作

今年市物业行业公众满意度测评，松江区被评为同行业全市第二名。主要工作：一是做好小区物业管理政策法规的宣传工作。组织70场文艺演出，观众量约达1.5万余人次。印发物业管理政策法规宣传小册子和组织培训，取得了较好的宣传效果。二是推进物业服务规范化、标准化建设。9月松江区实施对公有住宅售后物业服务费收费标准的调整，现已备案调整的住宅小区共34个。三是继续加强物业行业监管。年初组建松江区物业行业工会联合会，并组织召开了第一次代表大会，选举产生11名委员代表，选出了第一届物业行业工会联合会领导班子，为松江物业管理工作走出了一条新路。

2. 房屋违法建筑整治工作

今年共实施行政处罚294件，其中：发出《行政处罚决定书》3份，处罚款1.1万元人民币；责令限期整改通知18件；当场拆除违法建筑决定167件；责令限期拆除违法建筑事先告知书106件，责令限期拆除违法建筑决定书55件；共对234户业主搭建的违法建筑实施了强制拆除，比去年同期增加61%；共拆除违法建筑面积8287平方米，比去年同期增加173%；违法搭建、违规装修自行整改共计116户。共办理限制房地产交易24件。共受理执法类信访投诉142件，全部办理完结。共受理12319城建热线投诉352件，处置满意率达90%以上，极大提升了房屋执法社会效果。同时，编印《住宅小区新建违法建筑查处专报》11期。

3. 旧住房综合改造工作

今年完成危旧房（直管公房）修缮3.2万平方米，旧住房综合整治30万平方米。实施旧小区800个楼道的不锈钢扶手安装工程。拟定了松江区住宅小区修缮管理工作机制和工作制度。

4. 老城改造推进工作

3月21日松江区老城改造动员会后，区住房保障局及时研究起草了老城改造动迁安置的相关政策规定，提出了推进工作计划和目标任务，定期召开相关会议，制定工作方案，落实具体工作。同时与区财政局共同商量起草了老城改造专项资金使用管理办法。在动迁、动迁安置房源安排及老城改造推进工作的各项事务中，积极认真地落实区委、区府和分管领导要求，狠抓落实，使老城改造工作得到有力推进，深受老百姓好评。目前动迁工作进展顺利，到11月底三个街道已有513户签约。

5. 房地产市场监管工作

8月接受了国务院督查组对本区住房限购措施执行情况的抽查，检查组十分满意，对松江工作给予了肯定。认真审核开发企业报备的一房一价，监测结果显示今年松江区新建商品房的成交在全市处于量大价低的态

势。严格实施标准化行政审批，加强对市场和商品房预（销）售的监管。截至11月底，共办理商品房预售许可证44件，上市面积81.6万平方米，现房销售备案证明24件，面积40.99万平方米。不断完善住房租赁市场管理，开展了各个层面的业务培训。加强对“群租”问题的整治，自今年7月至今，与区公安局联合发出《责令限期整改告知单》614份，其中78户已完成了自行整改或集中整治，目前还有536户在整改过程中。年内筹备召开全区性整治“群租”专项会议。

6. 房屋征收与补偿工作

坚持以人为本，宣传政策，了解民意，严格规范房屋征收与补偿行为，截至目前拆迁工作未发生一例违法违规事件。今年已完成许可证拆迁居住户122户，建筑面积13091平方米，非居住户21户，建筑面积10836平方米。办理许可证延期27个，比年初减少2个滞留基地。协议拆迁已完成居住户1355户，建筑面积248279平方米，非居住户104户，建筑面积63009平方米。做好大型居住社区的征地拆迁工作，抓好电炉厂、中山二路三号地块、松汇西路一号滞留基地的拆迁工作，成立了化解领导小组。截至目前，共受理裁决20户，8户在裁决过程中化解签约，1户终结，1户中止，裁决11户。认真开展拆除工地清剿火患工作，今年报监、备案项目15个，续拆工地3个，应拆除面积89614平方米，已竣工项目7个，竣工面积27316平方米。

7. 住宅建设监管工作

积极推进“四高”优秀小区创建工作，上半年，松江区泗泾同润碧水湾和新桥绿地岛语雅苑二个项目通过评审列入上海市“四高”优秀小区创建计划。11月，新桥绿地岛语雅苑通过建设部住宅促进中心组织的住宅性能认定2A级终审评定，并通过上海市“四高”优秀小区的验收组验收。加强住宅交付使用许可和质量管理，做好新建住宅交付使用审核工作。同时，大力推进保障性住房基地的配套设施建设。

（四）以制度建设为抓手，努力做好各项常规工作

1. 年内严格机关、事业单位标准化管理工作。规范一岗双责制度。修订完善了局各项制度和规定。各项工作年初都明确目标任务，年终有检查和评比。

2. 认真做好“议提案”办理工作。2012年，区住房保障局承办人大、政协、党代会的议提案共22件，涉及物业管理、完善小区配套设施、旧城改造等民生问题。我们根据内容，按业务分类，建立了规范的意见登记、转办、审核、办复、跟踪督办、联系回访等工作机制，落实专人负责，定期了解办理情况。得到了代表、委员们的满意和认同。

3. 努力推动信访工作迈上新台阶。坚持把信访稳定工作与研究解决业务工作中的实际问题相结合。认真做好日常的信访接待工作，坚持“首接制”，对重大事件和重信重访问题，班子成员和业务科室坚持做到不推、不拖、不靠，积极协调妥善处理。今年，共办理来信、来访、来电1113件，逐件加以处理。

4. 提升依法行政工作能力。今年以来共召开房屋行政执法工作座谈会5次，案例研讨会9次，参加人数200多人次。应对行政诉讼件3起，涉及“群租”、违章建筑拆除、物业纠风等问题。我们边应诉、边学习、边提高，锻炼了执法人员依法行政的工作能力。

5. 做好各类舆情信息处理上报工作。今年共受理各类舆情件10件，主要涉及小区综合管理、房产市场、房屋质量等，都在时间节点内办结。做到紧急信息及时报送，突发事件认真化解，防止矛盾激化。今年区住房保障局未发生由于主客观原因引起的公共事件和群体性事件。

6. 切实做好保密工作。建立了保密工作领导小组，制订和完善了局保密工作制度。在日常工作中，将保密工作摆在突出位置，

有效杜绝“涉密讲形式，保密走过场”的现象，做到明确责任、落实制度、加强管理、保住秘密。

（十五）金山区

金山区建设和交通委员会

2012年是加快实施“十二五”规划的重要一年，是金山区加快转变经济发展方式、巩固追赶式发展势头的关键之年。区建设交通委紧紧围绕服务地区经济和社会各项事业发展的使命，在区委、区政府的正确领导下，围绕区委、区政府2012年工作目标，按照“集中精力抓落实、心无旁骛求发展”的工作要求，以枢纽型、功能性重大基础设施建设项目为重点，以服务“创业金山、宜居金山、和谐金山”战略目标为主线，加强和规范行业监管，努力提升建设交通行业管理水平。

（一）攻坚克难，圆满完成金山铁路建设任务

坚持凝心聚力、聚焦发展的工作思路，以发展作为工作焦点，聚焦发展重点，突破发展难点，凸现发展亮点。全委上下齐心、通力协作、攻坚克难、全力以赴，圆满完成了金山铁路建设任务。

9月28日，金山铁路正式通车运营。金山铁路是连接金山与市中心城区的首条快速市域铁路，是金山建区以来最大的基础设施工程之一，也是最重要的民心工程之一。区建交委负责的项目包括改建前期工程、金山卫站南北广场等10项配套工程，总投资14.7亿元，项目建设战线长，涉及行业广、制约因素多、协调难度高。区委、区政府高度重视，列入年度重点工作，千方百计解决资金保障、征地动迁等难题，加大工程推进力度；作为项目的建设单位，区建交委充分发挥协调和推进作用，全区各部门和单位根据职责分工积极配合，确保各项配套项目同步推进、如期完工。同时，我们注重以人为本，积极争取将其纳入公交化运营，最大限度地便民惠民。在金山铁路的沿线站点配套和管理方面，我们坚持建管并举，及时完善公交配套、牵头组建公交场站管理有限公司、成立金山区公交场站管理工作联席会议制度，为金山铁路的有序运营提供坚实保障。

（二）全力以赴，确保重大工程顺利完成

围绕构建“1158”城镇体系建设，以金山新城、枫泾特色镇为重点，突破资金瓶颈，突出重点项目，凸现精品亮点，着力打造城镇建设品味，重大工程建设成效明显。

2012年，区建交委共承担10个金山区重大工程，是区重大工程推进的主力军，占到全区总量的约五分之一。面对繁重的重大工程建设任务，今年以来，区建交委按照聚焦重大工程建设的工作要求，紧紧围绕工作目标，抓开局促发展，抓落实促推进，努力克服了前期拆迁难度大、前期研究周期长、审批办证要求高及建设资金不到位等难题，总体上保持了持续向好的推进势头，项目进展有序。高质量完成蒙山路（金山大道—沪杭公路）改建工程，极大缓解了城区内交通高峰时段的拥堵状况，有效提升了城区道路“安、畅、美”程度。高标准完成G15金山新城出入口拓宽改建工程，提高了G15金山新城出入口的设施标准、提升了出入口周边环境，优化改善了金山新城的生活及投资环境。此外，朱平公路南延伸段打通了出省通道，扩大了对外交通能力。亭卫公路大修工程的完工也继续改善了亭卫发展轴的沿线的交通状况，大大惠及民生、保障工业发展。

（三）安全为先，有效保障城市运行安全

坚持以人为本、管建并举、管理为重、安全为先，不断提升城市安全运行保障水平。强化风险防范、风险监控、应急处置、风险

化解、常态管理五项能力建设，逐步构建城市运行安全保障体系。

认真落实安全生产和应急保障责任制，重点加强建筑行业、交通运输行业的安全监管。一是开展安全生产“打非治违”专项行动。对危险品运输企业、以及全区60多个工地开展专项检查，强化隐患整改，确保了建设交通行业的安全有序。二是强化应急管理。针对行业特点制定了切实有效的应急预案。在雨季来临前，区建交委提前做好应急措施，加强排水和现场救助，确保了道路安全畅通。在“海葵”台风影响金山区期间，区建交委全体干部职工严阵以待，采取了有效应急保障措施奋力抢险，确保了建设交通行业安全。在今年发生的2起危险品运输车辆泄漏事件中，区建交委应急队伍第一时间赶赴事故现场，出色完成了抢险任务，防范了次生事故的发生，确保了人民群众生命财产安全。

（四）服务大局，优化行业管理提升服务水平

立足解决群众“三最”问题，把保障和改善民生作为建设交通发展的出发点和落脚点，继续办好直接关系民生需求的重要实事，努力构建与“三个金山”建设要求相匹配、与人民群众期待相符合的城市管理水平和服务功能。

1. 在建筑工程安全监管方面，调整监管模式，改进监管方法。改变原安全监督以项目为单位，质量监督以工程为单位的监督对象的现状，将监管重点放在责任主体的行为和现场实体上。按区域划分开展监督，除工程开工、竣工验收必须到位外，施工过程中的各环节以抽巡查为主。加强对企业诚信的动态记录和披露，探索新形势下的信息化监管手段，积极尝试远程视频监控。

2. 在公路市政监管方面，健全工作机制，完善管理举措。健全区管、行业管理、重点区域等公路市政设施巡查监督“制度化、精细化”管理制度和“全覆盖、无缝隙”工作机制。同时充分利用城市网络化管理平台“体外循环”巡视制度来考核市政管养工作，通过发现及时、处置快速、解决有效、监督有力管理举措，做到及时发现病害→同步制定措施→快速实施解决→完善事后评估。

3. 在陆上、水上交通运输监管方面，开展联勤联动，优势互补。注意纵向对接、横向联动、向上争取、向下服务，始终坚持主动跨前，重心下移，与公安金山分局等部门保持密切沟通，充分发挥各部门资源优势，加强执法联勤联动，形成工作合力。

（五）着眼实效，自身建设不断深入

围绕实现建设交通科学发展和转型发展的目标，以更大的决心与勇气推进改革创新工作，制约行业发展的体制机制瓶颈和矛盾得到进一步化解。

1. 深化行业体制改革。一是完成了取消本市贷款道路建设车辆通行费征收工作，对所涉及224名人员按照相关文件依法进行安置，并做好通行费清欠退费、清产核资等工作；二是完成了辖区内20个铁路道口撤销工作，对所涉及103名道口管理人员按照相关文件依法进行安置，并积极开导，妥善处理遗留问题，避免了群体性上访事件；三是稳步推进建筑业管理体制改革，根据建筑管理署内设机构改革和事业机构增加编制的要求，进一步明确机构职能，合理配备监督力量，优化监督队伍结构，推进正规化建设；四是加快推进公路管理体制改革，充分抓住行业管理转型发展的契机，在当前取消道路通行费征收后，确立了建设金山区域内公路治超站点和建立金山区公路路网分中心的思路，并适当安排在编征收人员的工作岗位，做到一方面切实提升金山公路管理水平，一方面切实维护公路行业的和谐稳定。

2. 规范审批程序，提升服务效率。一是开展标准化审批，统一规范所有审批事项的申请材料、审批条件、审批流程等，促进行政审批更加规范和效能提高，努力缩短审批

办理时间，提高行政效率，如施工许可、竣工备案法定办理时间各需 15 个工作日，而我们对外承诺 5 个工作日办理。二是根据市建设交通委行政审批权限下放的改革进程，落实建设工程勘测、设计、监理承发包管理工作的衔接，并以此调整建设工程施工管理办事程序。

3. 加强政风行风建设。按照“了解民情民意、破解发展难题、化解社会矛盾，促进干群关系融洽、促进基层发展稳定、促进机关作风转变”的要求，深入开展党政干部下基层活动，建立健全领导干部带头下基层联系点制度，帮助职工群众办一些看得见、摸得着的实事好事，不断提升部门和行业的政风行风建设水平。通过深化干部作风建设，加强干部管理，加强对委系统服务窗口工作人员、行政执法人员依法履行职责和贯彻执行法律法规情况的监督检查，切实提高政府机关及其工作人员的行政效能和服务水平。

（六）聚焦发展，提升党建工作上新台阶

2012 年，建设交通委党建工作围绕“解放思想、聚焦重点、转型发展”，坚持基层党建工作围绕中心、融入中心、服务大局、服务百姓的原则，以改革创新的精神不断加强党的建设，充分挖掘和有效整合组织资源，完善党建体制机制，切实发挥基层党组织推动发展、服务群众、凝聚人心、促进和谐的作用，为实现建设交通工作又好又快发展提供坚强的政治、思想和组织保证。

1. 以“解放思想、聚焦发展”为中心，不断提升基层党建工作水平。围绕“建党 91 周年系列活动”，推进创先争优工作深入开展；以基层党支部换届选举为重点，通过“公推直选”及“两推一选”途经，将一批年轻干部充实进领导班子，为基层党支部注入新活力；推进“基层组织建设年”，激发党组织生机活力；以“党建基础性活动”为主线，强化组织常规工作管理，进一步加大党建工作力度，扩大党的工作覆盖面，巩固党的执政基础。

2. 以“五大工程”为主线，积极推进行业文化建设出亮点。大力实施“关爱工程”、“标兵工程”、“文明工程”、“满意工程”、“廉政工程”，不断深化系统制度，切实弘扬建设交通行业新风尚。

3. 以“围绕中心抓学习、突出主题促发展”为主题，不断推进中心组学习创新工作显成效。坚持中心组学习制度，围绕中心抓学习、突出主题促发展，把干部群众的工作热情引导到完成年度任务、推进“三个金山”建设上来。

4. 以“落实责任、强化作风、关注民生”为主线，着力推进行业党风廉政建设长效常态。突出重点，深化预警防控机制建设工作；深化干部作风建设，加强干部管理，切实提高政府机关及其工作人员的行政效能和服务水平。

5. 以“改进群团工作、引领行业风尚”为抓手，不断推进桥梁纽带作用。充分发挥了工、青、妇、民兵等群团组织在组织、引导、服务群众和维护群众合法权益方面的作用，更好地调动了委系统群众参与建设交通事业发展的积极性和创造性，为实现建设交通工作又好又快发展提供坚强保障。

金山区绿化和市容管理局

2012 年，根据金山区区域发展总体部署，在区委、区政府的正确领导下，在市绿化市容局的关心指导下，区绿化市容局始终坚持以邓小平理论、“三个代表”重要思想和科学发展观为指导，紧紧围绕“生态环境改善、城市运行有序、市容市貌整洁”三大重点领域，以有效落实“三个金山”建设、“巩固国家卫生区迎复审”、“优化城市环境，迎接党的十八大”相关行业任务为主线，通过全体干部职工的共同努力，全面推进了各项年度重点工作的有效落实。

一、坚持建管并举，综合提升市容环境水平

一是重大绿化工程全面实施。按照区政府2012年重大工程、实事项目推进要求，充分结合绿化项目实际，坚持提早部署、科学设计、规范程序、落实监管，有序推进年度各项重大绿化工程建设。漕廊公路（金石公路—朱平公路）两侧绿化改造、朱平公路（漕廊公路—浙江省界）以及松卫北路（亭枫公路—区界）道路两侧绿化顺利完成，老龙泉港（蒙山路—卫零路）生态绿地、G15金山新城出入口绿化工程即将完工，全区绿化生态环境不断改善。

二是加强群众动员，引领良好风尚。高度重视市民意识对促进绿化管理的重要作用，积极组织开展各类宣传引导，持续提升社会共建共享热情。精心筹划“3.12”义务植树大型宣传，组织开展“废旧电池换盆花”活动，现场发放相关宣传品1200余份。全区范围累计开展义务植树活动12次，吸引1100人次市民参与，共栽植树木3900余株、完成绿化面积5.6万平方米。结合建军节、教师节、国庆节等假日宣传，深入学校、社区、单位、部队等地组织开展各类绿化服务。共举办绿化咨询、现场技术指导、家庭养花讲座、免费更换草花等活动80余次，赠送花卉7000余盆。通过公开渠道大力倡导认建认养，已有78位市民、9家单位参与活动，累计认养各类树木32株、绿地1120平方米。

三是生活垃圾末端处置系统加快形成。组建成立局属环卫建设项目部，进一步加强领导、细化分工、明确责任，切实巩固对生活垃圾综合处理厂项目的服务指导与跟踪监管。积极向上争取、加强横向沟通、推进跨行业协调，助推发电上网工程等事关项目启动的重要工作落地，推进生活垃圾收运系统、飞灰炉渣处置等配套项目同步建设。坚持统一思想、整合资源、未雨绸缪，深入落实市、区两级政府关于项目启动提出的工作要求。完善相关应急预案体系建设，积极参与跨地区维稳工作协调，提前安排收运车辆调配、驾驶人员培训、行驶路线规划工作，落实生活垃圾焚烧处置现场监管人员，全面加强综合处理厂试运行保障。

四是生活垃圾分类减量力度继续加大。坚持生活垃圾“大分流、小分类”的源头分类模式，报批启动金山区建筑装潢垃圾填埋场建设，加快健全本区生活垃圾专项分流处理系统。根据年度工作实施方案，多次牵头召开工作推进会以及专题培训活动，切实加强问题梳理与协调沟通，不断推进分拣员与志愿者队伍建设，持续扩大生活垃圾分类减量实效。继续巩固提升2011年试点工作成果，加大对石化街道46个居住小区的现场指导与检查考核力度，加强龙胜路厨余垃圾处理站运行监管，实现46个试点小区厨余果皮垃圾分类运输、分类处置、日产日清。进一步加强宣传引导、明确各方职责、健全分类设施，促进32个新增实施单位分类减量有效落实，全面完成市局年度分类减量工作指标。

二、注重创新优化，大力夯实区域执法保障

一是加强顽症整治，有力保障市容秩序。在全区范围深入开展为期一个月的“迎新春、惠民生”市容环境整治，有效提升元旦、春节节假日期间区域市容面貌。结合沙滩音乐节、音乐烟花节、世界沙排金山大满贯赛等大型文化赛事活动保障要求，综合采取专项整治、应急保障、协同监管等有效措施，全面落实中心城区主干道、景观区域、赛场周边环境执法保障。积极配合开展新金山医院、城河路庙会、梅州菜场、金山嘴海鲜一条街等地集中整治行动，有力控制各类市容违法现象蔓延。城管执法系统全年共出动执法人员76141人次、车辆13015车次，教育纠正违法行为68000余处。

二是推动重心下移，试点推行“属地化”管理。立足金山城管执法现状，坚持整合资源、科学合理调配城管执法力量，不断推动重心下移，盘活属地管理资源。结合“三定”方案调整城管执法中队机构设置，推出“拆三建五”新举措。于5月底成立城管执法金山卫和山阳中队，9月底成立石化中队，10月份成立朱泾（枫泾）中队和吕巷（廊下）中队。深入实践“垂直体制、双重管理、以块为主”的管理思路，有机结合属地政府巡查与条线执法保障两方面管理资源，有效避免条块管理间的重复和“撞车”现象，进一步促进城管执法效能提高。

三是优化勤务模式，提升城管执法效能。针对辖区内流动设摊行为机动性强、区域广、种类多等特点，自年初开始探索实施紧抓“两个一小时”管理机制，深入优化调整岗区和机动执法力量，将有限的人力资源集中在早、晚两个重要时段，既确保执勤覆盖时间，又突出执法管理重点，辖区内流动摊贩数量得到有效控制。积极配合石化街道试点推行城市综合管理，充分利用大联勤工作平台，进一步整合执法资源、理顺职责交叉、消除管理盲区。

四是拆违工作全面推进。全区拆违工作继续保持高压态势，按照坚决遏制增量、有效消除存量的原则有序实施，地区专项整治以及历史存量排摸深入开展。拆违组织网络进一步健全，实现城管、房管、规土等拆违实施部门合署办公，拆违工作的综合协调以及合力突破能力得到切实增强。全年共拆除违法建筑10.2万平方米，包括在建违法建筑4.4万平方米，新建2.5万平方米，历史存量违法建筑3.3万平方米

三、始终围绕重点，充分履行管理引导职能

一是抓各类创建指导，大力提升行业工作水平。将各类行业创建作为抓手和突破，不断健全考核监督、加强指导服务，充分发挥参与单位的主体作用，切实提升行业整体工作水平。扎实推进“上海市花园单位”创建，加大绿化养护管理现场指导力度，协助申报单位有效提升绿化景观水平，确保创建实效。按照“上海市公厕行业深化规范服务达标，创建文明行业”活动精神，细化创建标准、落实专项检查、加强设施整改、提升服务质量，持续推进全区146座“文明公厕”创建。加强市容环境“三区”创建与巩固，落实并完善全区11个街镇（金山工业区）市容环境卫生责任区长效管理机制，推进石化街道市容环境综合管理示范街道创建，助推枫泾镇中洪村顺利完成村容整洁示范村创建。全区新增21条、共计50条道路实施“百街千路”道路洁净工程，通过全面落实优化模式、组合工艺、改良装备、统一标准等创建措施，区域环卫保洁水平得到有效提高。

二是抓市容环卫监管，全面落实行业管理职责。按照规定程序，加快推进《金山区户外广告设施设置阵地实施方案（控制区部分）》颁布出台，进一步完善行业规范性管理依据。切实加强户外广告及非广告设施监管，全年共开展相关巡查120余次，拆除违章广告灯箱33座、其他违章广告523块，抽查店招店牌3936处，完成安全隐患整改65处。全面加强贵乔码头、龙胜路处理站、镇级简易垃圾填埋场的夏令期间监管工作，关闭枫泾等四镇简易垃圾填埋场，区域环境和垃圾处置得到有效保障。制定建筑渣土整治推进计划，加强源头管理及日常巡查，促进建筑渣土安全规范处置。截止到目前，共受理建筑渣土处置申报单位222家、申报量55.77万吨，检查相关大型车辆100余台(次)，有效控制渣土运输车超速、超载现象。通过确定达标企业、明确收运标准、健全考核评估，加强产生单位申报以及处置单位台账管理，确保全区废弃油脂规范处置。

三是抓巩固提升，促进生态绿化可持续发展。成立专项工作小组、制定具体实施方案，实施分区划片指导监管，全面开展有害生物专项治理。组织举办“两病一虫”重点

有害生物专项防治培训，针对金山本地实际，共发放有害生物预警信息240份，应用生物药剂12.73吨，有效降低重点有害生物发生危害基数。不断加大古树名木保护工作力度，精心制定施工方案并完成市级古树技措项目3个、示范点建设1个，区级技措项目8个。联动各街镇（金山工业区）绿化部门，深入挖掘立体绿化建设资源，对意向单位进行跟踪指导。今年累计完成屋顶绿化5581平方米，其他立体绿化4240平方米，区域绿化空间得到有效拓展。不断加大科技投入，推动科技兴绿推广应用常态化。园林树枝等废弃物循环利用试验在绿地覆盖应用方面取得有效进展，树枝堆肥效率进一步提高。积极加强中心城区主干道和大型绿地深根施肥技术应用，共使用液态肥4.5吨，实施大树施肥5260株，城市绿化秋景得到显著提升。

四是抓软环境建设，切实增强行业发展后劲。在城管执法系统深入开展“百日作风纪律教育整顿活动”，积极开展城管法制培训、思想研讨，严肃整顿“相仿着装”违法现象，切实提升执法队伍整体形象。充分利用同创共建载体，开展各类社区服务和城管志愿活动。深入开展“讲文明、守秩序、严执法”城管法律法规宣传服务活动；以“环境清洁、宣传教育、陋习劝阻”为重点，开展“清洁环境，倡导文明”城管志愿者活动；组织举办城管进学校授课、师生暑假体验城管工作一日行等，以实际行动示范引领、促进风尚，广泛争取社会理解和支持。主动对接基层绿化部门，完成全区新版绿地养护定额贯标工作，进一步提升行业管理标准。全面排摸基层绿化养护薄弱环节，通过理论结合实践的方式加强现场指导，积极开展绿化知识和技能培训，切实提升绿化养护工作水平。

四、加强作业服务，不断扩大行业社会效应

一是落实重点整治，凸显环境效益。根据“优化环境，迎十八大”工作要求，联合相关街镇管理部门，共完成30个街镇间、城乡间结合部的治理工作，有效治理市民反映的脏乱差集聚点，累计清除市容“五乱”2285起，进一步营造“整洁、优美、有序”的区域环境。大力推进环卫设施设备建设，增强环卫保障能力。累计更新沿街废物箱737只、垃圾桶2236只、更新环卫车辆16辆，全区道路机扫率和冲洗率达到69.24%。全面落实轨交22号线站点市容环境整治，进一步优化提升窗口形象。金山新城站、亭林站、阮巷站周边完成立面白化4.9万平方米，清除暴露垃圾987吨、乱堆物292处，拆除违章搭建2589平方米。兴建包括天工路道路绿化在内的各类绿地10.24公顷、绿篱3553米。完成相关站点各类花钵布置171组，花卉布置4万余盆。

二是营造景观亮点，提升环境面貌。完成新山龙广场、月亮湾广场、松卫南路绿化恢复等绿地调整改造，进一步完善绿地设施、优化景观结构，区域景观效果更加协调。加强绿化调整、补植，切实提升道路两侧绿化环境，临桂路、金零路成功创建为市级林荫道。完成前京大道林荫停车场改建，在有效增加绿化面积的基础上进一步丰富景观效果。结合节庆假日以及重大赛事活动，精心设计、美化环境、烘托气氛。共布置主题景点4处，花坛花境8200平方米，更换、更新组合容器380组，更换各类草花85万盆。加强景观灯光管理，建立夜景巡查、督察制度，做到管理“内容、时间、人员、组织、责任”五落实。完成8处景观灯光设施大修工作，城区景观灯光效果呈现新貌。

三是强化作业管理，巩固城区保洁。坚持规范增实效、常态保长效的工作主线，积极克服作业面积拓展、服务标准提升、作业难度增加、文化赛事活动集中等难题，全面加强环境保洁作业水平。贯彻“夜间作业、白天保洁”要求，综合采取“收、拾、冲、磨、清、运、巡”组团式作业法，全面加强中心城区185.28万平方米道路以及39万平方米绿地的日常保洁作业。结合景区保洁特点，明确保洁作业标准、落实重大活动保障、突出灾后补救及时，有效巩固城市沙滩环境水平。以“三纵三横”为基本框架，实现主要路段垃圾清运全覆盖，加强城区上门收集，实行垃圾收集不进社区、车走地清一手清措施。积极加强环卫保洁精细化管理，落实制度管人、程序管事、台账考核，坚持统一标准、规范作业。对城区标志性区域实行打磨水冲洗精细化作业，安排60辆小型电动保洁车、100余名持证人员全面开展飞行保洁新措施。今年以来，城区范围总计清运各类垃圾约12万吨，区域环境卫生面貌得到有力保障。

四是加强应急处置，促进城市安全。提高思想认识、完善应急预案、加强应急准备、突出处置恢复，圆满完成台风“苏拉”、“达维”、“海葵”以及梅雨期间相关应急工作。于台风“海葵”影响本区前，修剪和加固绑扎树木4000余株，检查户外广告260余处、完成整改12处，检查店招店牌600余处、完成整改25处，检查景观灯光设施15处（段），拆除灯杆旗1200余对，落实行业应急抢险抢修队伍150余人。台风影响期间，以确保行业监管设施安全，交通主干道、居住小区出行安全，供电等城市生命线安全为重点，加大巡查力度、加强应急抢险、开展联合处置。共出动应急抢修队伍3000余人次，车辆1000余车次，并于一周内及时完成8800余株倒伏和歪斜树木的恢复工作，切实发挥了行业应对作用，有效促进城市运行安全。

五是优化公园管理，提供优质服务。加强公园行业管理，全面落实园艺景观、园容园貌和游园安全等各项工作。积极举办“露天电影进公园”活动，进一步丰富居民群众精神文化生活。组织开展“让雷锋精神代代相传”等公园主题宣教活动，积极强化服务意识、落实便民措施，巩固提升游园服务质量。制定相关应急预案，加强游客安全保障，突出对人员集中区域以及水面、假山和游乐设施的安全巡视检查。启动“十二五”期间老公园改造，张堰公园景观面貌得到大幅优化，游园服务质量进一步提升。全区各公园全年累计接待游客超过115万人次，公园各项积极功能进一步充分发挥。

五、提升网格化管理水平，促进城市管理效率

一是创新工作机制，拓展网格化管理功能。积极配合本市“12345”市民服务热线开通运行，承办区级平台分转受理业务，认真部署市民服务热线相关筹备工作。制定《金山区“12345”市民服务热线筹建方案》，明确领导机构、工作目标，落实职能定位、技术支持、工作场所。加强服务热线二级、三级平台工作衔接，制订考核办法、规范工作流程、提高运行质量、强化办理实效，完善各级平台组织网络及相关工作机制，扎实推进辖区“知识库”建设，确保区级“12345”热线运行平稳有序。

二是深化数字城管，延伸网格化平台管理。网格化中心全年共受理案件2.97万件，实现结案率97.73%。其中处置历史积案646件，监督员自行处理1.22万件，案件处置的有效性、及时性进一步提高。推进网格化管理五期项目建设，新增万米网格数144个、部件数1.6万余个、网格监督员17名，全区网格化管理覆盖面积增至23.77平方公里。纵向延伸网格化管理资源，朱泾镇、枫泾镇、亭林镇相关地下空间纳入网格化日常管理，全区已有158处地下空间实施网格化日常巡查。

三是加强队伍建设，提升网格化管理效益。通过业务知识、应急处置培训大力加强信息员队伍建设。开展每月经典案例分析和城市管理法律法规学习，进一步提升案件甄别能力，提高分转处置工作效率。实施随机巡查、例会制度、季度考核等工作制度，不

断加强内部工作衔接，确保案卷流转及时、准确、顺畅。通过联合巡查、每日平台登录、不定期拍照点名等方式抓监督员队伍日常管理，有效促进城市网格化管理巡查工作质量。

六、巩固自身建设，提升工作水平

一是畅通投诉受理，树立良好形象。以“迎接十八大、服务民生、完善长效、提升水平”为主题，深入开展行业“夏令热线”活动，切实解决夏令期间居民相关急、难、愁问题。组建成立局属投诉受理事务中心，进一步优化绿化市容系统投诉受理工作机制，切实加强资源整合、提升工作效能。2012年，按照投诉受理“三个二”要求以及相关行业承诺，共受理并处置相关行业诉求3671件。根据“加强协调、督促办理，拓宽渠道、提升服务，严格考核、跟踪办理”的工作规范，切实树立服务态度更优、服务效率更高、服务手段更新、服务效果更好的行业窗口形象。

二是规范建设程序，提升管理水平。按照项目基本建设程序和市绿化市容局“白玉兰”杯绿地建设考核等要求，严格实施绿化项目建设管理，加强项目“双优”创建，大力规范报建、报监和监理等工作程序，确保项目建设安全、优质、有序。完善工程技术档案，保障资料编制与工程进度同步，为相关数据统计及绿地移交提供便利。进一步加强对新建绿地的管养对接工作，新建绿地的树木成活率及景观面貌保持较好水平。

三是强化法制宣传，推进依法行政。围绕法治政府、责任政府建设，大力推进依法行政工作。认真执行规范性文件管理，完善行政规范性文件备案，建立规范性文件定期清理制度。深入开展行业法制“五个一”系列活动，调整充实“六五”普法讲师团，进一步加强行业法制宣传。全年共发动局系统1124人次，开展法宣教育活动15次，发放宣传资料1000余份。按照行政审批为全区经济发展服务、为广大群众服务的要求，大力推进行政审批改革，提高审批工作效率。开展第二次审批事项目录梳理，积极落实受理、办结、发证“一门式”服务，进一步完善受理制度、限期制度、监督检查制度、一次告知制度，全面推进绿化、市容审批事项网上办理工作。

（十六）奉贤区

奉贤区建设和交通委员会

2012年，奉贤区建设和交通委在区委区府的正确领导下，深入贯彻落实区三次党代会精神，紧紧围绕“三化两建设”总体目标，全力推进公共交通、基础设施、政府实事工程等重点项目建设，为打造“三区一基地”、加快南桥新城建设开创新局面。

一、规范管理，保障行业生产安全稳定

（一）强化交通运输行业安全整治。加强交通港航行业的监管工作，定期对各企业开展安全检查，确保重要节点和重大节日期间交通运输行业的运行安全。强化执法客运整治，不断完善属地化管理机制，落实联勤联动，有序开展各类专项整治行动，规范客运市场秩序。加强区域出租行业的队伍稳控，深化调研，掌握情况，落实措施，确保行业稳定。

（二）保障燃气行业安全供应。组织开展打击非法经营液化气联合执法工作。年内，通过夜间错时执法、开展区域联合循环整治等方式，共组织行政执法95次；取缔液化气非法经营、储存窝点87处；查获非法运输车辆14辆，没收液化气钢瓶2462只，派出所行政拘留77人，劳动教养4人。深入居民家庭，开展天然气用户安全隐患排查，落实隐患治理措施，确保燃气安全供应。

（三）确保建筑行业安全有序。先后组织开展了在建工地春节前后大检查、大型机械专项检查、工程监理检查、绿色护考专项检查、防台防汛安全大检查以及保障性住房质量大检查、预拌混凝土质量专项检查等活动，共检查在建工地近400个次，共发现并责令整改安全质量隐患900多条，签发整改、暂缓通知单近200份；查处建设工程质量安全案件64起，罚款金额98.8万元。制定《关于加强施工现场专职安全员管理工作的意见》，明确规定区内新开工工程施工责任单位必须按要求落实施工现场专职安全员，对施工现场专职安全员采取“统一培训、统一考试、统一着装”的管理措施。

二、服务新城，完善基础设施建设体系

（一）推进大型居住区基础设施建设。大力推进大居南桥基地外围市政道路建设。其中，奉浦大道、环城北路于11月按期开工，德丰路—红星二路及团青公路完成工程可行性研究。

（二）推进对外联系设施项目建设。区与区对接道路建设持续推进，平庄公路（浦卫公路—金山区界）基本贯通，瓦洪公路（大叶公路—浦东区界）进入实质性施工阶段，航塘公路（大叶公路—浦东区界）进入腾地拆迁施工准备阶段。配合市相关部门，做好虹梅南路－金海路越江隧道奉贤段相关配套道路建设，启动金海公路改建工程前期工作。

（三）启动和完成专项规划研究。完成南桥新城综合交通规划正式方案、东部组团综合交通规划初步方案；完成南桥新城至东方体育中心BRT方案研究。启动南桥新城示范性慢行步道、金海路南延伸BRT支线工程、南桥新城有轨电车、金山铁路奉贤支线等项目方案研究。

三、创新举措，促进行业有序发展

（一）创新建管行业监管举措。在南桥新城区域开展以创优治劣为目标的“创四最”创优评比活动，不断提升在建工地管理水平。明确以层级化、网格化监管为手段，在全市率先实行建筑行业区、镇、村三级监管体系；加大对施工现场建筑业农民工安全知识培训和岗前教育力度，提升作业人员在施工现场的安全意识和防范能力；研究制定《关于加强防范奉贤区建设领域农民工工资纠纷的实施意见》等防范拖欠建筑农民工工资的管理制度，建立可以监控支付工资和核准工资分离的农民工工资支付监管机制，有效维护了广大农民工的合法权益。

（二）加大市政公路养护力度。共完成县道大中修50.43公里，农村公路大中修46.5公里；积极开展随塘河路创建上海市文明样板路活动，创建里程6.7公里；加大对公路绿化的养护力度，合计补植行道树985株、各类灌木地被共约19594平方米、球类灌木145株；针对奉贤区五四中港、南门港等地区码头多、超限严重的现象，会同相关部门共同开展专项整治。

（三）夯实交通港航管理工作。以保障群众合法权益为目标。开展西渡小区班车的整治，开辟庄梅区间线，方便西渡市民出行；重视公交基础设施建设，完成公交设施建设的年度任务，做好港湾式停车站、候车亭、站牌等设施的清洁维修保养工作；开展交通战备现代化试点工作，完成国防交通综合保障大队的训练演练工作；开展航道规划调研，提出“三横三纵”的奉贤区内河航道网新框架的设想。

四、以人为本，推进服务型政府建设

（一）各类实事工程项目顺利完成。配合区中心医院搬迁及公务用车改革，优化调整公交线路10条，新辟公交线路3条；完成南桥地区老城区1万户居民天然气改造；结合我区实际，顺利完成2882户村庄改造工作，有效改善农村居住环境；完成对环城南路的古华路、江海路、人民路及南亭公路、秀南路路口进行渠化改造，提高道路通行能力。

（二）加快行政审批制度改革。全面清

理和调整行政审批事项，区建交委54项行政审批事项，继续保留46项，其中，19项调整为告知承诺事项；成立一口受理审批事项的科室，整合调整受理窗口；建立“统一受理、内部流转、限时办结、提高效率”的审批工作运行新模式，全面提升服务水平。

（三）认真解决群众关注的焦点问题。随着人民群众对建设交通领域的要求不断提高，各类承办案件的数量也在不断增加。2012年共接待群众来信来电来访1002件，处理各类网络舆情46件，主要涉及交通、燃气、市政等行业；承办人大代表提案共43件，其中主办件32件；承办政协代表提案共32件，其中主办20件；完成各级领导督办的事务共157件。

奉贤区绿化和市容管理局

2012年，是落实“十二五”规划承上启下的关键之年，也是奉贤抢抓机遇、创新转型、功能提升的重点推进之年。区绿化市容局坚持“创新驱动，转型发展”的工作主线，牢牢把握区委、区政府关于推进“三化两建设”、打造“三区一基地”的总体思路，紧紧围绕“三创”工作目标，以苏州等先进地区为标杆，以行业精神为引领，全局干部职工凝心聚力，比学赶超，真抓实干，创先争优，着力巩固行业发展成果，着力提升行业管理效能，着力强化行业运行保障，着力加强队伍能力建设，全年工作取得新发展、新跨越、新成效。

一、扎实推进“三创”工作，城乡环境面貌得到提升

（一）城乡环境洁净趋于常态

以精细化保洁为标准，大力开展道路“洁净工程”创建活动，进一步扩大机械化作业覆盖面，积极推行和拓展“组团式作业法”和“飞行保洁法”，纳入今年创建的46条（段）“洁净道路”优良率达95%，规范服务率达98%。结合各地实际，开展分类指导，青村镇、海湾镇顺利通过门前责任区达标验收。20个示范村、示范街（道路）等创建工作顺利完成，城市化地区和农村地区的环境实效考评公示工作得到有效落实。以创建促改善提升，以考评公示保长效巩固的工作目标取得成效，城乡环境差别逐步缩小，一体化发展的工作理念得到落实。

（二）景观灯光建设不断完善

围绕南桥新城建设，重点实施了S4出口绿地、卓越地产、南方国际和解放路沿线的新建景观灯光建设，完成了区总工会楼宇、电视发射塔、区文广局办公楼宇、区会议中心楼宇、华龙公寓片区楼宇、区疾控中心等共六项景观灯光维修改造工程。同时，加强对现有景观灯光设施的巡查和维护，全年维修故障点位220次，景观灯光设施实现正常运转和安全度汛。

（三）区域绿化景观得到优化

完成了24.74万平方米的居住区绿地、24.28万平方米的单位绿地、10万平方米的道路附属绿地以及3.5万平方米的防护绿地建设，完成景观优化9公顷，布置花坛花境1.75公顷，主题花坛2个。协助推动大居结构性绿化和居住区绿化建设管理，做好设计方案和建设过程的监管和指导，保证了工程建设质量。改造提升年丰路出口、望园路、解放路沿线和汽车站周边等点位花坛花境景观质量，优化解放路望园路口和时代广场等立体花坛花境。

（四）城市管理理念不断创新

严格按照“大联动”处置要求，凸显城管执法保障效能，开展“狩猎”行动，进一步强化对“五乱”等动态性、易反弹行为的整治力度，开展“夜莺系列”行动，加强对市民群众反映强烈的夜间施工、夜排档扰民、非法处置餐厨垃圾和废弃油脂以及渣土偷乱倒等现象的专项整治。加强立案查处，办结各类行政处罚案件3146起。坚持差别化、规范化、人性化执法理念，实现执法成效和社

会效益的统一。

二、加快推进重点项目，生态建设发展理念得到落实

（一）中央公园建设和塘外化工区生态修复前期工作稳步推进

不断提升和优化中央公园规划方案，地上物评估以及建设有关前期准备工作进一步得到对接和落实。初步完成了塘外化工区生态修复方案。

（二）生活垃圾分类减量工作有效推动

加大监管力度，有效遏制非生活垃圾进入生活垃圾转运渠道，进一步完善了生活垃圾“大分流”体系。启动了20个居住区、5个机关、10个企事业单位、5个学校、24个菜场和1个公园的垃圾分类试点工作，配置了2340余只各类分类收集垃圾桶。加强志愿者队伍建设，积极开展垃圾分类指导。推进菜场（绿色）垃圾处置设施建设，会同区有关部门解决了土地指标问题和财政资金问题，青村镇、海湾镇的2套设备已安装到位并投入运行。建立“减量奖励，超量全额承担处置费用”的考评机制，提升分类减量积极性和响应力，助推5%减量目标的实现。

（三）固体废弃物处置中心建设稳步推动

完成了固体废弃物处置中心项目规划选址项建书的审批和第一次项目环评公示，成立了承担项目建设任务的上海东石塘再生能源有限公司，为明年工程建设破土动工奠定了基础。

（四）稳步推进违法建筑整治工作

以实施聚贤煌都专项拆违为突破口，启动高档住宅区拆违工作，严控新增违法建筑产生，顺利完成全年20万平方的拆违工作任务。制定下发《关于进一步加强违法建筑整治工作责任制的实施办法》和《关于2012年开展违法建筑专项整治的实施方案》，为进一步健全拆违体制机制、明确责任归属、强化责任考评奠定基础。大力开展巡回宣传，建立多元化、社会化的巡查发现机制，不断营造良好社会舆论氛围。

三、切实关注民生，为民服务保障能力得到增强

（一）公共绿地和公园的管理指导不断加强

按照“绿化养护标准化、绿化管理规范化、绿化考核制度化”的要求来实施绿地管理，继续推进和拓展公园绿地“三位一体”管理模式，全面提高绿地管养水平。加强对四季生态园、慈惠公园、柘林公园等改造、建设项目的行业指导，研究制定《奉贤区镇级公园评估标准》，推进镇级公园的建设和规范管理，不断提升公园、绿地服务市民的功能。

（二）“文明公厕”创建活动深入开展

围绕年内城市化区域80%环卫公厕创建为文明公厕的目标，着力推进公厕硬件改善和服务水准的提升，实行了每两月一次专项考评排名，90座公厕基本达到文明公厕创建标准。

（三）服务型政府建设大力推动

深化行政审批制度改革，完成局行政许可科的设置，按照上级要求做到“两集中”和“两到位”，理顺行政许可、监管的职能和流程，方便市民办理相关行业许可事项，全年共办理行政许可事项392件。坚持“群众满意、社会认可”的工作标准，认真对接行政事务受理中心、“大联动”、夏令热线、城建热线、“12345”等各类投诉平台，共受理各类案件14001件，实现100%处置率，98.4%结案率。积极推动人大意见和政协提案办理工作，全年共完成23项意见提案。

（四）社会参与平台不断丰富

在大力发挥社会团体、社区志愿者积极参与生活垃圾分类减量的同时，继续开展绿化市容和城管执法“进小区、进学校、进企业”活动，巩固和延续了“绿马甲志愿服务”、“小手牵大手”、市民巡访团等多项活动，努力

赢得市民对城市管理工作的更大支持。积极推进花园单位、绿化合格单位创建，广泛开展全民义务植树、树木认建认养、“绿色校园行”、“万盆鲜花进家庭”等活动，不断夯实群绿工作的社会基础。

（五）安全应急保障能力切实提高

坚持“以人为本、安全为先”的方针，完善应急物资储备，加强应急队伍建设，强化汛期应急值班应守，较好完成各项应急保障和防汛防台任务。在全行业开展防火安全、汛期安全、节前安全不同主题的安全大检查。开展了由绿化养护、环卫作业、城管执法等各条线人员参与的交通安全培训、消防安全培训和作业技能比武，做到全年无安全生产事故和群体性事件，切实维护城市安全运行。

四、打造行业亮点，创新实践能力得到提高

（一）丰富绿化形态，提高区域绿化覆盖率

一是编制完成了《南桥新城行道树规划》，南星路成功创建成为市级林荫道路，并在解放东路、南奉公路、泽丰路等三条道路机非隔离带试点种植了近1600余株行道树，改善了道路特色绿化景观效果，提高了道路绿化覆盖率。二是加强对区内公共建筑和工业园区企业立体绿化建设的引导，研究制定了《奉贤区立体绿化建设和管理办法》，以实施优惠政策来改善奉贤区立体绿化发展滞后的局面。三是对南桥城区南奉公路、解放路等道路沿线部分单位围墙、环城东路古华新村等居住区围墙、老横泾河道直立式驳岸进行垂直绿化种植。

（二）强化质量监测，缩小城乡环境差别

充分发挥各级市容环境联席平台作用，建立健全区、镇二级市容环境质监网络，提高质监队伍的专业水平和业务能力。对全区基础数据库进行了全面梳理、摸底、调整，开发完善基础数据库的功能，提高了检查样本量和覆盖率，为城乡环境治理的科学决策奠定了基础。专题开展高速公路、城乡结合部、集贸市场等专项督查活动，凝聚了各方力量和资源，使城乡环境的难题顽症得到较好重视和整治。

（三）建立联动机制，加强渣土规范运营管理

坚持“区内严管、区外严控”的原则，积极探索渣土管理的新模式新办法，通过建立联动机制，使得执法和管理部门之间实现资源整合和信息共享，在管理部门对区内渣土专营单位的运营情况加强监管的同时，巩固常态化的城管夜间设卡整治机制，凸显城管执法保障作用，严控外区渣土运营车辆进奉偷乱倒行为。

五、强化内部管理，行业队伍建设得到加强

（一）大兴实干之风，进一步加强和改进作风建设

制定了绿化市容行业加强和改进党内作风的《实施意见》和《活动安排表》，提出了“四个坚持、四个反对，争当四个先锋，树立八大新风正气”工作目标。开展“党组织为民服务活动”和“百名党员为民办实事活动”，年内为民办好事、实事150余件。开展“周末义务执勤”活动，由局党政班子领导带头、全体党员积极参与，每个周末组成执勤小组在中心城区主要路段开展义务执勤，做好“六个一”服务。继续推动和深化大走访活动，年内听取各方意见和建议1200余条，为民解决大小问题300余个。

（二）践行行业精神，进一步强化队伍凝聚力和战斗力

组织开展“唱、读、讲、论、访”活动，号召全体干部职工唱行业之歌、读经典书籍、讲身边的先进事迹、论行业精神、访社会各界，提升干部职工队伍整体素质。围绕践行行业精神，开展“每季一星”和“奉贤十大环卫之星”评选活动，年内共评选出环卫之

星16人，绿化之星4人，城管之星4人，号召广大干部职工向“每季一星”学习，使干部职工学有榜样、创有目标、争有方向，进一步营造“比、学、赶、帮、超、闯”的良好氛围。

（三）深化干部人事制度改革，进一步拓展优秀青年骨干队伍

积极探索科级干部后评估机制，对市容署2名试用期满的副科级干部进行全面考察，保证了选人用人质量。开展科级干部竞争上岗，年内共有3名同志被任命到区绿化署副科级领导岗位，1名同志被任命到区市容署科级领导岗位。组织开展科级后备干部的推荐工作，确定了11名正科级后备干部和23名副科级后备干部，建立了局科级后备干部数据库。开展优秀青年挂职锻炼活动，年内共有4名基层优秀青年到局机关相关科室挂职锻炼，为优秀青年提供了锻炼平台。

回顾2012年，虽然取得不少成绩，但同时也发现还存在着不少困难和不足，需要在2013年中不断加以改进：一是长效机制不牢固，创建成效难巩固，特别是某些区域的城乡环境差别还较明显；二是行业转型发展、创新驱动能力有待进一步加强，突破城市基础建设资金投入瓶颈，推动重点项目建设的思路还有待于进一步拓展；三是行业队伍建设有待于进一步深入，干部职工的执行力、创造力和综合协调力有待于进一步强化。

奉贤区住房保障和房屋管理局

2012年，在区委、区政府的正确领导和市房管局的精心指导下，区住房保障局始终坚持以科学发展观统揽全局，以区第三次党代会、三届区委二次全会精神指导工作，围绕促进经济社会发展和改善居住民生的总要求，团结带领全体干部职工，创新驱动、转型发展，扎实推进“6+3”工作，较好地实现了年初预定的各项目标任务。

一、以保障和改善民生为目标，明确责任，落实措施，六项工作取得成效

（一）“四位一体”住房保障体系加快推进

认真贯彻区住房保障工作会议精神，按照项目化管理的要求，积极协调市、区相关部门和建设单位，抓项目进度、抓资金筹措、抓配套建设、抓工程质量，市政府下达的保障性安居工程目标如期达成。建立工程建设前期手续每周五例会制度，加强沟通协调，严格监督管理，确保了市属共有产权保障房的顺利开工。

年内，新增租金补贴家庭35户，全区累计达689户，实现了“应保尽保”；收购《平安富邸》5号房为实物配租房源，通过改建共108套、4647平方米。公共租赁住房开工建设1424套、6.5万平方米；竣工和供应2107套、10.1万平方米。征收安置房（动迁安置房）开工建设3467套、37.67万平方米；竣工3910套、42.18万平方米；供应7063套、73.98万平方米。市属共有产权保障住房9000套、60万平方米全面开工；12.7万平方米市属征收安置房工程建设进展顺利；5.9万平方米共有产权保障房完成主体结构施工。按照公开、公平、公正的原则，奉贤区第一批共有产权保障房完成摇号、选房，199户家庭选到满意的房子；第二批共有产权保障房79户家庭进入复审公示阶段。

（二）房屋征收工作体制机制逐步理顺

加强调研，落实措施，起草《关于贯彻执行〈上海市国有土地上房屋征收与补偿实施细则〉有关规定的请示》，参与制订《奉贤区房屋征收与补偿工作问责暂行办法》，进一步完善房屋征收与补偿制度，加强征收机构和人员管理，开展廉政风险调研，推动了征收工作与拆迁工作的无缝衔接。

坚持依法、诚信、和谐、阳光，积极推进大型居住社区、南桥新城、轻轨5号线、F8地块的房屋征收工作，全年拆迁总户数1174户，受理行政裁决申请5件。推进建构

筑物拆除行业诚信体系建设，加强施工企业资质动态核查，落实安全生产责任制，年内拆除房屋面积6.5万平方米，做到了“无事故、无伤亡”。

（三）住宅小区物业管理工作平稳有序

克服物业服务费收费偏低等困难，集聚各方资源，统筹各方力量，局领导亲自带队，建立长效管理机制和保洁、清运、志愿者、应急四支队伍，全力做好上海市城市文明指数测评、全国文明城区、国家环保模范城区创建等工作。

对售后房奖励实行第三方考核，提高了奖励效果；开展以“走百家门、知百家情、解百家忧”为主题的2012年夏令特别行动，走访住宅小区居民家庭12604户，收集意见和建议655条。加强维修资金和住宅物业保修金监管，分别归集1.38亿元、8770万元。落实行业四查制度和防汛防台检查、消防安全工作，加强应急大联动、962121物业服务呼叫平台建设，全年处理大联动事部件13956件，完成率99%；962121平台接收5440件，处置率94.2%。坚定不移地推进违章建筑整治工作，年内拆除157户、面积1815平方米，为促进小区和谐、社会稳定作出了积极努力。

（四）房地产市场监管继续加强

坚持“以居住为主、以市民消费为主、以普通商品住房为主”的原则，严格执行房市宏观调控政策，进一步加强现场检查和网上监督，加大行业执法力度。针对9月份房产供应量突增的情况，及时进行形势分析和研判，进一步规范了房地产市场行为，维护了房地产交易秩序。全年房产交易总量达143.34万平方米，交易额达141.97亿元，其中，一手房成交总量87.8万平方米、101.63亿元；二手房成交总量55.54万平方米、40.34亿元。

此外，加强房地产开发企业资质管理、居住房屋租赁合同备案监管和房地产登记管理，全年认定房地产22件；办理产权登记12921件，登记证明10922件，注销登记7680件；成果备案预测466.3万平方米、实测404.6万平方米，进一步优化了房屋权属管理工作。

（五）住宅建设管理扎实有效

加大城市基础设施配套费的征收力度，加强全过程监管，确保住宅建设与配套建设同步交付使用。年内，新开工登记面积172万平方米，征收城市基础设施配套费2.9亿元，核发新建住宅交付使用许可证32张、147.88万平方米。创建3个市节能省地“四高”优秀小区：阳光家园、银河丽湾城、民旺苑三期。

按照新建住宅配套工程同步建设、同步交付使用的要求，积极推进大型居住社区配套一期的9个教育项目建设，目前，已竣工1.91万平方米；在建4.67万平方米；待建1.92万平方米。

（六）政风行风建设深入开展

按照局“素质提升年”工作目标，改进作风、提高效能，制定并下发局《关于加强和改进党员队伍作风建设的实施意见》，开展作风建设大讨论、“对标太仓”考察学习活动，寻找差距，树立信心；推进行政审批改革，实现“一口受理、一站办结”，干部职工的服务意识和服务水平明显提升。

及时处置和化解各类社会矛盾，认真做好信访和舆情应对工作，全年共收到区领导批示件、新闻舆情95件，受理各类信访事项514件，均及时进行了答复和落实。加大政务公开力度，自觉接受社会舆论和人民群众的监督，服务型政府形象逐步确立，部门政风测评继续保持好成绩。

二、以推进政府实事项目为抓手，自我加压，注重创新，三项工作全面落实

（一）解民忧，促发展，进一步推进在外过渡征收户安置工作

为切实保障百姓权益、维护政府的公信

力，确保社会稳定和一方平安，年内，针对区域内在外过渡征收户过多的情况，区住房保障局根据区委、区政府领导的指示精神，积极落实工作责任，加快房源建设，创新安置方法，配合各镇、开发区平稳有序做好大居回搬工作，安置在外过渡征收户3007户，为实施2013—2015年新一轮在外过渡征收户安置三年行动计划奠定了基础。

（二）改善居民居住环境，加大对危旧直管公房的修缮力度

根据《上海市住宅修缮工程实施管理试行办法》，成立局住宅修缮工程事务管理中心，制订《奉贤区小型住宅修缮工程的建设管理试行方法》、《奉贤区住宅修缮工程承发包管理试行办法》和《奉贤区住宅修缮工程实施和监督管理试行办法》，加大对奉贤区1.5万平方米直管公房改造的监督管理力度。并根据房屋的实际情况，采取非成套改造、拆落地改造、外立面综合整修的模式进行改造，年内实际改造直管公房1.9万平方米。

（三）推行多种物业管理模式，促进奉贤区物业服务行业优化升级

通过组织考察培训、量化任务指标、广泛开展宣传、建立检查通报和联席会议制度等措施，指导各镇、开发区健全本区域的物业管理工作。重点探索大型居住社区的物业管理模式，完成大居物业招投标工作，把信誉好和诚信承诺、管理水平高的物业服务企业引入大居。4家物业公司于11月份正式入驻征收安置房小区，确保居民入住后环境优美、生活有序。

三、围绕职能中心，自身建设进一步加强，为全面完成年度目标任务提供了坚强保证

（一）加强班子和队伍建设，提升房管工作水平

积极推进学习型领导班子建设，开展党委中心组学习和村居“双结对”活动，班子的领导水平和宗旨意识进一步增强。深化“素质提升年”主题活动，举办副科以上干部培训班和业务条线的培训讲座，开设党课、读书月和“闪光在房管、奉献在岗位”演讲赛、知识竞赛等形式多样、内容丰富的活动，全力促进干部职工队伍的素质提升。创新探索竞争性选拔干部方式，通过公推竞岗和民主推荐，选拔3名干部，进一步优化了干部队伍结构，激发了干部队伍活力。实行试用期制度，对19名2011年新提拔干部进行回访考察，增强了年青干部的责任意识和履职意识。

（二）加强党风廉政建设，营造风清气正的发展环境

按照领导干部“一岗双责”的要求，认真落实党风廉政责任制，把党风廉政建设与业务工作同部署、同检查。增强“三重一大”制度的执行力，规范领导干部廉洁从政行为。组织局中层以上党员干部学习《领导干部廉洁从政教育读本》、《廉政准则》等党纪法规。开展党风党纪廉政教育授课，集中观看《大姐书记陈超英》、《忠诚与背叛》等廉政教育片；参观庄行廉政教育基地、征集廉政格言警句等，提高干部职工拒腐防变的能力。健全党组织工作规则，完善党内民主参与机制，切实抓好党员队伍建设。一年来，全局党员干部的廉洁意识不断增强，未发生违法违纪行为。

（三）加强精神文明建设，夯实科学发展基础

围绕“基层组织建设年”工作目标，深入开展“四增强、四提升”创先争优活动和基层党组织晋位升级工作，激发基层党支部和广大党员立足本职，为群众多办实事好事。发挥新闻媒体正面宣传报道的作用，全方位、多角度展现房管工作新风采，营造了良好的舆论氛围和文明风尚。组织文明机关、文明单位创建活动，注重以核心价值体系教育引领职工。推动工青妇组织立足各自特点，组

织走访慰问、“清洁家园”、“物业便民服务月”、“房地产法律设摊咨询”等各类活动。倡导科学文明健康的生活方式，举行第二届职工运动会，参与“贤城喜迎十八大、唱支歌儿给党听”歌咏比赛，展示了房管干部职工的良好精神风貌，增强了工作凝聚力。

在做好上述工作的同时，区住房保障局还认真做好上级交办和基层意见建议的整改落实、重点课题调研、人大代表建议和政协委员提案的办理、资金管理、档案管理、后勤管理等各项工作。

四、工作体会

（一）领导重视、群众支持是基础

2012年，区住房保障局工作成绩的取得，离不开区委、区政府领导的高度重视，离不开各镇、开发区（社区）的全力推进，更离不开广大群众、各方方面面的支持与配合。区委区政府主要领导把住房保障和房屋管理工作作为重大的民生问题，经常深入现场，部署具体工作；区政府分管领导定期深入一线，协调解决难题；区人大、区政协也给予大力支持，提出很多很好的意见和建议；区住房保障局班子成员各司其职，各尽其责，亲自督导工作的进展。在工作开展过程中，始终把群众拥护不拥护、满意不满意作为检验自己工作成效的出发点，坚持充分相信群众、依靠群众，让群众有知情权、参与权、监督权，获得了广大群众的衷心拥护和全力配合。这些都为住房保障和房屋管理工作的落实奠定了坚实基础。

（二）加强协同、多方配合是根本

在国家宏观调控的大背景下，在动迁新政颁布、建筑市场审批流程更严格的新形势下，区委区政府对保障房建设、房地产市场、房屋征收等工作进一步强化了指导、统筹协调；各镇、开发区（社区）把保障房建设、征收安置、物业管理列入重要议事日程，抓好抓实；区各职能部门和各专业配套单位想方设法突破瓶颈，全力支持；区住房保障局广大干部职工识大体、顾大局，思想同向、行动同步，紧密配合，全局上下拧成一股绳，确保了区委、区政府重点工作的顺利完成。

（三）责任分解、项目化管理是手段

年初，我们按照项目化管理的要求，将全年的工作任务细化为一个个具体项目，明确了内容、目标、时限及责任主体，制定了任务分解表。一年来，各科室、各单位按照职责分工，加强领导，精心组织，思想上合心、计划上合谋、工作上合力，确保了各项目标任务的顺利推进。实践证明，项目化管理是行之有效的推动工作开展的好方法，有效调动了各责任单位抓房管工作的积极性，进一步提高了住房保障和房屋管理工作的科学化水平。

（四）联系实际、调查研究是前提

调查研究是谋事之基、成事之道，是做好一切工作的前提和基础。年内，局党政班子成员和各科室（单位）负责人周密安排部署，紧密联系实际，就各自分管的工作，深入基层、深入一线、深入实际，积极问政于民，问需于民，问计于民，对住房保障和房屋管理工作从战略的高度和长远的发展方面提出了一些具有开拓性的措施和对策，及时发现和真正解决了一些问题。如，走出去、请进来，加大调研力度，对全区房屋征收工作的好做法、经验教训和发展思路进行了总结和探讨；会同区物价部门，在调整奉贤区物业服务收费标准方面做了大量的调研工作。

（五）注重学习、创新理念是关键

随着信息化手段的广泛应用，房管工作越来越贴近民生，走进百姓。2012年，区住房保障局工作的一个特点就是领导批示、新闻舆情、政务微博、市民热线明显增加，群众对房管工作的诉求比较多。面对这样的形势和背景，我们把2012年定为全局的“素质提升年”，本着“干什么学什么、缺什么补什么”的原则，结合适应型、复合型、创新型的“三型”教育培训，加大教育力度，主动对标太仓，不断加强社会主义核心价值体系、职业道德、思想作风教育和新政策、新法规的宣传，领导干部和广大职工的创新意识和业务技能进一步提高，工作的前瞻性和预见性进一步增强。

2012 年，区住房保障局的各项工作取得了一定的成绩，但对标区委、区政府的要求，对标广大人民群众的愿望，仍存在一些不足和薄弱环节，亟待寻找突破口。一是房屋征收工作体制机制的改革，为现有工作的开展带来一定的冲击，部门之间的协调需进一步强化，新的政策在实际操作中推进比较慢，如司法强制执行难；征收安置工作压力较大，安置房源不足。二是物业管理存在诸多难点，如随着私家车辆的日益增加，小区消防安全通道不畅、停车难等现象突出；违章建筑拆除难度大，百姓呼声比较强烈。三是公共租赁房的运营滞后于奉贤区目前经济社会的发展，房源的筹集、使用和管理及运行机制需要尽快理顺。

（十七）崇明县

崇明县建设和交通委员会

2012 年，县建交委认真贯彻落实县十一次党代会、县“两会”及县委十一届四次全会精神，紧紧围绕“创新驱动，转型发展”的总体要求，坚持“以人为本、安全为先、管理为重”方针，扎实推进城乡建设和管理各项工作，基本完成了年度工作目标任务。

一、基本完成沪崇苏通道工程配套建设。协调化解崇启通道劳动力安置过程中的各类社会矛盾，确保了社会和谐稳定；完成了崇启通道沿线水系路网调整的收尾工作，从而解决了部分乡镇由于崇启通道建设造成排水不畅的问题；完成了崇启通道两侧各 135 米范围内 282 户农户房屋安装隔声窗的协调工作；完成了崇启通道、长江隧桥横向通道的接管工作；完成了长江隧桥工程匝道、出口处景观绿地、入岛段景观建设的 276 家拆迁户回搬工作；完成崇启通道前期工程和向化公路北延伸段新建工程决算上报工作，完成上述两个工程范围内 466 家协议动迁户安置回搬工作。

二、继续推进北陈公路南、中段改建工程。南段道路施工除拆迁受阻地段外，已完成 1900 米长、8 米宽机动车道粗粒式沥青混凝土摊铺。目前，正在加大受阻地段工作力度，分别解决了南横引河南侧 150 米用地矛盾和一剪梅羊毛衫厂签约拆迁问题，受阻地段从 1900 米缩短至 1550 米，已解决的 350 米道路至年内完成三渣摊铺。中段道路东半幅已实现结构贯通，西半幅除裕鸿路往北 49 米道路东侧天琪制药厂搬迁受阻而暂未施工，已化解裕丰村裕南 12 队上访问题的 500 米道路年内完成三渣摊铺，其余未受阻段道路完成粗粒式沥青混凝土摊铺。北陈公路改建工程全线绿化工程全面开工建设，年内完成堆土造形等工作。

三、全力推进重点地区公路建设。蟠龙公路南段新建工程已于上半年完成施工招投标，目前施工单位已进场，对完成拆迁的路段进行路表清障和道路施工，预计 12 月底完成拆迁段道路主体工程和桥梁架梁。道路前期拆迁仍在继续，沿线共涉及 21 户主房和 20 户辅房，目前主房拆迁完成 18 户，辅房拆迁完成 13 户。推虾港路新建工程各项准备工作已就绪，由于电厂各类大型设备未进厂，所以道路暂未实施。

四、完成县道、农村公路、市政道路等各类大中修工程。为了改善各类道路交通状况，今年区建交委在各类养护资金中列支 17455 万元，对全县 11 条县管公路、9 条农村公路、4 条市政道路进行大中修，整个大中修工程在 11 月底全部完成。

五、有序推进市政道路建设。长岛路一期新建工程已于今年4月份竣工，长岛路二期目前已完工，计划今年12月份竣工验收。三沙洪路南段拓宽改造工程已于9月份通过竣工验收。南引河路目前已完工，计划在12月底竣工验收。东引路目前征地手续已完成，因一户人家2间辅房拆迁难以推进，预计工程在2013年3月开工建设，2013年11月份竣工。大陈路西段目前已完成施工，东段完成三渣基层，预计12月底完成粗料摊铺，中段需待工程范围内一户主房和一户辅房拆迁而定，目前要价过高难以推进。

六、积极推进228座农村桥梁和1000户农村低收入户危旧房改造。228座农村桥梁改造各乡镇正在开工建设，约已完成总工程量的98%，12月份竣工验收后投入使用。启动1000户农村低收入户危旧房改造工作，年底前完成改造对象“双低户”审核、公示等前期工作，预计明年6月底全面完成改造任务。

七、有效推进可再生能源应用示范县的创建工作和既有建筑节能改造工作。可再生能源应用示范县创建工作共落实项目13个，已全部开工建设，其中到年底前可竣工项目8个，建筑面积16.2万平方米；其余5个已开工在建的项目，建筑面积27.4万平方米，计划明年完成相关任务。对17家单位的既有建筑进行节能改造，改造面积49160.54平方米，改造工程主要包括外墙刷隔热涂料、屋面铺设防水卷材、外围护门窗更换为塑钢中空玻璃门窗及外遮阳、玻璃顶棚刷透明隔热涂料。目前，项目已完成施工招投标手续，施工单位进场施工，预计年底前完成工程量的80%。

八、切实抓好行业安全监管工作。一是开展了“安全月”、“质量月”、“保障性住房检查”等各类专项大检查。依照相关法律法规加强对在建工程安全质量和文明施工的监管，截至目前共立案查处23起，处罚金额31.3万元，开具质量安全整改通知单171份，局部暂缓施工指令书39份，对24名三类人员和6名总监实施记分处理。通过强有力的监督，本县建设工程无有责质量事故和安全事故发生。二是开展既有建筑玻璃幕墙安全隐患排查工作。对本县32幢总面积共计10余万平方米既有建筑玻璃幕墙行了系统的排查，建立了原始数据台账。同时，配合市玻璃幕墙整治办巡查组完成了崇明县既有玻璃幕墙建筑整治的巡查工作，对存在问题的单位给予技术指导并督促其整改。三是开展建筑市场稽查工作。组织开展监理制度执行情况的专项检查，对全县范围内82个在建工程进行监理制度执行情况全覆盖检查，先后出检612人次。检查中共发现有15个项目不符合建设程序、18个项目存在承发包违规行为、17个项目不符合监理取费制度、11个项目监理机构及人员配置不符合标准、32个项目建筑材料不符合标准。对此，县建设监管部门共开具整改指令17份、局部暂缓指令2份，对1家施工企业、2家监理企业法人进行了约谈，实施行政处罚1起。四是对在建工地建材使用情况进行检查。截至目前共对83个商品房、安置房、学校等在建项目进行了抽检，并随机抽取了钢筋、水泥等结构性、功能性材料520组，抽样合格率94%，对抽检使用不合格材料的相关单位按规定进行了整改，并作出了行政处罚决定。五是切实加强燃气安全例行检查和宣传，截至目前共出动了32次对全县85只燃气供应站点进行了安全检查，基本情况良好。企业供气管道始终处于“零”占压状态。在全县三岛范围内开展了12次燃气安全宣传活动，发放各类燃气安全宣传资料共计2万余份，服务群众总人数7600余人，耐心回答广大群众提出的各种安全用气问题共计1200余人次。开展燃气安全进学校活动，完成全县三岛139所学校、教学的的检查和复查，确保学校的用气安全。

崇明县绿化和市容管理局

2012年，县绿化市容局紧扣县委县政府的工作重点，围绕“创新管理、长效管理、有序管理”的工作理念，坚持以“需求导向、问题导向、项目导向”来推进全年既定工作，以实干、苦干、巧干的工作精神，在推动崇明社会管理“创新驱动、转型发展”的总体目标中做了一些工作，取得了一些成绩，现工作总结如下。

第一，坚持长效管理保常态，城乡市容环境进一步提升。

（一）积极推进公共绿地建设，优化景观面貌。完成了县委县政府重点工程堡镇市民公园建设。对全县271个村民委员会“一村一园”建设进行了调查摸底，制订了实施方案和细则，编制完成2013年“一村一园”的实施计划。积极推广立体绿化建设，新建了瀛洲公园立体花境，改建了鼓浪屿路三角地花境。新城公园成功创建上海市文明公园。对城区内主要道路的1236个行道树盖板进行统一换新。开展了古树名木的调查保护和后续资源利用工作。开展大树保护前期调查。

2012年底，全县公共绿地总面积为311.32万m2，完成了阶段性要求，全县人均公共绿地面积11.35平方米。

（二）巩固常态长效保洁，保持市容环境整洁、有序、美观。2012年城区日保洁市政道路624万平方米，日保洁垃圾房和垃圾收集点1254处，日保洁公厕189座，全县日收集、处置生活垃圾394吨，日减量48吨，完成了市局下达的减量工作任务，做到了生活垃圾日产日清，收集覆盖率达到100%，无害化处置率达到100%。

加强了市容环境卫生监督检查，对全县18个乡镇集镇的道路、公共厕所、垃圾房、居住区、公共场所、车容车貌、河道水域等实施检查，共抽查样本15039件，检查出问题总数1250件，完成整改1233件，整改率98.6%。积极开展文明公厕创建工作。扎实推进“百个街道（镇）千条道路洁净工程”实事项目，加强了对全县32条示范洁净道路工程的创建指导工作。积极发挥市容协管力量的作用，全年共清除“四乱”23489例。指导横沙乡、竖新镇申报国家级卫生镇创建工作。推进市容环境责任区达标创建工作。加大环卫设施设备投入力度。2012年新购各种类型垃圾车辆434辆；集中采购了4850只垃圾收集桶和移动式垃圾房。不断更新完善崇明县生活垃圾收、运、处系统。

（三）实事项目重点工程稳步实施。积极推进生活垃圾分类工作。不断完善餐厨垃圾专项管理系统，对城桥镇90多家餐厨垃圾产生单位实行了餐厨垃圾专项收运处，1–10月共收集餐厨垃圾1201.2吨。组织开展餐厨垃圾专项整治工作，收缴非法收集电瓶车11辆，处理2家餐饮企业及12名非法收运人员。建立废弃食用油脂专项管理系统，实行食用废弃油脂申报签约制度，已安装隔油池402家，已申报签约367家，申报签约率达到了91.3%，194家废弃油脂产生单位已实行专项收集、专项运输、专项处置，其余采用预约收集。强化有毒有害垃圾专项回收系统，对农村地区依托农村垃圾收集员，实行上门收集，有偿回收。对城、堡两镇居民实行自行投放，进入绿色帐户积分，机关企事业单位设置废旧电池回收桶242只，城、堡两镇居住小区安装不锈钢废旧电池回收箱3651只。全年可回收废旧电池5吨左右，比2011年回收量翻二翻。健全可回收利用垃圾管理系统，提倡居民对可回收废品自行出售，鼓励小区保洁员对可回收废品收集出售，收入归已，对难于出售的玻璃、玻璃瓶，破旧衣物，落实零时堆放场地，落实回收企业定期收运，实行再生利用。规范城区建筑装璜垃圾管理系统，县设立建筑装潢垃圾储存点，居住小区设立临时装潢垃圾堆点，实行专项收集、专项运输、专项处置。加快垃圾收集、运输、处置设施设备完善及垃圾处理能级的提升。

共投入240升垃圾分类投放桶600多只，印刷宣传资料15000多份，废电池回收箱3651只，投放桶242只，总投入资金90多万元。

有计划地积极推进垃圾焚烧厂前期准备工作。横沙中转站项目正在推进。

（四）户外广告管理逐步有序。编制完成了崇明县户外广告“展示区、控制区”阵地规划实施方案，并通过了市局审批。编制了G40沪陕高速（崇明段）沿线广告阵地规划实施方案。开展了户外广告、景观灯光的安全检测工作，共检测大型钢结构广告21座，钢结构店招牌19个，清理整治破损店招店牌和不规范标语横幅120起。加强景观灯光日常维护和监管。完成了陈海公路两侧的违章广告的整治工作。做好了“建党六十三周年”“国际女子自行车赛”“文化艺术节”“崇明森林旅游节”等户外广告的宣传活动。

第二，坚持有序管理保长效，城乡环境秩序进一步规范。

（一）完善网格处置工作流程。优化调整网格处置工作流程，将城乡事部件问题的巡查、发现、上报、协调、处置、反馈、评估等流程合理配置，及时作为，快速反馈，有序掌控社会管理相关动态。对接“12345”市民服务热线，坚持“高效办理、有序解决、以实为本、服务民生”的根本目的，落实定人负责、定期分析、定机制对接，科学整合并利用各类行政资源及时解决市民诉求。强化监管督办制度，全年督查里程25000公里，发出整改通知书165份，涉及623个问题；组织市民巡访120人次；通过专业化督办、社会化监督、媒体监督等机制推动市政市容管理工作。至10月底共发现问题数196455件，有效处理各类事部190770件，处置率为97%。

（二）全面推进城乡综合管理联动工作。深化领导体系、指挥体系、巡查体系、处置体系四大体系的建设。分步打造县、镇、村（居）三级平台体系。进一步人员整合优化，从联动运行初期的1076名精简调整为585名，凸现巡查效能。确定运行模式。将工作模式固化为巡查和处置分离，提升联动效能。制订完善联动工作标准、规范，通过程式化的流程设计界定工作职责，提高平台指挥能级。强化考核评估，提高条与块依职履责行政效能。达到了“职能联动、人员联勤、条条联手、条块结合、社会联网”的职责要求，在“联”字取得初步成效。

调整深化联动体系工作重心，健全执行机制，确立考核评估的工作核心，指导乡镇联动工作从运行生疏、执行滞后到平衡稳步推进，从工作任务不清、人员管理无序到压力层层传递，联动能级不断提升。化联动发现被动到主动作为联动，各乡镇联动工作横向、纵向比均在不断强化、增效，在“动”字显现效果。

第三，坚持求实创新显亮点，城乡环境管理水平进一步提高。

（一）深化难题顽症综合整治。2012年，根据县委县政府工作重点，结合群众反映的热点和难点问题，加强对市容环境秩序的综合整治力度，全年开展执法71761人次，开展集中整治和联合执法212次，查处乱堆物、乱晾晒、跨门经营等违规行为25642次（件），收缴小广告、清理横幅38542张（幅），进一步规整了城乡市容环境面貌。通过开展对“五乱”、夜排档、渣土、餐厨垃圾、违法建筑、“扫黄打非”等专项整治，通过加强对本县重要活动、节假日期间旅游景区、交通枢纽、学校周边等重要区域秩序保障，通过防范和打击无证行医、骗取医保、药品贩卖、学校周边综合治理及平安市场创建等平安建设实事项目的组织实施，形成市容环境秩序长效的管理机制。崇明县首个建筑渣土运输码头正式投入运营。

（二）积极推动拆违止违。2012年10月底，全县整治各类违法建筑296078平方米、围墙622米。其中拆除集体、企业违建28183平方米，占整治总量的9.5%；拆除农田中违建128313平方米，占整治总量的43.3%；拆除开发区域、交通干道两侧和四个妨碍等重点区域违建22893平方米，占整治总量的7.7%；拆除及规整宅基地（居民小区）违建110873平方米，占整治总量的37.5%；发现并拆除各类新建的违法建筑5816平方米，占整治总量的2%；及时制止新发生违建900余起，3000余平方米。25个村（居）已创建了“无违建试点村”，其余117个村（居）在正积极创建中。

（三）积极处理各方诉求，服务民生落实有效。2012年共受理各类信访件117多件，各类投诉受理率100%，办结率100%；两会期间收到建议、提案35件，其中人大代表意见15件，政协提案18件，党代表提案2件，绿化市容局主办26件，会办9件。办结率100%，满意率100%。

第四，坚持以队伍建设为核心，行业党建工作进一步深化。

（一）加强政治理论学习，扎实推进理论武装工作。坚持和健全两级中心组理论学习制度。组织开展以十七届六中全会、中纪委十七届七次全会、市县党代会精神为重要学习内容的专题学习宣传活动。以自学思考、集中研讨、主题讲座、外出考察、专题培训等不同形式，组织全局系统党员干部开展理论学习。以县委巡察组来局巡察为契机，开展了环卫收费、环卫作业规范、园林养护技能、城管执法实务等相关的政策业务培训学习。积极组织文明单位创建工作。

以法律法规为依据，提高依法行政能力。组织管理和执法人员认真学习《中华人民共和国行政强制法》、《上海市城市管理相对集中行政处罚权条例》、《上海市城市管理行政执法条例》等法律法规，强化依法行政意识。

（二）加强党风廉政建设，打造勤廉高效的团队。

坚持抓宣传教育，做到防微杜渐。以环境布置为重点营造抬头警钟，举目警言的氛围，积极推进廉政文化建设。通过开展廉政征文和廉政文艺作品征集展演等活动，在系统内树立了11位勤廉典型和勤廉文化环境。坚持“三风”联动，把党风廉政建设同政风行风、机关作风建设有机结合起来，按照“明责、务实、规范、为民”的要求，通过学习培训、主题教育、典型宣传、文艺宣传等各种形式将《廉政准则》、《事业单位工作人员处分暂行规定》、县纪委相关文件等内容贯穿于我们日常工作中，进一步加强廉洁从政意识教育，不断提高广大群众对绿化市容行业工作的满意度，确保局系统无重大安全和群体性事件。继续实行干部轮岗交流。

坚持抓督促落实，优化党风政风。制定了《崇明县绿化市容局2012年党风廉政建设和反腐败主要工作分工安排》，形成了班子、科室联动的责任制网络，党风廉政责任制得到了进一步深化和细化。党政主要领导做到了“四个亲自”，即重要工作亲自部署、重大问题亲自过问、重点环节亲自协调、重要案件亲自督办。

坚持抓专项督查，促进规范管理。重点开展了小型建设项目管理、环卫设施采购风险防控、公务用车、违规收送礼金礼券和购物卡等专项治理。进一步加强在建工程项目管理，规范环卫设施设备采购与使用管理。修订了局驾驶员和车辆管理制度，规范公务用车管理，继续开展违规收受礼金礼券购物卡自查自纠。完成了为期二个月的巡察工作。

坚持抓党务公开，增强党内事务透明度。结合党务公开“回头看”，组织开展工作督查，提高基层党务公开工作水平。将党务公开工作与创先进基层党组织的评选工作结合起来，进一步促进党务公开工作的扎实推进。

（三）加强基层组织建设，落实党建责任制。

按照基层党组织设置合理、领导班子健

全、党员队伍状况良好、组织制度完善、经费场所保障落实、作用发挥充分等五个要求，以“强组织、增活力，创先争优迎十八大”为主题，指导基层开展分类定级工作，局系统6个基层党组织全部达到“好”的分类定级标准。积极开展组团走访活动，提升服务中心工作的能力水平。通过与文明结对村走访、与部分乡镇座谈、社会监督员交流等方式，走下去，请上来，组团多方听取各种意见建议，及时了解乡镇需求和群众需求，完善工作举措，创新工作方法，破解工作难题，提升为民服务水平。通过主题征文、表彰先进、文艺汇演、志愿者行动、座谈慰问等多种形式开展“七一”纪念活动，增强党组织的凝聚力，充分发挥党员干部的先锋模范作用。

（四）加强队伍建设，形成干部培养长效机制。

完善基层干部监督考核制度，发挥群众监督作用。严格实行基层班子任期目标考核制度，充分发挥民主监督在领导班子和干部管理工作中的重要作用，实行领导干部能上能下的监督机制。

完善后备干部培养机制。积极参与各种交流挂职，为年轻干部拓展视野提供机会。今年已推荐5名后备干部参加各种挂职和轮岗。设立助理岗位，为年轻干部搭建施展才华的舞台。安排年轻干部到重要岗位压担锻炼。完善以乡镇委局级后备干部、局级后备干部（助理）、基层中层后备干部（挂职、轮岗）三类为主要对象的后备干部人才库，根据跟踪考察情况，做好人员结构、培养方向等相关基础数据分析工作，为各种轮岗、挂职锻炼，提供信息储备。

回顾一年来的工作，我们取得了一定的成绩，但还存在一些问题。一是拆违工作中巡查工作尚未落实到位，乡镇拆违部门属地管理的意识不强、主体责任不明，社会公众对依法拆违、整治违法建筑的认识不清凸显整治违法建筑的法制、法律宣传教育环节的薄弱等问题，尚需进一步加大研判力度，积极寻找对策，攻坚克难。二是联动工作运行中暴露乡镇思想认识不统一，推进不平衡，镇级平台协调处置的效能不高，联动工作从业人员素质亟待提高等问题，尚需进一步落实责任，积极作为，提高联动工作实效。三是环卫工作动态性、反复性强，部分农村地区的生活垃圾没有及时收集，道路两侧时有零星暴露垃圾。四是生活垃圾分类工作中，市民的自觉分类意识不强，宣传工作效果不明显，从而导致垃圾分类质量不高。五是餐厨垃圾收运工作中，餐饮单位不理解、不支持、不配合，尚需进一步加大工作力度。这些问题和困难都需要我们在今后工作中进行克服和解决的。

2013年绿化市容管理系统的工作任务仍然是艰巨且繁重的，我们将在县委县政府的坚强领导下，认真学习贯彻党的十八大精神，坚定信心，攻坚克难，勤政务实，开创绿化市容发展的新局面！

崇明县住房保障和房屋管理局

迎着十八大的顺利召开，2012年已圆满拉下帷幕。过去一年，县住房保障局在县委县政府和上级业务主管部门的正确领导下，在各有关部门的积极配合下，紧紧围绕深化服务百姓安居的宗旨，狠抓行业特色工作，深入推进机关效能建设，扎实提高房管行业工作业绩，全局呈现出团结奋进、真抓实干、事业蓬勃发展的大好局面。

（一）完善“四位一体”住房保障模式，强化政策落实，扩大惠民政策受益面

1. 促宣传保建设，积极推进廉租住房工作

（1）租金配租。2012年，崇明县共新增廉租住房租金配租受益家庭39户，对符合条件的家庭做到了应保尽保。

（2）实物配租。按照《上海市廉租住

房实物配租管理暂行规定》的要求，共新增实物配租家庭3户。另有29户家庭申请实物配租，其中22户进入了复审阶段。

（3）廉租住房建设项目。新海、东平两镇的廉租住房建设项目，建筑面积8400平方米4幢140套（两镇各2幢70套，4200平方米），现已竣工，达到可供应标准。

2. 明确需求，统筹规划，有序推动共有产权保障房工作

（1）按规定做好共有产权保障房配建征询。根据《上海市经济适用住房配建暂行意见》（沪府[2010]46号）和崇府办发[2010]44号文件的规定，共有18个地块进行了意见征询，其中7个符合条件的商品房建设项目中，共配建共有产权保障房3.1万平方米，516套房源。

（2）共有产权保障房在建情况。城桥镇21号地块中配建的共有产权保障房，建筑面积4414平方米，共计72套，于2011年8月开工建设，目前已交付使用。新城18号一期配建地块，共计80套，建筑面积约5100平方米，目前已结构封顶，正进行内部装饰。

（3）圆满完成了崇明县首轮共有产权保障房（经适房）的申请供应与排序选房工作。2011年8月开展本县首轮共有产权保障房申请工作，经过二审两公示，共有108户家庭符合条件，推出房源119套，其中一居室39套，二居室68套，三居室12套，并根据有关政策制定了销售定价方案，其中文宸花苑销售基准价格为4876元/平方米；明月苑销售基准价格为5542元/平方米，产权份额政府占30%，购房家庭占70%。符合条件的108户家庭中，29户家庭在2012年5月22日选房活动前弃权，17户家庭在选房活动中弃权，最终有62户家庭实际参与了选房，其中8户放弃了最终的购房签约，剩余54户申请家庭均完成签约，签约率为100%。

（4）启动新一轮共有产权保障房（经济适用住房）申请供应工作。2012年6月，本县第二轮共有产权保障房申请供应工作正式开始，共有26户家庭提出申请，经审核公示，11月28日，有18户符合条件家庭与首轮放弃选房自愿参加第二批选房的2户家庭，共20户家庭参加了本县第二批共有产权保障房（经适房）摇号排序，已完成选房工作。

3. 立足本位，放眼全局，狠抓公共租赁住房项目，为生态岛建设产业发展提供配套服务

（1）长兴海洋装备配套生活区一期单位租赁住房项目，建筑面积3万平方米（488套），已进入扫尾竣工验收阶段；长兴海洋装备配套生活区二期单位租赁房项目，建筑面积10万平方米（1244套），2011年年底开工，目前综合服务楼、沿街商铺正在二、三层结构施工，因相关转让事宜未定，工程暂缓施工。一期工程原计划7月竣工、9月交付使用，由于长兴海洋装备基地配套生活区一期工程水、电、煤等管道铺设工作，需待二期工程结构封顶后进行整体布局，交付使用时间有所延迟。

（2）新增公共租赁住房539套目标任务于富盛经济开发区标准厂房和陈家镇公共租赁住房（一期）项目中落实。其中富盛经济开发区标准厂房项目，单位租赁房建筑面积为9257.31平方米，计204套，项目认定和房地产变更手续已完成；陈家镇公共租赁住房（一期）项目，建筑面积约4万平方米，计440套，其中住宅面积2.35万平方米，于2012年12月正式启动。

（3）横沙乡公共租赁住房项目在县委县政府、横沙乡人民政府大力关心和支持下，正按计划推进中，截止目前已进入土地征收阶段，预计2013年4月可完成项目建设的前期相关行政审批手续的办理，有望5月份开工建设。

4. 保障民生，缓解突出矛盾，紧抓动迁安置房建设不放松

2012年，经市房管局批准同意认定为动

迁安置房项目的基地共 2 幅，分别是陈家镇裕安社区配套商品房十九、二十期，可建建筑面积 14.31 万平方米。2012 年计划新开工动迁安置房项目有 5 幅，住宅建筑面积近 60 万平方米，总套数约 5900 套。其中陈家镇裕安社区配套商品房六 – 八期住宅面积约 34 万平方米，3295 套房源已开工建设；新城 6 号、8 号地块配套商品房住宅面积约 26 万平方米，因拆迁腾地滞后等因素顺延开工。为此县住房保障局积极向市级部门争取到了长兴镇西区一、二、三地块，住宅总建筑面积约 40 万平方米动迁安置房项目，至此，完成了 2012 年市下达崇明县动迁安置房 5900 套新开工目标任务。

全年按计划竣工交付 5 幅基地，住宅面积 64.08 万平方米，约 6605 套房源，现均已交付，顺利完成了市下达的 5350 套竣工目标任务。

动迁安置房 3 幅可供应项目，住宅面积 35.29 万平方米，约 3516 套房源，于 1 月已签订供房协议，8 月份已竣工交付，完成年度 3500 套的可供应指标。

（二）加快旧住房综合改造工程，多渠道多途径改善居民群众居住条件和居住质量

1.2011 年度结转工程完成情况：由于“11 · 15”大火影响，2011 年是全市建筑市场整顿年，房屋修缮工程暂停实施，导致 2011 年度工程延至 2012 年实施。⑴ 2011 年东平、新海农场平改坡工程，建筑面积 19.8 万平方米，于 5 月下旬开工，9 月中旬完成竣工验收，11 月完成工程审价及财务审计工作，总投资为 4100.76 万元。⑵旧住房综合改造工程，包含二大内容：一是 2.4 万平方米的直管公房修理，总投资 1741.25 万元；二是 10 万平方米的旧小区综合整治，总投资为 529.31 万元。⑶乡镇系统售后公房平改坡综合改造工程，分别对城桥、新河等 7 个乡镇，建筑面积 3.6 万平方米的房屋进行平改坡综合改造，总投资 1141.59 万元。上述⑵、⑶二项工程于 10 月初正式开工，计划 2013 年 1 月全面竣工。

2.2012 年度住宅修缮工程进展情况：1. 2012 年度东平、新海平改坡工程，建筑面积 20.74 平方米，总投资 4616.27 万元。项目可行性报告批复 9 月由县发改委下达，即刻委托招投标代理公司进行工程招投标工作，目前招投标工作已完成。结合经费、气候等众多因素研究决定将工程分期实施，12 月中旬启动第一批，年底前完成。剩余部分在 2013 年 3 月继续启动。2. 2012 年乡镇系统售后公房平改坡综合改造工程，建筑面积 4.47 万平方米，总投资 1386.6 万元，由于该项目未列入市 2012 年住宅修缮计划，故考虑与 2013 年住宅修缮计划合并推进。

（三）继续贯彻执行房地产调控政策，房地产市场发展持续稳定。

加大对限售政策督查力度，规范开发商销售行为。开展了房地产市场规范化检查，实地查看开发企业及售楼部门，通过是否按照规定张贴公示、有关证照配备及“一房一价表”等具体措施的落实情况，了解本县限售政策实行力度。通过全面执行新政的努力，今年崇明县房地产交易市场发展趋势较为稳定。

房屋状况查询窗口严把限购第一关，受理窗口严把限购查验关，2012 年房地产交易中心共受理发放房地产权证 7388 件，同比下降 18%，发放登记证明 2433 件；受理并完成房屋状况查询、登记簿查阅等 7115 件。

6 月份 962269 房地产交易登记服务热线正式开通，该热线的接听坐席主要设在市房地产交易中心，各区县房地产交易中心配备远程坐席，县交易中心咨询窗口工作人员积极配合市中心做好该热线的推广和接听工作，派专人值班，确保热线畅通。既注重解决市民咨询投诉反映的问题，又注重信息归集、及时掌握行业动态和市民需求，切实发挥热线电话积极作用。

经统计，2012年12月份办理房地产交易登记成交均价普通住宅与2011年同期相比略有上浮，上升了6.7%，非普通住宅下降了12.2%，配套商品房上升了5%，存量房下降10.9%；从2012年预销售情况分析，12月份与2011年同期比较，普通住宅实际成交均价下降22%，非普通住宅实际成交均价下降了33%。

（四）逐步推进全装修房建设工作，全面提升住宅建设功能和质量。

积极推进全装修房建设模式，加强新城18号地块全装修试点管理工作，总建筑面积近10万平方米，按30%比例配建，约有全装修房建筑面积3万平方米。总结管理经验，探索规范化管理，在确保其按质保量完成建设任务的基础上，逐步形成了符合崇明县实际的管理模式，为今后全装修管理工作的开展打好基础。

抓好“四高”小区创建工作，积极提供对开发企业的指导协助工作，全年完成了“达安御庭花园”、“瀛通金鳌山公寓”、新城21号地块三个项目，总建筑面积40.19万平方米的四高创建验收。推荐了“达安御庭花园”、“瀛通金鳌山公寓”两个项目，24.4万平方米的住宅参与A级住宅性能认定，并通过建设部专家终审。完成了新城18号地块一期项目的创建方案申报并通过市级专家组评审。

全年共办理10个新建住宅交付使用审核项目，核准交付使用住宅总面积90.71万平方米。目前，征收城市基础设施配套费11361万元，县政府安排支出2043万元。

（五）细化区域性房屋征收管理政策，稳步实施房屋征收工作

积极运用行政、司法手段，加快存量地块拔点清理进度。年初本县共有许可证拆迁基地32个，剩余动迁户数182户；协议拆迁基地尚有48个，剩余动迁户数693户。至年底，许可证拆迁基地共完成动迁居民29户，剩余153户，清理许可证基地4个；协议拆迁基地共完成动迁居民1125户，剩余动迁户数685户，新开协议拆迁基地9个，清理协议拆迁基地9个。对拆迁人的房屋拆迁裁决申请，做到及时审核，快速审理，依法裁决。对需要报请司法强制执行的案件，第一时间制定好司法强制执行预案，并积极与相关拆迁单位、县人民法院就司法强制执行具体操作细节进行会商，确保司法强制执行的顺利开展。

仔细分析房屋征收现状，认真拟定征收补偿标准。按照《实施细则》的授权，崇明县制定了国有土地上房屋征收补偿标准，为房屋征收工作，尤其是为旧改制定补偿方案，创造了必要的条件。召集相关部门、单位，就城桥镇中津桥路、油车湾、陈仓门弄旧改地块的改造情况进行会商，并对中津桥路旧改地块的房屋征收与补偿等相关费用进行了初步测算，为今后适时启动旧区改造做好准备。

细致调查房屋权属状况，积极推进中船二期房屋征收。积极做好房屋征收范围内的房屋权属等情况的调查摸底及房屋状况公示工作，确保中船二期国有土地上房屋下一阶段工作顺利开展。

（六）创新开展“走百家门，知百家情，做百件事”专项行动，切实改善物业服务模式

“走百家门，知百家情，做百件事”即“三百”活动，主要目标是：形成定期征求业主意见制度，不断提升物业公司对小区事、部件动态情况知晓率；物业人员与业主的融洽率；物业服务质量水平群众满意率；处置投诉、举报、保修及时率。为此，局专门制定了“走百家门，知百家情，做百件事”专项行动工作方案，明确了各部门职责及活动推进时间节点安排，并与县委“三定三访三联动”组团式服务群众工作有机结合，全局系统积极行动，加强与相关乡镇和居委的沟

通协调力度，增强居委、物业组团式走访服务业主的合力，在得到各乡镇、居委积极配合的基础上，全面推开了这一物业管理新模式。

通过印制200套活动宣传海报及宣传横幅等加大宣传力度，市纠风办、县政府相关部门等10余家网站、崇明报及崇明电视台对该项活动进行了报道；县住房保障局也增加了“三百”行动专刊，及时反映活动动态信息。通过宣传海报、新闻媒体及网络等多种形式，有效地扩大了群众知晓度。

经此次专项行动，全县物业服务行业共走访约40000户，收集业主意见建议约11000多条，解决业主自用和公用物业设施问题约18000件，业主总体满意率约90%。许多小区结合实际开展了形式多样的联系服务业主工作，在定期的统计汇总、情况汇报、阶段性评估会中，已初见行动成效，还收到了来自小区业主针对本次行动使他们切身受益的表扬信55封及锦旗16面。也得到了市、县上级部门的嘉许，延伸为房管部门全市范围推开的专项行动。荣获“服务基层、服务群众”崇明县机关作风建设典型案例评选三等奖，市房管局系统以“走百家门、知百家情、解百家忧”为主题的“夏令热线特别行动”“优秀组织奖”，东门物业管理公司获市级“十佳物业服务企业”称号。

结合“三百”活动，督促物业企业做好防汛防台工作。2012年度经历台风“海葵”、“天秤”、“布拉万”的影响，县住房保障局严阵以待，根据前期排摸，针对全县约18个汛期易积水小区（涉及占地面积约21万平方米，影响居民约3900户），要求相关物业企业，加强与乡镇政府沟通，提前预防，积极落实排水措施，台风期间组织干部职工通宵值班、各抢险队伍随时候命，及时落实应急措施，在重点汛期切实保障了百姓居住环境安全。

（七）重新定位，整合资源，全面规划和推进局系统信息化建设

针对局系统信息平台、数据来源不平衡等现实状况，局专门成立信息化建设领导小组，着重从房屋管理、住房保障、房产市场、动拆迁管理等方面出发，把原先分散在不同系统的数据或是纸质化数据统一整合，充实和完善基础数据库，达到重新定位和提升原住房保障和房屋管理信息系统的各项功能。基础数据库以测绘成果和交易登记为基础，逐步加载其他业务科室的日常工作成果数据，然后利用3S、三维等先进技术构建三维房产信息管理系统和OA办公自动化管理系统，信息系统定名为《崇明县三维房产综合信息管理与发布平台》，2012年度初步完成系统硬件配备调适和基础数据库建库工作，2013年将完成全县物业小区三维数字地图框架和70个左右物业小区房产三维模型建设。

（八）坚决贯彻落实各项维稳措施，确保信访办理、书面意见及提案工作落到实处

年初共收到县府交办市人大代表书面意见、县人大代表书面意见及政协提案共9件，均在规定时限内办结，代表对办理结果的满意率为100%。共受理信访件198件，已办结187件，尚有11件正在办理中，均能在规定时间内按规定办结。严格按照《信访条例》及相关行业政策、法规办事，做到主动沟通、主动解决、主动走访、主动化解、主动稳控，接待态度诚恳、调查事实彻底、政策解释明了，及时化解各类群众矛盾，从本部门角度，落实维稳工作。

（九）扎实开展文化建设，打造房管行业新形象

根据局总体安排，年初制订了县住房保障局文化建设实施方案。5月组织局机关全体干部、事业单位中层以上干部、2009以来新进人员近一百人开展综合知识培训；对各项制度进行细化和完善，并制订办事规则和流程；制订局《文明守则》，开展了文明道德礼仪知识竞赛；规范了宣传栏、电子显示

屏、走廊装饰等外环境设置，进一步规范了政务信息公开工作，提升了房管部门服务形象，增进了局系统文化建设氛围，培育了干部职工积极向上的理想信念。开展了局系统“弘扬职业道德，展现核心价值”演讲比赛以及一年一度的青年论文交流活动。下一步继续抓好机关文化建设各项工作，按照内容和时间节点开展好各项活动，并总结经验，切实提高机关文明形象和干部职工的文明素养。

编者按：本栏目选编了与本市建设、交通和城市管理相关的地方性法规，以及政府规章、沪府和沪府办颁发的规范性文件等内容，以当年发布时间顺序排列。

目 录

1. 上海市新型墙体材料专项基金征收使用管理实施办法

（沪府发〔2012〕3号，2012年1月5日）

2. 关于修改《上海市内河港口管理办法》等15件市政府规章的决定

（2012年2月7日政府令第81号公布）

3. 上海市2012年–2014年环境保护和建设三年行动计划

（沪府办发〔2012〕2号，2月13日）

4. 上海市2012年共有产权保障房（经济适用住房）准入标准和供应标准

（沪府发〔2012〕14号，2月25日）

5. 上海市廉租住房实物配租申请条件和配租标准

（沪府办发〔2012〕9号，3月2日）

6. 关于加快推进本市农村土地确权登记发证工作的实施意见

（沪府办发〔2012〕11号，3月8日）

7. 关于修改上海市零星建设工程规划管理办法等三件市政府规范性文件的通知

（沪府发〔2012〕25号，3月10日）

8. 关于修改上海市河道工程修建维护管

理费征收使用管理办法等三件市政府办公厅规范性文件的通知（沪府办发〔2012〕12号，3月10日）

9. 上海市综合交通发展“十二五”规划（沪府发〔2012〕31号，3月26日）

10. 关于进一步加强本市轨道交通管理的意见（沪府发〔2012〕38号，4月9日）

11. 关于贯彻执行《上海市国有土地上房屋征收与补偿实施细则》的若干意见

（沪府办发〔2012〕24号，4月10日）

12. 关于加强镇村集体经济组织经营性物业项目管理的意见

（沪府办发〔2012〕19号，4月11日）

13. 上海市城市管理行政执法条例

（2012年4月19日市第十三届人大会常委会三十三次会议通过）

14. 关于加快推进本市“十二五”旧区改造若干问题的意见

（沪府办发〔2012〕26号，4月27日）

15. 上海市道路和公共场所清扫保洁服务管理办法

（2012年5月2日政府令第83号公布）

16. 关于加快推进本市国家机关办公建筑和大型公共建筑能耗监测系统建设的实施意见

（沪府发〔2012〕49号，5月10日）

17. 关于进一步加强本市保障性安居工程建设和管理的意见

（沪府办发〔2012〕38号，5月17日）

18. 上海市水文管理办法（2012年5月24日政府令第84号公布）

19. 关于保障性住房房源管理的若干规定（试行）（沪府发〔2012〕55号，6月8日）

20. 上海市土地调查实施办法（沪府发〔2012〕56号，6月11日）

21. 贯彻国务院办公厅关于进一步促进道路运输行业健康稳定发展通知的实施意见

（沪府办发〔2012〕42号，7月2日）

22. 关于贯彻实施《中华人民共和国石油天然气管道保护法》的通知

（沪府发〔2012〕68号，7月17日）

23. 上海市城市建设和管理“十二五”规划（沪府发〔2012〕69号，7月17日）

24. 关于进一步严格执行房地产市场各项调控政策的通知

（沪府办发〔2012〕49号，7月26日）

25. 上海市完善省级以下邮政监管体制工作实施方案（沪府办发〔2012〕50号，7月28日）

26. 上海市国有土地上房屋征收补偿决定的若干规定（沪府发〔2012〕73号，8月8日）

27. 上海市停车场（库）管理办法（2012年8月31日政府令第85号公布）

28. 上海市非营业性客车额度拍卖管理规定（沪府发〔2012〕84号，9月6日）

29. 上海市实施《中华人民共和国邮政法》办法

（2012年9月26日市十三届人大常委会三十六次会议通过）

30. 关于本市保障性住房配建的实施意见（沪府办发〔2012〕61号，10月15日）

31. 关于调整本市廉租住房租金补贴标准的意见（沪府办发〔2012〕67号，11月27日）

01. 上海市新型墙体材料专项基金征收使用管理实施办法

（沪府发〔2012〕3号，2012年1月5日）

第一章 总则

第一条 为加强新型墙体材料专项基金征收使用管理，加快推广新型墙体材料，节约能源、保护耕地，促进资源综合利用，根据《财政部、国家发展改革委关于印发<新型墙体材料专项基金征收使用管理办法>的通知》（财综〔2007〕77号）和本市有关规定，制定本实施办法。

第二条 新型墙体材料专项基金（以下简称“专项基金”）属于政府性基金，全额纳入同级财政预算管理，实行专款专用，年终结余结转下年安排使用。

第三条 市建设交通委为本市新型墙体材料的主管部门。各区县建设管理部门或者区县政府确定的部门负责辖区内新型墙体材料的监督管理。

市建筑建材业市场管理总站、区县发展新型墙体材料管理部门（以下称“市、区县墙材管理部门”）具体负责专项基金的征收和使用管理。

浦东新区、宝山区、闵行区、嘉定区、金山区、松江区、青浦区、奉贤区、崇明县墙材管理部门负责本区县立项的建筑工程专项基金的征收和使用管理。市墙材管理部门负责其他建筑工程专项基金的征收和使用管理。

第四条 专项基金的征收、使用和管理，应接受审计、财政和墙材管理部门的审计和监督检查。

第二章 征收

第五条 本市行政区域内新建、扩建、改建的建筑工程，应使用符合《上海市新型墙体材料目录》规定的新型墙体材料。未使用新型墙体材料的，应缴纳专项基金。

第六条 由市建设交通委会同市财政局根据国家相关规定以及本市实际，适时制定《上海市新型墙体材料目录》并向社会公布。

第七条 建设单位应在办理建筑工程项目报监或建筑工程施工许可证前，按照相关批准文件或规划审批确定的建筑工程项目建筑面积，预缴专项基金。

专项基金缴纳标准为10元/平方米；不便计算建筑面积的，按照墙体材料预算使用量缴纳专项基金，缴纳标准为折合标砖0.08元/块。

第八条 建设单位在建筑工程主体工程完工后实施墙体粉刷前，应向征收该项专项基金的墙材管理部门提出核验申请。墙材管理部门应在接到核验申请后10个工作日内，完成现场核验，并做好核验记录。

建设单位应在主体工程核验完毕之日起30日内，申请办理专项基金清算手续，并提交新型墙体材料购买发票、专项基金预缴款收据等相关资料。市、区县墙材管理部门应及时办理专项基金清算手续。

凡在本办法实施前已办理建筑工程项目报监或建筑工程施工许可证，但尚未缴纳粘土砖专项资金的新建、扩建、改建的建筑工程，在办理竣工备案前，按照本办法规定的标准，缴纳专项基金，实行一次性清算，不再补办预缴手续。

第九条 预缴的专项基金，根据建筑工程中对新型墙体材料的实际使用量，实行多退少补。

第十条 征收专项基金，由市、区县墙材管理部门在指定场所通过本市非税管理信息系统，开具《非税收入一般缴款书》，建设单位凭《非税收入一般缴款书》，通过开户银行直接将有关款项缴入市或区县级国库。

第十一条 预缴的专项基金返退，由建设单位提出申请，市、区县墙材管理部门审核后，通过本市非税管理信息系统提出申请，由同级财政部门开具《上海市非税收入退还书》，将返退款项划入缴款单位账户。

财政部门应在收到返退申请10个工作日内，完成退付。

第十二条 建设单位清算返退后实际缴纳的专项基金，计入建筑安装工程成本。

第十三条 专项基金代征手续费按实际代征额的2‰比例，纳入同级财政部门专项基金支出预算管理，主要用于政府购买服务，补贴政府职能部门委托社会机构代征新型墙体材料专项基金的费用。

第三章 使用

第十四条 与发展新型墙体材料有关的专项支出，由同级财政部门通过专项基金支出预算安排和拨付，使用范围包括：

（一）新型墙体材料生产技术改造和设备更新的贴息和补助；

（二）新型墙体材料新产品、新工艺及应用技术的研发和推广；

（三）新型墙体材料示范项目的补贴；

（四）发展新型墙体材料的宣传、培训；

（五）代征手续费；

（六）经同级财政部门批准，与发展新型墙体材料有关的其他开支。

第十五条 市、区县墙材管理部门履行职能所必需的经费，由财政部门纳入同级财政部门预算管理，不得从专项基金中列支。

第十六条 专项基金收支预算编制、预决算管理和资金财务管理，按照同级财政部门的规定执行。

第十七条 专项基金用于新型墙体材料基本建设工程项目或技术改造项目的，按照下列程序办理：

（一）由使用单位提出书面申请并递交项目可行性报告；

（二）由市、区县墙材管理部门组织专家对项目可行性报告进行审查；

（三）基本建设、技术改造和科研开发项目，应按照国家规定的审批程序和管理权限办理；

（四）经市、区县墙材管理部门审核后，报同级财政部门审批，纳入专项基金年度预算；

（五）财政部门根据专项基金年度预算，拨付项目资金。

第十八条 专项基金支出按照国家统一规定的“政府收支分类科目”执行。

第十九条 市、区县墙材管理部门应加强专项基金管理，建立健全财务制度，建立专项基金征收、返退台账，严格会计核算程序。

区县墙材管理部门应在每月10日前，向市墙材管理部门报送上月收支报表。

第四章 监督管理

第二十条 审计、财政和墙材管理部门应对专项基金征收、使用管理情况进行检查。

第二十一条 任何单位和个人不得擅自改变专项基金征收对象，扩大征收范围，提高征收标准或减、免、缓征专项基金。

第二十二条 市、区县墙材管理部门应会同财政部门对专项基金补贴单位的资金使用情况进行监督检查，确保专款专用。

第五章 法律责任

第二十三条 建设单位不及时足额缴纳专项基金的，市、区县墙材管理部门及其委托单位督促其补缴应缴的专项基金，并自滞纳之日起，按日加收应缴未缴专项基金万分之五的滞纳金。

第二十四条 建设单位虚报建筑面积以及新型墙体材料购进数量的，市、区县墙材管理部门及其委托单位责令其改正，并限期补缴应缴的专项基金。

第二十五条 市、区县墙材管理部门及其委托单位不按本办法规定征收专项基金，不按照规定使用市财政部门统一印制的票据，或者截留、挤占、挪用专项基金的，上级或同级财政部门责令其改正，并按照《财政违法行为处罚处分条例》（国务院令第427号）等有关法规的规定进行处罚。对直接负责的主管人员和其他直接责任人员，依照《违反行政事业性收费和罚没收入收支两条线管理规定行政处分暂行规定》(国务院令第281号)以及国家其他有关法规的规定，给予行政处分或处罚；构成犯罪的，依法追究其刑事责任。

第六章 附则

第二十六条 自本办法实施之日起，停止征收粘土砖专项资金。本市以往有关规定与本办法不一致的，以本办法为准。

第二十七条 本办法由市建设交通委、市财政局负责解释。

第二十八条 本办法自印发之日起施行，有效期为5年。

2. 关于修改《上海市内河港口管理办法》等15件市政府规章的决定

（2012年2月7日上海市人民政府令第81号公布）

根据《中华人民共和国行政强制法》的有关规定，市人民政府决定对《上海市内河港口管理办法》等15件市政府规章作如下修改：

一、对《上海市内河港口管理办法》的修改

删去第二十八条第一款第（四）项，增加一款作为第二款：违反本办法规定，不按期缴纳货物港务费等规费的，由市交通港口局或者县（区）港口行政主管部门责令其补缴，每逾期1天，加收5‰的滞纳金，情节严重的，可处以应缴款额2倍以下的罚款，但最高不超过3万元。

二、对《上海市农机事故处理暂行规定》的修改

将第七条修改为：

发生农机事故后企图逃逸的、拒不停止存在重大事故隐患农业机械的作业或者转移的，上海市农业委员会可以依法扣押有关农业机械。

三、对《上海市查处车辆非法客运规定》的修改

将第十八条第一款修改为：

市或者区、县交通行政管理部门、交通行政执法机构按照有关法律、法规的规定，可以对非法客运的车辆予以暂扣，并通知当事人在规定的期限内到指定的地点接受处理。

四、对《上海市临时占用城市道路管理办法》的修改

1. 将第十六条第二款修改为：

对逾期仍不改正的，由市、区（县）市政工程管理部门代为清除占路物资，并收取代为清除费用。

2. 将第十七条第二款修改为：

对逾期仍不改正的，由市、区（县）市政工程管理部门代为清除占路物资，并收取代为清除费用。

3. 将第十八条第二款修改为：

对逾期仍不改正的，由市、区（县）市政工程管理部门代为清除占路物资，并收取代为清除费用。

五、对《上海市道路指示牌管理规定》的修改

将第十一条修改为：

单位或者个人违反本规定设置道路指示牌的，由市建设交通委、区（县）道路管理部门、区（县）城市管理行政执法部门书面通知行为人在10日内自行拆除；逾期未拆除的，由有关部门予以拆除和处置；无法查明或者无法确认行为人的，由有关部门直接予以拆除和处置。

六、对《上海市黄浦江大桥管理办法》的修改

1. 将第十条修改为：

在大桥上行驶的车辆发生流漏、散落、飞扬杂物的，由市城乡建设和交通委员会负责清理。肇事车辆的单位或者个人应当按规定缴纳清理费。

2. 将第二十一条修改为：

车辆在大桥上因故不能行驶的，由市城乡建设和交通委员会负责牵引、清理，被牵引车辆的单位或者个人应当按规定缴纳牵引费、清理费。

3. 将第二十六条第一款修改为：

承担牵引费、清理费的责任单位或者责任人，应当在接到缴纳费用通知书之日起10日内向市城乡建设和交通委员会缴纳。

七、对《上海市水产养殖保护规定实施细则》的修改

1. 将第二十八条修改为：

凡违反法律、法规而受到渔政监督管理机构行政处罚的单位和个人，应当及时履行处罚决定。

2. 将第二十九条修改为：

渔政监督管理机构对没收的渔获物和渔具、违法所得以及罚款等，均应当开具经市财政局批准的渔业行政主管部门统一印制的凭证，并进行登记，归入渔政档案。

对没收的渔获物，个人不得擅自处理，由渔政监督管理机构指定的部门收购。

罚没收入按规定上缴国库。

3. 将第三十条第一款修改为：

渔政监督管理机构对正在进行的违反渔业法律、法规的行为，应当立即予以制止。

八、对《上海市合流污水治理设施管理办法》的修改

1. 将第三十一条修改为：

违反本办法第二十六条、第二十八条规定逾期不缴排水费的，从滞缴日起每日增收2‰的滞纳金；逾期不报或者少报用水量的，按核实后的用水量的3倍计征排水费。

2. 将第三十三条第一款修改为：

违反本办法第十条第一款规定，情节严重拒不改正的，市水务局有权封堵其排放口，但必须提前10日书面通知排水户。

九、对《上海市非机动车管理办法》的修改

将第二十一条中的“违反本办法规定的，由公安部门责令改正，对违章非机动车可以暂扣，并按照下列规定处罚”修改为，“违反本办法规定的，由公安部门责令改正，并按照下列规定处罚”。

十、对《上海市沿海边防治安管理办法》的修改

将第三十四条及其条标修改为：

第三十四条（没收）

对无船名、船号、船籍港名称、船舶登记证书的船舶，由公安边防部门按照国家有关规定予以没收。

十一、对《上海市监察机关没收、追缴和责令退赔财物的规定》的修改

将第九条及其条标修改为：

第九条（处分）

拒绝执行没收、追缴或者责令退赔财物决定的，由监察机关依法给予责任人相应的行政处分。

十二、对《上海市城市管理相对集中行政处罚权暂行办法》的修改

将第十七条第四款修改为：

对擅自搭建建筑物、构筑物且正在施工的，市和区县城管执法部门应当责令当事人立即停止施工并限期拆除。当事人拒不停止施工或者在限期内拒不拆除的，市和区县城管执法部门应当依法立即强制拆除。

十三、对《上海市集镇和村庄环境卫生管理暂行规定》的修改

将第二十七条第二款修改为：

违反前款第（一）项、第（二）项、第（三）项、第（四）项、第（六）项、第（七）项、第（十）项、第（十一）项或者第（十二）项规定，经责令改正但逾期不改正的，可代为采取改正措施，所需费用由责任者承担。

十四、对《上海市液化石油气管理办法》的修改

1. 删去第二十七条。

2. 删去第四十八条。

十五、对《上海市生食水产品卫生管理办法》的修改

将第十一条第一款第（二）项修改为：

违反本办法第八条第二款、第九条第二款的，没收违法所得，并处以违法所得 1 倍以上 5 倍以下的罚款，但罚款金额最低不少于 1000 元；没有违法所得的，处以 500 元以上 3 万元以下的罚款。

此外，根据本决定，对有关规章部分条文的条款顺序作相应的调整，并重新公布。

本决定自公布之日起施行。

3. 上海市 2012 年 ~ 2014 年环境保护和建设三年行动计划

（沪府办发〔2012〕2 号，2 月 13 日）

2000 年以来，本市坚持“四个有利于”和“三重三评”的原则，滚动实施了四轮环保三年行动计划，分阶段地解决快速工业化和城市化进程中的突出环境问题，世博环境保障成效显著，环境基础设施体系和生态格局基本形成，重点区域环境整治效果明显，环境管理体系不断完善，城市环境质量持续提高。在第四轮环保三年行动计划实施期间，本市在经济保持较快发展的同时，超额完成了“十一五”污染减排目标，化学需氧量和二氧化硫排放总量分别削减了 27.7% 和 30.2%，位居全国前列。“低碳世博”、“绿色世博”和良好的生态环境为上海世博会的成功举办提供了坚实保障。全市环境质量总体稳中趋好，环境空气质量优良率连续 3 年达到 90% 以上，空气中二氧化硫、二氧化氮和可吸入颗粒物等主要污染物浓度比 2008 年分别下降 41%、9% 和 10%，主要水体水环境质量基本保持稳定，建成区人均公共绿地面积达到 13.1 平方米。

与此同时，对照上海城市地位和发展转型的现实需求以及世博后市民对环境质量改善的更高期望，本市的环境保护工作还存在一些差距：一是资源环境约束仍较明显。人口和经济快速增长、能源结构以煤为主、产业结构偏重导致资源消耗和污染排放仍处于高位，由工业布局分散导致的污染矛盾仍较突出。二是传统污染问题与新环境污染问题并存。特别是灰霾、酸雨、臭氧、水体富营养化、污泥、垃圾渗滤液、恶臭等复合型、区域型、二次性环境污染逐渐凸显，城乡环境差异突出，农业面源污染仍较重。三是环境基础设施、风险防范能力和环境管理水平有待进一步提升。饮用水、重金属、危险化学品等环境风险备受关注。

当前，上海正处在努力实现“四个率先”、加快建设“四个中心”的重要时期，这也是突破资源环境对城市持续发展的约束，建设资源节约型、环境友好型城市的攻坚阶段。上海提出了“创新驱动、转型发展”，要求深入贯彻落实科学发展观，把污染减排和环境保护作为转变经济发展方式的重要抓手和突破口。为进一步提高城市环境质量，持之以恒地推进环境保护和生态建设工作，切实满足提高市民生活质量、维护城市安全运行、促进社会和谐发展的现实需求，特制订《上海市 2012 年 -2014 年环境保护和建设三年行动计划》，即第五轮环保三年行动计划。

一、指导思想、基本原则、总体目标和任务概要

（一）指导思想

深入贯彻落实科学发展观，围绕“创新驱动、转型发展”，坚持生态文明引领和以环境保护优化发展理念，把环境保护作为推动发展方式转变的重要着力点，按照“四个有利于”和“四个转变”（发展战略从末端治理为主向源头预防、优化发展转变，控制方法从单项、常规控制向全面、协同控制转变，工作重点从重基础设施建设向管建并举、长效管理转变，区域重点从中心城区为主向城乡一体转变）的要求，以“削减总量、改

善质量、防范风险、优化发展”为重点任务，立足治本，狠抓源头，持续加强环境保护和生态建设，进一步提高城市环境质量，加快建设资源节约型、环境友好型城市。

（二）基本原则

坚持“三重三评”，科学实施，客观评价。“三重三评”即在全面推进中重治本、综合治理中重机制、资金投入上重实效；环境保护的成效让市民评判、社会评价、科学数据评定。

坚持“四个更加注重”，全面推进，重点突破。“四个更加注重”即更加注重环境质量和环境安全，更加注重解决市民关心的环境问题，更加注重科技进步和结构优化，更加注重长效机制和创新管理。

坚持“四个协同”，依法严管，重在实效。“四个协同”即坚持多种污染物协同控制，提高污染防治成效；坚持多种手段综合运用，提高环境管理水平；坚持区域多方协作，实现污染联防联控；坚持全社会共同参与，形成环保工作合力。

（三）总体目标

基本完成污染减排等“十二五”规划明确的目标和任务，环保工作继续走在全国前列，为建设资源节约型、环境友好型城市奠定扎实基础。

到 2014 年，实现如下目标：

1. 基本完成“十二五”污染减排目标任务。力争全面建成“十二五”重点减排工程，国家下达的化学需氧量、氨氮、二氧化硫、氮氧化物等四项减排指标的排放量逐年下降，挥发性有机物、总磷和细颗粒物（PM2.5）的排放量进一步下降。

2. 进一步完善环境基础设施体系。全市城镇污水处理率力争达到 85%，基本完成建成区直排污染源的截污纳管，基本实现城镇污水处理厂污泥有效处理。全市所有电厂在全面脱硫基础上实现烟气脱硝。全市生活垃圾无害化处置率达到 95% 以上，危险废物、医疗废物得到全面安全处置。

3. 进一步提升环境保护优化发展的能力和水平。重点行业的污染排放得到有效控制，完成 2000 项左右的企业结构调整和优化，工业企业逐步向 104 个工业区块集中，同时，这 104 个工业区块的已开发地块实现污水全部纳管。重点领域循环经济发展形成特色，再生资源回收和综合利用水平进一步提高。

4. 进一步提高环境风险防范能力和环境管理水平。饮用水水源安全得到保障，集中式饮用水水源地水质达标率达到 90% 左右。形成比较完善的风险源控制体系、辐射与危险废物监管体系和突发污染事故应急响应体系。环保能力建设达到全国先进水平，重点监管企业污染物稳定达标排放。

5. 进一步改善环境质量。环境空气质量优良率稳定在 90% 左右，重点整治河道水质进一步提高，水体富营养化和大气灰霾、酸雨、臭氧等复合型污染得到初步遏制。农村村庄改造率达到 40%，重点地区环境污染矛盾得到缓解，郊区和农村环境进一步改善。全市森林覆盖率达到 14%，建成区人均公共绿地面积达到 13.4 平方米。

（四）任务概要

本轮计划实施七大领域任务，分别为水环境保护、大气环境保护、固体废物处置和噪声污染控制、工业污染防治和产业结构调整、农业与农村环境保护、生态环境保护与建设、循环经济和清洁生产。同时，加强政策、法规、科研支撑和环保能力建设。重点是四大任务：一是着力推进污染减排。按照国家要求，大力削减化学需氧量、氨氮、二氧化硫、氮氧化物等四项主要污染物，并协同控制挥发性有机物（VOCs）、总磷和细颗粒物（PM2.5）。在推进脱硫脱硝、污水处理及其副产品处置、畜禽污染治理等工程减排的同时，更加突出管建并举和结构减排。二是着力强化环境风险防控。从构建全方位、全过程的环境风险防范体系出发，落实饮用水水源安全保障、化工石化行业风险防范、完善工业区环境基础设施、优化危险废物收集处置体系、土壤修复等工作任务，并强化重金属、核与辐射、危险化学品等风险控制。三是着力解决市民关心的环境问题。继续加强河道整治、绿化建设、燃煤锅炉清洁能源替代、农村村庄改造、餐饮业油烟气整治、黄标车淘汰、噪声和扬尘污染控制，落实雨污水泵站改造、污水厂臭气治理、化工和干洗行业 VOCs 控制、生活垃圾分类收集和处置、宝山南大、金山卫和高桥石化区域整治等工作任务，进一步改善城市环境面貌、保障群众健康、缓解环境污染矛盾。四是着力促进结构调整。坚持“工业向园区集中”战略，积极推进工业区块以外“六大区域、九大行业”的结构调整。按照生态农业发展要求，继续推进种植业、养殖业结构调整。深入开展循环经济和清洁生产，实施废弃物综合利用、中水回用、信息化回收体系建设等示范工程和项目，促进生产、生活和消费方式的转变。整个计划共安排 268 个项目。

二、水环境保护

（一）实施原则

以确保饮用水水源安全和改善水质为核心，推进化学需氧量、氨氮、总磷等多种污染物的协同控制，着力控制河道黑臭、富营养化等污染问题。以提高饮用水水源安全保障水平为目标，进一步加强水源地建设、供水集约化和风险防范；按照“治污为本、截污为先、泥水同步、管建并举”的原则，实施“截污纳管攻坚战”，继续推进污水处理厂和管网完善、污泥处理设施建设及其运营管理，进一步提高全市污水处理能力和水平；以河道整治、雨污混接改造、雨水泵站改造为重点，持续改善河道环境质量和面貌；以近岸海域受损生态系统修复为重点，推进海洋环境保护。

（二）行动目标

按照“十二五”总量控制要求，完成水环境污染物减排重点工程。到 2014 年底，基本完成郊区供水集约化任务，基本达到饮用水水源安全保障达标建设目标，集中式饮用水水源地水质达标率达到 90% 左右；全市城镇污水处理率力争达到 85%，基本完成建成区直排污染源的截污纳管，基本实现城镇污水处理厂污泥有效处理；巩固并提高河道整治成效，河道水环境质量和面貌持续改善。

（三）主要任务

1. 全面保障饮用水水源安全

（1）大力推进水源地建设和集约化供水。按照“两江并举，多源互补”的原则，进一步推进饮用水水源地布局的优化。基本建成东风西沙水库及取输水泵闸工程、崇明岛原水输水系统一期工程，开工建设黄浦江原水系统闵奉支线工程、陈行水源地嘉定原水支线工程，关闭 7 个区县的 34 座中小水厂。

（2）实施水源地环境整治。完成饮用水水源一级保护区内与供水设施和保护水源无关项目的清拆整治，完成黄浦江松浦大桥、青草沙水源地和黄浦江上游青浦、松江、金山等饮用水水源一级保护区围栏建设工程，完成青草沙水库周边水系调整工程，完成饮用水水源二级保护区内松江、闵行等污水处理厂排放口的关闭搬迁。

（3）完善饮用水水源地及原水水质监测能力建设。环保、水务部门加强饮用水水源地监测能力建设，逐步实现信息共享。原水供水企业进一步完善原水水质在线监测及日常监测设施。

2. 进一步完善污水处理系统

（1）提高污水处理能力与处理水平。中心城区建成白龙港污水处理厂二期扩建工程（80 万立方米 / 日），启动泰和污水厂工程（20 万立方米 / 日）；郊区推进嘉定大众三期、松江西部二期、金山朱泾二期、金山廊下二期、金山枫泾二期、青浦华新二期、青浦白鹤二期、青浦朱家角二期、青浦商榻二期等 9 座污水处理厂扩建升级工程和青浦徐泾污水厂一期升级改造工程，增加处理能力22.35万立方米/日。黄浦江上游准水源保护区范围内的新建、扩建污水处理厂全面执行《城镇污水处理厂污染物排放标准》（GB18918－2002）一级A标准；其他地区新建、扩建污水处理厂执行一级B标准。同时，扩建污水处理厂在实施扩建的基础上，对原有不同排放标准的污水处理设施实施升级改造。

（2）实现污水收集管网与城镇发展建设同步。中心城区续建白龙港片区南线东段输送干管和黄浦江过江管线工程。配合郊区新城建设，按照环境基础设施与城市开发建设同步的要求，进一步完善郊区污水处理厂配套管网，建设和完善浦东新区、嘉定、奉贤、松江、金山、青浦、崇明等7个区县的一、二级污水收集管网，进一步完善城镇建成区污水收集系统。

（3）着力推进未纳管污染源截污纳管。各区县在完成未纳管污染源调查的基础上，完善工作推进机制，全面实施“截污纳管攻坚战”，力争到2014年底，基本完成建成区直排污染源的截污纳管。

（4）大力推进污水厂污泥处理和臭气治理。选用成熟的污泥处理工艺，完成竹园、石洞口、松江、金山等4个污泥处理工程，确保污水处理厂污泥得到安全处置。完成白龙港污泥预处理应急工程。到2014年底，基本实现城镇污水处理厂污泥有效处理。开展污水处理厂臭气治理状况专项调查，编制中心城区污水处理厂臭气整治规划，适时启动相关整治工程。

（5）推进再生水利用试点工程。青浦第二污水处理厂新建0.2万立方米/天的中水回用设施。

3. 着力控制城市径流污染

启动雨污混接治理工程，完成徐汇漕河泾地区、吴中地区和浦东洋泾住宅小区的雨污混接改造示范工程建设。推进雨水泵站污水截流设施建设与改造工程，重点完成闵行、宝山、徐汇、虹口、长宁、闸北、杨浦等区10座雨水泵站的旱流截污改造，在完成中心城区雨水泵站污水截流情况调查的基础上，推进其他需要改造的泵站旱流截污改造。制定并完善泵站优化调度运行制度，控制泵站放江污染。

4. 深化河道综合整治与水生态修复

继续开展骨干河道整治。以“提高水质、提升景观、改善生态、改善环境”为目标，完成张网港、砖新河、金汇港等42公里区域性骨干河道治理，进一步提高地区防洪除涝和水资源调度能力。继续推进界河整治。以“水清、岸洁、通畅、有绿”为目标，完成桃浦河、金山卫界河、俞泾塘等35公里界河整治，进一步改善界河水环境面貌。开展河道生态治理。以“河畅、水清、岸绿、景美、鱼游”为目标，稳步实施万平河、斜泾港、丰收河等22公里河道生态治理，全面提升河道生态环境水平。

5. 继续推进本市太湖流域水环境综合治理

按照《太湖流域水环境综合治理总体方案》的要求，继续实施《上海市太湖流域水环境综合治理实施方案》明确的相关任务，进一步完善青西三镇水环境基础设施，完成急水港生态治理试验段工程，继续开展淀山湖蓝藻水华预警监测。

6. 推进近岸海域环境治理与保护

按照本市“十二五”海洋规划，实施金山城市沙滩水域水环境治理与保护工程、奉贤区典型海岸侵蚀岸段生态修复示范工程，逐步修复本市近岸海域典型受损的生态系统。

三、大气环境保护

（一）实施原则

以提高大气环境质量、保障群众健康为出发点，全面推进二氧化硫、氮氧化物、挥发性有机物（VOCs）、细颗粒物（PM2.5）

等多种污染物的协同控制，加强区域污染联防联控，着力控制酸雨、灰霾、臭氧等大气污染问题。全面实施电力、钢铁行业的烟气脱硫、脱硝和除尘改造，并进一步加强设施运行管理。结合天然气的推广使用，大力推进中小锅炉清洁能源替代。以旧车淘汰和新车提标为重点，进一步深化机动车污染控制。以点带面，开展石化、化工等重点行业VOCs污染控制。以完善长效监管机制为重点，进一步加强扬尘和餐饮业油烟气污染控制。

（二）行动目标

按照“十二五”总量控制要求，完成大气环境主要污染物减排重点工程。到2014年底，燃煤电厂实现全面脱硝，燃煤机组脱硫脱硝和高效除尘设施运行效率进一步提高，完成1000台中小燃煤（重油）锅炉的清洁能源替代工作。机动车尾气排放达标率达到90%以上。扬尘污染控制的长效管理机制进一步完善。重点行业、重点企业的VOCs排放量得到有效削减。全市环境空气质量优良率稳定在90%左右。

（三）主要任务

1. 深化电力行业大气污染治理

完成电厂氮氧化物总量削减工程。完成11家电厂共计907　4万千瓦机组的烟气脱硝等相关技术改造，削减氮氧化物排放总量。提高燃煤电厂除尘效率，35万千瓦及以下燃煤火电机组全面实施高效除尘改造，推进60万千瓦及以上机组高效除尘改造试点，确保达到国家新修订的排放标准。全面完成长兴岛第二电厂、上海石化自备电厂5#、6#燃煤机组的烟气脱硫升级改造工程。加强燃煤机组脱硫脱硝设施的运行监管，提高电厂脱硫脱硝设施的稳定运行水平，确保脱硫脱硝效率和达标排放。

2. 继续推进燃煤锅炉和工业炉窑污染治理

大力推广使用清洁能源。继续加快天然气管网建设，完善天然气输配管网系统，实现全市管道气的天然气化。根据总量控制目标，推进1000台中小燃煤（重油）锅炉的清洁能源替代工作。推进全市20吨以上燃煤锅炉除尘达标改造或清洁能源替代，确保烟尘达标排放。完成化工行业相关企业项目关停工作。

3. 深入推进机动车污染控制

在坚持公交优先战略的前提下，进一步加强机动车污染控制。做好新车提前实施国V排放标准的各项配套准备，同步配套供应相应标准的成品油。加强在用车污染控制，基本建成本市营运性车辆简易工况法检测网络，加大机动车尾气污染整治和路检执法力度。全面推行机动车环保标志管理，2013年底前完成标志发放工作。加快黄标车（国Ⅰ以下汽油车和国Ⅲ以下柴油车）淘汰步伐，淘汰全部财政拨款的黄标车，优先淘汰2005年以前注册的运营黄标车，累计淘汰15万辆，并适时扩大黄标车限行范围。

4. 加强大气面源污染控制

加大城市扬尘治理力度。借鉴网格化管理经验，中心城区推进实施建筑工地扬尘污染在线监控系统。强化建筑工地扬尘污染控制，提高建筑工地文明施工达标率，力争中心城区文明施工达标率达95%以上，其他区域达90%以上。力争全市商品混凝土搅拌站、砂石料堆场和拆房工地除尘设备安装率、除尘率达80%；加强城市道路扬尘污染控制，提高道路保洁率，城市快速路、高速公路路面机械清扫每天不少于1次，中心城区道路冲洗率达到75%以上，郊区县主要道路冲洗率达到40%以上。

加强挥发性有机污染控制。结合长三角区域大气污染联防联控工作，开展部分重点行业VOCs污染控制试点示范。上海石化、高桥石化、上海赛科、华谊集团等四大化工企业建立VOCs泄漏检测与修复技术（LDAR）示范，试点开展VOCs总量控制。制定干洗行业 VOCs 污染控制规范并开展专项整治。在石油化工、制药、涂装和印刷等重点行业推进 VOCs 废气治理示范工程。继续完善加油站、油罐车油气回收系统的管理和维护，并建立长效管理机制。

加强餐饮油烟气污染控制。对环境影响较大、居民投诉较多的餐饮单位，加强油烟气治理设施的监管，并加快研究实时监控的方法，在取得试点经验的基础上予以推广。

四、固体废物处置和噪声污染控制

（一）实施原则

按照“减量化、无害化、资源化”的原则，以提升能力和完善体系为重点，进一步推进固体废物综合利用和安全处置。城郊并举，推进生活垃圾分类收集。以“一主多点、就近消纳、资源共享”为布局原则，加快老港固体废弃物综合利用基地和各区县生活垃圾处理设施建设。推进渗滤液安全处置和达标排放。按照“完善体系、优化布局、提升能力、强化监管”的原则，提高危险废物安全处置能力和水平。防治结合，加强轨道交通、机动车、建筑施工等噪声污染控制。

（二）行动目标

到 2014 年底，城市生活垃圾分类回收和无害化处理能力进一步提升，全市生活垃圾无害化处置率达到 95% 以上；危险废物无害化处置率达到 100%，医疗废物无害化率达到 100%；轨道交通噪声扰民现象有所缓解，机动车、非机动车鸣号率控制在 3% 以下。

（三）主要任务

1. 加快形成生活垃圾分类收集、运输和处置体系

继续推进生活垃圾源头减量和无害化处理设施建设。生活垃圾分类收集工作在试点基础上进一步在全市推广，同步健全城市化地区生活垃圾分类运输处置体系。继续推进老港固体废物综合利用基地建设，推进老港再生能源利用中心一期、老港内河、老港渗沥液应急排放管道、老港一二三期封场及生态修复二期、老港清运河整治及改造、老港北侧防污染隔离林等工程建设；着力推进区县生活垃圾处理设施建设，建设金山、奉贤、嘉定、松江、崇明（三岛）、浦东、青浦等 7 座生活垃圾处理设施。进一步完善生活垃圾密闭压缩中转设施，完成闵吴码头集装化改造，建成闸北环卫基地。

2. 进一步完善危险废物和工业固废综合利用与处置体系

按照“完善体系、优化布局、提升能力、强化监管”的原则，进一步完善危险废物和工业固废综合利用与处置体系。重点是：

（1）继续推进危险废物综合处置基地建设。完成危险废物填埋场二期扩建、医疗废物应急处置系统等工程建设。

（2）完善崇明岛危险废物处置系统。完成崇明危险废物焚烧处置系统、崇明危险废物专区填埋库等工程建设。

（3）强化对危险废物转运环节的管理。完善全市危险废物专业运输体系，启动医疗收运处置系统物联网示范工程建设。

（4）推进重点地区危险废物处置设施建设。完成上海化工区有害废料焚化处理项目扩建、上海临港产业区工业废物资源化利用与处置示范基地等项目。

（5）推进重点企业和工业区提升固废自行利用处置能力建设。推动上海宝钢、上海石化实施固废源头减量措施并提升固废自行利用处置能力，在金桥出口加工区、外高桥保税区等有条件的工业区推进工业固废集中收集试点。

3. 加强噪声污染治理

在对现状进行评估分析的基础上，研究制定轨道交通环境综合治理方案并推进实施。进一步加强机动车和非机动车禁鸣执法，将机动车、非机动车鸣号率控制在 3% 以下。加强社会噪声管理，进一步规范文明施工，努力减少建筑施工噪声污染。加强交通噪声控制，开展低噪声路面试点工作。

五、工业污染防治和产业结构调整

（一）实施原则

坚持“以环境保护优化发展”的思路，把促进结构调整和布局优化放在更加突出的位置，全面加强工业污染防治。按照“工业向园区集中”的原则，以重点区域、重点行业为切入点，着力推进工业区块外企业的结构调整；以宝山南大和金山卫化工集中区为重点，继续深化区域环境综合整治和污染治理；以规范和完善环境管理为核心，继续推进工业区环境基础设施建设，促进工业区可持续发展。

（二）行动目标

到2014年底，完成2000项左右企业结构调整项目，104个工业区块外现状工业企业逐步向工业区块集中；104个工业区块的已开发地块实现污水全部纳管，工业区环境质量监测体系初步建立。宝山南大地区、金山卫化工集中区域的环境面貌得到明显改善，高桥石化地区的污染治理力度进一步加大。

（三）主要任务

1. 加大产业结构调整力度

积极推进104个工业区块外现状工业用地的转型发展。聚焦外环线以内、郊区新城、大型居住区、虹桥商务区及其拓展区、饮用水水源保护区、崇明生态岛等六大区域，调整淘汰化工石化、医药制造、橡胶塑料制品、纺织印染、金属表面处理、金属冶炼及压延、非金属矿石制品、皮革鞣制、金属铸锻加工等九类行业以及重点风险企业特别是涉及重金属和大气污染的行业及企业。全市完成2000项左右企业结构调整项目。

2. 完善工业区环境基础设施建设

按照工业区环境规范化管理的要求，以推进污水纳管、工业固体废物集中收集、环境监控系统建设为重点，进一步完善工业区环境基础设施。继续推进工业区块污水管网建设，实现12个区县104个工业区块已开发地块污水全部纳管。推进工业区范围内及工业区周边受影响居民搬迁，完成上海化学工业区1公里环境风险控制区域内现有居民的搬迁工作，完成奉贤化工分区、金山化工分区区域内居民搬迁工作。推进工业区环境监测体系建设，在吴淞、上海石化、上海化工区、高桥石化、吴泾、宝钢、老港和星火等8个大型工业区块及金山二工区、上海化工区奉贤分区建设环境空气特征因子自动监控系统。推进工业区隔离绿带建设，上海化学工业区周边基本形成隔离绿带。

3. 继续按照规划推进南大地区环境综合整治

按照南大地区控详规划和《南大地区环境整治实施方案》提出的目标要求，继续推进南大地区环境综合整治，促进区域和谐发展。重点是：到2014年底，动迁10家制造、机械、印刷企业，关停30家皮革、化工、仓储企业，完成结构绿地建设，在滚动开发建设的同时，完成受污染土壤修复工作。

4. 深化金山卫化工石化集中区环境综合整治

在巩固区域整治成果的基础上，根据《金山卫化工集中区域环境深化整治实施计划纲要》，积极探索区域环境污染长效监管机制，并开展恶臭和挥发性有机物污染的溯源工作。重点是：

（1）加强工业区综合整治。到2014年底，金山第二工业区完成7家企业废气综合整治，完成金山卫镇污水处理厂二期扩建工程，推进污水管网维护和主要雨水口应急设施及主要河道应急水闸建设。

（2）加强石化企业污染治理。到2012年底，上海石化完成含油污水预备处理装置二期扩建和硫磺装置尾气处理工程；到2013年底，上海石化完成二号排海口延伸段和催化裂化装置烟气脱硫工程；到2014年底，上海石化完成乙烯项目废碱液处理装置扩建工程，完善恶臭治理设施，提升企业自身的大气特征因子监测能力。

5. 加大高桥石化地区污染治理力度

按照市政府关于加快高桥石化地区产业转型升级的要求，进一步加大高桥石化地区化工企业污染治理力度，缓解区域环境矛盾。到2012年底，高桥石化完成自备电厂锅炉烟气除尘系统优化改造和炼油污水处理场、酸性水均质罐区、炼油液化气脱硫醇尾气等恶臭治理；到2013年底，高桥石化完成炼油污水系统清污分流和炼油区域天然隔油池改造以及炼油区域污油罐区、化工区域聚醚污水处理场及化工一部、化工二部、化工四部等的恶臭综合治理；到2014年底，高桥石化完成炼油厂催化烟气脱硫工程建设。

六、农业与农村环境保护

（一）实施原则

按照建设社会主义新农村和城乡一体化的要求，全面推进农业与农村环境保护工作。以推进农业污染减排和发展生态农业为目标，倡导种养结合模式，科学使用化肥农药，深入推进畜禽养殖场污染治理，大力推进农业废弃物资源化利用，切实减少农业面源污染；以村庄改造为抓手，推动环境保护基础设施和服务向农村延伸，着力加强农村污水和生活垃圾处理设施建设，切实改善农村人居环境质量，促进城乡统筹发展。

（二）行动目标

到2014年底，完成农业源总量减排阶段目标，化学需氧量、氨氮排放量在2011年的基础上分别减少7%、8%，农田秸秆资源化综合利用率达到85%，农业地区农村村庄改造率达到40%。

（三）主要任务

1. 大力推进养殖业污染治理

按照国家和本市的污染减排工作要求，以粪尿综合利用和治理为重点，严格控制规模化畜禽养殖场污染物排放，并以规模化场的治理带动散养户整治。以实现干粪采集处理、设置雨污水集泄管网、建造污水处理设施、建设绿化隔离带等为主要内容，重点完成25家畜禽养殖场标准化建设。建设10家畜禽场沼气工程。在全市规模化畜禽养殖场启动排污申报制度试点。建成崇明动物无害化处理站。在黄浦江、淀山湖、杭州湾等上海段水域继续做好渔业资源增殖放流活动，放流苗种2亿尾（只）以上。

2. 继续推进种植业面源污染防治

按照“源头减量、过程拦截、末端治理”的原则，着力推进化肥、农药减量，切实减少种植业面源污染。重点是：三年累计推广绿肥种植90万亩、有机肥54万吨；推广绿色防控技术，三年累计推广新型植保机械5000台、高效低毒低残留农药及生物农药150万亩次；推进农业节水节肥，以滴灌、渗灌技术为主，完成3万亩经济作物水肥一体化；以农业园区、特色农产品基地为重点，推进农业面源污染控制综合技术示范区建设；开展典型区域农业环境监测，评估农业面源污染防治效果。

3. 大力推进农业废弃物综合利用

加强政策引导，建立和完善秸秆收集利用体系，以用作新型建材、食用菌基料、有机肥辅料、压型成燃料棒等为重点，建设5个农作物秸秆综合利用示范工程。继续推进秸秆机械化还田，以二麦、水稻秸秆为重点，推广秸秆机械化还田580万亩次。健全长效管理机制，禁止秸秆露天焚烧。推进蔬菜废弃物综合利用，以废弃物翻耕设备、粉碎设备，小型运输设备为主，完成50个蔬菜基地农业废弃物资源利用设备配套。

4. 加大农村环境综合整治力度

对规划保留的农村居民点实施改造整治，以农村生活污水收集处理、基础设施建设、村容环境整治、公共服务设施配套完善为重点，完成300个村庄改造，受益农户6万户。各区县结合产业结构调整、生态乡镇创建等工作加强农村分散中小企业治理与监管，推进环境风险大、厂群矛盾突出、污染周边环境、产业和工艺落后的分散小企业的关停整治。

七、生态环境保护

（一）实施原则

以提升城市生态服务功能为目标，积极落实《上海市基本生态网络规划》，全面推进生态保护与建设工作。加强多层次、成网络、功能复合的基本生态网络建设，充分发挥绿地、林地、耕地、湿地的综合生态功能，加强生态保护，维护生态安全，努力营造良好的绿色生态环境。加快推进崇明生态岛建设，进一步完善环境基础设施体系，推动生态建设和低碳发展。点面结合，继续推进各级生态示范创建工作，完善长效管理机制。

（二）行动目标

构建与生态宜居城市相匹配的绿地、林地、湿地基本生态网络空间系统，到2014年底，全市新建各类绿地3000公顷，建成区人均公共绿地达到13.4平方米，全市森林覆盖率达到14%。崇明岛生态环境质量进一步提升；创建21个国家级生态乡镇、生态村。

（三）主要任务

1. 进一步完善全市绿地林地系统

结合基础设施建设、旧区改造、郊区新城和新农村建设，推进绿地林地建设和城市生态格局优化。重点是：

（1）积极推进外环生态专项建设。按照“十二五”基本建成外环生态专项的目标，重点推进宝山、普陀、嘉定、闵行、徐汇、长宁、浦东新区等7个区的外环生态专项建设，完成建绿400公顷以上。

（2）推进楔形绿地、防护绿地建设。推进宝山大场公园一期、浦东东沟牡丹园等楔形绿地建设；结合工业区综合整治，推进吴泾工业区等绿化隔离带建设。

（3）推进新城、新市镇、大型居住区公共绿地建设。继续推进沿苏州河、黄浦江岸线公共开放空间建设，建设普陀6A地块公共绿地、黄浦西藏路大吉路绿地、闸北中兴绿地、浦东川杨河生态绿廊、浦东外高桥市民公园等公共绿地和浦东周康航、闵行浦江鲁汇等大型居住社区结构绿地。

（4）积极推进立体绿化和林荫道建设。重点推进机关事业、学校、医院等单位的公共服务设施的立体绿化建设，新增立体绿化30公顷；推进80条林荫道建设。

（5）推进生态公益林建设。结合林业健康发展政策措施，新增生态公益林3万亩。

2. 继续推进崇明生态岛建设

严格实施《崇明生态岛建设纲要》，逐步完善崇明岛环境基础设施，进一步改善环境质量、加强生态建设，稳步推进生态岛建设。重点是：加快实施饮用水水源工程，推进堡镇、崇西水厂和自来水管网建设；开展2个再生水回用试点工程；完成东平国家森林公园二期改造工程；完善崇明岛生态环境预警监测评估体系，开展生态环境监控平台建设。

3. 进一步加强自然生态保护

加强湿地和野生动物栖息地的保护、建设和管理。控制外来物种入侵，继续推进东滩互花米草生态控制与鸟类栖息地优化工程。完成全市生态环境调查与评估工作，分析上海城市化过程中的生态系统演变规律及发展趋势，为进一步提升生态系统服务功能、保障城市生态安全提供科学依据。

4. 大力推进各级生态创建

以点带面，充分发挥示范引领效应。积极开展国家级生态文明示范区、国家生态区建设，全市创建21个国家级生态乡镇、生态村。

八、循环经济和清洁生产

（一）实施原则

按照“减量化、再利用、再循环”的原则，进一步推进循环经济与清洁生产。加强示范引领，推进生活垃圾、工业、城建、农业等废弃物综合利用试点项目，创建国家和市级生态工业示范园区。强化科技推动，推进废弃物源头减量，提升废弃物资源化利用水平和能力，构建符合本市经济社会发展水平的再生资源回收体系。全面推进清洁生产，不断扩大行业覆盖面，进一步鼓励和促进工业企业清洁生产。

（二）行动目标

到2014年底，构建符合本市经济社会发展水平的再生资源回收和利用体系，生活垃圾资源化利用率达到60%，工业固体废弃物综合利用率超过96%，建设废弃物资源化利用率达到20%左右。推进1000家企业清洁生产审核。建设一批国家和市级生态工业示范园区。

（三）主要任务

1. 大力发展循环经济

（1）推进循环经济示范项目建设。加强资金投入和政策支持，推进本市国家“城市矿产”示范基地项目建设，提高废旧玻璃回收利用规模。推进闵行区餐厨垃圾资源化利用和无害化国家试点工作，探索餐厨垃圾回收利用模式和处理处置途径。推进白龙港资源综合利用示范工程，探索粉煤灰、脱硫石膏、污泥、废钢渣等工业废物的集中化综合处理模式。深化汽车零部件再制造试点等再制造工作。

（2）大力推进各类废弃物源头减量和综合利用。提高废旧玻璃、废旧服装综合利用水平和能力。进一步推进粉煤灰、脱硫石膏等工业废弃物综合利用项目，建设一批技术优先、处置量大、环境和社会效益突出的工业固废利用项目。推进30万吨道路旧沥青混合料、450万吨混凝土的回收利用。构建全市资源综合利用统计监测评价平台，建立固废资源利用产业创新技术联盟和道路旧沥青混合料回收利用管理体系。

（3）构建信息化的城市废弃物回收网络体系。依托物联网技术，进一步规范提升电子废弃物等资源回收体系建设，建立并完善政府、企业、社区等多元回收主体参与的城市废弃物回收网络体系。

2. 大力推进清洁生产

进一步贯彻执行《中华人民共和国清洁生产促进法》，从源头上控制和减少污染物的产生，逐步由末端治理向污染预防和生产全过程控制转变，并不断扩大清洁生产试点面。以火电、钢铁、电镀、建材、石化、化工、制药等重污染行业为主，以“双有双超”企业为重点，加快推进清洁生产审核。三年推进企业清洁生产审核1000家，为“十二五”实现重点行业、规模以上工业企业清洁生产全覆盖奠定基础。

3. 开展生态工业园区创建

按照生态学原理和清洁生产要求，继续推进国家级和市级生态工业示范园区创建工作。重点推进张江高新技术园区、漕河泾开发区等创建国家级生态示范园区，推进青浦工业区等创建市级生态示范园区。同时，出台市级生态工业园区建设指标体系与管理办法。

九、保障机制

（一）完善体制机制

进一步完善以环保协调推进委员会为核心的环保体制和环保三年行动计划推进机制。加强基层环保工作，完善乡镇、街道环境管理责任体系，健全上海化工区、外高桥保税区、国际旅游度假区环保机构和区县级辐射、危险废物环境监管机构。强化污染减排责任制，健全污染减排指标分解和跟踪考核机制。

（二）强化环境法治

制定出台社会噪声污染防治、固体废物污染防治等地方政府规章，制定涉铅行业污染控制等地方标准和加油站挥发性有机物排放控制、危险废物物化处理及综合利用、村庄改造、建筑垃圾资源化利用、绿色施工等相关技术规范，开展环境突发性事故应急管理、土壤污染防治等立法调研，完善主要污染物排污许可证制度。加大执法力度，重点加强重金属、危险化学品、沿江沿河化工企业风险源等风险源的日常监督和执法检查，继续开展整治违法排污企业保障群众健康环保专项行动，对环境法律法规执行和环境问题整改情况进行督察，严厉查处各类环境违法行为。

（三）完善环境经济政策体系

强化政策引导效应，制定出台主要污染物超量减排、挥发性有机物减排、污染源截污纳管、中小锅炉清洁能源替代、黄标车淘汰、污泥处理设施建设、生活垃圾源头减量和处理设施建设、资源综合利用、林业发展等相关激励和补贴政策。完善环境价格机制，提高氮氧化物等主要污染物排污收费标准，研究制定机动车尾气简易工况法检测收费标准，完善与垃圾分类收集相适应的生活垃圾处理收费制度，探索排污权有偿使用和转让机制。探索资源环境补偿机制，研究出台跨区县处置生活垃圾环境补偿办法，进一步完善生态补偿制度，健全水源保护和其他敏感生态区域保护的财政补贴和转移支付机制。

（四）强化科技支撑

围绕污染减排工作，积极推进本市主要污染物总量控制指标体系、主要污染物排污许可证制度和主要水污染物减排统计核算等研究。围绕环境质量改善和管理水平提升，积极推进工业企业废水排放监管体系、水环境中总磷控制、PM2.5 污染控制对策、建设工程扬尘和噪声污染实时监控、机动车实时排放空气污染预警等研究，筹建环境保护部城市土壤污染防治工程技术中心和复合型大气污染研究重点实验室。围绕环境风险防范，积极推进水源地保护与水资源再利用、长江口突发污染事故应急响应、重点化工区域环境风险评估和防控对策等研究。围绕城市低碳发展，积极推进崇明岛碳足迹评估、温室气体排放源监测技术、废弃物资源化循环利用等研究。

（五）完善污染源头控制机制

严格实施环境影响评价和“批项目，核总量”制度，把主要污染物排放总量控制指标作为新、改、扩建项目环境影响评价审批的前置条件。进一步推进工业向工业园区集中，104 个工业区块外原则上不得新建、扩建工业项目。推行生产者责任延伸制度。大力发展循环经济，全面推行重点企业清洁生产审核，推广应用清洁生产技术，推进资源综合利用，从源头上预防和减少污染产生。

（六）推进环保监管能力建设

按照国家和本市环境监管能力标准化建设的要求，继续加强市和区县环境监测、监察、信息、应急、辐射安全监管等能力建设。重点加强地表水水质、PM2.5、重金属、土壤环境质量、持久性有机污染物、环境激素等监测能力，建设二恶英重点实验室，开发 PM2.5 日报预报和灰霾预报系统。着力推进环保信息化建设，建设营运性车辆尾气排放在线监测系统，完善环保重点监管企业污染物在线监控系统，构建市、区县两级联动的环境管理信息共享平台，推进物联网技术在危险废物监管中的使用。进一步提升环境风险防范和应急能力，建设饮用水水源地水质和重点化工区域大气质量监控及预警系统，建设市级环境应急中心，健全市、区县和重点企业三级预案体系，强化市和区县的辐射及危险废物监管、环境应急监测等能力建设。

（七）强化公众参与和监督

进一步加强环境宣传教育，继续开展绿色创建活动，普及环保知识，倡导市民形成绿色低碳的生活和消费方式，逐步营造全社会珍惜环境、关心环保、参与环保的氛围。培育壮大环保志愿者队伍，帮助民间环保组织开展环保实践活动，鼓励、引导和支持公众及其他社会组织参与环保。注重信息公开，定期公布环境保护工作进展、环境质量状况、污染物排放等情况。强化重大决策和建设项目公众参与，完善环境保护举报制度，加强环境保护的社会监督。完善企业环保诚信体系建设，继续推行重点企业环境行为评估和上市公司环保核查机制，鼓励企业发布可持续发展报告或企业环保责任报告。

水环境保护专项项目汇总清单(略)

大气环境保护专项项目汇总清单(略)

固体废物处置和噪声污染控制专项项目汇总清单(略)

工业污染防治和产业结构调整专项项目汇总清单(略)

生态环境保护与建设专项项目汇总清单(略)

循环经济和清洁生产专项项目汇总清单(略)

政策和机制专项项目汇总清单(略)

4. 上海市2012年共有产权保障房（经济适用住房）准入标准和供应标准

（沪府发〔2012〕14号，2月25日）

根据《上海市经济适用住房管理试行办法》（沪府发〔2009〕29号）的规定，制订本市2012年共有产权保障房(经济适用住房)准入标准和供应标准如下：

一、准入标准

同时符合下列标准的本市城镇居民家庭，可以申请购买共有

产权保障房（经济适用住房）：

（一）家庭成员在本市实际居住，具有本市城镇常住户口连续满3年，且在提出申请所在地的城镇常住户口连续满2年。

（二）家庭人均住房建筑面积低于15平方米（含15平方米）。

（三）3人及以上家庭人均年可支配收入低于6万元（含6万元）、人均财产低于15万元（含15万元）；2人及以下家庭人均年可支配收入和人均财产标准按前述标准上浮20%，即人均年可支配收入低于7.2万元(含7.2万元)、人均财产低于18万元(含18万元)。

（四）家庭成员在提出申请前5年内未发生过住房出售行为和赠与行为，但家庭成员之间住房赠与行为除外。

同时符合上述标准，具有完全民事行为能力的单身人士（包括未婚、丧偶、或者离婚满3年的人士），男性年满30周岁、女性年满28周岁，可以单独申请购买共有产权保障房（经济适用住房）。

二、供应标准

对申请购买共有产权保障房（经济适用住房）的，按照下列标准供应：

（一）单身人士或者2人家庭，购买一套一居室。

（二）3人家庭或者原有住房建筑面积低于规定限额（即人均15平方米建筑面积限额 × 申请家庭人员数 - 申请家庭原有住房建筑面积）在15平方米（含15平方米）以上的2人家庭，购买一套二居室。

（三)4人及以上家庭,购买一套三居室。

（四）家庭人员较多、家庭人员代际结构较复杂，或者经区（县）住房保障机构同意，申请家庭将原有住房交政府指定机构收购的，区（县）政府可以酌情放宽住房供应标准，相关标准报市住房保障房屋管理局备案。

申请家庭可以根据自身情况和房源供应数量，选择申请购买较小的房型。

三、实施日期

上述准入标准和供应标准，自2012年3月1日起实施。

5. 上海市廉租住房实物配租申请条件和配租标准

（沪府办发〔2012〕9号，3月2日）

为进一步完善本市住房保障体系，规范本市廉租住房实物配租工作，逐步扩大廉租

住房实物配租受益面，根据《上海市人民政府关于调整本市廉租住房申请条件和配租标准的通知》（沪府发〔2011〕48号）的有关规定，制订上海市廉租住房实物配租申请条件和配租标准如下：

一、实物配租的申请条件

符合本市廉租住房申请条件且具有下列情形之一的城镇户口居民家庭，可以申请廉租住房实物配租：

（一）老年夫妇家庭；

（二）残疾人员家庭；

（三）重大疾病患者家庭；

（四）完全丧失或者大部分丧失劳动能力人员的家庭；

（五）烈属、因公牺牲人员家属；

（六）曾获得省（部）级及以上劳动模范称号人员的家庭；

（七）曾获得全国“三八红旗手”或者两次获得省（部）级“三八红旗手”称号人员的家庭；

（八）1966年底以前归国华侨的家庭；

（九）申请家庭人数在2人以上（含2人）且人均住房居住面积在5平方米以下（含5平方米）的家庭。

二、实物配租的房源

廉租住房实物配租房源（以下简称“廉租住房”），优先供应给符合“实物配租的申请条件”中所列（一）—（八）项的申请家庭租赁居住。

经批准可转化为共有产权保障房（即经济适用住房，下同）的廉租住房（以下简称“可转化的廉租住房”）供应给实物配租申请家庭租赁居住满一定年限后，申请家庭具有支付能力并符合共有产权保障房申请条件的，可以按照共有产权保障房有关规定申请购买。具体办法，由市住房保障房屋管理部门另行制定。

三、房源供应标准

（一）配租面积标准

廉租住房实物配租的配租面积标准为申请家庭已有住房面积与廉租住房保障面积的差额。廉租住房保障面积为人均居住面积10平方米。

（二）选房面积标准

廉租住房最小按照成居室供应。根据供应的房源情况，允许申请家庭在配租面积基础上放宽一定幅度，选择租赁廉租住房。申请家庭的最小选房面积原则上不少于居住面积10平方米；最大选房面积原则上不得超过配租面积的1.5倍，且该面积不是必须达到的选房面积标准。

申请家庭选择可转化的廉租住房，可以按照本市共有产权保障房供应标准，租赁成套住房。

申请家庭自愿将已有住房交区（县）政府指定机构代理经租，且区（县）政府指定机构同意的，区（县）政府可以酌情放宽房源供应标准。

放宽选房面积或者房源供应的具体标准，由区（县）住房保障房屋管理部门结合实际情况制订，报市住房保障房屋管理部门备案后实施。

四、租金标准与承担

（一）租金标准

廉租住房的租金标准，由实施实物配租的住房保障机构参照住房所在地市场租金的80%确定，报同级价格主管部门和住房保障房屋管理部门核准后执行。住房所在地市场租金，经符合条件的房地产估价机构评估产生。

核准后的廉租住房租金标准，在廉租住房租赁合同期内保持不变。租赁合同期满重新签订租赁合同的，应当按照届时重新核准的廉租住房租金标准执行。

（二）自付租金

选择的廉租住房面积未超过配租面积1.5倍的，且根据本市廉租住房租金配租对象的分类规定，享受基本租金补贴标准的申请家庭，按照家庭月可支配收入的5%承担自付租金；享受基本租金补贴标准70%的申请家庭，按照家庭月可支配收入的6%承担自付租金。

申请家庭选择的廉租住房面积超过配租面积1.5倍的，超过的面积由申请家庭按照廉租住房租金标准的30%承担自付租金。

（三）租金补贴规定

廉租住房实物配租的租金补贴为廉租住房租金标准扣除申请家庭自付租金以外的差额部分。廉租住房实物配租的租金补贴，列入区（县）年度廉租住房资金预算。

(四)自付租金减免规定

对承担自付租金确有困难的申请家庭，区（县）政府可以制订减免自付租金的条件、审批程序等办法，报市住房保障房屋管理部门备案后实施。

上述申请条件和配租标准自2012年4月1日起实施，有效期至2014年12月31日止。此前，已经享受廉租住房实物配租的家庭，在按照廉租住房复核办法等规定重新核准前，维持原配租标准。

6. 关于加快推进本市农村土地确权登记发证工作的实施意见

（沪府办发〔2012〕11号，3月8日）

为贯彻落实中共中央、国务院《关于加大统筹城乡发展力度进一步夯实农业农村发展基础的若干意见》（中发〔2010〕1号）、国土资源部发布的《土地登记办法》（国土资源部第40号令）和国土资源部、财政部、农业部《关于加快推进农村集体土地确权登记发证工作的通知》(国土资发〔2011〕60号)、《关于农村集体土地确权登记发证的若干意见》（国土资发〔2011〕178号）等文件精神，结合实际，现就加快推进本市农村土地确权登记发证工作提出如下实施意见：

一、高度重视农村土地确权登记发证工作

当前，本市正处在城市化进程较快、城乡统筹发展需求迫切的时期，亟需通过加快推进农村土地确权登记发证工作，提高土地管理和利用水平，切实维护农民和土地权利人合法权益，促进农村地区社会和谐稳定发展。各级政府部门要高度重视农村土地确权登记发证工作，按照国土资发〔2011〕60号文明确的时间要求，及时完成相关工作，确保土地管理工作顺利进行。

二、明确农村土地确权登记发证范围和方式

2012年年底前，基本完成全市农村集体土地所有权登记，并启动农村宅基地使用权、农用地使用权（不含土地承包经营权）的登记发证工作。

农村集体建设用地使用权登记，按照《上海市房地产登记条例》办理，并提高办证率。

三、确定农村土地确权登记法律责任主体

市政府授权市规划国土资源局作为本市土地确权登记发证主体，负责全市农村土地确权登记工作，颁发集体土地所有权证书、集体土地使用权证书、国有土地使用权证书。市规划国土资源局所属的市土地登记事务中心负责本市土地确权登记的日常管理，并作为土地他项权利发证主体，颁发登记证明。区县规划国土资源局所属的区县土地登记部门受市土地登记事务中心委托，具体办理土地确权登记事务。区县规划国土资源局协助市规划国土资源局对区县土地确权登记工作实施监督管理。区县规划国土资源局派出机构乡镇规划国土资源所应当协助区县土地登记部门进行农村土地的确权登记受理、初审和发证。

四、严格执行申请审核依据

市规划国土资源局要根据《土地登记办法》，结合本市实际，制定关于农村集体土地所有权、农村宅基地使用权、农用地使用权的登记细则。

上述农村土地登记的受理和审核，按照《土地登记办法》和本市有关规定执行。

农村集体建设用地使用权与房屋所有权的登记，按照《上海市房地产登记条例》办理。

五、使用全市统一的土地登记信息系统和土地权利证书

市规划国土资源局组织建立全市统一的土地登记簿和土地登记信息系统，制作全市统一的土地权利证书。新建立的土地登记信息系统与现有房地产登记系统使用同一个基础数据底版。各区县土地登记部门、各乡镇规划国土资源所要在土地登记信息系统上进行办证受理、审核与发证。

六、成立市、区县农村土地确权登记工作领导小组

市农村土地登记工作领导小组由市政府分管领导任组长，市规划国土资源局局长任常务副组长，市财政局、市农委等部门领导任副组长，负责组织领导农村土地确权登记工作，并协调解决土地确权登记中的重大问题。市规划国土资源局负责整体工作推进，制定农村土地调查、土地登记技术规范。市财政局负责做好市级层面工作经费预算，指导各区县做好区县层面工作经费预算。市农委负责指导农村集体土地所有权主体认定、宅基地使用权权利人的集体经济组织成员身份认定工作。

区县农村土地登记领导小组由区县政府分管领导任组长，区县规划国土资源局、区县农委、区县财政局和乡镇政府等部门领导任副组长，具体组织开展辖区内土地确权登记工作。各区县规划国土资源局负责辖区内土地确权登记整体工作推进，牵头制定工作方案，协调各相关部门加强对土地登记部门的指导和检查，推进工作落实。各区县财政局负责将土地确权登记工作经费纳入年度财政预算，确保资金及时到位。各区县农委负责搞好承包经营权管理等与土地确权登记发证的衔接，指导农村集体土地所有权主体认定、宅基地使用权权利人的集体经济组织成员身份认定工作。各乡镇政府、村民委员会负责做好农村集体土地所有权主体、宅基地使用权权利人的集体经济组织成员身份认定等工作。

七、确保工作经费及时到位

根据中央对农村工作的整体要求，农村土地确认登记工作对农民实行“零收费”。农村土地确权登记发证工作经费由市、区县两级财政落实，市级主要承担试点、业务指导、成果检查验收、系统建设和数据入库等经费，各区县落实辖区内农村土地确权登记的经费。市、区县两级财政部门要将农村土地确权登记经费列入各自年度财政预算，统筹安排，保证工作顺利进行。

八、加大登记工作宣传培训力度

要通过网络、电视、报纸、广播等媒体，大力宣传农村土地确权登记发证的重要意义、工作内容、主要目标，创造良好的环境和氛围，调动农民群众参与的积极性。同时，要对参与农村土地确权登记发证工作的人员和专业队伍开展培训，明确要求、统一方法，以利做好农村土地确权登记发证工作。

7. 关于修改上海市零星建设工程规划管理办法等三件市政府规范性文件的通知

（沪府发〔2012〕25号，3月10日）

各区、县人民政府，市政府各委、办、局：

根据《中华人民共和国行政强制法》的有关规定，对《上海市零星建设工程规划管理办法》等三件市政府规范性文件作如下修

改：

一、将《上海市零星建设工程规划管理办法》（沪府发〔1999〕39号）第三十八条修改为：

违反本办法规定的，由市或者区、县规划管理部门按照有关法律、法规、规章予以行政处罚。

二、将《上海市闲置土地临时绿化管理暂行办法》（沪府发〔2000〕39号）第十三条修改为：

对破坏临时绿地的违法行为，由市或者区、县绿化管理部门依据《上海市绿化条例》及其他相关法律、法规、规章，给予行政处罚。

对违反规划、土地等管理规定的违法行为，由规划、土地等管理部门依据相关法律、法规、规章，给予行政处罚。

三、将《上海市人民政府关于扩大浦东新区城市管理领域相对集中行政处罚权范围的决定》（沪府发〔2006〕18号）第一条修改为：

浦东新区城市管理综合执法部门（以下简称“浦东新区城管综合执法部门”）负责浦东新区（浦东国际机场地区除外）城市管理综合执法工作，相对集中行使行政处罚权（包括与行政处罚权相关的行政强制权和行政检查权，下同）。

上述市政府规范性文件作相应修改后，重新发布，并自发布之日起施行。

8. 关于修改上海市河道工程修建维护管理费征收使用管理办法等三件市政府办公厅规范性文件的通知

（沪府办发〔2012〕12号，3月10日）

各区、县人民政府，市政府各委、办、局：

根据《中华人民共和国行政强制法》的有关规定，经市政府同意，对《上海市人民政府办公厅关于转发市财政局、市水务局制订的上海市河道工程修建维护管理费征收使用管理办法的通知》等三件市政府办公厅规范性文件作如下修改：

一、删除《上海市人民政府办公厅关于转发市财政局、市水务局制订的上海市河道工程修建维护管理费征收使用管理办法的通知》（沪府办发〔2000〕24号）所转发的《上海市河道工程修建维护管理费征收使用管理办法》中的第五条。

二、删除《上海市人民政府办公厅关于本市河道工程修建维护管理费征收事项的通知》（沪府办发〔2006〕9号）第三条。

三、将《上海市人民政府办公厅印发关于加强本市郊区违法搭建整治与长效管理意见的通知》（沪府办〔2006〕35号）所转发的《关于加强本市郊区违法搭建整治与长效管理意见》中的第二点第二段修改为：

对新发现的违法搭建，由乡镇政府派员上门劝诫当事人自行拆除。当事人未自行拆除的，根据违法搭建类型和实际情况，涉及违法占地的，由市土地行政管理部门依据土地管理方面的法律、法规予以查处；不涉及违法占地的，由乡镇政府按照《上海市城乡规划条例》、《上海市拆除违法建筑若干规定》的规定，进行查证和认定，并作出责令停止建设、限期改正的决定。当事人逾期不拆的，由乡镇政府组织力量依法强制拆除。

上述市政府办公厅规范性文件作相应修改后，重新发布，并自发布之日起施行。

9. 上海市综合交通发展“十二五”规划

（沪府发〔2012〕31号，3月26日）

为推进“十二五”期间本市综合交通发展，根据《上海市国民经济和社会发展第十二个五年规划纲要》，制定本规划。

一、"十一五"时期本市综合交通发展的回顾和总结

（一）交通整体发展特征

"十一五"期间，随着经济总量持续增长，全市交通建设投资累计达到3630亿元，约占同期上海GDP总量的7.1%，成为拉动交通供给较快增长的直接因素。

人员出行强度随经济活动增多而不断提高，空间分布向近郊区拓展。2010年全市常住人口人均出行2.16次/日，中心城常住人口人均出行2.32次/日，比2004年有所提高。与2004年相比，城市近郊区人员出行增长11%，高于中心区4%、内外环9%和远郊区7%的增幅，城市近郊区成为人员出行新的增长点。

出行距离随着城市空间拓展而持续增长，出行机动化趋势日益明显。全市人员平均出行距离由2005年的6.2公里增至6.5公里，中心城机动化出行方式占全部方式的比重由2005年的48.4%提高到2010年的56%。

交通地带之间联系日趋紧密。2010年，全市日均进出内环、中心城越江、进出外环的交通量分别达到750万人次、200万人次和440万人次，分别比2005年增长11%、11%和37%。

对外客运随着区域一体化而快速增长。长三角区域是对外客运的主要目的地，2010年本市日均对外客运总量由2004年的80万人次/日增至126万人次/日，增长58%。其中，与江浙两省日均客运需求75万人次，占上海对外客运总量的68%。

单位货运量随着经济结构的调整而逐步降低。随着第三产业及高新技术的第二产业在城市产业经济结构中的比重逐步提高，单位货运量逐年降低。2010年全市单位GDP货运量由2005的7.8万吨/亿元下降至5.2万吨/亿元，下降33%。

（二）"十一五"时期 本市综合交通发展的主要成就和问题

过去五年，伴随上海世博会的筹备和举办，上海综合交通在基础设施建设和交通运行、服务、管理等方面都取得了举世瞩目的成就和前所未有的突破，总体上顺利完成"十一五"规划目标。过去五年是历史上本市综合交通体系发展最迅速的五年。

1. 综合交通设施建设迅速推进

对外交通设施稳步推进，运输能力显著提高。上海国际航运中心建设取得重大突破。建成洋山深水港北港区工程和外高桥港区一期至六期工程，集装箱码头设计年吞吐能力超过1800万标箱。至2010年底，全市共有集装箱专用泊位44个、沿海港口泊位1160个、内河港口泊位1186个，新建成国际客运中心、吴淞口国际邮轮码头；虹桥、浦东两机场5条跑道、4座航站楼设计年保障旅客能力1亿人次；浦东中环华夏路高架建成通车，为浦东机场集疏提供了快速通道。到2010年7月，虹桥高铁站也已与沪宁城际铁路同步建成投用，形成了"3主3辅"6个铁路客运站格局。

轨道交通建设高强度投入，服务范围扩大。全市轨道交通比"十五"期末增加了304公里，上海率先成为国内首个突破400公里的城市，轨道交通运营线路长度在世界大城市中位居前列。截至2010年底，上海已建成投运轨道交通12条线（含磁浮线）、运营线路长度达452公里，中心城（外环线以内）轨道交通站点600米服务半径覆盖四分之一的土地面积和42%的人口。

客运交通基础设施建设取得重大进展。至2010年底，"十一五"计划建设的60个综合客运交通枢纽已建成49个，有效提升了对内对外交通的便捷换乘，改善了居民交通出行条件。"十一五"新增公交停车泊位3610个，80%公交车辆可进场停放。公交专用道里程达到161.8公里。部分轮渡站点和三岛客渡设施实施了更新改造，可为市民提

供更良好的服务。

公共汽（电）车服务范围不断拓展。至2010年底，全市地面公交运营线路1165条，运营车辆17442辆，日均营运里程300多万公里，基本形成了覆盖全市的地面公交网络。全市公交站点500米服务半径覆盖率达到80%左右。郊区行政村公交通达率达到95%。

道路规模扩大，路网承载能力提高。至2010年末，全市公路和城市道路总里程16687公里，公路网总长度已近1.2万公里，其中高速公路通车里程达到776公里（含外环线），基本形成了“两环、九射、一纵、一横、两联”的格局。中心城道路总里程超过3212公里，中心城道路网密度达到4.8公里/平方公里，浦东两环一道快速路主线建成通车，快速路总长达到193公里（不含外环线）。

停车泊位增长加快，供给能力提高。至2009年末，中心城各类社会性停车位共计77万个，较2004年增长109%。

2. 综合交通运输总量显著提高

进入市境交通需求增长，社会客货运输增长迅速。2010年，全市对外旅客年到发量2.7亿人次、货物年运输总量达到10.9亿吨。其中，港口完成吞吐量6.5亿吨，继续保持世界第一；完成集装箱吞吐量2907万TEU，位列世界第一。机场完成7188万人次旅客吞吐量和371万吨货邮吞吐量，分别较2005年增长74%和67%。港口和机场运输量的快速增长，支撑了上海建设国际航运中心的建设和发展。铁路和公路也实现了稳定的增长，有力推动了区域一体化发展。

居民出行总量持续增长。2010年全市人员日均出行总量达到5200万人次，比2005年增长22%。

公交客运量不断提高。2010年，全市公共交通日均客运量达到1623万乘次，较2005年增长30.5%。其中，轨道交通516万乘次，地面公交769万乘次，出租车314万乘次，轮渡24万乘次。

3. 综合交通管理明显改善

世博交通保障措施为集约化发展提供了宝贵经验。2010年上海世博会期间，以公共交通为导向的基础设施建设、游客运输规划、交通管理方案，最大限度减少了世博客流对日常交通的影响，园区周边道路“柔性”管控和小汽车停车限制相结合的管控区政策也有效地控制了游客采取个体交通方式抵达园区，在保障上海世博会交通的同时，为集约化交通发展提供了宝贵经验。

坚持路车协调政策，有效控制个体机动需求增长。在“新增小汽车额度”控制政策下，“十一五”期间本市汽车注册量增加71.8万辆，仅为同类城市同期增长数量的1/3，有效地缓解了城市交通拥堵的扩大。

交通节能工作逐步开展，交通能耗增幅放缓。交通节能主管部门相继与国家有关部委所属在沪单位及市属单位签订节能目标推进书和节能目标责任书，进一步明确工作目标和责任，积极鼓励并扶持交通单位的节能工作。在各方努力下，交通运输行业能耗的增幅已由前两年的13%-14%下降到近两年的2%-6%。

4. 综合交通服务水平逐步提升

高速铁路快速发展，城际出行效率显著提高。沪宁城际铁路、沪杭客运专线相继建成投入使用，沪宁、沪杭城际出行时间大幅减少，出行效率显著提高，为促进长三角一体化发展奠定了基础。

公共交通换乘优惠覆盖全市。2006年11月开始推出公共交通优惠乘车措施，2010年日均享受公共交通各项优惠政策达到284万人次，其中优惠换乘233万人次，非高峰时段老人免费乘车51万人次。

市民公交出行环境不断改善。高等级公交车辆逐步投放，中心地区公交车基本实现全空调化，出租车车辆折旧年限缩短至4年，

2年新车比例达到50%，居民乘车舒适度明显提高。

智能交通快速发展，交通信息服务日趋完善。高速公路自动收费系统、快速路路流量实时自动采集和发布系统全面实施，公共交通智能管理系统、公交一卡通管理系统、停车诱导系统等均广泛推广和应用，为市民出行提供了更为完善的信息服务，提高了出行效率。

目前，本市综合交通体系还存在一些问题，如国际航运中心集疏运系统的结构和效率仍待优化和提高；城际、城乡交通模式和功能亟待进一步明确，联系效率仍待提高；城市交通运行可靠性、可达性和服务水平有待提高；综合交通管理有待进一步完善，对交通能源管理、环境管理、安全管理等方面的重视程度有待提高，交通信息化、智能化的整体水平有待进一步提升等。

二、“十二五”时期本市综合交通发展的趋势和挑战

（一）面临形势

当前，上海正处在加快实现“四个率先”、加快建设“四个中心”的关键时期，也处在城市功能提升、发展转型的关键阶段。上海要打造成为具有较强国际竞争力的世界级城市群核心城市特别是经济全球化、区域一体化和新型城镇化，对上海综合交通的发展提出了更高的要求。

“十二五”期间，上海综合交通发展要从国内外环境的新趋势和交通体系内外诸多新因素、新特点出发，满足“四个适应”要求。

1.适应国际航运中心和区域核心辐射要求

近年来，由国家高速公路网、高速铁路网、长三角城际轨道网组成的区域快速交通网络初步建成。围绕“四个中心”建设，上海已经初步形成了“枢纽型、功能性、网络化”的现代化城市基础设施体系构架。这些，都已经为增强国际航运中心的综合服务功能和集聚辐射能力奠定了基础。“十二五”期间，需要依托更加发达和均衡对外客货运输网络、完善的内外衔接系统，提高整个交通体系的运转效率和竞争力，大大缩短与长三角城市群之间的出行时耗，满足上海与长三角之间的出行需求。

2.适应城市规模拓展和空间结构调整要求

按照目前增长趋势，到“十二五”末，本市人口规模仍将持续扩大，全市常住人口预计每年增长1.5%，这势必加大全市交通需求总量，交通供给能力需要与之适应。同时，随着郊区新城镇建设、大浦东战略推进、虹桥商务区开发以及重大基础设施项目落地等一系列新形势，城市空间布局势必发生重大调整，中心城用地饱和将促使人口、岗位和交通分布逐步向郊区转移，新城交通投入力度将逐步加大。

3.适应经济社会和交通服务品质提升要求

借助上海世博会对城市发展的积极带动作用，通过转变经济发展方式，实现全市经济平稳较快发展。“十二五”期间，随着市民人均收入水平提升，生活质量将逐年提高。届时，市民对交通服务、交通安全、交通管理各个环节都将提出更高要求，以期实现在不同区域、以多种方式合理组合的高品质交通出行模式，城乡交通服务差距也将进一步缩小。

4.适应机动化和资源节约、环境友好要求

随着居民收入水平的提高，小汽车日趋普及的步伐将持续加快，即便在延续现有小汽车额度控制政策前提下，至“十二五”末，全市注册汽车保有量也将突破200万辆，机动车拥有总量将突破350万辆。与此同时，资源环境承载能力的刚性约束也将日趋明显，能源安全保障的难度和碳减排的压力不断增加。

（二）交通需求预测与趋势

1. 对外交通需求

“十二五”期间，随着城际出行效率的提高、区域一体化进程的加快、区域经济规模的持续增长，上海对外客货运输还将持续增长。预测至2015年，上海对外客运总量（专业运输）将达到3-3　3亿人次/年，比2010年增长11-22%，增速预计为“十一五”期间的1.5-2倍；对外货运总量将达到11-12亿吨/年，比2010年增长10%，比“十一五”期间25%的增速有所放缓。

2. 城市交通需求

“十二五”期间，上海人口规模和出行强度持续增长的趋势仍将延续。参考国际大都市的出行强度，预测至2015年，上海常住人口出行率将从2009年的2.23次提高到2.35次/日，全市人员日均出行总量将达到6000-6200万人次。

3. 分布趋势

“十二五”期间，上海城市空间逐步向郊区拓展，新增出行需求集中于城市近郊和郊区新城，交通地带间的人员交往将更加紧密。预测至2015年，全市日均进出内环、中心城越江、进出外环的交通量将分别由2010年750万人次、200万人次和440万人次增长至800万人次、220万人次和520万人次，郊区新城出行总量将由2010年的1000万人次增长至1500万人次。随着城市空间进一步拓展和机动化趋势，人均出行距离将由2010年的6.5公里/人次延长至7.0公里/人次。

（三）战略挑战

“十二五”期间，上海综合交通体系既具备充分和有利的发展条件，也面临着诸多艰巨的制约因素和挑战。

1. 港口航空枢纽的集疏运体系结构和效率面临国际航运中心品质提升的挑战。既有以公路为主体的港口、机场的集疏运体系从结构上不能适应节能减排、城市环境的要求，从效率和辐射能力上不能适应快速集散的要求。“十二五”期间，上海要建设高标准、高品质的国际金融中心、国际航运中心，就必须调整集疏运结构，提升集疏运效率，构建与国际航运中心地位相匹配的集疏运体系。

2. 城际交通的对外通道和站点布局面临世界级城市群同城化的挑战。既有对外铁路通道仍局限于沪宁、沪杭两个方向，重点发展的浦东地区尚无铁路站点布局，制约了浦东乃至整个上海在长三角世界级城市群中核心城市功能的发挥。“十二五”期间，长三角的联系将日趋紧密，必须优化完善对外通道和站点的布局，构筑层次分明、布局合理的城际交通体系。

3. 城乡交通的既有发展模式面临统筹发展要求的挑战。既有的以单一常规轨道交通为主体的城乡交通模式服务效率低、吸引力不足，制约了郊区新城对中心城有机疏散功能的发挥。“十二五”期间，上海重点建设居住、就业、生活功能齐全，相对独立的郊区新城，就必须构建多层次的城乡交通模式，支撑城乡一体化发展。

4. 城市公共交通吸引力面临小汽车普及化趋势的挑战。在经济发展、人民生活水平提高的背景下，个体机动化尤其是小汽车普及化趋势将成为发展集约化公共交通最大的挑战。“十一五”期间，上海公共交通投入创历史最高水平，促进了公共交通水平的提高。“十二五”期间，城市交通将面临小汽车交通持续快增和公共交通自身吸引力提升的严峻挑战。

三、“十二五”时期本市综合交通发展的指导思想、远期战略和近期目标

（一）指导思想

高举中国特色社会主义伟大旗帜，以邓小平理论和“三个代表”重要思想为指导，深入贯彻落实科学发展观，按照加快实现“四个率先”的总体要求，以建设“四个中心”和社会主义现代化国际大都市为目标，根据

时代特色、中国特色和上海特色，充分发挥世博会后续效应，坚持“以人为本、管建并举、管理为重、安全为先”，加快行业转型发展，推动综合交通事业上新台阶，更好地引导新型城镇化、区域和城乡一体化发展。主体工作中，要努力遵循“四个更加”原则。

一是从初步适应型发展向更加主动引导型发展转变。发挥交通引领作用，促进城市空间布局的合理优化。

二是在继续交通设施建设基础上更加注重综合管理。充分发挥交通设施效率和能力，提高运行管理水平，真正做到重在管理、以管带建。

三是保持设施规模量增长同时更加注重服务功能质量提升。不单纯追求交通运输量的增加，更加重视交通功能结构的优化、交通软环境的改善，建设集约型和环境友好型交通系统，全面推进现代交通运输业发展。

四是解决中心城区交通问题同时更加注重解决城乡交通和区域交通。在持续注重缓解中心城巨大交通压力的同时，着力解决郊区新城、镇的交通出行问题，构建与世界级城市群核心城市地位相适应的区域交通体系。

（二）远期战略

远期为四大战略：一是全面和谐的综合交通整合战略。建成与区域发展、土地利用、经济增长和资源环境保持动态协调，各类交通设施平衡发展，各种运输系统协调服务，各个职能部门统一管理的综合交通体系。二是辐射全球的国际海空枢纽港战略。构筑资源高度集聚、服务功能健全、市场环境优良、物流服务高效、具有全球航运资源配置能力的海、空国际枢纽中心。三是服务全国的公铁网络均衡战略。进一步发展上海作为全国公路和铁路网重要枢纽节点的作用，建成与长三角世界级城市群核心城市地位相匹配，公路、铁路各自功能清晰、节点连通、线路复合、网络一体的快速交通体系。四是畅达全市的集约交通优先战略。全面落实公交优先战略，建成设施结构完善、网络布局合理、各种方式衔接紧密、服务高质多样、畅达全市的集约性城市交通体系。

（三）近期目标

“十二五”期间，努力构筑与上海城市功能和空间布局相协调，与城乡发展和生态环境相适应，与现代化国际大都市地位相匹配，“设施完善、智能高效、公交优先、安全有序、低碳节能”的一体化交通运输体系，全面支撑城市科学发展。

——构筑内外衔接、城乡一体的“1、2、3、4”交通网络基本格局，即加快建设一个交通信息平台——面向全社会、覆盖全行业，整合高效的实时、综合性交通信息平台；提升两个国际枢纽——世界一流的航运枢纽港和航空枢纽港；初步形成三个区域交通网络——综合公路、铁路、水路网络，打造服务长三角的集约型复合城际交通；完善四个市域交通系统：公共交通系统为主、机动车系统、慢行交通系统和货运交通系统平衡发展的市域交通系统。

——确保全市域运行畅达的交通服务水平。实现长三角与市域、中心城区与新城、新城与新城之间顺畅、便利的交通连接，实现市民“45、60、90”出行效率目标，即中心城内出行平均时间不超过45分钟，郊区新城60分钟可达中心区（崇明县除外），长三角核心区主要城市（泰州、舟山、台州等城市除外）90分钟可达上海。

——形成公共交通为主体的集约化交通模式。进一步推进公交优先政策，提高公共交通的吸引力、主导力和集约性，实现中心城人员公交出行比重从2010年的47%提高到50%以上（全市从34%提高到36%），郊区公交出行量比2010年翻一番。中心城轨道交通占公共交通总客运量比重由2010年的35%提高到50%以上（全市从32%提高到40%）。

——努力打造安全、绿色的综合交通环境。至“十二五”末，全市交通事故万车死亡率较目前下降三分之一。在综合交通运输持续快速发展背景下，全市交通运输行业能耗增幅力争低于同期国民生产总值的增幅水平，能耗年均增幅比“十一五”期间下降1–2个百分点。

四、“十二五”时期本市综合交通发展的主要任务

（一）进一步优化港口航空枢纽集疏运系统

坚持以深水港和航空港为核心，兼顾功能开发和规模扩大，强化国际和国内的双向辐射，共同构筑辐射全球与全国的设施齐全、服务一流和管理高效的国际海空枢纽。

实现港口航空枢纽吞吐量平稳增长。上海港货物年吞吐量保持在6.5亿吨左右，集装箱年吞吐量由2900万TEU增至3300万TEU，保持世界前三。保障浦东国际机场130架次、虹桥国际机场60架次高峰小时飞行量需求，航空枢纽旅客年吞吐量由7200万人次增至9000万—1亿人次，货邮年吞吐量由372万吨增至500–550万吨。

实现港口航空枢纽集疏运效率提升。集装箱水水中转比重由38%提升至45%，铁路集疏运比重由0.4%力争突破1%。进一步提高浦东国际机场与虹桥枢纽联系效率和航空枢纽集疏运效率；航空枢纽85%的市域内集疏运可在60分钟内完成；公共交通在航空枢纽集疏结构中由60%提升至70–75%。

推进港口集装箱码头建设。实施洋山深水港区四期，进一步提高上海港集装箱码头综合通过能力。

根据产业发展需求，推进专业码头和建设。重点包括临港新城东港区公用码头一期工程、上海化工区码头、宝钢成品码头等。

加快推进海铁联运发展。结合沪通铁路建设，研究启动外高桥集装箱货运场站建设。同时，研究铁路集装箱货运场站建设，研究制定鼓励海铁联运发展的相关政策。

继续推进内河航运设施建设。一是推进外高桥、洋山集装箱港区长江集装箱支线泊位建设；二是建设平申线、长湖申线、大芦线二期等内河高等级航道整治工程，启动赵家沟东段整治项目，研究推进苏申内港线等航道整治工程；三是促进港口资源的优化配置和整合，实现港口作业的机械化和港口管理的现代化，提高生产效率和服务水平，推进外高桥、芦潮港等内河集装箱港区工程建设。

持续完善道路集疏运网络。在全市道路、公路网优化完善的框架下，一是新建郊环隧道作为集装箱专用通道缓解北部越江瓶颈；二是重点推进郊区、进出市域的高速公路和国省干道建设。

提升航空枢纽空域能力。加强与国家空管部门及部队的沟通协调，积极研究破解民用航空空域资源瓶颈。同时，结合低空空域开放要求，积极推进通用航空发展研究。

进一步提升航空枢纽能力。一是推进建设浦东国际机场第四、第五跑道工程，适时开展浦东和虹桥国际机场改扩建工程；二是鼓励航空公司构建上海航空枢纽航线网络，提高上海基地的中转联程服务能力。重点加强浦东国际、国内航线网络衔接和中转服务，虹桥国际机场推动新开国内快线航线和多式联运中转航线。

完善航空枢纽配套集疏运交通。一是通过建设浦东、虹桥两个机场之间快速公共交通，提升长三角地区、虹桥枢纽及浦东地区之间的联系效率。二是完善机场连接路网，搞好机场连接市区的道路规划研究。三是大力发展航空–铁路、航空–长途汽车等联运模式，结合浦东国际铁路枢纽建设，开通浦东机场与浦东铁路客站间直达巴士，在长三角范围内的铁路站点推广远程值机业务，试点民航与铁路的“联运、互售”等合作方式；在长三角高铁未覆盖区域，发展直达上海航

空枢纽的长途巴士，提高航空枢纽的辐射能力。

（二）均衡发展辐射长三角的城际交通通道

从既有公路、铁路基础出发，大力发展铁路客货运系统，加密完善对外公路通道，建成公铁均衡的功能清晰、节点连通、线路复合、网络一体的连接长三角地区的快速通道。

实现区域客货运输合理结构调整。以铁路为主要增长点，调整对外专业客货运输结构比例。至2015年，上海铁路承担1.5–1.7亿人次旅客年到发量，占专业客运比重由45%提高到50–55%，铁路货运比重由不足3%提高至5%。公路长途客运完成7000–8000万人次年客运量。

加快形成多层次、多功能的铁路网络。通过调整普速铁路的功能，新建铁路客运专线和城际铁路，打造适应区域客运快速化、货运物流化要求，功能清晰、运行有序的铁路网络，远期形成“五个方向、九个通道”，即南通、南京、湖州、杭州、乍浦五个方向，沪通铁路、京沪高速铁路、沪宁城际铁路、沪宁普速铁路、沪苏湖铁路、沪杭普速铁路、沪杭城际铁路、沪杭客运专线、沪乍铁路九个通道；形成一环多射的铁路枢纽网络。

增加铁路对外通道。建成京沪高速铁路、金山支线改造工程，推进沪通铁路建设，开展沪乍铁路、沪甬（跨杭州湾）铁路前期工作。

规划建设铁路上海东站及浦东至浦西联络线。形成上海站、上海南站、虹桥站、上海东站为主和上海西、安亭、松江站为辅的“四主三辅”铁路客运枢纽格局，研究浦东与浦西的联络线，形成浦西、浦东紧密相连、融为一体的城市铁路枢纽。

完善铁路客站交通配套。加强轨道交通、公共汽电车、出租车、长途客运和停车设施等配套，实现铁路旅客的快速集散和跨省辐射。

优化铁路货运场站布局和功能调整。结合沪通铁路建设，研究调整既有杨行、张庙站功能；结合城市用地功能的调整，取消杨浦等货运站。

进一步完善城际公路网络。按照国家高速公路网建设规划，加快建设沿海沿江高速公路通道；加快国省干线功能提升，主动对接江浙两省，促进长三角区域联动发展，改善城际公路服务水平，形成多层次、多功能公路通道。

形成公路客运主枢纽总体布局。结合城市射线轨道，重点加强中心城外围区东、南、西、北四个公路客运主站建设，内环内逐步调整客运站布局。远郊区根据发展需要，原则上做到“一区一站”，优化客运主站布局分布。

加快省际公路客运班线资源整合，优化班线网络。实现主通道式班线的集约化发展，进一步整合网络布局式班线，实现“短线公交化，中线直达化，长线驿站化”，与其他对外客运交通方式实现差异化竞争、协调式发展。

调整并完善货运枢纽功能布局。规划布局承担多种货运方式和市内外货物集散、衔接和转运的综合货运枢纽，与各级工业开发区布局相配套的区域性货运站，服务于城市物流配送货物的货运集散中心。对新建货物堆场要开展交通评估，原有堆场要对其内部进行布局调整。加强公共型货运场站的规划建设，完成衔接高速公路网，具有停车、仓储、配载等功能的西北货运枢纽、南方货运枢纽的规划调整和建设。在郊环、外环间规划布局数个与对外通道、铁路货站以及产业园区等有效衔接，具有仓储、停车、配载、交易、流通、加工、信息服务等多种功能的公用型货物集散中心；郊区新城和新市镇建设时要根据城镇规模和产业定位，配置相应规模的货物站场。

加快形成货运通道系统。配合城市空间

和产业布局调整，依托高等级公路，形成连接海港、空港、铁路枢纽、大型物流园区、先进制造业基地和对外道口的货运主通道网络，减少货运交通对城市交通和环境的影响。

（三）基本确立郊区新城交通发展合理模式

以市郊铁路和连接郊区的轨道交通、干线公路为核心，兼顾城乡交通需求与引导区域开发、兼顾通达效率与服务范围，形成功能协调的城乡交通网络。

实现城乡交通效率大幅提高。郊区新城与中心区（内环线）联系时间少于60分钟（崇明县除外）。郊区新城与中心城快速交通网络骨架初步建立。

加快郊区交通方式功能与结构的调整。发展多层次、多模式的公交体系，探索市郊铁路和轨道模式，形成引导郊区新城发展的城乡公共交通骨干。完善高速公路网络布局和功能，加快普通干线公路网络形成，有序发展农村公路网络。

研究利用既有铁路提高网络运营效率。在京沪高速及沪杭客专建成后，研究利用铁路富余能力开行服务城市交通的旅客列车。

加快推进郊区轨道模式规划研究。研究市郊轨道快线，为郊区新城和市中心之间提供快速、直达的服务。研究新城内部中等运量轨道交通模式的应用。考虑近郊区轨道网络调整，服务于与中心城连片的城市化地区。

鼓励发展郊区新城地面公交系统。郊区形成“公交骨干线网 星形辐射线”组成的公交线网，郊区新城内部和新市镇内部大幅提高公交线网和站点覆盖率，公共交通服务能力和服务水平采用中心城标准。与中心城之间轨道未通达的新城依托高速公路发展点到点公交快线，郊区新城之间依托高速公路构建快速公交联系；新城与新市镇之间布设公交骨干线；新市镇与所属村之间在“村村通公交”的基础上，进一步提高公交服务水平，提供安全、准时的公交运营服务。

完善国省干线网络建设。优化普通国道网，形成与高速公路网功能互补的普通国省干线网。增加郊区南北方向的国道辐射面，提高国省干线对郊区发展和城市物流的服务能力，并增加国省干线越江通道的密度。

促进郊区新城路网系统建设。加强新城与中心城以及虹桥枢纽的交通联系，形成郊区新城之间多层次路网。结合新城总体规划，加快形成新城内部骨架网络构建新城道路体系。加强区（县）与区（县）之间通道联系，解决相临各区（县）之间连接不畅问题。

加强重点发展区域和产业相配套路网建设。虹桥商务区、“迪士尼”项目、大型居住社区、“商飞”项目区域和产业是发展的重点，需要完善配套路网建设，以支撑重点区域和重大项目的发展。

（四）继续强化城市公交优先和交通可达性

建成以公共交通为主体、有序的机动车交通和安全的慢行交通相协调、各类设施结构完善、各种网络布局合理、各种方式衔接紧密、各种服务高质多样的畅达全市的集约型交通体系。

实现公共交通运营水平和服务品质全面提升。中心城市民高峰时段公共交通出行1小时内完成比例从70%提高到80%；高峰出行时间公交线路准时性大幅提高，公共交通整体服务水平达到亚洲先进水平。强化城市交通安全，力争实现轨道交通无重大安全事故，各类交通事故显著减少。

实现道路系统适应需求，维持合理运行水平。提高中心城道路网运行效率，基本满足机动车交通需求增长15%，达到日均7500万PCU公里的要求。中心城高峰小时地面主次干路平均行程车速维持在16公里/小时左右。

1. 继续完善城市交通网络和功能

继续完善轨道交通网络。全面完成轨道基本网络建设任务137公里，同时开展新一轮建设规划任务 98 公里。至 2015 年，轨道交通运营线路长度确保达到 600 公里以上。中心区轨道交通站点 600 米半径覆盖人口从 71% 提高到 85%；轨道交通日均客运量力争达到 900 万乘次以上。

启动新一轮市级综合客运枢纽建设。继续完成“十一五”客运枢纽规划任务，确保 60 个枢纽全面建成并投入运营。积极开展后续综合客运枢纽规划选址及建设项目前期准备工作。在新规划落实项目中，重点推进与轨道交通、新城建设配套的 60 余个综合客运枢纽建设，进一步完善枢纽功能，确保枢纽按规划功能和规模实施建设，实现枢纽的多方式换乘、多方向转乘和多层次转运功能。

进一步优化公共汽（电）车网络。实现中心区内站点 300 米服务半径实现全覆盖，内外环之间、郊区新城内部和新市镇 500 米服务半径实现全覆盖。公共汽（电）车日均客运量力争达到 900 万乘次。分区域按功能优化公交汽（电）车线网结构，开通各种形式的短驳和换乘线路，实现与轨道交通的有机衔接。中心区加强轨道交通运能紧张客流走廊的补充，减少和缩短穿越性长线。外围区以轨道交通为骨干，增加连接轨道交通站点、枢纽和居住区之间的公交驳运线。

加强公交停车场站及站点建设。中心城公交停车场保养场布局和规模保持稳定，加快郊区各区（县）公交停车场保养场建设。2 万人以上新建居住区应配套建设相应规模的公交首末站。

推进出租车营业站和候车站建设。建立规划、建设、交通、交警、市容等相关部门参与的协调推进机制，根据需求，推进对外交通枢纽、公共活动中心、宾馆、居住区等客流集散点配置出租车营业站和候车站。

统筹轮渡及崇明三岛水上客运基础设施。轮渡及崇明三岛水上客运纳入全市公共交通系统统筹规划、协调发展，在设施建设、线路安排、互通互联方面形成有机整体；进一步落实黄浦江两岸轮渡布局规划和崇明三岛水路交通营运组织调整方案。

完善快速路网，提高次、支路网络密度和连通能力。中心城道路网里程达到 3400 公里以上。其中，快速路网里程达到 230 公里以上，主次干道里程达到 1050 公里左右，中心城道路密度提高到 5.12 公里 / 平方公里。推进快速路节点改造。开展中心城地下道路规划研究。

改善、提升主次干道功能。提高中心城主次干道服务能力，结合旧区改造逐步完善外围区地面主次干道网。

加强越江跨河通道建设。重点加密北部地区越江通道，优化客货运越江交通组织。基本建成中心城苏州河机动车通道，完善行人、非机动车跨河通道布局。

2. 进一步改善城市交通运行条件

提高轨道交通运营水平。发挥既有网络能力，通过提升运能提高运输能力，缓解高峰时段的拥挤度。中心城轨道交通高峰时段发车间隔最长不超过 6 分钟；列车运行正点率达到 99% 以上。

加强轨道交通与其他交通方式衔接。完善轨道交通与铁路、航空等对外交通方式的配套衔接，开展轨道交通与郊区铁路、城际铁路的联运研究；完善轨道交通站点、地面公交、停车、出租、非机动车停车等交通方式间的衔接换乘；加强大型居住社区公共交通配套规划，实现与轨道交通站点间的衔接，有效解决轨道站点“最后一公里”出行问题。

确保公交汽（电）车路权使用优先。中心城区结合道路通行条件，在主要公交客流走廊布设公交专用道；郊区结合新城和新市镇发展，根据客运需求和道路情况，推进公交专用道的规划和建设，全市形成公交专用道 300 公里。

增强公共汽（电）车运营可靠性。按照服务规范要求，提高公共汽（电）车运行准点率；延长全日运营时间；提高公交服务和应急能力。

提高公共汽（电）车科技、环保水平。建成集行业监管决策、企业运营调度和公众信息服务于一体的公交行业信息化体系。研究节能降耗新技术，推广应用新能源车辆，实现公共交通客位公里（运输周转量）平均能耗下降5%、万元收入综合能耗下降5%。

保持出租汽车稳定发展。全市出租汽车总数维持在5万辆左右，其中市域性出租汽车总量基本稳定，区域性出租汽车稳步发展；全市出租汽车里程利用率基本稳定在60–65%之间，全市出租汽车日均客运量稳定在350万乘次左右。至2015年出租车全部达到国IV排放标准。

完善城市配送，提高货运效率。以“调整通行管理、规范货车停靠、完善配送车型”为突破口，开展中心城区共同配送的试点，鼓励重点企业发展，基本形成由商业配送、快件包裹、冷藏食品、医药、农产品、零星危货等子项目构成的城市配送体系。

积极改善非机动车交通条件。创造安全的非机动车通行条件，构建连续的非机动车通道，中心区利用支小道路改造完善非机动车通道。保障非机动车车道的最低宽度。中心城机非混行严重道路实施机非分离措施。在外围区和郊区新城轨道交通站点建立集中式自行车停放点，并改善站点周边自行车骑行环境。

研究推广公共租赁自行车应用。建立全市统一的公共自行车技术标准和运营模式，重点在外围区和郊区轨道车站为通勤交通提供接驳服务，逐步使公共自行车成为解决轨道交通“最后一公里”出行的重要途径之一。

保护步行空间，改善步行环境。人性化规划和设计步行交通设施，保障人行道最低宽度，并充分考虑老年人和残疾人的通行需求。注重休闲型道路的人行道文化品质提升和环境绿化要求。加强轨道交通车站出入口与相邻建筑的直接连通。加强监管，清除步行障碍，减少人行设施被侵占行为。

注重新开发地块慢行系统建设。在新开发地块建设的同时，差别化考虑慢行通道的规划和建设，设定设施的设计标准和服务水准。

3. 强化动静结合的交通需求管理措施

加快落实交通需求管理政策。在延续小汽车额度控制政策基础上，适时推行拥堵区域交通需求管理特殊措施。

进一步提高交通组织管理水平。合理划分道路使用功能，开展实施公交信号优先控制措施，动态完善单向道路等交通组织措施。加强对违法经营车辆管理力度，创造良好的市场运营环境。实行交通影响评估机制。进一步加强交通综合研判，研究建立城市综合交通运行体征指数。

推进停车差别化管理措施，调节需求分布。逐步加大中心城各类停车供应的控制力度，并使动静态交通需求逐步向中心城以外地区转移。

实施区域差别化配建标准提高停车供应规模。根据中心城用地开发情况，差别化地提高居住建筑停车配建指标，基本维持办公停车配建标准，提高商业、医院等公建设施停车配建标准。

明确社会专业公共停车场建设责任主体，市、区（县）政府合力推动，吸引民间资本注入。明确各区（县）建设交通主管部门为社会专业公共停车建设的责任主体。结合停车供需分析，由市相关交通主管部门下达各区（县）的社会专业公共停车场建设指标和布局建议，由各区（县）负责制定建设计划和推进落实。并建立相应各区（县）考核机制，确保社会专业公共停车场建设更为有效推进。同时，加快制定相关的优惠政策，吸引民间资本加入，成为配建车位供应的重要补充。

合理规划，有序建设P＋R停车场。结合枢纽建设，在外环线外轨道交通站点特别是终点站，建设P＋R停车场，增加中心城区外公交网络欠发达区域的通勤出行选择。

中心城内有限制地扩大夜间合法路内停车规模。结合现已经存在夜间路内停车、条件较好的次支路，选择性试点推广。

加快实施全市统一的停车收费管理制度。统筹制定体现"区域差别、类别差别、时间差别"，相互衔接、协调一致，覆盖公共停车场、道路停车场、居住区停车场和P＋R停车场的收费标准体系。逐步提高中心城区公共停车场（库）指导价的上限，最终实现中心城区公共停车场（库）收费实行市场调节价。

提升停车法规地位，制定保障政策，完善停车管理和运行机制。提升法规地位，适应停车新发展；完善停车管理体制，加强停车配建监管；加强交通主管部门对道路停车执法和管理机制；完善停车信息平台建设，提高车位利用率。

4. 全社会高度重视城市交通安全

深化落实交通安全检查机制。一是确立定期对交通安全设施进行检查的机制，落实责任人，确保交通安全设施合格有效；二是继续推进交通安全检查，在轨道交通车站、交通枢纽坚持开展交通安全检查，加强轨道交通安全监测和施救保障系统，提高轨道交通运营的整体安全性能。

强化道路货运安全管理。深化研究危险品运输的管理规定，研究货运车辆技术标准，充分利用GPS技术加强货运车辆运输监督，确保货运车辆运输安全。

维持较好的道路交通秩序。推行以保护儿童、年长者、残疾人为出发点的交通管理措施，强化对交通事故多发路段的交通管理措施，对无证驾驶、酒后驾驶、超速超载行驶、疲劳驾驶等违法行为，要切实追究责任。同时，加强对非机动车使用者的监督和管理。

加强交通安全宣传教育。依托法制化建设，进一步健全社会公众与职能部门之间双向传递和交流信息通道，提倡并促进社会公众对城市交通管理从决策、实施到监督的全过程参与。进一步提高交通法制教育在全民普法教育系列中的地位，全社会加强交通法制宣传和教育力度。

（五）坚持提升综合交通体系协调管理水平

1. 交通信息化

发展智能交通系统，是"十二五"期间上海交通行业深化管理，实现交通可持续发展的重要途径。智能交通系统的发展将以"十一五"期间的交通信息化发展为基础，以交通智能化为核心，智能交通系统的各个应用领域得到充分发展，形成智能交通产业化基本格局。

实现智能交通系统发展水平在国内保持领先，与国际同类城市的先进水平保持同步。全面提高交通运输各行业智能化水平，加强行业间信息共享与交换，提升交通智能化对综合交通组织、运行、管理的支撑作用，增强对交通信息产业的培育，加快智能交通系统建设步伐，建立以道路交通为基础、公共交通为核心、对外交通为外延的智能交通框架体系，面向政府部门、交通运输企业和社会公众，提供系统、全面、综合、规范一致的交通信息服务。

（1）进一步完善健全交通综合信息平台

加快建成交通综合决策分析系统。依托交通行业信息化设施，进一步拓展和完善交通综合信息平台，依托交通综合信息平台，在历次交通大调查数据、上海综合交通模型和小样本调查基础上，研究制定和完善城市交通状况评价指标体系，推广上海世博会形成的交通日常报告和专题报告制度，建成交通综合决策分析应用平台，以提高政府部门在重大交通政策、建设项目和交通管理事项上的科学和民主决策水平。

加快完善交通信息数据质量监控体系。

研究不同采集设备、数据结构、通信传输方式下数据质量标准及要求，建立在合理维护成本下数据准确性、完整性、可用性指标体系，确定合理值域与可控范围，建立数据质量监控体系；研究不同数据管理环节上合理、可操作的数据质量实现技术。

开展交通环境影响分析，为交通领域节能环保提供技术支撑。突破交通环境监测关键技术，实现道路交通环境质量的全面监测和及时报告，计算不同交通运行状态、不同交通流量等情况下尾气污染物排放数量；研究不同交通状态分布对环境影响的关系，找出交通运行状态对环境影响的规律。

（2）加强交通运输行业信息化建设与管理

全面提升快速路交通信息化水平。提升快速路交通事件应急处置管理系统功能。研究快速路常发性交通拥堵规律分析、拥堵预警技术和对管理业务决策支持分析。

快速提高地面道路交通信息化水平。基于多源交通信息采集，加强地面道路交通信号控制系统配时优化研究。加强地面道路交通事件信息采集工作，提升事件信息采集的覆盖面、精确度和实时性。加强对地面道路交通拥堵演变规律和大规模交通拥堵预测预警研究。

完善高速公路网络交通信息采集、汇聚、共享和服务。加强关键货运通道信息采集基础设施建设，加强新城与中心城、新城之间主要通道信息采集基础设施建设，推动与长三角衔接公路网的气象、交通事件、工程施工等信息互联共享，基本建成长三角高速公路信息共享交换应用平台。

加快高速公路不停车收费系统建设。进一步扩大高速公路不停车收费系统（ETC）的覆盖面，采取有效措施，加快普及应用。

全面实现轨道交通实时信息采集和应用。实时采集轨道全网各类运行动态信息和客流数据；基本实现轨道与地面公交换乘信息发布功能；建立轨道与铁路、航空、长途客运的实时信息共享；建立轨道交通系统与其他交通系统之间的应急处置接口。

初步实现公共汽（电）车实时信息采集和应用。研发合适的客流信息采集手段采集动态公交客流信息，及时掌握公交客流的动态分布；研究基于RFID和其他传感器的物联网技术，探索基于公交时刻表的信息发布流程和技术，进一步研究开发公交电子站牌的信息发布内容、车辆到站预报等服务功能，建立中心城区公交信息服务系统；研发公共交通枢纽多模式交通换乘信息服务系统，实现公共交通枢纽的交通综合信息服务。依托公交信息监控平台和公交运营数据，建立科学合理的公交线路优化评价指标体系，实现基于轨道交通网络的公交线网的优化配置和科学决策。

研究推进中心城区的公交信号优先系统。协同交通规划、公共交通和道路交通管理部门，研制公交信号优先技术设备，试点并推进中心城区部分主干路的信号优先系统，为公交运行时刻表化和公交优先发展提供技术支撑。

提升道路货运信息化水平。发挥陆上货运交易中心功能，发布陆上货运的运价行情和运价指数。完善危险品运输监控平台功能和作用。推进货物状态监测系统等物联网技术在冷藏、危险品等重点监控运输车辆上应用。

全面建成公共停车信息监管和服务应用平台。补充和完善公共停车场（库）和道路停车的信息采集系统，完善停车诱导系统和停车换乘（P＋R）信息系统，研究物联网技术在停车管理和信息服务方面的关键技术，研究和推进道路停车电子收费技术应用，推进停车预约服务，建成公共停车信息监管和服务应用平台。

继续完善对外交通信息实时汇集系统。保持和完善对外客流班次信息；完善客运枢纽的车次、班次、航班到发站的动态信息。

基本建成综合客运枢纽动态信息采集、应用和发布系统。采用视频检测、红外感应等多种技术，统计分析客运枢纽的客流密度与客流集散分布，实时掌握客流分布及其周期性集散规律与分布规律，实时发布综合客运枢纽综合信息。

（3）打造面向社会全员的信息化服务

完善交通信息服务应用平台。借助上海世博会期间建立的良好基础，建立交通信息资源共享和应用机制，深化交通信息资源的开发、共享和应用，充分运用互联网、电话、电视网络、广播电台、移动媒体等信息服务手段，向政府主管部门、企业及社会公众提供交通资源管理、投资经营、运输服务、紧急救援以及出行引导等全方位和全天候的交通信息服务，提供动态车载导航、基于移动网络的交通信息服务、个性化出行路径服务等，实现由政府主导的交通信息服务模式向政府与企业互动、企业主导的发展模式的转型，构建交通信息服务产业链。各级政府部门通力协作，通过扶持和培育优势企业，使上海智能交通系统的产业规模年增长率达到30% 以上，在国内保持领先地位。

（4）加快郊区新城交通信息化建设

实现郊区新城交通信息采集全面覆盖。建立郊区新城区域交通信息平台，整合郊区新城区域交通信息，实现区域内的交通信息服务。提高郊区新城交通管理信息化水平，加大交通信息设施的投资力度。完成郊区新城交通信息与市级交通信息平台接入，实现全市范围内综合交通信息服务，促进交通信息化的全面和均衡发展。

（5）建立长三角交通信息一体化工作机制

编制长三角交通信息一体化发展规划，明确长三角区域交通信息共享与交换机制，初步实现长三角交通信息共享和长三角区域的综合交通信息服务。实现公共交通卡等交通支付媒介兼容，建立公共交通支付平台的结算机制，实现公共交通支付平台的联网。建成长三角公众出行信息资源的共享平台、客货运输联合监管的信息平台、道路货运交易平台、长三角电子口岸信息平台。

2. 交通节能

力争实现交通碳排放和能耗强度明显下降，继续保持在全国的领先地位；航运、航空类运输企业能源利用效率达到国际先进水平，其他交通企业达到国内领先水平，初步形成较完善的交通节能降耗、低碳发展机制。

实现交通能耗总量适度增长，单位交通能耗有所下降。至 2015 年，交通运输行业能耗总量控制在 2750 万吨标准煤 / 年，年均增幅比“十一五”下降 2–3 个百分点。对外运输行业单位运输周转量能耗均较“十一五”期间有所下降，城市公共交通单位客运量能耗维持 2010 年水平。

调整综合交通运输结构。一是降低公路集装箱集疏运系统比例，大力发展内河水运集装箱集疏运系统，优化上海国际航运中心集装箱集疏运体系的结构可以有效的减少 CO2 排放和能源消耗。二是提高铁路货物运输能力，加快推进海铁联运发展。三是提高公共交通的出行比例。大力推进实施公交优先，通过吸引个体机动交通出行到集约交通方式上，来提高能源利用效率。四是加强交通需求管理，提高道路交通的服务水平，降低车辆平均油耗。

优化运输管理，提高服务效率。一是拓展民航空域，调整航线航路。在现有的航线航路上，要继续探索最佳飞行路径的可行性，通过缩短航路距离，减少绕飞降低航油消耗。二是通过各项措施提高轨道和公交的运能效率，促进大容量公共交通方式节能。三是改进出租车营运模式，降低空驶比率，减少运营能耗。

鼓励科技创新，提高交通工具和节能技术升级。一是更新淘汰老旧运输工具，加快运输工具结构调整。及时淘汰高能耗、高排放的老旧设备。在更新运输设备的同时，注重节能与环保。二是推广各类节能车型发展。推动混合动力车等节能发展，提高机动车的燃料效率。三是加快推进智能交通、物联网等技术应用，积极推动甩挂运输的发展。

五、"十二五"时期本市综合交通发展的保障措施

（一）法制保障

完善综合交通法制体系和技术标准体系。不断完善各项管理制度和各类规范性文件，充分利用法制手段，规范交通规划、建设、运营、管理和服务。

法律上给予各类交通设施保障。以法规或规章形式明确政府在投资资金、运行资金和管理资金方面承担的责任。对各类交通设施（交通枢纽、停车设施等），在规划和建设过程中给予明确的法律保证，确保交通设施的落实到位和功能发挥。

建立并完善地方性法规和规章。完善覆盖多个层面的交通法规体系，规范交通规划、建设、运营、管理与服务工作。建立健全交通专业领域的法规规章，形成一套法制化管理体系，使各项交通管理工作的开展有法可依。突出重点针对城市建设项目交通影响评估、汽车租赁行业、公交专用道路权使用、加强违法经营车辆管理等社会问题，制定相应地方性法规和政府规章。

鼓励公众参与的交通管理。依托法制化建设，建立社会公众与管理职能部门之间双向传递和交流信息通道，提倡并促进社会公众对城市交通管理从决策、实施到监督的全过程参与。

（二）机制保障

强化综合交通管理机构的权威性与统一性的职能。确保交通决策与宏观经济政策、经济社会发展规划和城市总体规划相协调。统筹安排多层次、多元化客货运输网络和交通设施建设；统筹协调运营网络布置、运力配置、换乘服务以及票制票价等环节。

健全、完善科学的交通决策机制。加强综合部门决策过程的协调，加强执行部门实施过程的协调，加强政府与社会的协调。建立交通规划、建设、运营、管理与服务相协调的综合决策机制，完善专家咨询和社会公示制度；发挥人大、政协、各民主党派、社会公众以及新闻媒体对政府部门的监督作用。

确保资金作为交通发展的基本保障。适度延续交通投资强度。创新政府对公共交通投入方式，完善长效发展的扶持机制，加强公共交通专项扶持。同时，积极探索新的多元化市场融资方式，以更加开放的态度吸引非公有资本进入交通基础设施领域，确保基础设施资金投入。

加强交通建设与城市规划协调。结合上海土地资源稀缺的实际，严格按照"运输效率较高、占用土地较少、服务水准最佳"的原则，强化各层次交通规划，保证各类交通设施的合理用地，并在地区控制性详细规划中落实交通设施用地，开展规划层面的交通影响分析。对市域通道、多式衔接枢纽、复合网络布局进行动态的全面整合，加强道路、车站和停车等交通用地控制和管理，确保各类交通设施建成后的使用效益。

健全交通枢纽的长效维护机制。尽快建立健全枢纽的维护机制并落实正常的维护管理职责。

（三）政策保障

坚持落实公交优先政策，将公交专项扶持资金纳入公共财政预算，初步建立公共交通长效发展机制，健全和完善国有主导、有序竞争的公交市场经营格局；建立完善统一结算和一票换乘的公共交通票务系统。

加快实施交通需求管理政策。推进小汽车使用政策出台，试点实施中心城拥堵区域交通需求管理特殊措施，逐步提高中心城停车收费标准，由单一的控制拥有向控制拥有

与使用并重转变。

加快出台低碳节能交通政策。加快编制和推行综合交通行业节能减排标准、法规及措施；逐步推行机动车尾气检测维护（I/M）制度；保障低碳交通方式合理运行条件，保障慢行交通合理路权，创造宜居生活环境。

（四）科技保障

确保综合交通科研资金投入。确立交通主管部门在交通科技创新和应用投入中的主导地位，建立稳定的政府交通科技资金渠道。

促进科技创新合作制度。以高校、科研机构为科技创新骨干，推动产学研合作，推动交通科技进步。

加大国际交通科技合作与交流力度。充分利用全球交通科技资源，在综合交通科技的领域开展全面合作，促进综合交通科技跨越式发展。

加强交通科技创新能力。通过新技术的应用，全面提升交通体系服务水平。组织重点交通科技项目攻关和国内外交通科技合作，研究开发新交通方式、新交通工具、新材料、新工艺。组织开展城市综合交通体系规划、智能交通系统、轨道交通装备与运行服务、地下工程施工、高效环保型运输车辆、运输组织优化以及交通环境影响评价等重点领域关键技术的研究开发工作。

注重培养综合交通各层次科技人才。编制发布综合交通各领域人才开发目录，加快对跨领域、跨行业的复合型人才的培养。通过重大工程前期规划、建设和管理任务，集聚、锻炼和培育一批科研、技术和管理高素质专业人才，形成以领军人才为核心的创新团队。设立交通科技创新和人才发展专项资金。贯彻落实国家和本市关于加强人才工作的政策措施，全面推进各层次综合交通行业人才队伍的集聚和壮大。

附件：

1.“十二五”本市主要综合交通服务指标

2.“十二五”本市主要综合交通需求指标

附件 1

“十二五”本市主要综合交通服务指标

序号	指标名称	单位	2010年	2015年
1	全市公交出行比重*	%	34	36
2	中心城公交出行比重	%	47	50
3	全市轨道交通占公共交通客运量比重	%	32	40
4	中心城轨道交通占公共交通客运量比重	%	35	50
5	全市交通事故万车死亡率	人/万车	4.06	2.5
6	集装箱水水中转比重	%	38	45
7	中心城高峰小时地面主次干路平均行程车速	公里/小时	16	16
8	中心城轨道站点600米半径覆盖率	%	71	85
9	交通运输行业能耗总量	万吨标准煤/年	2100	2750

注：*人员出行使用公共交通方式（包括轨道、公共汽电车、出租车和轮渡）占所有使用交通工具出行的比例。

附件2

"十二五"本市主要综合交通需求指标

序号	指标名称	单位	2010年	2015年
1	对外客运总量（专业运输）	亿人次/年	2.7	3～3.3
2	航空旅客吞吐量	亿人次/年	0.72	0.9～1
3	铁路客运量	亿人次/年	1.2	1.5～1.7
4	公路长途客运量	万人次/年	7268	7000～8000
5	对外货运总量	亿吨/年	11	11～12
6	港口吞吐量	亿吨/年	6.5	6.5
7	航空货邮吞吐量	万吨/年	372	500~550
8	铁路货运量	万吨/年	2863	5000
9	集装箱吞吐量	万TEU/年	2907	3300
10	全市居民出行总量	万人次/日	5200	6000～6200
11	轨道交通客运量	万乘次/日	516.2	900

10. 关于进一步加强本市轨道交通管理的意见

（沪府发〔2012〕38号，4月9日）

各区、县人民政府，市政府各委、办、局：

轨道交通是保障本市城市安全有序运行的重要基础设施，是优先发展公共交通战略的重点，在满足人民群众基本出行需求和提供服务保障等方面发挥了骨干作用，有效地缓解了交通拥堵，促进了节能减排，为构建城市综合运输体系提供了重要支撑。社会各界广泛关注轨道交通发展，人民群众对轨道交通服务要求不断提高。随着城市规模逐步扩大和轨道交通快速发展，本市轨道交通进入了由大规模建设为主向运营管理为主转型、由单一线路运行向网络化运行转型的新阶段。轨道交通网络化运营情况复杂、管理人员紧缺和管理经验不足等问题日益显现，与轨道交通迅速发展不相适应，给轨道交通加强安全管理和提高服务质量带来严峻挑战。为适应轨道交通的迅速发展，降低安全风险，提升服务水平，现就进一步加强本市轨道交通管理提出如下意见：

一、认识进一步加强轨道交通管理的重要意义

（一）进一步加强轨道交通管理，是促进上海城市和谐发展的重要保证。加强轨道交通管理，是落实优先发展公共交通战略、构建资源节约型、环境友好型社会的必然选择，有利于进一步促进绿色交通发展，服务和引导城市发展模式转变，有利于进一步有效降低能源消耗、节约集约利用土地、改善城市生态环境，增强城市国际竞争力和可持续发展能力。

（二）进一步加强轨道交通管理，是确保上海社会安全稳定的有力支撑。上海经过多年快速大规模城市建设，在现代化、城市化水平不断提高的同时，进入了安全管理高风险期，安全管理难度加大、要求更高，城市安全面临的形势也更为严峻。密闭式的构造、密集式的运输、网络化的运行以及地下空间的局限，使得轨道交通运营安全和应急处置面临前所未有的压力。只有加强轨道交通管理，才能有效地确保本市社会正常运行，才能更好地促进城市安全稳定发展。

（三）进一步加强轨道交通管理，是提高人民群众出行质量的内在要求。轨道交通

作为人民群众的重要出行方式，是基本公共服务的重要内容。与国际先进水平相比，本市轨道交通在承运比例、服务水平和营运效率等方面还存在一定差距。要以加强本市轨道交通的安全运营、全方位提高服务水平为突破口，不断提高轨道交通运营质量，努力为人民群众提供安全、便捷、优质的轨道交通服务。

二、把握进一步加强轨道交通管理的基本原则

（一）安全第一，服务为本。将确保轨道交通网络安全有序运行放在首要位置，健全规章制度，逐步完善工作机制，更好地满足人民群众不断增长的出行需求，不断提高轨道交通服务品质。

（二）合理规划，稳步建设。轨道交通规划要服从总体规划，实行标准化、规范化建设，量力而行，稳妥推进轨道交通各项建设任务。

（三）各司其职，综合监管。各有关部门要按照职责分工，主动协调、密切配合，强化源头控制和关键环节管理，采取综合措施，加强轨道交通管理。

三、落实进一步加强本市轨道交通管理的措施

（一）科学规划设计。市规划部门要会同市建设交通、交通运输、公安、消防部门和运营单位按照全市总体规划要求，合理规划线路走向和敷设方式，合理确定车站选址和换乘方式。研究出台轨道交通规划设计规范，确保线路线型、附属设施等符合相关技术规范。加强规划控制，保障相关用地。加强站点设计，优化站内布局，完善外部交通组织，根据规划要求，建设公交枢纽等基础设施，充分考虑轨道交通与其他交通工具间的合理衔接。加强消防设计，优化完善设计标准，落实消防规范要求。

（二）规范工程建设。市发展改革、建设交通等部门要严格执行轨道交通项目审批程序，加强统筹协调，督促建设单位依据建设规划，做好项目前期工作。督促建设、设计、施工、监理四方按照国家和本市规定的技术标准、技术规定和管理要求开展相关工作。安全操作施工机具，采取先进施工工艺，规范操作施工流程，增强施工人员安全责任意识。建立施工阶段安全评估机制，开展专项安全评估，及时发现并有效排除安全隐患。科学安排施工周期，倡导文明施工，确保质量安全。轨道交通工程竣工后，按有关规定组织竣工验收备案。

（三）做好运营前期准备。市交通运输部门对新开通的轨道交通线路，要严格依据相关法规规定，以确保试运营安全和满足基本服务要求为原则，认真组织专业机构，开展试运营基本条件评审认定。轨道交通新线进行试运营前，土建、车辆、设施设备、消防、环保等必须达到载客运营基本要求，取得各项安全认证证书，做好相关衔接配套。轨道交通试运营和正式运营要严格执行国家和本市的城市轨道交通运营管理办法和轨道交通试运营基本条件等相关规定。

（四）加强安全保护区管理。市交通运输部门要根据相关法规要求，进一步加强轨道交通安全保护区管理，督促运营单位做好日常巡视工作。对未经行政许可，或经行政许可但未采取必要安全保护措施，以及擅自加、卸载（堆土、拆建）等未按行政许可规定施工的行为，加大执法力度，依法严格处理。各区县政府要对所属区域的轨道交通安全保护区管理和行政执法工作给予支持并做好协助处置工作。

（五）加强运营安全管理。市交通运输部门要会同市建设交通部门加强日常安全监管，制定安全运营规范标准，推进运营单位安全生产标准化工作。完善安全分析例会、安全约谈警示等一系列安全监管工作制度。建立以轨道交通网络、试运营线路、既有线路为重点的各项安全评估、评价体系，充实

轨道交通监管专家库，增强第三方安全风险评估力量，有序开展既有运营线路的安全评价。督促运营单位加强消防安全管理，开展经常性安全隐患排查，落实安全运营主体责任，遵守相关法律、法规和强制性标准，建立并落实覆盖全员的安全责任、事故报告处理、设施设备安全管理等制度，完善事故调查机制。对违规操作人员，坚持“四不放过”原则，及时整改教育；对造成事故的，要依法追究其责任。

（六）加强安保防范。轨道交通公安机关要完善安检制度，加强轨道交通安检，防止乘客携带危险品进站上车。推进轨道交通图像监控系统和其他安防系统建设，逐步实现车站车厢监控和防范全覆盖。合理安排警力，做到运营时段“每站有警”，防止因各种突发情况引发踩踏事件，加强治安管理，维护车站及周边良好治安秩序。加强控制中心、车辆基地、主变电站等重点要害部位的安保管理，健全规章制度，落实保卫责任。

（七）加强应急处置。市应急管理、建设交通、交通运输、安全监管和公安等部门要会同运营单位编制和完善涉及运营安全的各项预案，定期开展预案培训和应急演练。完善预警保驾响应、应急运营指挥、现场应急抢险和信息联动发布的应急处置体系。加强轨道交通应急处置队伍建设，合理配置应急处置装备和器材，科学设置、及时启动应急处置流程，不断提高应急处置水平。健全信息发布机制，积极运用微博等新媒体，更好地回应社会对轨道交通的关切。

（八）加强运营服务质量监管。市交通运输部门要依据轨道交通运营服务规范，加强运营单位日常服务检查，重点开展对行车、客运、设施、票务、人员、投诉处理等方面的督查。将第三方乘客满意度测评作为提高行业整体服务水平的重要抓手，规范运营服务，提高服务质量。运营单位要建立内部服务监督制度，将服务监督情况纳入日常工作评价考核体系。

（九）规范站内多种经营行为。市交通运输、工商等相关部门要严格执行本市公共交通车辆、车站广告设置相关规定，遵循安全、规范、整齐、文明等原则，加强对轨道交通设施范围内广告的管理，规范站内、换乘通道等运营区域的商铺、报刊零售点经营行为。运营单位要审验运营区域内经营户证照，确保其具有合法经营资质。

（十）提升行车组织水平。运营单位要加强运营范围内的日常管理。强化运输组织和调度，科学编制列车运营计划，建立完善基于全网络的行车指挥体系。积极推进信息化工作，加强客流动态趋势研判，实施远端客流引导措施，通过车站车厢显示屏以及广播、电视、网络等媒体，及时发布客流拥堵和限流措施等信息，引导乘客避开拥挤区段。

（十一）提高设施设备性能和养护水平。运营单位要在设施设备设计选型过程中，充分考虑安全冗余度和系统可靠成熟性，积极推进国产化替代研究和应用。建立健全设施设备检测评估、维修保养制度。采用科技手段，提高设施设备安全性，逐步形成各相关专业联动的设备维护联检模式，强化设施设备日常维护保养。加强既有线路设施设备运行质量评估，加大设施设备专项和大修改造力度，减少设施设备运行故障。

四、完善进一步加强本市轨道交通管理的保障

（一）加强组织领导。加强上海轨道交通建设指挥部职能，进一步加大政府协调、统筹力度。市建设交通部门要加强前期规划设计和建设过程中的统筹协调，市交通运输部门要加强日常运营管理的统筹协调。建立全市轨道交通建设和管理例会制度，定期分析研究和协调轨道交通建设和管理中的重大问题和重要事项。

（二）提高行政管理执行力。各相关职能部门要严格执行《上海市轨道交通管理条

例》、《上海市轨道交通运营安全管理办法》、《城市轨道交通运营管理办法》等法规、规章。市交通运输部门要会同相关职能部门在管理实践中，深入研究制度规范优化等问题，为修订《上海市轨道交通管理条例》夯实基础。

（三）建立资金保障长效机制。市发展改革、财政、建设交通、交通运输部门要会同运营单位结合轨道交通建设和运营实际，研究制定规范统一的行业财务会计核算制度，加强运营成本规制和还本付息机制的政策研究，拓宽资金来源渠道，确保轨道交通持续稳定发展。

（四）加强行政执法。市交通运输部门要进一步充实轨道交通执法队伍，加强与轨道交通公安机关联动执法，并依据相关法规规定，加强运营功能配置、运营服务管理和设施设备维护等方面监督检查和行政执法。运营单位要根据相关法规授权，对乘客妨碍运营安全、扰乱运营秩序、危害运营设施等违规行为，加强行政执法。各区县政府负责本区域内轨道交通站点出入口、高架区间投影区域及周边环境的属地化管理。

（五）加强从业人员队伍建设。市交通运输部门要会同运营单位完善关键岗位从业人员的准入、培训、发展、退出机制，切实保障从业人员合法权益。强化突发事件应急处置和消防知识的培训和轮训。运用多种形式，积极宣传行业新面貌、新风尚，弘扬先进人物和事迹，对长期坚持安全运营、规范操作的从业人员，给予相应奖励和表彰。

（六）营造良好氛围。主动接受人大代表、政协委员、社会各界和新闻媒体的监督，进一步发挥志愿者和社会组织等力量的作用。加强正面宣传，动员人民群众理解、支持和参与轨道交通发展，加强轨道交通安全普及教育，培养文明乘车习惯，倡导有序出行秩序，形成促进轨道交通健康发展的良好氛围。

11. 关于贯彻执行《上海市国有土地上房屋征收与补偿实施细则》的若干意见

（沪府办发〔2012〕24号，4月10日）

为贯彻执行《上海市国有土地上房屋征收与补偿实施细则》（上海市人民政府令第71号，以下简称《实施细则》），经市政府同意，现就有关事项提出以下若干意见：

一、关于国有土地上房屋征收与补偿工作的组织领导

各区（县）政府成立国有土地上房屋征收与补偿工作领导小组，加强对国有土地上房屋征收与补偿工作的领导、协调和推进。领导小组组长由区（县）政府分管领导担任，成员单位包括房屋管理、发展改革、建设、规划土地、财政、公安、工商、监察等部门，办公室设在房屋管理部门。

区（县）房屋管理部门，承担《实施细则》规定的区（县）政府的相关具体工作。

区（县）相关部门要按照《实施细则》规定，履行职责，互相配合，确保国有土地上房屋征收与补偿工作顺利进行。

二、关于国有土地上房屋征收与补偿工作的实施

区（县）房屋管理部门要按照《实施细则》规定，做好国有土地上房屋征收与补偿的实施工作。

区（县）房屋管理部门要设立国有土地上房屋征收事务中心（其性质为事业单位），具体承担国有土地上房屋征收与补偿的事务性工作。

各区（县）负责为国有土地上房屋征收事务中心配备相应的人员和编制，保障其正常开展工作。

三、关于国有土地上房屋征收事务所的组建

各区（县）政府要按照《实施细则》规定和相关配套文件要求，在本区（县）现有

房屋拆迁公司的基础上，通过归并、整合等方式，组建国有土地上房屋征收事务所。

国有土地上房屋征收事务所接受本区（县）国有土地上房屋征收部门的委托，开展国有土地上房屋征收与补偿服务工作。

原有的房屋拆迁公司名称和房屋拆迁资质可以继续保留，到完成此前已接受委托的房屋拆迁基地的相关业务为止。

四、关于国有土地上房屋征收与补偿行为的规范

各区（县）政府在国有土地上房屋征收与补偿工作中，要严格按照《实施细则》明确的基本原则，执行各项规定程序，做到过程全透明、结果全公开。

各区（县）政府要建立国有土地上房屋征收公信评议制度，成立由被征收房屋所在地块的街道办事处（镇、乡政府）、居（村）委的干部以及律师、人大代表、政协委员等组成的评议监督小组，并可以吸纳被征收人、公有房屋承租人推荐或者选举的代表参加。评议监督小组对国有土地上房屋征收与补偿工作的全过程实行监督评议。

各区（县）政府要严格执行国务院发布的《信访条例》及《上海市信访条例》，切实做好信访接待工作，对信访中反映的问题要及时核查处理。

五、关于国有土地上房屋征收年度计划的管理

本市实行国有土地上房屋征收年度计划管理。各区（县）房屋管理部门要在每年区（县）人民代表大会召开后，会同区（县）发展改革等部门拟订本区（县）国有土地上房屋征收年度计划，经区（县）政府同意后，报市房屋管理部门备案。

国有土地上房屋征收年度计划的内容包括，拟实施国有土地上房屋征收的项目性质、项目名称、拟征收范围、项目审批办理情况、被征收户数、被征收房屋类型、建筑面积、补偿费用筹措情况、拟启动时间等。

六、关于国有土地上房屋征收信息化管理的实施

市房屋管理部门要根据本市电子政务和信息化管理的要求，建立国有土地上房屋征收信息化管理系统，加强对国有土地上房屋征收的信息化监督管理。同时，提供规范的国有土地上房屋征收补偿电子协议示范文本，逐步对国有土地上房屋征收补偿协议实行条形码落户管理。

各区（县）国有土地上房屋征收部门和国有土地上房屋征收事务所要按照国有土地上房屋征收信息化管理的要求，做好国有土地上房屋征收与补偿工作。

七、关于国有土地上房屋征收的启动

符合《实施细则》第八条第（一）项至第（三）项规定的建设项目需要征收房屋的，由区（县）规划部门将建设用地规划许可证确定的范围告知区（县）国有土地上房屋征收部门。国有土地上房屋征收范围确定并列入国有土地上房屋征收年度计划后，区（县）国有土地上房屋征收部门可以开展房屋调查登记和补偿方案拟订等工作。

符合《实施细则》第八条第（四）、（五）项规定，因保障性安居工程建设和旧城区改建需要征收房屋的，国有土地上房屋征收范围确定并列入区（县）国民经济和社会发展年度计划、国有土地上房屋征收年度计划后，区（县）国有土地上房屋征收部门可以开展房屋调查登记和补偿方案拟订等工作。

符合《实施细则》第八条规定的其他情形需要征收房屋的，由区（县）政府将国有土地上房屋征收目的和拟征收范围报市房屋管理部门，由市房屋管理部门组织相关单位和专家进行论证。经论证符合《实施细则》规定确需征收房屋的，由市房屋管理部门会同相关部门确定国有土地上房屋征收范围。国有土地上房屋征收范围确定并列入国有土地上房屋征收年度计划后，区（县）国有土地上房屋征收部门可以开展房屋调查登记和

补偿方案拟订等工作。

八、关于旧城区改建的就近地段范围

《实施细则》第二十六条规定的就近地段范围，在房屋征收补偿方案征求意见的过程中确定。在确定就近地段范围时，可以考虑下列因素：

（一）被征收房屋位于外环线以内的，就近地段范围可以为被征收房屋所在的行政区域或者相邻行政区域范围内；

（二）被征收房屋位于外环线以外的，就近地段范围一般为被征收房屋所在的街道、镇（乡）行政区域范围内。

九、关于居住困难户的保障补贴

居住困难的被征收人、公有房屋承租人可以向区（县）住房保障机构提出居住困难审核申请，由区（县）住房保障机构会同国有土地上房屋征收部门进行审核。

被征收人、公有房屋承租人向区（县）住房保障机构提出居住困难审核申请的，要如实填报申请文书，提交房地产权属、租用公房凭证、身份证、实际居住等相关证明材料，并签署同意接受住房状况核查且将核查结果予以公示的书面文件，由区（县）住房保障机构按照《实施细则》规定进行核查、认定和公示。

十、关于作出补偿决定前的居住困难审核

被征收人、公有房屋承租人可能符合居住困难条件但未提出居住困难审核申请，且与国有土地上房屋征收部门不能达成补偿协议的，由国有土地上房屋征收部门委托相关部门对被征收人、公有房屋承租人进行居住状况的核查、认定后，报区（县）政府。区（县）政府应当依法作出补偿决定，并在国有土地上房屋征收范围内予以公告。

在国有土地上房屋征收与补偿中，对涉及相关价格涵义、被征收房屋建筑面积认定等实际操作中的问题，由市房屋管理部门另行制定相关意见。

本意见自印发之日起实施，有效期至2017年3月31日。

12. 关于加强镇村集体经济组织经营性物业项目管理的意见

（沪府办发〔2012〕19号，4月11日）

为促进本市镇村集体经济深化改革和健康发展，根据《中共上海市委上海市人民政府印发？关于加快本市农村集体经济组织改革发展的若干意见（试行）？的通知》（沪委发〔2012〕7号）精神，现就加强镇村集体经济组织经营性物业项目管理提出如下意见：

一、本意见所称镇村集体经济组织经营性物业项目，是指镇村集体经济组织以保留房屋所有权为前提，自营或租赁给他人经营，用于商业、旅游、娱乐、金融、服务业、居住等目的的农村集体经营性物业项目，以下简称“经营性物业项目”。

二、兴办经营性物业项目的主体为镇村集体经济组织。

三、建设经营性物业项目，应当严格按照城乡建设用地规模控制、基本农田保护和耕地总量平衡的要求，集约节约使用农村集体建设用地。同时，积极盘活存量，有序推进新建项目。新建项目有条件的，应当纳入城乡建设用地增减挂钩、农村集体建设用地流转或者其他市级试点的范围。

四、经营性物业项目选址应当符合本市城乡规划和土地利用总体规划。乡镇政府应当科学编制村庄规划，明确农村建设用地布局和经营性物业项目安排等相关内容。

五、经营性物业项目用地应当完成农村集体土地所有权确权登记，并根据《上海市房地产登记条例》，办理农村集体建设用地使用权登记，确保权属清晰、没有争议。

六、建设经营性物业项目，应当由镇村集体经济组织民主讨论，经镇村集体经济组织成员会议三分之二以上成员（代表）同意，方可正式申报。

七、经营性物业项目涉及的立项申报、用地审批、建设施工审批、竣工验收等事项，应当严格按照本市相关规定报批。

八、由镇村集体经济组织按照有关规定，组织开展经营性物业项目的工程勘测、设计、施工、监理等招投标工作，由区县建设部门负责监管。镇村集体经济组织应当及时将项目相关资料报送所在区县建设部门归档。

九、镇村集体经济组织在兴办经营性物业项目过程中，如有违反土地管理、项目建设、招投标、农村集体“三资”管理等规定的，有关部门应当及时纠正，并依法追究相关人员责任。

本意见自印发之日起施行，有效期至2017年3月31日。

13. 上海市城市管理行政执法条例

（2012年4月19日上海市第十三届人民代表大会常务委员会第三十三次会议通过）

第一章 总则

第一条 为加强城市管理行政执法工作，规范行政执法行为，提高行政执法效率和水平，保护公民、法人和其他组织的合法权益，根据《中华人民共和国行政处罚法》、《中华人民共和国行政强制法》等有关法律、行政法规的规定，结合本市实际，制定本条例。

第二条 本条例适用于本市行政区域内的城市管理行政执法活动。

前款所称的城市管理行政执法是指市和区、县城市管理行政执法部门（以下简称城管执法部门）依法相对集中行使有关行政管理部门在城市管理领域的全部或部分行政处罚权及相关的行政检查权和行政强制权的行为。

第三条 市和区、县人民政府应当加强对城市管理行政执法工作的领导。

市和区、县人民政府应当根据区域面积、人口数量、管理需求等状况，合理配置城市管理行政执法人员（以下简称城管执法人员）和执法装备，并将城市管理行政执法工作所需经费纳入同级财政预算，保障城市管理行政执法部门依法履行职责。

第四条 市城管执法部门是本市城市管理行政执法工作的行政主管部门，负责本条例的组织实施。

区、县城管执法部门负责本辖区内城市管理行政执法工作，并接受市城管执法部门的业务指导和监督。

区、县城管执法部门应当在镇（乡）、街道派驻城管执法机构，以区、县城管执法部门的名义，具体负责本区域内的城市管理行政执法工作。镇（乡）人民政府、街道办事处可以组织协调城管执法机构在辖区内开展城市管理行政执法活动。

市和区、县城管执法部门根据需要可以在特定区域派驻城管执法机构，以市或区、县城管执法部门的名义，具体负责本区域内的城市管理行政执法工作。

第五条 建设、绿化市容、水务、环保、工商、房屋管理、规划国土资源、公安、财政等行政管理部门按照各自职责，协同做好城市管理行政执法的相关工作。

第六条 城市管理行政执法工作遵循合法、公正、公开的原则，坚持以人为本，执法与教育、疏导、服务相结合，文明执法、规范执法，注重法律效果与社会效果的统一。

第七条 本市应当加强城市管理行政执法队伍建设，完善执法制度和监督机制，促进执法水平的提高。

第八条 各级人民政府和相关行政管理部门以及广播电台、电视台、报刊和互联网站等新闻媒体应当加强城市管理法律法规的宣传，增强市民自觉遵守城市管理规定的意识，营造社会共同维护城市管理秩序的氛围。

第九条 城管执法人员依法执行职务，受法律保护。

公民、法人或者其他组织应当支持城管执法部门的工作，协助城管执法人员依法行使职权。

城管执法部门应当听取公民、法人或者其他组织的意见，不断改进和完善执法方式和方法。

第十条 对在实施城市管理行政执法活动中作出突出贡献或者取得显著成绩的单位和个人，市和区、县人民政府及有关部门可以予以表彰奖励。

第二章 执法权限

第十一条市和区、县城管执法部门实施行政执法的范围包括：

（一）依据市容环境卫生管理方面法律、法规和规章的规定，对违反市容环境卫生管理的违法行为实施行政处罚。

（二）依据市政工程管理方面法律、法规和规章的规定，对违反非市管城市道路（含城镇范围内的公路）、桥梁及其附属设施管理的违法行为实施行政处罚。

（三）依据绿化管理方面法律、法规和规章的规定，对除绿化建设外的违反绿化管理的违法行为实施行政处罚。

（四）依据水务管理方面法律、法规和规章的规定，对倾倒工业、农业、建筑等废弃物及生活垃圾、粪便；清洗装贮过油类或者有毒有害污染物的车辆、容器；以及擅自搭建房屋、棚舍等建筑物或者构筑物等违反河道管理的违法行为实施行政处罚。

（五）依据环境保护管理方面法律、法规和规章的规定，对在非指定地区焚烧产生有毒有害烟尘和恶臭气体的物质；道路运输、堆场作业等产生扬尘，污染环境；任意倾倒或者在装载、运输过程中散落工业废渣或者其他固体废物；违反安装空调器、冷却设施的有关规定，影响环境和他人生活；未经批准或者未按批准要求从事夜间建筑施工，造成噪声污染；以及在人口集中地区、机场周围、交通干线附近以及当地人民政府划定的区域等规定区域露天焚烧秸秆、落叶等产生烟尘污染的物质等不需要经过仪器测试即可判定的违法行为实施行政处罚。

（六）依据工商管理方面法律、法规和规章的规定，对占用道路无照经营或者非法散发、张贴印刷品广告的违法行为实施行政处罚。

（七）依据建设管理方面法律、法规和规章的规定，对损坏、擅自占用无障碍设施或者改变无障碍设施用途的违法行为实施行政处罚。

（八）依据城乡规划和物业管理方面的法律、法规和规章的规定，按照市人民政府确定的职责分工，对擅自搭建建筑物、构筑物的违法行为和物业管理区域内破坏房屋外貌的违法行为实施行政处罚。

（九）本市地方性法规和市政府规章规定由城管执法部门实施的其他行政处罚。

城管执法部门按照前款规定实施行政执法的具体事项由市人民政府确定，并向社会公布。

第十二条 本市地方性法规或者政府规章可以对城市管理行政执法的范围进行调整。

除前款规定外，其他任何单位和个人不得擅自变更城市管理行政执法的范围。

第十三条 已由市和区、县城管执法部门依法行使的城市管理相对集中行政处罚权及相关的行政检查权和行政强制权，有关行政管理部门不得再行使；有关行政管理部门履行的其他行政管理和监督职责，应当依法继续履行。

第十四条 区、县城管执法部门负责本辖区内违法行为的查处。

管辖区域相邻的区、县城管执法部门对

行政辖区接壤地区流动性违法行为的查处，可以约定共同管辖。共同管辖区域内发生的违法行为，由首先发现的城管执法部门查处。管辖权发生争议的，由市城管执法部门指定管辖。

第十五条 市城管执法部门对区、县城管执法部门未予查处的违法行为，应当责令其查处，也可以直接查处。

市城管执法部门可以对社会影响重大的违法行为直接进行查处；必要时，也可以组织相关区、县城管执法部门共同进行查处。

第三章 执法规范

第十六条 城管执法人员实行全市统一招录制度，公开考试、严格考察、择优录取。城管执法人员经法律知识和业务知识的统一培训并考试合格具备行政执法资格的，方可取得行政执法证件。未取得行政执法证件的人员，不得从事行政执法活动。

城管执法人员从事行政执法活动，应当着统一识别服装，佩带统一标志标识，做到仪容严整、举止端庄、语言文明、行为规范。

城管执法人员从事行政执法活动时，应当向当事人出示行政执法证件；除法律另有规定外，必须两人以上共同进行。

第十七条 城管执法部门应当建立和完善城管执法巡查机制，并可以利用城市网格化管理系统，及时发现、制止和查处违反城市管理法律、法规和规章规定的行为。

本市举办重大活动时，市城管执法部门可以组织区、县城管执法部门进行集中巡查。

第十八条 城管执法部门可以根据违法行为的性质和危害后果，采取不同的行政执法方式。

城管执法部门查处违法行为时，对情节较轻或者危害后果能够及时消除的，除法律、法规、规章规定直接给予行政处罚外，城管执法部门应当先对当事人进行教育、告诫、引导，并责令其改正；对拒不改正的，依法给予行政处罚。违法行为轻微并及时纠正，没有造成危害后果的，不予行政处罚。

第十九条 城管执法人员在查处违法行为时，可以采取以下措施：

（一）依法进入发生违法行为的场所实施现场检查，并制作检查笔录；

（二）以勘验、拍照、录音、摄像等方式进行现场取证；

（三）询问案件当事人、证人，并制作询问笔录；

（四）查阅、调取、复印与违法行为有关的文件资料；

（五）法律、法规规定的其他措施。

城管执法人员、当事人、证人应当在笔录上签名或者盖章。当事人拒绝签名、盖章或者不在现场的，应当由无利害关系的见证人签名或者盖章；无见证人的，城管执法人员应当注明情况。

第二十条 城管执法人员调查取证时，应当全面、客观、公正，符合法定程序，不得以利诱、欺诈、胁迫、暴力等非法手段收集证据，不得伪造、隐匿证据。

通过非法手段获取的证据不能作为认定违法事实的依据。

第二十一条 城管执法部门查处违法行为时，可以依法扣押与违法行为有关的物品。

城管执法部门实施扣押措施，应当遵守法律、法规规定的条件、程序和期限。

城管执法部门实施扣押措施后，应当及时查清事实，在法定期限内作出处理决定。对于经调查核实没有违法行为或者不再需要扣押的，应当解除扣押，返还物品。

第二十二条 城管执法部门应当妥善保管扣押物品，不得使用或者损毁，属非法物品的，移送有关部门处理。

被扣押的物品易腐烂、变质的，城管执法部门应当通知当事人在二日内到指定地点接受处理；逾期不接受处理的，可以在登记后拍卖、变卖；无法拍卖、变卖的，可以在留存证据后销毁。

解除扣押后，城管执法部门应当通知当事人及时认领。当事人逾期不认领或者当事人难以查明的，城管执法部门应当及时发布认领公告，自公告发布之日起六十日内无人认领的，城管执法部门可以采取拍卖、变卖等方式妥善处置，拍卖、变卖所得款项应当依照规定上缴国库。

第二十三条 城管执法部门在行政执法活动中，对当事人弃留现场的物品，应当按照本条例第二十二条的规定处理。

第二十四条 城管执法部门作出具体行政行为，应当告知当事人作出具体行政行为的事实、理由、依据，并告知当事人依法享有陈述、申辩、要求听证以及申请行政复议或者提起行政诉讼的权利。

当事人进行陈述和申辩时提出的事实、理由或者证据成立的，城管执法部门应当采纳，不得因当事人申辩而加重处罚。对符合听证条件的，城管执法部门应当组织听证。

第二十五条 城管执法部门应当依照法律规定采用直接送达、留置送达、邮寄送达和公告送达等方式送达法律文书。采用公告送达的，城管执法部门可以通过其政府网站和公告栏进行。自发出公告之日起，经过六十日，即视为送达。

城管执法部门应当向社会公布其网址和公告栏地址。

第二十六条 城管执法部门应当建立违法行为举报制度，并向社会公布全市统一的举报电话及其他联系方式。

城管执法部门收到举报后，应当及时核查，并在五个工作日内将核查情况告知举报人；对不属于本部门职责范围的，应当向举报人说明情况，并在三个工作日内移送有关部门处理。

城管执法部门应当为举报人保密。

第四章 执法协作

第二十七条 有关行政管理部门应当履行管理职责，与城管执法部门加强协作，采取疏导措施，从源头上预防和减少违法行为的发生。

第二十八条 城管执法部门在执法活动中发现应当由有关行政管理部门处理的违法行为的，应当及时移送有关行政管理部门处理。有关行政管理部门在执法活动中发现应当由城管执法部门处理的违法行为的，应当及时移送城管执法部门处理。移送案件涉及的非法物品等相关物品应当一并移送。

城管执法部门和有关行政管理部门无正当理由，不得拒绝接受移送的案件和相关物品，并应当在作出处理决定后，及时通报移送部门。

第二十九条 城管执法部门查处违法行为需要向有关行政管理部门查询有关资料的，有关行政管理部门应当依照相关法律、法规规定予以配合。

城管执法部门查处违法行为时，需要有关行政管理部门认定违法行为和非法物品的，应当出具协助通知书。有关行政管理部门应当自收到协助通知书之日起十日内出具书面意见；如情况复杂需要延期的，应当以书面形式向城管执法部门说明理由并明确答复期限。

第三十条 在城市管理中开展重大专项执法行动时，城管执法部门需要有关行政管理部门协助的，有关行政管理部门应当在职责范围内依法协助；有关行政管理部门需要城管执法部门协助的，城管执法部门应当在职责范围内依法协助。

第三十一条公安机关与城管执法部门应当建立协调配合机制。

公安机关应当依法保障城管执法部门的行政执法活动，对阻碍城管执法人员依法执行职务的行为，应当及时制止；对违反《中华人民共和国治安管理处罚法》的行为，依法予以处罚；使用暴力、威胁等方法构成犯罪的，依法追究刑事责任。

第三十二条 市和区、县人民政府应当采

取措施推动城管执法部门和有关行政管理部门建立健全城市管理与执法信息共享机制，促进信息交流和资源共享。

城管执法部门应当将实施行政处罚的情况和发现的问题通报有关行政管理部门，提出管理建议；有关行政管理部门应当将与城市管理行政执法有关的行政许可和监督管理信息及时通报城管执法部门，保障城市管理行政执法工作的有效开展。

第三十三条 市和区、县人民政府应当不断加大城市管理行政执法科学技术的研发投入，推广先进科学技术手段在调查取证、检查检测等方面的普及运用。

第五章 执法监督

第三十四条 市和区、县人民政府应当加强对城市管理行政执法工作的监督，对城管执法部门不依法履行职责的行为，应当责令其改正并追究行政责任。

第三十五条 市城管执法部门应当建立全市统一的执法培训、岗位交流、督察考核、责任追究和评议考核等制度。

市和区、县城管执法部门应当落实行政执法责任制，加强执法队伍规范化、制度化的建设和管理。评议考核不合格的城管执法人员，不得从事行政执法工作。

市城管执法部门对区、县城管执法部门及其执法人员发生的情节严重、社会影响较大的违法违纪行为，可以向区、县人民政府提出查处建议。

第三十六条 有关行政管理部门发现城管执法部门有违法执法行为的，可以向其提出书面建议。城管执法部门收到书面建议后，应当及时调查核实；情况属实的，应当予以纠正并告知有关行政管理部门。

第三十七条 城管执法部门应当将城管执法职责范围、执法依据、执法程序以及监督电话等事项向社会公开，接受社会监督。

公民、法人和其他组织发现城管执法人员有违法执法行为或者行政不作为的，可以向城管执法人员所在单位、上级主管部门或者监察部门检举、控告。接到检举、控告的部门应当按照法定权限及时核实处理，并及时反馈处理意见。

第三十八条 市和区、县城管执法部门应当定期对本部门的行政执法情况组织社会评议；有关部门对城管执法部门的行政执法情况组织社会评议的，城管执法部门应当予以配合。评议结果应当向社会公开。

镇（乡）人民政府、街道办事处应当加强对派驻本镇（乡）、街道的城管执法机构执法工作的监督检查，定期组织评议，并将评议结果告知其所属的区、县城管执法部门。

第六章 法律责任

第三十九条 城管执法部门及其执法人员有下列情形之一的，对直接负责的主管人员和其他直接责任人员，由其所在单位、上级主管部门或者监察部门依法给予行政处分；构成犯罪的，依法追究刑事责任：

（一）对发现的违法行为不依法查处，情节严重的；

（二）超越职权或者违反法定程序执法，情节严重的；

（三）擅自变更已经作出的行政处罚决定的；

（四）使用暴力、威胁等手段执法的；

（五）故意损坏或者擅自销毁当事人财物的；

（六）截留、私分罚款或者扣押的财物的，以及使用扣押的财物的；

（七）索取或者收受他人财物的；

（八）其他玩忽职守、滥用职权、徇私舞弊的行为。

第四十条 有关行政管理部门违反本条例的规定，拒不履行执法协作职责的，由本级人民政府或者上级主管部门责令改正，通报批评；情节严重的，对直接负责的主管人员和其他直接责任人员依法给予行政处分。

第四十一条 城管执法部门及其执法人员

违法行使职权，对公民、法人或者其他组织的合法权益造成损害的，应当依法承担赔偿责任。

第七章 附则

第四十二条 本条例自2012年7月15日起施行。

14. 关于加快推进本市“十二五”旧区改造若干问题的意见

（沪府办发〔2012〕26号，4月27日）

各区、县人民政府，市政府各委、办、局：

旧区改造是一项综合性工作，既关系到改善民生、推进发展，又关系到促进社会和谐稳定。为进一步加快推进本市旧区改造工作，切实解决中低收入家庭住房困难，改善广大市民群众居住条件，根据市委、市政府部署和市政府《关于进一步推进本市旧区改造工作的若干意见》（沪府发〔2009〕4号）、《关于贯彻国务院推进城市和国有工矿棚户区改造会议精神加快本市旧区改造工作的意见》（沪府发〔2010〕5号），现就加快推进本市“十二五”旧区改造的若干问题提出如下意见：

一、明确总体要求和工作目标

（一）总体要求。深入贯彻落实科学发展观，按照“创新驱动、转型发展”的要求，以加快推进“四个率先”、加快建设“四个中心”和社会主义现代化国际大都市建设为契机，解放思想，迎难而上，实事求是，尽力而为，加快推进成片二级旧里以下房屋改造，进一步改善、提高市民群众的住房条件和质量。

（二）工作目标。根据本市“十二五”旧区改造规划，“十二五”期间，改造二级旧里以下房屋350万平方米，受益居民约15万户；启动和推进郊区城镇棚户简屋改造试点、“城中村”改造和国有农场职工危旧房改造。其中，2012年，改造二级旧里以下房屋60万平方米，受益居民约2.5万户。

二、加快落实相关政策措施

（一）简化旧区改造地块房屋征收范围审批手续。对市有关部门认定的旧区改造地块，各区（县）在编制年度改造计划时，审批并发文确认房屋征收范围，并报市建设交通委备案。

（二）适当提高旧区改造签约征询生效比例。为充分调动市民群众积极性，根据市政府制定的《上海市国有土地上房屋征收与补偿实施细则》有关规定，对新启动旧区改造地块，一般以自然街坊为一个征询单元；如一个自然街坊户数较多，则可划小征询单元（以300户左右为一个征询单元），并延长签约期限。签约生效比例应在85%以上，签约期限为3–6个月。签约生效比例和签约期限由各区（县）政府规定。

（三）继续支持重点区旧区改造。“十二五”期间，市属土地储备机构继续参与杨浦区、虹口区、闸北区、普陀区、黄浦区等的14个重点旧改地块改造，市、区投入改造资金比例为60%：40%（黄浦区为50%：50%）。

（四）调整中心城区旧区改造地块土地出让收入分成比例。对市有关部门认定的中心城区旧区改造地块，其土地出让收入按照市、区两级投入资金的比例分成，在扣除国家规定计提专项基（资）金和轨道交通建设基金后，分别纳入市、区两级旧区改造专项基金，全部用于旧区改造的支出。

（五）加强和支持旧区改造融资。旧区改造可作为重大工程项目，按照提供“项目清单”的方式，主要通过土地预告登记，由土地储备机构开展融资工作。住房公积金结余资金可贷款支持中心城区旧区改造就近安置房项目建设。

（六）提高市属动迁安置房供应比例。

市里进一步加快推进动迁安置房建设，完善大型居住社区基础设施和社会公共服务设施配套，并加强社会管理。2012年，市里对重点旧区改造地块和率先完成成片二级旧里改造的区安排房源比例为1：1.2，对其他一般旧区改造项目的安排房源比例为1：1；对在拆收尾基地按照剩余户数1：1.5比例提供房源。按照新的市属动迁安置房供应办法，支持“早启动、早出资、早实施”的项目优先配房。同时，适当调整本市保障性住房建设结构，增加动迁安置房供应，支持旧区改造。

三、进一步加强领导，建立目标考核机制

（一）各区（县）政府是本辖区旧区改造的责任主体，要按照市委、市政府的要求，进一步加强领导，完善旧区改造组织体系、工作机构、人员配置，做到细化任务，落实责任，统筹资源，形成合力，力争完成“十二五”旧区改造目标和任务。市旧区改造工作领导小组每年定期召开工作会议，加强统筹指导、协调推进和政策支持等。

（二）市、区有关部门要加强协调、相互配合，集中资源、聚焦重点。各区在安排旧区改造年度计划时，要将做好在拆基地收尾和解决历史遗留问题作为重点工作之一，统筹兼顾，积极推进，加强监督。

（三）市、区旧区改造管理部门要建立旧区改造目标考核机制，合理确定考核指标和内容，将年度计划完成、新启动旧区改造地块、完成在拆基地数量以及解决历史遗留问题、化解矛盾、和谐征收等作为年度考核指标，全面反映和评价旧区改造的工作质量和水平。

（四）各有关部门要加强新闻宣传，广泛宣传旧区改造的意义和作用，营造良好的舆论氛围；要建立信息公开制度，让市民群众及时了解旧区改造的法规政策和实际进展，尊重市民群众的选择权、参与权、知情权和监督权；要充分发挥人大代表、政协委员等的监督作用，争取社会各界的理解和支持。

15. 上海市道路和公共场所清扫保洁服务管理办法

（2012年5月2日上海市人民政府令第83号公布）

第一条（目的和依据）

为了规范本市道路和公共场所清扫保洁服务，保障清扫保洁作业人员的合法权益，促进本市环境卫生事业的发展，根据《上海市市容环境卫生管理条例》和其他有关法律、法规的规定，结合本市实际，制定本办法。

第二条（适用范围）

本市道路和公共场所清扫保洁服务及其相关的管理活动，适用本办法。

前款所称的道路，具体包括：

（一）城市道路；

（二）经区（县）人民政府认定，在城市化地区内按照城市道路清扫保洁标准进行作业的特定公路路段（以下简称“特定公路路段”）；

（三）未纳入物业管理区域的街巷、里弄内的通道（以下简称“街巷里弄内通道”）；

（四）连接同一行政村内的村民小组与村民小组，供行人或者车辆通行的村内通道（以下简称“村内通道”）。

第三条（管理部门职责）

市绿化市容行政管理部门是本市道路和公共场所清扫保洁服务的主管部门。

区（县）绿化市容行政管理部门按照规定职责，负责所在行政区域内道路和公共场所清扫保洁服务的管理。

第四条（责任主体）

本市道路和公共场所清扫保洁服务的责任人，分别按照下列规定确定：

（一）城市道路、特定公路路段和公共场所，由区（县）绿化市容行政管理部门或者乡（镇）人民政府负责；

（二）街巷里弄内通道，由镇人民政府或者街道办事处负责；

（三）村内通道，由村民委员会负责。

第五条（管理原则）

本市道路和公共场所清扫保洁服务的管理，应当遵循“公平竞争、确保质量、规范服务”的原则。

本市建立清扫保洁作业人员收入正常增长机制。

第六条（发展规划）

市绿化市容行政管理部门应当根据本市市容环境卫生事业发展需要，将本市道路和公共场所清扫保洁服务的发展纳入市容环境卫生专业规划。

第七条（清扫保洁区域等级划分和质量标准要求）

本市道路和公共场所清扫保洁区域按照道路、商业网点和居民区分布、人流量、车流量等因素，划分为四个等级。各等级道路和公共场所清扫保洁区域的具体范围，由市绿化市容行政管理部门组织区（县）绿化市容行政管理部门确定并公布。

各等级道路和公共场所清扫保洁区域的清扫保洁质量应当符合对应等级的清扫保洁质量标准要求。本市道路和公共场所清扫保洁质量标准，由市质量技监行政管理部门会同市绿化市容行政管理部门制定并公布。

第八条（作业服务单位和清扫保洁队伍的确定）

城市道路、特定公路路段和公共场所清扫保洁作业服务项目的作业服务单位，由区（县）绿化市容行政管理部门或者乡（镇）人民政府通过招标的方式确定。作业服务单位应当具备市绿化市容行政管理部门核发的城市生活垃圾经营性服务许可证。

街巷里弄内通道以及村内通道，由镇人民政府、街道办事处或者村民委员会负责组织清扫保洁队伍或者专人进行清扫保洁。

第九条（资金保障和监管）

城市道路、特定公路路段和公共场所清扫保洁作业服务项目采取政府购买服务方式，所需要的资金应当按照本市环卫作业养护预算定额编制预算，由区（县）或者乡（镇）人民政府财政予以保障。

街巷里弄内通道清扫保洁所需要的资金，由镇人民政府或者街道办事处负责安排。

村内通道清扫保洁所需要的资金，由村民委员会负责筹集。

本市环卫作业养护预算定额，由市绿化市容行政管理部门会同市财政、建设交通等行政管理部门，按照“统一定额、分类指导、差别管理”的原则制定。

道路和公共场所清扫保洁财政资金的使用，应当接受财政、审计部门的监督、检查。

第十条（招标文件）

城市道路、特定公路路段和公共场所清扫保洁作业服务项目的招标文件，应当包括下列主要内容：

（一）清扫保洁作业服务项目名称、区域、期限、作业方式、作业频率、质量标准和付款方式；

（二）与清扫保洁作业服务项目相适应的设施、设备、车辆和场所以及相关管理制度；

（三）与清扫保洁作业服务项目相适应的专业技术人员。

第十一条（作业服务协议）

作业服务单位确定后，区（县）绿化市容行政管理部门或者乡（镇）人民政府应当与中标的作业服务单位签订作业服务协议。

市绿化市容行政管理部门应当制定本市清扫保洁作业服务协议示范文本。

第十二条（作业服务规范要求）

城市道路、特定公路路段和公共场所作业服务单位应当按照确定的作业方式、作业频率进行清扫保洁作业，并遵守下列服务规范：

（一）作业人员统一着装；

（二）作业设施、设备清洁、安全、有效；

（三）车辆的作业噪声符合国家和本市环境噪声标准；

（四）机械清扫保洁作业避开早晚交通高峰时间，减少对道路交通的影响；

（五）作业时无明显扬尘现象；

（六）作业时使用的清洗剂等产品符合有关产品质量标准和环保要求；

（七）及时收集作业产生的垃圾并投入指定的垃圾收集容器，不将其混入废物箱或者居民生活垃圾收集容器中。

街巷里弄内通道以及村内通道的清扫保洁队伍或者专人应当每日定时进行清扫保洁。

第十三条（应急处置）

市、区（县）绿化市容行政管理部门和乡（镇）人民政府应当编制城市道路、特定公路路段和公共场所清扫保洁服务突发事件应急预案，做好在重大活动、恶劣天气等情况下的清扫保洁服务保障工作。

作业服务单位应当根据所在区域清扫保洁服务突发事件应急预案，编制本单位的应急处置具体方案，并向区（县）绿化市容行政管理部门备案。

第十四条（评议）

区（县）绿化市容行政管理部门或者乡（镇）人民政府应当每年组织对作业服务单位的清扫保洁作业服务质量的评议活动，并公布评议结果。评议过程中，应当听取清扫保洁作业服务区域内单位和个人的意见，并作为评议结果的重要依据。

第十五条（社会宣传）

市和区（县）绿化市容行政管理部门、乡（镇）人民政府和街道办事处应当通过多种形式，广泛宣传道路和公共场所清扫保洁的相关知识，增强市民自觉维护市容环境卫生整洁、尊重作业人员劳动、配合清扫保洁作业的意识。

第十六条（投诉处理）

任何单位和个人对作业服务单位或者作业人员损害清扫保洁服务质量的现象，有权向市或者区（县）绿化市容行政管理部门和城管执法部门进行投诉。

市或者区（县）绿化市容行政管理部门和城管执法部门应当自受理投诉之日起 5 日内，将处理意见答复投诉人。

第十七条（违约责任）

违反本办法第十二条第一款或者第十四条规定，作业服务单位未按照要求进行清扫保洁作业或者经评议未达到清扫保洁作业服务质量的，应当按照作业服务协议的约定进行整改；逾期不整改或者经整改后仍不符合整改要求的，作业服务协议予以解除，由此造成的损失由作业服务单位承担。

第十八条（行政处罚）

违反本办法第十二条第一款规定，作业服务单位未遵守服务规范的，由区（县）城管执法部门责令改正，可处以 300 元以上 3000 元以下罚款。

第十九条（行政责任）

违反本办法规定，市、区（县）绿化市容行政管理部门和乡（镇）人民政府以及其他相关行政管理部门及其工作人员有下列行为之一的，由所在单位或者上级主管部门依法对直接负责的主管人员和其他直接责任人员给予行政处分：

（一）违法确定作业服务单位；

（二）不依法处理违法行为，不依法履行道路和公共场所清扫保洁服务管理和监督职责；

（三）无法定依据或者违反法定程序执法；

（四）其他滥用职权、玩忽职守、徇私舞弊的行为。

第二十条（公共设施保洁）

设置在本市道路和公共场所的公共设施，由产权人或者其委托的管理单位负责保洁。保洁质量应当符合本市道路和公共场所清扫保洁质量标准要求。

第二十一条（施行日期）

本办法自2012年7月1日起施行。1999年7月7日上海市人民政府第68号令发布的《上海市道路和公共场所清扫保洁服务管理暂行办法》同时废止。

16. 关于加快推进本市国家机关办公建筑和大型公共建筑能耗监测系统建设的实施意见

（沪府发〔2012〕49号，5月10日）

为加强本市国家机关办公建筑和大型公共建筑节能管理，根据《中华人民共和国节约能源法》、《民用建筑节能条例》、《上海市节约能源条例》、《上海市建筑节能条例》等法律法规，现就加快推进本市国家机关办公建筑和大型公共建筑能耗监测系统建设（以下简称“建筑能耗监测系统”）提出如下实施意见：

一、指导思想

深入贯彻落实科学发展观，加快推进本市节能减排工作，进一步完善建筑节能监管体系，降低既有建筑使用能耗，培育节能服务产业，建设资源节约型、环境友好型社会。

二、工作目标

（一）总体目标

构建“全市统一、分级管理、互联互通”的建筑能耗监测系统，加强建筑节能基础工作，提升本市建筑节能管理水平及用能效率。对单体建筑面积在1万平方米以上的国家机关办公建筑和2万平方米以上的公共建筑（以下简称国家机关办公建筑和大型公共建筑），有计划、有步骤地推进用能分项计量装置的安装及联网，到2015年，建成基本覆盖本市国家机关办公建筑和大型公共建筑的能耗监测系统。

（二）阶段目标

2012年，建成建筑能耗监测市级平台（以下简称“市级平台”）、17个建筑能耗监测区级分平台（以下简称“区级分平台”）和1个市级机关办公建筑能耗分平台（以下简称“市级机关分平台”），实现市级平台与分平台数据自动交换；完成600栋以上既有国家机关办公建筑和大型公共建筑用能分项计量装置的安装及联网（其中新增400栋以上）；

2013年，完成1400栋左右既有国家机关办公建筑和大型公共建筑用能分项计量装置的安装及联网（其中新增800栋左右）；

2014年，本市国家机关办公建筑和大型公共建筑能耗监测基本实现全面覆盖，重点用能建筑的节能管理基本实现数字化。

新建国家机关办公建筑和大型公共建筑，或者既有国家机关办公建筑和大型公共建筑进行节能改造的，建设单位要同步安装与本市能耗监测系统联网的用能分项计量装置，并组织专项验收。验收不合格的，不得办理建筑工程竣工验收备案。

三、基本原则

一是政府推进，多方参与。通过“市、区县联手，共同推进”的运作机制来推进建筑能耗监测系统建设，并充分发挥建筑产权人或使用人（以下称“业主”）、物业服务企业和节能服务企业的作用。

二是全面覆盖，分步实施。力争用两年左右时间，基本实现本市既有国家机关办公建筑和大型公共建筑能耗监测全面覆盖。新建国家机关办公建筑和大型公共建筑同步安装用能分项计量装置并实现与分平台联网。

三是逐层传输，分级管理。能耗监测数据采取由建筑采集终端向分平台、分平台向市级平台逐层递进的传输方式，以保证数据的一致性。

四是各取所需，分级授权。市级平台和分平台在设计时，根据不同用户对象，分别设置相应权限，授予市、区县相关行业主管部门和用能单位查询、统计、分析本领域和本单位建筑能耗数据的权限。

四、系统架构

建筑能耗监测系统按照“1+17+1”的模式构建，包括三个层级、两层平台。

系统层级使用对象应用功能

第一层市级平台市相关部门各行业、各领域建筑能耗综合评价、对标分析、行业监测、定额标示等

第二层

区级分平台区县政府相关部门、

业主、物业服务企业本区建筑能耗统计、能效评估、监测预警等

市级机关

分平台市级机关节能管理部

门、办公建筑使用部

门、物业服务单位市级国家机关办公建筑能耗统计、能效评估、监测预警等

第三层建筑用能分

项计量装置业主、物业服务企业本建筑能耗监测分析、节能诊断、能效评估

“1”即市级平台。市级平台具有对本市国家机关办公建筑和大型公共建筑用能状况的能耗统计、综合评价、对标分析、行业监测、定额标示等功能，负责向市发展改革委和市建设交通委提供全市各领域建筑的用能状况监测和分析；分别向市商务委、市教委、市卫生局、市旅游局、市金融办、市经济信息化委等部门提供分领域建筑的用能状况监测和分析；提供各相关行业主管部门在各自的权限范围内进行建筑能耗数据查询及其他应用功能。同时，满足国家有关部门对大型公共建筑能耗监测的管理要求。

“17”即17个区级分平台。区级分平台具有本区县区级国家机关办公建筑和所在区内大型公共建筑的能耗统计、能效评估、监测预警等功能，负责向区县节能主管部门和相关区级行业主管部门提供本区建筑的用能状况监测和分析；根据业主、物业服务企业需要，提供本建筑用能状况查询、分析等功能。各区县可根据各自需要，扩大建筑能耗监测范围及拓展应用功能。

“1”即市级机关分平台。市级机关分平台具有市级国家机关办公建筑的能耗统计、能效评估、监测预警等功能，负责向市政府机管局提供市级国家机关办公建筑用能状况的实时监测、节能诊断、合同能源管理服务分析；向业主和物业服务企业提供本建筑用能状况查询、节能改造分析等功能。

五、重点工作

（一）市级平台和市级机关分平台建设

1. 责任主体

市级平台的建设，由市建设交通委会同市发展改革委负责。市级机关分平台的建设，由市政府机管局负责。

2. 资金来源

市级平台和市级机关分平台的建设和维护所需资金，由市级财政安排，并积极争取中央财政支持。其中，平台建设费用由市节能减排专项资金等安排，维护费用分别纳入市建设交通委、市政府机管局的部门预算，维护费用标准参照信息化建设项目执行。

3. 推进进度

2012年上半年，市级平台实现与已投入运行的区级分平台及市级机关分平台的数据传输，年内实现与全部分平台的数据传输。2013-2015年，完善市级平台的应用功能，增强对市相关部门节能工作的全面支持和服务。

（二）区级分平台建设

1. 责任主体

区级分平台的建设，由区县政府负责。

2. 资金来源

区级分平台建设和维护所需资金，由区县财政安排。资金列支渠道及维护费用标准，

可参照市级模式。

3. 推进进度

2013–2015 年，17 个区级分平台进一步完善的应用功能。

（三）建筑用能分项计量装置安装及联网工作

1. 推进主体

根据建筑所有权人的性质，明确建筑用能分项计量装置安装及联网工作的推进主体。

市级国家机关办公建筑由市政府机管局负责；其他市属和中央在沪公共机构、中央在沪国有企业所属建筑由相关行业主管部门负责；市属国有企业所属建筑由市国资委会同相关行业主管部门负责；其他建筑（包括区属公共机构、区属国有企业所属建筑，非公有制企业、外商投资企业所属建筑，多个产权人共有建筑等）由区县政府负责，市相关部门配合。

市级国家机关办公建筑用能分项计量装置与市级机关分平台联网；其他建筑用能分项计量装置，按照“在地化”原则，与区级分平台联网。

2. 资金来源

建筑用能分项计量装置安装所需资金，原则上由业主筹措。市级补贴资金适用以下范围：

市级国家机关办公建筑所需资金，在市政府机管局部门预算中安排。中央在沪公共机构、市属其他公共机构所属建筑所需资金，由市节能减排专项资金安排。非公有制企业、外商投资企业所属建筑以及多个产权人共有建筑所需资金，由市节能减排专项资金适当予以支持。其中，对 2012 年完成的，按照每栋建筑 5 万元给予市级补贴；对 2013 年完成的，按照每栋建筑 3 万元给予市级补贴。

区级补贴资金，可由区县政府参照市级模式予以安排。

3. 推进进度

市、区级国家机关办公建筑，市、区级公共机构所属建筑 2012 年完成 50% 左右，2013 年全部完成；国有企业、中央在沪公共机构所属建筑 2012 年完成 40% 左右，2013 年全部完成；非公有制企业、外商投资企业所属建筑以及多个产权人共有建筑 2012 年完成 30% 左右，2013 年力争全部完成。

六、具体要求

（一）加强组织领导。建立由市发展改革委牵头，市建设交通委、市财政局、市国资委、市政府机管局、市质量技监局、市住房保障房屋管理局、市审计局、市经济信息化委、市商务委、市教委、市科委、市卫生局、市旅游局、市交通港口局、市金融办、市文广影视局、市体育局等有关部门参加的部门协调机制，按照职责分工，各司其职，加强协调，共同推进相关工作。建筑能耗监测系统建设推进情况，将作为重要指标，列入相关部门和区县政府节能考核内容。

（二）加强监督管理。有关部门要切实加强建筑能耗监测系统建设的监督管理，确保质量和进度要求。要按照全市总体推进要求，制定本行业和区县具体推进计划和实施方案，报市发展改革委、市建设交通委备案。对分项计量装置验收不合格的，要按照验收意见，责成项目施工单位及时整改，并重新组织验收，确保按照时间进度和质量要求完成分项计量装置安装及联网。

（三）强化宣传培训。有关部门要加大推广建筑用能分项计量装置的宣传力度，推介先进典型案例。市、区县建筑节能主管部门要开展建筑能耗监测系统设计、施工、质量验收的技术培训，提高建筑节能从业人员的技术水平。同时，要通过推广建筑能耗监测系统，逐步形成既有建筑节能改造的需求市场，推动既有建筑节能工作的全面发展。

（四）依法推进节能。建筑业主要依法履行节能义务，加强能源计量管理，按照有关规定，配备和使用经依法检定合格的能源计量器具，建立健全民用建筑节能管理制度和操作规程，对建筑用能系统进行监测、维护。安装建筑用能分项计量装置后，要将分项用能数据传送区级分平台。市和区、县建设部门可通过能源审计等方式，对民用建筑运行能耗情况进行检查，业主或者受委托的物业服务企业要予以配合。

（五）加强资源共享。对已经投入运行的企业、校园、医院等能源管理中心，要充分利用已安装的计量表具，实现与本区分平台联网。对从建筑终端采集的能耗数据，要按照“分级授权”的原则，最大限度地满足相关部门能耗监测、业主或物业服务企业运营管理、节能服务企业节能诊断等多方面的需求。

（六）提高服务水平。市级平台要定期将全市分类建筑能耗数据与区级分平台交换，不得收取任何费用；区级分平台要向已经实现分项计量装置联网的业主免费提供用户名和初始密码或客户端程序，使业主及时了解该建筑的用能状况。

附件：相关部门和区县政府工作任务分解表（略）

17. 关于进一步加强本市保障性安居工程建设和管理的意见

（沪府办发〔2012〕38号，5月17日）

各区、县人民政府，市政府各委、办、局：

为不断完善本市住房保障体系，继续改善民生，按照国务院办公厅《关于保障性安居工程建设和管理的指导意见》（国办发〔2011〕45号）要求，现就进一步加强本市保障性安居工程建设和管理提出以下意见：

一、明确目标任务

（一）提高思想认识。全面推进保障性安居工程建设，建立健全本市廉租住房、共有产权保障住房（即经济适用住房，下同）、公共租赁住房、征收安置住房（即动迁安置房，下同）“四位一体”、租售并举为特征的住房保障体系，是深入贯彻落实科学发展观、切实保障和改善民生的重要内容，是加快转变经济发展方式、加快建设“四个中心”和现代化国际大都市的重要保证，是积极满足城市居民基本住房需要、促进房地产市场健康发展的重要举措。本市各级政府和职能部门要进一步提高思想认识，深刻理解保障性安居工程既是重大民生工程、也是重大发展工程的重大意义，加快解决本市中低收入家庭住房困难，努力完成保障性安居工程的各项任务。

（二）明确基本要求。根据国家要求，结合本市实际，合理确定各类住房保障制度的保障范围、保障方式和保障标准，并加强相互衔接、有机联动。对城镇户籍的低收入住房困难家庭，主要实施廉租住房制度；对城镇户籍的中低收入住房困难家庭，主要实施共有产权保障住房制度；对存在阶段性住房困难的本市青年职工和引进人才、来沪务工人员及其他常住人口，主要实施公共租赁住房制度；结合旧区改造，定向供应征收安置住房，改善旧城区内中低收入住房困难家庭的居住条件。到“十二五”期末，使本市城镇低收入家庭住房困难问题得到基本解决，中低收入家庭住房困难问题得到明显改善，本市青年职工、引进人才和来沪务工人员等常住人口阶段性居住困难得到有效缓解。

（三）完善制度政策，健全体制机制。及时总结经验，建立健全具有上海特点的住房保障体系，进一步完善廉租住房、共有产权保障住房、公共租赁住房和征收安置住房等住房保障基本制度，加强各类住房保障制度、政策的有机衔接，建立优化配置、平衡需求的各类保障性住房房源用途调整机制；

进一步细化相关管理办法、操作方法和配套政策，逐步形成较完备的法规政策体系；进一步加强住房保障基础管理，综合运用信息化手段，建立长效运行的住房保障管理体制和工作机制，实现住房保障动态管理。

（四）统筹安排2012年目标任务。“十二五”时期本市保障性安居工程的任务目标，是经济和社会发展的约束性指标。各区（县）要按照任务目标，自下而上，按需申报，编制本区域保障性住房建设规划，将任务分解到年。2012年是落实“十二五”规划目标的关键一年，本市将继续加强保障性住房的建设，努力扩大供应范围，以公共租赁住房、廉租住房实物配租为重点，全面推进“四位一体”住房保障工作深入发展。2012年全市保障性安居工程建设任务为：新开工建设筹措各类保障性住房17.08万套，竣工9万套，达到供应要求11.4万套；由市住房保障领导小组、市旧区改造工作领导小组将全市任务分解到各区（县），并签订目标责任书。各区（县）政府要按照要求，鼓足干劲，勇于创新，精心组织，狠抓落实，确保各项任务顺利完成。对“十二五”后三年目标任务，按照中央的统一部署和本市的实际需求，结合《上海市住房发展“十二五”规划》和《上海市旧区改造“十二五”发展规划》，适时适度优化完善。

二、大力推进保障性安居工程建设

（一）重点发展公共租赁住房。根据公共租赁住房保障对象的实际需求，结合市场化租赁住房的发展趋势，统筹规划、突出重点、合理布局，编制全市和各区（县）公共租赁住房发展规划。中心城区要突出面向社会供应的公共租赁住房；郊区特别是来沪务工人员集中的产业园区、经济园区要积极发展面向企事业单位的公共租赁住房（单位租赁房）；引进人才聚集的区域要合理安排一批定向供应的公共租赁住房（人才公寓）。要坚持政府引导、社会参与、市场运作的方式，推动公共租赁住房成规模、可持续发展。要通过多种渠道、多种机制，加快建设和筹措房源，在供应试点的基础上，及时扩大供应规模，体现公共租赁住房制度安排的实际成效。

要聚焦公共租赁住房建设投入、经租运营中的突出问题，加强政府投入和政策扶持，千方百计降低建设和运营成本，推进市场化运作。公共租赁住房项目可采取划拨、出让等方式供应土地，并事先规定建设要求、套型结构等，作为土地供应的前置条件。公共租赁住房项目规划建设配套商业服务设施的面积比例可适当增加，统一经营管理，努力实现资金平衡。公共租赁住房的套型面积应符合国家和本市的建筑设计规范要求，以小户型为主，满足基本居住需要。要进一步细化公共租赁住房配套政策，完善市场运作机制，坚持“谁投资、谁所有”的原则，积极探索公共租赁住房投资回收机制，鼓励社会机构投资和经营公共租赁住房。

（二）扩大廉租住房实物配租。合理放宽廉租住房准入条件，实行“应保尽保”；进一步扩大实物配租范围，着力提高实物配租比例；加大力度，通过新建、配建、改建、收购、包租转租等各种方式，积极筹措适用、适配的廉租住房，及时投入供应，满足实物配租需要；探索建立廉租住房实物配租与公共租赁住房、共有产权保障住房的衔接机制，逐步实现廉租住房与公共租赁住房统筹建设、统一经租、并轨运行，完善房源和产权管理。

（三）积极发展共有产权保障住房。按照共有产权保障住房的准入标准，及时保证房源供应，扩大政策受益面。开展申请审核工作，保证分配过程公开透明、分配结果公平公正。坚持实行“共有产权”运作机制，合理设定住房销售价格以及政府和购房人的产权份额；共有产权保障住房按照规定上市转让的，属于政府产权份额的收入应全部用于住房保障，严格管理、规范使用。

（四）保证征收安置住房建设供应。根据社会经济发展和城市建设需要，加快建设和供应就近安置住房和异地安置住房，满足房屋被征收居民的不同需求。依托大型居住社区选址规划，集中建设一批征收安置住房，着重解决中心城区征收安置房源紧缺的矛盾。此外，在南汇新城地区，开展特定供应区域、特定供应对象、限定销售价格、限制交易转让的限价商品住房建设和供应，解决特定地区企事业职工、引进人才的住房困难。

（五）加快推进旧区改造。旧区改造作为改善广大市民群众住房条件的重要渠道和方式，是一项重要的住房保障工作。要认真落实《国有土地上房屋征收和补偿条例》，以及市政府办公厅《加快推进本市“十二五”旧区改造若干问题的意见》（沪府办发〔2012〕26号）和市政府办公厅转发的市建设交通委、市住房保障房屋管理局《关于推进郊区城镇棚户简屋改造的试行意见》（沪府办发〔2011〕28号），完善各项配套政策，加快推进中心城区成片二级旧里以下房屋改造，启动和推进郊区城镇棚户简屋改造、“城中村”改造和国有农场职工危旧房改造等。要坚持“政府主导、市场运作，以人为本、依法征收”，充分尊重群众意愿，做到“过程全公开，结果全透明”，鼓励社会各方参与，加强监督和管理，维护群众合法权益。

（六）推进农村危旧房改造。在开展新一轮农村低收入户危旧房调查的基础上，根据国家保障性安居工程关于农村危旧房改造的要求，结合本市实际情况，合理扩大规模，完善操作程序，出台支持政策，加强监督管理，重点帮助住房最危险、经济最贫困的家庭和残疾人解决基本住房安全问题。同时，建立和完善农村危旧房改造农户档案管理信息系统。

三、全面落实各项支持政策

（一）确保用地供应。依据住房保障规划和保障性安居工程年度建设任务，科学编制土地供应计划，保障性住房的新增建设用地指标，实行计划单列，重点保证。在符合规划的情况下，对储备土地和收回使用权的国有土地优先安排用于保障性住房建设。要提前搞好保障性住房项目储备并落实到具体地块。鼓励企业利用存量土地建设保障性住房，按照规划要求，对具备独立开发条件的“退二进三”地块，实施配套开发建设保障性住房和经营性房地产项目。区（县）政府要在充分尊重农民意愿的基础上，积极开展利用农村集体建设用地建设租赁住房试点，鼓励由镇村集体经济组织作为投资建设主体，保障集体经济组织成员的稳定长效收益，及时总结试点经验，有序推动面上发展。严格保障性住房建设用地用途管理，未经市、区（县）政府批准同意，不得擅自改变土地用途；对擅自改变土地用途的单位或个人，依法从严处理。

（二）增加政府投入。继续加大市、区（县）两级财政性资金投入力度，确保区（县）公共租赁住房运营机构的资本金足额及时到位，并按照规定，对公共租赁住房运营机构的建设运营给予支持。住房公积金增值收益在提取贷款风险准备金和管理费用后，全部用于廉租住房和公共租赁住房建设、筹措。市、区（县）的土地出让净收益用于保障性住房的比例应不低于10%，在确保完成当年廉租住房和公共租赁住房任务的前提下，可用于旧区改造，并及时安排使用。中央代发的地方政府债券资金应优先安排用于公共租赁住房等保障性安居工程建设。采取划拨方式供地的共有产权保障住房项目，可按照约定期限，支付土地费用并以项目销售款清缴。公共租赁住房项目还贷期间，经营收入按照“收支两条线”规定应上缴国库的，上缴后应及时用于偿还贷款。

（三）严格执行配建政策。严格执行市

政府批转市住房保障房屋管理局等五部门制订的《上海市经济适用住房配建暂行意见》（沪府〔2010〕46号），认真落实在新出让商品住宅用地项目中按照不低于5%的比例配建保障性住房的要求，凡未配建或少配建的项目，一律不得办理土地使用权出让手续；配建的房源及按照规定转化的资金应优先用于租赁型保障住房。要对相关政策执行情况进行专项检查，对违规行为追究相关人员责任。

（四）加大信贷支持力度。在加强管理、防范风险的基础上，本地银行业金融机构要带头支持保障性住房的信贷融资，鼓励以银团贷款形式发放贷款，特别是对符合信贷条件的公共租赁住房项目予以重点支持；努力扩大住房公积金结余资金贷款支持保障性安居工程的试点范围，突出支持公共租赁住房建设。组建地产集团公共租赁住房运营机构，作为市政府融资平台公司，按照规定向银行业金融机构借款；区（县）政府成立的公共租赁住房运营机构实行市场化运作，按照规定直接向各商业银行借款。采取划拨土地使用权抵押以及后续在建工程抵押、商业配套设施等补缴土地出让金后上市等措施，满足公共租赁住房项目开发建设贷款的风险抵补和本息偿还要求。探索保障性住房建设贷款“四证齐全”审批放贷的简化手续，积极开展试点工作。积极推进保障性安居工程项目名单式管理等方式，推动商业银行落实信贷支持。

（五）开拓创新融资渠道。积极支持政府融资平台公司或房地产开发企业发行企业债券或中期票据，专项用于保障性安居工程建设。积极开展利用企业年金基金投资公共租赁住房债权融资产品的试点工作。积极开拓利用保险资金、社会资金投融资保障性住房项目的渠道。

（六）落实税费减免政策。对用于旧区改造的征收安置住房、配建的保障性住房以及企事业单位、社会团体和其他组织转让旧房作为保障性住房的，按照规定给予享受税收优惠。税务、住房保障等部门要加强合作、共享信息，确保各项保障性住房税收优惠政策的落实。

四、提高工程项目的规划、建设、配套水平

（一）优化规划设计。要根据城乡总体规划和土地利用总体规划，结合旧区改造、新城和新市镇建设，合理选址，统筹安排保障性住房建设项目和大型居住社区，提高土地节约集约利用水平。要继续优化保障性住房项目的规划和建筑设计，按照“以人为本、可持续发展、紧凑合理”的要求，完善相关设计标准、规范和导则；在增加小户型住房比例、控制套型建筑面积的同时，科学利用空间，不断提高小户型住房的设计水平，有效满足基本居住需要，并积极促进住宅产业化发展。

（二）强化工程质量管理责任。坚持建设单位对工程质量负总责的制度，明确其法定代表人和项目负责人为工程质量的第一责任人和直接责任人。坚持设计单位对工程设计质量负责的制度，设计人员应当认真执行保障性住房的建设标准、设计导则，对建筑物容易产生质量通病的部位，实施优化及细化设计。建立健全施工现场质量保证体系，明确施工单位项目经理为施工质量第一责任人，实行质量责任承诺和公示制度。严格执行工程监理费按照基准费率上浮20%计费的规定，强化总监理工程师负责制，确保监理机构的人员和组织形式满足工程监理实际需要。实行保障性安居工程的全过程监督检查，对进入施工现场的材料、构配件、半成品、设备以及工程实体的质量实行企业自检、监理平行检验和政府监督抽检；探索建立居民代表对工程建设各个阶段的跟踪与监督机制；建设部门应当对检查中发现的违法违规等行为及时查处，并依法向社会公开。健全企业诚信体系建设，加大失信惩戒力度，对参建各单位的关键岗位人员实行记分处罚制度，实行动态考核；将违法违规或发生质量安全事故的建设工程企业、建材企业和建设单位列入不良信用名单，并按照规定纳入本市社会信用联合征信系统，供有关社会主体依法查询使用。在保障性安居工程项目中，认真贯彻执行《建筑工程施工质量评价标准》（GB/T50375—2006），建立激励示范引领机制；加强分户验收工作，试行由第三方实施分户验收抽检的方法，开展“投诉不出小区”活动，实行质量投诉追查制度。

（三）提高配套建设水平。对成规模建设保障性住房的大型居住社区，按照“规划优先、同步配套、以人为本、确保基本需求”和“区（县）为主，市区（县）联手”的原则，抓好保障性住房基地的市政公建配套设施建设，并按照《住宅建筑通信配套工程技术规范》，加大信息基础设施建设推进力度，加快完善公交出行系统，引进优质教育和卫生资源，完善银行、邮政、文体、商业等必备生活业态。各相关单位应承担起社会责任，从长远发展着眼，尽早投入并尽快启用各项配套设施，努力提升配套服务水平。同步推进大型居住社区外围道路、供排水、公交枢纽等市政设施建设，满足保障性住房竣工交付需要。

五、加强住房保障工作的基础管理

（一）规范准入机制。严格实行保障性住房准入制度，坚持公开公平、阳光操作，完善住房保障申请、审核、公示、轮候、供应等工作程序。坚持申请对象如实申报、审核机构据实核查、社会公众参与监督的申请准入机制，进一步健全申请对象身份、住房、收入、财产等信息比对系统，不断提高审核质量与效率。对以虚假资料骗购、骗租保障性住房的，一经查实应立即纠正，并取消其在5年内申请保障性住房的资格。建立住房保障诚信档案，与本市社会诚信体系相衔接，完善失信惩戒制度。

（二）严格租售管理。保障性住房要明确使用要求和违规使用的处理办法，并在租赁、出售合同中予以约定。制定公共租赁住房、廉租住房的租赁合同示范文本，实行租赁合同登记备案。公共租赁住房租赁期限一般为2~6年；共有产权保障住房、征收安置住房等出售型保障性住房在规定年限内，不得上市交易；对中介机构违规代理出租、出售保障性住房的，依法给予处罚。完善共有产权保障住房上市交易收入分配的操作办法，建立住房保障机构回购住房的运作机制。探索创新保障性住房小区管理模式，发挥住户自我管理作用，建立住房保障机构、物业服务机构和社区基层组织综合服务管理机制。

（三）健全退出管理。综合运用行政、经济、司法等各种手段，并充分发挥社会监督作用，对不再符合住房保障条件的对象，建立有效的退出机制。廉租住房、公共租赁住房承租人不再符合相关住房保障条件的，要在规定期限内腾退，逾期不腾退的，可按高于市场价格收缴租金；共有产权保障住房购房人通过购置、继承、受赠等方式获得其他住房的，应按照规定退出共有产权保障住房。对拒不服从退出管理的，可以依照规定或合同约定，申请法院强制执行。

（四）加强住房保障工作机构和队伍建设。根据全面构建、持续发展住房保障体系的要求，建立健全本市住房保障的长效工作机制和管理体制。市和区（县）政府将进一步加强住房保障领导小组统一指挥、综合协调、监督检查的作用。区（县）政府要完善住房保障管理机构职能，加强住房保障实施机构的建设，充分发挥街道（乡镇）住房保障工作部门的作用。要充实工作人员，保证队伍稳定性；落实工作经费，配备必要设备设施；加强工作人员培训，强化思想素质和职业道德，提高政策和业务能力。

（五）建立健全信息管理系统。市有关部门要按照政府信息公开的相关规定，向社会公布年度保障性安居工程建设计划、项目开工和竣工情况。项目开工和竣工情况应包括项目名称、建设地址、建设方式和建设总套数等，通过政府信息发布平台和项目所在地等渠道，公开相关信息，接受社会监督。要充分运用现代化科技手段，完善住房保障信息化管理方式，充分利用已有住房信息管理系统资源，建立完善住房信息化管理和服务网络，优化信息采集体系，强化信息核验、比对和综合应用的功能，对保障性住房建设、房源供应、申请审核、轮候排序、配租配售、日常使用、违规查处等各项工作实施全过程、动态化信息监测和管理，更好地体现服务工作、服务决策、服务社会的作用。

六、落实政府责任，完善工作机制

（一）建立目标责任制。市政府通过确立规划和制定计划、协调资源和资金等方式，推动和支持区（县）政府落实住房保障各项任务。区（县）政府是本地区实施住房保障的责任主体，负责保障性住房的建设和供应、住房保障对象的申请审核、轮候供应和租后售后管理等各项工作。市政府实行住房保障工作目标责任制管理，将有关工作任务纳入对区（县）政府的政绩考核之中。各级政府要将住房保障工作任务完成情况向同级人大报告。

（二）落实工作责任。市有关部门要按照各自职能和市政府工作安排，分工协作、密切配合，切实推进住房保障各项任务完成。市住房保障房屋管理部门要建立和完善各类保障性住房制度政策，编制保障性安居工程建设规划和分年度实施计划并组织实施。市发展改革部门要将保障性安居工程列入本市国民经济和社会发展中长期规划和年度计划中，并积极支持有关企业发行保障性住房建设债券。市建设部门要确定本市旧区改造、农村危旧房改造的年度计划和具体任务，制订征收安置住房房源供应计划和有关分配方案；加强保障性安居工程质量和施工安全监管；综合协调大型居住社区优质资源引进，组织推进外围市政配套设施建设，采取有效措施提高保障性安居工程建设水平。市规划国土资源部门要加快保障性住房的规划选址和土地储备，保证建设项目的土地供应，完善公共租赁住房项目市场化运作的规划和土地等支持政策，落实在商品住房项目中配建保障性住房、利用农村集体建设用地发展租赁住房等各项工作。市财政部门要严格按照规定的资金来源渠道，落实保障性安居工程的政府资金投入，落实政府投资的公共租赁住房项目在市场化运作方式下财政管理支持的方法，并加强资金监督管理。市税务部门要细化落实保障性住房建设、运营和旧区改造项目享受税收优惠政策的相关措施。市金融管理部门要积极开展保障性住房和旧区改造项目的投融资创新工作，切实推动各商业银行加大信贷规模、发行中期票据、创设金融产品等支持力度，指导利用企业年金基金、各类保险资金和社会资金支持发展公共租赁住房。市民政部门要进一步健全住房保障申请对象的经济状况信息核对系统，不断完善经济状况核对工作，提高核对的有效性和及时性。市人事劳动部门要积极支持和指导各区（县）加强住房保障机构和队伍建设的工作。市公安、卫生、教育、绿化市容、经济信息化等部门要按照各自职责，落实保障性住房日常管理和服务方面的相关工作。

（三）完善工作机制。各区（县）政府和相关职能部门要加强对保障性安居工程建设的监督检查，齐心协力、互相配合、用好政策，确保完成各项工作任务。要进一步优化和规范保障性住房建设项目审批程序，通过各相关行政审批部门联合会审、绿色通道等方式，创新审批机制，简化办事手续，缩短项目审批周期；进一步加大资金筹措力度，规范监督管理，保证资金专款专用。市政府将建立区（县）住房保障工作考核评价制度和工作机制。市住房保障领导小组和市旧区改造工作领导小组每年要组织定期检查和年终考核，对检查和考核情况要分析评价后报市委、市政府，并将各区（县）考核评价情况适当向社会公布；建立约谈和问责机制，对资金和用地不落实、政策措施不到位、工作进度缓慢的区（县）政府负责人进行约谈。对没有完成年度目标任务的区（县），市监察、住房保障房屋管理、城乡建设等部门要视情予以公开通报，并对其政府负责人进行问责。对在保障性安居工程建设、分配和管理过程中滥用职权、玩忽职守、徇私舞弊、失职渎职的政府及其相关职能部门工作人员，要依法依纪追究责任；涉嫌犯罪的，移送司法机关处理。

本意见的具体应用问题，由市住房保障房屋管理局、市发展改革委、市建设交通委、市规划国土资源局、市财政局等部门按照各自职责负责解释。

本意见自印发之日起施行，有效期至2017年3月31日。

18. 上海市水文管理办法

（2012年5月24日上海市人民政府令第84号公布）

第一章 总则

第一条（目的和依据）

为了加强本市水文管理，规范水文工作，为开发、利用、节约、保护水资源和防灾减灾服务，促进经济社会的可持续发展，根据《中华人民共和国水文条例》，结合本市实际，制定本办法。

第二条（适用范围）

本办法适用于本市行政区域内水文站网规划与建设，水文监测与预报，水文监测资料汇交、保管与使用，水资源调查评价，水文设施与水文监测环境的保护等活动。

国务院水行政主管部门在国家确定的重要江河、湖泊设立的流域管理机构（以下简称流域管理机构）在本市行政区域内的水文活动，按照国家有关规定执行。

第三条（管理部门）

上海市水务局（以下简称市水务局）主管本市行政区域内的水文工作，其所属的上海市水文总站（以下简称市水文总站）具体负责组织实施管理工作。市水务局可以委托上海市水务行政执法总队实施水文管理法律、法规和规章规定的行政处罚。

浦东新区和闵行、宝山、嘉定、奉贤、松江、金山、青浦、崇明等区县（以下统称相关区县）水行政主管部门按照其职责权限，负责本行政区域内的水文工作，其所属的水文机构（以下统称相关区县水文机构）可以接受市水文总站的委托实施具体水文管理工作。

本市发展改革、规划国土、环保、交通港口、海事、气象、公安等行政管理部门以及防汛指挥机构在各自职责范围内，协同实施本办法。

第四条（领导和保障）

市和相关区县人民政府应当加强对水文工作的领导，采取积极措施，加快水文现代化建设，保障水文事业与经济社会协调发展。水文事业所需经费应当纳入财政预算，由同级财政予以保障。

第二章 水文规划与站网建设

第五条（水文事业发展规划）

市和相关区县人民政府应当将水文事业纳入本级国民经济和社会发展规划。

市水务局应当根据全国水文事业发展规划、流域水文事业发展规划、本市国民经济和社会发展规划，组织编制本市水文事业发展规划，在征求市政府有关行政管理部门意见后，报市人民政府批准实施，并报国务院水行政主管部门备案。

相关区县水行政主管部门应当根据本市水文事业发展规划和经济社会发展需要，组织编制本行政区域水文事业发展规划，报本级人民政府批准实施，并报市水务局备案。

第六条（水文站网规划与建设）

水文站网建设实行统一规划。市水务局应当会同市发展改革部门，根据国家水文站网规划和本市水文事业发展规划，按照统筹兼顾、远近结合、布局合理、资源共享、防止重复的原则，组织编制本市水文站网规划，经市规划国土部门综合平衡并报市政府批准后，纳入相应的城乡规划。

组织编制本市水文站网规划过程中，应当征求环保、交通港口、海事、气象等行政管理部门意见，并经流域管理机构审核。

因经济发展需要或者江河湖库的变化情况，需要对水文站网规划作出调整的，应当按照前款规定程序报批。

本市统一规划的水文站网的建设应当纳入固定资产投资年度计划，市水务局和相关区县水行政主管部门、市水文总站和相关区县水文机构（以下统称水文机构）应当按照国家固定资产投资项目建设程序组织实施。

新建、改建、扩建水利工程需要配套建设或者更新改造水文站网的，应当将所需经费纳入工程建设概算。

第七条（水文测站的分类分级）

水文测站实行分类分级管理。

本市水文测站分为国家基本水文测站和专用水文测站。

国家基本水文测站分为国家重要水文测站和一般水文测站。

市水务局可以根据实际情况，在一般水文测站中确定本市行政区域内的市级重要水文测站。

第八条（国家基本水文测站的设立和调整）

国家重要水文测站的设立和调整，由市水务局根据本市水文站网规划提出，报国务院水行政主管部门直属水文机构批准。一般水文测站的设立和调整，由市水文总站根据本市水文站网规划提出，经市水务局批准后，报国务院水行政主管部门直属水文机构备案。

第九条（专用水文测站的设立）

专用水文测站的设立，应当按照国家有关规定报市水文总站批准。其中，因交通、航运、环境保护等行政管理需要设立专用水文测站的，由有关行政管理部门批准，有关行政管理部门应当在批准前征求市水文总站的意见。

第十条（专用水文测站的设立条件）

设立专用水文测站，应当具备下列条件：

（一）国家基本水文测站监测数据不能满足其特定需求；

（二）符合相应的水文监测技术标准和规范。

第十一条（专用水文测站设立申请和受理）

申请设立专用水文测站的，应当向市水文总站提出申请，并提交下列材料：

（一）申请书；

（二）设立专用水文测站的勘测报告。

对申请材料齐全、符合法定形式、属于受理范围的，应当予以受理；对提交的材料不完备或者材料不符合规定的，应当当场或者在3个工作日内一次告知申请人补正。逾期不告知的，自收到申请材料之日起即为受理。

第十二条（专用水文测站设立审批）

市水文总站受理设立专用水文测站申请后，应当对申请材料进行审查，并自受理申请之日起15个工作日内决定是否批准。决定批准的，应当签发设立专用水文测站批准文件；不予批准的，应当书面告知申请人理由。因特殊原因在15个工作日内不能作出决定的，经市水文总站负责人批准，可以延长10个工作日，并应当将延长期限的理由告知申请人。

第十三条（特定部门专用水文测站的审批程序）

因交通、航运、环境保护等行政管理需要设立专用水文测站，有关行政管理部门征求市水文总站意见的，市水文总站应当自收到材料之日起10个工作日内提出意见。

交通港口、海事、环保等有关行政管理部门作出批准设立专用水文测站决定的，应当自批准之日起10个工作日内抄告市水文总站。

第十四条（专用水文测站的建设和运行）

专用水文测站由设立单位自行建设和运行，也可以委托水文机构建设和运行。

第十五条（专用水文测站的撤销）

需要撤销专用水文测站的，应当在撤销前30日提前告知市水文总站，征求市水文总站的意见。市水文总站认为确需保留的，可以与该专用水文测站的设立单位协商一致，予以接管。

第三章 水文监测与预报

第十六条（水文监测的内容及要求）

本市水文监测包括通过本市水文站网对江河、湖泊、渠道、水库的水位、流量、水质、水温、泥沙、水下地形和地下水资源，以及降水量、蒸发量、墒情、风暴潮等的监测、分析和计算。

从事水文监测活动的单位或者个人，应当遵守国家水文技术规范，保证监测质量，不得伪造水文监测资料。

国家基本水文测站不得擅自中止水文监测。因客观原因无法开展监测活动的，应当及时向水文机构报告。水文机构应当立即采取有效措施，保证监测活动连续进行。经采取措施无效，市水文总站认为确需中止监测的，对属于国家一般水文测站的，应当报市水务局批准；对属于国家重要水文测站的，应当报经市水务局同意后，报请国务院水行政主管部门直属水文机构批准。

第十七条（水量水质动态监测）

水文机构应当保持水文监测工作的连续性，加强水资源的动态监测工作，重点强化对水功能区、城乡饮用水水源地、重要取水口和入河排污口的水量、水质状况的动态监测和评价，定期编制水功能区及饮用水水源地水质、水量监测情况报告，并报送同级人民政府水行政主管部门。

第十八条（应急监测与预案）

水文机构应当建立健全突发性水量变化或者水体污染事件应急监测体制，编制应急监测预案。

发现水质变化，可能发生突发性水体污染事件的，或者发现水量变化，可能危及防汛、用水安全的，水文机构应当启动应急监测预案，进行跟踪监测和调查，并及时将监测、调查情况报告同级人民政府水行政主管部门、环保、海事以及其他相关行政管理部门。

第十九条（委托监测）

水文机构可以通过购买服务的方式委托其他单位或者个人承担水文监测业务。接受委托的单位或者个人应当按照委托要求从事水文监测活动。

前款规定的委托项目属于政府采购范围的，应当按照国家和本市有关规定执行。

第二十条（水文情报预报的报送）

相关区县水文机构应当将江河、湖泊、渠道、水库和其他水体的水文要素实时情况等水文情报，及时、准确地向市和区县人民政府防汛指挥机构、相关区县水行政主管部门以及市水文总站报告，不得漏报、迟报、错报、瞒报。

承担水文预报任务的水文机构，应当根据水文情报，及时制作未来情况的预告，向同级人民政府防汛指挥机构和水行政主管部门报告。

承担向国务院水行政主管部门直属水文机构或者流域管理机构报送水文情报预报任务的水文测站和水文机构，应当按照国家有关规定报送。

水文机构为制作水文预报需要使用专用水文测站相关水文情报的，专用水文测站的设立单位应当予以配合。

第二十一条（水文情报预报发布制度）

本市水文情报预报由市人民政府防汛指挥机构、市水务局或者市水文总站按照规定权限向社会统一发布。

日常水文情报预报由市水文总站向社会发布，市水务局应当根据水文预报，向社会发布相应警示；汛期内与防汛有关的水文情报预报，由市人民政府防汛指挥机构向社会发布。

禁止任何其他单位和个人向社会发布水文情报预报。

广播、电视、报纸和网络等新闻媒体，应当按照国家有关规定和防汛抗旱要求，及时播发、刊登水文情报预报，并标明发布机构和发布时间。

第四章 水文监测资料汇交、保管与使用

第二十二条（水文监测资料汇交）

本市水文监测资料实行统一汇交制度。

市水文总站负责本市水文监测资料的汇交管理工作。

相关区县水文机构应当按照国家水文技术标准，对其管理的水文测站的原始水文监测资料进行整编，并于每年3月底前，向市水文总站汇交其上一年度的水文监测资料。

专用水文测站的设立单位，以及其他从事地表水和地下水资源、水量、水质等水文监测活动的单位（以下统称其他水文监测单位），应当按照资料管理权限，于每年3月底前，向市水文总站汇交其上一年度的水文监测资料。

第二十三条（水文监测资料的复审与保存）

市水文总站应当对汇交的水文监测资料进行复审，保证汇交资料的完整、可靠、一致。

市水文总站应当按照国家有关规定将复审后形成的整编成果汇交至国务院水行政主管部门指定的流域管理机构。

市水文总站应当建立水文监测资料档案，妥善存储和保管原始水文监测资料和整编成果，并采取异地备份等有效措施保证其完整和安全。

第二十四条（成果汇编）

市水文总站应当加强对整编成果的分析研究，为政府决策、经济社会发展和社会公众提供服务。

市水文总站应当根据国民经济和社会发展需要，按照国家水文技术标准对整编成果进行汇编，并定期予以刊印。汇交水文监测资料的专用水文测站设立单位和其他水文监测单位需要汇编成果的，市水文总站应当提供。

第二十五条（水文监测资料的公开）

对除涉及国家秘密以外的水文监测资料，市水文总站应当依法公开。市水文总站应当编制和公布公开目录，方便公众查询。

水文监测资料属于国家秘密的，对其密级的确定、变更、解密以及对资料的使用、管理，依照国家有关规定执行。

第二十六条（水文监测资料的使用）

本市在编制各类重要的综合规划、专项规划以及开展水资源管理或者开展重大建设工程可行性研究中使用的水文监测资料，应当经国务院水行政主管部门直属水文机构、流域管理机构或者市水文总站审查，确保其完整、可靠、一致。

第二十七条（水文监测资料和成果的无偿提供）

国家机关决策和防灾减灾、国防建设、公共安全、环境保护等公益事业需要使用水文监测资料和成果的，可以向市水文总站提出，经市水文总站确认后无偿提供。

第二十八条（水文监测资料审查申请和受理）

从国务院水行政主管部门直属水文机构、流域管理机构、市水文总站或者相关区县水文机构以外途径获得的水文监测资料需要向市水文总站申请审查的，应当提供下列材料：

（一）水文监测资料审查申请表；

（二）申请人法定身份证明材料；

（三）申请人所使用的水文监测资料及来源。

市水文总站应当自受理申请之日起15个工作日内作出书面审查结论。

第二十九条（水文有偿服务）

公民、法人或者其他组织因经营性活动需要水文机构提供水文专项咨询服务的，当事人双方应当签订有偿服务合同，明确双方的权利和义务。

前款规定咨询服务产生的收支应当按照国家有关规定纳入预算管理。

第三十条（资料共享制度）

市水文总站应当与环保、交通港口、海事、气象等行政管理部门加强行政沟通，建立水文监测资料及相关业务资料共享制度，签订共享协议，明确资料共享各方的权利和义务。

第五章 水文、水资源调查评价

第三十一条（调查评价内容）

本市水文、水资源调查评价包括对地表水、地下水的水量与水质等项目的监测、水文调查、水文测量、水能勘测，水文水资源情报预报，水文测报系统工程的设计与实施，水文分析与计算以及对地表水、地下水的水资源调查和对水量水质的评价等专业活动。

第三十二条（调查评价要求）

开展水文、水资源调查，应当按照国家和本市的相关规定以及技术标准，通过区域普查、典型调查、临时测试及分析估算等途径，收集与水资源数量、质量和开发利用情况评价有关的基础资料。

开展水文、水资源评价，应当根据客观、科学、系统的原则，对水资源调查基础资料进行定量计算，分析水资源的供需关系，并预测其变化趋势。

第三十三条（调查评价的组织）

市水务局和相关区县水行政主管部门应当根据本市经济社会发展的需要，会同有关部门组织开展水文、水资源调查评价工作。

相关区县行政区域内的水文、水资源调查评价工作，由相关区县水行政主管部门负责组织；跨区县、全市性的水文、水资源调查评价工作，由市水务局负责组织。

市水务局和相关区县水行政主管部门可以将水文、水资源调查评价工作委托给具有相应资质的水文、水资源调查评价单位承担。

第三十四条（成果审定与公布）

对受托开展水文、水资源调查评价单位出具的水文、水资源调查评价结果，市水务局或者相关区县水行政主管部门应当会同有关部门进行审定。

市水务局或者相关区县水行政主管部门应当将审定后的水文、水资源调查评价结果编入水资源公报，并定期向社会发布。

第三十五条（其他单位和个人开展调查评价的备案管理）

公民、法人或者其他组织需要开展水文、水资源调查评价的，应当委托具有相应资质的水文、水资源调查评价单位承担。

接受委托的单位应当在委托合同签订之后，正式履行合同之前，向市水务局或者相关区县水行政主管部门备案相关委托事项。市水务局或者相关区县水行政主管部门应当给予行政指导，加强行政监管。

第六章 水文监测设施与监测环境保护

第三十六条（保护义务）

任何单位和个人不得侵占、毁坏、擅自移动或者擅自使用水文监测设施，不得干扰水文监测。

任何单位和个人发现损害水文监测设施和监测环境的行为，有权向水行政主管部门或者水文机构举报。接到举报的水行政主管部门和水文机构应当及时调查处理，经调查属实的，可以对举报单位或者个人予以适当奖励。

第三十七条（国家基本水文测站的迁移）

未经批准，任何单位和个人不得迁移国家基本水文测站。因重大工程建设确需迁移的，建设单位应当在建设项目立项前向市水务局提出申请，由市水务局批准或者转报国务院水行政主管部门直属水文机构批准。水文测站迁移所需费用由建设单位承担。

市水文总站应当对迁移测站的地点、位置、监测环境、测站功能等情况进行论证，并根据论证结果确定迁移位置。

迁移国家基本水文测站的，水文机构应当采取措施，保证水文监测工作在迁移期间正常开展。

第三十八条（国家基本水文测站的改建）

在国家基本水文测站上下游建设影响水文监测的工程，建设单位应当采取相应措施，在征得对该站有管理权限的水行政主管部门同意后方可建设。

水文机构发现在国家基本水文测站上下游建设影响水文监测的工程的，应当向同级水行政主管部门报告。收到报告的水行政主管部门应当责令建设单位采取相应措施，补办有关手续，保证工程期间水文监测正常进行。

因工程建设致使水文测站改建的，其费用由建设单位承担。

第三十九条（监测环境保护范围和标志）

水文监测环境保护范围应当按照国家有关规定，因地制宜地划定。

本市水文站网规划应当明确水文监测环境保护范围。

区县人民政府应当根据本市水文站网规划，划定水文监测环境保护范围，并在保护范围边界设立地面标志，具体工作由市水务局和相关区县水行政主管部门执行。

任何单位和个人不得违反国家规定，在水文监测环境保护范围内从事对水文监测有影响的活动。

第四十条（监测保护）

需要占用通航河道或者桥梁进行水文监测作业的，应当征得公安、交通港口、海事等相关行政管理部门同意。水文监测作业时应当设置警示标志，过往车辆、船只等交通工具应当予以配合，公安、交通港口、海事等相关行政管理部门应当予以协助。

第七章 法律责任

第四十一条（已有规定行为的处罚）

对违反本办法的行为，法律、法规、规章已有处罚规定的，从其规定。

第四十二条（违反备案规定的处罚）

违反本办法第三十五条第二款规定，接受委托的单位未备案相关委托事项的，由市水务局或者相关区县水行政主管部门责令限期改正；逾期不改正的，处以5000元以上3万元以下罚款。

第八章 附则

第四十三条（施行日期）

本办法自2012年7月1日起施行。

19. 关于保障性住房房源管理的若干规定（试行）

（沪府发〔2012〕55号，6月8日）

为进一步完善本市“四位一体”的住房保障体系，提高保障性住房使用效率，实现保障性住房供需平衡，根据本市廉租住房、公共租赁住房、共有产权保障住房（即经济适用住房，下同）、征收安置住房（即动迁安置房，下同）政策规定，现就保障性住房房源管理的有关事项规定如下：

一、房源管理原则

（一）合理安排，统筹规划。根据国家总体要求，结合本市保障性住房供应和需求实际以及变化趋势，科学合理地编制保障性住房发展规划、年度计划，建立各类保障性住房的统一建设筹措和房源管理机制，有效实现供需平衡。

（二）规范运作，严格管理。各类保障性住房应按批准的用途和范围使用。确需调整的，应从租、售两方面，构建各类保障性住房用途管理平台，结合实际有序操作，严格对各类保障性住房用途调整特别是租赁型保障性住房调整为出售型保障性住房的管理。

（三）优化配置，保证供应。充分利用保障性住房在土地供应、建设、配套和税收方面的优惠政策，合理控制成本，使有限的公共资源配置发挥最大效用，促进保障性住房建设供应的可持续发展。

二、房源管理范围和要求

保障性住房房源管理范围为征收安置住房、共有产权保障住房（包括配建）、公共租赁住房、廉租住房以及市政府确定的其他保障性住房。上述保障性住房可根据国家任务计划安排等要求和本市供需实际相互调整，但按照《上海市经济适用住房配建暂行意见》规定配建的共有产权保障住房应优先调整为公共租赁住房或廉租住房。

用途需调整的保障性住房已列入年度建设（筹措）计划上报的，计划调整和统计考核按照保障性住房计划和统计的有关规定执行，不得重复计算。保障性住房项目用途调整后，全市各类保障性住房建设和筹措总量必须满足国家下达和本市确定的年度目标要求。

三、房源用途调整方式与价格结算

（一）征收安置住房用途调整为共有产权保障住房的，原房地产开发企业可继续作为开发和销售主体，也可由收购征收安置住房的住房保障机构作为销售主体；共有产权保障住房项目结算价格或收购价格可以征收安置住房建房协议价格为基础进行结算，销售基准价格的确定和结算价与销售基准价之间差额的使用管理按照市发展改革委、市住房保障房屋管理局制订的《上海市经济适用住房价格管理试行办法》（沪发改价督〔2011〕002号）执行；征收安置住房的土地出让金不再另行结算；建设用地取得方式为“划拨”。

（二）征收安置住房用途调整为公共租赁住房或廉租住房的，公共租赁住房投资机构（包括公共租赁住房运营机构、市公积金中心及其他投资机构，以下统称“投资机构”）或区（县）住房保障机构可按照征收安置住房的建房协议价格予以收购；建设用地取得方式为“出让”。

（三）集中新建的共有产权保障住房用途调整为公共租赁住房或廉租住房的，投资机构或区（县）住房保障机构可按照共有产权保障住房项目结算价格予以收购；建设用地取得方式为“划拨”。

（四）集中新建的共有产权保障住房用途调整为征收安置住房的，房地产开发企业仍作为开发和销售主体，征收安置住房的土地出让金应按照有关规定，经市场评估后补缴。征收安置住房的建房价格以共有产权保障住房项目结算价和补缴的土地出让金等费用为依据确定，房源供应价格及其差价按照市政府批转的市住房保障房屋管理局制订的《上海市动迁安置房管理办法》（沪府发〔2011〕44号）执行；建设用地取得方式为“出让”。

（五）公共租赁住房或廉租住房用途调整为共有产权保障住房的，投资机构或区（县）住房保障机构作为开发销售主体，以建设项目结算价或收购价格作为共有产权保障住房建设项目结算价；共有产权保障住房销售基准价格的确定和结算价与销售基准价之间差额的使用管理按照沪发改价督〔2011〕002号文执行；建设用地取得方式为“划拨”。

（六）公共租赁住房或廉租住房用途调整为征收安置住房的，投资机构或区（县）住房保障机构作为开发销售主体。征收安置住房的土地出让金应按照有关规定，经市场评估后补缴。征收安置住房的建房价格以建设项目成本价或收购价格、补缴的土地出让金为依据确定，房源供应价格及其差价按照沪府发〔2011〕44号文执行；建设用地取得方式为“出让”。

四、房源用途调整程序

（一）未办理房地产初始登记的征收安置住房（已签订土地出让合同的）用途调整为共有产权保障住房的，应按照市政府办公厅转发的《关于加强经济适用住房房源管理和房地产登记的若干规定》（沪府办发〔2011〕46号）办理；已办理房地产初始登记的征收安置住房用途调整为共有产权保障住房的，产权人的登记事项参照沪府办发〔2011〕46号文执行。

（二）共有产权保障住房用途调整为征收安置住房的，按照以下程序办理：

1. 房地产开发企业或区（县）住房保障机构向市或区（县）住房保障房屋管理局提出用途调整申请，并提交建设协议书、建设项目原批准文件等材料。其中，市级项目向市住房保障房屋管理局提出申请，区（县）级项目向区（县）住房保障房屋管理局提出申请。

2. 市级项目和区（县）级项目分别按以下要求审核：

（1）市级项目由市住房保障房屋管理局对申报材料予以核实，征询项目所在的区（县）政府意见后，出具初审意见书，并会同市发展改革委、市建设交通委、市财政局、市规划国土资源局等相关部门共同审核，提出审核意见报市住房保障领导小组批准后，出具认定文件。

（2）区（县）级项目由区（县）住房保障房屋管理局对申报材料予以核实，征询区（县）规划土地局意见后，出具初审意见书，经区（县）政府同意，报市住房保障房屋管理局复核。市住房保障房屋管理局会同市发展改革委、市建设交通委、市财政局、市规划国土资源局等相关部门共同审核，提出审核意见报市住房保障领导小组批准后，出具认定文件。

3. 根据认定文件，房地产开发企业按照有关规定，补缴土地出让金等相关费用。

（三）已开工建设的征收安置住房和共有产权保障住房（集中新建）用途调整为公共租赁住房或廉租住房的，按照以下程序办理：

1. 房地产开发企业会同投资机构或区（县）住房保障机构共同向市或区（县）住房保障房屋管理局提出用途调整申请，并提交建设协议书、建设项目原批准文件等材料。其中，市级项目向市住房保障房屋管理局提出申请，区（县）级项目向区（县）住房保障房屋管理局提出申请。

2. 市和区（县）住房保障房屋管理局分别按照以下要求办理：

（1）市住房保障房屋管理局对市级项目的申报材料予以核实，征询项目所在的区（县）政府意见后，出具初审意见书，经征询市规划国土资源局意见后，对符合要求的房源出具认定文件，并抄送市规划国土资源局。

（2）区（县）住房保障房屋管理局对区（县）级项目的申报材料予以核实，征询区（县）规划土地局意见后，出具初审意见书，报区（县）政府批准后，出具认定文件，并送市住房保障房屋管理局备案。

3. 根据认定文件并在房地产初始登记后，投资机构或区（县）住房保障机构与房地产开发企业签订收购协议。

（四）按照《上海市经济适用住房配建暂行意见》规定配建的共有产权保障住房用途调整为公共租赁住房或廉租住房的，按照以下程序办理：

1. 区（县）住房保障机构向区（县）住房保障房屋管理局提出用途调整申请，并提交土地出让合同、建设项目协议书等相关材料。

2. 区（县）住房保障房屋管理局出具初审意见书，报区（县）政府批准后，出具认定文件，并送市住房保障房屋管理局备案。

（五）公共租赁住房或廉租住房用途调整为征收安置住房或共有产权保障住房的，按照以下程序办理：

1. 市级项目由投资机构征询项目所在地的区（县）政府意见后，向市住房保障房屋管理局提出申请，并提交建设项目原批准文件或原收购合同等相关材料；区（县）级项目由区（县）政府向市住房保障房屋管理局提出申请。

2. 市住房保障房屋管理局会同市发展改革委、市建设交通委、市财政局、市规划国土资源局等相关部门共同审核，提出审核意见报市住房保障领导小组批准后，出具认定文件。

3. 经市住房保障领导小组批准用途调整为征收安置住房的，按照有关规定，补缴土地出让金等相关费用。

（六）其他上述未提及或多用途保障性住房的用途调整，报市住房保障领导小组审批。

五、房地产登记

批准用途调整的保障性住房，应根据用途调整后的保障性住房种类和产权人变化情况，按照有关规定，办理房地产登记手续和楼盘表“房屋标志”的标注。

六、其他

未开工建设的保障性住房项目需用途调整的，可依原程序重新办理保障性住房项目认定后，按照有关规定实施。

由市住房保障房屋管理局会同相关部门建立保障性住房信息系统，对保障性住房建设筹措及使用情况，实施跟踪管理。对擅自变更保障性住房用途或使用范围的，市、区（县）监察部门应会同相关部门从严查处。

本规定自印发之日起试行，有效期至2014年5月31日。

20. 上海市土地调查实施办法

（沪府发〔2012〕56号，6月11日）

第一章 总则

第一条（目的和依据）

为了科学、有效地组织开展本市的土地调查，保障土地调查数据的真实性、准确性和及时性，根据《土地调查条例》和《土地调查条例实施办法》，结合本市实际，制定本办法。

第二条（适用范围）

本市行政区域内的土地调查工作，按照本办法执行实施。

第三条（基本含义）

土地调查是指对土地的地类、位置、面积、分布等自然属性和土地权属等社会属性及其变化情况，以及基本农田状况进行的调查、监测、统计、分析的活动。

第四条（调查目的）

土地调查的目的是，全面查清全市土地资源和利用状况，掌握真实准确的土地基础数据，为科学规划、合理利用、有效保护土地资源，实施最严格的耕地保护制度，加强和改善宏观调控提供依据，促进经济社会全面协调可持续发展。

第五条（基本原则）

本市土地调查应当按照“统一领导、分

工协作，分级负责、共同参与”的原则组织实施。

第六条（领导机构）

市政府成立由分管市领导担任组长的市土地调查领导小组，成员包括国土资源、发展改革、建设、农业、财政、统计、民政、环保、绿化、水务等部门负责人。市土地调查领导小组负责全市土地调查工作的组织、协调、督促和检查，审议土地调查计划和方案，处理土地调查中涉及的重大事宜。市土地调查领导小组办公室设在市国土资源部门，负责土地调查的日常工作。

区（县）政府成立区（县）土地调查领导小组。区（县）土地调查领导小组办公室设在区（县）国土资源部门。

第七条（实施部门）

市国土资源部门是本市土地调查的组织实施部门，具体负责本市土地调查政策制定、计划和方案编制、工作指导、监督管理等。区（县）国土资源部门负责本区（县）土地调查的具体实施。

市发展改革、建设、农业、民政、绿化、水务等部门依法在各自职责范围内，协同国土资源部门开展土地调查，依法提供土地调查需要的相关资料。

镇（乡）政府、街道办事处、村（居）民委员会应当配合实施土地调查。

第八条（经费保障）

市和区（县）政府应当根据土地调查计划，落实土地调查专项经费，分级列入年度财政预算，按时拨付，确保足额到位。

土地调查专项经费应当统一管理，实行专款专用，从严控制支出。

第九条（宣传报道）

市、区（县）国土资源部门应当通过报刊、广播、电视和网络等媒体，大力宣传土地调查的意义、程序和要求。

本市报刊、广播、电视等新闻媒体和政府网站应当及时搞好土地调查的宣传报道。

第二章 土地调查的组织实施

第十条（调查内容）

土地调查包括下列内容：

（一）土地利用现状及变化情况，包括地类、位置、面积、分布等状况；

（二）土地权属及变化情况，包括土地的所有权和使用权状况；

（三）土地条件，包括土地的自然条件、社会经济条件等状况。

进行土地利用现状及变化情况调查时，应当重点调查基本农田现状及变化情况，包括基本农田的数量、分布和保护状况。

第十一条（土地调查的种类）

土地调查包括全国土地调查、土地变更调查和土地专项调查。

第十二条（全国土地调查）

全国土地调查，是指国家根据国民经济和社会发展需要，对全国城乡各类土地进行的全面调查。

本市的全国土地调查，由市国土资源部门按照全国土地调查总体方案要求，结合本市土地利用特点，编制全市的土地调查实施方案并经市土地调查领导小组审议，报国土资源部核准后组织实施。

第十三条（土地变更调查）

本市的土地变更调查，是指由市、区（县）国土资源部门在全国土地调查的基础上，根据国土资源部统一部署和城乡土地利用现状及权属变化情况，进行的土地利用变更调查和地籍变更调查。

土地利用变更调查，是指对本行政区域内土地利用状况变化情况的调查。市、区（县）国土资源部门应当根据土地利用变更调查情况，及时更新土地利用现状图件和土地利用数据库。

地籍变更调查，是指对本行政区域内土地权属变化情况的调查。市、区（县）国土资源部门应当以宗地为单位，随时调查，及时变更地籍图件和数据库。

第十四条(土地专项调查)

土地专项调查，是指根据国土资源管理需要，在特定范围、特定时间内，对特定对象进行的专门调查。

全国性的土地专项调查，市、区(县)国土资源部门应当根据国土资源部要求实施。

全市的土地专项调查，由市国土资源部门根据本市国土资源管理工作实际，确定调查内容，制定计划和方案，报市土地调查领导小组审议决定后，组织区(县)国土资源部门实施。

区(县)的土地专项调查，由区(县)土地调查领导小组审议决定，报市土地调查领导小组办公室备案后，由区(县)国土资源部门组织实施。

第十五条(监督检查)

市国土资源部门应当加强对区(县)国土资源部门土地调查工作的指导，并定期组织人员进行监督检查，及时掌握土地调查进度，研究解决土地调查中的问题。

第十六条(进度通报)

市、区(县)国土资源部门应当建立土地调查进度的通报制度。

市、区(县)国土资源部门应当根据全国土地调查和全市的土地专项调查确定的工作时限，定期向本级土地调查领导小组报告工作进展情况。

市土地调查领导小组办公室应当定期向区(县)土地调查领导小组通报各区(县)土地调查工作情况，对进度缓慢的区(县)进行重点督导和检查。

第三章 土地调查的机构及人员

第十七条(土地调查机构)

市国土资源部门所属的地籍事务部门具体承担市级土地调查日常事务。

区(县)国土资源部门应当落实专门机构，具体承担本区(县)土地调查日常事务。

在土地调查中，需要面向社会选择专业调查队伍承担土地调查任务的，应当选择列入国家级土地调查单位名录或本市土地调查单位名录的单位，并通过招投标方式确定。

第十八条(名录管理)

本市的土地调查单位名录实行动态管理，由市国土资源部门定期公布。

符合以下条件的单位，可以向市国土资源部门申请列入本市土地调查单位名录：

(一)具有法人资格，近3年内有累计合同额300万元人民币以上，经本市国土资源部门验收合格的土地调查项目；

(二)有健全的管理制度、固定的经营场所和设备条件；

(三)有专门的质量检验机构和专职质量检验人员，以及完善有效的土地调查成果质量保证制度，近3年内无土地调查成果质量不良记录；

(四)取得土地调查员工作证的技术人员不少于10名；

(五)国土资源部规定的其他条件。

符合列入国家级土地调查单位名录条件的，可以根据国土资源部相关规定，向国土资源部提出申请。

对本市土地调查单位名录有异议的，可以向市国土资源部门提出，市国土资源部门应当及时调查核实，并予以处理。

第十九条(土地调查单位和人员的要求)

在本市从事土地调查活动的人员，应当依法取得土地调查员工作证。

承担土地调查任务的单位和人员应当严格按照国家标准和统一的技术规程开展土地调查，不得伪造、篡改调查资料，不得强令、授意调查对象提供虚假的调查资料。

土地调查人员应当对其登记、审核、录入的调查资料与现场调查资料的一致性负责。

第四章 土地调查成果的管理

第二十条(成果汇交和上报)

土地调查成果包括数据成果、图件成果、

文字成果和数据库成果。

各类土地调查成果应当按照国家规定，实行逐级汇交制度。

对年度土地利用变更调查成果，市、区(县)国土资源部门应当根据国土资源部统一要求，以每年12月31日为统一时点，形成书面材料并逐级汇总上报。

第二十一条(成果质量控制)

市、区(县)国土资源部门应当建立土地调查成果质量责任制，保证调查的数据、图件和被调查土地实际状况三者相一致。市国土资源部门对土地调查成果质量进行监督和抽查。

第二十二条(成果验收)

全国土地调查的成果验收，按照国土资源部规定的程序组织实施。

全市的土地专项调查，由区(县)土地调查领导小组办公室对调查成果初步验收合格后上报，由市土地调查领导小组办公室对成果进行最终验收。

区(县)的土地专项调查，由区(县)土地调查领导小组办公室对调查成果进行验收，并报市土地调查领导小组办公室备案。

第二十三条(调查成果数据库管理)

市国土资源部门应当建立全市统一的土地调查数据库，并对全市土地调查成果实行统一管理。

市国土资源部门应当建立、制定土地调查数据库管理的制度和标准，根据土地调查成果，及时更新维护土地调查数据库。

区(县)国土资源部门应当按照市国土资源部门的规定，设定岗位，配备专业技术人员，负责本行政区域内的土地调查数据库的更新和维护。

市国土资源部门应当对区(县)国土资源部门土地调查成果更新和维护情况进行抽检。

第二十四条(成果公布)

土地调查成果除依法应当保密的以外，应当向社会公布。

本市的全国土地调查成果，经国务院批准后，由市、区(县)政府依次公布。

土地变更调查成果，由市、区(县)国土资源部门按年度报本级政府批准后公布。

全市的土地专项调查成果，经市政府批准后，由市国土资源管理部门公布。

区(县)的土地专项调查成果，经区(县)政府批准后，由区(县)国土资源部门公布。

第二十五条(成果应用)

依法公布的土地调查成果，是编制国民经济和社会发展规划、有关专项规划以及实施国土资源管理的基础和依据。

建设用地报批、土地整治项目立项、土地利用总体规划修编以及其他需要使用土地基础数据与图件资料的活动，应当使用国土资源部门提供的土地调查成果。

因其他公益目的需要使用未公布或属于保密范畴的本市土地调查成果，由有关部门或单位向市、区(县)土地调查领导小组书面申请，经同意并签订保密协议后方可取得。

第二十六条(成果共享)

市国土资源部门应当与相关部门建立成果共享机制，通过签订共享协议，明确相关权利和义务。

市、区(县)土地调查领导小组成员单位因工作需要，可以共享使用本市土地调查成果。

第二十七条(档案管理)

土地调查成果应当按照国家档案及保密管理的要求，及时存档，统一管理。

区(县)国土资源部门负责做好本行政区域内土地调查的档案保存工作，设立专门档案库，用于存放调查资料及成果。

保管和使用土地调查成果资料的单位应当根据国家保密管理的规定，建立数据管理的保密制度。

第五章 附则

第二十八条(表彰和处罚)

对土地调查工作中有关单位和人员的表彰和处罚，依据《土地调查条例》有关规定办理。

第二十九条(施行日期)

本办法自印发之日起实施，有效期至2017年3月31日。

21.贯彻国务院办公厅关于进一步促进道路运输行业健康稳定发展通知的实施意见

(沪府办发〔2012〕42号,7月2日)

各区、县人民政府,市政府各委、办、局:

为认真贯彻《国务院办公厅关于进一步促进道路运输行业健康稳定发展的通知》(国办发〔2011〕63号)(以下简称《通知》)，结合本市实际，现提出如下实施意见：

一、充分认识道路运输行业健康稳定发展的重要意义

道路运输行业是国民经济的重要产业和现代综合货物运输体系的基础，在促进城市经济发展、提高市民生活水平、增强城市服务能力等方面，发挥着重要作用。

近年来，本市道路运输行业发展较快，但与构建综合运输体系、发展现代物流业、维持行业稳定发展、促进行业节能减排、提高城市公共安全的要求相比，仍存在一定的差距。如行业集中度较低，企业信息化、网络化运营水平不高，从业人员管理体系有待健全，车辆设施规范化、标准化程度较低。特别是近年来在国际金融危机影响下，道路运输行业中的矛盾和问题逐渐显现。为此，要深入贯彻科学发展观，落实《通知》精神，紧紧围绕上海加快实现“四个率先”、加快建设“四个中心”和社会主义现代化国际大都市、大力发展现代服务业的目标，坚持“创新驱动、转型发展”，落实国家和本市物流业发展规划，根据道路运输行业高度市场化的特征，充分发挥其在货运体系中的基础性、衔接性、灵活性的作用，更好地满足经济社会发展和人民群众生产生活的需要，促进道路运输行业健康稳定发展。

二、推进道路货运站(场)的规划、建设、管理和城市末端配送节点建设

市交通港口局要根据交通运输部要求，编制《上海公路运输枢纽总体布局规划（2011-2020）》，明确道路货运站（场）功能规模、布局原则、布局方案和管理模式等，结合城市总体规划相关内容，促进道路货运站（场）与港口物流园区、空港物流园区、铁路货运站场和产业园区的有效衔接，形成综合货运枢纽、专业物流基地、区域货物集散中心构成的道路货运站（场）体系，解决货运环节中“门到站”和“站到门”的联运问题。《上海公路运输枢纽总体布局规划（2011-2020）》报交通运输部和市政府批准后实施。

市规划国土资源局、市商务委要研究制定城市末端配送节点建设标准，将其纳入社区“四个功能中心”建设，并结合综合运输网络和区域物流配送需求，合理布局末端配送点。市商务委要会同市住房保障房屋管理局、市公安局、市交通港口局研究解决末端配送节点车辆停车装卸、货物保管等问题。

三、完善和落实支持道路运输行业加快发展的政策

市规划国土资源局、相关区（县）政府要根据《上海公路运输枢纽总体布局规划（2011-2020）》，将规划道路货运站（场）纳入城市总体规划和控制性详细规划，保障建设用地，妥善解决用地指标问题。市发展改革委、市财政局要将依规划建设的道路货运站（场）纳入交通运输基础设施投资范围，并给予必要的投资补助。市税务部门要研究完善道路货运站（场）的营业税、城镇土地使用税等政策。

市商务委、市财政局、市环保局、市交

通港口局、市经济信息化委等部门要落实相关政策措施，将中央财政老旧汽车报废更新补贴资金向营运车辆倾斜，将集装箱车辆纳入报废更新支持范围。结合《上海市2012–2014年环境保护和建设行动计划》，加大高污染、高排放车辆的报废力度。

市交通港口局、市金融办、上海保监局、市口岸办、上海海关要研究完善适合甩挂运输发展的车辆保险政策和适合甩挂运输特点的海关监管措施，促进甩挂运输发展。市交通港口局、市发展改革委、市建设交通委、市财政局要鼓励和引导本市货运企业参与国家甩挂运输试点，并用好中央财政从车购税中安排的公路甩挂运输试点专项资金。同时，结合实际，开展本市甩挂运输项目试点，对甩挂运输场站建设、运输装备、车辆等予以专项补贴扶持。

四、严格落实清理和规范行业收费工作

市财政局、市发展改革委（市物价局）要按照各自职责，会同市建设交通委、市交通港口局全面清理和规范涉及道路货运的各类行政事业性收费及经营服务性收费。凡未经法定程序批准设立的行政事业性收费项目，一律取消；按规定程序审批设立的行政事业性收费项目中收费标准过高的，要适当降低。要重点规范港口、船公司、船舶代理、堆场、货代等向道路集装箱运输企业和司机收取的放箱押金、调箱门费、打单费、施封费、装卸搬移费等费用，探索市交通运输行业协会和市船东协会协商统一实行船公司放箱押金担保的办法。严禁任何部门和单位借经营服务性收费名义，向司机强行收取任何费用。要加大对涉及道路运输行业的各类行政事业性和经营服务性收费的监督检查力度，发现违法违规收费行为，要依照有关法律、法规严肃处理。市建设交通委、市财政局、市发展改革委（市物价局）、市交通港口局、市公安局要严格执行国家有关规定，落实针对国际标准集装箱车辆、大吨位货车、甩挂运输推荐车型车辆的有关通行费优惠政策。要深入开展收费公路违规行为及不合理收费的专项治理。

五、优化道路货运交通组织

市建设交通委、市公安局、市规划国土资源局要优化调整道路货运通道，加强与港口、铁路、公路货运站（场）的衔接。市、区（县）公安、交通管理部门要研究港口等重要货运站（场）周边货运车辆交通组织，探索形成联动管理机制。市公安局、市建设交通委、市交通港口局、市商务委要研究在保持中心城区货运车辆通行政策连续性的基础上，对通行时间、路段（区域）限制、通行证发放办法、特定车辆通行政策等作适度优化调整。市建设交通委要会同相关部门大力推行高速公路不停车收费系统建设和应用。

六、完善行业规章标准

由市交通港口局会同相关管理部门按照法定程序开展道路运输管理地方性法规、规章的立法调研，市政府法制办积极配合开展后续立法工作，适时修订完善《上海市道路运输管理条例》等规章，加强道路货运市场准入管理。市交通港口局要研究制定集装箱道路运输车辆营运技术规范，细化企业开业技术条件，研究完善大件运输、冷藏运输等规范标准。

市交通港口局、市发展改革委、市公安局、市商务委、市经济信息化委要按照“依法、高效、环保”的原则，研究制定城市配送管理办法，确定城市配送环保车型，并设立促进城市配送发展的专项扶持资金，促进城市配送企业规模化发展。

市安全监管局、市交通港口局、市公安局、市政府法制办要结合《上海市危险化学品安全管理办法》的修订，进一步加强运输环节监管，规范企业自有专用车辆管理、企业主要负责人安全培训、停车场地配备等基本要求。

七、促进企业集约发展

市交通港口局要会同市商务委、市公安局、市财政局开展重点道路货运物流企业的认定，培育扶持行业骨干企业发展，对认定为重点货运物流企业中，从事城市配送的，按照不低于20%的车辆数标准，配发通行证，并在申请专项资金扶持、使用小型货车额度、增加经营范围等方面予以支持。同时，要引导鼓励企业实行联合、连锁、兼并和网络化经营，探索建立产业合作联盟；引导骨干企业通过业务整合方式，集中调配市场运力，积极研究道路集装箱运输加盟政策，创新合作方式和服务模式，形成规模优势，提高运输资源集约利用率和规范服务能力。

八、加强从业人员管理

市、区（县）交通管理部门要加强和规范道路货运从业人员的资格管理和日常监管，逐步推行道路运输经理人职业资格制度。建立、完善从业人员特别是驾驶员数据库和管理档案，共享管理执法信息，实施动态监管。建立道路货运从业人员继续教育制度，促进知识更新，不断提高从业人员整体素质。

九、优化车型结构

市经济信息化委、市发展改革委、市交通港口局、市环保局、市建设交通委、市公安局、市质量技监局要研究引导集装箱车、厢式车等大型货运车辆使用政策，研究推广牵引车和挂车连接的相关技术标准，鼓励和引导企业购置列入国家推荐车型的牵引车和挂车。要研究制定对运输企业使用新能源、节能环保以及新清洁能源货运车辆的鼓励政策。利用国家和本市节能减排专项资金，支持企业开展设备改造和技术革新，推进货运车辆采用节能减排新装备。

十、合理调控行业运力

市交通港口局要根据市场供求监测指标，合理调控运力投放总量，既要满足社会对道路货运的需求，又要避免因供求关系严重失衡引发的恶性竞争。要根据上海口岸集装箱集疏运体系建设要求，合理调控本市及外省市驻沪道路集装箱运输运力规模；根据城市配送发展要求和市区道路交通条件，适度发展货运出租及小型货运车。

十一、规范外省市驻沪经营车辆的管理

市交通港口局、市政府法制办要研究完善外省市运输企业和车辆在本市从事异地经营的备案管理制度，重点是加强道路集装箱运输车辆在沪异地经营的监督管理。异地经营3个月以上的营运车辆，要向本市相关道路运输管理机构报备并纳入管理。道路运输管理机构要按照道路集装箱运输车辆营运技术规范，严格审核车辆条件，并加强对道路集装箱运输从业人员继续教育培训。同时要主动会同有关省、市道路运输管理机构，了解各对应地区在沪异地经营企业和车辆信息，建立信息互通机制；定期研究道路集装箱运输市场情况，认真会商管理措施，切实将异地经营车辆纳入管理。

十二、加强市场动态监测

市交通港口局要积极引导和指导市交通运输行业协会、市道路运输行业协会、市道路危险货物运输行业协会对道路集装箱运输、集装箱堆场、搬场运输、危险品运输等的市场供需平均成本、运价水平等进行监测，并定期向社会公布有关情况。

十三、完善运价形成机制

市发展改革委（市物价局）、市交通港口局要加强对交通运输行业合理运价形成机制的研究，适时研究调整实行政府定价和政府指导价的收费项目和标准。对实行市场调节价的，要引导行业协会积极采取依法合规、符合市场规则的方法，将分散的道路货运经营者组织起来，提高货运经营者的议价能力，指导道路货运经营者实行运输价格与成品油价格联动，调查测算平均合理成本并定期公布，作为承托运双方进行议价的重要依据。

市交通港口局、市工商局、市发展改革委（市物价局）要鼓励和引导相关行业协会，规范各细分行业道路货物运输合同文本，明确承托双方的责任义务、运费结算以及运价与油价的联动机制。要加大对货运合同履行情况的监督检查力度，通过法律、经济、行政等手段加以监管，保障合同有效履行。

十四、提升信息化应用水平

市经济信息化委、市商务委、市交通港口局要加快引导推动道路货运企业加强信息化建设，提升行业信息化整体应用水平与运作效率。市交通港口局、市公安局、市安全监管局要有序推进道路危险品运输车辆、重型货运车辆等配备的卫星定位装置的更新和功能完善，实现信息在公安、安全监管、交通等各相关管理部门的共享与互通，加强动态监管，并接入全国重点营运车辆联网联控系统。市交通港口局要指导支持陆上货运交易中心汇集供求信息和交易信息，发布陆上货运运价行情和运价指数；建立完善集装箱道路运输配载信息系统；鼓励企业建立冷链运输质量安全全程监控平台；会同港口公安部门建立集装箱车辆进港证制度，优化集装箱车辆 RF 卡管理，发挥其在车辆管理和港区、堆场管理中的作用。

十五、加强市场执法监管

市、区（县）交通行政执法部门要加强道路货运市场监督管理，打击非法营运，重点加强危险品运输、冷藏运输、集装箱运输和外省市驻沪道路货运车辆的监管。区（县）交通管理部门要会同区（县）工商、规划国土部门采取综合管理措施，清理整顿无证集装箱堆场。市、区（县）交通管理部门要积极推进道路货运企业质量信誉考核及驾驶员诚信考核。市、区（县）物价、交通、工商部门要加强对道路货运价格的监管，严厉打击价格违法行为。

十六、落实企业主体责任

市交通港口局、市公安局、市安全监管局要督促道路货运企业落实安全生产主体责任，加大安全生产资金投入力度，明确安全岗位责任制，开展安全生产标准化建设。道路货运企业要加强对危险品运输车辆、重型货运车辆的动态监管，严格按照规定，安装具有行驶记录功能的卫星定位装置，接入全国联网联控系统，并配备专职人员实时监控车辆行驶状态；加强对驾驶员的安全教育管理和监督，以及营运车辆的维护保养。

道路货运企业要加强从业人员管理，了解其思想动态，妥善处理其合理诉求。道路货运企业因疏于管理或管理不当引发非法聚集等事件的，有关部门要视情责令道路货运企业停业整顿；情节严重的，要依法追究道路货运企业负责人的责任。

市、区（县）两级交通、人力资源社会保障部门要指导、督促道路货运企业与从业人员依法建立劳动合同关系，明确双方权利义务，维护双方合法权益；严禁道路货运企业向从业人员收取高额风险抵押金和保证金，转嫁投资和经营风险。

十七、提高道路货运安全水平

市公安局、市交通港口局、市安全监管局要健全多部门合作的道路货运安全监督机制，强化部门联动，完善道路运输行业安全与应急设备的配置标准。要重点加强道路危险品运输安全的监管。落实危险品运输分类管理措施，加强对剧毒、爆炸和放射性等高危等级企业、车辆、从业人员及重点运输区域的监管；建立行业安全评估机制，将评估结果与企业发展、业务招投标等结合起来，对安全评估结果达不到行业要求的道路货运企业，责令其限期整改，严格查找和消除安全隐患；在规定时限内不能按照要求改正且情节严重的，依法吊销《道路运输经营许可证》、《道路危险货物运输许可证》或者取缔相应的经营权；推动视频监控、防爆阻隔装置等新型装备的试点应用；引导和鼓励托运人对承运人危险化学品运输综合安全能力开展责任评价。

市交通港口局要配合市环保局、市安全

监管局、市卫生局、市科委等部门，研究推进危险废物、烟花鞭炮、生物试剂等危险物品专业配送体系建设。

十八、建立应急运输保障体系

市交通港口局要针对应急运输队伍建设、培训与演练、资金管理等，制定道路货运应急运输保障体系实施方案；市、区（县）交通管理部门要依托骨干道路货运企业，结合交通战备队伍，组建满足突发公共事件应急运输需要的道路货物应急运输保障队伍。

十九、发挥工会作用

相关地区和产业工会要推进道路货运企业建立工会，把从业人员吸引到工会组织中来；建立工会与企业的沟通协商机制，及时调解劳资纠纷，发挥工会维护职工权益的作用；建立职工工资集体协商制度，解决从业人员的实际困难和合理诉求，促进行业和谐稳定。

二十、发挥行业协会作用

市建设交通委、市交通港口局、市民政局要指导市交通运输行业协会、市道路运输行业协会、市道路危险货物运输行业协会等发挥桥梁和纽带作用，紧密联系道路货运企业和从业人员，加强调查研究，密切跟踪掌握企业发展中遇到的困难，了解从业人员的思想动态，及时向有关部门反映企业和从业人员的利益诉求，探索建立上下游产业间的共同发展、友好协商机制，并做好有关法律法规和政策措施的宣传解释工作。

二十一、有效防范处置突发事件

市、区（县）公安、交通管理部门要按照属地管理和“谁管理、谁负责”的原则，建立道路运输行业突发事件的防范处置工作机制。市、区（县）交通管理部门要畅通道路货运驾驶员热线和座谈会等诉求反映渠道，引导驾驶员通过合法方式，反映问题、意见和建议；深入一线，了解从业人员的思想动向和利益诉求，及时解决其合理诉求。区（县）政府要指导督促有关方面加强行业稳定风险排查，发现不稳定苗头和问题，要做到第一时间快速反应，及时稳妥处置，避免激化矛盾，防止事态扩大。市、区（县）公安部门对借机从事违法犯罪活动的，要及时依法处置。市政府新闻办要组织宣传促进道路运输健康稳定发展的政策与措施，正确引导舆论，为行业发展创造良好环境。

二十二、加强组织协调

各牵头部门要明确责任部门和工作推进计划，抓好落实。市交通港口局要加强工作统筹协调，会同市发展改革委（市物价局）、市商务委、市经济信息化委、市建设交通委、市公安局、市财政局、市地税局、市人力资源社会保障局、市规划国土资源局、市环保局、市安全监管局、市民政局、市质量技监局、市口岸办、市金融办、市政府新闻办等部门以及相关行业协会建立工作协调推进机制，加强沟通协作和督促检查，形成合力。

22. 关于贯彻实施《中华人民共和国石油天然气管道保护法》的通知

（沪府发〔2012〕68号，7月17日）

各区、县人民政府，市政府各委、办、局，各有关单位：

为认真贯彻实施《中华人民共和国石油天然气管道保护法》（以下简称《管道保护法》），落实工作责任，保护管道安全，现作如下通知：

一、高度重视管道保护工作

（一）充分认识管道安全的重要性。石油天然气是国民经济和社会发展的重要战略资源。本市原油、天然气以及航空煤油供应几乎全部依靠长输管道输送，管道是本市重要的能源供应“生命线”，现有陆上原油、天然气、汽柴油和航空煤油等管道总长度约420公里，海底原油、天然气管道近400公里。

随着油气消费增长和调入量的不断提高，管道总里程还将继续增加。管道一旦发生事故或中断，将直接影响本市能源安全和公共安全，甚至对城市运行和管道沿线人民群众生命财产造成难以估量的后果。

（二）充分认识管道保护面临的严峻形势。近年来，城乡建设发展速度较快，部分运行中的超高压天然气、汽柴油和航空煤油管道逐渐被居住、公共或生产经营性等人口密集场所包围，管道外部环境趋于复杂。后建工程和违章建筑物、构筑物占压危害管道的现象屡禁不止，且拆除难度大。管道工程与其他建设工程相遇、交叉点多，一些单位和个人法律、安全意识淡薄，尤其是对油气类危化品输送管道的危险性缺乏认识，第三方施工、地面碾压等危害管道安全的行为时有发生。人为破坏因素引发的管道事故以及次生事故危害面广，涉油、涉气恐怖事件以及违法破坏、盗窃管道设施和油气的犯罪行为防范任务重。

二、落实管道保护工作责任

（一）明确监管责任。市发展改革委作为本市石油天然气管道保护工作的主管部门，负责协调本市跨区县管道保护的重大问题，指导、监督有关单位履行管道保护义务；负责上海机场地区内的航空油料管道保护工作；负责管道建设选线通过地理条件限制区域的防护方案审批，负责管道竣工测量图和管道停止运行、封存、报废的备案。

浦东新区、徐汇、长宁、宝山、闵行、金山、奉贤、青浦、崇明等管道所在地的区、县政府按照管道保护工作属地化管理的原则，依法指定本区县发展改革或建设主管部门，作为本区县政府主管管道保护工作的部门（简称“区县管道保护主管部门”），并向社会公告。区、县政府要加强对本行政区域管道保护工作的领导，督促、检查有关部门依法履行管道保护职责，组织排除管道的重大外部安全隐患。

区县管道保护主管部门负责本行政区域内管道保护工作的日常管理和监督；负责管道保护范围内特定施工作业审批，负责管道事故应急预案的备案；协调处理本区县管道保护问题，指导、监督有关单位履行管道保护义务；依法查处危害管道安全的违法行为。区县管道保护主管部门的管道保护工作接受市发展改革委的指导。

市公安局作为上海市输油气管道安全保护工作联席会议的牵头部门，要协调相关区县公安分局、派出所，加大对违法破坏管道行为的防范、惩治。

上海机场（集团）有限公司协助市发展改革委负责上海机场地区内的航空油料管道保护工作，协助浦东新区、徐汇、长宁、闵行区政府及其管道保护主管部门做好航空油料管道的保护工作。

市、区县两级管道保护主管部门要加强管理力量，配置专门人员，工作经费纳入同级财政预算，落实各项配套条件，切实承担起管道保护监管责任。

市海洋局主要负责本市海底油气管道路由调查勘测审批、海底油气管道敷设施工审批、海底油气管道及设施安全保护范围的划定，以及海底油气管道及设施安全保护的监督管理。

（二）建立协调机制。成立市石油天然气管道保护领导小组，领导小组成员单位包括市发展改革、公安、经济信息化、建设交通、环保、规划国土、水务（海洋）、质量技监、城管执法、交通港口、安全监管等部门以及浦东新区、徐汇、长宁、宝山、闵行、金山、奉贤、青浦、崇明等区、县政府和上海机场（集团）有限公司。

领导小组负责研究部署、统筹协调全市管道保护工作中的重大事项；组织制定全市管道保护工作规章、制度和管道事故应急预案；根据管道事故的实际情况协同区县政府组织进行事故应急处置与救援；支持全国油气田及输油气管道安全保护工作部际联席会议和市输油气管道安全保护工作联席会议的工作。

领导小组各成员单位在各自职责范围内负责管道保护的相关工作。管道所在地的区、县政府也要建立本区县的管道保护协调机制。

领导小组下设办公室，办公室设在市发展改革委，作为日常办事机构，开展管道保护行政管理和综合协调等工作。

（三）落实企业责任。管道企业是管道安全运行的责任主体，应当遵守《管道保护法》和有关规划、建设、安全生产、质量监督、环境保护等法律、法规、规章和标准、规范；建立、健全本企业管道保护的规章制度和操作规程并组织实施；履行管道保护义务，接受管道沿线政府及其有关部门依法实施的监督，保障管道安全运行。

管道企业要加强本单位管道保护能力建设，保证管道保护经费投入，配备必需的人员和技术装备，研究开发和推广应用管道保护新技术。

管道企业要建立完善的管道巡护制度，配备专门人员对管道线路进行日常巡护。管道巡护人员发现危害管道安全的情形或者隐患，要按照规定及时处理和报告。对影响管道安全的外部隐患，管道企业自身排除确有困难的，要向区县管道保护主管部门报告。

管道企业要定期对管道进行检测、维修，确保其处于良好状态；对管道安全风险较大的区段和场所要进行重点监测，采取有效措施防止事故的发生。

管道企业要制定本企业管道事故应急预案，配备抢险救援人员和设备，并定期进行管道事故应急救援演练。

三、推进《管道保护法》宣传贯彻

（一）加强法律宣传。市、区县管道保护主管部门和各管道企业，要充分利用媒体等宣传手段，宣传管道安全与保护知识，使管道沿线各级政府相关管理人员、建设施工单位、沿线单位等，广泛准确理解、遵守《管道保护法》，认识保护管道安全的重要意义；要增强管道沿线群众爱护管道、保护管道、遵守管道保护法律的意识，提高保护管道的自觉性。市、区县两级管道保护主管部门和管道企业要在本单位网站向社会公布各自管道保护咨询和举报电话、电子邮箱。对在管道保护中做出突出贡献的单位和个人要给予奖励，对违反法律法规的要依法追究责任。

（二）完善规章制度。市发展改革委负责发布管道保护相关行政审批、备案的程序和要求，组织管道企业配合市规划国土资源局完善全市管道基本信息数据库，建立顺畅有效的管道保护信息报告、处理和通报制度。协调管道企业和专业应急队伍，统筹全市管道保护和事故应急救援资源，提高协作保障能力，并将各条管道事故应急预案纳入市和沿线区县政府的突发事件应对系统。

（三）依法实施监管。市、区县管道保护主管部门要组织对工作人员进行管道保护专业管理和执法培训，全面提升依法做好管道保护工作的能力和水平。加强对管道企业和相关单位的督导检查，严格日常管理，强化执法检查，指导、监督管道企业制定并落实日常巡护、事故应急等各项管道保护制度和措施，克服薄弱环节，消除安全隐患。管道保护主管部门或者其他有关部门违反或者不依照《管道保护法》规定履行职责的，由其上级机关责令改正，对直接负责的主管人员和其他直接责任人员依法给予处分。

（四）严惩违法行为。管道企业不依照《管道保护法》规定履行职责和义务的，管道保护主管部门要责令其限期改正；逾期不改正的，要依法进行处罚；对直接负责任的主管人员和其他直接责任人员给予处分。管道保护主管部门要组织有关部门和管道企业，重点清理、整治违章占压管道的行为，限期拆除违法修建的危害管道安全的建筑物、构筑物或者其他设施。对单位或个人实施危害管道安全的违法行为或者未经依法批准在管道保护范围内进行特定施工作业的，管道保护主管部门要责令其停止违法行为，情节较重的要处以罚款。继续发挥公安部门在维护管道生产秩序方面的保障作用，加强联合执法，着力打击采用移动、切割、打孔、砸撬、拆卸等手段损毁管道，或者盗窃、哄抢管道输送、泄漏、排放石油天然气等违法行为，依法追究有关人员责任；构成犯罪的，要依法追究刑事责任。

本通知自即日起实施，有效期至2017年6月30日。《上海市人民政府办公厅关于本市天然气接收门站前的管道设施安全保护范围和行政主管部门的通知》（沪府办〔2005〕49号）同时废止。

23. 上海市城市建设和管理“十二五”规划

（沪府发〔2012〕69号，7月17日）

为推进“十二五”期间本市城市建设和管理，根据《上海市国民经济和社会发展第十二个五年规划纲要》，制定本规划。

一、“十一五”城市建设和管理回顾

“十一五”期间，上海紧紧围绕保障世博会成功举办的目标，全力推进城市重大基础设施建设，全面实施“迎世博600天环境整治”行动计划，使城市建设和管理水平上了一个新台阶，圆满完成预期的规划目标。

（一）现代化城市基础设施体系基本建成。加快建设以“三港三网”为重点的重大工程。基本建成枢纽型、功能性、网络化城市基础设施体系。上海国际航运中心建设取得重大进展，2010年集装箱吞吐量2907万标箱，位居世界第一。港口吞吐量达6.53亿吨，比“十五”末增长47%。上海航空枢纽加快发展，建成5条机场跑道。机场进出港旅客7187万人次，比“十五”末增长74%。建成沪宁城际、沪杭客专铁路，铁路客运能力比“十五”期末增加2倍。城市轨道交通运营里程452.6公里，比“十五”期末增加304　8公里；高速公路775公里，比“十五”期末增加215公里；黄浦江越江设施新增11处，达23处；市域道路（含公路）总里程达到16688公里；供水管道长度达到31181公里，供水总量达到30.9亿立方米；燃气管线长度达到21653公里。

（二）城市管理水平取得明显提高。在市区“两级政府、三级管理”、郊区“三级政府、三级管理”体制下，形成了市、区（县）、街道（乡镇）三级比较完善的城市管理综合执法体系和网络。城市管理信息化大步推进，GPS信息系统广泛应用于城市管理领域，城市网格化管理系统覆盖上海中心城区并逐步向郊区建成区拓展，城市交通信息集中采集发布系统初步建成，行业网上审批系统日益完善。智能化交通水平显著提升，特别是抓住办博契机，大力推进“迎世博600天环境整治”行动计划，从市容环境、交通组织、房屋整治、绿化建设、河道清理等方面开展整治，取得了明显成效。

（三）城乡供应保障取得进一步提升。不断完善“行业公益性、运作市场化”机制，市政公用行业多元投资结构基本形成，市政公用服务供应能力大大提高。到2010年年底，全市自来水供应能力1131万立方米/日，煤气销售总量12.85亿立方米/年，天然气销售总量42.66亿立方米/年，液化石油气销售总量40.05万吨，有力保障了城市用水和用气需求。

（四）城乡建筑和住宅迅猛发展。“十一五”末，上海市建筑业总产值达到3827亿元，形成百万建筑大军和全国最为开放的建筑市场之一。住宅房地产业平稳较快发展，2010年年底，全市各类房屋建筑面积达到8.7亿平方米，其中住宅面积约5亿平方米。“十一五”期间，中心城区拆除二级旧里以下房屋343万平方米，全市新增住宅约1.2亿平方米，其中经济适用住房开工建设超过1000万平方米，征收安置住房（动迁安置房）开工建设3250万平方米。人均居住面积从15.5平方米增加到17.5平方米。

（五）城市人居环境显著改善。市区公共交通网络进一步完善，中心城两点间公共交通出行可在一小时内完成，郊区基本实现行政村“村村通公交”。郊区农村340个行政村开展村庄综合改造，完成改造自然村达2140个，受益农户达13万户。全市城镇污水处理率提高到81.9%，苏州河和市区中小河道基本消除黑臭，农村河道整治成效明显，城市水环境质量极大改善；巩固国家园林城市成果，加强绿化建设和养护，绿化覆盖率达到38.15%，人均公共绿地面积达到13平方米。森林覆盖率达到12.58%，生活垃圾无害化处理率达到84.9%。

“十一五”时期城市建设和管理也存在一些问题，主要是：上海国际航运中心集疏运体系有待优化，城乡交通一体化程度还不高，局部地区交通拥堵现象较为严重，公共交通占居民出行的比重偏低。环境治理力度有待加大，大气、水、噪音、浮尘等污染对市民的影响有待减少。保障性住房建设与市民改善需要仍有差距。对城市基础设施的维护管理水平亟需提高。工程技术发展相对缓慢，创新力度仍有不足。专业规划的编制精细度不够，修订工作迟缓。

二、“十二五”城市建设和管理指导思想、发展目标和主要指标

“十二五”时期，是上海推进“四个中心”战略的关键时期，是上海联动长三角、发展区域经济的重要时期，也是上海又一轮大规模经济转型的重要时期。

（一）指导思想

深入贯彻落实科学发展观，围绕加快推进“四个率先”，加快建设“四个中心”和社会主义现代化国际大都市的战略目标，坚持高起点规划、高水平建设、高效能管理，推进上海城乡建设和城市管理工作向精细化、集约化模式转变；立足世博后城市管理新起点，以人为本，安全为先，管理为重，以管理引领建设。转变建设管理理念，更加突出管理功能；民生为本，更加注重改善民生和生态环境建设，适应上海发展转型需求，注重城市运行中的安全管理。统筹城乡发展，聚焦新城建设，加强服务长三角、服务长江流域、服务全国；推广低碳意识，逐步打造和谐城市、绿色上海，致力满足市民全面需求，完善上海宜居城市形态。

（二）发展目标

根据综合实力增强、管理水平提高、空间布局调整、发展环境优化、经济模式转型的新要求，主要发展目标是：

1. 以集疏运体系为重点，推进上海国际航运中心建设

完善港口集疏运体系，推动长江“黄金水道”和内河航道的建设，大力发展以长江运输为重点的江轮直达和江海转运，提高水水中转比例，逐步推进海铁联运，形成国际集装箱枢纽港；加快航运服务业体系建设，拓展航运服务链，推动“三港三区”联动发展，有序推进黄浦江沿岸港区功能调整；深化落实《上海航空枢纽战略规划》，发展中远程航空运输。

2. 以郊区新城为重点，突破城市空间布局瓶颈

中心城区和郊区统筹发展，优化城市空间布局，促进经济发展方式转变；严格控制中心城区高强度再开发，稳妥推进世博园区后续开发利用和黄浦江两岸综合开发等区域性建设；以嘉定、青浦、奉贤南桥、松江、南汇等新城为重点，形成产业配套、设施完善、适宜居住，与中心城区功能互补、层次各异的新城体系；加快新城对外交通网建设，

完善郊区公路对外衔接网络，使新城尽快融入长三角区域的都市圈。

3. 以节能减排为重点，建设绿色上海

以建设“绿色上海”为目标，重点聚焦建筑节能、交通节能两大领域，通过推动新兴产业和推广新技术，转变建设交通行业发展模式，实现行业可持续发展的目标；依托科技进步与管理创新，促进市政公用行业结构转型，形成网络化、集约化规划建设和维护管理机制，逐步减轻资源环境负荷，推动资源节约型示范城市建设；提高建筑节能标准，推广天然气和新能源的应用，推进节能省地型住宅建设；基本建成以公共交通为主体，机动车、慢行交通、货运交通平衡发展的城市交通系统。

4. 以宜居环境为重点，构筑和谐城市

加快固废、污水、污泥处理基础设施建设，促进减排和循环经济发展，初步建成城乡一体的生态环境基础设施体系；统筹考虑加快发展和改善民生，推进旧区改造新机制，加强既有建筑综合改造和历史风貌保护，坚持以人为本、和谐发展；加大保障性住房建设力度，进一步扩大中低收入住房困难家庭的受益面；结合城市空间结构和布局调整，加强新城和新农村人居环境及生态环境建设，加强绿地和林地的生态功能，加快推进绿地和林地向市民开放。

5. 以转变管理理念为重点，强化城市管理职能

建设与管理统筹发展，进一步发挥“二级政府、三级管理、四级网络”的体制优势；实现城市网格化管理信息系统的有效覆盖和城市管理全面覆盖，推进城市管理数字化、精细化、法制化发展；巩固“迎世博600天行动”成效，让社会和市民成为城市管理主体，使城市管理更加柔性化、民生化；加强城市安全运行管理和应急体系建设，在保障常态管理落实的基础上，全面提升上海应对重大灾害的应急、防御、处置能力。

6. 以激发创新活力为重点，提高行业创新水平

以完善需求为导向、企业为主体、产学研更紧密结合的技术创新体系为突破口，深化科技体制改革；加大激励政策实施力度，合理统筹科技资源，进一步有效激发建设交通行业科技主体持续创新的活力和能力；紧密联系创新与管理，提升创新成果应用成效；通过大力培养、积极引进、合理使用，形成可持续的创新人才催生机制。

（三）主要指标

1. 完善交通设施

实现“区区通轨交”（不含崇明县）；长三角与市域、中心城区与新城、新城与新城之间交通顺畅，实现“45、60、90”出行时耗目标，即中心城内出行平均时间不超过45分钟，郊区新城60分钟可达中心区（崇明县除外），长三角核心区主要城市90分钟可达上海。

——航空旅客吞吐量力争达到9000万–1亿人次/年，货邮吞吐量力争达到500–550万吨/年，浦东国际机场的旅客中转比例提高到10–15%；

——国际标准集装箱吞吐量3300万TEU/年，其中水水中转比例提高至45%；

——铁路旅客到发量1.5–1.7亿人次/年，铁路客运占专业客运的比例提高至50–55%；

——全市道路网里程达到18700公里左右；

——形成600公里以上的轨道交通运营网络；

——高等级内河航道总里程达到220公里。

2. 着力改善民生

聚焦住房保障、交通出行和新农村建设，进一步提高人民生活质量。显著扩大保障性住房受益面，大力提高公交出行比例，明显改善郊区农村市政公用服务和人居环境

水平。

——各类保障性住房新增供应约100万套（间）；

——完成改造中心城区二级旧里以下房屋面积约350万平方米；

——中心城公共交通出行占使用交通工具的出行（即不含步行）比例达到50%；

——中心城轨道交通占公共交通客运量的比重达到50%；

——轨道交通运行正点率达到99%以上；

——完成郊区农村村庄改造500个（年均100个），农村生活污水有效处理户数新增20万户。

3. 加强环境保护

积极实施新一轮三年环保行动计划，加强节地、节水、节材、节能和资源综合利用，全面完成建筑和交通节能减排的各项指标。

——供水水质综合合格率等五项水质指标≥95%；

——万元工业生产总值用水量比2010年下降30%；

——既有建筑节能改造4000万平方米，其中600万平方米达到50%节能标准；

——交通行业能源消费总量不超过2750万吨标煤；

——森林覆盖率15%，城市绿化覆盖率38.5%，人均公共绿地13.5平方米/人；

——城镇污水处理率85%；

——污泥有效处理率≥85%；

——生活垃圾无害化处理率≥95%；

——人均生活垃圾处理量减少率25%；

——天然气占一次性能源比重提高到11%左右。

4. 保障公用服务

继续完善市政公用基础设施建设，加强设施运行维护管理，增强市政公用供应能力，提高服务水平。

——供水能力1310万立方米/日；

——公共防汛设施泵排能力3150立方米/秒；

——天然气事故应急保障天数15天；

——市政公用基础设施完好率≥85%；

——新城管道天然气覆盖率达到100%。

三、“十二五”城市建设主要任务

（一）港航

1. 港口。满足上海国际航运中心建设和城市产业发展需求，港口货物年吞吐量保持在6.5亿吨左右，集装箱吞吐量达到3300万TEU/年，基本确立国际航运枢纽港地位。规划期内新建和续建生产性码头泊位约64个，新增年设计吞吐能力约6000万吨；重点建设洋山深水港四期、临港新城东港区公共码头一期及上海化工区、宝钢成品、长兴沪东船厂等专用码头，外高桥罗泾港区支航道疏浚等工程；适时启动建设金山公共码头等工程。

2. 航空。继续推进浦东国际机场航空枢纽和虹桥综合交通枢纽建设，大力发展中远程航空运输，年旅客吞吐量力争达到9000万-1亿人次，货邮吞吐量力争达到500-550万吨。重点建设浦东国际机场第四、第五跑道、T1航站楼改扩建工程及虹桥国际机场T1航站楼综合改造等工程。

3. 内河航道。实现与苏、浙两省主要高等级内河航道基本对接，构建布局合理的内河航道主通道网络，三级及以上内河航道总里程达到约220公里，新增内河港区设计吞吐能力320万吨。重点建设黄浦江上游、杭申线、大芦线二期、长湖申线、平申线、赵家沟东段、外高桥内河港区一期、芦潮港内河港区一期等工程；开展苏申内港线、大浦线、油墩港等项目前期研究。

4. 现代航运服务体系。拓展洋山保税港区的功能，发展北外滩、陆家嘴、临港等航运服务集聚区，加强船舶交易市场建设，发展船舶交易、船舶管理等各类航运服务机构，延伸现代物流等；建立上海国际航运中心综合信息平台；大力推进国际航运发展综合实验区建设。

（二）道路

1. 高速公路和城市快速路。按照国家高速公路网建设规划，加快长三角一体化高速公路网建设，提高上海国际航运中心对外集疏运能力，确保实施 G40 公路、S6 公路、S26 公路东段和沿江通道浦西段等；争取实施沿江通道浦东段、G1501 公路同三段和北环段改建及节点改造；完善 S16 公路等技术储备。继续完善中心城快速路系统，推进快速路节点改造，确保实施东西通道、嘉闵高架北段（至 S6 公路）和南段（至 S32 公路）、中环路（浦东段东段）、北翟快速路（中环路 –S20 公路）；争取实施长江西路快速路东段、真北路 – 沪太路快速路、罗山路快速化、军工路快速化及节点改造等；深化中心城地下道路规划布局和建设技术，推进北横通道建设。

2. 国省干线和主次干道。配合城市空间结构和产业布局调整，优化普通国道网，增加郊区南北方向的国道辐射面，提高国省干线对于郊区发展和城市物流的服务能力，确保实施 S3 公路、S7 公路、北松公路等新改建工程。提高中心城主次干道服务能力，结合旧区改造逐步完善外围区地面主次干道网，确保实施场中路、南大路、三泉路 – 万荣路 – 普善路等。

3. 越江跨河通道。适应市域一体化发展要求，郊区结合疏港通道建设及新城开发，重点加密国省干线越江通道，确保实施虹梅南路 – 金海路越江、沿江通道越江段、辰塔路越江等。中心城重点加密北部地区越江通道，优化客货运越江交通组织，确保实施长江西路隧道、龙耀路隧道浦东主线出入口、周家嘴路越江。基本建成中心城苏州河机动车通道，完善人、非跨河通道布局，确保实施云岭西路桥、真光路桥。

4. 重点区域和重大项目配套路网。一是构筑大浦东路网交通体系，重点推进陆家嘴 – 世博园 – 迪士尼服务经济发展轴、临海沿江船舶、民用航空、高端装备等重点产业基地的配套建设，继续推进华东路等，开工建设申江路高架专用通道等迪士尼乐园配套道路工程。二是配合虹桥枢纽和虹桥商务区后续发展，进一步完善虹桥商务区与中心城之间的交通联系，建设天山西路、诸光路、蟠龙路等项目。三是完善大型居住社区配套道路系统。四是继续推进区与区连接道路建设。

（三）公共交通

1. 地铁。进一步提高轨道交通网络化运营效率和资源开发水平，轨道交通运营总里程达到 600 公里以上，中心城轨道交通客运量占公交客运总量比重达到 50%。重点建设 11 号线北段二期、16 号线（原 11 号线南段）、12 号线、13 号线一期、9 号线三期、5 号线二期、17 号线（原青浦线）、11 号线迪士尼段等。

2. 铁路。完善铁路线网，优化铁路枢纽和货场布局，实现铁路旅客年到发量 1.5 亿人次，铁路客运比重提升至 55%。重点推动沪通铁路、沪乍铁路、金山支线等项目建设，深化沪湖铁路、上海铁路东站等项目的前期研究。

3. 常规公交。构建多层次的地面公交网络，新增 3500 个公交停车泊位，中心区内站点 300 米服务半径实现全覆盖，内外环之间、郊区新城内部和新市镇 500 米服务半径实现全覆盖。重点建设曹路、徐泾、浦江、真南路等公交停车场；建设浦东大道等公交专用道。

4. 枢纽。重点建设与铁路、轨道交通、大型居住社区、郊区新城配套的 60 个以上综合交通枢纽，主要包括沪宁城际南翔北站枢纽等 5 个铁路配套项目，5 号线剑川路枢纽等 33 个轨道交通配套项目，川沙枢纽等 19 个大基地配套项目，金山新城公交次枢纽等 4 个新城配套项目以及迪士尼枢纽项目。

5. 绿色交通。大力改善城镇地区步行环境及行人与公共交通的换乘条件，发挥社区巴士、公共租赁自行车等作用，着力解决市民“最后一公里”出行问题。鼓励新城城区自行车与公共交通换乘，基本形成连接公交枢纽站点、中心区商业街道的区域性自行车通道网络。

（四）城市保障

1. 供排水。以供水水质全面达标和供水集约化为重点，基本实现城乡供水服务均衡化。以“满足需求、提高水质、安全可靠”为主线，进一步挖掘青草沙水源地潜力，保障黄浦江上游水源地安全，完善原水供应网络，提升水厂处理工艺，完成郊区供水集约化，确保供水水质全面达到国家新颁布的饮用水卫生标准。重点建设青草沙水源地原水工程，包括凌桥支线、南汇支线等，适时启动青草沙－陈行水库联络管工程；完成郊区供水集约化 17 座水厂以及约 800 公里供水管网的新建、改造或扩建工程；建设崇明东风西沙水库及原水管道一期工程；基本建成黄浦江上游水源地保护闵奉原水输水、嘉定原水支线等工程；继续推进建设徐汇新宛平、龙华机场、杨浦大定海、宝山庙彭等 28 个排水系统工程。

2. 防汛。以增强应对极端性灾害天气的能力为重点，实现大汛小灾、小汛无灾。进一步完善千里海塘、千里江堤、区域除涝、城镇排水等“四道防线”，提高预测、预报、预警、应急响应水平，加强外挡、内蓄、强排、抢险综合措施，确保城市防汛安全。继续推进太湖流域水环境治理，重点建设大泖港及其上游河道防洪工程，建设淀山湖环湖堤防工程；推进薄弱堤防加固改造；续建、新建和改建 30 余座区域排涝泵闸和沿江沿海病险水闸。

3. 燃气。加快天然气主干管网二期工程建设，基本形成资源多元、调度灵活、覆盖面广、供应稳定的主干管网体系；继续推进石洞口燃气生产、能源安全储备基地和五号沟 LNG 应急气源扩建二期等工程建设，并适时建设崇明三岛天然气主干线建设。

（五）环境建设

1. 污水。完善污水收集管网建设，继续推进未纳管污染源截污纳管，基本完成全市建成区直排污染源截污纳管，基本实现污水治理与城镇发展同步。通过优化系统、强化管理、点面结合、泥水同步等综合措施，实施截污纳管攻坚战，使全市污水处理率达到 85%；大力推进污水污泥处理处置，基本实现全市污泥的有效处理和安全处置，资源化利用明显提高；积极推进雨污水混接改造、初期雨水污染治理和中心城区污水处理厂除臭整治；继续推进农村生活污水处理。重点建设白龙港污水处理扩建工程、白龙港片区南线输送干管工程、竹园污水厂污泥处理处置工程；适时启动泰和污水厂一期工程。

2. 河道整治。以界河整治和生态河道建设为重点，实现城乡河道水质稳中有升。统筹河道蓄洪、排水、航运、生态、景观等综合功能，加强区区间界河以及区域骨干河道的整治力度，全面推进黄浦江上游水源地保护区、崇明岛生态河道建设，保持河道养护长效化、引清调水常态化。实施“十、百、千、万”工程，即重点建设崇明南横引河、小涞港等区域性骨干河道和界河；推进蕰藻浜、淀浦河环境综合整治，精心建设百条生态河道；疏拓连通千条重大项目配套河道；开展中小河道轮疏，巩固提高万河整治成果。

3. 绿化林业。构建与生态宜居城市相匹配的绿地、林地、湿地基本生态空间系统，新建绿地 5000 公顷、林地 15 万亩、四旁林 500 万株，绿化覆盖率达到 38.5%，人均公共绿地 13.5 平方米，森林覆盖率达到 15%，自然湿地保有率 30%。基本建成滨江森林公园二期、环城绿带补绿、七宝大绿地、顾村公园二期等外环生态专项工程。大力推进吴泾工业区、南大地区、上海化工区环境整治，大型居住区结构绿地，楔形绿地以及崇明东滩互花米草生态控制与鸟类栖息地优化工程，继续推进中心城区、新城、新市镇及其他社会绿地建设，争取启动建设郊环结构绿地、东沟楔形绿地，储备淀山湖湿地保护一期、南汇东滩湿地公园等工程。

4. 环卫。建设与特大型城市规模相适应的环境卫生保障系统，大力推进生活垃圾分类收集，促进源头减量，人均生活垃圾处理量比2010年减少25%以上，生活垃圾无害化处理率达到95%以上。重点建设老港可再生能源中心一期工程、老港综合填埋场一期工程、老港北侧防污染隔离林带、老港渗滤液排放管道工程、老港内河工程、老港一二三期封场工程等；推进建设金山、奉贤、松江（青浦）、嘉定、崇明、浦东等垃圾焚烧发电设施以及闵行、闸北、长兴等生活垃圾处理和转运设施。

（六）住房保障

1. 优化住房供应结构。“十二五”继续加大保障性住房建设和供应力度。确保保障性住房建设用地供应，加大中小套型普通商品住房土地供应，切实增加中小套型普通商品住房供应量，确保中小套型住宅（包括中小套型普通商品住房和保障性住房）占全市新建住宅的比例不小于70%。引导新建住房与郊区新城、新市镇、大型居住社区建设相结合，合理安排住房建设布局。

2. 加大保障性住房建设力度。5年内新增廉租住房受益家庭7.5万户（套），到“十二五”期末累计受益家庭约15万户（套），符合条件的廉租申请家庭做到“应保尽保”；5年内新开工建设2000万平方米共有产权保障住房（经济适用住房），新增供应2500万平方米、约40万套；进一步完善公共租赁住房运行机制和配套政策，结合旧区改造、大型居住社区、市政基础设施等建设，通过新建、配建、改建、收购、转化等方式，5年内开工建设和筹措公共租赁住房（含单位租赁住房）1000万平方米，新增供应900万平方米、约18万套（间）；结合大型居住社区规划和建设，重点推进征收安置住房（动迁安置房）房源和市政公建配套建设，5年内新开工建设征收安置住房（动迁安置房）3200万平方米，搭桥供应2500万平方米、约35万套。

3. 积极推进旧区改造。“十二五”期间全市完成约350万平方米中心城区二级旧里以下房屋改造，受益居民约15万户。启动郊区城镇棚户简屋改造，继续推进郊区农村低收入户危房改造，积极推进“城中村”改造。进一步推进旧住房综合改造，通过成套改造、综合整治、平改坡以及“拆落地”等方式，改善市民群众居住条件和环境质量。

（七）城镇体系

1. 加大郊区交通基础设施建设力度。坚持“公交优先”原则，加快城乡一体、区域联动的交通基础设施对接，改善郊区新城之间、中心城区与大型居住社区之间、新城内部的公交设施条件。提升郊区路网密度，打通区与区之间“断头路”，推进区域对接道路建设。

2. 加快推进社会主义新农村建设。以农村环境基础设施建设和改造为重点，力争完成郊区农村4800多座桥梁、4000多公里村内道路改造任务。完成郊区供水集约化建设和改造，进一步提高农村供水安全和水质。提高郊区污水纳管比例，推进农村生活污水处置。加快郊区生活垃圾处理处置设施建设。加大农村黑臭河道整治力度，辟通和整治界河。完善郊区能源管网分布，新城管道天然气覆盖率达到100%。完善郊区综合减灾和应急体系，建立灾难应急监测系统。

3. 重点推进郊区新城、新市镇、大型居住社区建设。坚持城乡一体、均衡发展，推动建设重心向郊区转移，优化提升松江新城、嘉定新城功能，着力推进南汇新城、南桥新城、青浦新城建设，深化完善市域城镇体系，基本形成健全的基础设施保障体系。重点推进浦东川沙、金山枫泾、闵行浦江、崇明陈家镇等发展改革试点镇以及松江泗泾和九亭、青浦徐泾等新市镇建设。全面推进大型居住社区建设。继续推进和完成500个村庄综合改造，启动开展郊区绿色重点小城镇建设试点工作。

四、“十二五”城市管理主要任务

将切实落实公交优先战略，完善交通设施和服务网络，严格交通管理和现场执法，突出科技引领支撑和信息引导服务。不断提高城市保洁水平，综合治理市容顽症，规范管理户外设施，推进环保行动计划，努力巩固世博市容环境工作成果。继续加强文明工地建设，提高标准，严格监管，突出治理施工扰民现象，注重创新施工方式，提高上海工程建设管理总体水平。加强日常维护和应急处置，确保城市设施运行安全，供应服务优质。

（一）交通组织管理

1. 加强静态和动态交通管理。进一步提高交通组织管理水平，研究并试点公交专用道上公交信号优先控制，大力推行单行道、专用道等规划和管理。继续实施需求管理、差别化管理等政策，统筹规划、建设和管理各类停车设施。加强对交通形势的综合研判，推进重点拥堵节点的改造优化。提升城市交通依法治理水平。推动非机动车管理立法，从源头上解决载客残疾车、超标电动车、不在本地上牌助动车的管理难题。

2. 坚持提升综合交通体系协调管理水平。进一步完善健全交通综合信息平台，加快建成交通综合决策分析系统。完善交通信息数据质量监控体系，开展交通环境影响分析。加强交通运输行业信息化管理，提升高速公路、快速路、地面道路交通信息化水平，大力拓展高速公路不停车收费覆盖范围。推进轨道交通、公共汽电车实时信息采集和应用。加快研究中心城区的公交信号优先系统。全面建成公共停车信息监管和服务应用平台。完善交通信息服务应用平台，提供多样化交通信息服务。

（二）市容环境管理

1. 着力提升城市整洁程度。提高道路、广场、主要景观区域清扫保洁标准，推广重点区域昼夜保洁、夜间冲洗等保洁模式，道路、水面整洁优良率达到90%；建立道路保洁全覆盖网络与质量监测体系，加强中小道路保洁服务，探索实施道路路面、绿化、公共设施的综合保洁模式；深入开展区县河道环境卫生整治，落实黄浦区、苏州河中心城区段及上游干流水域日常保洁措施，完善黄浦区、苏州河干流防御型水域保洁体系；加强船舶废弃物收集管理，健全收费机制，确保船舶废弃物集中规范处置；严格落实车容保洁措施和制度，确保环卫作业车辆规范化优良率达到95%以上。

2. 综合治理市容管理顽症。建立和完善设摊差别化管理，合理实施区域控制、时段控制和现场控制。消除中心城区非机动车乱放现象，重点加强交通枢纽、轨道交通站点、商业网点等停放点规划。加大违法、违章建（构）筑物整治力度，强化早发现、早处理的工作机制，聚焦别墅区、城乡结合部等多发区域，遏制新增违法建筑。坚决遏制黑色广告滋生。强化旅游集散点、旅游景（区）点、长途客运站、公共交通枢纽、轮渡码头、火车站等公共场所市容环境管理。

3. 规范管理空间秩序。加强户外广告的规范管理。严格执行户外广告设施设置阵地规划，完善实施方案，推进公共阵地使用权拍卖招标和公共空间有偿使用，强化监督管理。户外广告规范设置率超过98%。加强各类设施规范设置。规范人行道设施以及摊、亭、棚的设置。美化居民小区景观管理。

4. 不断提升环境质量。均衡城区绿地布

局，加强立体绿化建设，提高绿化数量和质量，优化绿化管养标准，中心城区公共绿地失管失养率控制在2%以下。继续推进老公园改造。提升绿林湿地的景观、服务和生态功能，推进行业管理的规范化、信息化、机械化和系统化，努力提高湿地和野生动植物保护。推进生活垃圾的高效处置。促进生活垃圾源头减量，推进分类系统形成和全过程管理。多种形式推进综合利用，生活垃圾资源化率达60%。加强人居环境保护，强化村庄改造长效管理，建立健全相关技术标准。进一步加强对“水、尘、烟、声、秆”的整治。

5. 深入推进城市网格化管理。进一步发挥城市管理网格化优势，实现城市化地区和全行业网格化管理全覆盖。积极推进郊区新城网格化管理，推进城市网络化管理和社区管理的衔接互动，建立市政道路、市容绿化、住宅小区综合管理等专业网格化管理系统。建立上海城市运行管理指标体系，整合管理资源，建立城乡建设管理要素协调推进机制，以及城管执法和专业执法队伍的衔接机制，整合协管员和网格监督员队伍。进一步协调政府管理和社会管理联系互动，加强“12319”城建热线、新闻媒体等与城市网格化管理系统的关联反应，建立健全社会市民参与城市管理的体制和机制，积极探索网格化管理由行政管理系统内循环向城市管理系统外循环转变。

（三）建设工地文明施工管理

1. 加强文明工地管理。按照一般区域、重点区域，梯次提高现行管理标准。中心城区除抢险、连续浇筑等，一般情况不允许夜间施工，特殊情况的施工也必须做好相关保护措施。中心城区工地，逐步实现外来建筑工人统一安排住宿。细化措施明确责任。进一步制定施工扬尘、作业噪声、光照污染、污泥排放的控制措施以及安全管理措施。明确区县责任，实施工地管理属地化。建立考核监督制度。建立月度检查、季度测评的考核制度。逐步开展夜间施工工地周边征询制，减少夜间施工扰民。

2. 突出建筑渣土管理。完善管理措施，加强渣土现场产生、运输过程、末端处置的各部门联动管理，进一步落实定车、定价、定点、定账户、定路线的“五定”措施。试点开展中心城区建筑渣土、建筑垃圾的集装箱化运输。加强检查和执法，通过有效的法制保障体系，进一步落实建设单位、施工单位、运输单位的责任。建立执法联动机制，严格执法。鼓励市民积极投诉，加强监督。开展集中整治与日常监管相结合，保持高压态势。推进处置方式优化，推动运输体系结构优化，减少陆路运输。大力开展渣土资源化利用研究，进一步推进源头减量工作。

3. 强化掘路施工管理。强化统筹管理，实行道路管线施工作业面与工作量的年度、月度与区域总量控制，尽量减少重复掘路。加强日常监管，完善管理流程，实时掌握掘路动态情况。优化作业方案，制定中心城交通繁忙路段施工强化措施。

（四）设施运行维护管理

1. 加强市政设施运行维护。加强城乡基础设施日常维护、改造大中修、专项整治、行业管理四个层面的专业化和规模化运行养护管理。建立健全完善的决策体系、监督考核体系、资金保障体系，建立标准定额的常态管理、动态更新机制。健全设施维护项目储备库和维护项目招投标统一平台，加强运行监测，形成日常检查、定期检测、加强预养、运行评估的养护机制。

2. 确保公用行业服务供应。加强青草沙等优质水源地综合管理，完善原水供应网络，提升水厂处理工艺，进一步推进二次供水设施改造，完善下水管道管理和养护，大力推进积水点改造工程。加强对电力、燃气、供水等设施运行监管，提升设施服务能力。加强垃圾和污水处置、配套环保设施的服务能力，减轻对周边环境的影响。

3. 完善住宅物业管理服务。健全管理机制，完善业主自我管理机制，调整完善住宅物业服务价格形成机制，强化物业服务的行业管理。完善物业服务体系，进一步拓展962121物业服务热线功能和服务范围，建设覆盖全市住宅小区的物业服务平台，提供24小时全天候服务，及时受理、处置物业服务诉求。

4. 提高城市运行应急能力。强化应急执行能力，制定重点地区和关键环节的应急预案，强化演练培训，提高应急保障队伍素质，增强预案的可操作性和协同性。建立健全城市防灾减灾、防恐反恐体系，加强水、电、气、通信等城市生命线的运行监测、危机预警和应急响应。开展安全风险评估，建立数据完备的信息库等手段，加大高层建筑、地下空间、大型交通枢纽等安全管理力度，抓好各项安全管控措施的落实。

（五）综合节能

1. 交通节能

（1）对外交通

调整优化集疏运结构，增加民航空域。降低公路集装箱集疏运系统的比例，大力发展内河水运集装箱集疏运系统，优化上海国际航运中心集装箱集疏运体系的结构可以有效地减少CO2排放和能源消耗。充分利用现有资源，提高铁路集装箱运输比例。增加民航空域，调整航线航路。在现有的航线航路上，继续探索最佳飞行路径的可行性，通过缩短航路距离，减少绕飞降低航油消耗。

加强运输组织管理，提高运输效率。充分应用智能交通信息、物联网等先进技术，以信息化带动集约化，加快形成覆盖面较宽，集约化程度较高的网络体系，满足仓储、配送、运输及客户管理等需要的物流信息平台，实现运输工具的智能化调度。积极推动先进的运输组织方式发展，如甩挂运输，提升车辆载运率，降低作业量单耗。

更新淘汰老旧运输工具，加强运输工具的节能技改。加速淘汰高能耗、高排放的老旧设备，引导运输工具向大型化、专业化方向发展。重点发展大型专业船舶，推进内河船舶标准化发展，加快发展适合高速公路、干线公路的重型车辆，以及短途集散的小型低耗车辆。针对节能减排工作需要，积极开展节能技术创新和技术改造的研究，从技术角度降低能耗。

（2）城市交通

提高公共交通的运能和效率。大力推进实施公交优先特别是轨道交通和公共汽电车等的大容量公共交通运输方式，提高能源利用效率。通过各项措施，提高轨道和公交的运能效率，促进大容量公共交通方式节能。制定出租汽车候客站点设置标准，在对外交通枢纽、公共活动和文化娱乐中心、宾馆、饭店、商办楼、商业中心、游览场所、医院、居住区和交通枢纽等客流集散点，设置出租汽车候客站点，减少空驶里程，降低运营能耗。通过“在站候客、加强电调”，提高运能效率。

推动各类节能车型发展。推动混合动力车、纯电动汽车等节能车型的发展，提高公共交通节能环保水平。适度发展安全可靠、技术成熟的燃料电动汽车、代用燃料汽车，加快规划建设相配套的充换电等基础设施。

以示范工程为抓手，推进节能重点项目。大力推进运输信息化和智能化建设，加快“车载远程监控”、“车联网”等现代信息技术在运输领域的研发应用。加快发展公路甩挂运输，大力发展先进运输组织方式，提升客、货运组织管理水平。继续推进RTG“油改电”和港口码头岸基供电，加强船舶经济航速航行管理，在不影响船期的前提下，推行经济航速。推广机场桥载电源的应用。

2. 建筑节能

新建建筑实施高标准节能设计。对新建建筑继续严格按国家或地方标准设计建造，积极稳步推进居住建筑、公共建筑实施高标准节能设计工作。有计划、分步骤推进既有建筑改造。加强大型公共建筑用能监管。进一步完善国家机关办公建筑和大型公共建筑的节能监管体制，健全监管制度，完善节能管理组织体系。推进节能省地型住宅建设，制定激励政策，大力推行住宅产业化，探索实施设计、施工、装修一体化，切实提高住宅全装修比例。在公共建筑的建设和改造中，推广屋顶绿化、墙面绿化等立体绿化建设。加大可再生能源在建筑中的应用力度。鼓励开展太阳能、地热能等可再生能源在建筑中的应用研究、示范推广，重点推广实施太阳能光热建筑一体化技术体系。推广绿色、低碳建筑。推进绿色建筑评价标识，扩大绿色建筑示范模范，开展低碳节能技术示范，加快绿色、低碳建筑技术开发推广。

3. 能源管理

在积极推进城市燃气行业建设的同时，重视天然气能源的管理。积极鼓励支持专业的能源服务。推动能源合同管理、鼓励创建能源专业服务公司，提高能源的利用效率。积极推动燃气电厂的发展，改善上海电网电源结构，缓解上海环境保护压力。进一步推广分布式供能系统。有序实施燃煤燃油锅炉替代任务。不断推广燃气器具节能技术，进一步提升燃气器具的节能技术水平，推广冷凝式热水器的应用，加强对器具氮氧化物排放的研究，加快推广全市公共厨房设备节能改造，提高一级效能普及率。

（六）科技进步

1. 交通与设施

围绕建设国际航运中心以及国际大都市的基础性服务保障功能，进一步加快建设一体化综合交通及集疏运体系的进程；完善城乡枢纽型、功能性、网络化基础设施建设与管理，提高运行效率与服务水平；构建以公共交通为主体，机动车、慢行交通、货运交通平衡发展的城市交通体系。重点突破大型交通枢纽一体化、城市轨道交通网络体系构建、磁浮交通，完善公路、道路交通网络综合技术、智能交通系统及基于智能化技术的交通管理、充换电基础设施体系建设、低碳型交通体系建设及交通节能减排、港口集疏运基础设施布局、配置、运行管理等几方面的关键技术。

2. 资源与环境

以节能减排和低碳城市建设的要求为主导，资源节约破解降耗、再生和循环的技术难点；工程项目从规划、设计、施工到运行维护以及相关的科研，全寿命周期提倡“节地、节材、节能、节水、资源综合利用”和环保以及低碳化的绿色理念；加强生态环境建设，积极营造宜居环境和宜居城市。重点突破水资源保护、开发利用与水处理、废弃物资源化再利用、生态环境保护、修复与构建以及低碳城市建设、建筑节能及绿色建筑等综合技术。

3. 安全与防灾

针对城市建设中地面与地下空间环境日益复杂、地质条件特殊、技术难度提高、工程风险增大的特点，以及全面提升特大型城市安全运行与防灾能力的需求，积极开展科研与技术攻关，支撑与加强城市安全运行管理。重点突破城市防灾规划研究、基础设施及生命线工程建设、运行与风险控制、重要建筑构筑物抗震防灾、地下工程风险分析与灾害防范控制、施工安全关键技术及装备、防汛减灾和环境生态安全等关键技术。

4. 运行与维护

确保市政基础设施运行质量，提高服务水平与效率，降低运行能耗与成本。同时，结合旧区改造和优秀建筑及风貌保护，开展科技创新。重点突破提高道路质量关键技术与装备、桥梁（包括高架桥）养护加固关键技术与装备、隧道检修、养护及加固改造、轨道交通网络化运行与维护、既有建筑保护改造、市政管网设施运行管理与维护改造等综合技术。

5. 新技术应用

健全技术准入制度。制定严格标准，逐步限制、淘汰落后施工工艺，在建设工程项目中，推广应用工厂化预制、整体装配等先进施工技术，从源头上减少工程建设对环境和交通的干扰，减少声、光、尘等对居民生活的影响。推广先进工艺工法。在大型居住社区建设中，以推进预制装配式住宅发展为重点，加快本市住宅产业化进程。在掘路作业中，积极推广使用低噪声挖掘工具和降噪防尘作业工法。同时，加强对一线建筑工人的技能培训，提高其操作能力。

（七）信息化

1. 信息资源开发利用和协同整合。统筹城乡建设交通政务信息资源开发利用，推进电子政务基础环境、政务信息资源和业务协同应用建设，逐步实现政府机关、管理机构、服务对象之间电子化政务信息的互联互通，进一步扩大服务对象，服务过程的覆盖面，提升政府决策能力和管理效能。

2. 城市建设管理领域的信息化应用。按照城市管理、交通管理和建设管理三大业务主线，建设和完善相应的跨部门协同应用系统建设，进一步提高全行业信息化应用的水平和效能，并以信息化促进业务协同能力的不断提升。建设城市综合管理平台，进一步扩大城市网格化管理的应用成果；完善交通综合信息平台，进一步拓展和提升交通信息综合服务平台信息汇聚和智能处理能力；深化研究建设工程项目管理平台与协同审批平台、固定资产项目审批平台之间的关系，在现有基础上加强方案优化和衔接，突出工程项目全过程管理功能设计，实现整体、动态、量化的科学管理。

3. 主干信息化应用系统建设。深化建设上海市旧区改造信息管理系统，进一步创新机制；依托城市综合管理平台，进一步深化水务、绿化、林业、市容环卫和城管执法等应用；提升城市运行保障信息化管理水平，建设具有决策支持功能的管网输配管理智能化数字管理系统和运行管理实时自动控制系统；推进地下空间信息基础平台建设，进一步拓展地下空间基础信息资源建设，适时开展地下构建筑物的数据调查，完善数据应用功能。

五、“十二五”城市建设和管理保障措施

（一）加强资源整合，深化完善建设管理体制

进一步整合优化管理资源，加强市级层面的统筹协调，提高区级层面的贯彻执行力。进一步下移日常管理重心，充分发挥区县、街镇的积极性和能动性。在网络型、功能性基础设施管理中，探索实施区域化管理的机制。进一步加强与市相关部门的沟通联系，在重大项目建设、城市规划布局、建设管理资金安排、生态环境保护等方面，建立健全协作协调机制，共同推进城乡建设交通发展。

（二）加强城乡建设管理法制保障，提高执法水平

制定并颁布《上海市实施？道路交通安全法？办法》及相关配套规章制度，初步建成与本市经济建设和社会发展相适应的道路交通安全法律保障体系。适应《物权法》和“拆迁条例”修订等新形势，根据上海“十二五”发展新要求，对城乡建设管理法规框架体系进行修订，配套完善相关法律制度。在相关法规制定修订中，特别要加强民生改善、社会管理和公共服务的内容，要针对城市管理顽症治理，进一步转变管理理念，增加给付性制度完善、疏堵结合、规范执法等内容，加强立法执法工作，整合完善执法资源，加大联合执法力度，进一步推进建设交通系统依法行政、规范行政。

（三）加大财政投入力度，完善公共投入保障机制

公共财政在继续加强城市建设投入的同时，进一步向城市管理和维护投入方面倾斜，

完善定额和标准，建立健全市区两级城市管理和维护资金稳定的投入增长机制，充分发挥区县作用。

（四）重视人才培养，加强人才队伍建设

积极推进行业领军人才、高技能人才等重点人才队伍的建设发展，健全建设交通行业选人育人、教育培训、评价分配、发展服务等各类机制，依托“党管人才”的体制优势，建立健全行业各类相关优秀人才统筹调度与使用的协同机制，通过人才流动实现“第一资源”的积聚，逐步形成一支具有国际竞争力的人才队伍。

（五）加强技术储备，完善技术创新体系

聚焦交通与设施、资源与环境、安全与防灾、运行与维护、管理与服务等领域中重点的技术（技术群）、标准体系进行重点突破和重点研究，依托科技为城乡建设和管理保驾护航。深化科技体制改革，按照以政府为主导、企业为主体、市场为导向、产学研相结合的科技创新模式，加快建设交通科技创新体系建设。落实促进自主创新的各项激励政策。加强国际和国内科技交流与合作。利用科技信息资源共享平台和技术交流等多种形式，出台一些刚性的激励措施，着力做好科技成果的推广应用和产业化工作，形成科技资源优化配置的研究开发、成果转化的市场体系。

24. 关于进一步严格执行房地产市场各项调控政策的通知

（沪府办发〔2012〕49 号，7 月 26 日）

各区、县人民政府，市政府各委、办、局：

2011 年以来，本市坚决贯彻落实国家出台的房地产市场各项调控政策，严格执行差别化住房信贷、税收和住房限售等规定，认真搞好房产税试点，不断加强房地产市场监管，取得了积极成效。总体看，住房价格上涨势头得到有效遏制。为进一步贯彻落实国家和本市出台的房地产市场各项调控政策，巩固调控成果，坚决抑制投机投资性购房需求，根据近期国土资源部、住房城乡建设部《关于进一步严格房地产用地管理巩固房地产市场调控成果的紧急通知》（国土资电〔2012〕87 号）要求，经市政府同意，现就严格执行房地产市场各项调控政策作如下通知：

一、严格执行差别化住房信贷、税收和住房限售政策

（一）对贷款购买第二套住房的，按照现有政策，严格执行“认房认贷”的认定标准、首付款标准、贷款利率标准。严格执行差别化公积金贷款政策，支持首套自住性购房和符合条件的本市居民购买共有产权保障住房（经济适用住房）个人住房公积金贷款。

（二）区别普通商品住房和非普通商品住房、家庭唯一住房和家庭非唯一住房等情况，继续严格执行各项差别化的房地产交易环节税收政策。

（三）严格执行国家和本市住房限售政策确定的各项操作口径。在合同签约环节，加强对房地产企业的监管；在合同备案登记、产权过户等环节，加强审核。由房屋管理部门会同人力资源社会保障、税务等部门利用信息技术，对非本市户籍居民家庭提交的社保或纳税证明的真实性进行核查，凡不符合规定的，不予办理相关房地产登记手续，并进行诚信状况记录。

二、加大保障性住房和普通商品住房土地供应力度

加快住房用地供应，确保保障性住房和普通商品住房用地供应规模，优化住房用地供应结构。加快保障性住房和普通商品住房用地审批，督促房地产开发企业按照合同约

定加快开发建设。加强土地批后监管，确保土地出让后形成有效供给。

三、严格按照房屋用途加强交易管理

房屋管理部门和工商部门要加强监管，防止扰乱房地产市场行为的发生。要按照批准的土地、房屋用途严格交易管理。酒店式公寓房屋用途为居住，属于住房限售范围；公寓式办公楼房屋用途为办公，公寓式酒店房屋用途为旅（宾）馆，公寓式酒店严禁分套销售。对混淆房屋用途、误导购房者等违规行为要依法查处，切实维护购房者合法权益。

四、开展房地产市场调控政策执行情况检查

（一）下半年在全市组织开展住房限售政策、差别化住房信贷、税收政策执行情况的检查，重点检查购房资格、“认房认贷”政策执行情况、土地增值税等税收征管情况，严肃查处提供虚假证明骗取购房资格以及违规发放二套、三套房贷等行为，确保各项政策落到实处。

（二）房屋管理、财政、税务、人力资源社会保障、工商、金融、监察等部门和市公积金中心要加强沟通协调，搞好日常检查。对提供虚假证明、串通骗取购房资格的，一律不得办理房地产登记。对涉及房地产企业违法违规的，可依法暂停网上销售，计入信用档案，降低直至取消资质，并责令办理相关变更登记或注销登记；拒不办理的，依法吊销其营业执照。涉及其他企业违法违规的，依法追究其责任，直至依法吊销其营业执照。涉及国家工作人员违法违规的，依法给予行政处分；构成犯罪的，移交司法机关依法追究其刑事责任。

五、大力加强住房保障，进一步扩大受益家庭规模

按照年度目标任务，积极推进保障性住房项目建设和供应，加强工程质量监督管理，努力提高配套水平。扩大廉租住房实物配租受益面；研究完善共有产权保障住房（经济适用住房）的申请条件和相关运行机制，加大申请供应力度；研究探索公共租赁住房与廉租住房统筹建设、并轨运营机制；进一步完善保障性住房分配和供后管理机制。

六、完善信息披露，加强舆论引导

各有关部门要全面、正确、及时地提供房地产市场信息，深入解读相关政策，科学引导市场预期。新闻媒体要加强舆论宣传和正面引导，着重宣传本市“两个体系、三个为主、四位一体”解决住房问题的做法和经验，引导房地产市场平稳健康发展。

25. 上海市完善省级以下邮政监管体制工作实施方案

（沪府办发〔2012〕50号，7月28日）

根据《国务院办公厅关于完善省级以下邮政监管体制的通知》（国办发〔2012〕6号）、中央编办《关于省级以下邮政监管机构设置人员编制的通知》（中央编办发〔2012〕3号）、中央组织部《关于完善邮政管理体制组织人事工作有关问题的通知》（组通字〔2012〕20号）、《国家邮政局关于完善省级以下邮政监管体制工作的指导意见》（国邮发〔2012〕33号）和中央编办、交通运输部、国家邮政局联合召开的完善省级以下邮政监管体制实施工作动员电视电话会议精神，结合本市实际，制订本方案。

一、指导思想和基本原则

（一）指导思想

深入贯彻落实科学发展观，按照国务院关于完善省级以下邮政监管体制的总体部署，坚持行政体制改革的方向，发挥综合运输体系的整体功能，强化和落实政府监管责任，加强邮政行业管理和市场监管。通过完善邮政监管体制，建立政府依法监管、权责

关系明确、上下运转通畅的邮政管理体制，更好地维护邮政通信与信息安全，保障邮政普遍服务，促进本市邮政业转型升级发展。

（二）基本原则

1. 综合设置，精简高效。按照区域，分片设置本市省级以下邮政监管派出机构，做到管理范围覆盖全市；根据邮政监管工作需要，精简、高效地设置内设机构和配备人员。

2. 深化改革，强化监管。在 2006 年以来实施邮政体制改革、实现省级邮政政企分开的基础上，通过深化改革设置省级以下邮政监管派出机构，强化本市邮政业监管。

3. 积极稳妥，有序推进。在市政府的支持和相关部门的配合下，按照“先组建、后完善”的总体思路，稳妥、有序、有效地开展工作，在 2012 年年底前完成省级以下邮政监管派出机构的组建。

二、主要任务

（一）设置邮政监管派出机构。按照中央编办规定，在本市设置浦东邮政管理局等 6 个邮政监管派出机构。其中，浦东邮政管理局管辖浦东新区；黄浦邮政管理局管辖黄浦区、虹口区、杨浦区、静安区和长宁区；宝山邮政管理局管辖宝山区、闸北区和崇明县；青浦邮政管理局管辖青浦区、嘉定区和普陀区；松江邮政管理局管辖松江区、闵行区和徐汇区；奉贤邮政管理局管辖奉贤区和金山区。上述派出机构的规格为正处级，领导职数按照 1 正 1 副配备，每个派出机构核定行政编制数 10 名。其主要职责是：贯彻执行国家邮政法律法规、方针政策和邮政服务标准，研究拟订管辖区域邮政发展规划，监督管理邮政市场及邮政普遍服务和机要通信等特殊服务的实施，负责行业安全生产监管、统计等工作，保障邮政通信与信息安全，承办上级邮政管理部门交办的其他事项。

市邮政公司设在区县的邮政企业不再使用“××邮政局”的名称，更名为“××邮政分公司”。

（二）调整邮政管理体制。邮政管理体制实行中央和地方双重管理、以中央为主的管理体制，市邮政管理局由国家邮政局与市政府双重管理，邮政业务、机构编制、干部、财务等以国家邮政局管理为主，其主要负责人兼任市建设交通委副职领导（按照干部管理权限，先行与市委组织部进行沟通，其任免需征得市委、市政府同意）。各邮政监管派出机构的人事、财务、党务等，原则上由市邮政管理局管理。

（三）强化邮政管理部门职责。通过在本市设置省级以下邮政监管派出机构，落实人员配备，强化本市邮政管理部门的基础管理、基层管理职能，进一步保障本市邮政普遍服务，加强邮政设施规划和建设，规范和支持快递服务发展，确保邮路安全，促进邮政业转型升级发展。

（四）明确市、区县政府在邮政管理方面的责任。市、区县政府将邮政设施的布局和建设纳入本地城乡规划，对提供邮政普遍服务邮政设施的建设等提供政策和资金支持。市建设交通委协助做好邮政管理相关工作，统筹协调全市邮政行业规划与交通运输规划的衔接，促进邮政与交通运输资源的整合。市邮政管理局党的关系归口市建设交通工作党委管理，按照干部管理权限，协管领导干部。

三、实施步骤

（一）筹备启动阶段（2012 年 2 月至 3 月上旬）。组织学习、宣传、贯彻国务院办公厅、中央编办和国家邮政局有关文件。成立市完善省级以下邮政监管体制实施工作协调小组。

（二）调查摸底阶段（3 月中旬）。按照国家邮政局要求，对组建省级以下邮政管理部门的人员、经费、资产等情况进行摸底测算，并将需求和建议上报国家邮政局。

（三）推进实施阶段（3 月至 11 月）。一是成立实施工作机构，拟订实施方案。按照国家邮政局的部署，落实人事、财务、设施等重要事项。二是根据《中国共产党章程》、《公务员法》和《党政领导干部选拔任用工作条例》的规定，选调国家邮政局系统、交通运输系统、邮政企业和地方政府、国有企事业单位符合条件的优秀干部到邮政管理部门工作。三是按照公务员录用的有关规定，坚持综合素质和专业能力兼备的标准和“公开、平等、竞争、择优”的原则，注重从基层和生产一线选拔优秀干部，考试录用优秀人才充实监管力量，并落实培训工作。四是召开机构成立大会，宣布任命，完成公章刻制、机构挂牌、银行开户、组织登记、办公场所等基础工作。五是与建设交通部门衔接，落实规划及党务管理等工作。六是协助邮政企业，落实区县邮政企业更名、换牌和企业登记变更工作。

（四）工作总结阶段（12月）。在完成机构框架组建的基础上，归纳整理实施工作材料，上报实施工作总结；做好国家有关部门视察检查工作的相关准备；召开全市完善省级以下邮政监管体制实施工作总结会。

四、组织领导

根据交通运输部和国家邮政局的建议，经市政府同意，成立市完善省级以下邮政监管体制实施工作协调小组（以下简称“市协调小组”），由分管副市长任组长，市建设交通党委、市建设交通委、市邮政管理局、市编办、市公务员局领导任副组长，市建设交通工作党委、市公务员局、市邮政管理局和市编办相关领导为成员（名单详见附件）。市协调小组统筹协调实施进度，沟通商议工作中的重要事项。

市协调小组下设办公室（设在市邮政管理局），负责具体实施工作。

五、具体要求

（一）统一思想，提高认识。各区县政府和相关部门要认真学习贯彻国务院办公厅、中央编办有关文件精神，深刻认识完善省级以下邮政监管体制的重要意义，坚定深化改革信心，贯彻落实好中央的决策和部署。

（二）加强领导，落实责任。各区县政府要在市协调小组的指导下，认真做好协调、衔接、支持和推进工作。相关部门要确定联系人，与市协调小组办公室建立工作联系机制，及时沟通商议实施工作中的重要事项，共同落实工作任务。

（三）积极配合，大力支持。市邮政管理局要主动与区县政府及相关部门建立协调沟通渠道，搞好工作衔接。区县政府及相关部门要协助市邮政管理局统筹做好邮政行业与地方经济社会的发展规划，支持邮政普遍服务设施建设，促进邮政与交通运输资源的整合，提高政府公共服务水平。

（四）执行政策，严守纪律。要认真贯彻执行《公务员法》、《党政领导干部选拔任用工作条例》、《公务员调任规定》和《党政领导干部选拔任用工作监督检查办法（试行）》等，严肃机构编制纪律，严格执行干部管理规定和程序规定。尤其是在领导干部选任、公务员招录、财务预算、资产租赁购置等重要环节，要落实监督检查制度和责任，坚决杜绝机构组建中的不正之风和违规违纪行为。

26. 上海市国有土地上房屋征收补偿决定的若干规定

（沪府发〔2012〕73号，8月8日）

第一条（制定依据）

根据国务院发布的《国有土地上房屋征收与补偿条例》以及《上海市国有土地上房屋征收与补偿实施细则》（以下简称《实施细则》），制定本规定。

第二条（报请补偿决定）

房屋征收部门与被征收人、公有房屋承

租人在征收补偿方案确定的签约期限内达不成补偿协议，或者被征收房屋所有权人不明确的，由房屋征收部门报请区（县）人民政府作出补偿决定，并提交以下材料：

（一）作出补偿决定的报告；

（二）被征收房屋的权属及租赁关系的调查资料、房屋评估报告及房屋评估鉴定结果；

（三）对被征收人、公有房屋承租人的具体补偿方案；

（四）用于补偿决定的产权调换房屋的相关证明材料；

（五）属房屋征收部门与被征收人、公有房屋承租人在征收补偿方案确定的签约期限内达不成补偿协议的，需要提交协商记录（协商记录应当由当事人签名，当事人拒绝签名的，由现场见证人签名）；

（六）属被征收房屋所有权人不明确的，需要提交房屋勘察记录、公证机关出具的证据保全法律文书及相关情况说明；

（七）其他与补偿决定有关的材料。

房屋征收部门报请区（县）人民政府作出补偿决定的，应当同时将作出补偿决定的报告内容告知被征收人、公有房屋承租人。

第三条（审理程序）

区（县）人民政府在作出补偿决定前，应当按照下列程序进行审理：

（一）听取被征收人、公有房屋承租人的陈述，核实相关证据材料，查清房屋征收补偿的事实，并制作笔录；

（二）组织房屋征收部门和被征收人、公有房屋承租人进行调解，达成协议的，应当签订房屋征收补偿协议，审理终止；

（三）被征收人、公有房屋承租人经两次通知不出席审理调解，或者经审理调解达不成协议的，区（县）人民政府应当于房屋征收部门报请之日起30日内作出补偿决定；有正当理由的，可以延长30日作出补偿决定。补偿决定应当在房屋征收范围内公告张贴。

第四条（审理中止）

在审理过程中出现下列情形之一，中止审理并书面告知被征收人、公有房屋承租人：

（一）发现新的需要查证的事实的；

（二）补偿决定需要以法院判决或相关裁决结果为依据，而相关案件未结案的；

（三）被征收人、公有房屋承租人死亡或者终止，需要变更被征收人、公有房屋承租人的；

（四）被征收人、公有房屋承租人书面提出居住困难审核申请的；

（五）其他因特殊情况需要中止的情形。

中止审理的情形消除后，应当恢复审理。

第五条（居住困难户的补偿决定）

被征收人、公有房屋承租人可能符合居住困难条件，但未提出居住困难审核申请的，区（县）人民政府在作出补偿决定前，应当征询被征收人、公有房屋承租人是否需要提出居住困难审核申请的意见。征询可以通过书面形式征询，也可以在审理调解时当场征询。

被征收人、公有房屋承租人在书面征询发出之日起5日内不提出书面审核申请，或者在当场征询时，不提出书面审核申请的，视作放弃居住困难保障补贴。

第六条（补偿决定的内容）

补偿决定应当包括以下内容：

（一）房屋征收部门与被征收人、公有房屋承租人（包括代理人）的姓名或名称等基本情况；

（二）争议的事实和理由；

（三）认定的事实、理由和适用的法律依据；

（四）具体补偿方案（补偿方式、补偿金额和支付期限、用于产权调换房屋的地点和面积、搬迁费、临时安置费或者周转用房、停产停业补偿、搬迁期限、过渡方式和过渡期限以及《实施细则》中规定的应当补偿的项目）；

（五）告知被征收人、公有房屋承租人行政复议、行政诉讼的权利及期限；

（六）区（县）人民政府名称、补偿决定日期并加盖公章。

补偿决定规定的搬迁期限，不得少于 15 日。

第七条（文书送达）

补偿决定文书（包括作出补偿决定的报告、审理调解通知、补偿决定书等）应当送达被征收人、公有房屋承租人，并留有送达的证据。

补偿决定文书应当直接送达被征收人、公有房屋承租人；被征收人、公有房屋承租人拒绝签收的，可以留置送达。直接送达有困难的，可以邮寄送达。被征收人、公有房屋承租人下落不明，或者用上述方式无法送达的，可以公告送达。

采用公告送达的，区（县）人民政府应当通过房屋征收范围内的公告栏及区（县）人民政府网站等进行公告，自公告之日起满 30 日视为送达。公告送达，应当在案卷中记明原因和经过。

第八条（补偿决定的执行）

补偿决定送达后，房屋征收部门与被征收人、公有房屋承租人应当执行补偿决定。

被征收人、公有房屋承租人在法定期限内不申请行政复议或者不提起行政诉讼，在补偿决定规定的期限内又不搬迁的，由作出房屋征收决定的区（县）人民政府依法申请人民法院强制执行。

区（县）人民政府在申请人民法院强制执行前，应当依法书面催告被征收人、公有房屋承租人履行搬迁义务。

第九条（组织实施强制执行）

人民法院对补偿决定裁定准予执行的，一般由区（县）人民政府组织实施。

第十条（参照适用）

已依法取得房屋拆迁许可证项目所涉行政裁决的强制执行、房屋拆迁补偿安置协议以及房屋征收补偿协议的强制执行，其执行模式参照适用本规定。

房屋拆迁行政裁决的强制执行，由裁决机关向人民法院申请；房屋拆迁补偿安置协议的强制执行，由拆迁人向人民法院申请；房屋征收补偿协议的强制执行，由房屋征收部门向人民法院申请。

第十一条（实施日期）

本规定自印发之日起施行，有效期至 2017 年 6 月 30 日。

27. 上海市停车场（库）管理办法

（2012 年 8 月 31 日上海市人民政府令第 85 号公布）

第一章 总则

第一条（目的和依据）

为了加强本市停车场（库）的规划、建设和管理，调节停车供需关系，改善交通状况，保障停车场（库）经营者和停车者的合法权益，根据《上海市道路运输管理条例》等有关法律、法规的规定，制定本办法。

第二条（适用范围）

本办法适用于本市行政区域内停车场（库）的规划、建设、使用及其相关管理活动。

本办法所称的停车场（库），包括公共停车场（库）、道路停车场和专用停车场（库）。

第三条（管理部门）

市交通行政主管部门是本市停车场（库）的主管部门，负责本办法的组织实施，并对市管停车场（库）实施监督管理。

区（县）交通行政主管部门按照规定职责，负责其管辖范围内停车场（库）的监督管理。

本市规划国土、建设、公安交通、房屋、财政、价格、工商、税务、消防、绿化市容等管理部门按照各自职责，协同实施本办法。

第四条（行业协会）

本市停车服务行业协会应当按照有关规定，制定行业自律规范，开展行业服务质量评价和培训工作，并协助有关行政管理部门做好停车场（库）的相关管理工作。

第五条（鼓励和推广）

本市鼓励社会资金投资建设公共停车场（库），鼓励综合利用地下空间等建设公共停车场（库），推广应用智能化、信息化手段管理停车场（库）。

第二章 停车场（库）规划与建设管理

第六条（规划编制）

公共停车场（库）专项规划由市交通行政主管部门根据本市综合交通规划和交通需求状况，会同市规划国土、建设行政管理部门编制，经报市政府批准后，纳入相应的城乡规划。

第七条（用地控制）

公共停车场（库）专项规划确定的停车场（库）用地属道路广场用地，未经法定程序调整，不得改变用途。

第八条（设置标准和设计规范）

公共停车场（库）和专用停车场（库）的设计方案，应当符合国家和本市停车场（库）的设置标准和设计规范。

本市停车场（库）设置标准和设计规范，由市交通行政主管部门会同市公安交通、规划国土行政管理部门编制，经市建设行政管理部门批准后实施。

第九条（配套建设）

新建公共建筑应当按照国家和本市停车场（库）的设置标准和设计规范，配套建设停车场（库）（含公共停车场（库）、专用停车场（库））。

新建公共交通枢纽应当根据本市综合客运交通枢纽规划，配套建设公共交通换乘停车场（库）。

配套建设的停车场（库）应当与主体工程同步设计、同步施工、同步验收、同步交付使用。

第十条（补建）

下列公共建筑未按照国家和本市停车场（库）的设置标准和设计规范配套建设停车场（库）的，应当在改建、扩建时补建：

（一）机场、火车站、港口客运站、省际道路客运站以及公共交通与自用机动车换乘的枢纽站；

（二）体育（场）馆、影（剧）院、图书馆、医院、会展场所、旅游景点、商务办公楼以及对外承办行政事务的办公场所；

（三）建筑面积在5000平方米以上的商场、旅馆、餐饮、娱乐等经营性场所。

前款规定的公共建筑因客观环境条件限制，无法补建停车场（库）的，公共建筑所有人应当向市、区（县）规划国土行政管理部门提交有关专家技术论证报告。

第十一条（建设审查）

本市有关部门应当按照国家和本市建设项目审批管理的有关规定，对公共停车场（库）和专用停车场（库）的建设进行审查。

市、区（县）规划国土行政管理部门和建设行政管理部门在审查公共停车场（库）和专用停车场（库）建设工程的规划方案和初步设计方案时，应当征求市、区（县）交通行政主管部门和公安交通管理部门的意见。

第十二条（规划验收）

市、区（县）规划国土行政管理部门对公共停车场（库）和专用停车场（库）建设工程进行规划验收时，应当通知市、区（县）交通行政主管部门参加。

第十三条（改变使用性质的审核）

任何单位和个人不得擅自将已建成的公共停车场（库）或者专用停车场（库）挪作他用。

改变公共停车场（库）或者专用停车场（库）使用性质的，应当经市、区（县）规划国土行政管理部门会同市、区（县）交通行政主管部门和公安交通管理部门批准。

第三章 公共停车场（库）经营管理

第十四条（经营登记备案）

公共停车场（库）经营者应当依法办理工商、税务登记手续，并在工商登记后15日内，持有关材料向交通行政主管部门或者《上海市道路运输管理条例》规定的道路运输管理机构办理备案手续。

公共停车场（库）经营者变更登记事项或者歇业的，应当按照规定向工商、税务部门办理相关手续，并自变更、歇业之日起15日内向原备案部门办理备案手续。公共停车场（库）歇业的，经营者应当提前5日向社会公告。

第十五条（服务规范）

公共停车场（库）经营者应当遵守下列服务规范：

（一）按照规范设置停车场（库）经营服务标志；

（二）按照规范设置市交通行政主管部门制定的停放车辆规则，公布监督电话；

（三）执行停车收费规定，在停车场（库）入口处及收费处醒目位置公示收费标准；

（四）按照标准划设停车泊位，不得擅自增设或者减少泊位；

（五）配置符合规范的照明设备、通讯设备、计时收费设备；

（六）引导车辆有序进出和规范停放，维护停车秩序；

（七）制定停放车辆、安全保卫、消防、防汛等管理制度以及应对突发事件的应急预案；

（八）工作人员规范着装、佩戴服务牌证。

第十六条（驾驶员行为规范）

机动车驾驶员及其随车人员在公共停车场（库）停放车辆，应当遵守下列规定：

（一）服从工作人员的指挥，有序停放车辆；

（二）不得损坏停车设施、设备；

（三）不得停放装有易燃、易爆、有毒、有害等危险物品或者其他违禁物品的车辆。

第十七条（临时停车场经营登记备案）

利用闲置空地开设经营性临时停车场的经营者，应当按照本办法第十四条的规定，办理工商、税务登记和备案手续。

经营者办理备案手续前，应当按照市交通行政主管部门的相关规定，对停车场的消防条件以及对周边交通、环境的影响进行评估。评估过程中，经营者应当公示停车场设置方案，并通过座谈会等方式听取停车场周边单位、居民的意见。评估报告以及听取意见的情况应当在办理备案手续时一并向备案部门提交。

临时停车场经营者应当遵守本办法第十五条第一项、第二项、第三项、第六项、第七项、第八项的规定。

第四章 道路停车场管理

第十八条（设置原则和方案）

道路停车场的设置应当严格实行总量控制。

道路停车场的设置方案由市、区（县）公安交通管理部门会同交通行政主管部门、建设行政管理部门按照下列原则编制：

（一）符合区域道路停车总量控制要求；

（二）与区域停放车辆供求状况、车辆通行条件和道路承载能力相适应；

（三）区别不同时段、不同用途的停车需求。

编制道路停车场的设置方案时，市、区（县）公安交通管理部门应当会同交通行政主管部门听取周边公共停车场（库）经营者以及其他企事业单位、居民的意见。

市、区（县）公安交通管理部门和交通行政主管部门应当按照规定职责，划设泊位标线，设置道路停车标志，公示停车收费标准和道路停车规则。其他任何单位和个人不得在道路（含街巷、里弄内的通道）上以安装地锁、划设标线等方式设置停车泊位。

第十九条（管理者的确定）

道路停车场管理者确定的办法，由市交通行政主管部门另行制定。

第二十条（计费方式）

道路停车可以采取按时或者按次方式计收停车费。

道路停车采取按时计费的，可以根据周边地区的道路交通状况，采取累进计费或者限时停车的办法计费。

第二十一条（收费方法）

道路停车场管理者可以采用电子仪表方法或者人工方法，收取停车费。

第二十二条（收费管理）

道路停车场收费属行政事业性收费，实行收支两条线管理。收入全额上缴财政，支出由财政按照批准的预算核拨。

第二十三条（撤除）

道路停车场有下列情形之一的，市、区（县）公安交通管理部门应当会同交通行政主管部门及时予以撤除，并通知建设行政管理部门：

（一）道路交通状况发生变化，道路停车已影响车辆正常通行；

（二）道路周边的公共停车场（库）已能满足停车需求；

（三）道路停车场泊位使用率过低的。

道路停车场撤除后，市、区（县）公安交通管理部门和交通行政主管部门应当及时恢复道路设施原状。

第二十四条（道路停车服务规范）

道路停车场管理者应当遵守本办法第十五条第六项、第八项的规定，以及执行道路停车收费规定，规范使用停车收费设备。

道路停车场管理者应当加强对工作人员的管理，建立投诉受理机制，及时处理工作人员不按规定收费、不出具专用收费收据等违规行为。

道路停车场工作人员应当经市停车服务行业协会培训考核合格。

第二十五条（道路停车行为规范）

机动车驾驶员在道路停车场停放车辆，应当遵守下列规定：

（一）本办法第十六条的规定；

（二）按照规定支付停车费；

（三）在限时停车的道路停车场不得超时停车。

机动车驾驶员在采用电子仪表收费方法的道路停车场停放车辆的，应当将交费凭据放置在车辆前挡风玻璃内的明显位置，以备查验。

机动车驾驶员不按照规定支付停车费的信息，应当纳入本市个人信用征信系统。

第五章 其他相关管理

第二十六条（收费价格管理）

本市停车场（库）服务收费根据不同性质、不同类型，分别实行市场调节价、政府指导价、政府定价。

实行政府指导价、政府定价的停车场（库），应当区别不同区域、不同停车时间，并按照同一区域道路停车高于路外停车的原则，确定停车收费标准。

实行政府指导价、政府定价的停车场（库）种类和停车收费标准，由市价格行政主管部门会同市财政、交通行政主管部门另行制定。

公共交通换乘停车场（库）实行政府定价，并按照市交通行政主管部门和市财政部门的规定，享受相应的财政补贴。

第二十七条（票据管理）

公共停车场（库）经营者收取停车费，应当使用由市地方税务部门监制的统一发票。

道路停车场管理者收取停车费，应当使用由市或者区（县）财政部门监制的专用收费收据。

公共停车场（库）经营者或者道路停车

场管理者不按照规定开具统一发票、专用收费收据的，机动车驾驶员可以拒付停车费。

第二十八条（信息化管理）

本市实行公共停车信息系统联网管理。

市、区（县）交通行政主管部门应当按照统一的标准组织公共停车信息系统的建设，并通过网站、停车诱导指示牌等方式，向社会公众提供停车场（库）位置、停车泊位剩余数量等信息服务。

公共停车场（库）经营者和道路停车场管理者应当按照有关规定和标准，将其停车信息纳入全市公共停车信息系统。

公共停车信息系统的联网管理规定和有关标准，由市交通行政主管部门会同有关部门制定。

第二十九条（统计）

公共停车场（库）经营者和道路停车场管理者应当按照规定，向交通行政主管部门或者《上海市道路运输管理条例》规定的道路运输管理机构如实报送统计资料。

专用停车场（库）的所有人或者其委托的管理人应当按照规定申报停车场（库）的泊位数。

第三十条（专用停车场（库）的调用）

在市人民政府确定的重大活动举办期间，公共停车场（库）不能满足社会停车需求时，专用停车场（库）的所有人或者其委托的管理人应当按照市交通行政主管部门的要求，在满足自身停车需求的条件下，向公众开放。

第三十一条（停车资源共享利用）

市交通行政主管部门应当会同市公安交通、房屋、建设等行政管理部门制定停车资源共享工作的指导性意见，并加强对共享工作的监督、指导。

区（县）人民政府应当组织区（县）交通、公安交通、房屋、建设等行政管理部门建立停车资源共享协调制度，制定本区（县）停车资源共享计划，推进区（县）范围内停车资源的错时利用。

乡（镇）人民政府、街道办事处应当根据区（县）停车资源共享计划，以及本乡（镇）、街道内停车需求与停车泊位资源状况，划定共享区域，并组织指导共享区域内居民委员会、业主委员会、相关单位协商制定该区域停车场（库）资源共享方案，签订共享协议。共享方案和共享协议应当明确共享停车的机动车和泊位、停车收费标准、停放时限、停车自律规范、违反自律规范的处理等内容。

第三十二条（时段性道路停车场的设置）

停车泊位与停车需求矛盾突出的住宅小区，其周边道路具备夜间等时段性停车条件的，乡（镇）人民政府、街道办事处可以提出道路停车方案，经区（县）公安交通、交通、房屋、建设行政管理部门同意后，设置时段性道路停车场。道路停车方案应当包括允许停车时段、允许停放的机动车范围、停车收费标准、违反规则处理等内容。

超过规定时间在时段性道路停车场停放机动车的，由市、区（县）公安交通管理部门根据国家和本市道路交通安全规定进行处理。

第六章 法律责任

第三十三条（行政处罚）

市、区（县）交通行政主管部门对违反本办法的行为，按照下列规定予以处罚：

（一）公共停车场（库）经营者违反本办法第十四条规定，未履行备案义务的，责令限期改正。逾期不改正的，处以200元以上2000元以下的罚款。

（二）公共停车场（库）经营者违反本办法第十五条第一项、第二项、第四项、第五项、第六项、第七项、第八项规定，未遵守相关服务规范的，处以200元以上2000元以下的罚款。

（三）道路停车场管理者违反本办法第二十四条第一款规定，未遵守相关服务规范的，处以200元以上2000元以下的罚款。

（四）机动车驾驶员违反本办法第二十五条第一款规定，不按照规定支付停车费、超时停车的，应当责令补交停车费，并处以 50 元以上 300 元以下的罚款。无法查实机动车驾驶员身份的，可以要求机动车所有人通知违法行为人在规定的时间内到指定地点接受处理。

（五）机动车驾驶员违反第二十五条第二款规定，不按照规定放置交费凭据的，处以 20 元以上 50 元以下的罚款。

（六）公共停车场（库）经营者、道路停车场管理者违反本办法第二十八条第三款规定，不按照规定将停车信息纳入全市公共停车信息系统的，处以 1000 元以上 1 万元以下的罚款。

（七）公共停车场（库）经营者、道路停车场管理者、专用停车场（库）所有人或其委托的管理人违反本办法第二十九条规定，不按照规定报送统计资料或者申报停车场（库）泊位数的，处以 300 元以上 3000 元以下的罚款。

违反本办法第十三条第一款规定，擅自将单独建设的公共停车场（库）挪作他用的，由市或者区（县）交通行政主管部门处以 3 万元以上 10 万元以下的罚款；擅自将公共建筑和住宅小区配套建设的停车场（库）挪作他用的，按照国家和本市物业管理规定进行处理。

第三十四条（委托行政处罚）

市、区（县）交通行政主管部门可以委托其所属的交通行政执法机构实施本办法规定的行政处罚。

第三十五条（妨碍公务的处理）

阻碍行政执法人员依法执行公务，违反《中华人民共和国治安管理处罚法》的，由公安部门依法处理；构成犯罪的，依法追究刑事责任。

第七章 附则

第三十六条（专用停车场（库）的经营管理）

专用停车场（库）向公众提供经营性停车服务的，按照本办法有关公共停车场（库）的规定执行。

第三十七条（有关用语的含义）

本办法有关用语的含义：

（一）公共停车场（库），是指根据规划建设的以及公共建筑配套建设的经营性机动车停放场所。

（二）公共交通换乘停车场（库），是指设置在公共交通枢纽附近区域，以较低的停车收费价格引导和鼓励机动车驾驶员停车后换乘公共交通到达目的地的公共停车场（库）。

（三）道路停车场，是指在道路路内设置的机动车停放场所。

（四）专用停车场（库），是指供本单位、本住宅小区机动车停放的场所和私人停车泊位。

第三十八条（施行日期）

本办法自 2013 年 1 月 1 日起施行。2005 年 1 月 10 日上海市人民政府令第 44 号发布的《上海市停车场（库）管理办法》同时废止。

28. 上海市非营业性客车额度拍卖管理规定

（沪府发〔2012〕84 号，9 月 6 日）

第一条（目的和依据）

为加强本市机动车总量控制，规范非营业性客车额度管理，根据《上海市道路交通管理条例》，制定本规定。

第二条（定义）

本规定所称的非营业性客车额度（以下简称“客车额度”），是指通过拍卖方式取得的、允许在本市中心城区通行的公务、私用等非营业性客车指标，包括公车额度和私车额度。

第三条（管理部门及职责）

市机动车额度管理联席会议（以下简称“联席会议”）负责本市客车额度管理协调工作。联席会议下设额度管理办公室，设在市交通港口局，负责落实经市政府批准的相关事项和联席会议决定的事项。

联席会议的主要职责是：根据本市经济社会发展要求，结合城市综合交通发展规划、道路交通状况、环境承受能力等因素，提出每年本市新增客车额度总量，制定完善本市客车额度拍卖管理办法和额度管理相关措施。

额度管理办公室的主要职责是：

（一）负责客车额度管理日常工作；

（二）对涉及客车额度管理的重大问题提出对策建议，报联席会议审议决策；

（三）与市公安车管部门、市国税车购税征收部门合署办公，开展机动车额度证明审查和收缴工作；

（四）推进机动车额度管理信息化工作，为额度审查、相关部门信息共享和高效管理提供必要基础。

联席会议成员单位按照规定职责，做好额度管理相关工作。

第四条（额度拍卖范围）

下列额度纳入拍卖范围：

（一）新增客车额度；

（二）私人和单位委托的沪 A、沪 B 号牌摩托车转换客车的在用额度（下称“摩转汽额度”）；

（三）在用客车额度的所有人委托的在用额度。

第五条（额度拍卖数量确定）

额度管理办公室根据本市客车额度每年新增总量及上一次额度拍卖等情况，确定下一次拍卖的客车额度投放数量。

第六条（拍卖机构）

客车额度拍卖，必须委托有资质的拍卖机构进行。

受托拍卖机构应当严格按照国家有关规定，制定具体的拍卖程序和方法，组织拍卖。受托拍卖机构应当在拍卖日 7 天前，发布拍卖公告，公告内容包括客车额度投放数量和拍卖时间、地点、方式及注意事项等。

第七条（竞买人资格）

私车额度竞买人，是持有有效身份证明或持有本市居住证明、具有完全民事行为能力的自然人，以及持有有效《组织机构代码证》、在本市注册登记的私营单位、外商投资企业、外国驻沪机构等。

公车额度竞买人，是持有有效《上海市购买专项控制商品审批通知单》和《组织机构代码证》的本市机关事业、社会团体、国有企事业等单位。

第八条（拍卖规则）

公车额度与私车额度分开拍卖。私车额度采用定期、无底价拍卖方式，公车额度采用不定期、有底价拍卖方式。拍卖通过网络、电话等进行。

第九条（拍卖监管）

市公安部门应当加强拍卖现场值班，并对网络、电话的运行状况进行实时监控，维护正常的拍卖秩序。公证部门应当对拍卖现场进行监督。

额度管理办公室应当会同拍卖机构制订详细的应急预案，并在出现突发情况时，按照程序启动应急预案。

第十条（竞买成交）

竞买人应当遵守额度拍卖公告内容，按照规定程序进行竞买。严禁串通操纵价格、干扰拍卖系统等扰乱市场秩序的行为。

竞买人竞买成交并按照规定付清全部款项后，即可获得付款凭证和额度证明。逾期未付款的，视为放弃客车额度。

摩转汽额度及在用客车额度的拍卖价款，由受托拍卖机构向其委托者按规定标准支付。

第十一条（额度证明）

客车额度证明由额度管理办公室负责监制，根据每次投放数量等量印制，并委托拍卖机构向客车额度买受人发放。

客车额度证明有效期为3个月。

严禁伪造、涂改、转让客车额度证明。

额度审查中收缴的额度证明等相关材料保存期为2年。2年后予以销毁时，应当登记。

第十二条（额度审查）

市国税车购税征收部门在车主缴纳车购税后，应当将完税证明交由额度管理办公室，由其对车主应当提供的额度证明等相关材料进行审查。对审查无异议的，在完税证明上标注确认；对应当提供额度证明等相关材料而未交验的，保留完税证明。

对无需缴纳车购税的二手车或旧车，额度管理办公室也应当对车主的额度证明等相关材料进行审查。对审查无异议的，在相关证明上标注确认。

市公安车管部门应当根据完税证明或相关证明上额度管理办公室的有效审查内容，进行机动车登记。

市商务部门应当对二手车交易行为进行监管。

第十三条（限制条件）

额度证明所有人应当与购车发票上的车主名称一致。

对拥有私车额度的自然人，限购9座以下的生活型小客车。

新增私车额度自启用之日起3年内，无特殊原因不得办理车辆过户转让手续；因生效判决、裁定以及婚姻、继承等特殊原因需要办理车辆过户转让手续的，应当提供相关证明材料，经额度管理办公室同意后方可办理。

第十四条（资金收支）

市财政部门应当按照有关规定，负责客车额度拍卖收入的收支管理，并按照管理部门各自职责和信息公开有关规定，对外发布拍卖收入和使用情况。

第十五条（告知义务）

车辆经销单位应当在经营场所明示本规定的有关内容，并在与购车人签订购销合同时，予以书面提示。

二手车交易办理单位应当告知交易双方新增私车额度使用3年内不得带车过户等有关规定。

第十六条（施行日期）

本规定自印发之日起施行。

29. 上海市实施《中华人民共和国邮政法》办法

（2012年9月26日上海市第十三届人民代表大会常务委员会第三十六次会议通过）

第一章 总则

第一条 为了保障邮政普遍服务，规范和促进快递服务发展，维护邮政通信与信息安全，保护通信自由和通信秘密，保护用户合法权益，加强对邮政市场的监督管理，根据《中华人民共和国邮政法》和其他有关法律、行政法规，结合本市实际情况，制定本办法。

第二条 本市行政区域内邮政设施的规划和建设、邮政服务、快递业务经营以及相关监督管理活动，适用本办法。

第三条 市邮政管理部门负责本市行政区域的邮政普遍服务和邮政市场的监督管理。

区、县人民政府和市建设交通、发展改革、财政、规划国土、房屋、工商、公安、国家安全等有关行政管理部门按照各自职责分工，协同实施本办法。

第四条 市人民政府应当组织编制邮政业发展规划，并将其纳入国民经济和社会发展规划。

市邮政管理部门应当建立服务评估机

制，定期开展邮政普遍服务、快递服务运行情况的评估和用户满意度的测评，并定期向企业反馈，向社会公布。

第五条 市邮政管理部门应当会同有关部门通过多种方式，向公众宣传、普及邮政法律知识和用邮知识。

邮政企业和快递企业应当及时、妥善处理用户对服务质量提出的投诉。用户对处理结果不满意的，可以向邮政管理部门申诉。

市邮政管理部门应当设立用户投诉、申诉处理部门，公布统一的邮政服务、快递服务投诉、申诉电话，处理用户对邮政企业和快递企业服务质量提出的申诉，并定期向社会公布用户申诉情况。

第二章 邮政设施的规划和建设

第六条 市邮政管理部门应当会同市规划国土行政管理部门组织编制包括邮政营业场所、邮件处理场所等在内的邮政设施的专项规划，经市人民政府批准后，纳入相应的城乡规划。

区、县人民政府和市规划国土行政管理部门编制控制性详细规划时，应当根据邮政设施专项规划和邮政普遍服务标准，明确邮筒（箱）等邮政设施的布局。

第七条 建设邮政营业场所、邮件处理场所等设施所需的土地，符合国家划拨用地目录的，由市或者区、县人民政府依法划拨。

大型居住区等建设项目按照控制性详细规划需要配套建设的邮政营业场所、邮件处理场所，应当符合有关公共服务设施设置标准，并与主体工程同步建设，同步交付使用。

建设单位配套建设的邮政营业场所、邮件处理场所，属于设置面积标准范围内的，供应价格标准由市建设行政管理部门会同市规划国土、房屋行政管理部门按照支持和保障邮政普遍服务的原则确定。

依法取得的划拨土地和依前款规定配套建设的邮政营业场所、邮件处理场所，不得擅自转让或者改变用途。

第八条现有邮政营业场所无法满足用户用邮需求且暂时无法增设的，邮政企业应当合理设置邮政便民服务站（亭）或者自助邮政服务设施。

区、县人民政府应当对邮政便民服务站（亭）或者自助邮政服务设施的设置予以支持。

第九条 既有住宅建筑未配置信报箱或者配置的信报箱不符合国家和本市标准的，在进行住宅综合改造和房屋修缮时，应当配置或者改造。

第十条 征收邮政营业场所或者邮件处理场所，按照控制性详细规划要求需在该区域继续设置的，征收部门应当以重建或者该区域房屋产权调换的方式，提供邮政营业场所或者邮件处理场所的用房。邮政营业场所或者邮件处理场所的用房交付前，征收部门应当提供保障邮政普遍服务的周转用房。征收部门未作出妥善安排前，不得征收。

征收邮政营业场所或者邮件处理场所，按照控制性详细规划要求无需在该区域继续设置的，邮政企业可以选择房屋产权调换或者货币补偿的方式。

因城市建设需要迁移邮筒（箱）、邮政便民服务站（亭）或者自助邮政服务设施的，应当就近设置。

第三章 邮政服务

第十一条 邮政普遍服务是公共服务的重要内容。邮政企业应当按照国家规定承担提供邮政普遍服务的义务，为用户提供迅速、准确、安全、方便的服务。

各级人民政府应当对邮政企业提供邮政普遍服务给予支持和优惠。

第十二条 市邮政管理部门应当根据国家邮政普遍服务标准和本市经济社会发展需要，就邮政营业场所设置、邮政服务时限和邮件投递等事项，制定本市邮政普遍服务规范，提高邮政普遍服务水平。

邮政企业应当遵守本市邮政普遍服务规

范。

第十三条 邮政企业应当加快推进农村地区的邮件直投到户服务。对已纳入城市化地区的农村，邮政企业应当提供邮件直投到户服务。

对不具备直投到户条件的农村地区，应当设置村邮站。乡、镇人民政府应当会同村民委员会利用农村现有公共服务设施或者其他房屋、场所，落实村邮站用房。

村邮站服务人员配置以及所需费用，由村民委员会会同邮政企业商定，区、县人民政府应当予以扶持。邮政企业应当对村邮站服务人员进行业务培训和管理。

第十四条 邮政企业应当通过互联网等渠道，向用户免费提供国内给据邮件查询服务。用户可以凭借邮政企业收寄邮件时出具的收据，在法定期限内查询给据邮件当前所处服务环节以及所在位置。

第十五条 带有邮政专用标志并用于转趟、驳运的邮政货运车辆需要在本市城市快速路通行的，邮政企业应当按照转趟、驳运的频次和通行辆次的实际需要，向市公安交通行政管理部门提出城市快速路通行申请；经市公安交通行政管理部门同意，在确保安全的前提下，邮政货运车辆可以在城市快速路通行。

带有邮政专用标志的邮政车辆因交接邮件作业需要在禁止停车的地点临时停车的，邮政企业应当事先制订全市性禁止停车地点邮政车辆作业临时停车方案，报市公安交通行政管理部门；经市公安交通行政管理部门同意，在确保安全的前提下，邮政车辆作业时可以按照临时停车方案规定的地点和时间在禁止停车地点临时停车。

第十六条 邮政车辆在运递邮件途中发生道路交通事故，危及邮件安全的，公安交通行政管理部门应当在邮政企业转移邮件前，协助保护邮件的安全。

第十七条 禁止任何单位或者个人在邮政营业场所、邮件处理场所的出入口处以及邮筒（箱）周围设摊、堆物或者从事其他影响邮政设施正常使用的行为。

第四章 快递业务

第十八条 市人民政府应当将快递业纳入现代服务业发展规划，并完善有关促进快递业发展的政策措施。

第十九条 市邮政管理部门应当加强快递业市场管理，制定相关管理规则，完善市场监管体系。

第二十条 经营快递业务应当依法取得快递业务经营许可。未经许可，任何单位和个人不得经营快递业务。

快递企业在本市行政区域内设立分支机构或者合并、分立的，应当自工商变更登记之日起三十日内向市邮政管理部门备案。

第二十一条 快递企业应当自行组织或者通过专门的培训机构定期对从业人员开展职业技能和法制培训。未经培训的人员不得上岗作业。

快递行业协会应当依照法律、法规及其章程的规定，为快递从业人员培训提供服务，并制定快递从业人员自律惩戒制度。

市邮政管理部门应当加强对快递从业人员培训工作的指导和监督。

第二十二条 快递企业提供快递服务，应当符合国家法律、法规和规章的规定，遵守快递服务标准和企业的服务承诺。

快递企业提供快递服务，应当与用户签订书面形式的快递服务合同，并在快递服务合同的显著位置，注明快递企业赔偿责任等涉及用户权益的内容。

本市鼓励快递企业使用国家邮政管理部门和国家工商行政管理部门制定的快递服务合同示范文本。

第二十三条 快递企业收寄快件前，应当提醒寄件人阅读快递服务合同条款，并提示寄件人如实填写快递运单。

按照法律、行政法规和国家有关规定，

需要寄件人提供身份证明或者快件安全证明的，快递企业应当要求寄件人提供，并保证寄件人的有关信息不被泄露、窃取。寄件人拒不提供的，快递企业应当拒绝为其服务。身份证明和快件安全证明，快递企业应当保存一年以上。

快递企业应当建立快件寄递信息管理系统，确保信息的真实、完整。因国家安全或者追查刑事犯罪的需要，国家安全机关、公安机关可以要求快递企业提供相应信息，快递企业应当配合，并对有关情况予以保密。

第二十四条 快递企业应当按照约定的递送时限，将快件递送至收件人或者约定的地点。

快递企业递送快件时，应当告知收件人当面验收快件。快件外包装完好的，由收件人签字确认；快件外包装有明显破损等异常情形的，快递企业应当告知收件人先验收内件再签收。快递企业与寄件人对验收另有约定的除外。

快递企业递送寄件人与收件人有特殊验收约定的快件或者提供代收货款服务的，应当与寄件人签订书面合同，并严格按照合同执行。寄件人交寄快件时，应当告知收件人快件验收环节的要求。

第二十五条 快递企业应当根据春节等特定时期的快递业务量变化情况以及快件寄递能力，明确特定时期的快递服务承诺。快递企业应当将特定时期的快递服务承诺提前向社会公告，并在收寄快件时告知寄件人。

因商业企业举办商品促销活动等特殊情形可能导致快递业务量激增的，商业企业应当事先与快递企业协商快件寄递方案，并签订相应的快递服务合同。快递企业需要变更快递服务承诺的，商业企业和快递企业应当提前向社会公告。

第二十六条 对无法递送的快件，快递企业应当退回寄件人。快递企业与寄件人另有约定的除外。

第二十七条 机关、企事业单位和住宅小区的物业服务单位应当为快递从业人员向收件人当面递送快件提供便利，不得收取任何费用。

第二十八条 市公安机关应当会同建设交通、邮政等行政管理部门，根据城市交通状况，采取多种措施，在确保安全的情况下，为快递车辆提供通行便利。

用于快递业务的车辆，应当符合市邮政、公安、交通港口等行政管理部门制定的车辆技术规范的要求。

第五章 安全保障

第二十九条 市邮政管理部门、公安机关、国家安全机关和海关应当相互配合，建立健全安全保障机制，加强对邮政通信与信息安全的监督管理，确保邮政通信与信息安全。

市邮政管理部门应当督促邮政企业、快递企业落实寄递渠道安全保障措施。

第三十条 邮政企业、快递企业应当按照有关规定，建立邮件、快件处理场所安全管理制度，落实安全防范措施，并根据国家安全机关、海关依法履行职责的需要，为其提供相应的便利条件。

邮政企业、快递企业应当按照有关规定，在邮件、快件营业场所和邮件处理场所安装安全监控设备。安全监控设备应当保持全天二十四小时运转；监控资料保存时间不得少于三十日。

第三十一条 邮政企业、快递企业收寄、处理或者投递邮件、快件时，发现有禁寄物品的，应当立即停止该物品的寄递服务，并按照国家《禁寄物品指导目录及处理办法》的规定报告市邮政管理部门、公安机关、国家安全机关等相关行政管理部门。

第六章 法律责任

第三十二条 违反本办法的行为，法律、行政法规已有规定的，从其规定。

第三十三条 违反本办法第七条第四款规定，邮政企业擅自转让或者改变划拨土地和配套建设的邮政营业场所、邮件处理场所用途的，由市邮政管理部门责令限期改正；逾期拒不改正的，由市规划国土、房屋等行政管理部门依法处理。

第三十四条 违反本办法第三十条第二款规定，邮政企业或者快递企业未按照要求实行安全监控的，由市邮政管理部门责令限期改正，逾期拒不改正的，处二万元以上五万元以下罚款。

第三十五条 市邮政管理部门和其他有关行政管理部门的工作人员有下列行为之一的，由其所在单位或者上级主管部门依法给予警告、记过或者记大过处分；情节严重的，给予降级、撤职或者开除处分：

（一）未依照本办法履行邮政普遍服务监管职责的；

（二）未依照本办法履行寄递渠道安全监管职责的；

（三）违法实施行政处罚的；

（四）其他滥用职权、玩忽职守、徇私舞弊的行为。

第七章 附则

第三十六条 本办法自2012年12月1日起施行。

30. 关于本市保障性住房配建的实施意见

（沪府办发〔2012〕61号，10月15日）

为了多渠道筹措保障性住房房源，规范在本市商品住宅建设项目中配建保障性住房的行为，按照《国务院办公厅关于保障性安居工程建设和管理的指导意见》（国办发〔2011〕45号）、建设部等七部门制定的《经济适用住房管理办法》（建住房〔2007〕258号），现制订本市保障性住房配建实施意见如下：

一、配建的比例和要求

凡新出让土地、用于开发建设商品住宅的建设项目，均应按照不低于该建设项目住宅建筑总面积5%的比例，配建保障性住房；郊区有条件的区域，应进一步提高建设项目的配建比例。配建的保障性住房应无偿移交政府用于住房保障，并在建设用地使用权出让条件中予以明确。

配建的保障性住房，均应以实物房源移交；由于极特殊原因无法安排建设实物房源而需折算为货币交纳的，应由区（县）规划国土资源、住房保障房屋管理、发展改革、建设交通、财政和审计等部门联合制订工作方案，经区（县）政府同意并报市住房保障房屋管理部门会同市规划国土资源、财政部门批准后实施。

各区（县）应将本行政区域内配建的保障性住房列入各区（县）当年度保障性住房开发建设计划。配建的保障性住房应根据本地区住房保障工作实际，用作廉租住房、公共租赁住房和共有产权保障住房（即经济适用住房，下同）。

区（县）未完成上年度保障性住房配建计划的，市规划国土资源部门应暂缓办理当年度建设用地使用权出让手续；待上年度配建指标补充安排落实后，再予办理建设用地使用权出让手续。

凡不配建或者少配建保障性住房的商品住宅建设项目，市、区（县）规划国土资源部门不予办理建设用地使用权出让手续。

二、配建的具体规定

（一）配建的保障性住房应与商品住宅建设项目一并规划设计，其建筑外形、风格、色彩应与商品住宅基本一致，保持总体和谐，并共享商品住宅建设项目的公共配套设施和公共通道。

（二）按照规定比例配建的保障性住房建筑面积，原则上应集中布局到楼幢或者单元（门洞）；因客观条件无法集中布局到楼幢或者单元的，应落实到成套住宅；因配建面积较小，无法落实到一套住宅的，区（县）住房保障机构可按照应配建的建筑面积，与房地产开发企业设定该套住宅的共有产权份额，在该套住宅上市销售时，收取相应的销售价款。

（三）配建的保障性住房作为住房保障实物使用的房源，住宅套型设计应按照本市保障性住房的设计规范、导则和技术要求执行。

（四）配建的保障性住房应与所在项目的商品住宅同步建设、同步配套、同步交付。

三、配建的管理程序

市、区(县)相关部门应按照以下程序实施保障性住房配建：

（一）计划制订

各区（县）年度商品住宅建设用地出让计划中，应包括年度保障性住房配建计划。区（县）规划国土资源部门在编制年度商品住宅建设用地出让计划时，应事先征询同级住房保障房屋管理、发展改革、建设交通和财政等有关部门意见；所制订的年度保障性住房配建计划在报区(县)政府审核同意后，报市政府各相应管理部门。区（县）年度保障性住房配建计划在执行中需要调整的，应报区（县）政府批准，并报市政府各相应管理部门。

（二）项目配建事项确定

区（县）规划国土资源部门应会同同级住房保障房屋管理、发展改革、建设交通、财政等部门根据年度配建计划，对计划出让土地的商品住宅建设项目，在土地出让前的征询阶段，按照市审改办《关于印发？上海市国有建设用地使用权招标拍卖挂牌出让前期征询操作规程（试行）？的通知》（沪审改办发〔2011〕30号）的规定，研究确定以下配建事项，经区（县）政府批准后，报市规划国土资源部门和市住房保障房屋管理部门备案：

1.根据拟出让地块具体条件，确定配建保障性住房的总体建设要求，包含配建保障性住房的具体比例、总建筑面积、用途、房型设计要求等；

2.确定配建住房的基本使用要求；

3.确定移交配建住房的相关内容。

（三）土地供应约束条件

区（县）规划国土资源部门应将本条第二项所列有关事项载入建设用地使用权“招拍挂”文件，通过“招拍挂”方式将建设用地使用权出让给房地产开发企业后，必须将本条第二项所列有关事项在建设用地使用权出让合同中予以明确，并将建设用地使用权出让合同中相关条款抄送同级住房保障房屋管理部门。

市规划国土资源部门应在每季度第一个月上旬，将上季度全市出让商品住宅建设用地的地块信息，以及配建保障性住房的基本情况，书面通报市住房保障房屋管理部门。市住房保障房屋管理部门根据各出让商品住宅建设用地地块的实际情况，具体指导和督促各区（县）住房保障房屋管理部门落实配建保障性住房的要求，并在该季度第二个月上旬，将有关情况书面通报市规划国土资源部门。

（四）设计方案和设计文件确定

市、区（县）规划国土资源、建设交通部门在建设工程规划设计方案审批和设计文件审查时，根据已明确的配建住房用途，对能够集中布局到楼幢或者单元的保障性住房，应按照保障性住房规划、建筑设计的有关规定，确定总建筑面积、幢号、楼层、房型、单套建筑面积、套数等事项；对无法集中布局到楼幢或者单元的保障性住房，应确定总建筑面积、单套建筑面积、套数等事项。同时，将经批准的相关设计方案、设计文件抄送同级住房保障房屋管理部门。

（五）建设项目协议书签订

房地产开发企业在取得建设工程规划许

可证之前，应根据建设用地使用权出让合同、经批准的设计方案、设计文件，与区（县）住房保障机构签订建设项目协议书，并由区（县）住房保障机构报市住房保障房屋管理部门备案。建设项目协议书应使用市住房保障房屋管理部门制订的示范文本，明确配建保障性住房的总体要求、具体安排、建设标准、工程质量、交付条件等事项，并附住房位置图表；签约各方应如实记载配建保障性住房的工作内容、责任和权利等事项，有特殊情况的，可增加附页予以说明。

建设项目协议书应作为核发建设工程规划许可证的要件之一。区（县）住房保障机构依据建设项目协议书，对配建的保障性住房实施全过程管理。

（六）工程监督与验收

区（县）建设交通部门应加强对配建保障性住房房源（以下简称“配建房源”）的工程质量监督、竣工验收管理等工作，督促房地产开发企业保证配建房源的工程质量和建设进度。其中，配建房源在商品住宅预售阶段移交的，区（县）建设交通部门应会同住房保障机构细化配建房源工程质量和建设进度的要求，并明确验收配建房源的条件。

（七）配建房屋移交

房地产开发企业应在建设项目的商品住宅预售或者出售之前，按照建设项目协议书的约定，将配建房源移交给区（县）住房保障机构。区（县）住房保障机构应根据建设项目协议书，查验核对配建房源的建筑面积、套数、单套建筑面积、房型、具体室号、配建房源建筑面积占项目住宅总建筑面积的比例、房屋质量、配套条件等。

区（县）住房保障房屋管理部门应提供建设项目协议书、配建房源移交认定文件等材料，纳入规划土地综合验收环节，由区（县）规划国土资源部门对配建保障性住房的总量和比例等内容进行核查。

房地产开发企业按照建设项目协议书实施配建的，由区（县）住房保障机构予以书面确认，并由市住房保障机构、房屋调查成果管理部门按照相关文件的规定，办理楼盘表“房屋标志”标注，由区（县）住房保障房屋管理部门颁发配建房源和商品住宅的预售许可证、办理出售手续和颁发交付使用许可证。房地产开发企业未按照建设项目协议书实施配建的，区（县）住房保障房屋管理部门不予颁发商品住宅的预售许可证、办理出售手续和颁发交付使用许可证，并由区（县）住房保障机构予以纠正。房地产开发企业应按照要求及时整改，整改结果经区（县）住房保障机构书面确认后，由市住房保障机构、房屋调查成果管理部门按照相关文件的规定，办理楼盘表“房屋标志”标注，由区（县）住房保障房屋管理部门颁发配建房源和商品住宅的预售许可证、办理出售手续和颁发交付使用许可证。

（八）房地产登记

配建房源与商品住宅一并申请建设用地使用权初始登记，建设用地使用权范围应为同一宗地，不作分割，按照所在商品住宅开发项目宗地总面积记载，并注记配建保障性住房的比例、建筑面积等内容。配建房源的新建房屋所有权经初始登记后，应予单独发证，并注记配建房源类别等内容。配建房源的新建房屋所有权初始登记在区（县）政府指定的住房保障机构或公共租赁住房建设运营机构名下。

四、配建房源的使用

配建房源建成后，原则上应作为住房保障实物使用，不得擅自挪作他用或处置。区（县）住房保障机构应在书面确认房地产开发企业移交房源后3个月内，对房源使用作出具体安排，提高使用效率；应对房源实行规范管理，建立专门档案，并接受有关部门的监督检查。

安排为住房保障实物使用的房源，由区（县）住房保障机构按照本市廉租住房、公共租赁住房、共有产权保障住房的相关政策，出租或者出售给符合准入条件的保障对象；由于实际供应需求等原因需调整原定用途的，应当按照市政府批转的《关于保障性住房房源管理的若干规定（试行）》（沪府发〔2012〕55号）执行。

因配建房源的适配性等问题无法作为保障性住房实际使用、需要上市转让的住房，应由区（县）住房保障机构提出申请，经区（县）政府审核批准，并在报市住房保障房屋管理部门、规划国土资源部门、财政部门备案后，区（县）住房保障机构方可按照有关规定上市转让。

五、配建房源的出售和定价

配建房源用作共有产权保障住房配售的，销售价格按照本市共有产权保障住房价格管理的相关规定确定。

配建房源上市转让的，可采取的出售方式及定价方式如下：

（一）由区（县）住房保障机构在配建房源项目的商品住宅销售时段直接出售，房源价格按照同时段该配建房源项目商品住宅的市场销售价格确定；

（二）由区（县）住房保障机构组织出售或者委托房地产中介机构出售，房源价格按照不低于市场评估价格确定；

（三）由区（县）住房保障机构委托拍卖机构出售，拍卖保留价格按照不低于市场评估价格确定。

市场评估价格由有资质的房地产估价机构独立、客观评估形成。由市住房保障房屋管理部门适时推荐5 ~ 10家房地产估价机构，供区（县）住房保障机构选择确定。市住房保障房屋管理部门应对推荐的房地产估价机构进行专项检查，并按照规定，对违规操作的房地产估价机构进行处理。

配建房源上市转让的具体方式和批准程序，由区（县）政府确定。

六、资金的管理和使用

配建房源作为共有产权保障住房配售后所得价款、上市转让后所得价款（以下统称“配建房源转化资金”），应归集到区（县）政府批准设立的财政住房保障资金专户。

配建房源转化资金专项用于住房保障，不得挪作他用。其主要用途为：廉租住房、公共租赁住房的建造、改造和收购；共有产权保障住房的销售供应价格平衡补差及政府回购支出；区（县）公共租赁住房建设运营机构资本金追加和运营补贴等。

配建房源转化资金实行“收支两条线”管理，收入应注明来源，使用应说明理由，所有支出项目需经区（县）政府批准，均应符合程序，材料齐全，并接受区（县）财政、监察、审计等部门的监管，同时接受市住房保障房屋管理、财政、监察、审计等部门的检查。对违反资金管理规定的，应追究行政责任；涉嫌犯罪的，移送司法机关处理。

区（县）住房保障机构配售或者上市转让配建房源，需缴纳相应税费的具体办法另行制定。

七、监督与检查

有关管理部门应认真执行本实施意见，并积极配合市和区（县）监察、审计等部门，加强对本实施意见执行情况的监督检查。对应配建保障性住房而不配建或者少配建的、未按照规定程序和要求审批的、配建实施过程中懈怠管理的、配建房源建成后擅自挪作他用或处置的、违反规定使用配建房源转化资金的，以及其他违反本实施意见的行为，有关部门应及时予以纠正，并对相关工作人员玩忽职守、滥用职权、徇私舞弊的行为，依法追究行政责任；涉嫌犯罪的，移送司法机关处理。

承担配建保障性住房任务的房地产开发企业违反建设用地使用权出让合同和建设项目协议书约定，不配建或者少配建的、未按照建设要求规定保证配建房源质量和进度的、违反有关规定不移交或者少移交配建房源的，有关管理部门应责令改正，按照有关合同、协议书的约定进行处理；对拒不改正的，应按照规定严肃处理，并将其不良信用记录纳入本市社会信用联合征信系统；涉嫌犯罪的，移送司法机关处理。

本实施意见自印发之日起施行，有效期至2017年9月30日。《上海市经济适用住房配建暂行意见》（沪府〔2010〕46号）和《上海市共有产权保障房（经济适用住房）配建实施细则》（沪府办〔2012〕16号）同时废止。

本意见的具体应用问题，由市住房保障房屋管理、规划国土资源、发展改革、建设交通、财政等部门按照各自职责负责解释。

31. 关于调整本市廉租住房租金补贴标准的意见

（沪府办发〔2012〕67号，11月27日）

为进一步完善廉租住房租金配租工作，根据《上海市人民政府贯彻国务院关于解决城市低收入家庭住房困难若干意见的实施意见》（沪府发〔2007〕45号），从2013年1月1日起，调整本市廉租住房租金配租家庭租金补贴标准，具体意见如下：

一、按基本租金补贴标准实施补贴的家庭，即3人及以上、人均年可支配收入低于14400元（含14400元），或2人及以下、人均年可支配收入低于15840元（含15840元）的家庭，每月每平方米居住面积租金补贴：黄浦、静安、徐汇、长宁、普陀、闸北、虹口、杨浦、浦东新区9个区为86元，闵行、宝山、嘉定3个区为68元，金山、松江、青浦、奉贤、崇明5个区（县）为46元。

二、按基本租金补贴标准70%实施补贴的家庭，即3人及以上、人均年可支配收入在14400元（不含14400元）至19200元（含19200元）间，或2人及以下、人均年可支配收入在15840元（不含15840元）至21120元（含21120元）间的家庭，每月每平方米居住面积租金补贴：黄浦、静安、徐汇、长宁、普陀、闸北、虹口、杨浦、浦东新区9个区为60元，闵行、宝山、嘉定3个区为48元，金山、松江、青浦、奉贤、崇明5个区（县）为32元。

附录

2012 年大事记

2012 年上海市建设和管理文件选编目录

2012 年上海城市建设、交通运输相关数据统计

2012 年大事记

（1 月～12 月）

一月

★1 月 1 日，本市城管执法系统实现数字集群电台联网全覆盖，统一配备 800 兆数字集群对讲机，进一步提高了联合执法效率。

★1 月 4 日，市政府沈骏副市长、尹弘副秘书长赴市建设交通两委调研 2012 年工作。市建设交通两委领导班子成员、两委机关处室负责人、直属单位党政主要领导等参加会议。会议由市建设交通工作党委书记许德明主持。市建设交通工作党委副书记、市建设交通委主任黄融从“2011 年工作总结、2012 年形势分析、2012 年工作思路及重点”三个方面作汇报。沈骏同志作了重要讲话，充分肯定了 2011 年市建设交通两委工作中取得的成绩和对 2012 年工作的谋划，指出：要紧紧围绕九届市委第十七次全会精神，进一步细化 2012 年工作思路及重点，形成可操作、可落地的具体措施；要充分发挥市建设交通两委、委各职能局、区（县）及相关市政府职能部门作用，加强统筹协调、资源整合，推动本市建设交通各项工作上新台阶；要切实转变观念，实现从重建设向重管理转变；要完善招投标机制，科学合理地推进工程建设，确保城市生产安全；要结合建筑市场整治，发现各方面素质过硬的企业，创优环境扶植培育；要坚定不移的贯彻落实房地产调控政策，一手抓政策完善，一手抓保障房建设，促进房地产业持续健康发展；要进一步加强基础设施建设，坚持公交优先战略，缓解本市交通拥堵现象；要在避免重复建设和确保数据安全的前提下，大力推进“智慧城市”建设；要进一步优化政府审批流程，提高行政效率。

★1月4日，全球航空运输的权威认证机构 Skytrax 授予上海虹桥国际机场“四星机场”证书，虹桥机场正式成为国内继北京首都机场、海口美兰机场之后第三家、全球第十家 Skytrax“四星机场”。2009年扩建后，虹桥机场可满足年旅客吞吐量4000万人次、货邮吞吐量100万吨和飞机起降量30万架次的使用需求。

★1月6日，市建设交通工作党委书记许德明前往金山区张堰镇秦望村液化气供应站，调研市燃气处城乡党组织结对帮扶项目推进情况。在视察了供应站服务窗口、瓶库，听取了有关汇报后，许德明同志充分肯定了市燃气处结对帮扶工作取得的成绩，指出：秦望村液化气供应站的建立，解决了当地及周边地区村民的换气难问题，是市燃气处党组织结合自身特点，在结对帮扶工作中走出的一条新路子。下一步，要在确保安全供应的前提下，进一步加强供应站自身建设，拓展用户市场，延伸站点服务功能。同时，要以结对帮扶为契机，进一步探索农村地区用气管理的新机制、新方法、新思路，并运用到新农村建设燃气管理的实践中去，切实让群众得实惠。

★1月6日，“上海绿化市容”政务微博正式开通。

★1月10日，“‘新春走基层’系列报道之苏州河上行”宣传报道活动正式启动。本次活动由市水务局和《新民晚报》主办，旨在通过对苏州河沿线进行实地踏访，聚焦苏州河的昨天、今天和明天，透视苏州河的变化，宣传苏州河环境综合整治成果。

★1月10日，“千金一诺为民生——上海保障房建设成就展”在世博中心开幕。此次活动由市住房保障房屋管理局、新华社上海分社联合主办。副市长沈骏出席仪式并宣布开幕，市政府副秘书长尹弘、市住房保障房屋管理局局长刘海生以及新华社上海分社相关负责人等参加开幕式。

★1月14日，市政府召开2012年住房保障工作会议。沈骏副市长出席会议并讲话，市政府副秘书长尹弘主持会议。会上，17个区县政府签订了2012年住房保障工作“目标责任书”。

★1月18日，崇明岛东风西沙水库工程完成长约200米的水库东堤龙口合拢工作。

★1月20日，市委副书记、市长韩正，市委常委、市纪委书记董君舒，市政府秘书长洪浩等来到地铁1号线上海南站站，亲切慰问地铁员工、志愿者和安检人员。

★1月21日，市建设交通两委机关召开2011年度表彰会。市建设交通工作党委书记许德明出席会议并讲话。市建设交通工作党委副书记、市建设交通委主任黄融主持会议。市建设交通工作党委副书记田赛男宣读了2011年建设交通两委机关处室获得的市级以上集体荣誉。市建设交通工作党委副书记范志伟宣读了《关于表彰2011年度市建设交通两委机关先进处室和优秀公务员的通报》。会上，向先进处室和优秀公务员进行了颁奖。市建设交通两委领导班子成员，两委机关全体干部200余人参加会议。

★1月29日，沈骏副市长、市政府副秘书长尹弘等前往市住房保障房屋管理局调研工作。市建设交通委主任黄融、市住房保障房屋管理局领导班子成员，局机关各处室主要负责人，局属各事业单位党政主要负责人等参加。会上，市住房保障房屋管理局局长刘海生汇报了本市住房保障和房屋管理工作情况，尹弘同志、黄融同志分别作补充发言，沈骏副市长作重要讲话。沈骏同志指出，住房保障和房屋管理工作事关民生大计、和谐大计，是城市运行最重要的环节和组成部分，责任重大、使命光荣。2011年，在市委、市政府的坚强领导下，在市相关部门的配合下，全市住房保障和房屋管理工作取得了显著成绩，具体体现在全面贯彻党中央国务院关于房地产市场调控和保障性安居工程的要求上、体现在细化落实市委、市政府关于住房保障工作的重大决策上、体现在房管队伍根据实际创造性开展工作的精神状态上。沈骏同志强调，探索建立全新的住房保障体系，是贯彻“创新驱动、转型发展”的具体举措。要深入了解、分析住房保障体系和房地产市场体系间的辩证关系：只有不断规范房地产市场，才能让更多的人能通过市场解决住房问题；同样，只有不断建立完善住房保障体系，才能促进房地产市场规范健康的发展。要着力做好2012年本市住房保障和房屋管理工作，一要坚持不懈地贯彻房地产市场调控政策，对出现的新情况、新问题开展超前研究，同时密切关注房地产市场走势，为国家和本市采取下一步措施提供有价值的分析参考。二要抓好保障房建设，落实施工建设单位终身责任制，确保房屋质量；严格做好保障房供应工作，确保阳光透明、公平公正；根据市委创新社会管理的有关要求，着力探索保障房社区的物业管理模式；认真研究保障房投融资问题和运作体系，进一步完善公租房体系建设。三要认真贯彻《住宅物业管理规定》和《本市住宅修缮工程管理试行办法》，理顺体制，完善机制，全力保障住宅小区运行安全和生产安全。四要运用“科技＋制度”手段，按照“数据齐全、应用充分、维护及时、运作安全”标准，力争使房屋状况信息中心走在全国住宅信息中心前列。

★1月31日，市政府举行新闻发布会。市政府法制办、市建设交通委有关负责人解读《上海市建筑玻璃幕墙管理办法》。

二月

★2月1日，市交通港口局召开2012年上海交通港航工作会议，总结2011年本市交通港航运行情况，全面部署2012年行业工作重点。2011年交通港航行业“十二五”开局良好，重点工作推进有力；行业监管不断加强，市场秩序平稳有序，服务和管理水平逐步提高；行业安全平稳可控，突发事件应对有效；党的建设和队伍建设深入推进。2012年将重点做好六方面工作：一是坚持防范预警，全力保障行业安全稳定。加强基础管理和制度建设，加大行业安全监管力度，维护行业稳定。二是坚持建管并举，努力推进港航建设和发展。加快内河水运发展，确保国际航运中心建设任务取得突破；强化港航行业管理，维护良好市场环境。三是坚持以人为本，积极提升交通运输服务水平。深入推进公交优先发展战略，提高运输及相关衍生行业服务能力和水平，积极完成长假和重要活动交通保障任务。四是坚持着眼长远，深入推进改革发展各项任务。着力推进规划落地，完善行业发展政策研究和落实；深化行业法制建设，推进行政审批制度和事业单位改革。五是坚持创新突破，有效强化行业管理和市场监管。进一步创新和完善行业管理，深入推进行业信息化建设和节能减排工作，鼓励科技创新，构建绿色交通。六是坚持科学发展，全面加强党的建设。切实提高党建科学化水平，不断加强队伍人才和行政文化建设，扎实推进党风廉政工作，不断深化行业精神文明建设。

★ 2月2日，市建设交通工作党委中心组召开政务微博专题学习会，邀请市网宣办副主任谢海光同志作“微博及政务微博的现状、趋势和发展策略”专题讲座。

★ 2月3日，沈骏副市长前往市绿化市容局调研工作。市建设交通工作党委副书记、市建设交通委主任黄融、市绿化市容局班子全体陪同。沈骏副市长就生活垃圾、城管执法、林业建设等方面作重要指示。

★ 2月6日，由市委组织部、市建设交通工作党委、市委党校联合举办的2012年分管城建工作副区（县）长专题培训班开班。副市长沈骏出席并作开班动员，市委组织部副部长王瑜主持开班仪式，市建设交通工作党委书记许德明、市建设交通委副主任沈晓苏、各区（县）分管城建工作副区（县）长、各区（县）建交委主任等参加。沈骏同志指出，上海作为一个2300万人口的特大型城市，城市管理能否实现“安全、有序、整洁”，直接影响到城市的形象和百姓的安居乐业。面对艰巨的任务和复杂的形势，分管城市建设交通管理的各级领导干部必须清醒认识、正确看待、认真分析，千方百计抓好城市建设、交通和管理各项工作，推动本市建设交通事业健康发展。沈骏同志强调，学员们要不断加强学习，扎实掌握城市管理知识和相关法律法规；要重点聚焦城市土地管理、房地产市场发展及保障性住房建设、市容市貌、城市交通管理等重点工作，在实践中不断探索特大型城市建设管理的先进经验和有效做法。

★ 2月7日，市人大常委会副主任胡延照带队前往上海圆通快递公司调研邮政地方立法工作。在视察了公司总部及处理中心，听取了市邮政管理局关于邮政立法工作进展情况及需要协调解决问题的汇报后，胡延照同志充分肯定了市邮政局的邮政地方立法准备工作以及近年来上海圆通快递公司发展取得的成果，指出，随着邮政体制改革的深入和邮政法的全面贯彻落实，快递服务业面临前所未有的大建设、大发展，建立和完善邮政地方立法、规范邮政市场已成当务之急。为此，市人大常委会有关部门将加强指导，抓紧时间、理清立法所需解决的重点问题，进一步按程序协调重点部门，加强对立法相关文字的推敲、把关，确保按时进行审议；市有关部门要以快递产业转型升级、做大做强为目标，以改革创新为动力，进一步落实快递产业发展政策，优化发展环境，推进上海快递服务业科学发展、和谐发展和跨越式发展；各级政府要加快完善各相关配套政策，建立健全社会化服务体系，全面提高非公企业管理水平和对外开放水平。

★ 2月10日，沈骏副市长前往市水务局（市海洋局）调研工作。市水务局（市海洋局）领导班子成员、局机关各处室主要负责人，局属各单位党政主要负责人等参加。会上，市水务局（市海洋局）局长张嘉毅汇报了本市水务、海洋工作情况，沈骏副市长作重要讲话。沈骏同志指出，水务、海洋工作事关民生，是城市运行的重要环节和组成部分，扎实做好水务、海洋各项工作，对于全市经济转型发展、民生持续改善、社会和谐稳定具有重要的基础支撑和服务保障作用。去年，在市委、市政府的领导下，市水务局（市海洋局）以贯彻落实中央水利工作会议精神为动力，发扬办博精神，弘扬世博理念，坚持以人为本、科学发展，承前启后、开拓进取，实现城乡防汛运行平稳、供水服务保障有力、治水治污成效显著、海洋管理全面推进，为水务、海洋“十二五”规划开好局、起好步奠定了坚实的基础。沈骏同志强调，今年市水务局（市海洋局）要重点做好六方面工作：一要严格水资源管理。供水安全直接影响城市运行安全和市民身体健康，要立足预防，采取最严格的管理制度和措施，做好日常监管，全力确保供水安全。二要全面贯彻落实2011年中央1号文件精神。2012年是全面推进水利改革发展的重要一年，要抓好各项工作的落实，切实解决农业农村涉水问题，加快推动城乡一体化建设，服务经济社会又好又快发展。三要抓好重大水务工程建设。加快推进东风西沙水库、黄浦江联管、青草沙水库配套等工程项目，确保用足用好水资源，惠及更多市民。四要全力确保防汛安全。要立足“防大汛、抗大灾”不动摇，进一步完善预警预报、应急联动等工作机制，加大“四道防线”管理养护力度，为迎接汛期到来做准备；加快推进苏州河河口备用闸建设，积极探索、研究防汛保险机制。五要进一步加强海洋管理。要优化海洋综合管理装备，加大海监执法工作力度，研究明确海域使用权属，防止海洋资源被无序占用；同时，切实做好海洋环境监测预报工作。六要大力推进信息化建设。围绕“智慧城市”建设目标，加强信息化建设，努力实现管理智能化；依托科技加制度手段，进一步规范行政行为，提高工作效率，增强行政透明度，主动接受社会各界监督。

★2月13日，市住房保障房屋管理局、市规划国土资源局、市财政局、市地税局联合印发《关于调整本市普通住房标准的通知》，明确自2012年3月1日起调整本市普通住房标准。

★2月15日，市政府印发《关于批转市住房保障房屋管理局等四部门制订的<上海市2012年共有产权保障房(经济适用住房)准入标准和供应标准>的通知》，调整共有产权保障房的准入的户口年限、收入和财产限额以及单身人士年龄限制，新标准自2012年3月1日起正式实施。

★2月16日，中共中央政治局常委、国务院副总理李克强在上海松江区考察泗泾镇保障性住房大型居住社区建设项目。市委书记俞正声、市长韩正、市委秘书长丁薛祥、副市长沈骏陪同。李克强同志听取了市住房保障房屋管理局有关情况汇报，参观了泗泾镇保障性住房大型居住社区规划设计、房型介绍、配套设施等展板，实地察看了新凯家园三期A地块及样板房，并亲切慰问了已入住居民。李克强同志指出，上海保障性住房建设工作政策到位、设计合理、特色鲜明、执行有力、成效显著。李克强同志强调，上海要继续贯彻好党中央、国务院住房保障方针政策的各项要求，要切实抓好保障性安居工程的开工、竣工、质量安全和公平分配等重点环节，在总结经验的基础上进一步建立健全住房保障长效机制，让百姓切实享受住房保障政策带来的成果。

★2月16日，2012年上海轨道交通建设推进暨立功竞赛表彰动员会召开。副市长、市轨道交通建设指挥部总指挥沈骏出席会议并讲话。市政府副秘书长、市轨道交通建设指挥部常务副总指挥尹弘主持会议。市建设交通委主任黄融宣读了表彰决定。申通地铁集团党委书记、董事长应名洪作工作报告。会上，向80个先进集体和171名先进个人的代表颁发了荣誉证书，建工集团基础公司等四家单位做了交流发言。沈骏同志指出，今年上海的重要任务是确保城市生产安全和运行安全，迎接党的十八大和市第十次党代会召开。为此，要始终把轨道交通网络安全运行作为重中之重；要抓过程管理，以安全统领轨交建设发展每个环节；要抓基础建设，不断加强安全生产现场管理；要抓重点难点，主攻重大安全风险源与关键重点环节；要抓预警防范，强化安全风险隐患排查机制。

★2月16日，市建设交通工作党委副书记范志伟、市建设交通委副主任沈晓苏等前往上海长江轮船公司进行调研。在听取了有关工作情况的汇报后，范志伟和沈晓苏充分肯定了长江轮船公司在积极融入上海经济发展，有效应对航运业危机，推进企业转型升级，提升经营管理水平，创新党建工作方法等方面取得的成绩，并对公司生产经营管理和党的建设等方面需要协调解决的问题提出了指导性意见。同时强调，在集团深化重组和航运业危机两次探底的形势下，要更好地发挥企业党组织的政治核心作用和党员的先锋模范作用，牢牢把握市场节奏，落实有效举措，和广大职工共渡难关。

★2月16日，市建设交通机关召开2012年党建工作会议，学习传达中央、市委和市级机关党建工作会议精神，总结2011年市建设交通机关党建工作，通报机关“四评议”工作开展情况和各支部组织生活记录检查情况，部署2012年机关党建工作。市建设交通工作党委秘书长、机关党委书记张旗出席会议并讲话，机关党委委员、机关纪委委员、机关各处室党支部书记、党建干事参加会议。会议要求，要认真学习贯彻上级党组织会议精神，引导党员干部主动围绕市委“五个更加注重”的总体要求，认清形势，统一思想，振奋精神，凝心聚力，确保实现建设交通“以项目带动稳增长、以功能提升促转型、以安居畅行惠民生、以改革创新强管理、以安全稳定保和谐”的目标任务。

★2月23日，中组部党建研究所副巡视员彭立兵、中组部党员教育中心主任科员苟坤龙等“基层组织建设年”调研组成员，在江苏省委组织部、南通市委组织部的陪同下，赴中铁上海工程局江苏临海高等级公路（如东段）三标项目部调研基层党建工作。

★2月28日，市人大胡延照副主任赴市水务局（市海洋局）调研工作。在听取了市水务局（市海洋局）党组书记、局长张嘉毅关于水务、海洋工作情况的汇报后，胡延照同志充分肯定了近年来水务、海洋工作取得的成效，就水安全保障、水资源管理、水环境治理、海洋服务管理等工作提出要求：一要切实加强对青草沙、黄浦江上游等水源地的监测和保护力度，确保城市供水安全；二要深化研究小区二次供水设施改造推进机制，进一步加快改造的推进步伐，确保居民饮水健康；三要加快推进排水系统建设和积水点改造工程，确保城市防汛安全；四要进一步深化海洋管理各项工作，努力为上海发展拓展新的空间。

三月

★3月1日，国家邮政局关于完善省级以下邮政监管体制实施工作动员电视电话会议召开。市政府副秘书长尹弘出席上海分会场会议并就贯彻落实电视电话会议精神提出要求，市建设交通工作党委、市邮政管理局、市发改委、市编办、市公务员局、市财政局等相关单位领导或负责同志参加会议。

★ 3 月 1 日，《上海市出租汽车营业站管理办法》正式实施。该办法对出租汽车营业站管理人员和调度员，进入站点营业的驾驶员、候车乘客的行为等都提出具体要求。办法明确，营业站管理人员和调度员不得利用职务之便扰乱车辆调派秩序；驾驶员进入营业站应当按照交通导向标志依次排队，服从管理指挥；乘客在营业站内应当按序候车，文明乘车。办法有效保障站点管理方、驾驶员、乘客合法利益不受侵害。

★ 3 月 2 日，市建设交通两委召开本市建设工程质量安全工作会议。市建设交通工作党委副书记、市建设交通委主任黄融出席会议并讲话，市建设交通委副主任蒋曙杰通报 2011 年建设工程质量安全工作情况，部署今年工作任务。市建设交通委秘书长戴晓坚主持会议。会上，对获得 2011 年市安全生产标准化示范企业、示范工地、示范个人等荣誉称号的单位和个人进行了表彰。市、区（县）相关部门，各驻沪办建管处，行业协会以及部分建设施工、勘察、设计、监理、检测单位负责人参加会议。

★ 3 月 2 日，市人大常委会副主任胡延照前往市住房保障房屋管理局调研。

★ 3 月 4 日，上海地铁 2 号线长宁段“两新”组织地铁应急志愿者队伍在上海地铁中山公园站成立。申通地铁集团、长宁区、市地铁志愿者总队等有关领导出席仪式。来自上海地铁中山公园站周边社区、商务楼宇应急志愿者代表，地铁车站员工代表，长宁消防中队官兵代表等近百人参加。成立仪式上，有关领导向应急志愿者队伍授旗，并签订倡议书，组织模拟演练。上海地铁 2 号线长宁段“两新”组织应急志愿者队伍是全国首支以配合地铁维持正常秩序、应对突发事件、做好紧急疏散为主要任务，以“两新”组织员工为主体的志愿服务队伍，是地铁志愿者工作和区域应急联动工作的有机结合。下一步，申通地铁集团将本着积极稳妥、先易后难、以点带面的原则，在这支应急志愿者队伍试运行的基础上，不断总结经验，加强与长宁区的沟通联动，完善志愿队伍管理机制，不断提高上海地铁应对突发事件、保障城市公共安全的能力。

★ 3 月 4 至 5 日，市建设交通系统和行业广大干部职工在徐家汇港汇广场、南京路步行商业街、人民广场轨道交通站点和公交站点等开展“学雷锋、树新风、保畅通”志愿服务活动。

★ 3 月 7 日，上海市内河水运发展领导小组第一次会议召开，沈骏副市长出席并讲话。会上，总结了 2011 年内河航道建设工作，部署了今年加快内河水运发展主要任务。

★ 3 月 7 日，本市交通港航窗口行业“弘扬雷锋精神，方便市民出行”主题实践活动启动仪式在大达码头社会停车场举行。市文明办、团市委、市交通港口局领导出席仪式，并向出租汽车五星级驾驶员代表授予“学雷锋号”标牌。本市 100 名五星级出租汽车驾驶员作为学雷锋示范员，将带动全市航空港、公交汽电车、出租汽车、轨道交通、省际客运、汽车维修、停车服务、水上客运（轮渡、三岛客运、浦江游览）等八个窗口行业 60 万员工，结合本职工作，开展贯穿全年的“弘扬雷锋精神，方便市民出行”主题实践活动，通过学习实践雷锋同志爱岗敬业的职业素养和为人民服务的奉献精神，进一步提升上海交通港航行业的整体服务质量。

★ 3 月 13 日至 14 日，市交通执法总队开展“清风一号”专项整治行动，针对各大公交站点、出租候客点、轨道交通站点、省际客运场站以及机场专线候客站等交通营运设施开展执法检查。此次行动共出动交通执法人员781人次，公安配合出动95人次，检查公交站点206个，出租车蓄车点（候客站）84个，省际客运站36个，轨交站点36个，查处违法违章案件202件。

★3月16日，市委书记俞正声、市长韩正、市人大常委会主任刘云耕、市政协主席冯国勤、市委副书记殷一璀等来到市环城绿带长宁区生态专项建设工程400米林带参加植树活动。

★3月14日，市建设交通两委机关2012年党课报告会召开。市建设交通工作党委副书记、市建设交通委主任黄融作了“认清形势，勇担重任，全面推进建设交通行业创新转型发展”报告。市建设交通工作党委秘书长、市建设交通机关党委书记张旗主持会议。两委机关党员干部150余人参加。

★3月14日至18日，本市机动车维修行业开展“消费与安全——‘3·15’消费者权益日”活动，在本市人流密集区域向车主提供免费咨询、车辆诊断检查、检测活动；并组织座谈会、回访、节油驾驶讲座等。

★3月15日，市建设交通工作党委副书记范志伟、市建设交通工作党委副巡视员、组织干部处处长袁筱英等前往上海聚奇集邮品交易市场，调研市场规范管理和集邮文化建设情况，指导党建工作。

★3月20日，第一届住房和城乡建设部建筑维护加固与房地产标准化技术委员会成立大会在上海召开，住房城乡建设部标准定额司副司长田国民、市住房保障和房屋管理局局长刘海生出席。

★3月25日，上海海事局举办本市第二个“3.25”内河安全警示日活动。截止当日零时，本市内河辖区已连续两周年实现“交通事故零死亡、水域环境零污染”。

★3月28日，由中国房地产研究会、中国房地产业协会举办的第四届中国房地产科学发展论坛在上海开幕，住房城乡建设部副部长齐骥、上海市副市长沈骏出席并讲话，全国政协常委、政协人口资源环境委员会副主任，中国房地产研究会、中国房地产业协会会长刘志峰作主题演讲。

★3月29日，全国总工会授予浦东公交“全国五一劳动奖状”，授予大桥四线“全国工人先锋号”荣誉称号。

★3月30日，苏沪交通行政执法案件协查合作协议签约仪式在沪举行，标志着长三角地区二省一市案件协查机制初步建成。

★3月30日，市委、市政府召开科学技术奖励大会，由市绿化市容局推荐，上海市园林科研所、上海园林（集团）公司等单位联合完成的《中国2010上海世博园绿地规划与建设中的关键技术创新与集成应用》项目被授予“2011年度上海市科学技术进步一等奖”。

★3月31日，市建设交通委巡视员、上海城市发展信息研究中心主任江绵康带队，到市水务局调研指导水务专业网格化管理工作，并与市水务局局长张嘉毅、总工程师陈庆江进行了座谈交流。市水务局办公室、科信处、滩涂海塘处和市堤防处、市水务信息中心等部门负责人参加了座谈。

四月

★ 4 月 1 日，市建设交通工作党委书记许德明、市建设交通工作党委副书记范志伟，市建设交通委秘书长戴晓坚，市建设交通工作党委副巡视员、组织干部处处长袁筱英以及普陀区相关领导到江宁路桥危桥改建工地视察，并召开江宁路危桥改建工程党建联建现场会。

★ 4 月 2 日至 4 日清明小长假期间，本市交通港航行业运行平稳。公交、轨道、长途客运迎来扫墓客流高峰。公交扫墓专线共运送乘客 5.04 万人次；轨道交通三天全网日均客流 575 万人次；各长途客运站共运送旅客达 31.9 万人次，创历史新高。港口货物吞吐量同比上升。4 月 2 日至 4 日，全港共吞吐货物 455.15 万吨，同比增长 8.1%；进出港旅客 1.54 万人次，同比下降 68.6%；水上旅游乘客 2.63 万人次，同比上升 2.8%；市轮渡乘客 34.94 万人次，同比下降 29.6%。洋山深水港区客、货运保持安全平稳态势。共进出港口外贸集装箱班轮 90 艘次，完成进出口箱量约 11.25 万标准箱；洋山客运站除 4 月 2 日上午受大风影响全线停行外，运力保障及服务措施到位。交通市场秩序平稳。市、区两级交通执法机构共出动执法人员 782 人次，在本市各扫墓专线车起、讫站，长途客运站点以及交通枢纽、旅游集散点等重点区域进行巡查，检查各类营运车辆 2581 辆次，查处各类违法违章案件 126 件。

★ 4 月 5 日，中国民用航空局与上海市人民政府《关于加快上海民航发展的战略合作协议》签字仪式在沪举行。根据协议，双方明确上海“十二五”民航发展目标是：航空运输持续安全，保障能力持续增强，航空服务集聚发展，大型客机研发制造中心初具规模，国际竞争力显著提高，加快推进上海航空枢纽中心建设，提高上海航空业务总量和品质。到“十二五”末，主要基地航空公司成为具有国际竞争力的大型网络航空公司，形成以上海为核心枢纽的中枢运营网络；浦东机场成为具有较强竞争力的国际枢纽机场、亚太地区的核心枢纽及全球排名第一的国际航空货运枢纽；虹桥机场成为最具人性化的国内航空网络枢纽机场；上海机场旅客吞吐量达到 1 亿人次，货邮吞吐量达到 550 万吨，成为世界航空网络的重要节点。

★ 4 月 10 日，市建设交通系统召开党员干部会议，认真传达中央对王立军事件和“11.15”案件的处理决定，要求系统各局、各单位根据中央要求传达会议精神。市建设交通工作党委书记许德明同志主持会议并进行传达。市建设交通两委领导班子，系统各局、各单位党政主要领导，市建设交通两委机关各处室副处级以上干部，委直属单位党政主要领导，以及离退休老同志参加。市建设交通系统广大党员干部表示坚决拥护中央的正确决定，在思想上、政治上、行动上自觉与党中央保持高度一致，把思想切实统一到中央的精神和要求上来，统一到市委的决策部署上来。要进一步加强党纪国法教育，深入学习贯彻胡锦涛总书记在中央纪委七次全会上的讲话精神，牢固树立正确的世界观、权力观、事业观，在大是大非面前头脑清醒、立场坚定，经得起考验。各级干部特别是党员领导干部要带头学法、守法、用法，树立宪法和法治观念，坚持依法行政、依法办事，坚决反对以权代法、以权压法。要深入开展法制宣传教育，着力提高依法保障和促进科学发展的能力和水平。要切实抓好当前工作，扎实推进“创新驱动、转型发展”，突出安全为先，全力保障城市运行安全和行业稳定；突出常态管理，不断完善城市管理长效机制；突出功能提升，加快推进现代航运服务业发展；突出民生为本，切实做好安居畅行惠民等工作；突出项目带动，继续推进重大工程建设；突出转型发展，着力转变建设交通发展方式；突出改革创新，切实加强政府自身建设；突出能力提升，全面加强党的建设，以优异成绩迎接党的十八大和市十次党代会的胜利召开。

★ 4 月 11 日，市政府召开市生活垃圾分类减量推进工作联席（扩大）会议，总结去年和前阶段工作，表彰先进集体和个人，部署下阶段生活垃圾分类减量推进重点任务。市政府副秘书长尹弘出席会议并讲话。会上，市政府与各区（县）政府负责人签订环境建设管理目标责任书，明确 2012 年生活垃圾分类减量试点工作的目标是："试点拓展"，实现人均生活垃圾处理量以 2010 年为基数每年减少 5%（控制在 0.74 公斤 / 人 / 日），生活垃圾无害化处置率达到 89% 以上。

★ 4 月 13 日，市人大常委会主任刘云耕、副主任胡延照、杨定华及部分市人大常委、代表等前往龙阳路轨道交通实训基地，对轨道交通运营安全工作开展专项监督调研。市建设交通党委书记许德明、市建设交通委主任黄融，市公安局、市交通港口局、申通地铁集团等相关领导陪同参加。

★ 4 月 13 日起，本市配套 6、8 号线限流措施开通两条公交接驳线。实行周一至周五工作日的单向早高峰运营模式，单一票价 2 元，每 5 分钟一班，中途不设停靠站。市交通管理部门将会同公安管理部门在相关站点出入口增派公安民警和地铁志愿者，加强现场管理和引导。

★ 4 月 13 日 ~ 15 日，本市圆满完成 F1 瑞银中国大奖赛交通保障工作。管理部门赛前多次召集相关公交企业负责人，专题研究地面公交组织及轨道交通联运保障工作；对观众专线的站点设置、运行走向等进行现场勘查；赛事期间，安排 80 辆大客车应急保障。由于措施到位，保障有力，圆满完成了 F1 瑞银中国大奖赛约 18.5 万人次的交通保障工作。

★ 4 月 16 日，962269 房地产交易登记服务热线开通并试运行。

★ 4 月 18 日，上海顺利通过全国节水型城市复查考核。

★ 4 月 18 日，长途客运南站网上售票开始试运行。乘客只需登录长途南站官方网站，注册后即可网上选票、付款，凭密码在 6 点至 23 点至长途南站现场取票。南站目前已做好应急预案，高峰时安排最多 5 个网络购票取票窗口。

★ 4 月 20 日，本市召开保障性安居工程（住宅实事建设工程）立功奖赛暨"我最喜欢的保障房"设计评选活动总结表彰大会，沈骏副市长出席会议并讲话。会议由市政府副秘书长尹弘主持，市建设交通委副主任倪蓉宣读了市住宅建设实事立功竞赛表彰决定，市住房保障房屋管理局局长刘海生作工作报告，市住房保障房屋管理局副局长顾弟根宣读了"我最喜欢的保障房"设计评选表彰决定，市总工会副主席杜仁伟宣读了市保障性安居工程立功竞赛表彰决定。

★ 4 月 21 日至 25 日，市建设交通工作党委书记许德明，市建设交通委副主任蒋曙杰，市建设交通工作党委副巡视员、组织干部处处长袁筱英等一行前往新疆喀什出席"上海援疆建设'沪疆杯'立功竞赛 2011 年表彰暨 2012 年动员大会"。许德明同志一行视察了巴莎公路、巴楚县职业技能实训基地等在建项目，对党建联建工作进行了调研，并看望慰问了建设交通系统援疆干部。

★4月23日，沈骏副市长前往外马路董家渡老码头段防汛墙改造一期工程现场，视察新型防汛墙改造情况。市政府副秘书长尹弘，市规土局、市建交委、市水务局、市浦江办以及黄浦区有关负责同志陪同。沈骏同志实地查看了老码头段防汛墙改造工程现场，仔细询问了施工情况，观看了地翻式钢闸门的启闭的现场演示，并与相关单位进行了座谈。在听取了有关工作汇报后，沈骏同志充分肯定了市水务局和市浦江办改造陈旧设施，给市民提供更多亲水空间的做法，指出，今年防汛形势依然严峻，相关单位要早准备、早启动，进一步加强日常管理，完善应急预案、加强物资储备，一旦发生突发情况要及时应对、有效处置，全力确保城市安全。

★4月26日，长江口横沙（上海）救助基地工程在本市横沙岛开工。该工程计划建设258米×16米救助码头一座，可同时停靠14000千瓦和8000千瓦救助船各一艘；陆域将建设综合业务值班待命用房、应急仓库、救助直升机临时停机坪等配套设施。

★4月27日，上海市路政局成立大会召开。沈骏副市长出席会议并讲话，市政府副秘书长尹弘，市发改委、市财政局、市交警总队领导，市建设交通两委领导班子成员，各区（县）分管区（县）长，市建设交通两委机关各处（室）正、副处长（主任），委直属单位党政主要负责人，以及原市道监办、市市管处、市公路处中层以上干部参加。会上，沈骏同志、尹弘同志为市路政局揭牌；市建设交通工作党委书记许德明对路政局开展好工作提出要求；市建设交通工作党委副书记、市建设交通委主任黄融主持会议；市建设交通工作党委副书记田赛男宣读《关于同意中共上海市城乡建设和交通工作委员会、上海市城乡建设和交通委员会所属事业单位机构编制的批复》；市建设交通工作党委副书记范志伟宣布市路政局领导班子；市建设交通委秘书长、市路政局局长戴晓坚作表态发言。

★4月27日，市政府召开上海市绿化推进大会，总结开展全民义务植树运动三十年以来本市绿化事业发展历程，部署今后上海绿化事业推进任务。沈骏副市长出席会议并讲话。市、区两级绿化委员会成员单位，各区县人民政府、绿化林业部门负责人，绿化先进代表和绿化志愿者代表等参加会议。

五月

★5月2日，本市召开旧区改造工作座谈会，研究加快推进旧区改造工作。新近出台的加快推进旧区改造相关政策，明确将适当提高旧区改造签约征询生效比例、可划小征询单元、提高市属动迁安置房的供应比例等措施。沈骏副市长出席并作重要讲话。他要求市、区有关部门要认真落实《关于加快推进本市“十二五”旧区改造若干问题的意见》，尽快完善各项房屋征收配套政策，抓紧旧改在拆基地收尾工作，加快解决历史遗留问题，确保旧改目标落实。

★5月3日上午，市政府副市长沈骏、副秘书长尹弘调研轨道交通安全管理工作。申通地铁集团公司总裁俞光耀陪同调研并向市领导汇报了申通地铁集团进一步加强轨道交通管理的工作情况。申通地铁集团领导徐建群、邵伟中参加调研。在先后察看了2号线威宁路安全栏杆试点和10号线OCC运营调度情况，并听取有关工作汇报后，沈骏副市长对申通地铁集团近期围绕网络运行安全所作的一系列工作给予充分肯定，并对做好下一步工作提出要求。

★ 5月8日，市建设交通委秘书长、市路政局局长戴晓坚带队调研吴淞大桥抢修加固工程施工现场。吴淞大桥改建于1993年，是宝山区跨越蕴藻浜的重要战略性桥梁，因其设计荷载与现行通行荷载差距非常大，在2009年检测时已被确认为D级不合格状态。市建设交通委和宝山区领导高度关注，于2011年11月正式启动了吴淞大桥抢修加固工程。目前工程正在推进中，按计划将于9月底竣工。

★ 5月9日至11日，住房和城乡建设部领导带队对本市保障性安居工程进行执法大检查。此次共检查了6个项目，抽查了466个项目。检查结果显示，符合和基本符合率为98.5%。检查组认为上海紧抓保障性安居工程质量管理工作，取得了明显成效。在肯定成绩的同时，检查组也指出个别保障房参建企业质量责任落实不到位、工程管理存在不足等。检查组要求有关责任主体要认真整改、举一反三，坚决消除工程质量安全隐患，切实保证保障性安居工程质量。同时检查组建议，保障性住房建设要对高层建筑地下空间利用和停车位数量给予充分考虑，为提高城市土地资源利用和城市后续发展留有拓展余地。

★ 5月10日，市政府召开轨道交通在建工程动迁征收收尾工作会议，市领导韩正、杨雄、沈骏、洪浩、周波和尹弘出席会议，市高院、市发展改革委、市建设交通委、申通集团等单位，以及浦东、黄浦等区的主要负责人参加会议。会议听取了市建设交通委黄融主任《关于本市轨道交通在建工程推进及动迁收尾情况的汇报》和申通集团的补充说明。针对在轨道交通工程手续办理和动迁难点问题逐一进行了分析研究，明确了下阶段工作节点目标。韩正市长在会上要求市、区各相关部门要形成合力，全力推进，突出重点，早日化解，依法腾地，为轨道交通在建工程的有序推进创造条件。

★ 5月11日，本市召开建筑和交通节能减排工作会议。市政府副秘书长尹弘出席会议并讲话。市建设交通工作党委副书记、市建设交通委主任黄融，市建设交通委副主任、市交通港口局局长孙建平分别通报了2011年建筑和交通节能工作情况，部署今年工作任务。浦东新区建设交通委、市建科院、市交通节能减排研究中心、巴士集团等作了交流发言。会议指出，去年在各部门、区（县）的共同努力下，本市全面完成了节能减排各项目标和工作任务。在建筑领域，完成各类新建、改造建筑节能项目251个，涉及建筑面积1230万平方米，实施建筑节能示范项目22个，11个项目获得了绿色建筑标识，其中三星级标识8个，对286幢国家机关办公建筑和大型公共建筑开展了能源审计评审验收工作。在交通领域，用能快速增长势头初步得到遏制，标煤增量83万吨，低于150万吨的控制目标。水运、轨道交通、铁路、地面公交单位的作业能耗总体呈下降趋势。

★ 5月12日至19日，申通地铁集团举办“安全乘车，你我同行”第四届上海地铁公共安全宣传周活动。活动期间，上海地铁携手轨道公安、普陀公安，在人民广场站、曹杨路站开展“公民警校地铁课堂”活动，传授反扒、应急疏散等安全知识；与太平洋保险公司合作，开展防灾减灾应急救援知识讲座；通过集中宣传、主动讲解，扎实推进“公共安全知识进社区、进学校、进公益场所”活动，向公众普及安全乘车和公共场所治安防范知识。同时，加强媒体宣传，在有关报纸开设地铁安全问答专栏，与读者互动；在各主要网络媒体开展嘉宾观点访谈和微博直播。

★ 5月13日，2012年上海市“全国城市节约用水宣传周”开幕式暨嘉定区节水型社会建设试点启动仪式在嘉定新城远香湖畔举行，市政府副秘书长尹弘宣布上海市“全国城市节约用水宣传周”开幕。今年第21个“全国城市节约用水宣传周”，上海宣传周主题是“节约用水，从我做起”。节水宣传周期间，市水务部门分别针对工业园区、企事业单位和居民小区开展了建设用水实时监管信息网络研究、小区微水洗车示范点建设等形式丰富多样的节水宣传活动。

★ 5月14日，由市委书记俞正声作序，韩正、杨雄、沈骏等市领导担任顾问的《巨变——上海城市重大工程建设实录》第二辑出版研讨会召开。市建设交通工作党委书记许德明出席会议并讲话。市建设交通工作党委副书记田赛男主持会议。市建设交通工作党委秘书长张旗、市建设交通委秘书长戴晓坚、市水务局、市绿化市容局、市住房保障房屋管理局、市交通港口局、上海文艺出版集团有关领导，《巨变》编委会有关成员，社科专家学者代表，访谈嘉宾代表等参加会议。改革开放以来，尤其是上世纪90年代以来，面对城市基础设施滞后的现状，本市掀起了城市发展史上前所未有的建设高潮，一系列重大工程连续建成，深刻改变了上海的城市格局。同时，坚持科学发展，以人为本，加强和改进特大型城市管理，全方位提升市民生活品质，为上海“四个中心”建设奠定了基石。为记录这段历史，市建设交通工作党委、市建设交通委和上海文艺出版集团于2010年初着手编辑出版这一大型口述史丛书。2011年6月，《巨变》第一辑出版，引起社会各界热烈反响，荣获上海图书一等奖。此次推出的第二辑，在聚焦上海城市重大工程建设的同时，更把视野扩展到城市管理领域，通过数百位城市建设者的口述访谈，展示了上海城市重大工程建设和管理中鲜为人知的细节和可歌可泣的故事，讴歌建设者风采，弘扬上海城市精神，向市十次党代会和党的十八大召开献礼。

★ 5月15日，蒙特利尔市政府副市长Ginette Marotte等一行访问市绿化市容局，正式邀请上海参加明年将在蒙特利尔举办的国际立体花坛大赛。市政府尹弘副秘书长、市绿化市容局马云安局长、方岩副局长、大赛委员会胡运骅副主席，以及市绿化市容局相关处室负责人会见代表团一行。

★ 5月15日上午9:20时，台湾籍客船“金龙轮”在福州闽江口芭蕉尾D13号附近水域发生事故，船上148名乘客及5名船员遇险。东海救助局接到通知后第一时间派出“华英393”艇前往救助。经过近两个小时的紧急施救，遇险台胞全部获救，遇险船被拖往船场修理。此次成功救助，展示了国家专业救助队伍的实力，确保了辖区海上的平安稳定。

★ 5月15日，市政府第141次常务会议审议通过《上海市水文管理办法》。水文事业是国民经济和社会发展的基础性、公益性事业。为加强水文管理，《办法》根据国家颁布的《水文条例》，结合本市实际，进一步理顺了本市水文管理的体制，明确了行业管理的内容和要求，细化了水文站网规划和水文测站分级分类管理的相关内容，强调了水文情报预报的统一发布制度，同时就建立水文资料汇交、共享和利用制度，提出了具体要求，为本市水文设施和检测环境的保护等提供制度性保障。该办法的出台，对于进一步规范水文管理、优化水文社会服务，推动水文事业可持续发展具有重大而深远的意义。

★ 5月16日，市建设交通委黄融主任主持召开专题会议，研究G1501高速公路工程竣工决算审计工作。黄融主任要求加大工作力度，成立专门的工作小组，通过实地调研、召开座谈会和征求意见等各种方式，研究探索解决土地指标、环境评估、竣工档案等阻碍竣工验收的问题，确保G1501高速公路年内完成竣工验收。

★ 5月17日，市政府办公厅印发《关于进一步加强本市保障性安居工程建设和管理的意见》（沪府办发〔2012〕38号），自印发之日起施行，有效期至2017年3月31日。

★ 5月23日，沈骏副市长主持召开保障性住房工程质量工作会议。黄融同志代表市建设交通委通报了住房城乡建设部和本市对在建的保障性住房工程质量开展的执法检查情况。此次检查中，暴露出管理不到位、实施过程中操作不规范等一系列问题。对于检查中出现的问题，市建设交通委已责成存在类似问题的相关参建单位加强项目检查，区县建管部门进行跟踪检查。沈骏副市长在讲话中要求：一是要将检查情况以书面形式向各个区县进行通报；二是要坚决贯彻落实去年市政府下发的《进一步规范本市建筑市场加强建设工程质量安全管理若干意见》，进一步整治建筑市场；三是提高认识，加强指导，完善区县政府监管机制。特别是要明确责任，切实落实质量终身制。各区县要在6月底将贯彻落实会议情况反馈给市建设交通委。

★ 5月23日，市建设交通系统党政负责干部会议召开。市建设交通工作党委书记许德明出席会议并传达了市第十次党代表大会会议概况、党代表提案情况，传达了俞正声同志代表九届市委所作报告的主要精神和选举产生上海市出席党的十八大代表、选举产生十届市委、市纪委的情况。市建设交通工作党委副书记田赛男主持会议。市建设交通工作党委副书记范志伟传达了俞正声同志在十届市委第一次全会上的讲话精神。市建设交通两委领导班子成员，市建设交通系统未出席（列席）市第十次党代会单位的党政主要领导，市建设交通两委机关各处室正、副处长，委直属单位党政主要领导参加会议。会议对建设交通系统传达学习、贯彻落实市第十次党代表大会精神提出要求。

★ 5月25日，市政府召开2012年防汛工作会议，全面部署今年的防汛防台工作，副市长、市防汛指挥部总指挥沈骏出席会议并讲话。会议要求各级政府、各行各业特别是各级防汛部门，一定要坚决克服麻痹、侥幸思想，按照市委、市政府的总体部署，贯彻落实国家防总全体会议和长江防总、太湖防总会议精神，紧密结合上海实际，坚持依法防汛、科学防汛，坚持行业联手、部门联动，充分发挥防汛工程体系、组织指挥体系、预案预警体系、信息保障体系、应急抢险救援体系的作用，努力确保上海城市平稳运行和人民生命财产安全。会议强调，各级政府、各部门、各单位要严格执行行政首长负总责、分管领导具体负责的防汛工作责任制，按照“市政府统一领导，各区县乡镇分级管理，条块结合、以块为主”的原则，逐级分解任务，层层落实责任，确保“横向到边、纵向到底、不留死角”的责任体系落到实处，同时要通过规范内部管理，创新工作方法，依托市应急联动工作平台，进一步完善长期以来防汛实践中形成的工作机制，充分发挥好各成员单位的作用，努力消除险情，减少灾害带来的损失。会议要求在前一阶段全面检查的基础上，各级政府、各部门和责任单位特别要重视对大型居住区、市郊新城地区、虹桥商务区、长兴岛地区、国际旅游度假区、黄浦江滨江开发地区、滨海旅游区、大型飞机总装制造基地、轨交和铁路建设周边地区、正在动迁地区等十个重点区域，以及道路和住宅小区下水道、地下空间、高空构筑物、树木、建筑工地、道路下立交、中小学幼托园所、蔬菜基地等重要部位，持续开展隐患排查、整改落实和设施维修养护等工作，并加强督办，组织力量进行抽查。

★ 5 月 29 日，市建设交通委主任黄融同志主持召开专题会议，研究加快推进本市旧区改造工作。截止 4 月 30 日，本市中心城区旧改共动迁 2593 户，拆除二级旧里以下房屋 8.5 万平方米，完成收尾基地 13 块，旧改工作取得阶段性进展。黄融同志要求，下一步要重点抓紧出台土地储备机构参与旧改的实施办法，启动郊区城镇棚户简屋改造试点，迎接住房城乡建设部来沪检查房屋征收工作，继续帮助指导各区积极推进旧区改造工作。

★ 5 月 29 日，市建设交通委主任黄融同志召开会议，专题研究本市住宅产业化工作。2012 年，本市新建住宅产业化面积计划达到 100 万平方米，预制装配率达到 15% 以上。目前，项目落地、政策制定落地、项目实施、课题研究等各项工作总体进展顺利。下一步，一是要强化政府统筹协调推进，积极推动项目落地和实施。二是培育社会化的住宅产业化体系，加快技术研发和支撑。三是强化质量安全监管和指导，加强学习交流和培训。

★ 5 月 30 日，中共中央政治局委员、市委书记俞正声，市委常委尹弘来崇明县调研工作，并专程视察了崇明东滩鸟类自然保护区。

★ 5 月 30 日，上海市生活垃圾分类减量推进工作联席会议办公室主任（扩大）会议在市绿化市容局召开。会议由联席会议办公室主任、市建委副主任、市绿化市容局局长马云安同志主持，市文明办、市妇联、市建交委、市发改委、市教委、市商委、市经信委、市绿化市容局、市住房保障局等 9 部门相关领导参加会议。

六月

★ 6 月 1 日起，市路政局采取措施，对中心城主、次干路，中心镇主要道路，城市快速路，重要商业网点、旅游集散地周边道路等，开展为期 5 个月的城市道路设施整治养护管理工作。一是完善世博后市政道路巡查制度，对城市道路、桥梁设施、人行天桥、地道以及道路附属设施等进行全面检查。二是对平整度较差的路段进行铣刨加罩，解决车行道路面跳车现象。三是对新建、改建的道路及铣刨加罩的路段、各类井应采取防沉降措施，消除路框差现象。四是整改破损、翘动的人行道道板，及时清除人行道上各种残障。五是对城市道路人行护栏、机非隔离栏、路名牌等附属设施进行保洁、整修，发现损坏及时修复。六是对破损、不规范的盲道和缘石坡道补缺补漏。七是做好人行天桥、地道保洁及电机检修工作，保证自动扶梯和电梯正常运营。同时，在整治中，严格执行相关技术标准，严格招标、设计、施工、监理、维护全程管理；落实工作责任制，加强路用材料的质量控制，强化施工现场监管，确保整治、巩固同步推进；运用“四新”技术，提高工程的科技含量和装备水平，保证工程质量。

★ 6 月 1 日起，本市实施桥梁工程施工图审查。凡在本市行政区域内建设的桥梁工程（新建、改建、扩建的城市道路、公路、轨道交通的桥梁和人行天桥），建设单位必须委托符合条件的审查机构进行施工图设计文件审查；施工图未经审查或审查不合格的，相关行政主管部门不予颁发施工许可证。会议要求，切实做好桥梁工程施工图审查工作，充分发挥施工图审查的“把关作用”。相关审查部门要认真履行职责，严格按照审查要点、强制性标准和相关规定开展审查工作，并及时上报审查中发现的问题。要强化服务意识，提前做好咨询服务，把一些技术标准问题解决在施工图审查前，在保证审查质量的前提下尽量缩短审查时间，提高服务质量和效能。要建立信访投诉机制，一经查实，严肃处理。要加强动态监管，重点对审查人员、质量及内部管理等情况进行检查，及时处理发现的问题。

★ 6 ~ 9 月，本市将迎来电力迎峰度夏期。为有效缓解本市用电紧张的局面，本市共安排了 5 项迎峰度夏电力工程，包括 500 千伏输变电工程新余站（原市西南站），220 千伏马陆线、航吉线、练塘线、堡北线输变电工程。针对这些项目工期紧、任务重、涉民矛盾多等困难，市、区相关单位和各参建单位加强协作、落实措施，做到早梳理、早准备、早启动、早推进，确保各项工程按期完成。目前，新余站、马陆线、练塘线输变电工程已投运，航吉线、堡北线输变电工程正在抓紧调试，争取早日投运。

★ 6 月 5 日，市建设交通委副主任秦云同志带队赴普陀区调研。双方就普陀区金沙江路真北路人行天桥项目、大渡河路道路改建工程、宜川路穿越京沪铁路地下通道工程、北横通道等市政道路设施项目进行了交流。市建设交通委表示，将与普陀区紧密合作，全力支持普陀区在转型发展过程中取得更大的成绩。

★ 6 月 6 日，交通运输部组织召开电视电话会议，布置“打非治违”专项行动暨“安全生产月”活动。市建设交通委随即召开专题会议，要求各有关单位及时传达和落实电视电话会议精神，建立工作机制，细化工作措施，把“打非治违”专项行动和“安全生产月”活动工作推进好、落实好。特别是要做好本市交通运输、建筑施工建设以及水上安全领域的安全生产工作，确保安全稳定。

★ 6 月 7 日，住房城乡建设部召开住房保障和国有土地房屋征收补偿信息公开工作电视电话会议，市建设交通委副主任、市住房保障房屋管理局局长刘海生出席上海分会场会议。

★ 6 月 12 日，本市举办建筑节能宣传周活动启动仪式。节能周将从 6 月 11 日到 17 日，主题为“节能低碳、绿色发展”。同时还举行了“上海市绿色建筑和建筑节能信息中心”的揭幕仪式。该中心的建立，将使本市绿色建筑和建筑节能项目的相关信息汇聚统一平台。

★ 6 月 13 日，市建设交通委会同有关部门召开专题会议，就北四区基础设施建设书面意见办理情况认真进行答复。在市人大十三届五次会议上，市建设交通委收到 544 号书面意见。之后，市建设交通委高度重视，立即组织相关单位逐条梳理代表提出的意见和建议，仔细研究解决方案。下一步，市建设交通委将建立定期沟通工作机制，继续深化研究代表的书面意见，并在实际工作中积极采纳代表的意见建议。

★ 6 月 15 日，市建设交通委黄融、戴晓坚、袁嘉蓉等领导到市路政局调研工作。针对市路政局成立后的工作定位和要求，黄融主任强调：一要坚持统一思想，承担起保证城市安全运行、加快城乡一体化建设的重任。二要坚持积极作为，发挥市路政局在设施建设和管理中作用。三要坚持依法行政，进一步提升市路政局管理水平。四是坚持以人为本，营造良好精神状态与团结工作氛围。

★ 6月19日，市建设交通委黄融主任带队到市工程质量协会调研本市住宅质量工作。从2005年开始，市工程质量协会通过公约组织、分户验收复核、居民质量满意指数、住房质量热线等四条有效渠道，提高了上海的住宅建设的质量水平。黄融主任认为，市工程质量协会抓住住宅质量这条主线开展了一系列工作，抓准了方向，也取得了明显成效。下一步工作，可以在已开展工作的基础上，制作一些宣传资料，进一步营造各有关方面高度重视住宅质量的氛围。黄融主任还要求，各相关政府部门要积极创造条件，进一步发挥协会在工程质量监督、人员培训、行业自律等方面的牵头作用。

★ 6月20日，韩正市长、沈骏副市长、洪浩秘书长到市绿化市容局调研工作。市建设交通委、市发改委、市财政局、市政府研究室等单位主要负责人，以及市绿化市容局领导班子成员、机关各处室负责人等参加会议。会上，市建设交通委副主任、市绿化市容局局长马云安围绕行道树养护管理、外环生态专项建设、东滩互花米草项目推进等重点工作进行了汇报。韩正同志作了重要讲话，充分肯定了全市绿化市容行业在延续世博效应、实现城市长效常态管理、推进城市生态环境建设等方面取得的成绩，指出：要进一步认清绿化市容工作的重要意义，以国际先进水平为标准，积极创新工作机制，不断改进工作方法，努力提升工作成效。韩正同志就做好下一步绿化市容工作提出五点要求：一要把绿化建设当作一门科学和专业，管理养护工作要不断适应和符合绿化的生命规律，满足基本生长条件。二要依法依规从严处置违规户外广告，遏制回潮现象。三要按照规划，坚定不移地推进生活垃圾一主多点处置设施建设，研究推进生活垃圾分类的可操作办法。四要建立健全重点区域景观灯光开放的长效机制，进一步提升城市形象。五要与市规划部门积极配合，坚持规划在前，做到郊区新城等城市新发展空间的公共绿地和公园规划建设一步到位。

★ 6月21日，市建设交通系统直属单位党委召开直属单位党组织书记会议。市建设交通工作党委秘书长张旗出席会议并讲话。会上，浦江桥隧公司党委、隧道公司党总支、全国劳模张庆雄介绍了公司在“创先争优”工作中好的做法。市市场管理总站、市城建热线中心、市安质监总站、市政养护公司党组织分别结合实际，交流了组织创新、青年干部培养、发展党员等工作。会议对直属单位民主评议党员、学习型党组织创建、党支部分类定级等工作进行了部署。张旗同志对做好直属单位党建工作提出三点要求：一要深入分析研究当前经济发展形势，牢牢把握党建工作主动性。二要及时解决工作中的困难，提升发展的影响力和推动力，关注民生问题，解决好群众的诉求，发挥党组织的影响力、战斗力。三要进一步推进党组织的自身建设，各单位党组织要做好基层党建工作，以实际行动迎接党的十八大顺利召开。

★ 6月25日，市建设交通委黄融主任召开专题会议，研究本市公共建筑管理工作。截止到2010年底，本市各类既有建筑近9.4亿平方米，其中学校、办公楼、商场商铺、医院、旅馆、影剧院等公共建筑近1.7亿平方米，约占既有建筑总量的18%。目前政府机构改革确定的“三定”方案中，对公共建筑的修缮、改造和安全鉴定尚属空白。实现公共建筑使用中的政府管理全覆盖，对于加强城市运行安全管理，保护市民生命和财产安全，具有重要的现实意义。市建设交通委专门成立了课题组，开展了相关工作研究，并提出了完善公共建筑使用政府管理的总体思路。下一步工作中，将要明确政府职能，确定牵头管理单位，充分利用现有的政府管理资源。另外，课题研究也将听取市人大和市政协法制部门的意见和建议。

★ 6 月 27 日，由上海市海洋局、国家海洋局东海分局、釜山市海洋农水产局、韩国国土海洋部釜山地方海洋港湾厅主办，上海市海洋湖沼学会、韩国海洋产业研究院承办的“2012　上海—釜山海洋研讨会”在韩国釜山召开，市委常委、副市长艾宝俊出席。会议主要围绕海洋产业、海洋航运、海洋环境和资源等主题进行了学术交流和讨论。本次“2012　上海—釜山海洋研讨会”的举办，是上海与釜山进一步深化合作交流的又一载体，对进一步拓宽上海、釜山两座友城合作交流的渠道，构建人与海洋和谐发展的理念，促进两地海洋经济可持续发展具有积极的促进作用。

★ 6 月 28 日凌晨，轨道交通 13 号线的第二列新车安全运抵上海，随着该列车的到来，标志着上海地铁列车数量突破 3000 辆，总量位居全国第一。上海轨道交通运营线路已经达到 425 公里，地铁每天运送的客运量从最初的 18 万人次到现在的 600 万人次，承担着将近 33% 的公共交通客运量，越来越多的市民享受着轨道交通的方便和快捷。到 2015 年末，上海还将有望形成 14 条线路、约 600 公里、375 座车站左右的路网规模。

★ 6 月 29 日，市建设交通两委机关纪念中国共产党成立 91 周年党课报告会召开。市建设交通工作党委书记许德明围绕“坚定不移地走‘创新驱动、转型发展’之路，全面贯彻落实市第十次党代会精神”主题，从介绍“创新驱动、转型发展”的时代背景和重大意义，市建设交通系统承担的职责任务，以及机关干部应具备的素质等三方面作了专题报告。市建设交通工作党委秘书长、市建设交通机关党委书记张旗主持会议。两委机关党员干部 150 余人参加。许德明同志指出，要深刻理解市委提出“创新驱动、转型发展”的内涵，中央提出“要着力把握发展规律，创新发展理念、转变发展方式，破解发展难题，提高发展质量和效益，实现又好又快发展”。坚定不移地走“创新驱动、转型发展”之路，是上海认真贯彻落实中央精神、结合上海实际践行科学发展观、迎接新一轮科技革命挑战的重大举措和必由之路。要清醒认识到制约上海发展的各种瓶颈因素，切实承担起市十次党代会赋予建设交通的职责任务。

★ 6 月 30 日，市防汛指挥部总指挥、副市长沈骏前往苏州河福建路桥堍、上海港国际客运中心、轨交 12 号线国客中心站、昆山路积水道路改善工程工地，检查防汛墙渗漏应急处置、防汛墙日常管理和地下空间防汛准备、轨交在建工程防汛防台措施落实及积水道路改善工程进展情况，听取市防汛办开展防汛隐患排查等情况的专题汇报。沈骏要求各区县、各部门、各单位要以高度的政治责任感和使命感，按照市委、市政府的指示要求，严格执行防汛防台工作责任制，进一步细化各项防汛措施，对薄弱环节再一次进行全面认真的检查，落实防汛应急预案，落实好抢险人员和物资，全力以赴、全面细致地做好防汛工作，确保人民生命财产安全，确保城市正常运行。

七月

★ 6 月 30 日，市防汛指挥部总指挥、副市长沈骏同志前往苏州河福建路桥堍、上海港国际客运中心、轨交12号线国客中心站等，检查防汛墙渗漏应急处置、防汛墙日常管理和地下空间防汛准备、轨交在建工程防汛防台措施落实、积水道路改善工程推进等情况，听取了市防汛办关于防汛隐患排查工作的汇报。沈骏要求，各部门、各单位要以高度的政治责任感和使命感，按照市委、市政府的指示要求，严格执行防汛防台工作责任制；进一步细化各项防汛措施，对薄弱环节进行全面认真的检查；完善防汛应急预案，落实抢险人员和物资，全力以赴、全面细致地做好防汛工作，确保人民群众生命财产安全和城市运行安全。

★ 7月4日，市人大城建环保委主任甘忠泽一行前来市绿化市容局专题调研生活垃圾分类减量工作，市绿化市容局党组书记、副局长陆月星，总工程师唐家富，及局相关处室负责人参加调研。

★ 7月11日，市政府召开保障性安居工程工作推进大会，沈骏副市长出席会议并讲话。会上，传达了6月29日全国保障性安居工程工作会议精神，市相关部门通报了保障性安居工程项目建设、安全质量监管、外围市政配套设施建设、土地储备工作进展情况和下一步安排。沈骏同志指出，大力推进保障性安居工程建设，既是改善民生，也具有刺激消费、拉动投资、调整结构等多重效应，中央将其作为加快转变经济发展方式监督检查的重要内容，并下达约束性指标，对此要深刻认识。要按照既定的计划，推进保障性安居工程土地储备、项目开竣工和配套设施建设，加强对项目建设的巡查，落实责任，确保工程安全质量，满足居民入住基本需求。要坚持公平分配，进一步健全住房保障管理机构，将实践作为检验保障房政策措施成效的标准，鼓励区县积极探索创新，不断完善保障房建设、分配及管理的政策措施。要积极研究解决当前工作中面临的融资难、成本上涨等问题。

★ 7月12日，中铁上海工程局项目党建标准化建设现场观摩会在大西铁路晋陕黄河桥项目工地召开。市建设交通工作党委副书记范志伟，副巡视员、组织干部处处长袁筱英出席会议。会上，范志伟同志听取了中铁上海工程局关于公司上半年经营发展以及近年来基层党建工作情况的汇报，充分肯定了中铁上海工程局近年来取得的工作成绩，指出，希望中铁上海局紧紧围绕落实“创新驱动、转型发展”的中心任务，准确把握施工行业、建筑领域基层党组织特点，努力在基层党组织建设、企业文化建设、工程项目党建联建等方面取得新的进展。

★ 7月17日，老港固体废弃物综合利用基地建设指挥部总指挥沈骏副市长带领指挥部有关负责同志，来老港再生能源利用中心工地慰问一线建设者。市绿化市容局局长、老港固体废弃物综合利用基地建设指挥部常务副总指挥马云安和市绿化市容局总工程师唐家富及指挥部成员单位的负责同志陪同参加慰问。

★ 7月18日，沈骏副市长赴上海城市发展信息研究中心调研城市网格化管理、交通信息化工作。市建设交通委主任黄融同志主持调研，市相关部门和部分区（县）分管领导参加。沈骏同志指出，上海国际化大都市的管理必须依靠智慧城市的建设和应用。各部门、各区县要充分认识城市网格化管理和交通信息化的重要作用，高度重视，充分用好信息化管理手段平台。要清醒看待城市不断发展、人口持续导入对城市管理带来的负面影响，结合实际，积极创新，努力探索破解城市管理各类难题。要市区联手，对城市网格化管理工作要以区为主，对交通信息化工作要以市为主，通过对智慧城市工作的共建共享，不断提升政府行政效率和服务水平，提高社会市民对城市管理工作的满意度。

★ 7 月 19 日，副市长沈骏带队前往浦东三林大型居住社区保障性住房基地，实地调研公交站点、菜场、学校等配套设施及即将竣工的住宅项目建设情况，并召开专题推进会，局长刘海生、副局长顾弟根陪同调研。

★ 7 月 20 日，市住房保障房屋管理局在崇明县宝岛世纪广场举行上海市物业服务行业“走百家门、知百家情、解百家忧”夏令特别行动启动仪式。

★ 7 月 24 日，中国船级社上海分社为“中国洋山港”首艘保税登记船舶“冠海朝阳”轮签发船舶入级和法定公约证书。为了确保保税船舶登记工作的顺利实施，为船东提供最便利的服务，船级社按照国务院《中华人民共和国船舶和海上设施检验条例》有关要求和国际船级社协会的统一程序（TOCA），提前介入，与船东密切配合，经过一天的现场检验和船舶安全管理体系审核，完成了“冠海朝阳”轮的船旗和船籍港变更、船级转换手续。作为推进中国洋山港船舶保税登记制度的主要实施者，船级社将认真总结经验，针对保税船舶的特点，采取一揽子服务举措，在工作流程、现场检验方面给予保税登记船舶更大的便利和优惠，促进上海国际航运中心建设和发展。

★ 7 月 26 日，市政府召开常务会议，市委副书记、市长韩正听取全市积极应对台风暴雨侵袭，全力做好防汛工作的汇报，对全市防汛防台工作进行再部署、再动员。韩正强调，不能有丝毫麻痹松懈侥幸心理，全市防汛防台工作必须真正把各类预案化为行动、把各项措施落实到位。要以对市民群众生命财产高度负责的态度，再一次全面检查薄弱环节，进一步加强预警预报工作，各级防汛责任人必须坚守岗位，全市形成合力，确保安全度汛。

★ 7 月 26 日，市政府办公厅印发《关于进一步严格执行房地产市场各项调控政策的通知》，进一步贯彻落实国家和本市出台的房地产市场各项调控政策，巩固调控成果，坚决抑制投机投资性购房需求。

★ 7 月 27 日，沈骏副市长带队赴白龙港深度脱水应急工程视察工程建设及运营情况。沈骏同志一行先后听取了白龙港污泥应急处理工程建设和运行情况的汇报，视察了压滤车间、集控中心等设施，实地了解应急污泥深度脱水的运行情况和效果，并召开了白龙港应急污泥工程专题工作会议。沈骏同志指出，白龙港污泥应急处理工程是上海市重大环保项目，各方务必要统一思想，确保项目正常运行，最大地发挥项目效益，为进一步加强本市水环境治理和污染物减排作出应有的贡献。

★ 7 月 27 日至 8 月 3 日，市建设交通工作党委书记许德明，市建设交通委副主任、市交通港口局党组书记、局长孙建平一行赴青海玉树、西藏日喀则考察援建工程，慰问援藏援建干部。在青海玉树，许德明同志一行考察了中建八局援建的康巴艺术中心、玉树州行政中心等工程，慰问了奋战在一线的建设者，并在中建八局玉树前线指挥部与援建项目负责人、建设者代表进行了座谈。许德明同志代表市建设交通两委和上海建设交通系统向中建八局援建玉树地震灾区的广大建设者表示慰问和感谢，鼓励广大建设者不畏艰险，再接再厉，按时、高质量、圆满完成援建任务。2010 年玉树地震后，按照中央的要求，中建八局代表中建总公司抽调精兵强将在雪域高原打响了灾后重建大会战。广大援建干部职工深入开展“创先争优”活动，精心施工、文明施工，打造精品工程，在参与援建的四家中央企业率先实现“三个确保”的援建目标，取得了“四个第一”的优异成绩。建设者们经受了高原恶劣自然环境的考验，涌现出一批先进典型和优秀事迹。据了解，由中建八局承担的援建项目共85个，已开工项目83个，总投资16.7亿元。在西藏日喀则，许德明同志一行考察了上海援藏公寓等项目，慰问了上海市第六批援藏干部，来自市交通港口局的赵伟同志（任日喀则地区住建局副局长）和市政规划研究院的杨国强同志（任住建局质监站副站长）。在与日喀则地区住建局领导进行座谈中，许德明同志充分肯定了两位援藏干部立足岗位、不辱使命取得的出色成绩，对地区住建局党组织对援藏干部的关心、培养表示感谢，并鼓励两位同志虚心学习、经受锻炼、不断提高，圆满完成援藏任务。援藏期间，赵伟和杨国强同志牢固树立政治意识、大局意识，发挥专业特长，认真推进项目监管，一批道路、医院、学校等民生项目顺利交付使用。他们立足当地，想方设法推动资金援藏、技术援藏落实到位，积极服务于地区住建系统发展大计。赵伟和杨国强同志以自身行动促进民族团结，帮助解决藏族干部职工就医、就学等实际问题，还资助了7名藏族困难学生，受到了上级领导和广大干部职工好评。

★7月28日，市防汛指挥部召开今年第二次全体（扩大）会议，分析预测本市天气趋势，对今年的防汛防台工作进行再动员、再部署，确保防汛预案化为行动、各项措施落实到位。副市长、市防汛指挥部总指挥沈骏出席会议并在讲话中要求各级政府、各行各业特别是各级防汛部门，对当前严峻的汛情、灾情形势要有清醒的认识，对艰巨的防汛防台和抢险救灾任务要有足够的准备，进一步增强紧迫感、责任感，在前一段安排部署的基础上，进行再督促、再检查、再落实。

★7月30日至8月2日，国务院房地产调控工作督查组对上海市2011年以来贯彻落实国家各项房地产市场调控政策措施情况进行督促检查，副市长屠光绍、沈骏出席相关活动。

★7月31日，副市长沈骏到各区县调研物业管理工作，了解住宅小区综合管理、居委会与业委会关系、完善业主自我管理、物业服务企业管理服务创新等情况，副局长黄永平陪同调研。

八月

★8月2日，沈骏副市长一行前往轨道交通11号线交通大学站工地，视察车站工程建设情况，并亲切慰问工程建设、施工、监理等一线建设者。据悉，正在建设的11号线北段二期（江苏路站－罗山路站）全长约21公里，设地下车站13座。目前，各车站主体结构已经基本完成，盾构区间全部贯通，正在进行轨道铺设。自封路施工以来，申通地铁集团新增加深地下连续墙、增加加固措施、合理调整施工周期、减少重型设备夜间施工等多项措施，确保施工建设安全，减少对周边环境影响。

★8月2日11时起，浙江省高速公路ETC系统与上海正式联网运行，至此，江苏、安徽、江西、福建、浙江、上海华东五省一市高速公路网实现ETC的互联互通。标志着约90万ETC用户可以自由畅行沪苏浙皖赣闽华东地区高速公路网，体验ETC的快速便捷。

★8月2日上午8时和9时43分，市防汛指挥部先后发布台风蓝色预警和黄浦江高潮位蓝色预警，预报黄浦江苏州河口子潮潮位将达4.85米，超警戒水位。2日傍晚20：49时，苏州河河口水闸按照《苏州河河口水闸运行管理规定》转入防汛挡潮模式，在黄浦江开始涨潮时关闭河口水闸。至3日凌晨1：36，苏州河河口水闸闸外水位涨至4.70米，超警戒水位0.15米，闸内水位保持2.78米。这是自2006年以来黄浦江苏州河口最高潮位，也是苏州河河口水闸建成投入运行防御的最高潮位。泵闸值班人员坚守岗位，精心操作，圆满完成此次防御台风和天文高潮任务，充分发挥了河口水闸防汛挡潮的社会效益。

★8月6日晚，中共中央政治局委员、市委书记俞正声同志，市委副书记、市长韩正同志来市防汛指挥部，检查防御今年第11号台风“海葵”各项措施落实情况，市委常委尹弘秘书长、市防汛指挥部总指挥沈骏副市长陪同参加。在听取了市气象局关于台风最新动向、市防汛指挥部有关全市防御台风准备工作情况汇报后，市领导对防御台风工作提出要求。俞正声同志强调，当前正值防御台风的关键时期，各区县、各部门和各单位要把确保人员生命安全放在第一位，立足防大汛、抗大灾、抢大险，做好一线海塘外作业施工人员和工地临房、危棚简屋内人员的转移撤离工作，加强对高空构筑物的检查，做到领导到位、责任到位、措施到位，确保城市正常运转。韩正同志指出，要坚决克服麻痹侥幸思想，严密监视台风动向，切实加强预警预测，按照台风在上海附近登陆的可能，全力以赴做好各项防范工作，工作再细一些、措施再实一些、力度再大一些，确保上海安全度汛。

★从8月6日至31日，本市正式实施“清风六号”专项整顿行动。此次行动将对出租车、公交、省际客运、危险品运输、汽车维修、驾培、停车等行业各类影响安全经营的违法行为进行查处。

★8月7日，在接到市防汛指挥部关于台风“海葵”可能对上海造成严重风雨影响的紧急通知后，市建设交通委认真贯彻落实俞正声书记关于“确保人员生命安全放在第一位，立足防大汛、抗大灾、抢大险，确保城市正常运转”的讲话精神，委主要领导、分管领导高度重视，亲自待岗值班，分头落实负责，各有关部门紧紧行动起来，召开紧急会议，分建筑工地、市政设施、民航铁路大交通等三个条线下发紧急通知，落实人员值班，开展现场检查。台风期间，市建设交通委组织人员撤离人数为266253人，涉及3421个工地，值班人数为1275人，开展防汛检查为502人。建筑工地、路政实施、重大工程和航运单位等方面都全面发动、全力投入应对防御“海葵”台风的各项工作。经联系确认，市水务局、市绿化市容局、市交通港口局、市房屋管理住房保障局等单位均按要求通知各相关单位加强值班。台风过后，建设交通行业无异常情况，安全度汛。

★8月10日零时起，本市车用液化石油气零售中准价由现行的每升5.09元提高至每升5.31元。

★8月15日，上海市城乡建设和交通发展研究院成立大会召开。沈骏副市长出席成立大会。市委组织部、市编办、市发改委、市财政局副局长马正文同志、市科委、市经信委、市规土局、市交警总队、市发展改革研究院、市规划院领导，市建设交通两委领导班子成员，市建设交通两委机关各处室主要负责人，委直属单位党政主要负责人，各区（县）建交委、绿化市容局、城市网格化管理中心领导，原城市发展信息研究中心、城建热线服务中心、交通研究所、交通信息中心中层以上干部参加。会上，沈骏同志为市建设交通发展研究院揭牌并讲话；市建设交通工作党委书记许德明对市建设交通发展研究院开展好工作提出要求；市建设交通工作党委副书记、市建设交通委主任黄融主持会议并宣读市建设交通发展研究院领导班子成员的任职通知；市编办副主任钱明涛同志宣读上海城市发展信息研究中心更名的批复；市委组织部经干处处长谈上伟同志宣布江绵康等同志的任职通知；市建设交通发展研究院党委书记、院长江绵康同志作表态发言。

★ 8 月 15 日，市、建设交通委主任例会召开。市建设交通委领导、各区县建设交通委主任、市建设交通委部分直属事业单位和机关处室负责同志参加会议。会上，市建设交通委黄融主任通报了全市面上形势、建筑市场监管和体制改革工作，四位分管领导分别通报了旧区改造、重大工程建设、重大基础设施项目前期工作和城市维护资金管理等工作。各区县建设交通委主任也结合本区的情况分别作了交流发言。黄融主任在讲话中要求，一是要进一步统一思想、坚定信心，确保年度任务圆满完成；二是要进一步加强协调、强化协作，着眼大局促进共同发展；三是要进一步深化改革、勇于创新，适应新变化，探索新办法，取得新成绩。

★ 8 月 16 日，副市长沈骏到市住房保障房屋管理局召开专题会议听取今年保障房建设推进情况汇报，局长刘海生、副局长庞元、顾弟根、黄永平、于福林、副巡视员李东出席。刘海生汇报了 1–7 月本市保障性安居工程建设进展情况、目前存在的问题与建议、下一步重点工作。市规划国土资源局、市金融办、市发展改革委、市财政局、市环保局、市建设交通委相关负责人分别就规划和土地供应、建设资金落实、环评、外围市政配套等作了补充汇报。沈骏要求各项工作继续紧抓不放，前几年的工作今年要看到成果并为今后几年的工作打好基础，近期将到相关区进行专题调研，还将召开全市公共租赁住房建设筹措专题会议。

★ 8 月 17 ~ 18 日，中国水利工程优质（大禹）奖专家组对上海青草沙投资建设发展有限公司申报的青草沙水源地原水工程 2011 ~ 2012 年度中国水利工程优质（大禹）奖进行现场复查。检查组首先进行了实地复查，详细查看了青草沙水库及五号沟泵站工程，并对水库大堤、取输水泵闸、五号沟泵站机组、泵房、自动化控制室、液压启闭设备、工程外观等进行了重点复查。随后，检查组听取上海青草沙投资建设发展有限公司关于工程建设管理情况和运行情况详细汇报，并仔细查阅了工程资料，询问了工程建设的技术创新、质量、外观等详细情况。

★ 8 月 17 日，沈骏副市长在市建设交通工作党委副书记、市建设交通委主任黄融，上海铁路局局长安路生等陪同下，前往金山铁路支线添乘检查改建工程建设、运营准备情况。沈骏同志一行现场察看了部分车站站台、候车室及站前广场，详细了解了线路设备、联调联试、配套设施建设等情况，并看望慰问了奋战在建设施工现场和参加联调联试的干部职工。沈骏同志充分肯定金山铁路改建工程取得的显著成绩，指出，有关单位要进一步增强责任意识，加强领导，合理分工，科学组织，认真调试，逐项抓好存在问题的整改，加快收尾工程建设；要精心准备，突出便民利民，按照公交化运行模式，加强管理，主动协调，相互配合，全面做好运营准备工作，确保全线按期顺利开通。据悉，金山铁路支线改建工程线路从莘庄站引出，终到金山站，全长约 47.46 公里，途经闵行、松江、金山 3 区，建成后将开行上海南站至金山站快速城区列车，极大改善沿线居民出行条件。

★ 8 月 17 日，由新民晚报、上海电视台和城建热线联合承办的 2012 年“夏令热线”服务工作圆满结束。“夏令热线”期间，市民来电 10 万余个，受理各类信息 6.7 万件，其中建交委系统内信息 5.7 万件（包含咨询 2.7 万件，占 47.4 %；投诉 2 万余件，占 36.8%；举报 4167 件，占 7.2%；报修 3406 件，占 5.9%；建议 1213 件，占 2.1%；表扬 323 件，占 0.6%）。外系统信息 9000 余件。市民关注的前五类问题依次是：乱设摊 5175 件，违法建筑 4167 件，公共区域秩序维护 1259 件，出租车绕道多收费 1204 件，出租车拒载 1191 件。

★ 8 月 23 日，市政府召开 2012 年公共租赁住房工作推进会，副市长沈骏出席，局长刘海生在会上通报了上半年本市公共租赁住房工作推进情况及下一步工作部署，市规划国土资源局、市财政局分管负责人分别就规划、土地、资金等情况作了介绍，嘉定和浦东新区分管负责人作了交流发言。沈骏要求各区县政府进一步加强重视扎实推进公共租赁住房工作，市、区相关部门在保证质量的前提下加快各项审批手续办理，共同推进 2012 年公共租赁住房建设筹措任务的顺利完成。

★ 8 月 26 日，中共中央政治局委员、上海市委书记俞正声，市委副书记、市长韩正分别对当前本市防御双台风工作作出重要指示。市防汛指挥部总指挥、副市长沈骏到市防汛指挥部会商研判第 14 号台风“天秤”和第 15 号强台风“布拉万”可能对本市带来的影响，研究防御双台风工作。在听取了市气象局局长汤绪关于台风最新动向、市防汛指挥部副总指挥、市水务局局长张嘉毅有关防台风工作汇报后，对当前防御双台风工作提出了明确要求。市防汛指挥部当天下午召开全市防汛视频会议，部署双台风防御工作。

★ 8 月 29 日起，市交通港口局组织开展行业安全大检查强化长途汽车隐患排查整治工作。重点排查营运驾驶员资格，应急出口是否通畅，车辆是否存在非法改装，以及企业 GPS 监管情况、超长线路驾驶员配备等；督促严格落实各项安全措施，如驾驶员连续驾驶时间不得超过 4 小时或 24 小时内累计驾驶时间不得超过 8 小时，长途客运车辆凌晨 2 时至 5 时停止运行或实行接驳运输，省际客运车辆夜间行驶速度不得超过白天限速的 80% 等。深入开展旅游包车客运安全专项整治，坚决杜绝车辆长期在外地经营，以及线路两端均不在车籍所在地等经营行为，严禁发放加盖公章的空白包车客运标志牌。同时，强化客货运输安全源头管理，重点解决挂靠、驾校、驾驶人管理等问题，着手研究省际客车加装应急逃生舱技术改造和开展 1000 公里以上线路安全适应性评估，积极推进卧铺客车提前报废工作。全面开展本市交通港航行业企业安全生产标准化建设，以省际客运行业为试点，力争年内完成。开展省际客运车辆特别是卧铺车辆的应急逃生演练，通过设置标语、宣传片、人工提醒等方式广泛告知乘客各项安全乘车注意事项。

九月

★ 8 月 29 日起，市交通港口局组织开展行业安全大检查，重点排查营运驾驶员资格、应急出口通畅、车辆非法改装、以及企业 GPS 监管、超长线路驾驶员配备等情况；督促严格落实各项安全措施，如驾驶员连续驾驶时间不得超过 4 小时或 24 小时内累计驾驶时间不得超过 8 小时，长途客运车辆凌晨 2 时至 5 时停止运行或实行接驳运输，省际客运车辆夜间行驶速度不得超过白天限速的 80% 等。深入开展旅游包车客运安全专项整治，坚决杜绝车辆长期在外地经营，以及线路两端均不在车籍所在地等经营行为，严禁发放加盖公章的空白包车客运标志牌。同时，强化客货运输安全源头管理，重点解决挂靠、驾校、驾驶人管理等问题，着手研究省际客车加装应急逃生舱技术改造和开展1000公里以上线路安全适应性评估，积极推进卧铺客车提前报废工作。全面开展本市交通港航行业企业安全生产标准化建设，以省际客运行业为试点，力争年内完成。开展省际客运车辆特别是卧铺车辆的应急逃生演练，通过设置标语、宣传片、人工提醒等方式广泛告知乘客各项安全乘车注意事项。

★9月起，市绿化市容局组织开展公共安全科普365宣传行动。市绿化市容局将围绕生产安全、环境安全、防火防爆、交通安全、食品药品安全、卫生防疫、应急救援等开展系列宣传活动，内容涵盖建筑工程施工、行道树养护、垃圾焚烧处理等生产安全，森林防火、陆生野生动物疫源疫病监测、林业有害生物防控、湿地及生物多样性保护等生态安全，以及城市环境卫生安全、食品（果品）安全、城市公共场所及设施维护管理安全等多方面。

★9月5日，韩正市长、沈骏副市长等到申通地铁集团调研轨道交通运营管理工作。市政府洪浩秘书长、蒋卓庆副秘书长，以及市发改委、市国资委、市建设交通委、市财政局、市规土局、市交通港口局等部门有关负责同志参加调研。在听取了有关工作汇报后，韩正同志指出，申通地铁集团认真贯彻市委、市政府要求，把运营安全放在首要位置，做了大量的工作。韩正同志强调：随着基本网络的逐步形成，公司的内部管理、组织架构和力量配置等都要紧密围绕网络的安全运行；当前特别要做好“十一黄金周”期间的运营保障工作，充分考虑长假期间的大客流情况，落实各项安全预案和措施。地铁在建项目不要抢进度，坚持把确保建设施工的质量和安全作为前提；规划新建项目要抓住时机加快新线报批工作，全力抓紧做深、做细、做实各项前期工作，为新一轮建设发展做好储备。沈骏同志指出，地铁是现代化城市体系中重要组成部分，已经成为本市最重要的公共交通骨干。要切实做好运营安全风险管控与隐患整治，确保运营安全；规划设计与建设施工要紧紧围绕运营，从源头上保障项目的长期运行安全。

★9月6日，市绿化市容局在崇明东滩鸟类自然保护区管理处向第一批8家绿化市容行业青年人才培养实践基地单位授牌，刘磊巡视员出席授牌仪式。

★9月12日，“2012上海建筑节能与绿色建筑科技周”隆重开幕，市建设交通工作党委副书记、市建设交通委主任黄融出席。本次活动旨在汇集上海和周边地区的建筑节能与绿色建筑领域的管理和技术人员，共同研讨适合“长三角”地区气候特点的和生活习惯的建筑节能与绿色建筑技术路线，为“长三角”地区的建筑节能与绿色建筑发展策略、政策标准、应用技术体系和产业链建设作出贡献。

★9月12日，市建设交通工作党委副书记朱铁民，市建设交通工作党委副巡视员、组织干部处处长袁筱英等赴市建筑建材业受理服务中心调研。在听取了有关工作汇报后，朱铁民同志充分肯定了市受理服务中心近年来取得的工作成绩，并就下阶段党的建设工作提出要求：一要抓好领导班子建设。领导干部要做到政治坚定、作风过硬、清正廉洁、不辱使命；要树立以人为本、执政为民、公平正义、民主法制的理念；要提升应对形势变化的能力、在开放透明条件下科学民主依法行政能力、在新形势下做好群众工作的能力。二要抓好基层党组织建设。要全面落实组织建设各项任务；建立健全创先争优长效机制；不断深化党建联建。三要抓好人才队伍建设。要制订人才服务措施；做好人才培养储备；加强人才管理，建立联系、考核和奖励机制。四要抓好干部队伍建设。要加强对干部考核，以德为先；要从基层一线和艰苦岗位选拔干部；进一步扩大干部民主推荐和竞争性选拔；进一步加强干部交流，规范化制度化；要大力培养青年干部；加强干部的教育培训，提高干部解决实际问题的能力。五要抓好行风政风建设。进一步改进服务作风，提高服务质量，提升服务效能。

★ 9月14日，阿联酋迪拜市副市长、外事局长一行访问市绿化市容局，市绿化市容局副局长鲁建平与访问团开展座谈交流。

★ 9月17日，鲁矿集团召开党支部建设交流会。市建设交通工作党委书记许德明、市建设交通工作党委副巡视员、组织干部处处长袁筱英等出席会议。在参观了五矿重机等生产建设现场和选矿车间党支部活动场所，听取了有关交流汇报后，许德明同志指出，近年来，鲁矿集团党委以“创先争优”和“基层组织建设年”为契机，推进党支部建设标准化工程，相继开展了“提产、增效、保安全”、“五查五改五促进，降本增效建新功”等主题活动，打造了一批“基层组织健全、队伍素质较高、基本制度完善、组织活动正常、基础台帐详实、基本保障有力”的示范党支部，为公司生产经营任务的全面完成提供了坚实的组织保证。下一步，要进一步提高认识，增强基层党组织建设的紧迫感和责任感。加强教育管理，激发党员的积极性、主动性、创造性。落实党建工作责任制，构建齐抓共管党建工作格局。加强分类指导，创造一流党建新局面，以优异的成绩迎接党的十八大胜利召开。

★ 9月19日，国际海上人命救助联盟亚太交流合作中心（简称“亚太中心”）正式成立。交通运输部安全总监、国际海上人命救助联盟董事宋家慧，国际海上人命救助联盟秘书长布鲁斯，亚太中心主任杰瑞以及市建设交通委、东海救助局、上海海事局等有关领导出席成立仪式。亚太中心的成立，将有利于加强区域性海上救助团结协作，促进合作交流，提高亚太地区整体海上搜救能力。下一步，亚太中心将在会员招募、资金募集、技术研讨、业务培训等方面作出积极努力，推动区域海上救助事业科学发展。

★ 9月20日，沈骏副市长带队视察延安、南北、内环高架道路沿线以及虹桥枢纽周边户外广告设置情况，市绿化市容局马云安局长、鲁建平副局长、市建设交通委、黄浦、静安、徐汇、长宁、闵行区政府分管领导参加视察工作。

★ 9月20日，市建设交通工作党委举行系统党的建设工作座谈会。会议的主题是：认真总结党的十七大以来建设交通系统党的建设成功经验和有效做法，进一步以改革创新精神全面推进党的建设各项工作，更好地发挥基层党组织的领导核心、政治核心、协调监督、政治引领作用，保证城乡建设和交通管理各中心任务的完成。市建设交通工作党委领导，系统各局、各单位党委（党组）主要负责人，委直属单位党委（党组）主要负责人参加会议。会上，市建设交通工作党委书记许德明总结了近年来建设交通系统党的建设工作，对进一步提高党的建设科学化水平提出要求。市建设交通工作党委副书记、市建设交通委主任黄融主持会议。市建设交通工作党委副书记田赛男、朱铁民、市建设交通纪工委书记王来娣分别作了讲话，对有关工作作了通报和部署。市交通港口局党组、上海铁路局党委、上海海事局党组、中建八局党委、申通地铁集团党委分别围绕领导班子、基层党建、干部人才队伍、党风廉政、矛盾化解等工作作了交流发言。许德明同志指出，近年来，建设交通系统紧紧围绕承担的繁重任务，不断探索实践，切实加强和改进党的思想、组织、作风、制度和反腐倡廉建设，取得了明显成效。一是以理论武装为根本，推动科学发展。二是以能力建设为重点，破解瓶颈难题。三是以创先争优为载体，改进队伍作风。四是以“凝聚、覆盖”为目标，深化行业党建。五是以制度建设为基础，扩大党内民主。六是以保持党的纯洁性为导向，加强廉政建设。

十月

★ 9 月 29 日至 10 月 7 日，上海地铁全路网累计运送乘客 5127 万人次，日均 569.6 万人次，同比增长 3.98%；其中，9 月 29 日客流达到 742.88 万人次，再创世博会以来日客运量新高。总计发车 44716 列次，其中为应对突发大客流，加开了 138 次列车。申通地铁集团实施全网络一级保驾和二级保驾，每日安排 1 万名各专业职工坚守工作岗位，保证了节日乘客出行，确保了运营安全有序。同时，为方便市民假日出行，上海地铁发放了安全出行指南 150 万余份，官方微博发布各类运营便民信息 312 条，其中，运营服务类信息 68 条，提示类信息 52 条，地铁幕后故事 16 条，地铁寻人寻物 6 条。此外，还加强与上海铁路局等合作，通过火车站站广播、官方微博等平台，协助高铁疏散旅客，确保一方平安。

★ 9 月 30 日 至 10 月 7 日，12319 城建服务热线接到市民来电 13885 个，接通 12131 个，接通率 87.4%。受理与建设交通行业相关诉求共 10375 件，市民较为关注的前五位问题是：公交车线路营运咨询、乱设摊、违法建筑、出租车查找丢失物品、出租车营运服务咨询。今年“两节”期间城建服务热线受理情况呈三个特点：一是来电情况平稳，诉求以咨询为主。市民日均来电 1736 个，同比上升 11.8%；市民来电以咨询为主，涉及交通方面问题较为集中，达 3304 件，占咨询总量的 55.5%。二是乱设摊、违法建筑等问题市民关注度较高。日均举报量同比分别上升 18.4% 和 22.3%。三是交通出行情况良好。共受理交通行业信息 4925 件，其中投诉占 1499 件，日均受理量较去年同期相比有所下降。

★ 10 月 9 日，市政府在闵行区古美街道召开市生活垃圾分类减量工作现场推进会，市人大、市政协相关领导、市生活垃圾分类减量联席会议各成员单位、各区县联席会议办公室牵头部门负责人和各试点街镇代表出席会议。市绿化市容局党组书记、副局长陆月星代表联席会议办公室作汇报发言。沈骏副市长到会并作重要讲话。

★ 10 月 10 日，上海中国航海博物馆举行 2012 年第八场学术报告会。中国海监东海总队原副总队长、中国海洋发展研究中心及上海日本研究交流中心研究员郁志荣应邀出席会议并作题为《东海海洋维权法律制度与事件——中日钓鱼钓之争解读》报告。本次报告主题紧扣时事热点，具有较强现实意义。郁志荣同志以个人亲历执行钓鱼岛及其附属岛屿维权巡航任务为内容基础，深入剖析中日钓鱼岛争端，并从海洋法律的角度提出了解决对策。

★ 10 月 22 日，2012 国际风景园林师联合会（IFLA）亚太区会议在上海国际会议中心开幕。大会由 IFLA 亚太区、中国风景园林学会和上海市绿化和市容管理局共同主办，上海市风景园林学会承办。来自中国、美国、加拿大、意大利等国家和地区的风景园林师、学者、学生及相关从业人员、政府与国际组织成员参加了会议。中国风景园林学会理事长陈晓丽主持开幕式。IFLA副主席拿督伊斯麦（Dato Ismail Ngah），ICOMOS主席莫妮卡（M ó nica Luengo），联合国教科文组织中国委员会秘书长杜越，世界自然保护联盟主席章新胜，中国风景园林学会名誉理事长、两院院士周干峙，中国风景园林学会名誉理事长、中国工程院院士孟兆祯等出席开幕式。上海市绿化市容局马云安局长在开幕式上致辞。

★ 10月30日，由市政协姜樑副主席带队，市政协副秘书长李定国、人资环建委及市政协委员一行相继视察了上海绿铭环保科技股份有限公司和普陀环境实业公司生活垃圾综合处理中心，并召开专题座谈会。市绿化市容局局长马云安，党组书记、副局长陆月星，总工程师唐家富、市食品药品监督管理局副局长谢敏强以及普陀区绿化市容局书记刘文奎、局长李文华，市绿化市容局相关处室负责人等陪同视察并出席座谈会。

十一月

★ 11月3日，市建设交通两委召开领导班子务虚会。回顾总结五年来的建设交通工作，认真谋划明年及今后一个阶段各项重点工作。会上，各位领导结合分管的工作，进行了深入思考，作了精彩的发言。

★ 11月9日～11日，市建设交通委调研各项专题工作。调研航运中心建设、综合交通发展、建筑市场管理、城乡一体化建设、政府职能转变和行业转型发展。机关处室和部分事业单位负责同志参加会议。与会人员结合贯彻落实党的十八大精神，总结回顾了过去五年建设交通行业发展的利弊得失，综合分析了未来五年特别是2013年的工作思路。黄融主任在讲话中，要求下一步工作中，认真起草好年度总结和工作计划，及早谋划，及早准备，客观总结成绩，科学研判形势，明确发展思路，谋划好未来五年的重点工作。

★ 11月13日，市建设交通工作党委副书记、市建设交通委主任黄融等一行前往交通运输部东海救助局调研工作。在听取了有关水上应急救助、安全管理、财务预算和基本建设管理、党的建设等情况汇报后，黄融同志充分肯定了东海救助局近年来取得的工作成绩，指出，作为交通运输部直属驻沪水上应急保障的一支重要力量，东海救助局对保障东海辖区水上安全形势稳定，促进上海国际航运中心建设乃至地区经济社会发展具有重要作用。市建设交通两委在市委、市政府的领导下，将一如既往的大力支持东海救助局融入地方建设发展，并积极帮助协调落实中央在沪单位遇到的各类问题和困难。下一步，希望东海救助局发挥人才与技术优势，在党的建设、人才队伍建设、应急联动机制建设等方面进一步加强与地方的沟通交流，在促进上海城市建设与管理等方面有新的突破。

★ 11月14日，沈骏副市长专题研究进一步完善本市城市管理工作，市政府研究室、法制办、市建设交通委相关领导参加会议。会议总结回顾了过去五年上海城市管理工作。五年来，城市管理工作得到全面加强，基本适应城市经济社会快速发展的需要。城市服务供给能力显著提升，基本满足市民群众日益增长的需求。初步建立城市管理的常态长效机制，积极完善长效管理法制保障。会议要求，上海城市管理要坚持“以人为本、安全为先、管理为重”的方针，不断完善体制机制，努力把上海建设成为安全、有序、整洁、高效的现代化大都市。一是要确保城市运行安全平稳。二是要提升城市生态文明程度。三是要保障城市居民的民生要求。

★ 11 月 16 日，市房管局召开依法行政工作暨市住房保障房屋管理局行政复议委员会成立大会，就依法行政工作提出四点要求：一是认清形势、深化认识，坚持不懈地推进依法行政工作；二是民主立法、科学立法，为住房保障房屋管理各项工作保驾护航；三是以复议委员会成立为契机，充分发挥行政复议化解行政争议的主渠道作用；四是加强指导、聚焦基层，努力提升住房保障房屋管理系统依法行政工作整体水平。市住房保障房屋管理局行政复议委员会共有委员 23 名，由刘海生担任主任委员，11 名非常任委员中，6 名为法学界人士、3 名为律师、2 名为局法律顾问；将负责审议局重大、复杂、疑难行政复议案件，为局做出有关行政复议决定提供审议意见，行政复议委员将参与研究局行政复议工作中的重大问题，为改进和完善行政复议工作提供咨询意见。

★ 11 月 19 日，市建设交通两委召开党政负责干部会议，认真传达学习党的十八大精神。十八大代表、市建设交通工作党委书记许德明出席会议并通报了大会概况、选举情况，传达了胡锦涛同志报告精神、中央纪委工作报告以及党章修正案主要内容。市建设交通工作党委副书记、市建设交通委主任黄融主持会议。十八大代表、上海地铁第一运营有限公司一号线客服党支部书记、人民广场区域站站长马珏作交流发言。市建设交通两委领导班子成员，市建设交通系统各局、各单位党政主要领导、党委（党组）分管领导，市建设交通两委机关各处（室）正、副处长（主任），委直属单位党政主要负责人和建设交通机关部分离退休老同志参加会议。许德明同志从 10 个方面传达了十八大报告的主要精神。他强调，要按照中央和市委的要求，结合建设交通系统实际，认真学习、深刻领会、全面贯彻党的十八大精神。一要始终坚持科学发展观的指导思想。二要坚定不移走中国特色社会主义道路。三要毫不动摇地推进改革开放。四要全面贯彻落实“五位一体”战略布局。五要以改革创新精神，全面提高党的建设科学化水平。黄融同志对下一步学习、宣传、贯彻十八大精神提出两点要求。一要迅速兴起学习、宣传、贯彻党的十大精神的高潮。二要以学习贯彻落实党的十八大精神为契机，切实抓好当前各项工作。

★ 11 月 24 日至 30 日，上海地铁第五届公共安全宣传周活动在 2 号线上海科技馆站举行。活动期间，上海地铁将在上海科技馆站、宜山路站、儿童医学中心站、高科西路站等车站，与社区、社会组织等合作，开展以“讲安全、送安全”主题的系列活动，强化乘客乘坐地铁的安全意识，以及自身安全防范行为。一是发布首本个人微博集册《@南东土豆倪》。该书从地铁一线员工的角度，向乘客讲解在地铁出行过程中应注意的种种安全防范知识。此次宣传周期间，上海地铁 shmetro 官方微博以及地铁员工个人微博，也将重点关注活动进展，并发布相关地铁公共安全相关知识，扩大受众影响范围，努力做好安全宣传。二是首度推出以“安全出行、安全逃生”为主题的地铁安全棋和安全拼图，将应急逃生“24 字要诀”融入其中，并以放大实物的形式，在“地铁安全宣传游艺角”供乘客参与游玩，用寓教于乐的方式加强地铁安全宣传。三是开展“大学生体验日”活动。与相关学校合作，组织学生亲身体验了解地铁运营的台前幕后，与现场工作人员一起为乘客导乘指引、向公众发放“地铁安全出行指南”，做好志愿者宣传工作。

★ 11 月 27 日，临港产业区公共租赁住房二期项目开工建设，副市长沈骏宣布项目正式开工。该项目规划总建筑面积约66.35万平方米，其中住宅面积约60万平方米，以60–70平方米的中小户型为主，全部建成后，可容纳15000名企事业单位职工居住生活。临港产业区公共租赁住房项目定位于缓解园区企事业单位职工的阶段性住房困难，对园区引进重大产业项目、留住技能型和创业型青年人才具有重大意义。

★ 11月27日，市交通港口局、上海航运交易所联合举办“上海市航运及其辅助业资信评估工作展示交流活动”。中国船东协会、资信优良企业、银行、保险公司、评估机构等相关负责人员参加。近年来，市交通港口局积极组织推进航运及其辅助业资质信誉评估工作，联手上海航运交易所对上海口岸国际集装箱运输企业、国际船舶代理企业以及国内水路运输企业开展资质信誉评估。自2005年以来，累计参评企业总数3700多家（次），出具资信评估报告711份，建立资信档案超过3700份。评估显示，上海口岸航运及其辅助企业资质信誉状况逐年提高，反映了上海国际航运中心软环境建设尤其是航运诚信体系建设取得了长足进步。日常监管信息可为资信评估提供依据，评估结果可以确定监管的重点和难点，两者相互促进，将引导企业合法经营、诚实经营，培育健康有序的航运市场。下一步，市交通港口局将进一步加大支持力度，不断提高评估工作的规范化水平和国际化程度，探索资信评估市场化运作的新途径，形成中国特色的航运资信评估中心；支持评估机构与航运金融机构开展合作，鼓励金融机构加大对资信评估报告等信用产品的采信力度，为中小企业融资低成本、便利化创造条件。

★ 11月28日，第七届科技2012年度委员代表会议暨专家沙龙100期纪念活动召开。会议对一年来在开展专业委员会活动中成绩显著的优秀专业委员会和个人予以了表彰。相关专业委员会和委员代表就科技委专业委员会工作进行了交流发言。市建设交通委副主任、科技委副主任兼秘书长秦云同志作工作报告。黄融主任在讲话中充分肯定了专家、委员为上海城乡建设和交通事业做出的突出贡献，要求下一步工作中切实体现“三个服务”：一是要服务于“创新驱动、转型发展”的目标；二是要服务于“管建并举、管理为重”的方针；三是要服务于“民生为本、安全为先”的要求。

★ 11月29日，市建设交通工会在上海图书馆举行学习贯彻党的十八大精神专题报告会。华东师大社会保障研究所所长石云教授主讲解读十八大精神。行业系统100多名工会干部参加报告会。石云教授以“在十八大精神指引下，坚定不移地践行中国特色社会主义工会发展道路”为主题，围绕十八大精神对工会工作的启示、中国特色社会主义工会道路的内涵、理论上应理顺的“五个关系”和实践上应做好“两个维护”等方面做了报告。

十二月

★ 12月起，市水务局设立“临港专窗”，每周定期（时间：周一、周四下午）派员入驻临港地区管委会行政服务中心，受理临港地区市级水务行政审批与河道蓝线划示等业务。同时，市水务局将对临港地区管委会相关受理窗口开展业务培训，拟于日后由其代为受理并及时移送市水务局办理审批手续。这是今年市水务局继“延长窗口服务时间”之后推出的又一项便民服务新举措。

★ 12月1日，市建设交通工作党委中心组举行党的十八大精神专题学习会。许德明书记主持会议。党委中心组成员分别结合自己分管的工作，交流了学习体会。市建设交通两委部门负责人列席了学习会。许书记对认真学习贯彻党的十八大精神提出三点要求，一要认真研读十八大报告的原文；二要用党的十八大精神来谋划、指导、统领今后的工作；三要紧密联系思想实际，学习党的十八大精神。黄融主任指出，党的十八大提出了一系列新论断、新概括、新部署和新要求。深入学习贯彻落实十八大精神，一是要深入了解党的十八大的重大意义和精神实质；二是要结合实际做好工作；三是要以认真学习十八大精神为动力，推进当前工作目标任务的全面完成。

★ 12 月 4 日，以“蓝色经济绿色发展”为主题的“2012 上海海洋论坛”在上海宝山开幕。来自国内外海洋界专家学者以及上海市海洋经济联席会议成员单位有关部门 200 余人齐聚宝山参与本次活动。本届论坛由上海市海洋局和宝山区人民政府共同主办，会议围绕贯彻十八大“发展海洋经济，建设海洋强国”的战略部署，聚焦海洋新能源开发与安全应急管理、海洋科技体制与机制创新、海洋科技园区构建和以邮轮经济为代表的新兴产业培育、河口海岸的生态环境保护等重点领域进行交流研讨。“2012 上海海洋论坛”的成功举办，将为促进上海海洋产业转型升级，加快上海海洋经济发展发挥积极作用。对进一步推动海洋高新技术产业的发展、促进海洋经济的战略性转型，提升海洋高新技术企业在海洋产业当中的比重，提高海洋经济在国民经济的贡献率，使海洋经济成为沿海发展新的经济增长点、新的财税增长点和新的就业增长点有着重要指导意义。

★ 12 月 6 日，副市长沈骏到黄浦大康里、闸北彭三小区调研旧住房综合改造工作。沈骏指出，历届市委、市政府高度重视旧住房综合改造工作，把保障市民居住安全、改善市民居住条件的旧住房综合改造工作作为重要的民生工程；市、区政府以“业主自愿、政府扶持、因地制宜、多元筹措”为原则，探索“保留、改造、提升”并举的多种改造方式，完善了旧住房居住功能，改善了广大市民的居住条件和居住质量，受到了市民普遍欢迎。沈骏强调，要将旧住房综合改造工作作为本市“四位一体”住房保障体系的重要补充，使市民通过更多渠道改善居住条件和居住质量。明年要在继续推进本市“四位一体”住房保障体系的同时，进一步加大旧住房综合改造力度，各项工作要立足实际、讲究实用、使市民得实惠；市、区各部门要对成套改造、厨卫等综合改造、住房屋面及相关设施改造这三类影响市民居住安全和使用功能的旧住房综合改造项目加强领导、分解目标、落实责任、强化考核，在工作推进中不断拓展思路、创新机制，确保安全、注重质量；要尊重民意、充分听取市民意见，依靠群众把好事办实。

★ 12 月 7 日，市建设交通工作党委副书记、市建设交通委主任黄融带队赴长兴岛调研，并听取了长兴岛开发办关于工业化、城市化、生态化、海洋文化的“四化融合”汇报。针对长兴岛开发建设中碰到的绿化建设招投标审批、渣土消纳、天然气运输和道路移交等问题，黄融同志表示将大力予以支持。同时，为进一步提升长兴岛开发建设水平，黄融主任建议，一是在规划上要将人口和公共交通统筹考虑。道路的标准和道路（公交）的规模都要有超前性。二是要坚持以人为本，在做好道路两旁绿化的同时，考虑市民对停车、卫生设施等公共服务设施的需求。三是要高度关注饮水质量。四是在保障房建设过程中，要在住宅产业化方面有所突破。

★ 12 月 7 日，交通运输部东海航海保障中心正式在上海挂牌运转。该中心将负责我国南黄海和东海海域的航海保障服务，辖区范围覆盖江苏、上海、浙江、福建三省一市，是我国海洋经济最为活跃的区域之一。东海航海保障中心的成立，有助于构建布局合理、层次分明、功能完善、性能可靠的综合航海保障体系，为航海及其他海洋活动提供更为全面、及时、可靠和集成的综合航海保障服务。

★ 12 月 14 日，市委常委、副市长艾宝俊到市建设交通两委调研。市建设交通两委领导班子成员参加会议。市建设交通工作党委书记许德明作了工作汇报。艾宝俊同志充分肯定了 2012 年市建设交通两委工作中取得的成绩和对明年工作的谋划，指出，建交两委的工作与百姓民生密切相关，责任大、任务重，工作政策性很强，难度也很大，要进一步细化 2013 年工作思路及重点，形成可操作、可落地的具体措施。一要进一步抓好航运中心建设，加强理念创新，学习先进国家和地区经验，在思考研究破题上多下功夫。二要进一步深入学习理解党的十八大精神，进一步抓好党的建设，切实加强干部队伍建设和党风廉政建设，不断提高机关办事效率和干部能力水平。三要进一步服务好中央在沪单位，增强凝聚力，帮助中央在沪单位融入上海发展。四要进一步加强信访矛盾化解，积极预防和化解社会矛盾，确保社会和谐稳定。

★ 12 月 14 日，以“地铁文明，引领城市文明”为主题的全国地铁行业志愿者工作论坛在沪开幕。中央文明办志愿服务工作组副组长崔海教出席论坛并讲话。市委宣传部副部长、市文明办主任燕爽、市建设交通工作党委副书记田赛男等领导出席会议。会上，来自北京、天津、上海、重庆、广州等 16 个城市的轨道交通企业领导共同发出倡议：一是不断扩大志愿服务的影响力，地铁开通到哪里、车站开设到哪里，志愿服务就开展到哪里。二是积极创造多种类地铁志愿者服务形式，以适应不同年龄、不同职业、不同时间段的志愿服务需求，大力推进地铁志愿者网上报名以及考核嘉奖工作，持续推动城市文明进步，为实现“十二五”期间全国志愿者注册人数达到适龄人口 (16–70 岁) 的 10% 而多作贡献。三是不断推进志愿者工作持续发展，地铁企业员工百分百参加志愿活动。四是建立城际间地铁志愿者工作经验交流机制，定期举办研讨交流活动，互学共建，共同提高。

★ 12 月 19 日，本市召开会议，进一步推进农村道路和危桥改造工作。市建设交通委、市发展改革委、市农委、市财政局、市水务局以及各郊区县领导参加会议。会议总结了今年农村危桥改造工作的进展情况，布置了明年工作任务。根据调查结果，本市需要改造的村内道路（包括村主路、村支路）约 6200 公里，农村桥梁 4800 座左右。市政府将农村村内道路和桥梁改造工作列为 2013 年市政府实事工程项目，市级建设财力将补贴资金约 17.35 亿。市建设交通委主任黄融在讲话中，强调下一阶段要完善工作方案，加强规范操作，建立健全日常养护管理制度，落实责任，督促检查，抓紧推进农村村内道路和危桥改造工作。

★ 12 月 22 日上午 9 时，新江宁路桥建成通车。市建设交通工作党委副书记、市建设交通委黄融主任宣布通车，戴晓坚秘书长主持仪式并讲话。新江宁路桥北起光复西路（上海造币厂保护性建筑处），南至江宁路—澳门路路口，全长约 588 米，其中桥梁总长约 318 米。主桥桥宽 22 米，采用三跨变截面钢结构连续梁，引桥采用预应力钢筋混凝土现浇连续梁。新江宁路桥在具备交通功能的同时，还非常注重与周边建筑环境的和谐统一，无论从色彩、线形、景观，还是灯光、绿化设计都体现了固有的历史文化元素和风格，充分发挥美化环境、改善周边居民生活条件的作用。

★ 12 月 24 日，本市召开 2012 年秋冬季森林防火工作会议，安排部署今冬明春森林防火工作。全年各级林业管理部门组织人员对辖区内的林地进行了 205 次防火检查，共查处火灾隐患 147 起。截至目前，全市共有消防泵 357 台、风水灭火机 182 台、灭火组合工具 94 套、灭火器材 1100 台（套）、油锯 550 台。下一步工作中，一是要加强领导，落实责任。各相关单位尽快建立和完善森林防火组织机构，并落实各部门的工作职责。二是严格管理，消除隐患。制定符合当地实际的火源管理办法，全面实施依法治火，严厉打击非法纵火，严肃查处违规用火。三是加强森林防火基础设施建设。提高预防和扑救森林火灾的综合能力。四是大力宣传，营造氛围。进一步提高全民的森林防火意识，做到森林防火，家喻户晓，人人皆知。

★ 12 月 26 日，沈骏副市长主持召开燃气管网改造会议。根据上海市燃气“十二五”发展规划，到“十二五”期末，本市人工煤气必须全部退出。2012 年到 2014 年，本市要完成 338 公里的改造目标。截止到 12 月 18 日，本市完成了 153 公里的改造目标，超过原计划 4 公里，占总量的 45%。沈骏副市长在讲话中指出，隐患燃气管网的改造，是消除安全隐患的需要，也是燃气发展的需要，更是节约能源的需要。下一步工作要咬定目标，全力冲刺，加强协调，形成合力，加强宣传，文明施工，争取按时完成既定的目标任务。

2012年上海市建设和交通文件选编目录

一、综合管理

1、全国人民代表大会常务委员会关于修改《中华人民共和国国家赔偿法》的决定（中华人民共和国主席令第六十八号）

2、《上海市信访条例》（上海市人民代表大会常务委员会公告第61号）

3、《上海市行政执法证管理办法》（上海市人民政府令第88号）

4、市政府关于印发上海市城市建设和管理“十二五”规划的通知（沪府发〔2012〕69号）

5、《上海市城乡建设和交通委员会行政规范性文件制定和备案规定》（沪建交〔2012〕347号）

二、城市规划土地管理

1、《土地复垦条例实施办法》（国务院令第592号）

2、《城乡规划编制单位资质管理规定》（住房和城乡建设部令第12号）

3、城乡规划违法违纪行为处分办法（住房和城乡建设部令第29号）监察部、人力资源和社保部

4、《闲置土地处置办法》（国土资源部令第53号）

5、《矿产资源规划编制实施办法》（国土资源部令第55号）

6、《建设用地容积率管理办法》（建规〔2012〕22号）

7、住房城乡建设部关于印发《关于规范城乡规划行政处罚裁量权的指导意见》的通知（建法〔2012〕99号）

8、《关于印发<测绘地理信息部门财政预算执行进度管理规定>的通知》（国测财发〔2012〕7号）

9、《测绘地理信息市场信用信息管理暂行办法》（国测管发〔2012〕8号）

10、《最高人民法院关于国有土地开荒后用于农耕的土地使用权转让合同纠纷案件如何适用法律问题的批复》（法释〔2012〕14）

11、《上海市地质资料管理办法》（上海市人民政府令第90号）

12、市政府印发上海市推进城乡一体化发展“十二五”规划的通知（沪府发〔2012〕16号）

13、市政府关于修改《上海市零星建设工程规划管理办法》等文件的通知（沪府发〔2012〕25号）

14、《上海市土地调查实施办法》（沪府发〔2012〕56号）

15、市政府印发《黄浦江两岸地区发展“十二五”规划》的通知（沪府发〔2012〕71号）

16、市政府关于印发《上海市土地利用和土地资源保护“十二五”规划》的通知（沪府发〔2012〕81号）

17、市政府关于印发上海市主体功能区划的通知（沪府发〔2012〕106号）

18、关于印发《上海市土地储备机构参与旧区改造实施办法》的通知（沪府办〔2012〕75号）

19、市政府办公厅转发市规划国土资源局等《关于加快推进农村土地确权登记发证工作实施意见》的通知（沪府办发〔2012〕11号）

20、市政府办公厅转发市规划国土资源局、市住房保障房屋管理局《关于本市公共租赁住房划拨用地抵押意见》的通知（沪府办发〔2012〕72号）

21、关于本市旧区改造中“毛地出让”地块处置若干政策口径的意见（沪规土资地〔2012〕652号）

三、房屋管理

1、《公共租赁住房管理办法》（住房和城乡建设部令第11号）

2、住房城乡建设部关于印发关于做好2012年城镇保障性安居工程工作的通知（建保〔2012〕38号）

3、住房城乡建设部关于印发《关于鼓励民间资本参与保障性安居工程建设有关问题》的通知（建保〔2012〕91号）

4、《住房保障档案管理办法》（建保〔2012〕158号）

5、住房城乡建设部关于印发《关于加快推进棚户区（危旧房）改造》的通知（建保〔2012〕190号）

6、住房城乡建设部关于印发关于做好2012年住房保障信息公开工作的通知（建办保〔2012〕20号）

7、关于做好保障性安居工程电力供应与服务工作的若干意见（电监供电〔2012〕48号）

8、国土资源部、住房城乡建设部《关于进一步严格控制房地产用地管理巩固房地产市场调控成果》（国土资电发〔2012〕87号）

9、《中央补助城市棚户区改造专项资金管理办法》（财综〔2012〕60号）

10、《最高人民法院关于办理申请人民法院强制执行国有土地上房屋征收补偿决定案件若干问题的规定》（法释（2012）4号）

11、关于严格执行法律法规和司法解释依法妥善办理征收拆迁案件的通知（法释〔2012〕148号）

12、关于转发住房和城乡建设部《关于无证房产依据协助执行文书办理产权登记有关问题的函》的通知（法释〔2012〕151号）

13、市政府印发上海市住房发展“十二五”规划的通知（沪府发〔2012〕10号）

14、市政府批转市住房保障房屋管理局等制定的2012年共有产权保障房（经济适用房）收入标准和供应标准（沪府发〔2012〕14号）

15、市政府批转市住房保障房屋管理局制定的《关于保障性住房管理的若干意见（试行）》的通知（沪府发〔2012〕55号）

16、市政府批转市住房保障房屋管理局制定的《上海市国有土地上房屋征收补偿决定的若干意见》（沪府发〔2012〕73号）

17、市政府印发《上海市开展对部分个人住房征收房产税试点的暂行办法的通知》继续有效的通知（沪府发〔2012〕105号）

18、上海市城乡建设和交通委员会关于印发《上海市旧区改造“十二五”发展规划》的通知（沪建交〔2012〕232号）

19、关于印发《关于上海市沿街面商品住房阳台建设要求的意见》的通知（沪建交联〔2012〕57号）

20、关于本市试点保障性住房项目中围合式住宅朝向问题暂行规定的通知（沪建交联〔2012〕1160号）

21、关于印发《上海市保障性住房（大型居住社区）配套建设管理导则（基地内市政公建配套）》的通知（沪建交联〔2012〕1398号）

22、关于新一轮大型居住社区外围市政配套建设新增补贴安排及部分项目补贴调整事项的通知（沪建交联〔2012〕1419号）

23、上海市人民政府办公厅关于进一步严格执行房地产市场调控政策完善本市住房保障体系的通知（沪府办发〔2012〕7号）

24、上海市人民政府办公厅关于转发市

住房保障房屋管理局制订的《上海市廉租住房实物配租申请条件和配租标准》的通知（沪府办发〔2012〕9号）

25、上海市人民政府办公厅转发市住房保障房屋管理局等五部门关于本市保障性住房配建实施意见的通知（沪府办〔2012〕16号）

26、上海市人民政府办公厅转发市农委等五部门关于加强镇村集体经济组织经营性物业项目管理意见的通知（沪府办发〔2012〕19号）

27、上海市人民政府办公厅关于转发市民政局等六部门制订的《上海市城乡居民最低生活保障申请家庭经济状况认定标准（试行）》的通知（沪府办发〔2012〕32号）

28、上海市人民政府办公厅关于进一步加强本市保障性安居工程建设和管理的意见（沪府办发〔2012〕38号）

29、上海严格执行房地产市场各项调控政策通知（沪府办发〔2012〕49号）

30、市政府办公厅转发市住房保障房屋管理局等关于本市保障性住房配建实施意见的通知（沪府办发〔2012〕61号）

31、上海市人民政府办公厅转发市住房保障房屋管理局等三部门关于调整本市廉租住房租金补贴标准意见的通知（沪府办发〔2012〕67号）

四、城市交通管理

1、《中华人民共和国道路运输条例》（国务院令第628号）

2、国务院关于道路交通安全工作的通知（国发〔2012〕30号）

3、国务院关于印发服务业发展“十二五”规划的通知（国发〔2012〕62号）

4、国务院关于城市优先发展公共交通的指导意见簿（国发〔2012〕64号）

5、交通运输部关于修改《道路货物运输及站场管理规定》（交通运输部令第1号）

6、交通运输部关于修改《道路旅客运输及客运站管理规定》（交通运输部令第2号）

7、交通运输部关于修改《道路旅客运输及客运站管理规定》的决定（交通运输部令第8号）

8、交通部关于印发《道路旅客运输企业安全管理规定（试行）》的通知（交运发〔2012〕33号）

9、关于进一步加强道路包车客运管理通知（交运发〔2012〕738号）

10、关于开展长途客运接驳运输试点工作的通知（交运发〔2012〕784号）

11、《公路甩挂运输试点专项资金管理暂行办法》（财建〔2012〕137号）

12、《上海市停车场（库）管理办法》（上海市人民政府令第85号）

13、《上海市人民政府关于修改<上海市查处车辆非法客运规定>的决定》（上海市人民政府令第89号）

14、市政府关于印发《上海市综合交通发展“十二五”规划》的通知（沪府发〔2012〕31号）

15、市政府印发《关于进一步加强轨道交通管理的意见》的通知（沪府发〔2012〕38号）

16、市政府关于贯彻《国务院关于加强道路交通安全管理工作的意见》进一步加强本市客货运安全管理的实施意见（沪府发〔2012〕99号）

17、关于印发《上海市交通白皮书编制工作方案》的通知（沪建交〔2012〕233号）

18、上海市城乡建设和交通委员会关于印发《上海市人民政府关于进一步加强本市轨道交通管理的意见》中涉及我委有关工作任务责任分工的通知（沪建交〔2012〕826号）

19、关于交通运输突发事件信息处理有关事项的通知（沪建交〔2012〕702号）

20、关于上海轨道交通网络运行安全评估（市建交委会议纪要〔2012〕20号）

21、关于进一步规范本市集装箱运输收费行为的通知（沪发改价管〔2012〕006号）

五、港口管理

1、《国内水路运输管理条例》（国务院令第625号）

2、交通运输部关于修改《内河交通事故调查处理规定》的决定（交通运输部令第3号）

3、交通运输部关于修改《长江干线船舶港务费征收办法》的决定（交通运输部令第5号）

4、《港口岸线使用审批管理办法》（交通运输部、国家发展和改革委员会令第6号）

5、《港口危险货物安全管理规定》（交通运输部令第9号）

6、水运工程建设项目招投标管理办法（交通运输部令第11号）

7、《港口设施维护管理规定（试行）》（交水发〔2012〕728号）

8、《上海市内河航道管理条例》（上海市人民代表大会常务委员会公告第43号）

9、《市政府关于修改<上海市内河港口管理办法>等市政府规章决定》（上海市人民政府令第81号修正）

10、市政府印发上海市加快国际航运中心建设“十二五”规划（沪府发〔2012〕48号）

11、上海市城乡建设和交通委员会关于印发《沿江通道越江隧道新建工程水上专项论证意见征询专题会议纪要》的通知（沪建交〔2012〕4号）

六、路政管理

1、《无障碍环境建设条例》（国务院令第622号）

2、公路超限检测站管理办法（交通运输部令第7号）

3、住房城乡建设部关于贯彻落实《无障碍环境建设条例》进一步加强无障碍环境建设工作的通知（建标〔2012〕154号）

4、关于加快推进公路路面材料循环利用的指导意见（交公路发〔2012〕489号）

5、关于禁止将政府还贷公路违规转让或划转成经营性公路的通知（交公路发〔2012〕49号）

6、交通部关于印发《路政文明执法管理工作规范》的通知（交公路发〔2012〕171号）

7、《上海市道路指示牌管理规定》（上海市人民政府令第81号修正）

8、《上海市临时占用城市道路管理办法》（上海市人民政府令第81号修正）

9、《上海市黄浦江大桥管理办法》（上海市人民政府令第81号修正）

10、上海市城乡建设和交通委员会关于转发住房城乡建设部《关于加强城市桥梁安全管理的通知》的通知（沪建交〔2012〕15号）

11、上海市城乡建设和交通委员会关于印发《隧道LED照明技术应用指导意见》的通知（沪建交〔2012〕351号）

12、上海市城乡建设和交通委员会关于明确城市道路、公路大修工程前期手续办理相关材料的通知（沪建交〔2012〕353号）

13、、上海市城乡建设和交通委员会关于转发交通运输部《关于推广运行交通运输行政执法人员和执法证件管理系统的意见》的通知（沪建交〔2012〕434号）

14、上海市城乡建设和交通委员会关于调整本市部分收费高速公路站点设置及收费年限的通知（沪建交〔2012〕507号）

15、上海市城乡建设和交通委员会关于加强乡（镇）和开发区、工业区等非道路管理部门直管桥梁安全运行管理工作的通知（沪建交〔2012〕592号）

16、关于印发《本市公路桥梁和隧道工程开展施工阶段安全风险评估工作的实施方案》的通知（沪建交〔2012〕607号）

17、《上海市城市桥梁桥孔管理规定》（沪建交〔2012〕651号）

18、上海市城乡建设和交通委员会关于进一步推进实施高架道路和市属桥梁桥荫桥孔设施属地管理的通知（沪建交〔2012〕655号）

19、上海市城乡建设和交通委员会关于印发《2012年公路行政执法评议考核工作实施方案》的通知（沪建交〔2012〕751号）

20、关于发布《上海市公路基本建设工程投资估算编制补充规定（试行）》的通知（沪建交〔2012〕772号）

21、上海市城乡建设和交通委员会关于明确市路政局开办资金的通知（沪建交〔2012〕841号）

22、关于印发《上海地区温拌沥青混合料生产及应用指导意见》的通知（沪建交〔2012〕928号）

23、上海市城乡建设和交通委员会关于部分黄浦江越江设施移交接管的通知（沪建交〔2012〕970号）

24、上海市城乡建设和交通委员会关于发布《上海市生态公益林养护预算定额（试行）》、《上海市态公益林养护概算定额（试行）》、《上海市城快路养护维修预算定额》、《上海市城市道路养护修年度经费定额》和《上海市城市斜拉桥养护修年度经费定额》的通知（沪建交〔2012〕976号）

25、上海市城乡建设和交通委员会关于切实加强本市桥梁建设、运行安全管理工作的紧急通知（沪建交〔2012〕984号）

26、上海市城乡建设和交通委员会关于上海市路政局承接规范性文件中相关管理主体的通知（沪建交〔2012〕1120号）

27、上海市城乡建设和交通委员会关于转发交通运输部《关于加强冬季公路养护管理保通工作的通知》的通知（沪建交〔2012〕1316号）

28、关于继续施行《上海市收费高速公路运行管理规定（试行）》的通知（沪建交〔2012〕1425号）

29、《关于加强本市道路清障施救牵引行业管理的意见》（沪交货〔2012〕21号）

30、关于进一步加强本市机动车道路停车场设置、审核和管理工作的通知（沪公发〔2012〕291号）

七、燃气管理

1、天然气利用政策（国家发改委令第15号）

2、市政府贯彻实施《中华人民共和国石油天然气管道保护法》的通知（沪府发〔2012〕68号）

3、关于加快本市城市燃气隐患管网改造和天然气转换保障城市运行安全的通知（沪建交联〔2012〕420号）

4、关于印发《上海市新建全装修住宅建设燃气用户设施及燃气器具配置技术导则》的通知（沪建交联〔2012〕531号）

5、关于开展交通运输业能源管理备案和能源利用状况报告审核的通知（沪建交联〔2012〕730号）

八、市容环卫管理

1、国务院办公厅关于印发“十二五”全国城镇生活垃圾无害化处理设施建设规划的通知（国办发〔2012〕23号）

2、《上海市集镇和村庄环境卫生管理暂行规定》（上海市人民政府令第81号修正）

3、《上海市道路和公共场所清扫保洁服务管理办法》（上海市人民政府令第83号）

4、《上海市餐厨废弃油脂处理管理办法》（上海市人民政府令第97号）

5、《上海市餐厨垃圾处理管理办法》（上海市人民政府令第98号）

6、关于发布《上海市环卫作业养护预

算定额（试行）--- 生活垃圾、粪便清运》的通知（沪建交〔2012〕1228号）

7、关于印发《上海市城市生活垃圾分类设施设备配置导则（试行）》的通知（沪建交联〔2012〕27号）

九、园林绿化管理

1、关于发布《上海市生态公益林养护预算定额（试行）》、《上海市生态公益林养护概算定额（试行）》等通知（沪建交〔2012〕976号）

2、关于进一步加强本市机动车辆清洗保洁管理工作的若干意见（沪绿容〔2012〕236号）

十、环境保护管理

1、国务院关于印发"十二五"节能环保产业发展规划的通知（国发〔2012〕19号）

2、《污染源自动监控设施现场监督检查办法》（环境保护部令第19号）

3、《环境污染治理设施运营资质许可管理办法》（环境保护部令第20号）

4、《环境监察办法》（环境保护部令第21号）

5、《危险化学品环境管理登记办法（试行）》（环境保护部令第22号）

6、《废塑料加工利用污染防治管理规定》（环境保护部令第55号）

7、危险化学品建设项目安全监督管理办法（国家安全生产监督总局令第45号）

8、危险化学品安全使用许可证实施办法（国家安全生产监督总局令第57号）

9、、关于加强环境空气质量检测能力建设的意见（环发〔2012〕33号）

10、《国家生态建设示范区管理规程》（环发〔2012〕48号）

11、《全国环保部门环境应急能力标准化建设达标验收暂行办法》（环办〔2012〕89号）

12、《废弃电器电子产品处理基金征收使用管理办法》（财综〔2012〕34号）

13、《上海市商品包装物减量若干规定》（上海市人民代表大会常务委员会公告第56号）

14、《上海市再生资源回收管理办法》（上海市人民政府令第87号）

15、《上海市社会生活噪声污染防治办法》（上海市人民政府令第94号）

16、市政府关于实施上海市2012年—2014年环境保护和建设三年行动计划的决定（沪府发〔2012〕13号）

17、市政府印发上海市环境保护和生态建设"十二五"规划的通知（沪府发〔2012〕27号）

18、上海市城乡建设和交通委员会关于印发第五轮环保三年行动计划工作机制与项目安排表的通知（沪建交〔2012〕1001号）

十一、勘察设计管理

1、上海市城乡建设和交通委员会关于公布上海市市政公用设施抗震专项论证专家库名单和颁布《上海市市政公用设施抗震设防专项论证专家工作办法》的通知（沪建交〔2012〕131号）

2、上海市城乡建设和交通委员会关于公布本届上海市超限高层建筑工程抗震设防审查专家委员会名单和颁布《上海市超限高层建筑工程抗震设防审查专家委员会章程》的通知（沪建交〔2012〕132号）

3、关于本市试行桥梁工程施工图设计文件审查的通知（沪建交〔2012〕427号）

4、《上海市建设工程施工图设计文件审查机构抽取选定管理规定》（沪建交（2012）652号）

5、关于印发《2012年上海市工程建设

规范和标准设计编制计划(第二批)》的通知（沪建交〔2012〕661号）

6、关于批准《岩土工程勘察文件编制深度规定》为上海市工程建设规范的通知（沪建交〔2012〕901号）

7、上海市城乡建设和交通委员会关于执行《上海市民用建筑工程施工图节能设计文件编制深度规定》的通知（沪建交〔2012〕1273号）

8、关于印发《上海市建设工程施工图设计文件审查机构认定标准》的通知（沪建交〔2012〕1431号）

9、关于加强本市全装修住宅装修工程设计管理的通知（沪建交联〔2012〕1189号）

十二、建筑建材业管理

1、国务院办公厅转发发展改革委法制办监察部关于做好招标投标法实施条例贯彻实施工作的意见（国办发〔2012〕21号）

2、关于开展房屋建筑和市政设施工程建设中挂靠借用资质投标违规出借资质问题专项清理工作的通知（建办市〔2012〕21号）

3、住房城乡建设部办公厅《关于建筑智能化等工程设计与施工资质延续有关问题》的通知（建办市〔2012〕33号）

4、住房城乡建设部办公厅关于印发《关于加强绿色建材评价标识管理和备案工作》的通知（建办科〔2012〕47号）

5、关于推进夏热冬冷地区既有居住建筑节能改造的实施意见（建科〔2012〕55号）

6、关于进一步加强高层建筑和市政工程项目招投标监管工作的指导意见（建市〔2012〕61号）

7、住房城乡建设部关于印发《民用建筑能耗和节能信息统计暂行办法》的通知（建科〔2012〕141号）

8、住房城乡建设部关于印发《夏热冬冷地区既有居住建筑节能改造技术导则（试行）》的通知（建科〔2012〕173号）

9、《公路水运工程监理信用评价办法》（交质监发〔2012〕774号）

10、《中央投资项目招标代理资格管理办法》（国家发改委令第13号）

11、公安部关于修改《建设工程消防监督管理规定》的决定（公安部令第119号）

12、消防产品监督管理办法（公安部令第122号）

13、《上海市新型墙体材料专项基金征收使用管理实施办法》（沪府发〔2012〕3号）

14、《市政府印发关于加快推进本市国家机关办公建筑和大型公共建筑能耗监测系统建设实施意见的通知》（沪府发〔2012〕49号）

15、上海市人民政府办公厅转发市建设交通委等六部门《关于进一步完善本市建设工程管理分工的指导意见》的通知（沪府办〔2012〕69号）

16、上海市城乡建设和交通委员会关于废止《关于在建设工程中使用幕墙玻璃有关规定的通知》的通知（沪建交〔2012〕81号）

17、上海市城乡建设和交通委员会关于实施建筑玻璃幕墙结构安全性论证的通知（沪建交〔2012〕100号）

18、关于使用财政性资金的建设工程管理的若干意见（沪建交〔2012〕350号）

19、上海市城乡建设和交通委员会关于印发《上海市“十二五”建筑节能专项规划》的通知（沪建交〔2012〕390号）

20、上海市城乡建设和交通委员会关于实施在沪施工企业外来从业人员参加城镇职工基本社会保险工作的通知（沪建交〔2012〕508号）

21、上海市城乡建设和交通委员会关于印发《上海市在建工地人员防汛防台紧急撤离工作预案》的通知（沪建交〔2012〕576号）

22、关于集中开展建筑施工安全生产领域“打非治违”专项行动实施方案的通知（沪

建交〔2012〕644 号）

23、关于进一步加强本市基坑和桩基工程质量安全管理的通知（沪建交〔2012〕645 号）

24、关于执行上海市工程建设规范《公共建筑节能设计标准》的通知（沪建交〔2012〕727 号）

25、上海市城乡建设和交通委员会关于认定上海市金山区建筑管理署等三家单位受理服务标准达标的通知（沪建交〔2012〕825 号）

26、关于进一步贯彻落实建设工程生产安全重大隐患排查治理挂牌督办制度的通知（沪建交〔2012〕849 号）

27、关于发布《上海市住宅用电梯维护保养预算定额》的通知(沪建交〔2012〕852 号）

28、上海市城乡建设和交通委员会关于印发《上海市规范建设工程行政处罚裁量权实施办法》及《上海市建设工程行政处罚裁量基准（2012 年版）》的通知（沪建交〔2012〕855 号）

29、关于开展市政公路工程预防施工起重机械和支架脚手架等坍塌事故专项整治工作实施方案的通知（沪建交〔2012〕872 号）

30、关于印发《上海市建设工程质量安全监督机构与监督人员管理若干规定》的通知（沪建交〔2012〕895 号）

31、关于印发《上海市建设工程质量安全监督工作规定》的通知（沪建交〔2012〕896 号）

32、《上海市建设工程合同备案管理规定》（沪建交〔2012〕947 号）

33、《上海市建设工程施工分包管理办法》（沪建交〔2012〕948 号）

34、关于做好本市建设工程质量事故质量问题查处通报工作的通知（沪建交〔2012〕958 号）

35、关于印发《上海市公路工程竣（交）工验收办法实施意见》的通知（沪建交〔2012〕1151 号）

36、上海市城乡建设和交通委员会关于印发《关于规范派出机构工程项目交易服务费收支管理的指导意见》的通知（沪建交〔2012〕1164 号）

37、上海市城乡建设和交通委员会关于印发《上海市施工特种专业工程专业承包企业资质标准》的通知（沪建交〔2012〕1436 号）

38、《关于贯彻实施 <上海市新型墙体材料专项基金征收使用管理实施办法> 的若干规定》（沪建交联〔2012〕691 号）

39、关于推进本市建筑工地污染防治实时监控试点工作的通知（沪建交联〔2012〕985 号）

40、关于印发《上海市国家机关办公建筑和大型公共建筑用能分项计量装置安装项目市级资金扶持申报指南》等五个文件的通知（沪建交联〔2012〕1056 号）

41、关于发布《关于推行上海市住宅工程质量潜在缺陷保险的试行意见》的通知（沪建交联〔2012〕1062 号）

42、《上海市建筑节能项目专项扶持办法》（沪发改环资〔2012〕088 号）

43、关于在沪施工企业外来从业人员参加本市城镇职工基本社会保险若干问题的通知（沪人社养发〔2012〕20 号）

44、关于进一步加强建设工程消防质量和安全管理的通知（沪公发〔2012〕310 号）

十三、水务管理

1、国务院关于印发最严格水资源管理制度的意见（国发〔2012〕3 号）

2、国务院办公厅关于印发“十二五”全国城镇污水处理及再生利用设施建设规划的通知（国办发〔2012〕24 号）

3、住房城乡建设部关于印发《城镇供水设施建设与改造技术指南》的通知（建科〔2012〕156 号）

4、《水运工程建设推广应用新技术管理办法》（交水发〔2012〕480号）

5、《交通运输部水运工程和交通支持系统工程综合评标专家库管理办法》（交水发〔2012〕554号）

6、《水运工程标准管理办法》（交水发〔2012〕665号）

7、《上海市合流污水治理设施管理办法》（市政府令第81号修正）

8、《上海市水文管理办法》（上海市人民政府令第84号）

9、上海市河道工程修建维护管理费征收使用管理办法（沪府办发〔2012〕12号）

十四、海洋管理

1、《海洋观测预报管理条例》（国务院令第615号）

2、国务院关于印发全国海洋经济发展"十二五"规划的通知（国发〔2012〕50号）

3、国务院办公厅关于进一步加快发展海水淡化产业的意见（国办发〔2012〕13号）

4、《国务院办公厅关于同意上海市县际间海域行政区域界线的通知》（国办函〔2012〕12号）

5、关于加强区域农业围垦用海管理的若干意见（国海发〔2012〕9号）

6、关于公布海域评估机构推荐目录的通知（国海管字〔2012〕246号）

十五、海事管理

1、《中华人民共和国船舶载运危险货物安全监督管理规定》（交通运输部令第4号）

2、《中华人民共和国海事局海事法规和规范性文件后评估办法》（海法规〔2012〕149号）

3、《中华人民共和国海事局海事行政执法督察管理办法》（海法规〔2012〕150号）

4、《船舶油污损害赔偿基金征收使用管理办法》（财综〔2012〕33号）

5、《最高人民法院关于审理海上货运代理纠纷案件若干问题的规定》（法释〔2012〕3号）

十六、民用航空管理

1、国务院关于促进民航业发展的若干意见（国发〔2012〕24号）

2、《民用机场建设管理规定》（中国民用航空局令第215号）

3、《中国民用航空局、财政部关于印发<通用航空发展专项资金管理暂行办法>的通知》（民航发〔2012〕111号）

4、《民用运输机场供用电安全管理规定（试行）》（电监安全〔2012〕18号）国家电力监管委员会、中国民用航空局

十七、邮政管理

1、全国人民代表大会常务委员会关于修改《中华人民共和国邮政法》的决定（中华人民共和国主席令第七十号）

2、《邮政业标准化管理办法》（交通运输部令第7号）

3、《上海市实施<中华人民共和国邮政法>办法》（上海市人民代表大会常务委员会公告第54号）

4、关于印发《上海市邮政业发展"十二五"规划》的通知（沪邮管〔2012〕22号）市建交委、发改委

十八、铁路管理

1、《铁路交通事故应急救援和调查处理条例》（国务院令第628号）

2、《铁路产品认证管理办法》（铁科技〔2003〕104号）

3、《最高人民法院关于铁路运输法院案件管辖范围的若干规定》（法释〔2012〕10号）

十九、气象管理

1、《气象设施和气象探测环境保护条例》（国务院令第623号）

2、国务院办公厅关于进一步加强人工影响天气工作的意见（国办发〔2012〕44号）

3、《气象部门基本建设管理办法》（气发〔2012〕23号）

4、关于推进率先基本实现气象现代化试点的指导意见（气发〔2012〕44号）

5、中国气象局、市政府关于加快推进率先实现气象现代化实施意见的通知（沪府发〔2012〕54号）

6、关于印发国家级地面气象观察站迁建撤暂行规定的通知（气发〔2012〕93号）

二十、行政审批改革

1、国务院关于修改和废止部分行政法规的决定（国务院令第628号）

2、国务院批转发展改革委关于2012年深化经济体制改革重点工作意见的通知（国发〔2012〕12号）

3、国务院关于第六批取消和调整行政审批项目的决定（国发〔2012〕52号）

4、《关于规范城乡规划行政处罚裁量权的指导意见》（建法〔2012〕99号）

5、《国土资源行政复议决定履行与监督规定》（国土资源部令第54号）

6、《上海市人民代表大会常务委员会关于规范性文件备案审查的规定》（上海市人民代表大会常务委员会公告第44号）

7、市政府印发本市关于“告知承诺”第三批行政审批事项目录（沪府发〔2012〕4号）

8、市政府关于公布本市第五批取消和调整行政审批事项目录的通知（沪府发〔2012〕36号）

9、市政府印发《上海市并联审批办法》的通知（沪府发〔2012〕45号）

10、市政府印发《上海市行政审批告知承诺办法》的通知（沪府发〔2012〕46号）

11、市政府印发《上海市行政服务中心管理办法》的通知（沪府发〔2012〕91号）

12、关于下放建设工程抗震设计审查权限的通知（沪建交〔2012〕684号）

13、关于上海市产业项目设计文件审查权限下放区（县）审批的通知（沪建交〔2012〕766号）

14、关于上海市产业项目施工图审查备案和审查合同备案同步办理有关事项的通知（沪建交〔2012〕767号）

15、关于印发《可直接发包产业项目的直接发包手续与建设工程合同备案手续合并办理的办事指南》的通知（沪建交〔2012〕929号）

16、关于对产业项目勘察、设计、监理、施工招投标工程交易费实行减收优惠的通知（沪建交联〔2012〕818号）

二十一、公积金管理

1、关于进一步加强住房公积金监管工作的通知（建金〔2012〕10号）

2、关于调整住房公积金存贷款利率的通知（建金〔2012〕88号）

3、住房城乡建设部、国家发展改革委员会关于批准发布《住房公积金业务用房建设标准》的通知（建标〔2012〕137号）

4、《上海市低收入经济困难职工家庭提取住房公积金支付物业服务费试行办法》（沪公积金管委会〔2012〕2号）

二十二、城市综合执法管理

1、《上海市城市管理行政执法条例》（上海市人民代表大会常务委员会公告第47号）

2、《上海市城市管理相对集中行政处罚权暂行办法》（市政府令第81号修改）

3、上海市城乡建设和交通委员会关于印发拆除违法建筑法律文书样式的通知（沪建交〔2012〕259号）

4、关于进一步规范拆除违法建筑工作的指导意见（沪建交〔2012〕269号）

二十三、其它管理

1、住房城乡建设部关于印发《关于加强和完善住房城乡建设部统计工作的指导意见》的通知（建计〔2012〕150号）

2、《交通运输科技项目专家库管理办法》（厅科技字〔2012〕73号）

3、《上海市推进国际贸易中心建设条例》（上海市人民代表大会常务委员会公告第57号）

4、《上海市临港地区管理办法》（上海市人民政府令第96号）

5、上海市城乡建设和交通委员会关于颁发《上海市建设交通系统应急联席会议联络员工作办法》的通知（沪建交〔2012〕2号）

6、上海市城乡建设和交通委员会关于市级城市维护项目前期研究经费安排的通知（沪建交〔2012〕25号）

7、上海市城乡建设和交通委员会关于开展治理和规范建设交通委行政机关、事业单位经营服务性收费专项治理工作的通知（沪建交〔2012〕64号）

8、上海市城乡建设和交通委员会关于颁发《上海市建设交通系统突发事件应急预案管理指导意见》的通知（沪建交〔2012〕130号）

9、上海市城乡建设和交通委员会关于开展2012年度建筑业行政管理和行政执法人员专业法培训的通知（沪建交〔2012〕215号）

10、上海市城乡建设和交通委员会关于印发开展建筑业管理新出台法规、规章和规范性文件培训实施方案的通知（沪建交〔2012〕217号）

11、关于明确城市基础设施配套费管理职责的通知（沪建交〔2012〕268号）

12、《上海市村庄道路建设指导意见》（沪建交［2012］490号）

2012 年上海市城市建设、交通运输相关数据统计

一、全社会固定资产投资

1-1 主要年份全社会固定资产投资与其他社会经济主要指标

指　　标	2000年	2005年	2010年	2011年	2012年
年末常住人口（万人）	1 608.60	1 778.00	2 302.66	2 347.46	2 380.43
上海市生产总值（亿元）	4 771.17	9 154.18	17 165.98	19 195.69	20 101.33
第一产业	76.68	80.34	114.15	124.94	127.80
第二产业	2 207.63	4 452.92	7 218.32	7 927.89	7 912.77
第三产业	2 486.86	4 620.92	9 833.51	11 142.86	12 060.76
人均生产总值（元）	30 047	67 492	76 074	82 560	85 033
全社会固定资产本年完成投资（亿元）	1 869.67	3 542.55	5 317.67	5 067.09	5 254.38
第一产业	7.87	5.57	16.40	18.62	11.20
第二产业	615.94	1 082.11	1 435.37	1 295.83	1 294.14
第三产业	1 245.86	2 454.87	3 864.90	3 752.64	3 949.04
全社会固定资产本年完成投资相当于地区生产总值的百分比（%）	39.2	38.7	31.0	26.4	26.1
三大领域固定资产投资					
工　业（亿元）	600.11	1 074.76	1 422.08	1 282.91	1 292.61
城市基础设施（亿元）	449.90	885.74	1 497.46	1 157.34	1 038.61
房地产开发（亿元）	566.17	1 246.86	1 980.68	2 170.31	2 381.36
农业总产值（亿元）	216.50	233.39	287.03	314.58	320.76
工业总产值（亿元）	7 022.98	13 876.78	31 038.57	33 834.44	33 186.41
建筑业总产值（亿元）	631.64	1 889.25	4 300.19	4 586.28	4 843.44
地方财政收入（亿元）	497.96	1 433.90	2 873.58	3 429.83	3 743.71
上海市出口总额（亿美元）	253.54	907.42	1 807.84	2 097.89	2 068.07
社会消费品零售总额（亿元）	1 865.28	2 972.97	6 070.50	6 814.80	7 387.32
外商直接投资					
合同项目（个）	1 814	4 091	3 906	4 329	4 043
合同金额（亿美元）	63.90	138.33	153.07	201.03	223.38
实际到位资金（亿美元）	31.60	68.50	111.21	126.01	151.85

注：自2011年始，固定资产投资统计起点为500万元以上（含500万元）项目。

1-2 全社会固定资产投资主要指标 (2012)

单位：亿元

指　标	合　计	建设项目	城　镇	农村非农户	房地产开发	农户投资
计划总投资	29 579.12	11 872.51	11 147.52	724.98	17 703.63	2.98
#本年计划投资	6 967.60	3 565.74	3 150.91	414.83	3 398.88	2.98
自开始累计完成投资	20 019.36	7 772.14	7 270.93	501.21	12 244.23	2.98
#本年完成投资	5 254.38	2 870.04	2 559.12	310.92	2 381.36	2.98
本年新增固定资产	2 911.34	1 520.03	1 328.34	191.69	1 388.45	2.86
全部建成尚需投资	9 559.76	4 100.36	3 876.59	223.77	5 459.40	–
固定资产交付使用率（%）	55.4	53.0	51.9	61.7	58.3	96.0
#地方项目						
计划总投资	27 091.08	9 905.61	9 197.59	708.02	17 182.48	2.98
#本年计划投资	6 181.19	2 899.68	2 492.60	407.08	3 278.53	2.98
自开始累计完成投资	18 349.47	6 412.57	5 924.12	488.45	11 933.92	2.98
#本年完成投资	4 582.92	2 282.52	1 977.63	304.90	2 297.41	2.98
本年新增固定资产	2 418.52	1 071.16	884.43	186.73	1 344.49	2.86
全部建成尚需投资	8 741.60	3 493.04	3 273.47	219.57	5 248.56	–
固定资产交付使用率（%）	52.8	46.9	44.7	61.2	58.5	96.0

1-3 地方全社会固定资产投资主要指标构成情况（2012）

指 标	合 计	建设项目	城 镇	农村非农户	房地产开发	农户投资
本年完成投资（亿元）	**5 254.38**	**2 870.04**	**2 559.12**	**310.92**	**2 381.36**	**2.98**
#住宅投资	1 457.64	3.11	1.35	1.76	1 451.94	2.59
按隶属关系分						
中央项目	671.46	587.52	581.50	6.02	83.94	–
地方项目	4 582.92	2 282.52	1 977.63	304.90	2 297.41	2.98
按构成分						
建筑工程	2 715.73	1 197.17	1 028.03	169.14	1 515.84	2.71
安装工程	382.06	196.12	186.79	9.33	185.94	–
设备工具器具购置	851.13	836.34	741.28	95.06	14.58	0.21
其他费用	1 305.46	640.41	603.03	37.38	665.00	0.06
按建设性质分						
#新 建	1 715.93	1 715.93	1 537.23	178.70	–	–
扩 建	368.51	368.51	316.76	51.75	–	–
改建和技改	427.08	427.08	397.69	29.38	–	–
单纯购置	333.23	333.23	283.50	49.73	–	–
按三次产业分						
第一产业	11.20	10.81	5.91	4.90	–	0.39
第二产业	1 294.14	1 294.14	1 063.64	230.50	–	–
第三产业	3 949.04	1 565.10	1 489.58	75.52	2 381.36	2.59
本年新增固定资产（亿元）	**2 911.34**	**1 520.03**	**1 328.34**	**191.69**	**1 388.45**	**2.86**
房屋建筑面积（万平方米）						
施工面积	16 874.72	3 606.36	2 733.74	872.61	13 249.97	18.40
#住 宅	8 350.83	17.55	10.23	7.32	8 315.68	17.60
竣工面积	2 838.97	515.52	339.43	176.08	2 305.06	18.40
#住 宅	1 626.73	–	–	–	1 609.13	17.60

1-4 全社会固定资产投资（按经济类型分）（2012）

单位：亿元

类　别	本年完成投资合　计	建设项目	城　镇	农村非农户	房地产开发	农户投资
总　计	**5 254.38**	**2 870.04**	**2 559.12**	**310.92**	**2 381.36**	**2.98**
国有经济	1 855.24	1 540.72	1 512.21	28.51	314.52	–
非国有经济	3 399.14	1 329.32	1 046.92	282.41	2 066.83	2.98
集体经济	112.41	55.04	25.36	29.69	57.37	–
私营经济	1 090.08	381.00	221.34	159.66	709.09	–
联营经济	8.99	6.50	6.40	0.10	2.49	–
股份制经济	1 417.80	434.75	397.02	37.73	983.05	–
港澳台经济	230.02	63.98	53.38	10.60	166.04	–
外商经济	528.06	384.29	341.00	43.29	143.77	–
其他经济	11.77	3.76	2.42	1.34	5.03	2.98
#地方项目	**4 582.92**	**2 282.52**	**1 977.63**	**304.90**	**2 297.41**	**2.98**
国有经济	1 331.32	1 049.56	1 023.14	26.41	281.76	–
非国有经济	3 251.60	1 232.97	954.48	278.48	2 015.65	2.98
集体经济	112.41	55.04	25.36	29.69	57.37	–
私营经济	1 090.08	381.00	221.34	159.66	709.09	–
联营经济	8.99	6.50	6.40	0.10	2.49	–
股份制经济	1 273.36	341.49	307.68	33.81	931.87	–
港澳台经济	230.02	63.98	53.38	10.60	166.04	–
外商经济	524.97	381.19	337.90	43.29	143.77	–
其他经济	11.77	3.76	2.42	1.34	5.03	2.98

1-5 全社会固定资产投资（按行业门类分）（2012）

单位：亿元

行业	本年完成投资合计	建设项目			房地产开发	农户投资
			城镇	农村非农户		
总计	**5 254.38**	**2 870.04**	**2 559.12**	**310.92**	**2 381.36**	**2.98**
农、林、牧、渔业	11.20	10.81	5.91	4.90	–	0.39
采矿业	0.44	0.44	0.44	–	–	–
制造业	1 122.17	1 122.17	899.16	223.01	–	–
电力、热力、燃气及水生产和供应	170.00	170.00	162.66	7.34	–	–
建筑业	1.53	1.53	1.38	0.15	–	–
批发和零售业	62.10	62.10	54.35	7.75	–	–
交通运输、仓储和邮政业	510.57	510.57	502.08	8.49	–	–
住宿和餐饮业	37.09	37.09	29.41	7.68	–	–
信息传输、软件和信息技术服务业	121.34	121.34	120.31	1.03	–	–
金融业	49.15	49.15	49.15	–	–	–
房地产业	2 404.53	20.58	18.07	2.51	2 381.36	2.59
租赁和商务服务业	151.73	151.73	147.04	4.69	–	–
科学研究和技术服务业	39.47	39.47	34.61	4.86	–	–
水利、环境和公共设施管理业	341.49	341.49	315.10	26.39	–	–
居民服务、修理和其他服务业	4.94	4.94	3.97	0.98	–	–
教育	52.07	52.07	49.93	2.14	–	–
卫生和社会工作	56.90	56.90	54.17	2.73	–	–
文化、体育和娱乐业	102.75	102.75	98.31	4.43	–	–
公共管理、社会保障和社会组织	14.92	14.92	13.08	1.84	–	–

1-6 地方全社会固定资产投资（按行业门类分）（2012）

单位：亿元

行业	本年完成投资合计	建设项目	城镇	农村非农户	房地产开发	农户投资
总计	**4 582.92**	**2 282.52**	**1 977.63**	**304.90**	**2 297.41**	**2.98**
农、林、牧、渔业	11.20	10.81	5.91	4.90	–	0.39
采矿业	0.44	0.44	0.44	–	–	–
制造业	945.35	945.35	722.35	223.01	–	–
电力、热力、燃气及水生产和供应	105.46	105.46	98.12	7.34	–	–
建筑业	0.22	0.22	0.08	0.15	–	–
批发和零售业	62.10	62.10	54.35	7.75	–	–
交通运输、仓储和邮政业	371.03	371.03	362.55	8.49	–	–
住宿和餐饮业	36.99	36.99	29.32	7.68	–	–
信息传输、软件和信息技术服务业	28.98	28.98	27.95	1.03	–	–
金融业	13.77	13.77	13.77	–	–	–
房地产业	2 318.78	18.78	16.27	2.51	2 297.41	2.59
租赁和商务服务业	105.72	105.72	101.03	4.69	–	–
科学研究和技术服务业	27.82	27.82	26.73	1.09	–	–
水利、环境和公共设施管理业	340.94	340.94	314.55	26.39	–	–
居民服务、修理和其他服务业	4.94	4.94	3.97	0.98	–	–
教育	38.60	38.60	36.46	2.14	–	–
卫生和社会工作	55.29	55.29	52.56	2.73	–	–
文化、体育和娱乐业	100.36	100.36	98.18	2.18	–	–
公共管理、社会保障和社会组织	14.92	14.92	13.08	1.84	–	–

1-7 全社会固定资产投资（按地区分）（2012）

单位：亿元

地　区	本年完成投资合计	#建设项目			#房地产开发
			城　镇	农村非农户	
总　计	**5 254.38**	**2 870.04**	**2 559.12**	**310.92**	**2 381.36**
#浦东新区	1 468.90	893.02	841.45	51.57	575.88
黄 浦 区	128.97	43.48	43.48	–	85.49
徐 汇 区	114.48	29.52	29.52	–	84.95
长 宁 区	100.02	16.74	16.74	–	83.28
静 安 区	41.23	9.74	9.74	–	31.49
普 陀 区	152.28	25.17	25.17	–	127.11
闸 北 区	71.07	24.58	24.58	–	46.49
虹 口 区	67.86	10.35	10.35	–	57.51
杨 浦 区	179.28	30.65	30.65	–	148.64
闵 行 区	307.76	133.94	126.78	7.15	173.83
宝 山 区	366.19	162.49	160.55	1.94	203.70
嘉 定 区	399.65	172.94	143.63	29.31	226.71
金 山 区	191.24	154.33	98.53	55.80	36.92
松 江 区	264.48	127.79	80.15	47.64	136.70
青 浦 区	349.15	155.90	118.40	37.50	193.25
奉 贤 区	330.03	198.76	126.55	72.21	131.27
崇 明 县	150.43	112.27	106.71	5.56	38.16

注：各区县投资项目按项目建设地址代码分组汇总，不包括跨地区项目。

二、城市建设

2-1　主要年份城市建设综合指标

指　标	2000年	2005年	2010年	2011年	2012年
实有各类房屋建筑面积（万平方米）	34 206	64 198	93 591	98 092	105 152
高层建筑（幢）	3 529	10 045	20 579	22 998	32 022
高层建筑（万平方米）	6 180	13 100	21 911	27 002	30 550
人均居住面积（平方米）	11.8	15.5	16.7	17.0	17.3
人均公共绿地面积（平方米）	4.60	11.01	13.00	13.10	13.29
绿化覆盖率（%）	22.2	37.0	38.2	38.2	38.3
自来水供水能力（万立方米/日）	1 048	1 096	1 131	1 150	1 145
污水厂污水处理能力（万吨/日）	463	471	684	694	701
人工煤气生产能力（万立方米/日）	984.30	1 134.30	817.40	817.40	567.40
人工煤气家庭用户（万户）	255.89	236.54	132.89	101.78	75.70
液化气家庭用户（万户）	239.30	253.89	316.37	310.62	328.22
天然气家庭用户（万户）	38.10	186.37	405.89	455.92	502.81
全市桥梁（座）	6 707	8 070	11 849	12 149	12 544
#黄浦江大桥	5	6	10	10	10
长江大桥			1	2	2
黄浦江隧道（条）	2	6	12	13	13
长江隧道（条）			1	1	1
城市快速路（公里）	62	77	196	194	199
高速公路长度（公里）	98	560	775	806	806
人均道路面积（平方米）	7.17	15.40	18.13	18.44	18.88
轨道交通运营线路长度（公里）	62.92	147.78	452.57	454.10	468.19
公共汽电车运营车辆（辆）	17 939	17 985	17 455	16 589	16 695
出租汽车运营车辆（辆）	42 943	47 794	50 007	50 438	50 683

注：1、2008年起不再统计高架道路长度，只统计城市快速路。

2、“全市桥梁”指本市所有公路桥梁和城市道路桥梁，不包括：郊区机耕桥、村内道路等不符合公路设施量标准农村桥梁，水利桥梁、闸桥合一桥梁等。2000年全市公路桥梁数据按照普查数据填报。

3、“黄浦江大桥”指本市所有跨越黄浦江的大桥；“黄浦江隧道”指本市所有穿越黄浦江的隧道，包括外滩隧道。

2-2　全市八层（含八层）以上房屋区县分布情况（2012）

地　区	合　计		8-10层		11-
	幢	面　积	幢	面　积	幢
总　计	**32 022**	**30 550**	**4 367**	**2 911**	**15 125**
浦东新区	7 697	6 946	868	604	4 229
黄 浦 区	1 032	2 012	145	140	145
徐 汇 区	1 879	2 533	280	224	529
长 宁 区	1 232	1 830	242	155	353
静 安 区	564	1 092	82	54	61
普 陀 区	1 886	2 348	213	128	619
闸 北 区	1 173	1 361	181	116	467
虹 口 区	1 085	1 461	176	123	274
杨 浦 区	1 692	1 732	238	197	679
闵 行 区	4 739	3 284	755	522	3 040
宝 山 区	2 698	1 793	391	191	1 518
嘉 定 区	1 971	1 388	186	106	897
金 山 区	449	310	76	46	312
松 江 区	2 032	1 443	240	172	1 182
青 浦 区	847	381	148	68	348
奉 贤 区	868	552	87	46	356
崇 明 县	178	84	59	19	116

单位：万平方米

15层	16-19层		20-29层		30层以上	
面 积	幢	面 积	幢	面 积	幢	面 积
10 390	**7 484**	**6 690**	**3 839**	**6 996**	**1 207**	**3 563**
2 776	1 736	1 499	657	1 255	207	812
164	196	290	348	813	198	605
443	458	546	452	899	160	421
339	244	302	292	619	101	415
57	101	132	232	512	88	337
496	447	541	467	811	140	372
380	205	238	228	436	92	191
229	283	345	248	496	104	268
513	461	463	268	489	46	70
2 020	790	569	128	154	26	19
941	626	495	132	136	31	30
603	665	486	211	174	12	19
194	48	53	13	17	–	–
776	522	367	87	126	1	2
201	323	103	28	9	–	–
196	377	260	47	48	1	2
62	2	1	1	2	–	–

2-3 全市居住房屋区县分布情况（2012）

地　区	各类房屋面积总计	#居住房屋合计	花园住宅
总　计	**105 152**	**56 263**	**1 708**
浦东新区	23 748	13 035	356
黄 浦 区	3 604	1 724	9
徐 汇 区	5 687	3 311	52
长 宁 区	3 926	2 426	56
静 安 区	1 745	848	21
普 陀 区	5 637	3 487	11
闸 北 区	3 642	2 178	–
虹 口 区	3 502	2 227	7
杨 浦 区	5 275	3 215	1
闵 行 区	11 694	6 766	317
宝 山 区	8 392	4 904	29
嘉 定 区	6 421	2 903	85
金 山 区	3 533	1 281	17
松 江 区	7 859	3 489	356
青 浦 区	4 388	1 690	280
奉 贤 区	4 378	1 924	88
崇 明 县	1 719	855	23

单位：万平方米

公寓	联列住宅	新式里弄	旧式里弄	简屋
51 975	**1 052**	**311**	**1 206**	**11**
12 440	206	3	29	1
1 320	…	88	305	2
3 153	9	53	42	2
2 308	1	18	43	…
677	1	76	72	…
3 397	17	4	58	…
2 045	…	1	132	–
1 948	…	59	210	2
3 042	6	6	158	1
6 315	126	1	7	…
4 783	87	…	6	…
2 713	91	–	14	…
1 188	28	…	49	…
2 824	288	1	20	…
1 250	118	…	42	–
1 766	58	1	11	…
806	16	…	8	2

2-4 全市非居住房屋区县分布情况（2012）

地 区	各类房屋面积总 计	#非居住房屋合计	工 厂	学 校	仓库堆栈
总 计	**105 152**	**48 888**	**22 233**	**2 976**	**1 671**
浦东新区	23 748	10 713	4 512	573	375
黄 浦 区	3 604	1 881	151	105	26
徐 汇 区	5 687	2 376	519	322	64
长 宁 区	3 926	1 500	210	123	34
静 安 区	1 745	897	63	47	5
普 陀 区	5 637	2 150	479	177	200
闸 北 区	3 642	1 464	416	103	54
虹 口 区	3 502	1 275	201	113	34
杨 浦 区	5 275	2 060	749	328	76
闵 行 区	11 694	4 928	2 705	302	251
宝 山 区	8 392	3 487	1 550	154	286
嘉 定 区	6 421	3 518	1 968	185	67
金 山 区	3 533	2 252	1 559	74	48
松 江 区	7 859	4 370	3 197	110	39
青 浦 区	4 388	2 699	1 916	76	41
奉 贤 区	4 378	2 454	1 625	113	27
崇 明 县	1 719	864	411	71	43

单位：万平方米

办公建筑	商场店铺	医　院	旅　馆	影剧院	其　他
6 101	**5 847**	**576**	**1 087**	**55**	**8 342**
1 291	1 218	81	264	5	2 395
680	333	65	139	13	369
662	233	83	78	3	411
461	195	35	104	2	335
341	101	26	78	2	234
438	353	25	65	3	410
282	217	32	61	5	296
388	188	28	56	6	261
295	223	38	32	3	316
214	532	44	17	4	861
225	420	16	30	2	803
294	452	23	45	1	484
122	294	22	19	1	112
148	428	20	37	…	390
93	283	14	21	2	253
109	304	9	24	2	242
58	72	17	17	2	172

2-5　全市房屋拆迁区县分布情况（2012）

地　区	居民		单位	
	户　数（户）	面　积（平方米）	个　数（个）	面　积（平方米）
总　计	**21 262**	**1 272 681**	**648**	**921 480**
浦东新区	2 297	362 550	151	314 519
黄 浦 区	5 118	138 000	39	3 628
徐 汇 区	101	5 998	50	33 252
长 宁 区	1 907	54 566	29	12 221
静 安 区	258	9 097	123	62 569
普 陀 区	1 872	120 864	–	–
闸 北 区	4 043	116 686	–	–
虹 口 区	739	24 813	16	10 099
杨 浦 区	3 301	93 442	30	9 923
闵 行 区	342	71 802	122	294 498
宝 山 区	397	90 535	9	14 968
嘉 定 区	550	110 000	46	150 000
金 山 区	59	21 778	11	1 967
松 江 区	130	14 875	21	10 836
青 浦 区	91	25 354	1	3 000
奉 贤 区	28	7 101	–	–
崇 明 县	29	5 220	–	–

注：另有协议拆迁1.7万户。

2-6　主要年份市区居住水平

指　标	2000年	2005年	2010年	2011年	2012年
住宅建筑面积（万平方米）	20 124	37 624	52 640	55 077	56 263
城镇居民人均住房居住面积（平方米）	11.80	14.90	16.70	17.00	17.30
居民住宅成套率（%）	79.0	93.0	95.8	96.0	96.3

2-7 全市动迁安置房按地区分使用情况（2003 ~ 2012）

单位：套

地 区	总 计	2003～2008年	2009年	2010年	2011年	2012年
合 计	**198 847** (37.5)	**67 451** (37.5)	**22 327**	**39 025**	**21 390**	**48 654**
浦东新区	9 867 (10.0)	3 996 (10.0)	101	–	–	5 770
黄 浦 区	50 128 (1.2)	19 841 (1.2)	2 589	12 196	5 212	10 290
徐 汇 区	9 910 (1.8)	4 386 (1.8)	1 906	1 500	–	2 118
长 宁 区	9 283	2 769	1 314	3 100	–	2 100
静 安 区	10 646	1 446	2 320	4 180	–	2 700
普 陀 区	16 224	8 916	202	2 110	961	4 035
闸 北 区	32 476 (7.0)	6 983 (7.0)	4 513	5 838	10 199	4 943
虹 口 区	29 138	8 562	5 148	4 200	500	10 728
杨 浦 区	24 778 (7.0)	7 805 (7.0)	4 234	5 251	2 918	4 570
闵 行 区	180	180	–	–	–	–
宝 山 区	1 412	412	–	–	1 000	–
嘉 定 区	5	5	–	–	–	–
其 他	4 800 (10.5)	2 150 (10.5)	–	650	600	1 400

注：1、括号内数字为未折算成套数的配套商品房安排面积，单位:万平方米。

2、表中“其他”栏：2010年650套为世博民居文化区项目动迁。

2-8 全市动迁安置房按项目性质分使用情况（2003 ~ 2012）

单位：套

分类	总计	2003～2008年	2009年	2010年	2011年	2012年
合计	**198 847** (37.5)	**67 451** (37.5)	**22 327** (0.0)	**39 025** (0.0)	**21 390** (0.0)	**48 654** (0.0)
环境建设	7 378 (1.2)	7 150 (1.2)	128	–	100	–
#绿化建设	6 631 (1.2)	6 631 (1.2)	–	–	–	–
污水建设	519 (0.0)	519	–	–	–	–
轨道交通	14 242 (10.0)	9 846 (10.0)	2 796	1 100	500	–
市政道路	13 937 (4.9)	11 750 (4.9)	560	900	600	127
旧区改造	146 452 (12.0)	29 087 (12.0)	18 843	36 375	19 190	42 957
其他	16 838 (9.4)	9 618 (9.4)	–	650	1 000	5 570

注：1、括号内数字为未折算成套数的配套商品房安排面积，单位:万平方米。
2、表中“其他”栏：2010年650套为世博民居文化区项目动迁。

2-9 保障性住房建设情况（2009 ~ 2012）

单位：万平方米

指标	2009年	2010年	2011年	2012年
保障性住房新开工建设和筹措面积	**1 234.00**	**1 209.00**	**1 525.00**	**1 292.04**
动迁安置商品房	834.00	806.00	984.00	842.87
共有产权保障房	400.00	403.00	541.00	449.17
保障性住房竣工面积	**449.00**	**579.00**	**498.88**	**686.58**
动迁安置商品房	449.00	579.00	295.25	470.14
共有产权保障房	–	200.00	200.63	216.44

2-10　主要年份市政工程设施情况

指　标	2005年	2010年	2011年	2012年
道路长度（公里）	12 227	16 687	16 792	17 316
#城市道路	4 117	4 713	4 708	4 775
公　路	8 110	11 974	12 084	12 541
道路面积（万平方米）	20 942	25 607	26 176	26 813
#城市道路	7 704	9 723	9 942	10 310
公　路	13 238	15 884	16 234	16 503
城市桥梁（座）	8 070	11 849	12 149	12 544
#城市道路	1 715	2 073	2 152	2 151
公　路	6 355	9 776	9 997	10 393
防洪堤长度（公里）	1 070	1 009	1 119	1 129
排水管道长度（公里）	6 933	11 483	17 599	18 191
污水处理能力（万吨/日）	471	684	694	701
路灯盏数(万盏)	30.13	46.99	47.12	49.76

注：1、道路长度、面积为全市口径(包括崇明县)。道路中包括村道。
　　2、防洪堤不包括市区和郊区的圩堤；从2010年起，堤防包含苏州河堤防。

2-11　主要年份道路和车辆情况

指　标	2005年	2010年	2011年	2012年
车行道面积(万平方米)	15 646	20 729	21 248	21 713
人行道面积(万平方米)	5 003	3 671	3 697	3 778
人均道路面积(平方米)	15.40	18.13	18.44	18.88
机动车(万辆)	211.59	248.77	251.59	262.34
#大 型 车	17.21	23.97	26.22	27.32
小 型 车	79.84	142.95	163.17	185.11
非机动车(万辆)	1 146.89	1 360.08	1 389.70	1 414.36

2–12　主要年份公路里程情况

单位：公里

分　类	2000年	2005年	2010年	2011年	2012年
实际里程	5 894	8 110	11 974	12 084	12 541
按技术等级分					
高速公路	98	560	775	806	806
一级公路	390	302	335	422	423
二级公路	980	2 306	3 065	3 069	3 208
三级公路	1 659	2 548	2 602	2 616	2 709
四级公路	2 173	2 395	5 197	5 170	5 395
按行政等级分					
国　道	267	316	613	644	644
省　道	705	1 036	974	1 007	1 007
县　道	1 807	2 051	2 456	2 508	2 648
乡　道	3 046	4 638	6 829	6 848	7 022
村　道			1 102	1 078	1 220

注：1、2000年：按技术等级分另有“等外公路”594公里，按行政等级分另有“专用公路”68公里。

2、2005年：按行政等级分另有“专用公路”69公里。

2-13 主要年份城市公共交通情况

指　标	2000年	2005年	2010年	2011年	2012年
轨道交通					
运营线路条数（条）	2	6	12	12	13
运营线路长度（公里）	62.92	147.78	452.57	454.10	468.19
运营线网长度（公里）	62.92	136.21	441.01	442.53	456.62
运营车辆（节）	216	695	2 842	2 899	3 130
行驶里程（万列公里）	324.64	1 141.66	4 777.60	5 405.90	5 569.50
客运量（万人次）	13 556	59 406	188 407	210 105	227 573
年末从业人员数（人）	3 991	5 716	25 005	26 046	28 155
公共汽电车					
公交线路条数（条）	978	940	1 165	1 202	1 257
公交线路长度（公里）	23 260	21 795	23 131	22 906	23 190
运营汽电车辆数（辆）	17 939	17 985	17 455	16 589	16 695
公共汽车	17 358	17 509	17 038	16 235	16 339
无轨电车	581	476	417	354	359
全年行驶总里程（万公里）	93 438	112 992	117 191	114 665	111 377
客运量（亿人次）	26.49	27.81	28.08	28.11	28.04
运营收入（亿元）	38.38	53.05	53.10	50.99	50.14
出租汽车					
年末运营车辆（辆）	42 943	47 794	50 007	50 438	50 683
#顶 灯 车		45 614	48 872	49 393	49 697
载客车次（万次）	37 599	56 401	63 307	60 859	59 503
运营里程（亿公里）	46.48	58.12	64.85	64.29	63.77
#营业里程	24.35	34.75	39.79	39.54	39.84
运营收入（亿元）	76.68	115.41	154.72	159.36	167.74
运营单位（户）	1 178	3 600	3 301	3 282	3 201
国有（控股）	112	55	48	42	42
集体（控股）	114	44	29	29	29
个　体	803	3 350	3 154	3 155	3 076
其　他	149	151	70	56	54
汽车租赁					
年末运营车辆（辆）		6 517	9 812	10 035	10 890
运营车日（万车日）		218.84	371.84	359.21	382.50
租赁车日（万车日）		172.61	326.94	297.84	333.70
车辆利用率（%）		78.9	87.9	82.9	87.2
运营里程（万公里）		19 383	28 697	35 725	40 448
运营收入（亿元）		6.92	12.72	12.93	14.57

注：轨道交通指标数据包含了磁浮线的有关内容。

2-14 综合交通运输情况（2009 ~ 2012）

指 标	2009年	2010年	2011年	2012年
全港货物吞吐量（万吨）	**59 206**	**65 339**	**72 758**	**73 289**
按港区分				
海 港	49 468	56 320	62 432	63 470
内 河 港	9 738	9 019	10 326	9 819
按内外贸分				
内 贸	33 394	35 104	38 981	37 734
外 贸	25 811	30 236	33 778	35 825
集装箱吞吐量（万TEU）	**2 500**	**2 907**	**3 174**	**3 253**
对外旅客发送量（万人）	**5 970**	**13 432**	**13 518**	**14 548**
#铁 路	–	6 095	6 198	6 758
水 路	90	90	78	66
公 路	2 995	3 634	3 476	3 749
航 空	2 885	3 613	3 766	3 974
货物运输总量（万吨）		**81 024**	**93 318**	**94 376**
#铁 路		959	888	825
水 路		38 803	49 389	50 302
公 路		40 890	42 685	42 911
航 空		372	356	338
高速公路车流量（万辆）	**20 745**	**20 745**	**22 466**	**24 417**
#货 车	4 226	5 521	5 836	5 940
高速公路ETC流量（万吨）	**185**	**1 168**	**2 891**	**4 154**

注：1、数据摘自市建设交通委综合计划处的《建设交通统计信息月报》（2009年7月起统计）
2、2009年统计数据中，未统计“对外旅客发送量（铁路）”及“货物运输总量”指标。

2-15　主要年份城市轮渡情况

指　　标	2000年	2005年	2010年	2011年	2012年
年末城市轮渡实有数（艘）	97	71	67	62	60
#对江客轮渡船	69	53	60	56	54
车 辆 渡	15	7	2	2	1
交 通 艇	8	7	–	–	1
营业船数（艘）	92	67	62	58	54
全年载客总数（万人次）	18 520.75	12 423.26	8 906.66	7 781.59	7 238.39
全年载车总数（万辆次）	365.29	493.97	203.06	140.53	110.26
#机 动 车	316.08	470.59	193.24	132.52	103.55
年末职工人数（人）	3 332	2 563	1 514	1 426	1 576

注：1、城市轮渡不包括三岛客轮、游览船情况。

2、车辆渡中1艘为两种船，既是车辆渡船又是客轮渡船。

2-16 主要年份三岛客轮情况

指标	2005年	2010年	2011年	2012年
年末船舶实有数（艘）	23	15	14	13
#客 轮	14	8	7	7
客货船（车客渡）	9	7	7	6
年末营业船舶数（艘）	22	14	13	13
全年旅客人数（万人次）	482.85	167.90	188.21	189.03
全年载车总数（万辆次）	37.22	32.20	36.88	43.37
#机动车	37.22	32.20	36.88	43.37
年末职工人数（人）	628	373	365	329

2-17 主要年份黄浦江游览情况

指标	2005年	2010年	2011年	2012年
年末船舶实有数（艘）	8	15	9	9
营业船数（艘）	7	11	9	9
全年游览旅客数（万人次）	66.50	120.40	58.00	56.88
年末职工人数（人）	197	265	235	322

2-18 主要年份燃气（煤气、液化气、天然气）情况

指　　标	2000年	2005年	2010年	2011年	2012年
人工煤气生产能力（万立方米/日）	984.30	1 134.30	817.40	817.40	567.40
人工煤气供应总量（亿立方米）	21.31	22.86	14.22	11.85	9.04
人工煤气销售总量（亿立方米）	18.40	19.97	12.85	10.82	8.18
#家庭用量	11.50	17.88	6.28	5.32	3.91
年末人工煤气管线长度（公里）	6 606	8 464	5 517	4 710	3 596
家庭人工煤气用户（万户）	255.89	236.54	132.89	101.78	75.70
液化气销售总量（万吨）	45.94	45.26	40.05	39.65	39.33
#家庭用量	20.47	23.97	23.62	20.90	21.42
家庭液化气用户（万户）	239.30	253.89	316.37	310.62	328.22
天然气销售总量（亿立方米）	2.16	17.50	42.66	51.47	60.01
#家庭用量	0.45	2.65	7.79	8.63	9.93
年末天然气管线长度（公里）	1 742	6 370	17 316	19 068	21 283
家庭天然气用户（万户）	38.10	186.37	405.89	455.92	502.81

2-19 主要年份自来水情况

指　　标	2000年	2005年	2010年	2011年	2012年
水厂个数（个）	218	179	105	90	78
自来水供水能力（万立方米/日）	1 048	1 096	1 131	1 150	1 145
全年供水量（亿立方米）	24.00	28.65	30.90	31.13	30.97
全年售水量（亿立方米）	19.75	22.81	24.44	24.41	24.35
#工业用水（生产用水）	5.49	6.42	5.80	5.60	5.18
生活用水	14.26	16.39	18.64	18.81	19.17
日平均用水（万立方米/日）	541.10	624.80	669.70	668.71	667.18
供水管道长度（公里）	15 943.00	23 718.21	31 181.58	32 216.66	34 904.09

2-20 主要年份城市绿化情况

指　　标	2000年	2005年	2010年	2011年	2012年
城市绿地面积（公顷）	12 601	28 865	120 148	122 283	124 204
#公园绿地	4 812	12 038	16 053	16 446	16 848
#公园面积	1 153	1 521	1 915	2 151	2 217
街道绿地	3 658	10 516	13 418	13 499	13 865
附属绿地	7 346	11 591	18 589	19 442	20 084
生产绿地	388	335	230	213	269
公园数（个）	122	144	148	153	157
全年游园人数（万人次）	8 184	13 656	21 794	20 481	22 231
全年植树数（万株）	827	2 117	2 758	2 382	1 867
人均占有公共绿地面积（平方米）	4.60	11.01	13.00	13.10	13.29
建成区绿化覆盖率（%）	22.2	37.0	38.2	38.2	38.3
行道树实有数（万株）	57	83	81	93	98
当年造林面积（公顷）		3 827	1 349	710	1 168

注：2009年起，上海绿化统计根据国家建设部《城市（县城）和村镇建设统计报表制度》中"城市绿地"指标要求将城市建设用地之外的对城市生态环境质量、城市景观和生物多样性保护有直接影响的绿地如森林公园、水源保护区等纳入了城市绿地面积的统计。城市绿地由公园绿地、生产绿地、防护绿地，附属绿地和其他绿地五大类构成。

2-21　城市绿化区县分布情况（2012）

单位：公顷

地　　区	绿地面积	#公园绿地	绿化覆盖面积
总　　计	**124 204.43**	**16 848.02**	**134 404.94**
浦东新区	26 725.16	6 065.00	28 198.64
黄 浦 区	264.56	161.64	324.99
徐 汇 区	1 261.52	503.99	1 440.59
长 宁 区	1 041.66	449.55	1 171.56
静 安 区	106.62	47.07	160.62
普 陀 区	1 180.25	527.85	1 420.30
闸 北 区	619.39	232.70	644.03
虹 口 区	407.04	153.39	486.99
杨 浦 区	1 377.71	462.54	1 490.96
闵 行 区	8 398.76	2 238.85	8 878.03
宝 山 区	6 486.25	1 993.53	6 704.44
嘉 定 区	7 918.69	1 196.78	9 020.95
金 山 区	8 779.29	617.14	9 656.29
松 江 区	12 797.64	710.87	13 668.90
青 浦 区	10 234.21	745.06	10 946.72
奉 贤 区	9 863.34	494.17	10 733.40
崇 明 县	26 742.35	247.89	29 457.53

注：绿化覆盖面积指城市中的乔木、灌木、草坪等所有植被的垂直投影面积。

指　　标	2000年	2005年	2010年	2011年	2012年
卫生设施					
公共厕所（座）	2 215	3 640	6 026	5 768	6 340
生活垃圾收集点（处）	68 443	28 388	30 645	30 648	31 625
废物箱（只）	23 189	39 539	74 658	78 213	82 454
倒粪站（座）	2 045	1 689	1 900	1 868	1 837
化粪池（只）	46 921	47 424	43 170	42 652	42 306
焚烧厂（座）		2	2	2	3
焚烧厂设计规模（吨/日）		2 500	2 500	2 500	3 300
填埋场（座）	2	3	5	5	5
填埋场设计规模（吨/日）	4 500	6 400	6 750	6 750	7 230
综合处理厂（座）		2	4	5	5
综合处理厂设计规模（吨/日）		1 500	2 200	3 200	3 200
清运情况					
清扫道路面积（万平方米/日）	5 504	10 414	15 879	16 769	17 294
清运垃圾（万吨）	858	777	5 717	10 760	11 728
生活垃圾清运量	641	622	732	704	716
建筑垃圾和工程渣土清运量	217	155	4 985	10 056	11 012
清运粪便（万吨）	256	254	201	207	200
环卫机械					
扫路车（辆）	297	406	510	637	605
清洗洒水车（辆）	111	248	285	300	312
垃圾车（辆）	2 292	3 297	3 607	3 621	3 395
吸粪车（辆）	446	492	456	539	430

注：2010-2012年建筑垃圾和工程渣土清运量包括工程渣土、装修垃圾和泥浆产生量。

2-23 主要年份环境保护情况

指　　标	2000年	2005年	2010年	2011年	2012年
废水排放总量（万吨）	193 633	199 660	248 250	214 155	220 542
#工业废水	72 446	51 047	36 896	44 626	47 657
工业废气排放总量（亿标立方米）	6 538	8 482	12 969	13 704	13 704
工业废气中:二氧化硫（万吨）	32.68	37.52	22.15	21.01	19.34
工业烟粉尘排放量（万吨）	11.01	6.02	5.15	6.64	6.37
工业固体废物产生量（万吨）	1 354.74	1 963.62	2 448.36	2 442.20	2 198.81
工业固体废物处置量（万吨）	90.96	64.66	93.86	74.89	55.86
工业固体废物综合利用量（万吨）	1 515.90	1 891.62	2 366.92	2 358.11	2 140.36
工业固体废物综合利用率（%）	93.3	96.3	96.2	96.6	97.3
突发环境事件（次）			131	197	192
道路交通噪声平均等效声级（dB(A)）					
昼间时段	70.5	72.0	69.8	70.0	69.3
夜间时段	64.1	65.8	64.3	64.5	64.4

注：“污染事故”指标调整为“突发环境事件”；因数据来源困难，取消“冶炼废渣”“粉煤灰”两个指标。

三、房地产开发建设

3–1 主要年份房地产开发投资

单位：亿元

类 别	2000年	2005年	2010年	2011年	2012年
计划总投资	**2 584.85**	**6 615.35**	**12 818.48**	**15 375.47**	**17 703.63**
#本年计划投资	629.28	1 827.42	2 903.54	3 358.44	3 398.88
本年完成投资	**566.17**	**1 246.86**	**1 980.68**	**2 170.31**	**2 381.36**
按隶属关系分					
中 央	27.80	8.86	42.83	68.90	83.94
市 属	94.93	118.35	287.28	318.60	278.93
区 属	275.41	246.09	270.28	350.50	379.83
县 属	19.12	2.17	3.20	20.91	18.42
乡镇街道属	89.88	137.17	101.42	122.44	151.25
村委居委属	1.35	0.01	2.68	4.65	1.95
其 他	57.67	734.22	1 272.99	1 284.32	1 467.03
按经济类型分					
国有经济	104.05	117.38	314.62	312.71	314.52
集体经济	75.08	62.92	106.82	61.66	57.37
联营经济	9.36	9.53	5.83	1.44	2.49
股份制经济	228.74	479.78	647.40	913.12	983.05
私营经济	44.04	401.98	605.05	540.98	709.09
其他经济	0.96	6.11	4.85	18.60	5.03
港澳台经济	63.24	77.26	179.64	192.47	166.04
外商经济	40.69	91.91	116.47	129.33	143.77
按资质等级分					
一 级	40.66	87.77	33.85	50.94	74.37
二 级	92.82	78.60	230.72	219.48	214.20
三 级	171.33	199.15	168.85	196.23	216.05
其 他 级	261.36	881.34	1 547.26	1 703.66	1 876.74
本年新增固定资产	**477.39**	**1 054.02**	**964.27**	**1 250.88**	**1 388.45**

3-2 房地产开发投资规模及构成（2012）

单位：亿元

类　别	计划总投资	自开始建设至本年底累计完成投资	#本年完成投资	本年新增固定资产
总　计	**17 703.63**	**12 244.23**	**2 381.36**	**1 388.45**
按隶属关系分				
中　央	521.15	310.32	83.94	43.96
市　属	2 244.47	1 431.41	278.93	200.86
区　属	2 660.35	1 746.14	379.83	324.45
县　属	90.38	50.53	18.42	22.69
乡镇街道属	734.96	489.37	151.25	50.01
村委居委属	4.45	3.66	1.95	2.33
其　他	11 447.87	8 212.80	1 467.03	744.15
按经济类型分				
国有经济	2 518.03	1 478.32	314.52	258.15
集体经济	262.84	200.00	57.37	55.16
联营经济	53.20	45.38	2.49	2.41
股份制经济	6 880.76	4 790.66	983.05	539.54
私营经济	4 661.46	3 312.33	709.09	283.30
其他经济	48.70	41.87	5.03	13.89
港澳台经济	1 757.10	1 279.27	166.04	166.82
外商经济	1 521.54	1 096.39	143.77	69.17
按资质等级分				
一　级	352.48	239.81	74.37	46.71
二　级	2 081.47	1 356.33	214.20	166.38
三　级	1 611.49	1 219.44	216.05	83.67
其 他 级	13 658.18	9 428.65	1 876.74	1 091.69

3-3 房地产开发投资分类情况（2012）

单位：亿元

类别	本年完成投资	#住宅	#90平方米及以下	#144平方米以上	#别墅	#高档公寓	办公楼	商业营业用房
总计	**2 381.36**	**1 451.94**	**632.67**	**406.60**	**117.95**	**217.13**	**262.85**	**293.75**
按隶属关系分								
中央	83.94	68.18	47.81	16.93	–	11.75	3.95	5.19
市属	278.93	186.51	84.12	68.51	9.90	47.44	26.00	26.38
区属	379.83	242.73	146.05	41.61	15.28	13.01	34.50	27.56
县属	18.42	15.98	11.85	1.35	0.43	–	0.01	0.14
乡镇街道属	151.25	117.73	63.55	11.21	8.11	–	2.42	9.30
村委居委属	1.95	1.69	0.70	0.22	–	–	–	0.08
其他	1 467.03	819.12	278.60	266.76	84.23	144.92	195.98	225.11
按经济类型分								
国有经济	314.52	219.04	139.08	35.48	7.11	21.57	18.24	18.91
集体经济	57.37	40.67	18.82	1.81	0.07	–	1.61	2.58
联营经济	2.49	2.40	1.16	0.69	–	0.38	–	0.07
股份制经济	983.05	655.13	287.32	191.70	63.00	76.19	92.10	83.96
私营经济	709.09	390.27	170.62	94.57	36.20	54.20	93.77	119.01
其他经济	5.03	3.46	0.66	1.46	0.05	0.21	–	0.37
港澳台经济	166.04	72.73	8.86	35.98	6.06	25.78	33.62	35.42
外商经济	143.77	68.25	6.16	44.92	5.46	38.80	23.52	33.42
按资质等级分								
一级	74.37	50.52	12.39	15.29	1.77	3.89	1.76	6.74
二级	214.20	142.71	72.71	24.38	2.84	11.17	15.14	20.44
三级	216.05	137.59	51.94	37.50	12.19	23.94	19.10	23.59
其他级	1 876.74	1 121.13	495.62	329.43	101.15	178.12	226.85	242.98

3-4 商品房屋建筑面积及造价（2012）

类别	施工面积（万平方米）	#新开工	竣工面积（万平方米）	竣工房屋造价（元/平方米）
各类房屋总计	**13 249.97**	**2 724.05**	**2 305.06**	**4 599**
住　宅	8 315.68	1 563.39	1 609.13	4 304
按户型结构分				
#90平方米及以下	3 870.74	792.94	712.10	3 565
144平方米以上	1 654.79	213.70	317.56	7 388
按类型分				
别　墅	580.22	100.97	108.17	6 469
高档公寓	845.55	133.37	167.75	6 769
其他住宅	6 889.92	1 329.06	1 333.22	3 819
办 公 楼	1 284.68	303.91	206.87	6 549
商业营业用房	1 449.91	365.17	177.65	5 972
其他用房	2 199.69	491.58	311.41	4 042

3-5 房地产开发投资资金来源（2012）

指 标	合 计	按隶属关系			
		中 央	市 属	区县属	其 他
本年资金来源合计	**5 316.93**	**139.76**	**528.92**	**746.38**	**3 901.88**
上年末结余资金	1 348.42	21.62	105.97	156.86	1 063.98
本年资金来源小计	3 968.51	118.14	422.96	589.51	2 837.90
国内贷款	975.78	25.76	96.09	164.53	689.39
银行贷款	927.41	23.76	96.09	140.34	667.21
非银行金融机构贷款	48.37	2.00	–	24.19	22.18
利用外资	26.12	–	–	–	26.12
#外商直接投资	26.12	–	–	–	26.12
自筹资金	1 385.96	42.50	202.42	218.21	922.83
#自有资金	660.69	8.34	111.63	156.03	384.70
其他资金	1 580.66	49.88	124.44	206.78	1 199.57
#定金及预收款	1 064.68	13.99	78.95	139.28	832.47
个人按揭贷款	236.13	5.67	21.12	25.10	184.24
本年各项应付款合计	**684.45**	**19.97**	**44.93**	**121.71**	**497.85**
#工 程 款	393.74	6.02	34.83	80.35	272.53

单位：亿元

按经济类型				按企业资质等级		
#国有经济	集体经济	股份制经济	外商港澳台经济	#一　级	二　级	三　级
591.87	**97.20**	**2 078.07**	**854.86**	**122.22**	**454.27**	**542.59**
105.29	13.46	463.19	315.21	13.13	106.57	160.01
486.57	83.75	1 614.88	539.65	109.10	347.71	382.58
126.12	15.04	383.62	177.24	13.20	75.85	77.22
110.73	15.04	365.19	167.50	13.20	72.98	76.82
15.39	–	18.43	9.74	–	2.87	0.40
–	–	–	26.12	–	–	0.19
–	–	–	26.12	–	–	0.19
192.63	25.52	621.01	130.77	53.70	110.28	132.86
132.21	14.79	268.39	63.95	34.03	80.17	60.22
167.83	43.18	610.25	205.52	42.20	161.58	172.31
109.30	31.56	400.89	144.43	28.27	96.65	105.52
17.86	5.07	84.80	17.25	2.10	26.94	32.38
100.21	**7.81**	**240.95**	**67.91**	**27.36**	**73.52**	**90.07**
55.15	5.53	148.75	29.13	14.46	45.35	56.34

3-6 商品房销售和出租情况（2012）

指　标	销售面积(万平方米)		销 售 额(亿元)		住宅销售套数(万套)		期末面积(万平方米)	
	现房	期房	现房	期房	现房	期房	出租	待售
各类房屋总计	**752.72**	**1 145.74**	**828.39**	**1 841.10**	**5.86**	**10.62**	**1 355.20**	**1 663.43**
住　宅	568.53	1 024.10	588.48	1 620.48	5.86	10.62	92.43	766.32
按户型结构分								
#90平方米及以下	243.25	499.17	169.40	531.03	3.38	6.61	10.92	200.55
144平方米以上	94.66	179.55	245.09	540.62	0.44	0.90	48.34	317.73
按类型分								
别　墅	35.28	45.43	89.88	109.90	0.13	0.22	18.53	163.77
高档公寓	34.10	119.75	108.32	353.24	0.19	0.87	54.73	86.22
其他住宅	499.15	858.92	390.28	1 157.33	5.53	9.53	19.18	516.33
办 公 楼	54.62	57.10	129.10	105.52	–	–	643.83	223.00
商业营业用房	66.33	53.67	82.63	111.99	–	–	396.45	316.14
其他用房	63.23	10.87	28.18	3.11	–	–	222.48	357.97

四、建 筑 业

4-1 主要年份总承包和专业承包建筑企业主要指标

指 标	2000年	2005年	2010年	2011年	2012年
建筑业总产值（亿元）	631.64	1 889.25	4 300.19	4 586.28	4 843.44
#在外省完成产值	72.43	390.97	1 619.14	1 968.92	2 273.74
#装修装饰产值	66.31	196.13	410.22	478.86	514.48
竣工产值（亿元）	417.78	1 364.22	2 672.73	2 345.29	2 545.78
房屋施工面积（万平方米）	4 668.67	14 138.05	22 996.81	24 885.79	27 961.55
房屋竣工面积（万平方米）	1 909.11	5 648.85	6 217.15	5 984.74	6 476.07
从业人员年末人数（万人）	35.91	72.23	96.09	96.86	88.08
实收资本合计（亿元）	182.66	386.15	706.56	783.75	870.55
资产总计（亿元）	902.51	2 090.27	4 886.75	5 700.66	6 632.79
固定资产净值（亿元）	81.87	154.52	296.17	316.40	359.53
所有者权益合计（亿元）	278.36	569.51	1 217.90	1 354.57	1 627.54
自有机械设备年末总台数（万台）	12.31	16.66	17.32	17.21	16.07
自有机械设备净值（亿元）	38.55	85.63	144.54	145.22	153.29
利润总额（亿元）	18.73	66.97	160.27	168.96	163.57
应付职工薪酬（亿元）				304.19	350.26
按建筑业总产值计算的劳动生产率（元/人）	109 244	182 299	344 720	359 232	451 564
房屋建筑面积竣工率（%）	40.9	40.0	27.0	24.0	23.2

4-2 总承包和专业承包建筑企业产值、人员情况（2012）

类　别	企业个数(个)	企业总产值(亿元)	建筑业总产值(亿元)	建筑工程	安装工程
总　计	**3 179**	**5 694.14**	**4 843.44**	**4 021.24**	**680.70**
按经济类型分					
#国有经济	145	832.08	672.32	595.08	52.74
集体经济	99	68.04	64.31	50.97	7.19
股份制经济	585	3 043.36	2 435.79	2 077.68	318.84
私营经济	2 211	1 466.35	1 409.12	1 128.05	228.59
外商投资经济	58	141.54	135.37	94.47	28.43
港澳台投资经济	75	138.69	122.82	71.69	44.51
按隶属关系分					
#中 央 属	61	1 817.43	1 595.83	1 433.94	134.83
市(局)属	104	1 152.96	695.50	568.72	122.71
区、县属	204	431.10	418.20	360.82	42.93
按资质等级分					
#特　级	14	1 935.16	1 428.50	1 331.15	89.36
一　级	374	2 326.13	2 084.52	1 714.92	320.67
二　级	915	935.58	892.82	680.99	151.86
三　级	1 831	485.48	427.94	290.15	114.02
按行业类别分					
房屋建筑业	965	3 306.84	2 755.76	2 506.19	183.18
土木工程建筑业	605	1 390.71	1 162.00	1 012.23	127.79
建筑安装业	743	493.10	438.02	89.19	318.24
建筑装饰和其他建筑业	866	503.48	487.66	413.64	51.49
按资质标准分					
施工总承包	1 453	4 831.91	4 023.02	3 464.63	460.49
专业承包	1 726	862.23	820.42	556.61	220.21

其 他	竣工产值（亿元）	从业人员年末人数（万人）	#工程技术人员	计算劳动生产率的平均人数（万人）	按建筑业总产值计算的劳动生产率（元/人）
141.50	**2 545.78**	**88.08**	**13.69**	**107.26**	**451 564**
24.50	302.68	6.49	1.47	11.47	586 089
6.16	38.72	1.58	0.28	2.05	313 961
39.28	1 301.16	34.73	4.89	47.77	509 917
52.47	768.94	42.69	6.38	42.38	332 522
12.47	98.63	1.58	0.36	2.33	580 724
6.62	35.04	0.97	0.30	1.15	1 067 534
27.06	609.02	16.56	2.58	20.74	769 265
4.07	532.60	5.61	1.36	15.37	452 612
14.45	263.88	5.45	0.87	8.50	491 724
7.99	697.76	14.58	2.03	23.77	600 916
48.93	1 072.50	35.52	4.86	45.41	459 004
59.98	521.32	24.64	4.29	25.27	353 349
23.77	249.75	13.12	2.45	12.64	338 434
66.39	1 584.24	61.34	7.41	71.91	383 222
21.98	487.62	11.45	3.21	17.68	657 162
30.59	243.66	7.79	1.71	9.11	480 872
22.54	230.26	7.49	1.36	8.56	569 827
97.90	2 121.44	73.98	10.81	91.60	439 195
43.60	424.35	14.09	2.88	15.66	523 914

4-3 总承包和专业承包建筑企业施工工程情况（2012）

类 别	单位工程施工个数（个）	#本年新开工	竣工个数（个）
总 计	**90 715**	**56 692**	**53 790**
按经济类型分			
#国有经济	6 107	3 506	2 793
集体经济	1 230	710	576
股份制经济	44 306	27 076	28 956
私营经济	34 717	23 332	19 737
外商投资经济	1 940	1 015	880
港澳台投资经济	2 344	992	782
按隶属关系分			
#中 央 属	15 811	7 518	8 455
市(局)属	14 419	9 659	9 047
区、县属	7 004	4 743	4 450
按资质等级分			
#特 级	9 381	2 190	3 927
一 级	32 567	19 650	18 705
二 级	18 003	11 377	9 468
三 级	30 186	23 108	21 488
按行业类别分			
房屋建筑业	26 015	12 011	11 155
土木工程建筑业	29 453	19 443	22 713
建筑安装业	27 536	19 423	16 170
建筑装饰和其他建筑业	7 711	5 815	3 752
按资质标准分			
施工总承包	57 553	33 836	35 536
专业承包	33 162	22 856	18 254

房屋施工面积（万平方米）	#本年新开工	#投标承包	房屋竣工面积（万平方米）	房屋竣工价值（亿元）
27 962	**8 843**	**24 502**	**6 476**	**1 195.45**
1 328	287	1 187	237	50.96
337	191	210	198	22.04
18 364	5 439	17 243	3 462	687.53
7 642	2 828	5 688	2 470	401.10
211	97	167	108	33.82
79	–	6	–	–
9 435	2 626	9 176	1 203	242.09
4 854	1 488	4 794	1 250	301.81
2 082	772	2 033	561	86.86
12 606	3 543	12 301	1 918	440.55
9 893	3 239	8 736	2 443	440.23
4 273	1 558	2 850	1 603	246.32
1 173	503	601	512	68.36
27 148	8 454	23 941	6 267	1 166.75
550	242	474	131	18.91
129	68	80	70	8.75
134	80	7	8	1.03
27 673	8 673	24 417	6 397	1 186.70
289	170	85	79	8.75

4-4 总承包和专业承包建筑企业资产负债情况（2012）

类　别	实收资本合计	#国家资本	集体资本	港澳台商资本	外商资本
总　计	**870.55**	**127.76**	**48.52**	**12.71**	**11.13**
按经济类型分					
#国有经济	169.90	52.00	0.77	–	–
集体经济	13.25	0.21	10.74	–	–
股份制经济	280.81	69.36	29.88	0.10	–
私营经济	374.20	5.45	5.88	0.21	–
外商投资经济	14.06	0.39	0.20	–	10.52
港澳台投资经济	18.10	0.29	1.00	12.40	0.61
按隶属关系分					
#中 央 属	203.21	56.57	0.41	–	0.05
市(局)属	86.88	42.08	1.79	0.57	0.55
区、县属	59.39	17.90	10.36	1.60	0.40
按资质等级分					
#特　级	129.21	47.55	5.08	–	–
一　级	327.95	61.31	5.14	7.67	4.21
二　级	240.42	10.71	28.53	2.79	5.59
三　级	168.14	6.93	9.77	2.25	1.34
按行业类别分					
房屋建筑业	370.27	32.46	19.06	1.19	5.45
土木工程建筑业	297.64	82.98	12.85	0.05	0.86
建筑安装业	114.73	8.97	13.30	5.87	2.39
建筑装饰和其他建筑业	87.92	3.35	3.32	5.60	2.44
按资质标准分					
施工总承包	690.67	106.62	42.33	8.45	7.34
专业承包	179.88	21.13	6.19	4.26	3.79

单位:亿元

资产总计	#流动资产	固定资产	累计折旧	#本年折旧	负债总计	所有者权益合计
6 632.79	**5 342.37**	**414.29**	**300.40**	**45.83**	**5 002.01**	**1 627.54**
1 171.86	787.54	128.51	91.93	11.49	873.51	297.67
64.07	59.14	2.38	2.45	0.31	43.30	20.77
3 444.93	2 770.05	166.82	129.57	20.72	2 782.27	662.02
1 651.94	1 453.06	98.76	69.46	11.41	1 062.04	587.99
158.15	149.76	5.39	3.77	1.56	131.69	26.45
139.45	120.47	12.39	3.17	0.34	107.20	32.23
1 858.29	1 330.56	142.76	124.19	17.57	1 483.93	374.35
1 480.13	1 186.45	55.55	62.60	8.73	1 246.80	233.33
632.23	501.27	52.74	15.33	2.37	488.10	143.68
1 964.81	1 361.68	86.37	90.52	14.91	1 598.06	366.75
2 684.77	2 270.28	196.17	122.18	16.30	2 084.09	600.38
1 263.03	1 090.83	81.78	52.40	8.04	878.57	383.32
703.01	603.85	49.06	34.48	6.46	433.87	267.45
3 432.19	2 961.16	120.61	77.00	13.54	2 774.59	656.58
2 104.51	1 478.59	198.29	177.12	23.30	1 512.95	590.11
627.92	512.37	57.38	28.91	5.74	402.04	225.56
468.17	390.25	38.01	17.36	3.25	312.42	155.28
5 826.13	4 659.45	343.25	256.62	36.46	4 501.39	1 322.85
806.66	682.92	71.03	43.77	9.36	500.62	304.69

4-5 总承包和专业承包建筑企业利润税金情况（2012）

类　别	主营业务收　入	主营业务成　本	主营业务税金及附加	主营业务利　润	其他业务利　润
总　计	**5 907.25**	**5 321.66**	**152.64**	**417.19**	**9.51**
按经济类型分					
#国有经济	890.37	775.78	21.22	92.00	2.60
集体经济	71.02	65.73	2.19	3.02	0.15
股份制经济	3 107.53	2 848.37	78.63	174.98	3.42
私营经济	1 517.99	1 351.71	44.26	114.71	2.60
外商投资经济	166.37	147.37	3.39	14.95	0.30
港澳台投资经济	149.91	128.91	2.82	17.40	0.42
按隶属关系分					
#中 央 属	1 824.81	1 628.38	47.54	145.24	1.06
市(局)属	1 146.97	1 078.77	25.28	42.47	1.80
区、县属	485.39	442.40	12.11	30.13	1.75
按资质等级分					
#特　级	1 926.09	1 778.34	47.21	98.60	0.51
一　级	2 325.82	2 086.99	60.74	174.01	3.52
二　级	1 097.78	988.33	30.79	75.82	3.03
三　级	545.16	457.71	13.68	66.99	2.36
按行业类别分					
房屋建筑业	3 372.21	3 131.00	88.13	149.11	3.36
土木工程建筑业	1 446.14	1 253.04	38.50	151.12	2.72
建筑安装业	532.08	452.88	10.77	62.86	1.88
建筑装饰和其他建筑业	556.82	484.74	15.24	54.10	1.55
按资质标准分					
施工总承包	4 987.65	4 536.92	128.09	315.90	6.34
专业承包	919.60	784.74	24.55	101.29	3.16

单位:亿元

利润总额	应交所得税	税金总额	管理费用	#税　金	财务费用	#利息支出
163.57	**37.26**	**156.67**	**215.84**	**4.03**	**31.83**	**42.37**
30.66	5.65	21.83	35.54	0.61	8.58	12.99
1.03	0.30	2.25	2.61	0.06	0.08	0.12
83.32	18.35	80.48	98.97	1.85	12.67	19.31
32.71	9.62	45.59	62.80	1.33	9.40	8.34
5.77	1.65	3.46	9.07	0.06	0.09	0.31
10.04	1.67	2.93	6.75	0.11	1.02	1.31
52.39	11.66	48.45	58.64	0.90	12.53	19.41
20.50	3.24	25.86	29.62	0.58	5.19	7.26
14.91	3.75	12.59	20.25	0.48	1.14	2.45
39.23	9.72	47.96	55.17	0.76	14.43	22.04
71.56	15.09	61.98	68.85	1.24	11.01	13.18
33.70	7.40	31.80	49.52	1.01	3.22	4.06
18.15	4.88	14.69	41.07	1.01	3.23	3.05
60.77	17.12	89.68	71.15	1.56	15.58	21.01
52.46	10.60	39.68	77.17	1.18	12.18	15.64
33.95	5.62	11.43	37.42	0.66	2.09	3.05
16.38	3.91	15.87	30.10	0.63	1.97	2.67
129.75	29.13	131.05	157.01	2.96	27.92	38.22
33.83	8.13	25.62	58.83	1.07	3.92	4.16

4-6 总承包和专业承包建筑企业基本情况（按地区分）（2012）

地　区	企业个数（个）	建筑业总产值（亿元）	竣工产值（亿元）	房屋施工面积（万平方米）	#本年新开工
总　计	**3 179**	**4 843.44**	**2 545.78**	**27 961.55**	**8 842.94**
浦东新区	616	1 197.06	608.74	9 778.33	2 983.39
黄 浦 区	190	225.35	62.22	429.89	131.41
徐 汇 区	220	403.92	161.58	703.55	237.63
长 宁 区	162	208.93	152.69	2 148.79	611.12
静 安 区	82	40.75	26.89	830.37	149.29
普 陀 区	256	325.65	211.12	2 484.15	810.57
闸 北 区	103	383.19	143.46	853.54	259.45
虹 口 区	172	364.34	230.81	2 166.74	689.86
杨 浦 区	253	263.23	150.77	960.66	467.64
闵 行 区	164	246.10	165.00	2 048.14	714.14
宝 山 区	223	596.80	268.26	2 145.26	468.25
嘉 定 区	170	107.14	84.41	745.54	238.05
金 山 区	115	89.55	61.98	261.51	104.46
松 江 区	131	134.80	94.28	976.24	458.93
青 浦 区	74	86.05	44.10	572.25	195.39
奉 贤 区	202	130.74	57.02	650.01	238.72
崇 明 县	46	39.85	22.44	206.59	84.65

房屋竣工面积（万平方米）	#住　宅	从业人员年末人数（万人）	计算劳动生产率的平均人数（万人）	按建筑业总产值计算的劳动生产率（元/人）
6 476.07	**3 371.72**	**88.08**	**107.26**	**451 564**
1 613.68	841.44	25.64	28.18	424 721
82.62	26.64	2.37	4.20	536 883
144.47	109.14	5.97	7.90	511 022
484.62	279.32	4.07	5.69	367 160
15.16	12.00	1.66	1.90	214 473
620.68	442.40	5.83	8.04	405 037
245.38	162.82	3.79	5.17	741 361
494.80	312.18	3.67	7.36	495 033
278.17	125.04	5.43	5.50	479 006
555.18	323.95	5.71	8.60	286 218
592.65	142.58	6.68	7.34	812 810
303.19	193.31	2.96	2.63	406 692
95.20	11.31	2.70	2.54	353 038
436.70	94.85	3.90	4.24	317 694
145.43	51.56	2.53	2.78	309 144
274.78	186.84	3.87	4.14	316 103
93.36	56.33	1.30	1.04	381 512

4-7 总承包和专业承包建筑企业资产利税情况（按地区分）（2012）

地　区	资产总计	所有者权益合计	主营业务收入	主营业务成本
总　计	**6 632.79**	**1 627.54**	**5 907.25**	**5 321.66**
浦东新区	1 646.10	412.57	1 417.84	1 259.48
黄 浦 区	392.79	127.26	256.91	228.54
徐 汇 区	618.06	170.26	535.05	474.97
长 宁 区	237.40	44.35	278.25	257.91
静 安 区	56.54	18.50	47.79	41.38
普 陀 区	712.29	105.33	465.30	429.00
闸 北 区	449.50	95.65	421.66	380.22
虹 口 区	288.65	51.46	432.75	407.19
杨 浦 区	407.07	168.96	304.26	263.33
闵 行 区	274.80	48.87	358.94	334.08
宝 山 区	730.19	170.32	733.98	652.53
嘉 定 区	132.05	39.66	120.99	110.68
金 山 区	109.03	32.22	98.26	89.45
松 江 区	203.49	38.74	167.03	153.88
青 浦 区	111.58	27.94	100.98	87.92
奉 贤 区	203.55	53.01	126.81	115.06
崇 明 县	59.71	22.45	40.44	36.04

单位:亿元

主营业务税金及附加	主营业务利润	其他业务利润	利润总额	税金总额	应付职工薪酬
152.64	**417.19**	**9.51**	**163.57**	**156.67**	**350.26**
37.81	118.11	1.80	50.39	38.68	64.21
6.80	20.32	0.51	8.51	7.08	11.36
15.20	43.83	1.80	25.36	15.67	33.83
6.81	12.92	0.19	3.63	6.86	21.41
1.26	4.79	0.74	1.28	1.33	12.99
11.51	23.25	0.45	8.48	11.76	18.47
12.86	27.67	0.67	7.46	13.12	18.53
10.19	14.76	0.34	5.83	10.44	25.15
8.45	31.50	0.55	11.46	8.77	21.19
7.41	16.63	0.31	5.19	7.57	20.96
15.63	62.83	0.74	19.71	16.10	43.18
3.67	6.23	0.33	1.52	3.73	9.91
2.69	5.80	0.17	1.34	2.82	9.07
4.87	7.71	0.35	2.16	5.03	11.73
2.77	10.06	- 0.18	6.01	2.85	8.34
3.53	7.76	0.66	3.78	3.63	17.72
1.21	3.03	0.08	1.46	1.23	2.20

4-8 总承包和专业承包建筑企业技术装备情况（2012）

类 别	自有机械设备年末总台数（万台）	自有机械设备净值（亿元）	自有机械设备年末总功率（千瓦）	技术装备率（元/人）	动力装备率（千瓦/人）
总 计	**16.07**	**153.29**	**3 718 964**	**17 404**	**4.2**
按经济类型分					
#国有经济	1.47	66.43	1 075 978	102 411	16.6
集体经济	0.39	0.86	84 583	5 442	5.3
股份制经济	6.13	58.41	1 455 387	16 817	4.2
私营经济	7.41	26.70	1 036 078	6 254	2.4
外商投资经济	0.37	0.43	30 333	2 703	1.9
港澳台投资经济	0.29	0.45	35 867	4 680	3.7
按隶属关系分					
#中 央 属	3.56	84.30	1 474 735	50 912	8.9
市(局)属	1.26	23.70	496 023	42 237	8.8
区、县属	0.76	5.27	192 181	9 663	3.5
按资质等级分					
#特 级	2.18	41.10	747 229	28 178	5.1
一 级	6.78	81.09	1 696 909	22 828	4.8
二 级	4.38	20.73	844 558	8 415	3.4
三 级	2.53	10.14	419 646	7 729	3.2
按行业类别分					
房屋建筑业	7.73	34.61	1 120 414	5 642	1.8
土木工程建筑业	3.99	103.06	1 959 679	89 996	17.1
建筑安装业	2.20	5.74	328 426	7 364	4.2
建筑装饰和其他建筑业	2.16	9.88	310 445	13 182	4.1
按资质标准分					
施工总承包	11.82	132.12	3 103 992	17 857	4.2
专业承包	4.25	21.17	614 972	15 023	4.4

4-9 总承包和专业承包建筑企业技术装备情况（按地区分）（2012）

类　别	自有机械设备年末总台数（万台）	自有机械设备净值（亿元）	自有机械设备年末总功率（千瓦）	技术装备率（元/人）	动力装备率（千瓦/人）
总　计	**16.07**	**153.29**	**3 718 964**	**17 404**	**4.2**
浦东新区	2.82	49.07	796 535	19 140	3.1
黄 浦 区	1.17	20.07	416 444	84 775	17.6
徐 汇 区	1.12	18.18	453 643	30 476	7.6
长 宁 区	0.46	0.89	83 310	2 181	2.0
静 安 区	0.17	0.20	10 760	1 215	0.6
普 陀 区	1.08	10.32	160 595	17 705	2.8
闸 北 区	1.10	13.51	342 546	35 653	9.0
虹 口 区	0.84	2.93	148 467	7 996	4.1
杨 浦 区	0.98	13.44	240 256	24 729	4.4
闵 行 区	0.80	3.14	151 286	5 505	2.7
宝 山 区	2.66	10.58	480 050	15 828	7.2
嘉 定 区	0.34	1.45	90 411	4 887	3.1
金 山 区	0.51	3.36	113 720	12 423	4.2
松 江 区	0.43	1.84	74 062	4 714	1.9
青 浦 区	0.47	0.97	46 585	3 825	1.8
奉 贤 区	0.86	2.32	76 293	6 012	2.0
崇 明 县	0.27	1.02	34 001	7 871	2.6

4-10 总承包和专业承包建筑企业签订合同情况（2012）

单位：亿元

类　别	直接同建设单位签订的合同额	上年结转合同额	本年新签合同额
总　计	**11 246.87**	**5 035.18**	**6 211.69**
按经济类型分			
#国有经济	1 459.06	583.58	875.48
集体经济	80.76	27.76	53.00
股份制经济	6 843.96	3 259.14	3 584.82
私营经济	2 201.78	953.31	1 248.48
外商投资经济	298.52	128.17	170.34
港澳台投资经济	358.29	82.63	275.66
按隶属关系分			
#中 央 属	4 236.65	1 768.33	2 468.33
市(局)属	2 591.45	1 480.58	1 110.88
区、县属	681.77	218.54	463.23
按资质等级分			
#特　级	5 072.19	2 384.82	2 687.37
一　级	4 157.66	1 836.26	2 321.40
二　级	1 420.83	621.55	799.28
三　级	571.63	180.37	391.26
按行业类别分			
房屋建筑业	7 025.42	3 295.31	3 730.11
土木工程建筑业	2 776.21	1 298.74	1 477.47
建筑安装业	791.02	253.06	537.97
建筑装饰和其他建筑业	654.22	188.08	466.14
按资质标准分			
施工总承包	10 170.67	4 705.38	5 465.28
专业承包	1 076.20	329.80	746.40

4-11 总承包和专业承包建筑企业承包工程完成情况（2012）

单位：亿元

类　别	直接从建设单位承揽工程完成的产值			从建设单位以外承揽工程完成的产值
		自行完成施工产值	分包出去工程的产值	
总　计	**5 121.29**	**4 389.64**	**731.65**	**453.80**
按经济类型分				
#国有经济	709.12	634.21	74.91	38.11
集体经济	62.70	62.26	0.44	2.06
股份制经济	2 738.43	2 195.82	542.61	239.97
私营经济	1 319.70	1 267.72	51.98	141.40
外商投资经济	157.99	113.47	44.52	21.90
港澳台投资经济	129.77	112.58	17.19	10.24
按隶属关系分				
#中 央 属	1 607.88	1 523.31	84.57	72.52
市(局)属	1 029.68	543.99	485.70	151.51
区、县属	410.60	403.61	6.99	14.59
按资质等级分				
#特　级	1 727.27	1 322.39	404.88	106.11
一　级	2 113.32	1 871.90	241.42	212.62
二　级	870.68	805.21	65.46	87.61
三　级	400.27	381.26	19.01	46.68
按行业类别分				
房屋建筑业	3 041.29	2 504.40	536.89	251.36
土木工程建筑业	1 203.50	1 065.64	137.86	96.36
建筑安装业	432.82	390.17	42.65	47.85
建筑装饰和其他建筑业	443.69	429.44	14.25	58.22
按资质标准分				
施工总承包	4 381.05	3 693.00	688.05	330.02
专业承包	740.24	696.65	43.59	123.78

4-12 主要年份劳务分包建筑企业主要指标

指 标	2000年	2005年	2010年	2011年	2012年
企业个数（个）	40	77	300	343	380
建筑业总产值（亿元）		8.06	57.08	75.00	93.41
#装修装饰产值		0.88	7.64	10.27	10.53
从业人员年末人数（万人）	0.22	0.83	5.47	11.18	8.85
#工程技术人员	0.02	0.05	0.33	0.39	0.52
资产总计（亿元）		3.33	27.85	36.36	44.07
实收资本合计（亿元）		1.09	7.38	9.69	12.38
负债合计（亿元）		1.67	17.56	23.90	26.83
主营业务收入（亿元）		8.50	57.58	75.80	94.87
主营业务成本（亿元）		7.79	52.29	70.18	88.11
营业利润（亿元）		0.17	1.02	0.54	1.63
利润总额（亿元）	0.06	0.16	0.96	0.58	1.53

五、历史数据

7-1 各计划时期全社会固定资产投资（按投资类别分）

单位：亿元

时　　期	总　计	建设项目			房地产开发	农户投资
			城　镇	农村非农户		
恢复时期	2.94	2.85	2.85			0.09
“一五”时期（1953-1957）	19.29	18.69	18.69			0.60
“二五”时期（1958-1962）	55.61	54.55	53.23	1.32		1.06
1963 - 1965	20.29	19.42	18.03	1.39		0.87
“三五”时期（1966-1970）	34.77	32.80	30.36	2.44		1.97
“四五”时期（1971-1975）	95.79	93.09	87.38	5.71		2.70
“五五”时期（1976-1980）	151.44	147.14	135.50	11.64		4.30
“六五”时期（1981-1985）	412.74	380.69	352.92	27.77		32.05
“七五”时期（1986-1990）	1 020.34	937.54	860.39	77.15	12.66	70.14
“八五”时期（1991-1995）	3 994.67	3 308.70	2 844.04	464.66	625.97	60.00
“九五”时期（1996-2000）	9 620.86	6 625.26	5 867.44	757.82	2 930.14	65.47
“十五”时期（2001-2005）	13 261.11	8 522.35	7 526.48	995.87	4 703.18	35.58
“十一五”时期（2006-2010）	23 804.16	21 704.92	14 310.07	7 394.85	2 081.28	17.94
“十二五”时期（2011-2012）	10 321.47	5 763.99	5 078.60	685.39	4 551.67	5.81

注：1、根据国家制度规定，农村集体投资从1959年纳入统计范围。从1997年开始，固定资产投资统计起点为50万元及以上项目。从2011年开始，固定资产投资统计起点为500万元及以上项目。

2、房地产开发投资从1987年纳入统计范围。

3、自2011年起，全社会固定资产投资由建设项目投资、房地产开发投资和农户投资三部分组成；建设项目投资由城镇投资和农村非农户投资两部分组成，其中城镇投资包括原来的基本建设、更新改造、其他投资和城镇私人建房投资。

7-2 历年全社会固定资产投资（按投资类别分）

单位：亿元

年 份	总 计	建设项目			房地产开发	农户投资
			城 镇	农村非农户		
1950	0.22	0.21	0.21			0.01
1951	0.74	0.72	0.72			0.02
1952	1.98	1.92	1.92			0.06
1953	3.65	3.53	3.53			0.12
1954	3.25	3.15	3.15			0.10
1955	3.43	3.32	3.32			0.11
1956	3.76	3.64	3.64			0.12
1957	5.20	5.06	5.06			0.14
1958	11.32	11.15	11.15			0.17
1959	15.61	15.41	15.05	0.36		0.20
1960	17.64	17.42	16.83	0.59		0.22
1961	7.21	6.98	6.75	0.23		0.23
1962	3.83	3.59	3.45	0.14		0.24
1963	5.32	5.09	4.75	0.34		0.23
1964	7.22	6.91	6.39	0.52		0.31
1965	7.75	7.42	6.89	0.53		0.33
1966	7.23	6.87	6.39	0.48		0.36
1967	4.61	4.23	3.95	0.28		0.38
1968	4.58	4.15	3.82	0.33		0.43
1969	7.45	7.04	6.49	0.55		0.41
1970	10.90	10.51	9.71	0.80		0.39
1971	11.36	10.89	10.12	0.77		0.47
1972	13.22	12.70	12.05	0.65		0.52
1973	16.24	15.69	14.85	0.84		0.55
1974	22.43	21.84	20.58	1.26		0.59
1975	32.54	31.97	29.78	2.19		0.57
1976	24.52	23.93	22.40	1.53		0.59
1977	18.00	17.43	15.46	1.97		0.57
1978	27.91	27.12	24.16	2.96		0.79
1979	35.58	34.64	32.47	2.17		0.94
1980	45.43	44.02	41.01	3.01		1.41
1981	54.60	50.63	45.98	4.65		3.97

表7-2 续表 单位：亿元

年　份	总　计	建设项目			房地产开发	农户投资
			城　镇	农村非农户		
1982	71.34	67.02	62.96	4.06		4.32
1983	75.94	71.46	66.51	4.95		4.48
1984	92.30	85.02	77.95	7.07		7.28
1985	118.56	106.56	99.52	7.04		12.00
1986	146.93	136.63	126.83	9.80		10.30
1987	186.30	172.67	158.83	13.84	0.97	12.66
1988	245.27	226.69	204.50	22.19	1.68	16.90
1989	214.76	198.59	181.65	16.94	1.85	14.32
1990	227.08	202.96	188.58	14.38	8.16	15.96
1991	258.30	236.54	212.92	23.62	7.59	14.17
1992	357.38	327.67	272.25	55.42	12.71	17.00
1993	653.91	626.54	521.72	104.82	22.04	5.33
1994	1 123.29	995.46	854.23	141.23	117.43	10.40
1995	1 601.79	1 122.49	982.92	139.57	466.20	13.10
1996	1 952.05	1 274.26	1 115.94	158.32	657.79	20.00
1997	1 977.59	1 346.56	1 180.40	166.16	614.23	16.80
1998	1 964.83	1 374.95	1 237.55	137.40	577.12	12.76
1999	1 856.72	1 336.35	1 202.02	134.33	514.83	5.54
2000	1 869.67	1 293.14	1 131.53	161.61	566.17	10.36
2001	1 994.73	1 354.72	1 181.59	173.13	630.73	9.28
2002	2 187.06	1 431.31	1 263.39	167.92	748.89	6.87
2003	2 452.11	1 544.38	1 374.38	170.00	901.24	6.49
2004	3 084.66	1 903.33	1 722.51	180.82	1 175.46	5.86
2005	3 542.55	2 288.61	1 984.61	304.00	1 246.86	7.08
2006	3 925.09	2 643.53	2 246.93	396.60	1 275.59	5.96
2007	4 458.61	3 145.87	2 775.81	370.06	1 307.53	5.21
2008	4 829.46	3 459.38	3 044.46	414.92	1 366.87	3.20
2009	5 273.33	3 807.62	3 384.31	423.31	1 464.18	1.53
2010	5 317.67	3 334.95	2 858.56	476.39	1 980.68	2.03
2011	5 067.09	2 893.95	2 519.48	374.47	2 170.31	2.83
2012	5 254.38	2 870.04	2 559.12	310.92	2 381.36	2.98

7-3 历年全社会固定资产投资（按经济类型分）

单位：亿元

年 份	合 计	#国有经济	集体经济	股份制经济	外商港澳台经济
1950	0.22	0.18			
1951	0.74	0.61	0.01		
1952	1.98	1.64	0.02		
1953	3.65	3.02	0.03		
1954	3.25	2.69	0.03		
1955	3.43	2.84	0.03		
1956	3.76	3.11	0.03		
1957	5.20	4.33	0.04		
1958	11.32	11.01	0.07		
1959	15.61	14.87	0.46		
1960	17.64	16.65	0.69		
1961	7.21	6.68	0.27		
1962	3.83	3.40	0.17		
1963	5.32	4.70	0.37		
1964	7.22	6.32	0.56		
1965	7.75	6.82	0.57		
1966	7.23	6.32	0.52		
1967	4.61	3.91	0.30		
1968	4.58	3.78	0.35		
1969	7.45	6.42	0.59		
1970	10.90	9.60	0.86		
1971	11.36	10.01	0.83		
1972	13.22	11.96	0.70		
1973	16.24	14.73	0.91		
1974	22.43	20.41	1.35		
1975	32.54	29.47	2.36		
1976	24.52	22.20	1.64		
1977	18.00	15.23	2.14		
1978	27.91	23.83	3.20		
1979	35.58	32.08	2.42		
1980	45.43	40.27	3.58		
1981	54.60	45.00	5.43		

表7-3 续表

单位：亿元

年份	合计	#国有经济	集体经济	股份制经济	外商港澳台经济
1982	71.34	61.62	5.11		
1983	75.94	65.01	6.20		
1984	92.30	75.80	8.98		
1985	118.56	95.92	10.44		
1986	146.93	122.46	13.99		
1987	186.30	154.45	18.65		
1988	245.27	198.68	29.03		
1989	214.76	178.81	21.00		
1990	227.08	192.24	18.29		
1991	258.30	215.61	27.82		
1992	357.38	275.67	64.16		
1993	653.91	419.22	124.18	32.83	61.61
1994	1 123.29	721.37	189.75	76.99	101.78
1995	1 601.79	935.92	247.15	150.17	208.30
1996	1 952.05	1 048.27	239.47	165.57	340.18
1997	1 977.59	1 148.69	257.10	118.80	367.50
1998	1 964.83	1 087.94	208.84	203.81	405.17
1999	1 856.72	986.82	227.19	268.68	325.58
2000	1 869.67	829.98	156.34	421.53	319.05
2001	1 994.73	760.58	136.81	580.75	362.25
2002	2 187.06	742.71	101.33	631.70	369.95
2003	2 452.11	811.85	116.63	647.27	468.20
2004	3 084.66	955.11	146.58	667.52	851.39
2005	3 542.55	1 240.27	131.07	916.27	640.31
2006	3 925.09	1 460.09	159.31	910.31	725.85
2007	4 458.61	1 779.43	121.51	1 169.49	711.35
2008	4 829.45	2 295.75	104.86	1 026.67	748.13
2009	5 273.33	2 618.61	132.30	1 174.81	617.90
2010	5 317.67	2 234.12	183.07	1 200.26	686.95
2011	5 067.09	1 875.48	133.33	1 349.65	726.57
2012	5 254.38	1 855.24	112.41	1 417.80	758.08

7-4 历年全社会固定资产投资（按投资构成分）

单位：亿元

年 份	合 计	建筑工程	安装工程	设备工器具购置	其他费用
1950	0.22	0.12		0.08	0.02
1951	0.74	0.45		0.26	0.03
1952	1.98	1.20		0.68	0.10
1953	3.65	2.46		1.01	0.18
1954	3.25	2.03		1.02	0.20
1955	3.43	1.63		1.71	0.09
1956	3.76	1.67		1.94	0.15
1957	5.20	2.63		2.44	0.13
1958	11.32	4.43		6.37	0.52
1959	15.61	6.49		8.72	0.40
1960	17.64	7.74		9.64	0.26
1961	7.21	3.42		3.70	0.09
1962	3.83	1.94		1.84	0.05
1963	5.32	2.91		2.30	0.11
1964	7.22	4.11		2.98	0.13
1965	7.75	4.12		3.56	0.07
1966	7.23	3.88		3.31	0.04
1967	4.61	2.65		1.93	0.03
1968	4.58	2.38		2.15	0.05
1969	7.45	3.27		4.05	0.13
1970	10.90	4.79		5.92	0.19
1971	11.36	4.36		6.70	0.30
1972	13.22	4.95		7.80	0.47
1973	16.24	6.18		9.40	0.66
1974	22.43	8.70		12.44	1.29
1975	32.54	11.92		17.90	2.72
1976	24.52	10.46		12.48	1.58
1977	18.00	9.99		6.54	1.47
1978	27.91	14.37		11.15	2.39
1979	35.58	18.55		14.62	2.41
1980	45.43	25.88		17.00	2.55
1981	54.60	29.98		19.92	4.70

表7-4 续表

单位：亿元

年份	合计	建筑工程	安装工程	设备工器具购置	其他费用
1982	71.34	36.02		28.79	6.53
1983	75.94	38.73		30.39	6.82
1984	92.30	46.91		37.03	8.36
1985	118.56	62.55		43.38	12.63
1986	146.93	86.26		45.54	15.13
1987	186.30	94.82	7.29	66.77	17.42
1988	245.27	108.14	19.24	91.88	26.01
1989	214.76	104.67	14.75	76.40	18.94
1990	227.08	113.05	14.58	79.51	19.94
1991	258.30	124.19	17.00	87.53	29.58
1992	357.38	182.94	17.39	106.53	50.52
1993	653.91	307.87	32.58	190.02	123.44
1994	1 123.29	635.11	51.61	247.93	188.64
1995	1 601.79	830.91	85.44	355.46	329.98
1996	1 952.05	918.10	125.14	473.59	435.22
1997	1 977.59	922.24	128.42	424.90	502.03
1998	1 964.83	843.59	139.10	489.54	492.60
1999	1 856.72	783.81	126.43	491.84	454.64
2000	1 869.67	751.44	131.47	482.47	504.29
2001	1 994.73	882.88	113.63	475.20	523.02
2002	2 187.06	965.37	161.48	493.19	567.01
2003	2 452.11	1 184.21	169.92	466.16	631.82
2004	3 084.66	1 490.18	220.25	588.75	785.48
2005	3 542.55	1 836.98	242.06	610.39	853.13
2006	3 925.09	1 867.88	246.13	762.24	1 048.84
2007	4 458.61	2 116.83	301.78	941.22	1 098.78
2008	4 829.45	2 307.06	281.91	892.87	1 347.60
2009	5 273.33	2 610.75	389.39	876.89	1 396.30
2010	5 317.67	2 473.28	346.89	991.10	1 506.40
2011	5 067.09	2 663.29	328.66	834.17	1 240.97
2012	5 254.38	2 715.73	382.06	851.13	1 305.46

7-5 历年城市基础设施投资

年份	总计	电力建设	交通运输邮电通信	交通运输	邮电通信	公用设施	公用事业
1981	7.96	3.48	2.84	2.42	0.42	1.64	0.63
1982	7.33	1.84	3.26	2.90	0.36	2.23	0.72
1983	7.74	1.30	3.61	3.08	0.53	2.83	1.11
1984	9.93	1.65	4.12	3.41	0.71	4.16	1.40
1985	23.49	3.97	6.75	5.52	1.23	12.77	7.88
1986	24.78	5.68	8.40	6.56	1.84	10.70	5.67
1987	32.64	9.31	12.39	10.02	23.37	10.94	5.36
1988	37.08	14.18	12.35	8.80	3.55	10.55	4.01
1989	36.09	11.69	9.96	6.16	3.80	14.44	6.84
1990	47.22	17.53	10.06	7.17	2.90	19.63	10.83
1991	61.38	19.79	19.07	14.49	4.58	22.52	9.15
1992	84.35	19.70	21.44	15.01	6.43	43.21	12.58
1993	167.94	25.77	46.44	31.75	14.69	95.73	37.91
1994	238.16	41.57	72.68	36.83	35.85	123.91	26.77
1995	237.78	57.33	79.36	25.94	53.42	137.09	35.03
1996	378.78	77.61	147.21	69.66	77.55	153.96	48.31
1997	412.85	80.24	146.10	85.06	61.04	186.51	52.24
1998	531.38	89.58	181.46	108.79	72.67	260.34	58.37
1999	501.39	83.05	166.16	102.24	63.92	252.18	64.20
2000	449.90	64.61	117.52	48.84	68.68	267.77	104.43
2001	510.78	72.22	168.42	60.72	107.70	270.14	92.25
2002	583.49	62.14	171.24	63.01	108.23	350.11	148.42
2003	604.62	66.00	350.35	273.77	76.58	188.28	36.91
2004	672.58	89.52	371.35	316.96	54.39	211.71	26.92
2005	885.74	124.22	443.91	385.58	58.32	317.62	41.33
2006	1 125.54	116.23	703.24	589.52	113.72	306.07	56.23
2007	1 466.33	163.30	942.03	840.46	101.57	361.01	60.90
2008	1 733.18	129.53	947.49	838.91	108.58	656.16	112.81
2009	2 113.45	253.39	1 100.90	978.24	122.66	759.16	135.95
2010	1 497.46	148.50	866.20	754.66	111.54	482.76	86.58
2011	1 157.34	118.81	668.52	595.75	72.76	370.01	54.22
2012	1 038.61	110.06	570.37	473.43	96.94	358.18	56.45

注：2003年及以前城市基础设施投资不包括农村投资。从2003年起，城市公共交通投资从公用事业投资中划入交通运输投资。

单位：亿元

#自来水	煤　气	市　内 公共交通	市政建设	园林绿化	环境卫生	市政工 程管理	其　他
			1.01				
			1.51				
			1.72				
			2.76				
			4.89				
2.74	1.78	1.12	5.03	0.43	0.71	3.84	0.05
2.53	1.79	0.59	5.58	0.30	0.34	4.94	
0.72	1.25	1.20	6.54	0.24	0.58	5.72	
1.52	0.90	1.03	7.60	0.01	0.52	7.02	0.05
1.06	1.81	1.69	8.80	0.11	0.37	8.31	0.01
2.34	2.35	4.46	13.37	0.15	0.45	12.77	
3.20	3.24	6.14	30.63	0.32	0.79	28.45	1.07
6.90	16.72	14.29	57.82	0.52	1.06	56.24	…
11.49	7.80	7.48	97.14	2.42	1.01	93.47	0.24
13.12	12.97	8.94	102.06	4.27	1.26	96.21	0.32
22.12	14.61	11.58	105.65	2.66	1.14	101.80	0.05
27.08	10.03	15.13	134.27	5.11	1.62	127.41	0.13
14.59	13.15	30.63	201.97	9.10	3.35	189.41	0.11
6.41	9.89	47.90	187.98	28.62	2.97	155.73	0.66
5.35	6.88	92.20	163.34	38.76	19.34	102.36	2.88
5.97	5.83	80.45	177.89	32.92	2.97	140.63	1.37
8.62	6.83	132.97	201.69	38.83	1.47	160.64	0.75
22.89	14.02		151.36	33.85	9.25	107.73	0.53
16.66	10.26		184.80	16.69	7.01	160.22	0.88
29.66	11.67		276.28	13.88	15.36	246.59	0.46
43.79	12.44		249.84	26.41	10.17	213.26	–
50.12	10.78		300.11	34.66	11.26	254.19	–
93.24	19.57		543.35	29.01	20.04	494.30	–
109.79	26.16		623.21	27.96	21.91	573.19	0.15
61.63	24.95		396.18	35.87	10.80	349.27	0.25
41.85	12.37		315.80	44.71	23.91	247.15	0.03
40.75	15.70		301.74	20.99	23.74	256.73	0.26